# 八瓊室金石補正

二

【清】陸增祥 撰

金石文獻叢刊

上海古籍出版社

# 八瓊室金石補正卷四十二

太倉陸增祥撰　男　繼煇校錄

吳興劉承幹覆校

## 唐十四

### 開元寺三門樓題刻二十九段

劉文宗等題名共高九尺八寸連柱棱廣二尺一寸四截第一截三列共十一行正書

大柱主文林郎劉文宗妻周在柱端中間字徑一寸八分

來息行褒妻趙

息善來　妻王　息公士行通妻趙

息行感妻賈息行滿



息善直　妻王　直息奴奴妻張

息鄉長善言　妻董　言息公士相卿妻

息公士珎寶妻彭

息公士靜寶妻李

此兩列共十行字徑八九分許以上第一截

右題名列銜有稱鄉長者唐六典云百戶爲里五里爲鄉兩京及州縣之郭內分爲坊郊外爲村里及村坊皆有正以司督察四家爲鄰五家爲保保有長以相禁約注云里正兼課農桑催驅賦役兩唐書職官志同而不見鄉長名目通典云大唐凡百戶爲一里里置正一人五里爲一鄉鄉置耆老一人以耆年平謹者縣補之亦曰父老貞觀九年每鄉置長一人佐二人至十五年省又有稱公士者案漢書百官公卿表爵一級曰公士後魏書高祖紀太和十七年以皇太子立詔賜民爲父後者爵一級爲公士又宋史職官志端拱二年賜諸州高年一百二十七人爵公士景德中福建民有擒獲强盜者並賜公士又雲南安甯州唐河東州刺史王仁求碑銘署長子具官新昌縣開國子公士王善寶自書是公士之爵自漢迄宋



相仍不改而唐以前史或不詳則史書之漏略賴金石以存古制者正不尠矣常山貞石志

僧惠䛒等題名在第一第二截左旁柱棱上三行行十八字末行十五字字徑寸許正書

僧惠䛒僧思䛒粱彥方王敬崇楊景之李仁表

僧慈光僧貞覺楊洪礼張思順李欽亮劉開郎

僧習騰僧惠岸吳師靜傳師□王山願

右題名僧人中有惠䛒思䛒者玉篇䛒俗辯字宋景文筆記曰北齊時里俗多作僞字始以巧言爲辯至隋有柳䛒其字又以巩易巧矣案今本北史柳䛒傳䛒亦作䛒又磁州響堂寺隋造象有李君䛒唐書禮

樂志有將作大匠康晉素蓋晉本作晉後譌作晉乂
作晉此又作晉譌以傳譌無足深究又𣈅字玉篇丑
小切山兒〔常山貞石志〕

田伏寶造經象記〔第二截經十七行前十行十九字後七行十八字字徑五分正書中刻阿彌陀象下刻記八行行十二至十四字不等字徑五分左右題名各一行字徑六分俱正書〕

佛說般若波羅蜜多心經
經文不錄
淸信士田思禮供養〔此行右旁刻供養象一〕
弟子田伏寶爲先亡父兄見存母弟
往爲門嚮十善不樹福緣姪巖



殞命於同羅女子叐辮於白日虔
心告沸磬志歸依敬就三門石柱
刊阿弥佛蜜多心經以乾元元年
四月五日雋鏤功畢桒海有改變
遷移經象固存乎不朽合家眷
屬法界有緣同霑斯福
夫人彭氏供養〔此行左旁刻供養象一〕
武騎尉彭思賓
禮息僧寶〔此二行在阿彌陀象右旁柱棱上字徑五分下刻供養象一〕
妻母孫
僧妻趙〔此二行在思賓等下字徑五分下刻供養象二〕

右記云姪巖殞命於同羅女子叐辮於白日叐疑卽哭字言其女爲同羅所掠也新唐書地理志羈縻州有龜林都督府貞觀二年以同羅部落置隸安北都護府又北狄傳同羅在薛延陀北多覽葛之東距京師七千里而贏勝兵三萬貞觀二年遣使者入朝久之請內屬置龜林都督府拜酋俟利發時健啜爲左領軍大將軍卽授都督安祿山反劫其兵用之號曳落河者也曳落河猶言健兒云又安祿山傳祿山陰有逆謀養同羅降夷契丹曳落河八千人爲養子史



思明傳天寶十五載思明再陷常山蓋思明兩陷常山同羅部必從其肆虐記中所云大約卽記城陷之事又記右方有淸信士田思禮供養左方有夫人彭氏供養并供養象各一案禮卽伏寶父彭卽其母也見此柱東面第三層題名內　右題名稱禮者卽田思禮云妻母孫卽僧妻母也武騎尉彭思賓疑卽思禮夫人彭氏之族唐六典勳官一轉爲武騎尉比從七品〔常山貞石志〕

叐當卽夭之俗譌沈氏疑爲哭字殆非朽是朽之譌

李嘉璲等造經象題名 第三截中刻多心經左右題字共八行行字不一

佛說金剛般若波羅蜜多心經 此十二字擠寫占六格半

經文不錄 十八行行字不等首句八字在標題下空一格起字徑八分許正書

李嘉璲弟嘉賓爲亡息敬造

觀世

音菩

薩供

養

□□希庄賓□□珏□生希发 此六行在田伏寶題記左旁柱棱上字徑寸許正書上刻觀世音象下刻供養象



李加璲爲

亡息希庄 此二行在前刻之下字徑五分行書下刻供養象二 以上第三截

右李嘉璲弟嘉賓造象題名爲其亡息薦福而作也嘉璲兄弟題名又見此柱北面第二層盉同時所造也 常山貞石志

常山志缺珏生发三字

周思聞女法滿等題名 第四截佛象左右及下方題名共五行行字不一均正書

周思聞女比邱尼法滿

周思聞女比邱尼法因 此二行在佛象左旁柱棱上字徑八分許正書下刻象二

比邱僧從徹 此一行在佛象柱棱上字徑七分許正書下刻象一

解慧寺主僧道嶷 此行在佛象下右方字徑五分正書右刻供養象一中刻一佛象趺坐左右各一象侍

周從直亡過息品子子泉 此行在佛象下左方字徑四分正書左刻供養象一

以上第四截

右題名稱周從直亡過息品子子泉從直名見柱西面第五層題名內即此層柱棱上思聞之子也思聞之祖父銜名見柱東面第五層新唐書選舉志云凡用蔭一品子正七品上二品子正七品下三品子從七品上從三品子從七品下正四品子正八品上從四品子正八品下正五品子從八品上從五品及國



公子從八品下凡品子任雜掌及王公以下親事帳內勞滿而選者七品以上從九品上敘其任流外而應入流內敘品卑者亦如之九品以上及勳官五品以上子從九品下敘贈官降正官一等死事者與正官同郡縣公子視從五品孫縣男以上子降一等勳官二品子又降一等又云武選凡納課品子歲取文武六品以下勳官三品以下五品以上子年十八以上每州爲解上兵部納課十三歲而試第一等送吏部第二等留本司第三等納資二歲第四等納資三歲納已復試量文武授散官唐六典云贈官降正官

一等散官同執事若三品帶勳官者卽依勳官品同職事蔭四品降一等五品降二等案後從直列銜爲兵部常選攷吏部常選兵部常選之名新書宗室諸王世系表宰相世系表及唐諸石刻中多有之史不詳其說今據常選之見於唐六典唐會要者攷之知唐制吏兵二部選人有放選優與處分者其非優與處分者則謂之常選猶依常例銓選之意從直子稱品子而不曰某品子蓋從直聽選兵部尙未得官故渾其名曰品子若列銜署某品子某品孫某品曾孫者皆其子若孫宜蔭敘而猶未得官之稱　以上杜



主題名一層心經二卷二層造佛象題記二層凡五層在迺南門樓中間大門西首柱上南向一面　常山貞石志

惠本寺僧義恭等題名　共高八尺六寸五分廣一尺二寸五分兩截弟一截居中兩行行五字字徑二寸下十一行行十三列字徑寸許行書

晉州惠本寺

僧法師義恭　此二行在柱端中間

僧師鸞　僧道嶷　趙行矜　靳仁彧　田德倫

僧惠纂　僧智晈　李法義　劉元亮　董祖德

僧道安　僧智暻　張象仁　魏國甯　張思泰

僧仁義　僧阿難　劉惠昉　成海俗　趙子文

僧元智　□□□　周元祥　趙信範　王惠威

僧相賓　僧貞暉　李道深　樊行恭　史彥基

僧仁基　僧慈敏　李思忠　彭侍問　鄒廣憲

僧□琳　僧惠敏　温無泰　彭德誨　鄒廣懸

僧智琮　僧晉昕　游元眞　楊存信　成文德

僧明湛　□元章　趙趐岸　靳君雅　彭嗣方

僧進獻　周智岸　彭九思　彭龍威　彭大威　以上弟一列至五列

彭懷則　周世武　呂百奴　安思恭　王文暢



周行果　謝祟基　劉元弼　安惠贇　梁賓

徐季欽　蘇霧基　劉文慶　羅元德　王甯

李大壽　劉元獻　劉元亮　韓善行　李太

彭湯漠　刑君通　劉文徽　王全古

張行仁　張智過　張元基　道僧倫　賀行端

張仁靜　馬元貞　王思誨　彭行滿　賈元節

王元素　郭僧奴　劉處㩦　董欽則　賈守節

甄宅光　楊幼林　劉威則　孫㡧子　徐孝卞

趙小惠　趙卞英　張霧亮　梅崇本　竹元貞

趙智惠　畢義本　馬世將　周善住　馬元礼　以上弟六

列至十列

北都并州客等　隰州客□

薛元德　息元禮　趙餘福

息元貞　息四郎　弟餘真

息五郎　息元簡　□□□

傳行誠　擅九思

王石買　息禮思

梁霧珪　徐孝卞

張神亮　息宏静

程元謐　高知覽



賈獻忠　胡敬忠　吕□

范山廓　李思恭　以上第十一十二十三列

右題名有稱北都并州客隰州客者其人蓋并隰二州人也稱某州客爲他碑所罕見又題名中別字如戍郎戒儒郎儒郊郎郊之類甚多至如邢作㓝乃通借字耳又有竹元貞元和姓纂云孤竹君子孫以竹爲氏後漢有竹曾爲下邳相又有擬陽侯竹晏並東莞人 常山貞石志

常山志劉元獻元作光馬元貞元作允均誤

周從直女金果等題名 第二截四行行字不一字徑八分正書下刻供養象四

周從直女比邱尼金果

周智度妻劉

周庆歸妻劉

周善慶妻李

周智度三人周從直之高曾祖也見後此高曾祖妣之姓氏耳蓋同時所造

右柱主題名一層造供養象題名一層凡二層在迺南三門樓中間大門西首柱上西向一面 常山貞石志

大柱主劉開榮等題名 共高一丈三寸連棱廣二尺一寸五分三截第一截共三列行字不一正書



大柱主 柱端居中字徑五寸

息僧道岸

劉開榮　妻靳　息惠感　妻孟　妻彭　感息餘慶　妻周

息英漢　妻彭　漢息餘福　阿黑　劉開榮三字徑三寸以餘徑一寸五分　以上第一截

李思太妻趙二娘造經象題字 第二截心經十六行行十九字字徑六分下刻佛象象下右方題記六行左行左方題名五行左右柱棱各三行行字不一均正書

佛說般若波羅蜜多心經

經文不錄　下刻佛象

李思太妻趙二娘爲亡過
息日新造多心經一卷
阿弥陁像一鋪
乾元元年四月十八日
敬造功畢
思太息日新　此六行在佛象下右方左行字徑五分餘正書下刻象二
太妻趙二娘
太女大娘
太女二娘
太女三娘　此四行在佛象下右方左行字徑五分餘正書下刻象四




太㑹生息□希
璋弟希倩
太㑹生息希□　此三行在右旁柱棱上字徑五分下刻象一
太㑹生女十九娘
新妻郝
太㑹生女十八娘　此三行在左旁柱棱上字徑八分下刻象二　以上第二截
常山志缺璋倩二字又太㑹生息□下常山志作
岳審之似希字姑注於旁太㑹生息希□息誤作
思並缺希字少一字
李嘉璡母馮等題名在上心經左柱棱上二行行八字徑五分正書下刻象二
李嘉璡母馮女摩兒
弟嘉賓妻田女光嚴
常山志缺兒字
满子脩德等題名在上佛象左柱棱上四行字大小不一左行正書下刻象三
满子脩德
花嚴
花嚴
□女外生果果
常山志缺外字
周從直等題名第三截題名五行又左右兩棱各一行行字不一字徑八分許正書下刻




象七
周思聞妻李　此行在柱右棱下刻象一
周從直妻裴
周從心妻劉妻張
直息品子子興
直息品子子玉
聞息武騎尉從心　此五行在柱正面下各刻象一
聞息兵部常選從直　此行在柱左棱下刻象一　以上弟三截
右柱主題名一層心經一層供養象題名三層凡五
層在迤南門樓中間大門西首柱上北向一面末層

周從直名已見柱南面末層題名內常山貞石志

劉行善等題名共高八尺八寸廣一尺二寸五分三截弟一二截兩列列各八行行字不齊字徑八九分許正書

前滄州莨蘆縣丞劉行善　妻周

息鮮惠寺都維那僧惠皎

息藏玉妻李　藏器妻馮　女惠□六兒此二行接前行妻周二字之下

常善通妻張　息暕辟妻宋　息承賓　暕女二娘冲兒

劉善將妻李　息仁恭妻姚　恭息會璋妻宋　郑子恭女阿龍

普照璋女阿妃劉知孝妻皇　劉文智孫彥晌彥超彥琛



彥祥彥深胡子才女仵娘八郎孫女大娘娘子羅子

劉義嶶妻彭　息敬尙敬愛敬仙楚璧女尼惠空惠嚴

脩廣上杜國周文朗妻賈　女智艷劉阿難妻王　女尼玉素

右八行爲弟一列

徐詳念妻劉　息仁重女尼惠光四娘　劉懷素妻靳　尼法滿

劉義甯妻孫　劉師倩妻彭　息□封妻靳　封息令帆妻彭　二郎妻張

三郎妻張　元昌妻張　尼法藏　彭朗徹妻劉　息義琮妻劉　琮息敬

親

郭守一　楊近禧　劉元珪　郭嘉璲　尼阿意

兆元逵妻彭

靳阿師妻周　息行超妻彭　超息文博妻周　思禮思貞妻周

劉行忝妻王　息上騎都尉元貞妻周　貞息思敬女阿姜阿

仕

張世強妻劉　女尼智依　以上八行爲弟二列　以上弟一截

右題銜有前滄州莨蘆縣丞案元和郡縣志河北道滄州管縣七二曰長蘆莨卽長北朝碑多借用此猶沿其習又題名中有普照璋後魏書官氏志云獻帝次兄爲普氏照璋當卽其後近郎延字之譌體常山貞石志

用莨爲長漢人已有之不始於北朝解慧作惠亦



古通用常山志胡子才缺才字尼阿意缺阿字

田伏寶等題名弟二截兩列弟一列十二行弟二列十行行字不一字徑五分正書

禮息

伏寶

禮息

法實

倘息奴子

鸞嚴

伏息鸞

暐惠通

法息三惠
劉庭賓
息希玉
□尼邱 此十二行爲弟一列下刻象六
伏妻劉
妻老
法妻逍
禮女大娘
劉大娘
僧女大娘



法女二娘
十五娘
子妻馬
法女十三娘十四娘 此十行爲弟二列下刻象七　以上弟二截

右題名所云伏寶郎田伏寶僧郎僧寶並思禮子見柱南面弟三層有云妻老而不箸某某妻此層左行疑即伏寶之繼室元和姓纂有老姓引風俗通云顓頊子老童之後左傳宋有老佐 常山貞石志

周智度等供養象題字 弟三截四行行八字九字字徑五分左行正書下刻象四

高祖上柱國周智度
曾祖度息上護軍彥踦
祖歸息徐州司馬善慶
慶息上輕車都尉思閭 以上弟三截

右周智度等供養象題名其元孫從直所造也唐六典勳官十轉爲上護軍比正三品此面題名五層下三層有象在柱東西　以上四面爲一柱乃遶南門樓中間大門西首大柱 常山貞石志

馮才悊造經象題名 共高六尺四寸五分連柱棱廣二尺一寸五分上截心經二卷佛象一鋪下截佛象二鋪左右柱棱題字共四行行字不一柱棱共刻象十六

佛說般若波羅蜜多心經



經文不錄 十六行行十五至十九字不等末行廿二字字徑五分正書下刻佛象

般若波羅蜜多心經

經文不錄 十六行行十七至廿字不等字徑六分正書夢字作䔺俗譌　以上右旁柱棱刻象四列弟一列兩象作跪狀弟二列一象皆向左弟三列四象弟四列一象皆向右左旁柱棱刻象三列弟一列兩象一向左一向右弟二列弟三列各兩象皆向左

河西節度判
官上護軍馮
才悊供養 下截中刻佛象此三行在象右柱棱字徑六分下刻象一
悊女 比邱尼□脒供養 此行在象左柱棱字徑五分正書下刻象一此下中間又有佛象象右柱棱隱約尚有象及題字磨泐不可辨象左柱棱有象

右造象題名刻柱兩棱上其右棱三行左讀題河西節度判官上護軍馮才惹供養唐六典云凡天下之節度使有八其四曰河西節度使元和郡縣圖志隴右道涼州漢河西五郡去州遠於是以五郡立雍州魏分置涼州領河西五郡後魏滅北涼改置四軍戍太和十四年復爲涼州領武威等十郡周置總管府大業三年改爲武威郡廢總管武德二年平李軌改爲涼州置河西節度使天寶元年改爲武威郡乾元元年復爲涼州廣德二年陷於西蕃舊書地理志云貞觀元年分隴坻以西爲隴右道景雲二年以江山



闊遠奉使者艱難乃命山南爲東西道自黃河以西分爲河西道唐會要云河西節度使景雲二年四月賀拔延嗣爲涼州都督充河西節度使自此始有節度使之號至開元二年四月除陽執一又兼赤水九姓本道支度營田等使十一年除張敬忠又加經略使十二年除王君㚟又加長行轉運使自後遂爲定額新書方鎮表云景雲元年置河西諸軍州節度支度營田督察九姓部落赤水軍兵馬大使治涼州領州七涼甘肅伊瓜沙西舊書職官志節度使有行軍司馬一人副使一人判官二人新書作一人 皆天寶後置

文獻通攷云節度使判官二人分判倉兵騎胄四曹事副使及行軍司馬通署案題名不著年月未識爾時節度使爲誰據舊書志謂節度判官係天寶後置則此佛象亦當在元宗西狩之後　以上心經二層佛象二層一層無題字凡四層在迤南門樓東第二柱向南一面常山貞石志

槀城令張逵等題名共高六尺六寸廣一尺二寸兩截上截五行行字不一字徑一寸五分行書左行

即度隨軍攝槀城縣令張逵

前恒府參軍攝主簿王誥



前恒府參軍攝尉鄭湝

元和九年甲午歲七月八日

壬子題

右題銜書節度隨軍而不著某軍節度下有攝槀城縣令前係成德軍可知舊書職官志節度使有隨軍四人又題名列銜一云前恒府參軍攝主簿一云前恆府參軍攝尉案唐宗室封恆山王者二人一睿宗惠莊太子撝垂拱三年改封衡陽郡王後進封申王開元十二年薨一元宗子恆王瑱開元二十一年封計二王開府之時下距元和九年有百餘載之久知

王鄭二人非王府參軍當是恆州大都督府僚佐元和郡縣圖志河北道恆州大都督府今恆冀節度使理所唐會要恆州興元六年六月一日升爲大都督府唐六典大都督府參軍事五人其云元和九年甲午歲七月八日壬子案舊書憲宗本紀元和九年六月丙子朔七月丙午朔則七月八日當是癸丑此作壬子與史不合如以六月爲小盡則七月朔是乙巳八日卽壬子蓋當時强藩跋扈幾於帝制自爲卽頒朔一事恐亦有參差不一者王室衰微可勝慨哉常山貞石志



馮廣敬妻王等題名下截三世佛象一鋪供養象五觀音象一鋪其下題名二列上列二行象二下列六行象五行字不一字徑寸許正書

雲騎尉馮廣敬
妻王供養　此二行上列在兩象中間
妻王
妹母劉供養
命妻張供養
悊妻張供養
比邱尼道海　此六行在下列左行以上下截

右馮廣敬名已見前此面題名一層佛象二層供養象二層一層無字凡五層在柱西面常山貞石志

常山志缺末列妻王二字但云妻王而無其夫之名疑上列馮廣敬之妻一人兩見也

成行感等題名高四尺八寸連棱廣二尺兩截上截佛象一鋪題名二列上列六行象四下列十二行象六柱右棱象七題名三行行字不一字徑五分正書左棱象六無字

忠女比邱尼淨心尙
忠女比邱尼淨□
宜安鄉□□村□
信仕成行感
息□龍供養
感息□兒供養　此六行爲上列



□□進王
□息難度騎
□妻張
□□息□□□
三兒妻□
息□龍妻王
感妻彭供養
三兒息行言
三兒息□言

忠息行因
□□□□
□□□逸
外生王庭□ 此十二行左行 以上下列下刻佛象并供養象五
芩息□宰
□士應□庄
庄息孩□ 此三行在柱右棱亦左行下刻象二 以上上截
右題名有宜安鄉□□村案府縣志無宜安鄉有宜
安故城在槀城縣西南方輿紀要云宜安城在槀城
縣西南二十五里戰國時趙地史記秦始皇十四年



伐趙取宜安又趙將李牧擊秦軍取宜安走其將桓
齮水經注云白渠水又東南逕耿鄉南世祖封耿純
爲侯國世謂之宜安城括地志云宜安故城在槀城
縣西南二十五里舊唐書地理志云隋義甯元年析
槀城置宜安縣屬鉅鹿郡武德元年隸廉州四年省
入槀城案今槀城縣西南有宜安社郎故宜安縣地
蓋縣廢爲鄉猶存舊號惜村名已磨泐不可辨 常山貞石志

常山志所載有誤茲依石本更之
敬妻王等造象題名 下截七行右棱一行左棱四行行字不一字徑六分正書

命 下石缺
敬女七娘
敬女什娘
祖女三娘
祖女四娘
外生女十二娘
□□法珣 此七行爲上列下刻象七
敬妻王供養 此行在柱右棱右方下刻象其左則石泐
敬息阿大
阿毛希庭



庭珪
外生郎息庭□ 此四行左行在柱左棱下刻象二 以上下截
右題名所云敬祖者郎柱東面之馮廣敬馮元祖兄
弟也此與柱南面末層西面弟五弟六層同時所刻
以上佛象二層供養象題名二層凡四層在迤南
三門樓東弟二柱北向一面 常山貞石志

常山志缺法珣二字
馮知命等造象題名 高四尺九寸廣一尺二寸五分上刻佛象次婦女供養象六又次佛象皆無題字最下題名八行行字不一字徑六分左行正書下刻象五
息騎都尉知命

命息雲騎尉
廣敬供養
命息武騎尉元旭
敬女夫太原
作郎
敬女夫隴西李
法融

右題息騎都尉知命而無其父姓名蓋此層與南面河西節度判官馮才悲題名相並即其子也又題名有命息雲騎尉廣敬柱西面弟五層有騎都尉馮廣



敬當是一人此面刻象凡四層三層無題字在迤南門樓東弟二柱東向一面　以上四面爲一柱迤南大門樓中門弟二柱也最東一柱已佚僅存柱礎常山貞石志

息騎都尉之息常山志誤刻作思跋內不誤

三門主劉君妻孟等題名 共高九尺九寸五分廣一尺二寸五分三截弟一截六行行字不一正書

三門主柱端居中字徑三寸許正書

劉君妻孟息版授鄭州司馬知本妻耿本息懷哲懷玉懷珍
版授代州都督劉昉仁妻弭息文經妻郝經息愛順妻郝順息
州鐵　　溫西皈妻張息竹仁妻鄧女阿玉毛娘四娘件
女貴勝　右三行字徑七分許在石方

彭君盛妻范弟望之妻□縣録事弟君徹妻
賈芝之息將仕郎義斌妻敦盛息待問妻楊息元同妻李山道
元模道嚴元誠女妹仁二娘同息阿隱女玉兒蔵兒　此三行在左方字徑八分右弟一截

右題名有昉仁妻弭氏案通志氏族略弭氏三輔決録云王莽時有弭疆漢末新豐人弭仲叔亦見決録望出新豐元和姓纂有彌無弭其五支彌姓注云史記衛公孫彌子瑕以王父字爲氏所引三輔決録與



氏族略同廣韻五支彌亦姓三輔決録有新豐彌升案升當爲仲叔之誤古草書叔字如升傳寫因誤又脱仲字耳則弭即彌字之通假鄭夾漈既載弭姓而以字爲氏又別出彌姓誤矣又有溫西皈案龍龕手鑑皈音歸而無皈字溫名西皈取皈依西方佛法之意當與皈同常山貞石志

彭由鶴妻等題名 第二截二列每列十一行行字不一字徑八分正書

彭由鶴妻　　高善念妻
劉客郎妻　　孟元德妻
劉文起妻斫　　周本妻
彭行中妻　　周師仁妻

彭遊方妻　李盛息文猗妻鄭
劉興妻　李行感妻劉息思益
劉名贊妻　李士仁妻
上柱國彭祖蔭　李繼祖妻張
劉元德妻　吳元基妻李
楊務本妻彭　李阿師妻彭息慶
王賜受妻　周阿伏妻

史世樂等題名 第三截八行行字不一字徑七八分左右正書

史世樂妻安息師整妻安整息阿滿妻康
縣録事趙仁遇妻郭息元譽妻呂息元志妻周女淨住　智照



智藏　吳元琪妻李息知元妻彭元息洪簡　洪斌　元
女守志
版授冀州長史彭豪信妻周息阿七妻高息供應妻劉應息奉
義　毛郎　女樹兒
石德通妻馬息季倫妻梁息季舒妻眭倫息崇業　王素妻魏
息
李恭暉妻鄭息阿素妻鄭素息雲漢妻趙
朝散大夫上柱國邢州司馬彭舍利妻張息朝議郎上柱
國祖蔭妻張蔭息右金吾衛翊衛敬重妻趙息元瓌
俎義琪妻王息乹貞妻律郱　貞息承意　承慶　承暉　女

大娘　意妻鄭　意息抱璧　抱玉
劉善言妻周息騎都尉文智妻程息文才妻郝智息陪戎副尉
進忠妻周息飛騎尉進卿妻張智女三娘才女四娘忠息珪
璋

右題衛有右金吾衛翊衛案唐六典左右金吾衛大將軍各一人正三品注云大業三年改左右武候府爲左右武候衛皇朝因之龍朔二年改爲左右金吾衛案諸衛皆有翊府中郎將領其府校尉旅帥翊衛之屬人數品秩如左右衛諸衛翊衛皆以五品以上并柱國若有封爵兼帶職事官子孫爲之彭敬重之



祖舍利係上柱國爲邢州司法參軍故其孫得充右金吾衛翊衛又題名石季舒妻眭氏元和姓纂云趙大夫食采眭邑因以爲氏漢書眭宏傳注師古曰眭音息隨反今河朔尚有此姓音字皆然而葦昭應劭並云音桂非也今有炅姓乃音桂耳又有俎義琪俎氏不詳所出姓纂諸書皆不載研律即斛律字書無惟集韻有酙字云斛或作酙晉書胡奮傳屯萬酙堆案研即酙字漢隸斗字多作升後人遂譌升爲升北齊以百升飛上天爲斛律明月之讖是六朝時已有此別體字矣又斌字字書無唐人諱虎多以武字代

之疑卽滮字　以上柱主題名凡三層在廼北大三
門樓中間大門東首大柱上西向南向一面無字常山
貞石志
大門樓主慕容通仁等題名共高九尺七寸五分廣一尺四寸五分兩截上截三列行字不等正書
大門樓主柱端居中字徑三寸餘正書
息蒲州河東縣尉知義妻劉　息履福
履祚　履適
息師鳳妻彭　息澄虛觀主知矩



息上騎都慰允貞妻成　息欽若
慕容通仁妻馬
息解惠寺都維那僧師鸞　以上三列爲上截首四字徑二寸五分餘徑二寸左右
右題名有澄虛觀主知矩唐六典云凡天下觀總一
千六百八十七注云一千一百三十七所道士五百五十所女道士每觀觀主
一人上座一人監齋一人共綱統衆事又有解惠寺
都維那僧師鸞解惠卽解慧唐六典云凡天下寺總
五千三百五十八所注云三千二百四十五所僧一千一百一十三所尼每寺

上座一人寺主一人都維那一人共綱統衆事常山貞石
志
常山志履適誤作履過適卽適
王仁恭題名下截四列行字不等正書
上輕車都尉太原郡王仁恭妻董　息上騎都尉希及妻彭妻吳
右兩列居中
陪戎副尉敬祚妻彭　光眺
及息兵部常選敬祖妻薛　祚息　循女二娘
、陪戎副尉敬循妻范　光晏
右兩列在希及下以上四列爲下截字徑一寸六分



右題名稱上輕車都尉太原郡王仁恭新唐書宰相
世系表太原王氏無仁恭之名惟見高祖本紀有云
突厥犯塞高祖與馬邑太守王仁恭擊之案此係隋
末事下距石柱題名幾八十年雖柱上有名者題柱
時不必皆在然使果係馬邑太守無論其入仕李唐
及仕終馬邑子孫爲之題名必當書其所歷執事之
官不應僅署上輕車都尉據此知其決非一人兵部
常選說已見前　以上柱主題名二層在廼北大三
門樓中間大門東首大柱上北面常山貞石志
常山志眺誤作地

三門主鄭客郎等題名共高九尺七寸廣一尺二寸三截上截十行行字不等字徑九分正書

三門主杜端居中字徑三寸許

前廉州豊城縣尉鄭客郎息問道問通問達問過
劉阿遼妻李息元擧妻周女僧智阿戎擧女妃仁
彭伯蘭妻耿息孝叔妻周孝瑋妻張馬息同欣女尼善意
版授宗城令彭起宗妻李息行善妻趙張息達念女浄法五
娘
將仕郎倪令蓮息文林郎守義妻趙息子朝子產
版授滄州南皮令李外長妻彭息宜安縣丞君幹妻彭孫上



柱國韶妻彭韶息右驍衛翊衛元郎妻左息愼妻女法性左玉鈐衛元
秀才札妻馬息愼非太學生彥昭飛騎尉元忠妻劉息暉愼元侶
尼愛道
騎都尉彭外育妻鄭息宏顗妻李宏威元進宏禮宏悊顗息
思貞
張師仁妻彭息行簡行淹行敦行忠女巫山相仁

右題銜有前廉州豊城縣尉攷唐書地理志嶺南道廉州無豊城縣江南道洪州有豊城縣而洪州無改名廉州事隋書地理志趙郡稾城縣開皇十年置廉州大業初州廢新唐書地理志恆州稾城縣義甯元年置鉅鹿郡并析置柏肆新豊宜安三縣武德元年復置廉州四年以趙州之鼓城定州之毋極冀州之鹿城隸之省柏肆新豊宜安入稾城貞觀元年州廢以鹿城隸深州鼓城毋極隸定州稾城來屬案唐初廉州所轄諸縣見於地志者有新豊而無豊城水經注太白渠東逕新豊城北稾城縣志縣東南有新豊村即其故地豈新豊曾改豊城邪又列銜有右驍衛翊衛左玉鈐衛唐六典左右驍衛注云隋煬帝改左右備身為左右驍騎別置備身皇朝置左右驍衛府龍朔二年除府字光宅元年改為左右武威衛神龍



元年復故又左右領軍衛注云龍朔二年改左右領軍衛為左右戎衛咸亨元年復舊光宅元年改為左右玉鈐衛神龍元年復故左玉鈐衛即左領軍衛題名造在武后時故署新改之官號又李元秀列銜為左玉鈐衛而不書為衛某官疑即左玉鈐衛之翊衛常山貞石志

李元本妻彭等題名中截九列列十二行行字不一字徑七分正書

李元本妻彭　彭定宗妻　彭師質妻張
彭逢時妻成女李氏　郝武軻妻周　彭名立妻靳
九門王師廓　郝名義母張　袁孝擧妻董

張廷宗妻任　聶神劍妻周　周恭禮妻聶
樂壽縣劉豹　綦仁崋妻檀　宋乞興妻
彭阿買妻張　安仁感妻史　張乞漢妻
馮思慎妻　温行滿妻張　牛神恪妻
馮羅雲妻彭　彭君宏妻温　張君貢妻
王世經妻馮　靳義成妻王　呂恵通妻
魏元旦妻陳　張大甯妻劉　韓兔仁妻
馬清安妻　元待封妻　宋元幹妻
馬諱母彭　常醜漢妻張　宋文安妻
右第一第二第三列




高善念妻宋　聶行詮妻　周行珎妻
周智元妻張　劉世王妻　彭嘉運妻
周仁夲妻杜息知命　劉胡仁妻　彭行感妻
張仁寶妻　程阿群妻　劉師藥妻
檀行元妻　劉髙明妻　彭義謹妻
謝文達妻彭　李名徹妻　賈冕興妻
孫宏秀妻　劉阿孩妻　李阿師妻
賈霧儀妻　彭文袞妻　彭文擾妻
彭懐恵妻　蘇師讓妻任息雲騎尉元同
趙光輔妻　孟思礼妻　彭孝夲妻劉

髙羣閏妻徇　李元慶妻王　聶行通妻
彭伏生妻　劉敬真妻孟　聶行感妻
右第四第五第六列
劉義興妻　史威武妻　劉善果妻
劉伯將妻　張德基妻　彭伏念妻
彭客師妻　張万壽妻　劉元俊妻
徐元德妻　李德潤妻　王受仙妻
彭元通妻　李德英妻　馬阿言妻
李君德妻　李德瑗妻劉　甄　客妻
李世珎妻趙　李英俊妻　馬元恪妻甄




彭思伯妻　張貞合妻　馬相如妻
彭買德妻　李欽道妻　靳魯客妻
趙元機妻　李善見妻彭　靳師恭妻
彭君廓妻　彭伏生妻　張霧信妻
騎都尉彭如範　康　揩妻　劉師舉妻
右第七第八第九列以上中截

右題名凡九列除九門王師廓樂壽劉豹周知命蘇元同四人外祥案倘有彭如範一人他皆婦人姓氏其夫姓名半已見於他石柱題名內題名中字潤即潤英即英皆別體也常山貞石志

謝崇業等題名下截十行行字參差錯落字徑六分許正書

柱國謝崇業妻温息左武衛翊衛光暉妻王息左武衛翊衛
光欽妻趙時息守忠守
義守　王迴秀母李弟敬忠孫思禮李道光李遠慶　李
敬延
李大表　賈阿七　成知禮　彭阿奴　張僧遠
成龍山成字與前行阿七阿字相並　韓仁揩呂堪進張大智韓字與前行張字相並
李婆張待封　成阿來母張　孫黃子
妻張




段遊樂妻荊息仁景妻李景息孝臣女法藏法成　趙早生
妻范息元暕妻羅息文素妻馮
何叱撥妻曹息忽碑妻康碑息名遠妻趙趙智惠妻劉息元感妻劉
感息元暉
輕車都尉高知禮妻周妻彭息李艮妻王田思安妻劉畢思義
妻康澌思禮妻張
郭思敬妻王與前行息李艮相並
劉義臣妻程女如一法聰端嚴阿瓌

右題衘有左武衛翊衛唐六典左右武衛注云隋置左右武衛府皇朝因之光宅元年改爲左右鷹揚衛神龍元年復故案題名在武后時正改名鷹揚之後此猶稱武衛者光暉等充翊衛當在光宅以前題名時或已退職家居列衘故仍書舊號耳此與第一層列衘右驍衛同此面凡題名三層在柱東面　以上三面爲一柱南面無字爲迤北大三門樓中間大門東首大柱常山貞石志

息元感之元常山志誤作玆

八瓊室金石補正卷四十二終

八瓊室金石補正卷四十三

太倉陸增祥撰　男　繼㷇校錄

吳興劉承幹覆校

唐十五

開元寺三門樓題刻二十八段

騎都尉周□□等造經象題名 共高九尺九寸連稜廣二尺兩截上截經十七行柱兩稜各四行下截題名兩行行字均不等字徑五分正書

佛說灌頂拔除過罪生死得度經

經文不錄 每行五十餘字至七十餘字不等在上截

佛說藥師經一卷 此行在右稜



經主□倉督騎都尉周□□

經主都維那周從直 此二行在下截上刻佛象下刻供養象五柱兩稜各一

右兩層在柱北面柱右稜末有佛說藥師經一卷七字蓋卷末也是經序次自北而東而南而西南北兩面各有左右兩稜而訖於北面右稜上故末題云云

周從直名前已屢見 常山貞石志

趙延休等造經象題名 共高九尺七寸五分廣一尺二寸五分兩截上截經十八行下截題名兩行行字均不一字徑五分均正書

經文不錄

經主品子趙延休

經主河通海 此二行在下截上刻金剛象兩軀下刻供養象五

右兩層在柱東面題名有河通海河氏不詳得姓之由唐碑河何字率相通假觀其命名知非假河為何

楊慎希姓錄載河倚長沙人不知此姓唐時已有也 常山貞石志

武希嶠等造經象題名 共高一丈連稜廣二尺一寸兩截上截經十九行柱兩稜各四行下截題名五行柱右稜題名一行行字均不等字徑五分正書

經文不錄 在上截

經主武希嶠 此行在柱右稜

經主彭友子



經主靳希真

經主劉獻之 此行字較大

經主常浩之

經主上柱國子李无為 此六行在下截上刻佛象一鋪兩稜各一下刻象六兩稜各一

右兩層在柱南 常山貞石志

常山志缺武字

甄懷貞等造經象題名 高九尺八寸廣一尺二寸八分兩截上截經十八行下截題名四行行字不一正書

經文不錄 在上截字徑五分

經主甄懷貞
經主孫玉振
經主賈敬直
經主徐嘉浩此四行在下截字徑七分上刻金剛象兩軀下刻象五

右兩層在柱西面進前三面爲一柱乃迤北大三門樓中間大門西首大柱也上層刻佛說灌頂拔除過罪生死得度經一卷下層四周皆刻佛象及經主題名并供養象經見明大藏經恭字函即佛說大灌頂神呪經之第十二卷也藏經本於是卷題灌頂章句拔除罪過生死得度經第十二東晉西域三藏帛尸



梨蜜多羅譯翻譯名義集宗翻譯主篇尸利蜜多羅下云此云吉友西域太子以國讓弟遂爲沙門天姿高朗風神俊邁儀貌卓然出於物表晉元帝世來游建康王公雅重世號高座法師譯灌頂等經常山貞石志

三門主郄君徹等題名高八尺一寸廣一尺三寸八行行字不一字徑寸許正書

三門主柱端居中字徑三寸

上柱國郄君徹妻張息陪戎副尉廣應息陪戎副尉廣忠
公士彭善通妻胡息雲騎尉伏愛妻觧
靳仁莵妻彭息洪才妻彭才息靈順
硏律世才妻張息仁表妻楊
公士周通仁妻董息嗣侯妻馬
郭世恪妻王息元爽妻硏律姪男延壽
郝奴く妻毋成妻李息惠子
張義昭妻孫息日暉

右題名在迤北大三門樓最東弟一柱上西面上一層下截無字題名列銜稱公士者二人說已見前迤南石柱題名中常山貞石志

大柱主王孝謹等題名高九尺八寸五分廣一尺三寸五分兩截上截題名四列列十行弟四列五行行三字字徑寸許正書

大柱主柱端居中字徑三寸餘



王孝謹　王神貞　李思賢　盧廉絮
程義貞　李阿七　張　庭　張獻之
喬龍貞　張思奈　周萬感　周文友
馮思亮　郭義忠　比嘉祥　周英義
馮思愛　周文瓌　張体貞　侯靜惠
王崇光　左思暢　俎乹貞
將興務　張思敬　李思禮
張楚賓　孫元哲　王思暕
栗思貞　王思賓　王奉敬

張令賓　陳思則　常元太

右題名弟三列有偖貞偖字字書無疑卽保字操翰者好異特倒置其文耳（常山貞石志）

常山志体貞作偖貞云疑卽保字以余審之葢體之俗字耳俎乹貞貞作元常元太太作大均誤又每列十行作十一行亦誤

劉興宗題名（下截佛象象左右題名各二行行字不一字徑五分正書下刻供養象左右各二）

石泐希進

石泐薩主淸信仕劉興宗（此二行在象右）



宗妻李　宗女比邱尼

□□（此二行在象左）

右造象題名象右方有□薩主淸信仕劉興宗薩上一字泐當是菩字士作仕造象題名中多有之又右方第一行有希進二字上缺希進當是興宗之子則所缺者爲息字無疑此面三門主題名一層造佛象題名一層凡二層在柱北面　以上二面爲一柱東南兩面無題字乃迤北大三門樓最東第一柱也（常山貞石志）

靳文愘等造經象題名（二截上截心經十三行中刻佛象下刻供養象二列每列象六題名三行行字均不一正書左右棱各刻象）

佛說般若波羅蜜多心經

經文不錄

主（柱端居中）

文邑村功德主靳文愘息武騎尉甥礼妻周礼息福慶妻耶慶息武騎尉克

俊妻張息比邱僧克劍比邱尼普光比邱尼□度俊息騎都尉義興妻□□氏

俊息待昭　興息德信　德斌女廿　昭女端正敬造

阿弥陀仏合家供養（此三行爲上截）



右題名云文邑村功德主靳文靳又邑村今無攷文愘曾孫有比邱僧克劍集韻劍入質切鈍也仏古佛字（常山貞石志）

靳希芝等題名（下截題名兩列上列五行左右棱各一行象如之下列一行象一在左棱行字不一正書）

經主品子靳希芝（此行在柱右棱）

經主賈敬遶

經主品子蘇進金

經主品子李遷□

經主品子劉克雋

經主品子劉楚瑑

經主　遊子（此行在柱左棱以上上列）

經主張道恭（此行在柱左棱爲下列以上上下截）

右心經一層佛象一層造象題名一層經主題名一層凡四層在迤北大門樓東弟二柱上南面（常山貞石志）

三門主靳元恪等題名（三截上截十行行字不一正書）

三門主（柱端居中）

制賜爵公土靳元恪母鼔妻蘇息

制賜爵公土楚玉姉尼法王

趙阿瑒妻李息行褎行純行成



彭達仁妻李息文攬道仙文安文琬

鼔文忩妻靳女靳氏　靳則妻

趙模妻馮息文林郎文顥妻成息元貞

趙師表妻靳息待徵妻靳待騁待獻妻寶

版授同州朝邑縣令周文經（妻靳）版授雍州雲陽令弟文濬（妻劉）經息將仕郎英（妻靳）之方（妻馮）濬息將仕郎宏（妻房）儒林郎蔚州兵曹武（妻靳）宏息藝武息信女十力

版授滿州猗氏令周德弈妻馮息卿琮武重

右題名列銜制賜爵公土靳元恪元恪之息亦題制賜爵公土楚玉公土郎公士余嘗論說文士土同字見文集中據此知唐時二字猶通用矣舊唐書武后本紀載初元年正月神皇自以曌爲名遂改詔書爲制書此詔書稱制書之始神皇即武后本紀垂拱四年五月皇太后加尊號曰聖母神皇是也又題銜有版授雍州雲陽令案雲陽縣屬雍州見唐書地理志惟志云天授二年以雲陽涇陽醴泉三原置鼎州大足元年州廢案天授元年爲如意元年之前二年雲陽在如意時正爲鼎州屬邑而此題雍州雲陽令者意其版授縣令之事猶在天授以前故書舊隸之州以紀實也又有蔚州兵曹唐六典上州司戶參軍事



一人從八品下兼掌司兵事舊書職官志下州倉戶法三曹參軍事各一人並從八品下無兵曹參軍事蔚州係下州司兵即司戶兼理不得別有兵曹蓋當武后初下州司戶司兵尚未兼職史志所云乃永泰以後之制耳題名中字如騁即聘獻即獻濬即濬英即英皆別體也（常山貞石志）

靳全節等題名（中截題名十三列列十一行末列五行行字不一正書）

靳全節弟俊　李元操妻王　劉英卞母趙

裴過母田　劉君岳妻　□行逸妻劉

劉藏玉母周　靳冢恭妻周　馬伏護妻劉

周善度妻靳 靳開雲妻聶 馬嘉猷母趙
靳敬素妻王 靳元亮妻劉 周行斌師
靳宏基妻 靳文袞妻彭 趙元愻妻王息神旭
靳琮弟起宗 靳山受妻李 □行詢妻吳
靳庭起妻趙 靳君明妻 徐大通妻彭
靳礼全妻馮 靳行僧妻賈 周名遠妻
靳文讓妻魏 靳元慶妻劉 周感妻
靳文行妻趙 趙卞逸妻周 劉君通妻
右第一第二第三列
張師幹妻李 蘇伯了妻楊 董本妻馬



靳仁琛妻王 蘇嘉礼妻張 周世感妻靳
徐𩂯遜妻 周伯萬妻趙 徐脩紀妻何
徐元蔚妻鞏 靳思忠妻 靳後興妻范
彭師廓妻 馬善住妻魏 侯元道妻董
彭士武妻 靳仁鄖母周 靳名起妻張
彭元亘妻 鄧仁恭妻李 丐文惠妻吳
李伏生妻徐 靳師模妻孟 蘇繼祖妻劉
彭珉起妻馮 靳仁過母田 蘇小師妻彭
樊世謙妻 周善信妻 馮万通妻劉
左阿感妻張 周師言妻鄭 蘇元興妻靳

右第四第五第六列
張重君師 周仁起妻 周𩂯元妻劉殷
郭遊方弟慎 靳師舉妻 周𩂯信妻劉
張仁本妻 周元立妻靳李 周善將妻
李君卞妻趙 吳君素妻靳 周英懃妻馬
范武宅妻 趙思季母李 周師傅妻高
周善實妻 劉元楷妻聶 周士能妻董
暢君榮妻靳 趙奉師息寶 趙惠安妻靳
周宗朗妻甄 周逢聖弟遇 馬世僧妻
周愿軌妻彭 楊元本妻趙 馬士旦妻



趙君惠妻李女菩提 服授司馬董師 周羨妻
李温古妻彭 周宏駒妻 周元琛妻
右第七第八第九列
靳𩂯敦妻 靳國通妻 靳公任妻李
周行本妻靳 靳阿鄖妻張 靳名祚妻倪
馬信妻 靳羅漢妻劉 靳師遠妻聶
張英賛妻 靳行模妻張 靳文藝妻彭
郭慶妻 靳奴子妻趙 靳保仁妻李
靳明徹妻 武承後妻 周鳳安妻靳
辥 堪妻 靳守一妻張 靳文愼妻周

靳寬妻　樊秦客妻　邱元祚母靳
靳幼卿妻　靳待辟妻　靳霧貴妻
敱莫問妻　靳信重妻趙　靳元智妻
周仁則妻　靳仁師妻張　靳元基妻孔
右第十一第十二列
李新興妻周
何鵬興妻康
李思貢妻
劉貞果妻李
田　趙客妻胡　以上五行第十三列



周仁貴等題名下截題名五行行字不一正書下刻象五
經主□騎尉夲縣令孫周仁貴
經主品子敱嗣宗
經主品子□光祚
經主武騎尉李元之
經主侯克勤
右三門主題名二層經主題名并刻象一層凡三層在廼北大三門樓東第二柱上西面常山貞石志
以上二面未得拓本據常山志錄之
大三門主柳浩等題名高一丈二尺四寸廣二尺一寸五分三截上截題名七行行字不一字徑一寸二分行書
大三門主柱端居中字徑三寸五分正書
朝議郎行稾城縣令柳浩
宣義郎行丞衛岳彥
給事郎行主薄張昌
丞務郎行尉鄭迪
文林郎尉趙炯
朝散郎前主薄張霧廉
將仕郎前尉李鑒　以上七行為上截

右題銜有宣義郎丞務郎唐六典凡敘階二十九從七品下曰宣議郎從八品下曰承務郎令議作義承作丞蓋通借字耳柳浩衛岳彥張昌趙炯張處廉李鑒名不見於史書新唐書武后本紀天授元年八月癸亥殺尚書右丞張行廉行廉處廉莫詳里籍未知係親屬否又宰相世系表始興張氏子虔子胄諸孫多以處某為名子胄即曲江相國之祖也鄭迪之名見於唐宰相世系表者三皆出北祖房一為饒州長史仙之子官棘城尉一為定州刺史宏之孫奉先尉超之子一為著作佐郎文之孫昂之子官太廟令題名之鄭迪未識即此三人中之一否常山貞石志

五臺圖題字 中截題字七榜字徑五分正書柱左右棱各刻象一

菩薩□君

東臺

北臺　中臺　南臺

西臺

菩薩□手 以上中截

右圖并題字頗多漫漶其中刻狀如邱隴者五各案所在之方位題之曰某臺圖左右上方各有所圖其狀莫辨右題菩薩□君左題菩薩□手第三字皆泐疑即五臺山圖也水經注云五臺山五巒巍然故謂之五臺晉永嘉三年雁門郡葰人縣百餘家避亂入此山見山神爲之先驅因而不返遂甯巖野往還之士稀有望見其村居者至詣訪莫知所在故俗人以此山爲仙者之都焉元和郡縣圖志代州五臺縣有五臺山在縣東北百四十里道經以爲紫府山內經以爲清涼山太平寰宇記五臺縣中臺山山頂方三里近西北陬有一泉水不流謂之太華泉蓋五臺之層秀又有聖人阜水經注滹沱水東流經聖人阜阜



下有泉泉側石有十二手蹟其西復有二腳蹟甚大莫窮其所自在縣西南四十八里又仙人崖在縣南五十里石嵒上有人坐蹟山腹石土有手蹟山下石上有雙腳蹟皆西向立案五臺山以五巒巍然得名在中者謂之中臺在南者謂之南臺如太平寰宇記所云中臺山及清水河出南臺山麓是也圖中分題五臺正與此合又圖右菩薩□君四字未詳其義左方菩薩□手四字疑即聖人阜或仙人崖之手蹟矣 常山貞石志

尊勝經并序 下截經廿九行連柱左右棱刻之行約一百四十餘字不等字徑五分正書



佛頂尊勝陀羅尼經序

經文及序不錄 首句在標題下空三格起以上下截

右大三門主題名一層圖象一層陀羅尼經一層凡三層在迤北大三門樓東弟二柱上北面 常山貞石志

三門主靳惟□等題名 高九尺七寸五分廣一尺二寸五分三截上截八行行字不一字徑一寸餘正書

三門主 柱端居中

司屬寺錄事靳惟□□祁母田

阪授行水令荀榮公妻李息君客妻李

趙問通妻周息文贊文亮贊妻劉息名揩名雅

上柱國徐龍妻魏息上柱國行靜雲騎尉進賁迦訓
馬文達妻劉息騎都尉䨥智䨥謹女惠積孫武騎尉仁舉
欒州司戶趙孝廓妻鄭息版授滄州景城令鳳翼
妻彭息上騎都尉仁夲妻周張解惠寺都維那義興夲
息雲騎尉守貞守節守恭守一翼女㞳阿二 以上上截

右題銜有司屬寺錄事唐六典注云宗正光宅元年改爲司屬神龍初復爲宗正唐會要宗正寺龍朔元年改爲司宗寺咸亨元年改爲宗正寺光宅元年爲司屬寺唐六典宗正寺錄事一人新唐書作二人案行水郎衡水省文舊五代史以行唐爲衡唐二字當時通用



又有滄州景城令案新書地理志瀛州河間郡縣五舊領縣十天寶領縣六五曰景城本隸滄州武德四年來屬貞觀元年隸滄州大歷七年復舊後隸鄭州尋又來屬蓋景城縣自武德四年以前隸滄州貞觀元年以前隸瀛州至大歷七年始仍隸瀛州題名在武后時其所版授之官大約在貞觀以後如意以前其時縣正屬滄州也又有欒州司戶案隋書地理志趙郡開皇十六年置欒州大業三年改爲趙州元和志同惟三年爲二年州自大業廢入趙州之後迄於唐亡未嘗再置趙孝廓之爲欒州司戶當在隋大業以前可見石柱題名或爲子孫輩所追書不必其人之見存耳

常山貞石志

李小師妻聶等題名 中截題名十一列列十一行末列八行行字不一字徑寸許正書

李小師妻聶 趙英俊妻彭 李卞信妻趙靳
高懷素妻尙 馬世感妻劉 李義端妻
髙君明妻董 馬孝節母彭 妻程
周海章妻 馬長卿妻趙 趙義寬妻彭
范志艮妻張息寒貴 周海道妻 □□文妻劉
趙孝收息師立 李脩行女阿□ 趙□□妻張



韓㒸默妻趙 趙師立妻 趙之貴妻周
靳君逸妻 王智藏女阿之 趙文協妻周
周義詢妻張 趙善客妻杜 趙孝緯息師講
周長卿母趙 李仁感妻□ 周仁禮妻
樊威果妻鄭 周名志下石泐 □欽古母馮

右第一弟二弟二列

張君英妻周 李師倫妻周 劉㒸基妻
息世文妻趙 李行真妻周 趙軌妻
周師信妻 周果貞妻李 馬懷禮妻李
杜義立妻鄭 周審禮妻董 趙行儉妻李

趙保進妻劉　周仁昉妻劉　趙元通妻劉
周阿興妻張　郭文表妻杜　張懷玉母友
周懷慈師　友君立妻馬　彭懷則妻靳
李覲宗妻趙　周宏照妻董　趙雾信妻劉
周奉孝妻靳　周阿覓妻李　李行愉妻張
趙伏護妻賈　張善行妻　李元恪妻
李師仁妻　周行端妻張　李孩仁妻周
右弟四弟五弟六列
劉樸道妻趙張　周文德妻吕　高行本妻
劉行卞妻　徐名幹妻　周同舉妻



徐元縱妻翟　馮興妻　李思貞妻
戴行謹妻李　貟小孩妻　李君安妻
徐師嫐妻　蘇文政妻劉　張羅云妻
周德茂妻馬　茂女阿他阿滕　孔仁秀妻
徐令武妻　周師鋭妻靳　貟　恭妻
張君行妻　竇悊妻趙　劉　夲妻
彭元布妻　彭士相妻　馬仁羡妻
成元師妻　徐世僧妻　馬　瑗妻
劉恭僧妻馬　徐祥念妻　貟鄉縣丞成萬石
右弟七弟八弟九列

周孝義妻宋　阿梁婆
周英愕妻馮
周孝叙妻
李明通妻竹
靳元鑒母趙　劉太一妻靳
周善慶母劉　靳義晟妻劉
樊世冝妻周　靳慈順妻
王　貞妻　宋　璋妻
靳神棨母魏　李僧安妻
周義惲妻　宋　師妻



此行爲上列成萬石所占　周阿孩妻彭　以上第十第十一列以上中截
右題名中入仕籍者僅一人曰貟鄉縣丞成萬石案元和郡縣志新舊唐書地理志無貟鄉縣葢即鄖鄉之省文耳新書地理志云鄖縣本隸淅陽郡武德元年以鄖鄉安福置南豐州並置堵陽黃沙白沙固城黃沙三縣舊書無四縣八年省黃沙白沙固城是年州廢以鄖鄉安福堵陽隸淅州貞觀元年省安福堵陽入爲又題名諸人中有尙姓貟姓通志氏族略尙氏姜姓太公號師尙父支孫因氏焉後漢高士尙長字子平望出汲郡清河上黨元和姓纂云前涼錄安夷人員

平金城人員敵大夏人員倉景唐吏部郎中員嘉靖
華陰人蓋其後也又望出平涼水部郎中員半千狀
云本姓劉氏彭城綏輿里人宋宗室營陵侯劉遵考
子起居郎中凝之後宋亡因背劉事魏太武以忠諫
比伍員改姓員氏賜名懷遠官至荊州刺史隋末又
居臨汾半千遠六代孫也唐右諭德陝州刺史常山貞石志

常山志脫弟十列竹字

周從直等題名下截題名五行行字不一字徑六分正書

經主都維那周從直



經主李景慎

經主王延芝

經主武騎尉李德斌

經主西河子上柱國靳祥暉以上下截

右題銜有西河子上柱國案六典封爵九等八曰縣子西河縣屬河東道汾州見唐地理志此面凡三層三門主題名二層經主題名并刻象一層在柱東面

以上四面為一柱乃迤北大門樓東弟二大柱也

常山貞石志

靜方寺道安題名在柱右棱上大字一行柱面磨泐下刻心經十六行行字不等均正書

汾州靜方寺都維那道安柱面剝毀不可辨此其右棱也下刻心經

佛說般若波羅蜜多心經

經文不錄

此二行未得拓本據常山志錄之

汝南公等題名上列佛象次列供養象題名二行左棱題名二行下刻心經十七行行字均不一正書左棱刻象一

□□□□□□□□

□僉□□□尼□□此二行在佛象下

上缺□汝南郡開國公　初任潁州諸軍事



上缺洛縣令　後任貨州缺　□三此二行在左棱

佛說般若波羅蜜多心經

經文不錄

李元試妻題名在柱左棱一行正書與西面弟三層相連屬

祖李元試妻

右題名已殘缺所存者首行云汝南郡開國公初任潁州諸軍事第二行□洛縣令後任貨州七字行末□三兩字其人姓名當在汝南郡之上已殘缺不可攷案唐代封汝南郡公者新書宗室世系表蔣王惲子煟封汝南郡公又三宗諸王傳襃信王璆子巽天

寶中封汝南郡公此外有周仁軌見舊書外戚傳中宗神龍中封翟無言見新書忠義傳睿宗景雲中封渾釋之見同紇傳元宗天寶中封後進封甯朔郡王蔣溪見高智周傳代宗時封此段列銜未知是題名者自列官爵抑係其先世銜名匆可究矣貸州兩唐書地志無其名當即化州之别體字　右四層并柱兩棱爲一面此柱今已仆地分爲兩截此面或南或北無可據今姑定爲南面以冠此柱之首焉常山貞石志

閣□等題名七列上四列列十行下三列列七行磨泐止存七字下刻供養象二列

閣□　□□　□□　□□　□□　□□　□□

　

□□　□□　□□　□觀　□□　□女　□□
□□　□什　□□　□□　□□　□□　□□
□□　法□　□□　□□　□□　□□　□□
□□　□□　□辟　□□　□□　□□　□□
□□　□□　□□　□□　□□　□□　□□
□□　□□　□□　□□　□□　□□　□□
□□　□□　□□
□□　□□　□□
張□　□□　□□

試息貞順等題名四行行字不一正書下各刻象一

試息貞順妻周
順息德祥妻張
順息德祥妻馮
順息德斌妻周女大娘

右三層爲西面常山貞石志

惠本寺義恭題名在柱左棱大字一行正書其柱面則殘泐不可辨矣

晉州惠夲寺僧法師義恭

右法師義恭題名義恭名已見前南路中間大門西首柱上西面弟一層常山貞石志

周甘羅等題名此層以上殘泐不可辨不能定其有幾層此層題名□行在右方正書下

　

刻象二列凡入

上缺□兵部常選周甘羅妻樊女二娘
誠息武騎尉周莊子　妻靳

順息德亮等題名七行正書首行在柱右棱下刻象二餘六行各刻象一此層與西面弟三層相連屬

順息德亮妻劉女二娘此行在右棱
順女郗氏二娘
順女王氏八娘
祥息脩進
祥息脩樂

祥息修直

順息武騎尉德亮

右北向一面上數層已磨滅不可辨所存者惟下兩層題名供養象及柱首左梭上題名而已常山貞石志

尼大智等題名弟一層十一列列十行末列五行行字不一正書

尼大智　尼阿素　仵仁　空惠　阿成　法淨

尼真智　尼法利　法智　妹仁　阿戴　妙嚴

尼恭姜　尼如琬　阿淨　阿主　波闍　惠勣

尼如相　尼金王　九娘　阿戴　智德　法行

尼惠轉　尼貞相　憂波　阿黑　法愛　光嚴



尼妹仁　尼摩敢　尚仁　阿祐　阿妹　智真

尼阿主　尼脩空　阿琚　阿度　真藏　阿要

尼孟姜　尼阿玉　阿容　如相　智雲　法悉

尼舌覺　尼善意　阿意　淨果　法輪　道幹

尼法寶　尼勝仁　阿主　勇堤　阿神　脩惠

右弟一至弟六列

無等　阿光　淨果　智道　法住

淨住　法琛　淨光　真果　乞意

巫山　阿什　阿玉　金顆　摩仁

阿妃　阿妻　阿作　阿主　智姬

阿慶　責好　法愛　阿秋　王仁

弄光　李妹　僧智　淨眼

六娘　法智　阿王　淨藏

惠淨　愛娘　戎兒　明空

智藏　智過　神惠　四空

阿備　真寶　法海　如相　以上弟七至弟十一列

殘題名弟二層六列每列十行弟五列六行六列五行字皆剝毀止存一婆字在弟二列弟三行一剝字在弟三列弟二行不復錄矣

右東面題名兩層上層十列皆比邱尼名字尚完好下層六列已剝毀隱隱微辨數字似婦人名故別爲



一層焉　以上四面爲一柱柱皆兩石疊而爲一柱既仆地故分爲二其殘泐者皆係斧鑿痕因不能定其爲某門之柱故附於北路諸柱之後

三門樓額廢已久僅存石柱十二枚及中大三門中間大門柱上橫梁一橫梁高一尺五寸一分廣一丈二寸二分南面刻字柱高一丈六尺三寸每柱四面每面約廣一尺二三寸不等刻經文佛象及門樓柱主象主經主姓名每柱或刻一二三四面每面或作五六七層分刻不等字多正行兩體書其上佛象經文皆非一時所刻有號年者惟田伏寶多心經以乾

元元年四月李思太妻趙二孃多心經以乾元元年四月節度隨軍攝槀城縣令張遠等題名以元和九年七月李宥三門樓讚以大歷十二年六月據讚稱三門樓創造於如意年間今横梁刻有大周并武后所製字因總編次於武后僭改國號之後其中有號年者亦不復析出從其朔也至於每段書體行數以及人地官名有當攷者並分注於每段每面每柱下先之以迤南三柱中間次之迤北又次之每四柱則以中間兩大門柱爲主然後自東及西次第件繫俾覽者連類及之便於詳檢焉　右開元寺三門樓石柱刻經造象并柱主題名爲自來金石家所未見所收者僅解慧寺三門樓讚耳予守正定始訪得之凡存柱十二横梁一每柱四面又各起四棱上或刻經象題名不等惟中大三門最東一柱無字其餘亦有刻兩面三面者此外尚有六柱及柱上横梁已遍覓不可得訪之故老云前正定令某修大公館時取作階石柱礎之用寺中碑碣且多爲所毀云常山貞石志

右開元寺三門樓題刻道光年沈匏廬兵備始搜得之錄入常山貞石志今以拓本對勘不無闕譌分註於各條之後拓本短缺八紙仍據志備錄焉



志載首列南柱今以中間爲先而冠以横梁樓造於如意年間梁端有大周二字故也餘如志載次第分列之梁一柱十二凡二十有八面七十六段內有一人所刻分寄於他柱他面者實六十餘段計讚一記一圖一餘皆造象刻經及諸題名有建元年月者四刻而已題名凡二千餘人有兩見三見以至四五見者共一百一十四姓姓之希者均見萬姓統譜竹出孤竹君後以竹爲氏又望出東平漢有竹曾下邳相唐有竹承構宣州刺史竹承基洪州刺史統譜僧作魯誤也老出顓帝子老童之後或云老耼老萊子之後以老爲氏春秋時有老古晉人老祁衛大夫老左廬宋臣老左廬風俗通作老佐當是統譜之誤弭見姓苑出新豐漢有弭璣中郎將弭倖見三輔決錄五代有弭德超仕周爲樞密副使弭仲叔亦見決錄沈氏引決錄有彌升彌升疑即弭倖未知孰誤沈氏謂升即仲叔之誤然邪眭望出趙郡漢有眭宏魯國蕃人治春秋眭孟魯人授公羊春秋於彭嚴祖三國時有眭固薊州人爲魏將輩出周卿士輩簡公後漢有輩伋輩收皆官侍中輩宏武官郎中暢槷出魏郡漢

有暢惠明撰論語意十卷暢曾撰水德經一卷唐有暢璀暢當荀出黄帝後奔荀奕國因以爲氏又出敬姓避晉石敬瑭諱去文姓荀漢有荀諫荀參晉有荀晞荀廙南北朝有荀濟荀頵阿本阿伏氏改爲阿叉伊尹爲阿衡子孫以官爲氏唐有阿光進爲河東牙將阿呵馬龍州人嘗撰纂字名曰韙書河刑兩姓未詳所自南北朝有河滇餘千人元嘉間捕盧循將韓英有功授本邑令漢有刑穆爲大司徒沈氏謂刑即邢之通借殆非普氏出後魏獻帝次兄爲普氏宋有士人普貴開寶間納土歸



款而趙宋以前無聞焉狙氏亦不知所自疑狙或沮所改明有狙有用慶都人宣德中五臺知縣狙琚磁州人正德進士任員外郎而明以前無聞焉得此刻知唐已有是姓矣命名有太子有王妃古人不以爲嫌有永徽有總章建元亦在不避忤即五字毛即三字上自高曾祖父母旁及叔母與夫兄弟姊妹下及妻女子孫往往牽連書之並有及其妻父妻母女夫外生外生女者或稱外事即女夫也他處罕見之或稱甥生息甥生女即外生外生女也他處亦罕見之甥即外字之俗生即今之

甥字其有官職者什不得一或曰行或曰攝或曰任或曰版授或稱前或稱初任或稱後授後任凡牧一人都督一人刺史一人又有任潁州諸軍事者亦一刺史也長史四人司馬五人參軍二人司戸司法兵曹各一人亦參軍也州錄事一人縣令一十七人丞九人簿六人縣錄事九人尉六人縣博士一人鄉長一人倉督二人麟臺正字一人麟臺郎祕書省也司屬寺錄事一人司屬寺即宗正寺也王府參軍一人帳内一人節度使判官一人隨軍一人左果毅一人即左果毅都尉也翊衛七



人長上一人右玉鈐衛即右領軍衛左豹韜衛即左威衛也戍主二人一白侯一揄城皆不見於史志進士二人太學生一人成均館學生一人成均館即國子監也品子一十一人兵部常選三人爵則有開國郡公一人子二人公士六人勳則有上柱國一十七人柱國上護軍各三人護軍一人上輕車都尉三人輕車都尉二人上騎都尉一十一人騎都尉一十六人飛騎尉四人雲騎尉一十七人武騎尉一十二人又有武騎都尉一人即武騎尉也文散階則有朝散大夫一人朝議郎二人朝

請朝散宣義給事承務儒林郎各一人宣義郎宣議承務郎丞務也登仕郎二人文林郎五人將仕郎七人武散階則有昭武校尉陪戎校尉各二人陪戎副尉六人又有陪戎尉一人不知其爲校尉副尉也又有齊甯遠將軍一人是其子孫所追書者薦福之意耳唐亦有甯遠將軍亦散階也至州郡之名則有滑平懷汾金原陵晉并隰鄜代邢蔚欒潁貨等一十七州唐有欒城縣無欒州欒州卽趙州此欒州司戶是隋代之官其子孫追書之者唐無貨州沈氏疑爲化之通假而唐亦無化州韻



會合浦郡宋曰化州疑貨爲賀字之誤縣邑之名則有壽州之霍山舒州之汝湖襄州之穀城宋州之虞城滄州之鹽山長蘆南皮景城徐州之彭城瀛州之清苑冀州之南宮彭州之九隴安州之安陸定州之安平陝州之硤石鄧州之魯山梁州之盤秋蒲州之河東猗氏廉州之豐城同州之朝邑雍州之雲陽又有濮亳稾城安陵宜安宗城九門樂壽行水貞鄉等十縣不言所隸之州又有□洛縣闕一字唐有上洛商洛均隸關內道商州洛上所闕不知爲上爲商也雍同原屬關內道雍州卽

京兆府開元元年以前稱雍州也陝滑潁宋徐鄆屬河南道蒲晉隰并汾代蔚屬河東道蒲州卽河中府開元八年以前稱蒲州也并州卽太原府北都并州天授二年以後開元八年以前之稱也懷邢冀滄定瀛平屬河北道襄鄧金梁屬山南道梁州卽興元府開元十三年以前稱梁州也壽舒安屬淮南道彭陵屬劍南道廉屬嶺南道而此所題之廉州乃稾城所置之廉州屬河北道非合浦郡之廉州也霍山卽盛唐非天寶時所置之霍山汝湖卽太湖鹽山卽鹽山長蘆卽長蘆南皮屬景州



景城屬瀛州均不屬滄州景州貞元三年析滄州之弓高東光臨津置長慶元年州廢縣還滄州二年復以弓高東光臨津景城置大和四年州又廢縣還滄州是長慶以前南皮景城均屬滄州也清苑卽清苑屬莫州不屬瀛州莫州景雲二年以瀛州之鄚任邱文安清苑唐興幽州之歸義置鄚開元十三年更名莫沈氏謂景雲以前本屬瀛州是已寰志瀛州縣五三曰高陽武德四年以高陽鄚博野清苑置蒲州五年以博野清苑隸蠡州貞觀元年州廢以鄚高陽來屬又於深州博野下云貞

觀元年以博野淸苑隸瀛州是貞觀以前淸苑屬
蠡州此題在貞觀以後景雲以前故稱瀛州也安
平屬深州先天二年以前屬定州故稱定州硤石
郎峽石魯山屬汝州此稱鄧州者未詳梁州無盤
秋縣他州亦無之沈氏謂盤秋卽番禾幷以梁爲
凉字音近之譌其說甚辯而未必然也竊疑秋爲
利字之俗利州之域曾設盤利劃隸梁州如西縣
三泉之類嗣經併省更置而史不及詳也抑或盤
道七盤平利之改名來屬而旋還故邪顧無左證
闕疑可耳或又云秋是秭字古與石通資州有盤



石縣其地爲古梁州之域因稱梁州然未見有此
書法也資州無改梁州之文梁州屬山南西道資
州屬劍南道亦無由劃隸焉廉州無豐城豐城屬
洪州沈氏疑卽恆州之新豐武德四年所省入稾
城者此題之廉州豐城非嶺南道之廉州亦非江
南道之豐城是鄭客郎之爲尉在武德元年復置
廉州之後未省新豐之前也雲陽如意年屬鼎州
此題雍州者天授以前之稱又云濮雲二縣主簿
濮卽濮字唐有濮州亳州有濮陽臨濮縣而無濮
亳隋書地志亦無此二縣名豈嘗置之而史氏漏

略邢稾城屬鎭州其時尚稱恆州安陵屬德州宜
安隋縣義甯元年置武德四年省入稾城貞觀元
年屬恆州君幹爲丞在高宗朝亦子孫所追書者
宗城屬魏州本屬貝州武德四年以宗城經城及
冀州之南宮娍疆置宗城析經城置府城縣九年
州廢省府城入經城省娍疆入淸河餘縣皆還故
屬天祐三年隸魏州此題名時尚屬貝州樂壽屬
深州本隸瀛州大厤中來屬此題名時尚屬瀛州
行水不見於地志沈氏謂卽衡水屬冀州均隸河
北道貞鄉卽鄖鄉屬山南道均州餘詳沈跋至鄉



名有宜安卽隋置宜安縣之地村名有摽德文邑
寺名有解慧花成靜方惠本解慧爲本寺舊名靜
觀開皇時更名觀名有澄虛西王母西王母觀卽
西王母祠也自士大夫以至僧尼道士罔不助緣
其稱名有中大三門主大三門主三門主大門柱
主大柱主大門樓主功德主大功德主菩薩主經
主清信士都維那諸名目又有單舉一主字者其
所造佛象凡三十或一鋪或二軀有釋迦牟尼象
有阿彌陀象有如來象有觀世音象有金剛象大
者盈尺小及二寸供養象約二百五十餘人凡衣

裳冠履幡蓋香花蓮座之類坐立胡跪向背之狀鏤刻精妙畢具畢肖其所刻經凡救苦觀世音經一卷灌頂拔除過罪生死得道經一卷藥師經一卷尊勝陀羅尼經一卷般若波羅蜜多心經十二卷多心經諸刻微有同異時照見五蘊皆空五蘊下或有等字或無等字乃至無老死亦無老死盡或作乃至無死亦無無死盡罣礙字或作礙或作碍或作㝵亦有用㝵爲得者有書鼻舌作鼻實者誤也有書夢想之夢作㝱者俗也又有殘經一卷僅存下截數字



八瓊室金石補正卷四十三終

# 八瓊室金石補正卷四十四

太倉陸增祥撰　男　繼煇校錄
吳興劉承幹覆校

## 唐十六

### 處士程元景墓誌

方一尺三寸七分廿二行行廿二字字徑三分餘正書篆蓋題大周故處士程先生墓誌之銘十二字在長安裴氏

大周故處士程先生墓誌銘并序

先生諱元景字師朗京兆長安人也若夫道契儒林季升騰芳於漢(乙)才光俊乂延休播美於晉時故贈紹傷



離夫子仰先生之德橫威絶漠將軍獲武帝之勳由是冠盖蟬聯風徽不絶長波栝峚高構淩而渙圖史以銘功故可略而言矣祖恭隨朝議郎行洺州平梁縣令邈暐感德蹈卓茂之高風屬馬流仁酌羅含之懿範父敬邈唐大丞相府朝散大夫義旗肇建率土咸賓褒德錫功穡斯散職惟先生風神警悟器宇虛明清㊄露於秋而擢風雲於冬(乙)仁能接物孝以安親三思後行季文子之高志去食存信孔宣父之清規嵇叔夜許其雅琴阮嗣宗推其清嘯優遊自得放曠無爲所與雲翳孤松偃霜巖而挺節豈謂風摧六櫃塵泉戸以收榮氣掩如

蘭既摧乖扵晞露光沉若木俄役郎扵驚飈以長壽三
卒歲次甲午𠙺𠥱景戌朔九囸甲午遘疾終于群賢里
春秋五十有一嗚呼哀哉先生夙崇三業妙洞一乘然
智炬扵心田則迷途自朗泛慈航扵慾海則彼岸攸登
粤以其𠥱廿二囸景午葬扵龍首原禮也有子彥先等
趨庭闕訓陟岵無依踐霜露以崩心庶題珉而紀德其
詞曰　崇基磊落清派泫汪贈纖傷別捧囸承光寒
松比操秋桂同芳郎色非色筌忘蹄忘川舟易往隙駟
難停雲愁偃盖電激流旌啓黃泉扵卜宅掩白囸扵佳
城歎松門之一閇痛蒿里之長扃



右墓志廿二行行廿字正書字徑四五分頗瘦勁志
所敘處士父祖之官俱不顯故於史無考其所稱唐
大丞相府者即唐高祖也本紀言隋義甯改元後高
祖入京師隋帝授假黃鉞使持節大都督內外諸軍
事大丞相錄尚書事進封唐王以武德殿爲丞相府
則敬逸官朝散大夫時猶唐未受禪之先也文首云
季升騰芳於漢日謂程曾也見後漢書儒林傳然今
本後漢書曾字季升作秀升豈字形相似而刻本傳
寫之誤邪長安志龍首鄉在萬年縣東一十五里又
龍首山在長安北十里又龍首渠在長安縣東北五
里自萬年縣流入而注于渭盖鄉以是得名志云龍
首原猶言龍首鄉之原也長安志又云羣賢坊在皇
城西弟三街此云羣賢里蓋即羣賢坊也古泉山館金石文編

按程元景墓志銘撰書人皆不著序云道契儒林秀
□騰芳於漢日秀下所缺乃升字後漢儒林傳程曾
字秀升南昌人受業長安習嚴氏春秋著書百篇皆
五經通難又作孟子章句又云贈縞傷離□子仰先
生之德子上所缺乃孔字或夫字也孔子遇程本於
譚剡閒取束帛以贈先生見韓詩外傳及子華子孔
子贈篇行涇州平梁縣令隋書地理志安定郡舊置



涇州無平梁縣疑即原州之平涼縣時屬涇州元和
郡縣志建德元年割涇州平涼郡於今理置平涼縣
屬長城郡隋開皇三年屬原州是平涼本涇州地故
稱涇州平涼復作平梁也職官志朝散大夫從五品
下階文散官故曰散職羣賢里在長安界內唐京城
金光內有群賢坊龍首原在萬年縣南十五里武后
長壽三年五月改元延載元景卒葬皆在正月故猶
稱長壽三年金石續編

季升之季石華續編皆作秀盖據後漢書也而石
本實作季續編并缺升字又缺夫子之夫字脫父

字又武帝之勲勳字兩家俱闕審之尚可辨識也
題珉之珉石華謂避太宗民字諱改作珉而續編
竟作珉松門之松石華誤刊作松

郝貴興兄弟二人造像記

高一尺二寸廣一尺六分十二行行字不一字徑六分許正書

大周長壽三秊歲次甲午五𠥱甲申朔八𡆠辛卯北都
石艾縣石艾鄉榆交村郝貴興弟善德兄弟二人敬造
石像一鋪上為　金輪皇帝下为七代先亡俱登政覺
興妻郤興息義客妻褚客息神慶息神爾神度興息
義靜興女祥兒女阿相女四娘女六娘德亡妻李後妻



万侯息義莫妻孫莫息伏愛息伏及伏光德息義勣妻
趙　德息義貞德女貞辯女件娘女八娘義客女石娘
女石光興姊益兒妹要兒　貴興　善德兄弟二人合
家大小供養佛時
妙像手太谷縣武君感

明統志載太谷縣奄谷咸陽谷並有石像是刻當
在其地或在浮山貴興之興前刻似溫後幅是興
極為明顯是年五月改元延載尚稱長壽三年者
幽僻未通悉耳唐地理志北都天授元年置神龍
元年罷廣陽本石艾天寶元年更名元和郡縣志
本漢上艾縣地後魏改石艾武德三年屬遼州六
年改屬受州貞觀八年屬并州此刻在長壽三年
故稱北都石艾縣也

任義和□敬德修橋碑

最高處存三尺一寸廣三尺廿七行行存字不一字徑八分正書方界格

上缺三十一字功德□□□□□天水□幽□暨乎□□□上缺二十八字通𠥱浦導九河於縣米遠接〇津至若珠璧方圓
琴上缺二十七字而同乎道由神而宜乎神𡆠用不知其為無
能名焉者上缺二十六字派長瀾傍通猝劍之水□□泮妊女
凝𡆠色數錢鏲蛉鸝上缺二十五字□緯斗牛之尾右乃孤竹



□長之陵廟西接丹川右則孫宏上缺二十四字□巢由嘉遯
之域花結同心夷齊祠宇之營葉闘交讓塋保□上缺二十四字降休命積蘊陰陽河伯乘瀾□夷駕浦浪擁盤毬之
皋祭馬言上缺二十二字□執云能止於是蒲輪擁蓋駐駿軌
之桑根駟輅停軒聰長驅之驥上缺二十二字□龍梁亘託竹
杖難依非黃龍之可憑豈白龜之能渡此橋者
提行上缺二十一字□空廿二格合村等並上缺二十一字六塵無染四念有
依曜智鏡於元門朗□燈於巨夜敬為
提行上缺二十一字爰發神心創為其首畫變覆置積仞五千　北
濵化羽培風九万乃炎宮上缺二十二字雖可　詳　矣爰有壽光

縣上柱國任義和□敬德等夙副緑覺植四果上缺二十一字
捨家產之實財修橋梁之玉趾□使童男掬土季女捧
珠婁敬鈎繩圖上缺二十一字智力飛來都之五石○柱縣流
浮元圃之三山龍門瀉浪□豈直神人鞭上缺二十一字經始
啚終縣沲□篩至延載元𠦚八𠥱十五𡆠然□功成事
畢故得虬上缺二十一字鵙於風路對鳳連鶱捧○轡於雲衢
交龍宛轉㝕欄□迴鏤○光□曜上缺二十二字墊溺之災都
道題臻衆塗輻湊車馬如水矞蓋右雲□子罷代□之
上缺二十二字僊通仙駕蜀侯劍閣惟□搆於銅梁秦皇海原
空有施於石柱方斯上缺二十一字勒石樾蹤尚銘功於万歲



今乃琢諸琬琰刊此辭章鏤玉字以標祠僊上缺二十一字龜
而卯鑿與以衣塵刼礴服肱之德逾貞芥盡方城茂實
之功弥遠□上缺二十一字甄化飛伏始萌群方遂業品物咸
亨甲祖六律永宋五行其一分原列瀆上缺二十一字珠孕玉鱗
躍龍遊其二乀衆左介瑤原右指兮野三齊封疆四履孤
方掩上缺二十一字花千尋類鏡三曲如巴籟聲震響齊氣凝
霞使○沉石仙客乘槎其四山上缺二十二字重驛嶺貢欲濟無
梁其五三慧長者十言善人了通寂威明悟乘□上缺二十四字
□玉女投石仙人樒山𠥱形控壑虹勢跨而僊珠鏤壁
龍□□上缺二十六字並乾坤兮等固終無□兮□□其□

碑未詳所在上半斷折以銘詞計之每行四十八
字缺廿一至卅一字不等漫滅者又有七十餘字
下方裂損校修橋者任義和□敬德籍隸壽光文
云上缺派長瀾傍通淬劒之水□□涖西接丹川左
則孫宏下缺夷齊祠宇之營銘云分野三齊攷明統
志熏冶泉在臨朐西南廿五里昔歐冶子鑄劍之
地東丹河源出昌樂縣方山西丹河源出臨朐縣
丹山皆北流至壽光界入海太平寰宇記西丹水
在樂昌西北五十七里東丹水在縣西六十里元
和郡縣志公孫宏墓在北海縣西太平寰宇記濰



州北海縣公孫宏墳在州西二十里明統志孤山
在昌樂東十里伯夷避紂居北海之濱卽此山之
側上有伯夷叔齊廟以斯證之當在青州壽光界
上明統志東丹河西丹河孤山並載於濰縣或在
濰境孫宏者公孫宏也又明統志大王橋在壽光
西四十五里唐建石刻尚存此碑疑卽是也碑用
武后製字獨國不作圀

尼二娘造象記

高一尺二寸廣二寸五分三行行廿字廿一字字徑五分正書在磁州

維大周證聖元𠦚歲次乙未九𠥱景午朔十𡆠乙卯清

信佛弟子比邱尼二娘□爲亡父金龕西□敬造阿弥
像一鋪并二菩薩二師子并及法界衆生俱登舌覺
補訪碑錄作聖厤元年審之是證聖趙氏誤也磁
州造象趙搨叔載有隋刻六唐刻三十五當在一
山或一寺未得其詳余所見寥寥仍以時代年月
散列之

封祀壇碑 萬歲登封元年十二月 萃編載卷六十二

守春官郎□守下三字缺
建極之義□□缺之義二字將□鳴□□缺鳴字而無闢霞□
而下三字缺祖無□□缺無字而齊明□缺齊明二字大造於沙□



大下三字缺朱宣之受命□缺受命二字劒雨滅□□缺滅字岳退
循御□之□□缺岳御之三字九房之躅缺房之躅三字映□鳳□□
□缺鳳字指□□而□壞□缺而壞二字玉帳帳誤帷七圀□□
繞□缺繞字絛作絛保祚□雲調□缺雲調二字跕鳶缺跕字虐瑚
戈□缺瑚戈二字至若睿藻□缺睿藻二字空而步缺空字而
元覽神缺元覽神三字燕棠由其□燕下三字缺於萬歲陶□於下三字
缺黃銀缺銀字候□□晦□缺晦字而子問□紫□缺問紫二字
元□紀候缺紀候二字元字失注剛諱爲其劒戟□缺劒戟二字理□
表同□缺表同二字類□覃□□缺覃字蠷躍蠷誤蟺踣宮缺踣字
邦望□□□缺望字而浮瑞㊀乙缺而瑞二字瑞郎瑞銀縄缺縄字

舊唐書本紀證聖元年加尊號天冊金輪聖神皇帝
新唐書作天冊金輪大聖皇帝碑同舊書足正新書
之誤 平津讀碑記
下截未拓每行較萃編多三字金石錄作萬歲登
封元年十二月謝絳所謂四人同游鑱刻尤精者
亦不知在何處

國子律學直講仇道朗墓誌

方一尺一寸九分廿二行行廿二字字徑四分正書直界格篆蓋題大周故仇府君墓誌銘九字在諸城劉氏

周故國子律學直講仇君墓誌銘 并序



君諱道朗平陵人也冋傳鼒鼎世襲簪袦享茅土於東
齊充印綬於西漠曾祖周任驃騎大將軍崗州刺史蘊
龍韜之秘略勇冠三軍當虎符之重寄化行千里祖絢
隋任車騎將軍鷹楊郎將材力過人雄傑槩世父詵唐
任相圀韓散大夫攀鱗附翼□珮鏘金君道稟自然智
由而縱幼彰令冋資孝友以基身長習文儒體仁義而
成性珠閒玉潤桂馥蘭芳無以才辯有聞功能克幼拜
騎都尉既而志識□明學藝該博亦婆娑於禮則復優
遊於憲典迺稽宣德郎行圀子監律學直講雖環林璧
水宏其待扣之材方領圓冠承茲鼓篋之致實以君道

奉身否德尊位卑於是飛鴻鐵翮甯罔漸陸之詛不謂棲鶯鍛羽俄歎沉舟之酷以咸亨三季五(丙)二(乙)春秋五十有四終於京兆私第嗚呼幾傷埋玉更軫摧蘭雖根青徽於萬葉而骴形骸於一棺嗣子元暕通直郎行幽州三水縣主簿上柱國悲深陟岵孝著循陔啓樞書而切梟嚩手淖而增哀夫人隋太常寺大醫令黄鶴之女也以萬歲通元季五(丙)廿六(乙)合葬□京兆南高陽之原禮也隧路浮煙泉門少(乙)嗟蒿里之宵宵眇聽松風之蕭瑟鳴呼寸晷難常尺波易往勒芳猷於元石銘懿□於黄壤其銘曰

歲時不待充陰乂謝倏矣浮生悲哉厚夜松櫝森森泉臺窅窅百身何贖千秋詎曉

右國子律學直講仇道朗墓誌在西安出土劉燕庭得之今不知存佚矣首題國子律學直講攷新書百官志國子監統國子太學廣文四門律書算七學國子學直講四人掌佐博士助教以經術講授四門館直講四人此外諸學無之據此誌知律學亦有直講官志失載律學武德間廢貞觀六年復置顯慶三年又廢龍朔二年復置道朗爲直講當在龍朔後也道朗平陵人攷地理志齊州章邱



下云武德二年縣民李義滿以縣來降於平陵置譚州并置平陵縣貞觀元年州廢以平陵原誤平城等縣來屬十七年齊王祐反平陵人不從更名全節元和十五年省入歷城此誌立於萬歲通天元年其時當名全節不書全節書平陵者道朗初生之年正平陵初置之年就其初生時書之臨文不苟也仇氏宋大夫仇牧之後望出陳留南陽又有考城遼西牧之先世無徵此云亭茅土於東齊未詳光印綬於西漢者當是仇延也見王莽傳姓氏急就篇注戰國策有仇赫史記趙有仇液王莽傳有仇延後漢仇覽唐仇晃仇公遇宋仇悆元和姓纂王莽孫此時字之誤有仇延後漢仇香一名覽考城主簿後燕尚書仇儒開元疑有誤左衛將軍仇克義滄州刺史萬姓統譜又有三國仇稱豫州刺史南北朝仇璋唐仇源太宗時郎墨令又案前漢有仇景南道人見游俠郭解傳後漢仇元覽之少子北魏宦者仇洛齊仇儼冒姓仇後梁仇殷皆見於史傳仇氏之可攷者如此道朗及其祖絢父誂子元暕均無攷父誂任相國朝散大夫不知何職宋仇悆之父仇公著定州觀察判官今青州有其誌銘銘曰昔在

漢覽赫奕循吏徙家于青豈其苗裔是仇氏之在
東齊者久不得其所自始矣書多繆俗享作亯朝
作㪉省人鼓簇作鼓筵鍛作鍛變致爲敛兆作兆
形作彤从井贍作贍餘不悉述其尤甚者明作朙
从武后所製之圀字手澤作手滜睪皐無別也懿
作懿亦它碑所未見惟門从二戶甚合於古淸徽
作青淸可通耳萬歲通元年脫一天字嗟嵩里
之窅窅眇多一窅字虎作虒葉作葉而世字不避
封祀壇碑葉作葉不避虎字當時殆無一定之制
武后天册萬歲二年改元萬歲登封九月又改萬



歲通天此誌在五月已書萬歲通天殊不可解

## 廖州刺史韋敬辨智城碑

高五尺廣二尺五寸五分廿四行行四十七字字徑五分正書在上林東五十里下無二圑寨買村之三畔嶺下

廖州大首領左玉鈐衛金谷府長上左果毅都尉員外
置上騎都尉檢校廖州刺史韋敬辨智城碑一首井序
若夫仰觀而文有(乙)(丙)○辰之象俯察墜理有岳瀆山
河之鎭赤□□圓闕崐閬之仙都金闕銀臺烈瀛洲之
秘境皆□□蓄泄元氣崩騰擴宇宙之間苞括礔靈眇
邈出埃塵之外自□□□羽登霄漢襟情与造化齊功

志想与幽冥合契者□□得而躋焉然則智城山者廖
州之名山也直上千万仞周流□□里昂昂焉寫嵩岱
之眞容隱隱焉括蓬萊之雅趣丹□□崿掩朝彩以飛
光元岫嶔巇含暮煙而孕影攢峰竦峭聳碧□□舒蓮
駭壑澄澍紛黃輿而湧鏡懸巖墜石弁羊伏虎之□落
澗翻波挂鶴生虹之勢幽溪積阻絕岸崢嶸靈卉森羅
嘉□□仍踈藤引吹聲合中散之弦沓篠承風影□步
兵之鋒□芝挺秀葛川所以登遊芳桂叢生王孫以之
志返珍禽瑞獸接巽連蹤穴宅木栖晨趣昏嘯歌鸞囀
響綿蠻□玉管□□群蝶翻空飄颻乱瓊粧之粉尔乃



郊原秋變城邑春移木落而而□氣淸花飛而時和景
淋則有丹邱之侶元□之□□羽蓋於而吾拖霓裳於
雲路繽紛鶴駕影散緱山之塵鬚龍輿□□□□之
水蕭乃懸瓢荷蓧之士離群棄代之人或擊壤以自娛
時耦耕而盡性淸琴響亮□韻雅於菱歌濁酒淪漪烈
□□芰席實乃靈仙之窟宅賢哲之攸居複澗連山
眞名勝境重巒掩映氤氳吐元氣之精疊嶂糺紛泱軋
納蒼黃之色壯□更壯窟塈險之不逾堅之又堅□邱
陵之作固美韋使君性該武禁藝博文擿觀禍福於未
萌察安危於無像往以蕭牆起釁庭樹睽陰蓄刃兼垂

推鋒盈紀遂乃覷茲險奧爰創州廬烈位須昏砬平縋
亶周迴四面恙愈雕鐫絕壁千尋皆同刊削前臨汲壤
鳳粟与彈稱芬敷後迩崇隅□霧与翠微兼暎澄江東
逝波開濯錦之花林蘙西乇絛結成帷之𦬊傍連短嶠
往往如陘斜對孤岑行行類闕表山內水□暴客之□
□□戶湯池爲姦宄之鈐鍵重門一閉無勞擊柝之憂
瀞瀊再施豕絕穿窬之患故得兗蹤退散俱懷□□之
□□□銷亡□□外禦之志重乃恩逾魯衛意洽金蘭
同氣之義寔隆股肱之情弥重豈不恃名山之景祐託
靈岳之鴻威□危蹋於安扃靜灾塗於美術至於小池



淺渚猶彰文士之歌況乎崇岳神基罕得緘於明須聊
鐫翠巘勒此徽猷庶碁草□□□□□不朽其詞曰而
峚㝥廓陰陽迴薄五鎮三山千溪万壑積澗幽阻攢峰
磊珞神化攸歸靈祇是託其一崇㧜峻岳□□□□澄澹
韞鏡崠峭舒蓮虛窱寫卐空岫含煙藤蘿鬱蓊林蘙芊
蒨尋之□極察之無邊洪荒廓落咸歸自然其二碧嶠□
□□□□□斷玉室玲瓏氷泉澄徹浮邱翫賞子僑登詣
泉化所都群靈之□□□峰岑隱暎巖穴杳冥崩騰岸響
颼飀風聲□□□□藹莅馳響田家酒濁澗戶琴清□
真登陟靈仙所經趦趦忽忽元□□精其四靈山作固中

迺外絕斷岸成煙孤□□□□□□軃刃穿窬罕越曰茲
隔礙咸歸忻悅其五同氣情申鬩牆訟息尺布□□斗粟
分食切切其心怡怡其色再洽股□□□□□其六川原
泱軋劇巒紛糺嶮隘難踰襟期易守覷之者逸居之者
久豕棄危亡長歸遐壽作試後昆番芳来胄一勒□□
□□弗朽其七維大周萬歲通天貳秊歲次丁酉肆卐丁
夘朔滐乙癸酉撿校無虞縣令韋敬一製

右智城山碑韋敬一撰不箸書人名歐趙所未見
文詞典麗書法嚴傑可寶也輿地碑目賓州有韋
厥碑云智誠洞去縣四十里蓋韋厥所隱之洞也



碑乃廖州刺史韋敬辨撰廣西通志因之謝中丞
啟昆輯粵西金石略未見此刻僅據舊志列於待
訪錄今桼碑述韋敬辨開山創州之事無虞令韋
敬一所撰無一語及韋厥事疑別一碑也抑即以
此碑爲韋厥碑并以敬一爲敬辨智城爲智誠邪
新唐書地理志無虞屬澄州云澄州賀水郡下本
南方州武德四年以鬱林郡之嶺方地置貞觀八
年更名又於上林下注云武德四年析嶺方縣地
置無虞琅玕思干上林止戈五縣並無廖州之稱
隋書地理志嶺方作領方屬鬱林郡云鬱林郡梁

置定州後改爲南定州平陳後改爲尹州大業初改爲鬱州亦無廖州之稱史闕文也玉海攷唐代開置州縣及併省州郡與諸州名皆不見有廖州殆羈縻州耳羈縻州之隸嶺南者九十有二而見於地志者僅七十四餘俱佚名廖州殆其一也凡蠻夷內附卽其部落列置州縣以其首領爲都督刺史皆得世襲碑首云廖州大首領下云檢校廖州刺史卽此制也左玉鈐衛卽左領軍衛光宅元年所改金谷府屬洛州左果毅都尉當是內屬時所授之職特歸附何年末由攷證安得古今四夷



述四夷朝貢錄異域歸忠傳諸書一檢之無虞縣置於武德四年豈卽在其時邪攷唐書南蠻傳西原蠻居廣容之南邕桂之西有甯氏者相承爲豪又有黃氏居黃橙洞其隸也其地西接南詔天寶初黃氏彊與韋氏周氏儂氏相脣齒爲寇害據十餘州韋氏周氏恥不附黃氏攻之逐於海濱此智城山之韋敬辨蓋卽南蠻傳所稱之韋氏也傳又云至德初首領黃乾曜真崇鬱與陸州武陽朱蘭洞蠻皆叛推武承斐韋敬簡爲帥韋敬簡當卽敬辨之族至碑所云蕭牆起釁庭樹隟陰蓄刃無辜

推鋒盈紀則不可得而攷矣蠻俗爭雄互相兼并固爲史書所不載得此碑可略知其梗槩焉碑稍磨泐所闕僅五十餘字弟十四十五行下截所闕則椎拓不清非剝蝕之故苟得善本尚可補耳弟七行末有忘字八行末邑字九行末棄代二字十一行末吐堅信三字堅下尚有一字已泐十五行末析字十七行末歌字十九行末蕎字皆行內所殘損者或鐫刻時石理已泐補書於下或後人見有刓缺添注於末均未可知碑中俗譌字甚多辨作辨辯作辯胥作胥萬作万壺作壼淵作渊溪作



溪亂作乱擊壞作擊壤廓作廓掩作掩牆作牆釁作釁擢作推沃作沃敷作敷對作對鬥作鬥韜作韜歸作歸岡作剛色作色象像作象像从䜌之字皆作𢿱从俞之字皆作俞从木作扌从彳作亻不可勝舉惟紘作弦與作与爲古字列作烈色作苞趨作趣喬作僑爲古通字玦作抉同音可借寔作寔屯作乇則本於漢隸也而埊乙五〇埀等皆武后所製字棄代卽棄世蝶作蜨皆避諱改寫而泄字及从民之字又不盡避寫蠻俗或未諳令式耳萬歲通天二年卽神功元年九月改元碑立於四

月故書萬歲通天是年月朔三丁酉五丙申此稱
四月丁卯朔知四月小盡與通鑑目錄合
又桉明統志亦作智誠云智誠洞在上林縣東四
十里峭壁千仞唐韋厥所隱之地又云韋厥上林
人武德閒持節壓服生蠻開拓化外詔領澄州刺
史後隱于智誠洞厥與諸子皆封侯廟食據此則
韋厥爲武德時人敬辨敬一當卽厥之後裔

馮善廓造浮圖銘萬歲通天二年四月十四日萃編載卷六十二

浮圖銘并序脫并序二字

況復缺復字拂漢拂誤撲哀綀綀卽纏字誤作綀栝埜括誤枯




文云況□雞鳴遶胃史記孟嘗君列傳客之居下坐
者有能雞鳴而雞盡鳴非馮驩也文似誤用平津讀碑記

鴻慶寺碑聖秝元年在澠池萃編載卷六十三作□□寺造雙像記

功趦翃石缺翃石二字海撗缺海字前運缺前字後緣缺後字遂歸
田缺遂字頒有缺頒字祥翟翟誤雀則隨缺隨字於戴缺戴字曰銜
恨缺曰字從流缺流字柱冏缺柱字萬冏缺冏字姚乙以增缺增字
衆生缺生字運獨心缺運字忍草□□□於缺於字性之缺性字
所闕缺闕字今古今誤金

棻碑缺上方右角碑題卽當缺處撰碑姓名止存千
字千下爲綴攷隋唐以來撰碑署款有書撰者有書
述者有書詞者有書文者有書製者有書作者有書
製文作文者詳案又書篹者有此碑書綴卽是綴文亦所創
見建碑弟子僅存結銜姓名亦缺知爲鴻慶寺碑者
從錢氏潛研堂金石目錄孫氏寰宇訪碑錄錄入書
碑者爲宮若鷟筆法嚴謹北宗之傑萃編已錄題作
唐□□寺造雙像記乃因詞中雙像與儀以意度之
碑缺處祇十二字加以綴文人銜名不得更餘八字
也撰書人名在碑題之下金石續編

王氏中州金石記鴻慶寺碑聖秝元年又一碑未
詳何代畢氏中州金石攷但云聖秝不詳何年案




碑存三日戊辰字則朔日當是丙寅通鑑目録聖
秝元年正壬戌三辛酉四庚寅六己丑八戊子十
丁亥朔以此推之是年月朔不得有丙寅王氏以
爲元年者或未可信然二年月朔二丙戌四乙酉
五甲寅七癸丑八壬午十一辛亥是年亦不得有
丙寅朔碑蓋有誤疑是十三日戊辰碑脫十字則
朔日爲丙辰非元年十一月卽二年正月也仍從
王氏系於聖秝元年

令狐勝造象記

高一尺一寸二分廣四寸五分九行行十六至十九字不等字徑五分餘正書在磁州

大周鑿厤元秊□匝廿八𡆠令狐勝爲亡兄□敬造石
藥師琉璃光像一軀勒石裁龕像囙石建通光广高尺
有五寸雕鏤既畢靈相粲然丹菓耀骨青蓮湛目眉光
曉闢如昇多寶之臺毫相朝披似入毗耶之室伏願以
斯功德滋益亡兄含識有靈　同登覺路

潘尊師碣　聖秝二年二月八日　萃編載卷六十二
練气气作氣蹁大　誕蹁　蹁乖蹁作彌因林石字缺因浩气
气作氣擁霰霰作霧師口口誤刋口聲椒椒作散叅誤作令下並同墍望作报
郎披字誤作报紫气气作氣業尚業誤亦甐嘶嘶作謌誤煙篤篤誤霞卧斗
缺卧字誤升斗



龍龕道場銘
高二尺七寸廣三尺八寸四十一行行三十二字至四十字不等字徑七分正書在羅定州龍龕岩

龍龕道場銘并序
冠軍大將軍行左豹韜衛將軍上柱國穎川郡開國
公陳集原撰
蓋聞中𠕁顯跡千刼誠希遇之烟迴相鷹暉三界標獨
尊之稱悟其指則直心是道塲𢌿其源則浄身爲佛土
可以神事絶於筌蹄難以名言理歸於寘寐故八十種
好不可以色觀真容十二部經不可以詞詮至理然而
煩惱鄣重貪愛河深六趣輪迴劍葉与刀山競踅四生
埋沒毒虵將惡獸交馳由是法雨橫流慈雲普覆宏化
城於嶮路朗惠炬於迷津大乘小乘隨淺深而悟道中
華中葉逐性分以含慈皆所以安樂群生提孩衆品施
設憂以無畏息多難以夷途大矣哉不得而名也此龍
龕者受形於渾沌之壓擢秀於開闢之𡆠派峰峻峙罩
素迥而出雲霞危聳側成排𡆠晨而轄霓漢峭㠋秀麗
爲衆巖之欽挹花藥奇卉實仙壂之安㓝是故龍出龍
入每脫骨於巖中仙隱仙栖屢承空於香氣曰得骨故
曰龍龕去武德四秊有摩訶大檀越永甯縣令陳普光
囙此經行遂迴心□願立道塲卽有僧惠積宿緣善業



響應相從惠積情慕純陁巧自𠕁性卽於龕之北壁書
當陽像左右兩廂飛仙寶塔羅漢壂僧雖秊代久遠丹
臒如𠕁粉色微沉彩影由在洪鐘一扣響徹卅三𠕁石
磬再鳴還聞十八㙊獄虹旛外颺彩影乱於雲霓香煙
內騰素氣通於迴巘故得法流荒俗攆教被於無垠元
化遐覃振錫穹於有截豈如白馬馱經翟泉創於方丈
緇衣闡教廬山頓其威儀者哉既而秊代侵遠石龕無
毀壞之期歲序奄迟粉黛有沉埋之理昔之惠積早隨
刼而爲灰寶亮久投身於餓鬲兩僧勇猛志貫白雲雖
學不出境而精倩自溢上元秊光男烌瓊不弃前蹤龕

中造立嘗陽連壟尊像一軀近有交趾郡僧寶聡弱歲
出家郎詰江左尋師問道不感留南閭有此龕振杖頂
祇覩佛事之摧殘心目悲泣共成勝因及檀越主善勞
縣令陳牀珪陳牀瑋陳牀玹痛先君之肇建悲像教之
陵遲敦勸門宗更於道場之南造釋迦尊像一座遂得
不𡆠而成功德圓滿爲七代之父母脩六道之緣屬
壟神皇帝御紀殿以撫十方動金輪以光八表宏護大
乘紹隆正教覆燾之恩均黔黎於赤子雲雨之施普閏
霑於蒼另埊平亦成河滋海晏雖復道被區中而凝懷
俗表將使此屋之化契法俗以登菩提垂拱之風叶至



眞而成正覺就𡆠与慧𡆠俱明油雲共法雲同霮遠矣
大矣無得言焉是知觀夫稟氣含靈有生之類七識已
具六精斯起舉緣於虛妄之境馳騖於名色之間譬彼
騰猿猶兹狂象栖託於愛河之內遨遊於火宅之中方
石幾鋪氷炭之鑿不息須弥屢盡鼎鑊之報無窮輪迴
長夜終焉莫曉同亡異術豈不哀哉大矣能知隨機誘
喻或宣四諦或導一乘潤小枝而弗遺淨滿迴以圓燭
繫想於方寸之間而神超於折塵之表喻超生死歸乎
寂滅其唯靜室禪龕者也志求鐫勒以希不朽爰命辭
釗之夫運兹不斌之筆庶海變桑田終無毀日敬題年

紀不文而質其詞曰
歲二石室㦲二禪枝五門清靜八解連猗神高旨海道
溢須弥欲求蟬蜕且津在斯一其龕自天工室維崟絡石
磬長懸洪鍾不著無假櫟棟自然花藥掩室杜口何憂
何樂二其爰飾金繩千蒸勝境自象畢備雕鏤咸整雲起
山隱花開蓮井蕭尔閑曠悠然虛靜三其藹矣清信共宏
利益或捨衣資或傾銀帛詎勞斤郢無煩匠石湛然眞
相巍尔無數四其卌二相八十種好佛𡆠之𡆠亦涯之賓
猛帀夜宿波自降早闢六度於迷津踐三乘之悟道
壟麻二年歲次己亥二廵二十三𡆠鐫



大檀越生孫登仕郎守賓州錄事參軍事上騎都尉惠
感 雲感 萬感
勸樂主從孫前檢校梧州孟陵縣令靈託 元孫童
生
都檢主從孫檐陵州爲律縣令羅積
道場主僧承務
陳集原瀧州開陽人舊唐書孝友傳瀧州誤刻隴州
傳云代爲嶺表酋長父龍樹欽州刺史集原則天時
官至左豹衛將軍銘云行左龍韜衛將軍與傳不合
蓋聖歷時官龍韜衛後官左豹衛將軍也陳氏爲瀧

州望族如普光叔珪等集原之族人先男叔瑱則集原之子先男猶言亡男也永寧縣唐之建水天寶元年更名即今羅定州地善勞縣唐屬龔州即今鬱林州地竇州或釋作賓州竇與賓字體不類竇疑竇字之省文竇州武德四年置以獠叛僑治瀧州今高州府信宜縣地孟陵本猛陵貞觀八年更擔陵州即僑陵州唐之羈縻州屬安南都護焉律當是擔陵之屬縣新舊書失載耳廣東通志金石畧

按龍龕道場銘序刻於羅定州龍龕巖崖石舊藏拓本稍有斷爛道光庚寅秋平陽儀墨農克中手拓持



贈頗爲完備因取阮雲臺宮保廣東通志參證之著錄於左龍龕之立道場始於唐高祖武德四年辛巳陳普光及僧惠積畫當陽像於龕之北壁畫飛仙賓塔羅漢於左右廂越五十四年爲高宗上元元年甲戌普光子叔瑱造立當陽連聖尊像於龕中後僧賓聰又與普光諸子叔珪叔瑋叔玹等更造釋迦像於道場之南至天后聖麻二年己亥陳集原序而銘之蓋從普光諸孫之請其列名下及元孫距上元初已二十六年武德辛巳則九十年矣叔瑱爲普光之子序曰光男光字甚顯志誤作先男且以亡男釋之謂即集原之子誤之又誤矣善勞縣令乃陳叔珪志佚其名亦校刻之漏唐書孝友傳集原父疾輒不食及亡嘔血數升即塋爲廬盡以田貲讓兄弟里人高之文以人傳自堪不朽冠軍豹韜皆武職故自謙爲鮮鈥之夫不文之筆作不斌亦所僅見金石續編

翁覃谿閣學粵東金石略龍龕岩有唐張柬之石刻余五按瀧江屢訪而不能得歲乙亥頤煊署羅定州判區之藩茂才搨贈乃是此銘銘內並無張柬之字豈閣學傳聞之譌耶抑尙有張刻而茂才失搨耶按銘龍龕岩因龍蛻得名武德四年永甯縣令陳普光



因立道場上元年男叔瑱造立當陽連聖尊像善勞縣令叔珪更於道場之南造釋迦尊像因勒此銘銘後題大檀越主孫登仕郎守賓州錄事參軍上騎都尉悳厰勸學主從孫前檢校梧州孟陵縣令靈托都檢主從孫前擔陵州烏律縣令羅積皆陳氏子姓新唐書地理志瀧州建水縣武德五年曰永甯天寶元年更名即今羅定州地梧州孟陵縣貞觀八年更名善勞縣屬龔州賓州貞觀五年置皆屬嶺南道唯擔陵州烏律縣地理志不載無攷平津讀碑記

聶校續編以吳陸兩家所錄小異採注於每字之

下令以石本對勘之吳不逮陸陸亦不盡無訛也

此碑誤字繁多益非文人所書者于劭誠侖遇之

烔囙誤烔絶於筌蹄句脱一字煩惱鄆重鄣誤鄣

六趣輪迴輪誤輪施設憂以無畏設疑殷之誤遂

迴心口口疑向之誤丹臓如凰腰誤腰不感局南

感疑惑之誤同亡異術亡疑匸之誤匸古方字若

自象畢備波自降早則不知何字之誤爲白矣至

蜕骨作脱潤澤作閏漣漪作漣振錫窮於有栽窮

作穹憯陵作擔陵猶可謂古字通借也慈作慈茲

作蒸俗字餘不悉述卅三天卅二相皆作四字讀





金石文字中恆有之首行署銜云行左豹韜衛將

軍與史傳合通志誤審作龍且云聖秝時官龍韜

後官左豹衛將軍一誤再誤矣唐書永甯縣本永

熙武德五年更名天寶元年復改建水今碑於武

德四年卽稱永甯則史言五年改者未得其實

洪氏跋內連塈作連坔寶州作賓州焉律作鳥律

均誤　癸酉七月楊海琴游粤復以一本寄貽完

好無少缺深爲驚喜及以前得本校之乃别一本

耳非翻刻卽改鑿則原石不可多得矣可不寶諸

通志及洪氏所見卽此别本續編所見乃原本也

---

兹舉其異者詳載於左以駮後來　冠軍别本作衍行

左豹三字韜缺烔作囙真作真惱鄆作惱鄆輪迴作輪迴業作業棄

作業含慈慈作慈所以所作可設作殿素作素嶍作嶍躬作躬花作花

嚴作巖屢作屢善業業作茉紌作紌左作左扣作扣錫穹作錫窮頓

作頓奄作奄猛作猛學作學光男光字男連塈塈作坔朕囙囙作自

瑋作琟閏作潤至真真作真遨作遨屢作屢焉作馬哀作衰或宣或作

或塵作塵漪作漪蜕作蜕花作花自作自備作備蕭作蕭慫作慫斵作斵

真作直波自自作自孟作孟　又原本曼患不顯之處竝

附列之至字畫微異如竟起字竟下作皃起中作

已者不盡述　威儀作威儀弱作弱紺作細均作均鼎作鼎喻





起喻作喻二迴二作一賣作賣擔作擔惟素迴作索頗近於

古二迴作一未必是誤餘不足觀矣

昇仙太子廟碑并陰聖秝二年六月十九日萃編載卷六十三

飛白額鳥書

𠧧坔權輿坔作地權輿二字亦明顯是知知誤以登峴崳缺登字還遊還誤

遂先承缺承字會𨑹會誤欲神丹丹誤仙鐵圍鐵誤纖明臺臺誤堂

桂巖巖誤巖万戸万誤百路隔路誤刊路雲霓霓誤電湛休水湛誤活

短製短誤誳仰□三精仰誤傾庭宇庭誤舊匝效效誤殿霧驛缺驛

字萬載載誤歲

昇仙太子碑陰

李元琛缺琛字 卓勵節缺勵節二字 太中大夫誤大夫夫 中諮議誤諮諮 韋愼惑缺惑字

碑陰題名有採石官朝議郎行洛州來庭縣尉惡□唆洛州永昌縣惡朱羅門刻御字新唐書地理志垂拱四年析河南洛陽置永昌縣長安二年省天授三年析洛陽置來庭縣長安二年省立碑時二縣尚未廢平津讀碑記

碑有云既化飯以成蜂籥之其字右旁作文恐非飯字然化飯成蜂事見葛仙翁别傳似亦不誤又文山之文似𢻱宂險之宂似非宂字識之



劉仁□及妻郭造像記

高三寸廣六寸五分九行行五字字徑五分正書

佛弟子劉仁□及妻郭□□造像并□菩薩願合□平安□及一切衆生悉□□苦解脱𨰻麻二秊七匜□十五㉠□



八瓊室金石補正卷四十五

太倉陸增祥撰 男 繼煇校錄

吴興劉承幹覆校

唐十七

袁夫人權殯碣

方九寸四分十行行九字字徑五分餘正書在長安

夫𡉄袁氏洛州永昌縣𡉄曾祖君𠧧梁秘書監太子詹事祖□隨秘書監贈上柱圀陽夏縣開圀公父大業唐海州郇山縣令以𨰻麻二秊十匜四㉠遘疾終於乹封縣太平里苐以𨰻麻二秊𠧧匜十五㉠權殯於長安縣龍首鄉龍首原



是誌不書袁氏之夫爲何人亦不詳其年壽子息僅載母家三代及卒殯年月蓋權殯急就之作非誌體也唐書宰相世系表袁氏有名君正字世忠者仕梁爲吳郡太守當即夫人曾祖秘監其贈官也誌缺祖名表載君正三子長憲字憲章隋開府儀同三司謚曰簡誌書祖爲隋官當即憲也表載憲子一曰承序一曰承家無名大業而令郇山者承序兄弟皆仕于隋或有入唐而改名者表僅載其原名故互異耳然大業係隋年號入唐改名而用隋號亦謬甚矣古誌石華

案袁氏權殯誌石題葢無存不知爲誰氏之夫人也唐書宰相世系表袁氏居陳郡陽夏昂梁司空子君正字世忠吳郡太守子憲隋開府儀同三司穎後周驃騎大將軍樞陳僕射夫人曾祖君正梁祕書監太子詹事雖與表官職不同而姓名時代並合此誌祖下鈌字豈卽憲耶陽夏漢舊縣隋書地理志開皇七年更名太康此云陽夏縣開國公當是隋初追贈海州郇山縣卽朐山秦始皇立石東海朐界中史記本紀漢地志並作朐說文朐腉挺也从肉句聲郇地名从邑句聲此作郇山正合許義唐書地理志河南府



河南郡本洛州領縣二十武后垂拱四年析河南洛陽置永昌縣天授二年析洛陽永昌置來庭縣長安二年省永昌又京兆府京兆郡本雍州領縣二十高宗總章元年析長安置乾封縣武后長安二年省並在聖厤之後聖厤三年五月改元久視此當正月故尙稱聖厤三年按武后本紀永昌二年正月改元載初以十一月爲正月十二月爲臘月來歲正月爲一月則聖厤三年正月卽二年十一月也太平里見長安志朱雀街西弟二街北當皇城南面之含光門街西從北弟一太平坊龍首鄉龍首原在西安城北十里今已湮平山海經華山西二百里曰龍首之山雍州記俗名土蚰嶺卽龍首之餘土也金石續編

右墓碣十行行九字正書字徑半寸許袁氏上闕二字下不復言其名與字而又不稱其官爵幾無從知其何人惟攷梁書有袁昂其子名君正與其曾祖名合傳言其燕吏部郎爲邵陵王友北中郎長史東陽太守尋徵還都除豫章內史轉吳興太守又唐書憲宗時宰相袁滋世系表其弟一世昂梁司空三世憲隋開府儀同三司其弟二世君正字世忠吳郡太守與梁書略同而隋書有袁充傳云字德符本陳郡陽



夏人也其後寓居丹陽祖昂父君正俱爲梁侍中充年十七仕陳及陳滅歸國歷蒙鄜二州司馬遷內史舍人拜朝請大夫祕書少監超拜祕書令後爲宇文化及所誅合之此言其祖隋祕書監及陽夏縣開國公正相合蓋史言祕書令實祕書監之誤也然則祖下所闕其名之一字當充也梁書傳言君正官至吳興太守唐表作吳郡太守只一字不同而隋書充傳又云祖昂父君正俱爲梁侍中與梁唐二史俱違不相符此云君正梁祕書監太子詹事乃出自當時所記必得其實可見後來史家採摭之言不盡可信如

此唐表竟無充名其脫漏之多更不必言矣陽夏乃袁之祖居舊望故封國用之至洛州永昌蓋又其後代遷居之地而長安則又其卒葬之地也攷唐書地理志不列乾封於長安下云總章元年析乾封縣長安二年省舊唐書云乾封元年置此在聖厤時故尚有此縣太平里不見於長安志古泉山館金石文編

右袁氏權殯碣在長安石已裂爲二圓令遵以四字正當其接縫之處石華缺遵疾二字疾字甚明顯疾上續編作遵審之不誤石華二璧字均誤作髦隨作隋亦微誂瞿氏云袁氏上缺二字當是所



得拓本殘損耳石不泐也祖下所缺隱隱尚有筆蹤黄氏陸氏疑爲𡨴字瞿氏謂當是充字審之均不甚似仍以侯博雅

明堂令于大猷碑聖秝三年十一月十二日萃編載卷六十三

爵□諸侯掌邦畿畿上五字缺理宇宙宰制羣庶者也故汝南故外十一字缺城皇漢漢誤後餘缺以南臺以下二字缺居□邑大晉邑外三字缺東宮□人缺人字鄰人後缺後字帝□之命官開國缺帝官國三字水列將軍之戟缺水戟二字表□□而瞥缺表而二字虎符缺虎字表墳之贈表誤裦缺墳字贈誤則崇告缺崇字平燕六州缺平燕二字瓊珮北斗缺珮字斗誤什龍樓缺樓字職捻誤作捻口□防誤作防口

丹山鳳下缺丹鳳二字冲顯慶三三上三字缺備身缺身字道之俶儻缺道字里□維恐缺維恐二字遲爾材□缺遲材二字地誠爲爲上二字缺州司功參軍向雄缺司功向雄四字并少一字□玠處缺玠字謦誤磬岑晊缺岑字官縣令榮榮上三字缺幨誤襜隨作隨按毫梾缺按毫二字雍州缺雍州僮猶缺猶字笙簧六籍饈筍筍上五字缺迴鸞拂羽羽上二字缺油素缺油字和鳴缺鳴字不遇缺遇字桓侯缺侯字以聖缺以字公鋤鏞純鉤公下四字缺儀表□□風風上二字缺仄作昃挂誤桂鄭氏缺鄭字外甥缺甥字景戍缺景字樂鷄缺鷄字搖山入輔擢彼山入外四字缺臺出缺出字鷁鴒懷斷缺懷斷二字之淚缺淚字京兆阡□俾建生生上五字缺碣其詞其外二字缺赫奕朱門翻



飛紫蓋蓋上七字缺榮曜缺曜字家庭缺庭字闕西缺闕字俗□懷缺懷字埋其入衣缺埋字金聲振金下二字缺

碑稱聖秝元年使持節隨州諸軍事隨州刺史聖秝二年制除□州明堂縣令舊唐書地理志隨州爲上州職官志上州刺史從三品京縣令正五品上大猷以刺史除縣令本降官碑不言者或有所諱也平津讀碑記

據吳氏舊拓本校補金石文字記以不用武后製字謂碑非葬時所立其說誠非肊斷假使立于當年則五月改元久視斷不至稱聖秝三年也又案

金石錄載濮陽縣丈八像碑系聖秝三年七月立柏仁令鄭君紀德碑系聖秝三年十一月立皆在改元久視之後殊不可解　又萃編載標題云唐明堂令于大猷碑石本所無也

夏日遊石淙詩久視元年五月十九日萃編載卷六十四

陟元圖缺陟字元誤縣唯闇誤作口唯空覽誤作空空綱薜綱誤綢半圻缺圻字安北大都護缺安北二字杜圀作圀國三思上缺三思二字

直坐坐誤上元圖元誤縣竊作竊給事口惡缺給事二字洞口口誤作

元圖元誤縣汾陰縣缺汾字薛曜上缺曜字口守給事缺守守

字右玉鈴衛缺右字惕敬述缺敬述二字于季子上缺于季子三字



序云石淙者卽平樂澗水經注平洛溪水發玉女臺下平洛澗世謂之平洛水吕忱所謂勺水出陽城山葢斯水也樂洛古字通用不律讀碑記

萃編云直上全唐詩作直坐以石本審之碑不作直上也又凡遇應避之字均註　廟諱字而此碑乃用縣字恭代何邪

秋日宴石淙序附久視元年萃編載卷六十四

崐邱缺邱字石□山水缺石水二字巘□□□青缺巘字敞瑤堂於洞□缺敞洞二字之作複澗□□卽缺作複卽三字則知陰缺則知二字殊鑿缺殊字孤絶平平上二字缺羣兒牧馬之場缺羣兒場三字野

老休牛之坐缺老休牛三字市朝而缺市朝二字振五缺五字或亍缺或字生之缺生字飆瀰缺瀰字乙署缺乙字爲座缺爲字□假□槊缺假字命酌缺酌字客將辥客下二字缺滕援把辟叫缺援把叫三字遊鱗□朓缺遊朓二字窅□之倒景缺窅倒二字觀瀾汗之洪濤汗之外四字缺成衣缺成字来此缺来字仙貝缺貝字真訣缺訣字符叩齒缺符字久食缺食字薰而摧玉貞則折而摧外五字缺勞□苦骨缺勞苦二字潰心缺心字不見金樓不下三字缺出樊籠缺樊二字籠膏長缺膏字常從開□開上二字缺栁髀髀誤髀北遊汗漫與缺北遊二字與誤與悕然意下于時下外字缺玉虹歇缺歇字木於高氏木下三字缺連崗芳焰缺連崗芳三字芳紫翠房缺芳房二字神清閟缺清閟二字而



技癢缺技癢二字南嵋缺嵋字心寒缺寒字鵷鴻耳熱濕下缺鵷耳下三字作管絃作誤非缺絃字所接爪下之爲缺所爲二字言之缺之字

薛訒墓誌

高一尺一寸六分廣一尺一寸三分十八行行十八字字徑五分正書舊在陽湖董氏今歸武進陸氏

大周故薛府君墓誌銘并序

冊元一詞在標題下

公諱訒字　河東𤯔也炎精奕馭土瑞標基山海沸騰𤯔靈蕩覆君遊弱喪遂爲京兆𤯔焉公之先祖光華史冊公氣毓沖和姿標孤秀陸沈𤯔隱捐利忘名而積善無徵俄驚怛化　卒　匝　乙終于龍首里第春秋

旋以其秊　匜　(乙)葬于長安龍首原禮也夫王戴
氏早喪而夫位居孀婦孤育稚子卅餘秊內不愧心外
無慙影衛姜陳婦謝聽攀賢尋以　秊　匜　(乙)終于
懷遠里第春秋　　卽以其秊　匜　(乙)擢殯此原也
子而讓等行高曾閔孝荅劬勞式遵異室之儀聿奉同
衾之禮粵以久視元秊歲次庚子五匜己酉朔廿四(乙)
壬午乃遷墳合葬卽其原也蒼山瀲瀲碧海楊塵勒茲
貞石永播良蕭其銘曰
於穆幽壟生爲隱逸娉于戴氏宜其家室齊體合歡交
悖相失今櫬雖兩其墳是一永悶元夜長辭晈(乙)勒夫



珉礎傳乎英實

此薛剛夫婦合葬誌夫婦卒年月日皆空格未填剛
卒於妻戴之前三十餘年戴卒數年始遷墳合葬則
剛乃唐初人也誌中薛作薜剛作剛兆作兆旋作旋
卌作冊攀作攀權作擢讓作讓揚作楊穆作穆聘作
娉雖作雖英作英珉避太宗民字諱缺作珉其王秊
匜(乙)而用武后字古誌石華

案此因薛君夫人戴氏合葬而冉元一銘其墓題祇
稱薛府君而不及夫人可謂金石之例不書撰而書
詞則創見也懷遠里在唐城朱雀街西弟四街長安
縣治之後城中無龍首里葢卽城南龍首原地此石
并葢嘉慶二十年出土予購得之爲朱生卓群金質
索去後歸董生方立祐誠今方立卓群相繼下世錄
之憮然金石續編

右薛剛墓志在西安出土藏陽湖董氏今在武進
陸氏誌尚有葢題大周故薛府君墓誌銘九字未
得拓本志云五匜已酉朔廿四囝壬午案朔是己
酉則廿四日當值壬申午葢申之誤據史是月己
酉朔日有食之朔日不誤也古誌石華載此缺冉
字又讓當卽護字石華作讓以爲讓字殊誤餘不



悉舉志書華字作華避武后祖諱偏旁德作㥁

王二娘造石浮圖并象記

高一尺六寸五分廣存一尺三寸六分前列佛象後記文十行行廿六字字徑五分有直界格正書在洛陽存古閣

若夫梵帝難名靄慈雲於火宅仁王易悟縱法雨於灰
河莫不汲引四生津粱五蔭故知三千大埊終摩滅而
爲塵百億諸而蓋成散而無㞢之仏弟子王二娘親歸萬
里靈瘞松門傷白(乙)之長辞痛黃泉之永夜知危身之
若影輕像須申悟四大之似形合離俄尒遂乃抽茲□
寶剖此淨財等尸毗之飼鷹類道林之養馬今爲巨父

母敬造石浮圖一所上有阿弥陁像一鋪今見成就其
像玉毫流彩卅二相之光姿銀□□輝一丈六尺之儀
好何者三乘蓮目與𠥱殿而齊明十埊霜頭共⊙宮而
並耀上爲　皇帝下及蒼生同出愛河咸登彼岸
維大周久視元秊歲次庚子十□乙巳朔廿三
⊙丁卯弟子缺十四字浮圖一所記

右王二娘造石浮圖并象記補訪碑錄載此云久
視元年□月而此本有十字無月字其不同如此
卅二相之光姿下句對偶一丈六尺之儀好知卅
二相作四字讀也



## 智威等造像題名

高一尺八寸四分廣四寸五行行字不一字徑六七分正書方界格在洛陽存古閣

仏弟子智威智□男肖子男紀□男胡□男
娘□男□一心供養王三娘男舅子
大新婦王氏二新婦程氏三新下泐
女大娘女二娘女三娘女大娘女阿□□□
玉女　大娘二娘四娘一心供養

右智威等造象亦在存古閣款式與前刻相同前
刻爲王二娘所造此刻有王三娘名當在同時惟
字體差異故分列而仍附於前刻之後

## 石堂山高涼靈泉記

高二尺四寸八分廣二尺六寸五分廿三行行廿二字字徑九分正書在綿州

石堂山高涼靈泉之記
靑徵□□□□□□□□□□□子□□□□□□□
□鬮□□□□□□□□□□門□□□□□□□
□□或□石堂□□□□□山泉之秀□□□□□□
□□□□□□□□□開皇中□宇文□□二□□□
□□□□容□□□□□□之閒其後□□惟新□□□
□□□□□□或□□□□□香□□所求福祜多□□□
□□□□□□有託焉轉□禱請□獲其驗□□□□



□□□□□□□□□□徒□回於舊基而立莊宅尒
其山崖□□□□□涼近而不諠幽而不野寔王開之
佳境仁智之遊從也□□朝散大夫淸河崔府君諱融
崟光軒冕德茂芝蘭澄爽□以含秋映淸規而吐𠥱詞
峯□□包涵枚馬之前書□□明發揮□□之內旁求
谷口化讖不言緬想齊郊惠□□狄故得□□屏而仁
義成犴圄淸而哥詠起夫王滎陽□氏瑱幹金枝榮鏡
海內蘭姿蕙問馳騖域中□□□□□懷無玉菜乃相
與單車而適野祈禱于石堂山□□□□致誠挹淸流
而絜敬歆然有感卽事可追徵蘭之□□□　□𠥱府

君以爲明靈之不欺宜其如在乃命立碑□□而傳祀
爲其銘曰
崇〻隆邱濡〻元流惟神是宅惟道爲述□□□□□
□洞幽明〻宰君厥德惟馨神之聽之其從如雲 夐然
府□垂之萬春
大周久視元秊歳次庚子十一匝三㊁造
右碑在綿州西北四十五里魏成故縣之南五里高
涼泉石堂院碑石前半已泐書撰人無攷細繹其文
乃崔融夫婦因無子禱於石堂有應遂刻石以紀靈
異融齊州全節人故文有緬想齊邦之語按兩唐書



融傳久視元年忤張昌宗意左授婺州長史未言綿
州或融初授綿州旋改婺州或婺字乃綿字之誤均
未可知總之史有遺誤又元和四年沈超記云司業
崔公當久視元年莅斯邑也刻靈泉記於此巨石又
云以公之文而驕着於此似即指此碑以爲崔融所
撰今文中皆贊美文公之詞必非融所自撰抑別有
崔融之詞今已剥陊無存歟沈超距崔融僅百年似
不至誤且以爲公文驕着於此當亦不止一碑也三巴
耆古志
右碑廿三行行廿二字惟弟十行諠幽而三字占
兩格多一字耳碑云嬡無玉葉又云徵蘭之□蓋
因高禖之祀祈禱有應乃立神廟而作是碑也云
府君諱融不詳其姓以元和年李納高涼泉記證
之知其姓崔官司業也崔融新唐書有傳字安成
世系表字文成齊州全節人官至國子司業即其人也又
冢宏簡錄云聖厤四年進鳳閣舍人坐忤昌宗意
左授婺州長史聖厤無四年其誤無疑此碑立於
久視元年即聖厤三年惟碑在綿州錄云婺州殊
不相合新唐書不載其仕綿殆略之亦不載其爲
婺州長史宏簡錄所載崔融時官綿州李納稱爲



司業者以㝡後之官言之也新唐書崔融六子其
聞者禹錫翹宰相世系表載融七子禹錫最長翹
最幼其五者緄繟緝綴紹也久視元年諸子未生
故有高禖之禱耳 嗣讀三巴耆古志據補闕文
四十餘字

趙守訥妻陳造象記

高八寸五分廣三寸三行行十二字至十五字不等字徑五分正書在磁州

大周大足元秊二匝十四㊁趙守訥妻陳四娘爲阿翁
患願得差敬造弥陁一鋪合家大小一心供養
右刻在令狐勝造象之後

孝明皇后碑長安二年正月五日萃編載卷六十四作順陵殘碑

大周無上孝明高皇后碑銘并序

特進太子賓客監修國史上柱國梁王悳三思奉

勅撰

太子左奉裕率兼檢校安北大都護相王悳旦奉

勅書

悳聞二儀合德中黃承太子之庭兩曜齊明玉兎儷金烏之象是以九霄高映□躔垂婺女之精十野傍羅嬀水叶娥皇之德亦有西陵美族□□軒帝之宮南土嘉媒入娉夏王之幄其後大任端一郎創文基大姒勤勞還開武運故知皇王事業咸資坤斸之功帝五風謡必藉陰靈之化無上孝明高皇后宏農仙掌玊也出自有周盏唐時叔虞之後原夫赤烏流火丹雀銜書壓開夢梓之祥旋茂翦桐之業自唐郊徙邑晉野裁封卽胙土而有家啓禎符而得姓周則志爲大將承九代之餘庇秦則款爲上卿居七城之重任豈直十玊丹轂金孚鳥奕於都畿四代白環玉緒蟬聯於海縣子雲博識吐鳳摛詞伯起高材銜鱣襲祉誕壂不墜降靈相屬神基與紫嶽爭高仙派共黃河俱遠所以山隆鍾鼎奕積衣冠五公則異代相傳八子則殊塗間出詳諸國史可略而



言曾祖諱定後魏都督歷新興太原二郡太守并州刺史晉昌穆侯宏材卓犖峻局深沈丹山有象□之綵緑光見遺風之步褰帷按俗風行淚竹之郊露冕臨玊化偃荧林之阜直鄧攸能郡深歎雞鳴劉寵辭官方憂犬吠祖諱紹後魏征西將軍金紫光祿大夫兼通直散騎常侍驃騎大將軍周開府儀同三司封儵城郡公鄜酉燕三州刺史贈使持節大將軍成文扶鄧洮五州諸軍事成州刺史謚曰信聲飛漸陸響逸鳴臯器重南金材橫東箭謀深八陣勇冠三軍既隆投石之勳果踐銜珠之術加以金龜結紐銅虎分符轉扇揚風停車待雨童兒結要無欺一□之錫親友爲刑自得二酉之詠父鄭恭王諱達周內史中大夫隨開府儀同三司黃門內史吏部刑部二侍郎尚書左右丞趙部二州刺史工部吏部二尚書上言營東都大監將作大匠武衛將軍左光祿大夫遂甯恭公贈吏部尚書唐贈尚書左僕射垂拱二年封鄭王食邑一萬戶依舊謚曰恭卽雍州牧司徒覲德王之季弟也量包江海氣逸煙霄文則呂氏春秋武則孫吳兵法箕裘代襲鏘鏘萬石之君禮樂基身翼翼千金之子鸞迴玉札鴈落琱弓激水張鱗遥浮渤澥摶風理翰直上扶搖累踐崇階頻昇顯秩爾雒北闕位

揔貔貅曳履南宮聲高鵷鷺貂冠入侍氣應連珠隼旂
分班棨柔執玉加以累仁踵趾積德延祥四履開封龍
及九泉之路千乘□禮恩覃萬古之前棠棣相輝鶺鴒
交映劉家兩驥譽滿寰中荀氏八龍名高海內通門向
術冠蓋成陰甲第當衢歌鐘就列仏惟無上孝明高皇
后資靈匝魄毓粹□宮承茂祉於瑤筐降仙儀於金屋
聲馳卯歲潛流夢㉆之祥譽表笄秊暗積捫而之晛蘭
襟散馥蕙問揚翹懿則重於邦家柔儀冠於今昔忠圖
孝範授翠竹而淩霜媛德嬪容引青松而冒雪禮枝合
秀藻七誡於猗田行葉分芳蘢九師於性府徽猷內湛



部姿外發懸明鏡於積水之間振清飆於長松之上貞
規漢遠亮節 秋高翠縷紅 纚從來末重龍梭鳳杼本自
多輕簡素鄙聲繡之工靜默倘韋編之道明詩習禮豈
惟秋菊之銘閱史披圖甯止春椒之頌學標而縱開道
德之清關業契生知入文章之妙境會於方寸具寫干
言 揔游霧於毫端窮偃波於筆杪芝英雲氣入魏帳而
分輝龍爪魚形映張池而散彩嘗題一簡密記貞心置
以緘縢藏之屋壁云當使惡無聞於九族善有布於四
方指此立身期之必遂後因修宅匠者得之恭王見而
歎曰此隆家之女矣昔者書堂欲壞唯聞絲竹之音劍

匣將開空覩蛟龍之氣未有 仁心暗徹 睿德冥通
橫宇宙而無遺滿乾坤而自應若乃行該坐義孝極而
經親枕席而忘疲候晨昏而靡倦及乎風枝不靜露蓼
含口哀哉履厚坐而無追仰層穹而莫報思欲托三乘
之妙果憑五演之元宗永奉 嚴親長栖雅志昔隋季
喪亂海內沸騰伏黿垂而風塵暗起羣龍戰野旗鼓潛
張白騎於是爭馳青犢由之競擾蚩尤則餐沙食石項
羽則索鐵申鉤赤眉採盆子之籌黃巾聚而師之米夫
三才合契唯神膺大寶之名六位乘時惟璧運洪鑪之
德 唐高祖神堯皇帝材雄鵲起業峻龍飛用丹扆



而甯王將朱旗而撥亂而綱既紐竟收龍鳳之圖坐角
咸清遂翦豺狼之毒無上孝明高皇帝觀時有作應運
而生先知赤伏之言須識黃○之兆功深坐樹績茂拔
荆負伊鼎而陳謀入張帷而建策龍鈐獨運當赤坐之
三千獸節長驅偶皇而之百六息崑山之巨燎並藉中
權定滄海之橫流咸資上略志同魚水契若鹽梅如魏
武之得荀攸似漢光之逢鄧禹雖英圖盛烈昭鵠鼎於
高門而闇則嬪風闕魚軒於中饋高祖神堯皇帝位膺
元首任切股肱利涉大川寄隆舟楫式崇勳舊爲結潘
楊酬功草昧之時賞效雲雷之㉆高后以孝誠純至雅

操虛沖拒縟禮於移爪誓開襟於 壓塗六塵不染孤標
水上之花四諦方拔獨晤〇中之𡇈洎芳鳳凰開繇猶
堅匪席之心烏鵲成橋果迫如綸之命於是使桂陽公
主爲婚主禮娉所須並令官給既而三〇叶兆百兩邀
歡與松蘿而比茂諧琴瑟而流響風閨少女襲蘭蕙而
騁芬𡇈悅仙娥韻珩璜而動步光生綺殿比桃李而增
鮮影發 春樓覩雲霞而掩色八紘欽其雅躅四海挹其
鴻徽猶羽翼之宗鸞鳳風雲之隨龍虎者矣劇見斯畢
即拜應圀夫𤯔從班例也于時帝圖肇建王業壓基三
戶亡秦覺風塵之斯定四門闢舜識雷雨之將調爪無




闕𡆠之祆埊息崩山之禍主 上方勤庶政屬想羣黎將
貽共理之憂式廣求賢之務無上孝明高皇帝以勳兼
竹帛義重金蘭備歷文武昭昇內外三踐八元之位四
臨九百之途中臺 飛罯劔之榮南服擁班條之任高后
以業光圖大道叶塤箎徽啓仁明寔貝儉助是以量如
江海令永發而風移化穆荆衡澤將流而𤯔悅呼鷹臺
下尚賜去思抵鵲巖前始歌來晚俄而高祖晏駕曦脫
屣而無留太祖崩號奉遺弓而積慕沈綿遽軫終無就
𡆠之期痾疾遄淹忽切乘雲之釁高后哀深杞婖誓切
柏舟悲一劔之先沈怨雙桐之半死昔時寶鏡愴對孤

鸞舊𡆠瑤琴悲聞獨鵠 銜冤茹痛撫繐帳而增弔影
傷魂踐㜸閨而凝慕方祈淨業敬托良緣憑慧炬於幽
途艤慈舟於覺海於是心持寶偈手寫金言字落貫花
詞分半𡇈龍藏豈及象負難勝將佛𡆠而長懸共慈燈
而不滅及龍旌首次蠡紼遵途永惟憑附之誠願託邱
榛之側方 冀鴛栖梓樹近接埏庭鶴舞松枝傍依隧路
特以聖上𠡦居膝下愛切掌中理藉劬勞方資顧復宣
和諭善屢積葭灰𡆠就月將頻移柘火至永崴六𠡦壘
上母儀萬圀𠙺位六宮將開練石之基乃遂頹沙之祉
大帝以西京命賞平原之秩未宏東漢崇恩新野之封




猶褊於是廣流元霈大啓黃扉稽石窌之遺塵裂寶符
之氣昴以其𠡦十一𡇈特拜代圀夫𤯔食湯沐邑一千
戶品𤯔第一位在王公母妻之上魚軒水鶩飇輕影於
龍池翬服霞明下鮮文於鳳掖榮由德被位匪恩昇驟
應嘉名徒昭洪澤以顯慶五𠡦十𡇈轉拜榮圀夫𤯔尋
改封鄭圀夫𤯔自家跡槐里門荷樹庭累沐殊輝頻膺
茂典南鄰夜靜奏鐘磬於高臺北里晨通列笙竽於廣
榭門有躡珠之客家豊饌玉之廚恒處逸而思勞每將
昇而必降綠墀青瑣特忿王根火布金地深非梁冀譏
搊之美萬圀仰而知勸端潔之風九圍欽而取則智周

褱宇識洞古今思所以匡圀庇𤯔濟時執物嘉謨讜説屢發於神襟厚利豐功頻彰於帝念奏便前葉𤯔莫能知每以孔光秘言合爲惡之道山濤密啓得事匬之要可久可大置黔首於生成惟幾惟深頓蒼元於覆燾至若緣情體物屬事比辭取之以義方先之以風化清詞海富縟藻雲繁凡所著述皆成典詞其動也方其靜也直其恩也若春雨之流津其威也若秋霜之應節接上以禮逮下以仁君子感其德小𤯔歡其惠而機獨轉靈臺迥燭虛鑒與𡆠𠥱齊明神理共陰陽比奧洋洋乎不可得而稱也既而離宮霧闇遥横𡋾乳之山別館口開



上藏𠀑眉之宿甘泉避暑方陪萬乘之遊景福追涼更扈六龍之駕不謂災纏霧露疢積膏肓丹扆凝慈召名醫而授軫紫霄流遲下珍藥而相望玉釜徒煎竟乏長生之術金丹莫就終無駐壽之期咸亨元秊八𠥱二𡆠崩於九成宮之山第春秋九十有二壂上以身齊香極禮闕晨昏戀隔九重望長筵而下泣心馳五起瞻厚縟而斷悲大帝慮不勝哀祕茲凶問苴筵欲對仍流不次之恩藁服將臨更下非常之澤仍改封衛圀夫𤯔以論壂上之憂懸也后疾將大漸時落髙舂雅志無昏神情不撓影隨燈滅自此長辭魂逐香銷終無甦反以爲合

葬非古禮貴從宜將追罔極之慈願在先塋之側壂上奉遵遺旨無忝徽音割同穴之芳規就循陵之懿躅郎以其秊庚午閏九𠥱辛丑朔廿一𡆠辛酉遷座於雍州咸陽縣之洪瀆原鄭恭王舊塋之左禮也尔其郊原坱圠林薄阡眠秦𡋾關河迥接賓雞之野漢家墳隴平依金狄之川松檟森沉何秊烏佳風煙蕭索幾代𤯔亡於是疑佷九𠀑而廢朝三𡆠空山霧泣痛結飛行曠野雲愁悲纏草樹乃下制贈魯圀太夫𤯔謚曰忠烈仍令司刑太常伯盧承慶攝同文正卿充監護大使右肅機皇甫公義等爲副賜東園祕器每事官供務從優厚仍令西



臺侍郎道圀公藏至德持節弔祭京官文武九品以上及諸親命婦並赴宅弔哭仍送至渭橋葬事並依王禮給班劒四十𤯔羽葆鼓吹儀仗送至墓所往還官爲立碑親紆衡禮壂上因心轉切錫類方宏希申莫大之懷冀展飾終之請爲墳欲列思增茅士之儀鶴壠將崇願廣山河之誓遂得五雲飛彩墜仙液於松塋十𡆠迴光被增輝于蒿里乃下制贈太原郡王妃餘並如故所司備禮冊命大帝親御横門開軒悲哭紫宸哀慟黃屋淒涼𠀑𡋾爲之寢光煙雲由其輟色壂上以幽明永隔屺岵長辭終無再見之因鎮結千秋之恨奔曦已遠薦霜

堂而無乖逝水難追儀氷魚而末（乙）又以嚴規早墜遥
上佇於鄉墳慈蔭重傾近陪親於京隴陵塋邈隔長懸
兩地之悲闕寀遥分每切百身之痛遂命大使備法物
自吳陵迎魂歸於順陵焉遊冠遠降墜舄遥遷　方移沛
邑之魂更啓　橋山之域白雲朝起仵仵龍輀明匣宵懸
時俱𢘑衛攵明元乖擣上臨朝其乖九匝追尊先妣曰
魏王妃食邑一萬戶實封加滿五千戶改咸陽園寢曰
順義陵大名而啓輿壤〇分古樹捎雲近對黑龍之水
荒墳映匝　傍隣丹鳳之城徽號　既崇園陵廣屬以圖
書河洛龜負鳳銜窓闢方圓雲攢霧矯合宮重屋既布



政而嚴禋玉輦金輿具巡河而拜洛永昌元乖追尊先
妣曰忠孝太后既而謳歌允集獄訟知歸而乖革命之
符埊通受終之籙元珪錫禹還遵揖讓之乖黒玉歸商
卽啓休明之運九莖仙草依漢殿而抽芳五色祥雲繞
軒宮而布彩下從垕望上應而心秉寶位於通三建瑤
圖於得一黃琮蒼璧祀埊郊而複廟重簷宗文祖武鴻
名肇創光鳳闕於幽泉茂禮將加飾鸞闈於長夜而穢
元乖追尊曰　孝明高皇后陵曰順陵復以祥分
貝葉瑞演龍花金容開十埊之圖玉相告三空之識龍
軒黯顯俄爲兜率之而鳳闈岧岧忽似須彌之座金輪

既轉玉鏡方懸式詮無上之文薦顯崇親之義長壽二
乖后位之上又加　無上兩字尋又下制改順陵曰望鳳
臺東京故事西漢遺塵封樹空存追崇未廣豈若宸襟
鎭結長懷露序之哀睿念恒纏永積霜昊之慕遥瞻鳳
野式建嘉名遠望鶉郊長懸美稱且夫功成翼贊尚畫
雲臺勲擅勳庸猶題麟閣況乎俔天茂德貫匝殊禎垂
母則　於寰區導嬪風於邦國豈可使炎涼暗積陵谷潛
移唯栽鶴舞之松不刻盤龍之石壟上凝懷萬化長想
千齡恐埊軸之西迴懼而關之北轉方圖琬琰式降絲
綸永嗟仙鶴之歌用固靈龜之卜微臣攀輝（乙）樹沐潤



而潢染黍綠車職蕪　青史奉　先追遠恒積慕於丹誠相
質披文忽承恩於紫誥是用恭抽弱思敬述洪猷肩瓦
徒勤生金娩妙揮毫奪魄陳萬一而甯窮伏紙驚魂辭
再三而不獲逡巡拜首乃作詞云
邈矣上古悠哉厥𡆠而迴紫府埊轉黃輿陰陽蕩藻（乙）
匝居諸靈龜負識寶鳳銜書其六位既陳三才乃立帝
皇鬱起后妃更襲蛟電遥凝虹霓下入渭涘疏派塗山
是萛淇明明高后奕奕輝光白環代鬱丹轂家昌靈基
嶽峻曾派河　長挹而集祉浴□　開祥淇爰自生育早彰
尊貴匝出〇流青龍紫氣金屋是貯玉衣方萃鸞卵非

奇鷄珠霄異嗅芝蘭吐葉桃李開花黃雲白氣夜匝朝
霞賢明自負仁孝無加眉霄降藥秘箧飛沙琪聰晤而
資惠才神與河漢靈匹瀟湘帝女筆動鸞迴紘調鶴儛
滌想金坔坔心寶聚湛仙容婉婉艷質峩峩㊁妃恥出
匣媛羞過椒花入頌柳絮縈歌詞峯秀嶽學海馳波淇
魴鯉成詩鳳凰開兆琴瑟既合室家斯紹兩鶴齊飛雙
龍並鶩德行方肅言容是昭淇九圍母則六合嬪風恩
流海內化被區中銀鐶曉上金珮夜口祥開梓闕位冠
椒宮淇習禮明詩披圖閱史漢朝馬鄧周秊任似陰化
聿宣坤儀薫理貫匣騰瑞鸞雷送祉淇高春忽墜上壽



俄蹇金丹不熟玉斧徒煎黃泉九坔白㊁三而六宮根
積萬圈哀纏淇一寂寞邱壠淒涼原隰畢坔難追終天
靡及晞露晨情秋霜降急伏紙啣悲揮毫灑泣怨璧賢
之同盡感昏明之遞襲紀璧德於豐碑冀神猷兮永立
淇二
長安二秊歲次壬寅金𠯑月己巳木朔五㊁癸酉金
建

此碑明末地震而仆後遭縣令鑿𠃋用之修渭河岸
咸陽金石遺文言尚存僅十之二三至王氏萃編所
載祇二百十八字予所藏汪太史士鋐手蹟二冊題
云唐碑錄存內有此種獨爲完全必出地震前舊搨
也亟錄之以補萃編之闕孫星衍續古文苑
關中金石記載此碑云今止存三塊得百餘字一在
縣署一在縣學一在北原金石萃編亦載碑存三石
得二百一十八字與畢氏百餘字之說不合今又得
殘字一段寬廣僅五寸許凡三行一行爲璧上二字
一行爲稚志無三字無字泐下四點一行爲咸陽縣三字咸字泐左半邊合之止得八字關中金石記未載原文雖不知
所存三塊內有此八字否然以金石萃編所錄三石
原文證之得此爲四石叅可見歲月愈久殘石愈出



當不止此也碑內聖作璧武后所製字隋唐石刻拾遺
據續古文苑補之碑共四千四百四十餘字今有
五石萃編所載三石已裂爲四及隨唐石刻拾遺所載一石共五石計二百四十
四字磨泐十五字實存二百廿九字以存字計之
每行九十八字加以提行空格約五十六七行字
徑一寸四分連額約高二丈廣約一丈三四尺侈
大極矣萃編所錄成州州誤此班條條誤悠并缺
元水鏘鏘弓終巽無上兩十字皆尚可辨續古文
苑所載欲壞之壞誤壤黃◎之○誤龍并缺○中
之○碑文均極明顯又司徒司誤爲思烏鵲成橋

鵲誤爲鶴特拜代國夫人特誤爲時火布金池池誤爲地弃曦己逹曦誤爲蟻勛擅勲庸勛誤爲勳又埊心寳㝡埊亦誤而不知何字三思署銜作蕪修圓史杜圓相王署銜作大都督與金石文字記所載不合皆孫氏之誤也安得地震前舊搨本一一校勘之邪碑述得姓之始云出自有周蓋唐時家啓禎符而得姓案元和姓纂云周武王第三子唐叔虞之後至晉出公遜於齊生伯僑歸周天子封爲楊侯子孫以國爲氏與碑正合碑敘先世云



曾祖諱定祖諱紹父鄭恭王諱達案楊定無傳北周書楊紹傳云字子安宏農華陰人祖興魏新平郡守父國中散大夫北史同紹父名國與碑言曾祖諱定者不符碑不應誤蓋史之誤案宰相世系表楊氏觀王房興後魏新平郡守生國後魏中散大夫生定并州刺史晉昌穆侯生紹後周驃騎大將軍黨城信公生士雄士貴達白澤士雄隋雍州牧司左觀德王達字士達隋納言始安泰侯是與爲紹之曾祖國爲紹之祖周書北史失攷其父并誤以興國爲祖若父也定之官位表與碑合至紹

之歷官則史爲詳備其與碑歧異者開府儀同三司及鄜燕州刺史皆魏時事而碑敘於周時史有衡州刺史不見於碑碑有幽州刺史不見於史或衡即幽之誤周書北史云進位大將軍卒贈成文等八州刺史而碑云贈使持節大將軍成文扶鄧洮五州諸軍事成州刺史皆不相合又隋書楊雄傳云父紹仕周歷八州刺史則歧之又歧矣其封儻城郡公不見於周書而北史有之隋書以爲縣公蓋誤表以爲黨城亦誤北史云賜姓叱呂引氏隋書同周書作叱利氏表作屋呂引氏碑不言之



未知孰是達見隋書雄傳云達字士達仕周官至儀同內史下大夫與碑言中大夫者微異碑言隋儀同三司刑部侍郎尚書左右丞吏部尚書將作大匠皆不見於傳傳言加位上開府不見於碑碑言趙鄯二州刺史傳言鄯鄭趙三州刺史碑言上言營東都大監傳言納言營東都副監皆小異上言疑納言寫刊之誤又碑言遂寧恭公傳言始安侯諡曰恭表誤爲泰案隋書郡縣皆有始安之名但言始安不知其爲郡爲縣據傳達於周時封遂寧縣男入隋進爵爲子地志遂寧郡大業初置遂

甯縣大業初改吳房達之進爵當是遂甯縣達之
卒當是遂甯郡矣遂甯在洛始安在桂相距窵遠
不知何以舛錯竊疑始安爲始甯之誤始甯梁置
遂甯郡開皇初郡廢碑承其始封時言之故稱遂
甯傳就其追贈時言之故稱始甯然則無可證也
碑稱公者或唐所加贈唐贈尚書左僕射及垂拱
年封鄭王唐書所不載雍州牧司徒觀德王者卽
雄也雄初名惠隋高祖族子高祖爲丞相以誅畢
王功授柱國雍州牧高祖受禪由邗國公進封廣
平王嗣拜司空改清漳王仁壽初改安德王拜京



兆尹征吐谷渾還軍改觀王卒贈司徒謚曰德司
徒表誤司左雄作士雄疑亦表誤或卽雄之字也
金石錄目載觀德王楊雄碑亦無士字其最後之
官爲檢校左翊衛大將軍碑舉其始終大略言之
故但言雍州牧而已史言宏農華陰人碑言宏農
仙掌人案華陰漢置屬宏農郡隋屬雍州大業間
改稱京兆郡唐初嘗隸虢州虢郡聖秝二年改屬
太州垂拱二年以武后祖諱改華陰爲仙掌長安
中省立碑時尚未省縣故稱仙掌其稱宏農者虢
州之稱宏農郡在天寶元年華陰之改屬太州在

聖秝二年碑立於長安二年並不相合蓋從舊郡
言之并以楊氏郡望故也碑有無上孝明高皇帝
觀時有作應運而生先知赤伏之言須識黃星之
兆云云案高祖領屯汾晉休止其家守太原引爲
行軍司鎧參軍嘗進兵書符瑞陰勸舉兵止王威
等繫劉宏基從平京師爲光祿大夫義原郡公自
言嘗夢帝騎而上天此卽碑所指也碑云使桂陽
公主爲婚主案桂陽公主卽高祖弟五女長廣公
主也始封桂陽下嫁趙慈景更嫁楊師道師道卽
達之從子故以公主爲婚主金石錄目載長廣長



公主墓誌系於貞觀廿二年十一月楊氏之于歸
在前碑敘於高祖之時公主尚未改封長廣故稱
桂陽楊氏卒於咸亨元年年九十二是生於北周
大象元年至唐武德中楊氏于歸已四十餘歲矣
碑有云托三乘之妙果懇五演之元宗永奉嚴親
長栖雅志又云孝誠純至雅操虛沖拒縟禮於移
天誓閑襟於初地是楊氏有不嫁之志高祖強之
故云鳳凰開繇猶堅匪席之心烏鵲成橋果迫如
綸之命於是使桂陽公主爲婚主禮娉所須並令
官給也曰移天曰匪席之心楊氏其亦如公主之

更嫁歟抑嘗爲比邱尼歟碑敘楊氏始從班例拜應國夫人永徽六年十一月特拜代國夫人顯慶五年十月轉拜榮國夫人尋改封鄭國夫人又改封衛國夫人卒贈魯國太夫人謚曰忠烈案武士彠武德中封應國公故楊氏拜應國夫人其封代國榮國見新唐書士彠傳餘見宏簡錄宏簡錄以榮國爲武后之姊封殊誤舊唐書以魯國爲晉國亦誤新書永徽中士彠贈周國公當是武后初立楊氏封代國之時宏簡錄以爲顯慶元年改封周國公恐亦誤碑又云贈太原郡王妃文明元年追尊先妃曰魏王妃永昌元年追尊先妃曰忠孝太后天授元年追尊曰孝明高皇后長壽二年又加無上兩字皆與史合碑敘卒葬咸亨元年八月二日崩於九成宮之山第卽以其庚午閏九月辛丑朔廿一日辛酉遷座於雍州咸陽縣之洪瀆原遷座二字他處未見不識孫氏所錄有誤否據碑楊氏卒於八月二日尚未封衛國而舊書高宗紀云九月甲申衛國夫人楊氏甍者碑云秘兹凶問又云更下非常之澤仍改封衛國夫人碑從其實史從其發喪書之甲申爲九月十四日距卒時四十



二日其實並無不合碑言辛酉遷座而紀云甲寅葬太原王妃相去七日史以啓殯言碑以下窆言亦無不合碑云令司刑太常伯盧承慶攝同文正卿充監護大使右肅機皇甫公儀等爲副西臺侍郎道國公戴至德持節弔祭盧承慶戴至德均有傳承慶字子餘幽州涿人官至刑部尚書以金紫光祿大夫致仕不言其攝同文正卿史之漏也至德相州安陽人戴冑之兄子爲冑後乾封中累遷西臺侍郎其稱道國公者襲冑封也龍朔二年改刑部曰司刑尚書曰太常伯鴻臚寺曰同文寺卿曰正卿龍朔元年改左右丞曰左右肅機中書省曰西臺楊氏葬於咸亨元年在光宅更名之前所稱官名皆合碑又有京官文武九品以上云云見於舊書本紀惟渭橋與便橋爲小異碑又云文明元年改咸陽園寢曰順義陵天授元年曰順陵長壽二年曰望鳳臺新書武后紀所不載宏簡錄所載順陵之名與碑相符而以順義爲明義且系於永昌元年誤也萃編以爲新書非是望鳳臺亦不載三思結銜稱特進太子賓客監修國史上柱國梁王特進上柱國史均略之太子賓客亦不見於

新書而宏簡錄有之在聖秝間石淙詩列銜無特進與此不同相王結銜稱太子左奉裕率兼檢校安北大都護相王與石淙詩列銜同萃編跋已言之碑立於長安二年楊氏卒已三十三年𠀍追尊皇后改名順陵亦十三年𠀍加號無上改陵曰望鳳臺亦已九年矣碑立於正月金石錄以爲六月非睿宗即位順陵即已被廢固非阿諛武后者石墨鐫華乃云旦亦稱臣當發一笑亦知相王稱臣迫於時勢之不得已乎金石䥫武士彠碑李嶠撰相王旦正書長安元年十二月立萃編乃云或者士彠事已詳於此碑不復出也何哉



繼煇續得拓本別有一紙後鐫同治丙寅春重修文廟於牆陰得此石計二十九字因取置署中並嵌東壁咸陽令白門馬毓華蕖斐氏識云云此前人所未見者也謹据以補於㝨䢺三字青史奉三字長揖天集祉浴六字調鶴儛滁想金六字中銀鐶曉上五字靡及雞露晨五字凡二十八字至於上則字靑上燕字調上絃字金下塋字皆存數筆形不及半仍闕之浴□開祥孫氏作裕後開祥今石本從水作浴甚明則其下非後字可知

辛仲連妻盧氏墓碣

高六寸廣七寸五行行存四字字徑寸許正書在洛陽存古閣

長安二年缺下月十九日缺下州叅軍辛缺下仲連妻盧缺下八娘之墓缺下

右盧氏墓碣月日不用武后製字補訪碑錄載有辛仲連妻盧十二娘墓石無年月大興樊氏拓本竊疑此本盧下所缺是十字彼所載二字是八之譌然年月具存何以又言其無且不言石所在也豈八娘歿後仲連繼娶盧十二娘邪



八瓊室金石補正卷四十五終

# 八瓊室金石補正卷四十六

太倉陸增祥撰　男　繼煇校錄
吳興劉承幹覆校

## 唐十八

### 經幢八種

本願寺僧知蓀等尊勝幢記高七尺五寸八面面廣七寸八行行字不計弟一面下截記八行行十一字弟三面下截題名一列造象銘一列各九行行各十字弟六面上截題名二行字均五分許正書在獲鹿

佛頂尊勝陀羅尼經經咒序偈文俱不錄後放此

蜜多心經



本願寺都維那□知蓀□合縣道俗等敬造石像堂并

建此幢寫佛頂尊滕経蜜多心経上報三世諸佛　璺

神皇帝師僧父母七代亡者下及法□有情同□斯福

長安二季歲次壬寅□□景□□甲□下缺此八行在弟

一面下截

大菩薩主前定州錄事叅　維大周□□□□□□

軍王元禮妻□□□□　朔八㉂戊□前□□□□□

前任恒州鹿泉縣丞□安　亡親敬造石菩薩一軀

大娘□□□□□□州□　銘曰　生靈至親□□□

吾縣丞□安□□□張□　□□勞苦濕□自□□一

□□州□□縣□□□□　旦奄終□□□□空□□

□□□禮□□□□□妻　□像于□□□□念可□

□□□□□□□□□□　□□□愛□□□□□石

介□□于□□□□□□　庶金容將□㉂□明寶□

右二列在弟三面下截疑未全或聯綴於弟四面而不可辨矣

常山郡守孫河東裴君心妻胡　□上□都尉義全在右

方

恒州大雲寺行道僧慧鏡爲師僧父母供養在左方此二行在弟六面上截



右幢字甚漫滅無撰書人名後題長安二歲歲次壬寅□□景□□甲□舊唐書武后本紀大足元年冬十月幸京師大赦天下改元長安𥘉幢壬寅下殘缺二字當是某月世祖諱昞唐人多以景代丙景□當是月朔通鑑目錄是年七月丙寅朔九月乙丑朔則八月當爲丙申朔景下一字未知其爲寅爲申其月亦難定其爲七爲八也知蓀名本願寺唐諸石刻中屢見璺即聖𠀑即年皆武后新製字新書后妃傳作𡔈𠕂埊㉂囝〇𠚑𢘑𠩄𠡦𠀑𠀡十有二文太后自名𡔈改詔書爲制書宣和書譜載武后增減前人筆畫

自我作古爲十九字曰𠀑天埊地囸日囝月〇星𠁈君𠺞年𠡦正𠙺臣𢘑照曌載𡕀國圀初𡔈證𧗟授𥠢人𤯔聖𨲢生𤯓當時臣下章奏與天下書契咸用其字鄭樵通志六書略作十八字其字數筆畫互有異同其見諸碑刻者囸囝多作㉄卍月又作匜𧗟或作𥠢之類甚多其云𨲢神皇帝者攷舊書武后紀載初元年天授元年九月九日壬午革唐命改國號爲周改元天授大赦天下賜酺七日乙酉加尊號曰聖神皇帝又長壽二年秋九月乙未上加金輪聖神皇帝號三年延載元年五月上加尊號爲越古金輪聖神皇帝改



元延載證聖元年天冊萬歲元年正月上加尊號曰慈氏越古金輪聖神皇帝改元二月甲子去慈氏越古尊號九月加尊號天冊金輪聖神皇帝改元天冊萬歲聖麻三年久視元年五月癸丑改元久視停金輪等尊號案此刻稱聖神皇帝而無金輪等字正與史所載停金輪等尊號相合蓋爾時所停者後加之天冊金輪四字而已若聖神皇帝尊號則未嘗詔停也又末行題恆州大雲寺□道僧慧□□師僧父母供養案舊書武后本紀載初元年秋七月有沙門十人僞撰大雲經表上之盛言神皇受命之制頒於天下令諸州各置大雲寺總度僧千人其寺當即今府治前之開元寺說見解慧寺三門樓讚跋常山貞石志

右幢在獲鹿本願寺寺有唐幢四此其最前者常山志載此有闕譌補十三字正三字其石本不顯者則賴志以補之裴君心義全名亦見於本寺神龍時幢彼題云河東裴義全妻李考君心母胡氏即其父子也其餘官職地名沈氏考之詳矣

本願寺曾慶善等造幢題名高五尺二寸八面兩面無字面廣一尺五分兩截並十行行字不一字徑七分許行書惟弟一面上截大字二行正書弟五面下截長安三年乞留檢校令裴琳記在獲鹿本願寺



應天神龍皇帝　順天翊聖皇后右上截二行大字　封龍鄉

幢主昭武挍尉上騎都尉前營州博士曾慶善　妻

杜　伯母唐　息義昌　□□□　息義絹　息義威

幢主上柱國倉督曾思謹　妻田　息陪戎挍尉義

瓚　息義甫　息義湛　女弥勒　女爾　㭍納五六字

弟騎都尉前安遠別將思暕　姪男王府舍人雲騎尉

義□□□□□顔　姪男義諶　□□□□　姪男義

璪　孝前縣博士文林郎上客　孝前縣録事上柱國

逸客　姪男義□　姪男義遵　姪男義慕　姪男義

□　幢主前司兵佐郄義興　幢主郄神弁　幢主馬

承班　父賁前任通州通川縣尉　幢主　吏部常選
王𩆵歡　妻蘇　父軏上柱國　母李　幢主騎都
尉張玉素　妻秘　幢主　雲騎尉張仁舉　妻李
幢主朝請郎張德雋　妻王　女阿醜　幢主宋繼
興　幢主宋文素　幢主宋智基　幢主雲騎尉尹思
□　妻郭　父嵩　母胡　息十五　幢主雲騎尉許
文式　幢主許元慶　母楊　幢主許敬琮　幢主雲
騎尉周文掲　母李　幢主陪戎挍尉張智賢　妻杜
父□　母王　息思忠　兄智基　妻趙　弟智方
妻王　息宅之國　幢主王宅之業　妻郭　幢主宋德



愔　妻張　息業　光泉鄉　幢主隨本縣令孫前宣
州貴池戍主上柱國趙郡李元宗　妻杜　弟文林郎
元嗣　妻孫　弟安遠別將騎都尉元景　妻霍　弟
雲騎尉元弼　妻翹　幢主前□□州古策縣丞李楊
進　妻杜　幢主左武衛翊衛郎恭道　弟右驍衛翊
衛郎恭仁　以上第一面　幢主貝州臨清縣前賓州奉國
縣丞隴西李惟艮　妻河南元氏艮　弟緬左衛勳一府
翊衛　妻河東裴氏　幢主真宅之縣錄事騎都尉樂鴻
義　妻王氏　息陪戎副尉惟忠　妻楊氏　息惟讜
惟謹　幢主左屯衛翊衛驃騎挍尉上騎都尉趙待

封　妻杜　祖龔前揔挍并州鹿泉縣令　父策左金
吾衛前楊州新林府果毅都尉上柱國　妻李　弟待
徵朝議郎行齊州全節縣主簿上騎都尉　弟崇獻右
羽林衛翊衛　弟待俊右屯衛翊衛陪戎挍尉　封息
雲騎尉元慎　息雲騎尉祇　缺約四五字　妻侯　息知
慎　妻許　息胡子　息道生　息知九　幢主趙彳
㳿　妻梁　息願客　妻馬　息思忠　妻翹　客息
道僾忠息元約息道瓌息道剛　幢主程思謹　妻趙
息樺戈　戈妻張　幢主田小奴　妻王　以上上截　幢
主陪戎副尉倉督趙待興　妻弓　父前興州　字缺三　降



□戍主昭武挍尉上柱國神感　母畢　幢主趙仁表
妻李　幢主飛騎尉□師仁　妻王　父會　母張
弟雲□□□□　弟上騎都尉師整　弟雲騎尉師
道　幢主雲騎尉趙仁則　弟□□　幢主昭武挍尉
右屯衛前檀州客雲府左果毅都尉上柱國孫義元
弟昭武挍尉左金吾衛幽州都督府停驂府別將上柱
國義琮　豊閏鄉　幢主騎都尉縣錄事趙禮貴　妻
畢　曾祖右前任雍州始平縣令　祖寔前縣錄事
父蔺雲騎尉　母麴　兄前倉佐禮賢　幢主上柱國
程師賓　妻李　息昭武挍尉敬隱　妻僩　息昭武

按尉敬琮　妻尉　息昭武按尉敬敏　妻趙　幢主
騎都尉張元義　妻許　幢主前真之縣令孫霍善御
妻張氏　息珍州武侯縣主薄山壽　息陪戎按尉
毛艮　幢主張元慶　妻許寫石經人牛鴻諮　崇善
鄉　幢主昭武按尉馮君作　妻張　父上柱國善寶
母張　兄昭武按尉君機　妻趙　兄昭武按尉君
熾　妻趙　兄昭武按尉知機　妻宋　作息嘉瞻
幢主昭武校尉上柱國前縣錄事畢行瑜　幢主司戶
佐封君通　妻董　幢主鄉傅士畢武之　妻閻　幢
主上柱國郎仁重　妻張　幢主上護軍麴法會　妻



唐　息龢鶴比邱尼勝光　女比邱尼慈嵩　幢主張
慕賓　妻杜　幢主韓毛娘　母劉　幢主昭武按尉
李足妻　妻趙　後空一行以上第二面　相輪主郭□妻□
相輪主尉師仁母張　相輪主李壽妻韓　相輪主任
整母□　相輪主閻志妻□　經主李懷珎　杜仁解
弟仁景　李金剛妻孫　劉阿臻妻張　經主孔士
□　□□表　賈思貞　徐元素　史元通　鄭思賢
張寶珎　□主比邱僧義志　比邱尼德藏　姪女
比邱尼阿二　比邱尼習積　比邱尼慧覩　缺約五字
比邱尼法照　比邱尼淨德　比邱尼法愛　比邱尼

法王　比邱尼二王　比邱尼阿四　比邱尼大慈
趙宏太妻羅　缺約四五字　馮宏慶妻韓　裴思祁妻崔
范廣妻杜　張玉素妻秘　牛宏諮妻杜　女四娘
閻嘉嗣妻趙　七月十五日幢側長造花漿供養人
曾義璜　裴猛子　孔知鍼　趙景嘉　田小奴　張
阿六　趙嗣興　郭思言　李振藻　魏智明　袁元
覽　裴永隆　楊思祁　李崇興　鴇阿鍾　丁思遷
靑思亮　安祁楷　丁敬賢　張惠朗　魏慈傑
以上截　經主比邱尼□□　經主比邱尼阿嵩　經主
比邱尼阿□　經主比邱尼普眾　經主比邱尼如意



經主比邱尼阿喜　經主比邱尼真□　妹明□
經主比邱尼明慧　經主比邱尼慧覩　經主比邱尼
如意　經主比邱尼慧娘　經比邱尼□□瀕　經主
比邱尼愛道　經主比邱尼□□　經主比邱尼恒希
經主比邱尼阿妹　經主比邱尼阿羅　經主比邱
尼阿八　經主比邱尼□愛　經主比邱尼普光　經
主比邱尼慧相　經主比邱尼□惠　經主比邱尼如
□妹如梵　經主比邱尼開耀　經主比邱尼催兒
經主比邱尼真妙　經主比邱尼觀音　經主比邱尼
娘兒　經主比邱尼真要　經主比邱尼三明　經主

比邱尼覺王　經主比邱尼七娘　經主比邱尼阿容
經主比邱尼淨智　經主比邱尼流光　經主比邱
尼十三　經主比邱尼十六　經主孔文義妻趙　經
主義女毛娘　經主□義全母胡　經主仝妹三娘
經主曾思謹妻田　經主任鳳正母孔　經主劉大宏
妻史　經主袁貞□妻杜　經主袁□太母田　經主
張寶德妻石　經主張□威妻牛　經主張阿四妻孫
經主張阿六妻王　經主郭宏嗣妻趙　經主□□
壽妻韓　經主任懷母□史　經主馬有進妻程　經
主麴醽妻杜　經主麴智廣妻張　經主翟義冲妻孔



經主田大名妻胡　經主田小奴妻王　經主□□
礼妻朱　經主劉□□母趙　經主封君通母麴　經
主李義□母石　經主許文式妻劉　經主許敬琮妻
馬　經主張阿暉母杜　經主孔□朗妻楊　經主麴
智遠妻王　經主比邱尼光子　經主麴龍母李娘
缺約五字畢礼妻呂　經主翟冲母張　經主趙泰妻崔
經主□希阿鋹　經主迴雪缺　經主阿妹　經主比
邱尼月光以上弟三面　相輪主法師智琇　相輪主楊
衆會　相輪主麴永興　相輪主孔文興　相輪主裴
義全　相輪主張成仁　相輪主田小奴　相輪主劉

懷古　相輪主郭仁嗣　相輪主嗣妻趙　相輪主牛
待照　相輪主趙嗣興　相輪主曾義璝　相輪主璝
外祖母韓　相輪主張思默　相輪主馬元覽　相輪
主馬有進　相輪主李和子　相輪主比邱尼阿鳳
相輪主比邱尼小妃　相輪主比邱尼如意　相輪主
比邱尼神基　相輪主比邱尼傳兒　相輪主比邱尼
法蒙　相輪主比邱尼僧兒　相輪主比邱尼照明
相輪主比邱尼阿七　相輪主比邱尼阿素　相輪主
比邱尼淨智　相輪主比邱尼難勝　相輪主比邱尼
殊越　相輪主比邱尼明宗　相輪主比邱尼普淨



相輪主慶女比邱尼阿天　相輪主孔義妻趙　相輪
主裴全母胡　相輪主趙礼貴妻畢　相輪主張成仁
妻馬　相輪主趙雅母王　相輪主楊會妻仲以上截上
幢主稾城縣□元吉　妻靳　幢主井陘縣上柱國
趙行綦　妻蘇　息陪戎校尉元敬　妻□　息陪戎
校尉思貞　妻封　息陪戎校尉元策　妻王　息陪
戎校尉思僉　妻畢　息陪戎校尉思絢　妻麴　幢
主石邑縣郭恩言　妻韓　女恒稀　經主石邑縣杜
神英　妻張　幢主石邑縣許文邏　幢主張君幹
息保朗　幢主比邱尼小要　幢主洺州曲周縣李文

璳　父仁徳　妣鄭　經主裴義仝　經主楊衆會
經主張行舉　經主郭宏嗣　經主趙君通　經主趙
阿醻　經主趙阿永　經主趙宏太　經主盧伏德
經主閻待慶　經主張阿六　經主程師質　經主素
元覽　經主素元㧐　經主李義壽　經主鄭思窴
經主程敬琛　經主尉師仁　經主趙思貞　經主杜
知言　經主朱義琮　經主田大名　經主畢元礼
經主趙師度　經主畢元□　經主李阿趙　經主畢
武㞢　經主畢延琮　經主馬仁表　經主趙思脊
經主趙思簡　經主趙思太　經主李義節　經主閻



嘉嗣　經主劉阿冲　經主李仁基　經主曾逸客
經主曾義超　經主馬知節　經主張仁雋　經主周
元及　經主劉大德　經主韓袤亮　經主翟智盛
經主孔文安　經主孔義□　經主馮師善　幢主徐
利貞　妻羅　經主法師元隠　經主比邱□賢　經
主比邱慧慶　經主比邱尼阿二　經主比邱尼幽閏
經主比邱尼智禪　經主比邱尼淨真　經主比邱
尼要妃　以上弟四面　本須寺　寺主　僧元振　都維
那僧知識　上坐　僧希名　前上坐僧道解　捡挍
懽僧智秀　□鳳基僧袤一　□□朗僧仁威　□怯

靜僧慧貞　僧淨寂僧□光　以上弟五面上截下截德政記另錄　僧
慧仙　僧惟誠　僧慧超　僧龍勤　以上上截　幢主前左
翊衛上柱國隴西李惟禮妻盧曾祖大尉掾外兵郎中
汲郡太守□□考壽妣賈氏祖收右僕射　幢主常山郡
守孫河東裴思禮　妻崔　息令簡　息令武　息令
謨　幢主常山郡守孫驃騎都尉河東裴義仝　妻李
考君心母胡氏　息子期子産　弟雲騎尉義貞　妻
魏　幢主朱万厚　考卿妣馮　捡挍幢主袤士孔文
義　妻趙　父懐道　母程　息知鍼　息知九　弟
文安　妻賈　弟義保　妻史　幢主趙阿難　考賁



母王　幢主雲騎尉楊衆會　妻牛　父善才母馮　女
菩薩　女羅睒　女十五　幢主趙君通妻李　考客
艮母劉　息知明　息知廣　幢主騎都尉郭宏嗣
妻趙　考寶德　妣栗　幢主孔文興　妻張　息知
讓　幢主雲騎尉任宰官　考匡　母孔　弟上騎都
尉鳳慜　幢主前司倉佐王比邱　妻陳　父導衆母
張　息義感　幢主劉大龜　妻史　息阿冲妻張　幢
主閻君堪　妻封　息待慶　息特賓　幢主張寶德
妻石父萬歲　妣程　息阿八法祥　幢主雲騎尉
楊元封　妻□　息思齊　思礼　幢主韓承嗣　母

母綦　息進光　幢主杜山壽　妻李　息奉御　息
雲騎尉知運　知盛　幢主袁貞素　妻杜　息阿七
姪男元泰　元慶　幢主王仁禱　妻李　女娘子
都幢主張成仁　妻□　息賓玉　魏氏女大娘
女三娘　女四娘　幢主馮阿鍾　妻召父宏基　母
霍　息措安　女大娘　幢主趙待封　妻許　以上弟六
面　朝請郎撿挍令上騎都尉河東裴琳字元瑶儒與
教□惠□兼氵河汾派其□□璆璧温其風雅曾祖矩
隨仕黃門侍郎　皇朝任戶部尚書安邑敬公歷政三
朝朱紫遞襲儀表海內國史詳焉祖恭道　皇朝任通



□□□□奏　闕庭風韻韶朗賢才允屬德望攸歸父
承亮文華秀異光彩射人雄略挺生英姿邁俗以孝廉
擢第俄授朝議郎行□□□軍尋遷洺州司功參軍事
屈斯一德佐彼百城氷壺皎其從政霜劒方其斷割君
即府君之元嗣也以門資解褐授定州望都縣丞去長
安二年秋九月匈奴大寇邊防禦大使薛公持節訪察
以鹿泉地邐雲朔梗險須材遂委君以莅之君伯祖崇
道恢敏有大□義寗初特降　墨制委之坐鎮本縣令
今君又嗣之劉静父子代□廬江馮到弟兄更臨上郡
量德挍義彼實多慚其年撿挍官奉　敕揔停君則隨

停例也百姓衆族而謀曰我君去矣人斯悴矣若不俟
命而詣　闕乞留□道路相屬奉長安三年四月　敕
元瑶清平化俗奉法無私人不忍欺吏不敢犯綏强撫
弱憫孤恤窮禮義興行生業脩理特聽依舊撿挍夫以
□居上察空聞褊庂之謡康理元城但有尚書之奏豈
夫黔社屢請　紫誥頻臨禮義因　天渙發揮公嚴爲
神明幽贊豈同年而語者哉　朝請郎行丞劉元宗
皇五從弟儒林郎守丞員外置同正員李元裕　朝請
郎行主簿樊□　以上十行行四十七字方界格在弟五面下截
儒林郎行尉崔龍慶　此行在弟六面上截



右石幢無號年第一面上截大字兩行題應天神龍
皇帝順天翊聖皇后舊唐書中宗紀神龍三年九月
庚子上皇帝尊號曰應天神龍皇后尊號曰順天翊
聖新書在八月丙戌大赦天下改元景龍據此知此幢造於
中宗景龍間惟歲月不可定耳元和郡縣圖志恒州
開元時有鄉八十七其名不載地志此幢有封龍光
泉豐閏崇善四鄉名蓋爲鹿泉所屬之鄉題名有昭
武校尉上騎都尉營州博士曾慶善攷唐制州博士
助教部內無者得於旁州通取慶善以恒州人得爲
營州博士正與旁州通取之例相合又有光泉鄉幢

主隴本縣令孫前宣州貴池戍主上柱國趙郡李元宗弟文林郎元嗣元宗兄弟新書宰相世系表趙郡諸李不見其名舊書李襲志傳襲志之子亦名元嗣彼係隴西此出趙郡族望既異時代亦殊名偶同耳所云隴本縣令孫者其祖在隋時曾令鹿泉子孫因而流寓遂爲縣之光泉鄉人與第二面前眞定縣令孫霍善御列銜同例新書江南西道宣州有采石軍而無貴池戍之名則地志之略也又題名有前□□州古策縣丞李揚庭前下一字巳泐疑爲行守等字州上字左旁從鳥攷兩唐地理志州名從鳥而置於



中宗以前者關內道有鴻州天授二年析渭南縣置大足元年廢嶺南道有鸞州武德五年以甯風縣置貞觀十八年廢羈縻州回紇州有鶻州達渾都督府領隸關內道夏州都督府諸蠻州有鸞州鴻州隸江南道黔州都督府其所領之縣無名古策者其詳不可攷矣又有貝州臨淸縣前賓州奉國縣丞隴西李惟艮賓州元和志及兩唐志皆無其名惟文獻通攷有云閬州秦漢屬巴郡西魏置崇州及盤龍郡唐爲崇州先天中改閬州或爲閬中郡屬山南道領縣九五曰奉國新書地理志閬州奉國縣武德七年隸西平州貞觀元年還隸隆州攷諸地志皆云閬州始名隆州先天二年避元宗名改閬州據此則中間曾改賓州通攷之崇州即賓字之譌也又有左屯衛翊衛禦侮校尉上騎都尉趙待封弟待俊右屯衛翊衛陪戎校尉案唐六典左右威衛注云隋初置左右領軍府煬帝改爲左右屯衛皇朝因之龍朔二年改爲左右威衛別置左右屯營光宅元年改爲左右豹韜衛神龍元年復爲左右威衛通典龍朔二年改左右威衛而別置左右屯營尋改左右屯營爲羽林舊書職官志龍朔二年二月甲子改百司及官名左右衛府並去府左右屯衛爲左右威衛屯營爲



羽林軍唐會要左右威衛光宅元年改爲左右豹韜神龍元年復改爲左右威衛其年七月又改爲左右屯衛景雲二年八月二十八日又改爲左右威衛幢建於中宗上尊號之後待封兄弟列銜猶稱左右屯衛蓋正在神龍元年七月改威衛爲屯衛之後景雲二年八月復改稱威衛之前與會要正合據此知幢刻於景雲二年八月以前無疑矣又有昭武校尉右屯衛前檀州密雲府左果毅都尉上柱國孫義元新書地理志河北道檀州無密雲府又有鄉博士畢武定鄉博士之名六典會要皆不載本願寺僧題名第

五行智秀稱撿校幢僧者當即察書經幢之義唐裴光庭碑有奉敕撿挍模勒奉敕撿挍樹碑又長安四年武攸寧充撿挍大象使可知當日樹碑造象皆有撿挍之員矣下截記鹿泉縣民乞留撿挍令河東裴琳事略記敘琳爲裴矩曾孫矩兩唐書有傳記所載歷官爵謚與本傳同惟矩歷仕僞朝曾爲僕射此但云隨黃門侍郎蓋爲琳諱其曾祖之醜耳記敘琳祖恭道伯祖崇道矩傳止載其長子宣機而無恭道崇道名恭道列銜已殘泐難辨新書宰相世系表西眷裴氏矩作世矩子三宣機禮部侍郎奉高善昌河州



刺史奉高子延慶商州刺史聞喜公亦無琳祖父及其伯祖名蓋世系表之疏漏如此記敘琳父承亮以孝廉擢第授朝議郎行相州參軍尋遷洺州司功參軍攷唐代孝廉科不常舉唐會要貞觀十八年二月六日引汴鄭諸州所舉孝廉賜坐於御前上問以皇王政術及皇太子問以曾參孝經並不能答又寶應二年六月二十日禮部侍郎楊綰奏請每歲舉人依鄉舉里選察秀才孝廉敕與諸色舉兼行至建中元年六月九日敕孝廉宜停案承亮爲裴矩孫其舉孝廉當在太宗高宗時至其所舉之歲則無可攷矣記

者云防禦大使薛公即薛季昶見唐書良吏傳記又云其年撿挍官奉敕總停君則隨停例也百姓詣闕乞留長安三年四月敕元瑶特聽依舊撿挍攷兩唐書唐會要通鑑長安二年皆無停撿挍官事舊唐書選舉志長安二年李嶠爲尚書又置員外郎二千餘員悉用勢家親戚給俸祿使釐務至與正官爭事相毆者又有撿挍敕攝判知之官神龍二年嶠復爲中書令始悔之乃停員外郎官釐務據此則長安二年正撿挍等官盛行之時不應有敕停之事然記刻於景雲初上距長安僅數年耳不應有誤當是史之誤



也記後有鹿泉丞二人一題皇□從弟儒林郎守丞員外置同正員李元裕案今定州新出唐李公夫人墓志銘首行題唐皇五從高叔祖書例正與此同蓋唐宗室也又題名有常山郡守孫河東裴思禮常山郡守孫上騎都尉河東裴義全常山守不知何名新書宰相世系表東眷裴房有思禮穀熟令爲齊州長史希惇第三子祖名之爽與此非一人常山貞石志

常山貞石志載此幢據補缺字十并補弟一面上截二行沈氏未審出者六十八字譌廿字脫三字並據石本錄之三四兩面沈氏分列箸錄亦非是

弟四面下截爲乞留撿按令裴琳記蓋裴氏有助
緣造幢者因并刻之耳茲别列於後

本願寺僧智秀尊勝幢記（高不計八面一三五七面廣八寸一分餘廣五寸七分各三截上截經文一三五七面各十行餘俱七行行四十七字字徑五分方界格中截佛象題名七行並正書下截頌並題名行數與上截同行書下殘缺在獲鹿）

爲國敬造佛頂尊勝陁羅尼幢（在弟一面上方字徑二寸二分有方界格）
佛頂尊勝陁羅尼經
大幢主本願寺比邱僧智秀供養
宣義郎守鹿泉令盧從運　宣義郎行主簿魏元勖
給事郎行尉姚彥先（此二行在經文末以上上截）



像主馮元古供養（在弟一面象右）
像主趙忠恕供養（在弟一面象左）
像主趙康爲外婆趙供養（在弟三面象右）
像主譚奉□合家供養（在弟三面象左）
像主趙敬聲妻合家供養（在弟五面象左）
像主□□□合家供養（在弟七面象右）
像主楊思敬合家供養（在弟七面象左以上中截）
佛頂尊勝陁羅尼經者□（下缺）
其經儀鳳之歲發迹波斯（下缺）
之重譴消生死之泥林□（下缺）

者也原夫金軀演法迦□（下缺）
涅槃之相故能不生不滅（下缺）
手羣迷之境獨爲先覺（下缺）
楊惠敬范什毛趙義仙□（下缺）
家國□□絕之□（下缺）
覺（下缺）
苑而（下缺以上弟一面）
財□□（下缺）
幢□□嚴之奇石廣呂（下缺）
遥臨千仞類殊聞之雙居（下缺）



寶符之秀岳似接鷄山拒（下缺）
齡不朽長存如在之容百（下缺）
芳列而爲頌云　□此□（下缺）
爲□□臺安坐蓮花養神（下缺以上弟二面）
識咸歸至真空（下）
大唐開元九年歲次辛酉□（下缺）
頂鄉貢明經孟脩己□□（下缺）
比邱僧阿七　經主之□（下缺）
經主雲騎尉前縣倉督封□（下缺）
經主趙仕文妻畢息君樂妻（下缺）

張宋息元弉妻魯弉息□下缺

經主畢名捺妻麴息才寶才下缺

經主胡處義妻馮息洪嚴下缺

經幢主□□□□張息君倉妻下缺以上第三面

經主前任屯黃群書佐後任下缺

息文林郎仕達妻麴達息下缺

娘禮息崇仙師重□大下缺

相輪主都維那五戒上黨下缺

相輪主都監常山郡周□下缺

相輪主雲騎尉馮恩忠下缺



相輪主楊仁□　相輪主□下缺以上第四面

經主井陘□羅亥舉妻麴息□□下缺

經主□善□□□息崇福妻下缺

經主上柱國柱行中□□□□□下缺

元□希仙□□□□□□下缺

□主□□□□□□下缺

會主□□□□軍男□□下缺

□息□寶□□□□女□下缺

經主名邸□□文惠□李女下缺

經主丁行志妻李息都下缺

經主丁祖悅母趙妻□□□下缺以上第五面

經主麴思太妻向息知文□下缺

經主趙善從妻李女大娘□下缺

經主馮大□妻麴息□□□下缺

菩提供養　經主麴□□下缺

經主周阿□妻張息光□下缺

經主石邑縣人□山泉妻下缺

經主武騎尉□□妻下缺以上第六面

經主上騎都尉麴□□下缺

妻郭　經主麴義周□下缺



經主萊州昌陽縣主薄麴下缺

經主麴元廓妻趙　經主下缺

經主上柱國趙行其妻蘇下缺

經主□□及妻□息□児下缺

經主上輕車都尉麴霱直下缺

道息飛騎尉元楷妻李下缺

經主王府記室麴宏亮妻郭下缺

妻封息雲騎尉忠心妻□下缺以上第七面

經主上柱國馮善賓妻張□下缺

妻趙息智成妻宋息君件下缺

經主馮四艮妻趙息元□妻下缺
忠妻張息承賓女六娘息下缺
經主楊元照妻王息雲騎尉下缺
經主驍騎尉范宏遇妻□□下缺
經主麴康成妻董息蕩谷□下缺　以上第八面　以上下截

右經幢無書人姓名經文後題大幢主本願寺比邱僧智秀供養智秀即金剛經讚中法師智琇也末行題宣義郎守鹿泉令□從運宣義郎行□簿魏元勗給事郎行尉姚彥先鹿泉令之姓已泐其主簿上一字當是主字三人名皆無攷宣義郎即宣議郎唐制



階卑而擬高則曰守階高而擬卑則曰行唐君以從七品下階任正七品上階之中縣令姚魏二君則階高於所任曰守曰行正與相合元和郡縣圖志河北道恆州管縣十其七曰獲鹿縣中本漢石邑縣地屬常山郡隋開皇十六年於此置鹿泉縣屬井州大業二年省義甯初重置還屬井州貞觀二年改名獲鹿屬恆州新唐書地理志曰恆州獲鹿縣中本鹿泉漢石邑縣地貞觀十七年井州廢來屬天寶十五載更名太平寰宇記曰獲鹿縣至德元年改名獲鹿舊唐志同唐會要於恆州井陘縣下亦無貞觀二年郎改名獲鹿之說又史記趙世家正義引括地志二條並作恆州鹿泉縣可證舊唐書元宗本紀天寶十五載三月已亥是月無已亥誤改常山郡爲平山郡房山縣爲平山縣鹿泉縣爲獲鹿縣鹿城縣爲束鹿縣是時祿山僭號東京賊氛漸逼蓋取平定祿山擒獲祿山之意以厭勝之耳此幢建於開元九年猶稱鹿泉縣足證元和志之誤題名有云象主麴康爲外婆麴供養外婆即今外祖母之俗稱當是麴康之祖姑出嫁生女復歸女爲麴氏婦余嘗據容齋四筆陳恭公弟婦對恭公只是外婆不樂語以爲稱外祖母爲外婆宋時



已然載於交翠軒筆記今觀此幢知唐開元時早有此俗稱矣麴義仙已見金剛經碑陰題名其他題名有云經主經幢主相輪主會主與他碑多同其列銜亦無他異惟都監常山郡及前任屯黃郡書佐未知是何官職攷元宋改州爲郡在天寶元載而此幢已稱恆州爲常山郡當是民間之私稱亦猶今稱正定爲常山爾群疑即郡字隋書百官志雍州及九等州刺史屬官皆有西曹書佐大業三年罷州爲郡置東西曹掾主簿司功倉戶兵法士曹等書佐又改行參軍爲行書佐唐初仍復參軍事之名開元初又去事

字此云屯黃群書佐豈即諸州之參軍事而以府故
名稱之邪常山貞石志
右幢在獲鹿本願寺不見書人姓名而書法雄傑
具有北碑風格其運掉處有飛舞之勢非名手不
能常山志波斯二字誤倒筆誤作果并缺十字據
石本補之石本所缺仍據志錄
安衆寺僧智空尊勝幢題字高四尺八寸五分八面分二四六八面廣五寸各六行弟八面一行行十二三字不等字大小不一行書在元氏開化寺
佛頂尊勝陀羅尼經
唐開元十二年七月十五日安衆寺上座僧智空敬造



石幢一所石浮啚二所
右幢爲安衆寺所造安衆寺元氏縣志不載疑即開
化寺故名常山貞石志
左率府長史王元明尊勝幢記高五尺八面面廣五寸七行行七十一字字徑五分餘正書在肇縣
佛頂尊勝陁羅尼經
開元十九年歲次辛未十一月景午朔十五日庚申
前左率府長史王元明奉爲七代父母洎亡妻見存
兄弟合家大小六親眷屬一切衆生建立此幢咸同
此福

唐大中八年歲次甲戌正月丙戌朔廿六日辛亥再
立此幢幢主當寺上座僧太初　寺主智遷　都惟
那明詢　匠人常公瑜此行行書
大漢乾祐年初歲次涒灘月建辛酉五日辛巳重立
幢主穆暹兄穆儼妻常氏男拷栳次男拷栳姪男返
縣將斯勝善才擺先亡法界有情俱霑上宥在首行下
右石幢開元十九年左率府長史王元明立筆法古
勁未詳何人所書村學究以字跡不真用礦灰填塞
令肄業村童模寫許郡通判程志智命工剔拭仍還
舊觀中州金石攷



右幢建於開元十九年後有大中八年及漢乾祐
年重立題字乾祐年初歲次涒灘者隱帝乾祐元
年戊申也五日辛巳則朔日爲丁丑與通鑑目錄
合
三村父老尊勝幢記高存五尺五寸八面面廣五寸三分六行行字不一字徑七分正書在鉅野
上闕廿三年歲次乙亥二月丁亥朔八日甲午東萬西萬
北萬三村父老一十二人蕁敬造寶幢一所上爲國王
帝主下及師僧父母普及倉生□闕
上闕尼經序

上闕羅尼經一卷
開元廿六年二月九日
發心主比邱僧缺 滿思義爲亡父母缺 亡過比邱尼真
淨 □缺 發心主滿元敬□缺 亡父諱生亡母楊缺 妻
李男思言妻馮缺 發心主滿九□缺 亡父母□□亡妻
缺□□慈女五兒缺 □□□李□□缺 □□父存母□
缺□□□□□缺 □□□□□子女缺 發心主□□言
爲亡父□缺 □□男□□女大□缺 二行全泐 □□
□妻□合宅供養 滿休祥亡父元恩亡父□□□缺
見存母卜弟休易妻張□□□缺 妻張合家供養 潛



詰發心□缺 化主□李見施□□□真亡父缺 錢五十
父雙□□徐施主□□缺又泐一行
右幢八紙長短不一拓未全也下截題名僅見四
面就所見錄之

陳氏心經幢記 上斷存高一尺五寸許八面面廣二寸五分前五面經文後三面題記各三行行存字不一字徑五分正書在江陰

心經 首行已泐經咒後有若能誦此經云云凡二行有餘亦不錄
僧道恒 缺約五字 湯□□□□□
上缺□陳氏厥子□□□□□□品□□朝祇夕父子上缺常
之性同爲四大之身□尊卑不同□下□上缺□□□之
功□□□句衣資□削身□□□□上缺往倫紙非長世之
珎故請良工鐫刻之於貞石上缺□空我具□湛然□念
□迴向斯爲偈云
上缺□色非我 知身是空 刻金言於貞石 住持僧
□刼中上缺陽張晏撰
上缺真言勒石 導□□而 鎮恒沙之永刼 悟色身
之是□上缺□福開元廿八年□□庚辰四月八日□□
□□
按已斷損不見建幢人名弟六面首行有陳氏字
據以題之



陳㽙生尊勝幢記 高四尺四寸四面面廣五寸七分弟一面大字二行行廿一字字徑一寸五分題名一行十五字字徑七分餘各七行行六十五字字徑五分並正書弟一面有乾化五年重立題記下方亦有題字行字均不計

奉爲開元神武 皇帝太子諸王公主文武百官敬造
佛頂尊勝陁羅尼幢一切法界蒼生同霑此福
功德主潁川郡上柱國子陳㽙生妻張
佛頂尊勝陁羅尼經 以上唐時原刻
所修功德奉爲 囶王及 □主令公 此四行在上方
大梁乾化五年歲次乙亥四月辛卯朔四日甲午□□
留守下泐約十四字僧小師懷訴□當□維那邑衆於龕澗上

原有倒塌尊勝幢一軀不知昔代僧遂□維鄉信士共
部領車牛□□□重般載到□建立　功德主僧懷
訴維鄉王郎陳□之　施主知屯務押衙張繪施主聶
從直張敬宗謝方玉□常□存楊行宗□從□播中元
□□□實張行存晉行玉劉師福王□王逵賈敬□賈
公岌張□程□張發功□□潘□□立　□□□□李
全楊君張王萬□敏王君□下泐約九字　寶壽王氏孫氏
楊氏楊氏趙氏李氏焦氏黃氏高氏張氏宋氏張氏王
氏李氏　袁氏陳氏張氏
建立都□三人李簡李□李□



以上四行在左方
弟子王□□□□□□□□□□□見存□□亡過父
母遂施幡兩道每道卌九人今得圓就迴施□中所施
□□□□□□下空 弟子王□稠旿施如意 下空此四行在福字之下

八瓊室金石補正卷四十六終

# 八瓊室金石補正卷四十七

太倉陸增祥撰　男　繼輝校錄
吳興劉承幹覆校

## 唐十九

### 經幢二十五種

梵字尊勝幢殘題 高三尺四面面廣九寸七分每面梵漢字各四行年月一行小字字徑五分正書

佛頂尊勝陁羅尼
前泐 天寶元年正月一日建□□□□仲方仲修□□□
□缺



右幢梵字旁譯漢文造幢人姓名磨泐

王襲綱鐵塔尊勝幢記 高九尺五寸八面面廣一尺二寸八行行七十四字字徑一寸五分分書在閣中

佛頂尊勝陀羅尼經
右南部縣王襲經及妻嚴十五與諸施主奉爲
開元天寶聖文神武皇帝陛下及法界蒼生敬造
此塔万代供養
天寶四載二月八日建成 弟一字與前行襲字齊
□唐安郡□□生 弟一字與前行開元天寶之寶字齊

右塔鎔鐵鑄成形如石幢文刻佛頂尊勝陀羅尼經

亦石幢所刻之經也五金之質銅最壽而鐵易銷玆
塔自唐天寶迄今歷千年而巋然獨存尚無鏽澀亦
可寶也 劉喜海三巴孴古志
案南部縣屬山南西道閬州閬中郡故名隆州先
天二年更閬州故名巴西郡天寶二年更閬中此
刻在已改閬中後也蜀州唐安郡屬劍南道

李家村金經殘幢記 天寶七載三月廿八日 萃編載卷八十八

尉蔣圖 缺尉字 胡山惠 胡誤明 崇福 缺崇字 爛彪炳 缺爛字 得失
雙遺 缺遺字 是非雙昏 缺昏字 經幢 二字失載在年月前一行之末 建立曹
缺曹字



案幢已斷僅存下截在滿洲駐防城關帝廟經序並
殘泐末題寶厤元年移於當曹南院仙剎安置又云
開成二年五月一日故隴西李公友誠 下缺 至會昌二
年二月四日□長李公重脩幢下排列建幢人里貫
姓名可辨者惟安定梁過庭彭城劉承恩安定胡山
惠宏農楊自然太原王漳源清河路希進清河張賁
南陽樊元冤上谷侯江瑯琊王浩清河張琚清河張
才遠天水趙承先彭城徐庭逖太原郭齊斌頴川陳
懷進樂安汪孝昇清河張鴻洲太原王志朝太原王
從竦鉅鹿魏陶光頴川陳小覺隴西李回平昌孟玢

太原王晟京兆杜奕清河張眞會稽嚴昇東平萬希
嶠等二十餘人關中金石記所載天寶七載經幢殘
本爲清河張賁書此幢內亦有賁名證以金石萃編
所載李家村金剛經殘幢知此幢卽畢記殘幢之下
半截畢誤以金剛經爲陀羅尼經也第不知此段何
時移置城內爾 隋唐石刻拾遺補編
鄠縣草堂寺有吏部南曹石幢此亦吏曹所造也
經與序書刻皆出兩手而筆法却尙相類萃編以
其非陀羅尼經故以年月爲次玆類列之王氏未
有跋尾據虎癡所言二段分置兩地移入城內自



在司寇入關以後矣虎癡僅見下截余則僅見中
截虎癡所記與萃編不無歧異未知孰是附識於
後王皓作浩張璟作琚王從諫作從竦南陽樊元
下作冤字

永泰寺東幢記 天寶九載八月廿九日 萃編載卷六十六

遂同心放男離滿出家 缺遂同心放四字 願依止此□ 缺止字 初
心 缺初心字 四生含□下及□□ 缺生含下及四字

右永泰寺東幢萃編題云楊愼行書幢其所闕字
校補如右書人名在年月之下萃編列前又所載
說嵩一跋乃題會善寺幢者故云無書人姓名系

於此幢之後殊誤

曹文玉尊勝幢銘 高一尺九寸五分八面廣二寸五分咒十四行行廿餘字不等字徑五分正書銘款共十三行行字大小均不一行書

佛頂尊勝陁羅尼呪

缺 曹文玉 妻石三娘 男抱□ 缺 □□白十

九娘 在弟四面經咒後

缺 燈臺銘并序

缺 言金石𧧈□□□相 缺 德難量信有如 缺 佛弟子曹

文玉頃以 缺 迷拙滅淨財敬 缺 臺一所採以荊山之石

堅□除瑕㹈□□而彫磨周環無玷 缺 而立□滅一刼



之迷冈曆□數重救七代之亡□叉鍥阿弥陁像□鋪

飾金爲相鏤翠成肖宛得真形儵然若□沙門頂謁疑

是梵天童子来□真如西域上爲 皇帝文寮武寮法

界蒼生同霑此福郎以天寶十有一載〻有五月焚香

設齋慶讃圍遶安置於當家佛堂門□建立恐桑田復

變陵谷頻遷故勒豐石乃爲頌曰 斵寶石

兮騰夜光鏤真容兮飾璧瑠高□□及兮□□□如涌出

兮現十方惠日澄〻兮昭不滅慈風岑岑兮□末殃萬

古千齡□不朽刼恒沙□㰚椺

末央作殃

門徒惠玉等尊勝幢記 高二尺八寸廣一尺三分僅見末一面經十一行行卅八字字徑五分年月題記三行行廿七字字徑六分正書

佛頂尊勝陁羅尼經一卷

天寶十二載歲次癸巳二月癸酉朔十五日丁亥門

徒惠玉元□先□等爲 □□道 法師建此石

□圀一所上爲 皇帝□□□師僧父母圓及法界

蒼生一時成佛 石近胡趙□王懷岸

永泰寺西幢記 高無攷八面面廣七寸各十行行存廿七字字徑六分正書在登封

佛頂尊勝陀羅尼經序

佛頂尊勝陀羅尼經



大唐天寶十二載歲次癸卯六月 下缺此行在經尾

之下

賓妻普恩施主張崇趙妻彭城劉号堅固力放女

寶乞出家故□□ 下缺

□諸施主等七代先亡及見存眷屬唯願除昏雲

如霧卷得智惠日 下缺

以斯功德普遍倉生永離昏迷咸登正路

右永泰寺西幢黃氏中州金石攷畢氏中州金石

記均未載黃氏有永湆二年永泰寺石幢引說嵩

云西幢上方刻奉爲開元天地太寶聖文神武應

道皇帝敬造陁羅尼幢案永渲乃高宗末年何由
刻元宗尊號疑即此幢之誤而上方刻字未之見
也豈拓工遺之歟此本僅拓半截每行缺廿五字
姑就所見者分行錄之劉青藜謂西幢即高岑所
書陀羅尼經咒亦非高岑書經刻靈運塔銘碑陰
非幢也

僧志遠造幢記 上元二年二月廿三日
萃編藏卷六十六

高四尺七寸八面面廣六寸第一面五行行約三十餘字字徑寸許餘各八行行五十六字字徑六分有方界格記銘在下截行字不等正書

前兩面曼患僅辨數字不錄此從第三面起

□□□□□□□□天地而畢



□□任□□而□世界不□□□孰□情□以開元廿
年四月□□日□□蕘栓□□村之□春秋五十有八
夫人上官諱大娘四德具□三從冈失 此上全缺 以上元二
年三 此字缺 月廿三 此二字缺 日男僧志遠□措甃 此誤作慈 栓影
幢之側乃述嘉聲方祟□□乃 以上全缺 爲銘曰
□□□石斲□□□ 缺斲字 巍巍特立□□□幢欽之有
益□□福增救護蒼□□□先宗 自幢字至先字全缺 樹真□□
不朽仰 此上全缺 高名芳罕□ 芳罕二字缺
男僧志遠 上泐 □
兄良珪 泐 缺兄良二字

二娘 三娘女 中泐 冲 缺三女冲三字
檢校人女聟□□瓚 下女以下缺
□□王□□書 二字全缺
□昇 下泐 昇字缺
馬□□ □田□ 二字缺
男□□ 男希及 □□ 泐 上男字缺又缺希及二字
女大娘 女六娘 大新□ 缺大新二字
二新婦 三新婦 女聟史乾 末二字缺
女聟宋光賓 孫義豐 缺豐字
義興 魏州 泐 缺興字



□希古 泐
弟妻張 泐 缺張字 此下全缺
男秀成 馬燕海
馬良珪 妻上官 男希晟
男希昇 女四娘 女七娘
女九娘 女聟田 女聟 泐
□穵方妻劉氏 男 泐
□友王 盲 趙文絢 妻□
□□妻伏 弟八面無字

右幢萃編已載云幢殘缺僅存三面今以所得全

本校之補正如右据記文志逵之父歿於開元廿年閱廿餘年至上元二年乃措甃於幢側因作斯銘而不箸其姓以題名人證之蓋姓馬也書法秀挺不亞楊淡經幢惜磨咸巳甚十不存三書人名亦巳泐矣厝作措古通

西明寺智明尊勝幢記（高五尺二寸八面面廣四寸六行行八十五至九十三字不等字徑五分正書）

□頂尊勝陁羅尼經序

沙門京西明寺大德智明敬願造陁羅尼石幢

劉齊撰



奉爲　國天龍八部帝主過去先亡師僧父母見存

眷屬十方施主法界蒼生（在前行下方）

天地有□四時常矣雲騰雨施万物滋矣　聖凡道殊

迷悟表矣善悪豁猺神道昭矣然一蔽菩提之道長流

貪愛之津三界輪迴唯我大覺慈悲爲能救此陁羅尼

者性如日藏浄若瑠璃色若檀金無幽不照恒沙諸佛

頂戴衆法之中爲尊因以名焉頂光普照旋轉遍於大

千卓彼真慈無緣普救此陁羅之容惠也釋□□因親

承容□善住天子□籌遊樂七返之殃殄滅塗黎之苦

自消陁羅尼之法功也手結法印敷座道場散土骨而

生天飄塵礙而罪滅此陁□尼之神力也一音歷耳蠢

動不受本身一句主心便超三界陁羅尼之妙用也其

道廣矣其功大哉宏斯議者西明寺沙門智明俗姓馬

慣歲之年捨邪歸正恒常樂道割愛辭親父母割掌上

之珎滔歸入釋永泰二年銜　恩并度寶□□□金縷

再披昇談場無不仰心惑珠動□□素之流　天禪

律二乘□若金剛之藏釋門之法樑矣然則知色是空

知身如幻建斯幢爲真言琱鎸石布貝功顯摩尼之寶

長昭於闇㳂去無明之昏衢除輪迴之六趣以茲善□

□□　頌曰　調御丈夫天人師　除生死兮布大悲



建法幢兮救六趣　法藥妙兮陁羅尼　惟此容言常

不朽　無生無滅寂无爲

大歷十三年歲次戊午三月丁未朔七日卯時建立

缺□　志澄僧曇浩　法閏　曇真　惟監（右在年月上）

惠保衣（在頌曰下空處）　尼堅思　馮九娘　李八娘

張庭金母羅　妻周　韓十四娘　馬三娘　大行

法意　无垢滕　蓮華藏（在經文授菩提記之下）　劉侍進

母真實行　張迢越母无邊行　妻馬氏　女河娘

男憘奴　弟寵〻　楊大娘　男牛阿昌女金娘

在經文末偈受奉行之下　尼了性　脩道澄　靜光　苟三娘
苟八娘　苟子江　馮元札　党重巖　弟重興
張寶意母仵　縊藏捻持牛朝母張氏　進朝母
張氏　楊婆　格大娘　元寶金　元光進　劉阿
翔　村人牛阿俱　雷崇暉　馬仙齡　元仙雲
雷阿義　劉□進　張趙越　元仙鶴　元令芝
張庭金　馬□秀　元庭光　王承光　馬阿貴
馬寶德　張英俊　劉崇暠　牛光朝　格昭　男
進朝　張寶意　元阿善　張奉期　張阿順　馬
廣奴右二行在經文尾空行　童子寶靖在弟八面標題下



爲母尼□操造尊勝幢記高存一尺一寸五分八面面廣四寸五分四面七行
四面八行行存廿五六字字徑四分正書
佛頂尊勝陁羅尼經
上缺□持之中佛頂爲勝標題柱石則塵飛累遣影轉殃
銷欵奉虔誠缺□□□□□□女□風瘵不辯炎冰
我□救危豈慮焚□知故矢缺銘曰　□尊
□見感之畢至　六趣萬靈天生母子缺□　忙忙靡
託福山用倚　生滅體之真真　色何礙枍空理
缺□□還刻字慈母尼□操貞元十二年八月十八日
右脇累足飯泥洹

右幢斷損末有貞元十二年云云幢蓋爲慈母尼
□操造也當卽据以標題
龍花寺尼韋契義尊勝幢記高四尺六寸八面面廣三寸八分弟一至末面前二行刻經共四十四行行七十二字上下刻真言九篇經後刻記五行行八十餘字字徑五分正書在咸甯
佛頂尊勝陁羅尼經
滅惡趣真言
□殊六字真言
文殊八字真言
五種歷空藏菩薩真言



文殊五字真言以上刻上方四十一行行二字
廣大寶樓閣善住秘密陁羅尼
心真言
心中心真言
智炬如來破地獄真言以上刻下方五十一行行三字
唐故龍花寺內外臨壇大德比邱尼尊勝陁羅尼等幢
記
從祖弟朝議郎守都水使者上柱國同元撰
比邱尼大德諱契義俗姓韋氏代積卿相繼生仁賢內
外臨壇趙轍流輩齊先覺之龍象爲後學之津梁堅持

淨戒如護重寶悟入慧室慈開普門愛樂入乘通貫眞諦常萑當寺弥勒閣并閣下大像等敬危耑正諸味遍新又創置五十二賢聖禎像各有袈裟瓶鉢開設供養儼如至止覩相生善淬瀹衆心每歲至夏恒爲冠首集僧衆轉藏經日引月長向經二紀當寺先無經院畧自布晝傾未果而是身有病留囑門弟子曰吾離假合後捨正寢爲經堂其餘廻廊小殿施繪補壞旡量功德皆成就一切佛土皆嚴淨又營製寶幢寫尊勝經消陀羅尼并諸眞言雕刻皆畢乃語門人曰聖賢湛入無餘建牢堵波者吾不堪任且埏埴之時縻耗蠢蠕非願爲也汝宜志之但營小家傍植勝幢刻諸經祕藏如来智印盡在此矣每幢影暎身塵流點物能淨惡道俾登菩提弟子如一等泣而奉之不敢違越昔華色比邱尼之變化神通輪盧比邱尼能降伏外道盾詎知師之非此流乎同元枹感易感味道雖究拔溺捉管强爲之文元和十三年七月三日

案龍花寺即龍華寺西安府志龍華尼寺在昇道坊唐高宗立車秋舲得此幢於長安市幢內客自布晝晝當作畫但營小家家當作冢恒爲冠首冠即冠字別體字畫端整在唐幢中極爲完具隋唐石刻拾遺



余收葬契義墓志廿餘年後復得此幢誌云遺命不墳不塔積土爲壇植尊勝幢其前即此是也世系年歲誌已敘述此第言其葺寺修像製幢寫經諸事文不取復沓也禎像疑即眞像如一誌作如壹壇作壇登作發川作開餘不悉舉撰文者從祖弟同元元和姓纂宰相世系表同元爲允之子陟之孫安石之曾孫於契義爲同曾祖也署銜都水使者可補姓纂世系表之闕誌文云七月乙酉遷神於萬年縣洪固鄉之畢原以此幢證之亦七月三日也通鑑目錄是年六月癸丑朔八月壬子朔是七月爲癸未朔是月小盡矣



寶麻尊勝幢記 高三尺一寸八面面廣三寸五分各三行第六面一行行廿字第七面行九字字徑八分正書弟八面失拓在浙江

佛頂尊勝陀羅尼呪

寶麻二年二月廿日於塋內西南建立佛頂尊勝陀羅尼石幢以資冥

建幢人姓氏未見蓋在弟八面內拓者遺之未見箸錄無從考證

何宥則大悲幢記 寶秝二年十二月一日 萃編作鐵塔寺幢

神妙紗妙誤 將仕郎字缺仕博士字缺土

田伾等造尊勝幢記大和八年六月廿九日在滑縣萃編載卷六十六

以□宥而□成缺宥而成三字天運缺天字愈愈作未足缺足字景景作

佛壽並長缺佛壽二字

澤州刺史皇甫曙金經幢記高五尺三寸五分八面面廣六寸八行行八十五字末有題記二行字徑四五分正書直界格在鳳臺

佛說金剛般若波羅□經

余生在髫齔忽聞家人轉讀是經□心愛樂□口傳授暗記數行及長思之信有宿習自弱冠至□人□念不輟常願廣宣同志□於無窮今欲刻石建幢永爲供養開成元年歲次丙辰五月七日建　澤



州刺史皇甫曙記

此幢於道光十年出土筠清館金石記載有皇甫曙詩刻未見年月得此幢可知其時代矣附識之

尼戒香等尊勝幢記高三尺四寸六分八面面廣三寸九分五面經文各三行行廿餘字不一字徑一寸二分後三面銘記各五行行四十餘字不一字徑五分許行書在洛陽存古閣

佛頂尊勝陁羅尼

首行全泐

上闕□□□□□□□□□□□菩提□□□□□□□□有□

□□□戒香苐聡穎自天堅懿□与事父母上闕□□

□□餘盡□□自□□□□□□□晝夜□□之□□

□之□□坐涕流仰告穹蒼遂造尊勝幢矣上闕□□□

□□又具□□□靈便敢乎亡人生十方□□若塵

士之□颭者乎云生五淨居天善住合受七上闕□□□

□□□来□□□遂免三塗苦報□□□見之感

□□爲　先師造焉大德尼清敏俗姓嚴天水上闕胄族

之肩矣先祖諱挺之任中□□郎皇考官任卌二政後

除黃門侍郎劔南東西西兩川節度使諱武令□□

□□□鍾□□□華六歲出家於上都遵善寺廿

授戒於□□□焉菩薾住持□□□之高躅專精學

道□□□□之□□□□□懸照□□□□□□□□



□高□□□□□□地□□□宴坐淨慮而攝念四

衆欽敬□□□大德□□□□□□□□□嶺超騰

生死□棲心□□□□□□□□□□於空王心印

次叅礼於敬愛東院知□□□□□□□□□□□□

□卒□自性情淨則□獲珠寶求□而得未曾得也賢

姪女隨芳□亮致補闕嚴公諱楚之令淋也風□天生

性堅神□精修禪□衆皆推之亦昇臨壇之位也嗚呼

先師居遷變世累在□□□膏肓疾來藥餌無救

俗□□十九僧臘□十□以開成元年歲次景辰十一

月景寅朔十一日奄然遷化於□□□□□律戒香

及諸門人等皆號泣□□□法永□□□祇園木暗於寒天素幕瞻□愁色幢□□□□禹□□□□□□蕭□□葬□原礼也其詞曰

巍巍尊幢靈瑞禎祥□□墳墓云生十方雄雄嚴氏冠冤相継中書侍郎兩川莭度清敏大德□□塵滓□□無爲□□□□□□□度□法升航如金百錬方始成對愁雲漠漠古木蒼蒼吊鶴□□□□□□□衣□路□□□□□兮□□□□□□□□

此幢爲大德尼清敏而造也清敏者嚴武之女六歲出家二十受戒以開成元年十一月十一日遷化其徒戒香等爲之營葬并建幢於墳所乃作此銘記而刊之無撰書人名亦無立幢年月即以其卒日系之文敘挺之父子史有傳挺之官中書侍郎史所失載與大智禪師碑署銜正同武銜有云官任卌二政者殆黃門侍郎之前嘗歷四十二職也劍南東西西兩川誤多一西字又云補闕嚴公諱楚之令淑按元和姓纂武生楚卿起卿鄭卿据此文則單名楚字或名楚字楚卿以字行邪姓纂不言其官補闕或元和後之官也史稱挺之華州華陰人此稱天水者舉其郡望也挺之溺志于佛



嘗以衰服送惠義之喪并自葬於其塔左清敏姑姪踵入空門其所由來者漸矣

傳鳳尊勝幢題名高五尺六寸六面面廣七寸二分各九行行五十七字字徑六分序行書經正書上方列唵摩尼叱哩吽六字題記在弟四面經後又有後梁乾符年修幢題記二行左行在紹興

佛頂尊勝陁羅尼經序

佛頂尊勝陁羅尼經

佛頂尊勝陁羅尼經

譙國奚虛已書　郢人江夏黃公素刻字在首行標下題

序七百二十八言　經文二千六百五十五言

陁羅尼三百二十六言

開成四年十二月十四日建　勾當檀越傅鳳在弟四面經文後以上唐刻

時乾符五年十月十□日記勾當功德弟子韓育五人力□纂緣重修　尊勝□幢□□□圓永光不朽在下方空處

同勾當僧法幹此在左方

右幢當在紹興無建幢姓氏年月下方有同勾當僧法幹勾當檀越傳鳳二人以字體行款核之法

幹爲後梁人傅鳳爲唐人郎以傅鳳名之

元政尊勝幢讚 開成五年三月三日 萃編載卷六十七

□爲□中不□是吾□□□七返之□於善住 中字以外全缺
除 誤作徐 赫矣盛矣 全缺赫字與前弟二行爲字相並 灾銷 二字缺在是以之上 巍
巍佛頂 缺上二字 元行方 方誤放

葉再榮尊勝幢題名 高五尺二寸八面面廣六寸五分各八行行六十四字字徑六分序行書經正書在上虞

□□□陀羅尼經
□□□□□□經 經尾
譙國奚虛己書 在標題下標題無存
上福寺主僧元素　上座僧紹宏　都維那僧清溢
僧神亮　文則　德言　寶泉寺主僧清印　上
座元緒　都維那惟鏡 在經尾下
開成五季三月□□建　淨信弟子葉再榮并妻童氏
男五人倩春乂邁晧共立永充供養　同勾當經
院田人趙廣　樂遜　馬成程曇□□刻字

右幢在上虞縣城東門內菜圃中開成五年三月奚虛己書李茂才方湛訪得之于等慈寺故墟按明令楊爲楝等慈寺碑云剏于梁治于唐復于宋重興于明是幢之建有所自來中又云上福寺寶泉寺其時代或有分裂歟奚虛己書不著子錄字體疎朗宋歐陽文忠瀧岡阡表極似之同時存會昌元年奚奬尊勝幢今在山陰蕺山書院見寰刻類編而虛己名獨遺之葉再榮五子而命名頗雅馴不諧俗亦一時之聞人歟 兩浙金石志

阮氏所見年月具存今損缺矣葉君上虞縣寶泉鄉處士南陽人有逆修墓志其五子名常倩常春常乂常邁浩然與此小異見越中金石記錢漢村徵君訪得之

戒珠寺尊勝幢殘題名 會昌元年六月廿七日 萃編載卷六十七

大唐會昌元 缺元字 建 此字缺在都維那上弟三字

宋高翥游戒珠寺詩欹斜竹屋羲之宅磨滅經幢率府碑疑卽指此近郡人俞永思乘牘載此幢原委以爲隋智永書又童鈺考屠赤水碑目定爲王凝之書皆非也 越中金石記引紹興府志

右幢在山陰縣戒珠寺後蕺山書院斷爲二石俱高二尺二寸八面周廣四尺八寸每面行書八行徑六分嘉泰會稽志云會昌元年六月二十七日建前昭義軍節度要籍試右監門率府兵曹叅軍上護軍奚奬書今年月存大唐會昌元五字書人銜名止存十

字宋嘉泰時碑猶未缺志文當可据也案新唐書百官志云節度使副大使知節度事府院法直官要籍逐要親事各一人即此所謂節度使要籍也又云太子左右監門率府兵曹參軍事各一人正九品下即此右監門率府兵曹參軍也上護軍左右監門率府下無之惟親事府下注云左一右一護軍府護軍各一人副護軍各二人宜即彼左右護軍賦志又稱龍朔二年改左右監門率府曰左右崇掖衛武后垂拱中改左右監門率府曰左右鶴禁衛此在會昌元年猶稱右監門率府者蓋中宗復辟後仍復舊稱如龍朔垂拱之間亦改而仍復也奚獎無攷嘉泰志又云奚獎書尊勝經小字開成四年建在餘姚龍泉寺惜今未得兩浙金石志

嘉泰會稽志以爲奚獎書今名已殘泐有前昭義軍節度要籍字可辨新唐書方鎮表大秝元年相衛六州節度賜號昭義軍節度使中和二年節度使孟方立徙昭義軍於邢州而兼領潞州自是五州有二昭義節度此幢立於會昌元年尚在未徙之前新唐書百官志節度府院法直官要籍逐要親事各一人朱滔傳改驅使要籍曰承令此要籍亦官名平津讀碑記



按幢已中斷久棄戒珠寺民舍厠間乾隆初當事者訪得之移置蕺山書院其書幢人姓名剝蝕然系銜及年月殘字俱與嘉泰志所載奚獎書者符合當爲獎書無疑嘉泰志又稱餘姚龍泉寺有開成四年獎所書尊勝經幢則今已佚矣上虞五夫經幢題河內司馬簡刻字此河內下闕文疑即此五字也陳容乃匠人姓名乾隆府志兩浙金石志辨爲鍊客殊誤又案上護軍乃勳級而非官職新唐書百官志載官吏勳級凡十轉爲上護軍視正三品唐自安史亂後方鎮將吏往往官卑而勳階俱重故奚獎以九品官而得有三品之階也阮氏所引似誤杜春生越中金石志

此即萃編所稱奚獎書經幢也幢斷爲三中截已佚阮氏据會稽志定爲會昌元年六月二十七日奚獎所書決不誤也兩浙志姚禹之禹作寓下缺□□章造檀越主錢異姚寓數字都勾下多一當字今無之陳容誤作鍊客越中志都維那下缺當字上座誤作首座章造下缺檀越主錢異姚寓章造諸人名

姚仲文等尊勝幢題名高二尺一寸八面面廣六寸各九行行六十字弟八面八行行廿五字後列建幢年月下列題名二層上層四行下層八行序行書餘俱正書字徑五六分篆

額横列題佛頂尊勝陁羅尼妙法增壽益福之寶幢十六字下截失拓在歸安

尊勝陁羅尼經序題

佛頂尊勝陁羅尼經經題

佛頂尊勝陁羅尼經經尾

奉爲　國王帝主州縣寀寮法界有情

唐會昌元年十一月廿八日建幢主姚仲文姚儀等同

造

處士胡季良書在題名費行舉上

妝南周湍鐫繪畫人魚簡

尼惟聳尼惟肅



寺主尼惟照

上座尼清演

都維那尼法聰上層

捨錢一千文人　仰寶　吳皐　沈肱

施恭　朱七娘　姚惟寵　仰七娘　姚二娘

姚惟謀　俞七娘　費廿三娘　李湍

捨錢五百文人　費進　姚元諫　章十四娘

沈四娘　許六娘　錢懷　陳五娘　吳十娘

捨錢三百文人　沈令躬　沈忠　沈有鄰

李淑　嚴九娘　李僧　張八娘　沈士元

鈕瑗爲亡　唐花□會　費君集

費行舉下層

右幢在歸安縣天甯寺山門後牆東首高四尺二寸八面周廣四尺八寸朱竹垞曝書亭文集題跋云胡季良見宣和書譜載其行艸書各五種考諸家記錄金石文字大和八年湖州德本寺碑係季良正書寶曆二年杭州大覺禪師碑元和二年平李錡紀功碑均係季良八分書元和四年國子司業辛璿碑九年永興寺僧伽和尚碑均係季良篆額是季良於書法諸體精熟不獨行艸見長矣惜幢第稱處士不著里



貫疑卽州人至繪畫人魚簡則畫譜未詳僅見於此按竹垞收集天甯寺經幢凡得八種今何氏夢華親至寺中搜訪較竹垞所得又多四種兩浙金石志庚辰遊浙得經幢八種皆天甯寺故物寺今燬於兵矣此幢下截尚有題名九十人見兩浙金石志拓未全也志失載爲亡考三字

僧文鑒等尊勝幢記會昌二年九月八日萃編載卷六十七

助緣　僧□　上座　都維在弟一面下　助緣　施主在弟二面下

劉素　陳岳　劉權　劉迪　張少逸　劉褒　徐朝　江朝演　捨石在弟八面下

按此幢咒文欵識並正書書者爲沙門契元筆法高渾妍媚石兵備韞玉跋指沙門契元卽楚金禪師碑所稱表妹萬善寺上座契元以爲僧尼善書之證楚金碑建於貞元二十一年此幢於於會昌二年相距三十餘載晚年所作容或有之顧幢在今吳縣洞庭包山故鐫幢大匠皆吳郡人兩京新記萬善尼寺在皇城弟三街休祥坊東南隅契元以萬善寺老尼書幢於三千里外殊不可信段成式撰安國寺寂照和上碑有門人契元者或卽其人不得指爲萬善寺尼也　又案白居易蘇州重元寺法華院石壁經碑八


吳興劉氏希古樓刊

種經共十二部合一十一萬六千八百五十七言唐長慶三年作大和三年成寺僧契元舍藝而書之其時相及地亦相近書此幢之契元郎書石壁經之契元無疑河南新野陀羅尼幢亦會昌二年九月建僧契元正書（祥案未必卽其人）盖契元工書且好書陀羅尼經咒（金石續編）

右幢在吳縣洞庭包山萃編未詳所在并不錄下截小字續編亦失載茲就所見補之尚未全也

陳榮尊勝幢記（高五尺四寸八面面廣九寸四分九行行五十八字字徑八分正書下截失拓在歸安）

佛頂尊勝陁羅尼經序

佛頂尊勝陁羅尼經

佛頂尊勝陁羅尼經　會昌三年十月九日樹至會昌五年六月十七日准　勑廢至大中元年十一月廿八日重建　專勾當軍事押衙陳欵　衙前虞候吳允中隨身沈德師　功德主陳榮建　大都料陳德方重樹　李公亮

奉爲亡　考妣永充供養

中大夫使持節湖州諸軍事守湖州刺史上柱國彭陽縣開國男食邑三百戸令狐綯（自會昌至此並大中年續刻）


吳興劉氏希古樓刊

唐會昌三年歲在癸亥十月丙辰朔九日甲子樹

建幢功德主潁川陳榮　勾當寍化寺僧大觀　寺主僧令洪書　上座僧守賢　都維那僧乹立　大都料汝南周儒并刻字　劉暹（在周儒右亦會昌年刻）

右幢在歸安縣天甯寺山門外東首下截刻心經五面捨錢男女姓名三面正書徑五分後列湖州刺史令狐綯名按唐書本傳云大中初宣宗問宰相白敏中曰令狐楚有子否對曰有子綯守湖州其爲人宰相器也卽以爲考功郎中知制誥入翰林爲學士進中書舍人俄同中書門下平章事郡志載大中二年

四月除翰林學士蒞距立幢之時不及五月即去任矣鄭芷畦湖錄所收天甯寺經幢八座此在其列并有跋云唐書會昌五年詔大除佛寺凡堂閣室宇關於佛祠者掊滅無遺分遣御史發視之州縣祗畏至於碑幢銘鐫贊述之類亦多毀瘞不及三年盡皆重樹矣兩浙金石志

幢有下截刻般若波羅密多心經及姓氏九十四人兩浙金石志備錄之葢失拓矣所見拓本尺寸與志截合豈下截爲幢座今不復存歟

李潛尊勝幢記高四尺八寸八面面廣四寸五分各八行行七十四字字徑五分題記七行行九十九十一字字徑四分正書在洛陽存古閣



佛頂尊勝陀羅尼經序

佛頂尊勝陀羅尼經

唐會昌四年歲次甲子十二月巳夘朔十九日丁酉

孤子李潛泣血長號謹書

先考故綿州刺史□君封樹前尊勝真言石幢之餘石嗚呼潛罪豊酷重遘　大禍殘喘未泯以及今日號奉　安祔如斬之創鉅痛無所解聞西方教有佛頂尊勝真言可以福薦神道是用購集鐫刻謹立於　封樹前二步冀清淨塵露之語上爲　冥祐下則微鐲終天之苦既訖功宜具年月日幸佛語之刻有餘謹梗槩崩圮□□於此嗚呼潛生薄祜在襁褓先妣元夫人弃世　外祖母崔夫人憐而育之命甚微而能活年七歲　外祖母又歿乳嫗提挈方獲侍先君於夲家　繼盧夫人憫其幼孝撫愛如已生先君親授詩禮每訓之曰吾冀尔異日能□策名進□古人揚名顯親尔知之乎潛其時雖稚騃佩斯訓不敢怠自後　侍車遊宦勤遠役歷星歲無惰業以至就鄉里貢亟不售　先君益導勵其志逮會昌癸亥歲始升名太常第既成事歸　覲巴西郡



先君撫以泣曰吾□□代稱文儒尔自此當謹嗣素業矣既退實思謂集得祿以充　養天奪其志酷禍荐及孤危餘氣艱棘難全時猶引息啜泣以思似續之重既自蜀護奉歸洛京由荊州啓　先妣以至遂　安祔於河南縣金谷原　大王父□常府君塋之東北六十七步若　先君志行盛業　先妣懿德門風具在鄭州刺史李公褒所撰石志今不敢以荒穢鄙語上黷　先德嗚呼天何不仁重毒單子之苦同氣皆早世縗絰杖隻影則茹荼以備　祭嗚呼聞西方佛拯世用□悲法至於窈冥不測之際潛

有望尊勝真言之功助祐　元逵於是頓顙出血染
翰就石此石有泐罔極之痛與天地無極謹記
右幢李潛造并書後有題記七行凡建幢塋所恒
述先亡行誼冀得傳示後世尙不失銘誌之意李
潛此幢僅敘其單子之苦哀慕之忱蓋既有誌石
不煩複疊古人之謹嚴也李褒所撰誌石不見箸
錄殆未出土李潛之父不見其名新唐書宗室世
系表鄖王房有綿州刺史駢者其弟回初名躔相武
宗時代適符惟名潛者乃其孫也駢有子五寓阿
端知隱知章知義知章子潛非駢之子也豈表有
誤歟宰相世系表又有兩李潛一爲東祖叡之後
泗州司倉參軍鈞之子一爲江夏李氏宇德隱北
海太守邕之元孫公敏之子其父皆不官綿州時
代亦相懸決非此造幢之李潛也佩卽佩之俗譌
隽卽售之變



范陽湯君尊勝幢銘高四尺一寸八面面廣四寸七分各九行行約五十餘字前刻經序十四行字徑七分行書次刻經文字徑五分下截題名字徑三四分並正書第八面每行廿一字下刻銘詞存四行行十八字行書在歸安

佛頂尊月陁□□□

佛頂□□□羅尼經

善惡交韋兮隨用不同　善住行孝兮禍生□中　□
□缺下　佛爲救度兮清淨立宗　尊勝真言兮劃破樊
籠　□塵離垢兮捴持缺下　范陽湯君兮惟德是崇
建幢立福兮邈然清風　堅花屹聳兮法□雄□　以
言以像兮聖無不通　塵劫有盡兮鎮于蓮宮　奉國
保八兮劫石無窮　沈有鄰二百　仰十一缺　高世娘
三百　施缺　尼志徹五百　缺在第二面　缺上沈昌漸二百
缺上胥道成一百五十　缺上沈系□百　在第六面　缺上張明五
百　缺上□□五百　在第八面
右幢在歸安天甯寺山門後牆西首下截刻助錢姓
名前後殘闕無年月惟銘詞有范陽湯夫語知卽建
幢人也兩浙金石志
右幢較阮氏所見斷闕甚多就所見錄之范陽湯
君阮氏作湯夫蓋誤下截姓氏五十四人今見五
人而已胥道成成作全張明明作因亦非沈有鄰
名見姚仲文等造幢然則此幢亦會昌年所造矣

八瓊室金石補正卷四十七終

# 八瓊室金石補正卷四十八

太倉陸增祥撰　男　繼輝校録

吳興劉承幹覆校

## 唐二十

### 經幢三十六種

衙內指揮□張□尊勝幢記 拓未全祇見五面高二尺七寸面廣四寸經文三面記二面八行行字不一字經八分行書在汝州

佛頂尊勝陁羅尼眞言幢

□□氏□□□尉氏人也□□□君□□□婺□□

缺約十一字 □□□天之操金玉依□地之光 缺約九字 上缺不知幾字



子藏□女數人 下缺不知幾字 □□有大綱畧無未濟久乃醫

藥無□□□ 缺不知幾字 孟□□□□亯年五十有八於當

月二□七日庚午葬於大□虛□□□□薦至情經幢

斯建龕石刊事用紀歲時

大中□□歲次乙夘二月壬子朔廿一日夫前□州

衙內指揮□張□建男藏□□

此即南禪寺幢也舊作大中元年二月立按大中元年歲值丁卯通鑑目錄是年二月丁卯朔此作歲次乙卯二月壬子朔舛錯已甚殊不可解大中之世有乙亥無乙卯是年二月庚戌朔亦不值壬子惟八年甲戌十月十二月朔日當值壬子迴不相合而紀元確是大中姑從其舊張□署衙州上似是剟字

于惟則造幢記 大中二年正月一日 萃編載卷六十七

法界 缺法字 天竺 缺天字并誤竺爲筵 俱□津梁而□□□□其唯

陁羅尼焉 缺津而唯三字 具利他 缺他字 妙益遂□其□ 缺益遂其三字

同德 缺同字 居諸 缺諸字 爰傾□□剞劂簪言 缺傾剞劂三字而誤作刻字并短兩格

輒當請荅聊申 缺當請荅聊四字 以述大猷 缺以大猷二字

士元 缺士元二字 仝仙順 缺仝順二字 王琮　王諗　尉□　吳

□粱從　吳□ 以上全缺 □俗文□ 全缺 新婦辛□　□男敬



□ 全缺 此行磨泐尚有半字可見者不復錄 □令覃刻□ 全缺 此在奉爲之下方

施安等造幢題名 高五尺八面面廣八寸五分八行行四十七字字徑八分正書

佛頂尊勝陁羅尼

千手千眼觀世音菩薩廣大圓滿無礙大悲心陀羅尼

千手千眼觀世音陁羅尼根本大身呪

大佛頂放光悉怛多鉢怛羅大心眞言

無量壽如來十甘露眞言

如意輪根本眞言

清淨法身毗盧遮那佛化身五部道場主大輪金剛三

䭾耶真言　都料周鎰　沈咸鐫

唐大中二年歲在戊辰八月戊子朔廿一日戊申建

功德主施安費兗徐瑗沈思悟　都勾當軍事押衙陳歇　衙前虞候吴允中　隨身沈德師　曺巨川書

太中大夫使持節湖州諸軍事守湖州刺史上柱國蘇特

右幢在歸安天甯寺山門外西首高四尺八寸八面周廣六尺四寸上層佛象旁刻呪文下截八面刻助緣男女姓名此幢尊勝經後又刻六種真言爲竹垞所遺後題湖州刺史蘇特名按令狐綯於是年四月去任蘇蓋繼任者兩浙金石志

兩浙金石志載此幢上層有寶樓閣陁羅尼大悲心中心真言文殊呪往生咒下截有助緣人名二百六十餘人此並失拓下截蓋幢座也



大中尊勝殘幢存上截一段僅見二面共十三行行十二字至廿字不等字徑五分行書有方界格

佛頂尊勝經一卷維大中六□下缺

侯刺史等經幢題名高五尺八面面廣六寸八分八行行六十四字字徑五分又年月二行姓氏三列每列行數不一正書在鄞縣

佛頂尊勝陁羅尼經序　鄉貢進士□膺之書

□□□勝陁羅尼經

大乘妙法蓮華經此行字徑一寸五分即在年月人名之上

唐大中

皇帝卽位八年歲在甲戌四月乙夘八日壬戌建

刺史侯　承奉郎守鄞縣令崔幼昌

一列

都押衙劉昇之　押衙兼知市傳秦　散将章裳

二列

攝鄞縣丞□□郎前衢州龍邱縣尉于□　外巡虞侯蔡國平　倉督程□　周□　陳愈　都勾當功德主曾元□□程曇　同勾當人□宏泰　同勾當□□□

三列

鐫字人□□此在縣尉于□之下

右幢在鄞縣丙子五月鎮江太守趙粹甫佑宸以鄞邑碑拓見寄唐刻僅此按潛研堂目錄訪碑錄有此幢均失載書人姓名後有明洪武二十四年九月重立一行又有崇禎九年十一月甯波府理刑及錄事知錄等銜名一行通鑑目錄是年三月乙酉朔此題乙卯知三月大盡也卯下不書朔者省文



宏農楊公尊勝幢讚高三尺八寸八面面廣三寸五分真言七面面三行行廿字字徑一寸五分正書年月一行字徑八分許行書讚一面八行行字不計字徑五分正書在元和

佛頂尊勝陁羅尼真言

大唐大中甲戌歲秋酉月中元日建進士崔渙字穎
枝書并撰讚郎耶王□□鐫

尊勝真言幢讚

暨平大象無名資元氣而□□□□□運□□□以□
□闡□□□□□□□□□□□□□缺下惱之津像法
流乹□□□□□□□□□樹□□□□□□□退迄
□臻少長咸□□□□缺下偈於法界之中□□不□□
□□□□□□□□□□□□□郎中宏農楊公長洲
縣人□□□缺下邑數　仁政當泰□□□□□□□



□□□□□□□□□南周□□張□□□此□
□缺下年月書寫鐫勒□□此下似無字　苦海波浪漂蕩□□
□□□□□□□□□□□□□□□□唐固□□□□
□□□□□□□缺下菩薩現二龍輔□□□□□□□
□□□□□□□□□□善緣斯□信□同霑男子
安□缺下
住持沙門惟吉洎宗晟共抽長財重新添□□□功
德上荅恩下賫三有法界含生同霑利樂
時大宋皇祐伍年歲次癸巳正月壬寅二十八日巳
巳重□此三行在第七面下崔渙書款之左字徑七分正書

右尊勝陁羅尼真言并贊在元和縣甫里保聖寺吾友嚴豹人訪得搨以詒予末題大唐大中甲戌歲秋酉月中元日建進士崔渙字穎枝書并撰讚旁有正書三行則宋皇祐五年住持沙門惟吉等重立題記也此幢不見於志乘而崔書法精勁可觀其名右旁稍泐豹人疑是璞字今諦審之當為渙非璞矣譯音初無定字予見石刻南無字或作南牟或作曩謨或作那謨或作納謨此又作納慕音皆相近潛研堂跋尾

右幢見潛研堂書吳郡金石志失載書七月為酉月他處所未見讚文磨泐已甚幾不可句讀有云



□□郎中宏農楊公長洲縣人當即造幢之人也唐書有崔渙附元暐傳別是一人宋皇祐五年沙門惟吉重立題記三行在真言末句下方

王讜尊勝幢題名 高四尺七寸八面廣七寸八分九行行五十七字字徑七分正書在歸安

佛頂尊勝陁羅尼經序

佛頂尊勝陁羅尼經

唐大中十一年歲在丁丑四月廿七日建立功德
主王用男讜　男威　男訢奉為　亡妣沈氏
夫人永充供養

河間淩渭書　都料匠許從　吳倫　穎川陳
德方并鐫
王讜楞嚴幢題名高五尺一寸八面面廣七寸八分各十三行行八十餘字字徑五分正書
大佛頂如來密因修證了義諸菩薩萬行首楞嚴經卷
七空六字　一名中印度那闌□大道場經空五字　於雉□部
錄出別付□
大佛頂首楞嚴經卷第七
唐大中十一年歲在丁丑四月廿七日建立功德
主王用男讜　男諲　男威　男訢奉爲　亡



妣沈氏夫人永充供養
河間淩渭書　都料匠何亮　陳德方并鐫
右幢在歸安天甯寺大殿西首高四尺六寸周廣五
尺六寸幢座下另刻銘八面每面行書十行徑七分
此幢名大佛頂首楞嚴經與後尊勝經幢同爲河間
淩渭書朱竹垞未曾細核槩以尊勝經目之而座下
王函銘序則自來拓者皆未見也此銘書法酷似李
北海惜泐去大半詳繹文詞知二幢先立於開元寺
後移龍興龍興卽今天甯寺建自陳永定三年爲武
宣章皇后故宅吳越時更名天甯至開元寺則郡縣

志未詳僅見於此兩浙金石志
仰君儒陁羅尼幢記高四尺二寸八面面廣七寸九分行行四十七字字徑六分正書在歸安
大佛頂□利明志但多般但羅頡㗚陁耶陁羅尼神呪
唐咸通四年歲次癸未七月辛卯朔一日建幢功德
主仰君儒奉爲　亡考妣并一宅男□捨錢三千貫
下闕
靈州縣宋寮怨家債主同霑此福　助緣弟
子沈直沈淮各五千文　張稹張士會沈文和各□千
文賛行人□千五百文　沈九娘吳從□各
一千文　□從□馮邯　仰仲瞻　嚴能各五百文



諸葛忠乎二百文　已上賛助弟子戎爲亡考亡妣戎
亡妻并自身普□□此功德下闕　康宗□□休□
寺主尼□□□□尼□□　都維那尼匹因　都
勾當造寺當州軍事□將陳珏　都料劉新□慶郝
□□鐫
右幢在歸安天甯寺千佛閣前高四尺周廣五尺六
寸何夢華云此與咸通十年馮卯書幢皆爲朱竹垞
鄭芷畦所未見云案咸通十一年經幢皆有軍事押
衙陳珏此當州軍事□將陳珏當卽一人兩浙金石志
王剬尊勝幢題名高五尺七寸八面面廣八寸三分各八行行六十六字字徑七分正書

書年月一行字徑寸餘分書在龍游

佛頂尊勝陁羅尼經序

佛頂尊□陁羅尼經

漳州押衙魚南界遊弈将王劀及毋陳大娘妻林八
娘男薰發願造此寶幢　宣義郎前建州司戶
參軍劉鏞書此在首行下
朝議郎使持節漳州諸軍事守漳州剌史崔袞
大德僧義中　文古　寺主貞素　上座行充　黃
軒　陳亢此在經文末句之下
勾當僧令如　同勾當都維那行逢



居士鍾徵　工匠程曇　魏操　畫人
郤琮　陳晉　黃照　林造下空此在佛頂句
之下
陳大娘男文教　男劾　男坤　另斬　女三
娘四娘已上並奉爲先考入緣贖造　新婦潘
二娘陳四娘姜五娘吳一泐
入緣弟子　周迥及男女荨　葉望毋賀二娘
妻林四娘　王繼　沈遇及方一娘　盧澥及
男湘　軍事直典陳泐
吳顒及弟璿弟榮　陳賀　林茸　黃審　張
潰　王用　周宏　鄭儀及男瓌　黃穗　王
持　黃展　王賞　杜簡　曾泐
發意大德僧藏轍此行在年月上方
維唐咸通四秊歲在癸未八月辛酉朔廿一日辛
巳建立鐫字湯惟晟

右王劀等造幢在龍游後有漳州刺史崔袞銜名史無袞傳宰相世系表崔氏清河小房有名袞者二人俱無官職未審卽此漳州刺史否新唐書崔珙傳云諸崔自咸通後有名歷臺閣藩鎮者數十人天下推士族之冠袞蓋數十人之一也題名內



有稱軍事直典者新唐書百官志並無此名殆兵事時所置旋卽裁省故云軍事直典而史不之詳也又案左右翊中郎將府有直長六百八十人左右監門率府有直長七十八人節度使屬有府院法直官要籍逐要親事各一人都督府有典獄問直白直諸官此所稱直典者其卽直長歟抑節度所屬之直官歟抑都督所屬之典獄白直歟又或藩鎮所自置非朝廷之定制均未可知展當卽展字

吳郡朱氏造幢記八面高八寸廣七寸三分面各六行行五六字行書字徑寸許在青

浦青龍鎮

吴郡朱氏建石幢記　河東裴南□撰紀

陁羅尼石幢者蓋大聖之心訣也西自天竺東流　巨
唐其威神福力具載經教今有　吴郡朱氏昆仲芳号
直成真諦等偕信心虔敬厚捨金帛而選擇良工建兹
寶幢而安於勝地一奉爲　先府君夫人生天而竟生
天次足以　棣萼增福而竟增福其子孫則靡不應焉
且金烏照耀玉兔圓明　佛影既移福自無量况石□
□□□□容善相自□因果而堅固者也咸通六年歲
在作噩四月辛亥五日乙卯建立□□□朱俊直□□



□主僧□順天王院主僧令規　都勾當僧行伸
直歲僧從諗典座僧太璋都維那僧令光

右記文首尾四十一行行五字間有多一字者行書字徑寸許上下皆有花邊當是刻於尊勝陁羅尼經幢之下石座上者書法亦有名家風格已亥十二月寶山印賡實徵君之嗣印川茂才崇祚自蘇以拓本見寄并言道光壬辰蔣浦徐氏重新青龍鎮寺拔出此幢有友拓其文貽之爲鄉邦唐時故蹟前輩所未見而著錄者予攷楊潛雲間志青龍鎮去華亭縣五十四里居松江之陰海商輻湊之所鎮之得名莫詳所自惟朱伯原續吴郡圖經云昔孫權造青龍戰艦置之此地因以名之今松江府志云唐天寶五載始建青龍鎮即今舊青浦治時華亭縣屬吴郡故幢記稱吴郡朱氏朱張顧陸本吴郡著姓也明嘉靖中始分華亭上海二縣地置青浦縣治青龍鎮萬麻初移建縣治于唐行鎮即今之縣城也又言鎮今有隆福寺宗風甲于天下初名報德金稱隆教寺唐天寶間建長慶中始建寶塔云云未知即此寺否而此幢志乘皆未載故錄以傳之古泉山館金石文編

道光丁酉就徐氏甥館即聞有唐刻石幢在青龍



鎮寺中寺爲外舅之從兄崧三先生所修造始拔得此幢而重立之明年謁孔氏衣冠墓道經青龍入寺訪之幢在方丈室前摩沙良久郷僻無碑匠未得椎拓粤六年乃得一本時將計偕北去攜之京同嗜者見而索之意郷邦故物青龍距徐氏之居不及廿里羅致匪艱遽爾割愛嗣復因循未及往拓咸豐初土匪滋擾踞寺集議事平寺毁幢之存亡不可知矣頃見筠清館金石記載有此幢并錄木老跋語爰據以補著於編並書數語以志予悔今則徐氏之居已成焦土益用憮然同治戊辰

夏六月識　越十四年余既返里介友人訪搨以
歸幢故無恙也所錄筠清館本奪一字譌三字即
改正之碑文非親見墨本不可率錄於斯益信光
緒庚辰八月又識

曹彥詞尊勝大悲幢記六面面廣六寸八行行十八十九字字徑五分許正書在許州

佛頂尊勝陁羅尼
觀自在菩薩廣大圓滿無礙大悲心陁羅尼
施主曹彥詞於□興寺西禪院內爲自身淸吉敬造
僧伽和尚靈塔一所并塑和尚真身儀一軀安在塔



內及造石香幢一永充供養共捨錢伍伯貫文永彰
不朽時咸通六年八月十五日訖
院主僧令深　李遇書　賈從政鐫

造幢人名曹彥詞訪碑錄以爲曹彥撰誤矣

黃順儀尊勝幢記高二尺七寸六面面廣三寸三分各四行行廿三字字徑六分餘弟八面一行正書在洛陽存古閣

佛頂尊勝陁羅尼　東都福先寺西律院玉石幢本
女弟子黃氏号順儀爲亡女練師廿二娘於　塋
所建造尊勝陁羅尼幢壹軀意者伏願承此影霑
功德離苦下脫不墮三塗往生淨土其塋河南縣
龍門鄉午橋村地一畝東西南北共貳伯肆拾步
東至張家墳　西至薛　南至李　北至薛
咸通七年歲次丙戌六月一日甲戌朔十八日
立

右黃順儀幢爲其亡女練娘造也立於墓側凡造
象稱軀此幢也亦稱軀他幢所未見塗作塋俗

薛籌尊勝幢記高四尺八面面廣四寸二分五行行三十八字字徑六分題記三行行字不一正書

佛頂尊勝陁羅尼
破地獄真言



開喉真言
解怨結真言
大唐咸通九年歲次戊子孤子薛籌奉爲
先妣淸河縣君崔氏小祥追福敬造佛頂尊勝
大悲幢子三月十四日戊申建
沙門迴琇撿挍建立

右幢八面拓本遺失三紙尊勝咒後當是大悲心
陁羅尼真言姑闕之完好無剝蝕痕蓋出土未久
椎拓者少也書字峻整可法

僧景讓等尊勝幢題名高三尺二寸五分八面面六行七行行字不一字徑五分

許正書 在鄞縣

加句佛頂尊勝陁羅尼經序

刺史柳 此從弟三行弟十六字起 縣令裴 下莊鎮使押衙

程稔 鎮副使衙前揔管何郊 都維那僧師簡

此下尚有題名已泐矣後三行同 功德主僧景讓 入緑人如

後 僧法茂 僧道全 僧義安 僧悟真 僧惠

察 僧懐雅 僧宗式 僧行從 僧法修 僧思悟

僧懐□ 押衙程稔 陳祐 柴忿 王簡 嚴瑋

郭全 郭當 富文達 胡瑊 胡璠 周佶 周

宗敏 富文建 胡行璵 范巽 胡搏 范穆 曹



舉 汪幹 黄侃 應竦 潘懐清 周君及 儲儒

潘達 劉逸 孫立 粱遂 沈惠 劉仕進 江

諫 袁貢 錢元榮 余九洪 余强 盛朋 錢雅

錢撲 鮑翰 沈璫

咸通十年歲次己丑五月戊午朔廿八日建立

譙國曹訢書 都料穎川陳政刻

字 同造人穎川□景□

加句尊勝陁羅尼經曹訢書正書咸通十年五月在

鄞縣育王寺 潛研堂目録

右幢在鄞縣阿育王寺石高三尺八面廣二尺八寸



五分前五面六行後三面七行俱正書徑四分題名

中有刺史柳而不名考郡志職官表明州刺史柳韜

於咸通間任此又縣令裴其名無考下莊鎮有使有

副使亦當時軍鎮要地郡縣志皆不載 兩浙金石志

右柳刺史等幢曹訢書書法頗不俗題名中可見

者五十七人惟程稔爲兩見兩浙志録此刻缺僧

懐雅之懐法修之修曹舉之舉又誤陳祐之祐爲

祜

沈仕達等大悲尊勝幢記 高四尺七寸八面面廣七寸九行行六十六字字徑六分正書年月人名字較小在歸安

千手千眼廣大圓滿無礙大悲心陁羅尼



佛頂尊勝陁羅尼經

佛頂尊勝陁羅尼經

唐咸通十年六月廿二日建幢主沈 缺 見性等建立

此幢永充供養仕達等立幢意者奉爲

帝主人王州縣宗寮師僧父母法界有情同霑此福

沈仕達并妻曹見性捨錢三十千文 同建幢主衙前

虞□ 缺 文同建幢主呂成并妻章信縁捨五千文同

建幢主沈贇并妻李蓮花捨五千文同建幢主張行

儒并妻沈淨蓮捨五千文 缺上 尼妙聰 寺主尼志然

軍事押衙陳珏　長樂馮邠書

右經幢在歸安天甯寺西鼓樓側高四尺五寸周廣五尺二寸第一面刻大悲陀羅尼咒其次及陀羅尼經及經序何夢華云此幢上下兩截尚有小楷書四方拓者遺之兩浙金石志

幢上方周棱殘損阮氏所見固完善也曹錄作曾非

趙匡符經幢題名 高四尺九寸八面面廣七寸四分前六面陀羅尼經面各九行行六十字字徑七分行書後二面真言面各十行行約七十字字徑五分正書上截失拓在歸安

佛頂尊勝陀羅尼經

大輪金剛真言

千手千眼觀世音菩薩廣大圓滿無㝵大悲心陀羅尼神呪金剛經真言　一名般若無盡藏陀羅尼　觀音文持　大悲心經真言　七佛俱胝佛母心陀羅尼　歡喜真言　龍樹菩薩化身一切法施陀羅尼　□王心中真言　天厨陀羅尼　淨□呪　淨身真言　淨房室真言

唐咸通十一年二月十八日建立此幢　都維那尼淸素　上座尼妙聰　寺主尼志然　軍事押衙陳珏在陀羅尼經後　建立幢主鄉貢進士趙匡符在真言後



右幢在歸安天甯寺東首鐘樓後高四尺五寸周廣五尺二寸幢上截佛像旁另有小楷四方記幢主趙匡符所誦經咒之數及捨錢姓氏中有烏程縣丞劉等名皆志乘未載兩浙金石志

後二面真言十三種浙志僅錄其四未細核也金剛經真言脫經字

尼又元造幢記 幢殘缺高存二尺一寸八面周圍二尺八寸五分經七行記十七行題款二行行字不一字徑六分正書

左臨壇大德靑龍寺沙門後素撰

上闕唐安精舍地靈木秀多出奇人果應斯瑞僧基之上闕皇撿挍左散騎常侍兼少府監充內中尙使兄公上闕尙軍奉御姪當前明經姪楚卿見任左淸道率府上闕□之歲有功德李內侶錄賜紫尼澄素頗承上闕栖止遂落髮於　九重之內授具於　万乘之上闕□文皇謂曰空門高士多尙頭陀不親王侯豈上闕□遂止唐安与愛妹智幽同黎　李父大師□□□上闕繼踵乃吾心之嘗分耳豈假苦多□□而後至焉□□然上闕弥遂得馬鳴之深元領空□之妙言□□□莅學士上闕嚴閑号雲水□松□□代厤□□□□□□□□□上闕曰吾事斯畢理有□歸付法□有□人□處

何□□闕上悅遺誡幾畢奄然而歿春秋四十有九僧年
三十夏□闕上□不幸遺命具保清規選殊地於萬年□
□□鄉□□闕上□託後素法中昆弟備悉□□□□□
□□□□□
闕上□□空下
玉磬韻哀　金言□說　永縣煩籠　獨超鞲□
經文不錄
闕上淮靈州大都督府長史御史大夫上柱國開國男
食邑七百戶唐宏夫
咸通辛夘歲閏八月八日比邱尼又元爲
先師姑建立



右幢尼又元爲其師造沙門後素撰文上截殘缺不見其師之名文有云落髮於九重之內授具於万乘之□前敘其家世有云檢挍左散騎常侍兼少府監充內中尙使兄公者有云尙軍奉御者殆宦官之族屬出入於宮禁者也兄公夫之兄也左散騎常侍正四品下少府監從三品中尙署令從七品下丞從八品下此云內中尙使似在令丞之上而官志不詳殆史之漏也唐改內尙方署曰中尙方署武后改少府監曰尙方監而中左右尙方皆去方以避監此於中尙之上復加內字未審何義又案官志殿中省屬有六局曰尙食尙藥尙衣尙乘尙舍尙輦局各奉御二人別無尙軍奉御之稱龍朔二年改六局曰奉膳奉醫奉冕奉扆奉駕奉轝亦無改爲尙軍之文竊意是尙輦奉御書刊之譌耳文又有文皇謂曰之語是其落髮授具在會昌以前以僧年三十夏計之當是會昌元年疑立幢之年非卽歿年也後有唐宏夫銜名一行宏夫史無傳撰文之後素署云青龍寺沙門攷青龍寺本隋靈感寺開皇二年立文帝移都掘城中陵墓葬之郊外因置此寺唐景雲二年改名青龍今咸甯縣地碑首云唐安精舍後云遂止唐安唐安寺名在萬年見廣惠塔銘後有選殊地於萬年句此幢當在咸甯也參書作黎大誤



冑曹參軍沈□尊勝大悲幢記高三尺一寸八面面廣四寸各五行行三十三字題記三行行廿三字字徑六分正書弟八面無字在秀水

□□□□□監□□試左武衛冑曹參軍沈□弟□□弟
滕芎謹爲
先考府君立此陁羅尼幢伏恐先考府
君在生之日或有業障未得觧脫願承此功德永離幽
□
唐咸通十三年七月十八日立

佛頂尊勝陁羅尼呪 文不錄

千手千眼廣大圓滿無障㝵大慈大悲心陁羅尼神妙章句 文不錄

右幢在秀水縣本覺寺殿前石高二尺六寸八面周廣三尺每面正書五行字徑七分新唐書百官志諸軍皆有倉兵冑三曹參軍此幢銜稱左武衛冑曹參軍蓋亦軍使屬員也 兩浙金石志

兩浙志沈□下作并書二字諦審之并乃弟字之譌其下旻患却非書字監謹爲恐承日立七字亦缺年月一行小字注於末句之下



孫氏尊勝幢記 高一尺三寸八面面廣三寸五分各三行行字不等字徑七分許正書在正定府崇因寺

□勝陁羅尼真言

咸通十五年三月十三日建

孫氏爲亡過女趙氏十一娘　女聟牛文慶敬造陁羅尼石幢一所　男重政

幢已斷折上截失拓據常山貞石志補足之

陳宗可等尊勝幢讚 八面面高四尺一寸六分廣五寸七分各八行行字不一字徑六分餘行書在許州

佛頂尊勝陁羅尼經幢 三行在弟一面上方字徑寸許

佛頂尊勝陁羅尼經 文不錄

佛頂尊勝陁羅尼經讚 并序

進士邢鈞撰 在標題下

盖聞□□無邊教化各異靜而思之同歸一□□□如尊勝陁羅尼經者應佛陁波利之顛也原夫起自西天流于東土初□梵本次釋□言是苦海之津梁實人天之舟檝但有迴向無不蒙益爰有淸信士陳宗可尋惟久親善道早悟佛乘知聚沫之無堅覩芭蕉之速朽故孜孜金地稽首高僧披露至誠欲結尊勝寶幢□會僧比□□隨順□□退□令結無上勝回詎獲當來妙果



諸□意無先後遂以藏鏹金地買石他山召募良工精心磨礪未踰數旬琢磨當就□鐫既罷樹立俄成巍〱也勢聳於青□□〱也形穿於碧落莫不睹之罪滅願已福生七□離□角之身三塗息涅槃之苦然後願合會老幼普獲休祥在軍者爵祿咸臻經求者資財駢集復願人人□□歸□□□落落形□□寒松之□秀□斯功德浩汗無涯以百千舌□不能盡□之無德謬忝諸生不揆荒虛略而爲讚　讚曰　彼尊勝者趣自西天　教中之寶　法中之先　諷之誦之　永離蓋纏　三塗□受　七辶休□　結會誠敬　獲福

无邊　鎸于□□　永保貞堅　　時乹符五年秋
八月十五日工畢應曾人等具列如後　　當寺都
維那僧元諗　寺主僧奉璘　上座僧巨崇　勾當僧
皓澄　皓滴　清□　都維那陳宗可　謝約　李繁
蕭存武　叚承規　張盉　張彥符　楊應詞　張
文慶　王建　王少蕚　衛少直　張少真　羅頴夫
張建立　張文實　張從實　王岳　董郅　劉綬
揚佶　鄭從武　張□　高思昱　王可宗　吳約
王璲　李敬方　尹章　王章　韓□郅　武郅
伉□　薛行存　戴武　苗厚　張重興　邢璠　唐



積
鎸字人賈玫　賈敬文
右陳宗可等造幢讃在許州南門三元宮訪碑錄
作陳宗列建誤

乾符尊勝殘幢 高存一尺六寸八面面六行行字不一字徑四分行書
佛頂尊勝陁羅尼經
乹符六年 下缺
右幢斷損下截無存幢未知所在年月僅見乾符
六年四字即以乾符題之

臥龍寺陳氏陁羅尼幢題字 乾甯元年萃編載卷六十七
壬辰□□□日 缺壬辰二字
通鑑目錄是年四月癸巳五月壬戌朔則壬辰朔
是六月矣己未爲廿八日

社官郄元誎等尊勝幢記 無年月在三原萃編卷六十七作西明寺經幢
羣公列坐 缺上二字 敘說上善豈 缺下四字 風雨□時人 缺下二字 見
缺 邑等崇 缺崇字 都料張仕赧 料誤尉缺仕赧二字此應在後題名之末 郄元
誎 缺郄字 杜榮 杜誤社缺榮字 吳惟□　崔□□　楊再閏　□
項 惟作雜缺崔闓項三字 義　茹在遷 缺義字 邊□　李義琳 缺邊字
趙季□ 缺季字　李秀誠 缺李字秀誤元
右幢在三原訪碑錄載之關中金石記云在三原
東北田村萃編以爲西安府者非上方有題字云



道光癸卯秋吳縣郭鳳翔於三原城東訪得此石
移置學署西院錢唐沈兆霖記卅一字葢顯而復
晦晦而復顯也

潛溪寺扶風郡尊勝幢記 幢殘缺最高處存一尺八寸八面面廣七寸九行十行字數不等字徑七分正書在洛陽
上缺 頂尊勝幢一所　願七代幽冥神生淨剎身□
上缺 度支及諸道鹽鐵轉運等使上柱國扶風郡□
上缺 大德元中臣持
右幢斷折經文殘損造幢人姓似是閻字下半殘
缺亦不見年月在潛溪寺金石錄潛溪記跋云潛

溪在洛陽龍門山側地有溪谷之勝舊爲宰相李
蕩別墅宣猷購得之加葺治焉寺當即其故址而
杜記無存矣鹽鐵轉運等使唐及五季皆有此職
唐又有度支營田使採訪支使觀察支使延支庫
使判度支判副部度支使勾當度支使知度支使
此刻度支上缺文不知何字碑稱七代不用世字
要爲唐刻無疑

常山王尊勝幢記 高一尺七寸四面四棱面廣三寸七分棱廣三寸五面有字行字大小均不一正書在正定府城崇因寺

□□□常山王及文武官寮三軍將仕等創建尊勝石



幢 以上弟一面四行行六字字徑八分許
都勾當□尊勝石幢
院主僧歸政僧行寬僧從問僧文智僧□□僧貞進僧
惠臻僧雲□僧寄溢僧□□僧利貞僧宗寶僧德璘僧
悟誠僧行□僧行□僧法□沙門□□□寶 以上弟二面五行行字不一字徑四分
□□□父□友母劉氏弟□□ 以上弟三面失拓據常山貞石志補行字未詳
奉爲當今
皇帝府主相公文武案寮三軍百姓重修尊勝石□ 以上

弟七面四行行八字字徑七分
上缺□□果左相僧道都判沙門行愿 以上弟八面存二行行字不一字徑五分

右幢無號年以幢制及書體定之當是唐刻唐書王
庭湊傳景崇與子鎔皆封常山郡王此幢之常山王
其爲景崇爲鎔不可知矣相即廂字判即綱字行愿
蓋爲左廂僧道都綱也 常山貞石志
常山志題爲八佛像石幢所錄有譌闕字據石本
正之

□郎等造幢記 幢殘缺存三面上截亦已斷缺面廣三寸四分各三行行字不計字徑八分題字存二行字徑六分均正書



上缺□郎等奉爲□□娘子敬造前件佛頂
此上曼患 語一切諸罪等承此 後缺

右幢僅見三面上下亦未全疑拓工草率之故姑
就所見錄之

石索□造幢記 高存八寸五分八面面廣三寸七分六行行存十五字字徑五分經正書記分書方界格

上缺□聖旨遂使書□者則滅罪消央受□
上缺□窆側書迺精心角意寫字□而籙□
上缺元秊正月十五日弟子石索□□□

記有𡧯側字葢造立於墳旁者石索□稱弟子亦
僧尼之類央卽殃之省吳仲山碑而遭禍央嚴訢
碑君獲其央無極山碑來福除央並以央爲殃

大泉寺尊勝幢 已斷爲二高約五尺三四寸六面面廣七寸二分八行行約五十字字徑七分許正書在句容

佛頂尊勝陀羅尼經 文不錄

右幢斷折爲二不見年月亦無造幢人名在大泉
寺左近卽以大泉寺名之

華塔寺惠敬遷尊勝幢題名 存下截高一尺一寸五分八面面廣五寸五分各七行行十八九字字徑五分方界格末面幢及書人名各一行下方姓氏廿九人正書



上缺勝幢一所佛弟子惠敬遷
上缺□微書
太原王令璋 佛弟缺 馬門缺 雷□缺 石□
缺 揚□缺 陳□缺 劉□缺 □□缺 王□
缺 齊□缺 趙□缺 趙□缺 鮑含缺 左□
缺 藺□缺 孫□缺 景□□ □□□ 郭□
缺 張門缺 李元缺 □□缺 □懷缺 董亓
缺 范解□ 劉登□ 顏璋缺 張景熙

潛研錄目載此幢未詳所在訪碑錄譌微爲微此
爲韓小亭舊藏本籤題華塔寺殘幢疑在長安

某寺主簿殘幢記 上下斷缺存一段僅見四面面七行共廿二行行存三字至八字不等字徑五分正書有方界格

蔡靡□□缺 後刻經文不錄
清信佛缺 後空一行
歸寀滅享年廿□缺
寺主薄衍相與□缺
蓮溢目秋月麗□□ 後空一行
匪我□家 源□缺

百廿佛幢 高六尺八寸四面面廣七寸各鐫佛象十五列每列二龕左右各題佛號字徑五分餘正書



拘□□□佛 拘那合牟尼佛 迦葉佛 釋迦牟尼
佛 弥勒佛 師子佛 明炎佛 牟尼佛 妙華佛
華氏佛 善宿佛 導師佛 大臂佛 大力佛
宿王佛 尸相佛 大明佛 炎肩佛 照曜佛 日
氏佛 月氏佛 衆炎佛 善明佛 无憂佛 提沙
佛 明曜佛 時鬘佛 功德明佛 □義佛 燈曜
佛 □□天佛 淨斷疑佛 无量持佛 妙樂佛
不負佛 无住佛 得叉伽佛 衆首佛 世光佛
名德佛 弗沙佛 无邊威德佛 義意佛 藥王佛
斷惡佛 善調佛 名德佛 華德佛 勇□德佛

金剛軍佛　大德佛　家滅意佛　香爲佛　那羅
延佛　善住佛　无所負佛　月相佛　□□相佛
恭敬佛　威德守佛　□□佛　□□□　□□佛
華明佛　□□□　法明佛　盡見佛　德淨佛　月
而佛　寶燈佛　寶相佛　□□□□　□名佛　无
量音佛　違藍佛　明意佛　□□佛　功德品佛
月相佛　得□□佛　无邊行佛　開華佛　淨垢佛
見一切義佛　勇力佛　宿足佛　□□佛　隨脚
佛　□意佛　功德敬佛　□□□　□□□　□□
□　□□□　□□□　大□佛　天□佛　德勝佛



龍手佛　□□□　□□□　□□□　□□□佛
□□□　□□佛　□□□　□明佛　寶相佛
□□□　善明佛　大□□佛　□見悟佛　華相佛
山主王佛　大威德佛　□□□　无量名佛　寶
□天佛　□□義佛　□□□

右刻未詳所在佛象百廿龕龕旁鐫題稱號重見者四名德月相善明寶相也書法腴秀尚是初唐風格世不缺筆無年月亦無姓氏姑以百廿佛幢題之附唐末俟攷

最勝金輪三昧呪幢 高四尺八面面廣一尺八寸弟一面標題大字四行行十字字徑三寸餘各十五行行卅二字字徑八分正書

佛說大佛頂如來放心𢘻怛多大神力都攝一切呪王
陁羅尼經大威德最勝金輪三昧呪品上上
佛頂身心印呪

大自在陁羅尼呪幢 高三尺四寸八面廣一尺四寸四分各十二行行廿五字字徑八分首二行標題大字一行正書

佛說隨求即得大自在陁羅尼呪 出隨求經
一切佛心呪
心中心呪
佛說阿閦佛陁羅尼神呪經



都料匠孫普全

此二幢但有經文別無記述亦無姓氏年月幢圍徑一丈數尺而高不及三之一竊意記述經文分刻兩截此其一截耳

古等造幢殘題 僅存下截高一尺六寸五分存五面面廣四寸四分各四行行字不一字徑□□正書在洛陽存古閣

上闕古等奉爲
上闕□□仗此殊因速超圓覺

僧如□等殘幢記 殘缺高二尺五寸二分約共八楞四楞廣四寸四楞廣二寸末楞題名四行行字不一字徑五分許正書在洛陽存古閣

□名唯□四字在幢上方字徑一寸
上闕稟業門人僧講論下闕　上闕傳戒門人僧如□　當寺
住持講經論明悟大師法下闕　講經論希潛講經論重
興　知事僧如後　前監下闕　□座淨襄知殿□
準知藏賜紫寶淨浴頭淨湊菌頭淨下闕
浴頭菌頭名目宅處未見　存古閣別有經幢六
種一高三尺一寸六面面廣三寸五分各三行行廿字字徑六分正書　第十句雜
字下注云此取罽字呼聲□嗅與佗幢不加注者
不同一高九寸五分八面第一面二行行四字字徑一寸一分餘俱四行行十二字字徑五分並正書當是幢之上截此下或有題記未拓一殘缺高存



一尺五寸五分僅見四面面廣四寸各三行行十三字字徑七分正書　弟一二行下
有真言曰三字跨格大書一殘缺高存二尺一寸見四面面廣四寸各四行行廿六字末一面一行字徑七分正書　一下截及前後俱殘缺高存一尺九寸存四面面廣七寸中兩面八行前後各存六行行存廿一字字徑七分行書方界格　書字頗似夢
真容碑一上下均殘缺高存一尺九寸五分存七面面廣三寸六分六行行三十五至四十二字不等字徑四分正書第一面無字刻象　皆陁羅尼經無紀年題記
人姓名可錄附誌於此

八瓊室金石補正卷四十八終

# 八瓊室金石補正卷四十九

太倉陸增祥撰　男　繼煇校錄
吳興劉承幹覆校

唐二十一

## 信法寺真容像碑并側長安三年七月十五日在元氏雲起寺萃編載卷六十五

□□□□□□□□□□□□□□□□□□□□□
□□□識之䏑識缺廿四格□□□□□□□□□□□□
□□□□□□□□□□而頂禮缺廿四格□萃編作衆□□□
□□□□□□□□□□□□□□□□神心□□□
□□□□□□德周於砂界缺神心二字并少廿二格□□□□



□□□□□□□□□□□□□□□平信□寺者
缺平信二字并廿二格開皇皇誤作元□□□□□□□□紹□□
□□下地□北□賚賫缺紹下地三字及上賚字并十五格□□□□□
□□□□□□□□□□□危□□似□魚山之
梵缺危似魚三字并廿一格□□□□□□□□□宰□□□□
□香風□□□□素叨漢缺宰香風素四字并十九格□□□□□
□□□□□業□□□之疰□□□□□□□□爪下
交喪缺業之疰三字并廿一格□□□□□□□□□□元□□□
□□□□□□□若□□無思不服缺元若二字并廿二格□□
□□□□□□□□□階□□□□□□璃陰□□窓

遟規造化缺階璃陰窓四字并十九格了義安□□□□□□□□
□□□□□□□□□□□昝空缺昝空二字并十格此下空格□
□□□□□□□□□□□□□□□□□□壞而成圀
盛矣美矣缺上六字并十八格張□□□□□□□□□□□□
□□□□□□□□□□□□□□開西淂□子之
名缺張開西得子五字并廿格□□□□□□□□□□□□□□
□□□□□□嵳布□海客明珠缺嵳布海客四字并廿格□□□□□
□□□□□□□□□□□□□□相□毫將素□交
煇缺相將毫素四字并廿格銀棺之□□□□□□□□□□□□
□□□□□□□□□□□□田久淨□閒一切缺之田久



淨四字并廿一格閒作閒舉菜之偈缺偈字□□□□□□□□□□
□□□□□纏□□生柃染著無說示說缺纏生柃探著無六字并
十七格□□□□□□□□□□□□器□□連宏材有
□風之□餘慶缺器連宏材有風之七字并十六格空然見屈缺屈字□□
□□□□□□□□□□□□□□□□聞詩聞禮流
羨譽於家庭缺上六字并十八格□□□□□□□□□□□□
□□□□□縣丞田靈秀東海人也缺上六字并十八格名飛
寓縣寓誤作富□□□□□□□□□□□□□□□□□
□走□□剄柔莅人宏缺剄柔莅三字及半走字并廿格□□□□□
□□□□□□□□□□□□□□五俊道亞三君

缺上四字并廿格□□□□□□□□□□□□□□□□□
□忄ナ度不□□非缺度不二字及兩半字并廿格風雲逸氣風誤作鳳□
□□□□□□□□□□□□□□□□□也志度滄
遠神儀韶亮缺上六字并十八格□□□□□□□□□□□□
□□□玉菓金柯作仕林之准的缺上九字并十五格□□□□
□□□□□□□□□□之階梯者爲有大碑圭郭朩
愛缺上十字并十四格□□□□□□□□□□□□□□□□
而生也有涯悼情塵之倘擁缺上八字并十六格□□□□□□
□□□□□□□□□□之跡況□道高百億神趒十号
缺上九字并十五格列璉之遺塵缺璉字□□□□□□□□□□



□□□□□□□有道無媿於古□□少女之詞缺上六字并十
八格有銘於絶妙銘誤作鉻□□□□□□疑□□□□□利
見□来廻悟聚□分□□□遶度缺上八字并十六格□□□□
□□敞布□□宮□□百億□□三空廣□□□解
慍缺上八字并十六格是□仁樹既建□□□□□耶離城菴□
□司其七蜂臺架漢雁□□□□運番葉自仁字至蓮字之上全缺忍
草缺忍字芥盡城空缺芥字久而不渝缺久字雲杳□□□□
□□□□士趙郡李□襲篡杳字以下全缺
右碑後題□士趙郡李□襲篡李君之名史書無攷
金石萃編寰宇訪碑錄皆著錄此碑而並遺撰文人

姓名及碑兩側又此碑下截殘缺頗甚萃編所錄者每行下截皆少二十七字李君之名適在末行下截耳碑稱周長壽二年壹月五日攷舊唐書武后本紀載初元年（即天授元年）正月神皇親享明堂大赦天下依周制建子月為正月改永昌元年十一月為載初元年十二月為臘月改舊正月為一月碑立於長安三年斯時正用周正兩唐書本紀自載初元年迄於武后之世書周正月則曰正月舊正月皆書春一月正與碑合邑宰寇君名已殘泐不可辨此上一人當是姓楊碑有餘慶得祥鱸之美及乘朱軒者十人為公



卿者四代可證此外姓名可見者有縣丞田靈秀員外丞張大亮員外主簿張仁覩尉沈令珪員外尉李楚璧諸人惟李楚璧見新唐書宰相世系表趙郡李氏東祖房後魏趙郡太守均之後虔州司法叅軍神景弟三子表不載其所歷之官未知即此人否餘俱無攷通典云員外官其初但云員外至永徽六年以蔣孝璋為尚藥奉御員外特置仍同正員自是員外官復有同正員者其加同正員者唯不給職田耳其祿俸賜與正官同單言員外者則俸祿減正官之半據此碑則當時丞簿尉亦有員外之置矣碑以磊落為磊落又競作竟魁作魁儒作儒異文不勝枚舉（常山貞石志）

萃編所載拓本未全缺下截廿四字常山貞石志以為二十七字者非餘亦有闕譌悉補正之常山志載有此碑校正萃編而仍不免於闕譌如弟六行𦂳下地三字廿八行之字卅五行久字皆所缺也十五行開西之開作門廿六行神儀之儀作義（萃編不誤）卅行列埵之埵作錘卅四行是廓是□之□似極字而作一卅五行鳴廓之廓作廓皆所誤也其萃編所誤如富縣之為富縣風雲之為鳳雲又



未及舉之甚矣審定之難也

碑左側（三列列十行行字不等正書）

寺主尼法意　比□尼法海　都師尼勝自　□尼波若海　尼丰勝　尼佛智　尼□箴　尼□勝　尼妙英　尼法果（以上弟一列）

尼法淨　尼淨□　尼明通　尼惠眼　尼法雲　尼淨意　尼修戒　尼淨心　尼道運　尼舌覺（以上弟二列）

元氏縣令朝議郎田仁楷　丞朝議郎唐炎　儒林郎行主簿騎都尉劉思元　尉王大忠　尉鄭東里　縣佐史楊守節（以上弟三列）

碑右側（同左側）

像主張師度妻馬息文㥕　像主李師昉妻陳息阿苟
像主張辶仁妻程息黑刀　像主解祖興妻王息元
禮　像主張高仙妻梅妹阿七　像主□醜□妻胡息
行義　像主張表通妻段息仁淸　像主張小奴妻
李息鐵章　像主王名德妻潘息神慶　像主郝□□
□□息□□以上弟一列　像主郭伏相妻畢息旡愛　像主
張善生妻□息阿義　像主張伏仁妻嚴息元凝　息
元□息難曾凝妻靳　像主周大通妻曹息元舉　息
行□息行懋義妻□懋妻馮義息遊子以上弟二列　像主胡
神感妻孫息克恭以上弟三列



右題名有稱都師尼者他碑罕見唐炎見新唐書宰
相世系表爲西涼晉昌太守瑤八世孫舒王府記室
守臣弟二子鄭東里宰相世系表北祖允伯房有東
里陽翟尉爲潞州錄事參軍允恭之子允伯六世孫
未審卽其人否常山貞石志
萃編未見碑側補之常山志所載亦缺阿苟之苟
祖興之興阿義之義三字題名諸人惟張黑刀郭
天愛見碑陽像主郝下已泐當有知運在內

花塔寺造象四段在長安

王璿造象銘長安三年七月萃編載卷六十五

上眞上誤正北撫之尊、缺尊字
璿此記當長安三年距被放之日已十二年中間必
因起復始歷此官而史文不備可惜也璿以逐臣獲
用遂爲女主邀媚於佛氏亦何愚哉授堂金石跋
長安志夏官尚書王璿宅在永樂坊東門之南平津讀碑記

韋均造象銘長安三年九月三日萃編載卷六十五

不乞乞誤染
右韋均造象記在長安縣華塔寺結銜稱行雍州富
平縣丞韋均新唐書地理志京兆府本雍州開元元
年爲府此尙在未改府以前六塵不定金石萃編釋
定作染誤平津讀碑記



僧德感造像記長安三年九月十五日萃編載卷六十五

十方觀世音缺十方世三字九月十五〇缺十五〇三字
右僧德感造像記在長安縣華塔寺結銜稱檢校造
七寶臺淸禪寺主昌平縣開國公長安志淸禪寺在
興甯坊南門之東七寶臺在大雲寺中寺在懷遠坊
東南隅平津讀碑記

內常侍馮鳳翼等題名高六寸廣一尺五寸十八行行七字字徑五分正書方界格左方下斜角損缺

朝請大夫內常侍上柱國馮鳳翼　朝散大夫行內謁
者監上柱國莫順之　徵事郎守內寺伯借緋魚袋王
忠謹　朝散大夫行內謁者監上柱國杜元璋　朝請
大夫行太子內坊典內上柱□魏思泰　巨議大夫行
□□事上柱國缺下　中大夫□□□□上柱□缺下　朝
缺下

案題名在咸甯花塔寺無年月係唐代建塔造象時
刻畢氏金石記收有梁義深等九人造像題名以行
格推之卽此石之前幅其年月當在此幅之末今渺
去也黃本驥隋唐石刻拾遺



黃虎癡所錄奪中大夫一行筠清館列儀鳳末据
編跋語其在垂拱以前無疑茲附高宗末

尚真甎墳銘

高九寸廣七寸七分十二行行十三字方界格徑七分弱常熟邵汴生中丞得之

大周故居士蘆州巢縣令息尚君之銘
惟君諱真字仁爽淸河郡王呂望之後也春秋七十有
七奄從風化去調露元秊八𠥱十九㘉逝於鄠縣循德
之里卽以其𠥱廿五㘉遷抠於終南山雲居寺屍陁林
捨身血肉又收骸骨今於　禪師林所起塼墳焉表生
從善友之心殖不離勝緣之境建崇銘記希傳不朽
長安三秊歲次癸夘庚申朔弌辰㘉外孫宏福寺僧
之持建

是亦塔誌之類而題曰尚君之銘葢誤以誌爲銘也
並不及其生平行實亦不書其父巢縣令爲何名僅
載其捨骨禪林卽可希傳不朽唐人佞佛往往如是
然其生平亦可想見矣誌中爽作爽柩作抠戊作弌
古誌石華

按尚直塼墳銘題曰大周故居士蘆州巢縣息尚君
之銘葢尚君父爲廬州巢縣令尚君其息書父官敘
不更及顯慶中駙馬都尉衞尉卿息豆盧君誌銘卽



其例也盧州乃廬州字誤唐書地理志淮南道廬州
隋廬江郡武德三年改廬州七年廢巢州爲巢縣來
屬尚君父官巢在武德七年之後惜名無可攷尚君
以仕族溺於浮屠故以浮屠禮葬之定持爲宏福寺
僧而曰外孫是浮屠而不廢人倫者調露元年爲高
宗在位之三十年尚君年七十有七則生於隋煬帝
大業元年尚君捨身收骨於調露元年越二十二年
爲武后長安三年始起墳銘記實則有記無銘而題
曰銘也金石續編

右尚真塼墳銘在鄠縣石刻尚真真字缺末筆避

武后母諱也續編誤作直文云去調露元年去猶言往者也石華及續編均誤作目年月但紀庚申朔不言何月案新唐書志是年九月庚寅朔則庚申朔非八月即十月戊辰是九日也又案通鑑目錄是年月朔七庚寅九已丑與志不符韋均造像書九月己丑朔疑志有誤以此推之庚申朔爲八月

司稼卿楊君妻杜氏墓誌長安三年十月十五日萃編卷六十五

上柱國楊府君缺楊府君三字

原夫就㊁望雲望外五字缺標靈赫桑羅鳥赫外五字缺之位位誤



任可略缺可字預晉征南缺預晉二字南誤西則□虵表異徵而顯則麟至缺則異徵則至五字虵誤地潮州海陽縣令州陽外四字缺務州務誤務嶽峙缺嶽字撩履貞凝風舉茗榮缺撩履風茗四字蕙問缺蕙字聞杜缺聞字有行缺有字闕西之主饋之外四字缺鄉没缺没字臺孤缺孤字孟里以之缺孟里二字雋獄缺雋字雷霆缺霆字与舒泉而共沁缺与沁二字呼嗚作嗚呼原刻倒置蘭陔缺陔字蓼径缺径字匝翩翩舞舞上三字缺不聞缺聞字其銘缺銘字重輝缺重字濬啟啟誤出緒斯撒緒下二字缺大歸缺大字霜紈缺紈字浮冬雪浮下二字缺素塵生梲缺塵梲二字乖其三缺其三二字

誌石磨泐已甚茲就全唐文及各釋本得成全文其夫姓楊則胡竹安大令鈞所定也惟虵表上缺一字似用杜預爲虵精事下文麟字則指預註春秋而言然虵在上聯弟六字麟在下聯弟五字微有參錯仍缺虵上一字以存其疑誌內就曰望雲銘內則天垂象皆言杜爲堯後朱冠白馬用杜伯射宣王事赫謂杜赫周謂杜周武庫智囊皆用杜預事善賚上脫祖字陽縣上全唐文作海字今廣東海陽縣在唐隷潮州今山東海陽縣則唐所無也首行原泐夫姓題故司稼寺卿上柱國司稼寺即司農寺龍朔三年所更誌中杜氏春秋指母家言楊家輪轂指夫家言征南



緒允承上杜氏句闕西主饋承上楊家句則其夫爲楊姓無疑短歌之歌作哥見前龐德威誌嗚呼二字倒置誌中滕別作朕玍圀乖匝㊁而皆用武后新製字惟地不作埊或長安初地字仍用舊文耳古誌石華據吳氏校本補原石磨泐恐亦從全唐文錄之碧涢川蝺蝺即融字古誌石華作渟恐誤□澤之戀澤上當是手字家無全唐文不能定也黃虎癡謂地不作埊或長安初仍用舊文案順陵碑屢埊信法寺真容像碑埊理埊踊埊靈埊芥觀其埊埊布埊久高延貴造象經行之埊姚元之造像埊踊珎

堦百門陂碑而長坐久皆作坐黃氏之言非也且誌文並無地字其所稱者乃萃編所載虵之誤字耳

潤州刺史王美暢妻長孫氏墓誌

石高一尺八寸八分寬一尺七寸八分二十四行行二十六字正書偶帶行筆蓋題大周故潤州刺史王美暢夫至故長孫氏墓誌十八字在洛陽存古閣

□□□□□□王美暢夫至長孫氏墓誌銘　并□

□至長孫氏河南郡至也七族疏派十姓分源茂緒洪宗光輝於□□通槐烈棘昭絢於纖細曾祖敞隨金紫光祿大夫宗正卿平原郡開國公祖義常唐通議大夫



華容郡公□名高去病或聾重隱之□酌貪泉□論兵法父朝散大夫懷州河內令瀛州司馬戢職十城道□於展驥絃歌百里化浮於馴翟夫至蘭畹傳芳瓊田瀉潤稟三靈之淳粹挺四德之英姿敬慎禮儀允恭箴訓函箕之年適於太原王氏三周既御百兩言歸琴瑟既諧條枚是則菊銘椒頌燭耀於心田鵷綺鶴紋發揮於□匠通閨仰其柔範列闕挹其清猷函□　勅拜成安郡君尋除懷德郡君以德昇榮從夫錫祺既同石窌更□□鄉塋歷元年壬府君止坐挺灾奠楹俄及夫至□舟靡託葛藟無依志殞形存景心揞既而浮休迴薄幹運推遷与善□欺俄嬰沉痾□田靈草重遇無期西域胡香再逢無〇嗚呼哀哉以大足元年六𠥱廿六〇薨于汝州私苐春秋五十有四夫至宿植淂本深悟法門捨離蓋纏超出愛綱以爲合葬非古何必同墳乃遺令於洛州合宮縣界龍門山寺側爲空以安神□子昕等孝窮塋義禮極而經思□風枝哀纏霜露從命則情所未忍違教則心用荒然乃詢訪通至敬遵遺訓遂以長安三年　梯山鑿道架險穿空搘石崇其基斮絮陳其隙与而塋而長固等靈光而巋然乃爲銘曰



□矣洪緒悠哉𤰞圖遼河建國靈武開都山川演睨至物英謨其一誕斯令德作嬪君子聲茂葛覃道超江汜調諧琴瑟譽芳蘭芷有光淑慎無刑愠喜其二良至捐背樣枝靡託遺象窈冥堂隅簫索閱水波□虞泉景薄風勁蘭摧霜霏桂落其三寒鶩嶺北〇慘山西靈轜動駕□輓凝悽松帷露泣栢帳風啼芳徽無泯而塋俱齊其四

唐書宰相世系表長孫做宗正卿平原安男其子元虎祥案當是元字右監門將軍是誌云曾祖做與表同祖義常與表異誌內函箕之年當是初笄之年初用武后字箕則笄之誤也古誌石華

趙氏金石錄弟八百九十八有唐王美暢碑薛稷撰
景雲二年立美暢卽夫人之夫也據此誌美暢卒於
聖厤元年其立碑則在十有三年之後矣唐書宰相
世系表美暢爲梁太尉王僧辯之五世孫字通理司
封郎中封薛公子六人昕警翼𢌿玢輝昕官司農卿
襲薛公集古錄目云美暢太原祁人官至潤州刺史
其女爲睿宗德妃景雲中追贈益州都督筠清館金石記
新書洛州河南縣永昌元年改名合宮神龍元年
復故此稱合宮與史相合儆封平原郡公世系表
以爲男爵義常名表所失載夫人之父誌不書名



表亦無儆之孫元和姓纂儆宗正少卿汴州總管
生无虎右監門將軍義莊荆州刺史亦無義常世
系表以義莊爲儆弟并以荆州爲邢州恐是表誤

百門陂碑并陰側長安四年九月九日萃編載卷六十五

克明明作明下並同流霈霈作沛夏涼涼誤漁飛湍湍誤濡於郢於作于
漢宮宮誤官騣斗斗誤升或𣵀𣵀當卽沃字作汲吐納吐誤咕場作場皎
作皎助懸缺懸字森沉缺森字歲旱旱作昇序迫缺迫字東指指誤栢
謝劉琨缺劉字明神誤神明盈於於作于千蕭作蕭湯湯作湯

碑陰

奚郎奚誤奚字七司佐佐誤左張虔明虔誤虔

碑側

郭師古師誤思王礼忠礼作禮李□□□義雲缺李字誤以爲弟四行
賈恭瑾恭誤公

宰相世系表辛怡諫壽州刺史元和姓纂作職方員
外郎壽州刺史皆是其後所歷官碑陰南嶽齋郎趙
不爲唐會要神龍二年才膺管樂科趙不爲及第又
有七司佐坊正村正寄庄諸稱皆他碑所未見平津讀碑記

萃編銘詞宏濟及碑陰隗宏允馬宏節碑側吳宏
遂張宏纂張宏信隗宏景郭宏福孫宏善又碑陰



隗芝元碑側姚元覽張元絢郭宏敬趙元欽李元
隱皆失誌　廟諱字樣

慶林觀鐘款

僅見一區高六寸一分上廣六寸下廣六寸九分七行行十一十二字字徑四分在闐中

維大周長安肆秊歲次甲辰拾匝癸丑朔貳𡆠甲寅合
州慶林觀觀主蒲真應等奉爲　聖神皇帝陛下敬
造洪鍾一□重肆伯斤普及法界蒼生並同斯福
朝議郎行合州司馬高德表

楊府君誌蓋

方一尺三行行三字字長徑二寸篆書

大周故楊府君墓誌銘

首題大周附武后末

猜信女宋小兒造金剛經并心經碑〔高四尺五寸廣二尺八寸面陰各三十七行兩側廣五寸三分各七行行六十一字徑六分正書題記二行在額龕左右在房山〕

佛說金剛般若波羅蜜経

佛說蜜多心経一卷

猜信女宋小兒敬造上

金輪聖神皇帝及師僧父母

碑無年月按武氏以長壽二年自號金輪聖神皇帝此必長壽以後長安以前所刻

涅槃經刻〔正書直界格在洛陽龍門〕

佛付摩訶迦葉第一〔廣三尺前卅一行高六寸四分行八字十字不等後八行高二尺五分行四十餘字字徑四五分〕

次付阿難比丘第二〔高一尺一寸五分廣八寸十行行十五六字不等〕

次付□那和□比丘第四〔高一尺五寸五分廣八寸五分十一行行十九廿字不等〕

次付優波□□□□第五〔高一尺九寸廣八寸五分十一行行約廿五六字〕

次付提多□□郎第六〔高一尺六寸廣一尺五分十四行行廿八九字不等〕

次付弥遮迦比丘第七〔高一尺三寸廣六寸五分七行行十五字以上五段字徑同前〕

次付佛陁難提比丘第八〔高一尺二寸廣四寸五分五行十二字字徑六七分〕

次付佛陁蜜多比丘第九〔高一尺一寸廣六寸六行行十二字字徑同前多缺泐後疑未全〕

次付脇比丘第十〔高一尺四寸廣九寸十一行行廿至廿三字不等字徑五分許〕

次付富那奢比丘第十一〔高一尺三寸廣五寸六行行十六至廿二字不等〕

次付馬鳴菩薩第十二〔高一尺二寸廣八寸十行行十五六字以上字徑同前〕

次付毗羅比丘第十三〔高一尺廣六寸七行行十二至十四字不等字徑七分許〕

次付龍樹菩薩第十四〔高一尺六寸六分廣六寸五分十行行卅一至卅六字不等字徑四分餘〕

次付迦那提婆菩薩第十五〔高一尺二寸廣五寸六分七行行十六至廿二字不等字徑五分〕

次付羅侯羅比丘第十六〔高一尺一寸廣七寸八行行十三四字字徑六分許〕

次付僧伽難提比丘第十七〔高一尺一寸廣六寸六行行十二字字徑七分許〕

次付僧伽耶舍比丘第十八〔高一尺七寸廣一尺十四行廿六至卅字不等字徑四分許〕

次付鳩摩羅馱比丘第十九〔高一尺四寸廣六寸六行行十六至廿二字不等字徑五分餘〕

次付闍夜多比丘第廿〔高一尺六寸廣七寸五分八行行廿七至卅二字不等字徑同前〕

次付婆脩槃陁第廿一〔高一尺四寸廣五寸五分六行行廿一至廿三字不等字徑六分〕

次付摩奴羅比邱第廿二高一尺一寸五分廣五寸五分六行行十四字字徑同前
次付夜奢比邱第廿三高一尺二寸五分廣七寸九行行十一七至廿字不等字徑五分
次付鶴勒那夜奢比邱第廿四高八寸五分廣五寸六行行十二字字徑同前
次付師子比邱第廿五高一尺三寸五分廣四寸五分七行行廿三至廿五字不等字徑四分

右刻在龍門香山洞石壁相傳薛稷所書中多武后製字編次於此共得廿四紙缺弟三一種當已磨泐或未拓也有謂好事者攜一石去磨厓之刻安得鑿而取之乎弟五波下所缺是麴多比邱四字弟六所缺是迦比二字據次段知之



金剛等經刻
高三尺二寸廣存六尺五寸九十九行行四十八字字徑五分正書在洛陽龍門

金剛經前缺三十四五行行八十五行
□□□□□羅尼經行八
□□□□□畜多心經行六

右經刻在五福洞石壁書法與涅槃經刻相似亦有武后製字

脩行寺尼真空造浮圖銘
高一尺五寸五分廣一尺六分十五行行廿二字字徑五分行書方界格

脩行寺尼真空敬爲　亡考妣造石浮圖銘并序

若夫正覺虛元妙源凝寂散慈雲於僞刼融慧炬於大千化城開　敬信之門祇樹啓菩提之迹律梁庶品拯扳迷途皆想於德音　咸歸於壽域今脩行寺尼真空早悟□爲夙明因果痛慈顏之不□恨結終天悲報德之無由誠依福地於是竭精進之志罄清淨之財於先亡塋側敬爲考妣造石浮圖一所竊遵無上之教用酬膝下之恩翠石雕奇丹容儼相龍門南指鶴林之狀不遥龜浦北流猴池之際何遠功德已就不可思議伏願神力□通毫光迴燭濟艱危於過往垂惠澤於將來所冀負土之墳歷千秋而永固聚沙之　塔越累葉而長



存迺爲銘曰

法雲灑潤甘露凝祥高臨慧日遠燭毫光其一自然生滅□運慈悲誠深報德法尙歸依其二爰有精進式謝先靈近□奇塔長登化城

大唐神　龍元年歲次乙巳三月庚辰朔三日壬午
建

碑有四空格書丹時石紏不平也真空有塔銘殘缺無年月以此計之其在明皇時邪

公士安令節墓誌銘
方一尺七寸九分廿七行行廿七字字徑五分方界格正書

大唐故公士安君墓誌銘并序
進士將仕郎滎陽鄭休文撰在標題下方
渤海石抱璧書在銘詞下
禀渻和以爲人含神爽以爲用在家爲孝子在國爲忠
臣於鄉党而則恂恂於富貴而不汲汲諧大隱於朝市
笑獨行於山林斯則安君見之矣君諱令節字令節先
武威姑臧人出自安息國王子入侍於漢因而家焉歷
後魏周隨仕于京洛故今爲豳州宜禄人也若夫渥旌
鼓吹西臨白獸之躔國界城池北枙元龍之塞穜山瑤
樹所以齊其積德閶闔金精所以生其壯氣漢年侍子




先虞鳥城之域魏代侍中爰列蟬冠之地亦由班家十
紀矽則朔野揚聲金氏七貂終以近臣爲盛祖贍
皇唐左衛潞川府左果毅武人貞吉智果爲毅或奇或
叵知玉帳之兵雄千夫百夫識金壇之卒𨚗父生上柱
國南荆則昭陽始居西楚則共敖初作戰功所與今古
榮之君星辰河漢之精泰一終南之氣鴻鶴羽翼雲翥
風樽松柏枝條霜封雪抱虞長安遊俠之窟深鄙末流
出京兆禮教之門雅好儒業温良泛受之德振人𢙣急
之心固以發自冥機閑諸天性者矣屬天地大有朝野
多歡梁上銀䬹餘祥未竭地中犀犬積慶仍傳開北阮

之居接南鄰之第翟門引客不空文舉之座孫館延才
還置當時之驛金羇玉帖連騎而不以驕人畫卯乳犴
陳鼎而未爲矜俗加以馮良居室端肅如對於嚴賔仇
覽之交矜莊豈闚於婖狎義之所去縱千乘而猶輕道
之所存雖一介而猶重聲高郡國名動京師豈獨栁市
萬章貴人爭揖茂陵原涉羣公慕之惜夫靜樹含悲壞
梁多恨鵩書来赴忽遊司命之天鳩杖有儀不及鄉亭
之歲以長安四年十一月廿三日疾終於醴泉里之私
第春秋六十有子如岳國臣武臣等喪以過哀幾於滅
性鄰母聽哭投箸而輟餐櫪馬聞嘶銜芻而落淚即以




神龍元年三月五日葬於長安縣之龍首原禮也邇迤
平原絫𦍩栱樹三千年之見日馬鬣幽泉一千歲之来
歸鶴知荒塚乃爲銘曰
猗遠祖之揚名桂馥松貞粤夫君兮挺異珠明劒利宿
昔何從禮教爲容平生何託琴樽聚樂月之望年之辰
石折智士山頽哲人短歌送葬長笛哀鄰墳横鳳綬塚
次龍鱗夜臺長夜春非我春
右安令節墓誌當在長安未見著録首題云公士
安君公士之稱不見於唐書官志按漢書百官公
卿表爵一級曰公士師古曰言有爵命異於士卒

故稱公士是品秩之最下者王仁求碑長子王善寶自署公士三門樓石柱劉文宗題名有公士行通公士相卿公士珍寶公士靜寶四人靳元恪題名元恪自署公士又有公士楚玉是唐固有公士也史不詳耳文云翟門引客不空文舉之座孫館延才還置當時之驛葢當事者所辟引之人也文云先武威姑臧人出自安息國王子入侍於漢因而家焉魏書安同傳云遼東胡人其先祖曰世高漢時以安息王侍子入洛歷魏至晉避亂遼東遂家焉武威遼東占籍雖異要與安同同系也特不



知是同之後裔否令節及其祖若父俱無傳可攷又桉宰相世系表武威李氏本姓安氏出自姬姓黃帝生昌意昌意次子安居於西方自號安息國後漢末遣子世高入朝因居洛陽晉魏間居於安定後徙遼左以避亂又徙武威至抱玉賜姓李碑所敘先世與表相合是其支系無疑宜祿屬關右道邠州此作豳者開元十三年始改豳爲邠也潞川府不見於地志惟幽州有潞城府豈即是歟以鴻鶴爲鴻鵠以鵠書爲鶴書鵠鶴古通處作虞闢作闕他碑未見

法琬法師碑　景龍三年五月十八日　萃編載卷六十八

豈如豈作豈鈎深鈎作鉤龍光函谷龍誤神函作函遒作道既聞酌□缺酌字還歌缺歌字河海缺河字湏達缺達字珍珍作彌勵肙作肙巢須缺須字誠惟周拯誠誤成拯作拯晈誤晈奉缺奉字勑固護缺固字偱環偱郎循誤作修武成之室缺室字西變變誤慶徒然缺然字

元和姓纂北方尉遲部如中華諸侯也魏孝文改爲尉氏尉托奇枝六代孫兜生剛後周大司空吳國公周書作尉遲綱是改從其本姓平津讀碑記

碑書鹿苑作麓薤露作薤審陵之妃當郎宓妃以審爲宻姓纂尉氏尉遲氏並列綱名詳見前尉吳



公李氏誌跋

華陰郡君楊氏合葬誌

高二尺一寸三分寬二尺八分二十六行行牘二十八字上缺字徑六分正書在長安

上缺訶常流非乎高韻自然靈心無閡曷飪韶問聯古垂光不木□是𠃗□□上缺讓帝平恩貴戚敵丹第而封侯弈葉承家淪瀾浸遠莫不□吱金簡炯□上缺夫興歎當俟雄飛蕭何以刀筆見稱初猶雌伏祖燿隨滕王東閤祭酒儀上缺禮父神雅有奇節居多滕氣雖簪壐奪目常洎如也憭圓非道自許逍遙上缺蹤生甫初孩聰而善對孝悌由乎天性仁慈發乎率由自六經筆削之餘上缺有

之不習而妙矣貞觀年　制授杭州録事叅軍綱紀六
曹風颿四起吴缺上恩信察姦邪菜縣飛梟時来謁帝中
年乳翟化及遊童豈唯我述寘恩庸缺上陛二年　制除
恒州司馬城隣代野塞□胡郊俗負雄邊人多俠氣爰
自缺上農菜張露冕之風裕題輿之績嚴城偃柝偵櫓銷
鋒家含皷腹之歌人有缺上戸文明年突厥猖狂潜伺寂
掠寒膠既折凍水初堅占滿月而宵飛張秋缺上城思周
靈契馬生則揚煙保穀精應無方卒令醜類潜奔兇徒
駭散尋除缺上佐將謂鹽梅利往鼎調飪於槐司簪紱時
来御聲明於衮路而輔仁徒説缺上六月七日寢疾卒於



私第春秋六十五夫人華陰郡君楊氏赤泉鴻允朱缺上
周則生而玉度長協金箱奉柔訓以宜家繕榛袴而主
饋者乃纂組之飾缺上歲通天二年正月五日春秋七十
六卒於私第子彥協等思㦤終憂情逾缺上禮以景龍三
年七月十九日合葬於長安縣西龍首原禮也若夫纂
撰家缺上深碑還山頂而其中有象與恍忽而無窮人莫
不知貫幽明而獨在者不缺上色絲之碓績哀犹俾九原
之可作知孝心於古石頌曰
缺上起平賢林萬邱之陽汝瀆之陰時之永矣東箭南金
二祖肅肅道爲君子缺上光文史　皇孝恬素獨酌元猷

風情隘俗文氣横秋濯纓滄浯洗耳清流缺上傳其淵幽
蘭作操叢蓍韞卜精動時主人徵象木鶴鳴在陰鴻飛
于陸　缺上生絲詞情忘恥過獄去惟疑灾蝗避境姦吏
懲欺我求寺任翩然遥集筆缺上□及　北門雄鎮南望
邊衝戎塵每擧漢甲常逢自從爲政亭絶飛烽允缺上□
是競戸聞恥草家與廉叵旋降　璽書恭承爵命咨運
流之何巳痛□缺上己窟碑表徒象光靈永歇無復明鏡
照春顔唯有霜枝挂秋月
陝縣尉河東柳紹先撰荆府法曹隴西李爲仁
書



補訪碑録載此刻云楊氏合葬殘碑正書景龍三
年七月陝西長安又云殘墓志李爲仁正書柳紹
先文景龍三年七月陝西長安又於失編内云殘
墓碑李爲仁正書景龍三年七月十九日魏錫曾
以文中有讓帝平恩貴戚字攷爲許氏一碑三列
亦已疏矣志殘缺不見姓名魏以爲許氏未見其
説祖名耀父名神子名彥協亦無可攷其事蹟可
見者貞觀年授杭州録事參軍永隆年除恒州司
馬文明年禦突厥有功而已

西城令息梁嘉運墓誌

高一尺五寸四分寬九寸五分十五行行二十字正書末行無字上列篆額題梁君墓誌四字居中陽文
在襄陽

大唐故朝散大夫金州西城縣令息梁君墓誌
公諱嘉運字子安定人也温潤怡儀恭懃令譽隨尊巡
翟從父亨鮮騁思文場遊神學圃不意生災鬬蟻禍及
巢傷積善無徵乃纓沉痾至總章三年歲次庚午三月
乙亥朔廿一日乙酉遘疾終于襄陽縣之私第春秋卌
四夫人潁川陳氏隆州長史之女也芳儀春芷質茂寒
松六行莫僭四德無爽既而奔駒易往浮箭不留春秋
七十有五以長安四年八月十五日卒於安養縣之私




第以景龍三年歲次己酉十月甲申朔二日乙酉合葬
於襄州安養縣昇平鄉懷德里之原禮也有恐桑海遷
變蓮峰化𡎺乃崇纂菁遂銘其石詞曰
隱隱遥源坦坦平趾嫣嫣𢈔陵含章傑起道有虧盈人
非金石秋去墳孤春来草積白日徒照元扉詎闢
道光元年秋襄水北岸坼壞古墓甚夥碑石率散佚
僅訪得此碑及夏侯夫人墓誌有唐碑碣荆湖存者
益寡茲得二石是可寶也因請移置鹿門書院庶其
傳之久遠亦以告後之好古者隨時採訪焉海豐吳
式芬記此刻碑額左右

按梁嘉運墓誌嘉運爲西城縣令之子題書父官誌
不復敘與長安三年尙直博墳銘同例舊唐書地理
志山南西道金州舊領縣六西城漢縣州所理山南
東道襄州舊領縣七襄陽漢州所理鄧城古樊城也
宋故安養縣天寶元年改爲臨漢貞元二十一年乃
改鄧城元和郡縣志臨漢縣本漢鄧州地古樊城仲
山甫之國西魏於此立安養縣屬鄧城郡周天和五
年改屬襄州天寶元年改臨漢縣此誌景龍三年尙
爲安養縣也誌云字子安定人也定乃定字别體元
和姓纂梁氏安定望安定連讀則字子二字殊不成




文或作字子安安定人有兩安字而書者脫其一邪
金石續編
總章三年三月乙亥朔則廿一日值乙未非乙酉
乙酉乃十一日廿一日乙酉則朔當乙丑非乙亥
攷通鑑目錄是年月朔二甲辰四癸卯高宗本紀
是年三月甲戌改元咸亨是甲戌爲三月朔乙亥
乃是二日誌誤也又通鑑目錄景龍三年十月癸
未朔與此亦不合此誌與趙夫人夏侯氏誌同時
出土月日幹枝均有舛錯何邪潁川陳氏續編作
穎質茂寒松續編作茂質刊刻時當校正之定作

定从古文正合於六書之恉與㬎同駒作駒葺作
葺偞作偞均俗㑽作僧俗省易作易殊謬

澧州司馬魏體元墓誌

高一尺六寸五分廣一尺六寸廿九
行行三十字字徑四分分書在伊陽

唐故朝議大夫上柱國澧州司馬魏府君墓誌銘并序
公諱體元其先鉅鹿鼓城人也屬隨失金鏡避地于懷
令爲獲嘉縣人焉振夫開天闢地有人倫焉爲帝爲王
建宗族焉故畢受錫扵周萬保封扵晉大夫列位肇得
姓焉其後魏頽行恩幽冥報德魏舒入相爵禄承家赫
奕衣冠光于史冊曾祖景通北齊召補秘書郎學富心



臺叢畾秘閣左太冲之作賦喜拜此□劉大連之負才
先充斯任轉祠部郎中天分列宿位重舍香議奏草扵
清臺擢芳蘭於朱陛以家代閥閲遷龍驤將軍符堅僞
主𤣥無感夢之徵王濬正臣自□童謡之應祖裕隨方
州六合縣令靈州司馬隴州刺史多才多藝乃武乃文
忠肅振於朝廷仁恩哥於郡縣父綱　皇朝抗州餘抗
縣尉謙謙君子温温𣲖賢學以潤身甲以自牧安排北
部抂我廊廟之材守道南昌屈我神仙之職轉太州鄭
縣主薄昔爲孝子今爲人臣舉善不避仇讎退惡不以
親戚有伯圭之節有王允之威轉晉州洪洞縣丞潤州

曲阿𩥇州宏農二縣令撫字多方清勤兩著一百里之
作令六百石之秩丞廳以飾躬胡□之□河內善以御
衆□剪之在河東公稟天地之精膺川岳之靈量包江
海吸雲霞而浩浩操堅松竹衛歳暮而青青其言也慱
達其鑒也淵徹商推九經兼并四部衣冠爲之再□□
樂爲之中興　皇朝明經擢第解褐授□州司法叅軍
江淮設險狡猾成風□獄無才犴牢有滯公之任也朝
誨之□循德夜□之□□辜黎庶感恩囹圄空□轉豫
州西平縣令汴州司倉叅軍荆河南□逢□北臨俗号
神明人知礼郎遷滑州韋城縣令澧州司馬滔滔澧水



淙月峽之波瀾欝欝滑臺罩星躔之光彩公佐百城之
蘭化王仲父之清勤蓄三異而當官魯仲康之政教鳴
呼風火不駐生死何常賈太傅之有言鄭司農之興歎
以景龍二季夏四月廿日卒于鄧州向城縣清陽郡逆
振春秋七十有二夫人趙郡李氏贊皇縣君配于君子
事于舅姑服於澣濯躬於紡績陶氏之母截髮馳名孟
氏之親大衾存教亡奂命奂天乎神乎以神龍二季春
正月廿九日終于內寢春秋七十以景龍三季冬十月
十一日合葬於汝州西南紫邏凶懷吉村西平原之礼
也嗣子觀吏部常選哀哀父母掬兮□兮杳杳泉扄永

矣遠矣心骨崩碎叩地號天痛日月之居諸愲邱陵之
遷貿敢鐫荆瑛用紀松扉嗚呼哀哉迺爲銘曰
西域聖人兮涅盤偈東魯夫子兮太山哥生兮生兮旣
不保死兮死兮知奈何□□兮石坼陽臺兮雲斷銘琬
炎兮哀哉畢乾巛兮脩短
景龍三季歲次己酉十月甲申朔十一日甲午金危
右誌在伊陽出土伊陽縣至明始置唐代爲汝州
境至唐之伊陽屬河南府不屬汝州葢非其地文
云其先鉅鹿鼓城人校隋書地理志梟城後齊置
鉅鹿郡開皇初郡廢鼓城舊曰曲陽後齊廢開皇



十六年分置晉陽縣十八年改爲鼓城是鼓城名
縣在鉅鹿廢郡之後矣新唐書地理志梟城義甯
元年置鉅鹿郡武德四年以趙州之鼓城等隸之
貞觀元年以鼓城隸定州此稱鉅鹿鼓城葢武德
四年以後貞觀元年以前之稱也文又云避地於
懷令爲獲嘉縣人唐志武德四年以獲嘉等四縣
置殷州貞觀元年州廢獲嘉屬懷此誌固在殷州
廢後也體元之祖官隋方州六合令靈州司馬隴
州刺史隋書六合舊曰尉氏置秦郡後齊置秦州
後周改州曰方州郡曰六合開皇初郡廢四年改

尉氏曰六合裕爲縣令當在開皇四年以後靈武
郡後魏置靈州後周置總管府大業元年府廢置
靈武郡汧源有西魏東秦州後改爲隴州大業三
年州廢唐書隴州義甯二年置義甯二年卽武德
元年是其爲司馬在大業元年以前其爲刺史不
在三年以前卽在唐初也體元之父官唐杭州餘
杭尉太州鄭縣簿晉州洪洞丞潤州曲阿虢州宏
農令唐書華州垂拱二年避武氏諱曰大州神龍
元年復故名大讀如泰古大太無二字元和郡縣
志云垂拱元年改爲太州與誌正合丹陽本曲阿



武德二年置雲州五年曰簡州八年州廢縣屬潤
州宏農本宏農郡義甯元年曰鳳林領宏農等縣
武德元年曰鼎州貞觀八年州廢縣隸虢州神龍
初避孝敬皇帝諱曰恆農綱爲簿令皆在垂拱二
年以後神龍元年以前也體元嘗爲豫州西平縣
令唐書蔡州本豫州寶應元年更名西平貞觀元
年省天授二年（元和郡縣志作三年）分郾城復置尋又廢開
元四年復置體元爲令葢在天授二年以後體元
卒於澄州向城縣淯陽郡逆旅元和郡縣志後魏
於古向城置向城縣屬淯陽郡貞觀九年改屬鄧

州是淯陽郡逆旅者向城故縣地也明統志向城舊縣在城北六十里唐代鄧州爲南陽郡不名淯陽唐之淯陽縣隸山南道金州在今陝西洵陽境與鄧州無涉淯陽前漢地志作育說文淯字說解內亦作育碑書歌作哥古通戚作慼俗从木字皆作从手碑末十月甲申朔十一日甲午金危以值宿纂日見於碑版者僅此可爲廣例增一條通鑑目錄是年十月癸未朔與誌不符當是温公之誤

八瓊室金石補正卷四十九終



# 八瓊室金石補正卷五十

太倉陸增祥撰　男　繼煇校錄
吳興劉承幹覆校

## 唐二十二

方與令上護軍獨孤仁政碑 景雲二年二月廿七日 萃編載卷六十九

十一之八天 一誤二 簡牘 簡誤閒 景龍三年 三誤二 生白 生誤三 縅愁 縅誤縅 樓龍 龍誤瀧 纂績 績誤續 与善 与作與 善誤作吾 郎劉珉 珉避諱改字作琝非

王璬石浮屠銘 景雲二年四月八日在房山 萃編載卷六十九誤作三年

晃楫 字缺晃 郯作郯 雄□密 字缺密 乃滅 字缺滅 北□巖祇獻寶 缺北二字 西界 字缺西 姝□乃 字缺姝 變□芥 屢 盈 字缺變下三 石運 字缺石 二年 二誤三

文云唐中興七年歲次辛亥此以中宗復位爲中興元年故以景雲二年辛亥爲唐中興之七年 平津讀碑記

涼州衛大雲寺功德碑 景雲二年 萃編載卷六十九

行閒正果 閒誤開 倘 倘誤作傏 倡 倡作倡 舘 舘作館

玉泉寺大通禪師碑

高七尺八寸廣四尺五寸廿八行行五十二字字徑一寸二分分書在當陽

唐國師玉泉寺大通禪師碑

中□□□□□范陽張説文

黃門侍郎范陽盧藏用書上二行在標題下
譔夫扶四大者成乎身矣立萬灋者主乎□□□□
□卽身見空始同妙用□非實也觀心若幻乃等真如
名穀入焉妙本垂言說出焉真宗隱故如來有意傳要
道□持至德萬刦而□付灋印一念而頓受佛身誰其
宏之實大通禪師其人也禪師尊稱大通諱神秀本姓
李□□尉氏人心洞□□懸解先覺身長八尺秀眉大
耳應王伯之象合聖賢之度少爲諸生遊問江表老莊
元旨□易大義三乘經論四□□儀說通訓詁音參吳
晉爛乎如襲孔翠玲然如振金玉既而獨鑒潛發多聞



旁施逮知天命之年自拔人間之岳企聞蘄州有忍禪
師禪門之灋胤也自菩提達摩天竺東來以灋傳惠可
可傳僧璨璨傳道信信傳宏忍繼明重□相承五光乃
不遠遐阻翻飛謁詣虛受與沃心懸會高悟與真乘同
嚴劃捐妄識□見本心住寂滅境行無是處有□而成
卽然燈佛所無依而說是空王灋門服勤六年不捨晝
夜大師歎曰東山之灋盡在秀矣命之洗足引之竝坐
於是涕辭而去退藏於窨儀鳳中始隸玉泉名在僧錄
寺東一里地坦山雄目之曰此正楞伽孤峰度門蘭若
蔭松藉草吾將老焉雲從龍風從虎大道出賢人覩岐

陽之地就去成都華陰之山學來如市未云多也後進
□以□□有趍四禪昇堂七十味道三千不是過也爾
其開灋大略則專念以息□□力以攝心其入也品均
□□其到也行無前後趣定之前萬緣盡閉發惠之後
一切皆如特奉楞伽遞爲心要過此以往未之或知久
□年禪師春秋高矣　□□而來趺坐覲君肩輿
上殿屈　萬乘而稽首洒九重而宴居傳聖道者
不北面有盛德者無臣禮遂推爲兩京灋主□
□國師仰佛日之再中慶優曇之一現然□都邑□其
秘旨每　帝王分座　后妃臨席鵷鷺四帀



□□□繞時熾炭□□□□□嚜而心降時□飢投味□
告約而義領一雨溥□於衆緣萬籟各吹於本分非夫
安住無畏應變無方者孰能□□乎　聖□□宗
□□代積當陽初會會之所置寺曰度門　尉氏先人之
宅置寺曰報恩軾閭名鄉比德非儗局猷詣聾長懷虛
壑累乞還山既聽□□□□儻無他患苦報帶神全
形遺力謝神龍二年二月廿八日夜中顧命扶坐泊如
化滅禪師武德八年乙酉受具於天宮至□□□□
□於此寺蓋僧臘八十二生於隨末百有餘年未嘗自
言故人莫審其數也三界火心四部氷背榱崩梁壞雷

慟雨泣凡諸寶□□□□□□故其喪□□□□視□
詔使弔□侯王歸賵三月二日冊謚大通展飾終之
義禮也時厥五日假安闕塞緩反葬之□□□
宸鴐臨□□□□□□□伊水羽儀□設至山□
仲秋既望還　詔將下　帝諾先許其遂宿
□□□卿□□城門郎護監喪葬□□□□□
□□龍門□槻登高停蹕目盡迴輿自伊及江扶道
哀侯幡花百輩香雲千里維十月哉生□□舊居後崗
安神□□□□□□□□□□　巨鐘是　先帝所
鑄羣經是　後皇所錫金牓　御題□典□



□塔寺尊□　遂稱摽絕初禪□□□□□南□日
氣積晦於禪山衆蓮寄生於□樹則雙林變色泗水逆
流至人違代同花異□□□□□歿也在龍花□設大會
□□□□□□□□□□□□□□道場如□會時
萬□菩薩乞施後宮寶衣盈廂　珍價敵國親□□□
□巡香其廣□□因存歿如此□□□□□□□□
□□□□□□□□□遂失恨踊塔之遲開石城
之歎也不孤廬□□□作窾□□□頁之論夫子
也□□□不□□□□□□□□□□□□□□
廣深强名無□以慰其心銘曰

□□□□□□□□□□□□□□□□□□□□□□
□□樂不入度門孰探灋要　□弐禪□□□□
□功□□□□□名假詣無□□□□□□□□□
□□□□□□□□□□□□爲父爲師露清熱惱光躭
晉疑冀將往垚□□□□□□過□□□去之　□
我□□□□□□□□□□□□□□□□
□覺念茲在□敢告無學

右玉泉寺大通禪師碑在當陽禪師諱神秀姓李氏
舊唐書有傳稱神秀以神龍二年卒有詔賜謚曰大
通禪師岐王範張說盧鴻一皆爲其碑文此碑即說
所撰也碑後半已殘泐前半完好大略如傳所言平津讀碑記續



右玉泉寺大通禪師碑張說撰盧藏用分書在當
陽縣西廿三里度門寺訪碑錄謂在荊門者非神
秀卒於神龍二年二月至十月而反葬未見立碑
年月訪碑錄作開元十年四月案張說著銜尚存
一中字盧藏用署銜稱黃門侍郎攷張說傳睿宗
即位遷中書侍郎景雲二年轉尚書左丞罷知政
事盧藏用傳景龍中爲吏部侍郎遷黃門侍郎轉
工部侍郎尚書右丞是此碑之作當在景雲初也

傳又云先天中坐托附太平公主流配嶺表太平
賜死通鑑書於開元元年傳又云開元初起爲黔
州都督長史未行而卒尤不得系以開元十年矣
豈作此文後越十年而始入石耶然不見於碑不
知孫氏所據姑以撰書人署銜爲證次於先天之
前碑左有小正書一行曼患無開元字是後人所
識非當時原刻也輿地碑目荆門軍有玉泉山大
通碑云唐神武皇帝所題孫氏系諸開元謂在荆
門或即因此惟此碑並非御題當是別一碑大通
碑固有三耳神秀舊書有傳碑載較詳傳云汴州



尉氏人知碑尉氏上所缺爲汴州二字傳云於相
王舊宅置報恩寺碑云尉氏先人之宅置寺曰報
恩與傳不同豈一在長安一在汴州均以報恩名
額耶神秀於武德八年受具至神龍二年但化爲
八十二年而前云逮知天命之年自拔人間之世
則出家時年已五十春秋實一百三十餘年也傳
又云中書舍人張說嘗問道執弟子之禮碑文適
在泐處故有□貟之論夫子一語又寰訪碑錄長
安年亦有此碑誤也

霍宏泰造浮圖銘

兩石高二尺二寸一廣八寸五分九行一廣七寸三分七行行字不一正書在河南

大唐太極元年歲次壬子二□□□朔十三日壬子相
州成安縣霍宏泰浮圖銘
若夫火宅熈蒸仚三車而求□□愛河沈溺仰六度而
□清昇故暴□横流資智舟而趍彼岸熾□□□藉慧
雲而扇煩炎終期妙覺之功竟□靈威之力是故清信
佛弟子霍宏泰保纙早嬰凶酷嚴訓隔於髫遅未冠而
亡慈親□痛纏於陟屺驚風易往舉静樹而何追閱水
難留望寒泉而無日故上爲　天皇天后及七代先亡
敬造七級石浮圖一所并及見存眷屬法界有形欲使



都人士女見靈刹而虔恭闞闍簪纓覩寶臺而敬仰庶
使昆蚑蠢動俱離三塗法界有情咸歸八正乃爲銘曰
悠ゝ六趣擾ゝ四生俱嚎有累咸獲無明共論苦
集同昏色聲其一 □尋覺路言歸化城□□□鄣□□
□□下缺以上一石
上泐霍宏慶 □宏安 □宏泰 女二女 □□□
妹五娘 女六娘 慶妻蘇 安妻李 泰妻張合家
兒女大小等敬修供養 堂兄霍神戈妻張 浮圖內
敬造阿弥陁像一鋪 像主趙義芝母靳 司徒懷寶
母楊妹普解女大娘毋林餐供 苗海珎女尙兒 鮮

于思貞爲亡過父　李思晟母常　夏侯琢母張　董
義永妻嚴　菩薩主鮮于宏習爲亡過父供養　夏侯
光爲亡過父　强思禮合家供養　比邱郝霬思　馬
進暉爲見存外婆李供養　孟元勣爲父母合家供養
趙子幹爲父母合家供養（下空以上一石）

右霍宏泰造浮圖銘石已殘損就所存者錄之案新唐書地理志成安屬魏州魏郡此稱相州成安縣者成安本隸相州天祐三年始改屬焉成安於天祐二年更名斥邱當改隸魏州之時不復名成安而猶以成安隸魏州地志於天祐所改邑每以



原名書之也十三日壬子則朔上所缺是月庚子三字通鑑目錄是年二月庚子朔正合碑立於睿宗太極元年而文內有天皇天后字何也

田義起石浮圖頌（太極元年四月八日　萃編載卷六十九）

爲（卽象字誤爲）凤（作凤）秉（作秉）与（皆作與）碑用孝乎惟孝與楊珣碑同亦論語古讀之一證（平津讀碑記）

馮本紀孝碑（先天元年十一月七日　萃編載卷七十）

耿介（介作介下同）⿰鼎刂與天（⿰鼎刂作則）委質⿰鼎刂（缺⿰鼎刂字）肝脾（缺脾字）乹（作乾）毛如綱（缺毛字）馬留直（缺馬留二字）朙（作明）元和姓纂有馮敦直稱爲銀青光祿大夫直昭文館紹烈之子其祖父之名俱不與碑同碑筋宍備存宍卽肉字（平津讀碑記）

賀蘭州都督契苾明碑（先天元年十二月十六日　萃編載卷七十）

性與清白（缺與字）高視於寢賈之前（缺高寢二字）許史（缺史字）可略而論也（缺論字）掞今超昔（缺掞超二字）謚曰毅公（缺毅字）承家弈葉（缺葉字）内奉鉤陳（缺鉤陳二字）鷄田道（缺道字）建山南（缺建字）魏絳和戎（缺魏絳二字）重懸⿴〇乙⿴〇卐（缺日月二字）幽閑植性（缺閑字）表裹（缺裹字）巛高石窌（缺窌字）頹山之恨（缺恨字）褒德勸能（缺勸字）入衆巡□（缺衆字）執仁經行（缺經字）先眘空彳（缺眘字）璃慕（作璃）



儒棘皃（缺皃字）柴毀（柴誤樂）可汗嗣出（缺出字）抑揚流輩（缺輩字）毅公雅節（缺節字）肅彼夷落（缺肅字）鎭茲襟要（缺襟字）入場德字窮微盡妙（缺場字微字）悠然（悠作悠）居諸易促（缺促字）

碑稱麟德年授左武衛大將軍賀蘭州都督武后時授朔方道總管兼涼甘肅瓜沙五州經略使傳皆不載舊唐書契苾何力傳謚曰烈碑作毅與新唐書同碑云夫人唐膠西公孝義之長女也孝義淮安靖王神通弟八子（平津讀碑記）

據拓本補正如右又公爲□□爲下似首字巛高石窌高上似烈字指□艮平之指寄之似捐又似

攟萃編以爲指恐未的人場德宇葢以人爲仁也
古通碑立於先天元年壬子而石墨鐫華金石錄
補授堂金石跋雍州金石記均以爲二年何邪

秦四娘造象

高四寸有餘字在佛座下横列廿字字徑二分在太倉錢氏

先天二年五月五日信女秦四娘为亡母敬造供養
是年十一月改元開元此在五月故稱先天

周公祠碑開元二年十二月五日萃編載卷七十

備萬物缺備字地之宜缺之字歷太極缺歷字疑滯缺滯字煥然
不假缺然字蒸嘗嘗作嘗粤以缺粤字旡陽旡郎亢字誤冗延渚缺延字



闕人缺人字姧作奸悳義缺悳字斯缺闕缺作青襟襟作衿□紫兮
缺紫字仙鍔勒缺仙字
碑有佐官司錄柳齊物朝請大夫行令博陽縣開國
男彭城劉體微元和姓纂柳齊物睦州刺史劉體微
諫議大夫衛尉卿平津讀碑記

右衛中郎將鄭元杲墓誌

高一尺七寸七分廣一尺八寸四分三十六行行三十四字字徑四分正書方界格

大唐故右衛中郎將兼右金吾將軍同安郡開國公鄭
府君墓誌銘幷序
粤若稽古周之德也逖宣王母弟伻侯于鄭然後有諸
侯邦國焉武公父子庄政王室然後有周鄭交質焉及
其河洛歸曰虢鄶獻邑羔裘所以潤色鴻業鷄鳴所以
國諷詁訓而後門見虵鬬鼎嘗龜立陽城入晉負黍添
韓俗泯時移姓曰國號自兹以降世弗之賢北海儒門
縉紳仰其高躅關西驛騎冠冕欽其甲弟公諱玄杲滎
陽開封人也其先祖仕魏名高當代功冠朝倫時島夷
弗庭貊戈未戢迺輟爲東光侯鎮諸滄海于今袞冑尚
守其業祖德通隋平州諸軍事平州刺史脩以文德服
以遠人中外咸甯夷夏弗擾父仁泰少好奇數預識安
危屬隋綖弛綱諸侯問鼎人憂塗炭士弗聊生　武帝



建旗侍　鑾輿而吊罪　文皇受禪翊　龍飛以庶功
天下所以削平社稷由其致固除靈州都督左武衛將
軍右武衛大將軍進爵同安郡開國公食邑二千戶實
封二百戶銀書鐵劵山河帶礪卒於凉州都督謚曰襄
公起家　文德皇后挽郎解褐曹王府兵曹趙王府法
曹優遊磐石之國馳騁衣冠之地轉豳州錄事叅軍督
周則新平漆縣經紀則提目六曹遷伊州長史代州司
馬自西徂北撫邊鄙以全邦無私徇公佐方岳之半刺
未逾旬日除尙乘奉御閑廐籍其襟帶騏驥資其剪拂
遷左率府郎將乘星夜警趨　少海之波瀾候月春宮

仰搖山之氣色除右衛親府郎將右衛翊府中郎將爪
牙　丹禁鉤陳　紫闥以公恪勤奉職重加朝命
仍兼右金吾將軍襲爵同安郡公委以倉廪留守京師
榮深寵厚勳名將衛霍齊驅道合時來賞契與山河共
畢　主上深思侍衛追赴洛陽寄以腹心弗遑靡盬加
以劬勞鈐禁夙夜匪懈無甯晏寢蕩以禱禱從此弥留
方隨大漸以大唐垂拱元年六月十九日卒於位春秋
六十有三　則天大聖皇后痛心哀悼降使臨祭別
勅造靈轝給傳郵遞送至京宅公與物無競深恩厚仁
嚮風慕義悲感行路夫人河南郡君河南元氏後魏景



穆皇帝弟九子南安王禎七代孫右衛將軍壽之姪右
驍衛郎將脩之女夫人德潤珪璋質敷蘭蕙含華方鏡
積照圓流於是占夢維虵有巢維鵲作配君子以降褕
狄標梅無虧於三實夭桃不爽於九華旣下銅雀之臺
還入和鸞之詠雅量溫嚴柔姿閑靡彤管符於穆下清
婉合於淹中詩禮抑揚自有樹花之頌儀規娣姒非無
秋菊之銘不以驕奢而遐鼎俎不以富貴而損紡績六
行克著四德孔脩信可謂儀形邦教丹青閨訓嗟乎寒
泉夕閟風樹晨搖仙草途遐靈香路邈無復陽臺之雨
空餘魏闕之雲春秋五十有三以大唐永淳元年二月
十四日寢疾終於京師龍首里之弟以開元二年歲次
甲寅十二月廿九日與公合葬於承平里之原禮也長
子同安郡開國公行閬州晉安縣令□嗣等哀纏霜露
痛結號天嗚呼哀哉改卜有典功成身退雄威將壯氣
俱銷位遂名歸　墨綬與丹青弗朽闕佳城而鬱鬱瞻
大樹而亭亭刻石泉扃列松塋表播芳猷於萬古垂令
譽於千秋其銘曰
欽若宗周兮天錫地邑封十號泒流千祀其政維何平
王卿士其胤維何號公猗貳號鄶獻邑周鄭交質詠結
緇服符呈丹字亙宿恒明茉山弗圯其一姓回國立人稱



穎靈晉冠之鏡縉紳之衡名高北海價重西京儒門卷
舌豪族吞聲推棘知讓駈毛見迎其二睢鳩有德和鸞有
聞粉澤闈戸丹青閫門玉折知美蘭摧必芬空悲陟岵
徒想幽墳其三原隰坱軋煙雲悽慘素駕迴輪蒼山迥瞰
松悲月照禽啼夜感白楊蕭蕭傷心碎膽其四

右右衛中郎將鄭元杲墓誌當在長安出土元杲
卒於垂拱元年夫人元氏先卒於永淳元年至開
元二年合葬距夫人之歿已卅二年距元杲之歿
亦廿九年矣元杲及其祖德通父仁泰史皆無傳
夫人之先南安王禎史作楨誌誤木旁爲示隋書

北史有元壽傳官至右光祿大夫兼右翊衛將軍卒於大業七年周書亦有元壽見元偉傳官侍中驃騎大將軍開府儀同三司鄜州刺史皆非此元壽也元和姓纂南安王後有武壽官左武衛將軍與此亦不甚合標題稱同安郡開國公唐無同安郡入唐尚襲隋爵也元杲起家文德皇后挽郎挽郎不見於官志當是尚輦局所屬解褐曹王府兵曹趙王府法曹曹爲明所封趙爲福所封皆太宗子豳州新平本漢漆縣地誌避世民等字而泯字獨未缺筆轂爲東光侯轂疑出之誤裔作衰劵作劵與



劵無別新作新逾作逾舍華方鏡舍乃含之誤鏡作鏡薤作薤名歸下空一格互即氏字餘不逃元杲之杲頗似果字補訪碑錄作果其以十二月爲十一月非

嶲州都督姚懿碑

高五尺八寸廣三尺九寸廿九行行五十八字字徑八分正書額失拓在陝州

大唐故嶲州都督贈幽州都督吏部尚書文獻公姚府碑銘

朝請大夫祕書丞無㫕□□學士上柱國胡皓撰

正議大夫行將作少監上柱國徐嶠之□　勑書

夫應順相成君臣有待豈不以彖庸□□□□移屯爲闕不可以不臨□川不可以不守於是開分都野對乂天人高爵命於儀刑太邑照於品物五侯九伯公實當之公諱懿字善意其先吳□□□姓關考以官歷陝圻遂留家於硤石也昔有虞惟舜其姓惟姚欽若神闢蓋□祖女□子□之而之于茲曾祖宣業陳征東將軍吳興郡□　祖安仁隋青汾二州刺史遠圖膺錫大名垂休父祥隋懷州長史檢校函谷關都尉煬帝詔以武能守□□險高門晉獨何爲賢之紛光哉公都尉□□□毅烈照融蓄大容遠藝工非習學達無師燕雀□知鴻鵠



自若以待奮也年十八屬亂隋無爲□盜生郊授公本縣令以先人部曲少用輯甯泐下空

太宗濟河聞公名密遣相□□□□州將曰王充非主

天命在　唐宜速舉衆以應義不□恐貽後感□

□道入謁泐下空

高祖嘉歎者久之乃降賜　璽書金帛以此關州離患下空

太宗東伐王充授鷹揚郎將長沙縣男水陸道搃管洎賊平將舉籍議功有妄譖者云公曾通僞鄭因□疑黜又以姻略用多每爲朋儕所忌乃築室于硤石東北重

崗之曲將以道德幽栖高尚其事右二陜左二陵北河
南陰南山□趾中養浩氣外衍遐風紫芝淹留赤松不
返俄而貶授晉州高陽府折衝都尉公抗疏自列謝病
而退乃除常州長史糸堅以疾辭尋除硤州刺史累加
銀青光祿大夫公舉六察按百城導齊江門茂育雲澤
龍朔初邛蠻作梗乃除公使持節嶲州都督公正以訓
吏嚴以蓄戎不罰而黴不戢而服能以毀遠壽以褒遷
啓全告終返真于始以二年十二月一日終于官舍春
秌七十有三嗚呼哀哉以三季七月□□日窆葬於硤
石縣安陽公之原未備□禮也公門傳孝義代蒙旌牓



至若鷄鶩家禽牛羊圂畜互以相乳不限所生豈非剛
德繼修應形殊類也公□□誰與白日相隣武傑文英
幽深天理□原忠極保合神庭餘力所存致心無害雖
五善三變窮妙曲成而藏器廹時移官于位乃作藩附
以制要荒綏□以誠不以言震之以威不以暴遠夷□
順羣物緝熙存立大功歿貽餘訓豈無
剛主而有遐遺命矣𢦏公初娶張氏李氏並早殂歿後
娶劉氏累封彭城郡夫人則隋左常侍降之孫唐襄州
長史志遠之女今紫微令崇故宗正少卿景之母也夫
人于資福祉實受靈和四德待行三從及嗣祗先導後

在閨成家二子少孤一門所恃長幼咸若禮訓所陶出
有庶官人惟丞相乃敷皇極遂廣人和至矣𢦏蓋由內
則有方外成其大而況乎衆姜羣婦罔或不宗於休夫
人豈古之剛達者矣以神龍二年正月八日終于洛陽
慈惠□之□第嗚嘷遺令曰生以形累死以魂遊然事
尊在冥無遠不至何必合葬然後爲禮昔鄁根矩沐德
信並通儒達識咸以同窆爲非實獲我心當從其議無
改吾志尒惟孝乎歿已可於龍門山外用爲窀穸與近
家園以慰吾平生之好耳崇等敬遵遺旨以景龍二年
歲次戊申九月庚寅朔十五日甲辰葬于萬安山之南



陽令公純德佐時高堂生感永思不待長號罔極以爲
東塋□畢西垈未殷占考歲辰奏加封樹以開元三季
歲次乙卯十月己酉朔十三日辛酉庀徒有作初景龍
年以時宰先人特
制追贈幽州都督而神道貴靜元宅不移重廣冥域因
成爲制
天子於是乎贈寵大臣追崇舊列又　制贈吏部
尚書謚曰文獻公命三品官一□監護賜米粟各二百
石絹布四百端匹庶事官供特令優厚蓋念功悼存發
榮而資哀者也版築相麗賁飾其儀豐不近奢薄不違

儉名山大谷異勢盟紆密壙重墳靈祗式叙是惟幽極
可以永安撰德昭文長垂不已銘曰
氏原德先裔裔緜緜昌時無傳昌位無賢重象曜質紛
紛秩秩粲齊相亨休復于吉□□伊何文獻非他我生
則晬□爵云多粤有符彩甯施琢磨英圖烈烈利用峨
峨瞻天厤象謂　帝闕河庸勛遠大錫命騑羅行
行騶馬作藩荒□□職□人爲範陶均政閑誰黷時移
物育眇邈未窮歸冥不復慈告式明卜宅離塋東畢西
賁幽封大成尊尊孝子昭發家聲
開元三年十月十三日□　朝請郎行武□□□



□□□□□□□□□□□
右唐姚懿碑懿崇父也據碑及唐書宰相世系表皆云公諱懿字善意而崇子弈碑與元和姓纂乃云名善意豈非以字行乎懿隋末唐初人仕至嶲州都督開元間崇爲宰相立此碑金石錄

右嶲州都督姚懿碑碑云公後娶劉氏令紫微令崇故宗正少卿景之母也以唐表攷之則懿有三子曰元景曰元之曰元素元素官宗正少卿而元景乃澧州刺史且論其次第元景似元之之兄與碑皆不合碑立於元之爲相時又奉勑撰必無有誤其單稱景則以避明皇尊號故耳懿葬於硤石而劉夫人別葬萬安山碑述夫人遺令云昔邴根矩沐德信並通儒達識咸以同窆爲非實獲我心當從其議無改吾志爾惟孝乎桉三國志邴原女早亡太祖愛子倉舒亦歿太祖欲求合葬原辭以合葬非禮乃止竊意根矩此言特不欲蹈嫁殤之失非真以同窆爲非禮與德信終制戒後亡者不得入藏固有別也德信事見裴松之魏志注碑立於開元三年十月金石錄目作七月誤潛研堂跋尾

嶲州都督姚文獻公碑銘開元三年胡晧撰徐嶠之



奉勑書金石遺文記在陝州張茅南二里許墓前文獻諱懿崇父也隋末唐初人仕至嶲州都督開元間崇爲相贈謚立碑中州金石攷

案寶刻類編有此碑碑載懿歷官頗詳懿乃崇之父也宰相世系表稱硤郡姚氏梁有征東將軍吳興郡公宣業生安仁安仁隋汾州刺史生祥隋懷州刺史檢校函谷都尉皆與碑合惟碑云安仁青汾二州刺史祥懷州長是世系表誤長史爲刺史足證傳寫之失碑云懿字善意與世系表同劉昫唐書姚崇傳父善懿貞觀中任嶲州都督則合名字並稱誤矣嶠之

書之存者惟姚氏二碑此尤完整可觀亟足貴也中州金石記
碑云父祥隋懷州長史檢校函谷關都尉之季子世系表祥子止懿一人懿初娶張氏李氏後娶劉氏表敘懿子三人元景元之元素元素非劉所生故碑不書碑稱二子少孤新唐書懿卒於龍朔二年其時崇年十三崇母劉以神龍三年正月八日終是時崇罷相出爲亳州刺史歷宋常越許四州兩唐書俱不言丁母憂亦闕文碑爲胡皓撰元和姓纂祕書少監胡皓洛陽人平津讀碑記



據碑宣業仕陳世系表作梁殆非碑云其先吳吳下所闕非郡即興姚恢避亂居吳郡姚敷居吳興洪氏云元素非劉氏所生故碑不書然則世系表景素二字互誤次序亦應互易也

醴泉寺誌公碑開元三年十月十五日萃編載卷七十誤作二月

隸額題大唐齊州章邱縣常白山醴泉寺誌公之碑十七字左右各三行中鐫佛像三區萃編以爲碑題

□□京大薦福寺□□勑昭慶□綴文沙門元傘□缺昭字並少四格勑上奉字未見大薦福寺□勑缺大勑二字維那缺那字寺及此碑寺下三字缺伊昔曇花缺伊昔二字受元雲缺受元二字等駕缺等字郎□化缺郎字剎土剎飢剎誤作別神豆遍見於缺豆遍見三字十六六誤大形仁里缺仁里二字朱掩朱誤未□遊佛法之美翠塗丹□缺遊美翠塗四字丹誤月利生□道稱境發緣缺利稱緣三字具符□能使具下三字缺建者矣缺建字矣誤與者□經缺者字青龍所化缺所化二字司□之司誤尙弟二字作父亦非□□州人缺州字建招提缺建字續起缺續字搆五層峻關缺搆峻關三字山豪豪誤亭綴□霞□綵缺綴霞二字鑪尾□□香爐塵尾誤塵凡缺爐字之聲缺聲字廻向向誤面時逢□劵缺劵字劵上似史□□□□谷金林缺谷字八万万誤方意□遺形九億聚壚缺意億二字遺誤道壚作鑪柃□廟□□佛並缺柃廟並三字梨昌仰缺梨昌二字馬入脫馬字亘周缺亘字万作萬興崇缺興字崇誤宗名顏系



校符應名下五字缺靈山誤作山靈舞悅缺舞字豈日缺日字所㓻缺㓻字默定缺默字將欲赴州缺欲赴二字希代希誤各翻翅經律律上三字缺靚此勝緣缺靚此二字五濁缺濁字聖應缺應字章邱□□睿□天□臨□章誤京餘並缺有聯令楊□□代有下四字缺闔作合靈𢊍之㓻之外三字缺聽魚貫□□其令聽下四字缺西忽缺西字流□修廣三三上三字缺二尺二誤三將圓缺將字寶化缺化字州□上缺州字聖情垂感缺聖情二字卌九卌誤卅碧題缺碧字扶昇缺枎字能防密霧缺能防二字路之龍津缺路津二字毗曇缺曇字鴻鴈缺鴻字續挂天□挂誤桂缺天字根熟之方埶之誤軌足樹功缺樹字□京道林缺京字北都缺都字日□內缺內字香非常缺非常二字

立開善缺立字化生缺化字此瘗缺瘗字刜作前柃墳側柃誤之缺側字
傾景闕傾下二字缺二弥作彌覆被缺被字昔緣缺昔字比後復命缺比
後二字惠雨缺惠字牆塹法城追爲追上四字缺爲誤鳥不翅絣繩繩上
三字缺助動缺助字含章□學行道人□俱賫財含誤舍餘俱缺□
以□□羣物缺以字兀行擢櫃芽芽上四字缺達柃古後波淪
委命□奉□□賫積攜朋委誤虔柃命奉三字外均缺暗室九地缺暗
室二字金繩□界金下二字缺得路缺得字連載連誤運齊□知□
衆生趣入之之上六字缺範況缺範字迦葉□下缺葉下二字珍勒
堂□善財珍作彌堂誤當缺善財二字五蘊缺蘊字□子揚雒缺子字觀
方揮土載表靈剎旋缺揮土剎旋四字載誤戴万作萬連壁缺壁字比念



缺此字灌□高梯梯外二字缺加飾缺飾字化變新新化下三字缺初
□泉□時初誤功餘並缺元猷爰□元誤王缺爰字十月十誤二癸亥立
缺立字
比邱道寀主藏義淨此二行在額中闍佛象之旁□□主簿王
思猷□□□□□□□□徵事郎□缺此在碑右邊以
上均未載
元和郡縣志長白山在章邱縣東南三十里太平寰
宇記引述征記亦作長白山此碑獨作常白山爲異
碑述誌公俗姓朱氏金城人宋太始初漸彰異迹以
天監十三年歲次甲午十二月八日缺奄然示終故

陸倕製銘於冢內王筠勒碑於寺陰今陸倕集中有
誌法師墓誌銘所述亦與碑同平津讀碑記
搨本缺首行主薄姓名盡在標題下者恨未得見
也山左金石志譌缺甚多不悉述而下方多一二
字附錄之俟再得拓本補入等罵下有火字情殷
下有造字符應下有建字懸期下有故能二字楊
□□代下有傅字其令下有迺字梗概下有猶字
覆被下有繡字黃金下有捧字賫財下有集字加
飾下有盛字時□□□天下有□降字

處士胡佺墓誌開元三年十月廿五日萃編載卷七十



傲性傲誤作傲永壞壞誤作懷
傲傲之或字後漢書崔駰傳生而貴者傲卬用此
字訪碑錄云在介休萃編未詳

陝州先聖廟堂碑

高四尺三寸廣二尺七寸厚四寸七分四周環刻前後各廿四行左右各四行行三十九字碑陰左側四十字字徑寸許分書方界格在陝州

大唐陝州先聖堂碑文并序

朝議郎行陝州司戶叅軍事田義晊撰并書在標題下

大矣哉聖人之道洋洋兮發育萬物峻極于天優優大
哉粤若元不代兮蒼故時不階其用業方鶩兮覇則政

莫繇於理人之難說也道之難顯也英華久凋附枝將
墜會讚而鼓不陳則行我夫子負道遑遑無所鉤用者
曷足病已夫子孔氏其先黑帝子本殷人遷于魯弋尼
邱山以邱諱字□□誕彣也握文履度連珠合則衡相
月角河目斗脣背法紫宮貌齊黃帝年十有五而志于
□資秉□炳脩業伯陽訪道德之原考廟朝之則金人
未毀覽誠口之銘宥坐斯存識謫盈之器易曰君子學
以聚之問以辯之斯之謂也三十而立其道彌尊蓋有
不壙山不直地摳衣而至者三千餘人矣求也退而是
進由也兼人而抑伯魚問學喻藿葦於汙池端木求知



恐妨生而遊死易曰君子以教思無窮斯之謂也若乃
觀易兩卦喟然不怡論詩六章惕焉知懼隨黃口而羅
者得勉以慎從亡著替而歎者哀旌其念舊欲給則豫
偃也之行得之獨居思仁紹之行也由此易曰君子以
朋友講習斯之謂也四十而不惑必聞其政故其豢委
吏會計平掌桑田牧畜息中都制法則諸侯畢師攝相
登庸則敵國咸懼七日而誅兩觀壹言而毀三都遂返
龜陰之田克□倡優之樂易曰君子以明罰勑灋斯之
謂也若乃麛裘韠韍化末洽而誦流章甫褒衣政既行
而頌作弱陪臣而強公室登泰山而小天下雖復齊人

來遺仍察政以少留及夫魯不致膰遂拂衣而高逝易
曰君子以思患而預防之斯之謂也五十而知天命遂
能原物之情嗚呼道之將行也命也曷吾道之不行道
之將廢也命也固斯文之未喪乃自衛返魯刪詩定書
制禮作樂述易修史故其溫柔敦厚以極指操之情也
疏通知遠以推馳驟之迹也恭儉莊敬脩周旋揖讓之
容也廣博易良明綴兆疾舒之節也屬辭比事褒貶□
□之功也潔靜精微範圍乾坤之化也用能極乎天而
蟠乎地窮乎性命而通乎鬼神易曰君子以反身脩德
斯之謂也六十而耳順遂知□物詳夫天破所及先陳



魯廟之災土性似與冥識季卿之問辯防風之巨節吳
使嗟稱稽肅慎之遺砮陳人悅服顏回不貳吾亦食而
無疑商瞿必昌爾詎勞乎更娶齊禽大□鬪洛水之謠
趨犢其□起迴輿之操月離于畢既應之猶響莽觸于
舟果食之如蜜石函金簡豈謂赤雀之符縹筆單衣方
陳紫麟之典易曰君子爲能通天下之志斯之謂也至
於懷肖附之友□萎蘭以滂滄□禦侮之交聞震雷而
惻怛重五教而垂範含萬物而化光人到□今訓其成
式故能酌焉而不竭注焉而不滿苟非聰明睿哲達天
□者其孰能□□此易曰君子以多識前言往行以畜

□悳斯之謂也七十而從心所欲不踰榘故虛以受物
貿而下人惜其腐餘亭以仁人之饋嘉其美味喜當廟
中之食請蕢生之訣引咎於□童聞□宦之名訪學於
鄒子易曰君子以虛受人斯之謂也若乃言而不用莫
顧廪邱之封命則未亭詎免甚人之厄諱窮久矣而不
免者命也求通久矣而不得者時也易曰君子以理厤
明時又曰不可榮以祿斯之謂也雖復春居龍兮夏居
窋秋不風兮冬不埸閱逝川兮若斯歌頽山兮何及越
哀公十六年夏四月已丑㞋父卒凡亭年七十又二嗚
呼哀我門人追在三之義盡心喪之禮封爲馬鬣葬於




泗濵公西掌其凶事子貢廬於墓側若□平鄉聖跡□
□仍聞北里神□草萊自闢噫夫夫子歿而微言絕七
十子終而大義乖周日陵遲漢未暇給是使邊豆□簠
將泗源而不流玉戚朱干若顛木之微□□乎恭王壞
宅得其臧書於是乎夫子之道粲然永錫罔墜者矣於
𤞽棐迪有位示人□虁典墳之迹□濟生人由後之君
子或配其宗名或崇以寵秩故孟堅頌漢□□相之休
邱明走魯傳孫王之業又孰知□是非我□氏以褒成
恤胄曹王以宗聖開家自時厥後享祀罔絕陝州孔子
廟堂者後魏恒農太守劉斌之所建也劉君在郡有政

理故其栢樹數株尙青青焉　我皇唐御厤䨙百
餘年
神堯開元玆惟四載□則而聿修王□厲精而恢復帝
□珍文闕□咸秩廢典敷惪以柔遠宣慈以和親故其
　神功滂洋蒙茸陸梁魚頡而鳥頡　靈化
翕赩旁魄四塞刑淸而訟息矣銀靑光祿大夫使持節
陝州諸軍事陝州刺史上柱國金城郡開國公姜師度
惟允之精乃台之糴門傳義窟家□孝□文□包六氣
之和仁信想五行之秀才優武庫當朝服元凱之名時
号智囊百代識□强之價□臺□妙始含香而握蘭獨




坐主風更避車而□捐法河厯𨽻充切國臬咨岳累遷
滿贏人望由左緜而轉扇感蜀吏之追□掎□陝以褰
帷見虞𥮯之□琫昔河內取給司徒受□於東京關中
是資相國轉饋於西漢非夫□□報本功濟□天疇能
比庸允光僉屬且夫陝者陰晉之鄙甯秦之郊泛舟而
來控引淮海漕粟攸務糇糧軍國又□者近鹽之邑醝
人廢帑賔祭之用仍歲靡給自公戾止允釐庶務用能
美利紛集羣綱倫舉上資京師旁□鄰國紉封略之內
而有不富教者乎爰初下車顧謂儒林郎守博士□脩
夲曰夫化人成俗者其必田學乎若函丈之義不崇則

子衿之詠攸作彼橀字之□毀當修育之脩夲乃詢事
孝言庇徒洎日而梅□□□丹臒塈茨藻賁壇亭周列
槐杏雙童夾侍宛然尌仲之容十哲旁羅晥爾言游之
對中散大夫守□□黄□順通議大夫行長史盧季珣
□議大夫行司馬趙慶逸竝□鶴羽儀珪璧符彩□影
迭燿別乘□□朝議郎行錄事叅軍李瑱司功叅軍楊
洲司倉叅軍楊甯司兵□軍李和仲□□叅軍嵩具思
司士叅軍甄茂成叅軍事李直蕭□楊繹□□等竝因
陪祭上丁肅穡洪烈乃颺言□□□甘棠蔽□邵伯之
所存也魏則茂栢森沈劉君之所蓺□今則崇廟象設



姜公之所訓也而三賢異□□古□風□使□躅空存
芳名永鈇式□貞軌猥及庸□□□難言□焉兢懼徒
以服勤訓迹二紀于兹□倫□聞敢爲頌曰　　　　咎
在黑帝感搖光兮□蜺貫月誕幽房兮惟我□祖元禽
翔兮授命天□□□商兮□嘉□□□族昌兮□于萬
年必□尭兮固天將聖不代蒼兮爲漢制法闡文章兮
帝道喪矣覇□强兮乾坤不交小人長兮其誰宗子遂
遑遑兮鳳鳥不至麟亦傷兮述明六藝爲紀綱兮身歿
道存名□彰兮永垂代式謂案王兮泗濵旣葬水泱泱
兮何靈男子上吾牀兮我璧有七張伯臧兮萬代樂推
廌□香兮咎邵分陝坐甘棠□惟劉典郡建廟堂兮歳
不我與日毀荒兮載修載葺我公姜兮威儀象設則平
鄉兮縣形藻繪旣煒煌兮乃刋貞石頌芬芳兮今來古
往永無疆兮　開元四秊五月靈日立

蒲州杜元貞鎸（在首行下）

右陝州先聖廟堂碑田義晊撰書義晊史無傳分
書遒整有法足與史惟則相匹據文孔子廟堂剏
建於劉斌修葺於姜師度案魏書劉道斌傳云武
邑灌津人出爲恆農太守修立學館建孔子廟堂
圖畫形像劉斌葢卽劉道斌北魏恆農郡陝州卽



今陝州地姜師度魏州魏人兩唐書皆有傳開元
初遷陝州刺史碑所敘事蹟多與傳合惟不載勳
上柱國爵金城郡公也寮吏盧季珣等皆無傳盧
季珣嘗撰杭州龍興寺碑文見金石錄目李瑱見
李知本傳知本之孫開元中爲給事中揚州長史
葢卽其人史有楊甯楊虞卿之父則別一楊甯也
理厤明時避高祖諱改治作理問以辯之今本作
辨教思無窮今本作无咧罰勑瀆今本作明作敕
預防今本作豫反身修悳以畜□悳今本作德不
踰榘今本作矩皆古今字文以易語爲七段分條

件繫復以年次强合之多與年譜不符文之紕律
未善也所敘事蹟散見於論語家語史記說苑韓
詩外傳諸書河目斗肩見祖庭廣記章甫衰衣此
作褎衣惟南子氾論訓豈惟褎衣博帶句襟委章
甫哉回也不貳吾亦食而無疑當是在陳絕糧炊
墨墮飯事惟家語不言夫子食之爲小異也佫即
佫字訓至亦訓來言水之將至也請長生之訣引
咎於□童未詳所出童上所缺左旁從工尙極明
顯似是瑦字乘田作桑田誤

淨域寺法藏塔銘開元四年五月廿七日萃編載卷七十一



禮備師資缺禮字

碑云隋信行禪師撰三階集錄數十餘卷續高僧傳
有信行禪師開皇之末被召入京僕射高熲邀延住
真寂寺撰對根起行三階集錄四十餘卷平津讀碑記

八瓊室金石補正卷五十終

八瓊室金石補正卷五十一

太倉陸增祥撰　男　繼輝校錄

吳興劉承幹覆校

唐二十三

光祿少卿姚彝碑開元五年四月廿七日萃編載卷七十一

篆額題大唐故光祿少卿號縣開國子姚公之碑

吳興姚府君缺吳興二字

博陵崔□撰缺博陵崔三字

正議□夫□將作少監正議外五字缺

必壽則魯有缺必壽二字望月融朙缺望融二字朙作明暉於隨掌元



成象□□□上缺暉元成象上五字海曾搆缺海字圖勲缺圖字旂常
席寵□而紆珪組□諸史□可席寵外九字缺硤州刺史嶲幽
二州都□長沙縣開國男贈州刺史外十三字缺韶朙朙作明中准
繩缺准繩二字藻義缺義字敷奉□閑詞令詞令上三字缺可謂殊寵
遷都水使者可謂下七字缺直□蹭蹬栖□□□□卑位從□
□□□□州蹭蹬外六字缺牧胥缺牧字有范金缺有范二字史未
到官又轉缺史又轉三字升進朝廷缺升廷二字子孫□□□□斯
缺斯字穰鄧缺穰字所臨□□□□地缺所地二字咸用康甯缺咸原
康二字用誤州甯誤軍桒濬畢□□□不缺桒不二字不許□濱廣
濶不下五字缺仁風先翔闔境肅然境然外六字缺知禁缺知字嘉之

徵拜(缺嘉徵二字)課行(缺課字)公光輔　興運(公下四字缺)兒(誤作兒)
拔□□族(缺拔字族誤俟)終于(于作於)賦命(缺賦字)夭促(夭誤美)平□
□衛(缺衛字)而純(缺純字)營□□□□服玩(缺服玩二字)內行題
飾(內下三字缺)庶士憂惶咸則(缺庶士則三字)禮亭□爵□□□□
□□□之人□□□誠(禮下五字缺)烈沔忝□儒(儒上三字缺)流
肖錫瑞□疆(疆上四字缺)王施于縣(缺王縣二字)誕生忠良(缺誕生二字)
字門子沖年解巾(缺門解巾三字)縉紳□摠方岳(岳上四字缺)為名
臣三其竭誠□□□□家(竭誠外六字缺)泉戶(缺戶字)紀干(缺紀字)縣
開(缺開字)

趙氏金石錄有此碑云撰人姓名缺徐嶠之正書寶



刻類編以為崔沔撰今諦視拓本前題朝議郎檢校祕書少監博陵崔□撰惟沔字泐正議大夫行將作少監□□□書以姚懿碑結銜證之是徐嶠之也(平津讀碑記)

撰人名尚存水旁後云沔忝□儒是撰文之為崔沔無疑篆額人名未見疑即徐嶠之所并書姚崇之父名懿字善意官巂州都督懿碑及宰相世系表同此碑云祖善意蓋以字行也舊唐書作善懿新書作懿字善懿龍門山姚夫人殘刻又只作意意懿兩用故歧異如此云巂幽二州都□者歿贈幽州都督也長沙縣開國男則是太宗時所封見於懿碑彝葬萬安山之南原中州金石記云孫不祔祖未知何故案懿葬硤石其夫人劉氏葬萬安山之南陽彝蓋祔於祖母之塋也

沐澗寺碑陰題刻兩段(在河內)

王無競等題名(六行行七八字字徑七分正書左行)

王無競拉□□□王仲和王文炳李秉文遊勝果院
步自石竅回避逅向彥中小酌於此丁巳三月十二日

無名氏題記(七行行字不一字徑寸許正書)



今有魏夫人下志等処
小熊　青龍峪
虎頭山　沐澗
皆是
聖賢以大石所試
元君之処
大唐四年六月五日

右二刻在魏夫人祠碑陰王無競歿於開元十二年則此丁巳為開元五年無疑後段書大唐不書紀元必出於庸俗所為因錄王無競題名并附及

之

高大娘造象題字

高八尺七分廣五寸八分三行行八字字徑五分許正書在洛陽存古閣

高大娘爲父母不安敬造石像一區

開元五年九月十日

宗聖觀主尹尊師碑 開元五年十月二日萃編載卷七十一

若廼廼作乃皇𦓤散𦓤上多空一格神朙朙作明備備作備寂寂作寂入供奉

入上少空一格得非字缺得聖紀字缺紀師作也二字缺作也終日觀省

缺二字觀省動千騎騎上二字缺而承七曜缺二字而承不安旋旋缺不二

字虛位白雲上征萬國國上字缺七曰眞坊坊上二字缺



碑稱高宗以晉府舊宅云云長安志昊天觀在保甯坊盡一坊之地貞觀初爲晉王宅顯慶元年爲太宗追福立爲觀所述正與碑同又稱儀鳳四年上在東都云云舊唐書本紀儀鳳四年正月己酉幸東都六月辛亥改調露元年老君來降事當在六月以前平津讀碑記

幽栖寺尼正覺浮啚銘 開元六年七月十五日萃編載卷七十一

稭稭作戒香戒字缺從毒毒作從与與作徦徦作

銘文皆用雙聲而詞不工以東坡江行見月四言較之殆有仙凡之别黄叔璥中州金石攷云在汜水縣

之多寶院潛研堂跋尾

碑槃作縏佛作仏鼓作皷危作危冤作冤藤作藤葺作葺皆異文中州金石記釋嶺作顧非平津讀碑記

銘詞晈見顧高諸家皆釋作顧洪鈞軒獨以爲嶺審諸拓本其字作碩殆是顧非領洪氏何以作嶺也從疑即縱字毒作毒侵作徦洪氏未舉

鬱林觀東巖壁紀

高六尺九寸廣一丈二尺三寸廿五行行十七字字徑四寸分書在海州雲臺山

東海縣鬱林觀東巖壁紀

紀曰維大唐開元七年歲在己未粤正月庚寅朔時



大人出爲東州司馬禮當巡屬縣問者疾周覽海甸察

聽䀝謠人龢事矣乃迴駕惕息眇矚雲山尋紫翠之防

登虬龍之道葢欲徵靈宅吉洗我塵慮巖巖直上窅窅

窈遂霧夕與碧海同深霞朝將夷城爭峻代有知而不

能賞者賞而不能窮者亟聞我東海縣宰河南元公光

發幽躅起予泉石締思搆匠獨潔飛勝遂披叢篁鑿崩

壁懸流散水藏宿雨而昔來卧石埋雲觸搖風而不假

歷時花木紅紫無名入聽笙歌宮商自合固可爲眞人

之别館元始之離宮哉夫登會稽探禹穴慕古長想復

何詳乎豈如志在魏闕心遊江東兩忘出處雙遣是非

雖元公得之矣攀賞未極列壑生陰促駕言旋攢峯擁
騎　家君顧而歎曰爾知遊名山勒銘記者非思入上
元道存虛白亦何能造次不遠而爲之吾少事雲林長
韋塵迹晚齡心事盡於巖間小子誌之以貽來者其列
座同志次而雋諸　司馬男清河崔逸文
朝議郎行萊州司馬崔惟怦字踐猷
朝議郎行東海縣令元曖字徽明
丞閻朝賓　主薄孫肩犮　尉苟抱簡
尉上官崇素　司兵竇晏
右唐東海縣鬱林觀東巖壁記海州司馬崔惟怦男



崔逸篹不箸書人名氏或亦逸筆也今在海州鬱洲
山之麓境地幽僻人迹罕至歲久蘚蝕椎拓絕少余
宗人麗南獲見是刻埽滌塵翳手錄其文以歸知余
篤嗜分隸亟爲余言余慫慂搨之因又言此刻之外
倘有宋蘇唐卿篆書石曼卿草書並刻巖間藤蔓苔
封頗難識認余聞之興益勃發戊午冬日重錄金石
存將畢以不得致此數碑爲憾因作一詩促之明季
正月乃先寄搴本俾余入錄將覓善工徧搨諸刻以
飫余志余按趙氏金石錄目嘗載是記特未及跋尾
是此刻曾一入歸來堂中但自趙氏而外訖今絕無
知者海上居人如蟻四方游鬱洲者歲不下數千人
亦竟莫知山下之有是字非麗南之冥探窮搜將益
湮沒不復可見而適以益余之不足則尤爲可幸也
鬱林觀今已不存山左右數里居民希少且山石高
聳必駕木緣絙然後椎拓可施亦大未易事然余慫
慂甚力而麗南亦汲汲好古知其必有以報我也金石
存
右鬱林觀東巖壁記海州司馬崔惟怦與東海縣令
元曖丞閻朝賓主簿孫克友尉苟抱簡上官崇素司
兵竇晏游賞斯巖而惟怦子逸爲文紀之八分書鑴



諸巖間甚雄偉不著書者姓名疑即出逸手也碑惟
見於趙錄近代金石家皆未寓目山陽吳山夫爲予
言碑見在海州後廿年嘉善孫山尊令贛榆爲予搨
致之其文云晚龄心事盡於巖閒龄即齡字之省潛研
堂金石跋尾
刻海州雲臺山磨崖廿五行行十七字崔逸譔碑
完好地僻且椎拓不易故至今未泐一字有裂紋
高不及寸字皆可辨趙氏後未見著錄金石存載
其文房誤所夕誤月以貽夫諸誤之惟怦脫惟字
肩乃克字誤作亨苟誤荀潛研堂有跋尾曖作暖

齡作齡或傳寫之譌邪錢調甫妹壻曾司鐸贛榆
同治戊辰以門下士所貽搨本轉以贈予粵西金
石待訪錄載入此碑葢以爵林字誤會耳元和姓
纂元魏獻明帝後裔有名暖者不書官階疑即此
東海令也記側宋蘇唐卿書祖無擇三言詩及石
曼卿草書諸刻未得拓本

兗州都督于知微碑 開元七年六月三日 萃編載卷七十一

篆額題大唐故兗州都督于府君碑銘十二字

始□大□乃有缺始大二字磊硌缺硌字遂爲郡人爲外三字缺心
惕缺惕字匪虧匪作非者稀誤作者者



京兆功曹韋希損墓誌

高一尺一寸五分廣一尺七分强廿二行行廿三字字徑四分正書在西安

大唐故朝議郎京兆府功曹上柱□韋君墓誌銘并序
君諱希損字又損京兆杜陵人也□□祖量魏散騎常
侍生高祖瑗隨陽武令瑗生曾祖知□□□建伯勲領
幽州刺史生祖□僉僉早終生考嗣業皇□□□□爲
逢閣之秀君則秘書公弟二子也少孤而元兄又歿友
于諸□□黨嘉焉學則不固主忠信□有餘力而親仁
□歲□□□馬遷之史廿而冠洞先儒之經起家國子
生擢第□□州城固主簿一命隨□不以慼否經懷三
載祀人□□徒勞屑意秩滿應滑南□□二縣尉下車
未幾穆如清風時京尹河東薛□祖偉君之才引爲□
部尉□□萬年縣丞自西徂東政不易□□□鼎□許
能者久之□□□除京兆府功曹士歎後時□嘗應制
和蔡孚偃松篇曰□厦已成無所用雖將獻壽答堯心
作者稱之深以爲遺賢雅判美由是不□得而求進每
推遁遇以遺機匪□君子道消日月逝矣終而爲恨其
雖君平享年六十有三開元七年八月九日傾于新昌
里第之中堂先是誡次子璞玉曰昔有虞氏瓦棺夏后
氏塈周遠德下衰以寶玉崇芟浮侈蒿目我不忍爲也



不諱之日尒其誌之及渾金壽鞠然在艱罔知所從乃
祗遵先訓卜宅之□以開元八年歲躔庚申正月八日
奉神輿權安厝于城東南曲池里禮也櫬中唯貯紙筆
古集六卷設熬量銘其詞曰
我祖拓兮我君是繼小子各天兮不孝于世松檟日已
拱 尊猷靡騁兮 子璞玉撰文

攷新唐書宰相世系表韋氏小逍遥公房出自東
眷穆曾孫鍾鍾生華隨宋高祖度江居襄陽生元
以太尉掾召不赴二子祖征光祿勳祖歸甯遠長
史祖歸三子纂闡叙纂南齊司徒記室參軍曾孫

宏瑗隋武陽令二子德倫任邱令知止庫部郎中知止孫嗣業嗣業二子希損希子朗損子常此誌述韋氏先世云高祖瑗當即表所列之宏瑗表曰武陽令蓋陽武之誤陽武屬滎陽郡武陽屬武陽郡鄭魏不同也瑗父名量嗣業父名儉表皆闕焉嗣業官祕書省碑已闕泐不詳所職表分希損爲二人殊誤並不言官功曹皆當據碑校正之碑云少孤而元兄又歿友于諸□則希損固有昆弟無從考矣碑曾祖知下闕字疑即止字而官職不符或別有名知□者表所闕失世系亦誤未可定也



至希損之子名均不符或後來改名或所傳譌誤未可臆斷希損遺命切誡浮侈其子恪遵先訓僅用紙筆古集均足爲矜式亟表而出之熬者煎穀也設熬用周禮小祝文注云熬者棺既蓋設於其旁所以惑蚍蜉也儀禮士喪禮熬黍稷各二筐設熬禮之古者今吾鄉葬親置飯一盂於壙即此遺意然俗尙相沿輒謂盲祀縣長不至如若敖之餒昧厥緣起莫之知矣卒書傾宅碑未見

開元尊勝咒殘刻

高一尺廣八寸存九行後二行漫滅行十四字字徑五分正書

開元八年三月廿二日

奉□

□州□□□□

石尊勝咒殘刻咒存七十一字年月在後題款僅辨奉州二字

本願寺舍利塔并石象碑　開元九年二月既望　萃編載卷七十三

額題大唐本願寺造舍利塔并北堂石像之碑十六字在獲鹿原脫八字

果獲其美其誤作眞千唱万和万誤作百鑿而璞之缺而字此據常山志補躋猶混成混誤作渾槻以瑠璃瑠誤作琉王□邱等五十二人邱缺寺二字此俱據常山志補振懲俱殁懲誤作孫既□且崇且誤作其擢擢煌煌煌誤作皇既濟昏波濟誤作清常山志亦誤作鏡天人鏡誤作鎮常山志亦誤



開元八年繕理畢越九年作噩歲春仲望乃與前塔合而爲頌則當開元九年辛酉歲也平津讀碑記

右碑無書撰人姓名歐趙諸家皆未著錄石墨鐫華云此碑獲鹿孫按察家掘地得之蓋已沈霾七八百年至明代乃復出土金石萃編錄此碑碑額遺其八字碑陰及兩側題名則皆王氏所未見今備錄之且校正王氏之誤者數字如左方焉畢瑜即畢行瑜見碑陰題名第二層又見本願寺中宗時所造石幢題名振法師名元振與諸僧名並屢見於本願寺諸石

刻中又碑有令范陽盧從運事蹟無攷惟見本願寺開元九年經幢列銜稱宣義郎守鹿泉令盧從運當是一人又有前丞王務光無攷碑云有唐開元八年繕理畢經始於今二十有五載是時碑既未淪而振孫倶歿王又徙職壽陽法門智秀恐歲月浸遠元由蔑聞越九年作噩歲春仲望乃與前堵合而爲頌云云攷歲在酉曰作噩開元八年歲次庚申越二十五載當天寶四年又越九年當天寶十三載甲午與碑所云作噩歲不合寰宇訪碑錄謂碑立於大厤五年六月案碑云作噩歲仲春與六月之說已不相符又



大厤五年歲次庚戌亦不得加作噩之稱且上距開元八年巳四十一年與所云二十五載越九年之説又不合攷天寶四載歲次丁酉距開元二十五年正得九年竊意文中二十五載乃開元二十五年非謂上距開元八年有二十五年也常山貞石志

萃編系諸開元九年是歲辛酉與越九年作噩歲之文並無不合訪碑録一列於開元十七年一列於大厤五年常山志列於天寶四載均誤讀碑文矣碑云有唐開元八年繕理畢已明言畢功之日矣下又云經始于今廿有五載者蓋言刱建之初至開元八年訖功之日廿有五載非開元八年以後之廿五載也萃編所載有誤常山志校正之仍不免誤具錄如右碑額題本願寺造舍利塔并北堂石象之碑十六字萃編誤以碑首標題爲額陰刻題名三列左側六列列八行右側二行倶未得拓本

北岳府君碑 開元九年三月廿六日 萃編載卷七十三

必踐踐誤請 雲高缺高字 四明缺明字 莫莫作漠漠 五載載誤禮 庳室庳誤庚 且任任誤仕 膏腴腴誤庾 異口口誤刑 勞職缺勞字

又黃爾疑是黃璽石本不顯附識之



新唐書地理志元和十五年更恆陽縣爲曲陽縣故碑陰結銜元和十一年以前稱恆陽縣大和五年以後皆稱曲陽縣地理志景雲二年以瀛州之鄚任邱文安清苑唐興幽州之歸義置莫州碑稱先天二年有瀛州清苑縣入尙是沿其舊名平津讀碑記

劉元望造石浮啚銘

高二尺八寸廣二尺四寸廿二行行廿八字字徑八分正書在直隸房山

大唐 定州 經主劉騰雲 經主李金仁 經主劉旭遠 經主侯神乾 右額五行行五字

雲居石經山頂石浮啚銘并敘

慧化沙門釋元英詞

夫立身行道者揚名於後代樹善崇德者狀苦於將来
蓋所謂異軌同歸殊途合迹至若周惠博利廣□溥□
終莽福而出塵勞拯幽靈而祛□業其唯釋教歟此浮
啚者清信佛弟子劉元望弟忠遼弟文立姪男陪戎尉
志貞姪男志敏并出家妹法喜法□奉為先亡燕及法
界所經始也元望等悲風樹之難停痛□□之易踐每
懷其鞠育仰□榮□□酬哕彼□崗思父母之勞瘁以
為福因業感感□則福臻行為善成成功則行著□剗
金帛勵同緣就此山龕聿修嘉□尒其丹壑青谿蓄雷



雨而□虹霓□巒秀岊揷雲藏而擎素月於是審□□
揆方圓樹□□之寶□□九仞之□塔徒觀其天近裁
規□□□伐□□□琢雕□□玉磅礴岌岌恍如空□
飛来欝崫亭亭又若□□□出火珠月晶不夜而星流
粉壁□輝無雲而雪落然後撰列聖邈有儀丹青鎊以
相鮮金碧籠而軼燿戾頑妙緣遐被高勝永存滇壑□
而有期□□□而無泯　銘曰　有至人兮生西方□
衆魔而坐道塲□尊天兮越北□□群旨兮泯空色神
用兮尅周□迹兮弥留法體閟於圓寂□□播於閻浮
有孝子兮荷□懷念先君兮懷罔極捨五分之珍財壯

□堅之妙力□竭誠以昭應使浮啚而匡翊戾□□而
福貲速趍昇於淨域
大唐開元玖年肆月捌日比丘尼法喜法澄及昆季合
家眷屬等共建　助撿挍人僧高惠明供養　都撿挍
山頂石經浮啚功德上坐僧惠暹　共修造人僧惠
空　雲居寺主僧道偘　都維那僧惠□　律師僧元
法　助壘基□張元□　壘浮啚大匠張□榮　次匠
程□仁　次匠張惠文　次匠陽敬忠　□師子王□
□　幽州府史王智臣耿歸鄉□四知□□□□□
地下曼患



右雲居山石浮圖銘劉元望所造釋元英撰不著
書人姓名額題經主劉騰雲等四人碑尚完整磨
泐六十餘字末行剝蝕較甚文義不可强屬年月
兩行接銘詞之下次行首季字與大字平列後題
名四行有官職者惟陪戎尉及幽州府史二人塡
作滇同音假借　渇拓本前有元和四年六月十
一日攝涿州□□下漫滅一行係另一石拓者連拓
在此也

貝兵參軍張思道墓誌

方一尺四寸五分廿四行行廿
四字字徑五分方界格正書

唐故南陽縣開國男行貝州司兵叅軍事張府君墓誌
銘□□
夫功崇惟志業廣惟勤□子乿斑番衣遺長忠臣奉國
文恩□成前喆克丞彝倫後肩傳乎載籍君諱恩道字
勤王京地涇陽縣人也両承鍾鼎代襲珪璋氏以因生
斑隋地進才藝挺出文武秀成敬諧聖謨敷奏 天闕
爲文儒則清河吐月僉武士則□石爾符刺史攸存遺
編可驗者矣曾祖魏輔國驃騎大將軍西郡公謚曰恭
雄風貫代壯氣淩雲長劒倚天揮戈退日祖隨□滕二
州刺史 皇朝梁州惣管謚曰順禮靈雅濬志節貞明
來蘇遠謡惟亘是賴位昇九伯名震二朝父金紫光祿
大夫司馭匠卿贈原州都督謚曰安曠代逸才博文多
藝僉能見寵□處刺卿 帝曰汝諧星光照隴功成身
退歸驂蓊山始辞九□之榮終贈一藩之寄公恩理清
遠心鏡沖虛膺五百之賢臣□千年之 聖主解褐授
綿州叅軍親運 紫禁謹䜟 丹墀望國所而斷心瞻
岱峯而□魄自貝州司兵叅軍事如意元年□月廿八
日殞於私第春秌五十有四以開元九年十月十日遷
祔于幽州宜祿縣之西原禮也嗚呼哀哉喆人長謝魂
兮遙□語默斯隔靈龜啓地仙鶴占墳一代英雄玉顔



掩晦万書令譽金石流芳亓詞曰 望自西涼乘雲
帝鄉来朝 八極錫僉南陽所傳將相代襲珪璋猗歟
宗祖永嗣無疆一亓師尹赫赫功業巍巍根深葉茂泉廣
龍歸二朝徵辟九僉聯輝百城仰則千里宣威二亓代秩
公卿雅譽清英 天王發詔馹傳辞京西戎退境北狄
銷兵喆人亓逝牧馬悲鳴三亓承 恩紫庭贊治貝城琴
前雉雊鏡下鸞呈月滿則缺□□恩盈壍□淪翳終奠
康甯四亓□河霧斂黄石霞霏庭蘭掩馥□玉□輝□鳥
群集愁雲□□

右張思道墓誌當在長武縣出土今不知所在誌
敘思道先世不詳其名無從攷證誌云遷祔於幽
州宜祿縣之西原幽州開元中改名邠州此作幽
知九年以前尚未改也宜祿縣今爲長武在邠州
西北誌云前喆克丞彝倫喆古哲字丞本古番字
亦用爲播蕃借番爲播因用番之古文作丞也書
舜典播時百穀古文尚書作丞漢朱龜碑丞嶽馨
隸釋云丞即播字魏呂君碑將遂丞聲於方表亦
作丞楚辭九歌丞芳椒兮成堂本作丞故一本作
播不知何時訛爲匊字洪興祖補註遂以匊爲古
播字殊誤余曩輯楚辭疑異釋證已言之矣漢隸

字原引說文云播古作𢽳亦誤𢽳乃番之古文故爾雅釋獸其足蹯釋文云蹯古文作𢽳蹞即番之或字獸足謂之番也敓諸聖蹟敓古弼字見說文亓古文其漢正直碑用此亓字玉篇云其古文作亓僉命之異文後後之俗體餘不悉述銘詞不全或刻在碑側而拓者遺之邪四旁俱有殘損

嶽嶺軍副使王脩禍墓誌

方一尺七寸許廿五行行廿五字字徑四分正書

大唐故嶽嶺軍副使王府君墓誌銘并序

君諱脩禍字脩禍其先太原人因官今爲晉人矣曾者



孟津百蠻武王創鄷鎬之源少海承華太子錫神仙之胄其有五侯貴戚盛鍾鼎於西京百戰將軍布金錢於北洛自茲厥後冠蓋相望曾祖暹隨潞州司馬毗隼旟而建瓤祖忻唐鄭州別駕乘鶴蓋以臨人父朗明經擢弟卓賢之弃篋金桓榮之拾地芥君汾水歊雲之氣姑山凝雪之精豫樟七年鬱起磨霄之榦驊騮千里早申躡影之功暨乎成立之年有敏擁之致迺學騎射妙絕時人宿衛滿授慶州永業府右果毅五校斯臨六韜攸寄應舉及第轉岐州洛邑府左果毅先天元年御史大夫李傑奏稱清謹過人授本府折衝地稱右輔州枕蔡亭致果一時折衝千里　勑与緋及魚袋定州嶽嶺軍副使莿軻殉節之地歌易水而不還簡子秘符之□臨代州而有踰君鎮守北嶽坐兔南侵實賴副軍廓清邊朔方欲揮戈駐日却從三捨之遊何啚隟影不留俄追九泉之路開元四年五月十二日終定州之館舍春秋五十有五夫人侯氏篤惟香歇遂罷朝粧鏡室塵昏方沈夜月即開元九年十一月三日歸合葬於晉州城東南三里之原礼也君出忠入孝既文且武龍泉失鍔摧五色於赤山驪穴沉輝碎千金於紫貝佳城有夜泉路無春人生既然天道何說仲子右領軍衛翊衛貫



琢季子翊衛景陽痛深吹棘悲纏集蓼思罔極之難報恨頹光之易收恐地變高深代移今古爰題片石故勒其銘

漢稱古輔舜宗北嶽從宦遷改運籌帷幄食菜攸終威行邊朔其一惟君之生早歲飛聲忠以報主孝以揚名立身垂範爲代之英其二彼美夫人作嬪君子始穆家室顏衰桃李婦娃伊何傳之女史其三郭門直視悠然改容霜獼宿草風捎古松人歸元夜冥寞何從□□

右王脩禍墓志當在山西出土脩禍及其先世後嗣史皆無傳首題嶽嶺軍副使文稱定州嶽嶺軍副使按唐書地理志定州有義武軍建中四年置

西有北平軍開元中置並無所謂嶽嶺軍者殆後改爲北平歟永業府洛邑府均與志合稱岐州者時未改名鳳翔府也李傑史有傳本名務光相州滏陽人神龍中爲河東巡察黜陟使先天中進陝州刺史水陸發運使官至御史大夫開元六年卒誌所謂奏稱清謹過人者蓋在傑官河東之時其稱御史大夫者以最後之官言之志作於開元九年李傑已亡三載矣篇作篇鬱作鬱摩作磨捷作捷三舍作捨帷作惟宦作宧睦作穆

常熟令郭思謨墓誌 開元九年十一月十七日 萃編載卷七十三



隗以奇第立 策誤作榮

誌稱思謨應廉讓舉擢武功尉思訓墓誌亦稱應孝悌廉讓舉及第勅授大理司直是兄弟又嘗同舉廉讓科 平津讀碑記

李文安石浮圖銘 開元十年四月八日在房山 萃編載卷七十三

折衝 衝作衝 弘鑕 弘作引 彫龍 龍作雕龍

千佛崖石刻十三段 在廣元

彭景宣造象記 高一尺六寸二分廣一尺七分 九行行十三字字徑一寸正書

開元十年太歲壬戌二月癸酉朔八日庚辰滿弟子彭景宣奉爲亡妣郭氏敬造釋迦牟尼佛一龕願亡 妣魂路乘茲善根干華臺上凝法性以生身七覺池中揮禪機而悟道見存大小身康十力九横雲消體被三堅千灾自散上資有類下及無邊同預勝因俱登 佛乘

三巴耆古志揮作掉類作頂

益州長史韋抗功德碑 高四尺六寸三分廣一尺五寸八分二行行十三十二字字徑三寸三分許正書年月一行九字字徑九分

劍南道按察使銀青光祿大夫行益州大都督府長史韋抗功德

開元十年六月□七日 此行分書刻碑右青光二字之旁

右碑在廣元千佛崖文曰劍南按察使銀青光祿大



夫行益州大都督長史韋抗功德按兩唐書韋抗傳景雲初爲永昌令不務威刑而政令肅一無幾遷右臺御史中丞人吏詣闕請留不許因立碑於通衢紀其遺惠又云開元三年自左庶子出爲益州長史四年入爲黄門侍郎此碑立於開元十年七月當是蜀民於抗去後勒碑以紀功德廣元固入蜀通衢亦與史所載合惟文直書韋抗功德碑右有左弼左女郎君子敬造九字又似抗造象之碑或史有舛誤闕疑俟攷職官志職事高者爲守卑者爲行仍各帶散位銀青光祿大夫從三品益州大都督府長史亦從三

品散官職事品同而曰行者當以散官爲重也三巴香古志

兩行之閒有題名八字似非古刻

校書郎段文昌題名一行廿四字字徑寸許在韋抗功德碑右邊紋外

前祕書省校書郎段文昌元和二年四月赴上都男斯立思齊

按文昌傳韋皐在蜀表文昌爲校書郎李吉甫刺忠州文昌以文干之及吉甫居相位而裴垍同加獎擢授登封尉集賢校理又按憲宗本紀元和二年正月以李吉甫爲中書侍郎同中書門下平章事茲題名



云前祕書省校書郎段文昌元和二年四月赴上都男斯立思齊是文昌以文干吉甫時已無官元和二年正月吉甫相文昌於四月被詔赴都尚未授集賢故稱前校書郎也斯立思齊新唐書宰相世系表失載三巴香古志

李景讓題名一行廿五字字徑九分在韋抗功德碑在邊紋內

李景讓赴鎮西蜀男諶焜誨從處士須蔚同行　楊□福□諸岩

按新唐書忠義傳李景讓大中十一年轉御史大夫三月蔣伸輔政景讓名素出伸右而宣宗擇宰相盡書羣臣當選者以名內器中禱憲宗神御前射取之而景讓名不得愧艴不能平見宰相自陳考深當代即拜西川節度使此題名云赴鎮西蜀當是大中十一年也景讓三子史亦失載須蔚無攷題名云同行當是景讓幕府中人以處士附名碑末傳諸後世何其幸歟三巴香古志

下方楊□福六字當是上石人名或刻韋抗功德碑者姑附於此三巴香古志未錄此行

職方員外郎鄭愚題名二行行字不一字徑六分在韋抗功德碑右邊紋內

尚書職方員外郎鄭愚大中十三年六月三日自前



西川僕射李公副倅除官赴　闕覲　公題紀不任感戀

全唐詩小傳鄭愚番禺人咸通中觀察桂管入爲吏部侍郎出鎮南海終尚書左僕射今據題名知愚未官觀察之前曾爲西川節度使副倅僕射李公者景讓也三巴香古志

劍州刺史李諷修佛題記高一尺九寸廣六寸四行行字不一字徑寸二分許正書

朝議大夫守劍州刺史上柱國賜紫金魚袋李諷

咸通十四年二月十五日挈家赴郡捨錢伍阡文修

當陽佛一龕

□同州叅軍珂鄉貢進士瑶鄉貢進士琭從行

琭三巴孴古志作璆

內常侍田匡祚等題記 高二尺六寸廣一尺二寸六行行字不齊字徑寸二分正書

使朝議大夫守內常侍上柱國賜紫金魚袋田匡祚

副使承務郎守宮闈令賜紫金魚袋趙師容

判官朝散大夫行宮闈令上柱國賜緋魚袋張齊嵩

廣明二年六月一日祗 命鳳翔等道及左右神策

軍諸鎮慰諭收復 長安將士迴赴 行在略至



此瞻禮

判官呂延宥等題記 高一尺八寸廣七寸四行行字不齊字徑寸二分正書

判官呂延宥 李景琢 王存懿

廣明二年六月一日從

主人常侍 京西軍前慰諭迴到此敬題紀

三巴孴古志失載所謂主人常侍者蓋即田匡祚

也

內府令王繼顒等題記 高一尺六寸五分廣八寸五行行字不齊字徑八分正書

儒林郎內府令上柱國賜緋魚袋王繼顒

給事郎內僕丞上柱國崔宏朗

廣明二年二月奉 命潞州宣慰迴赴 行在至此

迴鑾瞻禮

中和元年十月四日題

廣明二年七月改元中和此刻三巴孴古志未載

匡祚等題名 高一尺四寸廣六寸五分四行行字不齊字徑八分正書左行

匡祚

中和二年閏七月二日叉衘

命之璧田略至此

副使給事郎內府令柱國劉重致

三巴孴古志未載匡祚姓田見前



王四娘修畫象題記 高八寸廣五寸四行行字不一字徑八九分正書

女弟子王氏四娘奉爲 國夫人脩畫功德一龕永爲

供養中和四年正月廿八日題

夘歲殘字 一行存八字字徑八分在段文昌題名之上上半失拓

夘歲六月四日題□

左弼造象題字 一行九字字徑九分在段文昌題名之下

左弼爲女郎君子敬造

爲三巴孴古志作左

萊州刺史唐貞休德政碑

拓本高四尺三寸六分廣三尺廿六行行見四十字字徑七八分額題大唐萊州刺史唐府君德政碑十

二字俱分書在萊州府治
□□王之經始萬國平章□□之文權□□□□岳
□□□□□□□□□□□□□□□□□□□缺下□
□及□六□之刺永□又□□□□□□□□□□□
□□□□□□□□□□□□□□□□□□缺下□□
之□姓□□閒□□□乎佩玉□金□代而□□□□
□□□□□□□□□□□□□□□□□缺下□□武
西遷濟州萊□□□背□不頗淮南之師□□□□□
□□□□□□□□□□□同□□□□缺下開國公食
邑五百戶諡曰忠武曾祖陵幼負雄□問□祖□□□



□□□□□□□□公□□□□□□缺下□雍容富文
雅□□道入朝□欲□以文□之任文□□□以□
□□□□□□□□□□□□□□缺下平壽公謚曰達
祖□□從□□□舍人華州華陰縣令長岑住□□□
□□□□□夜□□□□□□□缺下尙書虞部員外郎
出爲簡州長史器□中□神用□□□□□□□□□
□□□□主□□□□□□□缺下致醽醴邦族榮之公
則簡州長史之苐二子也□骨不□□□異俗□□
□度□□□□□□□□□缺下之座暗許通家過蔡邑
之門遥闍倒屣聲華藉甚朝野咸瞻以□□□□□

□□□□□□□□□□缺下州司功參軍事州癈改授
華州司倉參軍事展彼鵬圖申茲鴻漸進而□□□□
□□□□□□□□□缺下鑾輿頻動將幸離宮乃先授
公岐州扶風縣令公上祇 天顏下矜□□□□
□□□□□□□□缺下異政聞 恩勅加公朝散大
夫雍州奉天縣令屬 天聖皇后薨□□□□
□□□□□□□缺下拜 安國相王府諮議參軍俄遷
尙書比部郎中朝幹蘭菀夕趣芸閣三□□□□□□
□□□□□□缺下州洛陽縣令地滿親勳里徧豪貴萬
方都會之邑百賈駢羅之所公冰鏡照人□□□□□



□□□□□缺下之未直坐堂無訟近巷有敢久之下
制曰洛陽縣令唐貞休理識精密幹能□□□□□□
□□□缺下持節萊州諸軍事萊州刺史公拜受
王命長馹棄服亦既下車即敷惠理訓□□□□
□□缺下學行務農桒饔四辟之孤貧資其食業變一出
之强暴勸以濇和設法而惡子革心□□而□□□□
□缺下骰多徵剩尤切公密知難辦表請延期遂得物免
流離人銑耕□風雨調順禾□盈□□□□惠之加
缺下託於私門息紛爭於公室不然官燭但飲吳水文翁
之臨蜀郡曷足可稱黃霸之牧潁川未□□□□□缺下

國家妙擇人英樹之司牧貪官黠吏委以澄清特
制加公通議大夫使持節都督□□□□□□下缺三
品所管州刺史有犯停務奏聞長史以下便令解任仍
令馳驛赴職合□□泣□□□□□□□□下缺卧途
不遂吳郡之輦留伯道擁舳何追乃相與言曰□□易
□□□可久頌以□□□□□□□□□下缺此上當有空格
唐之□姓物難稱者國自堯封家分周社世載英彥門
傳卩□□□□貽厥□□□□□□□□□下缺睢
圖夕遊瑣闥褰岱雜理委之□末其二下車敷化風動神
行□□□里□□□城俗□□□□□□□□下缺歲遐闓



遷牧念彼何親奪我何速弃子懷戀卧途興哭翠琬□
□□□□□□四
萊州刺史唐府君德政碑今在萊州府治文字殘缺
撰書人姓名立碑年月皆不可攷貞休新舊史俱無
傳以碑所載歷官攷之蓋嘗爲華州司倉參軍岐州
扶風縣令雍州奉天縣令安國相王府諮議參軍比
部郎中洛州洛陽縣令遷萊州刺史由刺史遷都督
以去案唐書百官志景雲二年置都督二十四人察
刺史以下善惡秩比侍御史貞休除都督蓋在其時
碑文都督下似是潭字疑除潭州都督也宰相世系
表貞休鄭州刺史不及萊州刺史者據所終之官言
之也趙氏金石錄有萊州刺史于府君碑沙門重閏
八分書開元十年七月立此碑亦八分書以年代攷
之正相近疑德甫所收即此後人轉寫誤以唐爲于
爾近黃氏所刻金石錄已改爲唐德甫嘗知萊州碑見在州治不應
獨遺之潛研堂金石文跋尾續
案碑言□州司功參軍事州廢改授華州司倉參軍
事下云鑾輿傾動將幸離宮乃先授扶風縣令案扶
風與麟遊比近以新唐書地理志徵之麟遊有九成
宮永徽三年曰萬年宮乾封二年復曰九成又西二



十里有永安宮蓋當時有事幸此因以貞休吏幹豫
爲之供張歟又云拜安國相王府諮議參軍事舊唐
書中宗初即位相王加號安國及貞休由萊州刺史
遷都督以去亦在景雲二年六月壬午依漢代故事
分置二十四都督府後也貞休居官更歷高宗中宗
睿宗三帝事蹟可推者如是山左金石志
案唐書宰相世系表貞休鄭州刺史父防工部員外
郎祖陵字子雲儀同三司襲平壽達公曾祖永後周
儀同三司平壽忠武公碑言謚曰忠武即謂永也言
平壽公謚曰達即謂陵也言尚書虞部員外郎出爲

簡州長史即謂防也陵爲貞休之祖不知碑何以誤爲曾祖表載貞休官終鄜州刺史碑言加公通議大夫使持節都督下泐者鄜州諸軍事鄜州刺史等字也山左志謂貞休由萊州刺史遷都督事在景雲二年後寰宇訪碑錄謂碑立於開元七年七月蓋貞休既去萊人思之則碑當立於開元之初而訪碑錄定爲七年則不知何所據耳今以金石錄于府君碑爲據定爲十年是碑額上有貞休像碑首標題一行拓本未全今據山左志補入至山左志之譌字如審知難辨作難辨樹之司牧作司改其漏載之字如忠武



上平壽公下皆有謚曰二字洛陽縣令唐下有貞休二字之牧上有黃霸二字下有頳字使持節下有都督二字又展彼鵬圖申茲鴻漸二句展彼誤作戸役申誤作甲缺鵬圖二字皆據拓本正之　又案寶刻叢編載此碑亦沿趙書之誤則金石錄宋時已無佳版矣筠清館金石記

世系表防子君侯貞儀貞休碑防名已泐稱尙書虞部員外郎出爲簡州長史公則簡州長史之弟二子表作弟三子者誤也平津讀碑記

右唐貞休碑廿六行行四十字此下約尙有十一字拓本未全碑首有貞休像及□□□郎行□□都督府功曹參軍等字當在題額上方拓亦遺之曩訂金石續編已據墨本參以吳氏所載錄之茲輯是編覆加審校釐正舛譌按格錄諸較爲信實如順動之順作心旁與谷朗碑同從調順字亦作心旁而誤釋作傾天聖皇后誤作大聖篡四壁篡誤作及惠之加誤作之惠也加須以□□誤作須曰朝散大夫上脫公字其食業上脫貧字又西遷上有武字文雅上有富字此行弟廿五格有以字謚曰達下有祖字咸瞻下有以字鴻漸下有進字



精密上有識字十八行弟卅五格有而字相與言下有日字廿五行弟廿七格有里字廿六行弟卅格有四字偏注於左則皆向所未審出者也　山東通志職官不載唐貞休名當據石補之

八瓊室金石補正卷五十一終

# 八瓊室金石補正卷五十二

太倉陸增祥撰　男　繼煇校錄
吳興劉承幹覆校

## 唐二十四

### 孔子顏子讚殘石

高一尺五寸廣一尺四寸兩截十二行行上截十字下截存二字正書

猗歟夫子是有聖德其道　以及
可尊其儀不忒刋詩定禮　先聖
百王取則吾豈匏瓜東西　講堂
南北　搭御



顏回讚　官撰
御製　及天
杏壇槐市儒刻三千回也　望令
亞聖卽也稱賢四科之首　天下
百行之先秀而不實得無　與敢
慟焉　勅旨此後一行無字
大唐開元十有一年歲次癸亥五月此行字較密

右孔子顏子讚殘石存百二字石不知所在前半及下截均已闕佚如式錄之案金鄉縣學有此係分書開元十一年八月上石此刻係正書五月上石前於彼刻三月以彼刻證之前半當缺八行下截奏勅每行當缺十三字再其下有無銜名不得而知之矣下截奏勅弟四行搭御御字彼刻空二格此刻不空以每行字數計之陛下聖造等字皆不空格此奉詔分行天下諸州刻石之文何以簡率若是弟五行官下撰上彼刻有所字與此亦異又趙氏金石錄有唐老子孔子顏子讚李邕行書開元十一年十二月立竊意當時諸州多有是刻德甫只見其一近時搜出者亦僅二本而金鄉一刻尚未得拓本容再補之



### 賢力毗伽公主阿那氏墓誌

方一尺八寸廿三行行廿二字字徑六分正書有界格在長安

唐故三十姓可汗貴女賢力毗伽公主雲中郡夫人阿
那氏之墓誌并序
駙馬都尉故特進兼左衛大將軍雲中郡開國公踏沒
施達干阿史德覓覓
漠北大國有三十姓可汗愛女建冊賢力毗伽公主比
漢主公焉自入漢封雲中郡夫人　父天上得果報天
男突厥聖天骨咄祿默啜大可汗天授奇姿靈降英德
君臨右地九姓畏其神明爲居左衽十二部忻承美化

貴主斯誕天垂織女之星雄渠作配日在牽牛之野須
屬家國喪亂蕃落分崩委命南奔歸誠　北闕
家聟犯法身入宮闈　聖渥曲流齒妃嬪之倖女
任　天恩載被禮秦晉於　家兄家兄即三十姓
天上得毗伽煞可汗也回承　敘澤特許歸親兄
右賢王墨特勤私弟無錫絹帛衣服以充糜用荆枝再
合望花萼之相輝堂棣未華遽風霜之凋墜春秋卅有
五以大唐開元十一年歲次癸亥六月十一日薨於右
賢王京師懷德坊之第以其年十月癸巳朔十日壬寅
葬於長安縣龍首原禮也天漢月鉤無復粧樓之影星



河淡散空餘錦帳之魂男懷恩兄右賢王手足斯斷鴈
行之痛于深脉下長蹤鳥啼之情永絕雖送終之禮已
啓松塋而推改之俗慮爲蕪沒撫貞石以作固鑿斯文
以爲憑庶海變可知田移物或其詞曰
倏餘譜閣永歸荒墳人生至此天道常論日催雄露風
急松門千秋萬古寂寞孤魂

史稱突厥之先爲阿史那氏匈奴別種也唐初降蕃
有阿史那咄苾阿史那什鉢阿史那社尔皆刻其像
於昭陵又昭陵陪葬功臣有阿史那忠皆公主之族
也誌稱阿那氏者省文也默啜唐書突厥部有傳載
其兄曰骨咄祿誌稱公主父曰骨咄祿默啜似合兄
弟之稱爲一人而傳稱默啜子毗伽之妻曰骨咄祿
婆匐可敦則骨咄祿又似是突厥通稱矣開元初突
厥亡國歸附中朝公主之壻覓覓以犯法伏誅朝命
改嫁伽煞故誌云家國喪亂委命南奔家聟犯法身
入宮闈聟即壻字家壻謂覓覓也又云禮秦晉於家
兄謂其改嫁伽煞也其稱伽煞爲家兄者撰文者爲
伽煞之弟而公主之小叔也公主之子曰懷恩唐書
叛臣傳有僕固懷恩鐵勒部人舊書載其父曰乙李
啜拔新書曰乙李啜顛魯公撰臧懷恪傳載懷恩父



曰設支皆無伽煞之稱未知此誌懷恩即僕固懷恩
否誌中棠棣作堂棣勿惑作物或花萼上脫望字　古誌石華

右墓志廿三行行廿二字正書字徑寸許縱橫有界
格吳門葉紉之得舊拓本攜以示予因錄入此唐外
國公主之墓志也唐代深受蠻夷之患而突厥爲古
匈奴之北部新唐書突厥傳謂居金山之陽臣于蠕
蠕種裔繁衍至吐門遂彊大更號可汗猶單于也又
謂突厥國於後魏大統時通志氏族略阿史那氏下
則云夏氏之裔居兜牟山北人呼爲突厥竊歷魏晉

十代爲君長後屬蠕蠕阿史那最爲首領後周末遂
滅蠕蠕霸彊北土盖百餘年此墓志所稱賢力毗伽
公主之父天上得果報天男突厥聖天骨咄祿默啜
大可汗者以史傳攷之乃武后時骨吐祿可汗之弟
也天授初骨咄祿死默啜自立爲可汗簒位數年大
肆寇略武后命十八將軍合兵擊之旋因契丹反默
啜請擊賊自効乃詔受左衞大軍軍歸國公冊拜遷
善可汗後又特進頡趺利施大單于立功報國可汗
未及命又攻略爲屯將所敗遣使謝請爲后子復言
有女願女諸王且求六州降戶又請粟田種十萬斛



農器三千具鐵數萬斤由是突厥遂彊自將十萬騎
進擊諸州殺掠無敵默啜負勝輕中國有驕志地縱
廣萬里諸蕃悉往聽命歲入邊戍兵不得休長安三
年遣莫賀達干請進女女皇太子子又獻馬千匹謝
許昏后遲禮其使中宗即位又入攻略帝詔絕昏膂
宗初立又請和親詔取宋王成器女爲金山公主下
嫁元宗立絕和親乃遣子揚我支特勒入宿衞固求
昏帝未報景雲中默啜屢擊葛邏祿等詔在所都護
總管犄角應援其勢寖削默啜討九姓九姓潰思結
等部來降帝悉官之又詔都督等共圖取默啜默啜

又討九姓拔野古大敗之默啜輕歸不爲備道大林
中拔曳古殘衆突出擊默啜斬之乃與入蕃使郝靈
佺傳首京師骨咄祿子闕特勒合故部攻殺小可汗
及宗族略盡立其兄默棘連是爲毗伽可汗毗伽可
汗性仁友讓於闕特勒闕特勒不敢受遂嗣位實開
元四年以闕(此與上二闕字史皆脫)特勒爲左賢王專制其兵
又遣使請和帝不許下詔伐之乃以諸道總管都督
及左武衞大將軍骨篤祿毗伽可汗突厥默啜子左
賢王墨特勒左威衞將軍左賢王阿史那毗伽特勒
等蕃漢士悉發凡三十萬此史傳所載之大略也元



宗本紀云開元四年六月大武軍子將郝靈佺殺突
厥默啜今墓志作於開元十一年其去默啜死巳七
年矣文中所云頃因家喪亂蕃落分崩委奔南命歸
誠北闕家聟(即壻字)犯法身入宮闈聖遲曲流齒妃嬪
之倖女住者葢因默啜冦亂被斬闕特勒盡殺小可
汗及宗族其壻亦在其內而公主則沒入宮中也文
前所列之駙馬都尉阿史德覓覓即其壻也因巳被
殺故云故特進其下云兼左衞大將軍雲中郡開國
公者似是唐所授之官爵公主之封雲中郡夫人同
故文云自入漢封雲中郡夫人阿史德覓覓葢先曾

投誠于唐者也史言高宗時突厥降唐始置單于都護府領狠山雲中桑乾三都督麟德初改燕然爲瀚海都都護府領回紇徙故瀚海都護府於古雲中城號雲中都護府磧以北蕃州悉隸瀚海南隸雲中是也蹉干乃突厥大臣之稱踏没施當是其部落名墓志又云天恩戴被禮秦晉於家兄家兄即三十姓天上得毗伽煞可汗也攷史傳言默啜爲骨咄祿之弟又言骨咄祿子闕特勒立其兄默棘連爲毗伽可汗又有骨咄祿毗伽可汗而此文默啜大可汗上亦云聖天骨咄祿可見骨咄祿乃其部落之名矣豈以骨



咄祿先爲人名而後即相承用此三字別爲部落歟毗伽似亦是部落名毗伽煞非即默棘連也傳中言右武衛大將軍毗伽可汗左威衛武軍右賢王阿史那毗伽特勒皆有毗伽之名毗伽之名恐起於開元四年默棘連爲可汗之時乃亞於骨咄祿之輩故默啜之女稱毗伽公主而以毗伽煞爲家兄也葢毗伽煞後與唐和好公主因得出宮故墓志下文云因承叡澤特許歸親兄右賢王墨特勒私第而史傳云默啜子左賢王墨特勒左與右字形相似恐史之誤文兩言右賢王皆作右自當以石刻爲正而特勒則突

厥可汗子弟之稱也明是石刻亦因字形相似而革旁下誤多一畫耳墨特勒葢亦歸唐者故後與伐默棘連而有居第于長安也攷宋敏求長安圖志懷德坊乃皇城西第三街朱雀橋西第五街之第六坊而圖志失載墨特勒之宅毗伽公主墓亦遺之又攷突厥傳云突厥阿史那氏而元和姓纂云阿史那氏開元中改爲史通志略云至處羅蘇尼失等歸化號阿史那唐開元更爲史氏趙德甫金石錄跋阿史那忠碑以忠卒于上元二年據姓纂疑唐書列傳言忠尚宗室女定襄縣主始詔姓更著史之誤中溶攷姓纂



未詳改史之由而此墓志正作於開元中文內既不詳其氏而標題稱阿那氏無史字其駙馬稱阿史德覓覓又無那字竊疑阿史那忠乃當時奉詔獨著史具全族不能皆改爲此姓此公主但稱阿那駙馬又但稱阿史似皆因阿史那忠有奉詔改史之事而故爲避去與之也則史傳之言未盡無因惟阿史那忠碑文多殘闕其詔改之有無文無可攷而碑額尚完好猶稱阿史那府君爲可疑或詔改阿史那爲史尚在阿史那忠之後則是一人耳墓志無撰書人姓名其文與字皆不俗惟中多錯誤及不正之字墨特勒

之勒誤爲勤外如漢公主誤倒爲漢主公宮闈之宮誤官田移物或當作田移勿惑或惑古可通而以物爲勿則未之見也此皆其傳刻舛謬之顯然者突厥傳但稱其部落有九姓十姓等文而無三十姓可汗又天上得果報天男云云葢其國族相尙之語亦傳所未詳皆可以補史之闕略而廣異聞者也後又讀金石錄唐右神武將軍史繼先墓志跋言曾祖牟雨可汗祖墨啜可汗諱瓌父墨特勒諱逾輪肇歸皇化封右賢王又云繼先元宗時爲左金吾衛大將軍酒泉郡太守河西節度副使肅宗初知神武軍事賜姓



史氏卒建中元年按唐書突厥傳載墨啜子孫事甚略墨特勒歸朝及繼先賜姓等事史皆無之又史云墨啜而墓志作默史云墨特勒爲左賢王而墓志作右賢王皆當以墓志爲據元和姓纂紀史氏亦不載繼先名故詳錄之中溶案據史繼先墓志知墨啜及墨特勒之名其封右賢亦足證史作左之誤默墨音同夷語無定故此志作默亦與史同史繼先卒於德宗初建中元年而云肅宗初知神武軍事賜姓史氏及唐書阿史那忠傳謂忠倘縣主詔更姓史之誤益顯然矣阿史那忠卒于肅宗上元二年在史繼先卒

之前十九年葢其時阿史那忠並未賜姓史氏故其碑額猶稱阿史那府君云 古泉山館金石文編

右賢力毗伽公主阿那氏志在長安補寰宇訪碑錄以爲在長沙誤矣齒妣嬪之倖女住住字不可解當是後人所妄鑿者下叙澤字空三格天恩字當亦同之古誌石華跋云花萼上脫望字而於主公官闈之誤絕不言及此本卻有望字其誤處與瞿跋所言同豈此誌有翻刻本邪案新唐書帝紀開元四年六月大武軍子將郭靈佺殺突厥默啜公主入唐當在其時也



少林寺柏谷塢莊碑 開元十一年十一月四日 萃編載卷七十四

四月廿日 在御書碑末失載

折夫人譙郡君曹氏墓誌 高一尺二寸三分廣一尺二寸八分十七行行十七字字徑四分正書在咸甯裴氏

曹氏譙郡君夫人墓誌銘 并序

夫嚴霜瘁草獨歎蘭摧鷙颷拂林偏傷桂折人誰不死嗟在奮賢伊賢者何譙郡君夫人是也夫人曹氏諱明照曾祖繼代金河貴族父兄歸化恭惟玉階惟孝惟忠允文允武夫人柔馨在性婉淑呈姿妙紃組於閨闈潔蘋蘩於沼沚年十有八適左驍衛將軍折府君

爲命婦六禮敬備四德凝姿孟氏母儀宗姻酌其訓曺
家婦禮里閈揖其風豈謂石破山崩奄從傾逝以開元
十一年十月八日終於居德里之私苐夫人春秋不或
即以其年十一月廿三日遷窆於金光坊龍首原之禮
也扆樹優千年人移百代式刊方石乃爲銘曰下空
天街既形髮頭有絰〻緯相汁夫人誕靈如何孤應危
露先傾悼逝川之不返敢平生而著銘
志中喪作奄儀作儀揖作指春秋不惑年四十也惑
作或與前賢力毗伽公主志後戚高志並同又聖教
序集王字本能無疑或者哉亦以惑作或蓋或本域



字後人加土作邦域又加心借作疑惑而或之本字
遂專爲或人或曰之用在經史中惟孟子無或乎王
之不智也及前漢書賈誼服鳥賦衆人或或之類尚
未加心餘皆作惑矣銘曰經緯相汁汁即叶字用張
衡西京賦五緯相汁語又史記厤書太歲在未曰汁
洽周禮注黑曰汁光紀顓頊食焉皆以汁爲協叶字
左思吳都賦謠俗汁協律呂相應亦以汁爲叶也禮
也上衍之字說見前杜某志文曰恭惟玉階玉階當
是曹氏父兄之名號古誌石華
按譙郡君曹氏爲折府君夫人折氏之著於史籍者

後漢有折國折像國爲鬱林太守生像通京氏易見
方術傳元和姓纂引作析顏氏家訓高柴析像未知內教皆能不殺亦作析本後漢書後梁
析嗣祚碑則云魏孝文之後爲唐肩隴西氏又有武
德中詔府谷鎮遏使之語參考折克行碑及五代宋
金諸史知折氏起於唐初世捍邊郡惜此左驍衛將
軍未著其名也夫人終于居德里窆於金光坊宋長
安志朱雀街西第五街即皇城西之第三街從北第
四居德坊南街西出通金光門坊金光即唐城之正
西門當居德坊西南里第與墓正相近也婦人碑志
前題書法不一有書某官夫人某氏者如泰始八年



晉任城太守夫人孫氏之碑大業十一年隋故太僕
卿夫人姬氏之志是也有書某官某某妻者如延昌
三年魏代揚州長史南梁郡太守宜陽子司馬景和
妻墓志銘是也有書某官某某妻某縣君某氏夫人
者如大唐故冠軍大將軍代州都督上柱國許洛仁
妻襄邑縣君宋氏夫人墓銡是也未書卒葬年月當在上元儀鳳閒
有書某官某某妻某夫人者如僞周長安三年故司
稼卿上柱國□□□杜夫𤯔墓誌是也有書某官某
公故妻某氏者如開元四年大唐太常協律郎裴公
故妻賀蘭氏墓誌銘是也有書某官某府君夫人者

如開元廿六年有唐故杭州錢唐縣丞殷府君夫人碑是也有書某官某府君夫人某郡某氏者如永貞元年唐故雲麾將軍河南押衙張府君夫人上黨樊氏墓誌銘大中四年唐故右內率府兵曹參軍朱府君夫人南陽樊氏誌銘是也有書某官某公夫人某氏者如元和九年唐故河南府司錄盧公夫人崔氏誌銘是也有書某郡某君夫人某氏者如元和十三年唐故東莞臧君夫人周氏墓誌銘是也有書處士某公夫人者如會昌三年唐處士包公夫人墓誌銘是也有書某府君夫人某氏或某氏夫人者如大和



七年唐胡府君夫人朱氏墓誌銘會昌四年唐故尹府君朱氏夫人墓誌銘是也有書某君故夫人某郡某氏者如大中四年唐陸君故夫人富春孫氏墓誌銘是也是皆統於夫者其從父稱者則開元三年將作監主簿孟友直女墓誌其從子稱者則永徽三年房仁裕母李夫人神道碑是也有冠以夫姓者如會昌五年陸君夫人何氏墓誌銘題唐故陸氏盧江郡何夫人大中九年陸君夫人劉氏墓誌銘題唐故陸氏劉夫人大中十年內寺伯彭城開國劉公夫人霍氏墓誌銘題唐故劉氏太原縣君霍夫人又貞元二

十一年唐故許氏夫人祈氏墓誌是也有止稱婦姓者如范如蓮花歸王察而誌題大唐故范氏夫人天寶三年豫章郡萬夫人歸閻氏而誌題故萬夫人大中六年是也有稱婦姓而及其郡望者如天寶六載唐故義興周夫人墓誌銘貞元八年大唐故清河張夫人墓誌銘開成三年故天水姜夫人誌銘大中九年唐故下邳郡林氏夫人墓誌銘是也有但稱夫人某氏者聖曆三年夫人袁氏權殯志是也此志前題曹氏譙郡君夫人書婦姓并書封郡與他志異嘉慶二十五年十月出於長安西鄉咸甯裴修甫購得之乞為考證



春秋不或或與惑通用論語以四十為不惑以三十為立年唐人習用者金石續編

論語崇德脩慝辨惑釋文云惑本作或大戴記吾恐其或失也注云或猶惑也皆古作或之證猷作猷偃作偃黃氏未舉其錄閭闔作閭門誤

少林寺賜田敕開元十一年十二月廿一日萃編載卷七十四

舉者使中書令舉者誤東都

武德八年牒稱陝東道大行臺尚書省舊唐書高祖本紀武德四年十月加秦王天策上將領司徒陝東道大行臺尚書令至九年六月太宗立為皇太子而

陝東大行臺始廢平津讀碑記

襄州刺史靳恆遺愛幢

高五尺四寸八面面廣九寸六行行四十
字字徑寸許正書在湖北襄陽羊公祠前

唐故襄州刺史靳公遺愛頌 此下隱隱尚有字蹟而不可辨
此行當是撰書人姓名漫滅不可辨
僅存一恒字在二十廿一兩格之閒
江漢閒州以十數而襄陽爲大舊多三輔之家今則一
都之會故在晉稱南雍在楚爲北津厥繇麗雜亦云難
理而前此領郡鮮能安人或寬或猛或拘或抗跡多弗
類俗亦弗當是以下空
天子念與我共理而 公受頒條之寄矣公名恒



字子濟其先西□人也祖師幽州長史父禮庭奉天尉
監察御史代不苟合義在難進雖無充量之位而有積
善之烈矣 公性持重有器望即溫而聽厲動敬
而居簡度量可以軌物德義可以服人而先王遺言率
由好學君子行道必本忠恕浚源水絜勵翼雲翔故一
舉爲拾遺巳有逭致三入爲御史侃然正色當時知音
謂且大用而尙書理本即官選才亟踐諸曹克厭羣議
及出典外郡遂佐益州攝御史中丞都督西南軍事原
軫逆將豈唯上德翁歸中立實兼文武先是兵連釁徼
歲轉軍儲擾我公私費以巨億 公乃急其所病

思有以易之建大田於雲南罷饋糧於巴蜀向之踰重
阻冒毒瘴負擔以踣斃垂餌於剽掠者每十五六及
公底績盡境賴全至於是邦也政實有素今也惟
行不違其方以索其極莫不敎之誨之優之柔之從者
善之否則戚之先德後刑端本肇末物知所勸事則有
經率訓者衆多變薄爲厚感惠者深遠既和且均夫然
人斯恥格庭少爭訟參佐閑拱屬城晏如其始也一年
而政成其終也三年而頌盈愛之如父母畏之如神明
開元十一季以理迹尤異廉使上達下空
天子嘉之稍遷陝州刺史暨解印去郡攀車盈途或借



罔無祿而人吏遮道或瞻望弗及而老幼啼呼如是者
五里巳終朝十日乃出界而皆有言曰捨我何之及聞
公之喪哀可知矣市爲之罷春以之輟惠愛之
結深古今之慼一蓋爲仁由巳而遺德在人者其若是
乎郡中士大夫與門生故吏聚族而議譔德是以刻石
立紀彼峴陽之陑墮淚成碑此峴山之績頌曰
英英靳公宣哲秉彝爲我髦士作人元龜倜儻大節磊
落瓌詞人亦有言天實資之御史直繩郎官高邊動必
兼選能皆再踐糾遏邪慝彌給事典遂及我人化流獎
河激勵素風抑揚善政約巳爲法急人所病物固推誠

專匪忘欲感被於下仁明在詠舉德不鮮沙道載深穆
然清風慕其遺音靳公既沒厥迹可尋勒石是圖以慰
旺心下空此後一行莫辨其有無字蹟
右計四面其弟五弟六弟八面全泐絕無一字可辨惟弟七面存明典二字人思二字又嘉字下半耳約是七行

刺史靳恒遺愛頌張九齡撰高恆慈書開元十一年立在襄州寶刻類編

唐刺史靳恆遺愛頌并陰張九齡撰高慈正書開元十一年立碑陰逃羣官陪靳史君登峴山紀文寶刻叢編引復齋碑錄



池北偶談記峴山一石幢卧地上其文可辨者十字曰石於山顛播清芬而不已末云開國男張九齡撰乾隆乙卯移植羊公祠中榻而視之即遺愛頌也此幢凡八面前四面六行行四十字而此文裁七百四十一字殆係全書而院亭所辨之字不在焉後四面漫漶無一字存者豈院亭但見其後面不見前邪靳公令本文苑英華誤作蘄他書亦有沿其誤者今在羊公祠西廡壁閒湖北通志湖北金石存佚考

此文凡七百二十字可辨者僅四百三十二字今據文苑英華補其闕文其先西□人也英華作其先某人也代不荀合英華代作世豈唯上德英華唯作爲每十五六英華十下多有字物知所勸英華知作加夫然人斯耻格英華然下多後字厲城晏如英華如作和暨解印去英華暨作既或借留無綠英華或下多願字而皆有言曰英華無有字惠愛之結深英華無愛字哀可知矣英華矣作已動必蕭□英華作選動必蕭勒石是圖英華勒作斲今皆以石本爲正立幢年月及撰書人姓名皆泐藉寶刻類編以顯其全文則藉文苑英華以傳王新城所見之十字此幢所無當另是一幢未可強合爲一又案寶刻叢編載此



碑其目云唐刺史靳恆遺愛頌并陰又引復齋碑錄云陰逃羣官陪靳使君登峴山紀文幢凡六面其五六兩面文字殘泐不可辨殆即叢編所謂陰面也筠清館金石記

右襄州刺史靳恆遺愛頌刻于石幢幢凡八面此居其半在襄陽丙寅冬託友以萬錢搨此及峴山石幢題刻風雪嚴寒拓不甚精審而錄之得三百八十一字嗣見淵鑑類函載有此頌自公名恆至其若是乎而止并缺其先以下四十四字而先王以下七十九字原軼以下十六字至於是邦以下

百十七字五里巳終朝五字又十一年作十二暨鮮印作既弗及作不及皆有言作皆言竊憾其文之不全又不悉其所據何本然以是知靳公之名恆與夫撰之者爲張九齡而又多得廿六字矣續閱湖北通志據文苑英華錄此全篇并引寶刻類編一跋又知爲高恆慈所書與夫立幢之年而淵鑑作十二之誤矣因據英華以補碑之闕而詳勘其字句之異并多審出四十三字而校正前此所錄之數誤居然窺全豹矣最後見筠清館金石記載是刻亦據英華以補其闕攷其異取以互證有



吳所審出而余尚缺者亦有余所審出而吳尚缺者再檢拓本按格細審又得一十九字如式錄之殆無遺憾與我共理英華本共上多之字瞻望弗及弗作不動必熏選作選動必熏其他吳氏所巳言者悉從刪削湖北通志所引誤推行爲惟行遺音爲遺言并脫頌曰之頌字吳氏所得只六面椎拓未全所錄碑文內及聞公之喪句脫之字皆據石正之靳恆唐史無傳高恆慈叢編作高慈補訪碑錄沿承其誤弟二行恒字尚存故可決其非也後四面剝泐尤甚惟弟七面弟三行存嘉字下半

五行存明典字六行存人思字其上似是郡字疑是逝後人追思其德而修明典祀之詞至王新城所辨之十字及張九齡撰云云則絕不存一字矣相去不及百年此幢世不多拓不應磨滅巳盡峴山石幢亦無此數字此外并不聞復有石幢殊不可解

御史臺精舍碑 開元十一年 萃編載卷七十四

先王王誤生网知网作罔採作揆网圖网作罔李庭言言字缺張汯汯作泫粱乘崔□缺二字粱作乘周鬲□缺字鬲盧鉉鉉誤紘盧執頠執作執缺頠字于履順缺順字宋少真真誤貞以上五人在碑陰下層



碑云左臺精舍者諸御史導羣愚之所作也舊唐書職官志光宅元年分臺爲左右肅政臺左臺專知京百司右臺按察諸州神龍初復爲左右御史臺延和年廢右臺碑立於開元十一年其時右臺巳廢故專稱左臺者即御史臺也碑陰有侍御史殿中侍御史監察御史題名而御史大夫御史中丞以官尊不與侍御史監察御史題名俱有洪子輿元和姓纂有洪子輿起居舍人生經綸子輿即子輿之譌歟平津讀碑記

碑額及稜側題名未見俟得拓本再校

開業寺石佛堂碑

高八尺五寸廣三尺二寸五分廿七行行五十六字字徑寸許有界格額高一尺五寸二分廣一尺二寸五分三行行三字字徑二寸五六分題大唐開業寺石佛堂九字並行書在元氏縣丁吳村開業寺東

大唐開元十二年歲次甲子三月　日唐□□□□前
洛州司□□□□孫義龍撰并書
大哉乾健者斗極隣影洽於梵　宮至柔者坤貞山河載
於賢劫是□□□□域變□有御祥風□釋提猷□而
凝浩氣雖復道存形器鴻鑪爲滯有之因理涉名言群
籟起談空之疊況七覺元敵三明與盲體權實而兼遣
鑒□內而俱忘□彼□□□□之可察方茲罔象豈
神妙之或□故百億須弥三千剎土仰元津而引派則



業火咸消瞻覺路之元門則情塵共偃□□□斯見
□□□□□□□大矣乎至聖至仁固無得而稱巳豈不
以□紹日月德配乾坤□其賾者逾深討其源者□與
開業寺者育王遺跡□湧靈塔□□□□□□影
當地□□□龍交會之所七□元明之地遂立淨觀至
□□五年天水公衛尉卿冀州刺史趙郡侯趙通靈根
入淨慧業□□□開以閑邪□乾域而大室□□□
紺並遺衛多齊服氷紈咸歸妙藏觀其湮滅數百餘年
通肩宗祊□繼不絕至後魏延昌武侯□族僧□習与
□□□□□□□育王之聖□□空帝之英聲撫事興

言起葺寺觀初名偃角後易名隱角及至隨末唐初育
王遺跡姚帝涉□之所□□□□□□□□□□□物
玉恒華□其□□可以永建望形勝疊障千尋列香鑪
而吐霧雲樓萬室攀綺秩以成帷□境□眠樹福既廣
遠□□　天□□□□□□□□寺焉□觀其地
勢爽塏周神居聿脩淨業花臺寶剎架迴浮空層閣步
櫓飛丹列紫如化城之壯麗譬□圖之□高□氣桃□
□□□陽□其□者窺上忍之門入其□者踐菩提之
域揔法門之交際者其在徹寺主家諱徹俗姓郭□族
□□原歷官□□□□□□□為元氏縣人也　□祖諱

金石補正卷五十二　三　吳興劉氏希古樓刊

貴齊岐州刺史贈輔國大將軍氣陵□表威振燕垂靈
臺不新神襟自逸　祖諱□□□□□□□□□□
□□□□□小□□□□□臺之高□因□好事下
揚闊而三□家積賜書開□□而命賞次　祖諱平唐
初光□□□□□□□□□□□□□□□□□□
□□聖於白虹練陽文於青□大邱鳴鷹德星□應
可期□□□□□□之符斯在　父諱□□□□□□
□□□□□□□□□□□□□息□紀王府帳內
親事授陪戎副尉解褐滑許州行參軍高嶶□□□
□□□儒雅之□□□□□□□□□□□戎□□

□□□□爲□□授太陸縣令寺主擯落踸□拂衣高
踊獮三乘之正路尋八□□□□□□□□□□□□
□□□□□□□□□□□□□□□與□□維那
四輩及道俗等爲國敬造淨土石佛堂壹所未能周備
寺主□□餘□□□□□□□□□□□□□□□□
□□□□□□□□□□□□□宿之分暉文□志
以薰脩磬虔心而孝饗旁求郢匠廣名山□服膺殿之
新成采□□□□□□□□□□□□□□□□□
□□力事□□□刻文□於□砌鏤□柱於瓊階龍角
爭騰龖光照室風輪損□□八會而□□□□□朱□



□□□□□□□□□□□□□□□□居□□□□
□□道俗由平輻湊寺主僧習正上坐僧惠隱前都維
那僧慧周前都維那□法□□□□□□□□□□□
□□□□□□□□□□□□□□□□門徒等陟高
堂之□□有遺音睹讓坐之雙尊非纏□渟□空階
於十□□□□於三□□□□漏□□□□□□□法
□□□□□鶴樹□心□其孰□□於此大施主令
君之子娛金素里命駕青谿屢見石髓之珎驟聽蘊門
之曲空山□彩乍□□□□□魚□□□□聞福
□□□祇□□□□德唐年誕襲緇衣之果豈非法王

錫類違被孫謀者哉下官□竊樂鏡忝謬虞膠藉孔李
之通家□□□□之至戚□監所□□□□而多慙華
札見知在三軍而無媿人稱顏冉喆惟珪璧敢相質天
書庶芳名於帝石其詞曰　法身不凋寶相無□□
□地首包括天霓□□□北□□□西巖形寫鷲山足
如雞白駒常繫紺卉恒蔓魔精夜落恵日晨躋華脩淨
觀蕭坐菩提狐池遶砌□野□□壁□形相柱□□□
□開□□洞□□□□育王遺跡嗣後重興爰有惟孝地
藏曰慈咸從色養俱稱大悲銀樹開乳金沙暎絲猗歟
上德折衷承訓林□□□流觴秋醞□□□□□□□



□□□□□嶋杖莭圖真□□寫妙福緣遊觀俯仰
廊廟隅；俗侶躋；僧徒心驚夢幻思屬醍醐鳳剎霄
懸鯨鐘夜暇孝珠冰淨智刃霜潔□□□□龜碣寒暑
有謝巖塵無絕

右碑孫義龍撰并書義龍無攷列銜僅存前洛州司
四字案洛州開元元年改爲河南府唐制州牧掾屬
有司功司倉司戶司兵司法司士等參軍各二人又
開元初改府屬錄事參軍爲司錄參軍六司爲六曹
義龍之官洛州當在開元以前司下爲功爲倉則不
可知矣趙通無攷碑有通肩宗祊□繼不絕至後魏

延昌武侯□族僧下泐云云延昌爲後魏世宗紀元所稱武侯疑即通謚據此則通當是元魏以前人開業寺之興廢具詳李倘一開業寺碑始由李徽伯捨山第建立其後子孫代加修葺不聞有趙氏建立之說又倘一碑謂寺於延昌之末錫名偃角孝昌間改爲隱覺而此碑則云始名偃角後易名隱角彼此微有不同又碑敘寺主諱徹俗姓郭元氏縣人□祖貴齊岐州刺史贈輔國大將軍祖平唐初光下泐父名磨滅列銜紀王府帳內親事授陪戎副尉釋褐得許州行參軍授大陸縣令郭貴後齊書北史並無名案李倘



一碑有上座圓徹當即此碑之徹寺主紀王兩唐書太宗諸王傳紀王慎太宗弟十子貞觀五年封申王十年改封紀王垂拱中越王貞起事敗慎亦下獄放免改姓虺氏檻車流嶺表道卒中興初封慎少子鐵誠爲嗣紀王改名澄新書作證開元中薨子行同嗣案徹父列銜紀王府帳內紀上無嗣字又徹即圓徹則所稱紀王即慎無疑慎係貞觀十年改封紀王大陸縣武德四年巳改名象城此碑敘徹父始爲紀王府帳內後授大陸縣令然則象城縣當太宗高宗之世必有仍改大陸之事地志蓋略之矣又碑諱作謫虃字音義未詳字書皆不載常山貞石志

右開業寺石佛堂碑在元氏載於常山貞石志碑右上角斜斷碑文闕泐據常山志補之其弟二行之猷五行之奧六行之開七行之習与空九行之寺十行之其十三行之開十五行之戎十九行之損朱廿一行之孰廿二行之彩廿四行之足廿七行之暇等十六字則沈氏所未審出者龍角爭騰下一字審其筆勢右旁似是飛字姑從沈氏作龖撫事興言言沈誤作吉輻湊沈誤作輳

## 唐昭女端權殯誌



方一尺三分十五行行十四字字徑五分方界格行書在陽湖董氏

女子字端蓋殿中少監唐昭之弟三女也母曰王氏夫其體脩幽閑門傳禮則克柔其性有婉其容春秋十有六焉不幸夭促以大唐開元十二年六月廿三日終於京兆靜安里之第以其月廿六日權殯于萬年縣義善鄉之原悲歎天乎不減會靡降福神道何昧忽貽其殃諒何有違遂獲此戾悼以長往終天無期嗚呼哀哉乃爲銘曰

猗歟慶雲兮錫嘉祉婉而從訓兮善可紀亘其享福兮極遐祀奈何脩齡兮中道止白楊蕭蕭兮壠路悲丹旐

擢〻兮相送歸相送歸兮永別離天情地義兮長相違誌中脩別作脩有婉其容容誤作客唐書宰相世系表莒國公唐儉曾孫有名昭者官河南尹此誌云殿中少監未知即其人否古誌石華

右墓志十五行行十四字正書字徑七八分攷唐書宰相世系表有兩名昭者一爲後周儀同三司永之五世孫一爲莒國公儉之曾孫殿中監從心之子爲河南尹莒公卒於顯慶初年七十八傳言孫從心神龍中以其子娶太平公主女擢殿中監晙官太常少卿坐太平黨誅而太平公主傳又以晙爲鴻臚卿據



表晙爲仲心次子河南尹昭爲第五子晙之弟也史言河南尹此言殿中少監似不甚合然女端之卒年纔十六作此志時恐其父昭尚在或後官終河南尹亦未可知況表之言往往不實案之時代疑此爲莒公之後人也又攷長安志靖安坊在朱雀街東第二街唐書武元衡傳靖作靜正與此合靜安里蓋即靜安坊也義善鄕不見於長安志據此可以補之古泉山館金石文編

右殿中少監唐昭女端墓誌銘誌前不題疑即昭撰與孟友直女嫣氏婦十一娘盧鄴幼女姚婆兩墓石皆父銘女子之詞十一娘爲已嫁女姚婆爲下殤端爲中殤殤不立傳而有銘誌者由於情不能已韓退之爲女挐銘壙亦此志也唐書昭事無可考宰相世系表唐儉曾孫昭河南尹豈始爲殿中少監繼爲河南尹與百官志殿中少監從四品六典殿中省少監二人從四品上隋置一人皇朝增至二人龍朔咸亨隨省改復宋敏求長安志唐京城萬年縣所領朱雀街東二街有靖安坊靖或作靜即此靜安里也唐書武元衡傳白氏長慶集寄微之百韻詩皆作靜正與此合義善鄉不詳所在宋志有義善寺貞觀十九年



建縣南十五里寺以鄕名殆即其地此石出於嘉慶二十一年五月凡百九十二字皆完好金石續編

據續編所載誌尚有蓋題云大唐故唐氏女墓誌銘九篆字未得拓本石在陝西咸甯出土舊藏陽湖董氏今未知所在脩疑是備之譌續編錄作備石華以爲脩字又祉旁誤作正脩別作脩石華未及之

虢國公楊花臺銘 開元十二年十月八日萃編載卷七十五

楊將軍新莊像銘 在銘詞之前失載

舊唐書楊思勖傳開元十二年五谿首領覃行璋作

亂思勗以軍功累加輔國大將軍後從東封又加驃騎大將軍封虢國公帝紀東封在開元十三年十月此銘作於開元十二年十月已稱虢國公非從東封所封可知又本紀開元十二年十一月五谿首領覃行璋反遣鎮軍大將軍兼內侍楊思勗討平之此銘在十月稱輔國大將軍其加封亦當在覃行璋未擒之前 平津讀碑記

序銘分刻二石故於銘詞之前別立標題一行萃編刪去之不無孟浪邪撰人銜名書於銘曰之後亦它碑所未有



香積寺淨業塔銘 開元十二年六月十五日 萃編載卷七十五

從屬 從役誤

銘題正字畢彥雄撰元和姓纂畢彥雄太原人狀稱畢諶之後 平津讀碑記

淨業父𨔵錢先生以為𨔵之別體祥案疑𨔵之省筆即延之俗字

涼國長公主碑 開元十二年十一月廿六日 萃編載卷七十五

大唐故涼國長公主碑文 未載

道大字 缺大 淸陽 陽作揚 辛丑 丑誤巳 京永嘉里 永上多邸字

碑稱薨於京永嘉里長安志涼國公主宅在永嘉坊西北隅隋末有方士云貴氣特盛自武德貞觀之後公卿王主居之多於衆坊 平津讀碑記

公主以開元十二載八月辛丑薨仲冬壬午葬按通鑑目錄是年八月丁亥朔十二月丙戌朔則辛丑爲八月十五日壬午非十一月廿七即廿六也

八瓊室金石補正卷五十二終

# 八瓊室金石補正卷五十三

太倉陸增祥撰　男　繼煇校錄

吳興劉承幹覆校

## 唐二十五

### 青成山常道觀敕

高三尺五寸六分廣一尺七寸敕六行行廿六字至廿八字字徑一寸五分行書前後題字四行字徑寸分書在灌縣

大唐開元神武皇帝書　常道觀主甘遺榮勒字

及題　晉原吳光□刻

勑益州長史張敬忠頃者西南阻化俗役殷繁山川既



接於夷戎縣道有勞於轉輸自卿鎮撫百姓咸安革弊還訛良多慰浃歲陰寒極比平安好今賜卿衣一副至領之蜀州清城先有常道觀其觀所置元在青成山中聞有飛赴寺僧奪以爲寺州既在卿節度檢校勿令相侵觀還道家寺依山外舊所使道佛兩所各有區分今使內品官毛懷景道士王仙卿往蜀川等州故此遣書指不多及

勑字徑三寸餘飛白書　十一日字徑三寸五分正書

開元十二年歲次甲子閏拾貳月十壹日下十三

季正月一日至益州二日至蜀州專檢校移寺官

節度使判官彭州司倉參軍楊璹蜀州刺史牟嗣

元清城縣令沈從簡此三行在十一日三字之下

右唐明皇與益州長史劍南節度使張敬忠璽勅道光壬午九月予官長沙得之四川碑匠云在成都府灌縣城西七十里地名太平場天師洞內碑刻於開元十三年時節度使有八其六曰劍南即益州也益州置大都督府其屬官有長史張敬忠蓋以益州長史兼爲劍南節度使故勑有在卿節度檢校之語蜀州彭州皆垂拱中割益州所隸縣置節度使在益州青城山則在蜀州之清城縣故云一日至益州二日



至蜀州也後列蜀州刺史及清城縣令銜名又有專檢校移寺官節度使判官彭州司倉參軍楊璹一人列於前司倉參軍乃刺史屬官判官則節度使之屬官時楊璹蓋以彭州司倉參軍兼爲節度使判官也攷蜀記清城縣因青城山得名其山載福地記及玉匱經爲第五洞天杜光庭謂是岷山之第一峯前號青城峯後臨大西山有七十二小洞八大洞明統志云青城廢在灌縣南四十里飛赴寺在灌縣西南三十五里則今之灌縣即開元中之清城縣也常道觀不見於地志據明統志載有丈人觀在灌縣西南五

十里孜太平御覽引五岳圖曰青城山洞周二千里蜀郡界黃帝拜爲五岳丈人又唐六典謂蜀州青城丈人山每歲春秋二祀享以蔬供委縣令行云云是丈人即青城丈人觀疑即當時之常道觀也今土人呼爲天師洞或因漢張道陵得道於蜀州之鳴鶴山其地相近遂沿譌有此稱耳張敬忠附見新唐書張仁愿傳但云自監察御史累遷吏部郎中開元七年拜平盧節度使而未及後官益州事史之漏也傳又謂仁愿在朔方奏用御史張敬忠等皆稱著後至大官世名仁愿知人則敬忠殆亦當時之表表者開元



神武皇帝乃當時羣臣所上明皇尊號明皇所書碑刻今傳於世者多八分及正書行書則僅有金仙長公主一碑此碑筆力遒茂出入二王不媿太宗高宗家學而以僻在遐方訪拓不到自歐趙以來金石家俱未收錄惟寶刻類編載賜張敬忠敕而云開元十八年永康誤也予故亟爲表出之古泉山館金石文編

名勝志稱青城山有異僧出入井中赴供長安頃刻復返廣明中賜名飛赴字觀此勅開元中已有飛赴寺矣平津讀碑記

按青城山常道觀碑碑刻元宗賜張敬忠勅碑陰刻敬忠奏表唐書張敬忠傳開元七年拜平盧節度此稱益州長史錄其銜官足補正史又唐書地理志蜀州青城縣青故作淸開元十八年更有青城山舊書青城漢江源縣地後周改爲青城山在西北三十二里舊青字加水開元十八年去水爲青此勅開元十二年下十三年表奏故山作青城縣作淸城在未更以前也宋祝穆方輿勝覽常道觀隋時建有唐明皇御書碑即指此勅勅前題常道觀主甘遺榮勒字奏表作常道觀三綱甘道榮前題常道觀主甘榮書甘道士姓名一碑三見彼此互異豈名榮字遺榮因爲



道士故又稱道榮耶宋王象之蜀碑記灌縣丈人觀紀符瑞碣甘遺榮八分書趙明誠金石錄青城山丈人祠廟碑甘遺榮八分書並作遺榮惜未著此碑耳元宗行書傳世者惟此勅及金仙長公主碑碑書散朗勅書緘密筆法殊不相類此豈出蘇靈芝之手耶何絕似鐵像頌貞容勅也甘書奏表則與王知敬褚遂良相近唐時僧釋善書有懷仁懷素大雅普昌洪滿行滿從謙翹微靈迅欽造齊操無可建初其羽士善書無過此者嘉慶二十三年徐保甯雙桂追道拓寄亟著錄之以誌珍藏金石續編

碑尚有陰刻張敬忠奏表三巴耆古志題云常道
觀還舊表開元十三年正月十七日上表碑陽當
亦同時入石碑陰未得拓本闕之碑尾云十三年
正月一日至益州二日蜀州洪氏以下勅月日系
諸十二年閏十二月殆非補訪碑錄系諸十三年
正月三日不知何据恐三爲二字之誤案四川通
志又載有青城山碑在常道觀軒轅石龕之下隋
大業七年立太常博士陰道撰不審尚存否

右武衛將軍乙速孤行儼碑開元十三年二月十六日萃編載卷七十五

議大夫守議下三字缺修文館缺館字
武之去纂與文文上五字缺競馳缺馳字爲功缺爲字陽和而並
運陽下四字缺之事依古古上三字缺極□鉤陳缺極鉤二字授鉞四
七缺授四二字捴堂缺捴字儼若敵敵上二字缺始賜而氏焉焉上四字
缺上仙肇開茂緒仙外五字缺上柱國長州州上四字缺州都督
州下二字缺開國公徙缺開徙二字罷柃身待時而用用上六字缺列
將缺列字興王缺王字虞候缺候字左右領軍衛左誤右缺右領軍三字
鵬圖貫缺圖貫二字鶤□溢缺鶤字射濂於偲靈缺射偲靈三字頗云
云誤亦郎彌王府記室缺郎王記字四字開平邸第梅馬競遊曳
禓其其上十字缺席推美席下二字缺左果左誤右道遊奕屯道下三字
缺之石石誤府紛紜功缺紜功二字氣碓缺氣字永昌元缺永昌二字



外展驥缺外驥二字證聖元元上二字缺都督都誤督涪肅缺肅字十
二缺十字辰沅缺辰字之材缺之字成方國置生祠之廟往往
而有祠之外十字缺今莫犯今下二字缺元年元誤二爲重用周勃爲下
四字缺昌而先拜缺昌拜二字須命將缺須字將誤卿殊恩缺恩字殊上多空一
格而執□持持上二字缺云廢缺云字天闕缺天字有威缺有字藥
奠缺奠字行無缺無字由家形國形外三字缺載彰缺載字年穀年誤
時缺穀字多餧餧作餒弥漫修作弥俄而□給人皆和缺俄而和三字暫
擾缺暫字星言致討缺星言二字氛□廓濤氛誤氣缺廓字戰攙攙作捷
何以尚茲缺何尚二字乃功睿旨乃下三字缺并多一□疾亟之□
思慮弥之外五字缺遺書戒令從遺下四字缺不敢缺敢字存實缺存
字虛美以掩虛下三字缺爾等缺爾字之盛缺盛字瑟琴齊齊上二字
缺卒於卒誤亡辛卯卯作卯按卯字不誤書碑者誤也右驍缺驍字安定缺定
字天資缺天字資誤賢行乃缺行字奕代爲美缺奕美二字循良缺循字
宋昌缺昌字從事貞老從下三字缺神勞缺勞字終謝缺謝字不已
賢哉不下三字缺二月缺二字

元和姓纂神慶生行儼行均行方行儼唐廣州都督
右武候大將軍行均岐陽折衝生令從萬年令碑云
公素無息肖命昆弟之子令從爲子令從行均子平津
讀碑記
萃編跋云兩唐書地理志並無溱州扶驩縣之名

案新書地志溱州溱溪郡貞觀十六年置并置扶
歡縣屬江南道歡驩古通王氏誤以河南道之溱
州當之乃謂溱州之名僅一見於仁壽之時并謂
扶驩縣則從無此名亦疏矣元和郡縣志溱州本
巴郡之南境貞觀十六年有渝州萬壽縣人牟智
才上封事請於西南夷竇渝之界招尉不庭建立
州縣至十七年置以南有溱溪水爲名扶歡縣貞
觀十七年與州同置以縣東扶觀山爲名据此則
唐書作十六年置者非郡縣志目作扶觀葢以形
近而誤扶觀山疑亦扶歡之訛行儼官右武衛將
軍而郡縣志名一大字訪碑錄潛研堂目跋尾不記平
津館均有大字皆非行儼於萬歲通天二年撿校
永州刺史而湖南通志列於中宗朝注云張說撰
碑豈行儼別有一碑耶行儼在永有稽竹生實之
異通志不言之葢未見此碑也永郡荒歉祥異門
亦不載



東閑居寺元珪紀德幢

高二尺九寸六分八棱棱廣三寸七分四行行廿四字字徑七八分分書在登封

大唐中嶽東閑居寺故大德珪和尚紀德幢
弟子大敬愛寺沙門智嚴立廟敘文

惟夫無上正覺知之一味圓應施化無量度門淺識馳
末解行異端深智窮源元通不二我尊和尚俗姓李諱
元珪河南伊闕人也幼而聰敏性無戲論年甫弱冠以
儒學見稱猒俗浮榮歸心釋教初稟業於靈泉泰禪師
持誦灋華經剋己忘倦去家五里竟不再歸部袟將終
夢青衣童子乘白象授以舍利及曉開卷果獲七粒按
斯證者乃普賢神力所致焉所持經即隨揚州居士嚴
恭所寫千部中第三百九十七事在唐臨冥報記素以
經論精通上元中　孝敬皇帝陞遐得度便配玆寺
然以夙慕至道遍覽觀門毒患心相未袪翹祈勝友後



遇如大師於敬愛寺勤請久之大師雖未指授告以三
年及期大師果住少林寺　和尚與都城大德同造少
林請開禪要驗之先說信而有徵遂蒙啓發豁然會意
萬相皆如圓炤在目動靜斯益契彼宿心因而歎曰嘗
聞千載一遇今謂萬劫焉大師曰自非宿植詎有斯鑒
然諸餘禪觀並心想不忘入此門者妄想永息大師即
黃梅忍大師之上足也故知迷爲幻海悟即妙門此一
行三昧天竺以意相傳本無文教下空
如來在昝密授阿難自達摩入魏首傳惠可可傳粲粲
傳信信傳忍忍傳如至　和尚凡歷七代皆爲灋主異

丑一時丞昌中大師既被斁之荆府尋及嵩邱自後緇素請益山門繼踵謙讓推德必至再三常欽味楞伽經以爲心鏡所居澗水不善墅厤中忽有涌泉出於山側其味甘芳常得汲用雖衆人奇之而　和尚不之異也長安中嵩山南三十里龐塢士庶延請因往居之由是道俗咸稱龐塢　和尚焉初龐塢修造佛堂有餘瓦頻年巳來未之問也開元四年春忽謂門人曰佛堂餘瓦恐後人互用如何處置未對之間乃命仲京等壘作佛塔門人未之悟尋誡以存亡等事門人等方懷感戀焉以其年八月初無患稱疾怡然安寢其月十日晡時奄歸寂滅春秋七十有三即以其日遷柩歸閑居精舍于時龐塢四面三里七日七夜細雨彌布雲霧晦冥及閑居經行舊所雜樹枯變傾拔者數株所涌甘泉自兹而涸靈輿發引上有白雲狀如幢蓋翊送至于閑居既葬乃滅於舊阿蘭若北營建身塔安所焚舍利緇素號慕山川震響又於寺後造塔追福勒銘述行　和尚六度四攝一觀齊行高操策修罕歆及者恒手自印象兼儆施漉羅節費省用餘皆檀捨居惟狹室坐必小牀自非疾病未嘗安寢該綜內外詣極精微輒不宣揚緣扣斯應律儀軌式模楷當時承顏接旨無不蒙潤至若雨泣



雲悲泉枯樹拔在物猶感人何以堪我比邱智嚴伏以師資義重歷刧難酬追惟訓育願常祇奉敬於河南萬安山北香城招提之所立龕圖眞以搆靈廟建幢紀德敢申罔極之心瞻仰　尊儀以偈頌曰空下

形神峻邈　宇器宏深　學窮心本　德潤緇林　體有即如　言忘可析　隨物涯分　俱霑勝益

開元十三年歲次乙丑六月癸丑朔十五日丁卯建

左補闕集賢院直學士陸去泰書

建幢施主

右元珪紀德幢沙門智嚴撰陸去泰八分書按萃編載有珪禪師塔記即此珪和尚也敘述相同而此幢尤爲詳備陸去泰嘗檢讎內府舊書見唐書褚無量傳但言江陽尉歷左右補闕內供奉不詳其爲集賢院直學士洪筠軒珪禪師塔記跋云嵩高中有閑居寺見洛陽伽藍記寶刻類編有嵩山閑居寺珪禪師碑宋儋撰題開元二十二年四月又是一碑案宋儋撰碑見於金石錄目

尚舍直長薛夫人裴氏墓誌

石高一尺六寸寬一尺四寸五分廿三行行廿三字字徑五分餘正書在洛陽存古閣

唐故尚舍直長薛府君夫人裴氏墓誌銘并序

夫人裴氏河東聞喜人高陽肇裒非子受封漢寵侍中
晉稱吏部問諸綷事英達斯多曾祖思質汾州剌史大
平縣開國公祖行顗魏州頓邱縣令父貞固楚州淮陰
縣令或擁旟千里或紆綬一同訓理竊於古人香政飄
於後嗣夫人即淮陰之仲女也夫孝以居室恭順纕於
巳族義以奉外執訓歸于我家其初迓也瑮珠玉以和
禮容其爲婦也諧琴瑟而偶君子浮榮不幸移天早歿
哀女鞠之無施泣夢蘭之不地夭夭華歲煢煢誓居廿
餘年志不我忒音律之事爲性工乎直長府君亡亡竟
不聽絃管貞節也以季母之親撫猶子之類示以典禮



導以謙和豈□斯門流式他壼慈訓也馭下以肅教而
後罰左右敬愛內外嚴恭叵範也聿脩三善朕心八解
金仙聖道味之及真外身等物不競以禮放迹遠俗謂
爲全生凝神窅冥塊然而往春秋五十有九以開元十
三年五月廿三日考終於遥利之里第子子明魂褰褰
歸宇無三年之服者唯數餘而號慕人代可哀元門允
樂先是遺付不許從於直長之塋以其受誡律也今奉
所志以明年景寅二月廿三日葬於河南龍門山菩提
寺之後崗明去塵也族孫艮偹覽休跡敢敘而爲銘曰
塵飆爲刼不可年兮煢𥨊無像知幾還兮有德斯紀跡
必宣兮神道昭著福謂傳兮貞靜悌睦存沒真兮君子
之謂賢婦人兮

開元十四年二月廿三日葬

右墓志敘夫人裴氏河東聞喜人高陽肇裔非子受
封並與唐書宰相裴氏世系表合其云漢寵侍中者
亦即表所稱裔孫葢漢水衡都尉侍中也晉稱吏部
者謂裴楷也晉書楷傳言武帝爲撫軍妙選僚采以
楷爲參軍事吏部郎闕文帝問其人於鍾會會曰裴
楷清通王戎簡要皆其選也於是以楷爲吏部郎据
志所述裴氏早寡而無子性工音律自其夫亡後竟



不聽管絃則似女子之知禮義者矣乃又放跡空門
臨終遺付不許從直長之塋豈非大相背謬乎薛府
君不詳其名字而稱尚舍直長者乃其官也唐書百
官志殿中省其屬有六局一曰尚舍局有奉御二人
直長六人掌殿庭祭祀張設湯沐燈燭汎埽行幸則
設三部帳幕志文爲其族孫艮又似艮所作而無書人
姓名然楷法甚秀茂尚有六朝人風韻文中既詳其
葬爲明年景寅二月廿三日而末又另書一行云開
元十四年二月廿三日葬爲他刻所未見龍門山在
今河南府洛陽縣此志金石家從未著錄乾隆中北

平黃玉圃侍郎叔璥巡撫中州輯金石考七卷後畢
弇山尚書沅又作金石記五卷皆未之載殆近年始
出土者邪道光巳丑六月吳門書友攜來因購得之
急爲抄錄全文而表出之古泉山館金石文編

七星巖題刻三種在高要

端州石室記開元十五年正月廿五日萃編載卷七十七

寘拔海□缺拔字靈表万□缺万字壐□□而羣峯缺壐字隔
□咫境缺咫境二字□若□羽翼缺若字羲皇之上自謂□□
缺自謂二字於口口誤刊口於是□友□縱琴酌缺友縱二字□遨以
遊缺遨遊字擊石如鍾酌泉缺鍾酌二字黍寡慕寡誤



右端州石室記在肇慶府七星巖太平寰宇記南越
志云高要有石室自生風煙南北二門狀如人巧意
者以爲神仙之下都因名爲嵩臺北海李邕有記鐫
石存焉即此碑元和郡縣志石室山在端州高要縣
北五里平津讀碑記

李紳題名高一尺五寸廣一尺一寸五分五行行字不一字徑一寸五分正書左行

李紳
長慶四年二月自戶部侍郎貶官至此寶秝元年二月
十四日將家累遊

右李紳題名在肇慶府之七星巖其文云云凡五行
自左而右郭功父石室遊篇云攷二李之勁筆謂李
北海石室記及此刻也唐書本傳敬宗立李逢吉乘
間言紳不利於陛下請逐之帝初即位不能辨乃貶
紳爲端州司馬攷敬宗以長慶四年正月即位二月
辛巳始聽政紳之貶官正在此時其明年改元寶秝
矣潛研堂跋尾

舊唐書敬宗本紀長慶四年二月癸未貶戶部侍郎
李紳爲端州司馬是其時所題晉書戴洋傳初混欲
迎其家累北齊書祖珽傳倩珽作書屬家累事稱家
人爲家累亦始見於六朝時平津讀碑記



王化清遊石室新記高二尺八寸五分廣二尺六寸五分記十三行銜名五行字不一字徑一寸四分正書左行

高要郡北十五里有石室詭恠萬狀峌峒其中發揮靈
蹝盤薄厚地皆神仙之窟宅爲區奥之勝槩或有巨石
皆似蹲獸反顧疊花仰空的皪瓊晶色如截肪矣旁引
危竅疑爲洞門擴聳石床方次仙座西廂峭壁之下有
滔泉泖澄鏡色味輕瑤漿東西倚山之陽二十餘里西
通于上武林東拒于零羊峽時開元十五年正月二十
五日左遷陳州刺史北海李邕述石室記列于苔壁懿
平寶秝元年秋九月二十日攝經略巡官試大理評事

攉知軍州務賜緋魚袋傳陵崔公領寮屬及將吏遊于
兹室探討奇跡異乎幽跧盡日躋攀不盡高意化淸時
官守司馬得倍盛遊輒叙鄙詞紀乎前事
攝經略巡官試大理評事知軍州事賜緋魚袋崔獻
直
文林郎守司馬王化淸　守錄事參軍楊金質
守司倉參軍陳係　守司戶參軍李桼
守高要縣令張仲修　守主簿陳行敏
攝尉李□
得倍盛遊以倍爲陪餘亦多別體脂旁从日尤戾



雲居寺石浮圖銘 開元十五年二月八日 萃編載卷七十七
無礙 礙誤疑
碑稱鄭氏字元泰今范陽人新唐書地理志無范陽
縣元和郡縣志范陽故城秦范陽縣也在易州易縣
東南六十二里以在范水之陽故名 平津讀碑記
洪氏云地理志無范陽縣案范陽本涿武德七年
更名屬涿州涿州置於大秝四年此碑在開元時
尙屬幽州

膚施令于士恭墓誌
方一尺四寸四分廿一行行廿一字字徑四分正書方界格在咸甯裴氏篆蓋未見

□□□州膚施縣令上柱國于公墓誌銘 并序
□□士恭字履揖其先東海人也漢太守定國之胄洎
五代祖謹仕魏遂居河南今即河南人也績著前史慶
貽後裔曾祖寶道隨左衞率　皇涼甘肅瓜沙五州諸
軍使涼州刺史成安子祖永甯　皇商州刺史增建平
公父元祚　皇益州九隴縣令襲建平爵尙德靜縣主
公即主之次子也公言行周睿風儀閑雅弱冠以諸親
出身解褐授好畤縣尉初大周御宇分邦制邑劃尒畿
甸綠爲稷州選部飄才擢授斯職允當時之榮選也自
茲巳降累遷郡邑尋賛臨穎復典膚施關右馳聲許邦



思惠非此䏻備也開元十四年春　天子若曰縣令在
任淸白者選日擢用公即隨調選方俟遷陟命何不融
疾成不治以其年秋九月戊戌卒于私第春秋六十有
六時來不偶其如之何夫人譙郡戴氏姸妙凝華貞順
勉行自承饋盥克諧琴瑟降年不永雖恨偏沉同穴相
期果然終合開元十五年七月乙酉權祔於京地神和
原禮也拱樹蕭蕭坐看成古佳城杳杳空見微月嗣子
弼嬰等泣血崩心絶漿茹蓼昊天莫報長夜不曉廬陵
爲谷刊石爲表銘曰
死生有數晝夜不捨嗟彼于公長歸地下高墳峩峩宅

此崇阿千秋万古孰知其他

宰相世系表宣道隋上儀同威安獻公碑作隋左衞率皇涼甘肅瓜沙五州諸軍使涼州刺史成安子威安是成安之誤祖永甯增建平公表亦不載永甯子表有遂古而無元祚元祚任益州九隴縣令襲建平爵尚德靜縣主士恭即主之次子當以碑補之平津讀碑記

桉膚施縣令上柱國于士恭墓志銘舊唐書職官志諸縣令正第六品上階上柱國正第二品縣令爲職官上柱國爲勳官于氏先世攷詳于孝顯碑士恭乃



孝顯從孫也涼甘肅瓜沙五州爲關內道唐初置涼州總管府改都督府或管四州或督八州七州宣道爲五州諸軍使當在武德七年之後商州亦關內道隋爲上洛郡唐初改商州天寶元年復改上洛郡九隴縣屬劒南道成都府本隋蜀郡武德元年改益州領成都九隴等十三縣三年分九隴等三縣立濛州貞觀三年廢仍屬益州四縣置彭州九隴屬焉元祚爲益州九隴縣令蓋當貞觀二年之後延州膚施稷州好時皆關內道好時武德二年分醴泉縣置屬雍州三年改隸稷州貞觀元年復屬雍州天授二年改隸稷州武后以天授元年改國號曰周志稱分邦制邑正指其時元和郡縣志但云貞觀元年廢稷州而不及武后之復改茲據舊書臨潁河南道許州屬縣故云許邦思惠也神和原即神禾原許見敬節法師塔銘在西安城南香積寺第五橋皆其地也金石續編

誌石右上缺一角石華補首行唐故定三字膚施隸延州非定州石華誤也士恭以十四年九月戊戌卒十五年七月乙酉葬十四年九月乙亥朔戊戌爲廿四日十五年七月辛未朔乙酉爲十五日世系表宣道威安獻公洪氏謂威是成之誤隋唐



皆無威安郡縣名也以子爲公亦表之誤元祚及士恭弼嬰表俱失載士恭有兄疑即遂古宣道隋書附其父義傳周封成安縣男入隋進爵爲子官至太子左衞副率進位上儀同誌與表各舉其一誌稱涼州刺史傳所未及或以志甯之貴唐代所追贈邪

豐義令鄭温球墓誌

方一尺一寸廿三行行廿三字字徑三分正書在武進陸氏

大唐故甯州豐義縣令鄭府君墓誌銘并序

滎陽鄭君諱温球字耀遠洪源浚流鼎門碩胄固以炳

燠圖㑹庠溢曾祖𨔵隨鴻臚卿河南公祖福祥　皇唐
州判史父方髙始州臨津縣令昭穆暉暎芝蘭芬馥咸
迪雋業不其休我君温恭好學出言有章貞白成性立
行無玷解褐瓛州玉城縣丞毗贊有倫人吏胥悅時蠻
方作梗王師出誅監軍御史元公欽君器能相邀入幕
克清夷落韜弓飲至君之策焉優　制嘉之轉蒲州汾
陰尉儀形開輔損益絃歌秩滿調補甯州豐義縣令以
膺精擇無事自理示信不欺子游不下堂賈父歌來晚
儁君之政無以加焉方將樹勤王家勒休天府彼蒼不
憗瘥瘵所纏藥石何欺靈祐斯爽以開元十四年七月
廿九日終享年五十有八才優命舛沉屈下僚隙駟不
留嚴電易謝人生到此天道甯論君有昆曰温琦廊廟
巨榦朝廷重寶由禮部侍郎轉邠州判史君詰兄所憩
息未行哀哉禍臻於▢廓宇天倫之感振古莫儔即以
其時柩遷于鄠以開元十五年七月廿七日擢窆於京
兆府鄠縣▢福鄉原禮也有子七人皆精敏之士續絳
州翼城主薄燕汴州開封主薄揆亢收孚回等並茹感
肌膚沉痛創巨慕夫懿德寄我松槧子夙預姻親曲承
誘顧士感知已懷此無忘聊繫情於斯文庶有光於泉
壤銘曰



陘鎮嵒嵒𣻳流湯湯展我之子爲龍爲光有昆如珪有
子如璋家瘞其寶國殲其良千秋万歲杳杳茫茫
　前左內率府胄曹盧兼愛撰
校滎陽鄭温球以甯州豐義縣令卒於邠遷窆於鄠
其姻親盧兼愛爲之銘墓也甯州邠州並屬關內道
同節度使邠州至甯百四十里至鄠三百里而近蠻
方作梗云云乃開元十年安南賊帥梅叔焉等攻圍
州縣遣內侍楊思勖討之元公蓋監思勖軍而温球
入其幕因承優制得轉蒲州汾陰尉也唐元宗置中
都改蒲州爲河中府元和郡縣志謂在開元元年五
月舊唐書地理志謂在開元八年通鑑則繫於九年
正月改置之年月不同然李志云麗正殿學士韓覃
疏陳不可六月詔停復爲州劉書云其年罷中都依
舊爲蒲州通鑑云六月已卯置中都復爲蒲州時乃
隨改隨復故開元十年以後尙稱蒲州迨天寶元年
改州爲郡乾元元年復爲蒲州三年又改爲河中府
也汾陰之改寶鼎乃開元十一年又在温球作尉之
後矣此石嘉慶閒出於鄠縣帖賈攜入長安其字耀
遠與吾亡弟名同且感其歿於兄所購石以歸天倫
之感古今一致耳金石續編

誌載温球及其曾祖遜祖福祥父方喬兄温琦子澈
兼撰充收孚回凡十二人唐書宰相世系表滎陽鄭
氏皆無其名撰文之盧兼愛亦不入范陽之系可見
巨家大族其與宰相疏遠不入表者甚多也陘山在
鄭州西南溱水在新鄭縣與洧水合陘鎮溱流皆指
滎陽本貫而言也古誌石華
首題甯州豐義縣令豐義本漢彭陽縣地後魏置
雲州後周廢爲防隋廢防名爲豐義城唐武德二
年分彭原置豐義縣因舊城爲名屬彭州貞觀元
年州廢屬甯州開元八年改隸涇州尋復還屬唐



末省温球作令計在還屬以後其祖官唐州刺史
唐州即泌州天祐三年始更名新書地志於唐末
所省之豐義仍書其縣於天祐所改之泌州不書
唐州例不甚一其餘州縣如此者尚多也其父官
始州臨津縣令始州即劒州先天二年更名方喬
作令蓋在未改之前誌云蠻方作梗續編以梅叔
焉當之本紀作梅叔鸞與通鑑異因謂開元十年以後尚稱蒲
州桉本紀開元三年十月嶲州蠻寇邊左驍衛將
軍李元道伐之誌所稱者或即指此温球作尉末
必在十年以後十一年改汾陰爲寶鼎矣然蒲州

之稱固是隨改隨復新書地志云開元八年置中
都爲府是年罷都復爲州與諸書正同古誌石華
載此誤買父爲買人廓宇上所缺續編作彼石華
作邠石已殘泐彼字近之姑從其闕此誌向藏武
進陸氏兵後已失所在甲戌秋陸彥甫桶以此拓
寄云於董氏廢圃中掘土得之幸尚完好不如隋
二誌之損裂過半并董氏舊藏之薛劇王守琦二
誌亦同時搜獲焉爲之一快

安宜令王晉妻劉氏合葬誌

方一尺六寸八分廿四行行廿
四字字徑四分正書方界格



唐故朝議郎行楚州安宜縣令太原王君夫人劉氏荓
合葬誌銘并序
頓邱閻元亮撰
君諱晉謚康其先太原人矣遠祖因官而播遷京地祖
獻隨任蘄州蘄春縣丞父幹唐任邵州武崗縣丞並天
縱宏材地靈孤秀故得迮維大邑翼贊　皇風惟
君素稽擻陰早承餘潤詩書積性刀筆從榮或鴻陸猶
潛且先鳴於吏道或鸞鵠迴翥亦馳譽於仙臺遂解褐
爲司農太倉丞猶是靖白澄襟防四知於靜夜恭勤尓
職糸戒三或於𡖋宵故得朝野有聲言行無點後從太

倉丞遷楚州安宜縣令既而奉絲撫化妙膺循良製錦
裁規弥光上宰下車之際既肯悦而来蘋祑滿言歸亦
栖皇而益詠方異人欽白玉垂令問於生前豈謂鬼贈
青梟塵芳魂於厚夜以唐開元十一年十一月廿三日
卒於故里春秋六十有七夫人劉氏四德馳芳三從着
美貞裕貞順冀尔宗枝纘紐綮絲作嬪君子誰謂風霜
早降桃李先凋遂使影謝蘭帷芳辭桂閫以景龍四年
八月四日奄從風燭宅兆未終權爲殯厝以唐開元十
五年十月五日隨於所天旋祔葬於龍泉故里矩陰山
北平原禮也次子崇義茹荼軫泣風樹纏憂嗟令問而
空存庸慈顏而永謝將恐居諸易往先烈無聞爰想德
音重爲銘曰
大哉乾象神妙無方柢埴元氣降此貞良其一貞良子何
淑人君子刀筆從宦韋絃播美其二清白守職胡甯不咸
人謠善政俗讚甘棠其三天道攸攸人生若浮魂云奄喪
永古長秋其四恭惟後嗣敬想前猷茹荼軫泣風樹纏憂
其五啓元扃与殯纏庶慈顏而永濟列善頌於餘芬望明
德於長存既龜從於五兆亦何謝於千春
右安宜令王晉暨劉氏合葬誌未見箸錄當在咸
陽出土王晉官楚州安宜縣令新唐書地理志楚



州本江都郡之山陽安宜縣地臧君相號東楚州
武德八年更名寶應本安宜武德四年以縣置倉
州七年州廢來屬上元三年以獲定國寶更名肅
宗本紀是年建巳月楚州獻定國寶玉十有三改
元爲寶應元年縣改寶應亦在其時誌立于開元
故應稱安宜也其祖官隋蘄州蘄春縣丞隋書蘄
春縣屬蘄春郡後周曰蘄州其父官邵州武岡縣
丞可補入湖南通志晉葬於矩陰山北平原元和
郡縣志咸陽有短陰原在縣西南二十里陝西通
志云短一作矩水經注渭水與豐水會於短陰山
內水會無他高山異巒惟原阜石激而已禹貢錐
指云短陰原即短陰山也秦中諸原類皆有山體
故或謂之山不必峭拔也晉所葬蓋即其地短矩
形似相淆以誌證之作矩爲是傳訛已久賴此足
以裁正焉文云諱晉諡康諡即謚字以謚爲字清
字左旁作氵幾成請字言行無點以點爲玷纘組
以纘爲纂十五年落五字添注於旁

道安禪師碑銘開元十五年十月廿日　萃編載卷七十七
拔格裕所清識曠曠上六字缺大禪師缺大字李氏荆李下二字缺
獨□□□制祓艱缺獨制二字祓誤皮龍戰缺龍字烝人狠顧無家

皺烝狠無三字乘揚乘字缺容□如如字缺池淨其法法上三字缺空傳

燈空下二字缺以成海揔群玅缺以玅二字成誤成群誤君而□尊□尊缺

字獲所獲字缺學人多矣□秀秀學人三字缺□請之以師授禪

要禪師禪師上七字缺推美推字缺大通大字缺之以緣与真

而遊而遊上五字缺何求何字缺□懷誓懷字脫我口口誤刋口□□容

諸耶請字缺客誤容并少一格以月繫年非非外四字缺維遠遠字缺或揚

或字缺等謂謂字缺無塵塵字缺尋焚焚字缺初願也掾必化之

□願掾必之四字缺并少一格馳問問字缺豈意相渝豈意二字缺闔戶闔字缺

字臥脇累足脇外三字缺耆宿蓋云蓋云二字缺聖道道字缺䜭即

風如我隨風外五字缺□血□悲悲字缺者既而既而二字缺主君



輟朝朝上三字缺遠惟□敬久□揚惟外四字缺焚餘起幽幽起二字缺

字枍林枍字缺奇烏奇字缺固咸盛賢固賢二字缺禪師之至□

字脫至生知知字缺必稱師是必是二字缺異俗自有俗外三字缺被

枍枍字缺聖昭昭字缺僧寶僧誤師源東傳之源之二字缺情深寄

情誤精缺寄字琭幽石以形言琭形二字缺揚德馨馨字缺湛之者□

慧慧上三字缺慧復慧字缺惟炳炳字缺真如萬法真如二字缺何儲

儲字缺取拾取作耿

實刻類編載此碑宋僊撰并行書李鏑題額今俱殘

泐不可辨平津讀碑記

北嶽恆山祠碑開元十五年萃編載卷七十六誤作十四年

北雁雁誤鎮乃久久誤从

漢徵君徐穉墓碣

裝本高廣行字無攷字徑一寸五分正書

□□徵君徐君碣銘并序　唐曲江張

後漢高士徐君諱穉字孺子南昌□□□資清純動適

元妙知道之將麽乃窮□□漢□□□時涸濁不抗跡

以庇物□察孝□又舉有道就拜太原太□□與上疏

極言先生宜爲輔弼□時之不可久也然而諸公□□

所將生□爲貴士之感□此之類也昔者夷齊介□此

誠作者□類沽名　修於世□以存戒服其行□與彼



數子曰季登篤行孝弟　見其人有表墓之□出先生

斯觀其妙□□是□□

右徐穉墓碣輿地碑目載入隆興府云張九齡撰

今僅存曲江張三字矣明一統志墓在南昌進賢

門外望仙寺東唐張九齡碣銘云在漢之季遭時

混俗不抗迹以庇物故退棲山林不苟利以辱身

故進無祿位江西通志云開元十五年張九齡撰

今缺年月原石久佚殘本僅存半截舊藏仁和趙

氏後歸武進孫氏今未詳所在此本乃番禺潘伯

臨正亭據孫本鉤摹者從海琴借錄之

少林寺碑開元十六年七月十五日（一萃編載卷七十七）

金口（口誤刊口）妙音（音誤因）復見（見誤瑞）電轉（轉誤搏）高林（高誤高）若安（安誤要）式儲（儲誤諸）

兩唐書裴漼傳不載正平縣開國子惟宰相世系表稱正平懿公與碑同（平津讀碑記）

## 敬節法師塔銘

石高一尺四寸六分寬一尺九寸五分廿六行行廿一字字徑六分正書在咸甯

大唐□義寺故大德敬節法師塔銘并序

夫王而作則者大雄見而適者大寶聲被周漢義逸齊梁學比犉毛冨如崐玉道飾其行俗賞其音或內秘靈



知或外見常迹超伏不拘於代出沒所謂於須臾孰有以無之公得其門也

惟大德俗姓盧諱敬節范陽人也祖　尚書遠棻栖志邱園父樂司徒季英閑居遁世慜于穉子遏以群流放令出家不從文秩上可以益　后下可以利人不累莊嚴足陪淨藏令按虔和上受業年甫十歲日誦千言維摩妙高飛峰口海法華素月吐照情田奏梵音以雲揚感神明而電激厭俗之垢　王澤遐沾落髮之貞天魔爲慴至二十九入道具臘寺舉都維那二十載淸拔僧務造長廊四十間不日㒰就光嚴帝宇粹表祇園結棟凌霞飛簷振景士拜左顧靡怯風摇人謁右旋非憂雨散亦嘗柔外以定之定力振振順中以如如心弈弈吁法橋而虹斷切義舫之神移莫不悼哉何嗟及矣以開元十七年七月十五日終于私房春秋七十有五窆於神和原律也門人處王璿延祚荐念松迴茂仰蕙遙芬恨頹景之不留恨驚風之早落師覗遠何至貲影痛何孤恐岸成川超塔崇禮式爲銘曰

迹滿三界神放六通教令遍囑德位常融轉延像世運及都公木選寒栢山寶舒虹行高弊下言貴居忠俗承遠聲色道洽化無窮水揺魚從□人斷院悲空日影何



旋北山陰遷巳東荒郊悲慘慘烟氣乱慈慈修式營芳妙塔用表列於仁雄柩窆歸於泉壤性遙拔於樊籠挫一代之濁命流千古之淸風

案敬節法師塔銘撰書人皆不著開元十七年法師年七十有五則生於高宗永徽六年十歲出家爲麟德元年二十九入道爲宏道元年神禾原見景龍三年法琬碑景雲二年蕭思亮墓志銘開元十四年思恆律師墓志是刻作神和原與隆闡法師碑于士恭墓志同宋張禮游城南記陟神禾原西望香積寺塔原下有樊川御宿之水今西安府南杜曲社之西有

神禾原金石續編

右塔銘始見於關中金石記云在咸甯杜永村文
敘先世祖下原空一字父樂亦無致懸作惡避諱
缺筆

龍角山慶唐觀紀聖銘

高四尺二寸五分廣二尺七寸共卅行行五十字字徑六分分書方界格次行及末行年月俱正書在浮山

大唐龍角山慶唐觀紀聖之銘

御製御書

神也者妙有物而爲言化也者應變方而成象言豈立



神之主象微宰化之知苟言象之不存焉剿神化或幾
乎息矣窮神而極化者其惟至至之人乎　我遠
祖元元皇帝道家所謂太上老君者也建宗於常變有
立行於不皦昧知雄守雌爲天下谿知白守辱爲天下
谷故能長上古而日新離衆形而化湄□萬物而不爲
戾澤萬代而不爲仁巍乎不覩其頂深乎不測其極復
歸變物存教適以立言奄有太淸感聖期以利見肇
我高祖之提劍起晉太宗之杖鉞入秦鵬搏風雲
麟鬪日月憂臣醜而已去殷鼎輕而未徙　老君
迺洗然華皓白髮朱髦見此龍角之山示我龍興之地

語絳州大通堡人吉善行曰吾而唐帝之祖也告吾子
孫長有天下於是一聞赤伏而萬姓宅心一麾白鬚而
六□大定傳曰有聲之聲不過百里變聲之聲延及四
表非夫神唱明德翕叶人祇者歟善行以武德三年二
月初奉神教恐變明徵□之莫洩至四月　老君
又見曰石龜出吾言實于時　太宗爲秦王討宋
金剛拋戎汾絳晉州長史賀若孝義以其狀上啟遣使
親信杜昂就以禮謁俯仰之際靈見察焉昂馳還曰信
矣迺遣昂善行棄馹表上比至長安適會鄜州獻瑞石
如龜有文曰天下安千万日　高祖嘉其三異擢



善行朝散大夫命舍人柳寶崖祠焉玉帛既陳尊儀復
見其始覩也杲杲昊昊若紅峯綠嶺吐春日之光景其
卻隱也蕭蕭條條若雨息雲消覩烋天之沆漻來莫知
其所自去莫知其所崖出於寂寞入於惚怳蓋不可得
而詳諸汾陽之龍角山者天帝降福之庭　高祖
用師之道□上有華池靈府下有石穴洞宮氣接姑射
集神僊之別館脈通霍鎮潤珠玉之隣家　高祖
以□鬱頻迴霓裾累襲故版廟於行過之所劃壇於受
命之場刻飾　聖容彩繪真膚神光離合殿堂宛轉
於空開雲氣蹁躚笙磬崖還於天路因改浮山縣名神

凶焉志靈應也是歲仲姝及五丰三月晉州奏
老君言我亳廟之中枯栢更生子孫當丕又云我神兵
助軍伐劉黑闥立㝡當平事過如言皆先事之讖也尒
後　太宗貞觀剃裔雲泊於廟宇　高宗番
拱剿鄉雲涌於神座今又祠中栢樹蒲蔔褢而託根門
端根木枯枝蓊而還茂疊黛豐夲撲尋繁柯聚祥煙之
青靄默默一色散佳氣之蓊鬱鱗鱗萬重識者以爲太
和暢陳朽之𢧐王會納殊隣之象懼波虛應搖然夕惕
朕演靈金根纂命璿扆舊學道記常味至言是用假途
禮樂託宿仁義尋末以𧢼本澄𢊍以詣精爲無爲以此
心事無事於天下而　宗稷大福寰縣小康實
上祖惠𪅲疆之休亦下八率自然之化夫維幽容
昭見偉事也神告帝符瓌瑞也發祥善亓吉類也慶雲
重代鴻懿也戎菓附植合異也槁榦華滋繁熾也此六
者與丕之嘉祉曠厤之絕紀者也朕不敏頗聞君子之
教矣繼□後者天其祖習其訓者父其師揄揚道德情
存孝敬商頌芙乎成湯周雅尊乎后稷先丕之舊典也
吾豈墜其文哉夫戴角之類龍爲之長羊也定形而不
易龍也神化而無端龍蓋五土之精國家棄土而王故
改山号名龍角焉𠧪銘金石以彰靈變詞曰



思文　聖祖元默靈聲混兮𪅲名超兮至淸淸入
神舍名捐物假身尊元元後有天下　高祖鳳翔
雲舉晉陽　太宗龍戰風趨秦甸龍角僊都
丕師戒途聖形入有神言出𪅲瑤衣玉騎告帝天符神
方據我人亦來蘇𢍰立淸室徹徹謐謐衆僊停蹕𢍰興
慶雲氳氳氳氳再瑞　朙君庭其栢兮遠菓寄秀門
有根兮瑰條更茂顧慙菲德蒙神之祐誦我道經介我
神聽繼朙五聖紹事三靈請從格言天德出甯大道幽
蔭湛慈廣接意路何階言津難涉化有影響神𪅲華茱

一千一百七十字
開元十七年太歲在己巳九月己丑朔三日辛
卯建

右龍角山紀聖銘明皇撰按高祖實錄武德三年四
月辛巳晉州人吉善行於羊角山見白衣老父乘白
馬朱鬣謂善行曰爲吾語唐天子吾老君汝祖也今
年平賊後汝當爲帝天下太平必得百年享國子孫
且千歲太宗遣使者杜昂致祭須臾神復見謂昂曰
歸語天子我不食何煩祭爲高祖異之立廟於其地
授善行朝散大夫據碑稱是時太宗爲秦王討宋金

剛所謂賊平汝當爲帝者指太宗也其事可謂怪矣然碑與實錄所載語頗不同文多不能備錄惟碑稱善行以武德三年二月初奉神教至四月老子又見曰石龜出吾言實既而太宗遣昂善行乘驛表上比至長安適會鄜州獻瑞石如龜文曰天下安千萬日而實錄亦云鄜州獻瑞石有文曰天下千萬其語小異又碑稱善行絳州人而實錄云晉州爾老子其生以清淨無爲爲宗豈身沒數千歲而區區爲人稱述符命哉蓋唐太宗初起託以自神此陳勝所謂卜之鬼者也史臣既載之於實錄明皇又文之於碑遂以



後來爲真可欺罔豈不可笑也哉金石錄

慶唐觀紀聖銘今在浮山縣龍角山舊唐書地理志武德二年分襄陵置浮山縣四年改爲神山册府元龜載開元十四年九月制曰元元皇帝先聖宗師國家本系昔草昧之始告受命之期高祖應之遂於神降之所置廟改縣曰神山近日廟庭屢彰嘉瑞虔荷靈應祇慶載深宜令本州擇精誠道士七人於羊角廟中潔齋焚香以崇奉敬金石文字記

按元和郡縣志神山縣老君祠在縣東南二十里武德三年見神於羊角山其年敕通事舍人柳憲立祠明統志龍角山在浮山東南卅五里本名羊角山唐武德中更今名老子廟在龍角山唐武德中神見此山遂立廟有御製碑即謂此碑也碑立於開元十七年九月巳丑朔三日辛卯而通鑑目錄是年九月戊子朔當據碑以正之山右金石錄高郵夏寶晉撰載此碑有陰題名五列首皇太子鴻一人次皇兄皇弟皇子十五人次宗室十三人次宰執以下三十三人次檢校觀使暨中官九人後有長慶三年題名一段未得拓本

八瓊室金石補正卷五十三終

# 八瓊室金石補正卷五十四

太倉陸增祥撰　男　繼煇校錄
吳興劉承幹覆校

## 唐二十六

### 聖壽寺石壁題字

右高六寸左高七寸四分上寬九寸二分下寬一尺一寸一分存十一行行存字不等字徑六分正書在嘉祥縣七日山聖壽石龕之右壁

□□二□
福□等□
庚午□八□



初二日□
憂思□
□他□
□出
□青龍　□永□
域□
載永□
□□□　共□

題字凡三段第一段首題唐開元十八年歲次□□四月乙卯十六日庚午後列造象男女姓名次段姓氏多磨滅惟後梁龍德紀年尚可辨三段首題咸平二年後有見充金鄉鎮將司空李潤妻張氏云云以鎮將兼司空銜所未悉也山左金石志

咸豐乙卯得此搨於厰肆左下角有伯昂先生圖記搨本極淡諦審再四約略辨得廿字不知何碑同嗜者亦尠能道之書有歐柳筆意斷爲唐刻光緒元年夏讀山左金石志見所載聖壽寺石壁題字恍然省悟此刻蓋即是也訪碑錄載梁宋二段而不及此殆以磨泐過甚難於編錄耶

### 嚴張八造浮圖記



高二尺廣一尺一寸五分共九行行字不一字徑五分正書

大唐開元十八年四月乙卯朔廿八日立浮圖　缺
觀夫無量受之威□力也本願巍巍□□□具相卅二囙
果圓滿功德熾盛唯迦□□矣故知如來玉毫開照金
口暢言並現其中如臨寶鏡寔□生之覺路不可思儀
者共發心主　嚴張八爲亡父見存母敬造七級浮
量一石相好嚴淨礼拜者罪威福生誦念者解脫□表
□□論詠促□□□以月停空而爲頌曰
嚴張八妻王　女仏兒　女亜子　女姑子　合家供
養

家人秋菓　財来　看堂

頌詞未見豈盡曼威邪

麓山寺碑并陰（開元十八年九月十一日在長沙萃編載卷七十八云在衡山縣嶽麓書院誤）

者闕所臨取於安寍者已茲（者闕下九字缺）不月而相事澄明
化城未真（未真上九字缺）嘗高（缺高字）除結湖陰嘗與炎漢太守
長沙清（除結下十一字缺）翌日（缺日字）介衆表之明詔行矣水臬
有制（介誤分衆下十字缺）愍（作愍）敬田（缺田字）納貝葉（缺納字）懸居（懸誤愁）
法日澄（缺日澄二字）嚴幢　疰嚴（嚴均誤巖）於剡（缺於字）慧性禪師
者迹（缺慧性迹三字）綱（作綱）漚（誤區）闆者順其風覩者探其道（順外九字）



（缺）惠杲（缺杲字）隨品類而得根去二一見（見上九字缺）咸以（缺以字）
者也司馬西河寶公（公上七字缺）識器守岳厚（厚上四字缺）長闕
官（長下二字缺）自與以明而至道丕若（若上八字缺）模範佛乘摧
儁惕之外（外上八字缺）入謀（缺入字）雝紀（缺紀字）聖賢（缺聖字）安樂
是依靈鷲是式一想真契（安契外十字缺）擁錫（缺錫字）護香（缺香字）
幽谷左谿崇山右峙敞郭（郭上九字缺）玉水（缺水字）雷儆庭際
月（月上四字缺）牕（作窓）佛日環照牛車結轍連（連上八字缺）訪道追
勝形馳目（馳外六字缺）碑板（缺板字）可久與山不崩（可下五字缺）月
王子朔十一日壬戌建（月下九字缺）□上計于京不偶茲會
贊曰（此十字並缺）摽舉明略雄辯縱橫神情照灼儁闆政理

深悟禪樂（摽下十九字缺）江夏黃仙鶴刻（此行缺）

陳書高祖第十六子叔慎封岳陽王禎明元年出爲
湘州刺史碑所稱樂陽王者當即其人以樂爲岳蓋
史之誤（平律讀碑記）

據劉氏明搨裝本補縱不盡可信亦十得八九矣
世有宋搨本倘獲一見當更校之

碑陰

錄事參軍□守□
功曹參軍□仙隱
功曹貟外同正□□□



功曹貟外同正□大□
□曹參軍□□□
倉曹貟外同正李（泐）
戶曹參軍（羅）𡨋□
□曹參軍□（雲）□
士曹參軍趙承亭
參軍趙挹
參軍劉利器
參軍沈□
參軍尒朱浚

錄事王敬琛　李公□
博士張長卿
博士王元禮
市令程秀芝
贊曰
禮樂仕門賢才君子同
官比肱隣德爲美坦坦
雅懷謙謙匪己有力豐
碑□□□紀以上第一截廿二行行字不等
長沙宰苗理



□議郎戴□
丞員外康楚元
主簿員外同正成麟
□尉楊□晉
尉上柱國劉懷靖
尉盧元庭
尉員外同正皇甫□
尉員外同正劉思義
前主簿伍思□
贊曰

名家禮意君子德心□才均
□衆木繁林階下無訟堂上
有琴大絃既雅小絃不淫
醴陵令李仁璜
丞張□道　主簿張思己
□員外尉李靈
□尉張光庭　尉□元□
衡山令劉威之　丞劉□
員外仇□□
尉□之□　尉劉□



員外尉王光大　尉周待徵
湘鄉令王武信
主簿□□泐　尉李光同
尉□□□
益陽令孟泐
主簿周□泐
瀏陽令泐
主簿張□□
贊曰
華宗舊德利器良工泐二字播

政震雷和風□餘□□雅不
駕空有典有則惟始惟終以上第二截三十三行
朝請大夫□城宰張守脅
睦州新安主薄盛□□
老□鄧洪敏　衛思禧　梁元則　祝仁期　張文遠
石泰　張惲　□□□　朱封禪　□□□　范知渺
桓嗣宗　楊庭訓　羅元楷　□□□　鄧希聲
王昆　王昺　□濟物以上第三截六行此列自第十八行起
李北海碑舊爲集錄者所收僅見碑陽而已其陰則
自子遊長沙始得之者也碑陰列銜書名爲晏庸人



題名交午橫貫以致損蝕不可次第予稍就其可辨
者志之第一層有功曹參軍字倉部員外同正李字
戶曹參軍士曹參軍參軍趙參軍劉利器字又錄事
王敬撰博士張長卿又下博士王獨存姓而已又郴
令姓名闕贊尚可尋讀成句有曰禮樂仕門闕君子
同官比能隣闕爲美坦坦爲懷讓讓虛己有力豐碑
下漫滅第二層首行長沙字可辨三行康楚元名四
行成麟字五行上柱國懷靖字皆仿佛可辨下數行
并有尉員外同正字間行亦有贊名家闕意君子德
心闕木繁林階下無訟堂上有琴大絃以雅小絃不
淫又有醴陵令李仁丞張道主薄張思己尉李靈尉
張光庭衡山令劉咸之丞劉員外尉王光大尉周待
徵湘鄉令王武信下闕不全者陽令孟瀏陽令主薄
張字又贊華宗舊德利器闕播政震雷闕有典有則
字可見第三層有鄧洪敏石泰桓嗣宗張輝楊庭訓
朱封禪祝仁期姓名悉存此以予攷之碑陰諸列名
者皆不顯於唐世而所見又剝蝕無餘然喜由予而
收錄使後世知有其名者必自此發之也坦字闕畫
以避睿宗諱旦故書之如此地理志衡州下衡山本
隸潭州神龍三年來屬今碑在開元十八年則衡山



隸衡州久矣然衡山令猶列讚於此何也豈與守潭
者有舊識與今守潭者名在碑陽獨彥澄字存百餘
有政和題名一湢闕題名一牛元若題名一其大書
橫勒者則前朋提學郭登庸也武億授堂金石跋
舊志稱麓山碑後有襄陽米黻同廣惠道人來元豐
庚申元日十六字案碑題刻文多不全諦視字迹凡
十餘家壘爲三重其最先一重爲北海所書題名自
軍曹至於尉凡三十餘行上下空不盈尺字畫俱介
隱顯間有不圖二字類唐人書又稍左有政和湢熙
年月則宋刻也中間艸隸互見題識多闕右艸書三

行亦没其名以筆意揣之爲明中丞顧璘題詩其左最上一層爲嘉靖癸巳學使畢北郭登庸八分書字跡甚完碑之左偏有慶元戊午王容陳㞳等題名右偏有皇慶初兵部郎中粱泉杜與可題名下有集賢侍講學士題名名裂去不可攷書法類米氏以官證之殆元刻也而襄陽十六字終未之見江昱瀟湘聽雨錄

麓山寺碑陰刻銜名贊大略分三截第一截錄事參軍功曹參軍倉曹參軍戶曹參軍□曹參軍士曹參軍及參軍錄事博士市令等十七人銜名各爲一行惟王敬琛下又有李公□共十八人後贊八句作四



行行九字其前贊曰二字另爲一行贊之後石皆空第二截長沙宰尉前主薄等十人銜名各一行後贊亦八句作三行行十一字贊曰二字亦另爲行贊之後又列醴陵衡山湘鄉□陽劉陽令丞主薄尉等銜名十四行字畫多漫漶不全可辨者第五行下又列丞姓名第三第四第七第八四行下又列尉之姓名後亦有贊八句行款同前以上兩截之前十餘行爲明嘉靖中提學副使郭登庸加刻隸書題名大字三行於上故字蹟多殘滅難辨第三截居中六行則朝請大夫□城宰睦州新安主薄二人爲二行老□鄧

洪敏等五人爲一行石泰等四人爲一行桓嗣宗等三人爲一行王晁等三人爲一行下已磨滅不可辨此截之右刻宋政和癸巳通義程鵯等大字題名七行後半殘缺其左亦刻有題名復爲後人刻艸書大字四行於上并不可審别矣其下又有王□□牛元若等題名六行紀年處漫滅又下有隸書計臺掾沈時湑熙題名四行後亦殘缺此皆宋人所續刻也案碑陰三贊蓋皆爲竇彦澄作彦澄時以潭州司馬攝刺史事故北海碑文有師長闕官攝行隨手之語上截同贊之錄事參軍等皆其幕僚次截同贊者乃長



沙一縣屬官後同贊者則皆隸潭州各邑之令丞薄尉碑文所云入謀羣吏乃命下僚是也又下一截所列之人則似皆郡之紳士矣但有銜名而無贊語或其前後爲宋以後人題名時磨去亦未可定字皆正書徑六七分較碑面文爲小然楷法端勁其亦出北海同時手筆無疑攷唐六典上州刺史下有司馬一人錄事參軍一人錄事二人功曹參軍一人倉曹參軍一人戶曹參軍二人兵曹參軍一人法曹參軍二人士曹參軍一人參軍四人市令一人經學博士一人醫學博士一人其中下州錄事及戶曹參軍法曹

參軍皆止一人中州無士曹而以法曹兼掌下州無功曹兵曹而以倉曹兼功曹戶曹兼兵曹又參軍中州止三人下州止二人又中下州皆無市令唐書百官志又有田曹參軍云景龍三年初置唐隆元年省上元二年復置又云武德初置經學博士助教學生德宗即位改博士曰文學元和六年廢中州下州文學今以碑陰證之戶曹之後士曹之前止有一官曹上一字似法則有士曹而無兵曹矣博士二人不分經學醫學之目又攷唐制上縣令丞主簿各一人尉二人中下縣尉亦一人今碑載長沙宰後三行漫漶



處當是丞主簿姓名而尉似有三人又有前主簿一人蓋以其去任之官而列於後也醴陵有令丞主簿各一人而尉無正員衡山有令丞尉而主簿石缺不能辨其有無湘鄉有令主簿尉而不見丞□陽當是益陽而令之後一行未辨何官劉陽僅見令主簿而丞尉皆不可攷或其時官制本有不同或字文剝蝕耳銜中有云員外及員外同正者唐初官制有員外置又有同正員猶今之額外人員故無定數也尉有稱上柱國者乃勲級也凡十有二轉而至上柱國其動級為最高朝請大夫係隋之散官唐制為從五品官階唐縣令上縣從六品上中縣正七品上下縣從七品上此以令宰而階五品蓋亦當時制也漢時縣置令長王莽曾改稱為宰後代仍稱令長唐止稱令而不稱長此碑醴陵以下各屬縣稱令而於長沙下及第三截有階朝請大夫者並稱宰可見當時又有此制而史所未詳也其所列縣以唐書地理志攷之潭州縣六此無湘潭者湘潭時隸衡州元和後始改隸潭州也而有衡山者據地理志衡州衡山下云本隸潭州神龍三年來屬今此碑立於開元之十八年其時猶隸潭州可證史志之言未確也睦州唐屬江



南道其屬縣有雉山文明元年改曰新安至開元二十年始改還淳故此碑尚稱新安耳政和正書題名第二行梁國虞王□□□下有男閩積三字獨隸書較大蓋後來續題者至舊志所云有米襄陽元豐庚申元日題名則在碑之側近人皆言在碑陰誤也瀏陽之瀏作劉可見唐時尚無水旁武氏授堂金石跋市令誤作郴令江氏瀟湘聽雨錄謂最先一層為北海書題名三十餘行又云不圖二字類唐人書皆讀之未審并未細攷耳古泉山館金石文編

麓山寺碑李北海所書載金石萃編第七十八卷碑

陰題名亦北海所書萃編引武授堂跋載其略於碑後其石今已斷裂砌入牆內不能復開茲據舊搨本椟行細審較授堂所記爲詳碑在今善化縣嶽麓書院之右萃編誤作在長沙衡山縣（筠清館金石記）

萃編載卷七十八未見碑陰故不錄入同治戊辰重葺嶽麓書院因屬督工士紳毀其垣洗濯而搨之搨工無善手不甚精到取五六本交相勘訂並參以吳氏所載錄之如右全身畢現矣湖南通志所載上截第四行缺大字九行缺趙字十七行缺秀芝二字廿行隣埕二字微訛廿一行缺有字又



誤力爲功廿二行缺紀字中截弟一行缺宰字二行缺議郎戴三字十二行缺禮字才字而又誤均爲城十三行缺衆字十五行缺瓚字十六行張下失空一格十八行缺元字廿二行誤徵爲微廿七行缺薄周二字廿八行劉誤爲劉世二行缺能字不字世三行缺篤字下截三行缺衛字禧字四字缺知字五行缺鄧希聲三字其上尚有一人姓名已泐亦所漏載六行誤濟爲齊又上截八行弟六字似靈而吳作雲中截廿行員外下吳作仇廿四行吳本尚有（尉）李光同四字石已損泐不可復見並據以補注於旁其中截弟二行議上作朗十八行弟一字作前下截弟一行城上作武字二行盛下作振卿二字或漫滅無存或形模不似姑從闕略仍識於茲至公作松力作功靖作清均作盛惟終作克終則均吳氏所誤大（四行）秀芝（十七行）有（廿一行）才（十二行）元（十八行）尉（廿五行）篤（卅三行）等八字吳氏亦闕爲武氏跋誤市爲郴瞿氏已言之其以倉曹爲倉部敬琛爲敬撰威之爲戚之張惲爲張輝待徵爲待微（瞿氏亦誤）則瞿氏所未及詳也瞿氏跋有倉曹參軍語然則弟五行曹上是倉字而其所輯通志闕



之今已蝕矣碑字時雜行體瞿氏謂楷法端勁未爲得實又云劉陽之劉唐時尚無水旁則審碑未的故有是語或所見本不甚顯耳

陰側題名六段（自宋元豐三年至慶元四年）

米黻題名（二行行六字字徑一寸二三分款一行四字較小正書三行）

元豐庚申元日同廣惠道人来　襄陽米黻

后襄陽題名三行正書左行在麓山寺碑側案黻浯溪詩題於熙甯八年此題名乃元豐三年又在後五年蓋其時尚便養官長沙也（古泉山館金石文編）

南宮浯溪詩刻嘗疑爲後人重橅之本觀此題名

筆意大相徑庭前言當不謬也

程睥等題名二行行十三字款五行行十二字字徑一寸五六分左行正書

通義程睥明迪稽山石彥和子惠梁國虞王□□伯
政和癸巳歲四月十一日渡湘西同辻廉苑道林景
德晩土泐木者泐不圖泐

右程睥等題名七行左行在李北海碑陰第三截右

古泉山館金石文編

程睥官荆湖南路提點坑冶鑄錢見陽升觀碑此刻在朝請大夫之右通志缺和伯湘者四字道林下脫景德二字伯字下有男閎積來四分書瞿氏跋內謂是後來續刻而於此處仍復彝入并脫來字亦疏矣茲據石正之而別錄四分書於後



曾思等題名五行行七字字徑一寸二三分分書

襄陽曾思譙國盛木東平呂美問錢唐吳諮同游岳麓
訪光老爲竟日留紹興八年三月晦

右曾思等題名八分書五行在麓山寺碑側米襄陽題名下古泉山館金石文編

甯鄉黃虎癡本驥嘗摹此刻及南宮題名重鐫於嶽麓書院蓋以爲不可復見也然較原刻不逮矣錢唐之唐尙不加土猶見古意

王仁甫等題名六行行九字字徑六分正書

王仁甫自道林拉宗室嚴起偕弟明甫濟甫欽甫勤甫
嘉甫慶甫宏甫文甫同遊嶽麓觀李北海碑歎賞良久
歲在庚申五月望日牛元若題

正書紹興十年在長沙孫星衍寰宇訪碑錄

右題名無紀元據訪碑錄知爲紹興十年通志於此處未載其文而別錄王□□等題名於宋末云在李北海碑陰弟三截左下似是宋刻蓋未審出仁甫二字也并缺起欽文賞良久六字此刻爲艸書題名所掩然尙完好又案訪碑錄復載有咸湻六年王仁甫嶽麓寺碑陰正書題名一則通志據以列入今碑實無之自紹興十年庚申至咸湻六年庚午相距百三十載所謂王仁甫者决非即此人豈經磨滅或在裂缺處邪抑孫氏所得此本一審爲庚申一誤爲庚午而分系之邪然亦何據而定爲紹興咸湻也憾不得起諸九原而質之



沈時等題名四行行八字字徑八分分書

計臺掾保慶沈時子麟合肥王顯耆源高郵□□容生
來遊觀宋湻熙□□□□志

右沈時等題名八分書四行在李北海碑陰第四截

下保慶卽寶慶案漢石經春秋左氏傳盜竊寶玉大
弓之寶作保乃古文也古泉山館金石文編
通志缺書鄆容生觀五字其湻熙二字則石已裂
損據志補注於旁
王容等題名二行行八字字徑二寸四五分正書
王容陳邕同游慶元戊午十一月廿一日
右王容等題名正書二行在嶽麓寺碑側古泉山館金石文編
曩在京師得此搨本不審石在何所今始知爲北
海碑側並悉前所蓄者乃乾隆年搨本也案通志
王容字南強湘鄉人湻熙十四年一甲一名進士



官至禮部侍郎陳邕字和父長沙人官桂林郡文
學除祕書省正字職官志又云甯宗朝知岳州亦
見於廣西通志云陳邕乾道間任靜江府教授戊
午爲慶元四年
殘刻三段均無年月
男閼積來僅存四字字徑一寸五六分分書
泐□□九　□□兆□　曾□遇□存三行可辨者四字字徑一寸二分
在王仁甫題名之上爲艸書題名所掩
第二行兆字之上又有冷楊二字正書
□注□梁　晚汎舟還存二行六字字徑寸在王仁甫題名末行之上亦爲艸書所掩
後二段前人均未著出

東林寺碑記開元十九年七月十五日元人重刻萃編載卷七十八
大事缺事字開示缺示字妙供日宏缺供字脫宏字於天天誤大猶昔
缺昔字果睢缺睢字名色缺色字文伯伯誤日
雲門山功德銘
高八寸五分廣二尺八寸廿三行行字不一字徑寸許正書在益都雲門山之陽洞西大佛龕下
青州雲門山功德銘并序
承議郎行益都縣令唐□□□
夫代上役役人間□□茫是非之環溺死生之海者久
矣六代祖後魏使持節青州諸軍事青州刺史諱輪作
牧茲□道被東夏遠從祖諱季卿部苻□□大庇□人



暨紉□□貞休□□是邦綦□丕烈泐以冥應泐嗟嗟
□泐淨業泐途泐羣生□泐萬□泐大千之化鐲泐初
翹勤宜尊□泐嗟峨蓮業□泐浦沉瀁泐冈測惟像泐
開元十九年歲次辛未□□□丑朔十五日辛卯畢
功京兆唐子泐
段赤亭云唐書百官志散官承議郎同出身正六品
上縣令品從六中下縣令品俱從七以正六品爲之
故曰行也山左金石志
右雲門山功德銘前題唐道周銜名其文云云貞休
爲萊州刺史見前德政碑新唐書宰相世系表輪字

文轉靑州刺史北史作倫附見其子永傳以德政碑
推之輪爲貞休四世祖貞休亦道周之從祖也平津讀碑記
阮氏所載譌闕甚多欢行唐字下曼患洪氏以爲
道周姑闕之其以茲□爲慈仁則非也辛未下所
缺當是八月丁三字石本八字左筆尙存通鑑目
錄是年七月丁未朔

開元殘碑

高存二尺五寸六分廣存九寸五分八行行存三十二字字徑寸許正書閒參行筆在咸陽

□□□□□□□□□飾□□□□□揚□日之輝
□□□□□□彩□□□
□□□□□□□□□□□□□□□□□而□永示
姝妙舞□仙樂而韻和□色
大雄衛護　聖壽無疆　□德乃□　恩覃有截
福流遐迩遍及蒼生理□名
可歎頌敢課虛以申詞謹爲讚曰　上聖流福大智
宏慈鉽仁普濟遍救無私一其
周遊天下豈獨西垂二其爰從西土來衛　我皇保茲
康樂地久天長三其豈量高下
亦被羣生四其



開元廿年歲次壬申五月一日壬寅朔十五日景辰
建
撿挍官內坊丞梁知古　撿挍官李昌言
僕寺咸陽監主薄史延壽李史二行字徑五分
右開元殘碑僅存後八行每行約缺八字在上在
下不能肊定姑分行錄之碑詞皆釋氏言攷趙氏
金石錄有阿彌陀佛贊殷彥方撰鍾紹京正書開
元二十年五月立此碑疑卽是也惟德甫有目無
跋未敢遽以爲證耳西垂不作陲猶見古字

康州司馬來慈墓誌

高一尺八寸廣一尺八寸四分廿二行行廿二字字徑七分許正書

大唐故康州司馬上柱國來府君墓誌銘
公諱慈字思毓南陽新野人□□般之□或□淪東夏
或翼贊南陽珮帶銀□□□冠蓋史冊詳矣曾祖演周
淸水縣侯宏材廣度御下□方祖宏隋開府儀同□毅
明衡事上無隱父表上谷郡丞雅志髙尙脫巾不仕公
孝友曰心肅□內發閶閭慕義朝野欽風起家擢授藍
松唐安二府都尉屬西戎不賓河右時梗迺拜公河源
道鎭守副使公丹靑式擧干戈未戢酋渠革面重落歸
心然淮夷叛而逐其宗都□□而黜其族由是乇遷春

州司馬淩南蠻蟻聚嶺外蜂飛廣州都督奏公行康州
事公示以明□□以威武踰山濈負航海譚誠其訕俗
安邊類若此也既□秘略未究奠夢興災泰山其頹弥
留遘疾以神龍三年薨于府第春秋六十有九公繫彖
文武獨得心靈吳坂魯庭無虧覩鑒公薨之日知與不
知揮涕相趨何已輟舂而已夫人段氏襄國公之長女
後夫人吳氏大將軍志之小女並毋儀令淑婦德幽閑
俱不終遐齡先公而歿開元二十年歲次壬申遷莖于
坊州宜君縣石祠東原礼也長子斐次子璟早亡次子
邸次子彝孽子彝女巽常令業等崩心殞慕泣血纏哀



懼陵谷之推遷勒斯銘以騰實□□曰
悠悠我祖肇自商殷歸周佐漢□馥蘭芬或侯或伯迺
武迺文德音秩秩垂裕後昆其一世載忠孝惟公挺生風
流玉潤道叶金聲材高位下心虛業□□石播美敢勒
芳銘其二

右康州司馬來慈墓志當在宜君出土來慈及其
先世後嗣史皆無傳妻父吳志女巽常令業亦無
傳隋書來護兒傳云南陽新野人後徙江都故唐
書來濟傳稱江都人此誌稱南陽新野人則與來
濟同系而異貫也護兒弟五子宏官至金紫光祿
大夫與慈祖同名非即一人慈初授蓋松唐安二
府都尉蓋松屬絳州唐安屬同州嗣拜河源道鎮
守副使梭西戎不賓當指吐蕃而言本紀永隆元
年黒齒常之爲河源軍經略大使延載元年婁師
德爲河源積石悅遠等軍營田大使不見有河源
道鎮守使其人慈豈嘗爲黒齒之副邪文云淮夷
叛而逐其宗都□□而黜其族由是左遷春州司
馬史無來姓叛逆之事惟長壽二年殺廣州刺史
來同敏豈即因是邪又云南蠻蟻聚嶺外蜂飛當
即指嶺南獠寇而言廣州都督不詳何人春州康
州俱隸嶺南道襄國公者段志元也慈薨於神龍
三年是年九月改元景龍蓋九月以前薨也遷葬
於開元廿年慈薨廿六年矣



## 王惟造像記

高一尺四寸五分廣八寸八行行字不一字徑五分正書在河內

唐開元廿一年癸酉歲二月己巳朔日弟子王惟敬造
阿弥陁像一軀申宿誠也夫至誠必應福無唐捐非遊
此山實愛幽勝冥發誓願□卜閑居果契陳□□□□
□茲□彳之絕境也□来□□途経仏□斜連□□之
□對壁丹□之派□□□□基□靈像爰開粹容永資

祀謁一切含識同躋覺□又□□□□□丹□之悰
爰開宏□□□□□缺不辨幾字□□祀謁□□万□□□
缺

造像人名半泐似是慎字吳氏作惟從之敬字當
屬下讀吳氏以爲人名殆非

冠軍大將軍李仁德墓誌

方一尺八寸首行三十字文廿六行行廿七字字徑五分正書

大唐故冠軍大將軍行右威衛將軍上柱國金城郡開
國公李公墓誌銘并序
公曰仁德族李氏其先盖樂浪望族也自堯臣類馬周



史猶龍眞裔散於殊方保姓傳於奕代考甲子
皇贈定州別駕　天上降成綸之恩地下光題輿之
寵公即別駕府君之元子也風骨驍奇器用英遠智爲
甲胄義作干戈談王覇則金火生光說甲兵則旗鼓動
色當昔
中宗晏駕韋氏亂常將欲毒黎元危
宗廟公於是義形于色憤起于衷發　皇明拔
紫闥奔走電激左右風趍心冠鷹鸇手刃梟鏡人祇再
色　帝宇廓清翊
一人以御天功存

社稷膺四履而列地封固山河是用拜公雲麾將軍行
右屯衛翊府中郎將金城縣開國子食邑三百戶晝巡
徼道環　黃屋而竭誠夜拜殊榮佩紫綬而光寵是
用遷公右威衛將軍錫馬承恩一日三見於
天子以爵馭貴十卿同祿於諸侯是用加公冠軍大將
軍進封開國公增食二千戶何居昊天不憖掎人其萎
山岳收神日月奄壽欻以開元廿一年正月廿日薨於
醴泉里之私第春秋六十有一嗚呼哀哉公履謙謙杖
翼翼不軒裳而恃不江海而閑其生也榮其死也慟匪
止鄰不相巷不歌寔亦　負扆興嗟同盟畢弔特



勅贈絹二百匹賻物一百叚米粟一百石供喪事也
即以其年四月十三日葬於高陽原禮也南面近郊問
三龜而一吉東首顧命滅大樹而小封金玉靡藏誠之
智也琴瑟空置奉之仁也有子二人長曰思敬右驍衛
中侯次曰思讓右驍衛司階並七日絕漿式五月而葬
殯慕罔極賓拜無容防地道而變盈紀天性於幽隧銘
曰
惟嶽降神冠軍當仁忠孝是佩淸白爲鄰曷其榮也
社稷貴臣曷其哀也朝市悲人生可續兮孰不萬春死
可贖兮孰不百身生不可續死不可贖歷考古今誰免

風燭人閒代兮代閱人倏兮忽兮一邱塵舟移壑兮壑
移舟蕭兮索兮九原秋意氣盡兮萬事罷泉門閉兮九
重幽悲夫悲夫空默默魂兮魂兮何悠悠

右冠軍大將軍李仁德墓志當在長安出土醴泉
里即醴泉坊在長安東市宗楚客宅在焉補訪碑
錄以誌石爲在醴泉誤矣

著作郎張漪墓誌

高廣各一尺九寸五分卅行行卅字字徑五分正書
篆蓋題唐故著作郎張公墓誌九字蓋在襄陽誌石
在臨桂
唐氏



唐故朝散大夫著作郎張府君墓誌銘并序

姪子愿述

君諱漪字若水范陽方城人四代祖策從後梁宣帝入
西魏子孫遂家襄陽焉隨澧陽令諱則府君之曾孫
皇都督安隨郢沔四州諸軍事安州刺史諱元弼府君
之嫡孫特進中書令漢陽王諱柬之府君之冡子天縱
明達家傳孝友質而能史文而不華周舉成均進士擢
第上　聖麻封事一命懷州武陟尉後應長材廣度科
再轉洛州登封主薄紀肅識甸望雄臺省累遷左補闕
攉惟樊侯緝我袞職而狡童怙寵碩人之薖多士側目
莫之敢指君疾彼蠹政上害苗書　帝嘉其言且未能

用除著作佐郎　恩示累加實遠之也尋而盜有巨力
將生大變故　我王父昇堂秉鈞勤其凶邪有以興復
狐鼠何有城社惟艱蓋老智謨之少壯決之內有獻納
外則糺合賘宲之力君㕘半焉洎　王父錫桊受封
恩欲别開君邑　王父辭曰　天飛聖也利見時也臣
且饕竊漪何力之有焉　帝曰彘在春闈嘗見卿子敢
言時事朕實拒之今乃同昇諸公果集是績眞其北也
卿奚讓焉對曰同室協謀父子偕邑非典也父執政子
開封重嫌也　恩實天啓人謂臣何頓首固辭然後迺
已於是稍加朝散授大著作循厥資也尒後王辭廟堂



恩拜本郡君表乞扶侍采蘭樊沔無幾而　太妃薨
棘人欒欒哀毀滅性未卒哭終於倚廬嗚呼痛哉壯年
卌有七君丕承烈光克稟彝訓启變詞圍翰飛天衢自
祖及身皆秀才觀國逸源巨浪三葉一枝故七涖官秩
六承　恩拜而典要有禮變通適宜所居之政皆爲後
式雖光塵混物而而雅素恒貞□絕薰味心多禪悅非
夫體合道而行中權歟是蓄希聲將登大用天實冥昧
降此鞠凶凡百君子靡不震悼夫人成紀郡君李氏
皇朝瀛州司法叅軍昭信之女也洵淑且都柔嘉惟則
詠采蘋而服禮示斷機而流訓岂有犇駟滜無藏山以

開元廿年十一月廿五日寢疾怛化於靖安里之私館
春秋六十二越明年孟冬月才生魄與君合窆於相城
舊塋　王墳之甲從先也子孚岦嗣輪嗣應荆府倉曹
秝叅河府軍事不幸早世先夫人云亡孚鄖城縣丞岦
邠王府掾白華半落綵衣長罷陟岵奚望風枝結哀愿
不天早歲無怙　伯父垂訓嚴君若存惸生孤藐以至
成立恩深罔極思報無階茹血申哀務傳家政禮也銘
曰
在昔雲雷邅屯華夏　王祖伯父克勤　宗社翼戴飛
龍肅清天下君臣一合名器無假讒搆于朝忠弃于野
惟伯扶侍除官告罷　太妃俄薨血淚交灑荼苦過制
因倫大雅今則有之古所無也未謚忠孝空塋松櫝非
斯慟兮孰可悲□

右張漪墓誌并篆蓋余先得篆蓋知著作郎之爲
漪而誌石藏桂林唐氏無由覓其搨本唐氏有名
秉廉者以大令官於湘詢之則子實即其從兄也
因介大令轉索得之而銘蓋俱全矣誌首行有姪
子愿述字是撰文者爲張愿漪之從子也新唐書
張柬之傳以愿爲柬之之子宰相世系表以愿爲
漪之子二者互異而皆誤也漪四子表失載孚名



表脫漏甚多已詳張元弼誌跋此誌敘先世云四
代祖策從後梁宣帝入西魏表作宏策字真間衛
尉卿洮陽閔侯誌謹言策者避太子宏諱猶袁宏
機之稱袁機也表不言魏者當是魏未授官之故
張點誌又云六代祖策去西魏自南齊遷宦弈葉
因家樊沔表不言齊與不言魏同張軫誌又云五
世祖策隨梁北歸寓居襄陽因爲此土舊族詳略
各殊尙無不合張曛誌又云五代祖策梁岳陽王
諮議參軍贈持節蔡州諸軍事蔡州刺史則與表
所稱衛尉卿洮陽閔侯者不符當以誌石爲正漪
舉長材廣度科見於玉海終唐之世膺是選者只
漪一人唐時制科名目不下六十餘選舉志不具
備也誌云狡童怙寵云盜有巨力云勦其凶邪有
以興復即誅二張事攷柬之引疾在神龍元年傳
云漪以著作佐郎侍父襄陽誌云表乞扶侍與史
脗合惟據誌已授大著作而傳猶稱佐郎是史之
誤當據石去佐字誌云無幾而太妃薨又云未卒
哭終於倚廬是漪之卒當在元宗初年此誌立於
開元廿一年者因其夫人李氏合葬而追述之也
誌云疾君蠹政上害苗書是漪亦錚錚有聲者而

史無一言及之向非此誌之顯於後代亦與草木
同腐矣誌用詩句碩人之蔿攷毛詩作邁韓詩作
過此作蔿或本於齊魯兩家可補引經異文之一
條說文無蔿字又可知邁蔿同字當用邁爲之也
彖當即秀字通變適宜變字添註於通適二字之
間而雅素恒真上衍一而字口絕薰味薰葷之古
通儀禮士相見禮膳葷注云古文葷作薰漢書霍
去病傳所獲葷允之士注云葷與薰同文選養生
論薰辛害目注云薰與葷同又禮記內則注一熏
一䐈即一薰一薌而釋文云熏本作葷亦一佐證



河南府參軍張軫墓誌

方一尺七寸二十五行行二十
三字字徑四分餘正書在襄陽

唐故河南府參軍范陽張府君墓誌銘并序

呂巖說撰

君諱軫字季心其先范陽方城人也九世祖貞仕宋南
徙五世祖策隨梁北歸寓居襄陽因爲此土舊族　先
考　猗朝散大夫著作郎　大父諱柬之特進中書令
漢陽郡王　曾大父諱元弼益府功曹贈都督安隨郢
沔四州諸軍事安州剌史皆諸侯之選朝廷之良矣君
著作府君之第四子也孩而歧嶷丱而頴亮卓犖横峯
汪洋德聲人難其才共許遠大年九歲以母氏宿願固
請爲沙門自削髮緇流持衣紺宇內求三藏之實外綜
六經之微蹈其元鑰得其深趣蓋以爲攝慧乘者艮己
以宏物知理道者從義以適權况乎祖之謀孫初聞遺
旨兄之識弟再有忠告者哉所以曳長裾遊大學不諂
不黷爲寵爲光尋以進士甲科拜河南府參軍事參彼
都輦萬方是則分玆俸邑四海攸均雖曹參以獄市留
心魯肅以囷倉濟友未足侔於古也春秋卅有六以開
元廿年六月五日因調遘疾終於洛陽陶化里之私第
禍罹霜露顏回之才不幸歎興蓬几孫楚之悌無從越



開元廿一年十月十六日改祔于本郡安養縣相城里
先祖之舊域禮焉君立身謙和爲性孝友兄弟溫如
也鄉黨穆如也始以甘脆甯奉至行樂於晨昏終以醯
醪養閑深仁絕於麵血斯志固不可得而言已嗣子緯
紹荂風訓有紀義方成素其在哀疚還近傷之嚴秩自
衡闕道由襄漢撫嵇孤以哽咽践楊冢而遅迴漬絮非
馨柔毫可奠永惟陵谷無丹青詞曰
堂〻乎張川岳降神文華經國孝友謀身我才以通我
命以屯三魂爲主四體爲賓古樹蒼〻幽火燐〻其漠
开世悲隙萬春樊鄧之郊周楚之津紀此玄□知予故

人

右張軫墓誌誌稱軫官河南府參軍與世系表合

錫字不見於今字書蓋即扃之俗體爲寵爲光即

詩之爲龍爲光也可補入詩異同考詩長發何天

之龍箋云龍當作寵大戴記引正作寵易師承天

寵也釋文云寵王肅作龍皆其佐證

秀士張點墓誌

方九寸二分十六行行十七
字字徑四分正書在襄陽

唐故秀士張君墓誌并序

君諱點字子欽其先范陽方城人也軒轅錫族司空分



泒繁衍光大自北徂南九代祖貞從西晉入東晉六代

祖策去西魏自南齊遷宦奔葉因家樊沔祖漢陽郡王

中書令東之佐命元勳建封立廟服器有具子孫其昌

父嶧則　王之第二子君則王之第七孫渥洼躡足有

權奇也丹穴綷羽異騫翥也學詩學禮舞象舞籥克孝

克温日肅日庠成童未冠遘疾而歿誰與聰明不假眉

壽　先天二年八月十六日歷于私苐時年十七開元

廿一年十月十六日改殯于安養縣西祔先墳禮也祔

祖廟祭也嗚呼哀哉君之兄駕部郎中愿痛萼跗之不

祿悲涕泗之無從銘曰

陟彼　先塋東西壠之伊何君子左右位之成童脩德

痛幽闕之棠棣之華上春墜之

右張點墓誌點東之之孫嶧之子愿之弟也宰相

世系表不載其名誌敘先世云九代祖貞從西晉

入東晉據世系表所載點之九代祖名輿不名貞

又別無名貞者此與表異張軫誌亦云九世祖貞

仕宋南徙軫於點爲同祖昆弟疑表有誤然此云

入東晉彼云仕宋所述尤復異辭據表所載仕宋

爲濮陽太守者名亥惠於點與軫爲八世祖亦不

脗合闕疑可耳又云六代祖策去西魏自南齊案



策表作宏策係點之五代祖軫誌稱四代祖軫顯

二誌並稱五代祖此作六者誤又表載仕齊爲鎮

西將軍者乃宏籍非宏策也蓋亦誤矣歷于私第

之歷當是卒字之誤

八瓊室金石補正卷五十四終

八瓊室金石補正卷五十五

太倉陸增祥撰　男　繼輝校錄

吳興劉承幹覆校

唐二十七

代國長公主碑開元廿二年十二月三日萃編載卷七十八

降歸缺歸字邑官缺邑字搆蒲□□碁缺碁字掘琵琶缺掘字入

場缺場字天□見棗幽婉何缺天幽婉何四字以德缺德字网騁网誤

掬三藏缺藏字尼灌頂缺灌字頂誤像切同生□□□念內切下四字

缺奴每缺奴字內宮人一切缺內宮人三字若生訣缺生訣二字慈和

缺慈字眼之言缺眼字輪王缺王字登圓□圓誤雲官供缺官字縈



紓缺縈字楚挽缺挽字必近缺近字道責缺責字從傳傳誤傅曾匪

憖遺缺曾匪二字在諒已下弟□書□□已下男聰書男聰書三

字外均缺

碑稱公主睿宗第四女新唐書作第五女以傳重出

荆山公主本不在數中也碑又稱則天太后御皇堂

宴上年六歲爲楚王舞長命□□□年十二爲皇孫

作安公子岐王年五歲爲衛王弄蘭陵王兼爲行王

詞曰衛王入場咒願神聖神皇萬歲孫子成行安公

子曲名蘭陵王舞名俱見教坊記宋文鑑有小兒勾

隊小兒致語當即其遺制然元宗六歲即諳教舞他

日廣設梨園荒淫無度卒致祿山之亂其禍有自來

矣平津讀碑記

書人一行在銘詞末句之下碑爲兩人書它碑所

未有金石家無言及之者何也

華嶽題十六段起開元廿三年四月廿三日

鄭虔題名開元廿三年四月廿三日萃編載卷七十九下並同

芝昭應不缺芝不二字十方缺十字

關中金石記作主簿常冀尉元撝殘碑次於明皇

末

盧綸等題名大秝六年三月廿日



叅軍陸漸缺陸字

崔徵等題名大秝七年三月廿日

男溉溉誤蔇

石刻溉字極爲明顯而武授堂亦誤爲蔇且据以

疑世系表及崔泳墓誌崔少尹盧氏墓誌之誤乃

真誤矣其元和十年題名之崔蔇則从艸不从水

非一人也

盧朝徹謁嶽廟文大秝九年三月萃編載卷九十九

屑卒缺屑字

鄭全濟等題名貞元十三年三月廿四日萃編載卷八十下並同

□陰縣尉鄭暐字缺陰

武授堂所述李端士鄭暐署銜均係華陰縣尉此

本僅見一陰字

容府□□題名殘字元和十四年正月一日

鄉貢進士任□字缺任表弟谷字脫表

萃編作謁嶽廟題名殘石茲從畢氏

王播題名元和十五年十一月廿六日

拾壹月字缺拾

裴頊等殘題名無年月附長慶元年

縣令上柱國缺令上二字□陰□字缺陰



寶存辭等題名開成三年四月

三年一二誤

關中金石記作馮耽題名

李□方題名大中元年三月

右諫議字脫諫三月二字脫二□命□兩缺命字并少一字

鄭復等題名大中四年九月五日

□河東　前臨晉　前隴州均缺行首一字

潼關節度都虞候殘題名四行字不一字徑寸許正書四行在張孝孫題名之左

潼關節度都虞候節度副使元從鎮國大將軍左金吾

衛大將軍　銀青光祿大殿中監

列銜有元從字案元從勳號有稱太原元從者在

高祖時有稱靈武元從者在肅宗時有稱興元元

從者在德宗時此題但稱元從不詳何代潼關節

度置於興元元年至貞元九年而罷此題潼關節

度都虞候蓋德宗時所題也武授堂於此署銜自

左讀起屬之於張孝孫張孝孫題名下方有熙寧

辛亥中元日題小注雙行非唐人也授堂豈未之

見耶

李滐等題名高九寸廣二尺許存見十六行行字不一字徑寸餘末行字徑六分正書左行

中丞李滐



儺

幽

嶠

林待　詣郭泇此右間一行

判官王希倩

琢

瑎此右亦間一行

將軍阮易

歲九月廿有二日記

監軍判官內謁者張懷進

右李深等題名末行張懷進署銜監軍判官內謁者蓋唐人所題也字體雖小出一人手筆決非別刻上截斷缺其空處爲梁亙成麟蔣之奇解絢薛昌朝李蟦張重諸人題刻無餘地以字體筆勢審之李蟦張重蔣之奇三人各一題解絢薛昌朝爲一題左行梁亙成麟爲一題右行梁亙署趙王府司馬當是唐人萃編列宋嘉祐之前不知何据并自左讀起而綴阮易及月日於後誤又以王希倩一行綴於蔣之奇之前亦誤皆當更正也又此刻疑卽萃編所載庚□等題名之下截惟余三得華



岳題名卒未見庚□一刻不得舉以比較未敢肌斷李亙關中金石記作李昌亦未審孰是姑識之俟得拓本再定

李成允等殘題存後四行行字不一字徑寸許正書在杜訦題名之左

從行

前左千牛李成允

下邽縣丞李墳

年二月十三日題

右題名存後四行萃編載李境題名與李賞李□同列署銜正與此同

弟鄭殘題存八字字徑一寸正書在左輔頓僚刻石記之左

自河東移　謁于　弟鄭

李綬殘題高五寸三分廣三寸六分二行六字字徑一寸二分正書左行

進士李綬同行

筆意頗似李植題名

右華岳題刻十六段萃編未載者只五段也關中金石記所錄唐刻尙有郎仲堅大秝七年張鄂李紳王高均元和八年韓常元和十二年鄭簡之長慶元年尙書主客員外郎□□鄰宗□均開成元年□伏王季會昌六年劉□仁大中四年張權薛謣均大中五年崔璀大中七年崔彥昭大中十一年



張權大中十□年温璋咸通五年韋彪無年月等題刻十七段皆王氏所未見余三次收集卒未獲一吳氏筠淸館亦未錄入豈當時未昭諸牆壁耶聞壁間舊石有爲人挖去者則以後更難盡有矣

景賢身塔記開元廿三年八月十二日萃編載卷七十八

太山羊愉缺太字囧然昭洸昭誤照霓谷□景谷誤必缺景字豺虎缺豺字寠居寠作宴道爲之守缺道字此據吳氏本補時神龍五載也缺五載也三字此據吳氏本補乞留都下缺乞字意傳法印缺意傳法三字傳法二字據吳氏本補萬形蠢蠢缺萬形字下蠢字誤作〻雖相示寂滅缺雖字常住缺住字濟濟多士缺多士二字爛其□門缺其門二字夜盡缺夜字示

同松物缺二字示同䞋赫䞋䞋誤廣衍之業缺業字

右記文三十行行廿一字字徑七八分行書在嵩山會善寺溫古書結構可法蓋能書者覽刻類編但載其開元廿五年六月書楊仲昌傳菩薩戒頌而遺此刻景冬陽說嵩載其目及首撰書人一行末年月一行且於釋氏所收沙門內又不及大通智宿及景賢之俗家爲汾陰薛氏與神龍五載中宗召至都下元宗賜書塔額等事蓋未及將此記細讀耳葉井叔嵩陽石刻記補遺曾載此文智寶禪師上二字亦闕而不辨射虎上缺三字三世諸佛下缺二字又缺大明



之明盡誰上下皆缺一字亦東及示同下亦皆缺一字而誤羊愉篡之愉爲俞篡爲纂其言王維留別溫古上人兄詩宗兄此削髮之句以爲溫古乃摩詰族人其言誠有據也予藏此拓本將四十年矣當時所收尚是舊搨金石萃編未見葉書雖錄有其文而闕二十餘字又䞋赫之䞋誤作䞋故復爲錄之王侍郎謂開元廿五年是丁丑蓋誤書廿三爲廿五古泉山館金石文編

回然照洗回即淵字北魏張猛龍碑神回字亦如此作平津讀碑記

讀瞿氏跋語覓谷下亦東下夜盡誰下缺字皆可辨識惜其書之已付劫灰矣

北嶽豐廟碑日開元廿三年十一月廿二日萃編載卷八十一

適命字缺命元惡作式昭代式誤苛歷苛誤奇

碑稱使持節刺史段公字崇簡新唐書地理志曲陽縣屬定州則刺史者定州之刺史也碑陰又稱段公諱愔字崇簡五代祖榮字子茂四代祖韶字孝先曾王父濟字德堪段榮段韶段濟北史北齊書皆有傳其歷官與碑所敘略同王父乾字寶元唐刑部郎中遷給事中刑部侍郎尚書左右丞洛州刺史烈考嗣



皇韓王府功曹潤州司士滄州東光縣令元和姓纂段榮後魏定泰二州刺史生孝先名韶北齊大宰左丞相平原忠武王寶元尚書左丞刑部侍郎大理少卿生嗣基東光令嗣基生崇簡右衞將軍鄭州刺史嗣基即嗣皇崇簡即愔唯韶下脫濟一代又寶元作寶積元皆今本姓纂傳寫之譌平津讀碑記

秦望山法華寺碑

高六尺二寸廣二尺九寸廿三行行五十二字字徑七分行書在山陰

秦浙本首有大唐二字望山法華寺碑并序

括浙本作栝州刺史李邕撰并書

昔者法王道開鷲山相現曾是大事緣非小緣順喻孔
多證入弥遠故以三界爲宅五濁爲火四生爲子六度
爲門一乘爲大車十力爲長者轉量熟惱之衆延集清
凉之都念茲在茲廣矣大矣法華寺者晉義熙十三年
釋曇翼法師之所建也師初依廬山遠公後詣關中羅
什（兩浙金石志作深誤）入禪慧尤邃佛乘雖禮數摳衣而名稱
分坐與沙門曇學俱遊會稽覩秦望西北山其峯五蓮
其溪雙帶氣象靈勝林壑廛閟比興者闇營卜蘭若羞
涅槃食納如來衣專精法華永言實意感普賢菩薩爲
下俚優婆提猕子於竹筐寄釋種於蓬室師以縮屋末



可枕扆乃明移出樹間延入舍下及杲日初上相光忽
臨乘六牙衛八部滕幡虹引妙樂天迎翩僊騰雲遥脩
上漢師想望太息沈吟永懷葉公好龍己遇真物羅漢
測佛末了聖心於是苦行自身焫誠通夢究如昔見弥
恨前非象勸持經嘗難其語鳥來聽法不易其人剝乃
攝以蜂王吼以師子祀謁者掎其裳袂讚歎者合其風
雷時太守孟顗以狀奏聞因以爲寺則知妙法者真如
之巨體蓮華者淨道之假名是故崇厥經署于牓入無
量義成不住因至若高僧慧其邑人陳載皆隨武投跡
傳燈襲明或五柱範堂或七寶規殿立普賢座追連弟

藍龍王讓池鴈子跪塔迦羅衛國連至雲山淨明德宫
更開日月固足以發慧印啓元門入位畢臻出家偕應
則有持證等觀永藏司流或慧舉十徵或昭明再造或
簡文瑞像或武帝香鑪寶鈴吟風珠幡交露僧瑤畫意
畫長豪之妙光宫女縱功織大身之變相次有陳州邑
吏隨國施檀（浙本誤作陳隨國施州邑吏）搢百寶盈於九冈羣經脩於
三藏所以神鍾警夜保賢聖之天居祥鳥肅賓迓軒蓋
之雲集忍辱靈草捃萋萋於小莖偃僂萎花（浙本作優曇異）搴
灼灼於高（兩浙金石志作高）榦故得人天迴首江海回聲芭蕉
遇雷倏焉滋茂葵藿隨日至矣勤誠登山而野曠心空



浴水而垢除意淨施及先律師道岸今弟子釋儼並身
林久伐禪剌都遺性通七事戒揔八關金杖五分優劣
既等緇綵四色功德豈殊甘露有加香油不墜頃者豪
州剌史前此邦别乘太原王公名弼法海廣大慧炬融
明德立於衷義開於物郅惲致主之節有耿投（浙本作扳）竿
葛亮報國之誠不忘草奏夫人武氏佩服真空干櫓巨
覺及男緬緒等惟肖二尊克慎三業若行若坐依佛依
僧去煩惱之外糠得慈悲之內實起普賢臺一級寫法
華經千部廣化人吏大啓津途郎普賢臺立法華社每
年二月重會一時且地効其靈山呈其秀有上座巨覺

寺主道觧都維那神慧僧表道賓律師行深慧燈等多材爲林衆器成樂一體和合乎用住持相與言於王公曰夫名者實之華碑者物之表其或表不立則瞻仰失容名不興則讚述無地願言刻石是用齊山朝散大夫前侍御史今都府戶曹袁公名楚客其皎如日其心如丹負兼濟之雄才託潰成之雅意願慙作者徒使懵然其詞曰　會計南山秦望北寺高僧往還聖跡摽寄耆闍比崒法華取義羣公護持歷國檀施陸寶大來海珎揔萃幡影連珠像光發瑞松巘蕭陳竹澗蕊翠綢紀有條禪律不墜掾曹叵直別乘仁智浙本此六句與下六句前後互易臺壓龍首殿開鳥翅象翥䓗陸烏迎車騎異香馝馞神鍾竒騄作爲碑板讚述名字

唐開廿浙本作十三年十二月浙本作二月八日建

刻字人東海伏靈芝

右碑在山陰縣秦望山天衣寺文二十三行行書往年原碑毀於火屢經翻刻已非本來面目矣趙明誠金石錄王象之輿地紀勝嘉泰會稽志皆作開元二十三年十二月此碑作開元十三年十二月祥案石本作二月以北海本傳攷之其任括州刺史在開元二十三年則是後來重刻時遺去一字耳兩浙金石志



周錫珪唐碑帖跋碑重立殊惡陋予見舊搨凡三種上海潘氏本秀而整貴陽馬氏本肥而華家伯氏伯紀所藏本近于馬而用筆稍纖不知三種誰爲真者寺廢于會昌彼時再建而再刻碑文明初燬于火至陶文簡復建寺後春生案萬厤府志寺燬於元末再建於洪武六年文簡當日或從而修葺之非至此時始復建也唯碑當是萬厤中覆刻偶於長安街得一本因以傳刻　法華寺今爲天衣寺唐大中間所改萬厤紹興府志云寺後有十峰堂堂之前有唐李邕斷碑石尚存杜春生越中金石記

去春在吳門韓履卿丈詒此宋拓本攜至濟南付老僕陳芝重刻之高僧傳載曇翼搆法華精舍事與碑悉合惟翼逝後立碑山寺會稽孔逭製文不知北海曾及見否此碑翻本疊出無論筆勢全非卽文字亦多乩改如秦望山上增大唐字與後題唐開元複出括州或作栝州十微誤十徵基缺筆作甚或誤不缺陳州邑吏隨國檀施誤作陳隨國州邑吏檀偃僂萎花作優曇異花有耿投竿作有取扳竿像光發瑞下誤接臺壓龍首刻石人東海伏靈芝作東海伏靈芝之刻石皆譌舛顛倒可笑末題開元二十三年十二月八日建按新書本傳開元二十三年起爲括州刺史

立碑正在其時金石錄與地碑目俱不誤翻本作十
一年十三年者皆謬也戒壇銘開元三年立葉有道
碑開元五年建皆題括州刺史僞作顯然盧正道碑
以天寶元年二月立尙題括州刺史上距開元廿三
年凡八年靈巖寺碑題天寶元年某月壬寅朔十五
日景辰攷是十一月所立銜書靈昌郡太守者時初
改州爲郡刺史爲太守靈昌郡太守卽滑州刺史其
年葢由括州遷淄州又遷滑州舊書謂由遵化尉累
轉括淄滑三州刺史天寶初爲汲郡北海太守新書
謂開元二十三年起爲括州刺史歷淄滑二州刺史



上計京師出爲汲郡北海太守天寶初李林甫忌之
因傅以罪敘次皆未翔實此拓足正諸碑之誤兼糾
二史之疏矣近日阮氏兩浙金石志杜氏越中金石
志皆從翻本錄入杜志引周錫珪跋及萬厤紹興府
志挍見前周氏所見定皆翻本十峯堂前斷石或是原
來妙蹟耶咸豐己未正月書於濼源書院何紹基跋
碑文訛處据宋拓鉤橅本錄入仍注於下其末題
十一年者潛研堂目据之余未之見也銘詞會計
南山書稽作計水經注禹台諸侯大計東治之山
因名會稽周禮注稽計也於義可通而竟作會計

宅書所未有所謂宋拓者亦復如是恐不盡可信
椽曹正直二語指立碑人而言宋拓本在臺歷龍
首句之上亦未浹洽不若浙本之順也孟顗孟昶
之弟見晉書列女傳

白鹿泉神祠碑

高五尺八寸廣三尺二寸五分正面廿五行陰十二行行卅字字徑一寸八分後小字四行行四十六字並分書篆額題有唐白鹿祠碑六字在獲鹿

白鹿泉神君祠碑

恒州刺史韋濟文

恒嶽山人裴抗書



恒州衆軍元諒監勒以上三行在標題之下字較小

粵泉之由來尙矣葢不知其古始爲故老相傳或言漢
將韓信東下趙涉井陘辟亏嵲嶺軍用渴絶俄有白鹿
跑地飛泉出焉百萬之師壹朝以濟永徽中邑尉皇甫
拓導泉自陘口東注郛落三十餘里餘波入亏滹沲屯
雲行雨膏凝脈散瀀浸潤所蒙蓋多開元□亥歲在東
井自春不雨至亏是月濟肅承
嘉命有事名山齋宿泉源靜恭旁禱神必響荅靈液□
□嘉苗來蘇歲以穰熟夫後造化而出奇功也活弍軍
之衆大勲也廣利百姓善化也施不違素善信也非夫

聖祚旁通坎靈潛發曷能邁種丂德左右犂人若茲者
虖宜蒙澳食昭著祠典而荒涼若石埋穢榛蕪歷代弥
年莫之旌賞碑板無紀堂象毀然非所謂無德不酬有
功必祀迺命縣屬率徵俸錢埽除林麓修創庭廟吏人
欣願不日而成兼旁攜數亭以休神憩侶因石爲室郎
山取材□□以茨不皮不斵爾迺面大道臨長亭襟西
晉欲東溟半二縣之封疆東百會之車馬重巖屏邊連
池珠沸𤀹淪洞澈蕊青霧蔚澄漪氷寒華胥露味於是
遊閑鄉族仁智名儒轂擊肩摩齎撓淫裔感靈泉之舊
戢忻厥命之惟新或篤言平兮節或祈穀乎農辰吟詠



嗟歎彈絃鼓儛去者思還來者忘歸此里仁之爲美寔
神君之所相也以上碑陽時別駕滎陽鄭韜兗別駕汲郡尙
景逖長史趙郡李晄長史河東薛昭司馬蘭陵蕭誠司
馬武功蘇曉真定縣令柳令譽鹿泉縣令竇欽望井陘
縣令于懷讃等昌言而進曰夫建國設邦分土畫埊必
有名山大浸靈境勝跡綏鎭□□□暉□望耆舊載其
風謠頌詠其事若關西之昆池灞岸洛南之梓澤龍門
□
帝室之威神嬉玉女之風俗既麗且康不可得而議也
其餘標□□□倒景重溟金闕銀臺五明蓬萊空傳方

士之詞莫在人間之世又不可得□至□夫□會稽□
□中姑蘇之虒臺成都之戒擔楚之□首晉之晉□皆
俯帶靈□□□煙月名區列郡之犄所章著標絶者也
摠天下□□配鹿泉□六矣是□子虛詫於烏有東呉
嘅於西蜀亦各尙其國風誇其樂土顧性我郡顯無閟
□□伐石鑽銘貽厥來裔其辭曰
車不得方軌兮井爲關輻□□晉兮東山□□道駢闐
兮往復還巖祠咫尺兮泉謡閑碧□藻兮洞連巒霞朝
嵐夕兮□石顏停轝稅馬兮駐登攀災祈禳苔兮無□
難宴衎康樂兮萬斯年



開元式十有四年王春三月鹿泉縣主薄楊晷新監修
池亭畢時司功參軍楊愼言司法張愔司士邸□司倉
□□誠參軍□俊參軍吉祉參軍長孫暸參軍盧澤恒
陽軍摠管元賢宰教練使李喬□城縣令柳浩石邑縣
令楊承慶九門縣□王慶靈壽縣令朱昂房山縣令魯
拱庭真定縣丞姚□主薄張惟肅尉王靈仙尉蔺慶尉
王志言鹿泉縣□□□客尉□光朝井陘縣丞姚懷□
主薄周仲□尉司徒惟艮石邑縣尉史凜然等羣公畢
會□□平建碑故勒其名用昭不朽矣
右碑兩面刻文韋濟文裴抗書元諒監勒有篆額甚

工頗得漢人遺意當亦抗所書唐書有兩韋濟新唐
書宰相世系表韋氏彭城公房有濟爲三原令璿弟
四子又小逍遥公房武后中宗相嗣立弟三子濟馮
翊太守兩唐書皆有傳附其祖父傳後史稱濟早以
辭翰聞今此碑瓌奇絶特非俗士所能所云恆州刺
史當卽此人惟碑立於開元二十四年三月傳稱二
十四年爲尚書戸部侍郎不言其曾刺恆州豈其入
爲戸部侍郎由恆州刺史內擢在立碑之後而史略
之邪裴抗稱岠嶽山人岠卽恆之别體新書宰相世
系表東眷裴氏有抗京掾爲陳州刺史希莊子後周



御正大夫尼曾孫宣宗相休之曾祖以其年代攷之
較前於此當非一人又新書田悅傳悅僭號魏王其
臣有司禮侍郎裴抗此又後於書碑時幾五十年亦
非此裴抗攷趙德甫金石録有唐真定令柳君紀德
碑開元十二年立太忍寺門樓碑開元十八年立又
大忍寺門樓碑開元廿一年立皆裴抗八分書若柳
令碑則又書撰皆出抗手據此可見抗亦擅名當時
其書實不出韓蔡史梁之下名位不顯史又無名遂
至行事無攷惜哉元諒無攷白鹿泉在今獲鹿縣西
南十里有山名虎王寨卽其發源之處元和郡縣志

恆州石邑縣有鹿泉水一名陘水南去縣十里是也
水經注井陘水世謂之鹿泉水東北流屈經陳餘壘
又東注綿蔓水卽泜水也韓信斬陳餘於此碑陰有
别駕滎陽鄭韜光新書宰相世系表南祖鄭氏有韜
光戸部尚書爲德宗相絪之曾孫時代遼隔決非一
人又有長史河東薛昭宰相世系表薛氏西祖後魏
河東太守瑚房有澤州刺史昭爲高平公絪子絪爲
瑚之曾孫（瑚後魏書及北史並作湖）非開元時人與此無涉又贈
部郎中温長子名昭爲中宗睿宗相薛稷族子疑卽
其人又有司馬蘭陵蕭誠見新書李泌傳及宰相世



系表表載齊梁房蕭誠官至司勳員外郎父名文憬
爲梁貞陽侯之裔與花塔寺佛座題名蕭讖爲同祖
昆弟李泌傳云張九齡與嚴挺之蕭誠善挺之惡誠
佞勸九齡謝絶之九齡忽獨念曰嚴太苦勁然蕭軟
美可喜方命左右召蕭泌在旁率爾曰公起布衣以
直道至宰相而喜軟美者乎九齡驚改容謝之據此
則誠之爲人可知矣又竇臮述書賦注云員外蕭公
名誠蘭陵人梁之後趨家奉禮郎開元初時尚褚薛
公爲之最拜右司員外郎善造斑石文紙用西山野
麻及虢州土穀五色光滑殊勝子彭又唐御史臺精

舍碑陰題名殿中侍御史內供奉內有誠名趙氏金
石錄目所載唐述聖宮碑陰開元十一年行書南嶽眞君碑
趙頤眞撰正書開元二十一年李適之清德頌行書開元二十一年裴大智碑
李邕撰行書開元二十九年玉眞公主受道祥應記蔡瑋撰行書天寶二載
襄陽令庫狄履溫頌周擇從撰行書天寶三載諸碑皆係誠書又通
志金石略載蕭誠所書碑尚有襄州牧衞府君遺愛頌襄陽牧獨孤府君遺愛頌東陽令載張倫去思頌
三種蓋其文翰之美實足照耀一時宜其爲曲江所善
知其軟美而猶不能屏絕之也又有眞定縣令柳令
譽金石錄有眞定縣令柳君紀德碑裴抗撰並書者
卽爲柳令譽而作又有鹿泉縣令竇欽望宰相世系



表竇氏三祖房有欽望中定令爲太常少卿義積子
未審卽其人否文後四行字小於前爲開元二十四
年三月鹿泉縣主簿楊景新監修滋亭題名記有縣
令五人曰石邑九門靈壽房山皆恆州屬縣也其一
爲□城縣城上字泐攷恆州屬縣有槀城鼓城欒城
鼓城本隸定州大厤三年來屬欒城本隸趙州大厤
二年來屬惟槀城自貞觀元年廢廉州後卽改屬恆
州則此爲槀城無疑矣又有恆陽軍總管唐六典凡
諸軍鎭每五百人置押官一人一千人置子總管一
人五千人置總管一人總管六年一替取折衝以上

官充又有教練使六典及兩唐書百官志並無其名
文獻通攷云開寶中諸州常置軍教練使在指揮使
上後廢此碑有教練使之官知宋初之置蓋有所本
矣鹿泉主簿楊景新尉楊光朝石邑尉史凜然並見
開元廿年本願寺銅鐘銘石邑令楊承慶見銅鐘銘
碑左側造象記九門令王慶宰相世系表王氏京兆
房有慶蒲州長史爲隋州都七職主簿壽縣西河令
喆子時代相懸與此無涉參軍盧澤見宰相世系表
官兼殿中侍御史爲陝州刺史景明亥子未審卽此
人否常山貞石志



右白鹿祠碑在獲鹿縣泉子村常山志缺朝亥歲
食四字石本尚可辨識據以補注于旁大動之大
常山志誤作立弁爲更正碑陰未得拓本據常山
志錄入宴術之術原作衎恐誤以義改之碑尚有
兩側左爲三山野叟七絕一首右凡三段一爲東
京大福□沙門湛□詞一爲政和壬辰范文甫李
南公題名一爲八分書係白鹿泉神主杜神泉等
題名三行沈氏謂與碑文同時所刻俟得拓本再
補

元氏令龐履溫清德碑幷陰開元廿四年二月八日萃編載卷八十一作八月

無陰

佐命（佐誤左）仕遂漢光之額（額卽顯字誤作顧）外揆（缺外字）北眷（缺北字）承訓（缺承字）方樟（缺方字）少秉（缺秉字）贊裕於搖山（缺贊裕搖三字）遊藝（藝作藝）鱗翰之初（缺初字）起家（缺起字）縑禫（縑作褖）鄰人（缺鄰字）頃以陽光韙亢（缺上下各二字）寬蒞（缺寬字）霜鍾（鍾作鐘）趙武遺風（缺武字）刻石（刻誤刊）循艮（缺循字）八□建（缺八字）

元和姓纂卿惲譌作仲惲（平津讀碑記）

右碑邵混之纂蔡有鄰書金石萃編已著錄而遺其碑陰今以精拓本校之正其誤者一字補其缺者十六字又萃編所有而此本殘泐者十四字仍據萃編



以小字注於本文之下有鄰見杜甫贈李潮八分歌云尙書韓擇木騎曹蔡有鄰開元以來數八分卽其人也竇臮述書賦云衛包蔡鄰功夫亦到出於人意乃近天造竇蒙注云蔡有鄰濟陽人善八分本拙弱至天寶之間遂至精妙相衛中多其蹟碑云履温曾祖卿惲至太子賓客云云皆不載同福承訓名惟元和姓纂云卿惲唐左武候大將軍濮國肅公生同善同福同本同福饒州刺史生承宗承訓而亦無履温名且以承宗爲同福子所歷官位與史不同碑叙卿惲泐其封國諦視之似濮字傳不書贈官及謚姓纂有謚與碑正同傳書右驍衛而姓纂及碑皆云左武候唐六典注云隋置左右武候府各大將軍一人大業三年改爲左右武候衛皇朝因之龍朔二年改爲左右金吾衛碑云元勳佐命功臣第一等又封□國公食實封四百戶唐會要總章元年三月六日詔太原元從西府舊臣今親詳覽具爲等級贈幽州都督龐卿惲等並立爲第一等功臣又云神龍二年七月十四日制功臣段志元屈突通蕭瑀李靖秦叔寶長孫順德劉宏基字文士及錢九隴程知節龐卿惲等二十五家所食實封並依舊給案卿惲以從太守討



隱太子立功傳不載其卒之年據碑稱贈幽平燕易嬀檀六州諸軍事舊書謂改北燕州爲嬀州在貞觀八年則其卒當在八年以後又同福列衛有安北都護安北都護有二唐會要貞觀二十一年置燕然都護府龍朔三年移於迴紇部落仍改名瀚海都護府其舊瀚海都護府移至雲中古城改名雲中都護府總章二年改瀚海都護府爲安北都護府此燕然所改也又單于都護府永徽元年九月置垂拱二年改爲鎭守使聖麻元年改爲安北都護此單于所改也竊意既改瀚海爲安北不應復改單于以安北蓋燕

然所領者瀚海等六都督皐蘭等七州單于所領者狼山雲中桑乾三都督府蘇農等十四州其單于大都護府既於垂拱間改爲鎮守使矣聖厤年復以其地幷入安北都護耳會要又云開元二年却置單于都護府移安北都護於中受降城蓋爾時復置單于都護則安北都護必仍領舊所隸之地故唐書地理志及元和郡縣志但載總章所改之安北都護不言聖厤年復有安北都護也同福爲履温祖計其爲安北都護當在總章以後聖厤以前又承訓列銜有將作少監攷將作監大匠少匠新唐書百官志作大監



少監案舊志云隋初將作寺置大匠一人又改爲監煬帝改爲令武德改爲大匠通典云天寶中改大匠爲大監少匠爲小監然則新書據天寶以後之制言之六典亦作匠承訓之爲少監計在開元以前蓋隋時本有大監少監之稱唐初雖改爲匠而朝野稱謂或尙沿舊故碑云然不得據以疑天寶改名之有誤也又碑云起家補昭文生昭文館本宏文館唐六典諸書皆云神龍元年改昭文以避孝敬皇帝名碑稱履温補昭文生在長安前案舊書王方慶傳聖厤二年上言孝敬皇帝爲太子時改宏教門爲崇教門沛王爲皇太子改崇賢館爲崇文館皆避名諱以遵典禮云云則唐代避孝敬諱高宗武后時已然不始於神龍矣又碑有素日難持萃編謂卽難治避高宗諱猶治書之作持書然碑中展驥治中之治又不改作持何也常山貞石志

萃編載卷八十一常山志補錄碑陰幷校正闕譌尙有未盡舉者如佐命之佐萃編謂書佐作左佐左通用而碑實作佐又縗禫之縗黃鍾之鍾循良之循沈氏均未注明然碑文尙不誤也至刻石之刻王誤作刊而沈氏同之則幷碑文而亦誤矣又



庶矣之上似是口字王氏闕沈氏以爲闕二字誤多一格風雹咸下一字沈氏作安碑已磨泐僅存上半宀字耳翼鱗翰之初初字沈亦缺郕人禮記檀弓作成人釋文云成或作郕春秋左氏桓公六年傳公會紀侯於成穀梁傳作郕又左氏隱公五年傳郕伯公羊莊公八年傳及古今人表俱作成說文郕魯孟氏邑然則郕爲正字成爲古省字也律中夾鍾爲二月其下八字當是八日金石錄目及常山志以爲八月恐誤

碑陰二段

崔仲海立碑記 十五行行字不等行書在碑右

古人有以覩河洛而思夏 下至行末缺不知幾字 義自忝毗佐二
孝于茲初□□他邑闕官或承乏之外攝次年以郡惣丁
賦而佼在使乎追歸府從事一周星矣自公之暇聽誦
與人閒
故宰龐公其人亡其德不朽有政理碑在龍山觀事往
歲遷久之不樹埋沒空院人莫能知今　頁宰李公
德厚君子繼美前政豈滯德音乎嘗試論之不謀同志
乃覩其所製 永 嗟遺烈屬秋峙霄穆雨深莓苔林石傾
敧文字隱翳 呵 僕者刷清塵黷命匠人揆度形勢審龜



背以勘碑喜魚頭之全魯上唱下和封之建之庶黃蘭
之詞昭然可見墨綴之美永矢不諼時
上獲寶符建元之十有四載冬孟□井生魄縣丞博陵
崔仲海字長□□□弁記　□廣平宋晒　□主
張正覺　上座輔克詳　□齋諸道隱　□座張志真

蓋士龍移碑記 十四行行三十字正書在碑左

熙甯九年春三月　衛尉寺丞蓋君士龍爲元氏
令之明年民和政休求訪古迹遂得蔡有隣所書龐府
君碑於城之南荒野中惜其風雨摧剝迺遷於開化寺
之三門焉開元中龐君有善政邑人感而刻石以頌其
德於是邵混之爲之文而有隣爲之書唐世以八分名
家□□□□□□□□□□□□□人同得名於當
時世傳韓史二家書甚多而獨有隣爲難得觀其曲折
有□若□用力於其間閎發奇怪偉然可畏真得古□
之法□方其碑之未遷也荒煙□蔓埋沒於邱墟草隴
之間塵昏土翳而日就漫滅前后所經者歲月既久而
人爲□少矣然而曾未有側目以一觀引手以一拭況
得片瓦之覆哉今其既遷也人爭言其奇衆爭獻其力
又何其與前日之不同也嗟夫天下之情其好惡常患
不出於己而出於人所以天下之事隨之以顯晦雖然



事之顯晦固□時而時之所遭固有命此非人之所以
能好惡者致愚言至此而有以詳□也滎陽鄭陶記
守縣尉樂勍　守主簿張子文
熙甯十年七月一日守縣令劉仲元命工上石劉義刊

右唐宋人題記二段右方爲縣丞崔仲海重樹此碑
題記仲海無攷攷元宗以尹喜舊宅得靈符遂改元
天寶記云上獲寶符建元之十四載蓋即天寶之十
四載也記後題名有尉廣平宋晒名見天寶十一載
石燈臺頌後有□主張正覺上座輔克詳□齋諸道
隱□座張志真等四人當是記中所云龍山觀之道

士碑於主上齋上座上各泐一字當是觀主監齋上座唐六典凡天下觀總一千六百八十七所一千一百三十七所道士五百五十所女道士每觀觀主一人上座一人監齋一人共綱統衆事左方爲宋鄭陶記熙甯十年守縣令劉仲元命工上石記中衞尉寺丞蓋士龍記後守縣尉樂淑守主簿張子文諸人皆無攷常山貞石志

末段遺失拓本據常山志錄入以存全豹

常山志載前段鈌闕官之闕郡捴丁賦之捴呵僕者之呵弁誤永嗟爲永差不誤爲不護據拓本正之碑云有政理碑蓋避高宗諱以理代治也



大智禪師義福塔銘

方一尺九寸廿五行行廿四字字徑五分正書在洛陽存古閣

大唐故大□祠師□□□　弟子太僕少卿杜昱撰

禪師諱義福俗姓姜氏潞國銅鞮人曾祖仲遷隨武陟丞屬門令大父子允烈孝解脫並邱園養德隱居不仕禪師體不生之□神經無深之絕韻要在悼戲遊不狎羣遂更童長身無擇行峻節比夫嵩華雅量方於溟渤初好老莊書易之說亟歷淇澳漳滏之間以非度門一皆謝絕齒適三十適預緇流慧音共芝若同芬或相與蓮花比潔大通之在荊南也慈導風行聲如鼓鍾應同鳴鶴乃裹糧脩謁偏祖請命逯得法要式是勵精淡扆之門驍然大悟三摩隨入順忍現前大通印可咨宏付囑曰是多歷名山普雨甘露經行如市宴坐成林門下求謁囿唑三年之滯衆中樂聞常兼五十之喜則我禪伯之徽業實亦駿揚于耿光及遊步上都載牓咸洛法梁是荷人寶歸尊有如王公四累下逯禪販百族明發求哀涕淚勤請則亦俯授悲誨朗振圓音應器而飢缶必盈返根則條枚盡洽如摩尼皆隨衆色入薝蔔不齅餘香所可脩行分獲契證昇堂或落落□出其餘則滔滔皆是前年　輿駕東幸禪師後旋□洛閑關靜



處猶□□言或趺坐通宵或宴寐終日門弟子有覩異相竊或惟之知化緣將終接祚悲侍開元廿四年夏五月廿五日右脇徂逝春秋七十有九僧夏□□粤六月十有七日　恩勅追号大智禪師秋七月六日甲申遷神於奉先寺之西原起塔守護禮也禪師以道分人運慈濟物凡所利樂率先宏溥其茂德殊行則刊在世碑寘覢神迹則詳夫外傳簡茲懿美略而不書猶迷變海之期示勒開山之記銘曰

闕塞西𡼏相縈抱兮拯目南臨伊汝道兮永錫大智神所保兮達人□已豈多藏兮卒由代教駿發祥芳于蔭

法嗣道有光字
大智禪師碑已載萃編此其塔銘也塔銘與碑銘同時所撰故碑文中有太僕卿濮陽杜昱云云此文云其茂德殊行則刊在世碑也所述事蹟較碑銘稍略其先世三代之名則彼碑所未詳彼云上黨銅鞮人此云潞國銅鞮人上黨以郡言也案新唐書杜暹傳云撫異母弟昱甚厚此撰文之杜昱當卽其人姓名時代里貫均無不合宰相世系表載昱爲給事中蓋其最後之官階也表列昱與暹之子孝友齊則誤低一格矣



大智禪師碑陰 開元廿四年九月十八日　萃編載卷八十一
青蓮之光 光誤元
文云凡捨淨財者空人具題爵里而所題者惟劉同一人

附 宋題刻三段 起湻化四年三月

巡撫使呂文仲題名 高廣不計四行行字不齊字徑五分正書左行在碑左偏
湻化四年三月余與潁川學士同授帝命巡撫關右因題于石陝府西路州軍巡撫使翰林侍讀左司諫上柱國賜紫金魚袋呂文仲

殿直崔承業題名 七行行字不一字徑九分正書在右偏
湻化四年十一月殿直崔承業奉命到府勾當公事記之

轉運副使王雲等題名 七行行字不一字徑二寸餘行書在上方
轉運副使王雲　提點刑獄狄玠　廉訪使者安寓　提舉常平呂希莘　宣和四年壬寅春以上丁釋奠檢察同來

萃編卷八十一載此碑陰但錄史惟則記不及宋金人題名據石補之月錄金刻於後案陝西通志職官唐有巡撫關內景雲元年置後省而於宋代不言巡撫關右之職亦無巡撫使之名据此題名



則宋初亦有巡撫使也湖南永州朝陽㟁陳瞻宣撫記其署銜亦稱巡撫不獨見於此刻疑卽撫諭使非常置之員也宗灤輯永州府志輙改爲巡檢誤矣呂文仲六人均不見於通志職官

齊州神寶寺碣
高七尺八寸廣四尺卅五行行五十四字字徑一寸分書篆額題大唐齊州神寶寺之碣九字在長清
□□□□□□□神寶寺記碣□□□□下泐九格□□□
字寰篆書
觀夫三皇五帝氏王夏殷周漢氏作湻源竭而不流澆俗紛其方扇雖□門將聖老氏谷神遊龍之道德西浮

歎鳳之詩書不返竟不能庇交喪拯□流□彼黐俗登
茲仁壽徒存紫氣之言終絕綮王之筆曷若金□化跡
超十地而孤尊寶樹應期乘四輪而廣運大雄有已見
郡生溺之苦海於是虗橫寶筏而濟之大雄有己見諸
子迷之朽宅於是虗駕舟杭而出之覩之以五蘊皆空
眴之以諸漏以盡洎玉毫騰彩現賢劫之象位金儀人
□現神通之日月經傳白馬眇閶蜵以移来剎起青龍
□闕浮而錯峙遂令有國有家者得其道而四海以甯
元元蠢蠢者得其門而六塵髙謝豈與夫向時之二教
同日而言焉神寶　寺者寶山□面岱宗北陰𤰞轡憲



□而石壁萬尋林藪蒙蘢而淵□千仞貔豹鄰躅人絕
登臨虺蟒縱橫鳥　通飛路粤有沙門諱朗不知何許
人也　禪師德隆囬輩名優六通僧徒具瞻郡生宗仰晨
□棘□囬念經行夜宿榛檀六時祇敬貔豹杭膌禪心
宋而不驚虺蟒紫身戒定澄而不亂水瓶朝滿羽仗夜
来事跡非凡故非凡測親題□記自敘曰由曰朗以正
光元年象運仲㚨于時振　錫登臨思同鷲嶺徘徊引
望想若鷄□欻彈指發聲此爲福地遂表請國主厯宋
人神立此伽藍以靜□爲𢏚自梁齊已来不易題牓屬
隋季經綸生　人版蕩革鼎推變真俗盈虛今之所存

殆將半矣至我　　　　　大唐御宇重遷九鼎再
祐二□四海　廓清萬邦　曩統用光正道建三寶以
傳燈化洽垂衣統□生於壽域迺格命天下有固癈伽
藍先有額者並使𤰞脩于時有鄉人王□應荅州縣申
聞以此寺北有寶山東有神谷因改爲神寶寺爾其寺
也望　魯開基臨齊作鎮堂宇宏壯樓閣岧嶤砌□□
璝階塗金碧□容有晬揣相無違發妙彩於天金整奇
遺於龍石手輪含字臨　珠綴而披綱眉宇舒毫鑒壁璫
而上月寺內有石浮啚兩所各十壹級舍利塔一所衆
寶莊嚴胡門洞啓石戶交暉返宇鏘鏘飛檐巘巘半天



鵬起遥　遥煙霧之容亹地龍盤宛宛丹青之色挹朝
霞之眄眄湛夜月之濯濯風舉則寶鐸鎗鎗日　照則
花盆晶晶迢迢亭亭鬱鬱青青皓皓盰　盰煥煥爛爛
遠而望之炳若初日照灼暎扶蕖迫而察之□似素雲
靄藹□夕陽方之鴈塔有似飛来譬以化城還疑湧出
寔瞻仰之形勝是歸依之福田寺內先代大德僧朗幹
提智惠燈□無𨷂闍僧彥休護惜浮囊㣲塵不犯僧元
質積行勤苦軌範僧倫僧神解□樹論幢擢諸惰子僧
宏哲持經得驗舍利猶存僧惠沖殷念西方期心安□
所造功德　觸類滋多僧景湣釋戶綎宗元門樞組僧

貞固□心宏護結志修營僧澂將齔出家童顏落彩
三齊負笈猛探麟角之先九洛□□迥出牛毛之外並
俱沐　　聖恩僉成道器忽爾□風急鹿苑霜飛早
謝傳燈空懸錫影現在諸大德寺主僧慧珍戒　珠澄
月道骨含星堪忍作衣瀘空成座六時禮念脇不至床
壹食摽□□不再歛是慈悲父是良福田廣濟蒼生普
心供養前都維那僧惠沿摽□干仞崖岸萬里吐妙瀘
於脣吻納山岳於心胷　縱横道門□達無礙上座僧
塵外或香　紛馥有賓頭盧之軌儀都維那僧敬祥惠
劒如霜繼舍利弗之談說僧敬崇柰苑良材擯愛河而



濟群溺僧智山祇園杞梓斂瀘宇　而庇蒼生並騰
麟俊藪鵷鳳□□飾厚柱於春臺撫定輪於烼燾□煙
飛錫来遊歡喜之園宴坐經行寔名和合之衆故同鐫
寶碣高旌福門　　　　大唐開元神武皇帝陛
下朝宗萬國□熲八宏金鏡合七曜之輝玉燭和四時
之氣慶雲澄彩瑞□呈祥仁動上元力侔大造瀚海
天山之地盡入隄封龍庭鳳穴之鄉咸霑□化封金岱
嶺刻玉儼閶藻鏡乾坤光華日月刺史盧諱全□門有
卿相家韻銀璜强幹則不發私書淸肅則遽然官燭矜
孤恤隱愛士慕賢故得詠入来蘓謌登至晚山在縣□

令梁曰大夏幹局貞敏神情警悟風琴寫韻則瑞雉爭
馴氷鏡澄淸則祥鸞自舞誠梵王之福地真釋帝之名
區爾其澗戸深沈山扉窣䆲玉床霤乳問抱朴而　猶疑
石壁藍經訪嚴遵而不識奇卉恠木如窺須達之園瑞
藥儼苗似入提伽之院爲王獻菓下甘露於珠盤鳳女
持花拂靈香於寶帳迦□頻伽之鳥百囀間關優曇鉢
羅之花九光淩亂漢皐遊女對玉洞以傾心季梁賢臣
仰瓊堂而頓首庶使文殊過去憶妙說之淸塵彌勒下
生　覓神功於貞石式　鐫寶碣而爲頌云
大雄降跡忩出本元□有三　界非無二門不生不滅



若亡若存遍看郡有無如我尊　　鷹門惠遠蜀賓
羅什明公繼茲茄藍此立俗戸易窺真門難入遁□龍
爲壽後相及　　大唐　壽命當宇握鏡化洽萬邦
功齊七政錄圖舒卷紫雲迴　暎惠日再暉薰風在詠
門宇華敞㕵宇輪奐蓮臺晝閣危樓飛觀竹韻
宮商花然灼爛僧衆虔仰士女稱歎　　亭亭妙刹
灼灼精廬　彫盤瞰埅鏤檻淩虛珠懸日淨鐸迴風□
□甍栖鳳到井銜蕖　　峩峩寶碣落落神軒邪山
鍳岫苦海澄源錦雲霞烈　轂霧風翻此中何地給孤
獨園

上空廿八格 維開元廿四季歲次景子十月丁未朔五日辛
亥樹、刻工畢
上泐九格 □□□僧普□ □□□ 僧惠栞 僧□□
□□□ 右大德等並名繼此寺□已還神勒之在銘
紀於來代

碑側厚九寸七行行四十九字字徑七分行書

佛說蜜多心經一卷文不錄

弟子□□□造供養

右碑文三十五行行五十四字徑一寸碑側書心經一卷七行行書徑一寸碑記神寶寺所起先有沙門諱明以正光元年象運仲秋立此茄藍以靜□爲號大唐御宇以寺北有寶山東有神谷因改爲神寶寺案史記天官書斗爲帝車運于中央臨制四鄉分陰陽建四時均五行移節度定諸紀皆繫于斗所謂象運仲秋卽斗運也此寺舊額爲靜□惜闕下一字無從攷證山左金石志

碑云刺史盧諱全義新唐書宰相世系表有盧全義臨汝太守未知卽此人否又有山茌縣□令新唐書地理志長清縣貞觀十七年屬齊州武德二年析置山茌縣其時神寶寺屬山茌不屬長淸平津讀碑記



山左金石志所載闕譌不少據石本更正之石本所不顯仍據志錄入焉碑有空格廿三鐫刻時石已泐損耳文有山茌縣□令案唐書地理志長淸本隸濟州貞觀十七年來屬武德元年析置山茌縣天寶元年曰豐齊元和十年省山茌蓋卽山茌傳刻之誤碑立於天寶以前與史正合郡生郡有皆以郡爲群杭腊當是亢沓之異文固癈茄藍以固爲故駈宋人神疑宋爲桀之誤撰書人姓名已泐訪碑錄作李寰山左志作字寰以搨本審之當是字字上第二字从弓旁似張姑闕備攷



八瓊室金石補正卷五十五終

# 八瓊室金石補正卷五十六

太倉陸增祥撰　男　繼煇校錄

吳興劉承幹覆校

唐二十八

贈太師裴光庭碑并陰(開元廿四年十一月　萃編載卷八十一缺陰)

尙書宏文館(缺宏文館三字)正平忠獻(缺正平二字)

宏文館(缺宏文二字)□山縣(缺山字)□燿卿奉(缺燿卿二字)

道常(缺道字)凡也(缺也字)天縱(缺縱字)聞魯連(缺聞連二字)古所則

哲(所謂誤)命氏在魏晉(缺命氏二字)之傑(缺傑字)八裴(缺裴字)都督

天而既猷隨(缺都督二字　猷隨作猷隋)之義(缺之字)初服(缺服字)親累外



轉(缺親轉二字)中郎嗟(缺中郎二字)有(所)必與非苟(缺有必與非四字)有

事于岱宗(缺有字)吾師(有備無患)若何(缺吾若二字)執失(缺失字)

詳施稅(缺詳字)之刑(缺刑字)知禁也尋加(缺禁加二字)嘗(讀易)易(缺嘗字)

易二升之漸酒(缺漸字　脫酒字)冊何天年(缺冊何二字)三日丁未(缺日字)

丁二李道邃(缺邃字)而來也(脫也字)事者必(缺必字)然則以直

(缺然直二字)忠莫(缺忠字)下吏求備(缺下吏二字)文雷同疑獄(缺文雷同字)

(三字)悟而不改(缺悟改二字)往(記)維城前軌(缺往維城三字)志而晦

(缺志晦二字)幸人(缺幸字)子槇(缺槇字)益作(缺益字)琅琊象賢(琅作瑘缺)

(象賢二字)佩武(佩旁注作珮)憲府(缺憲字)乃宅(缺乃字)允塞盡(缺盡字)絳

州諸軍事絳州(絳誤解)

新唐書本傳武后召入宮爲御正累遷太常寺丞舊唐書亦同碑則云宏文館學生神龍中明經擢第授家令寺丞轉太常丞與史異碑云薨於京師平康里之私第長安志侍中裴光庭宅在平康坊南門之西

平津讀碑記

碑在闡喜次行燿卿字尙顯王氏以爲撰文之張九齡幷謂宏文館學士與傳異誤矣末二行勑撿挍上未見奉字或拓不顯也光庭謚法新唐書作忠憲碑作忠獻者葢避讓皇帝之諱也凡謚憲者碑多作獻似異而實同榣山作搖未可謂誤从扌从木往往溷淆卽如檢校等字皆當从木而碑皆作扌旁也訪碑錄載贈太師忠獻□公碑卽此碑注云裴燿卿撰葢以題御書字之人爲撰文之人也未檢集古錄目故有是誤耳以爲廿一年尤誤



碑陰明皇賜張九齡敕

高三尺二寸廣三尺四寸八行行八字字徑四寸許正書

贈太師光庭嘗爲重任能徇忠節忽隨化往空存遺事其子屢陳誠到請朕作碑機務之繁是則未暇朝廷詞伯故以□卿彼之行能卿之述作宛其鴻裁因兹不朽耳

右明皇御書敕一道刻於裴光庭碑之陰其文云云
凡十一行行書甚壯偉而不署年月顧氏金石文字
記題爲賜張說敕攷說卒於開元十八年光庭之卒
乃在其後則奉敕撰碑者蓋別一人非張說矣或云
當是張九齡今姑闕之潛研堂跋尾
光庭碑尾據集古錄目云中書令集賢院學士張
九齡撰則敕之賜九齡有可徵信矣訪碑錄題賜
張說敕次於天寶元年蓋即此碑承顧氏之誤
也碑係八行錢先生作十一行疑後幅失拓

臨高寺碑開元廿五年四月廿八日萃編載卷八十二



參軍茂□□銘缺茂銘二字恍惚誤恍恍思伏缺伏字道安缺安字
□危雲聚缺危字建巳缺建字
尙書大傳胥作肙石壁寺鐵彌勒像頌借葺作胥此
碑復借葺作胥其誤甚矣運即霆字中州金石記釋
砰作碎亦誤平律讀碑記
碑云四月建巳萃編未見建字以意定爲朔日云
碑葢渤乙字殊誤

大安國寺尼惠隱塔銘
石高一尺二寸五分寬二尺廿八行行十八字字徑五分行書在洛陽存古閣
大唐大安國寺故大德惠隱禪師塔銘幷序
禪師俗姓榮京兆人其家第四女也族望北平曾祖權
隨金紫光祿大夫散騎常侍兵部尙書東阿郡開國公
祖逮緒銀青光祿大夫使持節息始洪諸軍事三州刺
史東阿郡開國公外祖思九黃門侍郎父懷節夷州綏
陽縣令外祖韋氏字孝甚皇中書舍人逍遥公之孫也
禪師聰識內敏幼挺奇操粵自齠齓敬慕道門專志誦
經七百餘紙業行精著商練出家自創髮染衣安心佛
道尋求法要歷奉諸師如說脩行曾無懈倦捐軀委命
不以為難式行無虧氷霜比潔或斷穀服氣宴坐禪思
或鍊臂試心以堅其志動靜語默恒在定中凡所施為



不輟持誦雖拘有漏密契無為雅韻孤標高風獨遠嗚
呼驚波不息隙影難留生滅無恒遷隨遷謝開元二十
二年七月十一日壽終於安國道場春秋七十有六右
脇而卧奄然滅度臨涅盤時遺曰吾緣
在龍門可安吾於彼處与　尊者同一山也　師僧父母並
德博通三藏才行清高生事竭仁孝之心禮葬盡精誠
之志追痛永遠建塔茲山縱陵谷有遷庶遺芳不朽乃
為銘曰
至道希夷代罕能窺探祕究妙夫惟我師其一
爰自齔年訖于晚歲精念讃攝虔誠不替肅肅戒行明

明宅惠净業滋薰与佛同契其二
逝川不駐隟駟難留奄隨運往万古千秋嗟永感而無
極式彫紀於芳猷其三
開元廿六年歲次戊寅二月六日建
此尼也補訪碑錄誤作僧惠隱塔志碑係行書趙
氏以爲正書亦非碑書基字缺筆避諱也攷姓氏
急就篇畢榮尹號產亮物注云西魏榮權隋榮建
緒即惠隱之曾祖祖也急就篇注又云唐榮九思
疑即惠隱之叔祖思九也隋書榮毗傳云北平無
終人父權魏兵部尚書兄建緒仕周爲載師下大



夫儀同三司及平齊之始留鎮鄴城與高祖有舊
及爲丞相加位開府拜息州刺史歷始洪二州刺
史俱有能名與此正合惟史不載其封東阿郡開
國公碑敘兵部尚書爲隋官微有不同耳

周蜀國公尉遲迥廟碑并陰開元廿六年二月廿五日萃編載卷八十二

篆額題周大師蜀國公尉遲公神廟碑

字居羅代人也缺羅也二字□魏□祖子姓□□缺魏子姓三字并少空二格是雄荒服缺是字尚太祖姊缺姊字早卒缺卒字一歲而
□□没□□神□□□缺没字四年進爵□公缺年字改甯
蜀郡缺甯字成都刊□□□□缺刊字不虧臣節缺不字唯蜀

□著缺蜀著二字大芇疑缺芇疑二字將倚併安危缺倚字併作倂魏廷
舊史缺史字沁東之允也缺沁允二字不憚征繕缺征繕二字昔在
缺疑年缺疑字列九朝缺列字外建□伯□□□□六缺六字
□幼孫獲宥缺宥字蕪掌巡徼缺巡徼二字政以清缺政字制□
狀缺狀字□稱多崇缺崇字强死缺死字唐宮壯構缺唐字綦茂
京師缺蒐字三□奮絕缺奮字幽明式色缺式字閭伯□叙缺閭字

碑陰十九行行四十字

隸額題周太師蜀公碑陰記開元廿六年二月二十五日元孫士良建

豈撫甯□人缺甯字大盜趍國缺趍字飛白羽缺羽字吾已□



應缺應字何其奮劒缺何字□恩□□缺恩字洎□有唐缺唐字
名臣試郡公缺郡字汾吐金景缺景字光贊紫文少一空格□
宣丹禁缺宣字□代缺代字九行末鄴下分憂分誤作爲政□必舉
缺政字告期旁□缺旁字并少一格公之族芇侍御史環缺之族前三字
亦少一格鶴者□□聞天□音□其歌缺音歌二字此下亦少一格秋霖
盛作缺霖盛二字誠□□□去□□□□焉故嘉種□
茂缺去焉種三字并少一格芇公每見□缺芇見二字并少一格通博物缺通字
公知志以系□缺公以系三字力攻虛淪鑒□著缺力淪鑒三字攻誤作投
傳其詳缺其字徒知祖德季言和□缺季和二字知誤作如□□□
歆紀諸貞石缺歆石二字

集古錄目云閻伯璵撰序廣川書跋以爲成伯璵今諦覩之閻伯二字尙可辨璵字亦半存廣川之言非矣元和姓纂廣平閻氏本常山人懿道生伯璵刑部侍郎平津讀碑記

王司冦謂北史云改封甯蜀公碑云改封蜀郡公而無甯蜀公葢所見之本末行漏拓一字故有是語碑刻甯字清晰並未剝落與北史合

本願寺銅鍾銘碑并陰側

高四尺九寸廣二尺八寸一分廿五行行四十五字行書在直隸獲鹿本願寺

鹿泉本願寺銅鍾銘并序



東京大福寺氵□□□撰燕書

八音之列毀者金爲長金聲之動物者鍾爲大相□□□本乎無心隨輕重之所考遇洪纖而必應其體妙乎其幾神乎故帝庭用之以和樂梵宇作之而助道有旨栽伊本願道場昔鬼工所卜即輪王建塔之地有隨氏因而絹焉

皇唐統天增壯厥搆雖臺殿有赫而鍾簴未雄曰都維鄉慧仙寺主道瑗上座慧超寺顯允令德爵爲紀綱洞三學之困府張二嚴之巨翼以爲是聲是聞有䏚敷衆善不廣不大無以遍十方乃同寅叶襲昌議改作我心匪石彼應如雲緇流輔仁而克勤克懋清信委施而爲崗爲陵於是乎遠貿精金傳占良冶鳧氏宰陶人翼鎔範脩坏模埴火正叱吒以啓騶風師閶怒而陳力巨扇包亦洪鑪赫曦燃奪清夜光連紫微旁通竇以泱注下潛成於數圍察夫陰未凝陽尙烈爔爆泉沸氣憤雲洩既旬而後寒既堅而後費轉於隧漸乎堂混乎其輪圓洞然而槫暢仙獸勒其下驪龍蟠其上蓄精誠含冡亢乃神工之既濟而寶器之大壯也且夫作有度而體有經侈奄均厚薄中則不播不石不鬱不搏雖鴻音未揚識者已知其妙矣故緇衆咸躍我願克充而縣之衣冠



里之髦彥聚捨珍翫翕營曾臺峻嶒百常抗鑿一色然後揷雲柱倚天梯騈鹿盧綰脩索攢勵力以下拔軋豊容而上昇雄□□□□□扛□□權作以離元大器斯屬鴻椎乃鏗威音灟溶而一吼號響岌礫乎三界上極有項下弥空輪飛行天仙海陸神識莫不警葦塵滯褰閑冥蒙滌曠刦之瑕滅長夜之苦使浩福潛潤冥機坐融其諸佛神通之用乎不然者千鈞之聲一杵之播則曷以臻於是矣允釐僧務本三聲而剋終式過劒輪洪四變而長擊故初起細而促漸登鍠以舒既銳而入微又增而復壯於是壯也乃重而畢焉若是者何哲

皇覺啓導抑揚之深思也實□普□念周乎仁張
皇慈音引曳悲韻使萬物咸若六時登聞不愓不惶以
安以樂或謂霆闕雷裂山傾河洩靈祇殲支猛獸偃蹶
皆恐怖殺傷之事我　大雄慈制又惡乎然哉若乃
禺禺聖賢翼翼龍象以之幟薩以之引宣微妙其心精
進厥德有秩有序不差不忒住持我象教洋漾我元風
洞達我幽明清甯我邦國神之不可以已者其在茲乎
皇十有八年春仲月八日是鍾也既成即其秋
孟月上弦茲臺也復搆他方聖衆或飛来而讚揚地中
菩薩咸踊出而瞻仰於是陳巨會以落之張梵樂以考



之煌煌乎休哉越寶庭之能事畢矣而宏範莫紀又八
稔于斯河南史凜然文林之秀也尉彼石邑攝茲銅章
神化一清于灌壇希聲重美於洪器命我昭述式副羣
眞之望焉而主簿宏農楊景新尉楊光朝等並高幹其
才敏懋於道克奉天秩允恭仁祠輔營樂石贊就厥美
雖至默者果得不言乎銘曰
靈鍾上空儀法天體道內虛含至圓雄威蓄毓時乃宣
震擊鏗鍠流大千十方　調御及聖賢應我真聲開
梵莚一切苦輪悲織然聞我真聲咸息肩虛空有盡福
無邊神用廣大莫與先

當寺沙門道光慧□義珪法空與清信士曾纂等並
贊成斯善凡百耆老悉紀于碑陰　中山劉偕璡刻
字
右銘撰書人名已泐惟見東京大福四字又已上弟
三字左旁從水疑是沙門沙上當是寺蓋撰書者係
東京大福□寺僧也碑立於開元二十六年已稱東
都爲東京與元和郡縣志唐書地理志所云改東都
爲東京始於天寶元年不合案此文載唐文粹第六
十七卷獨孤及撰案新書本傳及天寶末舉第代宗
以左拾遺召卒官常州刺史年五十三毘陵集有常



州刺史表云忝諫官懸博士尚書郎之秩及典濠舒
二州出入七年云云計其卒當在大厤四五年間立
碑時及年僅弱冠當是居鄉時爲沙門所捉刀者今
以石本與文粹對校其中互有異同而文粹文譌脱
頗多悉據石本改正凡石本漫滅者則以文粹補之
碑有石邑尉史凜然鹿泉主簿楊景新尉楊光朝並
見開元二十四年白鹿泉神祠碑常山貞石志
右本願寺銅鍾銘碑在獲鹿縣本願寺沈氏輯常
山貞石志載此碑並以文粹本補其闕而詳註之
今以搨本校勘不無脱譌東京大福下寺字尚有

上半土字可辨弟二字即左旁從水者沈以爲弟
三字云東京大福□寺僧則多空一□矣兼書誤
作并書相□□□作相 彼 創制諦審之弟二字尚
有右旁亅可見弟三字右半字蹟尚存弟四字似
是草決非彼創制三字仍闕之乃同寅叶襲沈以
爲比□云比□文粹作叶恭誤據石刻實是叶至
下一字乃襲而非恭也模埴誤作樸埴火正巳下
十八字全脫沈氏不言文粹有之豈亦全脫邪自
容至權十四字沈氏作 容而上昇雄以筍鱗頻以
交扛猛以篋 云豐字下作字上磨泐者止十四字



文粹有十六字據拓本雄扛二字尚清晰則雄以
筍鱗猛以篋權兩句各多其一然不能定爲何字
允釐作光釐云光文粹作允誤據石刻實是允實
□普□沈作 實欲 普其諦審之弟二字左旁從禾
決非欲字弟四字亦不似其十方誤作十万凡百
耆老沈缺百字劉僧璡誤作傳璡凡所舛錯悉皆
釐正其餘曼患諸字仍據常山志偏注於旁

碑陰 記三行行四十七字分書 題名三列行字不等分書

皇唐開元十七秊此寺都維那慧仙廣□厥謨得寺衆
及邑正清信士荨同心勠力為 國敬造神金之鍾
以十九年二月八日鑄成其烁七月上旬鍾樓亦就至
廿六年龍集□寅春三月十五日□碑方建凡諸佈施
並刋 刻 □□以為不朽而傳來□也 都檢校
造三門樓及鑄銅鍾蕭造五㦸曾義纂

縣□事張楚珪 □鄉録事李奉珪 封龍鄉録事韓
冢亮 豐閏鄉録事霍三艮 光泉鄉録事雍伯恭
崇善鄉録事馮□□ 鄉博士趙庭 鄉博士沈□純
鄉博士杜興 以上弟一列 縣學博士田成器 此一行另刻在弟一列左方中空七寸餘
倉督張文□ 録事張鳳歸 録事趙
珪 以上弟二列
倉□麴承瓌 以上弟三列



常山志載此闕廣得正心勠至龍集五沈與督十
二字又誤□寅之□爲景曾義纂之纂爲纂開元
廿六年直戊寅不直景寅石刻此字磨泐諦審數
四絕不似景不知沈氏何由定爲景也曾義纂即
碑陽所列之曾纂猶舍利銘碑陰畢行瑜即碑陽
所稱之畢瑜省一字耳

碑左側 二行一四十七字一四十字俱分書

鹿泉縣丞北平田番棘初恭乃位不日目□夙重奥乘
心存 妙 域敬刻菩提聖像壹軀于碑之額□□□□式
瞻咸登福利

石邑縣宰北平陽承慶聞善若驚請事斯語又勒式侍
菩薩□像之側故續刊紀以□□者利物之心焉
右造佛象記兩行不載年月攷鹿泉之改獲鹿在天
寶十五載此刻猶稱鹿泉縣當是開元間所造垂棘
承慶兩唐書無名承慶見開元二十四年白鹿泉神
君祠碑常山貞石志
常山志載此闕重奧妙紀四字復誤刻爲造誤故
爲以據石刻正之弟一行自碑以下弟二行自者
以下搨本殘損據常山志錄之
薛氏優婆夷功德塔銘



高二尺二寸廣二尺四寸廿七行行廿
四字字徑五分正書方界格在西安
有唐薛氏故夫人實信優婆夷未曾有功德塔銘并序
朝議大夫守河南少尹東郡杜昱撰并書
優婆夷諱未曾有俗姓盧氏范陽人曾祖義恭
皇朝工部侍郎祖少儒衛州刺史父廣慶魏州司馬代
業冠冕詳載碑牒優婆夷即魏州府君有齋季女也夙
稟成訓猗永柔範開惠照於人圖濬敏發於天性祗婉
婉以自式鳴環珮而有行展如克家實佐君子尸季蘭
之饋賦採蘋之什內睦伯姉外和六姻婦功嫺於昌族
芬譽騰於衆口□□聖善慈顏適來歸甯沉念在慰而兩

絕舊痾承驩而自愈專業禪門用滋分祉觀不空而捨
妄寤無染以得心雖承教之日淺而見實之理深權直
若於未秀泣瓊瓌而先絕開元廿六年正月巳卯右脇
而卧告終於城南別業春秋廿有二是月景申遷神於
鬬塞之西崗禮也優婆夷髫丱多智濬識邁倫事不違
同義然後耶九歲聞人誦般若便暗習於心無遺言如
經師授或時見僮贈給役母兄有挾罰過當怡色諫止
允叶其中自宗師大智茂修禪法生子男舊矣孩笑可
娛鍾遘時疢遂見夭奪以短長有源量而不問其剖棄
情愛卓拔流俗嘗以諸佛祕密式是捴持誦千眼尊勝



等呪數逾巨億則聲輪字合如聞一音而心開口敏更
了多字假使金盤轉圓玉壺傾注儔厥盡美未云能喻
身抱羸恙愛語忘勞資殖屢空惠施不倦夫其守道純
深奉戒精一居常而靜慮不亂臨困而貫行弥高先是
未疾之辰密有遺囑令卜宅之所要近吾師曠然遠望
以慰平昔後之人慈悼無極不敢加焉其殊致豐裁猶
略而不舉故銘窣堵波用彰其徽烈必後成正覺當示
獻珠之奇如未轉女身且為散花之侶其詞曰
起窣堵波量有二兮誕惟輪王一切智兮於鑠忍果光
文字兮永播芳烈齊天地兮

開元廿六年歲次戊寅五月十五日建　張乹愛刻
字

右薛氏優婆夷功德塔銘杜昱撰書文字皆斐然可觀杜暹與毋弟名昱暹傳不言官階世系表云給事中義福塔銘亦杜昱所撰署銜太僕少卿此署河南少尹未審即此杜昱否盧氏先世無攷優婆夷卒於開元廿六年正月巳卯下文又云是月景申案是年二月巳亥朔則巳卯非十日即十一景申非廿七即廿八日也標題云薛氏故夫人而文內絶無一言及薛氏書牒遷棄字不改作牒遷



棄景暈字不改作景暈不避太宗睿宗之諱優婆夷名未曾有法名也抑文人戲筆子虛烏有之類耶

南嶽投龍告文

長一尺一寸一分寛三寸七分弱厚二分五行行十九字背面三行行字不齊字均徑四分正書藏長沙唐氏

大唐開元神武皇帝李隆基本命乙酉八月五日
降誕夙好道眞願家神仙長生之法謹依上清靈
文投刺紫蓋仙洞位忝君臨不獲朝拜謹令道士
孫智涼賫信簡以聞惟金龍驛傳
太歲戊寅六月戊戌朔廿七日甲子告文

陰面

內使朝散大夫行內侍省掖庭局令上柱國
張奉國本命甲午八月十八日生道士涂處道
判官王越賓壬寅八月七日傔人秦延恩

右南嶽投龍告文銅質堅好純綠似瓜皮道光間出衡山縣土中爲易大令所得今藏長沙唐蔭雲際盛方伯處攷衡山縣以南岳得名漢武以灊之天柱山爲南岳北周以慈利之天門山爲南岳至唐貞觀中始定祀衡山於衡州開元十三年封司



天王歲時祭告南岳七十二峰峰之尊者五紫蓋其一也形似麾蓋故名志稱七十二峰皆環抱祝融獨此峰與之爭雄掉頭北去杜詩故有紫蓋獨不朝爭長業相望之句其下有朱陵洞相傳與羅浮通爲道家弟三洞天有石刻題曰朱陵太虛洞天杜光庭記云朱陵洞天七百里洞有泉懸若簾亦名水簾洞此記云紫蓋仙洞者即指其地其爲投告南岳無疑矣東齋記事云道家有金龍玉簡學士院譔文具一歲齋醮投於名山洞府金龍以銅制玉簡以階石制此制以銅是爲金龍故曰金

龍驛傳惟文云賫信簡以聞則當別有一簡聞初出土時尚有一物黏著其上當即簡也惜不可得見矣岱岳觀碑言龍璧者三言金龍玉璧者一言投龍薦璧陳金薦璧者各一趙居貞雲門山投龍詩序亦有投龍璦璧之語龍簡本兩物或以璧代簡近多統言之曰投龍簡者未分晰矣太歲戊寅是開元廿六年以本命乙酉推之是年五十有四實錄云元宗以垂拱元年八月五日生於東都十七年八月命爲千秋節御花萼樓宴羣臣歲以爲常此以本命祈福亦歲以爲常也岱岳觀碑言本



命鎮綵者三本命紋繒者一此不言鎮綵者儀從簡或文從略均未可知六月之六字初刻作七後改作六攷通鑑目錄是年五月戊辰朔七月丁卯朔元宗本紀是年九月丙申朔日有食之御注道德經碑後云開元廿六年十月乙丑朔是年閏八月見任城縣橋亭記丙申朔見通鑑目錄以此逆推之戊戌朔當是六月也是月小盡本紀是年六月庚子立忠王璵爲皇太子庚子乃六月三日七月巳巳大赦巳巳乃七月三日均無不合背鐫張奉國題記亦以本命祈福者壬寅後戊寅已廿四年不知何由附刻豈所謂投龍者存留道觀非眞投澗歟儀從也唐書封常清傳奏傔從三十人通雅唐制大使副使皆有傔人千年故物出土廿餘年矣戊辰夏余始假拓而審定之可見吉金貞石湮沒孔多不特未顯者固晦已顯者亦猶之晦也顯晦固自有時耶

了緣和尚塔銘

拓本六紙未全每紙高六寸七分廣七寸四分十行行字不等字徑六分正書在鄒縣

佛頂尊勝陁羅尼呪文不錄

唐法諮以下全泐



王法義 □福門 何□名 胡□□

孫惠善以下全泐

此二行全泐

王覺□以下全泐

魏此字較大下泐

右刻不見兩浙金石志筠清館金石記補訪碑錄皆載之云王叔通撰并正書開元廿六年七月既望此本失拓僅見經咒疑塔銘尚在下截也姑存其目并就所見錄經文後姓氏以待再補

任城縣橋亭記開元廿六年閏八月五日萃編載卷八十三

虛館東臨字缺東

酈城丞張孚墓誌

高一尺二寸八分寬一尺五分二十行行二十三字字徑四分有界格正書在襄陽

唐故豫州郾城縣丞張君墓誌并序

姪緯述

君諱孚字孟信其先范陽方城人也　曾祖元礽盆府
功直贈安隨郢沔四州諸軍事安州刺史　祖柬之特
進中書令漢陽郡王　父漪朝散大夫著作郎公着作
之元子幼而明敏長復剛斷年十八以門資齋郎常選
廿而孤神龍後讒謏間豊家遇屯剥　今上登極昭



洗舊冤合門長幼悉皆拜職君授隨州司倉糸軍泉貨
是司出納惟允邦君坐嘯邑吏行謠旋屬按察劉商有
忝　先子誣以他事免君職焉君曾無愠容退返初服
婆娑里閈不以屑懷無何五嶺壓飛將軍授鉞决勝之
策君能贊謀獻捷之辰疇庸是歃弃瑕錄用復拜豫州
郾城縣丞焉此縣陳宋之衝淮河之會舟車輻湊寇盜
肩隨君正色臨人剛腸疾惡姦豪股栗伏竄他境而渠
魁十輩猶離跂於其閒君乃設擿伏之科正繩愆之准
擒之匪日聚以殲旃萑蒲中清犬不夜吠復丁家艱去
職以開元廿八年六月十四日遘疾終於故里私第春

秋五十有八　夫人呼延氏故亳州鄼縣令謀之
女備習禮法潔羞蘋蘩事姑以孝訓子能慈後公喪十
四日終於私寢嗣子絪既及壯年先秋徂謝孫迪承其
祀焉詞曰
餘慶未已厥生君子位不充量沒恨泉裏其一夫人禮則
當時見美同穴茲辰徽音用紀其二

右張孚墓誌姪緯撰文孚濟之子緯軫之子孚子
絪絪子迪世系表均失載已具前跋地理志郾城
屬許州此誌云豫州郾城縣者長慶元年始以郾
城隸許州也志於郾城下云武德四年以郾城邵



陵北舞西平置道州貞觀元年州廢省邵陵西平
始改爲蔡州此誌立於開元廿八年故稱豫州郾
城縣焉後此四十年復置溵州又後五年乃廢溵
而隸蔡州又後四十五年乃隸許州

易州田琬德政碑開元廿八年十月十六日萃編載卷八十三

太中大夫太大誤

父惠惠思誤稍遷缺稍字非其幹理缺非其二字由是缺由字粥嗌缺嗌字歽養缺歽字如□其敗子缺如其二字是務缺務字亂作亂家士缺家字并隔缺隔字為蝗自西徂東缺蝗自西徂四字強戎缺戎字莫出缺出字公之缺之字將□變其俗將下三字缺人也缺人也

可勸（缺勸字）下無（缺下字）訟平（缺平字）師（作帥）
易州御注道德經後諸臣銜名稱田仁琬此碑稱公
名琬字正勤疑是其後改名經典釋文序錄稱韓詩
雖在人無傳者隋書經籍志亦云韓詩雖存無傳之
者此碑云尋師授韓詩曲禮其時韓詩尚有傳人毛
詩雲漢篇如惔如焚此碑作如焱如焚其卽韓詩歟
平津讀碑記
案後漢章帝紀注引韓詩作如炎如焚詩節南山
憂心如惔釋文云韓詩作炎字書作焱燚盍卽焱
字非韓詩也



莒國公唐儉碑（開元廿九年三月廿□日　萃編載卷八十四）
風力贊其鴻基（缺風力鴻基四字）匡其景化（缺匡其二字）若夫窮□
知遠高辛之化闡細□□日望雲（缺若夫高辛之闡細日望雲十字化上并）
少一之□嶶烈□□□□於後昆（缺之嶶烈三字）禁止
令行（缺止令行三字）起學邁仲□之禮□（缺起禮二字）□祖靈芝之齋
□□書右僕射司空公□□□□□□□□□□□□
□□□□□騁□□□□□□（祖下十一字并廿三格均缺）侍中□
□□□□僕射（缺侍中二字）同傳險（缺同傳二字）類□□□之入
地□□□□□預□□□□□□□□□□□□九
命之崇班□四鎮之高秩父鑒齊（類下十七字均缺）簪紱□□

禮□七葉□貊□□□□之□（替下六字均缺）以成性□□□
以立身□摠九流（流上八字均缺）彩□照（缺彩字）才高□管（缺才高二
字）之軌□（缺軌字）寰宇幅裂邊□擾（缺幅裂邊擾四字）之醜徒□
□□□凜□□□□□□□□□□梁沛之眞（缺之醜徒凜眞
五字）有隨（缺隨字）契□斷金（缺契字）雖□□□□□□盧□
□公之（缺盧公之三字）師之□□□□士側席思（缺師士思三字）彥□
及列代之（缺彥之二字）夷吾之九合□孔□□□□□□□□
柃□□遂□謀（缺夷吾孔柃遂謀六字）時□經綸本資（缺時本資三字）臨
□塞溫□□□□□龍□漢□□□□□晝（臨下五字均缺）乃
命方郎□將（將上四字均缺）兵千□（千誤于）降□□□□泥淖□



深（缺泥淖深三字）戰□□□□師（缺師字）滅項之心（滅誤城缺項心二字）
艮規柃前（缺柃前二字）老□□□掌下（缺老下二字）元師（缺元字）厚
地旌旆□□□□□□踰（缺厚踰二字）入□□□□□□
夏□□平城（缺八夏二字）公居其最（缺居其二字）肆類繁昌敘□
□□功□□□□□□□□之右贊（缺繁昌功之右贊六字）品□
□□□□□□□□以□□□□一（缺品以二字）閣珥筆□□飛
□綸□（綸上四字均缺）方異代俱□（方下三字均缺）昔□佐□譽□
雲臺（缺譽昔佐三字）閣以今方古彼（缺閣今方彼四字）控紘（缺紘字）僕射
裴寀受（缺裴寀受三字）陣□空解（缺空解二字）相濟公□使（使上三字均缺）
渙若（缺渙字）雖有此心計猶□□獨孤懷恩□□□□□

□□□□□□□□賊□□□□□□同缺踞有許獨孤懷恩賊同
九字并州缺并字並窮缺並字通識素王稟其舊□張□識外七字
均缺春官之職寔之外四字均缺之□有餘裕之下三字均缺特　詔
缺特字而□□靡缺靡字便□□城缺城字幽州□□□□□
□□□□□□□定缺定字後進禮重於弓旌缺後進弓三字旌誤
旌酋長缺酋字出□造於厲□於外三字均缺何必裹糧堅甲背
約違□缺何堅甲背約違六字受降□城□山谷降外四字均缺蔫黄門
□郎缺蔫郎二字子□僭号缺子字柃□□□□資□右戚命
資外四字均缺節都督□梓□□等五州諸軍事都督外八字均缺特
進□忌滿誡盈履特進下五字均缺賜絹缺賜字米粟一千石缺米



千二字賜東園秘器葬事官給務□所厚□加事官給外十字均缺
陸□信為□□□葬葬上三字均缺右金吾□大將軍缺右金吾
三字又雲麾將軍之下多空七格先□無美而稱缺先美稱三字孝著累代□
銘□□足□言言上六字均缺敢不□□□□□美敢不缺敢不美
不四字此下又少空一格從事□子缺從子二字并□不缺不字并上又多空一格君
子道消缺君子二字之薦之誤乏既□□□盈缺既字邦□□□
□□為□而缺為而二字人□極缺極字三台缺三字命□述□
音□詞缺述賁詞三字西□□□中原缺西字□聖提劍缺提劍二字
□社尊缺社字長□□源□□□勢缺長勢二字所□□□□
□□□□□□□□□□□□□□天□□□□脩缺天

脩二字□邪搆惑缺邪字碑□□□夫人□德缺碑夫人三字二月
缺二字
碑載檢校黄門侍郎封莒國公兩唐書本傳在使突
厥前碑則在使突厥還後又為天策府長史後碑以
公為幽州道安撫使兩傳皆不載碑下截失拓十五
字兩傳儉卒年七十八金石萃編拓本作春秋六十
有八廿六行末云春秋七十有八金石萃編不足據覃溪惜不得一校證之平津
讀碑記
首行存一碑字次行存一臣字與碑字齊萃編以
碑額為碑題非也碑係奉勅所撰故有臣字金石



錄目云無書撰人姓名知宋時已磨滅矣筠清館
有此校本不無譌缺

李氏造多寶塔銘

高一尺三寸廣一尺四寸廿行行十七字末行廿二字字徑五分許正書在扶風

多寶塔銘并序

夫朗質浮乩高明無以秘其象真儀括牝厚載安可遂
其形惟聖界巨千大海寫浮珠之偈商城六度提河啓
淨囊之口故得慈航並汎香軌分駈濟七水之沉淪濱
三乘而宏懿爰有郭楚貞昆弟眷萼太夫人李氏自開
元七年受持法華經弟八金剛觀經尊勝藥師等經每

日夜持頌一遍脩詞進業蹤實謙匱弃五濁之煩籠居
四緣之浄域又捨緣身袒帔等數十事造多寶塔一所
上爲過去下緣見在嗚呼性均泣扇哀塔䠒書故能智
炬潛輝通四今而外朗慧根夙潔演十頌而齊貞醍醐
灑煩惱之津寶地鑲業曰之果于時營搆宇託滕裁規
探岷閬之名珍琢鍾巖之美玉霧埭雲立月暎星離類
天上之飛来疑地中之湧出勒以瑰炎鎸以琳琅□靈
心之凜凜表禪識之蒼蒼其詞曰
彼美昆弟粤有尊堂攀緣性相經捐津梁情損東岱業
□西方傾企精進長緣頂王



開元廿九年歲次辛巳閏四月辛巳朔十八日戊戌
建立
按此石出土未久從西安帖賈購得拓本未知在西
安否也於時營搆宇句以四字句例之營下當有脫
字金石續編
石壁寺鐵彌勒像頌開元廿九年六月廿四日萃編載卷八十四
特起紺臺缺特起二字爰咨咨誤容
夫法無隆替宏之在人若得其人何應其道不宏而
且大哉爰茲寺者　唐初大禪師綽公晦迹之地
大宗皇帝創興浄利迹淺名僧繼踵□缺約八字□出幽

□迨開元□□下九等鑄鐵弥勒像一驅林諤撰記
房嶙妻髙氏書丹蘇瑰題額以字劃簡古筆力遒徤
世謂之髙氏碑焉至宋元祐五年夏遂値火災□□
□缺約十一字焉碑亦隨□下闕道弥再建堂宇復刊碑石
至　本朝定之二十六年春又値火災　御書閣法堂
房廊寮舍悉爲灰燼碑亦□焚其僅存者僧堂齋厨
而已有　大下闕之後徧歷諸筵始及立歲遂專開演
先於定之八年杖錫河南復抑各師傳大乘戒至鄭州
圃田衆請住持福祥院十五餘年於定之二十□下闕當
始基破木之時其病即愈以與九公鑄像感應無異



人皆謂師再来人也數年之閒巨堂巋然壯冠泉石
丹艧□□光耀眩目□□下缺哉　師兩曇住持度門
弟子一十八人一日謂門人曰即令脩蓋稍完弥勒
像碑惜乎焚毁舊得墨本藏之有年擬再刊□□□
□下闕一時好事者聞之喜躍助緣成斯美事僕寓迹
東隣杖錫謁　師清話終日因悟演二監寺具言遂
書碑石泰和四年四月七日下闕
汾水李元甫摸在碑右下角
舊唐書地理志交城隋分晉陽縣置取縣西北古交
城爲名元和郡縣志亦云開皇十六年分晉陽縣置

交城縣據碑交城縣由壽陽縣分置地理志郡縣志晉陽皆壽陽之譌當以碑爲正平津讀碑記
萃編未錄後跋據石本補之題額八名碑作蘇侊跋內作琬碑經重刻不知誰是跋書軀作駈殊繆書畫作劃古字碑重刊於政和再刊於泰和刊之者寺主元釗跋之者□死見於石墨鐫華今則斷缺不全矣又王氏載集古錄跋尾云林鶚撰碑書作諤今刊集古錄本無此語云集本有林諤撰三字則亦刊刻之譌也

開元甎文



長七寸三分厚寸六分正書在陽湖呂氏

開元廿九年七月造

本願寺三門碑

高存三尺九寸八分廣二尺三寸二十行行廿四字字徑八分有界格行書在獲鹿

大唐本願寺三門之碑
北崇福寺沙門翹文
宣義郎邠王府參軍直祕書省□□缺下
粤若稽古迦文啓度法界服勤浩刼猶有万德其興也勃焉若乃懷寶不可以迷□□□缺下宇其可得乎於是給園宏搆作矣本願寺者昔在育王之所建也在趙之廣泉廣泉□□缺下作紀常山爲鎮俯仰形勝爲百城之宗案育王盖飛行之帝也以鐵輪爲前驅盡有□□缺下惟冈圖乃分遣鬼雄大建靈塔所殺八万有四千建塔亦如之以□罪也□□八國□□缺下遠浸用巳堀殆及有隋興廢起頃政勝易号建言有之土火之間能戟于野綠林新市缺下
高祖飛龍王室草創以大併小遂遷井陘
太宗位天光復釋奮開皇福地盡舉而存故茲離正可知也有若法宇禪居率皆增□□缺下
天子將有事東夷誅有罪也中山次飛麹名昉等率六



十人忠勇冠時言從薄伐既其□缺下天紼縭冐維櫓樟皆廢脇息惶汗歸懷法王冀神効一徼樹以退福既契既誓颯然而□缺下廼其本乃建斯門崇皆頹也視定極紘偪廣設階分礎下襲粗給獫狁之故其業中斷□缺下上坐僧道觧寺主僧希名都維那僧惠仙等舉寺高德一十有四人並戒惠兼廣才明奧缺下日昔給孤唱始身子演成今則不承權輿使懿績長寢上聖黙責夫何以安之哉乃命缺下代爲秀師俗姓閻氏燕趙之松栢也神宇特敭聞思畢舉講唱表匠白黒攸歸迺心缺下筐篚蟬聯影從者可勝言哉於是倕班輸徵匠石陟新甫牽徂

来槎其條枚伐乃缺下栱若阜聚芬如山頎圜畢存鏤裒
無㨿率壯士令勇夫撫鴻梁躡歷絶藤掇植缺下荘阿閣
四下楷扉三肩海目極覩若有意乎往来皇皇乎有以
見大覺之道缺下數百里望而知歸況其迩者乎其餘緑
竹掃砌碧流環戺芙蓉司晨明珠掌缺下秋七月哉生魄
刺史仇公克義布政施仁鎮撫缺下既下車人悅其德先
是閭□阡陌率多湫隘缺下



右碑有刺史仇克義名元和姓纂云開元有左衛將
軍仇克義滄州刺史當即其人又碑云秀師俗姓閻
氏與本寺金剛經碑陰石經讚中所序智琇姓同蓋
一人也立碑歲月已泐案書碑人題銜有邠王府參
軍攺幽作邠事在開元十三年則此碑當立於十三
年之後矣碑云天子將有事誅有罪也中山次飛麴
名昉等六十人忠勇冠時言從薄伐攷太宗高宗皆
征高麗至總章元年九月始爲李勣所滅碑前有太
宗云云行末泐天子句跳行寫當是指高宗時征高
麗事舊唐書高宗本紀顯慶六年春正月乙卯於河
南河北淮南六十七州募得四萬四千六百四十六
人往平壤帶方道行營碑中所云麴名昉等六十七
人應募從軍當在此時唐六典凡兵士隸衛各有其
名左右金吾衛曰佽飛總名衛士皆取六品已下子
孫及白丁無職役者點充次飛即佽飛古通用漢書
宣帝本紀云神爵元年三月西羌反發三輔中都官
徒弛刑及應募佽非射士師古曰因取其便利輕疾
若飛故號佽非攷兩唐書明皇以上諸帝子孫封邠
王者惟高宗章懷太子賢之子守禮垂拱初封嗣雍
王神龍中遺詔進封邠王賜實封五百戶開元初歷
虢隴襄晉滑六州刺史時寧申岐薛邠同爲刺史皆
擇首僚以持綱紀源乾曜袁嘉祥潘好禮皆爲邠王
長史兼州佐此碑係開元時所立所云邠王府參軍
即守禮府僚無疑又題銜直祕書省下一字尚存左
旁似從木疑是校字唐六典祕書省有校書郎八人
常山貞石志



右本願寺三門碑在獲鹿縣僅存上截左方亦已
虧損常山貞石志載之以鐵輪爲前駈缺前駈二
字冀神劾上誤多下字既契既誓誓誤作拓十行
十一行末失注下缺字栱若阜栱誤棋頎員畢存
缺頎字頎當即覩之俗訛見爲頁耳碑云秀師俗
姓閻氏沈氏謂即智琇案本寺舍利塔碑有法門
智秀有恆其德云云前又有法師僧智秀名當即

其人至謂秀即琇未可知也碑又云上坐僧道解
寺主僧希名都維那僧惠仙等亦均見於舍利塔
碑舍利塔碑有麴客良名此碑亦麴氏申願所立
是在開元時無疑惟碑又云獫狁之故其業中斷
似指安史之亂而言則立碑又當在天寶後矣然
鹿泉之改獲鹿在天寶十五載碑稱鹿泉則尚在
未改獲鹿之前仍系諸開元末以俟再考

金仙長公主碑 附開元末 萃編載卷八十四

仙□貴□□□□□□缺貴字眞皇帝缺眞字開元神武□□缺神武二字居無□色□□□缺色字時□西城縣主□□缺西城縣主四字道士□衣□披曳霓□□缺衣披曳霓四字何□西明之宮缺何西明三字賤之弊□缺弊字節行寵其精□缺行精二字寘□□□其神□□□缺其神二字頃筐缺頃字既叶陪葬橋陵□缺叶橋陵三字百里比□□□缺比字藥觀□沐慈仁缺觀沐慈仁四字菌菌誤

錢辛楣少詹謂唐書百官志皇姑爲大長公主姊爲長公主女爲公主獨不及皇妹諸碑刻代國鄎國涼國金仙俱號長公主未必皆爲明皇之姊頤煊攷代國碑云睿宗皇帝之第四女今上之仲妹又云則天太后御明堂宴聖上年六歲公主年四歲睿宗諸女代國第四涼國第五鄎國第七金仙第八則自代國以下皆明皇之妹其得封長公主者明姊妹同也然金仙碑第言春秋四十四其薨年已泐以諸碑攷之代國開元廿二年薨年四十八涼國開元十二年薨年三十八鄎國開元十三年薨年三十七則涼國與鄎國同歲鄎國少代國二歲金仙亦當相去不遠則其薨時春秋四十四亦當在開元廿一年以後數年之間平津讀碑記

萃編所見本行存廿六字余兩得拓本一存廿八字一存廿九字竊意下截尚有可辨識之字惜不得一見全本也




八瓊室金石補正卷五十六終

# 八瓊室金石補正卷五十七

太倉陸增祥撰　男　繼煇校錄
吳興劉承幹覆校

## 唐二十九

### 雲麾將軍李秀殘碑 天寶元年正月 萃編載卷八十五

丕構 缺構字 都督令德□仁 缺令德仁三字 搴□考 搴誤參 讀書 讀誤詩

### 內侍陳令望造心經

高一尺九寸廣一尺四寸五分十五行行廿字末行廿五字字徑六分正書在房山石經洞

潁川陳公奩多心經碑 方在上



般若波羅奩 下缺

天寶元年四月八日河北道宣慰使朝散大夫守內侍陳令望造

新唐書地理志河北道有採訪使而無宣慰使此因事立名以內官爲之 平津讀碑記

### 兗公之頌 天寶元年四月廿三日 萃編載卷八十五

儒墨 儒作儒 水鏡 水誤水 猶是 是誤寔 愧仲 愧誤懷

碑云服膺蟻術禮記蛾子時術之釋文云蛾或作蟻此作蟻術尙是六朝舊本又云刻鵠見嗤刻鵠卽刻鵠古字通 平津讀碑記

### 靈巖寺碑

碑已斷缺高無攷廣三尺八分存兩石上截廿一行行十九至廿二字不等中截存十三行行九字至十八字不等字徑九分許行書在長淸

靈巖寺碑頌 并序

靈昌郡太守 下缺

邑以法有回禍有象故得眞僧戾止神人告祥宜 下缺 或眞空以悟聖或密教以接凡謂之靈巖允矣眞 下缺 晉宋之際有法定禪師者景城郡人也嘗行蘭若 下缺 若是者歷年禪師以勞主人逝將辭去忽有二居士 下缺 建立僧坊宏宣　佛法識者以爲山神耳目 下缺 夫山者



上之至厚谷者虛之至深水者回定而淸林 下缺 貝葉之經衡岳廓蓮花之會獨人存法立事著名揚 下缺 空知乎辟支佛牙灰身起塔海龍王意貿金 中缺十一字 志尤□見□扌□則有 下缺 仍舊昔者州將庨具邑吏孔威廣□支供多供器物 缺三字 □□賜 缺二字 解脫禪師以杖叩力士胚日令尒守 下缺 而送之仍施絹五十匹□若武德阿閦儀鳳堵波 空二格缺一字 禍刱平之初乃發　宏願　高宗臨御之後克 下缺 光堂大悲之修舍利之□報身之造禪祖之祟山上燈 缺二字 功宇內舍那之搆□身鐵像次者三軀大□金剛 下缺 增衮遠而□也雲霞炳煥於丹霄郎

而察之日月照明缺二字道此皆　帝王之力捨以
國財能象之下缺蜎慈□二□□容植之不生汎於
草間穢於壠上職由□缺一字保泉叢㕓道擢扌清淨之
田解昬迷之縛不㸌曷下缺律住持入慧之境悉繁文字
削筆抄於連章思廣闕遺刻缺一字陰於別傳大德僧淨
覺敬惟諸　佛言□□下缺上座僧元景都維那僧
克祥寺主安禪或上首解空或出缺一字□義僧崇㥛僧
羅睺僧零範僧月光僧智海僧□下缺荐永言悟入大啓
津梁咸高梯有憑勝宅自照仍依俗諦缺二字豈碑宛委
昭宣宏長增益桃源失路迷秦漢而下缺天長其詞曰



倬彼上人巍乎曾嶺冥立福地神告缺二字爰□幽
居逝言遐騁寂用內照塵勞外屏其一下缺宮歲時建置
今古齊同磴道邐迤霞閣晗曨其二　□缺一字劾
靈觸類示相扶持淨域謍諴州將延集□下缺岳寺合之
國□岱之北阜蒲之西陘是人依法即事聯聲□缺二字
二誰云與京其四　碩德勤脩爽□下缺犾轉覺
以拯斯萬其五　大唐天寶元年歲次壬午缺二
字月壬寅朔十五日景辰建
弟一千二百四唐靈巖寺頌李邕撰并行書天寶元
年金石錄目

右靈巖寺碑斷缺存兩石一爲上截存百八十餘
字一爲中截之左半存九十餘字計每行得四十
二字以銘詞核之下截尚有十八字是碑共廿一
行行六十字也碑有武德阿閣儀鳳堵波云云知
寺實刱建於高祖添造於高宗云汎於草間穢於
壠上云桃源失路迷秦漢而缺云爰□幽居逝言
遐騁知元景結廬山谷非卓錫於寺中者當即在
今魯班洞內故碑於其地出土也碑首標題下有
靈昌郡太守字太下是守字首句云邕以法有因
蓋北海所撰書即趙德甫所著錄者新唐書李邕



傳云歷淄滑二州刺史地理志云滑州靈昌郡本
東郡天寶元年更名百官志云上州刺史一人天
寶元年改刺爲太守碑云靈昌郡太守傳云滑州
刺史一也紀年壬午下缺二字是月壬寅朔案通
鑑目錄是年十月壬申朔則壬寅朔當是十一月
也新書元宗紀是年十一月己巳至自溫泉宮以
此逆推之壬寅是十一月朔己巳爲二十八日月
上所缺乃十一兩字也碑在魯班洞山左金石志
據趙晉齋舊藏本錄之案無是書未克校勘陳壽
卿何子貞兩前輩均搜及之均無下截至朱時齋

始拔得焉貞老嘗語長清令昇二石於學宮不果近聞洞口頹塌恐雖塞不得入果爾則顯者復晦矣北海書膾炙人口每有原石淪亡展轉橅刻世猶珍之此碑尚是當時上石久經湮沒椎搨無多故磨泐尚少雖殘損及半所愈多矣顯而復晦尤宜寶諸戊辰秋從貞老索得上截拓本越歲有自山左攜歸者介李仲雲轉覓之始獲足成焉山東通志載有靈巖寺碑云開元間梁昇卿書碑久無存未審所據或即斯碑之誤歟



實際寺隆闡碑銘天寶二年十二月十一日　萃編載卷八十六

邊積字鈌邊　覞規作規下同　全全作全　擅舥即挪字誤航　反井反作返　茖作蓊

碑云雖已歸寂滅無待於褒揚然寵洽友于無忘於縟禮似尚有兄弟官於朝惜碑不書平津讀碑記

天寶尊勝等咒

高一尺五寸六分廣一尺九寸五分廿七行行廿字字徑五分正書四周花紋極精在西安

佛頂尊勝陁羅尼呪

佛說無垢淨光大陁羅尼神呪

天寶三載歲次甲申二月十五日建

宇文琬墓誌

高一尺六寸五分廣一尺六寸二分廿三行行廿三字字徑五分許正書

唐故河南宇文府君墓誌銘并序

國子進士周珎撰在標題下方

宣德郎行左領軍衛長史曹惟良書在末行下方

公諱琬字琬代郡武川人也炎帝爲所出之先普回曰受符之祖則有定侯岳峙文皇龍躍承家翊魏開國稱周弈葉英華斯爲盛矣曾祖洪亮皇靈州迴樂令祖揩皇綏州義合府左果毅父延陵皇朝議大夫授縣州司馬雖從事鞅掌而遊心澹泊垂裕積慶寔生我公洪惟執志謙默有質端偉義存展惠德不近名空素業能貧之絶狎朱門匪高軒冕事親孝而奉兄友訓家儉而育子慈慕君平而取給欽仲長而不仕於是人倫遐矚聲芳坐馳族兄故黃門侍郎嘉而悅之曰而器之而後朝選何其不干祿能幹人之蠱匪增財多克家之譽矢死不倦輸誠靡他嗚呼積善無據享年未永春秋六十一以天寶三載六月五日歿新昌里之私第其載十月廿日窆於萬年縣龍首原禮也盈里閭而悽慟及路衢而惜惆伯亡友季焉如已聟達外舅乎猶子感夫男明敏而趂德女柔麗而有則未畢婚娶如何憫凶夫人天水趙氏桃李猶春室家承式痛孀婺而俄及念遺孫而無怙嗣子遜遂等奄茹荼蓼永違顏色既號天靡訴庶刻

石銘休知余先人之故也將悉其事能旌其德撫孤泣
目敢不欽承雖荒唐無取申梗概而爲誌矣銘曰
和惠因心謙冲自得持身無玷睦親垂則其一昔爲英胄
今在齊人遐思赤族不慕朱輪其二投迹塵俗勞形奔走
和光葆真人先已後其三天乎不傭羅是鞠凶俄然永隔
仰已無從愁扃荒壠泣樹孤松奠星霜兮長垂兮問託
金石矣銘彼高蹤其四

誌云代郡武川人按元和姓纂云拔南環後魏大
司徒居武川新唐書宰相世系表云目陳拔拔陵
陵號阿諺若徙居代州武川微有不同所敘宇文



先世炎帝普回均見姓纂及世系表又云定侯岳
峙按表阿若諺仕後魏都牧主開府儀同三司安
定忠侯生系位至內阿干二子韜阿頭而姓纂所
述西魏大丞相大冢宰安定公者爲內阿干之孫
恐係姓纂之誤抑西魏所封者襲爵而進侯爲公
邪其云族兄故黃門侍郎者即宇文融也銘云今
在齊人齊人者齊民也避諱用人羅是鞫凶鞫凶
猶言窮凶也詩作鞠訩鞫即𥷚字鞠鞫皆𥷚之假
借訩者凶之假借

大奉國寺守忠龕記

高一尺廣一尺四寸六分廿二行行十七字字徑五分正書在洛陽存古閣

上缺京大奉國寺故□□龕□記
□□諱守忠俗姓高氏平陽郡人也□□生□□□□
之□□子夏□□□殁□□□□之□大□□□山
之□□夫滑粹履□□□□□□天□□素□□書□
通六義□□□之□□□□□□□□□□郡□□
□□□□長安□□□□□□□□□□外有□□微充
福先寺□□□□□□補□泉寺□□神龍初置奉□□
□□□□□大聞□□□□□□金仙玉塵□人□□給
國祇樹上聖□□□清厥心□□□□則□□持彼□



□□□□□□□□□□□□□□□□爲上座□□
□其□□□□手不□卷心不□□□□十載于茲矣暨
我真容放光之歲十有一月廿六日□勝于□□之
本本春秋八十□五□僧惠□弟子□慶□□□□□
□□□□等抑號□而不□□喪父而無服遂安□□
龍門南嵓□□□不忘故也峨峨□山□湧流水縱
俾如帶□□□若堂□□□□寶四載歲在作噩九
月廿五日記
□南府鄉貢進士石鎮文
前□□府法曹參軍□□書

右大奉國寺守忠龕記在洛陽存古閣漫滅已甚

合數本審之乃得辨此一百八十餘字後半稍可
成讀寶上是天字歲在作噩是歲直乙酉也前云
暨我眞容放光之歲者記其卒之年月也眞容應
見事在開元廿九年葢守忠歿四年始建龕而作
是記也撰文者石鎭書人姓名泐

隴關遊奕使任令則碑

高七尺廣三尺五寸三十行行五十四五六字不等字徑寸許行書在武功

□□□□□□□□□□大都督府別駕上柱國任府
君神道碑并序
上缺史□□李邕文并書



□□□□□□□□□□□□□□□若享以令
德□以懿□□海啓其深□□□覆其前□故能名重
於位德重於時夫高也不以固國□□□□□□□
□□□□□□□史策□絕□□□親之□躬信
翼子之惟肖矣　公諱令則字大猷本樂安博昌
囘居官今爲西□□□□□□□□□□□有□
國與薛同姓故滕侯曰寡人若朝於薛不敢與諸任齒
漢御史大夫敖後漢司空隗魏吏部尚書愷並朝□□
□□□□□□□□□□府君祖　皇朝鄜州
司馬辯府君考　皇朝資州司馬直太史盛□□

□□□退身周仁形志或雲□□□□□□□□□□
□□無悔□□□□福永歸□如也公駿蔟炳靈丕
承□訓風神散遠軌度閑□□□成□鏘金有聲雜以
詩書□□□□□之□□□□名教之中□□□
□其□文其德武其望仁其行禮其□智其謀義其斷
司馬□□□□□□□□□□□□□□□□
將□□□□□□□□□□□□器用已周興補
將□　□□斯□□□可襲汝其□□□□□□
公乃執顏拜首□□□□□□□□□□□□□□
□□□□□□□□以□下情是□安府□在□之於



□□□□頃落亦□□□□□結茅匝營植柏祥鳥□
至甘□□□君子□之　則天
□□□□德音數加以
□宗□□□□帝出鎭之初□□□□□□□諸子□□
□□□事相歷數載或□公□□觀書雖□儲學貫□
習□□□□□□
□□□□□□□地府□□□□□□上
無何轉左□毅□除右□府左果毅仍長坐議□歎曰
□公執戟潘□□□□□□於代也一從一橫一□
一□□□□□□□□□□□□□□泉府折衝

時吏部尚書朔方□使王公諱□忠□倜儻之□□□
□□□足威邊略能戡難□□□□□□□□□□擊
公□以五戎蔵以五輈伐変鬭其兩武□樹伏其三軍
□虜懾焉□康待賓□□□□□　朝廷以弓勁
馬□□□□□□□□□□之□□□□事留守王公
諱愔公亶嚴簡□丕人□□歎公□昔者李□封侯孫
□□□□□□用而命舛莫登雖□□□□□□□□
□□□□□嘗所乘馬備公□壇戎□病者乃奏公副
前相國李公元紘以討之□旅飲至授甯王府左親事
典軍隨班例也尋以□□□□□有□遷公朝議大



夫□州大都督府別駕專知和州靈關兩道遊弈使公
判候每精什伍□□罰明而賞信衆附而師和賈勇者
投石而□行□□者□□而思□是以石堡諸□相次
歸□者累八九焉乃將□四夷掃萬□爲　□□
□作邊長城而天不遂艮神或助逆□兇酋□□刻□
□臣之□子□□嗚呼以開元十六年十一月八日寢
疾終於官舍春秋六十有五悲夫夫人吳興郡君謝氏
輔德□行和鳴齊□□□□□□□□□同期以開元
十八年十月十八日合葬於武功縣仙原禮也□王府
屬令方公之弟也岷州判史奉國公之姪也□縣□校

□□□□□□□□宀□□之英彥　國之棟梁
也嗣子神鼎府左果毅武貞仲子左司禦司戈奉先次
子兵部常選黃季子孝國□□□□稟□永□□□
下□從事景託窮□□月電□松栢風緊泣血將訴號
天莫追顯紀述於先塋□光揚於往行其詞曰
□□黃帝地□□□□封命□滕薛分流□□□□鼎
臣輔周人爲國寶學是家邸其一族有賢英業尚韜晦藏
用明□嗚謙□背有典有則可久可大□□□□□
□□其二□弈□子芩芳盛時風□代□□□人師絕編
廣業□□陳詩承惟名父特許清資其三代邸方開醴酒



□設既本文□□□□□□□懷□□□□□□奉□
謀因加武烈其四揚雄執戟王粲□□□橫絕漠氣遏長
雲三邊金鼓萬里功勳興言鶺鴒恥與□□其五□□□
□　□□一□舉以爪牙生長羽翼胡虜久摧戎
羌屢北□□□元功未塞其六悠悠旅櫬眇眇幽行歸
途劒閣返葬墳塋□□□□□□□民□□□□□樹
德□其七禮樂詩書伯仲牀季號天追攀泣血□□□□心
是日紀德茲地刻□美於豐碑懸孝敬於荒隧其八
天寶四載十二月廿八日建
此碑於嘉慶二十年乙亥七月武功令段嘉謨訪得

之
文廟其陽刻宋大觀聖作之碑越三年戊寅十二月
南海吳榮光備兵陝安道出武功得觀并題此刻在碑尾後尚有聶銑敏學使觀款一行不錄
案李北海撰書任令則碑偃師段襄亭大令嘉謨任
武功時訪得之拓以寄贈碑凡一千五百餘字可辨
者尚及三分之一 姓名官階卒葬年月以及先世後
嗣猶得諦審錄之任氏之先始於薛侯下至漢魏則
有御史大夫敖司空隗吏部尚書愷攷元和姓纂漢
御史大夫任敖任敖之後爲晉尚書任愷望系樂安



博昌後漢書任光子隗章和元年拜司空乃南陽宛
人非任敖支派豈北海所據譜系或有傳會邪祖辨
鄜州司馬考盛資州司馬直太史唐書地理鄜坊節
度管資州劒南道西北節度管職官志上州司馬太
史令並從五品下□州大都督府別駕專知和州靈
關兩道遊奕使唐書地理志揚州大都督府督揚滁
常潤和宣歙七州靈關當即和州之東關王公諱□
忠諱下缺嗣字即王嗣忠也金石續編
右任令則碑歐趙所遺金石續編筠清館金石記
均載其文而吳氏所錄多得七十餘字彝訂續編

以所蓄拓本不精僅據吳氏本校勘而補正之近
復得一紙較爲明顯復諦審得六十字不敢遽定
偏注於旁者又得九字並正訛十四字益歎校勘
之難也向之所訂有以不誤爲誤者如於代也之
於八日之八松栢之栢清資之清孝敬之敬雖由
吳氏究甚粗莽錄之以誌吾過 碑云吏部尚書
朔方□使王公諱□陸氏謂諱下缺嗣字即王嗣
忠也案唐有王忠嗣曾爲朔方節度使別無王嗣
忠其人此記憶偶誤耳王忠嗣爲朔方節度使在
天寶初年此碑所敘當是開元時事亦不相合以



余考之則王晙也新唐書王晙傳以功遷左散騎
常侍朔方行軍大總管改御史大夫嗣拜兵部尚
書復爲朔方軍大總管九年蘭池胡康待賓據長
泉反陷六州詔郭知運與晙討平之晙所降附知
運輒縱擊賊意晙賣己乃復叛坐貶梓州刺史改
太子詹事進吏部尚書太原尹代張說爲兵部尚
書同中書門下三品充朔方軍節度大使又元宗
本紀開元六年二月朔方道行軍大總管王晙伐
突厥八年九月契丹寇邊王晙汲古閣本誤作晙檢校幽
州都督節度河北諸軍大使黃門侍郎韋抗爲朔

方道行軍大總管以伐之九年正月王晙執康待賓十一年四月王晙爲兵部尚書同中書門下三品五月王晙持節朔方軍節度大使十二月貶王晙爲蘄州刺史碑於此後有康待賓字雖上下均闕而其名尚存然則使上所闕當是大字諱下所闕蓋是晙字覆審拓本晙字日旁尚能辨識其下忠字乃屬下句耳惟碑云吏部尚書朔方大使傳於討康待賓之時云兵部尚書朔方大總管而系吏部尚書朔方大使於貶梓州之後與碑不符或傳之誤也本紀但言大使不言吏部尚書碑不言



幽州都督皆略之耳碑又有留守王公諱愔字棱王志愔於開元九年留守京師疑即其人惟單名愔爲不合耳碑又云乃奏公副前相國李公元紘以討之案新書李元紘傳於出爲曹州刺史之後但云徙蒲州復起爲太子詹事而不及統兵致討一節殆史有闕漏或即在蒲州時事亦未可知然元紘罷相在開元十七年六月令則卒於開元十六年當令則時不應有前相國之稱又案宏簡錄元宗紀於元紘同平章事下即接云置軍於定恆莫易滄等五州以備突厥碑所稱討之者或即指

此然其時甫經入相何由稱前豈所謂前相國者乃北海撰文時追敘之詞邪顧元紘傳載其生平事蹟從未與軍旅之事闕疑可也碑又云授甯王府左親事典軍攷讓皇帝憲傳云始王永平長壽年降王壽春唐隆年進封宋開元年徙王甯元宗紀開元七年九月徙封宋王憲爲甯王十六年十一月辛甯王憲第是甯王者即睿宗之子讓皇帝憲也碑又云□王府屬令方公之弟也案宏簡錄元宗紀開元二十二年嚴私鑄錢禁浸京兆商人任令方資財六十餘萬貫時代籍貫相符當即其



人惟碑云□王府屬紀云商人爲異耳神鼎府不見於地志亦府名之逸者又案宰相世系表敘任氏先世云漢有御史大夫廣阿侯任敖世居於沛其後徙居渭南與碑言樂安博昌者不符表不及隗與愷愷仕晉而碑云魏吏部尚書亦復歧異仕魏者有任峻任嘏北海所據譜牒殆不足徵信歟南北朝任遐任昉爲樂安博昌人令則豈其苗裔邪

## 王迴山造浮圖頌

拓本五紙高一尺八寸廣三尺二寸卅行行字不一字徑五分許正書在高陵

浮圖銘 并序　蓋聞圓穹上樹慈雲蔭於大千方
濁下擬梵雨潭於百億况乎𢦏王命□天人載誕故能
使月光童子遣照慈燈善星比邱遍灑甘露十千神□
拔□□之根八萬天□□破無開之罪從来無上者其
在世尊乎今有大慈悲□信□□□山仁𦓤英雄鄉閭
摽准不矜軒冕不尚浮華懷仁救蟻之年伏道□□之
日住持真化摟息妙途乙夜淫書討韋編而不倦丁年
感孝茹荼㶾而非酸故能𥿄藻慧根琢磨篤行
母清信女劉□德俱偕令㨿有聞跡履三明心休五
淨追慕亡姊亡妣共建浮圖　高祖伯道　曾祖元□



祖□廉□泉英瓊樹挺生梓松孫拔骨𩨷道直神閑
調孤踐行義而□□□孝□而不永与善徒欺策高足
以未窮遂啓手而長逝其□□□□□□悲號叩地
追五日之絕漿慟哭聞天痛三年之灑血遂宏誓□共
□□財与　母同心願爲亡過父母敬造石浮圖一所
七級錮𨪐併就丹䑊□加大唐以天寶六載歲次丁亥
正月丁丑朔卅日景午□於宅南珠輪亘日寶鐸吹風
諸佛金光婉轉更起七重珠豪紫映還生十善是
知神霄福地刑□宣仇四鄰則仕女清貞五𡊮□□□
平坦用銘金石而爲頌云　㝈有至人邱園養德

宗族稱孝鄉閭稟則降福不永□隨否列　欲咨鴻恩昊
天綱極其一　龍樹西来雀離東至㷇教曰流虔心□□大
道□一法門不二梵雨灑滋火宅銷熾其二　一人利物万
國時康　天□□□□括　珠㠧茲雲再朗惠日重光庶神
功之永建　隨聖祚之無疆其三
劉　妻張　男什六什九　女什五娘廿娘合家供養
張氏妹六娘　夫驍騎尉張無關　男羌日法
奴合家供養　劉氏姊二娘夫移山□如金女什三娘
迴山妻兄張□迴□□什娘二娘□三娘合家供
養　迴山母　亡過父母及亡弟□才現存弟子頂子



寍亡妹三娘供養　頂男毘玉妻張亡妹大娘　宝男
毘□□□九女三娘　洛妻李女智度供養下空　盖
氏亡過姑大娘　妻□□妻王　男品子隽彥　弟同
生　弟如玉　習女二娘夫盧景瑫女三娘夫張来仁
供養　石氏妹二娘女二娘夫梁思皈供養　張氏姑
三娘男沖寂妻刁男阿毛妻孫　妹四娘　妹九娘
四娘女大兒合家供養下空　□二從𡋯王思皈妻程
男阿𠭊妻董　男阿敬妻董　男景龍妻何　大娘
𠭊女什四　上渤妻□　龍女寶身合家供養下空　二
□□□　□逸妻杜　男伏臣男巡光女大娘女二

娘三娘四娘合家供養　三從子喜珍　毋阿趙合家
供養下空後空亡兄無□供養此在第一層據沈跋補
石浮圖頌向在北門外曠地內因修邑志搜訪得之
道光二十五年仲秋桐鄉沈淮記右刻碑尾
右石浮圖六層上鋭下廣頂已佚蓮座高五尺第一
層方八寸五分高四寸以下遞增中刻佛象左刻亡
兄無□四字右刻供養二字每層南面皆中刻佛象
旁刻花紋作雲狀餘三面祇刻花紋字刻於座座分
兩石高均二尺一寸廣一尺三寸五分前石厚六寸
南面有方穿高七寸八分廣五寸五分外作門形上



刻螭虎兩旁各刻一人對立似守門者後石厚六寸
八分南面刻佛象三尊序及題名前後石三面環繞
刻之自西而北而東文十八行行十八字至卅三字
不等題名十二行參差不齊正書碑云梵雨潭於百
億潭應作覃攷東魏李仲璇修孔子廟記化潭八字
亦以潭爲覃正韻潭音淫浸淫也即本字義亦可通
刑月宣仇刑形通借形下當是勝字宣即寘仇匹也
言形勝之無匹也西魏曹續生造象記非刑象何以
表其算北齊宋買造象記尋刑叵遍皆以刑爲形異
天綱極綱即罔說文网或加亡或從系則二字本同

漢曹全碑續遇禁罔以罔爲網是罔網亦通用梵語
塔爲雀離洛陽伽藍記乾陁羅城東南七里有雀羅
浮圖北齊義主造象記穎越於雀離與雀羅同言巧
穎過於雀羅之細密也北齊朱曇思造象記霹璃昔
住字異而音義並同他如蔭作蔭照作照遍作遍英
作英冕作冤歷作瀝囊作囊皈作皈皆別體毗字檢
字書無此字或芘之誤六朝碑碣往往有之唐時猶
沿其舊題名爲王迴山一家眷屬人皆無攷著官階
者惟張無闕一人唐書職官志驍騎尉勳官正第六
品上階張與盧景瓚梁思皈均王氏戚也文頗雅馴



字亦秀勁時方修邑志搜剔得之爲之狂喜沈淮跋
大唐以天寶六載以字當在大唐上錫甥俯就俯
者甫之聲借罔極作綱古罔網一字亡考作妤俗
謬毗疑是芘之省沈氏以爲芘之誤云六朝碑碣
往往有之未知所據何碑也

竇居士碑天寶六載二月八日萃編載卷八十七
混然同人不在於燕缺不字同字晉大夫廣缺廣字幽抱虛壑
幽上多一□習志氣於先人缺氣於先三字後續缺續字廞易衣冠缺廞
瓊枝枝誤作林薗閬蓬瀛缺薗閬二字是以好事欽素缺事欽素三字肓
酒缺肓字接道意缺意字眇然蹈海超遥昇天缺蹈海超三字軌物

缺物字何必蕪没三徑缺何必二字鮮□歌代缺代字軒辭解謝
□踊元默缺踊元默三字以國缺以字以上多二□素襟襟誤作投銷聲大谷
缺銷字夫如是則有膏者缺夫如是則四字有道缺有字食吾貧缺吾
貧二字式用永□嗚呼缺永字嗚字性與□婦道合□親缺婦道合
三字示滅於京輔興□缺輔興二字青田之姿空聞鶴驚缺下句四
字無玉帛缺無字元禮多才缺才字□□□之五部戩尅以
少缺五部戩三字□植松楸缺植字七日芳遼桂千年缺七字千年字此
勿求之缺此字功立行成芳性與節全缺功立成與節全六字丁未
缺丁字甲寅缺甲字元禮萼建缺禮萼建三字宣德郎前行將作監
右校丞范㞦題額并鐫此十七字全缺



居士季子元禮黎園教坊使行內侍省內侍新書百
官志武德後置內教坊於禁中開元二年又置內教
坊於蓬萊宮側自是不隸太常以中官爲教坊使平津
讀碑記

石門房山造象十三段俱正書在臨朐

侍老李思恭題記高一尺二寸廣七寸五分八行行字不一字徑八分
廣饒鄉侍老李思恭妻阿張弟子夫婦俱□□□康強
□媿□□每蒙泐一行半不能定其幾字尼像一鋪上爲泐約四五字毋
□存眷屬咸同斯福唐□寶六載三月二日建
山左金石志云一題□□□□□李思□造像記
正書二行一題生父母□在眷屬咸同斯□六載
三月二日建葢即此刻誤分爲二失拓中二行也
至奪譌之字殆石多曼患審視未細而志又約略
記載之故邪侍老未詳

盧大娘題記高一尺二寸八分廣五寸七分五行行十六字至廿字不等左行
維大唐天寶六載歲次丁亥三月丁丑朔廿九日乙巳
廣饒鄉人盧大娘女□四娘爲有勝得平安遂發願敬
造粹伽牟尼像一軀□經一卷觀世音菩薩一軀卌九
□□□一口上爲国王帝主□亻父母法界倉生咸同
斯福姚□兒



山左金石志誤饒爲鐃并未審出廣鄉二字有勝
之勝疑是孕之借用

□守志題記高二寸五分廣一尺一寸十二行行五六字字徑六分餘左行
維大唐天寶六□□□丁亥三月丁丑朔廿□□□□
廣饒□□□守志敬造觀世音菩□□軀向爲國王帝
主師僧父母法界衆生咸同斯福女舥迟　供養
記中向字即上之古通

孟士□題記高六寸五分廣六寸五行行八字字徑六分
清信佛弟子孟士□敬造阿弥陁像一鋪願合家大小
平安　天寶六載五月四日記

孟下似是五字据山左金石志作士

李□寘妻等題記 高九寸五分廣二寸七分 三行行字不齊字徑六分

佛弟子李㐱寘妻田氏胡廗妻張氏觀音菩薩一軀顛

合家平安　天寶六載十二月卅日記

廗疑即廣字之俗變或云廗字

沮瓊瑶題記二段 高一尺二寸廣三寸五分 三行行字不一字徑寸許

佛弟子沮瓊瑶爲染患敬造觀世音菩薩一軀顛合家

平安　天寶七載九月

山左金石志有佛弟子□□仁造像記後書天寶

七載九月正書凡三行疑即此種



又 高六寸廣三寸二分三行 行六字五字字徑六七分

佛弟子沮瓊瑶祖母傅敬□□弥陁像一軀

無年月當與前刻同時造者山左金石志未審其

姓名祖母上有爲字未見

張行廉題記 高六寸廣六寸八分六 行行字大小均不一

濟南郡清信仕張行廉爲亡母敬造弥陁像□□妻馮

氏男□□男晃女□□□天寶九□六月

山左金石志闕張字六字

天寶殘刻 高三寸七分廣存四寸二分 三行行四字字徑七分許

前缺 鋪顛合家平安天寶十載四月

山左金石志有釗合子女天寶□七載四月正書

三行上下皆有殘闕蓋即此刻之譌誤者

李氏等殘刻 高一尺廣二寸 二行行字不一

李氏□氏□苐釗□□一□□子□ 缺 載五月□ 缺

右刻在李□寘造象之前蓋亦天寶時所造故稱

載

郭悳礼題記 高二寸七分廣五寸六分 五行行三字字大小不一

弟子郭悳礼敬造阿弥陁像一軀

小黑題記 高七寸廣二寸五分存二 行行字不齊字徑七分

佛弟子小黑敬弥陁像顛利下月 下泐



□俟子殘刻 高三寸廣一尺四寸十一行 行約三字四字字徑七分許

前疑有闕 □□□及 此行全泐 □□帝主師僧父母□□□生□

□斯福□俟子　男大郎子　妻張氏合家 供 養時記

山左金石志載石門房山造象廿九種訪碑錄同

而注云山東甯陽何也兹錄得十三段李氏及小

黑□俟子三種志錄未載

河南參軍張㲋妻郘氏合祔誌

方一尺四寸廿七行行廿八字 字徑四分有界格正書在襄陽

唐故河南府叅軍張君墓誌 并序

鄉貢進士丁鳳撰

君諱軫字季心其先范陽方城人也曾祖元𨚗皇秀才
擢第拜長安尉益府功曹贈都督安隨郢沔四州諸軍
事安州刺史祖東之秀才擢第　宗社艱難時危反正
特進中書令監修國史上柱國漢陽郡王本州判史食
封七百戶碩德金章勲庸茂績傳諸國史備列先碑父
潏秀才擢第朝散大夫著作郎佐父潛謀能安漢室建
策除呂獻議如昌功亞朱虛侍歸疏受君則著作之第
四子聰含誕孕慶積公忠體峻晴峯神髙秋色傳母羅
乳𩢍腥膻甞岐嶷有成詩書便覽往昔　中宗復辟邪
黨構端大父被奪鳳池歸來典郡見君性不食肉㓜及
成童奏爲梵苑沙門配居龍興精舍載離及紀材必爲
時君謂釋門之道也祈没後之因儒門之教也救當今
之獘脩惠狹於善已濟廿溥於蒼生返初服於巾簪捨
緇流而冠帶屬　天波昭灕祖廟立宗支子從班大才
誰繼喟然曰吾當檀鴻筆耿青紫即冑太學擢秀才無
何拜河南府參軍以秀才有後也况官叅河尹攝縮府
曹墳籍文章儒宗墨客虛心待士散俸歸仁餘慶未融
斯文乃喪味不知宍以逮于終以開元廿年六月五日
遘疾不祿於洛陽陶化里私第春秋卌六嗚呼知音者
莫不云變風雅之篇什稟江山之清潤方經國而可大

金石補正卷五十七　圭　吳興劉氏希古樓刊

尚沉跡而未光痛昭世之早辞乃邦家之殄瘁有集三
卷行於代
夫人安陽邵氏備佩針管脩整組紃事姑側聽於鷄鳴
作嬪潔羞於荇菜訓子得義方之蠱孀居存師傅之儀
早歲專德於公官晚載循心於釋典以天寶四載六月
十七日寢疾終於故里私第享年卌有九越天寶六載
十月十二日合祔于安養縣相城里　先祖之舊塋禮
也嗣子曰繹曰縉欒〻相撫㝠〻相次愷悌孝友閲禮
言詩既積學而含章亦髙墉而射隼女也事夫終遠弄
瓦存早相對悲號皇〻䴖慕將題實錄用叙㝠詞銘曰
軒轅垂裳支裳分張子孫范陽弈葉全昌從宦遷徙茅
社金章其一猗歟君子炳靈代起文章宫徵弱歲興此不
食于肉歸於釋子其二𪊨飛國庠擢秀明敏繼業聯芳叅
卿洛陽嗟乎中折梁壞人亡其三夫人婉德禮全內則
母儀柔克嗣子食國駈馳文墨哌〻相向銘誌將勒其四
張軫誌已編錄此其夫人合葬之誌也敘軫事蹟
兩誌略同惟此誌云進士甲科前誌云擢秀才爲
異耳前誌云嗣子繹紹等此誌云嗣子曰繹曰縉
縉當即紹之改名者世系表均不載地理志襄州
鄧城下云本安養天寶元年曰臨漢此誌刻於天

金石補正卷五十七　丟　吳興劉氏希古樓刊

寶六載猶稱安養則志謂天寶元年改者未確矣宍古肉字見於淮南子吳越春秋諸書漢碑又作宊本州下缺一字據史知是刺字補訪碑錄載張軫志不注撰人名而以此志爲張軫弟二志標題誤矣復以軫志撰文之呂巖說註此志之下而顚倒其名誤之誤者也

宜祿都尉成君墓誌

高一尺五寸八分廣一尺五寸二分十八行行廿二字字徑四分正書在長安

唐故振威副尉左金吾衛新平郡宜祿□□□□□□君墓誌并序



赫赫宗周昔有天下分族命氏列乎于成公□□□□連 曾祖威 皇太中大夫禮部侍郎 祖立□□□散大夫趙郡慶陶令 父崇偘 皇朝議郎宣□□□戶糸軍於是克清門風乃敷政理備歷中外□翼□□□以良家子屬 中宗孝和皇帝有事郊□□□爲□□授左羽林軍長上轉京兆府望苑府別將左清道率府□候當警夜紫禁環衛 丹墀以事一人方逾十祀無何調河東郡霍山府左果毅都尉左金吾衛知隊仗□洛交郡龍交府彭原郡天固府加振威副尉新平郡宜祿府三折衝都尉知隊仗如故蕪左藏

庫使勤驍雄之勇列虎豹之師守金帛之般將出納之悋公幼而習武長而主兵恭默其心堅白其操誠善之□矣豈禍之滔矣遘疾弥旬終于咸陽別業然天寶五載九月廿一日享壽五十有五□六載十月廿八日葬於長安高陽原禮也銘曰

嘵嘵都尉三居其位 天階入侍 天府司使福善無徵禍滔□至且小植松栢乃高起龍埏非獨今日之如然皆當萬古之所□

誌泐下方左角標題處自宜祿下缺七字以文驗之當是宜祿府左折衝都尉其知爲成府君者文敘姓



源有列乎于成句也古誌石華

右墓志十九行行廿二字正書字徑五六分書法不甚惡然多草率漫漶不可辨之字志首標題一行下角闕去七字不知其何姓而文之第一行下書名之處亦闕去惟其曾祖及祖父三世之名與官略具祖父之官皆不甚顯文有以良家子屬中宗孝和皇帝有事郊□之語攷唐書中宗紀景龍三年十一月有事於南郊其時正當武氏亂國之後朝政未靖宿衞綦嚴乃由被選入羽林軍供武職起家者也百官志言左右羽林軍有大將軍府其屬各有長上十八又

東宮官有左右清道率府其屬有中候各二人則石刻候上所闕一字當是中也志又言諸衛折衝都尉府有折衝都尉一人左右果毅都尉各一人別將各一人其下有隊正副隊正是別將下於果毅都尉果毅都尉下於折衝都尉而兵志云太宗貞觀十年更號統軍爲折衝都尉別將爲果毅都尉今據墓志先言望苑府別將後言左果毅都尉則果毅都尉在別將上之又一官且兵志明言置折衝都尉一人左右果毅都尉各一人長史兵曹別將各一人見云別將爲果毅都尉之言誤也且官志於折衝府不言有長



史兵曹則長史兵曹豈後來汰去者耶兵志又言凡天下十道置府六百三十四皆有名號而關內二百六十有餘皆以隸諸衛即墓志所稱京兆府望苑府及河東郡霍山府洛交郡龍交府彭原郡天固府新平郡宜祿府皆是也以地理志攷之新平郡即邠州有府十其一曰宜祿彭原郡即甯州有府十一其一曰天固洛交郡即鄜州有府十一其一曰龍交河東郡即河中府有府三十三其一曰霍山惟京兆府無望苑府而鳳翔府即扶風郡有府十三其一曰望苑葢後來又移置也唐制十六衛以左右金吾衛爲最

重故六典言有大將軍將軍各一人而唐志於大將軍之上并有上將軍六典注云又置引駕三位六十人並於左右衛取明閑隊仗法用兼能糾彈事者充分爲五番上下仍於諸衛翊衛隊正内取五人爲主帥葢即墓志所云左金吾衛知隊仗是也又百官志有左右藏署言左藏有東西二庫朝堂庫及東都庫東都朝堂庫右藏有内外二庫東都庫開元十九年以監察御史二人莅太倉左藏庫三院御史皆初領繁劇外府推事其後以殿中侍御史上一人爲監太倉使弟二人爲左藏庫使又墓志所稱振威副尉者



乃武散階從六品下以統兵外府武臣預京師金吾衛政事又兼殿中侍御史文臣之劇任其人必多幹略而有爲者惜乎墓志雖存而姓名已不傳於世也此刻未見前人著錄有庸人題記於石尾云道光庚寅新出當亦是關中古物故亟錄其文以表之古泉山館金石文編

按誌石下方缺姓名不具而歷官備詳郊祀推恩以良家子授左羽林軍長上轉京兆府望苑府別將□清道率府虞候調河東郡霍山府左果毅都尉左金吾衛知隊仗□洛交郡龍交府彭原郡天固府加振

威副尉新平郡宜祿府□折衝都尉知隊仗如故兼左藏庫使唐書中宗本紀神龍元年九月壬子祀天地於明堂十一月壬午享於太廟並賜文武官勲爵誌所稱中宗孝和皇帝有事郊□郊下當爲廟字本紀中宗謚孝和皇帝天寶十三年加謚太和大聖大昭孝皇帝此誌勒石於天寶六載在加謚之前故稱孝和皇帝通鑑唐紀二十三至二十五皆題中宗太和大聖大昭孝皇帝而元宗紀天寶十三載二月癸酉享太廟上中宗謚曰孝和大聖大昭孝皇帝既殊新舊兩唐書且與本書中宗紀標題不合謚重孝字



亦復不文以孝和爲太和之誤而辨誤失載又代宗紀大曆十四年七月禮儀使吏部尚書顏眞卿上言累聖謚號太廣請自中宗以上皆從初謚魯公文集請復七聖謚號狀高祖以下悉取初謚中宗爲孝和皇帝兵部侍郎袁傪言陵廟玉冊木主皆已刊勒不可輕改事遂寢不知陵中玉册所刻乃初謚也唐書百官志十六衛左右羽林軍長上各十人左右金吾則隋左右候衛顯慶五年改左右金吾衛諸衛折衝都尉府每府折衝都尉一人上府正四品上中府從四品下下府正五品下左右果毅都尉各一人上府從五品下中府正六品上下府正六品下別將各一人上府正七品下中府從七品上下府從七品下諸衛折衝果毅別將擇有行者爲展仗押官則此誌所云知隊仗是也又有左右清道率府左右虞候神龍元年改左右清道衛曰左右虞候率府開元初復曰左右清道率府又左藏署令掌錢帛雜綵天下賦調卿及御史監閱開元中以殿中侍御史爲監左藏庫使此以武衛得兼蓋出異數癭陶河北道趙州趙郡屬縣天寶元年更名甯晉亦見地理志高陽原宋敏求長安志在縣西南二十里此石道光九年出土十



三年春顧米脂鶴寄粵金石續編

按成氏出周文王弟五子郕叔夜之後子孫以國爲氏後爲楚所滅子孫去邑爲成誌所述者是也慶陶唐書地理志作癭與後漢書同作慶者譌俗敷作敷亦繆虎字不避寫古誌石華載此有譌字有以意增補字其於首行補往府左折衝都尉成府八字則多一字矣折衝都尉只一人並無左右之分不已踈乎

子產祠殘碑

存四行行十字字徑分書

□□
不霜京
天寶七載
專知制

右子產祠堂碑殘石今藏張叔未解元處叔未琢其背爲硯頗細潤可愛錢侗跋

天制二字微有殘損餘完好首行兩字略存一二筆不能臆斷爲何字兩浙金石志載之云在嘉興黄本誠家此本爲錢氏舊物

八瓊室金石補正卷五十七終



# 八瓊室金石補正卷五十八

太倉陸增祥撰　男　繼煇校錄
吴興劉承幹覆校

唐三十

丁思礼竪心經碑記天寶八載五月廿一日在沛縣萃編載卷九十九作大秝八載七月

元□象大缺元象二字亦如□□之相也初淺而後深也外九字缺賢彩若丹詞林□落詞林外五字缺曷際缺際字善芽缺芽字槳□離缺離字灰濤缺灰字梵響缺梵字永讚缺讚字作悟缺悟字天寶八載五月天寶誤大秝五誤七



碑立於天寶萃編誤爲大秝大秝不稱載也

## 平遥尉王府君墓誌

高一尺七寸八分廣一尺八寸五分廿七行行廿七字字徑五分正書在孟縣

皇唐故西河郡平遥縣尉王府君墓誌銘　并序

原夫□於蘭谷者猶聞十步之芳眇於松巖者尚覩千尋之□況乃于門善族□□名家堂構挺生不□□者矣公諱□□□□□□河內人也太原望族徙居河內焉曾祖□□□遂州司馬祖□□□□□□太子家令贈少府監並以睦義登榮儒翰昇貴父□□□□□□□中舍人贈銀青光祿大夫至於承親□□割股

仁□□□□□□□□雖沐旌表門閭之□□制越古
越今隆褒揚道□□□□□□□並見編於史諜
此可略而言焉公以積善貸靈□□□□□□□□
性卓犖儁□之科釋巾任宣城郡宣城縣主簿江□□
□□□難□□以清平標範正直申規□得吏愛甿謠
傳芳播譽秩滿上選□以□□家之子□筆之才擢授
西河郡平遥縣尉汾州巨邑晉□碩州甿□□井之繁
人恣田壃之訟公以襟靈若湛筆翰如流疏決務□□
□與奪並□其理自六曹統□□考在公閭閻無謗讟
之聲□□有□□之慕□□□□□□□朋僚懐戀



德之情甿吏結□□之□□□千里勒轅轡而已迴至
曜三冬□門庭而畢萃昆焉喜躍□□義以同居隣伍
歎倫仰仁德而垂蔭方□廣脩淨業糸繼先風何期福
善無徵殲良奄洎以天寶九載二月九日遘疾終于河
南府河陽縣車城鄉之本第春秋五十有六以其年三
月十四日安厝于河清縣親仁鄉　先祖之塋禮也惟
公□德義方嗣徽名□植操慕深□□□□身□□□
□□□高節儉表其心風神皎絜□□體斯乃□□□
□□□□□□□乎激浪氵鱗翔□墜羽□□將
駕□□已開□□□□□□□□□□之永隔悲舉家

之長乖有子三人□□□□郎□□□□□□□□□
惟彼善門誕生材子□□□歲□□□□□□□□□
□□□□□□言唯仁是履宣城授□汾邑昇榮糾察
濫剖斷□□□□□□□仁明去思流美遺愛馳
聲反轡邱園安神靜謐閉□□□□□□□□□
□□湍室虛□積善永固□□禍□曾疾□□□□荆
□□□桂蕚旋凋佳城已啓德誌風標脩陵□□□□
長□

古誌石華載此文闕四十四字誤廿五字脫一字
茲據石本正之唐書地理志河清本大基先天元



年更名避明皇諱也此誌作於天寶更名已久矣

靈運禪師塔銘　天寶九載四月十五日　萃編載卷八十八

掾于高平缺平字圓通於不留之境缺留字色身謝兮法體
存缺謝字
寺西石塔靈運師墳即梁帝皇嗣者也　以上刻塔頂三行行五字字徑寸許行書

附辛祕題名　五行行六字字徑五分正書在碑側下方

元和十二年閏五月廿九日河南尹辛秘奉　勅祭中
岳散齋于此寺

碑頂字體散野與原碑迥別武授堂謂誤指靈運

即梁帝皇嗣臨文失檢顧亭林謂以武帝之裔而稱皇嗣亦爲不順竊意此十五字或後來俗僧所爲不足深責辛祕題名授堂跋已言之矣　碑銘爲崔琪所撰攷宰相世系表崔氏清河小房有琪字庭秀不詳官位未審即其人否碑述靈運之父名翥世系表蕭氏齊梁房有翥字文舉宣宗時相鄴之子時代相殊別一人也

陪戎副尉雷詢墓誌

方一尺六寸廿一行行廿一字字徑六分正書閒雜行筆篆蓋題大唐故雷君墓誌之銘九字四周刻十二生肖題夜半子鷄鳴丑平旦寅日出卯食時辰禺中巳正南午日昳未晡時申日入酉黃昏戌人定亥



卌六字正書

大唐故處士陪戎副尉雷君墓誌銘并序

君諱詢字明遠開內馮翊郡人也德能庄俗垂寶光於先功可濟時福慶流於後故祀路煜兮雄勇風骨不凡髯兮清雅神彩異俗應前随以見用位列錦司入大唐而昇朝職臨司馬父通上柱國智可運籌德堪濟物不徇私門唯憂報國揮霜戈於隴外戎虜電除耀金甲於輪臺骨都膽讋功成遂退賞悦邱園知命無憂自怡風月　君稟陰陽之受氣受天地之雄和維孝維忠克恭克敏虛心應物任性歸真坐幽壑以怡神卧白雲而放志將爲羨門比壽豈其孔父齒亡以天寶五載六月五日搆疾於私第終於家館夫人趙氏道叶坤順德配乾剛性以謙約爲本行以溫柔作常訓女垂誡教男義方遝居均善於孟母守志侔貞於敬姜何寶婺之昔殞乃龍劍之今淪同臻玉匣雙契佳城書帳虛而鍛跡粧樓空以生塵幽顯既分死生道隔降婁次諏訾月合葬於仙宮原侍先塋也孤子賓泰敬思遺訓伐稱泉壤以爲銘其辭曰

凜兮儼兮家國稱美倩兮絢兮閨闈有軌道契神明德侔君子動止不乖於町畦心形豈違於天理任物同化委體從依泯然形順翛然入幽琢石鐫銘兮光德芳聲不朽兮千秋



右陪戎副尉雷詢墓志未詳所在詢及父通子賓泰皆無攷標題稱陪戎副尉而文內無一語及之當是以勳蔭授者故又稱處士也文云降婁次諏訾月以天寶五載順推之是十載正月也距其歿已五載矣補訪碑錄作天寶五載乃卒日也故祀路句有脫誤祀卽祀字避睿宗諱辭作辭稟作稾孟作孟凜作凜宅碑所罕見

淨因寺梁懷貞造象記

高六寸廣七寸許十行首末二行在象旁餘俱五字字徑五分正書在汝州陵頭街本寺後殿

大唐天寶十一載二月八日汝郡梁縣万歲鄉胛陽里
人清信弟子梁懷貞妻王氏及兒女等先發誠願敬造
阿弥陁佛于茲矣積功逾年是日成就乃為記

胛陽里考當在胛山之陽也唐鄉邑之名流傳于今
尠矣授堂續跋

中岳永泰寺碑天寶十一載閏三月五日萃編載卷八十九
偃偃作規制字缺規龍津律津誤律靈靈作靈昏昏作昏
新唐書諸公主傳永泰公主中宗第六女以郡主下
嫁武延基大足中忤張易之為武后所殺帝追贈以



禮改葬寺僧因有此請即碑所謂二聖痛金娥之怨
兆人興玉碎之悲金石萃編以永泰為孝明之妹大
誤平津讀碑記

石燈臺頌并題名

石高三尺八面面廣四寸第一面龕像六層餘各上截二層拓本遺去各上截二層第一面存龕像四旁有題名第二面題額三行行十二字以下題名五行三四五面頌各五行行十四至十七字不等字徑八分行書餘三面題名在元氏開化寺

缺上養 缺上□供養 清信士吳什仵 為亡父母合一
家供養 佛弟子張履絢 佛弟子孔軋應 妻董思
令詮供養 佛弟子□□□為亡 父母造阿弥陁像

以上一面與餘七面之上截二層題名均失搨

為國敬造燃燈續明 普通供養 額正書徑一寸

通直郎行錄事參軍攝令李夵 □徵事郎守丞王文
藻 尉宋晅 承奉郎行尉韋光偉 朝議郎行
尉員外 置張通幽 尉員外置同正員主子昇

以上第二面

燈臺頌并序 南陽張尹撰 男希雅書

夫大覺希夷□以聲色法門高炬普燎羣生即無因之
因照有道之道也故知不為人我□宗稱涅槃佛号燃
燈由來授記爰以村坊道俗同造石臺員工琢磨超乎



法相且天開寶塔有諸異香地踴蓮華無□清淨種種
徵妙莊嚴道場其猶一燈燃百千炷㨿佛明行故号長
明乃為頌曰

忽兮怳兮天中天 佛与法兮廿所先 明一心兮
遍沙界 傳一燈兮煥大千 復說理門無住相
復說董修有福田 欲解大乘明解縛 去就還須
到本原 十地流通無罣碍 萬法圓融即涅槃
借問此臺能供養 永□終朝常洞然

大唐天寶十一載七月十五日建 以上三四五面

都維那比邱僧智□ 維那比邱僧什仵 維那張茂

□ 維那張處春 維那張處□ 維那張阿䭾 維
那張寶珎 維那趙思忠 維那張待因 維那張庭
辟 下空 燈臺主張處□爲亡過父母敬造維摩 下泐
燈臺主張處仙爲亡過父母亡妻郝敬造普賢菩薩仙
息□供養 以上弟六面
□燈臺主張□傳 息彥□ 張子遠息婆瓌妻周
瓌息瞿曇 □子 藝息 燈臺主張伯遠 妻路 息公
起妻宋 息公立妻蘇 息公俺 妻李 息□□
妻晏 息公□□□ 起息安𡧍妻趙定藺妻陳 立
息僧範 僧敬 俺息阿甑𡧍之起豢息□□□ □



挺息小甑定進定建𡧍璡𡧍琛 □郎 比邱尼阿淵
□□菩薩 迦䢼 真妙 正同 正果 正見
普同供養 以上弟七面
清信士張□□ 清信士張彥仙 □□□張彥□
施主□□□ 施主張韜光 施主張□□ 下空 施主
趙元春 息方進 下並行俱空 弟四 施主呂□昉息□珠孫
男進朝 進仕 施主張思慶息玉山孫同□□□ 以上
弟八面
右頌張尹撰其子希雅書二人皆無攷希即希字俗
體下截題名有通直郎行錄事參軍攝令李夰新書

宗室世系表蔡王房有夰幽府錄事叅軍爲河間元
王孝恭曾孫時代銜名一一相合當即其人縣尉宋
㬐見麗履温碑陰餘皆無攷 常山貞石志
按李夰又見穆宗本紀及舊書李光顏傳爲汴州
叛將長慶二年伏誅距此刻已七十年又其職與
表不合非即此人沇毳廬以爲蔡王房孝恭曾孫
是也惟表自孝恭及夰中有崇義尙邸說三世則
曾孫當作元孫乃合

董信古等造石浮圖記
高一尺七寸三分廣一尺一寸側厚五寸三行記五行行書題名十八行正書行字不等字徑六七分左



行在正定
□力增明善牙宿植同拾淨䞋修未來因於此招提敬
造石浮圖一所上爲 皇帝中報四恩七代先亡見存
眷屬出生死海入功德林澤及無邊一時成佛
天寶十一載八月十三日建 以上左側
董信古比邱尼八娘比邱尼圓照息思進 □□ 下空 業
羅漢 比邱尼普光 息承仙 承眞 下空 董智雅 妻
張 比邱尼四娘 息神劒 神通 下空 董安務亡孝由
悊 弟瓊芝 務息女經 希有 下空 董守貞 弟待徵
貞息龍璿 女大娘二娘 下空 董行仁妻郝 息承茴

承息　承祚空下董思敬比邱尼仵娘弟思甯敬妻郭
甯妻張敬息乹光乹暉空下李文慱比邱尼无邊比邱尼
憂曇　弟神功　弟神鳯空下董常豊　毋李　比邱尼
阿七　比邱尼四娘　弟太豊　弟希叟空下柴義乹
息乹暉　柴乹闥　比邱尼妙光空下孟思貞　弟習礼
妻董比邱尼大娘比邱尼七娘礼息乹祐乹□董義豊
妻周　比邱尼圓祚　息先阿　二郎　祗舡　希
鑿以上碑面董魏周毋曹空董阿獠空下比邱僧智山　上軽
車兒承業　弟四郎　業息乹㩧空下董神威亡考版棱
欒城縣令董元徵比邱尼法淝法留息令新武騎尉柴



阿昱亡考義賔見存毋趙　弟乹暉　乹禱空下董日進
亡考慱子　董阿昱　毋周　弟元侶空下□□□妻彭
□□進空格六董李生　妻閻以上右側
右記有云同捨淨䞶䞶即嚫字玉篇嚫初覲切嚫施
廣韻嚫嚫施同䞶玉篇䞶音攙䞶國清百錄弟一卷
陳羅闍宣少主口勑不許讓嚫物又弟二卷晉王稟
戒名總持菩薩書疏云弟子一日恭嚫猶以陋薄不
稱宿心皆作嚫不作䞶惟續齊諧記以嚫衆僧作以
䞶衆僧知借䞶作嚫由來遠矣碑中別體字甚多唐
刻中多習見惟授作棳輕作軽兄作見瑨作瑨經作

經與他碑稍異禱疑禱憂曇即優曇之省文安作安
唐碑中恆見天寶時以兩角女子為安字之譏可見
當時字體如此此石本在欒城由予攜至常山郡署
茲與諸古刻皆權寄崇因寺中常山貞石志
右董信古等造石浮圖記在正定崇因寺常山志
稱董日進造石浮圖記茲以左讀律之改題董信
古或不謬也記文七代沈氏誤作十代弟一行末
一字僅存右半至字沈氏定為經未敢遽從武騎
武字妻閻妻字石本已蝕據以補注於旁董日進
下沈闕亡字石刻尙明顯也優游字古本作憂沈



氏以為省文亦非眞疑即眞字

新定太守張朏墓誌

方一尺八寸七分廿七行行廿七字字徑五分正書間涉行體有界格隸蓋題大唐故張太守之墓誌九字在襄陽

唐故太中大夫守新定郡太守張公墓誌銘并序
公諱朏字朏其先范陽人也馬渡丹陽龍戰河洛煙塵
北擁冠冕南遷今為襄陽人也曾祖則隨阯陽縣令祖
元弼皇益州功曹參軍贈安州都督父晦之桂方㠯字
左率府兵曹參軍伯父柬之中書令漢陽郡王贈越州
都督狀危宗祏勲庸太常初公父早亡伯父進養諸吕

殄滅大漢分珪茅土錫封奏公授職　詔授荊州參軍
後韋氏臨政虺變爲蜮公授撫州參軍累貶也又試太
子通事舍人來復也又授將作監主薄再太子僕寺丞
太子文學檢察浮費司供輿馬黃中有理堂上樹頭轉
忠州司馬邢州長史朝散大夫涇州別駕鶴來辞海朱
紱加榮輿舊見趨佩刀是贈又拜梁州刺史涪陵郡太
守零陵郡太守臨川郡太守新忠之郡太守蜀山雲平非
無此取湖水天浸豈憚洪波江南聽采菱之詞成中和
之曲新安逢江水見底比清鏡豈如太夫人韋氏安府
戶曹元賓之女封馮翊縣太君子貴也板輿侍奉豈獨



長筵東漸有詞何懿舊賦公稟休和之氣降山岳之靈
忠孝事於君親愷悌施於邦國惜其大位未継泉路遠
隨以天寶十載六月廿四日遇疾薨於新忠郡官舍春
秋五十有六諸侯之禮國典備儀道路有瑞廞隨車黎
人悲父母奚若夫人隴西李氏隴西郡君夫榮也刑部
尚書乾祐之孫相州尧城縣令昭禮之女中書令昭德
之姪女能事組紃明閑詩禮令德贊於從職洲善移於
宗親天乎降灾殞斯貞廞以開元廿一年八月三日先
公而亡以天寶十二載八月廿六日合葬於臨漢縣平
原禮也嗣子囬等藥藥秝容哀哀相次洒響香其賓錄
將刊刻於石詞銘曰
猗公命氏偉乎邈退勳膚列土継體分茈世業宏大忠
孝滑嘉官政多歷斯紱光華沂海可詠專城累加天道
不慭梁木空嘵其一夫人隴西寔惟公族尚書祖理中書
伯録體德柔順瑶姿令淑如月之皎如鳲之育內則事
姑齊詩在祿誰謂奉倩先悲瘞玉其二嗣子藥藥幾不滅
性眞孝純至執容瘠病氛骈泣血象設惟命毋訓義方
慎終善令女也權斝施于㽵敬樹斯文於不朽紀勳業
而貞石其三

右張朏墓誌在襄陽誌敘朏之先世云曾祖則隋



朏陽縣令與世系表及張濟誌稱澧陽令者不同
張曛誌又稱比陽澧陽二縣令蓋先令比陽後令
澧陽此稱朏陽於例不合隋書比陽屬淮安郡後
魏曰陽平開皇七年改饒頁大業初又改今名比
朏之本字曩輯楚辭疑異釋證擬以篆體書之而
說文無朏字無從下筆借用乇字又鮮確據今得
此及張曛誌知朏字古只作比後人加阜旁耳又
云父晦之桂方正字左率府兵曹參軍世系表失
載東之贈越州都督亦不見於史傳當是後來追
贈莫攷其時或即在賜謚文貞時也又云夫人隴

西李氏相州堯城縣令昭禮之女世系表乾祐下失載昭禮可據此補之表稱丹陽李氏此稱隴西者從其朔也隴西四房一武陽二姑臧三燉煌四丹陽也又云嗣子回等則朏之子不獨一回故銘詞內有如鴒之育語然不可攷但補一回於表而已詳具元弼誌跋又案諸誌皆云葬於安養縣而此獨稱臨漢者天寶初所改名也

石經山中臺浮圖諸刻在房山

王晉造石浮圖記 文鐫石像上截高一尺五分廣一尺八寸五分二十一行行十二字字徑六分正書



石經中臺浮圖□

石經者眢琬公之□□□□□之上靈□□□□公□□□□經明道□□□□□□□□臺山者吾師□□□□□□□四臺浮圖淩霄之□□□□□惟中臺巉巖宛然未有真狀公諱晉太原人也挂冠辭代□□精誠樹福於金巖□□虛空乃浩□□於菩提之□□人以□粟□資造九級浮圖□於中臺也夫米粟者曾祖父□□□之出也衣資者亡妻之□也□□圖相好端嚴□□□□□□□□諸信士等□誠□□□□□真容□法□於迷津□□雨於火宅□□□□□□思

議既畢□□□□□□□□以傳不朽□□□□□□□□而上□□□□□□□九□六道□

天寶十二載十月廿五日建

□王□□□□□弟子□□□□娘供養 三行在右佛像右旁

圓滿空明盧舍比佛浮圖主王晉供養 三行在中佛像右旁

□□菩薩夫□□大娘□□□□供養 三行在左佛像右旁

右中臺山石浮圖之一面浮圖主王晉以妻亡捨資造立因爲之記無撰書人姓名琬公者隋大業間沙門靜琬也靜琬承北齊慧思大師法付囑鐫衆經令石經洞經刻百四十餘石皆琬公初迹云

感懇文 刻石像上截高一尺廣一尺三寸八分十六行行十五字字徑五分正書



感懇文

余　慈親二品孫樂安孫氏量必　天合器与代殊惟德是脩惟明是貴不以榮華爲樂不以豪貴爲雄澄心如不貳之門求真習道　慈親春秋壯有九以天寶十一載夏六月庚寅大漸弥留微方勿藥薨於別業神容儼然不知何賢人變易生死也　父痛　慈親先廿有恨未亡遂捨雄豪發菩提志稽首以信微妙法清淨操心造九級浮圖□中臺也嗟乎閔子不祐慈訓早違乹景外臨陰義內勗英二妹細小花蕚偏遺雖活明

時毀滅無異　父以英弟妹偏露鶯還匪甯遂晳繼親
北平縣君宏農揚氏性敦柔潔膺錫中和花萼痛聞號
天擗踴刻銘徽志以布腹心　張令忠妻謝
男敬仙敬眞
敬暉同供養
導師菩薩晉先亡妻二品孫樂安孫氏供養此二行刻像右
虛空藏菩薩晉女春娘女鸎娘爲亡母供養此二行刻像左
六姨玉田榮氏男女等供養
七姨玉田榮氏男女等供養以上二行刻虛空藏兩行之上方
右一面文爲晉子英所撰晉妻孫氏稱二品孫者
猶梁府君碑稱四品孫五品孫也竹汀先生跋梁
府君碑引唐書選舉志三品以上蔭曾孫五品以
上蔭孫孫降子一等謂朱賓鄭莊二人法當蔭敘
而尙未得官故以四品孫五品孫署銜然則此二
品孫者亦蔭未得官之稱當是晉之署銜然以加
於婦人枊見於此未可遽爲金石之例六月庚寅
非十五即十六日是年五月丙午朔也怨作惌段
氏云班馬字類韻會皆引史記封禪書百姓惌其
法字作惌今史記無此字者此字亡矣廣韻云同
怨



吳興劉氏希古樓刊

感浮圖詩二首一三行行十一字一五行九字字徑八分正書
感石浮圖
樹福金巖頂粧嚴琢石成眞容繪美素圖鏤萬年榮此詩在塔門外上截之右
感石浮圖　琉琠彫瑩美圖貞琢玉成神功呈百福含
聚曰光明輪寶□霄壯珠瓔鏤石晶感□嚴父志竭力
爲先靈此詩在塔門外上截之左
二詩不著撰人名當是英輩所作
安祿山題名字徑八分正書
皇帝供養　御使大夫安
皇后供養　祿山供養二行在感石浮圖詩之右
安祿山三字後人惡其名而鑿之然尙可辨識
李時用德政記刻石像上截高一尺二寸五分廣一尺三寸五分十六行行十五字前後各三行讓夫下截題名各短五字字徑七分正書
朝散大夫守歸德郡太守兼諸軍事魯國公上柱國
李
公諱時用武可濟代文以匡人刑示蒲□駈鷄政令寮
庶畏愛何賢如之英□公賢愚之道或万有一通而貴
賤之階宛天將地□德□淮海祿重邱山但竊慕公佽
時濟代之風潛窺爲政未嘗見公臨人有一獄不愼有



吳興劉氏希古樓刊

一訟不審有一屈可謂德政也公爲國安人雅風訓俗
至於詞人才子渴詠公雄文碩德洪儒□□公高□至
於遐迩洋洋乎盈耳也□□□之□□瞻應□澄寶劍
之光奸□□□□□□君人之恵□□雷□□□□□
揆□徵敢□□□□□□□□□□□□将来
救□菩薩晋長子英次子嘗次子薰爲母供養二行在像右字徑一寸
善讃菩薩晋弟晃弟詵妹五娘供養二行在像左字徑一寸
右一面文亦英所撰按唐書地理志幽都本薊縣
地武德元年置燕州天寶元年改爲歸德郡建中



二年爲朱滔所滅因廢爲縣王晉造浮圖時李時
用方守是郡英頌其德政附刻於此濟世臨民改
用代字人字避太宗諱也

雲門山造像三段在益都

王元恭題記高三寸九分廣一尺四寸三分十九行行字不一字徑五分正書

□性千秋供養　□性壽卜供養　亡男□其供養
□□知金供養　□元恭供養　□過父□忠供養
大唐天寶十二載歲次癸巳十一月戊戌朔廿一日丁
巳清信士王元恭敬造盧舡像一鋪上爲國王帝主師
僧父母七代先亡見存眷屬法界蒼生咸同斯蘊　母
郭供養　□崔供養　趙開東母仇供養　妹伴娘供
養　女陳娘供養

山左金石志載此分爲二段一作□性千秋供養
六行一作天寶十二載十一月清信士□□□造
象記十三行以余審之造象者王元恭中列記文
前後列供養題名自中而左右分次之實只一刻
也文云戊戌朔廿一日丁巳朔日戊戌則丁巳是
廿日差一日矣通鑑目錄是年月朔十戊辰十二
丁卯十月小盡則十一月朔值丁酉廿一日正值
丁巳十月大盡則朔日正值戊戌二者必有一誤



也山左志以丁巳爲戊□并缺王元恭名審未的
耳盧舡像盧下脫舍字平津讀碑記誤恭爲素壽
卽壽字洪氏釋作哥亦誤壽下一字洪作悟

王昕題字高二寸廣八寸五分十行行二字末行三字字徑六分正書

故人王昕敬造无量壽像一軀願生仏国及法界衆生

首題故人蓋生存願造者佗人續爲之也此與下
一種似皆唐以前刻姑從山左志附前刻之後

尼世僧圓滿題字高八寸廣五寸四行行字不一字徑五分正書

比邱尼世僧造像一軀爲師僧父母及法界衆生　比
邱尼圓滿造像一軀願供法界衆生同生佛国

山左金石志雲門山造像尚有天寶十一載李思
敬造供養像十二載二月清信士造弥陁像定光
像北海縣尉李栖梧記四段平津讀碑記有天寶
十二載依智囗造像依六妻宮清讓造像二段皆
未得搨本

內侍張元忠妻令狐氏墓誌

方一尺七寸二十行行二十字字徑八分行書在長安

唐故銀青光祿大夫行內侍員外置同正員上柱國張
公夫人鴈門郡夫人令狐氏墓誌銘 并序
惟天寶十有二載十一月四日夫人卒於京兆府殖業
里之私第嗚呼時載六十有三若夫人之姓裔自乎太
原處嬪于室凡廿載矣夫人進對工織以備於賔祭
先祖恭具於膏澤叵之以容貎不以悅已怡色事上
撫下允穆謙和愛子如生育人無悉夫張公諱元忠任
太中大夫賜邑爲鴈門郡君後進銀青光祿大夫遂加
号爲鴈門郡夫人也不意曰由運政禍謝緣踈夫去天
寶九載五月十三日卒於河南府里之第宅次載就葬
于京兆府三原縣之分界自阻已後念趣來緣每宏慈
悲常思不忘以夫先偶同事幽泉又歲月無㞑遂別塋
壤泉子未窗莫能再榮嗚呼人道所悲傷矣以今載十
二月四日遷殯於京兆府長安縣龍首鄉之原也代移
世久墳壠權殘刻石爲銘媿叙夫人之德銘曰

食邑之家　捨於珠璮　簪纓之族
衣無重綵　六行所備　四德兼載
謹慎閨門　善音無壞　太山南指
渭水東邁　歲月蒼蒼　記之永代

此誌無書者姓名驗其筆迹與張希古誌絕似亦鴈
門田潁書也夫人夫元忠食邑鴈門希古食邑馬邑
皆在今山西大同府潁籍其地故爲書誌二張葢族
人也誌中貎作貎怨作悉自阻以後阻當作殂宦作
窗善作善擢作權代易世久世字不避太宗諱闕筆
去天寶九載去當作以然唐誌以去作以字用者甚
多僧思道誌云去至德二載春秋八十有一解進誌
云去元和四年三月四日疾終尹澄妻朱氏誌云去
開成四年告終於私第皆是如此葢當時習俗相沿
有此用法也 古誌石華

按鴈門郡夫人令狐氏乃內侍張元忠妻元忠先有
偶令狐其繼室也唐時內侍皆有室史稱高力士娶
吕元晤女李輔國娶元擢女其見於碑志者有吳文
妻李氏李輔光妻輔氏王守琦妻張氏謝氏與夫別


金石補正卷五十八　吳興劉氏希古樓刊

瑩而銘墓者創見於此銘曰太山南指太山卽太華山也垂拱元年武后避祖諱改華州爲太州華陰縣爲仙掌見元和郡縣志後雖復舊俗尚相沿故稱華山爲太山耳金石續編

石華載此誤殖業爲置業善音爲善意文云去天寶九載去猶言往也與下今載字相對史傳中言去某年去某月者不勝枚舉碑版中亦復不乏黃氏謂以去作以字用且云晉俗相沿失之甚矣

## 優婆姨段常省塔銘

高七寸七分廣一尺一寸三分十六行行十一字字徑六分方界格正書



唐故優婆姨段常省塔銘并序

蓋聞宿殖勝因生逢政教仰尋師友意達直心學普敬法門慕不輕客行貞心守志塵俗不污其情性等虛空證真如之境獨拔愛網猒世榮華□薩墦雄悲重迦文之妙典火宅之內駕馭三車檜內外之財望三祁願滿春秋七十有六以天寶八載九月十日卒於私苐捨報峭林以天寶十二載建塔於茲知神䰟而不固其詞曰妙慧歸真德超上智慈悲起行忠孝無二敬故重新心存劉志宿殖德本動靜合理　女劉三娘建此五字在其側陽

## 棲巖寺智通塔銘

高二尺廣二尺六寸五分廿七行行字不一字徑七分行書

大唐棲巖寺故大禪師塔銘

龍興寺主沙門復珪撰

惟佛有覺海酌其流者爲淂一佛有慧日赫其照者爲至道夫能航逝川適寶所者吾師矣師諱智通姓張氏虞鄉七級人也童年有濟世之量請益於大智尊者晚節當付屬之重善誘我羌之封人　天与滔和聲振開輔粉藻德行澄滅使流降心魔巖道品砥操勵能終朝獨王前刺史裴寬以師繼然一燈請傳覺印後太守韓



朝宗以師道高五衆請師爲僧寶非隨侯明月難掇有卞氏連城僧價不其然乎於是雲峯之下軒冕如川巖花之前搖衣成市除沙鹵之株杌甘露清田酌肥膩之菁華醍醐灌頂行有餘力綴已惠人綆汲群蒙衣珠密繫使夫股肱之人一變至于道者十八九焉嗚呼世界無常生靈起滅將示絕絃之迹俄增遷奪之痛翌日不救藏舟夜□以天寶十載十一月廿七日終於住寺春秋六十有九爲猒毒而歸依耶爲傳薪而火滅耶生〻之与化〻其可左右門人有普花之痛道俗懷苦海之憂寺主令眞師之同志恨寶渚無梁衢樽莫挹翳林墜

月狂鳥易犇与弟子惠照饒益寺上座崇道等奠佛影
之猶存以封灰而建塔俾傳能事授手於子夔珪辱在
緇門豈忘提拙銘曰　開示佛乘住無所住傳衣佛
國去無所去拯洽四流梯航六度誰其悟入我師調御
其一　行佛能事〻果而注水竭龍移山空澗響灰封殯
塔珠沉帝綱留影雞峯提河列像其二　啜泣之痛潸然
灑地蘭若空扃緇林殄悴閣水藏卅藤塋及隧豈惟羊
祜方稱墮淚其三
天寶十三載甲午歲六月三日寺之創新鍾之
晨建




造塔大匠京兆王光　河東張伽刻字

內常侍孫志廉墓誌 天寶十三載六月八日 萃編載卷九十

□府君 王氏攷補孫字 碑石已缺泐 冥寞之君 脫之字 白圭無玷 玷誤坫
又末句千秋不□所缺似是政字
誌云終於來庭里之私第高福劉遵禮誌皆云來庭
里葢當時內官聚居於此里誌爲申堂構撰元和姓
纂丹陽申氏狀稱申不害之後陳有南徐州申禹禹
八代孫堂構唐虞部員外郎 平津讀碑記

安鄉郡長史黃撝妻劉氏龕銘

高一尺一寸五分廣一尺六寸廿五行行十八字字徑四分正書存洛陽存古閣

大唐故安鄉郡長史黃府君夫人彭城劉氏龕銘 并序
少弟宣義郎前行濟陰郡成武縣尉庭玲述
昔貴立德立言垂範垂訓光而不朽其在茲乎夫人諱
字彭城人也擾龍肇裔斬虵丕緒保姓受氏不隕其名
曾祖行之唐蒲州永樂縣丞祖延祐安南都護父含章
雍州長安縣尉乃祖乃父克岐克嶷文史縱橫衣冠疊
耀夫人柔儀韻晤淑問載馳年纔既笄歸于江夏黃撝
公歷試郡縣懷寶無時屈己從人推財重義挹醍醐之
正味□般若之妙門爰寫藏經或崇塔廟夫人處事舅
姑恭勤夙夜內則罔墜中闈聿脩男女二人不幸早夭




掌失□珠帷空弄玉若敖之鬼不其餒而伯道之魂
天何殄嗣既而煢居累載靜念安神五福暫愆百齡
俄奄以　天寶十三載□月廿一日寢疾終於東京
宣教里之私第春秋六十有九嗚呼哀哉即以其載□
□□日塟於龍門南西山淨土村太平□律師之塔北
長史之龕傍合祔禮也九原□愴逝矣難追兩劒悲鳴
翾然與曉庭玲□宦夢聞哀苦交集雪涕援翰實曠徽
音偉蘭菊之長存藹金石之無替銘曰
龍門峨峨兮白水湯湯鶴林清清兮元室光光翔伊人
兮宅兆□幽䰟兮寘茫何千齡兮奄忽緬萬古兮垂芳

右黃擕妻劉氏墓誌在洛陽存古閣標題列銜稱安鄉郡長史檢新唐書地理志有安鄉縣而無安鄉郡㩲再攷夫人之祖爲蒲州永樂縣丞攷蒲州即河中府河東郡武德三年徙治河東開元八年置中都爲府是年罷都復爲州乾元三年復爲府永樂縣武德元年置本隸芮州州廢隸鼎州貞觀八年屬蒲州後又隸虢州神龍元年復此稱蒲州永樂縣則行之爲丞當在未隸虢州以前夫人之祖爲安南都護府本交阯郡武德五年曰交州調露元年曰安南是延祐爲都護在調露以後撰文



者夫人之弟列銜稱濟陰郡成武縣尉成武始隸戴州貞觀十七年州廢乃屬曹州濟陰郡

含暉巖殘刻

石存一角高廣不計存三行行字不一字徑寸餘正書存道州

右　者

陵含暉巖皆

寶乙未四月朔題

右含暉巖殘刻在道州湖南省府志均不載近始搜得之乙未上寶字尚存大半皆下亦見天字首筆其爲唐刻無疑乙未爲天寶十四載宋之開寶不值乙未也明統志云含暉洞在州南五里一統志云石洞如屋東西兩門内有泉從石罅出極清冽即其地也劉禹錫嘗作文記之刻銘洞陰今未見

武部常選韋瓊墓誌

高一尺四寸五分廣一尺四寸九分廿行行廿字字徑五分方界格行書在長安

唐故武部常選韋府君墓誌銘并序

廣文館進士范朝撰

君諱瓊字瓊京兆杜陵人也漢築崇盛丞相乃擅其名唐業克昌逍遥遂因其号君之苗裔即其後也



曾祖元整　皇中大夫使持節曹州刺史上柱國祖綝　皇益州成都縣令　父景皇廣平郡肥鄉縣令並箕裘嗣業弓冶克傳殷仲文之風流潘安仁之令譽君妙年好學書劒兩全艾鄰謀之登科慕班超之投筆封侯未就遘疾俄臻神草無徵靈芝靡驗以天寶四載十二月廿九日終于滎陽郡九隴縣之私第春秋卌有六嗟乎梁木斯壞哲人其萎織婦罷機春人不相以十四載五月十三日卜塟於長安縣永壽鄉畢原祔　先塋禮也南臨太一北帶　皇城地勢埏於龍䖍山形開於宅地允子署居喪有禮毀瘠劬勞泣

血三年絶漿七日輴車永掩眞徹長施恐筮短之龜長
㦛陵遷而谷從式鐫貞石用紀芳猷乃爲銘曰
帝堯之裔豕韋之枝温恭其德淑愼其儀佳城欝〻王
黍離〻月懸新壟松踈舊碑墳塋改變陵谷遷移万古
幽宅縢公瘞斯

右韋瓊墓志在長安首行標題稱武部常選天寶十一載改兵部爲武部武部常選者武職未除授之稱也誌敘韋氏先世云丞相乃擅其名逍遥遂因其號丞相者賢也漢丞相扶陽節侯逍遥者夐也後周逍遥公子孫遂稱逍遥公房志又云曾祖



元整皇中大夫使持節曹州刺史上柱國祖緘皇益州成都縣令父景皇廣平郡肥鄉縣令以新唐書宰相世系表證之元整爲萬頃之子隋州刺史逹安公瓘之孫逍遥公夐之曾孫也表於元整之後皆闕而不載得此誌可以補其子孫曾元四世矣表又有名瓊者官考功郎中是別一人耳成都縣屬成都府蜀郡此稱益州者統言之廣平郡即洺州屬河北道本武安郡天寶元年更名是景之令肥鄉已在天寶初年誌又云終於濛陽郡九隴縣之私第濛陽郡即彭州屬劍南道垂拱二年析益州置瓊爲杜陵人而有私第於九隴者以其祖令益州後乃流寓於彼邪

武部常選劉智妻孫氏合葬誌

方一尺六寸六分廿行行十九字字徑六分正書在諸城劉氏

大唐故劉君合葬墓誌銘并序

進士張遵文在標題下

君諱智字奉智其先彭城郡人也恭聞受友於夏受命
於秦創㢋天官化被江漢爰洎魏晉代列侯伯今爲京
兆府涇陽縣人也曾祖寶　皇右領軍衛折衝都
尉祖敬左衛果毅都尉父桂右武衛長上折衝左羽林



軍宿衛粵國有二柄武有七德或干城以禦侮或腹心
以衛　上友兄奉進見任銀青光禄大夫行内侍
省内侍彭城縣開國男食邑三百户故當時君子曰積
德積載弈葉冠盖者也君承餘慶以謹身竭忠貞以旌
義勲列餘羨武部常選享年不永春秋卌有五天寶二
載九月十二日終於私第夫人孫氏淑愼凝禎柔儀婉
娩允感君子宜尒室家而脩短有涯早瘞幽壤以天寶
十五載歲在涒灘五月甲寅朔十九日壬申合葬於京
兆府長安縣國城門西七里龍首原龍門鄉懷道里嗚
呼前矚終南旵木其壤後臨清渭逝者如斯爰恐陵谷

遠遷天長地久勒兹幽石鬘傳不朽銘曰
公侯之裔相傳孝悌有涯終極無杇功諱宅地增感豊
碑墜淚悼泉雞之不鳴傷野鶴之空唳

右武部常選劉智妻孫氏合葬誌出長安土中劉智先世三代與劉奉芝同即奉芝之兄弟也惟父柱署官與彼誌稱贈將作監爲不同耳此誌共有三本初得一本字畫極肥疑爲僞作繼得一本較爲圓勁竊謂襄言之不妄矣甲戌夏見松坪所藏古誌聚存冊列有此種標題下方乃進士張遵文五字與題武功蘇靈芝書者絶異馳書詢之乃以



副本見詒且謂此誌出土劉燕庭先生得之攜以至浙存置淨慈禪寺兵火後不知存佚其題蘇靈芝書者乃陝中碑估翻刻改題以之欺人而易於牟利原石只有撰人並無書人名也甚矣見聞之宜廣而同志之講求尤不可少矣爰重錄而識之補訪碑錄載此爲蘇靈芝正書所據者亦贗作耳

王日新妻造象殘刻

高存八寸七分廣二尺四分二行行字不計字徑七分正書

清信仏弟子王日新妻 缺
天寶 缺

右刻未審所在疑在石門房山

羅漢寺造象頌殘碑

三段一高九寸廣一尺九行一高七寸廣五寸五分一高廣均七寸七行行字均不一字徑七分正書在樂至

安岳郡樂至縣
神武皇帝陛下郡
八十種 好觀音勢至部
□謹□生存之日用己家錢□
□斯福業用報聖恩
將報國同證善果



尋撥陽万古仕
則 嘖〻郡鳥邕〻
示捨之 緑 𣲖希去 第一段後空一行
郡鳥之郡當作羣
丰山重石山脩一爲法界
乃爲頌曰 山勢巍峩 渓
庶同欽 一其 寶飾真容
聽経説偈忻念洪通 三其 第二段後空二行
過去如來世尊形像世
載任遂寍郡方義縣爲

在家口生資不安隨□殃災
二爲見存家口乞願平
□幽深俯瞰峊障峯嶺
良工天衣拂石羽盖旋
□空近遠觀遺像 弟三段後空二行載即載字

右殘碑無攷蓋造象頌也中有神武皇帝字當是元宗時所立附天寶末羅漢寺唐之招提淨院也

心經殘本
高 廣 十一行行二十八字 書

經文不錄



載四月八日建

右碑上截失拓九字紀年稱載是天寶時刻時照見五蘊等皆空句較今本多一等字弟八行神咒之上據今本應缺十字以別行例之只缺九字不知所少何字

八瓊室金石補正卷五十八終

# 八瓊室金石補正卷五十九

太倉陸增祥撰 男 繼煇校錄
吳興劉承幹覆校

唐三十一

西山觀造像四段 在緜州

三洞弟子文□□題記 高九寸廣三寸三行行十字字徑五分許正書

至悳二年太歲巳卯三月
八日三洞弟子文□□敬
造天尊像一龕供養

文□肖題記 高五寸五分廣四寸五分五行行五字字徑六分正書方界格

□□八年四
月八日文□
肖爲存亡二
世造天尊像龕
供養



世不缺筆疑是隋刻姑附於此下方疑拓未全

任智斌題記 高四寸五分廣六寸七行行五字字徑五分正書方界格

□月二日道□任智斌奉爲亡父任士□亡師任士鑾敬造天尊老君二身供養

殘刻 高九寸廣四寸五分五行行字不計存七字字徑七分正書

缺約三字象缺約三字思曰道缺約三字投缺約三字心缺約二字□□界缺下全

北峯塔院銘殘碑
高不計廣一尺八寸五分廿行行存字不等字徑六分行書在彭縣

缺上十峯塔院銘

寺主文器墓

吏部常選（下缺此二行在標題下）

（上缺）之有天下也四維廓九舤甯海若自晏山戎不聳詳

夫甲子盖一百卄一載焉（不空）（上闕）□□□□七聖之丕業

膺千秋之昌運刼屹馬御飛龍擊天鼓撞地鍾平章百

姓叶和（上闕）育尔黎元則我明府淸源縣開國子王公預

茲選矣公名紳字臣忠其先太原人也周（上缺）綵綸

皇朝水部員外主爵郎中陳鄂饒潤四州刺史辞國

公出孫前殿中少監司（上缺）衣冠列地威望通天龍匣決

雲之鋒鳳臺照膽之鑒北面受　　制西江烹鮮設



五教（上缺）塵無以點其淸厥教肅而成其政嚴而理一歲

興人歌之曰我有權綦王公息之我有□（上缺）王公之恵

夫政也善則有頌明乃不欺東里之聲未弭西門之氣

不滅傳云誰嗣弗在□（上缺）木□言水火無沴復小德以

莅人亦大有以成歲也由是百姓忍三教與郊垅無絓

獸為□（上缺）李聾俗還聽衿雲韶盲羣徒詢其雪乳且夫

月回指見妙彧色彰弗示化城胡憩商路此□（上缺）乃白

環興四代之慶朱輪列十人之寵善積先拓澤流浚昆

代出□□□僧家有陶朱之□（上缺）端閑德音和雅爰在

胎襁早闡祥奇弱小遊京眞童削髮嚴修□□□石□

行畢志雲□□（上缺）路輪航八苦之原恂恂善誘孜孜匪

懈有若昆季前滎州貟官縣□□□前維州風流鎭□

（上缺）□桐□洹寶碧龔一鳥之慶祉知三鱣之禮經挂黄

綬於東門翹□□□西剎□行有序□（上缺）鄉□愛恵攸

棕苑之精廬式憑慈善之力以祐仁明之德槪夫蓮龕

聚日菌閣凝霞崢□（上缺）□烏假道於衆恩海乙賀翔於

榱梲傍聆地籟俯閲雲根花奪燭龍桂侵陰兔自非□

（上缺）宴也乎輪象孔熾詭帷殊搏前臨月殿釋子鍾梵之

塲刼負雲崗樵人斧採之□（上缺）貞珉幢迴立瑤炬長明

光光如太白點天裊裊若脩虹貫日瑞花每雨忍草□



（上缺）□眞趣也況銓鋪已設玉字湏鐫幸簡墨以相授甯

讓讓而自□□□□□（上缺）□育王八万帝釋三千紛綸

山海煜燿人天招提有識化（下缺）

右北峰塔院銘文器撰書人名缺在彭縣峰上一

字僅存左半審之當是北字文首言有天下之初

下云詳夫甲子盖一百卌一載焉又云七聖之丕

業盖肅宗至德二載爲卌字僅存左旁廿字以天

寶改年爲載及七聖丕業合之其爲卌字無疑矣

書人結銜稱吏部常選案龍朔元年改吏部曰司

列光宅元年改天官天寶十一載改文部至德二

載復舊此稱吏部則在復舊之後益足證一百下
之字是卌而非世也王臣忠之祖結銜稱水部員
外主爵郎中案龍朔二年改水部爲司川咸亨元
年復舊天寶十一載改爲司水又主爵郎中卽司
封郎中隋爲主爵郎武德初加中字龍朔二年改
爲司封大夫咸亨元年復舊光宅元年改爲司封
郎中此稱水部員外主爵郎中則其任職之時當
在咸亨庚午以後光宅甲申以前高宗時人也自
高宗末至肅宗初相距七十餘年其孫正登仕籍
時代亦符三巴耆古志列此碑於唐末殆未深攷



耳又案宰相世系表烏丸王氏有美暢爲司封郎
中封薛公長孫氏墓志題潤州刺史王美暢此志
云陳鄂饒潤四州刺史豈臣忠之祖卽係美暢邪
下云前殿中少監司司下已缺豈卽表所載美暢
之子昕爲司農寺卿者邪表於昕後無聞不能定
矣

通微道訣碑　乾元二年六月十五日　萃編載卷九十一
魚困魚作愼汝身愼誤填　沐浴沐誤汝　李志微微缺字

忻州司馬柳眞召墓誌
方一尺一寸十四行行字不一字徑四分正書

唐故朝議郎行忻州司馬柳君墓誌銘并序
君諱□名字眞名其先河東人也　曾祖慈□□銀青
光□大夫貝州判史　祖仁秀唐朝散大夫睦州□□
父懿朝請大夫辰州都督丕纘昭業皇周之裏恤眉錫
羡推賢迭遷公甫年弱冠孝廉擢第贍文藻韜策略屬
時寇虐特為使司委焉不移戸佐復兼防禦副使運戸
籌筭師旅故能平乘輯睦少長有禮豈其彼蒼不愸俄
然寢疾以乹元二年十二月廿三日殁於公館春秋六
十有五以其月廿九日權殯於州城西南三里九原崗
禮也嗣子銛次子潩次子沔璹子溆殞荼茹苦泣血崩



心痛厚地而無追愬終天而永訣嗚呼哀哉其詞曰
蘭芬而摧玉美亦析嗟乎彼蒼喪此賢悊其一□想高
道人稱遺愛恨東逝而長歸泣西傾而不再其二

據文柳君官忻州司馬權殯於州城西南九原崗
此誌出土當在忻州也元和郡縣志忻州秀容縣
後漢末於此置九原縣屬新興郡太平寰宇記建
安中曹操集荒郡之戸以爲縣聚之九原界以立
新興郡領九原等縣屬并州誌云九原崗蓋卽其
地縣以崗得名也寰宇記又云天寶元年改定襄
郡乾元元年復爲忻州誌立於乾元二年故稱忻

州元和姓纂河東郴氏謇之隋黃門侍郎生威明慈明然朋慈明職方郎中孫彌貝州刺史慜辰州刺史都督曾孫立世系表同惟辰州下無刺史二字與誌尤合殆姓纂誤衍歟誌曾祖慈下蓋缺明字誌稱貝州刺史與職方郎中不符當以碑爲是或姓纂世系表誤系於彌也慜之父仁秀慜之孫銛撰沔淑可據以補其闕惜眞召之名僅見下一字爲召矣韜當是謟之譌謟同韜玉篇韜韇車行不平也此非其義整作嶅嗣作嗣折作析均繆

## 巴州光福寺額勑



高五尺二寸廣四尺九寸五分十七行行十八字字徑二寸五分正書間雜行筆在巴州

巴州城南二里有古佛龕一所

右山南西道度支判官衛尉少卿兼侍御史内供奉嚴武奏臣頃牧巴州其州南二里有前件古佛龕一所舊石壁鎸刻五百餘鋪劃開諸龕化出衆象前佛後佛大身小身琢磨至堅彫飾甚妙屬歲月綿遠儀形虧歘乃掃拂苔蘚披除榛蕪仰如來之容爰依鷲嶺祈聖上之福新作龍宫精思竭誠崇囘樹果建造屋宇叁拾餘間并移洪鍾壹口莊嚴福地增益勝緣焚香無時與國風而蕩穢然燈不夜助皇明以燭幽曾未經營自然成就臣幸承恩貸馳赴闕庭辭日奏陳許令置額伏望特旌裔土俯錫嘉名降以紫泥遠被雲雷之澤題諸紺宇長懸日月之光兼請度無色役有道行者遜僧永以住持俾其修習

勑旨其寺宜以光福爲名餘依

乾元三年四月十三日

右光福寺賜額勑在巴州摩厓嚴武署銜山南西道度支判官衛尉少卿兼侍御史傳所不載傳云貶巴州刺史久之遷東川節度使此所稱當在東川節度前也是年四月改元上元此敕尚稱乾元知改元在十三後矣苔蘚作蘚七作遜



## 巴州光福寺楠木歌

高四尺五寸五分廣四尺四寸十六行行十七字字徑二寸四分正書在巴州

巴州光　福寺　楠木歌

衛尉少卿兼侍御史嚴武

楚江長楚寺對楠木幽生赤崖背臨溪插石盤老根苔色青蒼山雨痕高枝鬧葉鳥不度半掩白雲朝共暮香殿蕭條轉密陰花龕滴瀝垂清露闍道偏多越水頭煙生霧餓使人愁月明忽憶湘川夜猿叫還思鄂渚秋看君幽靄幾千丈寂寞窮山今遇賞亦知鍾梵報黃昏猶

臥禪床戀奇響

同前　監察御史史俊

近郭城南山寺深亭〻奇樹出禪林結根邸埅不知歲
聳幹摩天凢幾尋翠色晚將嵐氣合月光時有夜猨吟
經行綠蘂望成蓋宴坐黃花長雨襟此木嘗聞生豫章
今朝獨秀在巴鄉凌霜不肯讓松栢作宇猶來稱棟梁
會待良工時一盻應歸法水作慈航

右光福寺楠木歌嚴武史俊兩人所作詩無年月
附光福寺額敕後筆意不二是出一人手同時上
石者鄂渚書作劉昞作昖二詩並載全唐詩嚴詩
首句作楚江長流對楚寺七言一句史詩邸埅作



幽埅

內寺伯劉奉芝墓誌

方一尺五寸五分廿四行行廿五字字徑七分行書

□朝議郎行內侍省內寺伯上柱國劉府君墓誌銘并序
宣義郎行左金吾衛倉曹參軍翰林院學士賜緋魚袋趙昂撰
從姪朝議郎行衛尉寺丞翰林院待詔秦書
君諱奉芝其先彭城人也著姓史策略而不書曾祖賓
皇右領軍衛折衝都尉祖敬　皇左衛果毅都尉父
杜贈將作監公監之第二子夙奉嚴訓早聞詩禮謙和
仁厚履信資忠口不茹葷心唯奉佛解褐拜內坊典直
祑滿授內府局丞無何轉本局令尋遷內寺伯自出身
事　主廿餘年三命益恭四知尤慎言辭謹密體貌魁
梧帶盡十圍眉間一尺出入　宮禁周遊里閭望之儼
然眞　天子之近臣矣如何位不充器天不與年未
及懸車忽焉就木以上元元年十二月十九日大漸于
輔興里之寢居時年六十五公素有通識不以天壽嬰
心故自卜龍首原用闢塋域土周石槨將反夲而歸眞



以今上元二年辛丑歲正月丁亥十一日丁酉与前夫
人趙氏合祔而同穴安時處順不忝禮歟嗣子景延庭
倩等號天叩地泣血崩心充充有窮杖莫能起至於小
大斂服塗車芻靈啓殯祖庭備物致用皆取制於右監
門衛大將軍伯將軍自公之亡也怳如有失憂色慟容
拊膺而哭曰天乎天乎奈何不先罰於予而乃降禍於
汝手足云斷心魂得安人有聞之知將軍之為兄也仁
矣昂學舊史氏書法不隱舉善無遺庶旌恭友之風以
成褒貶之義銘曰
劉氏之子公山正禮白眉皆良伯仲一體同事　昭代

威儀濟濟□何為乎奪我令弟能建生死自為石室啓
手知全長辞白日合葵非古周公已來拊婦早廿同歸
夜臺舟壑忽遷孰知桒海唯公令名終古不改

右內寺伯劉奉芝墓誌未詳所在誌敘先世與劉
智墓誌同惟彼誌云父柱右武衛長上折衝左羽
林軍宿衛此誌云父柱贈將作監爲不同也彼誌
有兄奉進銀青光祿大夫行內侍省內侍彭城縣
開國男此誌亦有兄爲右監門衛大將軍而不顯
其名不審即奉進否上元二年去年號不用此書
上元者去年號在九月誌刻於正月也丁亥下當



有朔字通鑑目錄元年十一月丁亥朔二年二月
丙辰朔十一十二月大盡正月小盡均合

鮮于氏離堆記
拓本存五紙高廣行字不計
字徑二寸三分正書在南部

閬州之東百餘里有縣曰新政新政之南數千步有山
曰離堆半入嘉陵江直上數百尺形勝縮矗欹壁峻肅
上崢嶸而下迴洑不與衆山相連屬是之謂離堆東面
有石堂焉即故京兆尹　鮮于君之所開鑿也堂有室
廣輪袤丈蕭豁洞敞虛聞江聲徹見羣象八材川垻若
指諸掌堂北磐石之上有九曲流杯池焉懸源螭首㰤

噴鶴咮釃渠股引迴坐環溜若有良朋以傾醑酎堂南
有茅齋焉遊於斯息於斯聚賓友於斯虛而來者實而
歸其齋壁間有詩焉皆君舅著作郎嚴從君甥殿中侍
御史嚴銑之等美君考槃之所作也其右有小石盧焉
亦可蔭而踆據矣其松竹桂樹冬青雜樹皆從他山而
栽蒔焉其上方有男宮觀焉署之曰景福君弟京兆尹
叔明至德二年十月嘗任尚書司勳員外郎之所奉置
也君諱向字仲通以字行漁陽人卓尒堅性毅然抗直
易有之曰篤實輝光書不云乎沈潛剛克君自高曾以
降世以財雄招徠賢豪施舍不倦至君繼緒其流益光



弱冠以任俠自喜尚未知名乃慷慨發憤於焉卜築養
蒙學文忘寢與食不四三載展也大成著作奇之勖以
賓薦無何以進士高第驟登臺省天寶九載以益州大
都督府長史兼御史中丞持節充劍南節度副大使知
節度事劍南山南西道採訪處置使入為司農少卿遂
作京兆尹以忤楊國忠貶邵陽郡司馬十有二載秋八
月除漢陽郡太守冬十有一月終于任所官舍悲夫雄
圖未伸志業已空葬於縣北表附先塋禮也君之冢也
冢子光錄寺丞昱匍匐迎喪星言泣血自沔泝峽湍險
萬重肩檣足蹋拔筭引舳凡今幾年皸瘃在目因心則

至豈無僮僕泉昱之季曰尙書都官員外郎炅克篤前
烈永言孝思懇□□志反葬於兹行道之人孰不䟦而
眞卿猶子曰紘從父兄故偃師丞春卿之子也嘗尉閿
中故舊不遺與之有忘年之契叔明昱炅亦篤世親之
歡眞卿因之又忝憲司之寮亟與濟南蹇昻奉以周旋
益著通家之好兄允南以司膳司封二郎中弟允臧以
三院御史皆與叔明首末聯事我用是飽君之故乾元
改號上元之歲秋八月哉生䰟猥自刑部侍郎以言事
忤旨聖恩全宥貶武於蓬州沿嘉陵而路出新政適會
昱以成都兵曹取急歸覲遭我乎貴州之朝留游綿歡



信宿陘峴感今懷昔遂援翰而志之叔明時刺商州炅
又申掾京兆不同躋陟有恨如何帝唐龍集後壬寅仲
夏己卯朔十五日甲午刻於門序之左右顏眞卿撰并
書

上元中顏魯公爲蓬州長史過新政作離堆記四百
餘言書而刻之石壁上字徑二寸雖崩壞剝裂之餘
而典型具在使人見之凜然也元符三年予友强叔
來尹是邑始爲公作祠堂於其側而求文以爲記予
謂仁之勝不仁久矣然有時乎不勝而反爲所陷焉
命也史臣論公晚節偃蹇爲姦臣所擠見陷賊手是
未必然公孫丞相以仲舒相膠西梁冀以張綱守廣
陵李逢吉以韓愈使鎭州而盧杞以公使希烈其用
意正相類爾然於數公終不能有所傷而公獨不免
於虎口由是觀之士之成敗存亡豈不有命耶而小
人軒然自以爲得計不亦謬乎且吾聞之古人尙友
者以友天下之善士爲未足又尙論古之人誦其詩
讀其書思見其人而不可得則方欲招屈子於江濆
起士會於九原蓋其志所嚮則超然慕之於數千百
載之後而況於公乎公之功名事業巳絕於人而文
學之妙亦不可及因其名書之所在而祠之此昔人



尙友之意也嘗試與强叔登離堆探石室觀其遺跡
而味其生平則公之精神風采猶或可以想見也夫
元符三年春正月望日馬存記

唐顏魯公磨崖記在新政縣離堆崖下歐陽公集古
錄唐顏眞卿撰并書碑以寶應元年立在閬州　顏
魯公爲蓬州長史在蓬四年往來新政縣鮮于氏家
爲書離堆記今在縣之西南崖石間輿地碑目

離堆記凡千一百五十字今存殘拓僅五十八字以
行格推之行十八字凡四十五行道光十年郭蘭石
尙先爲四川學政吳梅梁傑爲川北道始訪得之於

南部縣崖壁間今以魯公文集所載全文補注於旁以成完本宋馬存魯公祠記云離堆記凡四百餘言蓋是記殘泐已久元符間已不及見全文矣故馬氏云四百餘言其實則千餘言也王象之輿地碑目謂魯公蓬州長史在蓬四年往來新政縣爲鮮于氏家書離堆記以留元剛魯公年譜攷之肅宗上元元年八月公貶蓬州長史道出閬州爲鮮于氏作離堆記明年公在蓬州又明年四月肅宗崩代宗監國改元寶應是月公書此記上石五月拜利州刺史未上十二月入爲戸部侍郎公在蓬州僅年餘事無四年在蓬事筠清館金石記



輿地碑目引集古錄云云今本集古錄未載此碑金石錄鮮于仲通碑跋云明皇實錄稱仲通以漏泄禁中語貶邵陽司馬而碑言爲國忠所忌坐貶此記亦云忤楊國忠也元和姓纂閬中京兆尹劍南節度鮮于仲通云匡紹曾孫也居閬中又漁陽鮮于緒生明唐蒲州刺史定襄公生匡濟匡紹此記稱漁陽人蓋其先世所占籍也據文仲通官終漢陽郡太守而姓纂書京兆尹劍南節度殆舉其貴顯者言之向以字行故姓纂書仲通姓纂不載其子可據此補之昱亦官巴州刺史金石錄載有其碑其弟叔明歷洛陽令商州刺史繼兄爲京兆尹累遷尚書左僕射封薊國公以太子太傅致仕卒謚曰襄見萬姓統譜宋史鮮于侁傳云唐劍南節度使叔明裔孫是又繼兄爲劍南節度不獨京兆尹也文云眞卿猶子曰紘從父兄故偃師丞春卿之子也唐書春卿傳云官二子遥逵不及紘名顏氏家廟碑云紘方義主簿允南爲眞卿弟二兄允臧爲眞卿弟其歷官俱見家廟碑寶應元年四月復用年號此文但書後壬寅不書寶應殆蜀中



尚未奉詔也巳卯朔則甲午是十六日此作十五殆文集刊刻之誤又桉金石錄有京兆尹鮮于仲通碑通志略有贈太子少保鮮于仲通碑碑目考云碑有二一在二教院崖上一在墓田又有獎諭仲通碑亦在墓田皆眞卿書鮮于諸碑今僅存此五十餘字矣又有鮮于氏里門記亦見金石錄近時惟吳荷屋收得之

金大娘壙誌并甎文

高五寸三分寬二寸六分誌五行行字不一字徑四分正書在嘉定錢氏今佚

孝男徐德行以下空

大唐寶應元年七月十四日

葬金大

娘於崑山依仁里從　父穴也入土□□永安無患

宝應此別一磚字徑二寸餘與壙誌同出

出嘉定東城外徐家行土中入土下吳郡金石目

作而并葬三字恐有誤岡作鄉非

邠州長史焦璀墓誌

方一尺三寸二十行行二十字至廿七字不等正書在陝西

唐故將士郎守邠州犨川府長史焦公墓誌幷序

公諱璀字潤河內廣平人也蓋夏啟之後古者建德立功因生賜姓宗氏以茲而起枝派自此而起暨夫溫玉抽□蘭芬鬱□或楊威於漢魏之代或宣布於齊梁之間其後繼之□雖百代可知也□隨季肖淪天下喪亂

高祖以義旗輪轉元從長安曰官平凉遂爲邠士

曾祖仁皇職賚陪戎校尉祖貞　皇勳官上護軍並積行累德脩辭立誠名播於閭閻之間聲聞於郡邑之內

父莊克勤於家克儉於國不失色於人而人敬之不失□於人而人信之故得聲聞府縣譽動軍州公紉而聰敏詩禮以得於趨庭長而強學典義更聞函杖志學之年旋霑一命之職弱冠之歲望遷五等之官何圖禍廔外移不保南山之壽災纏內監奄歸東岱之魂以寶應元年十二月十二日遘疾卒于私家春秋廿歎苗而之有季肖秀而之無成妻子類肖父母傷剖骨之肖卜遠有期龜筮𦍌吉遂以唐寶應元年歲次壬寅十二月景午朔廿七日庚辛殯于邠州三水縣歸義鄉邠邑原禮也父莊悲傷五內哀感四隣但恐田成碧海水變蒼山故勒石留文以旌𡿨誌云尔　於穆遠襃肇自周秦惟祖惟孝乃武乃文念子聰敏紉年立身不幸短命禍降沉淪嚴父切骨慈母剖恩哀哀戀念泣對孤墳

右焦璀志近時出土無誤書人姓名文字鐫刻均佬悼無足深取然非僞造也將佉作士古通犨川府見地理志克勤於家二語見尙書文而家國互易不可爲訓詩禮以得於趨庭用以爲己典義更聞函杖句脫一字丈作杖借歎苗而之有季季秀之誤妻子類崩句有脫字𦍌吉是習吉誤遺下半字耳庚辛辛字是申之誤𡿨即厥字

郭敬之家廟碑幷陰廣德二年十一月廿一日萃編載卷九十二

加游擊加誤如折衝衝誤衙於靈武於作于

碑陰

又加實封二百戶　又加實封二百戶脫一句

元和姓纂郭榮生福善榮弟宏道生敬君廣慶廣慶生昶汾陽王子儀云榮叔父祥案刊本作父叔進之後進曾

孫通生敬之碑則履球生昶昶生通通生敬之與姓
纂少異通爲進曾孫則履球即進子宰相世系表進
下空一格者誤也碑陰城皐府地志作成皐平津讀碑記
太尉李光弼碑廣德二年十一月廿七日萃編載卷九十二
唐故開府儀同三司太尉兼侍中缺開府太尉兼侍中七字判南山
南東五道缺判字五道誤作道口
兼將作少監上柱國缺兼將作監四字
總師干肇敏之業缺總師干肇敏五字保乂王室乂誤作人薊公之第
四子也薊上誤多一口社稷盛實盛誤作威爲國飛將飛誤作大撫塵而
遊塵誤作鹿袁履謙殺祿山土門使李欽湊袁誤作表缺殺字李誤作季



擒其心手高邈何千年屬太原尹王承業不出救兵杲
卿履卿為史思明所陷戰士死者跆藉於滹池之上公
親以衣袂拂去其上沙塵因慟哭以祭之手誤作腹千誤作丁滹誤
作泮何年屬太原尹王承業不兵杲卿為陷死者跆藉於親以衣袂拂去其上沙塵因慟哭等廿三字全缺又
誤多一口俾命尚書令缺俾字南收趙郡缺南字秋毫不敢犯脫敢
字及滑州滑誤作滑悉皆迴避缺迴字乙夜乙作一賊將周贇贇誤
作智擒其大將徐璜玉缺璜玉二字義不受辱至是登城西向
拜舞缺辱字是字舞誤作辭遷太尉兼中書令其年改元上元冬
十一月缺遷尉其年改元冬十一九字餘卒卒誤軍東都留守此在行末下空一格
次行制書係提行書乃於留守下作一口幷空三格竟似未見拓本也制書未下八待

命于徐州將赴東都屬疴疾增劇公知不起使使
賁表奉辭自待至辭廿四字惟使字未缺八下誤作之字命上失空三格長史等問以
後事長史誤作將吏天下□□□□□□□家無贅旒之患缺天下二
字李氏校本作天下無贅旒之患誤公兄遵直遵沂直誤作宜沂誤作行次曰光彦
彦誤作顏皆有材略材誤作將杖鉞分閫凌霄翼聖杖誤作仗
聖上三格誤移於凌字之上幷少一格方當會同正至榮耀君親
入侍黼帷峨二貂平泰階之上方當正榮耀君親入侍黼帷峨二貂平十五字
全缺君上三格幷誤作三口頒雙節於高堂之下頒誤作頌下字缺斯歡未
劇遺恨何居上六字全缺昔斛律丞相與弟并州同務烈於
北齊賀拔行臺與兄荊州亦宣力於西魏昔斛丞相與弟幷同務烈



於行臺與兄荊十六字全缺又律誤作于拔上脫賀字幷多一口而風樹寂寥偏隅隘
陋缺風樹寂寥偏五字昔守平原困於凶羯缺下四字操觚論撰缺觚論二
字爰初發迹爰誤作愛經營巽方巽誤作淜祿山震惶違闕勿師
震誤作霍缺師字
新唐書宰相世系表光弼本柳城李氏世爲契丹酋
長後徙京兆萬年故本傳稱營州柳城人碑作京兆
萬年人世系表曾祖令節祖重扶父楷洛其歷官俱
與碑同碑重扶作重英重字稍泐英字甚明又表光
弼爲楷洛第三子碑作第四子是表誤平津讀碑記
萃編闕譌甚多恐出門人之手據拓本及李氏所

校勘者補正如右此本非舊拓在王氏所見後當已數十年而其所闕之處清晰者多何也遵直世系表作遵宜遵沂表作遵行光彥表作光顔碑當不誤表之誤也玫宏簡錄代宗紀廣德二年秋七月已酉李光弼薨而新唐書云七月已酉李光弼罷案光弼傳並不言其罷職則罷乃薨字之誤據碑言已亥則酉乃亥字之誤宏簡錄誤一字新書誤兩字矣

九疑山題刻二段在甯遠

元結無爲洞題字拓本二紙一高三尺五寸廣一尺一寸三大字字長徑一尺二寸一高一尺一寸廣九寸五行行四字字長徑二寸許俱篆書



無爲洞

廣德三年刺史元結因祭山

名此洞曰無爲洞

元結九疑山無爲洞天四字格古要論云碧虛洞一名嘉魚洞元結改曰無爲洞篆刻在焉據九疑山志有宋治平四年沈紳與蔣之奇取元次山無爲洞天四字正其體篆刻於崖竇云云則結所題實係無爲洞天四字非無爲洞也湖南通志

游疑載筆云今洞口之內其東壁刻無爲洞天四篆字余游時水大僅露無爲二字字徑數寸洞低口暗立望不能見必傴僂於水之西涯斜睨乃見之能車屛其水當可全見此書筆法奇縱殆唐時元刻惜未見其名識洞外石壁七又有無爲洞直書三眞字必是宋人所爲又李挺祖亦有三字橫列山志俱未明晳也永州府志

右無爲洞元結題字洞阻於水厓壁古刻從無椎拓者余始屬譚仲維摻拓之今甲戌夏旱故得施工也案方輿勝覽云紫虛洞宗條樓謂即無爲洞有石穴上通於天有元次山永泰年題名天聖中寺僧雲亮



於洞前百步築隄爲塘瀦水溉田洞遂爲池据此則洞之阻水已歷數百年無怪金石家之不得一見矣所謂石穴題名者其即是刻歟又何志偉九疑山記云永福寺旁即無爲洞洞門旁刻元次山詩惜漫滅不能讀其亦即此刻歟志稱無爲洞天四字今拓本無天字志不足據文云名此洞曰無爲洞格古要論以爲改稱者殊未有据廣德二年即永泰元年是年正月癸巳改元永泰癸巳爲朔日祭山當在二月其時改元之詔殆猶未至道州也

河南府殘刻 高一尺一寸五分廣二尺六行行字無攷字徑二寸三分正書

河南府□□延唐□□ 約缺三行 □□紳□

右殘刻僅辨六字幸見延唐字得以知為唐刻也延唐即今甯遠縣地題名者蓋即邑人而官於河南者府下似是錄字新唐書地理志延唐本梁興蕭銑析營道置銑平更名唐興長壽二年曰武興神龍元年復曰唐興天寶元年又更名此刻蓋在天寶以後

贈太子賓客白道生碑 永泰元年三月廿四日 萃編載卷九十三

間道字 缺問 辛氏字 缺氏 寂□□以□赫□□□ 缺以赫二字 寵乃字 缺寵 幽室字 缺室

書人摯宗濮陽人見吏部南曹石幢



怡亭銘

高一尺七寸二分寬三尺五寸一分前六行行四字字長三寸四分徑二寸六七分篆書後五行行八字字長一寸三分徑二寸一二分分書在武昌

怡亭裴鶡卜而亭之李陽冰名

而篆之裴虬美而銘之曰

崢嶸怡亭磐礴江汀勢壓西塞氣涵東溟

風雲自生日月所經衆木成幄羣山作屏

顧余遊由於此忘形

永泰元乙巳歲夏五月十一日隴西李莒□□□直上西南

右怡亭在武昌江水中小島上武昌人謂其地為吳王散花灘亭裴鶡造李陽冰名而篆之裴虬銘李莒八分書刻於島石常為江水所沒故世亦罕傳鶡不知何人虬代宗時道州刺史韓愈為其子復墓志云虬為諫議大夫有寵代宗朝屢諫諍數命以官多辭不拜然唐史不見其事李莒華弟也 集古錄

第一千三百九十五唐怡亭銘裴虬撰李莒八分書李陽冰篆永泰元年五月 金石錄目



怡亭在殊亭東唐裴鶡作宋蔣之奇云怡亭銘刻於江邊巨石之上乃唐李陽冰篆李莒八分書裴虬為之銘世謂三絕 明一統志

銘在武昌縣江中洲澳間夏秋江漲則沒於水故拓本稍難得王象之輿地碑目亦遺之又江夏縣有陽冰篆鄂州二字世傳初篆時鬼神泣空中士大夫爭摹以致遠謂可禦魑魅今不知所在矣廣韻裴姓伯益之後封於𨝝鄉因以為氏後徙封解邑乃去邑從衣此碑裴一從衣一從邑兩字通用也末題永泰元乙巳歲不言元年者歲年同物省文互見也裴虬字

深源大厤四年爲著作郎兼侍御史道州刺史杜子美集有次湘江宴餞裴二端公赴道州詩卽虬也潛研堂金石文跋尾續

此銘集古錄外宅家皆未收錄唯楊用脩墨池瑣錄云李陽冰庶子泉銘怡亭刻石二世之詔不是過也則此銘似爲用脩所賞而所輯金石古文亦不之載何也說文裴𧜟俱薄回切裴衣長皃𧜟河東聞喜縣姓氏字本當作𧜟今經典相承皆借裴此更兼用之金石存



案唐書宰相世系表裴鶠裴虬皆侍史中丞曠之子鶠官容州長史虬官諫議大夫李莒爲隴西李氏工部郎中舒之子李華爲趙郡李氏典設郎悊巳之子集古錄謂莒華弟也誤矣金筠清館金石記

右刻前篆書六行行四字字長三寸四五分後隸書五行行八字又三行皆低一字字徑寸二三分末行下有小隸書四字似是刻工姓名上二字巳漫滅在湖北武昌縣据文知怡亭爲裴鶠所築李陽冰爲名曰怡亭并篆此二十二字其銘又爲裴虬作而李莒別以八分書之一刻而分篆隸又爲四人之事皆所罕見亦文人好奇之病也外舅潛研堂跋尾云裴虬字深源杜子美集有次湘江宴餞裴二端公赴道州詩卽虬也中溶案此刻歐公有跋云云予攷昌黎裴復墓志言曾大父元簡大理正大父曠御史中丞父虬諫議大夫以唐書宰相世系表證之乃洗馬裴氏天壽之後也御史中丞曠有四子長曰鶠南監本容誤鷗州長史次曰虬諫議大夫虬子復河南少尹皆與墓志合而以杜子美詩題稱爲裴二證之則鶠卽虬之兄也歐公偶未細攷耳侍御史官從六品諫議大夫則正四品當是其後來遷轉之官也又攷李華見唐書文藝傳而傳不言其弟莒以史表證之華爲趙郡



李氏太冲之曾孫而並無弟及莒名又攷隴西李氏德宗朝相西平郡王晟表亦無莒名者而別有武后時相道廣一表言其乃漢李陵之裔歸魏賜姓爲丙其後有唐左監門大將軍粲高祖與之有舊以避世祖名錫姓李氏則道廣之弟三世正名莒疑卽此書銘之人也李氏以隴西爲著望故莒亦自稱其郡爲隴西耳獨表何以趙郡華後下不載莒名而華傳亦不言有莒若舍傳與表又何以知莒爲華弟皆可疑者也豈傳爲宋景文所撰或可脫去豈歐公表內本有莒後人因華傳無莒据表所列華與莒本屬兩宗

但歐公所謂華弟者蓋當時聯爲同姓而華齒大於莒乃以弟呼之故華傳不載耳古泉山館金石文編

李華集中有與弟莒書一則史稱李華趙郡贊人此題隴西李莒其郡望也平津讀碑記

銘後小隸書四字云直上西南語似未了疑尚有一行在其左曼患不可辨耳瞿先生云似是刻工姓名則固未及細審也金石續編失載此行鈞清館金石記作□□之上石直誤作之西誤作石又遺一南字

八瓊室金石補正卷五十九終



# 八瓊室金石補正卷六十

太倉陸增祥撰 男 繼燁校錄
吳興劉承幹覆校

唐三十二

## 陽華巖銘

高二尺四寸廣九尺一寸前七行行十二字字徑一寸六七分分書銘廿五行三體書後二行篆書行各九字篆長徑二寸五分隸同前在江華

陽華巖銘有序

刺史元結

道州江華縣東南六七里有回山南面峻秀下有大巖巖當陽故以陽華命之吾遊處山林幾三十年所見泉石如陽華殊異而可家者未也故作銘偁之縣大夫瞿令問藝兼篆籀俾依石經刻之巖下銘曰以上分書

九疑萬峯
不如陽華
陽華巉巉
其下可家
洞開爲巖
巖當陽端
巖高氣清

洞深泉寒
陽華旋迴
岑顛如闢
溝滕松竹
暉映水石
尤宜逸民
亦空遐士
吾欲投（石泐原空三格）
節窮老於
此懼人譏



我以官矯
時名跡彰
顯醜如此
為於戲陽
華將去思
來前步御
望踋躑徘
迴
大唐永泰二年歲次丙午五月
十弌日刻　廬陵龍津趙子拜觀

右陽華巖銘元結撰瞿令問書元結好奇之士也其所居山水必自名之惟恐不奇而其文章用意亦然而氣力不足故少遺韻君子之欲著於不朽者有諸其內而見於外者必得於自然顏子蕭然臥於陋巷人莫見其所爲而名高萬世所謂得之自然者也結之汲汲於後世之名亦已勞矣集古錄

瞿令問八分書在道州碑文攷通志略

邑令瞿令問以雜體篆刻之厓上在道州東南七里山下格古要論

元結撰瞿令問書序八分書銘古文篆隸三體書後



題年月篆書永泰二年五月潛研堂目錄

結集中有此文字多譌舛當以碑爲正平津讀碑記

右陽華巖銘在江華碑文攷通志略云在道州者唐時江華隸道州也至格古要論云在道州東南七里山下則誤矣瞿氏輯通志未見之載此文於山川宗氏輯永志亦未見之載此文於名勝石本古文軼四字据以補注於旁巉巉志作巉嶄石本古文作嶄篆隸作巉嶄巉一字而異文永志殊異而可家者末也家作嘉末下多一有字殊誤年月下分書八字或當時原刻或後來續題要非宋以後人

手筆通志引一統志云陽華巖在江華縣東南而
序內所稱回山者未之詳也永志云陽華巖在縣
東南十里回山之下縣城屢遷而西故唐時僅距城六七里明初僅距五里舊
志因之今從縣志山勢嵎陽清迴高朗中有石磬下有寒
泉唐元結守道州時作銘屬邑令瞿令問書之刻
諸崖石世稱名蹟陽華巖之可攷者如此瞿令問
所用古文㢂見者居多大都稍變其文疑王庶子
碑作[篆]此作[篆]華王存乂切韻作[篆]此作
[篆]家史書作[篆]此作[篆]為華嶽碑作[篆]
此作[篆]端楊氏所銘碧落文作[篆]此作[篆]



洞義雲章作[篆]此作[篆]深碧落文作[篆]此
作[篆]士華嶽碑作[篆]此作[篆]懼古尚書作
[篆]此作[篆]官古文作[篆]此作[篆]名華嶽
碑作[篆]此作[篆]為小異耳至其所用篆文旁
作㪅不合於古

舜廟置守戶狀

高三尺一寸廣四尺二寸共廿四行行十八字字徑一寸三四分分書在道州

臣結謹案地圖舜陵在九疑㞢山舜廟在大陽之溪舜
陵古者已失大陽溪今不知處秦漢已來置廟山下年
代寖遠祠宇不存每有
詔書命州縣致祭奠酹荒野恭命而已豈有盛德大業
百王師表殁於荒裔陵廟皆無臣謹遵舊制於州西山
上已立廟訖特望天恩許蠲免近廟一兩家令歲
時灑掃永為恆式豈獨表聖人至德及於萬代實欲彰
陛下天澤被於無窮謹錄奏聞狀奏
永泰二秊三月十五日使持節道州諸軍事守道
州刺史賜緋魚袋臣元結狀奏

置廟戶勅

右道州刺史元結奏請蠲免近舜廟弌兩家令歲
時掃灑永為恆式



中書門下 牒道州
牒奉 敕宜依牒至准行
永泰二秊五月廿六日牒
中書侍郎下泐
黃門侍郎平
侍

此行全蝕
上缺平下缺
上缺[篆]□□書
上缺上石此行字較小

在道州元結撰江華令瞿令問書(輿地紀勝)
唐奏舜廟狀瞿令問八分書在道州下(于奕正天下金石志)
今所拓道州舜廟碑分十一行係分書其弟一行上
下並蝕僅存一五字弟二行之弟二唐字尚存餘蝕
弟三行之二四爲廟常二字弟四行弟二爲考其下
道州刺史元結奏請八字尚全闕五字下接祠式兩
又闕一字有家字又闕一字接歲時拂灑灑字約略
可識耳下闕一字接爲恒式三字下一字似豈字以
下並蝕弟六行書祠下三字起以下蝕弟七行一奉
字餘不可見弟八行行斜偏中隔裂縫當時蓋即弟



七行之下截惟中間有教宣二字可辨弟九行上闕
六行存永泰二年□月字十行惟見一中字餘全蝕
十一行中見廟字末見書字以省郡志所載表狀繹
之惟近祠一兩家令歲時拂灑示(案此永之誤)爲恒式數
字極相符合前後雖不盡同此文之爲狀詞無可疑
矣其刻二年者立廟之次年也(金石審)
案道州舜廟立守戸狀唐刺史元結撰江華令瞿令
問八分書永泰二年立鐫於元山下學署前之西大
石上北向廟久廢石塊然根地不可琢移日炙雨淋
莫知其爲碑刻也歲戊辰(煊)權州篆公餘訪得之剜

落剔蘚拓視之分十八行字蹟大半漫漶其約略可
識者有置(字半蝕)廟山下年代寖遠(二字半蝕)盛德(字已蝕)大
業百王師表致祭(二字近蝕)奠酹(右旁守字半蝕)特望天恩(二字稍蝕)
奏聞及三月十五日使持節道州諸軍(字大半蝕)事(府志誤唐)
守道州刺史賜緋魚袋臣元結伏(祥案是狀字此誤)奏置廟
戸(志誤常)右(志誤考)道州刺史元結奏請免(字近蝕)近廟(志誤)
祠式兩家令歲時掃灑(志誤拂曬)永爲恒式中書門(志誤祠)
下奏敕宜(志誤教宣)依永泰年月中等八十字而永州府
志所載乃佚前半以中存五字行爲弟一於五字上
下文俱不審僅約存三十餘字且廟戸掃灑等字俱



訛刖風淮雨古今同慨嗟乎漢碑尚矣唐碑今亦無
幾存此千餘年吉光片羽也石之東面刻正書一方
爲唐人張吉甫和漢戴侯熊渠詩秀勁古質亦可寶
玩亟築亭以護之俾免剝蝕後有好古者知不僅窊
尊陽華兩銘獨垂不朽也同治八年四月初一日蕭
山湯煊識
右元次山奏置舜廟守戸狀在道州元山下自來
金石家從未箸錄全文己已秋湯斐齋大令權代
道州精拓見詒并示跋語亟讀之剝蝕已甚乃舉
永志秩祀門所載狀奏繹之按格推求逐細審勘

前列狀奏九行年月銜名兩行後列敕牒六行牒尾署銜五行後列書人銜名一行上石一行凡廿四行得百七十一字較斐齋所審多至一倍有餘其首行結蓮在九疑五字均有筆蹤可辨結字較爲清晰而志載全文無臣結二字也二行古大陽處秦五字三行宇字四行令而感三字五行役字六行山已訖三字七行彌近廟一令灑六字八行代彰二字十三行免字十九行黃字廿行侍字廿三行瞿字或存其半或有數筆可審合諸志載之文罔不脗合廿二行平上第二有門字隱約可見



蓋中書門下平章事也廿三行瞿字已半蝕其下所缺是令問二字其上則不知幾何矣六行於字九行狀奏二字皆秩祀志所無八行廟誤祠掃灑永誤拂灑示代誤世欲誤使九行被誤及皆當以碑爲正瞿氏未見此刻宗氏謬誤百出斐齋已言之漁洋山人浯溪考序謂古來名蹟不遇其人鹵莽截筆與鏟劚何異然能免此者寡矣攷文獻通考云永泰二年詔道州舜廟宜蠲近廟佃戶充掃除與碑相合又牒尾有中書侍郎黃門侍郎者攷新唐書宰相表廣德二年王縉爲黃門侍郎杜鴻漸爲中書侍郎永泰元年縉爲河南副元帥大曆元年（即永泰二年）二月鴻漸爲黃門侍郎其時同中書門下平章事者又有元載碑已磨滅其列銜下所署之姓不審與表合否　又末行之左有祠部郎中李□（僅辨右旁頁字）屯田外郎數字下皆漫滅又下截有小正書僅見來字敬拂字當是後來續題附識之以諗來者至所謂張吉甫詩無可辨識以偶存之字蹟對勘之悉不合恐係傳誤斐齋但据道州志言之耳

## 寒亭記



高三尺六寸廣二尺四寸五分十七行行十二字字徑二寸許分書在江華

寒亭記

刺史元結

永泰丙午中巡屬縣至江華縣　大夫瞿令問咨曰縣南水石相滕望之可愛相傳不可登臨俾求之得洞穴而入又棧險以通之始得搆茅亭於石上及亭成也所以階檻憑空下臨長江軒楹雲端上齊絕頂若旦暮景氣煙靄異色蒼蒼石墉含映水木欲名斯亭狀類不得敢請名之表示來者於是休于亭上爲商之曰今大暑登之疑天時將寒炎蒸之地而清涼可安不合命之曰寒

亭歟乃爲寒亭作記刻之亭背

博陵瞿令問書

在江華縣元結撰瞿令問書永泰二年輿地紀勝

永泰中元次山爲道州刺史嘗巡行江華登縣南之亭愛其水石之勝當暑而寒遂命之曰寒亭而爲之記刻石在焉宋蔣之奇暖谷銘序

出南門抵蔣家山至小飛來石從山盡處轉入巖腹梯磴而上得石壁數百尺上刻次山記剔去積蘚讀之永州府志嘉慶初邑令李邦燮游記

右元次山寒亭記在江華東南十里回山之下今



名蔣家山自來金石家未見此刻永州府志載此文而刺史元結之上下誤多道州譔三字並誤水石相勝之勝爲映又脫又棧險之又休於亭上之休天時將寒之時及碑末書款一行又旦暮作旦暮歟作與則亦未之見也

成德軍節度使李寶臣碑永泰二年七月一日萃編載卷九十三

篆額題大唐清河郡王紀功載政之頌十二字在正定府

司議郎議誤儀

惟天正缺正字聖人保成允甯萬邦克易我沴於戲缺保甯萬邦克易我沴於九字并誤倒成允二字品酟缺酟字草木咸□地人康□壬

賁歲歲上八字缺寶應皇帝缺寶皇二字集太和缺集字祿山構亂缺山構二字力政血刑缺力刑二字於恆缺於字克哀復甯遏在缺哀遏在三字靡由尒凶缺由凶二字元命元誤王表獻臣也缺臣也二字越二年思明肆虐越二下五字缺王度擅煞擅外三字缺命我亞□咨我藩端恤遺□人心命我下九字缺丕命授丕下三字缺改名寶臣

詔曰懿審奉天威保乂邦本是用懿外十六字缺威憚㚷回政華華上五字缺是用缺用字昭崇缺崇字師長是用授用外四字缺姓咨我國寶本尒名名上七字缺於後缺於字無□及我公大其門風無及外六字缺公天姿全德天德外三字缺有邦缺有字明直缺明字自我位敘位外三字缺僞也僞師僞誤爲帥誤師於野人缺於人二字公張官具政公下四字缺如化人諟不虞缺如化虞三字廬廬旅旅以晏以霚缺廬旅旅以霚五字農力穡缺農力二字尒下日用乃以惟二年春□羣日用二外八字缺泄岸波積缺泄岸二字波誤皮奔灌乃雉肎乃外四字缺經□元啓導流□若流外五字缺庶德合於缺庶於二字月公告成於月下四字缺不敬□由是折導流遂不折外六字缺爲惟三三上二字缺薊臨長於恆夏四月薊下七字缺公也公公下二字缺起信罔得加害迨六月恆□□復公□□惟四年夏害外十五字缺滌滌甫田百滌外四字缺靡神□寅寅上二字缺而雨無日而下三字缺河朔大飢恆有年也惟五年秋大秋外十二字缺旬有五日旬下三字缺軍於□伺間焉惟十有

一月萬寶□□臨□公（焉外十三字缺）流毒諸（流下二字缺）於鴈門
敦行王法保和□極惟七年朝義繼逆　宗公主五（五上
廿字缺）六教既脩孳孳等心於是文訪於易易奬之文（易上
字外十七字缺）定宗之（缺宗之二字）深修（缺深之）年冬□月　公大開
山東（年下七字缺）趙郊（缺趙字）伐□獨夫惴惴天用（用上六字缺）匹
夫（缺匹字）越踐（缺踐字）父子（缺父字）
右碑王祐撰王士則書并篆額佑兩唐書無傳惟見
新唐書王武俊傳云武俊與田悅等擅相王國號趙
以王士眞司刑王佑司文士清司武並爲尚書士則
武俊子見唐書本傳又見韓昌黎文集言其兄弟皆



能書其列銜有推勾官案新書職官志節度使之屬
有推官有衙推推勾疑即推官李寶臣兩唐書有傳
碑敘歷官錫姓皆與史合惟舊書本傳止載封隴西
郡王新書藩鎭傳有進封隴西郡王皆無封清河郡
王事新書宰相世系表有之又舊書代宗紀寶應二
年（即廣德元年）閏月戊申以史朝義下降將李寶臣爲檢
校禮部尚書兼御史大夫恆州刺史清河郡王充成
德軍節度使知寶臣始封清河後乃進封隴西世系
表止稱清河郡王與本傳不載始封清河皆失之疏
略又碑敘授寶臣恆州刺史封密雲郡公此乃肅宗

時九節度圍相州時歸朝事也封密雲郡公見新書
藩鎭傳新書又載其封趙國公敘於第二次歸朝時
舊書及此碑皆不載碑云惟三年二月上以思明作
藩於薊又云思明篤敘不供賊鎭威衆致思明以十
三郡衆兵八萬之籍送降在至德二載十二月碑稱
三年二月乃乾元二年二月見肅宗本紀新書本紀
作元年誤碑又云九年冬特拜右僕射致寶臣牧恆
之九年當代宗永泰元年兩唐書皆不載其拜右僕
射事惟代宗紀大麻三年閏月庚午相州薛嵩魏州
田承嗣恆州李寶臣並加左右僕射又寶臣傳云遷



左僕射蓋右字之誤（常山貞石志）
碑稱壬寅歲寶應皇帝嗣位我亞相張公忠志（即李寶臣）
率東諸侯復命授恆州刺史不稱寶應年號其下稱
公牧恆元年又有惟二年惟三年□四年惟五年惟
六年惟七年惟八年皆自以方鎭紀年不用廣德永
泰年號大書刻石當日之跋扈可知（平津讀碑記）
據吳氏李氏兩本校補常山貞石志所載間有不
同克亰之亰作服遏在之遏作功王度之王作玉
尒名之尒作守具政之具作興皆是也碑陰題名
三截弟一截爲監軍使及寶臣之子弟餘皆節度

屬官未見拓本碑文帝曰休才以才爲哉力政血
刑以政爲征皆古通碑云公牧恆元年僞也碑頌
寶臣功德而不爲掩飾直以僞稱之猶見人心之
古

朝陽巖石刻三種在零陵

重刻元次山銘永泰二年八月萃編載卷九十九系大厤九年八月

自春陵至零陵愛其郭中缺春陵愛三字於戲缺於字深洞寒泉脫泉字通志同僻在幽遠缺在字

右元次山朝陽巖銘分書十一行後題時甲寅中秋零邑後學田山玉書石攷山玉係　國朝康熙閒零陵文學金石萃編誤爲次山同時人此銘乃近日重摹非原刻也古泉山館金石文編



次山原刻久不復存萃編据田山玉重摹本錄入以其有甲寅字而系諸大厤九年殊誤今則易隸爲篆而山玉所鐫亦不可見矣補刊者楊海琴觀察翰也前守永州時在咸豐十一年篆者鄧守之傳密也時主講石鼓書院佐永州幕守之爲完白山人之子工篆隸能世其家學惟高嵒絕厓田刻作厓今作崖雖亦說文所收不若厓字爲古然萃編缺字足以補矣又田刻有標題一行本係山玉所題今已無之此邦之形勝也今無之字自古篆之今篆作荒創制茆閣今作刱制茅閣蕪穢今作蕪薉甚合六書之恉勝絕之名也今作絕勝之名已名後添入銜名一行云進授容管經略使道州刺史元結次山譔凡十六字次山進授容管經略使見唐書本傳傳不詳何年此以爲永泰年不知所據次山浯溪銘在大厤三年未署此銜也又案獨孤刺史之名萃編作愐通志永志均作侚此刻亦作侚獨孤愐見宰相世系表爲左司郎中不言其爲刺史獨孤侚無攷通志職官漏載無從辨其



孰是竇必名通志亦失載永志官表云獨孤愐河南人官至左司郎中而於此碑文亦作侚前後不符又載竇必名世系表有佖泌二人恐譌案世系表佖泌二人俱不詳官位石刻後海琴有分書一跋并錄於左跋云昔元次山愛此巖挍奇表異摩石勒銘歲戊午予來典郡尋次山銘已不可見因念次山當中興時得以蕭閒文字寄託山川今則干戈擾擾一切皆如浮雲獨深谷高巖壽足千古因屬古皖鄧守之作篆補刻巖上以還舊觀後之覽者當快然於扶筇蠟屐時也

重刻柳宗元西亭詩高四尺七寸廣四尺四寸十九行行十二字行書

遊朝陽嵓遂登西亭二十韻

唐永州司馬河東柳宗元

謫棄殊隱淪登陟非遠郊所懷緩伊鬱詎欲肩夷巢高巖瞰清江幽窟潛神蛟開曠延陽景迴薄攅林稍西亭搆其巔反宇臨呀庨背瞻星辰興下見雲雨交惜非吾鄉土得以蔭菁茆羈貫去江介世仕尚函崤故墅即灃川數畝均肥墝臺館葺荒邱池塼疏沉坳會有圭組戀遂貽山林嘲薄軀信無庸瑣屑劇斗筲囚居固其宜厚羞久已包庭除植蓬艾隳牖懸蠨蛸所賴山水客扁舟



柱長梢挹流敵清觴掇野代嘉肴適道有高言取樂非絃匏逍遥屏幽昧澹薄辭喧呶晨鷄不予欺風雨聞嘐〻再期永日閒提挈移中庖

案此碑字迹飄忽而無精神刻又庸劣且具銜不稱員外司馬與華嚴巖異斷爲模勒無疑其旁有明嘉靖間通判蕭幹詩刻與此極相類則必幹所爲也金石萃

通志未收此刻永志僅列其目未錄全文指謂明人模勒案此碑之前尚有題朝陽巖等字其下有書字及正德辛巳九月等字意即書刻之年月姓名未必是蕭幹所爲要其爲明代所鐫無疑林梢之𣚍石本誤作稍亦重刻之一證葢以兩押梢韻肊改之而不自覺其謬也通志山川永志名勝及全唐詩柳文惠集均載此詩此刻與集本同惟不予欺之予集作余爲小異耳全唐詩灃作澧當是刊刻之譌墝作磽予作余均於意義無關通志菁誤作青墅作宇苞作包山水作山川予亦作余永志開曠誤作閒曠其巔誤作危軒反誤作仄菁亦誤作青羈下一字石刻已泐諸本俱作貫永志誤爲草甚謬灃作豐墝亦作磽臺作亭苞亦作包蠨



誤作蟏長梢誤作見招葢亦以兩押梢韻而肊改之者肴作殽皆當校正之

李當等詩并魏深書事高一尺六寸廣二尺七寸六分標題及詩七行行十二字字徑寸許銜名二行小字後書事十四行行廿一字字徑五六分又鐫石等人名二行均正書左行

題朝陽洞

義陽守李當

江上朝陽洞無人肯暫過今來愜心賞迴首戀煙蘿

奉和

左丞八舅題朝陽洞

從甥前□州軍事判官鄉貢進士魏深

北闕飛　新詔東山喜更過　文星動巖　夢章句別
衣韄此下空行寬寸餘
公嘗自中書舍人乘廉車問俗湖南他日
宣皇帝注意急徵值　公南風中足不克二見久
之乃有金貂之拜洎足力如常除戶部侍郎尋出尹河
南移宣□鎮褒斜藹然龔黃之理爲天下冣士君子莫
不延頸企踵日望霖然爲　時霖雨
先帝知之徵拜天官氏歲餘除尚書左丞于時姦臣竊
國柄乃以直道事　主不附于已者悉去之由是
出牧于道道人比歲陽九之災山民蟻聚爲賊且起三



州之兵以翦之於是　公以書先諭而抬之洎到
郡之日則遣使以逆順之理告之禍福之門納之不勞
尺刃而山賊革面皆得保生生之福耕於野而歲再稔
道人由是不聞夜吠之犬今則四凶已去八元□用之
□請書其事敢爲前賀時自道移申及此拜常侍歸西
掖咸通十四年十一月廿五日魏深題
進士崔鵬書
零陵縣令李璵鐫之
處士唐元眞看題□□陳楚

右李當詩石崔鵬正書在朝陽洞西欹絕壁上道光
丁亥始拔得之楷法遒渾有鍾王古意自來金石家
未見論及隱晦之迹久而一彰良足重矣魏深所述
道州民變及當諭降一事史志皆佚賴此得以傳之
案李當事無可攷其所述姦臣竊柄直道不附者
悉去之蓋指路巖韋保衡諸人新唐書路巖傳云王
政秕僻宰相得用事巖顧天子荒闇以政委已乃通
賂遺者肆不法與韋保衡同當國二人勢論天下時
目其黨爲牛頭阿旁言如鬼陰惡可畏也保衡恃恩
據權所悅即擢不悅擠之僖宗立爲怨家白發陰罪
貶死此書事在十一月僖宗立以七月與史正合魏



深雖當私親所言不妄則其論賊之功亦可信徵矣
第其書公字必空三而主字反祇空二案石刻實空三格此語誤
殊失倫序耳金石審
案金石錄目李舟朝陽巖詩大厤十三年九月李
當牛挺詩附自大厤十三年至咸通十四年相距
九十餘載此題詩之李當蓋別一人也唐書宰相
世系表姑臧大房有李當官至刑部尚書時代約
亦相近當即此題詩之人申州義陽郡屬淮南道
通志未載此刻永志缺爲時霖雨之時徵拜天官
氏之徵不聞夜吠之聞夜并誤杉爲松誤勞爲棠

誤常侍之侍爲待而缺常字誤李㻑之㻑爲珙其官表內據此刻補李當於道州而零陵令李㻑名仍未載入皆當校補焉又陳楚上缺二字宗氏謂似判官諦審不類

窊尊銘

高二尺九寸廣三尺四寸十五行行十二字古篆書在道州

窊尊銘有序
漫叟元結□
道州城東有左湖湖東
二十步有小石□□山山
巔有窊石可以爲尊乃爲亭尊
上刻銘爲志銘曰
片石何狀如獸之踆其背類窊
可以爲尊空而臨之長亭深壑
廣亭之內如見山岳滿而臨之
曲浦洞淵長瓢之下江湖在焉
彼成全器誰爲之力天地開鑿
日月拔拭寒暑琢磨風雨潤色
此器太璞尤宜真純勒名亭下
以告後人　瞿令問書



□□二年十一月廿日刻

道州城東有左湖湖東二十步有小石□□山山巔有窊石可以爲尊乃爲亭尊上刻銘爲志銘曰片石何狀如獸之踆其背類窊可以爲尊空而臨之長亭深壑廣亭之內如見山岳滿而臨之曲浦洞淵長瓢之下江湖在焉彼成全器誰爲之力天地開鑿日月拔拭寒暑琢磨風雨潤色此器太璞尤宜真純勒名亭下以告後人

瞿令問書　□□二年十一月廿日刻　右釋文

右窪尊銘元結撰瞿令問書次山喜名之士也其所有爲惟恐不異於人所以自傳於後世者亦惟恐不奇而無以動人之耳目也覩其詞翰可以知矣古之君子誠恥於無聞然不如是之汲汲也　集古錄跋

窊尊名元結撰瞿令問書在道州永泰二年　碑文攷

在道州城中報恩寺西　方輿勝覽

報恩寺小石山巔有窊穴可爲尊刻銘其上　孫克宏天下碑目

窊尊石在州東　一統志

窊尊銘十五行一百四十七字紀年已漫漶不可辨据集古錄跋乃永泰二年也元結撰瞿令問篆書于

奕正天下金石志作顔眞卿書誤也刻在道州下津門外江之北岸石上次山此銘載文編志乘多采錄其石刻則著錄於歐公集古錄及朱長文碑文攷吾家令問公時官江華爲次山屬吏工篆籀故命書之次山陽華巖銘亦公所書故序云江華縣大夫瞿令問藝兼篆籀俾依石經刻之黃山谷遊愚溪詩有下入朝陽巖次山有銘鐫蘚石破篆文不辨瞿李袁之句瞿即指公也公之事蹟爵里無可詳攷此外惟見諸容州都督元公碑稱故吏江華令瞿令問云又寶刻類編載有貞元中朗州武陵令瞿令珪墓志係其



子倗撰似是公之昆弟惜亦無從訪求質證矣籀篆古文久已失傳惟收諸許氏說文者爲信而有徵然亦十不存一又多傳刻舛誤未盡可据其散見於經典者獨周禮爲多司馬公史記班孟堅漢書亦閒存焉以後惟玉篇廣韻所收爲近古可信唐惟李陽冰碧落碑用古文則與令問公同時矣宋初郭忠恕撰汗簡夏竦作古文四聲韻搜求頗廣又在令問公後數百年今以此碑證之尚有未采之字惜當時二公未及見也此碑結體遒勁篆筆在浯溪唐亭峿臺諸刻之上昔人有謂浯溪三銘書皆出自公手者觀此

恐未必然公書此碑所用古文皆有依据無一字杜撰以此見公篆學之精深實於唐宋諸儒中卓然可稱者今博稽載籍一一爲表出之尊作□亦作□見於鐘鼎文字及薛尚功款識宣和博古攷古二圖者甚多說文酉部牆字古文作□其酉字正作□其餘見於說文解字者二作弍爲作□淵作□地作□開作□而此作□風作□雨作□玉篇作□此作□色作□汗簡引古老子作□又作□義雲章作□又作□而此作□宜作□廣韻作□而此作□眞作□此作



□深作□見說文艸部訓蒲蒻之屬與深字義別然碧落文有□亦以爲深其見於郭夏二家書所引者道作□古老子（祥案石刻不如此瞿木州老所見拓本不明耳）作□古尚書城作□王庶子碑步作□汗簡顛作□裴光遠集綴爲作□道德經又作□古孝經而此作□何作□碧落文如作□古孝經及道德經空作□王存乂切韻而此作□岳作□華岳碑臨作□古孝經曲作□義雲章又作□古老子大作□古孝經光作□王庶子碑以上與此刻大率相合惟筆畫微有不同因

拓本不精未能細辨也晷作□見碧落文乃从古
文旅而右旁有彡攷之說文□部□从□云
古文旅又於部云□古文旅又以爲魯衛之魯案
古文四聲韻中所收旅魯二字下俱作□無三彡
惟者字下多作□有三彡則从者之字當有彡也
潤作□凡古文从門之字多作□此作□義
通而郭夏二書未載可据補之唐亭銘亭作廎从广
从傎此文爲亭尊上之亭又从宀从傎攷義雲章以
□爲亭而古老子傎作□則彼从頃此从傾省
文也蹲作踆郭夏二書不載踆字見公羊傳丁度集



韻云租昆切音尊蹲也高誘注淮南子云踆猶蹲也
郭璞注山海經及陸德明莊子釋文引字林並云踆
古蹲字今本史記貨殖傳下有蹲鴟裴駰集解引徐
廣曰古蹲字作踆而婁機班馬字類引貨殖傳直作
踆字音蹲焉作安古孝經華嶽碑雲臺碑並同案焉
安也安焉也二字古人轉相爲訓又古音寒先二韻
字多通論語斯焉取斯劉向新序引作斯安取斯滿
作蔥攷廣韻蔥爲懣之古文說文滿盈溢也懣煩也
二字義別然漢書燕刺王傳霍光傳憂懣俱作懣而
石顯傳憂滿作滿懣字既可省心滿字何不可省水

从心於義亦合惟滿字从蔥蔥从廿从㒳並非从艸
从㒳則戫於時俗之謬體矣類作□郭夏二書所
無亦可据以補之片石之片今誤爲井技拭今誤爲
拂拭真純今誤爲直繩皆當以石刻正之石刻後十
一行上下皆齊其前弟一行標題低四字弟三行序
低三字弟四行低二字小石下空二字似皆石有高
低凹陷故就勢鐫刻之其弟二刺史下已漫漶不可
辨矣次山又有窊尊石詩又有杯尊銘其序曰廎亭
西孔（祥案疑北之譌）有叢石石臨樊水漫叟攜石顛以爲亭
石有窊顛者因修之以藏酒命爲杯尊作銘云云据



此知在武昌者爲杯尊而非窊尊窊尊當以此在道
州者爲正黄山谷次宋懋宗詩有安得風帆隨雪水
江南石上對窊尊之句任淵注云元結有窪尊銘今
在武昌攷東坡武昌西山詩序云元祐元年十一月
二十九日翰林承旨鄧聖求會宿玉堂偶話舊事聖
求嘗作元次山窪尊銘刻之巖石因爲此詩請聖求
同賦云云則武昌之窪尊恐即鄧聖求所摹刻也又
趙氏金石錄有唐李氏窪尊銘云篆書無姓名亦無
年月前賢名蹟後人景仰其事往往轉相摹勒以爲
佳話予遊衡州石鼓之西谿見河干一大方石上多

宋人題名其一面亦刻正書窪尊二大字亦似唐宋人手筆窪窊二字並見說文其義亦相近可通今據此刻知次山道州之原名作窊而非窪也唐代宗永泰二年即大麻元年是年十一月甲子始改元故十一月以前猶稱永泰二年此刻据歐公云永泰二年則當在十二月以前今石刻十下一字似弌乃古文一已漫漶不明矣古泉山館金石文編

今窊尊銘拓本十五行題三字乃小字均蝕弟二行元結二字可辨下似多一銘三行至東字止四行至兩山字止五行以下蝕六行首三字闕下見爲志銘



曰四字七行首六字不可辨之跛至類窊皆明顯八行首四字模糊下見空而臨三字闕之字長岑深竪句全蝕九行廣亭以下十字皆顯臨字晦末一之字十行曲字不見浦字以下六字可見下闕下江二字湖字存在字不清安字存十一行首一字晦見成全二字器誰爲五字不甚顯天地開三字可辨鑿字晦十二行皆完好十三行首三字顯獛字晦尤宜以下五字晦名字晦亭字可見失下字十四行首隱三字見人字下瞿令問三字略可辨闕書字十五行僅見一月二字而已金石審

右窊尊銘在道州報恩寺西石久湮沒嘉慶甲戌州士黃如穀搜訪得之明年雷震石仆又明年遊擊張大鵬力挽以上復植原處州牧張元惠建亭護之并記以文而此石乃復顯於世矣浯溪亦有窊尊石祁陽志載此銘於浯溪非實也月誤作井杖拭誤作拂拭惟江湖在焉作爲不作安爲得之耳通志又載有宋張舜民窊尊銘云在郴州又仿爲之者序云道州城東有左湖宗氏輯永州府志謂州治東有直瀾即湖之故蹟瀾以東爲報恩寺今此石得於寺西知方輿勝覽之言信而有徵郡



者或指在五如石內或指在元山皆誤也左湖既廢後遂混左溪爲一舊志云左溪在下津門外其源九井所出東流與沱水合古州記云五如石在下津門外江北岸今爲東門外水涯五如石中如尊者元次山名以洞尊不得與窊尊混爲一物瞿氏謂此石在下津門外者蓋誤以左溪爲左湖以洞尊爲窊尊矣下津尙係古稱今亦無此名焉篆體奇古瞿氏攷證詳贍已極大備其所未及舉者更徵引之道作[illegible]見郭顯卿字旨而[illegible]內多一筆爲小異此碑如名尊亭等字皆多一筆不獨

廼也城作□秦王庶子碑城作□成作□此以㡿爲城者古或用成字耳方十里曰成城之从成本取諸此左氏文十一年王子成父管子小匡篇作城父詩板無俾城壞漢書諸侯王表作毋俾成壞又漢郡國志高城阜城魯峻碑陰勃海高成河間成阜皆作成劉寬碑陰以聊成爲聊城楊君石門頌以西成爲西城皆古人城亦作成之證山顛有窾石有作□又古文以爲有字儀禮鄉射禮惟君有射於國中注云古文有作又攷工記弓人有三均注云有三讀爲又參禮記內則三王



有乞言注云有讀爲又易繫辭又以尙賢也釋文云又鄭本作有尊作□又作□上尊見華岳碑下尊見碧落文不特鍾鼎款識可爲印證也刻銘爲志銘作□古無銘字本只作名名从夕此變从夕已見諸漢曹全碑長作□見華岳碑岑作□下从□古今字見石經故念字亦有作□者廣作□从古文光見義雲章內作□凡古文从內之字多如此滿作□懣爲古文懣亦見於一切經音義說文有𢡱字正字通云懣與𢡱同未有以爲滿者惟淮南子俶眞訓乃始𢡱触

離跂注云𢡱讀䓨䓨無逢際之𢡱云無逢際則於滿義爲近要亦未可据也竊意心爲氣所充塞乃致憂懣懣之从滿本取諸此於盈溢之義可相通故楚辭云惟煩懣而盈匈以懣爲滿者借懣爲滿非別有一去水从心之別體滿字也至變从艸从雨則由來亦已久矣史記秦本紀到滿正義云滿或作蒲莊子天地門無鬼與赤張滿稽釋文云滿本作蒲又漢堯廟碑滿而不溢張公神碑萬草生兮滿園田冀州從事郭君碑持滿不傾其滿字皆變从雨張公神碑并變从艸未可即以時俗訾之



焉作□焉安古通瞿氏所引之外又得兩證論語焉知來者之不如今也劉向新序雜事作安知來者之不如今孟子爾焉能浼我哉韓詩外傳作彼安能浼我哉是也又案裴光遠集綴安作□華岳碑焉作□二字相似而有別此碑作□葢本華岳碑而微變之是焉字非安字較安字爲多一筆後人以字形相似音義亦通遂以安字釋之殆非也全作□仝全之本字全乃篆體見說文鬭作□較說文所載多一筆案王存乂切韻門作□此葢从之而省其一筆耳技作□从

古文文暑作□案古尙書諸作□此葢从諸
凡古文从□之字皆从諸瞿氏謂从者之字當
有彡恐未必然潤作□案義雲章閏作□此
葢从之後作□見古尙書式作□中从乙知
古人乙一二字亦可通借又天地之地華岳碑作
□石刻此字不甚明顯右旁上半似作□形
則用華岳碑而多一筆也又十五行後一行似尙
有字蹟十四行瞿令問書四字筆意與前不類疑
瞿令問書款本在弟十六行後人以其曼滅乃補
刻於十四行之下然書人姓名何以列於刻石年




月之後亦殊不可解耳余曩得此拓本模糊不明
未能摹錄今湯斐齋大令以精拓本見詒較諸宗
氏跋語所載勝倍蓰椎搨貴求精到也如式錄之

重刻道州刺史廳壁記

高四尺一寸廣二尺二寸五分十行行廿六字字徑一寸五分分書在道州

道州刺史廳壁記　　唐刺史元結撰

天下太平方千里之內生植齒類刺史能存亾休戚之
天下兵興方千里之內能保黎庶能攘患難在刺史爾
凡刺史若無文武材略若不清廉肅下若不明惠公直
則式州生類皆受災害於戲自至此州見井邑邱墟生
人幾盡問其故不覺涕下前後刺史或有貪猥惛弱不
分是非但以衣服飲食爲事數年之間蒙以私欲侵奪
兼之公家驅迫非姦惡强富殆無存者問之耆老前後
刺史能恤養貧弱專守法令有徐公履道李公廙而已
徧問諸公善或不及徐李惡有不堪說者故爲之記與
刺史作戒自置州以來諸公改授遷黜年月則舊記存
焉

次山此記爲後人所易吕刺史溫復之圬壁而書慶
厤中王公贄爲州始刻石湻祐中李公襲之正其誤
又刻之予攷得之曰是刺史戲也摹勒之石明知州




漳浦王會謹識　小分書二行刻於記文末行之下

右元次山道州刺史廳壁記八分書十行明王會重
摹本有跋据述是記一刻於宋慶厤中州守王贄再
刻於湻祐李襲之案襲之亦官郡守即刻九疑山銘
者隸書端勁有法與九疑山銘筆法頗類恐亦李挺
祖所書今碑無書人姓名葢重摹時易去道州新志
載此文材作才數年之間下誤衍蒼生二字又删去
末自置州以來諸公改授遷黜年月則舊記存焉十
八字皆當以石刻爲正唐人避太宗諱其見於文字
者民字多改作人字此記所云生人幾盡必次山原

文也道州新志改入作民亦非是古泉山館金石文編

右碑爲明代重刻從始事之例列於次山道州諸刻之後附永泰二年湖南省府志均載此刻衣服飲食下脫爲事二字故爲之記之作此案徐履道刺道州在中宗朝李廙在肅宗朝政績均無攷呂温字和叔河中人憲宗時以謀逐李吉甫由刑部郎中出爲道州刺史寬刑恤役治多善政遷衡州卒嘗作廳壁後記新唐書不詳其轉刑部也

八瓊室金石補正卷六十終



# 八瓊室金石補正卷六十一

太倉陸增祥撰　男　繼輝校錄
吳興劉承幹覆校

## 唐三十三

### 浯溪題刻十九種在祁陽

#### 峿臺銘大厤二年六月萃編載卷九十四

[illegible][illegible]百誤作自[illegible][illegible]缺必字

峿臺之南峻厓巉起得次山峿臺銘二百一十餘字篆書無書者姓名字闊一寸七分長二寸八分古麗清遒實爲罕覯今人徒知浯溪有魯公碑蓋未覩茲刻之奇俊也錢邦芑搜訪浯溪古蹟記

案集古錄止載峿臺一銘無浯溪𢈔亭二銘金石錄止載峿臺𢈔亭二銘亭銘注瞿令問書臺銘篆書無名氏近日于奕正司直又僅載浯溪一銘云李康篆浯溪志云浯溪𢈔亭二銘乃黃山谷與陶豫同遊搜得之意歐陽作集古錄時二銘尚幽翳荒僻未之見邪然趙明誠既錄𢈔亭而遺浯溪奕正亦錄浯溪而復遺𢈔亭又何也又案豫章集答長老新公書云浯溪銘筆意甚佳以字法觀之峿臺銘亦季康篆也知金石志李乃季字之譌書又云又有袁滋篆𢈔亭銘

三十六行凡㾜亭東厓石上刻次山文合袁滋季康篆共七十一行山谷題壁又云㾜亭東厓銘刻數百年皆江華令瞿令問玉筯篆更不云袁滋與書語矛盾金石錄後出略無辨證凡此數端皆不可解聊跋次山文編後質之博雅君子云爾王士禎浯溪攷

峿臺銘刻在臺之背甚完整溪銘亭銘刻於東厓石上隨石欹斜蘚厚難搨而篆筆特佳視臺銘爲勝潘耒金石文字記補遺

峿臺銘首尾共十五行文首二行十五字餘行皆十七字因就厓石高低鐫鑿故二行獨參差不齊篆書



無姓名結體頗類浯溪銘或如山谷所云一八之筆也書多俗體不合六書之旨王述菴少司寇據說文等書正之是也而云百竟作自令細審石文自上有一畫作百亦百字之謬體也厓字從水從山皆係俗體而此刻序既作涯銘又作崖至暢達之暢說文作暘乃從田旁後代書家於田字中豎偶出頭尾作申因相沿從申旁與未申之申从臼从丨者不同而此序暢字偏旁竟從申之古文作𦥔則謬之尤甚者祁陽縣志載此文廿餘丈誤作三十餘丈三四百步誤作三百餘步蒼蒼然脫蒼字重文宜間松竹作其間

松竹古人有畜憤悶脫去有字湘淵清深之深誤作溪壹縱心目之壹誤作以賴石刻無恙可據以正之也王阮亭尚書謂金石錄止載峿臺㾜亭二銘亭銘注瞿令問書臺銘篆書無名氏予案家藏舊鈔本金石錄目錄弟一千四百一㾜亭銘之㾜作容下注元結撰瞿令問篆永泰二年十一月今㾜亭銘石刻後題大厤二年歲次戊申閏□月亭名年月俱不相符又案輿地紀勝引圖經云江華令瞿君善篆籀元次山陽華巖等銘窊尊銘舜廟狀舜祠表寒亭記皆其所書集古錄云並永泰二年刻云云獨不數㾜亭銘



何邪外舅錢少詹先生謂㾜廎之廎次山本用說文高字或體與亭字義別俗儒誤讀爲亭予攷窊尊銘文有爲亭尊上句令問公書亭作廎其字下亦從頃但變广爲宀耳又大和四年李諒湘中紀行詩有㾜亭仰文哲句正書作亭字恐次山當日本以亭字名之第篆書者用古文寫之耳攷次山所作亭文於㾜亭銘之外祇有寒亭記則知金石錄所載永泰二年瞿令問書容亭銘卽寒亭記之誤也抄本誤寒爲容又誤記爲銘阮亭遂以㾜亭銘當之以至議論轇轕難於定斷并疑與山谷答新公書語不合矣又攷次

山別有東厓銘石刻載朱長文碑文攷山谷題記所云唐亭東厓銘刻皆江華令玉筯篆者當指東厓銘而言並非與書語有矛盾處阮亭特考之未審耳古泉山館金石文編

文云左屬回鮮爾雅小山別大山鮮釋文引李巡云大山少故曰鮮毛詩公劉傳巘小山別於大山也故與巘字通用平津讀碑記

此銘鋒勢秀整儼若新刻與潘稼堂見時無異固由刻之精深殆亦有神物護之不使剝蝕耳金石審

永志宮室載此文誤與縣志略同惟有字已增補清深字已校改耳



唐廎銘 高一尺二寸廣六尺五寸七分標題一行三字字高三寸五分徑二寸二分銘文及年月三十行行六字字徑一寸一分年月四行字略小標題後數行與患字大小與銘文等篆書左行

浯廎銘有敘

子象

君卷滋□ 第五行

以上六行止有五字可辨餘俱磨滅

浯溪之口有異石焉高六十餘

丈周回四十餘步西面在江中

東望浯亭北面臨大淵專枕浯



溪唐廎當亭石上異木夾原疏

竹蔭檐瀨水音天韻動可似與

在廎上日吾有棠譚山澤川巴

吾有春水穀松鬱霜翰有春寒

日夕留有春澤風然歲有不有

之有欲無之命自唐廎控獨可

之銘曰

功

名之又鑒有奉土林埜之宮

吾欲水石孝酒五十有可唐廎

極之直識所在宅樸廎高石上

篆刻敘銘

有唐大歷弍年歲次戊申閏

六月九日□□林雲刻

右唐廎銘其文自左而右篆法與峿臺銘相似而字較小說文高小堂也或作廎讀去潁切與亭字音義各別次山此銘本是廎字俗儒罕通六書誤讀爲唐亭失之遠矣碑書厭爲肙蓋取省文但厭當從甘此卻從㠯未合六書之旨　予嘗跋唐廎銘據說文謂廎與高同訓小堂不當仍作亭字今山谷題已作亭又陳衍題浯溪圖云元氏始命之意因水以爲浯溪

因山以爲峿臺作屋以爲㾕亭三吾之稱我所自也
歐陽公集古錄亦作㾕亭頌於何君元錫齋見所搨
磨厓大字有云㾕亭磴道有云㾕亭銘者驗其蹤似
唐人所題則譌㾕爲亭沿譌已久六書之不講豈獨
近代爲然哉潛研堂金石文跋尾續
錢辛楣少詹詞㾕當从甘此御从白未合六書之旨
諦視此碑㾕字七見皆从甘少詹之言蓋失之或釋
謂此可信作㾕此可似亦非平津讀碑記
㾕亭銘篆書其敘與銘及年月日刻人姓名共三十
行又前標題爲一行㾕亭銘三字徑二寸強標題之



後約有五行應是次山及書人官銜姓名而弟五行
有𡨋滋二字尚可辨餘皆模糊不淸卽山谷與新公
書所云爲厓溜所敗也統計行數正與山谷言三十
大行合其字則皆徑一寸二三分此刻歐趙二公皆
未見王阮亭先生誤以金石錄所載永泰二年瞿令
問所書之寒亭記當之予於峿臺銘跋中已詳之矣
攷輿地紀勝謂寒亭在江華縣隔江瞿令問棧險道
入洞穴作亭石上元次山大暑登之疑時將寒故云
又宋蔣之奇暖谷銘序亦謂永泰中元次山爲道州
刺史嘗巡行江華登縣南之亭愛其水石之勝當暑

而寒遂命之曰寒亭而爲之記刻石在焉蓋次山官
道州刺史時令瞿令問公作江華令其銘故卽令問公篆
書令道州有公所書窊尊銘石刻後題□□二年十
一月紀年二字已漫漶而據歐公集古錄則此錄與
陽華巖銘皆永泰二年令問公所書也寒亭記亦刻
於是年十一月與窊尊銘同至浯溪諸刻有年月可
攷者如峿臺銘爲大厤二年㾕亭銘爲大厤三年右
堂銘爲大厤六年中興頌刻於大厤六年皆非永泰
二年則知趙德甫所載永泰二年令問公所書必非
㾕亭銘矣又山谷謂此銘𡨋滋篆今審石刻𡨋滋二



字姓名顯然可辨其非令問公書更無疑義攷唐書
𡨋滋傳字德深蔡州朗山人彊學博記少依道州刺
史元結讀書自解其義結重之歷官至中書侍郎同
門下平章事後終湖南觀察使工篆隸有古法此銘
書於大厤三年尙在建中元年之前十三年蓋正德
深依次山於道州讀書時也篆書多用古籀結體頗
似石鼓文其書戶作[illegible]建作[illegible]風作[illegible]與作
[illegible]從青之字作[illegible]皆用古文申作[illegible]用籀文
並見於許氏說文將字作[illegible]乃借用古文醬字又
五之古文此卽借作伍字㾕字或作㾕乃从广頂此

从广傾爲異鼓吹之吹依說文作龡此依周禮用省文作歈其餘高作亯州作川由作甾若作𦱀猒作㬎貴作𧴪多有見於汗簡及古文四聲韻二書中者祁陽縣志載此文山面在江中句誤作西面在二口北面臨大淵句脫去面字若在亭上句在下衍平字 古泉山館金石文編

先後得兩搨本標題後有敘二字一行曼威不可辨第三行有一泰字可辨與五行滋字齊格泰上一字存下半子字上半僅存一二筆不强定其字第五行袁滋上有君字甚顯皆前人所未及審出



者功字已泐據志及瞿氏吳氏補注於旁以二本諦審而互訂之與前人記載多所不符標題弟一字作浯不作㾆與文内作㾆者殊前人均未言及豈經後人改鑿邪標題後五行之右似尚有兩行然以山谷所言三十六行計之又不應有豈尚有空行無字邪諸家記載瞿氏最詳亦有未盡細審者如从青之字用古文而小變之作𡴀申用𤕌文而小變之作𠀃吹用省文而小變之作歈瞿氏以爲作𡴀作㬎作歈也高字作㕀者二作㕀者二瞿氏概以爲从广傾也猒字作㬎

者三作㬎作㬎者各二並不作㬎瞿氏概以爲作㬎也謂此可信諸家均釋謂爲由瞿氏云由作𦱀細審之偏旁出上作●中雖磨威其爲㽕字無疑右旁尸上作㓁並不作止其爲胃字無疑當據石校正之其餘步作𣥠又似作𣥠上从鳥省在作𡉛𡉛臺作𡉛省口檐作𣞢所作𣂞耳作𦔮於虖之虖作𧆨茅作𦬶耽作𨈒从反身始作𡝤从吾之字作𠰷皆未及舉也又瀛州言无之无疑非本字特不知何字之古文耳汞志宮室載此文江中誤作江口北



面臨大淵誤脫面字功臣之伍伍誤作侶當以石刻爲正　又案亭古作㕀出碧落文又作頂出義雲章並見汗簡瞿氏謂次山本以亭名篆書者用古文寫之其說近是

浯溪銘 高一尺四寸五分廣六尺九寸八分二十五行行四字前六行及第二十行五字篆書

浯溪銘有序

道州刺史河南元結字次山

撰 篆上已曼患

浯溪在湘水之南北匯于湘愛其勝異遂家溪畔溪世無名稱

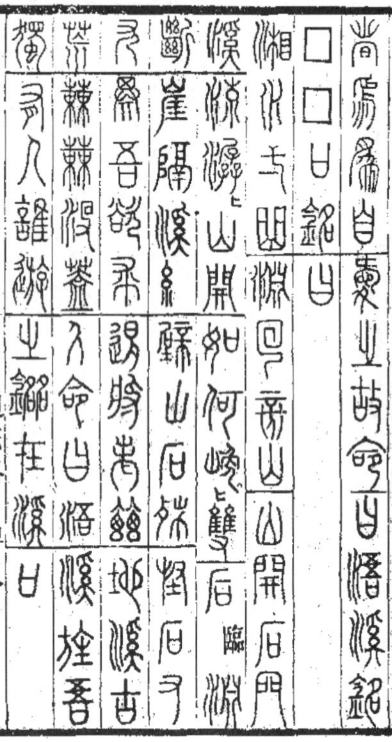

浯溪銘李庚篆書在永州 通志略 碑文攷李庚作李康

專人尋書勤邈并惠送季康篆元中丞浯溪銘筆意

甚佳以字法觀之峿臺銘亦季康篆也然猶有袁滋

唐亭銘三十六行何不見惠滋唐相也他處未嘗見

篆文此獨有之可貴也凡唐亭之東厓石上刻次山

文合袁滋季康篆七十一行爲厓溜簷水所敗當日

不如一日矣若費三十竿大竹作夏更以吞槽走簷

下其下開櫪沙土見厓令走水快亦使元公房祠乾

潔院門免時有聒噪也 黃山谷答浯溪長老新公書

唐浯溪銘李康篆 天下金石志

浯溪峿臺廎亭皆在今永州府祁陽縣治南五里唐

元結次山愛其勝異遂家其處命名制字皆始於此



字從水從山從广曰吾者旌吾獨有也案峿廎字韻

書無之蓋制自次山浯本瑯琊水名古有此字湘江

之溪命名浯則自次山耳 荻園雜記

案豫章集答長老新公書云浯溪銘筆意甚佳以字

法觀之峿臺銘亦季康篆也知金石志李乃季字之

譌書 浯溪攷

唐亭銘猶刻在厓浯溪銘石面凸凹字亦大小長

短橫斜不一應是厓石生長以致字形改變耳 錢邦芑按

訪浯溪古蹟記

案峿臺銘篆書石刻無姓名其後黃山谷趙德甫王

弇州紛紛異説王阮亭亦再三辨證無所得攷

欽定佩文齋書譜載金石略云唐永州浯溪銘峿

臺銘並李庚篆書唐書宗室世系表李庚爲襄邑恭

王神符之後湖南觀察使兼御史中丞唐書家中並

無季康名亦無所謂季康者阮亭以李字爲季字之

譌今始知李字未誤而康字乃庚字之譌耳山谷云

以書法觀之峿臺銘亦季康所書則其筆意相似固

出一人手也李陽冰篆書號爲神品瞿令問袁滋亦

工篆然諸書未有言爲次山書浯溪銘者則此刻應

據鄭樵金石略屬之李庚爲確漁仲精於論古真不

誣矣浯溪新志

浯溪銘首尾三十五行行四五字不等篆書無年月首有次山銜名三行次爲篆書人銜名二行已漫滅殆盡僅存一篆字可辨此刻集古金石二錄皆不載近代金石家亦尠著錄因其橫鐫厓石低凹不平且爲厓溜所敗多漫漶剝蝕故搨本難得予親至厓下用薄紙手自椎搨方能審辨就篆體論之此刻形長而圓似李斯小篆而豎筆下尖如錐㢈亭銘則體方不尖文多用古篆至我家令問公所書窊尊銘近類㢈亭而豎筆又帶尖爲異知此銘必別是一人所書



矣峿臺銘與此字形絕相似惟結體方而不圓微有不同山谷云峿臺銘亦季康篆其言似屬可據當從金石略及浯溪新志以正季康爲李庾二字之譌計此銘共三十五行浯溪銘共三十六行正合山谷所云合袁滋季康篆七十一行之數祁陽縣志錄其文多脫誤世無名稱者焉句脫者焉二字銘曰之上脫銘□□□句溪古荒蕪蕪沒蓋久譌作溪古地荒蕪沒已久皆當據石刻正之攷山谷遊愚溪詩有云下入朝陽巖次山有銘鐫蘚石破篆文不辨瞿李袁陳后山注謂李乃陽冰袁氏未詳予疑李即李庾袁即

袁滋耳古泉山館金石文編

篆字上失搨銘曰上有口字可辨可以補志之闕又命曰浯溪下省府志均脫銘字山賓殊怪山均

誤水

浯溪銘釋文高一尺三寸廣五寸五行行十五字字徑五分許正書左行

□水一曲淵洄傍山開□□溪流瀞山開□何巉、雙石臨淵漸□夾溪絕崖□賓殊恠名又尢異吾欲求退□□□溪古荒溪蕪沒蓋久命曰浯□□□□人誰遊之銘在溪□

浯溪中興頌石刻側直抗邸存節等殘題名後有正



書元次山浯溪銘釋文四行已殘缺似是舊刻隔溪誤作夾溪荒蕪誤作荒溪古泉山館金石文編

右釋文無書者姓名即附於銘刻之後二志所載多一旌吾之吾字今無見矣又巉下雙上作一五字恐是後人妄鑿者石刻五行瞿氏作四行誤

右堂銘高一尺七寸廣二尺十八行行十字字徑八分許正書橫額右堂銘三字字徑一寸四五分許長三寸五分餘小篆書俱左行

元結字次山撰

右堂在中堂之西□□□□□□南隅□□□□□□

□□□□□□□□□□□□□□□□□□□□□
□□□□□□□□□□□□□□□□□□□□□
□□□□□□□□□□□□□□□□□□□□□
□□□□□□□□□□□□□□□□□□□□□
□□□□□□□□□□□□□□□是□者□□□
□□勒□□□□□□□□□□□

大歷六年歲次辛亥閏三月□高□明書

唐右堂銘元結撰篆書無姓名大歷六年閏三月金石錄目

右堂銘元結撰高重明書朱長文墨池編

案山谷題壁有所謂右堂銘者今次山文編不載金石錄僅存其目皆無可攷而墨池編以爲高重明書不知何據王士禛浯溪攷

右堂銘在今勝異亭後高二尺餘廣二尺字皆漫滅僅存右堂銘篆書三字字約二寸許左有大歷六年四字右有元結字次山撰六字尚可識宋溶浯溪新志

右右堂銘正書左行字多剝蝕不可讀惟右堂在中堂之西七字可辨首尾共十六行其序及銘十四行行九字末行約止三四字文之前二行首行低一字題右堂銘三字次行低三字題元結字次山撰六字文之後二行皆低一字題大歷六年歲次辛亥閏三月月下尚有數字已磨滅矣字徑八分許文首行標右堂銘三字而當文之中六行上又橫題篆書右堂銘三字作額字長徑三寸許橫徑二三分亦左行筆法絕似唔臺銘疑出一人之手案此刻始著錄於趙德甫金石錄云篆書無姓名朱長文墨池編則云高重明書不言是篆是正今以石刻證之知趙氏誤也石刻年月下及後行皆漫漶書人姓名有無不可辨未知朱氏之言是否攷次山文編未載右堂銘前人又未有著錄全文者予身至浯溪訪得於勝異亭之後亟命工人椎搨數本其文首云右堂在中堂之西攷宋皇祐中孫適三絕堂記云東崖之顚次山嘗銘右堂又元至元中王榮忠重建笑峴亭記云笑峴亭次山元水部右堂之故基也自次山後其堂遂圮至宋熙甯閒邑侯莆田蔡君瓊作亭於其上更名曰笑峴云云今石刻在唔臺之上勝異亭之後想卽當時右堂之故址也宋以來著錄金石家及縣志溪志從未言次山之有中堂今據此文則有中堂明矣又見存摩厓石刻宋湖南轉運判官屯田郎中沈紳題名云治平四年孟春丙子訪浯溪元子次山故居讀中

興頌唔臺中堂右堂三銘云云然則次山亦嘗爲中堂作銘刻石無疑矣右堂銘之石高出地約二尺半厚不及五寸上圓而下直其右別有一石下與此石連而稍低予細審並無文字乃題名於上募工刻之及刻竣搨視微見楷書字迹頗類右堂銘字小不及半而一字不可辨識爲恨且悔予之題刻鹵莽也故并書於此以志予過予有浯溪雜詠絶句云德甫雖然攷錄精右堂銘欠認分明後人競撰浯溪志未爲中堂一表名非敢訾議前賢實歎讀書稽古之不易云 古泉山館金石文編



右右堂銘曼威已甚諦審再四僅辨三十二字而瞿氏所謂首行標題右堂銘三字已不可見末行明書二字尚顯高字亦依稀可辨知朱氏之言爲可信而黄虎癡承趙氏之誤復實之曰瞿令問篆書其謬尤甚横額篆書横徑寸四五分瞿氏以爲二三分殆脫一寸字邪每行十字瞿作九字後二行低二字瞿作一字均誤余託覓此刻三年始得之惜磨泐不可讀倘得良工精搨必當多所辨識姑先錄之以竢續補

韋武題名 高二尺四寸廣三寸一行十七字字徑一寸正書

建中三年秋八月廿三日□□□兆韋武記

右韋武題名在中興頌左甲戌秋始搜得之字畫瘦勁已近平曼矣

邱伉等殘題名 高不計廣三寸五分三行行字不一正書

缺 邱伉 邱存節 闕 傑 杜例 成萬 王亥 闕
水尹海 略陽權克謨 闕

浯溪中興頌石刻之前有正書殘題名三行弟一行二人弟二行四人弟三行亦二人上下及前俱殘缺其後即刻浯溪銘正書釋文案浯溪舊有杜傑杜例貞元十八年三月題名今搜搨未見而此刻有□傑



杜例未知即一刻否 古泉山館金石文編

余舊得浯溪殘刻上無年月左爲浯溪銘眞書又爲題名三行每名空一字其名爲□水尹海略陽權克□□傑杜例成萬王亥邱伉邱存節棱溪志乃貞元間人也 金石審

伉上一字殘缺通志作直永志作邱審之當是邱字末一讀字僅存右半莫字永志闕通志定爲言旁姑從之永志附載於杜傑題名跋内所述碑字因後浯溪銘而讀爲左行其實斷非一刻也通志系於唐末今移次貞元間

修浯溪記寶𤸃元年五月廿三日 萃編載卷一百八
旁浹于永缺于永二字然自空閒閒誤作開羅洧洧誤作涓
元結集有浯溪銘序云結卒後五十年季子友讓以
元和十三年春爲道州長史復修浯溪江州司馬韋
詞爲撰此記後有寶𤸃元年五月廿三日元友讓距
韋詞作記時又八年矣平津讀碑記
修浯溪記碑韋詞撰羅洧書共十六行每行三十三
字正書浯溪諸題詠俱係磨崖鐫鑿獨此係另刻碑
石嵌置崖壁觀其字蹟不似唐時原刻疑後代好事
者爲之其韋詞記後附元友讓題語題語之後始署



書人羅洧姓名後又附元友讓復浯溪舊居五言律
詩敘次無倫款式不雅可疑一也豆盧下空六字及
相字下畢字上空六字語氣不相屬可疑二也又據
韋詞記元友讓假道州長史維舟亭下在憲宗元和
十三年春而友讓題語在敬宗寶𤸃元年上距已逾
六年而云去年五月維舟於此可疑三也其記文云
士林經過篇翰相屬今坛塡移舊手筆亾矣將編於
左方用存此亭故事題語云負罪奔迫不及題記故
於餘書之細玩語意似記文爲友讓編集浯溪諸
名人題詠成書而作並非專爲修復浯溪也種種可
疑必非原刻碑後又有宋皇祐時人王仁壽篆書題
名十九字亦不類爲遊浯溪而題之語恐此碑卽其
人所刻至王侍郞昶謂傳未嘗有再臨道州之事攷
元次山於代宗永泰中爲道州刺史先於肅宗上元
閒以水部員外郞佐荆南節度使呂諲府其時或曾
經遊歷浯溪亦未可定今縣志溪志俱改爲元公刺
道州非是韋詞字踐之官至湖南觀察使見唐書宰
相世系表楊於陵爲嶺南節度使辟詞與李翺在幕
府咨訪得失見於陵傳又按舊唐書韋詞傳字踐之
祖君今本誤作名卿洛陽丞父翃官至侍郞史稱其少以



兩經擢第判入等爲秘書省校書郞貞元末東郡留
守韋夏卿辟爲從事後累佐使府皆以參畫稱職元
和九年自藍田令入拜御史以事累出爲朗州刺史
再貶江州司馬長慶初韋處厚路隨素知詞有文學
理行亟稱薦之擢爲戶部員外郞轉刑部郞中充京
西北和糴使尋爲戶部郞中兼御史中丞充鹽鐵副
使轉吏部郞中文宗卽位與李翺同拜中書舍人出
爲潭州刺史御史中丞湖南觀察使在鎭二年吏民
稱治大和四年卒時年五十八贈右散騎常侍案其
歷官年月約略與石刻合惟石刻云以恩例自道州

司馬移佐江州則詞先爲道州司馬後改江州而傳不書者蓋以再貶二字括之也攷劉禹錫撰詞父翃墓志趙德甫金石錄跋之云翃有子詞仕爲湖南觀察使舊史有傳而新史無之墓誌云翃父卿而傳作君卿墓志云翃官殿中侍御而傳作侍御史皆非也中溶案新史宰相世系表詞父名缺亦書其官爲侍御史又書其祖名幼卿今刻本誤作鄉而非君卿官洛陽令而非丞與墓志舊史又多不合然表列幼卿之兄名幼成弟一名幼奇一名幼章似以幼字爲排行者恐舊史亦未盡得實今舊史刻本韋詞名誤作辭故金




石萃編謂兩唐書皆無傳蓋偶未深攷耳唐制左遷謫降官授州刺史司馬者皆員外置詞以事貶爲此官故自署江州員外司馬蘇子瞻謫授黃州團練副使不得簽書公事其詩有俗客不妨員外置之句可見宋時亦沿其例云古泉山館金石文編

羅洧書款一行萃編錄於標題之後石刻不如此也羅洧洧字通志金石略碑文攷並作涓此記經後人模刻爲洧爲涓未知孰是韋詞通志職官作辭與舊唐書同永志薙草作薙髮殊謬祁陽志元年下脫再臨二字乱活作活乱俚俗作里俗徹作

撤畢作遇巖作厓賦咏作咏賦皆當以石刻爲正

皇甫湜詩萃編載卷六十七

中行蘇預 皇甫湜書□□□□□新元□□

皇甫湜李翺雖爲韓門弟子而皆不能詩浯溪石閒有湜一詩爲元結而作其辭云云味此詩乃論唐人文章耳風格殊無可采也容齋隨筆

皇甫湜浯溪頌云次山有文章可惋只在碎亦善評文者漁隱叢話

右一詩在浯溪中興頌榜石閒持正集中無詩詩見於世者此一篇耳然自是傑作近時有容齋隨筆亦




載此詩乃云風格殊無可采人之所見恐不應如此或是傳寫誤耳放翁跋皇甫先生文集

浯溪厓閒有皇甫湜詩刻十二行每行十一字正書洪容齋陸放翁俱有題跋趙德甫金石錄亦載其目無年月容齋隨筆錄其全篇啼素瀨作揚素瀨如有賴之賴與全唐詩同知全唐詩卽以洪爲藍本也石刻完好無缺中行下有小注蘇預二字金石萃編偶遺之又末行銜名下書字已漫漶細審石刻尙有小注數字亦磨滅僅存新元可辨浯溪新志君可盍作見冠盍一氣閒作兩氣閒皆非是古泉山館金石文編

此書尚見唐人風格可定爲眞蹟金石審
萃編脫蘇預新元四小字據補之案金石錄目弟
一千七百八十六唐衡嶽寺大德瑷公碑皇甫湜
撰大和三年正月然則此詩之刻當亦在是時也
萃編附元和末非此刻聞於康熙閒與米南宮詩
俱經修刻而較諸米詩爲佳倘不全失眞面目縣
志載此詩多餘態多作有此詩經後人模刻未知
孰是餘同溪志

李諒湘中紀行詩萃編載卷一百八

古木暗魚潭缺暗魚二字　怪石生溪渤缺溪字渤誤勒　巨艦缺巨字　商



棧我行缺棧我二字　綠可染缺染字　積翠翠誤學　哨蒨缺哨字　又注
內郡陽縣白鶴嶺缺郡嶺二字　有漁釣缺有字　行將蓋缺蓋字　好乘桴缺乘桴二字
桂管缺桂字

李諒湘中紀行詩二十行行十三字正書左行述葬
侍郎金石萃編所載缺十五字又溪渤之渤誤作勒
積翠之翠誤作學蓋搨本未精之故予游浯溪親督
搨工椎打所謂闕泐者一一皆可辨識乃爲補之中
云唐亭仰文哲亭字並不作廎此唐人手筆可見次
山當時本用亭字也古泉山館金石文編

王軒等題名高不計廣八寸篆書三行行一字二字字徑一寸六分年月一行九字字徑五分正書

王軒
輅
李嚴
大和五年五月廿四日

王軒等題名三行篆書年月一行正書在浯溪李行
修題名之下攷唐范攄雲溪友議載王軒游西江泊
舟苎蘿山下題西施石事謂軒少爲詩頗有才氣全
唐詩采其事云大和中進士案之時代正與此合恐
即其人也古泉山館金石文編



案李行修題名下尚有房魯一刻此刻更在其下

盧鈞赴闕題名高八寸許廣五寸三行行字不一字徑寸餘正書左行

戶部侍郎盧鈞開成五年十二月十一日赴　闕過此

盧鈞題名正書三行左行在浯溪王軒等題名之下
案鈞字子和系出范陽徙京兆藍田舉進士第以拔
萃補秘書正字纍官至宣宗朝遷檢校司空太子少
師封范陽公節度河東大中九年召爲左僕射罷以
檢校司空守太子太師又同中書門下平章事又爲
山南西道節度使俄檢校司徒爲東都留守懿宗初

復節度宣武辭不拜以太保致仕卒年八十七贈太傳謚曰元見唐書本傳傳稱鈞與人交始若淡泊既久乃益固所居官必有績大抵根仁恕至誠而施於事玩服不爲鮮明將相没而無贏財又敘其官嶺南節度使時諸善政時稱廉潔南方服其德不懲而化又除釆金税華蠻數千走闕下請爲立生祠刻石頌德鈞固辭以戶部侍郎召判戶部此題名蓋其自嶺南赴闕路經浯溪時筆也古泉山館金石文編

盧鈞再題名高一尺廣四寸五分三行行字不一字徑寸許正書左行

盧鈞子和



開成五年十二月十一日□□同遊

右刻未經人道同治壬申九日楊海琴前輩始搜得於峿臺石上搨墨見寄亟補錄之

馬植題名三行行字不一字徑五六分正書左行

黔州刺史馬植赴任黔中後戶部九日過此

馬植題名正書三行左行在浯溪盧鈞題名後案馬植唐書有傳云字存之鳳州刺史勛子也第進士又擢制策科校書郎歷官至戶部侍郎同中書門下平章事進中書侍郎又罷爲天平軍節度使貶常州刺史以太子賓客分司東都起爲忠武宣武節度使卒傳稱其開成初爲安南都護精吏事以文雅緰飾其政清淨不煩洞夷便安羈縻諸首領皆來納欵遣子請賦和約束植奏以武陸縣爲陸州即東首領爲刺史旣而州部廢弛珠復生以政最檢校左散騎常侍徙黔中觀察使會昌中召拜光祿卿此蓋植自安南赴黔道經浯溪時所題傳云觀察使而題名云刺史者唐季邊郡每以節度觀察等使兼刺史也古泉山館金石文編

云後戶部九日者戶部郎前刻之盧鈞乃開成五年二月廿日也



房魯題名三行行字不一正書左行

房魯二字較大

昌五中冬六日來

房魯題名正書三行左行在浯溪李行修題名下攷魯字詠歸係太宗朝名相房文公元齡七世孫見唐書宰相世系表題云昌五中冬者蓋會昌五年十一月也浯溪新志不知房魯昌五之義改作房州魯昌五又於來下增此字又以上王軒等題名大和五年係於其前錯謬殊甚古泉山館金石文編

祁陽志與浯溪新志同誤惟不係以大和五年一

行耳

李行脩等題名高不計廣八寸四行行字不一字徑寸許正書左行

前廣州剌史李行脩

掌書記施肱

廵官李黨

大中三年四月十一日赴　闕過此

右李行脩等題名正書左行在馬植題名之下李行脩署銜廣州刺史而下有掌書記施肱廵官李黨二人姓名攷唐書百官志天下兵馬元帥其屬有掌書記又團練使防禦使皆有廵官惟節度使觀察使俱



有掌書記廵官各一人至諸州刺史並無置掌書記廵官之文然攷唐武德初邊要之地置總管後改曰都督又兼刺史又或領兼防禦團練使又其後節度觀察防禦團練等使皆兼所治州刺史據地理志云嶺南道廣州南海郡中都督府葢廣州本係邊要之地以都督兼刺史都督亦無置掌書記廵官之制葢因其時刺史多有以節度觀察等使兼領者皆置此二官因而都督亦置矣此亦唐末方鎮擅權之漸也古泉山館金石文編

右刻在房魯題名之上瞿氏謂在馬植題名下者誤也

韋瓘題記高一尺四寸廣一尺四寸五分十九行行十字字徑寸許正書

太僕卿分司東都韋瓘　大中三年十二月七日過此

余大和中以中書舍人謫宦康州逮今十六年去冬罷

楚州刺史□次泗上旅泊□□今年三月有桂林之命

□□□繞八千餘□而□未□□桂陽纔經數月□

□無□又蒙除替行次靈川聞改此官分司優閑誠為

忝幸宦途𡨥薄分亦可知因吟作官不了却歸來還是

杜陵一男子余洛川弊廬在崇讓里有竹千竿有池一

畝罷郡之日携猿一隻越鳥一雙疊石數片將歸洛中

方与猿鳥為伍得喪之際豈足介懷



韋瓘浯溪題名大中二年十二月七日在永州寶刻類編

永州浯溪唐人留題頗多其一云太僕卿分司東都韋瓘大中二年過此余大和中以中書舍人謫官康州逮今十六年去冬罷楚州刺史今年二月有桂林之命纔經數月又蒙除替行次靈川聞改此官分司優閑誠為忝幸案新唐書瓘屢仕中書舍人與李德裕善李宗閔惡之德裕罷相貶為明州長史終桂管觀察使以題名證之乃自中書謫康州又不終於桂史之誤如此瓘所稱十六年前正當大和七年是時

德裕方在相位八年十一月始罷然則瓘之去國果不知坐何事也容齋四筆

在磨厓碑左下方字大寸許書法蒼勁但多剝落不可識幸容齋四筆記載甚詳猶可全讀也浯溪新志

浯溪有唐韋瓘題名十八行每行十字正書容齋四筆跋此刻撮其大略書之文句多有刪削且後半竟未及一語蓋其時已漫漶不可讀矣容齋去今又數百年前半又缺十八字賴跋語可以補之然非石刻尚存亦無從知容齋有刪削也今以石刻校之二年下有十二月七日五字刺史下尚有八字不可辨者



五字桂林之命下尚有十七字不可辨者十一字纔經數月下尚有四字不可辨者三字容齋所引止於誠爲忝幸句以下尚有七十五字可辨者僅四十八字耳今據　欽定全唐文補足二十七字後半乃成完璧矣攷瓘字茂宏及進士第新唐書附韋夏卿傳後稱其會昌末累遷楚州刺史今據其自述乃在大中元年史亦未得其實古泉山館金石文編

右韋瓘題記在浯溪鏡石下自洪容齋以來皆定爲大中二年余以三四揭本諦審之非三年即五年以文內逮今十六年句及史稱德裕罷相韋瓘坐貶合之則可定爲三年也通志載此誤謫宦爲謫官誤八千爲一千且於繞字下多空一格其所審爲一字者乃八千二字間石泐之痕耳并缺旅泊而末四字又越烏下不似一字然曼患不可識姑從志載作一其碑文同處仍據志載錄之宦旅八末字均甚明顯瞿氏何以闕譌豈椎搨不精之故耶韋瓘賢良方正正卿之子執誼之從子世系表瓘不載官職正卿亦不言賢良方正均闕漏

谿圍二篆文高一尺廣一尺四寸二字横列字徑四寸五分長五寸七分小篆

谿圍在小峿右臺右堂下有石突起平地上刻谿圍二字大六寸許筆法類浯溪銘或曰次山蒔花種蔬處祁陽縣志

篆書横刻小峿臺南右堂下小石上字徑六寸許筆法深穩唐人筆也古泉山館金石文編

元家坊三字高一尺四寸餘廣七寸餘一行三字字徑四寸許正書

元家坊

在小峿臺南谿圍東久圮舊址有大石猶存原刻元家坊三字浯溪新志

八瓊室金石補正卷六十一

# 八瓊室金石補正卷六十二

太倉陸增祥撰　男　繼煇校錄
吳興劉承幹覆校

唐二十四

會善寺戒壇碑　大曆二年十一月日　萃編兩載

勑戒壇碑　額載　失　戒壇□供奉　缺壇字　故臨壇　缺臨字　壇塔摧毀　缺塔毀二字　修葺　葺作葺　奉律僧七人　缺奉字　有闕□鎮　鎮誤填　庶福資聖□　缺福資二字　岑寂　缺寂字　爲詣　缺爲詣字　靈迹荒毀　靈誤虛缺荒字

會善寺前僧義㚇乞還神王師子狀上於東都故末



稱謹詣光政門奉狀陳請以聞此則上於京師故末稱謹詣右銀臺門奉表陳謝以聞唐六典紫宸殿之東曰左銀臺門西曰右銀臺門元稹詩當時出入右銀臺每怪春風例早迴李商隱詩右銀臺路雪三尺鳳詔裁成當直歸皆謂此金石萃編以東內苑北之銀臺門當之非也　平津續碑記

萃編兩載一見九十四卷一見九十五卷合前後校之仍闕譌十有餘字補正如右其前後互異者請抽之請前誤作清更呼之呼前誤作乎十一月下無字前誤作空格香谷之谷後誤作國伏奉矢之矢乃去字後誤作云藏荷之藏後誤作載至失載之處互勘自見可無贅述又謝表內嵩者□□之□何五字尊字尙有形模可辨蓋嵩者五岳之尊也絕□之□似頁希□之□似數必下似契每二字歎下似住字姑仍闕之天字陛下字均提行

書碑側刻李仔肩等題名未得拓本

贈司空李楷洛碑

高八尺一寸四分廣三尺七寸四分廿三行行五十四字分書篆額失拓在富平

大唐　贈　司空范陽大都督　加　雲麾將軍左羽林　衛大將軍充朔方節度副使都　知兵　馬使上　柱國薊郡忠　烈公



李府君神道之碑　并序

尙書禮部郎中知　制誥楊炎撰

朝散大夫守都水使者集　賢　殿學　士仍翰林待　制

上柱　國　□□　史惟則書并篆額

秦□也張祿矢　頻　漢興也淮陰離足　雞　鳴風雨之會虵變泥蟠之中透迤感通□□□□其冥　數　也豈人力也

皇唐　贈　司空范陽　大　都督李公諱揩洛字揩洛其本出於隴西八代祖節後魏爲鴈門守□齊之亂族氵鮮　卑　東遷号貝將之家北部　貴　大人　之　種其主渤碣其居□斗海塞□抱與公之氣□止下□爲國之祥英

靈混茫熊摅龍驤□其形得山河之狀覩其銳充金鼓
之威神明爲徒義□爲罷初久覻中以驍騎歲入邊西
東臨太原南震燕趙雲火照於河上天兵宿于北□
朝廷憂之有命招諭奮以信誓際于天心話言感
寤撫劒太息是歲以空弦之士七百騎齎橐入塞解甲
來朝以其本枝復賜李氏授玉鈐衛將軍左奉宸內供
奉圖形雲閣之中置酒蓬萊之上君臣相賀羽衛生光
君子曰井谷不可以游黿龍蟻垤不可以戴松栢漢於
是始靖虜於是始憂是後殪鞅羯于鴨綠之野覆林胡
于榆關之外北□□朧壞其□□南拔河源復其死地



石堡之役以□衆□三軍冷陘之師以虛聲□精勁集
射之□□將夾軍河□□□□臨□雲麾將軍上柱
國功在□青□□登□□□□奮車風高□□塞
皇威震于四國兵氣闓于海外故得大命三錫天
馬車□參定□者兩朝抱□服者四□□□者百□
□□者千人國有□□□□於□□□□□□□於
□□□□□□□□□□□□□□□□□□□□□
□□□出窮荒天寶元年五月廿日□河源薨於懷遠
縣之師次春狄六十七追贈營府都督明年詔葬
於富平縣檀山原維公□之大□神之□門必和體□

慮□精微思乎耳目之外行乎變化之中震呼戎獯嘯
吒□奚□虜之悍以禮成□馬之強以謀勝故鮮卑□
之以□中國天子取之以空大漠於中
宗開朔方之地四百里於睿宗食佐命之
邑三千戶於元宗則□□榆吞諸戎東西
南北動罔不剋馭□安邊凡十九命爲□□□□□子
太尉中書令江淮□□□□□□□□□弼少
子太子太保御史大夫領九郡功□□節度使武威郡
王光進□河□以列四星遇英主而當二
傑□京之功復區字更爲桓文



□□之□□□竝爲毛畢乾元中天子以公
炳德丕赫積仁流慶大福再成沒而不朽乃命太常追
子功績謚曰忠烈贈司空范陽郡大都督□□□郡韓
國大人於是建廟堂命宗祧室有山龍之□樂有鍾石
之相昭宣令□是有銘製詞曰
□芒
上□降□于北是生純臣其□興□□□府君蔚其英
聲虬蟠斗極鵬化窮溟□于本邦□此天庭□□虎旅
感□□□□□□□□□□□□□山□□□□□
□□□□□□□□天必□□□□□□□□□□□之

纛□　□□□勤□□□□□□太尉□□□□□

□□□二□□□□□□□□□□□□□□□□

□□　帝命韓國□□夫人□□□□□□明神

□□□□□□□□□□□□□□□

大厯三年歲次戊申三月甲辰朔□□日戊□廷

此行低十九格

唐贈司空李楷洛碑楊炎撰史惟則八分書并篆額

大厯三年立寶刻叢編

楷洛太尉光弼之父漢李陵之後裔也累官左羽林大將軍封薊郡公加雲麾將軍唐書附見光弼傳關中金石記



柳城李氏本契丹酋長武后時楷洛始入朝累官左羽林大將軍封薊郡公吐蕃寇河源楷洛率精兵擊走之初行謂人曰賊平吾不歸矣師還卒於道贈營州都督謚曰忠烈唐書附見其子光弼傳者如此宰相世系表楷洛祖令節左威衛大將軍幽州經略軍副使父重扶鴻臚卿兼檀州刺史案楷洛之祖若父尚未歸朝其銜當是贈官此碑殘泐敘先世僅存八代祖節後魏爲鴈門守數字當即世系表之令節左威衛等銜或是後魏所授然不可攷矣筠清館金石記

右碑文廿三行行五十四字字徑寸一分八分書弟二行低四字當有篆額未見在陝西富平縣歐趙皆未著錄惟寶刻類編載其目攷李忠烈公楷洛乃太尉武穆王光弼之父也武穆碑前人多見之而獨未見此碑故跋武穆者往往錯誤據唐書李光弼傳云營州柳城人父楷洛本契丹酋長而宰相世系表柳城李氏有二一爲清河郡王李寶臣之先本奚族不知何氏寶臣爲張鏁高養子冒姓張氏後賜姓李氏一爲楷洛之先世爲契丹酋長後徙京兆萬年故傳云營州柳城人而光弼碑云京兆萬年人也惟據此



碑云其本出於隴西八代祖節後魏爲鴈門守□齊之亂族□鮮□東遷其下又有北部貴大人□種其主渤碣其居□斗海塞其後又有以其本枝復賜李氏等文則楷洛之先原係隴西李氏因齊亂乃遷居契丹之地遂爲其酋長者也然世系表於隴西李氏祇列西平郡王李晟本支三代而此碑所云楷洛八世祖節後魏爲鴈門守未之有也畢尚書關中金石記乃誤謂楷洛爲漢李陵之裔攷李陵裔孫後歸魏賜氏曰丙唐高祖與其後人左監門大將軍粲有舊因避世祖名賜姓李氏乃武后時相道廣及明皇時

相元紘之祖别是一支故史亦别爲一表也又據表於隴西李氏亦云後徙京兆則楷洛與之旣同出一望故後仍同居一地史於光弼傳云營州柳城人乃指其前言之光弼碑云京兆萬年人乃指其後言之非有異同也傳又云武后時入朝累官左羽林大將軍封薊郡公吐蕃寇河源楷洛率精兵擊走之初行謂人曰賊平吾不歸矣師還卒於軍贈營州都督謚曰忠烈今攷此碑文雖多剝落然如左羽林衛大將軍封薊郡公並見首行題銜中其爲雲麾將軍上柱國文中尚可見而贈營府都督乃其天寶元年薨時



事其謚忠烈則又在其後乾元中事同時并贈司空及范陽郡大都督故題銜首言贈司空范陽軍都督攷唐書地理志營州即柳城郡爲上都督府本遼西郡天寶元年更名有一縣名曰柳城故云營府都督也范陽郡即幽州爲大都督府本涿郡天寶元年更名因其地設有經略軍及納降安塞二軍故題銜又稱范陽軍而光弼碑則稱幽州也當楷洛之薨其年始改涿郡爲范陽郡恐尚在五月之後耳楷洛贈營州都督者仍其舊貫柳城也其時營州正爲契丹所陷不得歸葬故詔葬於富平縣耳萬年富平皆京兆

郡之屬縣而萬年爲首縣即京城蓋楷洛歸誠之後家於萬年而葬於富平故後顏魯公撰光弼碑亦云窆於富平縣先塋之東又攷光弼碑言贈幽州都督此首行題銜亦止云范陽軍都督皆無大字與文中異攷百官志大都督府都督從二品上中都督府都督正三品下都督府都督從三品是品雖有別皆止稱都督文則據幽州范陽郡本大都督府言之以示其品之大於營州上都督府耳實無異也文云薨於懷遠縣之師次攷懷遠縣之名不見於地理志據志於幽州幽都縣下云本薊縣地隋於營州之境汝羅



故城置遼西郡以處粟末靺鞨降人武德元年曰燕州領縣三遼西瀘河懷遠是年省瀘河六年自營州遷於幽州城中貞觀元年省懷遠又於營州下云本遼西郡有懷遠等四守捉城今據此碑於天寶初尚稱懷遠爲縣可知貞觀元年省懷遠之後又曾復爲縣而其後又廢者矣史家失於細攷耳志亦無遼西縣蓋即遼西郡治後改爲營州而縣亦廢也此碑言久視中驍騎歲入遼西蓋即謂契丹寇營州也又攷隋書地理志柳城縣爲營州遼西郡所統云後魏置營州於和龍城領建德等郡龍城等縣隋開皇中廢

建德郡又改龍城爲龍山縣十八年改龍山爲柳城大業初置遼西郡然漢書地理志已有遼西郡及柳城縣則柳城李氏之望由來久矣又光弼碑云父雲麾將軍□領左羽林二軍大將軍朔方節度副使領上闕一字據魯公集本乃左字今碑文皆磨滅難辨而據其首行題銜中於雲麾將軍下止言左羽林衛大將軍充朔方節度副使更證以史表則止言左羽林大將軍朔方節度副使并略其雲麾將軍一官而不言又據碑言初久視中以驍騎歲入遼西爲亂朝廷憂之有命招諭公以控弦之士七百騎棄橐入塞



解甲來朝授玉鈐衛將軍左奉宸內供奉而攷本紀於久視元年但言吐蕃突厥寇亂無楷洛投順授官明文至後先天元年六月甲子書幽州都督孫佺左武衛將軍李楷洛左威衛將軍周以悌及奚戰於令陘山敗績又北狄奚傳云萬歲通天中契丹反奚亦叛與突厥相表裏號兩蕃延和元年以左羽林衛大將軍幽州都督孫佺左驍衛將軍李楷洛左威衛將軍周以悌帥兵十二萬爲三軍襲擊其部次冷陘前軍楷洛與奚酋李大酺戰不利佺懼斂軍詐大酺曰我奉詔來慰撫若等而楷洛違節度輒戰非天子意

方戮以徇云云後爲大酺所敗殺傷數萬佺以悌皆爲虜禽延和元年卽先天元年是年正月改元太極五月又改元延和八月始改元先天本紀書孫佺等於六月戰敗則當稱延和故奚傳作延和耳惟本紀書楷洛爲左武衛而傳作左驍衛爲不同攷唐制設諸衛皆有上將軍大將軍將軍龍朔二年定諸衛之名有左右衛左右驍衛左右武衛左右威衛左右戎衛左右戎衛本名領軍衛咸亨元年復舊武后光宅元年改左右驍衛曰左右武威衛左右武衛曰左右鷹揚衛左右威衛曰左右豹韜衛左右領軍衛曰左



右玉鈐衛則延和元年承武后之制不當有左武衛左驍衛之稱且二衛之名有別不當互異蓋史家因不用僞制仍復龍朔舊稱以致紀傳舛錯耳而玉鈐衛卽領軍衛此碑從當時僞稱魯公撰光弼碑乃改正爲領軍也宰相世系表於渾氏表內書潭隋左玉鈐衛大將軍外舅錢宮詹攷異云按回紇傳太宗以阿貪支爲右領軍衛大將軍皐蘭州刺史阿貪支死子回貴嗣此表曰潭者卽阿貪支也貪潭音相似阿貪支受官於太宗時表不書唐官而書隋官亦非是中溶攷隋制並無左玉鈐衛表於回貴稱其官爲豹

韜衛大將軍豹韜衛亦武后時改威衛之名則渾氏兩世明是爲則天時官史臣特於表中未及追改又誤衍一隋字耳傳作太宗亦誤也武后本紀於光宅元年十月書左玉鈐衛大將軍梁郡公孝逸垂拱四年九月書左豹韜衛大將軍麴崇裕天授二年正月書左豹韜衛將軍衛蒲山八月書右玉鈐衛大將軍張虔勗神功元年四月書右豹韜將軍何伽密皆其明證也而攷唐六典則云神龍元年復故可知中宗復辟以後即不當稱玉鈐及豹韜衛矣故見於本紀者亦止於神功耳又攷龍朔定制以左右千牛府爲



左右奉宸衛神龍元年尋改爲左右千牛衛則此碑所云左奉宸亦是衛名而不云將軍云內供奉蓋又自有別爲史所未詳矣又攷史契丹傳於武后時言神兵道總管楊元基率奚軍大敗契丹降別將李楷固駱務整又言契丹不能立遂附突厥久視元年詔左玉鈐衛大將軍李楷固右武威衛將軍駱務整討契丹破之此二人皆虜善將嘗犯邊數窘官軍者也及是有功又渤海傳言武后封乞四比羽爲許國公比羽不授詔玉鈐衛大將軍李楷固中郎將索仇擊斬之又因乞乞仲象子祚榮遁去楷固窮躡度天門

嶺祚榮因高麗靺鞨兵拒楷固楷固敗還以此碑授玉鈐衛將軍證之則明即楷洛也而皆改作楷固其契丹傳後又言天寶四載契丹大酋李懷秀降拜松漠都督封崇順王以宗室出女獨孤爲靜樂公主妻之是歲殺公主叛去范陽節度使安祿山討破之更封其酋楷洛爲恭仁王代松漠都督據本紀書以外孫獨孤氏女爲靜樂公主嫁契丹松漠都督及殺公主者乃李懷節而非李懷秀其安祿山討破契丹更封其酋楷洛代松漠都督事又不見於本紀而楷洛自久視中歸順之後屢立戰功歷官節度爵爲郡公



豈有復反其國更爲酋長之理且已卒於前三年矣又豈有其酋適與同名而無姓者歟皆事之可疑者也碑立於大歷三年上距楷洛薨於天寶元年隔二十六年之久而其子光弼卒於廣德二年魯公爲之撰碑尚在此碑之前四年而據此碑後有云太尉中書令者即謂其子光弼也又言少子太子太保御史大夫領九郡功□□節度師武威郡王光進又言乾元中天子以公炳德丕赫積仁流慶大福再□□□不朽乃命太常追考功緒謚曰忠烈贈司空范陽郡大都督□□□□韓國夫人於是□廟堂命宗祝室

有山龍之□樂有鐘石之和效光弼碑傳皆言光弼於寶應元年進封臨淮郡王廣德元年賜鐵券名藏太廟圖畫淩煙閣又世系表及光弼碑言兄遵宜遵行仕至將軍弟光炎早世光顏特進鴻臚卿皆與世系表合又敘其季光進之官終於太子太保御史大夫渭北節度使涼國公而據表言光進刑部尚書武威郡王傳言代宗即位拜檢校太子太保封涼國公吐蕃入寇至便橋郭子儀爲副元帥光進及郭英乂佐之自至德後與李輔國並掌禁兵委以心膂光進刻本誤彌被譖出爲渭北邠甯節度永泰初封武威郡王



累遷太子太保卒然則光弼碑立於廣德二年尚在永泰之前故不及光進封武威郡王耳此碑立於大厤三年又在永泰之後雖史傳未詳光進所卒之年而計大厤三年距永泰元年僅隔三年則此碑或即光進所立亦未可定唐書別有李光進及光顏傳則又其同姓名而在後者也碑云韓國夫人者楷洛之妻也光弼碑言天后萬歲中大將軍燕國公武楷固爲國大將威震北陲有女曰令韓國太夫人才淑冠族嘗鑑之曰爾後必生公侯之子因擇薊公配焉後果生公又傳於廣德元年後言帝數存問其母又言令郭子儀自河中輦其母還京二年光弼疾篤答其將吏曰吾淹軍中不得就養爲不孝子薨後帝遣使弔卹其母碑亦云太夫人一慟而絕終夕方蘇則當光弼之歿韓國夫人猶在也據傳於光進卒後言母李有鬚數十長五寸許封韓國太夫人二子節制皆一品死葬長安南原將相奠祭凡四十四幄時以爲榮則似韓國之死并在光進之後矣歐公集古錄有光進碑亦楊炎撰惜今已不獲復見一證之耳王述庵侍郎跋光弼碑據碑言韓國乃武姓而傳作李氏不應與子同姓史誤顯然又碑云窆公於富平縣之



東是其先塋在富平也傳則云死葬長安南原皆碑傳之互異者予謂傳言死葬長安南原似謂韓國夫人也然傳於光弼薨後並未言其葬於何地而據此碑言楷洛葬於富平縣檀山原則其夫人亦不當別葬長安可知史傳之言錯誤者不少矣惟夫人之父碑云李楷固而傳又謂夫人姓李合之適與北狄諸傳以李楷洛爲李楷固同是亦可疑者也宋敏求長安志言檀山在富平縣西北三十里又云唐李光弼墓在縣西四十里而未知尚有此碑也光弼碑敘其曾祖唐左威衛大將軍幽州經略軍副使令節祖鴻

臚卿兼檀州刺史重英皆與表合又言其長子太僕卿義忠次太府少卿太僕卿象殿中丞彙表於象不言太府少卿於彙不云殿中丞而云宿州刺史或彙於光弼薨時官殿中丞後則終於宿州刺史也此碑立於光弼碑之後以其父祖已載光弼碑故從其略光弼碑不言其父自契丹投順之事蓋有所諱言耳然於本出隴西及八代祖爲後魏鴈門守亦皆不言何邪王侍郎不知柳城李氏史有兩表但据在後之李寶臣一表言之以爲光弼及其曾祖祖父名皆不在表內誤矣此碑首行題銜於朔方節度使下尙有



都□□□使其中三字漫漶不可辨而於文中亦在漫漶處證以光弼碑亦未之及俟異日見有舊拓本當再爲審定之碑文楊炎撰史惟則書惟則唐時以八分書擅名名公碑志多出其手楊炎後爲德宗朝相貶崖州賜死史傳言其忮害根中眦睚必讐終以此及禍然究亦因與盧杞同爲執政多所中陷害之也且其以天下財賦復歸左藏庫而不入內庫於國計邦本所全不少又奏罷租賦庸調法使丁課不爲民害而定以戶無主客以見居爲簿人無丁中以貧富爲差其稅分秋夏兩入夏稅盡六月秋稅盡十一月諸法並有利於民生後代踵而行之至今不改者皆其爲宰相之功業也傳又言美須眉峻風寓文藻雄蔚然豪爽尙氣河西節度使呂崇賁辟掌書記後李光弼表爲判官不應召拜起居舍人固辭父喪廬墓側號慕不絕聲有紫芝白雀之祥詔表其盧炎三世以表行聞至門樹六闕古所未有終喪爲司勳員外郎遷中書舍人與常袞同時知制誥袞長於除書而炎善德音自開元後言制誥者稱常楊云宰相元載與炎同郡炎又元出也故擢炎吏部侍郎史館修撰親重無比會載敗坐貶道州司馬德宗在東宮雅



知其名又嘗得炎所爲李楷洛碑寘於壁日諷玩之及即位崔祐甫薦炎可器任拜門下侍郎同中書門下平章事然則此碑在當時已傳拓著名即爲其遇合之緣登宰相之基者也惜多摩滅不全爲可憾耳此銜稱尙書禮部郎中當是司勳員外郎後之轉官猶在未遷中書舍人之前而已知制誥皆史傳所未詳者也集古錄載炎所撰光進碑云元和中攷炎於德宗初即罷相貶謫不應元和中尙爲光進撰碑祥案集古錄目李光進碑以大厤十年立則跋尾內注云元和中者其誤顯然也而此碑立於大厤三年已稱光進封武威郡王自代宗大厤三年

下至憲宗元和元年又隔三十九年亦覺相距太遠皆可疑之事也古泉山館金石文編

右李楷洛碑在富平西北覓子店楷洛宰相世系表作楷落而傳紀皆作洛父重英見其子光弼碑而表作重扶皆刋刻之誤首行題衛范陽下一字雖殘泐而大字形模具在乃瞿氏審爲軍字且云其地設有經略軍及納降安塞二軍故又稱范陽軍不免曲爲之說矣此本頗舊較吳瞿二家所見多數十字大都督之大字不知瞿氏何以審定爲軍如瞿氏所見軍字果尙淸晰則都知兵馬使等



字今尙可識何以反云不可辨殊不可解都知兵馬使之名不見於官志惟天下兵馬元帥所屬有前軍兵馬使中軍兵馬使後軍兵馬使各一人然則都知云者統攝諸軍之稱也碑云八代祖節後魏爲鷹門守吳氏謂卽世系表之令節誤甚碑明云八代祖節明云鷹門守表明云祖令節明云左威衛大將軍名既不同稱衛亦異世次又相懸抉非一人楷洛之祖名令節見於光弼碑與表相合乃以節字之偶同謂卽其人且云左威衛等衘或是後魏所授左威衛乃唐代官名何舛錯若是耶碑又云左奉宸內供奉瞿氏謂左奉宸亦是衛名不云將軍云內供奉蓋又自有別史所未詳案百官志左右翊中郎將府中郎將掌供奉侍衛凡千牛備身左右以御刀仗升殿供奉者皆上將軍領之中郎將佐其職又左右千牛衛掌侍衛及供御兵以千牛備身左右執弓箭以主仗守戎器朝日領備身左右升殿列侍然則內供奉者卽升殿供奉者之稱千牛備身左右之類也奉宸衛卽左右千牛衛云左奉宸內供奉者左千牛衛所掌供奉之官也其品在將軍下故不云將軍也秣羯卽靺



鞨字冷陘之師楷洛戰不利碑云以虛聲□精勁殆有所諱言耳懷遠縣武德六年置廢豐州省九原永豐二縣入焉屬靈州靈州有朔方軍當是楷洛所經由之地故史云師還卒於道也瞿氏乃謂懷遠縣之名不見於地理志抑又疏矣且以營州所屬貞觀年已省之懷遠當之並云曾復爲縣其後又廢則又曲爲之說矣刋後云其時營州正爲契丹所陷則楷洛又不應葬於營州之懷遠不亦自相矛盾耶檀山見地理志富平縣下云元陵在西北二十五里檀山與長安志以爲三十里者不

同楷洛贈范陽郡大都督是乾元中事瞿氏云當楷洛之薨其年始改涿郡爲范陽郡恐尚在五月之後則誤以追贈之時爲始薨之時始薨時所贈者嘗府都督非范陽郡大都督也韓國夫人據光弼碑則姓武據光進傳則姓李王氏光弼碑跋言韓國乃武姓而傳作李氏不應與子同姓史誤顯然愚竊謂史未必誤也楷洛娶韓國時或未賜姓李氏則並無同姓之嫌碑稱武姓者或武后所賜之姓如契苾明之母及妻並賜姓武氏亦未可定疑以傳疑兩存其說可耳碑末年月瞿氏定爲三



月十五日今審拓本惟戊字可辨以甲辰朔推之是月有戊申戊午戊辰戊下一字僅存一丨不知爲午爲申而決非辰字日上實有二字則戊午當不誤也從之楊炎爲禮部郎中宏簡錄載之云終喪起爲司勳員外禮部郎中遷中書舍人餘詳瞿氏跋語

古術禪師墓志

方九寸五分八行行字不一字徑五分正書在吳縣潘氏

大厤三年五月五日古術禪師墓志僧弟子達立于東院移日天雨花富地白鶴來翔傳授南宗承□不二□除心□挺生白掘法雨潤人堅氷苦□□城陌上青草路傍空闥天香鶖珠在戶群生何仰勒石鐫□千秋長想道成法通知寂　空寂　法悟　道幹等　善寂

丁丑春伯寅以此志寄詒並□建志崔載志及蓋王從政志石映志蓋皆所藏也惟石映志先曾得之耳是志出僧徒手書刻率劣白鶴疑是白鸛之誤掘當卽樞除上似衱城上似雍拓不顯也

僧義琬墓誌　大厤三年□月十九日　萃編載卷九十五

太額上　太作太　葬作𦵏下同　龍作龍

碑云請号焚葬借威儀所由檢校張尊師碑云詔爲



道門威儀使劉尊師碑亦云道門威儀使釋道俱有威儀使兩唐書職官志百官志俱不載誌前題張禪師禪師稱姓始見此碑平津讀碑記

禪師俗姓董氏標題處又稱張禪師何耶梵語泥洹死也荼毗焚化也古誌石華

□月十九日古誌石華作八月石本已泐其錄寂黙作寂然吐翠作吐華誤

潤州福興寺碑并陰

高九尺廣四尺二寸三十一行行五十六至七十三字不等字徑九分行書額失拓在上元銅井鎮

潤州上元縣福興寺碑并序

尚書金部郎中兼侍御史上柱國潁川許登撰
大理評事張從申書并題額
維□□□□兩儀維生人首于萬物物本於道道行於
人人資於教物本於道者姑肯務德乎道資於教者姑
肯崇德乎夫始於儒中於道終於釋釋之時義大矣哉
空寂爲形慈悲爲用生死爲苦涅槃爲樂□□詢夫異
世漢后夢夫真儀越自西天傳諸東夏所以九圍之內
六服之外象法流衍元風振揚四千二百甲子于茲矣
我天寶之季亂離折坤維靐裂有爲兇渠始亂河朔



有生逢節乘疊江淮乾元中暴兵至于金陵蹂躪閭閻
殘□寺觀鞠爲瓦礫者福興寺首之福興寺梁大同二
年之所建也本於塘洲之東遷於銀湖之北中更一徙
以襲其初傳記猷遺莫詳歲月嗟夫昔穢國盡燒我淨
土弗毀惠眼之覩矣今精廬斯壞我法侶無歸凡目之
取矣有禪師德號道融本姓樓東陽義烏人也
肅宗皇帝龍飛翔方大赦天下改元爲至德每寺度□
人以薦王室時潤州刺史兼御史大夫江南東道
節度處置使京兆韋公陟俾屬城大德咸舉所知禪師
行業精修法門之中裒然爲首遂正名僧籍而第於福

興焉初入牛頭山謁第六祖忠大師遷受密印而爲上
足大師三昧之主四支之尊攝心無涯定力無等首施
錢三十萬謂禪師曰可□其福□□其安樂師跪奉命
乃初請之邑再請之州州伯邑長僉諧懇願大唐上元
二年龍集辛丑季秋月旬有九日遂移身舊額肇身新
居於天竺之山爲真寶地也天竺在故寺東南七里名
符佛國山則我鄉此蓋有開必先陰騭靈鷲禪師嘗讀
教典至千二百五十人俱因之而言曰豈直多徒尔堪
集事遂□此數以哀其人人錢三瞽共成法相行檀如
水品物如山未盈旬時我望充塞於是邑也建業舊都



有齊梁遺風□聚沙爲塔於然燈求記者家不無之易
用受化是故棟梁之材百里而來如陵如堆班倕之伍
千里而聚如雲如雨□□□□□懋之以功莫山陊崖斂
穽夷坎芟蒙龍爲顯地剗嶔岌爲康衢其平如磨其細
如砥禪師以心居中度殿以背居後度□以首居高度
臺以旻居下度室以辟居旁度廊以□居附度門戶授
□□皆狽我身覩圓之矩方之縱廣之橫□之上協
於天下協於地明協於人幽協於神然後斯之以斧斤
瞽之以繩墨審之以面勢較之以方隅使人樂所□也
□之以□□□之以□桷□之以軒牖墉之以堦墀使

人知大壯也先之以粉繪後之以丹雘雕之以金壁鏤
之以□□使人觀巨麗也春爍瀛海譽敷蓬萊如鵬斯
飛如虹斯飲空色相射晶光相厭煌煌炎炎□□□□
廻翔日月吐納陰陽弗可得而名也白蕩之山以𠂆其
左滄江之水以澂其右□虒之□以爛其上盤龍之鎮
以抉其後望夫南上以登行慈姥東向而奔趨勝勢交
□□□放紛蓄靈孕奇□嵐泄霧彩章屢變濃淡更鮮
又弗可得而知也多羅之樹蔚以青葱功德之水湛而
清淨涌塔浮於倒景香刹彗於行雲貴色有瞻蔔之花
鮮□翔迦陵之鳥大雄據師子之座賁然當陽太子垂




瓔珞之衣嫣然列侍相好□□變化亡窮它得智而知
它得億而測巍巍光大不可稱量四天赫臨八部周護
持多秉稍一何殺□□□□□頤一何扨怒精靈肹蠁如
在虛空敎乎誘掖羣生虔修六度撞鍾鳴磬以破昏疑
擊鼓吹螺以施號令聞者開般若之智見者發菩提之
心或謂賢生之國極樂之土頗棃爲□黃金爲繩流泉
浴池珠交露幰以此爲念詎無覬焉惟禪師之經營玆
寺也顧符景瑞匪朝伊夕五輩掊地神之宅矣三虒禦
褉神之命矣二木不奪神之正矣一泉忽竭神之淨矣
靈芝三秀□谷□山祥蓮合房于沼于沚造門之女歸

而不宿遊方之人拔而弗禁祅災起念而自殊危懼歸
心而必釋禪師之道惡可俔也禪師之德惡可□也演
慈悲之化降淫厲之神皆建廟立祠血食不絕近云百
祀遠謂千齡大則犧牛之薦小則特豚之禱以月以日
以時以節弗敢嬌誣不使□□□墉屹然灌木捎天但
得而遵何繇而殛禪師以爲修道之本在於利人從人
之欲可謂除患迺詒□□□視諦觀以日繫夕身心彭
一或呈醜相末靚睟容或□□□無何稽首悲與受菩
薩淨戒而度脫之斬陰斬陽以爲梵宇取彼居室寘之
金仙寂寞而無事矣城邑聚落數百里間巫風遂消佛




道斯長□□主之教歟繄禪師之力歟二相交修一體
互用不然者則何以元通妙感而若是乎予耳聆嘉聲
目覽懿跡迺知宏聖道者誰能廳始棚僧坊者□□□
□王公大人豪富長者國當全盛家有貨財□以更□
存亡積□年紀人則盡瘁事或蕪殘未有□立禪門獨
行世界時遭多難道弗屢空□□而百福自開晏坐而
萬緣斯湊不七八稔指顧皆成輪卞平而奐卞平而若
夫經始之善人屋宇之□數紀於碑陰之上庶千刼炳
然而可□其辭曰
日立匪易□相艮難既觀人宏揚波導瀾淵淵我師體

空行端經以精舍□以林巒其宇伊何維栴與檀其飾
伊何維琚與□燿燿華彩峨峩欝盤閟陰迪陽□署問
寂世界非廣渤澥非寬景於是萃思於是殫甘露之門
淨□以滄般若之□□心以安右挾大江左馳長干靄
如山青葩若霞丹碑砐巨石□□不刊追琢斯文億載
是觀
大唐□□□□歲次庚戌六月一日壬辰建
城陽炅光道鐫
碑陰
行字不計字徑四分正書



□邑城陽炅光道書兼鐫
上半全泐□丹楊缺 上半全泐□□州司馬賜緋魚□□缺陽□
□□缺□陽缺季陽 令偉 令佯 令□ 令侶下空
此行全泐下半無字
上泐□□法□ 寺主法□ □□法進 □□僧□□
僧□□ 僧□□泐缺 □□□□缺□僧法□缺
□□□ 僧□□ 僧惠□ 僧宏習 僧希延
僧思暹 僧法□ 僧履□缺 僧惟起 僧□暗
僧惠宗 僧□□缺□□ 僧□□ 僧道詳 僧□
缺下空

上泐□如□ □□ 丬□寺□□□ □□□缺 僧
惠貞缺 □□□□□ □澤寺□缺 僧□□ 僧
昇思 僧靈晧 僧法澄 栖□寺僧照空 弥勒寺
僧法華缺 衆造寺僧□□ 愛敬寺僧法珎僧阝
建初寺僧惠貞 僧諒進瓦官寺僧了達空□缺
□希烈 僧惠崇 新興寺僧法光 普曜寺僧法□
上半全泐僧□□ 僧□順 普光寺僧法琳 僧□信
僧□□ 僧□□ 僧崇敏 僧缺 □勝寺僧□
□ 僧法巖 僧□觀 僧純立 僧靈檗 僧靈邃
長慶義達善□缺 僧法律 僧法澄 僧靈廓 僧



法藏 上泐缺 僧□□缺 僧仙□ 僧□□ 僧缺 僧
崇□ 缺 僧□□ 僧□□ □□□ □□□ □
解 長□寺僧元通 僧行□ □□□ 通安寺僧
惠缺 僧法俊 □明寺僧行儼 僧惟坦 僧□□
僧英秀 僧元盛 僧缺 化城寺僧曇寐 僧惟
烈 僧超缺 上泐下空中空一行
上半泐□□□ 尼□尚 尼□□ 尼寶□ 尼續□
尼淨□ 尼淨元 尼政智 尼□懺 尼玉光
尼□□ □寶□ 尼□□ 尼□之 尼改□ □
□能 □□惠 尼淨光 缺 尼法圓思遠寺尼□

□□香寺尼真諦　尼妙□泐上半　尼□□　尼□□
尼□□　尼如來　尼□□　尼□子　尼□□
尼□滕　尼明練　缺　□化寺　尼缺　尼淨能
□缺　□陽邑　尼□缺　尼明師　尼真惠　尼修
能　尼玉亭　尼大慈泐上　尼法□　缺　□□□
□□住　缺　□□寺　尼□□　缺　□□寺　尼
□寶　尼缺　□□寺　尼缺　尼思念　尼□侶
尼改德　缺　尼妙滕　尼□□　尼□□　精舍寺
尼淨□泐上　尼□□　尼□□　尼法□　尼缺
缺　尼缺　缺　尼□□　□□寺　尼惠明　尼法



□　缺　尼法照　尼□惠　尼妙□　缺　尼淨藏
□妙莊　尼妙□　缺　尼法□　尼海喜　尼妙
臺　尼妙滕　尼法賢泐上　尼法□　缺　尼□□
缺　尼□□　尼法惠　缺　終□寺　尼□□　尼
□□　缺　尼□□　尼缺　缺　尼缺　缺　□□
真　尼政念　□□□　尼妙儀　□□淨　尼淨嚴
般若寺　尼滕玉　尼智首　尼淨藏泐上　□□玉
缺　尼□□　尼□□　缺　尼□□　尼□□
尼法海　缺　南大□寺尼淨□　尼□□　尼普□
缺　尼□□　尼終惠　尼□□　尼□才　延興

寺　尼㝉惠　解脫寺　尼妙藏　陳大娘　□□□
泐上　尼智□　尼□□　尼□□　缺　尼政□　滕
目寺　尼□□　尼妙界　尼□㝉　尼□□　尼海
□　尼妙□　缺　□淨□　尼妙惠　尼□行　陶
五娘　尼妙智下空　泐上半　□□□　尼□□　尼妙解
尼法行　尼妙□　尼行堅　尼法□　尼秀□
缺下空
石□□　□□□　石□□　石□莊　□□□　缺
王□珎　趙元敏　□□□　石□□　缺　□四
□　缺　□□岳　王□□　缺空　貢壽十七人郄



□禮　許光韶　田希逸　徐□□　□球琳　□先
進　缺　□景□　沈□□　戴□爽　張希□　□
□□　雷景雲　侯利澄　羌杲先　潘承榮下空
泐上　□邦□　□思慶　缺　趙□□　缺　王處□
王□□　□□□王處□　母楊妹　□□□　趙景
先　胡期　王明□　缺　時□□　王景□　□□
好　趙□□　□公養　王景和　陳思忠　扈德□
□□□　劉懷表泐上　王昌□　妹二娘　翁行□
缺　劉□□　□□□　桝□英　王四娘　閻邸
□　大□村三十□　王□州　王□□　□□□

王思業　夏思□　李□□　缺　薛大□　缺　王
庭□　蔡陶子　王小金　王□□　□□□　劉小
女□　泐上　□□□　□□□　□子□　缺　□□仲
張□□　□□□　石質　□□□　趙容　□□
□　邢□□　□□□　□娘子　易思福　陶十一
娘　陶十□娘　□□□　□□卿　缺　燕湖村
缺　孟元爽　穀萬　張滿子　徐大□　□四娘
泐上　朱□□　□□□　缺　陳□□　缺　王□　王
□□　裴□娘　王供□　□□□　徐大娘　朱承
忠　徐婆□　夏惟昇　開公詿　高近□　陶無爲



妾　徐□□　陶暎□　□□　馬公村　缺　□□
䘿　孫靈　劉問　成□□　海伯村　冷思□　□
□□　泐上　尹志道　尹□□　缺　□□□　尹□□
尹思□　□□昇　尹□□　□□□　□寶和
缺　□□昭　楊式□　楊□□　□□□　夏四娘
吳四娘　貞賔子　溫淸泉　□□女　上墅村
曾常演　袁巧仙　段□□　段大娘　□妙□　虞
□　□□□　□□□　王閏娘　劉待璧　紀三娘
王五娘　□□□　袁□□　□□□　成暉　□
□□　泐上　王嗣□　王□元　王□□　缺　陳全□

陳行□　□行□　缺　朱□□　□□□　□□
□　朱滿兒　朱□□　魏婆□□女昇□　楊多足
楊承□　楊□□　楊懷眞　楊光政　楊光□
楊光昭　楊三奴　楊石先　楊太初　楊□□　缺
楊□庭　□□□　□□□　張□□　張思□
張阿女　張石□　張石堅　張寶□　張玉金　張
思□　泐上　□□光　陶□□　□仁□　缺　林小勤
章□　缺　章□□　缺　計村計高　□□　計
訓之　計持堅　丁國□　周□□　祖□□　陸□
□□□　陸□□　陸善行　陸□成　陸元智



子留　□□之　左史□　□□才　劉名□　朱
望朱庭　章玉　馬甫村張問張万檠　張□　張
□□　張思□　泐上　魯仁□　缺　□□子　□五女
陸七□　缺　□洪舉　西□村管　計元□　□
□□　計待湞　施元楚　施智□　□□連　陶六
兒　葛待□　吳□要　□□黎仁　楊璿　□向□
楊□珎　楊彥釗　楊師□　楊□德　楊嗣先
傑守乙　王杲仙　袁二姑　孤塘村計光照計思念
王足□　泐上　□英□　□村　缺　張□□　高□子
朱醜女　朱□奴　□□村　缺　□□□　□□

鄉　缺　□名賢　□□□　□□□　申□頻　管
文晦桂組□□□□　□□村楊築吏方　邵墟村張
崇望　楊□辟　崔張□　□□□　左□村左思忠
左□　左□易　左藥師　□□元　□仙童村李
什　王神方　王崇信　戴思築　高王公　高暉□
缺　上泐　朱□□　朱□□　朱公□　朱元□　朱
石強　朱貴□　朱思欽　朱□志　□□生　朱□
□　朱佐□　缺　朱□娘　朱□子　□□□　來
伸父　来王思　宋景進　□□□　□□叅　宋行
問　□□福　陳童先　□彥忠　宋福兒　宋洪志



陳仏□　瀦子□　□□□　陳昌祚　陳福同□
陳□□　缺　□朝　陳楚昭　陳光乘　陳楚珪
左留娘　陳雾□　缺　上泐　劉五女　□□□
□義　缺　□石休　□□□　□□□　□村□　□
朱仁□　□思□　朱生□　朱名□　朱思忖
朱□□　朱金仙　朱撥子　朱天妙　朱忠□　朱
□□　尹□□　朱□□　倪□崇　張仁□　缺
□□□　張仁睢　張□羅　傅婆女　□昭賓　楊
守壹　缺　上泐　陳行□　張慶□　□□□　□□□
吳仁球　炅石崇　炅承俊　□□女　周思□

□□□　炅客五　陶行斌　陶□先　陶績姑　李
□□　□□□□　□□□□永圄　西金村□
高訓□金村傅思□傅三姑　傅四姑　秣陵村殷思
貞□師裕張□　缺　上泐　□□□　□□□　王楚□
王□□　□□□　張行直　張詢彭紀　夏感
□□質　姜□□　李元築　樂元勅　毛懷金　毛
□孫　毛懷□　湻于□　□□村　□□□　□弟
女□徐僧□　□□興　李□□　趙睢兒　彭庭玉
張義宣　楊崇期　楊八姑　缺　上泐　陳□□　缺
□思□　缺　魏大娘　□大娘　□大娘　周□



万　楊遊海　施處□　□□質　□□□　東得賢
張孝先　夏侯忠　劉子□　□□□　劉□劉催
梅崇□　□□□　楚師□　陳師簡　□□□
王承先　王守真　陳承祚　陳欽庭　東德方　王
南朝　岐崇□　上泐半　韓克忠　□□詮　韓思□
張仕祿　□□相　宋整史□　霍楚□　□侍賓
韓待賓　劉光有　李□□　周守貞　葛□□　李
景□　□□□　□符節　魏守荃　朱待□　魏處
元　魏敬先　魏敬伯　魏敬文　魏伯□　上泐　□
村□□　□□□　夏子□　缺　□□光　陶先光

陶惟艮 梁元□ □□□ 李接姑 阿丁
□村楊先樊光□光烈 方□村□□女 □□□
□□□□□□□□西枝橋村丁庭珪 王撰丁季生
丁金珪 泉約 王□如 張二娘 丁盧二 女
藥師 上泐趙子□ □□□ □七婆 趙□□ 缺
□□村鍾□□ 缺 鍾離妙子 戴道堅 林約
□□ 魯□ 魯先景 魯太清 魯子艮 魯二娘
魯小□ □□□ 薛猷之 薛□□ □勝玉
□□□ 夏四始 何荆□ 文期光 文萬石 計
盧之 陶思問 □□□ 潘西林 林女 上泐游陽



□ □陽昌 缺 楊萬□ □□子 缺 □萬□
王□業 潘要兒 戚待□ 郭□□ □如海
丁董六 賁進辟 張靈運 朱崇一 李方□ □
□□□□□□□ □□子□ □□□ 陳思庄 南
瀨頭村 □海澄 孟待進 史都子 劉承業 滈
于□ □頭村 吳思□ 上泐王穆□ 張□□ 劉
光庭 □光□ 劉光俊 □玉昭 李朝俊 趙澄
達 王□法 楊庭悔 楊□□ □□□ □□□
□□□ □□子 高景賓 □之□ □□□
傑思妃 陶仲珪 彭村彭知什 彭子松 高□□

李□□ 上半泐□□□ □日村 陳文□尹□□
□ □□村陳文慎 上柱鍾離思□ 陳思忠 □
□項 陳思法 □思□ 陳□□ □□□ □
□ 趙崇元 趙思□ 趙□□ 趙二茹爲巨女
孫思近 孫惟艮 管之方 吳思庭 張□□ 上泐
□庭珠 西□□ 缺 □□□ □□金 周□志
周盧□ 周盧太 周敬宗 周孝宗 周三娘
陳八娘 □□初 吳□生 □□□ □□□ □
思□ 屈□□ □泰元 鄒□□ 鄒□□ 虞十
二娘 虞五娘 謝妙仙 婆湖村 邢修惠 王女



金 上泐盧思忠 盧□□ 缺 □□海 朱□□
朱四□ 杜大娘 朱五娘 □□子 □金子 上
官三娘 李□□ 盧二娘 □□娘 張□□元
韓伴郎 □□□ □□村施法□□法□ 于之林
爲巨父梅郎 □□昭 元山村 缺 缺 □姨娘間
邱堅女 謝景昇 楊大女 劉□□ 上泐于十一娘
缺下空 後空三行許
上泐韋□□ □□皓 □□□ 杜貞□ 張□□
唐政□ □□□ □□□ □□生 周□□ □
□□ □□□ 歐陽朝 □□□ □□□ □三

娘 史義□ 陳二娘 □盧 冑□□ 馮誨 劉
少澄 徐子□ 夏侯昂 陳□ □□ 袁行□
□□□ □□□ □□□ 王□妙 徐□法 □
□□ 吳□恩 孫二娘 尙良玩爲缺 虞三娘
陳子淸 陳□□ □□□ 泐上□□璠 孫□□
□□蕭□ 陳□陽□□ 陳江 □□□ 楊玉
王智 □□ □守□ 缺 □□□ □□ 張二
娘 □□ 趙千邑 欒涉 □惟良 王守忠 馬
□□ 王晗 缺 周三娘 □□□ □通 衆四
娘 權二娘 孫四娘陸缺 包庭先 郭大娘 □



□□ □□ 泐上□□ □□□ □□□ □□溫 缺 冑
□ 缺 范淸海 缺 冑□□ □□□ 王□
陳□□ 徐□ 康□□ 周希 秦行□ 楊持戒
□常□ □□ 周□□ 缺 □□娘 徐□□
李□固 郭庭□ 張七娘 周六娘 缺 董良
津 劉方淸 □□□ □□□ 泐上 董□ □上智
缺 □二娘 缺 □□□ □□ 滯如□ 徐
扈 張□□ 顧望 孫光達 劉淨照 □□□
林□ 吳□ 缺 徐十三娘 □□□ □淨□
郭五娘 江□女 暨七娘 姚子淸 孫淨□ □

□□ □庭□ 泐上 戴鴻□ 書缺 □□愼 □禹
郎

右潤州上元縣福興寺碑首題尙書金部郎中潁川許□撰末行亦殘缺惟歲次庚戌六月字可辨葢代宗大厤五年也碑爲張從申書而歐趙諸家初未箸錄明顧起元金陵古今金石攷始列于目其云尙書許某文則非也許君官金部郎中金部者戶部四曹之上而統於尙書故繫銜有尙書字唐人偁郎官例偁郎中若員外郎則偁其曹如金部屯田之類其偁尙書者必是六部尙書未有以郎中而輒偁尙書者



明人不通官制故下筆多誤潛研堂跋尾

此碑始見于復齋碑錄碑云我天寶之末乾桂寖折有生逆節乘釁江淮乾元中暴兵至於金陵此當指劉展舊唐書肅宗本紀乾元三年十一月乙丑宋州刺史劉展赴鎭揚州揚州長史鄧景山以兵拒之爲展所敗展遂陷楊潤昇等州但是年閏四月己卯已改乾元爲上元而碑猶稱乾元中疑誤也平津讀碑記

右碑正書在江甯銅井村尙書金部郎中兼侍御史上柱國潁川許登撰大理寺評事張從申書并題額

大唐大厤五年歲次庚戌六月一日壬辰建戌戌伸

秋登天竺山徘徊碑下惜文之首尾爲風雨剝落撰碑人名及立碑年月皆不可辨余所藏舊拓亦損去撰碑人名證之以復齋碑錄始知爲許登之作若非見賞於前人則許氏之名不彰於後世矣武德九年上元改屬潤州故碑題云潤州上元碑末署城陽炅光道鐫炅集韻音頴鄭樵通志載炅氏兄弟四人各分一姓曰炅守墳一避難徐州姓香一居幽州姓桂一居華陽姓炔四字皆古惠切九畫一音漢太尉陳球碑陰有城陽炅橫光道蓋其裔也 江甯金石記

紀元損泐文內有乾元上元年號錢先生謂是大



麻五年所立是也六月一日壬辰與通鑑目錄合史志是年六月庚戌太白入東井庚戌是十九日亦無不合碑書罔作罔宅處未見薝蔔作瞻蔔與伊闕佛龕碑同益徵唐時無不作瞻也輪哉奐哉作才才哉古通撰人名曼患記文亦多磨泐据江甯金石志補注於旁碑陰分六段首段列有官職姓氏惜均不存次列本寺僧次僧次尼次俗衆最後又另列一段中有諸寺諸村名可補方志之缺而序文所謂屋宇之數者迄未獲見當在剝泐處耳碑右下方署□邑城陽炅光道書兼鐫知光道能鐫并能書城陽乃其舊望□邑當是所居之籍也碑已曼感竭三日之目力始得錄此拓本不精上半尤劣後數行并墨暈恐不能無訛紙裂爲兩段交接處或有缺失然諸家皆未及見嚴子進嘗至碑下亦未收錄而余乃得而錄之不可謂非幸矣 江甯金石志所錄六服之上空二格碑並不缺天寶上脫我字福興寺首之脫寺字每寺度□人少空一格移身舊額肇身新居身古厥字誤作其曰豈二字誤作自當聚沙上少空一格陊誤作移貌誤作約後之以丹臒脫以字而奔趨而誤作



以而知也知誤作名效誤作於惟禪師惟誤作雖以月以日日月字互誤郲僧坊者下缺四字誤以爲五字艮難艮誤作匪與檀與誤作維瑔誤作淚靄如山靑如誤作若并識之

八瓊室金石補正卷六十二

# 八瓊室金石補正卷六十三

太倉陸增祥撰　男　繼煇校錄

吳興劉承幹覆校

唐三十五

大佛巖造象五段 在簡州

左驍衛將軍羊賁題 高八寸五分廣四寸五行行字不一字徑六分正書左行

何南府開國男守左驍衛將軍兼少府監賜紫金魚袋

羊賁敬造阿弥陁佛一鋪爲見存母及先孝并家□平

安永爲供養大厯五年七月十五日表了

河南作何孝作孝表作表皆謬繆彼山釋賁爲貴



似非

□□衛大將軍許志宸題名 高一尺三寸廣二寸二行行字不一字徑五分正書

蔛□ 缺約五字 音衛大將軍員外置同正員賞 缺四字 上住國

許志宸供養

彼山釋宸爲冕誤音當即部或是涪字

盧州參軍李去惑題名 高九寸五分廣二寸二行行字不一字徑五分正書

選盧州參軍□□李去惑□平安 上缺 身永爲供養

攄作盧極合於古州以水得名水黑故名盧後加

從水

程孝□題名 高六寸廣一寸五分二行行六字四字字徑五分正書

佛弟子程孝□敬造供養

孝下似淸字

石崗虞候王金題名 高一尺四寸廣四寸三行行字不一字徑一寸二分正書左行

救苦觀世音薛一身　弟子石劇虞候王金敬造永爲

供養

世作世知非宋刻當在後唐附於此劇即崗儀即

養並俗

右武衛將軍臧懷恪碑 附大厯五年 萃編載卷九十五

扙義 扙作仗 異於 於作于 霜稜 稜作棱 風駛 駛作駿 北旋 旋誤全 超



奉 超字缺

魯公文集中載作碑父德集本作父善德文苑英華

載李邕臧懷亮碑懷亮爲懷恪第二兄亦云考德與

碑同集本與糺宗碑臧希晏碑俱作善德者疑從後

改也子崇仁府折衝希崇新唐書地理志無崇仁府

臧懷亮碑又有鴻州長道府懷州南陽府景福府雍

州通樂府史皆不書 平津讀碑記

左金吾衛將軍臧希晏碑 大厯五年十月十五日 萃編載卷五十五

篆額題唐東莞臧府君神道碑九字

冬夏之日 之外三字缺 守縣 缺縣字 於□家 缺家字 短兵斷臂 缺短

胥二衙遇缺衙字周文以甯缺周文二字多士缺士字因其缺因字
目爲缺目字庚利缺庚字先公□逝缺逝字殿長城缺殿字陳氏
父子□家缺陳氏家三字
元和姓纂禮部員外郎生秀榮秀實秀弼秀弼國子
司業秀實太子中允墨池編載秀弼八分六碑鄭樵
金石略載秀實八分二碑寶刻類編載秀榮八分五
碑秀弼爲擇木之子其兄弟以八分擅名也宜哉平津讀碑記
資州刺史叱干公三教道場文大秝六年四月十五日萃編載九十六
問其故後周文王彌龍驤將軍其誤甚并缺問龍驤將軍五字內宗



缺內字不修甲苐修誤徒苐作苐冈不冈作罔公之頟也缺頟字若非
智力缺若非二字特作缺作字水月缺月字智海缺海字九天辯位
缺九天二字居星缺居字光揚缺揚字不朽朽作朽雍皆作雍
碑在簡州書人一行在沙門智順之後年月一行
在雍慈敏之後并識之又撰文人名下尚有字兩
行曼患已甚可辨者東至□□寺界南至□□界
耳東至南至字即刻在泰遮二字之兩偏蓋後人
所添鑿者

少林寺同光塔銘

高一尺四寸九分寬三尺二寸二分卅八行前二行後四行字數不拘餘每行十七字字徑七分正書在河南登封

唐少林寺　同光禪師塔銘并序
登封縣令郭湜撰
當寺大德靈逆書
甞聞示現有緣緣隨生滅色空無姓性盡真如契之者
即爲導師了之者如登正覺契了之義其在我禪師歟
禪師法諱同光晉人也道心天縱法性生知俯及
幼童已悟无爲之理纔過弱冠便歸不二之門早歲出
家旋進具戒以脩行之大莫大於律儀究竟之心須終
於禪窮禪律之道其在斯乎及持鉢東山歸心禪祖大



照屢蒙授記許爲人師及大照遷神敬終恒禮乃遁跡
林野敢爲人先雖情發於衷而聲聞於外辭不獲已乃
演大法義開大法門二十餘年振動中外從師授業不
可勝言三十餘禪僧盡了心地隨身化度不離几杖或
往來嵩少捿息荆蠻用大自在之深心開悟知見行不
思議之密行拯拔昏迷不可得而名言也則知法輪常
轉經行豈指於一方佛法現前宴坐甯勞於十刧嗚呼
禪師嗚呼禪師既隨緣而生亦隨緣而滅春秋七十有
一僧臘四十有五以大秝五年六月二十七日於少林
寺禪院結跏趺坐怡然即瞑瞑弟子莳心傳衣鉢得了

義於无生涅盤泥洹示現存之有相乃於寺東北六十
餘步列蒔松檟建茲塔廟蒼蒼煙雲以永終古堤在俗
弟子也叨承顧盻之餘未盡平生之志多慙翰墨有媿
荒蕪乃爲銘曰
世尊滅度後得道轉法輪于今無量刧不知凡幾人禪
師自河汾杖錫來同道禪師爲授記可以繼僧寶三身
与三業如電亦如露生滅既有緣輪迴自無數唯有成
道者□入諸禪定外現泡幻身內示真如性一切漏巳
盡無復諸□惱過去与未來皆共成佛道太室西兮少
室東風雨交兮天地中禪師一去不復返長夜冥冥空



是空
大厤六年歲次辛亥六月景辰朔廿七日壬午建
造塔弟子寺主僧惟濟　上座曇則　傳法弟子道真
堅照　真觀　寶蔵　法琳　智信　承恩　忠順
道岸　深信等
延州金明府別將屈集臣鐫　造塔博士宋
玉
新唐書地理志延州延安郡中都督府有府七敵
化延川甯戎因城塞門延安金明百官志諸衛折
衝都尉府每府折衝都尉一人右果毅都尉各一

人別將各一人上府正七品下中府從七司上下
府從七品下又云貞觀十年改統軍府曰折衝都
尉別將曰果毅都尉三輔及近畿州都督府皆置
府凡六百三十三永徽中廢長史置司馬一人聖
厤元年廢司馬置長史兵曹參軍又有別將一人
從六品下居果毅都尉之次其後分左右各一人
尋廢久之復置一人降其品開元中諸衛折衝果
毅別將擇有行者爲展仗押官此云金明府別將
屈集臣案碑立于大厤六年在開元巳後屈集臣
有行者也其品從七下延州乃中府也又案百官



志除太常寺國子監皆設博士外司天監有天文
博士下厤博士漏刻博士內寺省有宮教博士大
樂署有音聲博士第一曹博士第二曹博士太醫
署有醫博士鍼博士按摩博士咒禁博士太卜署
有卜正博士皆以博士名官崇元署又有崇元學
博士一人此碑云造塔博士殆僧官之屬有是名
目邪抑造塔之宋玉職居博士邪不可攷矣靈迅
書與化度寺碑相似亦方外之傑出者

永仙觀主田尊師碑　附大厤六年十月　萃編載卷九十六

篆額題大唐撿按兩縣威儀使兼永
仙觀主田尊師德行之頌廿一字

將仕郎□□□□□田下缺
翰林院內供奉唯光書缺翰林院唯四字
彰□而行之者人之所貴□足□也□非□□□□天
子用之　軒皇□而趍於下上而字外廿一字缺并少空一格　降而仰
缺仰字而飲□花坐丹墓而丹外四字缺迻昔時城郭□□人非
□今日棗田頻經海□而神仙道遠代寘神仙外十九字缺里
而缺而字則尊師所自□也　靈氣尤殊尤殊上七八字缺歲依
楊歲外三字缺廿□梅缺梅字十四得度四外三字缺帝初□極置
□□觀帝下四字缺于彼名叅仙籙躬□道流服名仙外六字缺叅誤
永服誤紀養生之□毫鼇諦審□□精誠累丸養生下九字缺承蜩



猶綴猶外三字缺江深缺深字豈逮於智智上三字缺符命此邑邑上
三字缺多泰□□罕聞多下三字缺悟□生之有滅求彼滅之
無生□彼滅悟下十二字缺生得此生之缺生得二字此生之誤作此此生徒
竭缺徒字終求□知缺終求二字不事缺事字汞隣缺隣字可悲缺可
字末而反忘忘上三字缺吾將㨾之白□方□於　帝鄉
紫氣遂還㨾遂外九字缺紫氣誤氣象祛開缺祛字教演　元宮缺教演二
字宮誤君一拓迷途拓外三字缺行之輻湊缺輻湊二字陽和缺和字寒
谷待律以寒下四字缺自□□山隨聲而應響去天寶天寶上八
字缺匠石子來石誤不餘缺角立檥椽覽□椽誤挨餘缺而作缺作字
祟荆缺荆字隔簷缺簷字而嶄缺嶄字飛來廣殿涌出脩除髙

門谿達環廡紆餘藻井出脩門外十五字缺雲楣缺雲字桂索小山
□徵太谷缺索小徵太四字林枇缺枇字李詩缺李字海榴湘橘朱
柿紫榛缺榴橘柿榛四字澆根缺澆字寶聞缺聞字綴紵翟院垂門
□座覆院外五字缺翠成缺翠字味聲色缺聲色二字并多空一格氣淫缺氣字
甘辛逾度缺辛度二字傷未傷腹爲□爲腹外五字缺巳除除誤深
壯劣缺壯字萬物缺萬字釋□咸詣缺咸詣二字到不缺到字德高
德誤志偏承　雨□缺承雨二字之教奏奏上二字缺扃鐍而而上二字
缺因於缺因字之軮缺軮字窮者缺窮字先後輩先下二字缺金袞
左□率府府上四字缺田提提誤視山孕缺孕字鄭馬□蹄曹劉
曹外四字缺循累歲雖未遑循累誤鄉里餘缺有志缺有字陛下昭暢



立功立功上四字缺章事缺章字載京缺載字于公頔缺頔字于公頎
缺頎字天府缺天字房公沛缺房沛二字陸公應二少府陸公下四字缺
并少一格政治王畿是以以上五字缺并多空一格行今□風復古行今誤令
行缺道復二字并多空一格寰寓攸攸上二字缺頼□□□□忩□□猥
缺忩猥二字并少空一格鶴將□□□忽□式式上三字缺且南缺且字且上多
空二格有憅□□之□缺憅之二字林宗之色缺之字色誤爲天上天誤
太淸境中金淸下三字缺玉□□宮料□往到缺玉料到三字山河
有盡缺山河二字修以得之□□□兮其一□□□官□仙
□士保素修以下十字缺代識缺識字甲子可子誤士缺可字巳矣□廿
缺巳二字廿兮其二涓缺其二二字頻陽萬室多奉滅滅上六字缺求

生衜爲宣□要須□疑□霧闊衜外九字缺并少空一格雲開白日
缺雲開二字迷途□□向兮其□乃□□□仙□□成□山
□□□□□□植□本𤴓□□□素□結實朱夏□
榮俶落規模成大壯兮其四善迷途下廿七字缺并少空二格言無知言
字搯無量兮□□□搯下三字缺又缺上少空一格
碑有書中令汾陽王子儀□章事兵部尙書李□□
中書侍郎元公載黃門侍王公縉以新唐書宰相表
證之碑當立于廣德二年李下名闕者李峴也平津讀碑
記
碑云名參仙籙萃編誤參爲永乃謂中宗時巳有



永仙之名非也
觀身經銘碑大厤六年十月萃編載卷九十六
窈冥字缺窈吾不知字缺吾搏聽字缺搏大成字缺大言象字缺言
元宗字缺宗縣古字缺古制下字缺制一口刊口誤口數動字缺動外
務字缺外稟道字缺稟迹同字缺迹氣分萬族質辨辨三字缺氣質醻
詘起字缺起上二撓生字缺撓聿表字缺表挺起字缺挺面像字缺像
崇因善字缺善上二觀身觀患缺身字患誤惠既煉字缺煉元聖字缺元
希夷字缺希
碑稱天寶二年時縣令河東柳升宰相世系表柳升
長安令柳洽之孫平津讀碑記

窅澗谷石刻三段在河內
肅文禪房記高一尺八寸廣二尺九寸廿八行行十六字字徑七分正書
窅澗谷肅文禪房記
河南府進士宋琳鈞在前行下
於西域𡹔闍東滇方丈蓋羽化之所寔宅眞如之所遊
衍攸哉邈矣固難得而周流其於一邱一壑勝之美者
亦往往有爲效王屋大形左右相睨方且七百其高萬
仞松桂蘗植峯巒交薄幽奇之嚴者何可單論而此谷
爲特名窅澗負綠六七里攀援數十丈一壁却立直戴
雲天兩崖翼張橫窺日月稽首則神靈交集笑語則雷



風聿興伊昔鄉人選勝茲所宏願既果經始勿亟其始
也琢石爲堂功成一體其終也飾金作像數滿大千雖
物換時移斯迹猶着翔而後集不亦宜乎我上人德
冠三乘行逾十地夢幻累體□月澄心以禪寂爲不二
之門以意識爲五蘊之戶克紹先烈獨秀□林乃拔□
寰中投身物外懿其事也搆其□也因厥舊而新是圖
採椽不斲亘爲禪宇爰居爰處南東其戶西次卌步別
置水亭爲高縱□尋方僅五尺屠泉自出環流鏡淸涅
于洋溢爲沼靈草千種脩篁數莖花香□開煙媚時發
春禽囀哢似聽色空元猨啸吟如求漸頓登陟者結縛

縣解經行者塵昏自朗僕野人也夙尚雲林性本疎散
遠此真境脩□忘歸況羞我以桎梏誘我以泡幻知□
隗□不達識宮馬之□生筌蹄頓忘世事□掃黍則不
敏請濡翰以記之時　聖唐大秝七年歲次元黓沽洗
月也

大行作大形古通列子湯問大形王屋二山碑蓋
本此姑洗作沽洗與曇遇造象記同補訪碑錄載
此作蕭然禪房記据碑則非蕭然也

僧蕭然造像記 高一尺一寸廣二尺十六行行十一字又題名五行字徑五分正書左行方界格



庚申之歲唐癸中元年二月十日河內龍興寺僧肅然
先天寶十四年冬至乾元初頃遭艱難所願□大悲加
俻至大秝二年春發□願不坐僧房不食常住不同僧
□□頭陁山居□此窄澗谷古魏太平寺千佛巖下□
住經一十四年方㠯得□□敬心造　阿弥陁像一龕
今已功就用荅先願上奉爲
大聖文武孝感皇帝聖躬永壽帝業恒昌州縣官寮常
居祿位師僧父母常保．安□過往先亡願神淨土十
方施主法界衆生同登覺道
比邱元凝　比邱元通　比邱元真　比邱寶□　比
邱寶山

郭松藥師像讚 高二尺五寸廣二尺兩截上截贊三十行行十三至十七字不等字徑五分下截畫象象右一名一行字徑八分象左題名兩列行字不一均左行

藥師像讚并序
粵有東方去此佛剎十恒河沙彼國　大師厥号藥師
琉璃光如來經云以白銀琉璃爲地宮殿樓閣悉□七
寶亦如西方无量壽國无有□也此　藥師琉璃光本
所修行昔□道時發心自誓行十二微妙上□令一切
衆生所求皆得慈如是松等思火宅之難想無依倚遂
說喻鄉人恃憑內典頓悟迷津遍相誘化至誠結願方



會無上之因各以捨財不悋與道齊通迴心堅貞奔馳
於此立㠯良工彫磨斯　像使信士等日加精勤
時無懈怠用功計日俻矣莊嚴具相真如恩布之容禮
者福利無壃念者禍災永滅自茲懇願　國祚永
迻朝賢無缺元戎布德澤潤生靈牧宰常安人戶鼓腹
龍神后稷潛佐人天風調雨順國泰聯綿施主邑人等
生生值佛世往往唯聞解脫音德垂後裔令望古今乃
祖乃父世篤忠貞子子孫孫引無極也復願幽冥先亡
早離三塗內外姻親咸登法會時屬咸通貳載歲臨辛
巳九月壬申十五日丙戌用表成功以明者矣洞徹空

宗志謂斯文
巍巍堂堂　光振遐方　恩霑草芥　𧏮動含康　□
者必副　魔弃郊荒　自茲永泰　萬國咸昌其一　善
共善共　禍去福来　英人哲人　捨食捨財　以懷
多福　法門常開　願生彼國　長廄蓮臺其二
□□維鄉撰兼書
奉　釋教演化維鄉郭　崧
虔奉　聖旨結邑供　助修功德施
養耆貳拾有壹人　主
内五人寄在河内　前韶州衙推崔緯



處士葦敬　路虔　李德　試協律郎范滬
前滑州白馬縣主簿張濳　施主范從政
鄉貢明經郭崧　施主李□□
郭宏慶　張實　李文素　施主缺
已上三人住湏背村　施缺
宋惟雅　吳雅　彭宗禮　後缺
楊緒　楊文亮　李君和
已上六人住期城村
潘恭　焦□□　王琳慶
李壽紛　缺　□邑名

尋季安缺　慶
已上四人住潘村
黃師諫　王宗逸
□上二人住王村
都料匠□□
同鎸□□□
同鎸匠張繼□
裴書匠崔元□
碑書民字缺一筆而不避世字恱即悏之俗省
宋璟碑側記大秝十三年三月正碑系七年九月廿五日　萃編載卷九十七



賂遺脫遺字之賂賂誤賄特加特誤別
碑載璟轉廣州都督充按察經略討擊使燕國公張
說嘗爲碑頌見說集中題作嶺南按察五府經略使
與舊唐書宋璟傳同碑側亦魯公撰書記璟遺事并
立碑始末稱開元末安西都護趙含章自于貨賄多
以金帛賄賂朝廷之士其後節度范陽元和姓纂范
陽節度趙含章醴泉人平津讀碑記
容州都督元結碑大秝七年十一月廿六日　萃編載卷九十八
率性直方直誤眞
碑稱結嘗著說楚賦三篇肅宗欲幸河東獻時議三

篇家于武昌之樊口著自釋以見意今皆存集中猗
玕三篇湏說七篇漫記十篇集中無之（平津讀碑記）
通鑑目錄大歷七年十一月丁丑朔是壬寅爲廿
六日

文宣王廟新門記（大歷八年十二月一日　萃編卷九十九）
并篆額（缺并字）
附校（校誤校）六屋（六誤大）
碑題前義王府倉曹參軍裴平下丹篆額黃石公祠
記亦裴平書題前試義王府倉曹參軍此無試字舊
唐書義王玼元宗第二十四子初名漼開元十三年



三月封爲義王碑陰有兖海沂密等州節度觀察使
兼御史大夫鄭漢璋咸通九年八月廿九日題字新
唐書方鎮表元和十四年置沂海觀察使領沂海兖
密四州治沂州長慶元年升沂海觀察使爲節度使
徙治兖州碑所題與表合（平津讀碑記）

重模干祿字書（大歷九年正月　萃編載卷九十九）
是賴（賴作頼）号爲顏氏字樣（號作号）爲次（每轉韻處朱點其上）具言（缺小
注据劉氏補）三體（大較則有三體非謂每字揔然）偏旁（缺小注大較則有非謂每字揔然十字旁）
作廣出（謂忩及）允當（忩作悤缺及字）進士考試理宜必遵正
旁　體硎經對策貿合經注
本文碑書多作八有此（小注硎作朙叉）
分任別詢舊則（缺策詢二字）

平聲
聰聰聰（上中通下正諸從忩者並同他皆放此）功功（上俗下正）蒙蒙蘩叢筒筩
（並上通下正）童僮（上童幼下僮僕古則反是今所不行）衷衷馮馮（上並）雄雄虫蟲
（俗下正）沖种（上沖和下种幼）躬船（並正）彤彤（上赤色下祭名音融）彤（從冬反）龍龍龍
從從從（並上中通下正）逢逢（上俗下正諸同聲者並準此唯降字等從夅）恭恭庸庸
（並上俗下正）穠穠（通下正）穠（華字上）兇凶（上通下正亦懼也許勇反）鍾鍾鐘（上酒器下鐘磬字）
（今並上字用）邦邦雙雙支支卮巵篩簁廚廚規規兒兒澌澌
差差窺窺（並上俗下正）羸羸篪篪（並上通下正）麾撝（上旌麾下謙撝字其指撝）
（亦作）隋隨（上國名下追隨）羈羇（上羈勒下羇旅）祇秖（上神祇巨移反下秖適章移反）卑
畀（上尊卑下畀与必寐反）禕禕（上禕美音猗下褘褕音暉）辤辭辭（上中並辤讓下辭說今作）



（辝俗作辞非也）茲茲茲耆耆耆蚩蚩㰻夔鴟鴟鴟醫醫醫（並上俗中通下）
（正）私私𨼆𨼆淄淄屍尼蚩蚩蚩（並上俗下正）狸狸夷夷龜
龜龜龜鬲鬲（上齋音咨下齋戒側皆反）
龜裹裹碁棊丕丕絲絲疑疑（並上通下正）貽詒（上貽遺下詒言）齋齋
（上齋音咨下齋戒側皆反）徽徽徽徽輝暉肥肥歸歸胥胥虛虛疏
疏於於菹菹猪豬鋤鉏（並上通下正）茻薹芻（上中通下正）膚膚膚
（上俗中通下正）俞俞殳殳（並上俗下正諸從殳者並準此）偏儒禱禱驅駈驅廚廚
（上俗下正）扶扶（上俗下正）鳧鳧（上通下正）符符（上人姓下符契）鷄雞（並正）麁麤
𩰠𩰠（上中通下正此與精粗義同今以粗音才古反相承已久）壺壺爐鑪蒲蒲蘇蘇畾
圖（並上俗下正）徒徒（上通下正）塗涂（上塗泥下途路）徂殂（上往下死）黎黎遲泥
蜺霓（並上俗下正）溪谿兮兮携攜（並上通下正）堤隄（上俗下正）互氐（上通

下正諸從氏者竝準此 賣齋上通下正 隮躋竝正 稽稽上俗下正 鷄雞竝正 犀犀上俗下正 棲栖竝正 鞋鞵蛙鼃竝上通下正 崖涯上山崖下水際亦音儀 埋薶

懷懷 犲豺竝上通下正 堦階上階砌字上俗下正合作階級之階 俳徘上俳優字上音排下徘徊字音裴 揩楷上揩洗苦皆反下模楷苦駭反 灰灰 臺臺 囬回竝上俗下正諸字有從回者竝準此 頽頹 盃杯竝上通下正 灾災竝正 才材上交才下材質 囙因上俗下正 珎珍 辰辰 鄰隣 麐麔竝上通下正 瞋嗔上瞋目下嗔怒 乇乇上厄下乇聚

分分 裙裠竝上通下正 般般上般姓下般懃 筋筋上通下正 忻欣竝正 勤懃上勤勞下般懃 猿猨蝯上俗中通下正令不行 竈竈 原原 樊樊竝上俗下正 鼦翻上通下正 怨宛上俗下正 鴛鴦上鴛鴦下鴦雛 蕃藩上蕃隅亦音繁下藩屏 跐 豚 鐏 樽 巛 坤竝上通下正 皃完 寬寬 冠冠 看看 单單竝上俗下正



安安上通下正 懽歡竝正 磐盤上磐石下盤器 飧飱上千安反字亦作飡下息魂反 刪刪 開 關 攣攣竝上俗下正 鰥鰥、寡字上通下正 乹乾乾上俗中通下正下亦乾燥 虔虔上通下正 遷遷 攣牽 邊邊 怜憐 仝全 權權 愆愆 焉焉竝上俗下正 燃然然燒字上通下正 年季 厘㕓 返延 鐫鐫 鈆鉛沿船竝同 㦸鳶 專專 甎塼竝上通下正 烟煙竝正 弦絃上弓弦下琴絃 企企上高舉皃許延反鮑照遠書勢云鳥企魚躍下企望巨賜反 颺飆上俗下正 標標上標記字必搖反下標梅字類小反 高喬 堯堯 蕉樵 析 料 齗鬚竝上俗下正 迢遥竝正 燋焦

字上通下正 梟梟上通下正 傲僥竝僥倖字古堯反相承已久字書作僥今不行用僥亦僬僥字謂南方短人也音譙堯 鵰雕竝正 彫凋上彫飾下凋落 宵霄上夜下雲霄俗作宵非也 妖祆上妖治下祆祥今亦用上字 繇繇上皋繇字下卜兆辭音胄 餚肴上俗下正 巢巢上通

下正 抄杪上初交反又初教反下杪末字弥小反 皋皐皐上俗中通下正 篙槁所以判船上通 下正 牢牢 鼈鼈 翺翶竝上俗下正 曺曹上通下正 褒襃竝正用下字 多 諂諂 上土高反諸字同聲者竝從舀下丑弁反諸字同聲者從舀 鼉鼉上俗下正 騾驘 靴鞾 呵 訶竝上通下正 歌謌竝正多用上字 苽瓜 鵶鴉竝上俗下正 衙序 耶邪 柤 樝槎查 詐 誇膨竝上通下正 覃覃 蠶蠶上俗下正 含含 册冊竝上通下正 墻墻牆 床牀 莊莊莊竝上俗中通下正其粧粉合用此字相承從米已久

商商 觴觴竝上俗下正 腸腸上通下正 場場場上音傷下音長亦中音 壃疆 強彊 瘡創下亦創造 章章 羌羌 粮糧竝上通下正 涼涼上炎涼字竝俗下正 傍旁旁上中通下正 臧藏臧上俗中通下正 當當 囊囊 凰皇上鳳皇字竝上俗 下正 喪喪 光光 崗岡 剛剛竝上通下正 芒邙上芒刺字音亡下北邙山 □ □ □ □



贊贊 擴 横横 迎迎 旂 □ □ 蹦 京京 輕輕 盈盈上□下□ □ 贏贏上 多下奏姓 鎗鐺上鎗聲楚庚□□今竝□□□釜字更無別體 鐺音當 亭亭上亭通亦亨字下 字祭享 □ □ 垌埛 靈靈竝上俗下正 冥冥 萍 □竝上通下正 耕耕上俗 下正 瞿瞿 爭争 □□ □□ □ 劉劉劉上俗中通下正 流流上俗下正 留 □上通 下正 休休上通下正 邳 鄒 郰 郵 □ 収 牟牟上通下正 球璆竝正 脩 □ □□

脩下修飾 兜兜 溝溝 餱糇竝□□下□ □ □ 陰陰上通下正 中 簪簪 侵侵 □□□□ □ 砧碪上通下正字亦作椹 衿襟竝正 □□ □□ 下□妖嬈字音遥 □□□ 潛 潛上俗下正 監監 □ □ 僉僉 □ □ □□ □ □ □ □ □□ □□ □ 𢖍 憑 上通下正 氷 □ □ □ □ 滕勝繩 □ □ □ □□ □□ □ □ □ □ 上浸凌下 氷凌 □ □ □□ □□ □□ □□ □□ □□ □□ □ □ □ □ □ □□ □□ □ □ □

□□□□□鑒□□□□通下正几□□□□□

上聲

擁□上擁□下雍□□讋上□□下□□□塚上冢嫡下塚讋悚竦上慫□下竦□□

□□講並上通下正□□上通下正□□□□並上通下正伎技此此

尔□□□並上通下正□□□□上俗□正通光□□□□□□□□□□峙

峙□□□□□□市市□□□恥齒齒並上俗下正心止軌□□□□□

□充究上奸充字下究竟字否否上可否下今俗□□□□□□□□□□□圮圯上圮下毀

坦橋喜憙上喜樂下好許吏反□□上俗下正幾幾上通下正旅旅黍黍巨

巨並上俗下正藥藥与與所所楚楚敘敘並上俗下正褚褚上竹下呂反

下丑呂反儛舞䑛䑛並上俗下正俯俛並俯仰字俗以俛音免非也然作上字爲勝豎



豎取取並上通下正皷鼓上俗下正𦔳殺圭土虒虎苦苦並上通下正

覩睹並正簿薄上簿籍下厚薄軆體蠡蠡並上俗下又力奚反正禮礼並正多行

上洗字洗洒並正下亦上亦姑洗字酒掃字啓啓祢禰並上通下正觧解解上俗中通

下正罷罷上通下正採采上通下正綵彩上綵下光彩餧餧上奴罪反下於僞反隱

隱隱上俗中通下正笋荀准準叠疊並上通下正堇槿上堇菜下木槿愍憫

上愍傷下憫默隕殞上墜下死偃偃坂阪阪上通下正阪亦泉字蒲板反苑苑上藥名下

圜苑夲本貇懇衮衮並上通斷斷斷上俗中通下正欵款亶亶散

散懣滿並上俗下正憤滿字亦懣音亡本反浣澣椀盌豁笴並上通秆稈

並正纂續上纂組下續繼版板上通下正亦板蕩字下簡揀上簡冊下揀擇相承並用上字

典典歼丼並上俗下正𤭛繭尠尟兖兗汚洒並上通下正翦剪上俗

下正琢琢上琟璧文音篆下琢玉竹角反犮犬遶繞赵趙肇肇𠦑兆兆並上通下

正玜巧鮫皦並上通下正嫂嫂嫂上俗中通下正燥燥上俗下正掃埽上通

正下㮚棗蚤蚤藻藻搗擣臯皞老老惱惱並上俗下正皂皁槀

槀寶寶考考並上通下正坐坐坐上俗中下正璅瑣菓果上果木字並上俗

下正㝡𡨴寡上俗中通下正寫寫假假並上俗下正𡉚堊瓦瓦鮮鮮上俗

下正粿穇䅣上蠶瓜下並黨穇䅣中覽覽攬擥並上通下正養養兩兩

枉上俗下正象爲鑷繦爽爽並上通下正莽莽艷驅愁整囹囵並上

俗下正景景永永騁騁礦鉚並上通下正鯁哽上刺在喉下哽咽作鯁亦通

並並上通下正音蒲猛反亦迥迥上俗下正冷冷上力鼎反下力丁反友友丑丑

早阜缶缶牖牖受受曰曰並上俗下正諸從曰者並準此咎咎韭韭



𠭊叚並上通下正麦走丢上中通下正𠮒后荀荀猗狗並上俗下正叟

㚇炙上通下正扣叩上牽馬也下叩擊也字亦作扣寑寢上俗中通下正甚甚上通下正忝

忝上俗下正撿檢上撿束字音斂今以爲撿挍及撿尋字下書檢及檢則字居儼反拯拯上通

下正芋等上通下正減減上俗下正

去聲

陳涷夢夢並上俗下正瓮甕並正義義辟譬並上俗下正戱戲上通下正

俻備備寐寐寐並上俗中通下正類類置置轡轡秘祕嗣嗣㳄

亟並上俗下正器器上通下正鼻鼻師師飼飤弑弑並上通下正愧媿

懿懿並正毅毅毅上俗中通下正貴貴上通下正著著著上俗中通下正御御

庶庻並上俗下正遽遽觔筋著並上通下正勾句數數並上俗下正喻諭

上通下正慕慕度度步步並上俗下正妬妬顧顧菀苑厝措並上通下
正醋酢上酸也下酬酢字今並作酢傃遡向也並正害害帶帶泰泰並上俗下
正寂寂兊兊賴賴鱠膾並上通下正聟聟壻歲嵗嵗並上俗中通下
正閇閉荔荔戾戾隸隸獘弊祭祭蓺藝賫齎勢勢瘥瘥
並上俗下正禊禊契契脆脆繫繫繼繼葪薊並上通下正叡睿雋
彗並正第第次第字上俗下正逮逯上及也徒計反俗音徒再反非也下入姓音錄泒派
掛挂上俗下正畫畫上通下正隘阨恠恠並上俗下正戒戒分介並上通下
正佩珮上帶也下玉珮也古並作佩孛孛对對並上俗下正退退輩輩袋
侢再再刼劫並上通下正塊凷並正多行上字唯弔書作凷廢癈上妨廢下癈疾
祓祓祓除字音廢亦音拂上俗下正喙啄上許穢反下丁角反訊訐胤允晉晉疊



鬻並上俗下正忝吞憝憝亂亂疢疢雋雋並上通下正亦作俊字奮奮
冀冀並上俗下正訕訓上通下正憲憲上俗下正獻獻劵券建建並上通下
正万萬並正遁遁上俗下正噴歎並正粲粲乱亂侶侶奐奐嘆歎
館館蒜蒜笇筭並上俗下正愞懦竄竄熏熏並上通下正宦宧蓦
篡並上俗下正諫諫鴈鴈並上通下正麵麵變變羨羨並上俗下正鵰
燕宴宴遍徧並上通下正線綫並正卞弁上人姓下皮弁弁古並作弁廌薦上本
獬廌字爾邪獸也音丈買反相承別用豸字以廌舉字作薦亦通㕣名召上俗中下正諸從召者準
此梟糶吊弔並上俗下正燿曜咲笑並上通下正廟庿並正皃兒貌
上俗中通下正効效上功下放字或作致挍校上比挍下校尉棹櫂上通下正橈撓上奴
效反又音饒下撓字火高反閙鬧上通下正盜盜操操暴暴躁躁並上俗下正

竈竈上通下正耄耄上通下正馱馱莝剉斫草並上俗下正夏夏上俗下正覇
霸上通下正射躲赦赦並正蹔暫上通下正闇暗上幽闇下日無光今行下字近
匠況況羞羞上俗下正様樣狀狀壯壯並上通下正竟競負負勁
勁並上俗下正硬鞕孟孟𤴓正並上通下正清凊温凊字俗作凊非也倭倭
上俗下正聽聽㝎定迋廷並上通下正今入音庭非也昦昊廐廄舊舊貨
貿富富售售並上俗下正獸獸並正鬪鬪鬭上俗中通下正殺寂並上俗下
正紝絍並正音汝鴆反諮譜上俗下正艷豔上通下正燗燄並正秤稱上俗下正
應譍上物相應下言相譍蹬蹬上通下正汎泛並正

入聲

穀穀哭哭僕僕並上俗下正曝暴上通下正宍肉夙夙肅肅倏倏

金石補正卷六十三　主　吳興劉氏希古樓刊

並上俗下正尗叔上俗下正鞠鞠上鞠養又蹴鞠其六反下鞠罪孰熟上誰也下煮也古作
孰今不行伇役嚳嚳並上俗下正晳督篤篤並上通下正局局局上俗中通
下正疋足屬屬並上通下正學學搉推並上俗下正朔朔槊矟斲斵
邈邈並上通下正岳嶽並正樸朴樸素下愿朴字亦鞭普卜反恙恙悉上俗中通
下正厀膝迊匝卒卒柒漆並上俗下正逸逸卒率窓窗並上通下正
帙袠昵暱並正獻獻爵爵虱蝨乞乞並上俗下正厥厥闕闕癹
發上俗下正襪韈上通下正勃勃突突奪奪並上俗下正煞殺殺上俗中通
下正抜拔上俗下正鐵鐵鐵上中通下正節節決决薎蔑熱熱滅滅
並上俗下正鱉鼈缺缺切切竊竊徹徹絜潔並上通下正括括並正
孽孽上庶孽下妖孽刷㕞上刮刷下拭㕞噎咽上食噎下咽喉亦鳴咽籴糴敵敵

狖狄嫡嫡閒閬並上俗下正拆折歷厤覓覓並上俗下正鴰鵠上六
鷁下鵠首船戚慼上親憂憂益益廗席索索栢柏並上俗下正隟隙郄
郄腋掖並上通下正跡迹役役蹠跖摭拓並正下亦開拓字貊狛蠻貊
上通下正其獸名者字作貘弈帟上赫弈下帷帟籍籍上藉草下簿籍筴筞策上俗中下
正冊冊草革葴葴並上通下正搤扼並正摘擿上採竹革反下糾也他歷反
雜雜上通下正臘蠟上臘祭下蠟俗字從葛非也蹌蹋迊帀運運並上通下正
狹狹插插並上通下正協恊獦獵並上通下正檝揖輙輒並上通下正
慴懾上懼下失氣亦作讋怗帖上安怗下券帖澁澀緝緝並上俗下正諸與緝同聲者並
準此若若上通下正綸約並正淪淪上煑淪下煮淪鑿鑿壂壑惡惡鶴鶴
並上俗下正狢貉愽博並上通下正蘀籜上草木落下筍皮餝□□□□
□並上俗下正直直色□□□□□嘿默並上俗下正或□□□
□□□□□克剋上克能下剋勝脅□□□□□□通下正

干祿字書缺

唐干祿字書濠州刺史顏元孫撰姪湖州刺史真卿
書初元孫以字書分四聲定爲正通俗三體真卿以
大厤元年正月刻石於湖州　重模干祿字書開成
四年湖州刺史楊漢公以舊本譌缺重模刻石并爲
記附於碑後今其本比顏魯公刻差完可以備用集古錄目

此本模刻最多此亦模本也故魯公面目十失八九



攷歐公集古錄開成中已有楊漢公模本矣漢公謂
工人爲衣食業故摹多速損歐公云公書爲世楷模
而此字書辨正僞謬尤盛傳所以損爾世人所傳乃
漢公模本真本以不完遂不傳然則真本不知在否
但得漢公本以猶勝木本也人讀王元美跋乃謂無
一筆縱緩藏之爲臨池指南元美好古或宜有真本
耳抑亦漢公本邪石墨鐫華

右干祿字書在潼川府顏元孫結銜稱滁沂豪三州
刺史與顏氏家廟碑同舊唐書元孫附見其子杲卿
傳稱歷亳州刺史卒亳州即豪州之譌亦豪字不從
水之一證平津讀碑記

華編載此未錄全文茲據墨拓補入以留石本之
面目也字不書合於六書如竆擕寖險彫惱坐爲
騁步奐耄競敻策狹慴壑之不可爲正蜺之不可
爲俗其尤甚焉或翻刻所誤亦未可定寖寢二字
注云上俗中通下正則固脫一字矣效字注云或
作敦敦疑斆字之譌斆乃斅之俗則固有譌字矣
三巴䂂古志凡碑文所缺悉行補入末列前三行
尙存所摹二本弟一行公深喜弟二行梳弟三行八字後
三後存公末弟三行月既末弟二行勾詠五字中空廿九行

萃編所補無公深喜樣公五字且共只七十五字
亦不相符也茲將劉氏所補具錄於左以備參攷
上俗下正音亡　旌明　通正贏　反下銀以爲鑑　庭庭　莚竝上
通下正　留　收　修　脯上正　上通陰　竝上俗下正　姪婠上娙
蕩字音淫　簷檐　奩匳音連　詹詹　沾霑竝上通下正　冰　興興　矜
矜　繩陵陵竝上通下正　姿淩　蒸烝上衆也下火氣亦祭名今竝用上字　楞
棱　二字紞廟諱　滕滕上俗下正　能能　函函上通下正　鑒上又古懺反
凡上通下正　壅　持塞隴　隴坂邱壟冢　悚敬蜂蚌講
從從　帋紙氏氏　尒爾爾　百旨旨下　兕
兕上俗中通下正　跱　上中通下正　裹裹恥　軌竝上通下正　及否



泰字不同竝作否非也　憙　疊疊以上弟五列　飾棘棘禝稷　色穡
穡貸貸　或慹憖竝上通下正　脅刦劫竝上　以上弟十列

太常丞張銳墓誌

高一尺四寸廣一尺三寸八分廿四行弟十行廿四字弟十二行廿二字餘俱廿三字前三行及後銘參差不齊正書時帶行筆在陝西

唐故太中大夫太常寺丞兼江陵府倉曹張公墓誌銘并序

秘書省著作郎錢庭篠撰

父朝議大夫豨州長史張惂書

姊夫朝議郎秘書丞兼鄧州穰縣令李西華題諱

公諱銳字郯侯姓張氏淸河人也㳂引南陽光連景宿儀以縱横爲秦相禹以經術作帝師盛烈茂勳代有人矣曾祖志鄜州洛交縣令祖彦昇贈鄧州長史父惂朝議大夫豨州長史公豨州之長子也生則秀異幼而聰敏雅傳黃石之經深得臨池之妙未弱冠入仕門蔭宿衛解褐授右司禦率府兵曹至德中充四鎮節度隨軍判官知支度事轉恒王府掾加朝散大夫轉光祿丞賞有功也屬西蕃未静國步猶艱或從幸開東或隨軍幕下尋奉使宣傳　聖旨陷没賊庭者八之公辯説縱横擁謀應變陳之以禍福懼之以　威嚴既迴有　詔



特遷太中大夫蜀王府司馬嘉其節也公以恭承睿略遠仗　天威於我何功固辝不拜前後三□方允乃授令任焉由是　恩制授太夫人長樂縣太君禮有崇也以板輿迎侍于江陵申祿養也公幹於從事淸有吏能勤勞自公出納惟恪且夫奉使不屈忠也楊名立身孝也方期積慶用以成家天道何常降年不永以寶應二年正月廿五日奄殁于江陵府之官舍春秋廿有七以今大厤九年歲次甲寅三月四日癸卯窆於京兆之鳳栖原從太君之新塋也潸〻春雲垂陰陌樹冥〻厚夜獨閟幽泉嗟雨散以風搖空父臨而弟拜銘曰

後生可畏兮誰与爲徒下空
張氏之子兮其庶幾乎　苗而不秀兮有矣夫　庭折
芳蘭兮掌碎珠　太君塋旁兮左愛子　千秋万歲兮
魂不孤

右志近時出土錢庭篠誤張怡書李西華題諱父
書子志他人題諱不可爲典度也寶應元年夏肅
宗崩代宗即位寶應無二年此作二年何也且此
志撰於大厤九年不得以未奉詔例之鄜州本上
郡天寶元年更名志令洛交已在天寶元年後歟

趙州刺史何公碑陰記

高三尺三寸廣四尺七寸六分卅一行行廿字字徑一寸一分行書在趙州



惟六祀　大鴻臚何公弃䟦諸矦奉若　明
命尹兹趙人人賴惠浹聿興謌之頌之懿鑠布濩逖聽
洋溢下空　恒之伯受　鈒統牧實旌異政俾幕賔
膳部員外郎蕭侍御史王公載揚　休烈垂裕長廿
刻貞石無以節省順人欲也序婉辭無以勸思崇
茂德也其文見乎意曰惟恪脩
連率之職擇兹令典明于東土敦叙邦教撫柔元元次
云欲　我㫜二千石叶謨宣之議激流揚波
輝光弈葉式遵讜言用集□字益稱慎行克和厥中服
勤於禮簡易其俗君子曰王公之華直而不汙夫采其
英聲觀其儀形聲乃頌而不腆其實形乃表而不忒其
素或曰理道之要龔黃未優成師之寂衛霍猶劣吾儕
小人嘗與二三子咨覈今古否臧時政格於羣議莫出
公右由是訟庭肅肅無留事焉郡佐寮吏望
公高軏而已　公墻宇外巍管庫內嚴非禮不
動唯義是訓見危受命全其節臨難抗志忘其身所以
馳鶩喪亂之間　寵錫和平之際昔堯命四嶽禹朝諸
矦周建牧伯作六瑞以等將勸親人莅事惟明
公其至兗州人屬荐飢之歲如享
公之膏粱寒露之時如服　公之衣裘存其惪



安在危肅理在擾豪右姦宄伏其威繩樞寡弱卝其惪
而使商農工賈朝夕從事不興視而遷焉
公嘗曰未戰脩脩兵之勢也未用資置物之理也推此
例而理之萬貨之源可見矣故詢諸體物較之成用徵
於前古其誰儔之夫頌德紀功之事不書其細而煥然
昭明大體也論䇿忝竊幕吏敢攄無窮魯史之末固亦
有製豈直序述遺事益以廣揚不朽兼諸官屬具紀碑
陰時大厤九年七月廿七日判官通直郎行昭慶縣承
齊論述并書

碑有恆之伯云云是時恆伯爲李寶臣寶臣自以牧恆紀年不用天子年號故稱唯六祀與前李寶臣碑正同碑字完好而不書何公之名亦撰碑者之失平津讀碑記

此碑陰也齊論撰書完美可愛文有俾幕賓王公載揚休烈云云知碑陽之文爲王某所撰末得拓本亦未見著錄何公及王君均不詳其名矣後云兼諸官屬具紀碑陰令拓者遺之碑書衞霍作衞霍古字通

附下截題名



攝本高四尺五寸廣三尺九寸題名三十行每行長短不一字徑七分前後各一行較大正書

撿校官朝散大夫試司馬高神都

空一行

朝散大夫試大理少卿上柱國兼別駕畢華　朝散大夫試少府監兼別駕賜紫金魚袋上柱國平聡　朝散大夫兼殿中侍御史攝別駕呂詔　朝散大夫前衞州司馬賞紫金魚袋上柱國攝長史孫□嗣　朝議郎守司馬賞緋魚袋李□珎　朝散大夫司馬賞魚袋兼知臨城縣事韓綺　判官朝議郎前行易州遂城縣尉攝司功叅軍張仙□　判官朝議郎前行易州淶水縣丞攝司法叅軍宋承仙　判官朝議郎前行易州易縣□薄劉容　判官朝議郎試左金吾衞兵曺叅軍攝甯晉縣鄭楚玉　攝錄事叅軍賞緋魚袋郭傑　朝散大夫行司功叅軍賜魚袋□□□高弈　朝散大夫兼司功叅軍潘謙光　朝議郎行司戶叅軍閻同　朝散大夫試太子左贊善大夫攝司戶叅軍上柱國師珎　朝散大夫行司田叅軍宋演宗　朝散大夫試司兵叅軍裴芮　宣義郎前行司戶叅軍攝司兵叅軍□頴　朝議郎行司法□沕　朝散大夫行司士叅軍賜魚袋上柱國趙暹　朝議郎行叅軍尹問　朝散大夫行錄事上



柱國成朝嶷　宣義郎前行平棘縣尉攝昭慶縣令張鄒　主薄劉囧　尉叚怡　攝尉賈詠　承務郎前行甯晉縣尉攝甯晉縣令閻庭臯　丞胡庭望　主薄張東門　尉鄭甯□　尉陳□□　登仕郎守昭慶縣令賞緋魚袋攝平棘縣令劉琦　攝丞畢昇　主薄胡志昇　尉趙金　攝尉張□　攝尉楊仙　朝散大夫行元氏縣令樀審　丞賈謩　主薄楊遊巖　尉郎濟尉□□　朝散大夫試光祿卿前兼長史賜紫金魚袋上柱國攝栢鄉縣令賈庭瑶　攝丞□重溫　主□□□光　尉劉河　尉王光信　臨城縣丞王覲　攝主

薄曺李璘　攝尉田季敫　攝尉張飛　朝散大夫行
高邑縣令杜恵　丞歐陽烜　攝主薄劉脩真　攝尉
盧岑　攝尉劉幼□　朝議郎前行易州容城縣丞攝
賛皇縣令宋庭俊　攝丞李敬簡　攝主薄周陟　尉
孟□　此後空二行
馬步都虞候兼將同經略副使雲麾將軍守左武衛大
將軍兼試鴻臚卿上柱國何澄窂　馬軍將同經略副
使銀青光祿大夫守左金吾衛大將軍試鴻臚卿上柱
國車廣輪　團練副使同經略副使雲麾將軍守左衛
大將軍試太常卿上柱國劉文璨　押衙兼將同討擊



副使雲麾將軍守右金吾衛大將軍試太常卿上柱國
劉瓊琛　押衙同討擊副使特進兼太常卿隴西縣開
國侯食邑一千戶上柱國李庭暉　押衙雲麾將軍守
左金吾衛大將軍試光祿卿上柱國楊庭玉　押衙雲
麾將軍守左金吾衛大將軍試光祿卿上柱國陳光朝
押衙雲麾將軍守左金吾衛大將軍兼太常卿上柱
國馮日進　押衙雲麾將軍守左金吾衛大將軍試少
府監上柱國李文思　將同經略副使銀青光祿大夫
試鴻臚卿上柱國許朝　將同經略副使特進守左驍
衛大將軍試鴻臚卿上柱國成萬敵　將同討擊副使

忠武將軍守左金吾衛大將軍試鴻臚卿李光輔　都
虞候同經略副使守左金吾衛大將軍試太常卿上柱
國陳希俊　散將雲麾將軍守左金吾衛大將軍試光
祿卿上柱國李延光　散將守右金吾衛大將軍何澄
暉　散將特進行左武衛大將軍兼試太常卿上柱國
何貴德　散將特進行左金吾衛大將軍兼試殿中□
上柱國栢孝愻　散將壯武將軍守右威衛大將軍上
柱國康日用　散將雲麾將軍守左金吾衛大將軍試
鴻臚卿上柱國□盧默　散將忠武將軍守左金吾衛
大將軍試光祿卿上柱國崔□□　散將雲麾將軍守



左金吾衛大將軍試鴻臚卿上柱國高崇希　散將朝
散大夫試殿中少監上柱國劉湛　散將雲麾將軍守
左金吾衛大將軍試少府監上柱國任昇卿　散將金
紫光祿大夫行光祿卿上柱國樂安郡開國下泐　散將
守□武衛翊府佐郎將上柱國車國希　後空約四行
檢校碑者壽賞緋魚袋趙欽祚

光緒己丑得下截官屬題名搨本謹寫附入碑
陽經宋人改刻今爲大觀聖作碑何公及撰文
之王君名不復能知之洪氏以不書何公名爲
撰碑者之失蓋誤指是刻爲何公德政碑而不

知其爲碑陰也碑云恆之伯受鉞統牧寶旌異
政碑幕賓王公載揚休烈刻貞石序婉辭又云
論等忝竊幕吏敢攄無窮魯史之末固亦有製
豈直序述遺事益以廣揚不朽兼諸官屬具紀
碑陰詞意顯然何公名正碑自巳特書無庸復
贊洪氏未卒讀耳元和郡縣志趙州領縣九平
棘元氏臨城柏鄉高邑贊皇昭慶甯晉欒城此
碑官屬題銜獨無欒城令以下官按舊唐書地
理志欒城縣大歷三年割屬恆州新書隸鎮州大厤二年來
屬鎮州即恆州碑立於大厤九年故官屬不及於欒城



正與史合不知李吉甫纂志何以仍隸趙州吉
甫趙郡人邃經世之學嘗圖上河北險要切時
政之本務何至本貫郡縣憒於領屬殆大厤至
元和三十餘年間欒城嘗還隸趙州尋復改屬
鎮州而史略之歟又按地理志高邑臨城贊皇
皆中縣百官志上縣尉二人中縣尉一人此碑
高邑臨城尉皆二人元和志高邑亦上縣是也
獨臨城有尉二人爲不合耳男繼煇附識

贈兵部尚書王忠嗣碑大厤十年四月三日萃編載卷一百
保釬釬作奸如倒持缺字如國之經也經誤任掃國□缺國字特
令中貴持特誤竦戎缺竦字蕭宗爲缺爲字塩作鹽剋日缺日字遁
逃缺逃字土崩歸缺土崩二字河仞山缺仞字山誤以傾秦築怨缺秦築二
字鷄鶩鷄誤雛

碑陰宋刻

陳縴題名四行行五字六字字徑二寸三分年月字特小徑一寸二分行書左行在碑中間

河南陳縴奉詔使涇原路駐馬讀清源公碑熙甯二年
九月十五日

王臨題名二行八字六字字徑二寸年月字徑一寸二分行書在碑左

魏國王臨出守回中督讀清源公碑
熙甯庚戌中冬



碑云杜希望之輯鹽泉云云舊唐書吐蕃傳杜希望
爲隴右節度使王昊爲益州長史劍南節度使分道
經略以討吐蕃開元二十六年四月杜希望率衆攻
吐蕃新城拔之七月又奪吐蕃河橋於河左築鹽泉
城因於鹽泉城置鎮西軍王昊又於安戎城築兩城
九月吐蕃大下官軍大敗兩城並爲賊所陷將士巳
下數萬人及軍糧資仗並沒于賊碑所述即其事平津讀碑記

八瓊室金石補正卷六十三終

八瓊室金石補正卷六十四

太倉陸增祥撰　男　繼煇校錄

吳興劉承幹覆校

唐三十六

尚書右僕射裴遵慶碑大秝十一年二月廿□日萃編載卷一百

篆額題□故尚書右僕射贈司空□□君神□碑十六字

大唐故金紫光光上五字缺

兼修國史缺兼修二字禮儀使賜紫金魚□□柱禮下七字缺

嵩陽爨士盧曉書并篆額此行並缺

道美在於中始則直方奉職中則含美從事道下十六字缺聞



喜人也在在上四字缺子蕃滋畜牧非子之後別封𨛦鄉遂

以爲氏子下十六字缺祚土□字重缺祚土二字以邑氏因因上三字缺

名有融至東漢陽名下六字缺父贈中書舍人義宏府君十

四□無違德逮逮上十五字缺寘德於公寘誤眞缺德於二字而□斂成

而而下三字缺不遺於近缺不遺二字嘗以古人云名詞者志義

之使也□□以見□嘗下十四字缺詞足以盡意則釋然矣外

缺詞意釋三字外誤介寶故□□□而不□習缺故而不習四字陵丞絫

遷大理丞公恒以德□□□□□□陵下十字缺德之助缺德

字助誤功審法缺審字受疑獄□□城使□□濟虐疑外六字缺辭

及缺及字理當以逆論公惻隱之心□□□□□□□理下

九字缺得自缺得字遂批缺遂字聚人缺聚字不能□衆並不合

不下五字缺具兩見省覆□□以聯省外六字缺成之具獄凡所

全救三十餘□□□□□□之外十字缺貟外郎缺貟郎二字

代□□而缺而字狀掄缺狀字専委有司循名求實一□□

□□□□□専下八字缺識洞姦萌難復萌難外四字缺其功缺功

字巳推缺推字內艱去職居𢚩以情免喪□□□□□

□內下九字缺陽太守外徼缺陽徼二字倂擾缺倂字怨由是貶守

符□□衆貶守外五字缺初拔自缺拔自二字將遂行在故太尉

淸□□□□□□□將下七字缺遷拜缺遷字授吏授誤校侍郎

投艱郎外三字缺椎錢椎誤擢缺錢字雜而缺雜字以知方□□不競



淸通成稱□□□□□□□以下八字缺黃門侍郎黃誤吏缺門字

軍國缺軍字貨以缺貨字含□之明敬事敬外四字缺不私其名

勢不可干則擾而□□□□□□□不下十字缺直而能温缺直

能二字雅弃缺弃字尤□矜伐缺尤字伐誤伏從如增內內上三字缺薦

賢來謝以爲大耻爲外六字缺大誤文晋但記創稾記創外三字缺其所

言也就加金紫光祿大夫□□□□□□其下十一字缺先府君

缺府君二字咨勉缺咨字矜濟物之用目矜下五字缺逷閑□而中

上者數矣逷下七字缺違懇至拜至外三字缺未明缺未字再領□

□從缺領從二字中英□□外養志之孝□思之文久從散

秩無中下十四字缺其機缺機字同訓下端本肇末豈必强爭所

中過半矣雖同下十六字缺位極缺位字榮絫榮誤祭缺絫字之賞□□
□幽缺賞幽二字之道也物有其終疾生無妄享年八十有
五之下十六字缺萬季字缺萬祔于字缺祔塋聖情震悼弔
禭加等册贈司空禮官考行塋下十六字缺使歸賻使下二字缺子
中舍人會等服習彝教聽念勤家以縮早子下十六字缺美之
缺美字力疾績成不宣不外字缺五有物物誤冀司空之美缺司字美
誤天退知進缺退進二字敬恭缺恭字恤隱九流黙識乃拜宰臣
作爾人極明道若昧恤下十七字缺武功是力缺武功二字不□其
溫不□其直缺不其溫不四字趣舍審□□塞□益盈盈上六字缺
息壽□斯息下二字缺域託無媿於豐碑對貞松芳永植域下十二字缺
金石錄云史云遵慶薨時年九十餘碑曰年八十五
今碑無年八十五字上下亦無泐痕不知趙氏何以
有此言新唐書宰相表遵慶父蜷字翁喜杭州刺史
河東縣男祖義宏中書舍人碑稱大父□中書舍人
義宏府君考贈司空□□即蜷也子會太子中舍人
亦見碑中平津讀碑記
萃編所載每行缺十六字嘗見李氏校本每行只
五十三字癸酉十月得此拓墨每行六十字乃知
諸家所見皆非足本王氏以趙所及見爲盡泐洪



氏謂碑無年八十五字上下亦無泐痕皆未之見
耳碑末全泐惟謚曰下貞孝二字已不得見矣畢
氏中州金石記略述碑文有故太尉淸賀於朝之
語是所見與李氏校本同至謂碑缺年月抑又何
也又王氏云遵慶字少良此碑有字重二字似其
字上爲重字非少字案碑敘遵慶名字當在其順
矣乎之下聞喜人也之上王氏之言殆非

妬神頌

裝本高廣行字不計行書在平定州娘子關

妬神頌

判官游擊將軍守左淸道率府率賜紫金魚袋上柱
國李諲撰
粤若稽古徵諸陳迹雖年移代謝而損益昭然是以宋
玉高唐之辞盛傳於南國曹王洛神之賦永播於東周
莫不事載圖書名摽史策晉東之美者有妬水之祠焉
其神周代之女介推之妹初文公出國介推從行有刲
股之恩無寸祿之恵揞將畢命肯顧微軀儀形飄殞於
□煙名跡庶幾於不朽後縱深悔前路難追因爲滅熘
之辰更号淸明之節妹以兄涉要主身非令終遂於冬
至之後日積一薪烈火焚之爲其易俗諺云百日斫柴

一日燒此之謂也闔境之內畸敢不恭順之則風雨應
期違之則雷雹傷物兄則運心以求合我則虔室以全
真兄則禁火以示誠我則焚柴以見志惟兄及妹與世
殊倫傳曰介之推終不言祿祿亦不及渾天記曰著舉
食者爲助陽氣用厭火星所說不同互有得失其来遠
矣安可闕如縱因事之宜亦自我作古祭法曰其有廢
之莫敢舉也其有舉之莫敢廢也東北至土門之口西
南距盤石之山方圓百里别成一境天寶中以賊臣背
化　國步猶艱塗炭生靈焚燒甲第伊我遺廟巋然獨
存簪裾近叶於當時庭宇更新於往日牲惟孤直匽見



授於妒名行本堅貞實堪垂於□祀今幸邊塵不動海
水無波蕞尔小戎曷足爲患昔虞舜至聖尚有苗人之
誅殷湯至明豈無葛伯之伐蓋以　君爲元首臣作股
肱飄颻轅門藩屏王室乃命　河東節度副大使兼工
部尚書太原尹北京留守薛公諱兼訓警此　禁闈
公掌握衡鏡心韞韜鈐勢若轉規謀如泉湧運籌帷幄
孫吳詎可比其能料敵戎旃衛霍不足方其妙浙江遺
愛但美還珠汾浦来蘇惟欣去獸申命　我承天軍使
節度副使前永平軍節度右廂兵馬使銀青光祿大夫
試鴻臚卿同山南東道節度經略副使上柱國党公諱

昇鎮茲巨防公　天子忠臣元戎外聾志惟清而惟謹
行不諂而不驕往佳清臺職居惣統近歸夲道位屬尋
城投醪之義遠闔挾纊之情久著爰自至心星管再周
邱不拾遺人皆樂業長慈繼日士忘其勞細柳垂陰衆
歌其羨水磧成而永逸聚米難儔軍井達而少閑伏波
不竭　君依神以徼福神依君以庇躬事勢相因理亦
條貫固宜書其已往播於將来貞石既磨斯文可作尔
其泉湧祠下蓄爲碧潭飛入大河噴成瀑布淵渟皐濤
雜雷霆之聲盪雲泼日類風水之會經沍寒而氣荃萬
象屬炎燠而清潤一川攉木扶踈引柔條而接影纖苗



蘼靡夾高岸而隨風自古及今非軍則縣未嘗不揆月
撰日脩其享禮春祈秋賽庶乎年登巫覡進而神之聽
之官寮拜而或俯或仰既而坎坎伐鼓五音於是克諧
我我側弁三軍以之相悅　公之德也如此神之應也
如彼且河北數州山西一道或衣以錦繡或奠以珍羞
無晝夜而息焉豈翰墨之能論咸以商者求之而獲利
仕者禱之而累遷蠶者請之而廣收農者祈之而多稔
不然則奚能遠迩奔湊奉其如在蓋聞有而不言謂之
隱無而言之謂之諂又聞誇目者尚奢愜心者貴當承
命述事敢不勉旃謹因退食之餘竊比陳其梗槩也

銘曰　九有興行宗之曰神匪害於物寔利於人兄別禁火妹乃積薪其爲佳節在乎芳春　今古千齡方圓百里德音無斁蒸嘗不已祭具珍羞服先錦綺所求必應高山仰止　將軍塞下細柳營邊晴開朝鏡霧雜鑪煙神理昭昭靈草芊芊紀兹令範光我承天　井陘西南太原東北妒祠之水濟爲黛色既波噴浪如有可則古往今來源流不忒　興雲致雨倬　造化力禺禺昂昂象　君之德或祈或禱永無休息神之歆之福善甯極大唐大秝十一年歲次丙辰五月丁亥朔十六日壬寅巳時建



副使同經略副使特進試鴻臚卿上柱國廉明遊奕副使雲麾將軍守在金吾衛大將軍試衛尉卿上柱國步光庭都虞侯冠軍大將軍守左金吾衛大將軍試太常卿上柱國王曇將太常卿楊進朝光祿卿張鸞太常卿聶庭賓散將衛尉卿劉浩太常卿馬崇俊太常卿崔元英太常卿蔡希賺太常卿梁昱鴻臚卿巨趙俊殿中監葛日新判官節度逐要官源王府司馬許勉左武衛將軍郭崇傳左武衛翊府中郎將辟閭珣孔目官太常卿張崇琳節度隨身官右翊府中郎將蕭潤國副將太常卿孟大津太常卿曹龍興太原府豐川府折衛郭季膺衛官代州別駕姚庭秀左清道率劉成廣摠管太常卿□□儈左金吾大將軍竇光翊左武衛翊府中郎將陳洽

元和郡縣志妒女祠在廣陽縣東北九十里澤發水源澤發水亦名妒女泉源出縣東北董卓壘東其泉初出大如車輪水色青碧泉旁有祠土人祀之婦人袪服靚妝必興雨雹故曰妒女即此神也碑云妒祠之水濟爲黛色所謂水色青碧者也後題大秝十一年歲次丙辰朱錫鬯跋以爲十三年者因碑石徵損而誤讀爾碑云河東節度副大使兼工部尚書太原尹北京留守薛公兼訓兼訓以大秝五年鎭太原十



一年冬以病去鮑防代之碑立於是年五月兼訓猶在鎭也碑在今平定州之娘子關唐時嘗置承天軍于此亦史所未及潛研堂跋尾

魏書地形志石艾縣有妒女泉及祠即此唐書宰相世系表李諲鄆州司功參軍平津讀碑記

桉任昉述異記并州妒女泉婦人不得靚妝綵服至其地必興雲雨唐書狄仁傑傳高宗幸汾陽宮仁傑爲支頓使并州長史李冲元以道出妒女祠俗言盛服過者致風雷之變更發卒數萬改馳道仁傑曰天子之行風伯清塵雨師灑道何妒女避邪止其役郡

國志以妬女爲介之推之妹今妬女祠介子廟並在平定州東北九十里娘子關澤發水上唐建承天軍城故其山亦名承天山俗以爲綿山者因介推傳會娘子關即古葦澤城相傳以妬女得名固近穿鑿平定志謂唐平陽公主駐兵於此亦涉牽合唐書本傳平陽昭公主下嫁柴紹高祖兵興主居長安紹走并州主奔鄠招南山亾命數百人以應帝因略地盩厔武功始平下之勒兵七萬威振關中帝渡河紹以數百騎來迎主引精兵萬人與秦王會渭北紹及主對置幕府分定京師號娘子軍無駐兵晋東之事州志



未見此碑藝文所錄展轉譌舛得此正之益見古刻之有功於方志也 金石續編

元好問游承天懸泉詩云人言主者介山氏且道未有介山之前復誰主山深地古自是有神物不假靈真誰敢侮稗官小說出閭巷社鼓郊簫走翁媼當時大秝十才子爭遺李諲鑱陋語注云平定土俗傳介子推被焚其妹介山氏恥兄要君積薪自焚號曰妬女祠其碑大秝中判官李諲撰辭旨殊謬至有百日積薪一日燒之之語鄉社至今以百五日積薪而焚之謂之祭妬女云是此碑所述不免傅會碑文云其來遠矣安可闕如縱因事之宜亦自我作古又云其有舉之莫敢廢也是李諲未嘗不知其說之無稽也至所稱介山氏者碑所未及豈奉爲山主因稱爲介山氏邪續古文苑載此文□祀作侖範薛公誤作薩公往住清臺作往任滑臺少閑作嘗閑高岸作寫岸遠迩作遐迩詣作謏象作粵極作億十一誤十三

恆王府典軍王景秀墓誌

方一尺四寸五分十八行行字廿一至廿五不等字徑六分行書在宛平

大唐故恆王府典軍賜紫金魚袋上柱國太原王府君



墓誌銘 并序

公諱景秀字景秀其先太原人也周文之胤漢司徒閎內侯二十六代之孫也公早歲從戎文武兼備克和忠孝風骨禀然器宇深沉匆從驗襲清規雅量特立不羣授恆王府典軍賜金魚袋鼻峻節擴騰天機承烈倉生有望輔翼 邦家何啚天不憖遺奪我忠善使魂歸野隴魄散異鄉迴望故郊复冈絕嗣悲夫以大曆十一年八月十三日遘疾終於幽州客舍春秋七十有八夫人鉅鹿魏氏立性温和秉志貞操婦德備於儀則恭讓逾於古今將謂琴瑟之義永遷何乃先鍾斯禍悲苦重疊

因疊聚門以大歷十年九月十三日寢疾終於幽州別業春秋六十有三嗚呼卜地良日啓殯有期歸葬舊墳合附新櫬以其年歲在丙辰八月丙辰朔二十九日甲戌葬於薊城北保大鄉之原禮也長女十三娘次女明德次女端嚴次女净德等零丁極塞所向無依號訴於天糜潰肝膽臨穴哀叫五内崩摧恐千載之後陵變谷移刻石紀功銘曰歸塋伊何兮薊城北愁雲慘慘兮黯無色泉門一閇兮永不開窀穸幽冥兮云何極棄乾上燕臺傍万古千秋兮人自傷

右王景秀志在宛平出土昇寅得之藏於家恒王



元宗子瑱所封八月丙辰朔則二十九日直甲申甲戌乃十九日此云二十九日甲戌者誤也志書鉅鹿之鹿作鏕始見於漢尹宙碑六朝以至唐人亦間用之金石文字記以爲不當從金風骨稟然稟即凜字之借志立于大厤十一年補訪碑錄以爲十年失編内又以爲十八年一碑兩列而紀年皆誤疏矣

同朔方節度副使王履清碑 大秝十二年二月廿日 萃編載卷一百

王府君 王誤汪

晉陽郡 缺郡字 旌表 表誤別 簿 簿下三字缺 落以激

右碑題云唐同朔方節度副使金紫光祿大夫試太常卿兼慈州刺史其下半已亡失矣其文有云府君諱履清字履清京兆萬年人也王帷聖後系出田宗而銘詞稱有嬀之後言育于姜陳宗不守命氏帷王知其人姓王氏也葬在高陵之奉正原撰文者侯冕也歐趙諸家皆未著於錄 潛研堂跋尾

右慈州刺史王履清碑在高陵縣碑稱汾陽王以吉昌濁河上流邊郡善地戎州夷落易動難安新唐書地理志吉昌縣屬慈州此即言其爲慈州刺史事惜下殘缺不可考 平津讀碑記



碑缺下截萃編於碑首以意補王府君神道碑六字石本所無也可勿置論而又誤王作汪姑校正之以諭來者

内侍監高力士殘碑 大秝十二年五月十一日 萃編載卷一百

擢爲 缺爲字 智岱 缺岱字 有德 缺德字 察考 缺考字 滯于南 缺滯字

駕歸 缺駕字 聞也 缺也字 朗州 缺朗字 南海 缺海字 父事 缺父字 曰

朝 缺朝字 達于神表 缺神表二字 備其 缺備字

碑稱夫人呂氏舊唐書高力士傳開元初瀛州呂元悟作吏京師女有姿色力士娶之爲婦擢元悟爲少卿刺史元和姓纂元悟陳王傅光祿卿生同正鄆鄜

州刺史同正生逖造崇訓女適將軍高力士則呂氏是同正之女元悟之孫女也未知孰是平津讀碑記

鮮于氏里門碑

拓本不全高三尺七寸廣三尺十四行行存十七字字徑二寸許分書在南部

鮮于氏里門碑并序

朝議郎守尚書禮部郎中上柱國闕史武陽縣開國男

翰林待詔韓秀闕

鮮于殷姓武王剋殷獲洪範於箕子封于朝闕京兆尹魏有輔爲度遼將軍家於燕國因爲闕刺史因家閬州閬州生生簡州長史士簡簡州闕尉生二男長曰仲通以秀才上第□□臺闕二十四州節度採訪等使威化洽於嶓岷人闕金商等州採訪使入爲京兆尹自左庶子出闕一十四州節度觀察等封漁陽郡公仁惠闕典方嶽雯處臺省衣冠欽其禮鄉里服其義闕化而成風夫德及於人者慶延惠施於物者闕章播流金石永留後裔辭曰

婉婉箕子爲殷仁人建冊立周退爲周賓□闕



右碑載金石錄有目無跋韓雲卿撰韓秀弼八分書李陽冰撰大曆十二年五月立墨池編云韓秀實八分書此本僅拓上截後幅亦未全撰書人見韓秀二字按秀弼所書臧希晏李元諒二碑銜稱淮陽縣開國男與此爲異而秀實書平蠻頌銜爲武陽縣開國男翰林待詔則與此同是趙錄誤實爲弼也其云李陽冰撰据筠淸館金石記乃是篆額趙錄傳寫有譌耳鮮于仲通有碑歐陽公跋之此碑在後十年殆爲其子作耶碑敘先世有云京兆尹者以元和姓纂攷之鮮于裒也鮮于輔拜度遼將軍姓纂脫其名有云刺史因家閬中者匡紹也歷閬同河利四州刺史仲通之高祖也匡紹二子建業建宗碑所云簡州長史士簡者姓纂不載碑爲摩崖之刻吳荷屋收獲之而劉燕庭輯三巴孴古志未之入錄余又未得足本披括不易如此



平蠻頌

高一丈廣五尺五寸二十行行三十字惟第十四行多一字字徑二寸五分分書額題平蠻頌三字字長徑八寸篆書在桂林城北鎮南峰

平蠻頌并序

奉義郎守尚書禮部郎中上柱國韓雲卿撰

朝議郎守梁州都督府長史武陽縣開國男翰林待詔韓秀實書

□□□□□□□□□李陽冰篆額

維大厤十二年桂林象郡之外有西原賊率潘長安僞
稱安南王誘脅夷蠻連跨州邑鼠伏蟻聚賊害平人南
距雕題交趾西控昆明夜郎北泊黔巫衡湘彌亘萬里
流毒如彼其廣 天子命我隴西縣男昌巙領桂州都
督兼御史中丞持節招討斬首二百餘級擒獲元惡并
其下將率八十四人生獻 闕下其餘逼逐俘虜廿
餘萬並給耕牛種糧令還舊居撓外壹拾捌州牧守羈
縻反覆歷代不賓皆受首請罪願爲臣妾嘉其自新俾
守厥舊商農漁樵各復其業悼耋鰥寡各安其宅變氛
沴爲暘咊去狹隘爲夷途五嶺之人若出元泉而觀白



日如蹈烈火而蒙□寒冰書上聞優詔嘉焉公卿百辟
將校耆艾咸願歌頌勳烈以銘於石辭曰
皇帝嗣位十有五載渲風橫流聲教無外蠢茲蠻陬肆
其蜂蠆崎逵怙險爲人孫賊妄命隴西持節討叛訓我
師徒如武如貔卷旆釋甲先喻德澤稔惡弗懲舍薑弗
息蟜蟜隴西礪爾矛鋋鼓奮重泉兵揚九天出其不意
億萬踣顛來者面縛亡者染鍔搜洞索穴覆其巢宅若
鼓洪爐燎彼毛毳若振飄風摧乎朽脆海宇濛濛再開
天光俾裬作咊化戎爲農三軍卧鼓四鄙罷柝原野蕭
條萬里澄廓 明主是嘉罷人是康銘之嶺門用

垂無疆

大唐大厤十二年□月二十五日□

西原蠻爲患久矣自肅宗至德以來百餘年間諸蠻
更相雄長乍服乍叛攻桂管一十八州所在焚掠元
道州所謂城池井邑但生荒草登高極望不見人煙
葢實錄也此碑序昌巙勳烈如此之著其列傳偶闕
而不書歐趙集金石文又不得此碑鄉非事著於碑
而碑錄於余其遂無聞矣寶刻類編

右平蠻碑摩厓韓雲卿撰韓秀實書雲卿爲文公叔
父官尚書禮部郎中父叙素桂州刺史見唐書宰相



世系表秀實爲翰林待詔善楷隸八分見書史會要
衆代宗紀大厤八年九月以辰錦觀察使李昌巙爲
桂州刺史防禦觀察使至是葢莅官之五年也鄭氏
通志金石略云唐平蠻頌韓秀實八分書即此刻潘
長安稱安南王唐書通鑑皆不載惟南蠻傳大厤中
以潘歸國部落置龍武州歸國葢長安之族廣西通志金石
略

辛未三月從蘇虞階中丞鳳文索此墨本工人分
紙椎拓黏綴舛錯舉續編對勘之乃克成誦而續
編闕譌脫漏之處亦得以補正矣凡碑文所剝蝕

則据續編以補注於旁韓雲卿署銜續編缺奉義
二字奉義即奉議也朝議缺朝字李賜冰署銜七
字磨泐不可辨僅空五格流毒如彼其廣句全蝕
唐碑於皇帝等字上每空三格此下天子上只空
一字疑句有誤天子字誤作提行并誤作並將下
脫率字闕下上末空二格廿誤作二十屈作居壹
拾捌作一十八牧守二字誤倒受誤作授味誤爲
煦去狹隘誤作化險阻去字左偏有石泐文却非
亻旁其下一長橫甚明顯決非化棠棠冰之閒實
有兩字以上句例之衍多一字未審其故優詔上




多空二格勛作勳勛下脫烈字嗣位誤作即位如
武如貔誤作如熊如羆武即虎避諱改字素下缺
穴字巢宅誤作巢穴味作和明主上少空一格曩
校其書未得其審今幸見之故具舉以志疏忽益
以歎校書之難也李昌巙系出大鄭王房膠東郡
公道彥之元孫由辰錦觀察使調桂州刺史其兄
昌岠亦嘗官辰錦觀察使而湖南通志不載兩人
之名韓雲卿之父叡素爲桂州刺史故雲卿在桂
惟李昌巙爲桂州刺史事在大歷八年至是五稔
叡素尚未離粵不知所任何職韓秀實官梁州長
史未知何故入粵李賜冰趙郡人宰相世系表載
其爲將作少監此刻列銜已缺審之李上似率不
審何官

錢唐丞殷履直妻顏氏碑 大歷十三年以前 萃編載卷一百一

有唐故杭州錢唐縣丞殷府君夫人□□□□□銘并
序
夫人下五字王氏僅作一碑字誤吳氏陸氏亦誤
君号真定据吳氏補真字後凡補字俱放此北齊黃門侍郎之推府君
之元缺北之元三字陸氏同下不具載思魯府君之曾缺思字著作郎宏
文崇賢學士勤禮府君之孫天皇曹王侍讀贈華

金石補正卷六十四


州刺史昭甫府君之季女錢唐丞殷履直之妻也聰慧
朗達缺思天季女聰五字朗作明孝仁敬讓缺讓字吳氏誤作敬謹精究圖史
博通禮經問無不知德無不備缺不備二字吳氏同六姻賴其任
恤天后當亡旁求女史缺姻求女史四字以形管之才以缺
形管三字嬪大家之選召置左右不遑顧復二弟曰秘書監
元孫府君太子少傅惟貞府君缺左右遑曰書監太少傅九字吳氏缺左右遑
曰四字又誤傅爲保藐焉始孩頓隔怙恃君躬自誨育教之詩書
忝擅大名缺孩君誨育書六字吳氏缺君誨育書四字皆君力也叔父吏部
郎中敬仲府君爲酷吏所誣君率二妹宜芳令裴安期
妻司業岑獻妻劉耳訴冤因獲減死及誕男成已而左

耳𤪘焉君有三子長曰武康丞嘉紹尤工小篆爲寸字
飛白勁利絶倫紹子壻郎中柳芳今之良史芳子長樂
令旡幼立盛名次曰勴士齊望有成人之姿幼曰晉州
長史成以上左側王氏失載吳氏缺力也部郎敬仲府君爲司寸十一字多獻妻劉成丞嘉郎史芳長
十字巳雅善塡書兼綜才藝鳴謙勇退不登滿秩缺巳雅才鳴勇
五字并誤退爲之吳氏缺才鳴勇退四字每與文士缺與士二字吳氏缺每與二字李暇陳
齊卿族舅匡朝內弟曜卿允南姨弟劉璀族弟寅同賦
詩缺暇匡二字吳氏陸氏誤暇爲嘏并缺匡字長邈李氏缺李氏二字吳氏同次適王
元叔生燕學生□□□爲當代之冠據補四字石巳泐爲海
內□□次適楊欽缺楊字吳氏同仁親友悌有□□□□度爲



尼感殊□□□慈明缺尼殊慈明四字吳氏僅有尼字特蒙君教言辭辭音
音剖□□□延壽王孫賦崔氏飛龍篇江淹造化篇
誤作箍前并缺賦飛篇江四字以隨牒終于成巳尉氏尉之公館缺終于巳
字氏四東京萬安山之玉寶原缺萬安原三字升博士缺升字度可
以律母師雖偕老不俱無石窌魚軒之賁而長筵拜慶
多鏘鳳乘龍之歡於足云也眞卿不敏夙承訓誘追深
仁而莫逮謀不朽其庶茲銘曰
於惟我姑德盛才無愛深倫育耳割宛蘇惠及疎賦仁
涵朽枯子孫宴喜龍鳳相趍教我音辭王孫五都期頤
未究人世俄殊刻石壙阿聲流入區以上右側王氏失載吳氏缺度母銷

於足云相七字多可以而三字又誤壽爲訓陸氏誤倫爲淪
右碑文廿六行兩面兩側環刻面各九行側各四行
行廿九字字徑二寸許皆正書其上横題篆書兩面
各六字在洛陽縣玉虛觀嘉慶丁丑虞山張子恂文
學夔游中州手拓其文歸以贈予時王侍郎金石萃
編書尚未成予患拓本殘蝕難讀亦未就録出後見
侍郎書巳刊行此碑雖載其中但有正背兩面無兩
側文實不全又据所録兩面之文其漫漶殘闕之字
與予拓本無甚異而外舅錢宮詹先生跋尾所言如
之推府君之元及著作郎下集賢學士勤禮府君之



孫等文皆今拓本所闕蓋潛研堂所藏尚是數十年
前舊拓也意欲更訪彼本校録故遲遲有待而近聞
潛研之物巳多散失恐一時未必即得故就予本録
之且意有所疑者以每行字數計之黃門侍郎下當
闕七字而之推府君之元止六字祥案弟七字空格著作郎
下闕三字其下乃賢字而賢上一字磨滅之蹟猶隱
隱可辨是崇而非集因攷家廟碑云勤禮解褐校書
郎與兩兄師古相埒同時爲宏文崇賢學士則賢上
所闕三字當爲宏文崇明矣且攷唐志武德四年置
修文館于門下省九年改曰宏文館又開元十三年

改麗正修書院爲集賢殿書院於是始有集賢殿之名而東宮官有崇文館學士云貞觀十三年置崇賢館上元三年避太子名改曰崇文館則高宗爲皇子時自當稱崇賢爲是又賢下尚闕九字而學士勤禮府君之孫止八字祥案弟九字空格意先生當時是摘其要文言之亦有筆畫不清者故皆不合耳家廟碑言昭甫爲高宗侍讀曹王屬攷本紀高宗爲皇子時封晉王而唐會要長安二年太子左庶子王方慶上言沛王爲皇太子時改崇賢館爲崇文館又太宗弟九子明封曹王昭甫葢爲晉王曹王東宮之官也家廟碑



作於後代宗時故不便仍稱晉王乃改稱廟號耳而於此碑又改稱天皇者則以高宗之謚爲天皇大帝也與家廟碑之意略同今拓本天字尚清而易辨而王侍郎所錄遺去此字於皇字上空一格與前皇朝同例葢失於細攷矣潛研堂跋尾據唐書殷踐猷傳知成已之母爲顏氏成已乃踐猷族子又云讀此碑乃知魯公之姑其二妹者一爲宜芳令裴安期妻其一則殘缺不可辨矣中溶嘗攷唐碑每有姨弟之稱似即謂從母之子此碑敘成已同賦詩之親友有云內弟曜卿允南者曜卿乃魯公伯父元孫之子允南

則魯公之仲兄皆爲殷君夫人兄弟之子是謂成已稱舅之子曰內弟也則其所稱姨弟劉璀疑即夫人一妹之子也今碑文已殘缺不可辨而武虛谷授堂金石跋乃云夫人爲昭甫季女必有誤矣此碑歐趙皆未見首著錄於寶刻類編而以魯公爲夫人從姪亦誤也黃氏中州金石攷引金石補遺言在河南府道居寺天王殿前新自地中掘起畢尚書金石記誤仍掘起爲掘出云此碑已見寶刻類編則非新出愚謂此係墓碑而非墓志本不當在土中王侍郎謂此碑當自宋以後入土至近時始出是矣然因未見側



文不知志銘尚有勒石墳阿之句可證也且即拓本觀之其背文之中上下皆鑿去三行內十二字作兩大方孔形必是後人曾以此作階砌闌檻之用以致埋入土中耳王侍郎亦未及審出言之文於錢唐縣丞殷履直之姓名事實皆磨泐不可辨而可辨者載其子女之事甚詳稱其三子則并及其交游有名譽之人如左司郎中柳芳及武平一史皆有傳所謂族祖濬者當即家廟碑云濬好屬文之人也又稱其六女不獨著其所適之壻并及其女所生之子女等事中云幼適我兄闕疑者闕疑乃魯公之伯兄也家廟

碑稱其仁孝有吏能精詩傳善剖判杭州參軍而此碑於其下又有云度爲尼恐亦是指闕疑之女言之王侍郎釋尼爲君誤矣文稱夫人才明可以□博士博上一字右旁作十左旁已漫漶蓋用後漢書鄧后紀言后志在典籍不問居家之事母嘗非之曰汝不習女工乃更務學寧當舉女博士邪故事也碑又云真卿童孺時蒙君教下又有延壽王孫賦及造化篇五都賦等文其後銘中亦有教我音辭王孫五都之句蓋魯公早孤家廟碑言自蒙伯父泉允南親自教誨舉進士故夫人在室亦嘗教以讀前人詞賦也碑



題額稱夫人爲顏君而不曰氏者蓋內其姑而不言氏以尊之耳故文中亦皆稱君又碑文長而紀事甚詳者亦重親親之道與家廟碑同一體格也自韓柳之文行乃有潘昂霄輩据以言墓銘之例於是後人務以簡略爲高古不知所貴乎文且託諸金石者原欲表其事實以垂於久遠若寥寥數語籠統不詳又何取而足重哉如魯公此碑及家廟碑豈反不可以爲例者邪餘詳王侍郎書中 古泉山館金石文編

魯公書碑多四面環刻如宋廣平碑家廟碑及此碑皆是也萃編但見陰陽兩面未見兩側故所錄未全碑既磨泐而拓本又復麻沙即兩面中亦多遺字今以全拓本與魯公文集參校其可識者以大字爲別泐處則據集本旁註碑與集俱缺者則用方圍至集本萃編間有誤字則據碑正之公高祖思魯祖昭甫父惟貞兄闕疑皆娶於殷殷履直及其子成己亦兩世娶於顏碑所稱太夫人殷氏昭甫之妻公之祖母也萃編以爲公自敘其母非是夫人葬於開元廿六年其時魯公方三十二歲此碑題銜曰行湖州刺史則在大歷七年以後十三年以前公任湖州時追立也 筠清館金石記



萃編所闕吳氏筠清館金石記陸氏金石續編皆嘗校補之茲據拓本勘訂具錄如右吳氏陸氏所誤亦載於下拓本所闕以吳氏所據集本補註於旁王氏云魯公集不載此文吳氏所據之集本於碑陰鑿空處絕無一字之存則即据碑增輯者然必舊拓本也賴有此以補碑矣銘詞內德盛才無之憮審碑似是从女之嫵姑从吳氏作憮刻石墳阿之刻碑已損闕瞿氏跋語所謎作勒未知孰是標題夫人之下并序之上尚有六字諸家均作一碑字未細審也末一字左旁从金尚可辨識其爲

銘字無疑弟三字似是姑字又似君字萃編列大
麻末今移次於大麻十三年之前

明覺寺尼心印記

石高一尺一分寬一尺八分十八行行十七字末行空令刻得石年月識正書時帶行筆在西安貢院

一切如來心真言文不錄

明覺寺持律比丘尼心印記

粵以梁國郡高氏合息有女如雲匪我思存是大道之法象爲真如之律身知涅盤之安樂表世界之苦空返迹潛道歸戒至尊道尊德貴　殊亡神守律虛院三年化躰躰氣去至劫劫生天緣住来依仏仏連聲悲夫魄無華月之光魂有法明之至故以法華之理而歸妙爲乃以大麻十三年歲次戊午正月戊申廿七日甲戌於上都西長安承平鄉瞻仰至尊俯臨仏位爰命下才斵石刻記

同治四年秦中重修試院掘得此石嵌明遠樓東壁尼不詳名寂化後喬氏命記之撰書皆不著人斵即斵字之别體五經文字云斵經典相承作斵此又變作斵

羅羿洞薛公造阿弥象讚

高三尺八寸廣二尺五寸廿一行行三十一字字徑七分正書在富順



刾史兼殿中侍御史　薛公敬造石阿弥像讚并序

團練判官將仕郎前試秘書省正字侯總上

大聖不可得而見後之□□□儀形或範金或刻木或黼繡藻繪寓厥法身是崇瞻仰夫金則鑠木則黼黼繡藻繪倏然成空徒竊因緣之名深乖久竟之義粵若貞以全璞不亾不□據連□以示現與□地而終始則此龕石阿弥陁像在焉誰其尸之緊我邦伯公□澄降趾河汾丕承令緒德禮相顧清明自持建旗施父母之恩執簡勵風霜之操遠夷是附□吏波逝昔荒堵成安居變萊田爲嘉穀寔　相門之良屑　王國之令臣復□迴向真宗勤求上善剖濤白之俸資莊嚴之費爰稽厥初之考制□梵侶相宜□師獻藝梯絶壁鏟蒼苔載琢載磨無晝無夜大砰掏以雷落小忽霍而星飛坎坎之聲雖非擊鼓冲冲之狀頗類鑿氷會未逾時寶相斯□精微擬於神造敬信協於人謀德水寶池似生淨觀白鶴孔雀將出□音誰悟幽□道場□同遊樂世界維二菩薩左右儼如靈姿融融暉暎廣座先是落澗有□石□磴有廢木石則如礎者如鎮者木則任棟者任棟者公命携僕以負之購良工以營之石以禾高階木以架危閣一則雲矗一則砥平永忘燥濕□□□□□

□□□□所謂□有之無□多益寘徵　公之逵識宏
量其孰能臻玆　猗歟□人以□□□也圖卞以□□智
也儆福不私已仁也夫如是宜其□享天祿□□□□
□龍□光令問長□總職　忝司戎亦嘗讀舊史氏祇命
授簡多媿□□□□□□□
□聖□□　□□□□□　□人□□　□□□□□　縈
尒鏡澈　赩然霞張　□□□□□□　□□□□□
□長　位斯□□斯厚　羕福田之充溢下空　固□
□□□□
大厤十三年二月廿一日　楊夏字仲答書□勘



桉明統志馬腦山在富順縣與淩雲山相接西北
諸山惟此最高有二巖一曰北巖下有羅漢洞內
有石佛五百羅浮洞疑即其地

無優王寺寶塔銘大厤十三年四月廿五日萃編載卷一百一

成寶誠成誤　敏瀼瀼誤復　賡賡誤以輔之字缺之　大周西字缺西　埴
以營之字缺　埴　月□□□孤字缺孤　日分來往過往缺日来三字

揚州大都督段行琛碑大厤十四年閏五月十三日萃編載一百一

天興縣二字缺天興
流濬源濬誤　其人焉　君字缺焉　爵爲　望姓字缺爲　方虍　穴字缺虍
元昆字缺元　因剛　慈字缺剛　洎王　宦字缺王　揚且字缺揚　子獲奉
缺子獲二字　同缺同穎字　天翔　塵缺翔字　單正缺正字　亮三節一二三誤
御七　戎缺七字　成軍成誤咸　昆則　然缺則字　紀功缺功字　庚午　翔
缺午字

舊唐書段秀實傳行琛洮州司馬碑云既鹵鄉試高
標甲科簡脩獨耀於錦衣從事仍屈於黃綬不言所
授之官亦敘事之疏平津讀碑記

李同系結銜稱天興縣尉新唐書地志天興本名
雍至德二年曰鳳翔仍析置天興縣寶應元年省
鳳翔入天興元和郡縣志云至德二年分置鳳翔
縣永泰元年廢仍改雍縣爲天興縣與地志不同



夫人樂平狄氏樂平屬太原府元和姓纂狄伯文
官至中書令樂平侯將軍夫人其伯文之後歟

改修吳季子廟碑連額高七尺六寸廣三尺二寸五分廿行行廿九字徑一寸正書兼行體方界格篆額題改修吳延陵季子廟記九字在丹陽

攺修吳延陵季子廟記

前試大理司直張從申書　信都魏涛海篆

有吳之興也泰伯讓以得之有吳之衰也季子讓以失
之爲讓之情同而興□之體異何哉泰伯之讓讓以賢
也故周有天下而吳建國焉季子之讓賢以□也當周

德之衰而吳與邦焉或曰非所讓而讓之使宗祀泯絶
而不血食豈□能賢斯可謂知存而不知亡者矣夫治
亂時也興亡運也故至至而不可却□終而不可留黄
河既濁阿膠無以正其色鹽池斯鹹弊厳不能甘其味
與夫□濁亂之世召力勝之戎讓與爭孰賢乎易曰知
幾其神則季子之見可謂知□矣季子之明可謂知進
退存亡而不失其正矣至於聽樂辯列國之興亡審□
知世數之存没挂劍示不言之信避國保無欲之貞故
有吳之祀寂寥而延□之饗如在元風可想至德興歎
美之詞拓人其萋表墓著嗚呼之篆向微德□兩至則



夫子不復虛二歎焉詳其精義被物鈎深致遠之旨烏
可究其津涯□窺其牆仞哉是知讓之爲德德在於生
靈不獨其子孫明矣國有祀典人懷□思定忝列藩條
欽崇懿範于以加敬嚴乎閟宫別閨壼之內外正衆神
之序□舊以泰伯之廟在於蘇臺而制季子之祠像設
東面非由典禮諒無取焉必□正名於是乎在祈報旁
奠贊幣宜列於軒廂春秋禮薦俎豆當陳於正寢俾□
像者識賢人之遺風可律審度者知經德之禮秩無差
末學陋詞不足頌其仁烈寒来暑往敢用同於紀年時
大唐大厤十四年歳己未八月戊戌朔廿七日甲子正

議大夫使持節潤州諸軍事守潤州刺史上柱國賜紫
金魚袋新拜尚書戸部侍郎蘭陵蕭定字梅臣記
今人得九成雲麾宋搨本輒競爲至寶張從申在當
時原並駕馳驅者也猶云北海倣大令尚病歆邪從
申則無此況屬唐搨未曾翻刻瑕玗什襲豈僅什伯
於兩搨哉張孝思謹識右刻在碑尾記字之下
歐陽公甚薄張從申書然故自不惡雖未足與李北
海齊名而今世可見者惟此記而已亦所當寶惜也
記爲潤州刺史蕭定撰按史定字梅臣瑀曾孫以見
惡於元載而外遷後朱泚反詭姓名爲張誕不浼於



賊則其人固大有可稱者金石文鈔
金石錄有目無跋以爲十月所刻案碑云八月戊
戌朔通鑑目錄是年七月戊辰朔九月丁卯朔則
戊戌朔之爲八月無疑趙錄蓋傳鈔之誤也碑尾
有張孝思題識蓋重刻本也趙琴士録此別閨壼
之內外別誤作列仁烈缺仁字廿七日缺日字尚
書戸部侍郎缺尚字并脫書字

李陽冰天淸壂甯四字

拓本二紙每高五尺一寸廣二尺四字字長徑二尺四寸許篆書署款四字行書在金華學一覽亭

天淸壂甯　李陽冰書

右刻舊在金華縣光孝道觀今移置縣學一覽亭金華傳有少温篆書北山及赤松子大字今皆不存此碑亦經後人覆刻故書體豐茂乏生動之趣兩浙金石志碑爲後人所鐫不見年月兩浙金石志附列於乾元二年縉雲城隍廟碑後今附大厤末壂兩浙志誤刊作壂少温篆書尚有紫陽洞天生公講臺二刻未得拓本

八瓊室金石補正卷六十四終



# 八瓊室金石補正卷六十五

太倉陸增祥撰　男　繼煇校錄
吳興劉承幹覆校

唐三十七

## 舜廟碑

高一丈二尺五寸廣六尺十八行行四十字字徑二寸八分分書年月一行正書字徑二寸三分額題舜廟碑三字字長徑七寸篆書在桂林北關虞山

舜廟碑并序

□議磨缺七字郎中上柱國韓雲卿撰

□議磨缺七字府長史武陽縣開國男翰林□□詔韓



秀實書

京兆磨缺七字冰篆額

帝舜有虞氏姚姓諱重華帝顓磨缺七字瞽叟之子廿以孝聞卅堯□□□□授堯之禪丁酉法堯禪禹在位五十季南巡狩崩磨缺七字一百一十有二箅聖德磐□□□靈魄遊乎無方南人懷思立祠禱祭歷夏殷周秦拒磨缺七字享奠不替大厤十一年下空皇族隴西縣男燕御史中丞昌磨缺七字地虔祗統命肅龏神寺□□□□圮狹隘朽陋不足延降聖靈迎致恭恪齋服祭罷不磨缺七字邀福慢禮有里巷蠻夷□□□□於

州佐縣尹曰上有陽崖陰竇下有迴潭伏溜風雲磨缺七字
之伏處□乎僊駕蔭庥□□□不□□邃神將退弃
因以俸錢增新繕故崇垣峻宇磨缺七字庋興□□成臥時
昭章□□□踐□□□兢愼恂懼肅然無不加敬牲
□既諮巫祝磨缺七字然□□□誠簫鼓既歆俎豆斯撤神
□人悅優然如受其福是歲寇賊殲平年穀登稔磨缺七字
祉官□長老顒刊琢表識以詠懿烈□辭曰下空
惟虞禪夏夏德斯淪更般歷周磨缺七字尊帝□莫宣祀典
空存祀禮無聞於□　皇家踵芙虞唐篤生湣□
□品□同下缺八字原空三格實缺五字古偉□穆穆宗臣祗愼肅龔



廣廈增□展禮竭忠人神胥會風雨晦蒙三千年閒禮
幣贄通西原寇平南畝有年祀事報功皇靈降臻德化
□□攻戰自剋旻旻農耜我勤乃□日月遊焉悳知
帝功天人同□□存影會誠感昭通肩□窒□□
□播芙蕃億千載　大唐建中元年□□□□□月
景寅朔二日丁夘下缺

右舜廟碑韓雲卿撰韓秀實書李陽冰篆額歐趙陳三家皆未著錄王象之輿地碑目稱靜江府有虞帝廟碑唐李陽冰篆而不載撰書人姓名于奕正金石志以爲韓雲卿撰又不及書篆者皆攷之未審也明嘉靖中豐城楊銓題五言詩隸書鑱刻於石磨毀中央百餘字然雲卿秀實姓名具在篆額上冰字亦未損琬琰雖缺猶當與赤刀大訓並陳兩序也粵西石刻以此爲最佳而收藏家多不著錄李素伯由潮陽令遷靜江郡丞爲予搨致之潛研堂跋尾

按大厤十一年李昌巙脩舜廟韓雲卿撰碑韓秀實隸書李陽冰篆額建中元年三月二日立石歐趙陳均未之見輿地碑目云李陽冰篆不載撰書人姓名且第言篆不言篆額一似陽冰所書之碑天下金石志云韓雲卿撰而不及書碑題額之人訪碑錄載二



韓撰書又不及陽冰篆額潛研堂金石文跋尾攷据加詳但未審修廟之爲李昌巙也碑文五百餘字石泐七十餘字中央爲明嘉靖閒楊銓刻詩磨毀十三行每行七字今可辨者三百數十字辭凡十九韻三十八句篤生下至碑□缺十四字以韻句合之止缺十一字其三字乃原空格也大厤十一年皇族隴西縣男兼御中丞昌下闕以平蠻頌證之卽巙字也宗室世系表昌巙荆南度節使檢校工部尚書從後官階也元至正二十三年劉傑所撰舜廟碑云肇修於唐觀察使李公昌夏誤以巙爲夏也又云文之者禮

部郎中韓雲卿則知此碑韓雲卿結銜郎中上爲禮部也碑末書大唐建中元年□□□□□月景寅朔二日丁卯通鑑唐德宗建中元年庚申正月丁卯朔二月丙申朔四月乙未朔則三月朔爲丙寅元年下所鈌益歲次庚申三凡五字也道光五年冬瞿老友臨海洪州判頤煊於廣州得此拓本以贈金石續編

蘇中丞既貽平蠻頌復以此標本見惠是近時新拓者去紹聞先生時已歷四十餘年石又加泐拓亦不甚精且多剜棄之字賴續編可以據補也然續編鈌訛亦復不乏遜褔下慢字誤作慶陽崖陰



實誤作陽虛陰實迴潭伏溜誤作洄潭洑溜此數字均極明顯不知何以致誤度誤作慶俎豆上鈌𣪠字殲下鈌平字叓殷叓誤作夏無閭鈌無字皇家誤作皇宗日月誤作日用悉據石本正之二韓署銜以平蠻碑證之雲卿銜議上是奉字議下是郎守尚書禮部六字秀實銜議上是朝字議下是郎守梁州都督六字然與續編所言鈌七字者不符恨未得整本也舜古作𡕥古尚書作𦕙而陽冰此額作𦓐與說文古尚書均不同陽冰故好爲變體者年月一行正書諸家均未言之　光緒乙亥得精拓整本又校一過磨鑿處就第十六行横絜之實鈌七字

獨秀山題刻二段在臨桂

獨秀山石室記高一尺五寸七分廣二尺五寸廿六行行十三字字徑七分正書間雜行筆有界格

獨秀山新開石室記

監察御史裏行鄭炢齊

城之西北維有山曰獨秀宋顏延年嘗守茲郡賦詩云未若獨秀者峩峩郛邑閒嘉名之淂蓋肇於此不籍不倚不騫不崩臨百雉而特立扶重霄而直上仙挹石髓



結而爲膏神鑿嵌竇呀而爲室𨜒滓可遣幽偏自新滕縣岑𡨴人無知者大厤中御史中丞　隴西公保鄣南服三年政成迺考宣尼廟於山下設東西庠以居胄子備俎豆儀以親釋菜雖峻阯可尋而蕪薄未剪公乃自常從以上夙拓荒榛而授事爲力無幾得茲宂焉閟而外廞隘以傍遠立則艮其背行則蹟其腓於是申謀左右朋進畚鍤壞之可跐者布以增延石之可轉者積而就階景未移表則致虛生白矣豈非天賦其質智詳其用乎何暑往寒襲前人之略也亦由士君子韜迹獨善懿文遊藝不遇知己蔑明則遂蒿向晦畢命淪

悟鹽車無所伸其駿和氏不得成其寶矣篆刻非龍□
庶貽後賢建中元年八月廿八日記
右刻在臨桂獨秀山讀書岩案昌夔官此土至是七年矣嚴欵備舉桂之學實創於此昌夔劍州牙將耳乃能興起學尤爲難得又案大唐傳載云李昌夔爲荆南打獵大修妝飾其妻獨孤氏亦出女隊二千人皆著紅紫繡襖子錦鞍韉此郡因而空耗今施設如此不類所言小說不足深信也 廣西通志 金石畧
案建中元年鄭叔齊撰獨秀山新開石室記記稱隴西李公者李昌夔也獨秀山之名肇於顏詩宋書本



傳顏延之字延年少帝時出爲始安太守領軍將軍謝瞻謂延之曰昔荀勖忌阮咸斥爲始平郡今卿又爲始安可謂二始記云嘗守茲郡始安郡也始安郡三國吳置晉宋因之宋明帝改郡爲國曰始建齊復郡梁置桂唐爲桂州始安郡卽今桂林府 金石續編

孟簡題名 高九寸五分廣五寸二行行字不齊字徑一寸三分餘次行較小正書左行
刑部員外郎孟簡
元和元年二月三日
孟簡題名在讀書巖簡新舊唐書皆有傳劉玉麐曰幾道官刑部史傳失載而韓昌黎詩集有之此石刻足以證古案韓文集注云簡字幾道德州昌平人以新舊傳攷之未嘗爲刑部史豈逸之邪新傳言其爲倉部以不附王叔文徙他曹或卽刑部邪考叔文用事在順宗時僅一年次年卽元和元年與題名正合其來桂林不可攷韓詩有云今君軺方馳或因使事至此邪 廣西通志 金石畧

景教流行中國碑 建中二年正月七日 萃編載卷一百二
景 作景 下同　无元 元誤以爲 廟諱字　元風　元化　元宗　體
元 俱與上 同誤　後天 後作後　騰口 口誤 刊□
碑稱大秦國有上德曰阿羅本唐會要作波斯僧阿



羅本波斯卽大秦國本號長安志作阿羅斯斯誤 平津讀碑記

宣城尉李夫人賈氏墓誌
高一尺二寸五分廣一尺五寸二十二行行廿五至廿七字不等字徑五分正書
大唐故宣州宣城縣尉李府君夫人賈氏墓誌銘 并序
夫人諱嬪字淑容長樂人也其先晉唐叔之後因別封而族焉遠祖誼以文傳長沙桓王漢帝賺之前席洎王莽末奭祖復以創命功遂圖雲閣旌表之其本仁義沐文質守忠信者亘亦多矣祖王父藝易州遂城縣令王父元操洺州洺水縣令烈考彥璿朝請大夫閬州刺史

皆種德前烈温〻其恭澤流子孫世濟於美夫人妙閑
閫壼明練威儀婉娩潛會於徽容工巧寔資於柔德有
行之歲儀鳳于飛聞既見之詩而誓心永畢公隴西人
也舉賢良授宣城尉其餘官晉刻於別傳故不書遂能
宮徵調和塤篪韻睦奉蘋藻而脩盥饋朝舅姑而事組
紃嗺〻喈〻闇唱必和豈圖旻天不吊殲我良人夫人
感恭姜之遂孤痛顔子之不幸至哀而哭不在夜居喪
而動必合禮遂□其節潔其名守其嫠矣以從父之弟
任於茲邑回臻爲又能恤孤弱以慈睦天倫以孝優遊
自得喜怒不形詎謂六極俄鍾遐齡不享以建中二年



二月十二日寢疾奄終於趙州元氏縣之官舍浹旬銜
哀舉門共痛春秋七十有六無子有張氏女一人泣血
毀容殆將滅性以其年三月廿三日窆於七義原擴祁
也合防之志今則未從同穴之言他年□復從子文則
哀追懇到寄詞于石銘曰
於昭祖宗　誕膺明哲　爰洎夫人　克勤祁節　人
欽嘉行　族滿休聲　心存大順　志潔孤貞　嘉行
伊何　合於內則　休聲伊何　軌儀不僣　物終歇
滅　道有湮淪　哀〻孝□　盡我生人　一閟泉壤
万歲千春

後一千三百年為劉黃頭所發
是誌道光三年出土自唐建中二年至此祇一千零
四十三年與誌末所記年數不符蓋書誌者好異為
之不足怪也廣韻賈姓出河東周賈伯之後春秋國
名攷唐叔虞少子公明封於賈晉滅之以爲狐偃子
射姑采邑故云別封而族漢賈誼以單閼之歲在長
沙作服鳥賦單閼卯歲也文帝前六年歲在丁卯史
記漢興以來諸侯年表文帝前六年爲長沙靖王吳
著四年漢書吳姓諸侯王表作吳産吳芮傳作吳差則誼所傳者乃長沙
靖王誌云桓王誤也誌中世字不缺筆虎下虎字缺



中書賈氏父彥璿嘗爲李無慮撰誌古誌石華
右墓誌銘從子文則撰其名不見兩唐書銘後有十
二字云後一千三百年為劉黃頭所發道光三年有
縣人如其姓名者耕田得之志敘夫人長樂人攷唐
書地理志隴右道臨州有長樂縣本安樂天寶後置
乾元後更名此疑非是蓋賈氏之郡族也元和姓纂
賈氏有長樂宛句洛陽河東廣平樂陵濮陽七望長
樂漢長沙王太傅賈誼之後十代孫襲居武威孫翊
魏太尉生機長樂令隸相州此賈氏為長樂望族之
緣起也夫人之曾祖及祖名無攷父名亦不見兩唐

書而元和姓纂濮陽賈氏有工部員外郎賈彥璿姓名相合惟歷官及縣望不同未知是一人否志稱曾祖爲祖王父亦他碑所罕見又敘李君隴西人舉賢良授宣州宣城縣尉而不書李君之名新唐書宰相世系表隴西李氏無爲宣城尉者其名蓋無可攷云常山貞石志

右墓志廿一行首行廿七字後稍參差正書字徑二三分末後低五字許題後一千云云十二字雖欹稀而稍大然玩其字體頗佳與前志同出一手不似後人添鑿僞跡惟計自建中二年辛酉至今道光十七



年丁酉亦止一千五十七年可知術家之言妄爲其語以惑人耳攷賈姓本出於唐叔之後皆奉漢長沙王太傅誼爲鼻祖唐書宰相世系表謂誼之後翊爲魏太尉生駙馬都尉璣自武威徙長樂而元和姓纂列賈姓有長樂一望則言璣爲長樂令故此墓志云夫人長樂人也又云王莽末裔祖復以創命功遂圖雲閣攷後漢書賈復傳乃南陽冠軍人元和姓纂及宰相世系表皆不數其人且復初於王莽末爲縣掾後起兵自號將軍從更始歸漢中王劉嘉遂見用於光武建中興之功封膠東侯加特進則志以復爲裔祖但混舉王莽末創命功而不言光武時封侯似皆非是古人稱曾祖爲曾王父而此志云祖王父亦屬罕見其曾祖藝祖元操考彥璿名皆不見於宰相世系表惟姓纂言其姓有濮陽一望首舉工部員外郎彥璿似卽其人或其後歷官至閬州刺史而林氏書失攷耳據志言李府君官宣城縣尉先卒而其名不詳夫人於建中二年二月十二日終於趙州元氏縣官舍春秋七十有六無子以其年三月廿三日權窆於七義原又云從子文則哀迫懇到寄詞于石而其前言夫人守嫠以從父之弟任於茲邑因臻焉則文



則當卽元氏縣令之子名矣攷宰相世系表趙郡李氏東祖後有祖歆隋總管府長史子德珍孫文則穎州司倉參軍其名正與志合則所云從子者當是李府君之猶子也古婦人稱已兄弟之子爲姪蓋夫人無子而其時尚未立後耳志銘亦當卽文則所作文詞頗雅潔字亦不俗北方古刻之佳者也唐以前人每取黃頭爲名見後魏張猛龍碑陰及北齊董洪達周費氏王妙暉等造像記而我吳近年有於城內干將坊治屋者掘得唐貞元時龔夫人甎刻墓志亦云祖諱黃頭黃頭二字以黑頭公例之猶云黃髮也乃

取老年有壽耳據貞元墓志可知唐人尚有黃頭之名宋以後無聞矣然則此刻題劉黃頭者必是當時流俗之語惟所言發冢歲數已不相符則劉黃頭亦必是隨口渾造之姓名未必今實有其人而相傳乃云掘得者果稱劉黃頭益妄信邪說傅會不經之談耳古泉山館金石文編

右李某妻賈氏志在元氏縣署志弟十一十四十六十九二十等行行末字已不存弟十十十二十五行行末亦僅存半字可辨本仁義上常山志缺石刻存左旁貝字石華作則當不誤天不吊上石華



作昊葢敬避改字節上石華作貞則以意補者審之殊不相似六極下常山志作娥石華作俄審之初刻作娥後改作俄當作俄舉門下兩家俱作共合於內下兩家俱作則據以偏注於旁他年下石華作奚此亦以意補者爰洎之爰常山志誤作愛哀哀孝下常山志作子志文明云無子則作子者固誤石華作女恐亦以意補入耳夫人之父名彥璿黃氏謂即撰李無慮誌者案李無慮誌彥璿結銜稱工部員外郎則即元和姓纂所載之濮陽賈氏彥璿也未必即夫人之父官職族望均不符合

撰文者名文則瞿氏謂當是李府君之猶子而以宰相世系表趙郡之李文則當之案此志作於建中二年上溯武德初已一百六十餘年李文則之祖欽尚是隋官則其孫當是武后時人時代不符毋庸強爲牽合且志前云以從父之弟任於茲邑當是夫人之從父弟非李君之從父弟文則即元氏令之子是夫人之從子非李君之從子不聞呼夫之兄弟謂從父兄弟也文則姓賈不姓李也又夫人之祖列銜洺州洺水縣令攷新唐書地理志洺州屬縣六無洺水豈臨洺縣曾改名洺水而史



家未及致詳邪又肥鄉下云領清漳池水二縣會昌三年省池水入曲周疑池水即洺水之誤容再攷之夫人之父列銜閬州刺史閬州本隆州先天二年更名彥璿爲刺史當在元宗時爲李無慮撰誌之賈彥璿亦在元宗時疑即其人惟族望何以不同邪

張孝忠山亭再葺記

高五尺一寸二分廣三尺一寸五分廿六行行存四十五六字行書篆額題唐易州刺史張公山亭再葺記十二字在易州

大唐光祿大夫試太子賓客使持節易州諸軍事兼易

州刺史充高陽軍使兼御史中丞符陽郡王張公再葺
池亭記
判官兼掌書記朝散大夫行司士參軍王璿缺
上谷古之郡名昔韓魏列土郡郎燕國南都之地也邵
王霸有幽荊雄據朔易殆秦并天下朝市淪替漢魏已
降空餘缺侯或封地為城樹□藩屏曰舊臺榭濬為池
沼□□以壯邑都也今茲山亭乎為陳跡稽之□代考
諸典建則圖籍不盡缺風雨所蠹傾頹靡葺
我故相國司空贈太傅李公自首除姦臣秉節恒岳地
方千里帶甲數萬擇良將以惣戎任良牧以守郡得



御缺下陽郡王張公曰孝忠剖符于茲逮今三祀
戊午歲天作霪雨害於粢盛人多道殣邑無遺堵
王之來也其一之歲缺郭理疆場緝逋亡卹鰥寡窮
問疾苦坐不安席志通鄰好憂人阻飢使屢空之家無
不自給負米之孝知其所歸況徵斂缺輸納重輕之法
人吏一變姦欺絕源老幼相攜歸府如市此乃事不師
古抑謂　王命惟新寇盜既除囹圄亦弥其缺以
營壘湫隘首渠□□雜處觀寺軍人部曲寄於閭閻繻
黃酷於腥羶里巷厄於爭鬬　王於是相地建營
訓以□缺□□□□□未□厥庫猶□積其軍實或時

朽蠹是以菽粒聚於桑門塵滓穢其毫相　王大葺
倉庾納如京坻營□缺景福比及三年兵自戢民自安
衆自和財自阜然後散利薄征緩刑寬疾況聽政之位
有闕　王聽補外館之地不缺王能□厚其墻垣
壯其棟宇□門可以納幣高視可以臨人甘棠肅□訟
庭無事或時陟層臺以觀雲物下西亭以玩魚缺池審
曲面勢乃匠新意革舊規必將掉扁舟垂釣□鳧鷗
獨遊邀吏則止水可為江湖一馬可齊天地向若犄師
亭士缺使文武畢會尊卑有序則斯亭也坐不得接□
□不得旋踵　我王智深天機神與心計而



能力役烏獲斧斤缺利之泉拔有害之木外益其□內
狹其流如駈鬼神着斡造化則壺中江漢在我淺深掌
上蓬萊因吾盈縮然後削培塿缺□洞之新開飾舊楹
之舊制雖奇特之狀至麗而平易之功至寡其廣也可
以迴車輿其博也足以列冠蓋幽足以棲隱缺神暇□
以言詩靜可以敘事梢梢松響耽耽柳陰長疑九秋不
知三伏夏五月　王以居
相國□□□□□□宴久之□　君父之禮
禮□□乎心□□□□□□境迴淨域地變禪宮曰
詩律儀缺下□□□□□□□□實□□□□地也

□在□□□□□□□□□□□□□□□於泉亭
□獻諸埔飧　王缺□□□□□□□□□□
□□□□□□□□□□□□□□□□□□□歲
来□□所以洩汙滂也義不有命尓缺□□□□□□
□□水西□□□□□□□□□□□□□□□□
□□□□惻隱□如此□□大□□志必盡家邦缺□
□□□□□□□□□□□□□□□□□□□□
□□□□□□□□□□□不□皆戰曾顧謂璿曰
兹郡□缺□□□□□□□□□□□□□□□□□
□□□□□□□□□□□□□而見其增佟濬抒



獨有此地郡之遺闕缺□□□□□□□□□□□□
□受　命於座末其軍州文武□寮□諸碑陰□歲
在作噩月會鵜首□戊辰功畢□缺□□□□□□□
□□□□□□□□□□□□□□□□□□郎□
□□□□□□□□□□　鐫缺

右碑題云光祿大夫試太子賓客使持節易州諸軍事兼易州刺史充高陽軍使兼御史中丞符陽郡王張公再葺池亭記而額云山亭所未詳也孝忠爲太子賓客符陽郡王與本傳合舊史以符陽爲范陽誤矣碑云戊午歲公之來也又云公剖符于茲逮今三祀而末云歲在作噩月會鵜首則立碑在建中二年辛酉也潛研堂金石文跋尾

右張孝忠山亭再葺記廿六行行末失拓四五字不等據碑文尚有陰刻寮吏姓名未得拓本錢氏亦未之見王璿下失拓潛研堂目云王璿書必不誤無撰人名末行僅存一郎字疑是撰人結銜然已曼滅矣錢氏謂碑立於建中二年從之孝忠於德宗時擢檢校工部尚書成德軍節度使此碑稱太子賓客是建中初尚未進擢也碑云相國司空贈太傅李公者寶臣也傳云寶臣以其沈毅謹詳遂爲姻家易州諸屯委以統制又云寶臣與朱滔戰瓦橋奏孝忠為易州刺史碑故有擇良將任良牧之語



雲居上寺詩刻建中二年八月萃編載卷一百五列元和四年

同前誤作同作播上缺播字暮鍾　鍾磬　鍾聲均作鐘

此刻在王守泰記石浮屠後之下截在房山王司冦所見本兩截分拓故云未詳處所碑首云辛酉歲中有元和四年范惟清等題名案元和四年値己丑後辛酉二十八年當是後來題名萃編據此一行次詩刻於元和四年誤矣此刻在開元廿八

年王守泰記之後元和四年之前歲值辛酉是德宗建中二年也萃編跋云碑書暮煙作墓煙其所載碑文却不作墓今以拓本校之碑實作暮

附范惟清等題名

元和四年四月八日范惟清吕缺惟清吕三字此下剝蝕不能定為幾字

此刻在同前二字之下軒轅偉之前一行范惟清非吉逾同時人萃編合爲一刻誤矣應别標一題按年代系載惟萃編既錄於詩刻之中即附載而識之

涇王妃韋氏墓誌



高廣行次失載

大唐涇王故妃韋氏墓誌銘序此行低一格

給事郎行河南府洛陽縣丞翰林學士賜緋魚袋臣

張周撰此行低六格

夫必有婦其尙矣先務德禮次求容功兼而有之方謂盡善不尒則不足以侍執巾櫛宜其室家故詩稱好逑傅著嘉偶非必獲是孰媲　名王妃姓韋氏蓋京兆長安人祖湜皇朝中散大夫潁王府司馬贈光祿卿父昭訓

皇朝中散大夫太子僕贈衛尉卿皆公望自達吏才兼優来以何暮見歌去以不留興詠妃即淮陽府君之第四女也自漢及今門為望族男不卿士女則嬪嬙蟬冕魚軒与時間出騰光簡諫聪晰紛綸妃蕙以為心馨其如蓝詞懿而定服紼而衷位則千乘小君行則一人猶毋雖貴無壽命也如何嗚呼享年四十八以建中二年十二月已酉薨于寢以三年二月庚申葬于原禮也存不育男孕女没無主祀執喪有足悲夫銘曰

闕右著姓　海內名家　氣与蘭馥　顔如蕣華　宜乎作嬪　于王之室　如何不淑　中路先畢　松檟交植　塗芻共来　一晝朝露　千秋夜臺　目覩原野　心傷埋沒　日既光沈　人亦薰歇　中無可欲



爲廬發掘　但恨長辞　獨歸城闕

案唐書涇王侹肅宗子始王東陽至德二載進王涇史思明陷河洛詔充隴右節度大使興元元年薨子廹延德郡王妃韋氏即公房祖湜父昭訓並見宰相世系表湜齊州刺史昭訓太子僕與誌詳略互異元和姓纂湜生昭訓誤湜為鴻可以此正之漢丞相韋賢自鄒徙杜陵至唐時定著九房宰相十四人太宗妃生紀王愼肅宗妃生兗王僴者皆韋氏又開元二十四年爲壽王瑁聘韋昭訓女即妃姊見元宗貴妃楊氏傳按

通鑑二十五年十二月武惠妃薨乃令壽王妃楊氏爲女官號太眞更爲壽王娶左衛郎將韋昭訓女潛內太眞宮中天寶四載七月册昭訓女爲壽王妃八月册太眞爲貴妃志所謂自漢及今門爲望族男不卿士女則嬪嬙也潁王璬元宗子百官正五品上曰中散大夫王府司馬從四品下光祿寺卿從三品太子僕從四品上衞尉寺卿從三品建中二年妃年四十八則知生於開元二十二年其薨先涇王三年志云存不育男孕女則知並非妃出也張周見韋執誼翰林院故事建中已後周自洛陽尉改河南縣丞又



改兵曹又改虢州司馬皆充翰林學士丁居晦重修承旨學士壁記張周大厤十四年自洛陽縣尉充建中二年改河南府兵曹參軍興元二年除虢州司馬依前充今結銜作河陽府洛陽縣丞與執誼居晦所記可以互證給事郎正八品上此石嘉慶二十五年春始見於長安市上以萬錢得之貽南海吳荷屋兵備續編金石

唐書宗室傳涇王侹肅宗第七子始王東陽進王涇妃祖韋湜父昭訓皆見宰相世系表湜齊州刺史誌稱昭訓爲淮陽府君謂其曾任淮陽故父子皆以吏才著也誌中寃作寃純作純寢作寝古誌石華

右墓志首尾共十八行參差不齊首行廿二字正書字徑五分文爲張周撰攷涇王名侹肅宗之子本紀載至德二載十二月封子東陽郡王侹爲涇王亦見宗室世系表韋氏祖湜父昭訓並見宰相世系表乃鄖王房之後表載湜齊州刺史昭訓太子僕墓誌敘湜爲中散大夫潁王府司馬贈光祿卿與表異而昭訓贈衞尉卿表亦弗之及自當以墓志爲正德宗本紀載涇王卒於興元元年五月則妃薨時涇王尚在也志不書所葬之郡縣向來金石家皆未著錄恐係



新出土者予得之吳門碑估處察其紙墨似是關中拓手恐在陝西古泉山館金石文編

右涇王妃韋氏志在長安出土舊藏南海吳氏吳氏物已四散今不知所在古誌石華潁王誤作頼王銘詞內心傷下石本殘泐均僅存左旁石華作堙沒姑據以偏注於旁然石出土時業已虧損故續編所錄亦缺右旁半字恐黃氏以意補之也志書牒作諜黃氏亦未之及三年二月庚申非七日即八日是年正月甲申朔也

慶唐觀李寰謁眞廟題記

高三尺五寸廣二尺五寸文十四行行廿一至廿六字不等銜官十行字徑六分左行下方銜名三行字徑四分並正書在浮山金鑅齋頌碑陰

皇上御宇之三祀春三月旬有八日晉慈等州都團練
觀察處置等使撿按左散騎常侍兼御史大夫賜紫金
魚袋李寶齋沐虔潔祠于神山慶唐觀　聖祖元
元皇帝禮成謁于　高祖太宗高宗中宗睿宗元宗
之眞廟靈感昭發休光動天然後登龍角昇華池陟林
巓瞻翠微見瑞栢之奇狀審稽蔦之延蔓龍鳳交貫番
于廟庭次生新枝有以表
聖祚於百万年矣　上元之意必將使茂耆貞固樹



之無疆當大厤十四年三月曾生一枝已脩圖牒當今
年三月又生一枝故知厤數昌期邈不可筭　帝
王符契自合元經實系列宗枝謀當廉察聞斯靈跡心
不遑安乃首擇吉日祇祈　尊像遂与監軍使朝議
郎行內侍省內府局丞員外置同正員上柱國賜緋魚
袋吳再和左神策軍監鐵冶使朝議郎行內侍省內府
局丞張令綰等同撿驗所植栢樹高下蔦蔓尺寸仍令
工者圖畫其形狀具表　上聞乃刻碑陰用傳不
朽

觀察判官將仕郎試大理評事武恭

觀察支使試宏文舘校書郎賀拔惎
觀察推官給事郎試大理評事兼監察御史賜
緋魚袋盧撫
攝團練判官朝散大夫前殿中侍御史內供奉
蕭齊
攝觀察推官宣德郎試太府寺丞賜緋魚袋王
文簡
攝觀察巡官宣德郎試司農寺主簿魏元膺
攝觀察巡官宣德郎前守幽州錄事參軍蕭存
古



奉義郎前絳州萬泉縣令從矩　鄉貢進上方
郢　前鄉貢明經方囬　前鄉貢明經方恭
從矩等・侍從祇謁　尊容
押衙兼殿中侍御史楊公實　衙前將金紫光
祿大夫試鴻臚卿齊志英
親事將金紫光祿大夫試少府監王元佁下三行在下方
押衙登仕郎前臨汾縣主簿呂式
承務郎行晉州錄事參軍潘昭

文首云皇上御宇之三祀後云當大厤十四年又

云當今年三月則是建中三年也

安國寺僧殘碑（存三塊高廣行字不計字徑六分許正書在登封會善寺）

德且統樿門（下闕弟一石弟一行）寺濟衆（下闕弟二石弟一行）擊蒙曰緣易

簡□（下闕弟一石弟二行）領故若男若（下闕弟二石弟二行）□埶能化人成

俗（下闕弟一石弟三行）至於奉前佛以（下闕弟二石弟三行）□天寶末羯胡

□□（弟一石弟四行）飲馬洛川恣□鬭人脅從為□（弟二石弟四行）義

智是不一姓時（下空弟一石弟五行）同其道　和尚啓（弟一石弟六行）

說三之奥旨會不二之妙門□經（下闕弟二石弟六行）因留內道

場安置（弟一石弟七行）及（下空弟二石弟七行）□佛教有曰循列駁者（弟一



石弟八行）咸得奏請以草之正法載行曠刼緊（弟二石弟八行）安國

寺大厤十三年（弟一石弟九行）三月三日示有微疾沐浴趺坐

謂門（弟二石弟九行）患詞畢恬（下闕弟三石弟一行）而言享（弟一石弟十一行）年九

九之數僧臘六十有一道俗奔（弟二石弟十行）有姪棟陽縣主

薄曰□（下闕弟三石弟二行）門人等□□罔間窮戀靡及乃相（弟二

石弟十一行）塔廟之儀孰敢專達遂權厝（弟三石弟三行）於山北寺

將有侯焉居士名時（弟二石弟十二行）已齊友愛之心猶切以

建中□（弟三石弟四行）年正月十七日自山北寺遷（弟二石弟十四行）

淸河房公琯博陵崔公渙太原（弟三石弟五行）王公縉宏農楊

公綰為支許（弟二石弟十五行）□淨歎我□殊挹定水之（下闕弟三

石弟六行）□□之峻極者矣頁輔昇（弟二石弟十六行）

右碑在會善寺僅存下截十六行復裂為三且多

殘損以文義綴屬之可讀者如此和尚居安國寺

卒於大厤十三年權厝於山北寺至建中□（似是元字）

年遷窆乃立是碑也河南通志安國寺在河南府

治南唐咸通間建據碑則代宗時已有是寺且戒

壇碑謝表亦安國寺沙門所上相距且七十餘年

非建於懿宗朝也可以證志之誤山北寺名志亦

失載金石錄目有蕭和尚塔銘正書姓名殘缺建

中元年二月立



吳嶽祠堂記（興元元年十月二十日　萃編載卷一百二）

霈霦霂（霦作霂）儒（作濡）

此記冷朝陽書元和姓纂貞元兼監察御史冷朝陽

吳人（祥案本作冷冷淪氏之後音訛為冷）李嘉祐有送冷朝陽及第歸

江甯詩（平津讀碑記）

聞喜令楊夫人裴氏墓誌

（方一尺四寸廿五行行廿六字字徑五分　蓋題楊君故夫人裴氏墓誌九字均正書）

唐絳州聞喜縣令楊君故夫人裴氏墓誌銘并序

尚書度支郎中隴西李衡述

維唐貞元元年仲冬十一月十有七日聞喜縣令楊君

故夫人河東裴氏葬于京兆之九畍原禮也裴氏其
先自周漢命氏爰及晉魏衣冠煒盛八裴之稱為冠族
歟至于隨　唐藴而不竭與韋柳薛闗中之四姓焉
曾祖友直　皇朝給事中簡要清通爵有時望給
事生子九人並以文學懿德盛於當時　祖伯義　皇
朝彭州刺史即給事府君之第四子也屢歷顯官至于
二千石元紘茂于閨閫教化布于州人烈考諱就　皇
朝大理評事重以德義聞於盛朝何才高而位卑復積
慶而無嗣神亦輔德故鍾美於二女焉　夫人即評事
府君次女也性根大孝禮自生知幼辝嚴毋之訓長習
仁姊之教是有令問光昭六姻及笄而嫁楊君君宏農
人也四代五公寔當榮耀雅有才器登于子男　夫人
輔佐周旋韻諧琴瑟楊君叶和敦敬禮達閨闈豈期風
落夭桃露萎芳蕙神理不昧泉臺已深嗚呼哀哉　夫
人伯姊嫁於吳氏吳君大秝之中爲　國元舅志注
帝室承　國寵榮伯姊居貴柔謙敦睦親族痛鮮
兄弟哀于禋祀乃與季妹形影相隨永言霜露之思乃
發筐篋之有　夫人述伯姊之志赴東周之宅由是裴
氏之三代　祖考而松檟脩焉建中歲大盜移國　夫
人東北喪朋從人故絳天遥地隔支折形兮乃不茹葷



血積憂成疾以至於瞑目哀哉吳氏伯姊遣自巴蜀含
酸護喪遠日有期陵谷攸記志于泉戶見託斯文銘曰
和氣氤氳與物青春芳為夭桃茂為淑嬪展矣淑嬪禮
誠德冨尊松之貞踰玉之素爰及笄字適彼良門婦道
光儀百氏稱云不有令姊孰茲歸妹義隔存亡名傳中
外悲彼芳質朝露何先泉扃一閟万古千年
右闓喜令楊夫人裴氏墓誌出長安土中夫人之
曾祖友直見宰相世系表云司門郎中與誌不同
要即此友直也表不載友直子孫元和姓纂同據
誌友直弟四子伯義孫就可補表之闕文誌云夫
人伯姊嫁於吳氏吳君爲國元舅者章敬皇后之
昆弟也建中歲大盜移國者朱泚之亂也夫人之
伯姊護歸夫人殆無子也其卒日亦不詳世系表
肅宗相李揆之弟名衡郡望時代相近疑即此撰
文之李衡表不言官表之闕歟

八瓊室金石補正卷第六十五終

八瓊室金石補正卷六十六

太倉陸增祥撰　男　繼輝校錄

吳興劉承幹覆校

唐三十八

爛柯山石橋詩刻

存二石一存前十六行一存後十三行行存字不一
字徑六分正書篆額題刺史韋公鐫外祖信安郡王
詩之記十四字
後三字微缺

五言　登石橋尋王質觀碁所　衢州刺史

嗣江王禕

別有經行所迥跨重巒　側身因求瘼餘徠蹤悵想尋眞



域放情恣披拂杖策聊□□□□□□□□□□色

虬幡霧中見鷹搭雲間識　薄煙羃遠郊巒峯沒歸翼仙

橋危石架幽洞□□□□□□□□□□易測二教

無先後一相平而直　冀茲捐俗心永懷依妙力

衢州刺史　韋公於石橋寺橋下以　外祖信

安郡王詩刻石記

信安郡南卅里有峻山幽谷含異　蓄靈兩崖屹峙中隧

呀黑巨石橫亘作爲洪梁□□□□□□□□□其內也

須洞嵌豁穹窿圓聯若鵬番　翼隔闕日月其外也嵌崟

揭孽鼇踞虬偃如□□□□□□□襄異狀觀視駭

慮原夫造物者將有　意乎於其閒不然何詭異之至是

肯代有樵入王質於石橋下　逢二仙弈碁偶閱終局柯

爛而返已　時移百年斯實神怪惚恍何可詳究暨有梁

開國崇尙元□乃立　爲梵剎以旌厥異自是之後代爲

佳　境塵世之士得遊造焉　聖唐開元中天枝信安

郡王再臨　斯郡　王　太宗皇帝子　吳王之

次子自　天分冑惟嶽誕靈蘊禮樂於生知以戡難爲已

任　十季分閫塞馬不嘶羽儀南宮位　副端揆其始至也

以　初封江王發軔於此其再臨也以勳列崇異改　封信

安遭姧臣貝錦出　就歸藩　之義前於此也姜茲清幽　親



將藻思雅什在壁八音淒鏘後於斯也根　其靈蹤將示

摭實乃　斵木爲局雕木爲仙對弈森然若時眞　侶可謂

開張道樞發明蒙晦者矣　王之　次三子梁國公峴融

液元化弼諧　義軒功成身退復臨斯郡　今州牧　韋

公光輔即　王之外孫又　分符竹似續嘉　績紹　王繼

公甘棠未凋膏雨相接卓絕當　世焜煌　高門簪環

舉爲清論簡策編爲典故　公　次兄光憲貞元二春拜

連山牧將欲之郡迂道以　會于信安亥隼旟於虎符之

前連鴈行於熊軾之　上寒景初霽棣華獨春人或有榮

鮮若斯之備矣懿　茲靈府齋廬同遊山苔鳴騷雲　隨露

覓遥披異迹備閲真趣想　徽容之如在愴年代之□
移
王先題詩在橋上危樓之東壁風雨所変魯魚將
訛恐或隳落堙沉德馨　公乃勒於貞石以傳不朽惟
英王播芳於昔惟　皙孫繼躅於今　輝光蟬連
前後相燭不發揚於頌述何彰示將來以　子聟前大理
評事嚴綬曾恭文進載筆從實　乃命爲記以旌盛烈
大唐貞元三年丁卯歲巳月景戌朔九日甲午朝
散大夫使持節衢州諸軍事守衢州刺史　賜紫金
魚袋韋光輔建石橋寺主卿

附
祝紳等鬬茶題名存三行行四字字徑一寸二分正書穿左五行已佚



祝紳林英劉彝錢顗梁梜鄭庭
堅熙甯辛亥會宿鬬茶
于是孟春九日

右詩刻碑在衢州西安縣南三十里石高四尺廣一尺九寸正書二十三行行三十九字上有一穿唐刻絕少左下蝕一角亡去五十餘字額上有宋人鬬茶題名八行分列左右此信安王禕仙迹詩外孫韋光輔刻之光輔壻嚴綬記之也朱竹垞謂新唐書表太宗弟一子吳王恪恪弟三子琨琨子禕舊唐書禕少繼江王囂後封爲嗣江王改封信安郡王景雲開元中兩爲衢州刺史詩題嗣江王當是景雲間初爲刺史作也予校新唐書表恪弟三子琨琨子禕今碑云信安郡王太宗皇帝子吳王之次子世次少一代文述於當時且出懿親似不當誤又言王之次三子峴復臨斯郡光輔之兄光憲迂道來會似皆摭實可信也碑書嗣爲嗣靈爲靈又爲霊偃爲偃刹爲刹美爲羡騶爲騶朽爲朽梁爲梁壻爲聟行筆絕似虞永興廟堂碑惜石已不存今就趙氏舊藏本錄之竹垞所見又有元和刺史陸庶游石橋記又有劉迴李幼卿李深謝劇羊滔薛戎六唐人詩刊成二碑留石橋寺嘉靖中尙存趙鏜脩府志具錄之今皆不可見矣兩浙金石志



右碑殘損大半僅存兩段下截均佚光緒乙亥唐藝農樹森權金衢嚴篆遺書索搨即以寄貽地經兵燹毀圯未修所得止此也阮氏謂石已不存殆當時碑已斷折未搜及殘石邪碑文缺處據兩浙金石志補之校新唐書宗室世系表吳王次子朗陵王瑋三子璹吳王琨琨子信安王禕碑云太宗皇帝子吳王之次子豈以瑋禕音同形近而誤邪碑又云王之次三子粱國公峴與表相符而李峴本傳云吳王恪孫又與碑文相合殊不可解傳言

峴龍相出爲蜀州刺史至代宗時始以檢校兵部
尙書兼衢州刺史碑云功成身退復臨斯郡正是
龍相之時疑蜀州爲衢州之誤韋光輔字光輔見
宰相世系表鄖公房昭訓之弟五子巨源之從曾
孫也其弟光憲官至太子少詹事據碑爲光輔次
兄當是表誤

劉元佐殘石

高存九寸許廣存六寸上銳槅長存四行共十一字字徑一寸三四分正書在四川豐

碑有

□劉公元佐



指風從

國盡

劉元佐新舊唐書俱有傳德宗時汴宋節度使貞元
三年三月薨於位碑當立於是時也錢儀吉跋

劉公本名洽爲汴宋節度使時德宗賜名元佐碑當
以貞元三年立距今癸卯殘石出土乎有五十六年
矣史致康識

淮南節度討擊副使田侁墓誌

方一尺五寸四周有花紋廿三行行字不一字徑五分餘行書蓋題田府君墓誌銘六字字徑二寸正書在江都梅氏

唐故淮南節度討擊副使光祿大夫試殿中監兼泗州
長史上柱國北平縣開國伯田府君墓誌銘并序

左衛率府騎曹參軍桒尌文撰

右金吾兵曹參軍儲彥琛書

公諱侁京兆府涇陽人也鍾鼎之族被于前史高祖宏
皇光祿大夫靈巽等州刺史祖崇朝散大夫恒王府司
馬父仁俊朝議大夫朔州刺史並公望驟歸德映臺閣
氷臺表節水鏡居心公惟岳降神妙秊獨秀才高捧日
詞美朝天懷百勝之謀有七擒之略故淮南節度使工
部尙書頴川陳公特迃見許殊禮相遇屈公入幕補節



度討擊副使累奏光祿大夫試殿中監兼泗州長史上
柱國北平縣開國伯且楚有子玉文公爲之側席漢有
汲黯當朝爲之正色若非功高衛霍名□闘張孰能有
此榮貴方將佐讃台階克隆元老何期智士石折賢人
星殞積善無徵奄然辭位貞元三秊七月七日告終于
江都縣賛賢坊之私第春秋五十有一未得歸其枌榆
且欲卜其宅地即以其秊八月四日歸葬于江都縣山
光寺南原之塋禮也公孝德純深風表墻仞舒卷風雪
之際從容淮海之間挺生不群保此全德一朝休息平
生已矣豪粱之上無復魚臺仲蔚之園空餘榛棘嗚呼

哀𢧐乃爲銘曰
森然秀氣欝尔嘉猷彎弧月滿長劍星流蕭蕭蔽門稜
、、霜氣日耀金戈雲連鐵騎南陽菊散西鄂芝沉摧殘
壯志埋沒雄心琴覆弦寬書埋簡落平陵松樹潁川石
墎曠野蕭條悲風穿竇

江都鄉貢士梅植之獲石道光壬寅六月記在標題并序之下
道光丙申三月揚州灣頭鎮治河夫取土出四石吾
友江都梅植之過之載以歸洗滌讀志文乃知爲唐
節度田公及冀夫人墓遂封土立碣以表之後此修



志乘者補采入書庶幾可永其傳焉是年七月予來
揚州梅君出示四石記始末安吳包世臣書刻誌蓋左方邊款上

誌敘先世有高祖而無曾祖後冀氏合祔誌云曾
祖宏唐故光祿大夫驃騎大將軍靈冀等州刺史
然則此誌高祖乃曾祖之誤特不言驃騎大將軍
耳濠梁作豪梁案濠州字本作豪元和三年始改
從水貞元初尚未改也琴覆弦寬不作系旁猶知
古字碑中楚有子玉數語雜糅不倫非能文者

武陵主簿桑粤墓誌

方一尺五分廿一行行廿字字徑三分正書

唐故朗州武陵縣主簿桑公墓誌銘并序
試左驍衛兵曹參軍劉震述
公諱粤字粤受姓命氏編于史册曾祖克誠　皇朝左
羽林軍長上祖瓌　皇朝江夏郡司馬父倩　皇朝試
廬州長史公閥閱勳華世爲顯族博究書傳達不因人
肅政推能歷有梅香之任清規迥秀服稱時輩虛心應
物士歸雅望天寶五載奄從大夜夫人太原王氏東都
閑厩使知古第三女也聡惠柔順賢和早彰笄歲移天
主公中饋既諧琴瑟鸞鳳和鳴居公之喪弃膏捐粉敬



依佛道齋戒爲心訓子孀儀親姻仰則天寶末賊將祿
山掩有河洛乾元之中思明繼禍中原鼎沸塗炭生靈
十室九空人煙斷絕少有疾疢遂至膏肓辛丑年中十
一月而卒攢窆洛城南𨒂秋第從時宜也日諸月諸廿
餘祀愛子曰初朝散大夫試鴻臚卿累　朝忠臣佐輔
戎幕盪滌邊羯拂勳群醜功逾衛霍計拔艮平久俟通
年獲此龜吉以貞元五年八月廿一日歸祔河南縣平
樂鄉先君禮也頃家盡産卜宅從儀恐陵谷難常刊石
將爲不朽詞曰積德餘慶　福垂後昆　高門是封
龍虎風雲　先君傳城　孝婦新墳　千秋万古　盛

嗣存存

按文此誌爲王夫人歸祔而作標題只敘桑公者例固應爾也夫人卒於辛丑十一月乃上元二年是年九月去年號故但以干支紀之至貞元五年歸祔已歷廿八年矣主薄不從竹之簿尚存古意慧作惠齋作齋傾作頃皆同音假借朽作朽石刻中恆見焉

隴右節度使李元諒功德頌貞元五年十月十一日萃編載卷一百三

永圖缺永字闘鎮闘誤開以設缺設字昭應稟令缺應字屯光泰缺光字於尚可孤之壘元缺尚壘二字馳□覆少空一格顗師缺顗字



河距命□□戈鋋缺距命二字磔誤礫□謐二輔缺謐字二作三綴□令逸缺逸上二字雖周缺雖字頟聽缺聽字外等缺等字乃口口誤刊□高陽王子缺王子二字華山缺華字

下邽丞韋端妻王氏墓誌

方一尺一寸五分廿三行行廿四字字徑三分正書

大唐華州下邽縣丞京兆韋公夫人墓誌銘并序

哀子前鄉貢進士縝謹撰并書

維唐大歷十三年三月廿五日　韋公夫人遘疾終于長安親仁里之私第夏四月　遷殯萬年縣加川鄉西原時無良禮不備故也貞元庚午歲二月廿三日卜叶禮具返葬洪固鄉韋之舊塋祔　皇姑也享年卌九孝子之感倍焉　夫人姓王氏其先太原晉陽人也　九代祖亮後魏比部尚書西河郡公尚書令中山郡王叡之弟也　曾祖眞行　有唐汝州葉縣令　祖恰河南尹東都留守初爲御史正惲姦息　父毗京兆府奉先縣丞　夫人少喪　怙恃終鮮昆弟年十七歸于下邽公公　五代祖孝寬周爲大司空曾爲雍州牧其後登三台列八座焜煌　國史此不具舉　夫人惠和懿柔稟之自然故韋□門大族茂能卑以自約祇上接下而人無閒言事　姑惟勤□夭以敬踰廿載　婦道



雝如也訓子均育免懷就傅親賢慈□母儀温如也華巔不改欲榮耀不汨志安賢臣之尙貧知□□之未遇敬孟齊□梁鴻比德君子此字添注謂之無媿辞宜乎鍾壽畀□□何先露早世時□彼蒼仁者之淢嗚呼哀哉有于五人曰縝曰潔曰系曰縉曰紓免三年之喪茹終身之痛恭守儉薄爰卜　安兆封樹將立日月有時攀塗車而莫及軨泉扃以罔極恩盡　荁桌悲長霜露是用祇述　景行式揚幽芳銘曰

行備德充反藏其　躬哀子泣盡　良人室空辞　殯還鄉　魂安孝終松檟有折　慕思無窮

貞元六年二月十九日書

右墓志首尾共廿三行行廿四字正書字徑二三分志爲其子前鄉貢進士縝撰書文頗簡明而語氣直與他人撰文無別夫人王氏卒於大厤十三年三月至貞元庚午二月始葬其時韋公尙在志前題哀子及銘中云哀子泣盡與後代母歿稱哀之例同矣然攷儀禮記以哀子爲親喪通稱而王制言少而無父謂之孤孟子云幼而無父曰孤則必少幼而無父者方合稱孤之意詩云哀哀父母生我劬勞此父母皆稱哀之義又雜記言祭稱孝子孝孫喪稱哀子哀孫



儀禮士虞禮稱哀子卒哭乃稱孝子外舅潛研老人恆言錄引後漢書靈帝紀市賈民爲宣陵孝子者數十人蔡邕傳今虛僞小人本非骨肉而羣聚山陵假名稱孝桓思皇后祖載之時東郡有盜人妻者亾在孝中則漢時已以孝爲喪服之通稱此志於反葬文數語下云孝子之慼倍焉後銘中又有魂安孝終之句可見習俗相沿已昧孝之本義故其子亦不以自美爲嫌則知後代如宋人之夫亡稱孝妻妻亡亦稱孝夫之類有自來也志敘夫人九代祖亮後魏比部尙書西河郡公於史無攷下云尙書令中山郡王叡之弟也王叡終於隋見北史恩幸傳其遷尙書令進爵中山王則在魏之太和四年也傳言其先居武威姑臧叡既貴乃言家本太原晉陽遂移屬焉故其兄弟封爵多以并州郡縣此志言亮封西河郡公攷魏書地形志有兩西河郡一屬晉州云舊汾州西河民孝昌二年爲胡賊所破遂居平陽界還置郡一屬汾州云漢武帝置晉亂罷太和八年復而汾州則太和十二年置并州又在後爲孝昌中置蓋當王叡貴時尙在太和十二年前西河郡亦隸并州也志又敘韋公五代祖孝寬周爲大司空隋爲雍州牧見周書及



北史韋孝寬傳傳言名叔裕字孝寬以字行唐書宰相世系表載其爲鄖公房旭之次子下邽縣丞韋公者予曩時先得有韋公元堂志名端者即其人也端後又官陽翟縣丞及國子監主簿而致仕其卒葬在元和十五年後於夫人王氏卅年據元堂志敘夫人曾祖諱子眞皇襄州錄事參軍考眺昭應縣尉皆與此不合彼稱嗣子縝系綜紓絢此作縝潔系綜紓有潔緒而無綜絢序次亦復不同豈後又更定者乎端志不詳王氏卒之年月日云貞元六年奉安宅兆與此志合端志又稱五代祖孝寬後周大司空勛襄公

攷史傳孝寬在周歷官尚書右僕射拜大司空歿於隋文帝輔政之後贈雍州牧故此志稱隋雍州牧而宰相世系表乃稱隋尚書令非也此志文後有一行題貞元六年二月十九日書攷文言貞元庚午即六年也葢葬以二月廿三日書刻則在其前故於文後特記所書之日亦他刻所罕見繽書頗古雅惟君子謂之無媿辭句脫去子字添刻於旁據此志與端志言葬萬年縣則當在陝西而自來金石家未言及之畢尚書關中金石記亦不載道光壬午長沙友人黃孝廉本驥客關中搜集隋唐石刻七十四種以補畢



尚書所遺而亦無此志豈又近時出土者邪拓本亦已丑六月所得萬年縣加川鄉爲長安志所遺親仁里當即是親仁坊長安志謂在朱雀街東弟三街即皇城東之第一街也古泉山館金石文編

幼而無父曰孤統母而言也喪稱哀子兼父母而言也後人乃以孤子哀子孤哀子爲喪父喪母父母俱喪之別然喪母稱哀子漢碑中已有之在唐則見於碧落碑及此誌其父母俱喪以孤哀二字合稱則自宋儒家禮始前此未有也唐書宰相世系表勛公房韋氏有韋叔裕字孝寬隋尚書令即誌所稱五代祖

孝寬也表云叔裕六子其弟五子曰津津五子其弟二子曰琬琬六子其季曰季弼季弼一子曰廉廉二子其次曰端端即誌稱下邽縣丞韋公也表未載其官由端至叔裕爲五代誌稱韋公五子表僅載端子二人曰纘曰紓佚其三人古誌石華

案下邽縣丞韋公夫人王氏墓誌銘子纘撰書而韋公之名不著以元和十五年韋端元堂誌證之則下邽縣丞韋公即韋端夫人乃韋端之配此誌與元堂誌皆道光初同時出土考詳元堂誌後夫人以元和十三年追贈臨汾縣太君見元堂誌金石續編



古誌石華載此倍誤備族誤刊作放訓誤嗣知□□之未遇知誤之又祗即祇字志凡兩用石華前誤作柢後誤作初皆宜校正者也志叙夫人之祖列銜稱汝州葉縣令案葉縣於開元末年始隸汝州大厤四年復以葉置仙州是眞行爲令約在開元以後夫人之父列銜稱京兆府奉先縣尉案奉先屬同州此系以京兆府者天祐三年始屬同州也奉先本蒲城開元四年更名隸京兆府又案宰相世系表中山王氏眞葉令其子怡戶部侍郎眞即夫人之曾祖眞行也此志作眞行韋端志作子

眞表作單名眞字彼此均不符合恰稱戸部侍郎當是以戸部侍郎尹河南者志略之耳表列眞於敬之曾孫行與此誌言九代者不合并不載亮及敞兩人名疑皆表之闕譌

敬愛寺法玩塔銘

高一尺五寸七分廣二尺七寸三分三十五行行廿二字後八行字不等字徑六分正書在登封

大唐東都敬愛寺故開法臨檀大德法玩禪師塔銘并序

太中大夫守京兆尹上護軍賜紫金魚袋李充撰

禪師諱法玩俗姓張氏其先魏人也年十八學道於大照大師廿受具戒報年七十六僧夏五十七以貞元六年秋八月十三日寂滅于東都敬愛寺越十九日門弟子等奉全身建塔于嵩邱少林寺之西偏續杖執紼赴喪會葬者以萬數弟子安國寺尼法名寂然 師以志性堅操菩提心猛利故号爲精進軍即予之從母也躬議厥事其明年冬十月新塔既立將以抒門人丞蒸之志播先師元運之風俾予叙銘以示來裔曰

嘗聞拯羣迷者根乎道宏至道者存乎人至若布甘露於法林架慈舟於苦海反邪歸正化昏作明教被瀍洛德高嵩少實 我禪師其人也夫紀無相之□



□□其族譜迹無爲之教宜捨其示現故不書姓系□□□行直言祕旨用闡眞宗而已自像教東流法門宏□□戒律攝妄行以禪寂滅諸相以辯恵通無礙 禪師惣斯三學濟彼羣生或居嵩高或住洛邑道俗師仰遐迩攸歸應用無方稱物施化恵日恒照無暗不除實鏡常懸有昏斯明嘗謂門人曰正法無著其性不起苟能覩衆色聽衆聲嗅衆香味衆味受衆觸演衆法而心恒湛然道斯得矣大凡 禪師設教導人必形於行以爲法無憎愛故喜慍不見於色以爲法無分別故貴賤視之若一以爲法無取捨故齊於得喪以爲法無去來故泯於生滅是以訪道者聽言昏解觀行學成非夫心契眞如識通妙有孰能脩身演化如此其盛者歟淸川東注白日西匿歸眞於此空山杳然銘曰

嵩山之陽兮靈塔尊色身既滅兮妙法存誌此貞石兮宏教門

少林寺弟子上座淨業 寺主靈湊 都維那智褒

專檢校修塔智圓 開法道義 明悟 寶壽 臨檀智詮 臨檀義暉 惟肅 秀淸 惟淸 惟秀 道悟 幽湛 常貴 明進 智恵 照心 □□ 敬愛寺開法志堅 講律圓暉 體悟 恒滑 行滿

□□　會善寺臨檀靈珎　永泰寺曇藏　□寺臨壇
智深　靈鋭　道詮　善才寺上座法液　寺主法俊
寺主詮表　都維那迥秀　脩行寺尼寺主明詮
甯刹寺尼臨檀契一　安國寺尼志元　惠凝
貞元七年十月廿八日新塔建立　扶風馬士瞻書
清河張文湊莘刻字
右法玩塔銘李充撰馬士瞻書攷新書宰相世系
表趙郡李氏有充伊闕令宗室世系表蜀王房有
信州刺史充似皆非此撰文之李充碑刻臨壇字
皆作檀後改作壇惟臨壇智深之壇不誤瀍洛作



瀍洛

開府儀同文安王張維岳碑

高六尺四寸六分廣三尺四寸五分廿八行行五十五字年月一行正書在高陵

唐故開府儀同三司兼左羽林軍大將軍知軍事文安
郡王贈工部尚書清河張公神道碑□　□序
秘書監安陽邵說撰　前太常寺奉禮郎　□□□
書
大厤乙卯歲夏四月有星犯于北落泊秋九月癸巳大
將軍維岳薨于位　冕旒悼惜贈□□尚書申命
有司脩禮以其年十月乙酉葬于高陵縣奉政原之先
塋公聦鬛毅異□冠宏遠風儀明澈望之凝然業於武
專於學精於戰陣□於兵鈐萬人之敵也天寶末改服
仗劒北遊翊邊屬幽陵首禍安羯稱亂汾陽王郭公子
儀偉其材略引爲步將清渠之戰特拜左衛將軍党□
□德恣爲淩逼
肅宗命公以麾下敢死亟往摧之遷右衛大將軍乾元
中汾陽蕩定咸洛追鉏元惡公奮無前□勇拔棘而馳
自衛招鄴殺傷滿野加通議大夫太僕卿封南陽縣男
思明繼逆再擾東夏太尉李光弼扼河陽之險制覃懷
之寇公淩賊□□□擒魁渠矢貫其背血流被臆



聖私表異遷銀青光祿大夫試鴻臚卿李國貞總掌師
律身牧衆潰虜挾骸掠居人駭亡公□□寇盜完安郡
邑僕固懷恩之援鉞也亦仗公以心腹公閱視材力教
之引滿藝成徹札者凡二千人署曰平射營爲師之左
右先後
今聖踐極改試殿中監進封開國伯自是從朝義踰九
河梟兇馘逆曰闕凱獲拔特進試太常□進封南陽郡
公食以實封累加開府懷恩之遁封漢東郡王增封一
百五十戶充朔方都知兵馬使公以三軍無帥審於避
嫌馹歸　闕下□食四百五十戶拜左羽林將軍知

軍事公固辭爵邑之大食二百五十戶前此軍政壞蠹
習以生常有無其人而私入其食與其衣者有市井屠
沽之伍避屬所迮役而冒趍戎行者公悉罷斥歸之尹
京解紫綬而被褐衣者几千二百輩其餘慰撫字恤討
而訓之皆趫才勇悍一以當百丁憂去職柴毁過禮而
官曹之務復曠紊無章大君深惟其人莫克續奉起公
於苴絰之內俾復舊官政封文安郡王泣乞終喪抑而
不納□是圖贍軍實貿遷有無製良弓勁矢強弩堅甲
動萬萬計其長戟利劍戈矛殳鋋亦萬萬計至於經費
餘羨緡錢繒縞米塩稻麥之數算之能紀咸登于內府



實于禁倉其有斗車什器入於中者亦數十百万
上所獎重遷本軍大將軍公以天時地利　明
主之所當知也創風□氣候圖密以上獻復慮國用不
足奉私財佐軍帝益加歎曰而賜帛公始自將掖騶隨
節制幕下之碩畫公必佐焉軍中之右職公必更焉迨
□　禁掖洊濡渥澤　一人之顧問
公實參焉　九重之謀議公皆造焉錫以金券仍
畫像於凌煙閣謂享貽耇爲邦翰垣不及中身何剝喪
之速寢瘵之日　御醫結轍傾落之後中貴盈門賵
襚之數加常一等或帀唁其室或奠祭於塗其

恩□之厚也如此公外強毅而內溫至其奉親也竭力
於養盡心於疾養則問其所欲視其所膳晨昏莫之違
也疾則顉其色致其憂冠帶莫之解也雖迫以嚴命竟
從於金□而欽恨終身永痛於創鉅加以義禮接於姻
戚任恤深於子姪窶貧飽其惠孤藐忘其亡蓋孝悌之
極也本乎世系則隨齊州刺史政之曾孫皇太子家令
元濟之孫豐王府司馬贈靈州大都督履仁之子世尚
忠肅以術學理行聞蓋靈源之濬也議其祚胤則益王
府長史舅左監門衛率府錄事參軍杲太子司議郎晟
崇文生華長未及冠弱纔知方然而因心克孝率禮不



越蓋積慶之深也公視其母弟有志切於己爲家之餘
財□之後事盡委於志既而喪紀辦護豐碑篆刻皆令
季之所爲也人謂文安友愛有志弟悌張氏之業其不
替乎□日
勳臣之賢將有文安累康屯艱爲邦垣藩棼棼巨猾射
天吠主□□□□□□□　□念汾陽專征耀武
惟公憤發願從旗鼓肇自朔裔南馳關輔關輔既清復
東其牙訓澈貔虎犍摧寇虜思明繼逆再擾三河河陽
之師實制穨□桓桓太尉將定諸華怨是覃懷附于兇
邪公擒其帥勳伐居多懷恩授鉞討除姦羯翳公烈烈

遂掃逋藪汾上之潰我成其功遷難遠嫓宛□□風訓
馭北落聲華有融如何昊穹而降斯凶贈以冬官洪惟
餔終輔敳京邑堋歸渭汭精魂何之英名孰繼空留片
石萬有千歲

貞元八年三月十日建

右張維岳碑近時出土諸家均未著錄維岳兩唐書
俱無傳案李寶臣傳寶臣死軍中推其子張維岳爲
留後求襲父位爲王武俊所殺當別是一人也僕固
懷恩傳懷恩頓軍汾州使裨將李光逸守祁李懷光
拒晉州張維岳據沁州又舊書懷恩傳子儀至河中



僕固瑒已爲朔方兵馬使張維岳等四人斬其首獻
於闕下郭子儀傳懷恩子瑒主兵榆次爲帳下張維
岳所殺傳首京師維岳以瑒之衆歸於子儀卽其人
也碑稱其屢建功業洊封至文安郡王蓋以殺僕固
瑒事拜左羽林將軍改封文安郡王碑僅云公以三
軍無帥審於避嫌驛歸闕下而隱約其辭爲之諱耳
碑又稱遷本軍大將軍錫以金券仍畫像淩煙閣云
云案代宗本紀廣德二年元帥雍王兼中書令僕固
懷恩加太保廻紇登可汗進徽號功臣皆賜鐵劵藏
大廟畫象淩煙閣攷其時維岳正隸懷恩帳下故亦

得以功臣與其事焉此碑建於維岳死後七年文爲
邵說撰說唐書有傳云安陽人舉進士爲史思明判
官朝義之敗降於軍前郭子儀愛其才留於幕下累
授長安令祕書少監與碑前結銜正合筠清館金石記

維岳先世後嗣史俱無攷太子家令從四品上龍
朔二年改家令寺曰宮府寺家令曰大夫此稱家
令是元濟官此在龍朔未改之前也豐卽豐之俗
元宗子珙封豐王王府司馬從四品以下代宗子
迥封益王王府長史從四品上昭宗子祁亦封豐
王武宗子峴僖宗子陛亦封益王則均在立碑後



矣左監門衛率府當卽太子左監門率府左監門
衛不稱率府也武德五年改左右宮門將曰左右
監門率府龍朔二年改左右監門率府曰左右崇
掖衛垂拱中改左右監門率府曰左右鶴禁衛此
稱左監門衛率府者蓋後來復改亦稱衛也錄事
參軍從九品上太子司議郎正六品上崇文生崇
文館學生也貞觀十三年置崇賢館顯慶元年置
學生二十人上元二年避太子名改曰崇文貞元
八年隸左春坊有館生十五人此碑立於貞元八
年時隸左春坊也書人姓泐其名似是儁字贈□

□尚書以首行及銘詞内冬官字證之是工部二
字太常□是卿字恩□之厚似是華字實制穎□
似是牙字猷當即猷帥即帥矢即矢币即弔竪即
豎餅即餅俗作餅此又作鉼碑已斷爲兩截稍有
缺損尚屬完整

南陽張公太夫人王氏墓誌

高九寸廣九寸四分十七行行十七字字徑四分正
書篆蓋題大唐故夫人王氏墓誌九字字長徑九分
方界
格

大唐南陽張公　故太原郡太夫人王氏墓誌銘并序
前大理評事揚自政撰
夫人先夐之太原曾祖文武不墜才藝餘羡隱跡邱園
父處泰之三女也　夫人四德備身内和外睦敬上
撫下愛之六姻一念眞如脩持衆行三歸淨式滅即示
生奈何積善無徵有染来疾日月已累厚夜長辭貞元
八年二月廿九日終於京長安縣義甯里之私第春秋
七十有五即以三月廿二日葬于城西龍首原禮也嗣
子奉天定難功臣雲麾將軍守左金吾衛大將軍兼試
太常卿上柱國開國伯右神策軍副將專知苑内都巡
㝔孤女笄于高氏並號叫擗地氣絶無聲以託斯文刻
之銘記詞曰



張公之室　太原郡君　名家遠族　非晉即秦
前之与後　永閇雙春　白揚風悲　傷之見人
右南陽張公妻王氏墓誌在長安出土未得拓墨
借松坪藏本錄之義甯里即義甯坊在長安街西
其地有戴至德宅貞元二年神策軍置大將軍將
軍此云右神策軍副將副將疑即將軍左金吾衛
掌宫中京城巡警烽候道路水草之宜此云專知
苑内都巡不見於百官志

内侍王庭瓌妻扶風馮氏墓誌

方一尺二寸十八行行十九
字字徑五分正書在長安

大唐故扶風郡夫人馮氏墓誌銘并序
前邠州三水縣令史恒撰
夫人門傳高族鍾鼎承家既笄之年配于君子即故通
議大夫行内侍省内侍員外置同正員太原王公庭瓌
之夫人也　公則厲節立身忠以奉主出承　王
命入　侍禁闈累秩成勞頻遷祿位何期不壽逝我
良臣以興元元年薨於私第夫人孀居苦節脩禮從家
婉順執心三隨婦道常依釋衆齋戒有時早悟空緣脩
持眞諦奈何積善無徵德昭禍及昔掩空堂梧桐半折
今歸厚夜琴瑟兩亡烏呼哀哉又足悲也貞元八年歲

集壬申九月廿八日癸於京大甯里之私苐春秋五十有六郎以其年冬十月廿七日合祔於長安縣龍首原送終禮也嗣子德進次子德遜次子德遜晏等孤女嬀于劉氏並號絕擗地毀骨傷神痛割於心昊天何拯恐陵谷海變託石銘云
太原王公　厲節奉忠　不啚早世　禍降先甍　郡君夫人　四德能恭　生之秦晉　死之宂同

奉忠古誌石華誤作奉公大甯里即大甯坊在長安街東甯王岐王宋璟睦象先王同晊李巖宅俱在其地



鴻臚少卿張敬詵墓誌 貞元十年九月十四日 萃編載卷一百十

南□□君缺南字 押衙押誤狎 雨女雨作兩按此碑之誤

志云東都副留守河南尹裴公請命公為押衙武授堂以請為請字以裴公為晉公裴度金石萃編以裴公請為裴諝唐書諝傳未載其為東都副留守惟宰相世系表載之長女從緇是出家為尼也押衙誤作狎衙敬詵馮翊同川人萃編跋其妻樊氏志云唐書地理志同川縣屬慶州順化郡今屬甘肅慶陽府馮翊郡縣皆在今陝西同州府是馮翊與同川不能合併為一余按陝西同州府同官縣有水名同川即禹貢之漆水貞元閒或曾改同官為同川否則馮翊其縣名同川其鄉名不然則同川為同州之誤斷非以慶州之同川與馮翊强合也撰文之薛長儒書薛作薛唐人書皆如此儒唐人多書作偄此作偳則怪甚矣又裔作裦邐作遲隸作隷倐作倏古誌石華誌稱東都副留守河南尹裴公請命公為押衙唐會要中書門下奏准諸道節度使下都押衙都虞候約五年以上方得改轉押衙兵馬使七年以上方得改轉新唐書百官志節度使衙推一人其即押衙歟碑儒作偄匡作匩鯁作梗邐作遲兩作兩哭作哭皆異文平津讀碑記



裴諝為東都副留守新唐書本傳有之不獨見於世系也黃虎癡謂萃編誤押為狎而所箸古誌石華亦誤作狎甚矣校書之不易也

諸葛武侯新廟碑 貞元十一年正月十九日 萃編載卷一百二

御史缺史字

蒙輪缺輪字 讐獨夫缺獨夫二字 群書缺群字 役賢缺賢字 暗淪缺淪字

鐫字人□城□□此行未錄

竹崦盦金石目錄謂碑多改鑿如蒙燿曲譽等字

皆從明搨本校正萃編所錄似即據之茲就今本
所見者補之或非盡明本所缺也今本蒙作榮燿
作燧曆作群

會善寺戒壇記貞元十一年七月萃編載卷一百三

元同未註廟諱字五佛正缺佛字則三花缺即字煙塵缺煙字問
微缺微字高躅缺躅字獨邁缺獨字明微缺微字

泗州長史田侁妻冀氏合祔誌

方一尺四寸三分廿行行廿三字至廿七字不等字徑四分蓋題故田府君夫人冀氏合祔墓誌十二字字徑二寸許均正書四周有花紋在江都梅氏

唐故泗州長史試殿中監京兆田府君墓誌銘并序



府君諱侁京兆涇陽人也　曾祖宏唐故光祿大夫驃
騎大將軍靈冀莘州刺史　祖崇朝散大夫恒王府司
馬　父仁俊朝議大夫祥州刺史之次子也公豁達英
才氣雄志勇少參戎武累著勳業至如攻必取戰必勝
安危之難只在談笑則公之德歟世不絕賢尋拜泗州
長史試殿中監又歷諸府幕權摠職司則翰墨不能縷
載夫人清河冀氏淮南節度押衙開府儀同三司撿挍
太子賓客冀城郡王弈之長女也皆軒冕盛族令德脩
閫輔佐君子實謂秦晉耳公久主强兵壓清淮海功高
望重日冀遷榮所謂公祿及二千石壽逾百歲奈河上

天不仁屈公以短歷哀哉貞元三年七月七日寢疾歿
于揚州江都縣贊賢坊之私第也享年五十其時道路
艱阻未獲還鄉權卜葬于楊州江都縣臨灣坊之原也
積善無慶夫人小因沉痼於貞元十一年六月廿五日
又終舊室嗚呼漂然寄家親故乖遠數歲之內淪謝相
望夫人作腹不孕□又無別息以姪孫益繼副其後益
罄其餘產奉舉大事以其年八月廿七日合祔於府君
舊塋禮也慮恐歲月遷邁陵谷變移所銘貞石期於不
朽辭曰
功成業就兮身之云亡　事不可問兮悠、彼蒼　駿



馬錦衣兮淪形滅影　寶劒金甲兮沉氣銷光　孤墳
峨、兮倚雲臨水　新栢肅、滴露凝霜　親友哭送
兮從茲一別　永無遊期兮泉路何長

江都鄉貢士梅植之獲石道光壬寅六月記刻在銘詞末句之下

誌敘田氏先世云父仁俊朝議大夫祥州刺史與
田侁誌言朔州刺史者不同朔州屬河東道未嘗
改名祥州唐書地理志亦無祥州蓋誤也至曾祖
宏前誌作高祖彼誤此不誤惟光祿大夫爲文階
驃騎大將軍爲武階不知何以並授殊爲可疑

八瓊室金石補正卷六十六終



# 八瓊室金石補正卷六十七

太倉陸增祥撰　男　繼煇校錄

吳興劉承幹覆校

唐三十九

鹽池靈慶公碑幷陰　貞元十三年八月廿日　萃編載卷一百三

元𣔻𣔻作虞衡衡作馮公輿字缺輿䇺作冥勤勤誤　有署缺署字

碑陰

澎㴒字缺澎　先皇先誤元幷多空二格　王府字缺王　天久久誤人

新唐書地理志解縣有鹽池安邑縣有鹽池與解爲兩池大厤二年生乳鹽賜名寶應慶靈池皆屬河中府此神祠碑雖在安邑其實爲兩池官吏及畦戶等所建碑陰又刻靈慶公神堂記以碑後列銜考之兩池官吏有戶部判度支專知度支河中院有專知解縣池專知安邑池河中院有巡官都巡檢官勘會官檢閱官監官場官而場名則有方集常滿鹽北青鼻分雲紫泉下封資國皆可補史之闕平津讀碑記

碑陰下二截未見拓本

澄城令鄭楚相德政碑　貞元十四年正月廿五日　萃編載卷一百四

篆額題唐澄城縣令滎陽鄭公德政碑十二字

詔俞缺俞字逦泉丞缺丞字慎寵缺慎字
碑爲衛尉卿鄭雲逵書兩唐書鄭雲逵傳不載爲衛
尉卿新唐書百官志衛尉寺卿一人從三品金石萃
編謂唐書百官志無衛尉卿雲逵署銜用古官名非
也平津讀碑記

彭王傅徐浩碑貞元十五年十一月廿四日萃編載卷一百四

縣開□男□書男外三字缺
鎣䃲缺䃲字武功缺武字綏死洎缺綏洎二字詞匪躬納諫納外四字
缺直有缺有字之賢缺賢字重故外統□□內亞家外統外五字缺
祚土缺祚字土誤上敬之缺敬字九□縣缺九字洺州缺洺字左散騎



缺左字究經缺究字昇第缺第字汝州魯山主簿才山外六字缺詔
徵俾俾上二字缺賢散騎賢下二字缺文之缺文字閉代缺閉字不足
□爲缺不足二字遏周缺周字其用缺用字承箴名承下二字缺陳乞
缺乞字授監□御□丁授下三字缺服除缺服字除誤際毀濱缺毀字既
□逾年缺既字鏡照一足塵洗猶□□啓□□令□春闈
境嫗煦照誤縣餘並缺留守王缺王字詰審言□地先示□□□
穿繫番言外六字缺益雷缺益字且云祚聖難缺且難二字筆誤纂詰悉
晗其缺誥其二字充嶺南□補使□貝所南補外五字缺公□□潔
缺潔字潛杜信信上二字缺爲之缺爲字忠即缺即字德頌缺頌字少
□□轉兵部領兵部外三字缺筭作算變目缺目字嘉□方趂大任

缺嘉趂任三字外□除□州缺外州二字建旆缺旆字追寤缺追字巳信
謂信外二字缺奉□□之制□台缺奉台二字未復鶴復外二字缺奮
鞭之速之外三字缺法□咫尺法下二字缺掆管缺掆字如響缺響字
詞鋒缺詞字其才□□幽贊其下三字缺會□縣缺會字皇極乃
正缺皇極二字乃誤及獻至缺獻字兩宮缺兩字宮誤官番三接之恩缺番之恩
三字陳□□前代代上二字缺會議缺會字三千缺千字大易三駈
乙□□□惟大下五字缺近徵侯君缺徵君二字侯誤侯宗唯罪四缺宗
四字二越王□於汝南越下四字缺三進缺三字勲台臣側目□
命臣外五字缺當□□詞公抗陳曰敗公陳外五字缺不□假登
不下二字缺顧問缺問字除國子祭酒遂遂上五字缺副知缺副字政



荒殁政下二字缺伺隟缺隟字綴非公莫公外三字缺先明缺明字
鼓棹缺棹字見書缺書字請命缺請字而頓顇窮南□東而下五字
缺祥風缺祥字無舉及□者泰而流者舉外七字缺富而後教
而外三字缺來年有吏缺來吏二字其流缺其字而巳比屆宰輔□
十餘而誤即比誤北巳屆十餘四字缺相國齊公其缺相國其三字而玉□德
瑒德外三字缺瑜□爲執法者缺瑜爲者三字明州缺明字惜春秋之
巳暮之外五字缺方欲以論道之位□之其缺方道位其四字告第
缺告字公禮義公下二字缺術通世務□三□似□其道似外七字
缺忘倦草草上二字缺者一門缺者門二字自登朝特爲爲上四字缺
曲江所器忘□定契定外六字缺闕懷缺闕字代英達英外二字缺

交友後友外二字缺累登累字缺入更入字缺出擁擁字缺嗣子□
罷宰宰上三字缺東府東字缺永惟永字缺尙隱松楸末末上四字缺
功行於□貞標九□於功下六字缺朝達達字缺死喪之戚□
顚之戚外三字缺俱孝俱字缺之劾銘銘上二字缺東南東字缺强覇者
越中中上四字缺鍾鑫宏宏上二字缺和易且直明直外四字缺源合
和變律布澤仲源合和布仲五字缺淵塞塞字缺贊翊贊字缺往綏往字缺
字民痛痛誤痛孽桓桓于以伐叛以外六字缺入謂授戈我唯
唯入授三字缺其發蒙其下二字缺洛向背洛下二字缺播德播字缺
屈賁賁字缺郡□潤□潤字缺
碑稱浩爲洺州刺史贈左散騎常侍嶠之之子法書



要錄亦作洺州舊唐書傳作洛州刺史者誤也碑又稱涓貞元十五年嗣子□罷王畿之新安璲爲□府法曹參軍掾瑨玫舉進士未第伯仲之存者四人現嘗以家傳遺文敘其志嗣子名沵者即現也碑爲現書結銜稱次子朝議大夫河南府新安縣令□□縣開國□字尙可辨元和姓纂洺州刺史徐嶠之居會稽生浩東海郡公生璹現玫現泌州刺史碑不書璹者其時已卒也平津讀碑記

後有河□屈賁名重立王粲石井欄記後所題係屈賁所書賁不獨能刻弁能書也

空寂寺大福和上碑

高七尺二寸二分廣三尺七寸五分廿五行行四十七字字徑一寸行書在陝西

大唐空寂寺故大福和上碑

尙書主客貟外郎陸海撰

安國寺沙門惟暠書

水之流也微風以成其波人之生也積行以成其道木有火石有金火非燧而莫出金非鍊而莫見則知定以慧發覺爲行先淂之本無求之不有首自釋迦□傳達摩未傳於我大師矣師族于張家于豐含育在胎異氣所感誕廢弥月其目猶閉有異僧見而驚曰此西夏之



聖者當度衆累以宏大乘雙眸忽開允符授記其卝也識泯智葉意裁道牙其緇也行苦業淨福薫果孰初於西明寺精五分律後於南荊州宗大通師黙領法印潛通幽鍵大通謂師曰萌乃花花乃實可不勉矣師聞之惕息言下而悟以爲不生者生起心即妄無說是說對境皆空師淂法而還大師承　詔而至雖有靈山之別不異龍花之會無何大通屆東洛師師顧偕往大通錫以如意杖曰吾道盡在於兹以爲如意杖者比如意珠也用之不盡可教西土之衆於是我師遂留施物以安誘物以漸慈攝神鬼威伏虎狼昆虫草木罔不霑

潤景龍歲
勑授塗山寺上座嘗有神僧宴居曰後四十年間當有
勝士繼□是家事由冥契回以宿感我師應焉又授薦
福慶山龍興三寺上座皆承　天詔允從人願時
之强名於我何有後經行於聊浮東山曰思公有記生
之石豈惟南岳古猶今也此地□可終焉開廿六年五
月五日果　勑置空寂寺泉出景中花雨象
外我師未坐而見亦先天而不違岑嶺廻乎川源沃□
實爲勝□惬於所得道侶精構安國寺以　睿宗
舊邸　肅宗躍龍之所資於法器以住持也悊持



寺才遠□□又請安居□凡及聖推賤等貴久而謂門
人曰理本無礙甯繫我身物皆有終甯住於世以天寶
二年二月廿二日右脇而卧隨化□也國動悲號天地
變色八十九甲子矣六十三僧臘矣精氣已去容狀不
改眉生髮長與世殊異其年八月十八日入塔□□□
□□靈□□□水咽歸欄□□□長道之□國人哀送
是切情之終色界皆空法身不滅具天之□育□功
□□之所□□□□□□傳□□也不□者安
滑異僧而所稱焉師之教也不可以智知師之道也不
可以□□知□□□□□□□□□□□□□

□□□□爲榮也□□夫觥息念念獨證如如付屬弟
子大雄大□俱契心真僉□□□□□□□圓□□
□自在故上□□□□□□□□□□□悟□梵宮成
五佛刹入室弟子上座□福寺主□□等材以天而生
器以□而就精脩由已□□回□□也□□□□也
暫存於守□釋氏之塔猶儒士之墳□□□□□□□
在注以甘露□□人天□理□自如而相□悲□□使
大刼將□而妙教常存爰刊貞石紀其銘曰
真空□□　□□□生　□慧西方　□□東
土　□□川□　出生死苦　我師懸解



尙資於學　□□□□　□□□□　□□□
□　□□□□　□□俱□　湛然本□
怫鴿既棲　騰猿亦定　□其□□　□寺□□
□吞日月　□□□□　□□□塔　雨泣
門人　空山之巔　松柏蒼然
貞元□六磨泐不知幾字月丁酉五日辛丑當寺門人比邱
□□□□校法□持國天王寺主志澄等建
刻字比邱實悟此行字界較擠
右大福和尙碑記在關中不能實指其地後九行
磨泐不少尙可句讀而前半完善自來金石家均

未著錄出土不久也紀年曼患幾於莫辨諦審數
四始得貞字貞下似元大福卒於天寶二年卽以
其年八月入塔至貞元閒立碑相距已四十餘年
矣文內肅宗已稱廟號代宗紀號無貞字故可定
爲貞元元下六上一字已闕當是十六年也通鑑
目錄是年七月丁酉朔碑云五日辛丑亦合惟碑
云道侶精椿安國寺以睿宗舊邸肅宗躍龍之所
資於法器以主持也下云捴持寺ま遂□□又請
安居云云再下方敘久而謂門人等語則尙在大
福未卒之前開元天寶間何以言肅宗躍龍之所



殊不可解豈後來追述其事一意鋪張而臨文失
檢邪至云開廿六年脫一元字則它碑亦已有之

清河郡夫人張氏墓誌

方九寸六分十八行行字不齊字徑三分正書

唐故清河郡夫人張氏墓誌銘幷序

京兆府進士裴同亮撰

貞元十五年十一月十二日夫人張氏奄歿于長安縣
懷德里之私弟夫人張氏府君賈秀曾孫游擊利休之
愛夫人宿丞令族天与其惠柔儀雪暎志行松操至於
織紝蓍餗奠祀之禮厚情周物絲竹通妙皆稟生知出
爲時則泪玉笄耀首至德全家求之美地嬪于張氏秦
晉有疋鳳凰其儀鏡鸞無而雙影臨栢舟泛而中河嬪
爾乃服其院濯皷其琴瑟內閑外恭安親惠下宿寤之
容有節螽斯之慶大来懸婁之妻從夫孟軻之母訓子
方俟同年也嗚呼精善無微疾也有作山林倅色泉路
何迷夫人春秋六十有已貞元十六年葬于　兒
女四人孤紡鳥行泣血白烏祥至風捌不停神道昭感
天之明察海琢撫視摧慟惜蓂莢之早落興言異室冤
挂月之先沉哀悼之明傷骨肉持封石宇永同天地之
長海變桑田遷言恭　墓誌銘



堂々府君后族之良灼々夫人宗室之光疋若秦晉睦
若潘陽琴瑟堦々鳳凰鏘々宜尔偕老万壽無彊如何
昊穹今也則亡重泉幽閟無見日荒壟白楊坐蕭飂

右清河夫人張氏墓誌裴同亮撰誌但云夫人張
氏而不見其夫之姓銘云堂堂府君后族之良當
是王姓昭德皇后之族人也然先云夫人張氏後
又云嬪于張氏殊不可解書出匠工之手不成體
格謬誤極多序末既未刻全又刻墓誌銘三字於
下銘詞每五字空一格最爲無理餘如私第作弟
奠作萸稟作稟鳳凰作鳳凰舞作無浣作院匹作

疋鼓作皷穷宛之穷作宿黔作黟從作從積作積
徵作徵悴作悴㓜作紉鴈作鳥感字少兩點英作
英睦作睦憎作培㚖作吴不可勝紀中河娟之娟
不知何字之誤朋當是腸字之末成者春秋六十
有已蓋作文者未審其實但云六十有幾以俟書
刻時之補政而匠人乃以已字入石矣葬于下空
格不書亦作文者留以待補而匠人遂不作一字
矣書刊庸劣殊無足取然非後人僞造也以唐刻
存之

軒轅鑄鼎原銘貞元十七年二月十日萃編載卷一百四



并序缺并字 一金氣術缺氣術二字 鑄冀徒
勤缺僊勤二字 泰原缺泰字 猫書脫貓字 亞亞作亞
碑陰
刺史陳郡史下多兼御史中丞五字二月癸□朔十日缺二癸十三字此行之前
一行似尚有進玉石珮表草缺玉石佩草四字而詳缺而字獨此鼎原
缺鼎字回循缺回字專知官缺專字對穿穿深缺對字深誤將石是一
片穿時爲土工所損缺石片穿爲土工損七字此處缺處字今穿穿誤幸
微臣遺缺微二字臣二月缺二字張傑缺張字王遇缺王字
鑄鼎原碑陰分三層第一層載碑銘釋文□州刺史
太原王顏撰華州刺史陳郡袁滋書舊唐書良吏傳
袁滋字德深陳郡汝南人與碑題稱郡合其出爲華
州刺史傳書在貞元十九年後今此碑當十七年已
爲華州刺史矣案德宗紀貞元十六年三月壬子以
尚書右丞袁滋爲華州刺史潼關防禦鎮國軍使紀
與傳不合以此碑證之當依紀十六年爲是此碑十
七年題銜華州刺史爲得其實傳作十九年誤也第
二層爲王顏進玉石册表草有撿算麻帝紀云云案
舊唐書經籍志有年麻帝紀二十六卷姚恭撰此表
稱麻帝紀疑即其書五行志載寶麻二年五月神策
軍修苑內古漢宮得白玉牀以獻此記王顏所進玉



既請付史館志竟不見錄當以其附會非實故也第
三層題名以舊唐書職官志攷之縣有鎮遏將不見
於史鎮遏多屬使職而此云將疑官職後有增設也
同十將之號史志亦無文易州刺史田琬德政碑右有十將兵馬使之號
廂副將不載其屬何衞案左右武衞威衞及領軍衞
各左右廂隊而官設隊正副隊正則威衞領軍衞有
之然則右廂副將其即副隊正與金吾衞內執戟未
分指爲左右得此乃知執戟五人以左右各分之共
爲十人也授堂續跋
李氏殤女孫孫墓記

方九寸四分十九行行十九字字徑■末行空正書在陝西

## 趙郡李氏殤女墓石記

殤女李氏趙郡高邑人也小字孫〻〻年十六貞元十七年十一月廿二日遘疾終於長安永甯里之旅舍以十二月三日窆於萬年縣高平鄉西焦村之南原從權禮也　曾祖父諱畬　皇國子司業贈太子賔客祖諱承　皇正議大夫撿校工部尚書兼潭州刺史贈吏部尚書謚曰懿子歷淮西道淮南道黜陟使河中道山南東道湖南道節度觀察都防禦都團練等使父藩祕書省祕書郎殤即藩之第三女也忩尔稟天之和而聰明



孝友得禮之節而恭敬廉讓奉上順下動無所違吾身苦病尔之疾畏吾之知吾家苦貧尔之欲忩裹吾之知涫性感人逮此增痛〻〻莫及矣哀如之何唯俟于吉時歸葬于故國祔　我先塋之松栢從尔孝思而已矣銜涕書此用安幽魂〻〻而有知鑒我誠意貞元十七年十二月三日祕書省祕書郎李藩記

從父涫書

右志近時出土父記女墓而署款系姓與爲人作銘無異未當也李承唐書有傳湖南通志職官卷僅載其爲觀察不言兼潭州刺史新唐書云趙郡高邑人不詳其先世宏簡錄云祖至遠吏部侍郎父畬國子司業早卒與碑合惟碑云贈太子賔客則所未載耳至碑云正議大夫云兼潭州刺史贈吏部尚書謚曰懿子云都防禦都團練等使皆史傳所失載可以證其闕漏也碑云淮西道淮南道黜陟使河中道山南東道湖南道節度觀察傳云淮南西道黜陟使云河中尹晉絳觀察使改山南東道節度使云河南觀察使或詳或略悉無不合傳又云大理事爲河南採訪使判官貶臨川尉除德清令擢監察御史遷吏部郎中碑皆略之敘述



先代固所宜爾史傳不及後嗣而藩別有傳藩字叔翰父承爲湖南觀察使徐州張建封辟節度府以杜兼誣奏詔入都帝望其狀貌曰是豈作亂人邪釋之拜祕書郎事在貞元十六年後拜門下侍郎同中書門下平章事爲李吉甫所譖罷爲太子詹事明年出爲華州刺史未行卒贈戶部尚書謚曰貞簡此誌作於貞元十七年故云祕書郎也至宰相世系表云鵬字至遠璧州刺史畬字玉田考功郎中開元中爲考功郎中見宏簡錄承山南東道節度使藩作潘亦不言相憲宗宰相表載之外誤多矣宏簡錄云李

藩字叔翰曾祖至遠祖畬父丞爲湖南觀度使餘
與唐書同稱遠者以字行也承作丞誤

淨土寺明演塔銘

高一尺八寸二分廣二尺三寸五分三十五行序銘廿五行行廿三至廿九字前後不一字徑四分下方姓氏三十三行行字不一正書在鞏縣

唐故禪大德演公塔銘并序
鞏縣尉楊叶撰
明經劉鈞書
如來滅後五濁惡世厥有悟欹上乘者即我大師歟大
師俗姓柳法号明演累代家於相州湯陰縣幼而溫敏




長而良逸蘊顏子德昇孔氏之堂天寶季擢明經第寶
應中調補濮州臨濮尉後遷濮陽丞清能肅下威能慴
豪芳名振於齊魯之間孰出其右因詣方袍士語及無
生喟然歎曰萬法歸空一身偕幻瑣瑣名位曷足控搏
遂投紱掮璽適于京師時□□都知兵馬使檢校御史
大夫王翽鶴奏曰前件人棆官入道樂在法門今因
章敬皇后忌辰伏請度爲僧　詔曰可乃緜名於洛
陽縣敬愛寺因具戒於嵩岳壇場厥後口茹一麻身衣
百納洞達五方便探賾多羅雖思代居粱仙啚在趙
方茲蔑如也興元初延長定覺念定舍郍七八年間歷
抠開法龍象鱗萃冠盖雲集濟濟焉鏘鏘焉得其門者
或寡矣欻思振錫步及於鞏縣淨土寺　縣尹隴西李
公閑泉夫人吳郡張氏礼足歸依虔心諦聽淨財珎服
捨而勿悋由是景附響和者不可勝筭非夫慧日懸空
寶炬破闇其孰能臻於此乎且迴出四流既遠離於煩
惱遷成三點徒示相於涅盤以貞元十七年二月五日
整三衣掩一室□然坐化容皃如生四衆漣洳奔走纖
路俗齡六十有九僧臘三十有三門弟子淨土寺主智
德律坐主常隱神昭寺三綱寶燈堅志如印等因心起
孝扶力議事言於同學曰不建塔曷以旌盛德不刊石




曷以紀高行謀之既咸同不率從衣還朔縞素疊委泉
穀交積傭工度地梴埴爲甎不傷財不害人格于十旬
傑其高跱以明年春繩牀趺座歸于厥中左邇名區前
臨清洛浮雲朗月松櫝飂飂叶從宦於茲嘗陪高論援
毫含欷遂作銘云
於休上人偉皃昂藏遺榮濮上練行嵩陽淤泥自濁荷
花自□澄思一室聞名四方了悟真詮門人駢闐雙林
遽變孤砮空懸屹立素塔遐對清川憧憧行路孰不悽
然

大唐貞元十八歲次壬午正月廿二日建

僧弟子等　僧常湛　如寶　惟正　師德　義嵩
惠穿一以上列　恒義　元通　智深　元應　志安　寶
珎列二　尼弟子寶詮　智燈　元一　堅秀　惟堅
澄心列三　淨滿　真見　靈思　常□　道堅　□真
四列　惠英　趙海　常進　廣恩　珎寶　常秀列五
法立□在常進下　堅滿　堅政　廣濟列六　造塔匠梁榮
璨　鐫字焦獻直
俗門人等　李秀　王幹　馮景　賈秀　白仙鶴
馬進　馬宰　王昇　車仙　曹榮　薛詳　梁興
張端　李滔　劉玉　□望　游善　石玉　王寬



游進誠　張昌　張翼　擅□　張元素　張□　楊
旻　□□　翟季華　女弟子等　威嚴　真藏　常
清淨　智藏　蓮華藏　政□　常不輊　嚴正　不
若智　□□　菩提海　□□　觀自在　圓滿　福
莊嚴　尊勝　旃檀□　阿妙　□自在　擾曇　寶
莊嚴　滿藏　寶光明　法海　蓮花藏　花鮮　四
无量　燕女　功德山　淨□　柔調

石淨土寺明演塔銘楊叶撰劉鈞書衲作納說文
無衲字玉篇衲亦作納

殿中侍御史韓弇妻韋氏墓誌

方一尺一寸八分廿四行行廿
三字字徑三分許正書方界格

大唐故朔方節度掌書記殿中侍御史昌黎韓君夫人
京兆韋氏墓誌銘

夫人姓京兆韋氏尙舍奉御說之次女也年十三執婦
道於昌黎韓氏府君諱弇自後魏尙書令安定桓王六
世生禮部雲卿郎中禮部寔生府君進士及第朔方節
度請掌書記得秘書省校書郎累遷殿中侍御史貞元
三年吐蕃乞盟詔朔方節度使即塞上與之盟賔客皆
從其五月吐蕃不肯盟殿中君於是遇害時年三十有
五夫人時年始十有七矣有女子一人其生七月而孤



夫人之母前既不幸矣夫人以其女歸於其父弗數年
其父又不幸夫人泣血食貧養其子有道自慎於孃節
行愈高雖烈丈夫之志不如也猶有董氏伯姊繼衣食
仁之焉不數年董氏姊又不幸夫人於是天下無所歸
託矣殿中君從父弟愈孝友慈祥貞元十六年以其女
子歸於隴西李翱夫人從其女子依於李氏焉降年短
命三十有二貞元十八年八月甲辰卒於汴州開封新
里鄉之魚村其明年正月辛酉李氏以其喪葬之於陳
留縣安豐鄉岡原殿中君之先葬於河陽惟君之歿不
得其喪夫人是以不克葬於河陽而獨墳於陳留弗克

祔於殿中君之族而依於女子氏之黨以從女子之懷
權道也且將有待也殿中君文行甚脩位甚卑沒於玉
事初禮部君好立節義有大功於　昭陵其文章出於
時而官不甚高殿中君又無嗣嘗聞諸君子曰位不稱
德者有後禮部君曷爲然哉於是叙其弱女之悲以識
於墓門銘曰　女子之生兮七月而孤所恃者母兮夫
何辜天蒼蒼兮不迴生幾時兮終日哀

右殿中侍御史韓弇妻韋氏墓誌當在陳留出土
文叙韓氏先世云府君韓弇自後魏尙書令安定
恒王六世生禮部郎中雲卿禮部寔生府君校宰



相世系表黃耇生茂字元輿尙書令征南大將軍
安定桓王此作恒王與表不合表云雲卿禮部侍
郎此作郎中亦不相合疑皆表之誤表叙雲卿只
一子名俞官開封令孫三人夫人之夫名弇無子
當是俞之弟也可据以補表之闕元和姓纂陳留
韓氏本潁川人棱後徙陳留唐禮部郎中韓雲卿
是韓弇望出陳留此云昌黎韓氏者舉其舊望與
文公之自署昌黎者正同夫人葬於陳留正韓氏
故籍特不得合祔於河陽耳姓纂雲卿稱郎中合
以此誌知表作侍郎者其誤無疑

侍郎竂題刻三段在湖南永興

路恕李吉甫題名高一尺三寸四分廣一尺二寸一分十行行七字字徑一寸四分分書末一行二字

清河□路恕體仁朝議太夫前守郴州刺史李吉甫貞
元十九年歲次癸未拾月戊寅朔弍十四日辛丑蒙
恩除替歸赴　京闕長男紳次助絾從行鄉貢進士羅
造裴　一題

右路恕李吉甫等題名八分書十行在永興縣侍郎
竂恕字體仁京兆三原人大厤八年從父嗣恭討哥
舒晃授檢校工部員外郎德宗朝出爲懷州刺史遷



鄜坊定歙觀察使坐事貶吉州刺史以右散騎常侍
致仕卒贈洪州都督見新唐書路嗣恭傳後吉甫字
宏憲贊皇縣公李栖筠之子以蔭補左司禦率府倉
曹參軍貞元初以太常博士出爲忠州刺史改郴饒
二州憲宗朝爲相贈司空謚忠懿見新唐書李栖筠
傳後此題名蓋即其官郴州刺史時也案吉甫子名
德修史稱其亦有志操寶厤中爲膳部員外郎張仲
方入爲諫議大夫德修不欲同朝出爲舒湖楚三州
刺史附見吉甫傳次即衞國公名德裕武宗朝名相
宣宗時貶崖州司戸參軍卒懿宗詔追復太子少保

衛國公贈尚書左僕射史別有傳題名云長男紳次男緘玫紳乃中書令李敬元曾孫有詩名時號短李元和初第進士武宗朝爲相封趙郡公後辭位以檢校右僕射平章事復節度淮南卒贈太尉諡文肅穆宗時官右拾遺翰林學士與李德裕元稹同時號爲三俊德裕當國擢浙東觀察使緘乃德宗朝相義陽郡王李抱貞子官至殿中侍御史二李皆非吉甫之子疑題名所云紳者即德修緘者即德裕殆初名本與之同後乃改易耳路恕不稱官清河非路姓郡望下又空一字不可解其題名作一行在李吉甫銜名前文理不甚相屬然隸書結體大小及行款字數皆合似是同時所題末題進士羅造袠袠當即書字然於漢人碑刻未見古泉山館金石文編

湖南通志脫京字袠作袠皆審未的也書本作書此省下日字而小變之耳後尚有一題二字通志未載疑後人所刻

梁褒先題名高一尺三寸四分廣一尺七寸七行行七字字徑一寸二分分書末一行字徑八分正書

朝散大夫使持節郴州諸軍事守郴州刺史賜緋魚袋
梁褒先因行舂經此石室續勒修鐫元和弍年五月十



日先記
西羌安常皎鐫

案梁褒先郴州志職官未載湖南通志

右梁褒先題名八分書後正書一行在永興古泉山館金石文編

通志缺修鐫鐫字西字曼患據通志補之題名末單稱先字與浯溪柳宗直題名單稱直字同近人重勒則補一宗字矣

韓泰等題名高一尺一寸五分廣一尺四寸七分九行行字不等字徑正書

朝散大夫守睦州刺史韓泰　子胥鄉貢進士裴旻
男師仁　男懿文　右泰長慶元年三月自漳州刺史
授郴州四年六月轉睦州八月九日泝流之任　雾士
嚴行立同行　黃萬書　安政興鑴

右韓泰題名正書九行在永興縣泰字安平順宗朝王伾王叔文用事陰結天下名士泰與柳宗元劉禹錫等皆諂附之憲宗立皆貶謫遠州史稱泰有籌畫爲伾叔文所倚重能決大事以戶部郎中神策行營節度司馬貶虔州司馬終湖州刺史附見新唐書王伾傳其任漳郴睦三州刺史傳皆不載蓋略之也古泉山館金石文編

旻湖南通志作文誤

太倉署題名碑

高二尺三寸六分廣二尺一寸七分卅四行行字大小均不一正書

朝□郎行太倉署令上柱國馬髙 貞元廿年正月十四日授 勑頭身□ 保人邢良 趙□

郭彥 趙頲 李倫 王鏻 張𪄔 缺

朝議郎權知太倉署令上柱國趙寬 貞元廿年正月十四日授 勑頭身爲 上缺 杜□ 陳□ 郭太逸 皇甫良 馮彩 劉俶 缺

朝□郎缺不辨字數 太□署丞謝文達 □元廿年正月十四



日授 勑頭身爲 上缺 □川 曹□ 蕭宅

李思進 成文秀 張再誠 缺

上缺 太□署丞山鉞 □元廿年正月十四日授 勑頭謝文達 上缺 李□ 李鄑 程昇 梁蓬 史華

田臻

文林缺不辨幾字 □□廿年正月十四日授 勑頭馬髙 上缺 □永 田士良 王鄖 馬頎 戉士洸

王闖 趙濟

上缺不辨 上柱國李□清 貞元廿年正月十四日授 勑頭馬髙 上缺 徐倫 趙溢 王政 王意 劉㬹

江

朝□□□□太缺約八字演 □元廿年正月十四日授 勑頭馬髙 上缺 □如珪 □復 梁清 杜昕

馬沉 种嵒 張炭 姚㝢

上缺約四字 太□署□飛騎尉李鄄 貞□廿年正月十四日授 勑頭馬髙 上缺 張迪 党少幹 馮林文

李嗣 盧瑶

上缺不辨 太倉署□丁楊□ □元廿年正月十四日授 勑頭謝文達 上缺 郭逑 □宇 竇良 劉英

李繼宗



上缺不辨 嚴□□ □□□年□月十四□授 勑頭馬髙 上缺 徐□ 缺 尹宏 張□ 王縱 張宝

蘇昱

上缺不辨 業□ 貞□廿年正月十四日授 勑頭馬髙 上缺 劉□ 董道 成良器 姚友 王朝㻞

張褒 房頲 張演

上缺不辨 董萬迪 貞元廿年正月十四日授 勑頭馬髙 上缺 來榮 唐誠 施令則 劉季卿 左晟

栁冕

上缺不辨 □□□□□月十四日授 勑頭馬髙

缺上 韋□　王季武　盧倣　臧㓜相　張瑶
呂佐
上缺不辨 地□□廿□正月十四日授　勅頭馬喬
缺上 □玉　藺冲方　阮青　鄭艮　李進興
樊昱
上缺不辨 □□□□□□月十四日授　勅頭馬喬
缺上 左淋清　金□　梁惟直　宋榮　師宙
陳琮
上缺不辨 太倉署缺約三字李□□　□□□□□月十四日授
勅頭馬喬　缺上 郭政　劉暉　劉艮稡　□進



□□　賈頤
上缺不辨 太倉□□□□□□惟政□元□年正月十□□□
勅頭馬喬　□人張瑲　□□　趙述　陳鐈
王銳　趙□　劉遜　薛晃　李鎮　周玟
唐書百官志太倉署令三人丞五人監事八人有
府十八史二十八典事二十四人掌固八人此碑
所稱勅頭者史所不詳馬喬趙寬謝文達下並注
云勅頭身爲山鉞以下十四人下注勅頭謝文達
者二勅頭馬喬者十二是勅頭即令丞所充者矣
令丞諸人同日授任者殆隨例更調如期改換歟

史載令丞監事十六人碑有十七人列銜缺泐惜
無可考各有保人十人當時制度然歟楊□上見
一丁字亦不知何職豈事之殘字歟
劍州長史李廣業碑貞元廿年十一月十三日萃編載卷一百四
德者福之宗缺宗字□堯缺堯字我景皇帝帝字空若太□
汲廿方受勾□之地太誤作夫缺地字叶平勃以定國缺叶字勃字
至道元氣缺至字上元未註廟諱字以□百能缺百字會
天子有事缺會字勉而就列缺勉字□曺參軍缺曺字陝王
府興軍陝字空體道冲讓□聞政□□□□以服　先□
□□之□□抱闕之祿故秩重六百缺讓聞先之秩重六七字對有



懿德缺對字於　君爲忠缺君字中歲缺中字動□禮節缺動
禮二字力能扶心缺扶字□至滅性甘淡食溢缺至食溢三字衣裳
外釋缺衣字信及友朋缺及友二字優游樂道缺優游二字公之盛
德盛誤成臻大年登貞位缺大年貞三字□僕少卿缺僕字金水間
秀缺金水二字克固磐石次子若水缺克若水三字無通事舍人□
材□度□肇豐盈儆巡缺通事材度肇豐盈儆八字丕構之緒缺緒字
衣食贍京師雖蕭何□□缺京雖何三字師誤作歸任仁爲重缺任字
樂潛下位缺潛下位三字書以□□缺以字封表盡禮缺盡禮二字
碑稱公之元孫錡今任浙江西道云云新唐書李錡
傳大約如碑所言唯不載銀青光祿大夫檢校禮部

尚書兼御史大夫銛拔在此碑後四年平津讀碑記
海州刺史上是隋字方受勾□之地勾下似吳字
□僕少卿□州刺史僕上是太字州上是汝字元
子□□是國貞二字□申建中上是甲字然已泐
矣光光顯顯弟二字碑俱作〻萃編則㬎一字
千佛寺楚金禪師碑貞元廿一年七月廿五日萃編載卷一百四
四十八入入誤八金繩繩作繩乚觀乚誤正八青蓮八入誤尔曹尔作尒
蔛驗驗作驗荼茶作茶竺竺作竺鶴鶴作鶴契元元誤以爲廟諱字弥彌作弥礼礼作念
禮

仙人室陸羽題名
高七寸廣一尺一寸六分五行字徑一寸七分正書在樂昌西三里泐溪岩
朱□宗　秦邕　熊知　范容　陸羽
陸羽題名在仙人石室中古傳鴻漸嘗水至此輿地碑目
題名五人以陸羽冠之者依輿地碑目爲標題也
鴻漸入粵莫攷其時率於貞元末年當即据以爲
次近金石家皆未之見海琴搜拓見貽粵東金石
略載泐溪樞室二字相傳亦羽所書又有宋余靖
李宗儀等題刻二段均未搜得

道州殘石
石存一角四行行字不一字徑一寸五分分書在道州



尚書
許子
君子之清
即命玐而
道州有廳壁後記刺史呂溫撰湖南通志僅存其
目云文見道州新志呂溫爲刺史當在貞元年閒
此刻疑即是也當覩道州志檢文一校之

左驍衛將軍陳義墓版文
方一尺三寸六分十九行行十九至廿二字不等字徑七分行書在諸城劉氏
大唐故昭武校尉守左驍衛將軍上柱國陳公墓版文
并序
前行左司禦率府倉曹叅軍侯銘撰
公諱義字興厥初以大舜之裔侯于陳而氏焉敬仲已
還不常其所今又爲河東人也王父克同列考福皆讀
叔夜養生之論慕蔣詡斂迹之風淯素自高跡于榮祿
公屬天寶季祀猲胡干紀溉仁爲勇移孝作忠徇定遠
之從戎期征虜以効節頃之官至左驍衛將軍策上柱
國累有功也尋入居環衛載睦親朋方趣無生以得真
先依有相而宏法割田蘭之產罄俸祿之資齋筵列於
㙅州僧徒畢至香翰寫於元籍唐本無遺允矣知身

是勿而況於財不亦達乎將禍庶類而況祖考不亦仁乎春秋七十有二弥終遘疾永貞元年十月六日卒于上都金城里之私第於戲嗣子叔甯年齒尙幼夫人河南邱氏夙有淑德□于壼範公之善功皆夫人佐成逮今茹荼飲泣庀于窆事以其年冬十二月二十有五日庚申葬于長安縣龍首原禮也銘曰

尙忠好仁載經籍　公實兼之成懿績
作善精魂當有適　順時松檟斯冪冪

河南邱頹書

右左驍衛將軍陳義墓版文案宰相世系表陳義官少府少監是別一陳義也金城坊在長安街西里即坊也



八瓊室金石補正卷六十七終

# 八瓊室金石補正卷六十八

太倉陸增祥　男　繼煇校錄
吳興劉承幹覆校

唐四十

## 劉氏張夫人墓誌

方一尺一寸二分十七行行字不一字徑五分蓋題劉府君張夫人墓誌銘九字並正書在江都王氏

唐故南陽張夫人墓誌銘并序

夫人張氏其先陳留郡開封縣人也今摽時望移家淮楚今遂揚州江陽縣人矣曾祖峴慶性廉儞風規可則門摽仁孝名立其德祖潛風雲稟性忠孝立身能混於世居然自眞父洽運務忠幹奉公克懃才聞八座位忝孔隣夫人即公之第三女也三儀遠著五德流鄉意能柔順貞明內儀纔始登笄旋歸彭城劉氏自結秦晉氛蔚婦礼舉挍之風入室綢繆豈絕荼姜之礼夫人承大家之餘訓受母師之典教何圖天奪斯壽魂魄上昇體掩泉門歸于逝水粤以元和元年八月六日奄終于江陽縣崇儞坊之私第享年卌有九夫人育子一人曰士舉夙承雅訓早著令名哀號泣血哭踊気聲即以其月廿五日窆于嘉甯鄉五乍村礼也故刻茲貞石永為記之銘曰

皇天不仁　殲我慈母　浮雲往来
清魂何去　不見慈顔　空悲風樹
灑淚瀝血　朝〻墓二
元和元年八月廿五日記
丁丑四月揚州鄉出墓誌五石一甎三劉一顏一
陳一董王源甲得之藏於家余覓之未得也庚辰
七月汪硯山寄詒乃編錄之諸誌所敘坊里之名
有崇儒仁風布政贊賢鄉村之名有嘉甯五乍可
備修方志者所採　誌不詳夫人之夫以劉通誌
證之知即通也



國子祭酒鄭伸碑
高六尺廣三尺廿六行行五十三字字徑一寸正書篆額題唐故鄭府君神道之碑九字在洛陽
唐故朝請大夫守國子　缺
武昌軍節度管內支度營田鄂岳沔蘄安黄等州觀
察□□□使銀青□□□□□□□□□□□□□
□□試□□□□　刺史御史大夫上柱國潁川郡
開國公韓皐撰
書曰臣之有猷有為有守　帝則念之易□
貞固□以幹□□□足□和□□□□□□□為□
□艮臣吾見於大司成矣公諱伸字君舒其先榮陽開

封人□錫祉自周命氏啓鄭詩□□□□□□□□□
□□□□□□□□□□□曾祖元□　皇千牛衛長
史祖丞　皇朝散大□河南縣令贈大理□□父□
□　皇□□□□□□□□□□□□贈□部尚書公
郎□□也□□□紉推其溫敏志學之歲試太子典設
郎次□太常寺協□□□□□□□□□□□□□□
□□□□□□于□□□□神□□□□公以明恪奉
使搜揚樂工始自三川達于五嶺□□□□□容管
經略□□□□□□□□□□□□□□□□□□□
□□□□□□□辦觀察判官書王皐節制山南署節



度參謀授□□□□□尋□□□□□□□□□□□
□□□□□□□御史鄂□□□□□續以本官權
刺蘄春貞元十八年授朝散大夫鄂州刺史兼御史□
丞鄂□□□□□□□□□□□□□□□□□□□
□□□□□國子祭酒公以仁方白衷智圓將事餝之
以文學行之以浚明交□□□□□□□□□□□□
□□□□□□□□□□□□□□□□釋□□拜
□察轂旌旆入圓雍自羊徂牛禮之順也衣朱拖紱科
之炎也□□□□□□□□□□□□□□□□□□
□□□□□□□勞上自□邸下至西塞長江千里負

壖四郡壓吳蜀之首尾鎮江海□□□□□□□□
□□□□□□□□□□□□□□□□常□師山
□崎嶇陂霈滮廣邑落無制提封不盤隣里有巖險之
遥比屋□□□□□□□□□□□□□□□□□
□□□□□□□□□□異政以擅與公既莅心衎然
逃職內懷靜難之志外有方事之□□□□□□□
□□□□□□□□□□□□□□□城□□□無
不知李将軍之簡易便入程衛尉之酉臧秉律史臣俱
以為善□□□□□□□□□□□□□□□□□
□□□□□幽祀敬敷五□□其遠大本於愼固貝無



加入費周成師裒多益熏斷長補短□□□□□□□
□□□□□□□□□□□□□□□□□□□□
衛荊苟完之道也朝資函丈之訓入居敎胄之司方闈
辟中之書□□□□□□□□□□□□□□□□
□□　長興□□□第亭年五十有九　詔贈禮
部尚書褒成績也以元和二年二月二□□□□□□
□□□□□□□□□□□□□公□亡礻□□塋
禮也有子伏童季姑荼穉慕以泣公之季曰倏任太常
寺協律郎□□□□□□□□□□□□
□□□□□□□歸□□□可謂綽有甚裕豈止飛而且

嗚以余授鉞啓行繼組為□□□樂石□□□□□□
□□□□□□□□□□□□□□□□□□□□
□□詞□
兮旋承姫　勤王恊晉　夢蘭紹慶　緇衣祉□　□
□□□　□□□□　□□□□　□□□□　□□
□□　□子司成　仕通三揖　沠越千齡　有壬有
林　世祿□鄉　雷□不□　□□□□　□□□□
□□□□　□□□□　□貂寵□　頒條訓俗
戩穀有位　隼旗十乘　熊軾六轡　融□□樂　□
□□□　□□□□　□□□□　□□□□　□□



□□　于嗟滕公　化吳子棄　□葬於周　新阡臨
穎　地□卜洛　山□□□　□□□□　□□□□
□□□□　□□□□□□　以畢白駒之項　神
理□□□□　□□□子有炳

朝請大夫鄭府君碑元和二年韓皐撰金石補遺碑
在許家塋東十里許老莊中州金石攷
朝請大夫鄭府君碑隸書碑文磨滅黃叔璥云元和
二年韓皐撰不知何据趙魏云是新鄭郡君鄭氏碑
中州金石記
右國子祭酒鄭伸碑首行守國子下缺泐文內有

國子祭酒字前云吾見於大司成矣銘詞亦有□于司成句是其歷官終於國子祭酒也黃畢二家及孫氏訪碑錄均以朝請大夫鄭府君標題茲据碑易之碑係正書畢氏孫氏皆以爲隸書殆未見拓本耳趙氏以爲新鄭郡君鄭氏碑是別一碑而誤以此當之也鄭伸唐書無傳宰相世系表伸字君舒鄂岳觀察使碑云貞元十八年授朝散大夫鄂州刺史所謂觀察使者刺史兼職當在此下闕泐處其下又有國子祭酒字蓋由觀察使入爲祭酒表以觀察使爲最後之官未得其實矣据表伸之先世曰元一左千牛衞長史永比部郎中陽武男叔凊字貽慶夔州都督碑云曾祖元□皇千牛衞長史與表合元下所缺知是一字言千牛衞而不言左者略之祖永皇朝散大□河南縣令贈大理□□□與表絕不相符疑表之誤父名帷叔字僅存約略官位均泐僅存贈□部尚書字可据表知之表不列贈官從略也表列其子一人名與碑合其弟二人修馮翊尉任虢州文學碑文僅見修名稱曰公之季似修居最幼不復有弟然未可遽指表爲誤也表載修爲馮翊尉當是後來之官耳



又案宰相世系表周厲王少子友封於鄭子孫播遷陳宋之閒以國爲氏幽公生公子魯魯六世孫榮號鄭君生當時漢大司農居滎陽開封當時六世孫稺漢末自陳居河南開封晉置滎陽郡遂爲郡人元和姓纂同碑故云錫祉自周命氏啓鄭又云其先滎陽開封人也碑有云曹王皐節制山南署節度叅謀攷皐爲太宗十四子曹恭王明之後字子蘭天寶十一載嗣王其鎭山南東道在貞元初年以吳少誠擅蔡由荆南徙鎭而終焉宗室世系表以爲江南東道恐誤撰文者韓皐字仲聞長安人史附其父滉傳順宗時與王叔文不洽出爲鄂州刺史鄂岳蘄沔觀察使叔文敗卽拜節度方鎭表元和元年升鄂岳觀察使爲武昌軍節度使增領安黃二州此碑立於元和二年署銜悉合其封潁川郡公則傳所闕略也碑書浸作濅異文

華嚴題名二段

馮敘等題名元和三年三月八日萃編載卷一百五

刑部員外郎□□此行失載宗直題

宗直題脫宗字金石萃編謂單舉直字誤也湖南通志校補王昶誤以宏禮作元禮宗直題作直題此刻之左尙

有四行可辨弟一行一明字弟二行一公字弟三行
一判字弟四行有刑部員外郎字其上一字似李下
一字似遵或卽肅宗時爲永州司馬者乎王述庵所
見殆模本有脫落處故致譌異耳前四行零陵補志
亦未審出金石審
萃編盧下禮上但云　廟諱並不以爲元字
作元字者乃湖南通志也宗氏所謂前四行者余
所拓本僅有兩行判字不知所在郎僅存邑旁郎
下似馬不似李下一字不可辨柳文惠集有祭弟
宗直文云生有志氣喜善嫉邪勤學成癖攻文致



病年纔三十不祿命盡蒼天蒼天豈有眞宰如汝
德業倘早合出身由吾被謗年深使汝負才自棄
又云汝墨法絶代識者尙稀及所著文不令沈没
吾皆收録以授知音亦可得其梗概已

李坦等題名高一尺廣九尺四行行字不一字徑寸餘正書

永州刺史李坦　衡州員外司馬韓益
開成五秊九月二十九日

李坦題名正書四行零陵縣志坦誤垣古泉山館金石文編
零陵補志始采此刻績辰細審實乃李垣省志以垣
字恐卽會昌題名坦字之誤非也惟九月作十月則
補志刻誤金石審
李下一字以余所得拓本審之右旁上一畫並無
所見其旦字似作旦避諱故也豈滌樓所見獨得
明顯絶無可疑抑爲乃翁曲護之邪通志職官失
載李坦韓益名永志云李垣開成五年任案袁校
云朝陽洞有會昌李坦恐卽此人之譌其會昌題
名跋云官表兩存今斷從垣改定莽矣惜不得會
昌題名一證之又韓益永志作馮韓大誤其書之
不足據亦可概見唐書宰相世系表有李垣縣州
刺史約計時代不甚符合亦有李坦不詳官職皆



非其人又韓氏表有益官金部員外郎時代與此
相近疑卽其人

四川節度副大使韋臯紀功碑并陰元和三年四月廿五日萃編載卷一百五

副大使缺副字
□地以缺地字□明則缺明字匾握缺匾字□穹垂佑多難缺穹多難
三字韋臯□□□□□□□□□□□□□神□□缺臯神
二字能集大缺能大二字德澤布朝缺朝上三字服心忠缺服下二字
纖細缺細字之旨矣缺之旨二字郡□□□□□□國缺國字
龍輿缺輿字□畢來缺畢字孫異缺異字乃用缺用字得□□□

□□□□爲缺得字而五缺而字而足缺足字於□□□□□□□
□□□□庶□□缺庶字納蒼□□□□□□□以一旅
缺納蒼二字固一州缺固州二字安輯□□□□□□□□卓然
□□□□者也日然外六字缺蜀楚甯□□□□□□□□□□□
□謹謹外三字缺賦□□□□□□□□□誠之□誠乎已
則□□賦下六字缺則□□□□□□□□言缺則字應暢缺暢
字之□□□□□□□□□□□□□闕□□者□□
□□蜀境盡復亭□□□□□□□爲之下爲上七字缺面
非□□帝王□□缺帝王二字□□□矣古□□□□□□□
□□是謂不朽謂外五字缺能制□□□折衝□□缺折衝二字



王略克于下二字缺□契稷□□□□□□□□□書
書上二字缺亦時缺亦字惟淂人□□□□惟下二字缺□蜀□
□遐缺蜀字忠亮西南西外三字缺□時而□□□惟一缺時而二
字承家□□□有缺有字不朽爰□缺爰字□韋□□□□
元忠之□□□□□□□□文缺韋元二字文上少空七格於
□□□□□□□令□□□□□□□□□□□
□□□漢枍□□□□□□□□宜缺令漢枍三字朕以
元首股肱實股肱外五字缺□□□□□□□□□枍□□□□□
今□□□□永念念上三字缺想卿直諒諒上三字缺予懷缺懷字
碑陰

待物缺待字時敘時誤持天縱缺縱字生□□□□□□□□□□
□□□□□□□□□□區□文明□□生下三字缺夷臣
□□□□□□□□□□□□□□□□□□宸衷□
寂懷蠻□夷下六字缺人臣守□□□□□□□□□□□
□□□□□□□□□□□□□□□□之役思臣外四字缺守誤等
文武缺武字臣之缺之字不諱指缺不指二字大難陳力缺大力二字
克仗缺克字開德□□□□□□□□□□□
□□□□□□□□□□□□□□布布上均缺之力□□□□
□□□□□□□□□□□□□□□□□□傑之材□□
□□力外四字缺在公缺在字臣之首臣上二字缺墨妙缺墨字輝暎



缺暎字元造元誤去無任缺任字罔知所陳之□□□夙陳之外四
字缺
中書令缺令字副大缺副字知節度事管□□度營田節度外六
字缺秉彝忠□□□盡缺秉盡二字俗封隮俗下二字缺息蒸庶乂
□□清□明將紀烈息下列上七字缺烈誤作列順爲心順誤順缺爲字見
缺所缺見字
寶刻類編有韋臯紀功碑德宗製皇太子誦書一在
彭州貞元二十年十一月十日立一在簡州貞元二
十年十二月立此即簡州碑也碑陰結銜上有貞元
二十年十一月二十日不知寶刻類編何以云十二

月祥案金石錄目亦作十二月碑末有元和三年四月廿五日勒

□一行寶刻類編亦不言平津讀碑記

据諸城劉氏本補

左拾遺竇叔向碑元和三年十月五日萃編載卷一百五

判史□□竇府君神道碑竇外七字缺

太山羊缺太山二字第十一姪缺第姪二字吏部員外郎易易上五字缺扶風竇公洎缺扶風洎三字夫人汝南袁氏繼室贈臨汝

太君以元和二年秋八月十七日啓殯自丹揚夫下揚上廿七字缺師北原□慶大名師下五字缺東階之□以先大夫

之家傳□□□□於□府□□□敢揚其不朽先大夫之四字外均缺



代續缺代字号多元侯多外三字缺□將亦□後宮賢家西河

郡公公上均缺茌平公缺公字善衡承慶□郡守曾祖元□兖

州任城令善郡守外十一字缺茌平烈考允同昌郡司馬考同昌外七字缺偃風蠻俗位列子男□□□□晉□之風外九字缺方秉

筆待問□賦□王賢士大夫傾□慰□俄而天寶後元秉秉外十八字缺陌尉帶本官先祖庸從事代州刺史□□抗時

□□頁將陌官外十五字缺租誤祖及移鎮□州辟都□州封移鎮外六字缺書之□□府□□賢傷□與公善重□方伯書下十字缺

藩魏之節度使□觀感者獻聞詔魏外十一字缺時大難

既夷既外四字缺於是徵拜左缺於拜左三字奉□□□紳□議矣

缺紳議矣三字縣鞀而嘉謀泉湧振鐸而雅什謀外十一字缺廷方侯

大用廷下四字缺朝來釋氏□□舉世病於權於外八字缺由是

與缺是與二字有文集七卷行於代嗚呼道卷外十字缺文上并少三□

前席□傳□缺席傳二字夫人有子曰常殿中侍御史人有外九字缺并少三□賜緋缺賜字湖南都團練判官次曰牟南都外八字缺繼

室□臨汝太君有子曰羣御史中丞賜汝太君御外十一字缺曰

庠庠誤辟内供奉鎮海内下四字缺次曰羣羣下缺征□□彼門□

□爲卿□□八一次曰羣彼卿五字并多空二格南陽王□□之孫南下四字缺德宗皇帝缺皇帝二字器卧缺卧字右拾遺遂登缺右遂登三字

驟昇缺驟字藺自缺自字眞拜眞誤其嗣位缺嗣字延□寵光推



恩缺寵推恩三字四者缺四字君侯缺君字宣力缺力字運迫令令上二字缺垂示缺示字元和缺和字

碑稱高祖善衡新唐書宰相世系表作曾祖祥案錢先生謂表脫一格碑稱考肖同昌郡司馬舊唐書竇羣傳祖亶同

昌郡司馬皆與史不合碑題易直書元和姓纂叔向

從父弟彧生易直兵部郎中御史中丞平津讀碑記

据仁和趙氏本補碑文云□□立身愼終追遠四

者盡在於中憲銘云運迫令嗣執憲三朝是此碑

因其子貴顯追贈而後立也以右拾遺侍御史膳

部□□□州刺史御史中丞吏部郎中歷官攷之

菴寶羣也羣與常牟爲異母弟羣母贈臨汝太君
亦以羣貴故也
諸葛武侯祠堂碑 元和四年二月廿九日 萃編載卷一百五
思啓疆字啓誤其以待可勝可誤何奇謀 炎志缺炎字并少空
二格
裴度結銜稱掌書記侍御史柳公綽結銜稱成都少
尹侍御史此侍御史皆兼銜唐會要謂之憲官故本
傳皆删而不書平津讀碑記
萃編跋云文苑英華唐文粹兩書俱載其文嗚虖
奇謀下兩本皆有奮發二字□志天遏兩本皆作
美智天遏今以拓本審之實是炎上空二格無字



碑陰并側
四截上截記文廿一行行存字不一字徑一寸三分第二三截題名二截三十行三截廿四行行十六至十八字不一下截題記九行行十二字題名并詩十八行行字不一字並徑寸許正書
碑陰記
缺四行 缺上 遠字 缺三 不 缺上 爲非碩 缺上 必誠至信不 缺上 相國□
淮公蕪 缺上 外□羊杜之 缺上 麾 缺上 行 缺上 □君 缺上 之旌旄□
□□□□管 缺上 諸□□伏 缺上 室寒暑一貫以 缺上 文補闕
遺實亦 缺上 前賢之遺事中 缺上 下以達□君之 缺上 備舉□
□議□百 缺上 有□□□□□□ 缺上 官□□□書 右弟一截

劍南西川節度副大使管內支度營田觀察處置□押
近□諸蠻及西山八國雲南安撫等使銀青光祿大夫
撿挍吏部尚書兼門下侍郎同中書門下平章事成都
尹臨淮郡開國公食邑三千戶武元衡
監軍使興□元從朝議大夫內侍省內常侍員外置同
正員上柱國賜紫金魚袋王良會
行軍司馬中大夫撿挍太子左庶子兼成都少尹御史
中丞雲騎尉賜紫金魚袋裴堪
營田副使朝散大夫撿挍尚書吏部郎中兼成都少尹
侍御史賜紫金魚袋柳公綽



觀察判官朝散大夫撿挍尚書戶部郎中兼侍御史驍
騎尉張正壹
支度判官撿校尚書禮部員外郎兼侍御史上護軍賜
緋魚袋崔備
節度掌書記侍御史內供奉賜緋魚袋裴度
觀察支使殿中侍御史內供奉盧士玫
觀察推官監察御史裏行李虛中
節度推官試太常寺協律郎楊嗣復
節度巡官試秘書省挍書郎宇文籍
知度支西川院事承奉郎殿中侍御史內供奉賜緋魚

袋張植
朝散大夫守成都縣令飛騎尉韋同訓
朝散大夫守華陽縣令上柱國裴儉
左廂都押衙兼右隨身兵馬使奉天定難功臣撿挍國
子祭酒兼御史大夫李文悅
右廂都押衙兼左隨身兵馬使撿挍大理少卿兼侍御
史賜紫金魚袋渾鉅
押衙兼左衙營兵馬使銀青光祿大夫撿挍太子賔客
兼侍御史羅士朋　右弟二截
押衙銀青光祿大夫撿挍太子賔客兼監察御史上柱



國史綱
押衙知右衙營事正議大夫試太子詹事王顒
押衙朝議郎前行江陵尉府司錄叅軍李亻
押衙朝議大夫行蜀州長史劉武
左廂兵馬使開府儀同三司使持節邛州諸軍事行刺
史兼御史大夫充鎮南軍使郇國公韋艮金
蕃落營兵馬使朝請大夫使持節都督嶲州諸軍事守
刺史兼御史大夫充卒州經略使清溪關南都知兵馬
使臨淮郡王陳孝陽
中軍兵馬使兼西山中北路兵馬使特進使持節都督

茂州諸軍事行刺史兼侍御史上柱國隴西郡開國公
李廣誠
左廂馬步都虞候儒林郎試太僕寺丞攝監察御史雲
騎尉韋端
右廂馬步都虞候銀青光祿大夫撿挍少府少監兼殿
中侍御史上柱國李鍠
保寧營兵馬使開府儀同三司撿挍太子賔客懷德郡
王王日華
西山南路招討兵馬使銀青光祿大夫試殿中監歸化
州刺史兼女國王蒯縣開國男湯立志



征馬使銀青光祿大夫試太子詹事兼侍御史上柱國
賜紫金魚袋趙東義　右弟三截以上皆立碑時所刻

楊嗣復題記

予以元和初爲
臨淮公從事因陪刻石□序□染二十有七年今謬膺
□寄□繼　前烈謁拜　祠宇顧□□文省躬懷　舊
不勝感幸大□九年八月八日劒南西川□□觀察處
置雲南安撫等使□□戶部尚書兼成都尹御史□□
宏農縣開國伯楊嗣復記

楊嗣復等祠祭題名并詩

節度判官侍御史內供奉郭勳
觀察支使監察御史裏行張洙
節度掌書記試大理評事兼監察御史山□
節度推官監察御史裏行李宏休
節度衆謀試大理評事盧懿
攝安撫巡官前守秘書省正字韋□□
丁巳歲八月祠祭畢回題　臨淮缺
撿按吏部尚書兼御史大夫楊嗣□
齋莊修祀事旌旆出郊闉薙草□□□塗墻赭堊新謀
猷期作聖風俗喜□□酹酒成均澤持兵列偶人非才



膺
寵任異代揖芳塵况是　平津□□前澋滿巾
和前　劍南東川節度使撿按禮部尚書兼御史大
一楊汝上
古栢森然地修嚴蜀相祠一過榮興□□頤盛當時功
德流何遠馨香薦未克□名探國志飾像慰吡思昔謁
從征蓋□聞擁信旗固宜光寵下有澋刻前碑
附宋題名六段
張子定等脩祠題紀高二尺二寸五分廣七寸四分五行行廿廿一字字徑寸許正書左行

慶麻四年十一月十五日通判屯田外郎張子定德武
殿中丞李九言誨之簽判贊善大夫賈昌期應之節度
推官宋道叔逵太常博士知成都縣劉鈞仲□奉知府
資學蔣公命點撿增脩祠宇添植松柏刻石以紀成都
尉安臨正思書
曹顯叔等題名高二尺二寸廣同前四行行十字字徑一寸五分正書
曹顯叔秀之靳宗說嚴夫孫長卿次公唐中和育之同
謁　昭烈祠皇祐庚寅仲春廿六日華衆子高誌
立之等題名高廣同前二行行七八字字徑一寸六分正書
立之仲温應之同□昭烈祠辛卯季秋



應之賈昌期字辛卯爲皇祐三年
吳中復等題名高二尺廣同前三行行十字字徑二寸許分書
吳中復仲庶韓璹君玉薙子方元直韓宗道持正熙甯
辛亥九□□□□遊
李審言等題名高二尺一寸廣同前三行行存字不一字徑二寸許正書以上均在碑側
李審言缺字三李公儀張子目缺吳醇翁熙缺日同游
馬中行等題名高一尺四寸廣七寸四行行八字字徑寸許正書在碑陰弟三截題名之
左
西洛馬中行唐安李騊通義李愈金堂謝潛大梁張戩
元符庚辰仲夏中澣日同遊

碑陰分四截第一截題記已摩泐所存字無幾其摩泐處刻明景泰壬申黄溥李賢詩三首第二第三截前爲武元衡銜名自裴堪以下皆其幕官題銜者共二十八後又有元符庚辰西洛馬中等題字新唐書武元衡傳元和二年詔元衡檢校吏部尚書兼門下侍郎同平章事爲劍南西川節度使爲一時選其見於題名者柳公綽裴度盧士玫楊嗣復宇文籍兩唐書有傳裴堪崔備韋同訓裴儉渾鉅俱見宰相世系表李虛中見韓昌黎所撰墓誌銘晁氏郡齋讀書志有李虛中命書三卷楊嗣復時爲節度推官大和九



年嗣復爲劍南西川節度使因題記於第四截又作詩一首和詩楊汝下字泐者當是士字新唐書楊汝士傳開成初繇兵部侍郎爲東川節度使時嗣復鎮西川乃族昆弟對擁旄節世榮其門碑題正與傳同平津讀碑記

碑陰記廿一行行約十五字爲明李賢黄溥改刻磨去又多剝泐僅辨五十九字集古錄目謂元和三年月崔備所撰以下截楊嗣復題記大和九年逆推之當是元和四年與正碑脗合歐陽棐誤碑自武元衡以下題名廿九人元衡及裴度柳公綽盧士玫楊嗣復宇文籍均有傳元衡署銜與史同惟史不言副爲小異也由蕭縣伯封臨淮郡公則舊書略而新書載之柳公綽字起之新書字寬小字起之京兆華原人武元衡罷相鎮西蜀與裴度俱爲元衡判官据碑則爲營田副使非判官也其檢校尚書吏部郎中兼成都少尹傳皆失載傳言入爲侍御史則在未至西蜀之前傳言入爲吏部郎中則又不兼成都少尹亦皆歧異裴度字中立河東聞喜人碑署節度掌書記舊書不載新書有之其爲侍御史內供奉則兩書均未及也盧士玫



傳但言爲京兆少尹蓋在元和後矣不言入蜀者略之楊嗣復僕射於陵子字繼之新書云與裴度柳公綽皆爲武元衡所知表署劍南幕府碑云節度推官則尤詳矣其試協律郎兩書均所未備傳云大和九年三月以嗣復檢校戶部尚書成都尹劍南西川節度副大使知節度事觀察處置等使與碑所署合惟碑不言副大使耳傳載宏農伯在開成三年正月据碑則大和年所封當以碑爲得實傳云開成二年十月入爲戶部侍郎領諸道鹽鐵轉運使是題記後兩月嗣復即去蜀矣嗣復題

詩署銜又稱檢校吏部尚書兼御史大夫則傳所
未詳字文籍字夏龜傳云宰相武元衡出鎮西蜀
奏爲從事碑云節度巡官試祕書省校書郎傳蓋
約言之也楊汝士史附虞卿傳字慕巢傳云開成
元年十二月檢校禮部尚書梓州刺史劍南東川
節度使時宗人嗣復鎮西川兄弟對居節制時人
榮之碑不言梓州刺史傳不言兼御史大夫詳略
各殊耳　新書宰相世系表有兩裴堪一出南來
吳裴耀卿之孫皐之子官至江西觀察使一出東
眷裴登之子憲宗相垍之從昆弟不言何官此署



銜稱太子左庶子兼成都少尹其耀卿之孫歟東
眷又有裴倫叔之子代宗相冕之從子官至劍州
刺史此稱華陽縣令疑即其人博陵有崔備工部
郎中高宗相知溫後裔韋同訓宰相安石曾孫渾
鉅雅州刺史德宗相瑊之子皆即其人韋端有元
堂誌說詳後趙郡有兩李鍠一金吾錄事一不言
官疑皆非此題名之人　宋史劉舜卿傳父鈞監
鎮戎兵馬慶厤中戰死於好水此題名署銜知成
都縣疑非其人或同時有兩劉鈞歟曹穎叔字力
之亳州譙人据碑則字秀之非力之也嘗爲夔州

路轉運判官夔峽尙淫祠人有疾不事醫而事神
穎叔悉禁絕之教以醫藥其後又嘗爲益州路轉
運使權度支副使史不詳其何年此爲皇祐二年
則嘗在益州路時知者以史記轉運使後卽遞遷
冠嶺南事也吳中復字仲庶興國永興人官終於
知荆南此題名在知成都府時韓璹字君玉衞州
汲人熙甯初爲梓州路轉運使是刻正在其時程
公洞亦有其題名韓宗道開封雍邱人史附其父
綜傳但云歷官至戶部侍郎寶文閣待制而已在
蜀何職莫可攷矣



李汭高涼泉記

高二尺四寸廣四尺二寸廿五行行十八字後題名七行字不計正書在緜州

高涼泉記

營田判官前殿中侍御史內供奉李汭撰

魏成縣南五里有長嶺雖岷峨支派似無他異其陽崖
産僞松涼泉夏不知暑其陰竇藏靈境佐石人未之造
揖令吳興沈君趙好古之士爲政之暇冥搜得之異日
予乘軺一來沈君請予曰山無泉不靈泉非山不清然
則凡嶺巒兀雖大而頑汚池淪漣雖廣必涅艮不并也
我有奇境子能觀之乎予齋誡以往果有所駭其始至

也則風木一山玉溜潺湲泉籟成吟笙竽匪禁登之洗然如謁羣仙心意自殊若與道俱攢石如隕匪鑿匪鑿傍架絶壑根山不落上磨曾霄屹然岧岧其間可俯而入焉則空洞博敞如堂如室苔駮古狀奇恠生姸誰開混元益偉造物然則始知夫山林獨往之士一邱自足窮年忘歸亦何必察耕夫扵清泠之白日扵昧谷然後爲異也傍得舊銘隱磷餘字郎久視之年崔司業融首莅兹邑高禖有禱刻石斯存地繇古觀廢非一祀沈君必將復其層搆招置道流以識前修且彰令躅漁陽李洛客評之曰夫躁靜根性興廢繇人昔邱明與孔聖同



好惡今吳興發文公之勝槩恬智之域若合符然矧沈之力政嗜學實希曩哲斯境也適丁斯時爲不朽矣後之好事者亦奚必陋今而榮古哉元和四年閏三月十二日記

宣義郎行主簿楊溥

攝令將仕郎前守巴州盤道縣令沈超

前遂州長江縣主簿楊涉　楊惟汎　雍繼

先書

觀察推官試秘書省挍書郎沈杞　本里匠范惟正

本典朱建

攝支度判官前監察御史裴琬　錄事趙融楊漸

攝節度判官前監察御史裴倜　前遂州長江縣

尉文縱

支度副使撿挍刑部員外郎兼侍御史崔逢

右碑完整李汭撰雍繼先書遒謹有法碑有旁得舊銘云云郎石堂山高涼靈泉記刻石見存時已云隱磷餘字無怪今之剝蝕大半矣地名有魏城漁陽盤道長江等縣魏城屬綿州漁陽屬冀州長江屬遂州盤道屬巴州新唐書地理志注云寶厤元年省入恩陽長慶中復置案寶厤紀年在長慶



之後蓋有舛誤此碑立於元和四年沈超文繼結銜皆稱曰前疑時已省併寶厤非寶應即大厤之誤也官名有營田判官觀察推官支度判官節度判官支度副使諸色目攷唐制節度使有副使判官推官各一人兼觀察使又有推官兼支度營田等使則有副使判官各一人支度使復有判官碑與史悉合殿中侍御史九人同知東西推各一人廊下食使二人知左右巡二人內供奉三人故李汭結銜云殿中侍御史內供奉也殿中侍御史武德元年改內供奉長安二年置李汭名不見於史

碑後題名諸人亦無可攷帷宰相世系表南來吳
裴耀卿之孫琬爲侍御史當郎其人中眘亦有裴
琬爲登州刺史則別一人弟二房崔氏璿之子廷
官職方員外郎或郎其人楊氏觀王房有楊涉官
資州刺史廣平郡公越公房亦有楊涉相昭宗觀
王房又有楊漸越公房又有楊溥嗣復之孫均非
郎題名之人也

柳子厚三記 在簡州

始得西山宴遊記 高二尺一寸六分廣二尺一寸三分十九行行十八字字徑七八分正書



始得西山宴遊記
柳子厚□□
自余爲僇人居是州恒惴慄其隙也則施施而行漫漫
而游日與其徒上高山入深林窮迴谿幽泉怪石無遠
不到到則披草而坐傾壺而醉醉則更相枕以卧□□
意有所極夢亦同趣覺而起起而歸以爲凡是州之山
有異態者皆我有也而未始知西山之怪特今年九月
二十八日因坐法華西亭望西山始指□□揩異之遂命僕
過湘江緣染□溪斫榛莽焚茅茷窮山之高而止攀援
而登箕踞而遨則凡數州之土壤皆在衽席之下其高

下之勢岈然洼然若垤若穴尺寸千里攢蹙累積莫得
遯隱縈青繚白外與天際四望如一然後知是山之特
出不與培塿爲類悠悠乎與顥氣俱而莫得其涯洋洋
乎與造物者游而不知其所窮引觴滿酌頹然就醉不
知日之入蒼然暮色自遠而至至無所見而猶不欲歸
心凝形釋與萬化冥合然後知吾嚮之未始游游於是
乎始故爲之文以志是歲元和四年也
拓本有損闕㬅患據集補註於旁卧字下磨泐二
字以義度之當是卧則二字集本所無也染溪之
間泐一字不可辨亦集本所無首行末書字尚存



下半蓋文惠撰此記并嘗自書之此刻恒作恒穆
宗名恒元和年尚不避改袁家渴記有兩世字石
渠記有民字均不缺筆殆宋人所摹刻也

袁家渴記 高二尺七分廣一尺七寸記文十五行行十八字字徑七八分正書

由冉溪西南水行十里山水之可取者五莫若鈷鉧潭
由溪口而西陸行可取者八九莫若西山由朝陽巖東
南水行至蕪江可取者三莫若袁家渴皆永中幽麗奇
處也楚越之間方言謂水之反流者爲渴音若衣褐之
褐渴上與南館高嶂合下與百家瀨合其中重洲小溪
澄潭淺渚間廁曲折平者深黑峻者沸白舟行若窮忽

又無際有小山出水中山皆美石石上生青叢冬夏常
蔚然其旁多巖洞其下多白礫其樹多楓柟石楠楩櫧
樟柚草則蘭芷又有異卉類合歡而蔓生轇轕水石每
風自西山而下振動大木掩苒衆草紛紅駭綠蓊葧香
氣衝濤旋瀨退貯溪谷搖颺葳蕤與時推移其大都如
此余無以窮其狀永之人未嘗遊焉余得之不敢專也
出而傳於世其地世主袁氏故以名焉

首行標題失拓曼患五字据柳集補注於旁山皆
美石石上生青叢集本無下石字此刻無年月石
渠記作於元和七年當即系諸其前柳文惠得石



渠在袁家渴後也

石渠記高二尺一寸五分廣一尺四寸五分十四行行十八字字徑七八分正書

石渠記

自渴西南行不能百步得石渠民橋其上有泉幽幽然
其鳴乍大乍細渠之廣或咫尺或倍尺其長可十許步
其流抵大石伏出其下踰石而往有石泓昌蒲被之青
鮮環周又折西行旁陷巖石下北墮小潭潭幅員減百
尺清深多儵魚又北曲行紆餘睨若無窮然卒入于渴
其側皆詭石怪木奇卉美箭可列坐而庥焉風搖其顛
韻動崖谷視之既靜其聽始遠予從州牧得之攬去翳
朽決疏上石既祟而焚既釃而盈惜其未始有傳焉者
故絫記其所屬遺之其人書之其陽俾後好事者求之
得以易元和七年正月八日蠲渠至大石十月十九日
踰石得石泓小潭渠之美於是始窮也

四川簡州有柳子厚八記無刻石人名年月此其
三也

晉周孝侯碑元和六年十一月十五日萃編載卷一百六

左史國史國誤副白骨在野缺在野二字据行書本補荆南度虎虎誤虐
回疢增加疢誤疾捨爵榮勳榮作筞廿一代孫缺一字
筞勳之筞當不誤而石本實作榮是碑固多譌謬



也余又見行書本一通石係橫條以校重樹碑有
不同處旅力之旅作膂無難晢下有一斥字廷闕
之廷作庭并撰吳書下多一焉字護軍護作獲殊
謬教義之義作養白骨下所闕作在野二字霞鶩
之鶩作鶩自旦至暮之至作及襁負字作木旁强
誤十一月作十二月賜以終年作以終天年至性
作志性誤海濵既折之既作溉尤爲大謬當是後
人所爲不足爲据惟在野二字可以補碑之闕也
觀妙齋金石考略云繼得行書本於好古之家皆
與重樹碑同惟平原內史上無晉字今有晉字則

非即李氏所稱之本矣不識蒼潤軒帖跋所謂右
軍行書者又何若也

天水尹夫人墓誌

高一尺六寸廣一尺七寸共廿二行行廿一字字徑六分正書在蒼溪

□唐故天□□夫人墓誌銘并序
将仕郎前試太子家令寺丞河南史搴撰
夫人姓尹氏其先出自有周洎始祖至于高曾國史家
諜具載此不備述　王考惜皇諫議大夫　皇考庶鄰
皇河南府濟源與元府南鄭二縣令　夫人即　南鄭
府君之第六女　夫人出于苑氏　祖□中書舍人



夫人幼而聰敏長有令淑適文林郎前守　閬州西水縣
令攝蒼溪縣令趙郡李從規事　姑以孝聞從夫以義
顯與其子孫茂盛福壽延長何啚蕉菜無堅撞花早落
以元和七年五月廿日遘疾終于蒼溪官舍享年三十
伯兄佶前太原府榆次縣丞　次兄倕見任閬州閬
中縣令　次兄公亮　次兄處休　次兄全亮並鄉導
□士異才茂行俱振芳名一門五龍當代無疋　女兄
□人忠蓍婦德雖謝氏之女梁鴻之妻無以過也　夫
□年尚幼行至高儀歸逝川實所痛悼　李氏松檟寄
□洛陽地遠家貧歸葬未剋以其月廿五日權窆于蒼
□文安鄉歸何里之平原禮也搴獲忝姻親素飽令德
□撰薄劣輙為斯文銘曰
□沉沉兮風切切兮薤露一聲兮哀且咽桑田成海□□
□陵　天水令名兮終不滅
宣德郎試右衛兵曹參軍趙損書
大雲寺僧談寂鐫

皇清同治元年蒼邑浚濠得此石於土中字體整嚴
廼移置李公祠期與蒼人士永寶之黔南柳宗芳并
識在銘後碑空處

誌石四角剜缺尚無損字戊寅春購諸碑估出土



十六載未之聞也亟錄之夫人之祖尹惜唐書附
儒學趙冬曦傳秦州天水人博學尤通老子書初
為道士明皇召見異而厚之拜諫議大夫卒贈左
散騎常侍夫人之父官河南府濟源縣令新唐書
地理志濟源隸孟州此稱河南府者建中二年始
改屬孟州也宰相世系表有趙損不敘官職宰相
趙隱之孫時代相符當即此書碑之人

苻載妻李氏墓誌

高一尺一寸三分廣一尺一寸二分十九行行十九字字徑五分界方格正書在西安

亡妻李氏墓誌銘并敘

孤子苻載述并書

夫人姓李氏其流泒出於　天漢之一枝矣衛尉卿昇之孫吏部尚書暠之堂姪孫房州刺史𨓑之女凡婦之柔嘉茂淑組紃應對之事　夫人備有焉加以敬恭長上誘納卑孱情禮周洽六姻睦然風韻孤遠不嬰常態中饋酒食外彈雅琴詠古詩鄙人褊忝陰有輔助不幸歿落春秋三十六以貞元十一年三月十二日疾卒于尋陽是年四月廿一日權窆于德化鄉之北嶺元和七年八月七日載上天降　禍荐丁　矍罰扶護　靈櫬歸於鳳翔得啓發祔于　皇先姑之側禮也嗚呼生



展於敬　釁歿葬於舊鄉上不媿于三光下不畏于九泉可謂始終婦道無罪悔矣男曰佳偶女曰上淸子攀號不逮哀纏荼蓼宏農楊夫人育之於顧復訓之於教義幾乎成立莫知所自庶豆以慰幽魂焉　銘曰

浮江泝漢歸舊鄉　巳方甲穴掩元堂

千秋萬歲安未央

右李氏志苻載譔書苻載李氏之夫也稱孤子者時在母喪也李氏歿十八年苻載葬母因舉李氏之櫬歸祔於鳳翔而始作此誌也然以妻之誌而用子之稱不可爲典要也碑敘夫人先世曰衛尉卿昇之孫吏部尚書暠之堂姪孫房州刺史𨓑之女攷新唐書宗室世系表大鄭王房神通之孫鄭州刺史瑜瑜之子光祿卿昇武都郡公吏部尚書暠太僕卿暈昇之子遺此云衛尉卿昇與表不合當據碑正之表失載房州刺史𨓑當據碑補之又宏簡錄載暠之官爵特詳云始爲校江丞開元初授汝州刺史吏太僕太常二少卿遷黃門侍郎檢校太原以北諸軍節度使轉太常卿拜工部尚書轉兵部遷太子少傅武都縣伯卒贈益州大都督是暠官終於太子少傅表與誌稱吏部尚書未爲



得實至云轉兵部則錄之誤也潯陽作尋具見古意苻載史有傳字厚之蜀人貞元中爲南昌軍副使碑敘李氏卒於尋陽荅郎其任副使時也傳云蜀人而碑云歸於鳳翔則非蜀地殆以其習業青城山而因誤爲蜀人耳史又稱其有奇才口占敏速故其所撰之碑甚多

八瓊室金石補正卷六十八終

# 八瓊室金石補正卷六十九

太倉陸增祥撰　　男　繼煇校錄

吳興劉承幹覆校

## 唐四十一

### 重建石壁寺甘露壇碑

高六尺五寸廣二尺九寸廿四行行六十字字徑七分重建年月署銜三行行字不一並正書在交城

唐石壁禪寺甘露義壇碑

尙書司封員外郎賜緋魚袋李逢吉撰

唐有天下　仁聖奕葉文武重光憲章於古損益以亡革去雜霸煽揚淳風於二皇三代有全德於周公孔父



無違命獨缺十四字慈俾於人紀考之經義則不悖施之帝典而可大式克惇尙許其踐修於是人知崇奉家有精信空法匝於寰區員經俾於缺十三字列郡而我三壇角於三都在西都曰靈感壇在東都曰會善壇在北都曰甘露壇洪惟適道之通軌歸心之眞宅甘露壇在府缺十二字愼微稽謀之初欽若　佛旨日將漸位地是緊禁戒惟厥授受必資壇場不嚴重何以肅凡心不精頎罔克迴聖鑑不宏闡昌豆缺八字□靈□且欲以齊二京之宏觀補是邦之闕典乃銳其勠力誓之以死斬于高貲邸彼崇信入貨者波委就役者子來掘及九泉實以香土缺六字貝礎殫山水之勝極金木之工功費鉅萬瓌奇莫二自貞元癸酉歲暨丁丑歲而能事畢是歲有事于靈壇凡數郡之內碩學蕭德顓門之師大缺四字里之外溦節齋志去家之迄駿奔走自四月八日至廿四日而法會罷俾夫來者宿殖遷生聚舊汙畢清滌恒性鎭有守妄見寢不作至靈加之易外境汨之難精誠歆以交感凡聖忽其相接懽聲喜氣被於山谷休譽令儀播乎宇宙其大哉玆至道妙曠之無量無邊其覿見於事者可略而紀昔應身示滅像教爰布輪既三轉趍之不一而旋別道俗攝持身口莫疾於尸羅近世之獘主者有經費



求者必執贄既叨慣而有交利之患顧急湟而無與進之心則中途而北者十四五而大化斯蠹勠戒師未善教而法禁廢弛事鮮成命而去取涸淆懿夫宏濟爲心周給於衆則人以勸廷辯其能詳定其要則事有倫五載而一會使人跂之也萬衆而無擇使人趣之也謂東漢感夢以還釋流傳授未有盛於此者故自興作每多荷應巨功方半景甚淸霽甘露聚珠於草樹者三日以旌羡志緇素同觀大衆日集時屬旱暵靈泉湧溜於山澗者數所以辦禮食賓主咸賴由是節度觀察使禮部尙書李公以文武忠肅休勳懿行而志尙營道監軍使

以勤敏寬仁長材曠度而性惟與善相與叶心同德表
請錫名曰甘露無碍義壇且又降之素書用加褒美出
其清俸以爲賜予斯且以駭見聞而洽謡誦矣夫宏道
設教得其人而後行前志又云天時不如地利禪師本
姓齊氏荆人也姜水舊族漁陽德門累襲軒冕夙彰行
義脫屣代祿奉身高蹤初隸名卒郡憫忠寺□脩多之
藏究毗尼之學演律爲奧主傳戒爲常師了法之無住
遊方而至止因感　文德先后聆神鍾刱仁祠之勳嘉
道綽大士精脩禪觀濟淨界之風而□壁崇遂林泉詭
異援全晉之右壤面與　王之舊京宜作聖域以嚴



佛事厼既經始於爲肆勤綱維及寺之耆艾上首等率
能奉法以愼身觀妙以成□□克佐佑誕臻厥成則又
知清行勝槩之若此雖欲勿坦爲宏圖而莫可已於是
緇流後賢縉紳諸儒洎清信士女百千人俱議欲刻石
以存不朽弟子逢□□六經之餘雅脩無生而亦竊龍
宮之秘故得以盛朝君臣之至化孔門聖賢之妙道合
而爲頌以簡于後其辭曰
釋氏之宗洎乎無爲生殖廣大衆妙攸依道彌無涯智
不得知謐設炯戒揭其洪規厼既潤色爲之羽儀乃瞻
後賢興代如期持律之士若優字缺六爲衆元龜亮直端

潔宜作之師在法末流典制寖聚悆味輟寢誓志興哀
乃經斯壇究盡瓌奇赴者如市來其如歸靈泉川流膏
露字缺十暉穆穆　聖君唐虞同時端拱思道而人畢隨
京邑有三壇乎如之越有大賢鎮安朔陲請錫嘉名用
光于茲既錫予矣褒缺十三字允都政清貞濤道機萬有千
年燁洪耀于斯
元和八年三月十九日
大元至順三年歲次壬申三月初有三日重建
中奉大夫陝西等處行中書省缺



持賜龍山石辞護國永宝十方大元中禪
寺缺
元和郡縣志武德元年罷太原郡爲并州總管七年
改大都督天授元年罷都督府北都神龍元年依舊
爲并州大都督府開元十一年又建爲北都天寶元
年改爲北京此碑在天寶以後而仍云北都者三都
之稱已久從其舊也東都靈善今在登封西都靈感
無可攷矣李逢吉兩唐書有傳金石續編
山西通志載此碑云李逢吉撰文貞元中河東節
度觀察使禮部尚書北都留守太原尹李說樹碑

今無立碑姓氏葢重刻時遺之矣惟云貞元中則
當是志之誤耳

劉通墓誌

方一尺一寸五分十八行行字不一字徑五分葢題劉府君墓誌銘六字並正書在江都王氏

唐故彭城劉府君墓誌銘并序

府君諱通其先彭城郡人也家承漢緒德襲尭風門稱
碩儒世躡高位　父諱滔養眞不仕處順而安惟道是
從居簡無悔靈鑒豈惑慶流不私况　府君性自天姿
幼沐庭訓式備詩禮之義克終㪲慎之容恩惟睦親讌
以和衆豈在遐迩其誰不瞻奚啚上天止賦中壽奄折



梁木旋萎掂人以元和八年九月十日終于揚州江陽
縣崇儞坊之私第享齡七十矣　夫人淸河張氏蟠宮
降德汍夢膺祥聲華旣芳容範增肅鳳唱斯洽龍光奄
兮離魂九昇□臨三絕男一人名士舉恭惟世德言念
孝思爰自執喪毁過常制泣奉龜策将謀所安人神叶
心靈地彰告以其年十月十八日丁酉躬謀　葬櫬安
厝於江陽縣嘉宝鄉五乍村之原禮也恐陵谷有變乃
刻石紀德銘曰
湯〻豐谷　霏〻碭雲　盛德不亡　逮生府君　智
實天假　學如素聞　光景莫留　英靈巳分　奄卜
五乍　屹爲一壙　川水夜流　松煙晝昏　空有書
劒　傳於子孫

十月十八日丁酉與通鑑目錄合恭惟世德不避
世字

穀城令張嚑墓誌

方一尺六寸二分廿八行行廿九字字徑四分正書篆葢題大唐穀城縣令故張府君墓誌十二字在襄陽

唐故文貞公曾孫故穀城縣令張公墓誌銘并序

鄉貢進士崔歸美撰
節度討擊副使屈賁書并篆



公諱嚑字繼明范陽方城人也漢功臣留侯之後五代祖
策梁岳陽王諸議參軍贈持節蔡州諸軍事蔡州刺史
諮議生玠爲周宣納上士隋巴州録事參軍參軍生則
隋比陽澧陽二縣令高祖元弼唐長安縣尉益府功曹
參軍贈都督安隨沔郢四州諸軍事安州刺史曾祖柬
之故特進中書令監脩國史上柱國漢陽郡王贈司徒
配享　中宗庭厝祖名嶧高道不仕考諱悆皇巂
部郎中㫖婺等十一州刺史吳郡太守兼江南東道廿
四州採訪黜陟使自岳陽至于採訪皆累葉重光奕世
載德或補天之績或黜陟幽明嘉祕未泯遂生我公公

卽採訪之第八子也起家以門蔭解褐補太常寺奉禮郎旋授左武衛兵曹叅軍貞元中　皇帝追先帝舊臣子孫以畣功績遂進補右神武軍録事叅軍在昔　高宗外戚擅權啓𢬵神器滔天之禍如火燎原區宇版蕩上燦下黷荆棘道路人思息肩天未移運碣降元老洎産祿潰計　皇綱存紉鯨鯢曝𩨡祥慶委積公竟以非罪中禍謫竄遐裔景公千駟無德而稱夷齊首陽萬古嘉歎公嘗念先祖有大功於國寵被一門裂土分茅　綸翰盈篋身歿之後名謚籤然決意挺行懷表詣　闕志誠幽贊達于　聰明俯閭雪涕



帝用增歎迺降明　詔自宰臣已下集議行跡謚爲文貞五王同時賴公之力也　朝廷嘉其憤激抗表極論可謂孝子孝孫弓裘不墜遂特授襄州穀城縣令其在邑也彈琴靜理高視雲水仁以變俗德以臨下吏不敢欺盜不犯境舉直措枉黜首欽服西門在鄴子産治鄭幾不若也辭祑之日寮吏色沮遮車固留公久想故園去如脫躧思与白雲長往採蕨家山類鴻鵠之在寘同騏驥之解絆不幸因疾纏綿不起以元和八年六月十九日歿于私第嗚呼上天不惠殲我良士聞者交涕舊邑罷市豈不以仁於斯德於斯公享年六十七以其年十一月廿三日祔于大塋禮也冢子珣先於公一年而卒次子堣璪璟等銜哀泣血而言曰桑田有變陵谷遷改若無旌識何以嗣訪請刊貞石銘以誌之余以子聓之情授簡而退敢爲銘曰　文貞之孫採訪之子洎于我公令問不已其德如山其㒵如蘭仌而弥芳万古不刊

右穀城令張曛墓誌在襄陽曛愿之子嶧之孫曛之子珣璃璪璟皆世系表所未載張氏諸誌敘述先世此爲最詳策官岳陽王諮議參軍與表迥異玠表作紒愿官江南東道採訪使表無南字皆當



以石爲正曛爲愿之弟八子其諸兄名無攷表載有煦官殿中侍御史者當是曛之兄表以愿爲漪之子故以煦爲漪之孫誤也表又載有纁嵩卽曛之誤不言其爲穀城令者漏耳誌敘曛懷表詣闕一事卓卓可傳而不見於史冊據誌所敘在貞元録舊臣子弟之後而張柬之傳云景雲元年謚曰文貞失實矣柬之贈司徒在建中年閒傳亦未載誌首行標題云文貞公曾孫此爲創例尙直輒亘盧遜誌皆冠父爵於上者以其無爵也曛官穀城令有爵矣而冠以曾祖之謚殆以柬之之謚因曛

之抗表而始錫故特以加於官爵之上以表其行
蹟耳曝鰓即暴腮字梟莫之俗見玉篇

會善寺大律德惠海塔銘

高一尺三寸廣二尺廿六行行字不一字徑五分首二行較大行書四周有界道在登封

唐嵩嶽會善寺　勑戒壇院臨壇大律德塔銘并序

進士李師直撰

詳夫金人應世迦維誕生玉豪騰耀於八方教法流傳于此土三乘並騖五部齊驅澄混不雜者唯律宗為中有紹繼挺生者即吾師矣諱惠海俗姓張漢司徒之肖今為河東猗頓人也七歲尋師于妙道寺精持寶偈即



維摩法華□一部自年逾弱冠具戒此山當寺遂扙遊二洛精研律宗前後敷揚約廿餘遍自貞元七載奉勑臨壇傳教度人莫紀其數至貞元之末情慕大乘伏膺於魏府門下精通楞伽思益捜幘元竅名貫三秦而數郡邀請匪度物之將倦而志居雲壑者矣伏惟　和尚德重邱嶽釋門孤秀包綜三藏精通一乘禀〻兮如万丈寒松皎〻兮似一潭秋月若乃香壇廉法淂度者而數越稻麻親授衣珠者人踰數百理應高懸仏日重耀昏衢豈期宏願未終化緣將畢享年六十有五僧臘卌有九於元和七年壬辰之歲十二月廿六日示疾端

坐念茲死生乃告門人言歸寂戒門人惟峯遍澄等愍裂肝膽聲悲涕流悵長夜之忙〻望靈儀而恍惚遂乃占以良匠罄以衣資卜于名山崇茲塔廟其塔也聳湧雲除稜層碧空左挾天中之古祠右俯玉華之壯氣前臨潁水之瀑布却倚群峯之屹崒彫白玉以為門疊龍鱗而成質即知匪其銘也無以彰吾師之德匪其塔也何以表師資之孝誠余雖不才聊為銘曰

玉豪隱耀兮西土　三乘並騖兮東馳　律宗委囑兮彼離　後有吾師兮繼之　白雲起兮青山暗　戒月沉兮世界昏　不知迷子何時悟　万古空餘鴈塔存



維元和十季歲次乙未三月庚辰朔二日癸酉建懷亮　元應　門人子弟等　道越　善集　法晧
曇泌　零惲　曇貞　英秀此二字旁注於行左　智興
文貢

道光戊申春得自戒壇故址智水此刻在碑尾界道之外

右會善寺大律德惠海塔銘道光廿七年出土補訪碑錄未收葢未之見也敷當即敷字頤作蹟禀作稟廉法未詳而數疑當讀為如數茫茫作忙崒疑即舉字干支有誤通鑑目錄是年三月壬申朔則二日癸酉為不誤矣庚辰葢月建也

宣功參軍魏邈墓誌

方一尺五寸三十行行三十
字字徑四分行書在咸甯

大唐故宣州司功參軍魏府君墓誌銘并序

息孤子㞢贇自撰并書

大人諱邈字仲方其先鉅鹿人寄居于京兆府咸陽縣
積代矣頃因祿山暴逆鑾輿南巡畿甸士庶皆爲俘馘
由是圖籍毀致產業烟燼不可復知　先人之事也
此無以述曾祖寘皇任隴州長史祖母王氏祖朝隱鄜
惡浮名高尚其仕祖母栢氏伯父遜試左衞率府兵曹
參軍皆不幸短命先歸黃壚且　大人少履文字貞



元初以鄉舉射策上省者五六以賄援毎無竟不登第
然當時稱屈者衆矣其後爲河陽節度使所辟隨逐戎
幕處事詳明奏懷州參軍丁祖母憂不上後參選拜果
州司戶參軍未上爲度支山南租庸使所厚抑志勾留
共理鹽鹵官滿不舍其後懼以覆餗懇辭所榮租庸使
韋公不勝其辭由是獲免既而四海無業一家若浮遂
携老幼而入閿開中無投足之地買居于萬年縣之勝
業里頗然無託食於親知者首尾五祀出無車輿坐宣
粗糲妻孥有含菽飲水之患無衣無褐之虞而我父不
爲恥不隕越者以其知止知足達於至理者也元和四

年夏四月　相府裴公因人而知其善補　待御官
掌握絲綸兢慎益著地居　近密不發私書朋舊昵
親由斯咸怨人雖欲遺之□布斗粟曾不我容焉所謂
蹈火不熱履霜堅氷其此之由乎拜婺州司功參　軍轉
宣州司功參軍未滿今年復有　詔令之本官以其年
十月十三日終于宣州宣城縣之公舘㞢贇親侍　靈
昇以明年歲次乙未四月八日巳酉葬于京地府萬年
縣之畢原禮也於戲　大人履善道踐吉事亦已久
矣而不曾極耳目之所覩聽娛心意之所愛樂一生蹇
蹇終日摟摟而死之日餘俸不足以葬藏一身兒女無



歌哭之地其不痛矣然則庸非儉極乎　孃趙氏試
壁州別駕昇之女自羅　釁咎泣血終日加以孤幼纏
繞尫羸殆涤生男女六人女三人長曰素恭□李氏仲
曰季風嫁侯氏季曰季雅猶未從人兒三人長郎匡贊
仲曰文質皆三衞出身季曰齊貢拜兗州都督府參軍
丁此　憂不上並生遭不造少集荼毒酷裂煩冤無所
逮及倉天倉天噫　大人積德累仁如此竭忠盡
孝如此宜乎天地孔昭神明大鑒享年有永降福穰穰
者焉如何朝陽露晞珪璋纍殞倉天倉天匡贊所不以
斯文託於人以其情地肖迫與其紀事之明也雖讀

父之德則爲寵親而丙舉不避且旌善人其辞曰
冲和降氣　誕生忠亮　和順內積　英華外揚　靡騤于弱　無揆於疆　天胡不惠　流壽禍殃　精魂倏殞　聲績弥彰　千齡方萬代　共響乎遺芳

匡贊爲父誌墓乃用行書上石其篇末云丙舉不避且旌善人是豈贊父之詞邪其云以鄉舉射策上省者五六賄援兼無竟不登第唐代制科人材輻湊其不盡出於公卽此可見誌載葬以明年乙未而未著年號以邈妻趙氏誌證之所謂今年其年者爲元和九年明年乙未則十年也匡贊自書父誌諱下邈字



缺筆致敬圖籍毀致致當作棄高尚其仕當作其事或作不仕又庸作庸闕作開寡作寘蒼天作倉天終於宣州宣城縣之公館今以宦游所寓曰公館始見於顏魯公撰殷府君夫人碑云卒於成已尉氏尉之公館此其再見也古誌石華

誌敘年月多未明晰曰元和四年爲相府裴公所知又曰拜婺州司功參軍轉宣州司功參軍未滿今年復有詔令之本官所謂今年者不知指何年也又云以其年十月十三日終於宣州宣城縣之公館所謂其年者又不知指何年也又云以明年歲次乙未四月八日巳酉葬於京兆府萬年縣之畢原所謂明年者以歲次乙未證之始知爲元和十年自四年至十年凡隔六載乃以今年其年明年串敘何邪邈妻趙氏誌云邈以元和九年十一月十三日不祿於任郎此誌所謂今年其年也趙氏誌作十一月此誌作十月亦互異矣筠清館金石記

右志敘魏君歷官事蹟貞元初以鄉舉不第繼爲河陽節度使辟置戎幕奏授懷州參軍丁祖母憂不上後選果州司戶參軍亦未上是雖授職而皆未之官也後又爲度支山南租庸使留理鹽鹵懇辭獲免至



元和四年爲相府裴公所知補爲待制官則又皆襄事幕中也及拜婺功參軍轉宣功參軍未滿復有詔令之本官以其年十月終於宣州則其官婺州轉宣州初亦皆未到任及到宣州未幾卽沒矣志述其鄉舉射策以賄援兼無竟不登第其辭租庸使而歸也云四海無業一家若浮遑爲裴公待制官廉愼益著地居近密不發私書又云一生蹇蹇終日棲棲死之日餘俸不足以葬藏一身兒女無歌哭之地則魏君之淸心寡欲淡於仕進而又能守正矯俗雖至飢寒困苦而不變其亦可以風世者矣以史攷之相府裴

公者裴垍也唐書宰相表元和三年九月戸部侍郎裴垍守中書侍郎同中書門下平章事五年十月罷爲兵部尚書而本傳言垍爲學士時引李絳崔羣與同列及相又擢韋貫之裴度知制誥李夷簡御史中丞皆踵躡爲輔相號名臣自宅選任罔不精明人無異言故元和之朝百度修擧稱朝無幸人然則魏君既爲裴公所知而辟補幕僚可知志文所言皆得其實矣文爲其子匡贊撰書以子志父毋唐人往往有之且直書其名諱而不忌異於後代之以他人塡諱矣文中稱毋爲孃自稱爲兒語歸質實可別於他人



作述之體惟下云雖讚父之德則爲寵親而內擧不避且旌善人則措詞比擬皆失其當未免畫蛇添足矣唐時官制有十六衞又有五府二衞之名並詳史志云武德七年以親衞曰一府勳衞翊衞曰二府謂之三府衞諸衞翊衞及率府親勳衞亦曰三衞卽匡贊言已與其弟文質皆三衞出身是也其言伯父邈試左衞率府兵曹參軍亦卽三衞之官也書法頗佳似深於二王及顏淸臣者予先年得邈妻趙氏墓志乃王儔撰先敘魏氏得姓家世較此爲詳父祖名及官與邈之歷官皆合云卒於元和九年十月十三日

壽年五十有五十年四月歸窆京兆萬年縣洪固鄉北章村北原此志脫書卒年壽數然云明年歲次乙未四月八日巳酉葬乙未卽元和十年正合其書葬之鄉村地名則此稱畢原爲小異另攷於後據孟子禮記孤乃幼而無父之稱此志季子齊貢巳官都督參軍而長子匡贊自稱孤子蓋亦沿俗例父死稱孤也長安志載勝業坊在朱雀街東第四街卽皇城之東第二街蓋卽此所謂勝業里也趙氏志爲外人所撰其所述邈之事實甚略此爲其子所作情文固當質直詳盡趙氏卒葬會昌五年後於此三十年其書



子匡贊前任劍州普安縣主簿文質任梓州永泰縣令齊貢前任延州豐林縣令與此皆不合固無足怪乃以齊貢爲長匡贊爲次文質爲幼序次迥異此志既爲匡贊自撰宜無錯誤則其誤應在王儔推趙氏卒葬時如匡贊等皆在亦當爲之更正豈於匡贊齊貢之官上皆加前任二字巳先卒邪然文質上獨無前任字又不可解彼志亦先女而後男云有女四人長適皇甫氏次適李氏次適侯氏幼適王氏此志止記三人而無適皇甫氏者卽數嫁李氏者爲長又與彼不合皆不可解志亦當在陝西而此與趙氏墓誌

前人皆未箸録關中金石志及黃孝廉所補亦皆無之恐亦近始出土者已丑六月獲之吳門書友漢碑每以倉爲蒼此文書蒼天作倉是唐人猶知通用也詩秦風有紀有堂毛傳畢道平如堂也箋云畢終南山之道名邊如堂之牆然葢本爾雅畢堂牆之文也春秋左氏僖公廿四年傳畢原酆郇文之昭也杜注畢國在長安縣西北尚書序周公薨成王葬於畢漢書劉向傳文武周公葬於畢師古注畢陌在長安西四十里三輔故事云文王武王周公皆葬畢陌南北史記正義引括地志云武王墓在雍州萬年縣西南



二十八里畢原上元和郡縣志同又於咸陽縣下云畢原卽縣所謂原南北數十里東西二三百里無山川陂湖井深五十丈亦謂之畢陌漢朝諸陵並在其上下長安志卽本之於萬年咸陽二縣皆載之中洛攷終南山東有藍田界西入萬年長安二縣界東西長四十里則所謂畢原者卽在終南山之下後人因其地長而大又無山川陂湖間隔故又謂之畢陌也古泉山館金石文編

案宣州司功參軍魏邈墓志銘子匡贊撰書子銘父墓唐人多有之此志文無紀律立言亦殊失體云今年其年不知何歲以明年歲次乙未攷之乙未爲憲宗元和十年則所稱今年其年者乃元和九年也相府裴公謂裴垍也元和三年九月以戶部侍郎裴垍爲中書侍郎同平章事四年四月正垍爲相之時史稱垍器局峻整人不能干以私金石續編

石華載此烟爐作灰爐節度作鄭度逐戎幕上脫隨字因人上多以字掌握作掌擬□布斗粟作金布鈔粟吉事作古事仲日作次日煩冤作痛冤者爲作者與皆誤續編產業作舊業蠶時疏忝校正弁識之



內侍李輔光墓誌　元和十年四月廿五日　萃編載卷一百六

招諭駬□缺駬字　長帥帥誤師　希昇昇誤昇

誌稱元和初皇帝踐祚遷內常侍明年銀夏裨將楊惠琳云云舊唐書本紀楊惠琳劉闢之誅皆在元和元年志所云明年謂憲宗踐祚之明年也誌又稱輔光爲印納使其太僕寺之官歟平津讀碑記

古誌石華載此文招諭駬□□□未一字作馳具見腰下作領而石本腰下實缺二字石華脫一格

## 重刻十哲贊碑

高六尺廣三尺二寸三列十九行行十三字末三行十一十二字字徑八分正書橫額題十哲贊碑四字

篆書在紹興府學明倫堂

先師顏回字子淵　制贈兗公

御製

杏壇槐市儒術三千回也亞聖邱也稱賢四科之首百

行之先秀而不實得無慟焉

閔損字子騫　制贈費侯

銀青光祿大夫守侍中源乾曜

惟顏亞聖惟閔比德讓宰善辭安親順色□靜無間中

正是則非經郎禮至孝之極

言偃字子游　制贈吳侯



太中大夫守中書侍郎上柱國盧從愿

文學高□絃歌政聲動則不徑慮乃先□立言宏遠執

禮專精升堂入室凜凜猶生

端木賜字子貢　制贈黎侯

黃門侍郎兼鴻臚卿韋抗

聞一知二□□□冠計戢吳滅言行魯□□□□□

□□□□□□□□□□　右上列

冉予字子我　制贈齊侯

右散騎常侍允行沖

臨緇辯口學以致祿懲彼不勤見嗤朽木激茲忠孝貽

毀新穀政事登科而不庇族

冉雍字仲弓　制贈薛侯

銀青光祿大夫守中書令□柱國張嘉貞

諸侯爲邦雍也可使道在於政政期於理用刑者何居

敬則已況禮況德聞之夫子

冉求字子有　制贈徐侯

開府儀同三司上柱國廣平郡開國公宋璟

文之禮樂適可成人目以政事方爲具臣豈才不足寔

道斯屯其謂國老盼然淸塵

仲由字子路　制贈衛侯



右散騎常侍上柱國陸餘慶

偉哉英士既列且忠宿言無諾弊□□□□□□□□

山氣雄㸃臺□□□□□□　右中列

冉耕字伯牛　制贈鄆侯

開府儀同三司上柱國梁國公姚元崇

顓門隸業入室推賢名登科首行則士先是爲上足寔

同及肩亡之命矣懷之喟然

曾參字子輿　制贈成伯

禮部尚書許國公蘇頲

百行之極□□以教聖人敘經曾氏知孝全謂手足動

稱容貌事親事君是則是效

卜商字子夏　制贈魏侯

尚書左丞上柱國裴漼

孔門好學文章粲然言詩屬傳師聖齊賢德不喻法八

何怨天見疑天子離群久焉

唐元和十年十二月三日浙東觀察使越州刺史兼御

史中丞孟簡置　右下列

此卽金石録所收孔子弟子贊也按新唐書及會要載開元八年國子司業李元瓘奏先聖廟爲十哲象以先師顏子配則配象當坐今乃立侍餘弟子列象



廟堂不豫享而范甯等皆從祀請釋奠十哲享於上而圖七十子於壁曾參以孝受經於夫子請享之如二十二賢乃詔十哲爲坐象悉豫祀曾參特爲之象坐亞之圖七十子及二十二賢於廟壁帝以顏子亞聖親爲製贊書於石仍令當朝文士分爲之贊題其壁焉此十哲配祀之始今按碑內有曾參贊此因當日顏子既稱先師制贈兖公在諸賢之上故升附焉史傳於此皆略而不書可據以補闕里文獻矣明皇御製顏子贊當時亦曾刻石今山東金鄉縣學有此碑其閔子以下十贊皆紀載無傳此碑經後人重摹故錯字甚多如宰予爲冉予元行沖爲允行沖裴漼爲灌既烈且忠烈字作列皆是也嘉泰會稽志云孔子弟子贊明皇源乾曜盧從愿李抗元行沖張嘉貞宋璟陸餘慶姚元崇蘇頲裴漼撰　兩浙金石志

唐會要開元八年進聖門十哲並曾子從祀詔曰顏子等十哲宜爲坐像悉令從祀曾參大孝德冠同列特爲塑像坐於十哲之次今此碑序列諸賢任意位置且躋曾子於子夏之上顯與詔書不合至以宰予爲冉予或疑唐時古籍尚多别有所本不知諸臣奉敕作贊卽偶見於他書亦不敢據爲典要此可決其



必無是說也諸賢贈爵在開元廿七年非作贊時所有蓋亦追書之源乾曜等九人兩唐書皆有傳陸餘慶新書附陸元方傳然不言其爲散騎常侍裴漼則兩書俱不言其尚書左丞是可以補史文之闕裴漼乃裴漼之誤阮氏以爲裴灌非謂碑經後人重摹亦無確證　越中金石記

碑書鴻臚作盧烈作列肆作肄效作効猶可謂假借也至宰作冉元作允漼作灌英作英顯然錯謬冠計二字亦必有誤年月署款三行每行少一字原本當低一格決非當時原刻阮氏以爲重摹雖

無確證亘足徵信竊意此碑之重立并非据舊本

摹入者故十哲位置亦復錯亂也碑爲孟簡所置

訪碑錄以爲孟簡書誤

奉禮郎李繼墓誌

高九寸八分廣一尺一分十六行行十六字末一行十八字字徑五分許正書

唐故試太常寺奉禮郎趙郡李府君墓誌文

親弟前守太學助教紳撰

府君諱繼字與嗣晉陵府君□長子先夫人裴氏出也

府君娶傅陵崔緯女□君享壽六十一以元和四年三

月□日□于常州無錫縣寓居葬于□□□□之陽□



十一年秋七月廿有□日弟紳啓奉歸于長安白鹿原

陪祔　□父鄄縣府君塋之後七十六步冬十一月庚

寅□□畢事嗚呼先兄有文學信義□章□□天何不

仁又絕其嗣有女□□□□□□□幼猶室嗚呼紳違

自淮□赴秦□□□□淚盂而東之諸侯咸爲□事遠

□□□所可恨者崔嫂以信于巫神不護靈旆可爲痛

栽敢誌於石用告幽壤謹誌

傅陵不義不順不弃不護明神有知終不得祔

右李繼誌未見箸錄當在西安出土今不知所在

崔氏惑於巫不護其夫之喪李紳告諸幽壤誓諸

明神迄今千載而下讀此誌者猶以不婦斥之巫

蠱誤人可爲炯戒新唐書宰相世系表有李繼官

京兆參軍時代官職均不相合是別一人又宋史

李紳傳字公垂祖守一成都郫令父晤歷金壇烏

程晉陵三縣令因家無錫元和初登進士釋褐國

子助教東歸誌稱其父爲晉陵府君敘繼之卒云

無錫縣寓居敘其葬云鄄縣府君塋其結銜云前

守大學助教悉與傳合是撰文之李紳即武宗時

相李紳也世系表不載李繼可據誌補之其父晤

稱金壇令亦當改爲晉陵傳又云母盧氏教以經



義蓋紳與繼爲異母昆弟故有先夫人裴氏出也

之語通鑑目錄是年十一月壬戌朔以此推之庚

寅爲廿九日

龍城石刻元和十二年萃編載卷一百七

制九醜九誤元

醜上九字諦視甚明金石萃編釋作元醜誤平津讀碑記

湘人甚重此碑相傳往來洞庭者遇風浪焚此碑

於湖可免險厄其信然耶碑向在馬平洪逆擾亂

後已失所在事平訪之聞在鬱林某里或往詢之

則秘匿不宣蓋其人嘗爲賊脅懼禍之及也流傳

雖多日少一日矣近今所拓似是翻本

東莞臧夫人周氏墓誌

方一尺三寸七分十七行行十七字字徑六分正書首行分書方界格

唐故東莞臧君夫人周氏墓志銘 并序

進士張師素撰

夫人姓周氏其族望本於汝南今為陽羨中江里人也祖㽔父俊皆不尙名宦抗跡邱園孝弟謙恭仁行貽著夫人淑愼貞賢温柔分範自禮歸臧氏之室而琴瑟協和遵孟氏之風規有班家之令譽嗚呼元穹降禍大簿忽臻未偕知命之年奄促泉臺之痛以元和十三年歲



在戊戌三月四日終于義興平西里之私第享齡四十有四亦以其月甲申廿六日己酉安厝于中江孟瀆東北之平原周氏祖業之園地從龜筮也有子曰奉言始童丱有女二人長未及笄俱擗訴之無依恨慈容之永隔恐桒田變易陵谷傾頹故勒紀貞石迺為銘曰

雙劍光芒兮嗟一沉鳳歸杳冥兮鸞孤吟撫稚子兮淚盈襟悲隴樹兮愁雲深

右東莞周夫人臧氏墓誌當在宜興出土夫人為陽羨中江里人案武德七年置陽羨屬興州八年州廢省陽羨以義興屬常州夫人之生在陽羨已省後而尙稱陽羨或從其先也安厝於中江孟瀆東北之平原孟瀆在武進西四十里引江水南注通漕溉田四千頃元和八年刺史孟簡因故渠開濬並以簡名也今謂之孟河

龍花寺尼韋契義墓誌

方一尺三寸九分二十五行行二十四字字徑四分許正書在咸寧

唐故龍花寺內外臨壇大德韋和尙墓誌銘 并敘

從父弟鄉貢進士同翊撰

大德姓韋氏法号契義京兆杜陵人也元和戊戌歲四月庚辰怗然化滅報年六十六僧夏四十五粤以七月



乙酉遷神於萬年縣洪固鄉之畢原遺命不墳不塔積土為壇植尊勝幢其前亦浮圖教也曾王父諱安石皇尙書左僕射中書令大父諱斌　皇中書舍人臨汝郡太守烈考諱衮　皇司門郎中眉州刺史家承卿相德勳之盛族為關內士林之宗始　先妣范陽盧夫人以賢德宜家蓄其子姓故同氣八人而行居其次在女列則長焉自始孩蘊靜端夊絜之性及成人鄙鉛華靡麗之飾常寘心於淸淨教親戚制奪其持愈堅年十九得請而剃落焉大厯六年　制隸龍花寺受具戒於照空和尙居然法身本於天性嚴護律度釋

氏高之　國家崇其善教樂於度人勑東西街置大德十員登內外壇場俾後學依歸傳諸佛心要既膺是選其道益光門人宗師信士瞻仰如水走下匪我求蒙持一心之修繕佛宇來四輩之施捨金幣高閣山聳長廊鳥跂像設既固律儀甚嚴率徒宣經與衆均福故聞者敬而觀者信如來之教知所慕焉嘗從容鄉里捐於北原而告其諸弟曰此吾之所息也爲其識之嗚呼生歸於佛歿歸於鄉至哉其孝乎所以報生育劬勞之恩備矣窀穸之制咸所遵承弟子比邱尼如壹等服勤有年竭奉遺教杖而會葬者數百千人極□氏之哀榮難乎如此迺沉礎而志于墓云

迷方之人妄聚之身白月下臨苦海無津秡得度門性□□□亦既落髮於焉報　親孝乎終始歸于故里

石幢□□□□□南趾

一尼之喪杖而會葬者至數百千人唐世佞佛成風往往如此故習空和尚塔志云弟子與俗侶白衣會葬服縗者千人焉元奘法師塔志云葬於滻東京畿五百里內送者百餘萬人淨業法師塔志云葬之日道俗闐湊號惋盈衢不可制止者億百千矣噫送而縗焉猶可也至杖而會葬必無之事也彼操筆爲文者極言弔客之衆多不計杖制之輕重其荒謬乃至如此誌中闢作開冠作冦介作尒修作脩窆作窀古誌石華

右志首標大德韋和尚文又云僧夏四十五而中言其行居次在女列則長後又云弟子比邱尼如壹等則明是女尼而亦稱僧與和尚也與孟法師碑稱女道士爲法師同意志敘其曾祖安石尚書左僕射中書令祖斌中書舍人臨汝郡太守父衮司門郎中眉州刺史以唐書宰相世系表攷之安石乃韋氏勛公房之後歷相武后及中宗睿宗斌乃安石弟三子而衮誤臨汝爲臨安斌子衮下不言其爲司門郎中眉州刺史而云駕部員外郎南監本明補又誤駕爲馬皆當以墓志正之又言衮有三子其弟逢之子同翊字啓之即此撰文之人也志言先妣盧夫人以賢德宜家蕃其子姓其所稱先妣葢即韋和尚之母也古泉山館金石文編

案契義韋氏女爲尼者其從祖弟同元撰經幢記稱比邱尼大德諱契義俗姓韋氏此志則從父弟同翊撰題云韋和尚墓志銘所罕見也曾王父安石大父斌考衮並見唐書安石斌俱有傳宰相世系表斌臨安太守衮駕部員外郎同翊斌孫逢之子字啓之並

與志合臨汝作臨安乃表誤刻衹本傳亦作臨汝元
和戊戌憲宗十三年金石續編
元和姓纂安石中書令郇文貞公衹中書舍人汝
州刺史衮駕部郎中同𪽑父子失載汝州郎臨汝
郡天寶年改刺史爲太守似異而實同衮稱郎中
與誌合駕部則與世系表同誤矣

八瓊室金石補正卷六十九終



# 八瓊室金石補正卷七十

太倉陸增祥撰　男　繼煇校錄
吳興劉承幹覆校

## 唐四十二

### 宮闈令西門珍墓誌

高二尺二寸廣二尺三寸卅二行行卅二至卅七字不等字徑五分正書在咸甯

大唐故朝議郎行宮闈令充威遠軍監軍上柱國賜紫
金魚袋西門大夫墓誌銘并序
從姪鄉貢進士元佐上
公諱珍京兆雲陽人也曾祖　祖彭並蘊異才不苟榮



祿孝悌雖形於家室聲芳已□□遠迩父進朝議郎行
內給事賜緋魚袋立性恭寬執心忠亮入侍闈扆出撫
軍師歷事四朝竟無敗累故中外貴豕咸遵厥行　公
器局宏邈見解殊倫幹於理劇果於從政志存大略不
忌小節恒人識其徼睨高賢許其豁達至德之初釋褐
從仕大厤之末擢居宣徽建中四年王室多故涇源叛
卒晝入犯門　鑾輿西巡以避封豕艱虞之際尤尚通
才除內府局丞充鳳翔隴右節度監軍判官時懷光不
臣潛与泚合犨華於是更　幸梁洋節使楚林果有毀
貳公每於衙府輒肆直言諭其將士徼以禍福　國家

靡洴隴之憂州縣免誅夷之弊微公之力殆不及此
德宗聞而異之俾充荊襄沔鄂洪府 宣慰使興元
元年遂除洪府判官監先鋒兵馬使伊慎下安黃等州
貞元元年來 獻俘馘 上旌公功拜內僕令令赴
本道其年季秋改充豪壽觀察監軍判官尋除張建封
尚書爲徐泗節度 詔公獨監送上職名如故其年
朝覲還荊南監軍 上以公習於戎事欲將任重
聖心未決久而不遣至八年充劍南三川 宣慰
使其六月監淄青行營兵馬三千餘人戍于岐山西抒
荒服 上以公臨□不私撫軍有術凡積星歲踰十



瓜時十三年入奏 上嘉其勳錫以朱紱昆戎自從
會盟愆負恩信知我有備未嘗犯邊 上以閔東甲
士遠從勞役悉令罷鎮却歸本管三軍別公援轡揮泣
如訣父母豈勝道哉歸 闕庭復任高品暨 德宗
昇遐 順宗嗣位爰選耆德以輔 儲皇轉爲少陽
院五品承貞元年屬 今上龍飛公以審近翼戴之
績賜紫金魚袋充會仙院使元和元年改充十王宅使
歷事 六朝公智足以周身謀足以解難事上不逼接
下不侮自東縣委質銜 命撫軍宣慈則蒸庶再蘇
討叛則兇渠授戮動有流譽人無謗言若非淑慎曷能

臻此公身居祿位志不驕矜克遵象外之談不諱生前
之事遂於長安縣龍首原西距阿城東建塋域高崗雖
枕夏屋未封君子聞之僉曰知命 夫人馬氏驥之女
也內備四德外諧六姻豈睦允暘於曹風折旋不虧於
戴禮不幸先公而殁有子四人長曰季常次曰季平季
華季煜或名參 審侍或職列禁軍咸蘊構堂之姿俱
是保家之主以元佐性無飾僞文好直詞爰命紀能庶
旌實錄其詞曰
洪河孕氣兮嵩岳粹精 聖君當馭兮哲人乃生
才調不羈兮智略縱橫 器宇寖深兮量包滄瀛



結髮從宦兮捐私徇公 弱冠受命兮臨人撫戎
入侍丹陛兮三接明寵 出宣青塞兮九譯潛通
功成位高兮鏘金拖紫 居安慮危兮先人後己
去健羨師老氏之元言 齊死生宗大仙之至理
自昔有生兮孰能不亡 考彼靈龜兮兆此龍崗
或掊或築兮高墳深穴 爰栽爰植兮青松白楊
上以公恪勤事 主審慎左右至七年遷監威遠軍使
晝巡夜警衛士畏威敷奏· 闕庭衆稱其美謂保貞吉
以享百齡逝川不留奄隨朝露以元和十二年七月一
日遘疾終于脩德里之私第春秋七十有四以明年七

月廿日壬寅遷窆於長安縣承平鄉先修之塋從其治
命也
是誌卒葬年月另敘于銘詞之後前序及銘係珍作
生壙時命從子元佐預爲撰刻銘後三行則葬時補
敘也誌中介作乑安作妄衜作愆闢作闢役作役轡
作轡罔作罔宦作宧徇作徇古誌石華
右墓志首尾共三十二行正書字徑五分許志言珍
京兆雲陽人曾祖名空而不書祖彭父進朝議郎行
內給事賜緋魚袋珍至德初釋褐從仕大庥末擢居
宣徽後除內府局丞充鳳翔隴右節度監軍判官德



宗俾充荆襄沔鄂洪府宣慰使興元元年除洪府判
官監先鋒貞元元年拜內僕令改豪壽觀察監軍判
官又遷荆南監軍八年充劍南三川宣慰使又監淄
青行營十三年歸闕復任高品順宗嗣位選爲少陽
院五品永貞元年賜金魚袋充會仙院使元和元年
改充十王宅使七年充威遠軍使元和十二年卒年
七十四其云建中四年王室多故涇源叛卒晝入犯
門鑾輿西巡以避封豕攷新唐書德宗紀是年十月
涇源節度使姚令言反犯京師帝如奉天志文云鳳
翔隴右節度監軍判官時懷光不臣潛與泚合翠華

於是更幸梁洋節使楚林果有疑貳公每於衙府輙
肆直言諭其將士徼以禍福國家靡洴瀧之憂州縣
免誅夷之弊徽公之力殆不及此德宗聞而異之碑
充荆襄沔鄂洪府宣慰使興元元年遂除洪府判官
監先鋒攷本紀是時鳳翔節度朱泚亦繼反張鎰代
爲節度其後營將李楚琳殺之自稱留後朱泚犯奉
天禁軍敗興元元年二月李懷光爲太尉反丁卯帝
如梁州三月壬辰次梁州五月李晟等屢敗朱泚復
京師六月姚令言朱泚皆伏誅改梁州爲興元府給
復二年又給復洋州一年此其事也蓋珍即爲張鎰



監軍判官正與楚琳同事然張鎰傳言營將李楚琳
嘗事朱泚得其心軍司馬齊映等謀曰楚琳必爲亂
乃遣屯隴州楚琳知之稽故未行鎰以帝在外心憂
惑謂已亟去不爲備楚琳夜率其黨作亂齊映自竇
出齊抗託傭皆免鎰縋城走不及遠與二子爲候騎
所執楚琳殺之絕無一言及珍又韋皐傳言德宗狩
奉天李楚琳殺張鎰劫衆歸朱泚隴州刺史郝通奔
降楚琳則楚琳後仍與朱泚爲亂珍有何功而志乃
云國家靡洴隴之憂州縣免誅夷之弊微公之力殆
不及此毋乃失之誣矣楚琳作楚林志與史異似當

以志為正洋州本析梁州置境壤相連攷本紀言給
復洋州一年而章皐傳亦云帝在梁洋還則當時德
宗必曾至洋州本紀既云二月丁卯如梁州不當於
三月壬辰又言次梁州疑梁州之梁乃洋字之譌攷
藩鎮表開元五年置隴右節度又上元元年置興鳳
隴西節度建中四年賜號保義節度後吐蕃陷隴右
貞元初置行秦州以刺史兼隴右經略使以鳳翔節
度使領隴右支度營田觀察使志作於元和時故有
鳳翔隴右節度之稱本紀又云建中四年九月舒王
謨為荆襄江西沔鄂洪府宣慰使及除洪府判官監



先鋒蓋為普王時開官也地理志云洪州豫章郡上
都督府蓋普王之從府於洪州故稱洪府云又云兵
馬使伊慎下安黃等州貞元元年來獻俘馘攷本紀
貞元十五年十一月安黃節度使伊慎敗吳少誠於
鍾山十六年七月伊慎及吳少誠戰於申州敗之而
其先克復獻俘事遺而未載志又云其年秋改充豪
壽觀察監軍判官尋除張建封尚書為徐泗節度詔
公獨監送上職名如故者攷張建封傳建封為壽州
刺史李希烈僭天子位淮南節度陳少游陰附之約
破壽州以趨江都建封堅壁据之賊不能東還團練

使帝還自梁少游憂死進御史大夫濠壽廬觀察使
繕隍治兵希烈使驍帥悍卒來戰建封皆沮衄之賊
平進封階又任一子正員官貞元四年拜御史大夫
徐泗濠節度使則珍為豪壽觀察監軍判官即為張
建封之屬官也前但云濠壽而無廬後但云徐泗而
無濠濠字又作豪皆與史異攷唐書地理志云濠州
濠字初作豪元和三年改從濠此志刻於元和十三
年而猶作豪者蓋西門君於元和元年後既營生壙
即屬王元佐撰刻此志及卒後但續刻卒葬之事而
未及追改豪為濠也廣韻豪下云州名古鍾離國隋



改為州又大厤九年顏魯公干祿字書及韓昌黎集
徐泗濠三州節度掌書記廳石記皆作豪州而通典
謂隋改楚州曰濠州因濠水為名唐初因之元和郡
縣志亦云武德五年杜伏威附改濠州濠字中閒誤
去水元和三年又加水吳曾能改齋漫錄據杜氏之
言駁洪慶善攷正韓集作濠之誤皆非是惟志又云
還判南監軍未知其詳志又云八年充劍南西川節
度使本紀貞元五年九月丙午劍南西川節度使韋
皐敗吐蕃於臺登北谷克巂州又攷劍南節度於至
德二載分西川東川是時兩川而志作三川恐三乃

西之誤岐山爲鳳翔府屬縣縣有岐山乃京畿近地珍所歷之官以百官志攷之內侍省有六局其一曰內府局有令二人丞二人掌中寶藏貨賄給納之數及供燈燭湯沐張設凡朝會五品以上及有功將士蕃酋辭還皆賜於庭一曰內僕局亦有令丞各二人掌中宮車乘皇后出則令居左丞居右夾引又內侍省有高品一千六百九十六人品官白身二千九百三十一人又宮闈局亦內侍省六局之一有令丞各二人掌侍宮闈出入管鑰又內給事十人掌承旨勞問分判省事凡元日冬至百官賀皇后則出入宣傳



等然則珍係內侍省之宦官而其父之官爲內給事亦係內侍之流矣少陽院會仙院皆不見於百官志而云順宗嗣位爰選耆德以輔儲皇轉爲少陽五品則知其爲東宮之官也十王宅者據長安志云改元先天之後皇子幼則居內東封後以年漸成長乃於安國寺東附苑城同爲大宅分院之名爲十王宅令中官押之於夾城中起居每日家令進膳十王謂慶忠棣鄂榮光儀潁永濟也志言內常侍正五品下內給事從五品下而太子有內方局令二人亦從五品下則此云少陽院五品者蓋東宮官之大者也惟其

初官云擢居宣徽考宋時有宣徽南院使此院使掌總領內諸司及三班內侍之籍而於唐志未見豈史之漏乎節度使有判官一人而所謂監軍宣慰使者屢見本紀及列傳亦不載於百官志蓋皆行軍時差遣權置之名無定職也據志珍乃於生前建塋域猶後人所云生壙也而文銘詞後續題其遷監威遠軍使及卒葬年月則此志實作於建域之時并即於其時先爲勒石者故其首行官銜有磨改迹蓋以充威遠軍監軍六字添入文後有子四人四係三字磨改而其名季華季煜四字亦有磨改迹蓋少子亦係刻



文之後所生故以其名補入耳惟此文題鄉貢進士王元佐上並非珍之同姓而稱從姪爲他刻所未見不可解也威遠軍亦不見於藩鎮表俟再攷之此墓志前輩皆未見恐係近來出土亦關中之物文云龍首原西距阿城東連營域攷長安志秦阿房宮一名阿城在長安縣西二十里後又云遷窆於長安縣承平鄉先脩之塋長安志無承平鄉其所稱修德里蓋即修德坊也長安志言在朱雀街之第三街即皇城西之第一街第一坊也　古泉山館金石文編

按唐中官西門珍誌石嘉慶二十五年出土爲咸甯

帖賈裴修甫所得考誌序建塋紀石皆在生時而記
卒葬於銘後元佐銘詞不書撰而書上皆創見也西
門受氏始於春秋元和姓纂鄭大夫居西門因氏焉
列子有西門子魏文侯時西門豹爲鄴令漢王莽時
有道士西門思洞仙傳有西門惠按漢書王莽傳道
士西門君惠無名思者惟唐宦官有西門思恭珍蓋
其族也唐雲陽縣爲今涇陽湻化地括地志雲陽城
在雍州雲陽縣西八十里元和郡縣志故城在雲陽
縣西北八十里長安志本漢縣昭帝置屬左馮翊有
雲陽宮因以爲名唐武德元年析雲陽縣置石門縣



貞觀元年改石門爲雲陽縣改雲陽縣爲池陽縣屬
雍州省雲陽以其地入池陽而改爲雲陽天授二年
以雲陽置鼎州領雲陽三原涇陽醴泉四縣大足元
年州廢縣隸京兆府西南至府一百二十里以今地
考之當在涇陽湻化境也充十王宅使者唐制自先
天以來皇子幼居內長居十王宅以中官押之珍釋
褐於至德初終於元和之末事肅宗代宗德宗順宗
憲宗凡五主而云歷事六朝者以生於天寶五年當
元宗之世計珍始入禁近纔十歲齠耳朱泚李懷光
李楚林之叛伊慎之下安黃張建封之鎮徐泗並與
正史合惟楚林唐書作楚琳小異陸宣公集亦作楚琳阿城卽
阿房宮故址長安志漢書云阿城秦阿房宮也以其
牆壁崇廣俗呼爲阿城唐張賁然撰忠武將軍茹義
忠神道碑葬於長安縣永平鄉阿房殿之墟此誌以
阿城屬承平鄉承永字近則承平鄉之阿城卽永平
鄉之阿房殿也今長安縣西二十里王寺厫有村名
東阿房宮蓋卽其地修德里亦見長安志皇城西第
一街街西從北第一修德坊本貞元坊武后改金石續編
攷雍錄云待制有院在宣政殿之東少陽院之西
又云長慶元年於門下省東少陽院築牆及樓觀



又云學士院北廳又北則爲翰林院翰林院又北
則爲少陽院是有兩少陽院一在左掖一在右掖
西門珍爲少陽院五品當是左掖之少陽院也左
掖在日華門之東卽門下省亦名東省日華門之
南有太子湯沐西爲少陽湯瞿氏指爲東宮之官
是已又案長安志唐有宣徽殿此志云擢居宣徽
蓋西門珍初入禁中供使役於宣徽殿也威遠軍
在榮州和義郡見新唐書地理志古泉山館跋云
王元佐非珍之同姓而稱從姪補訪碑錄亦云王
元佐署名從姪稱舉不可曉今以石本審之元佐

上並無王字古誌石華及金石續編所載亦皆無
之不知瞿趙兩家何以有是語也聲芳已下所缺
石華作著於二字不私上石華作事字石已泐矣
石華監先鋒之監誤作隨聖心未決之決誤作安
從其治命缺治字續編涇源之源作原史本作原
碑實作源拜內僕令令赴本道脫一令字七月廿
日壬寅脫壬寅二字

冀王府典軍邵才志墓誌

方一尺四寸六分廿六行行廿五字
字徑四分正書時涉行體在咸甯

唐故元從奉天定難功臣將擊將軍守巽王府右親事



典軍上柱國勃留堂頭高平郡邵公墓誌銘并序
從姪將仕郎試太常寺奉禮郎飛騎尉仲方撰
文林郎前守渠州司戶參軍魏璞書
夫生滅之相貫于天地盛衰之門業推而化故期生誠
榮祿奄歿幽泉机兹褒嚮之靈刻石於元扃之記典軍
諱才志字元甫望出高平萬年縣人也曾諱慶皇不仕
祖諱儀皇不仕父諱明皇任昭武校尉守恭王府左帳
內副典軍上柱國賜緋魚袋公即長男也立身從仕卌
餘年自建中四年癸亥歲朱泚叛逆陷沒城堞執持堂
印隨 駕奉天重圍之內苦歷艱危克
復之時功勳崇弊遂遷五品職佐台堦累序勳勞歷更
九任勤効幹蠱靡資台鼎孝奉家慶之休廉謹風猷之
德遂至元和十四年八月廿七日藕遇朋友酒筵至夜
有司糺劾以達
聖聰 詔下書刑貶於坊鎮又遭寒熱伏枕數旬
有嗣子全亮儒直奉孝過於孟孫悲泣跪藥甚於禪伯
孤妻張氏親看扶舉洗浣哺飡食不知味寢不求安弟
曰才應官任清資職司樞密朝入公門暮歸奉孝恭敬
悲念乳藥哺飡在處求毉藥餌無效豈期壽限將畢大
願不從時年春秋五十有五至元和十四年己亥歲九



九廿七日終於坊州館舍嗣子等號天位血聲一舉考
三絕女及諸姪新婦等咸悲慟哭傷痛四隣卜筮有期
至其年十一月十六日舉葬於長安縣承平鄉史劉村
附 先代塋之禮也仲方素諳有德乃述其詞銘曰
典軍功効 安國理民 重圍之內 印信奉陳
光榮先祖 忠直事君 孝義奉母 哭竹求辛
身敗四時 久疾瘦羸 毉藥無愈 奄有云亡
魂歸逝水 形影無光 幽扃悄悄 歸於北邙
銷風吹竹 悲聲白揚 年年松栢 空嚮泉堂

右巽王府典軍邵才志墓誌補訪碑錄作邵才墓

志尉仲方文脫一志字又以飛騎尉尉字爲仲方
之姓又誤冀王府爲冀王事舛錯已甚殆未目見
此誌邪首題元從奉天定難功臣者功臣號也冀
王府者順宗子綵封冀王也勒留堂頭未詳恭王
府者代宗子通封恭王也典軍正五品上副典軍
從五品上親事帳內俱同才志以朱泚之亂隨駕
奉天事平敘功錫予功臣封號勳上柱國遂遷五
品標題稱游擊將軍者當即此所謂五品也歷更
九任文不詳敘但於標題稱冀王府典軍以最後
之官書之也文云机兹褒黜之靈句不可解疑有



譌脫幹蠱字蠱偶遇字作藕皆誤

太子洗馬崔載墓誌

方一尺三寸一分廿一行行廿四至廿八字不等字徑四分正書直界格篆蓋題崔公墓誌四字四周列畫象十二人舊在宛平今歸吳縣潘氏

唐故太子洗馬博陵崔府君墓誌銘 幷序

承務郎試蜀王府參軍成表嶽撰

士有遊藝據德辝藻言行不形喜愠不誤是非者則聞
之于　府君焉　府君諱載字載其先齊太公之後
食菜于崔而因氏焉洪源茂根世有名士至于貂蟬映
時金紫奕代竹帛繁盛不復書矣王父謙　皇易州脩
政府折衝列考季試恒王府司馬府君則　司馬之第
二子也伯仲五人皆美鬚鬣麗容貌各身長六尺二寸
俱懷文武之用爵爲豪盛之家長曰戩隴州汧陽縣尉
令弟錤長武城使兼御史大夫令弟晟文林郎太子通
事舍人令弟成大理寺主簿　府君植性廉潔執心沖
和遷善罔遺見惡必止豈謂德優齡促奄隨尺波享年
五十有九以元和十四年五月廿三日遘疾終于幽州
薊縣招聖里之私第也　夫人彭城劉氏煢煢戚容悄
悄閨壼齋潔喪事敬逾古昔有子五人男二人女三人
長曰公事試左武衛兵曹參軍侍疾有黃香之譽居喪



繼柴也之哀次曰公淑善諷詩禮名美戎郎昆弟等皆
善居喪絕漿茹荼泣血羸瘵隣里哀之也女子等皆以
孩提生知殯墓可哀也哉粵以其年十一月十六日窆
于幽州幽都縣保大鄉杜村北一里之原祔于　先塋
禮也表徵嘗接　府君之餘論沐　府君之清風
學淺詞荒敘事有闕緘之心府有媿幽黙銘曰
保大之鄉　桒乾之湄　泉扃長夜　潛翳英姿　逝
于中齡　孰不悽其　崔氏之先　世有英賢　既盛
簪筆　亦耀貂蟬　太公之封　千古昭然　孀妻茹
荼　令子泣血　隣無相春　親有鳴壹　志諸貞石

用旌賢哲

桉唐太子洗馬崔載終於幽州薊縣招聖里窆於幽都縣保大鄉杜村唐書地理志河北道幽州領縣九薊州所治幽都管郭下西界與薊分理（金石續編）

唐幽都縣即今宛平縣列考之列當作烈廣韻齊丁公之子食邑于崔丁公之子太公之孫也有博陵淸河二望載博陵崔也（古誌石華）

新唐書地理志易州九府有修武而無修政天下六百三十四府闕佚甚多每於金石文字見之此其一也



## 竇鞏等殘題名

高一尺七寸五分廣一尺一寸六分存七行行字不一字徑七分正書左行在靑州城東弟二層門側壁閒

州觀察處置押新羅渤海兩蕃等使金紫

事兼靑州刺史御史大夫上柱國韓國

此行全缺

部員外郎兼侍御史內供奉賜緋魚袋竇鞏

裏行韋曾

上柱國齊孝宏

□儀郎薛華士

裏行源方回

右碑四周皆殘缺祇存諸官姓氏七行竇鞏一行尙全因以爲題案鞏見舊唐書列傳平盧薛平辟爲副使入朝拜侍御史憲宗紀元和十四年三月己丑以義成軍節度使薛平爲靑州刺史充平盧軍節度淄靑齊登萊等州觀察等使韓昌黎竇牟墓誌載鞏亦進士以御史佐淄靑府注孫曰元和十四年三月以薛平爲平盧淄靑節度使表鞏自副與舊唐書傳合然則鞏以佐幕至靑在元和十四年矣代宗紀大秝十年二月以平盧淄靑節度觀察海運押新羅渤海



兩蕃等使德宗紀興元元年淄靑節度使承前帶陸海運押新羅渤海兩蕃等使宜令李納兼之据此題亦有押兩蕃之名當亦以淄靑節度兼之則於時爲節度使者薛平也前列銜缺名意即其人與（山左金石志）

## 著作郞韋端元堂誌

方一尺四寸五分二十七行行二十五字字徑四分正書在咸甯

唐故朝散大夫秘書省著作郞致仕京兆韋公元堂誌

弟四子前山南西道節度判官將仕郞試大理司直

兼殿中侍御史紓謹撰幷書

唐元和十四年三月廿三日　公棄背于長安新昌

里私第享壽八十有三嗣子縝洎系繏紓絢哀號于天
斁未敢死乃咨先王卜兆之義以明年五月一日奉遷
靈座祔于萬年縣洪固鄉畢原　先太夫人大
原王氏之塋焉縝等咸以　公潛耀道德不求顯著他
人諭讓未能盡美盍自志之　公諱端字正禮　五代
祖孝寬後周大司空鄖襄公　高祖津隋民部尚書
曾祖琬皇成州刺史贈禮部尚書　祖季弼太僕寺主
簿　烈考廉尚書庫部郎中自鄖襄公以盛業洪伐延
耀後嗣以至于　郎中茂纘其德□官壽不至士大夫
到于今嗟稱之　公即　郎中第二子也體苞元精天



付全德孝友忠信莫匪生知以古之賢達有保身遺名
不降其志不辱其身之道莫不洞與心契歸於一揆故
常以恬曠自適怡攝爲宗是以家人忘貧位不稱德官
歷率更寺主簿下邽縣主簿下邽陽翟二縣丞國子監
主簿凡五仕三爲色養二爲孤幼皆非　公之志也自
是之後蕭然杜門淮夷削平之明年皇帝在宥天下方
宏　孝理詔百辟父母存有顯擢歿有褒贈時縝爲工
部郎中由是拜　公朝散大夫秘書省著作郎致仕
先太夫人追贈臨汾縣太君時謂　公之義方縝之
顯揚斯爲至矣　太夫人曾祖諱子真　皇襄州

録事參軍祖怡河南尹東都留守孝毗昭應縣尉
太夫人生令族德門稟柔明淵懿脩睦婦道裁成母訓
輔佐　君子踰廿年所以敬養　先姑無違尤慈幼惠
下無怨悔縝等不孝祿養未及　禍罰己鍾而外族淪
替靡所依倚是以霜露怵惕有加罔極之痛焉以貞元
六年奉安宅兆至是盖祔嗚呼蒼天縝工部郎中系陽
翟縣尉繏鄉貢進士紓兼殿中侍御史絢前　太廟齋
郎紓頑闇不類哀敬不文泣血書石以寘泉隧

右韋端元堂誌首尾共廿七行行廿五字首二行擠
而不勻正書字徑五分許文爲端之子紓撰書其敘



五代祖孝寬後周大司空鄖襄公高祖津隋民部尚
書曾祖琬皇城州刺史贈禮部尚書祖季弼太僕寺
主簿考廉尚書庫部郎中端爲廉之弟二子以新唐
書宰相世系表攷之韋氏鄖公房叔裕字孝寬隋尚
書令鄖襄公生六子陵州刺史壽光縣男津爲叔裕
弟五子津弟二子成州刺史琬琬弟六子季弼季弼
子𢊍考功員外郎端爲𢊍之弟二子端生二子縝紓
表載廉官階皆與志不合自當以志爲正表又誤廉
爲𢊍（羣案汲古閣本作廉不誤）而以尚書庫部郎中爲考功員外
郎并闕端之官又端有五子止載縝紓而遺系繏絢

且据志言績工部郎中系陽翟縣尉紳鄉貢進士紓
兼殿中侍御史絢前太廟齋郎而表皆無之孝寬周
書及北史皆有傳傳言韋叔裕字孝寬京兆杜陵人
少以字行以戰功歷官尚書右僕射拜太司空天和
五年進爵鄖國公周宣帝崩隋文帝輔政發關中兵
以孝寬爲元帥東伐關東悉平凱還京師薨年七十
二贈十二州諸軍事雍州牧謚曰襄有六子總壽霽
津知名据傳所言則孝寬之爲尚書令鄖襄公皆當
在後周時與志所言合表屬之隋失其實矣此志不
稱墓而稱元堂爲自來墓志所未見湻化閣帖唐高



宗敕亦有使至知元堂已成之語想當時稱墓爲元
堂猶滕公墓石之言佳城也或因其子所作不忍言
墓故改稱元堂耳志後言以貞元六年奉安宅兆至
是蓋祔貞元六年在元和十五年前三十年乃謂葬
其母王氏之年也志云淮夷剗平之明年皇帝在宥
天下方宏孝理詔百辟父母存有顯擢歿有褒贈時
績爲工部郎中由是拜公朝散大夫祕書省著作郎
致仕以史攷之當是元和十二年十一月吳元濟伏
誅之後也唐時恩例以子官而父存者雖已去官尚
得遷轉超擢仍聽其致仕較後代僅得以子官封贈

者爲更優文簡質無華書法亦秀雅前人未見著錄
當亦近年出土者長安志載洪固鄉在萬年縣南十
五里管郵四十八古泉山館金石文編
案韋端元堂誌弟四子紓撰書端五仕不出丞簿而
題稱朝散大夫祕書省著作郎致仕者元和十三年
淮西既平有詔推恩百官父母故端得拜顯揚之典
端先世著於唐書宰相世系表鄖公房與誌略同元
和姓纂鄖國公裕字孝寬周大司徒尚書令生津隋
隴州刺史黃門侍郎吏部尚書唐諫議大夫太僕少
卿壽光男津生琬職方員外成州刺史琬生季弼季



弼生廉考功員外廉生端端生績紓與誌互異据誌
元和十四年己亥端壽八十有三則生於開元廿五
年丁丑卒之明年葬萬年縣洪固鄉畢原夫人王氏
之塋以子績所撰夫人王氏墓志合之大厤十三年
戊午夫人年卅九則生於開元二十七年己卯祥案當是十
廿八年庚辰十七于歸當天寶十四載乙未祥案當是十五載丙申
凡二十四年祥案當是二十三年而歿故曰輔佐君子踰廿年
也越十二年爲貞元六年庚午葬祔于姑又越三十
年而端與夫人同穴蓋端長於夫人二年祥案當是三年後
夫人四十二年而卒夫人志稱曾祖真行有唐汝州

葉縣令父毗京兆府奉天縣丞此志則稱夫人曾祖
諱子真皇襄州錄事參軍考毗昭應縣尉惟祖怡官
爵二誌皆同又夫人誌子五人曰縝曰絜曰系曰縮
曰緝此誌子縝系練紓絢亦五人縝系見前誌餘名
不同意端嘗有子八人迨元和庚子誌墓之時僅存
其五或絜爲前卒而縮緝更名皆未審也此可補唐
書宰相世系之闕林寶姓纂撰於元和七年則在此
誌之前矣唐時子撰父碑者始於令狐德棻之撰令
狐熙碑子書父碑者始於于立政之書于志甯碑其
以墓志爲元堂誌則此爲刱見元堂墓宅也閣帖唐



高宗書云使至知元堂已成既得早了深以爲慰陵
初料高一百一十丈今聞高一百三十丈不知此事
虛實是以陵寢爲元堂蓋唐時元堂之稱貴賤同之
金石續編
案穆員有元堂記曰刻石識墓非周孔之制宋齊
以來有之所以藏馨香俟陵谷不可闕也此亦墓
稱元堂之證元堂猶言元冢元壙也皇城南朱雀
門街東五十四坊萬年縣所領新昌其一也新昌
里即新昌坊坊有楊於陵宅唐書楊損傳云楊損
家新昌里損爲於陵之孫此里與坊通稱之證牛

僧孺張仲方溫造盧宏宣路嚴宅均在其處唐書
宰相世系表中山王氏有真葉令真之子怡戶部
侍郎當即夫人之曾祖祖也夫人志稱真行有唐
汝州葉縣令與表合惟其名不同表載真之兄名
子景以子景例之則此志稱子真者爲是意夫人
志真行之行當屬下讀言行葉縣令耳此志稱襄
州錄事參軍或後來遷轉之官而史家失攷或曾
任斯職而終於葉令均未可知怡官與表不符疑
表之誤表不載毗名亦屬闕漏中山王氏亦出晉
陽故可稱太原焉又案隋書韋壽傳云父孝寬周



上柱國鄖國公瞿氏以表屬之隋謂失其實是矣
傳又云津位至內史侍郎判民部尚書事與此志
亦合

南海神廟碑（元和十五年十月一日　萃編載卷一百七）
（高六尺六寸廣三尺四寸五分　廿五行行五十字字徑八分）

陳諫書并篆額（缺并篆額三字）
螭（作號下同）僃（作循）祝螭（祝作祀）扶胥之口（口誤刊口）富（作富）明宮（明作明下
同宮誤言）其恭且嚴（其誤某）牽牛（牽作牽）奮掉（掉作棹）謌詠（謌作郎歌）
祀于旁（祀作祝）海嶺（嶺誤濬）胡不（胡誤故）
元和十五年十月一日建　□字人李将齊（以上失載）

碑文艮不聽令以下字均明顯惟者由是皆流五
字剝泐耳萃編以小字偏注殆拓本之劣邪抑拓
本未全据集本錄之邪

鳳倉參軍司馬宗妻孫氏墓誌

方一尺一寸三分十九行行十九字字徑四分正書

唐朝議郎行鳳州司倉叅軍上柱國司馬君夫人新安
孫氏墓誌銘并序
前翼王府叅軍賈中立撰
夫人字堅靜建業人也　曾王父瑜睦司馬即吳之洪
胄矣祖從朗錄事父愿皇尉塋江咸襲繁祉垂裕後昆



夫人婉娩令淑挺然生知及笄年適于司馬司倉宗
窈窕閑雅謙和優柔行合規矩言堪典模恭理黍稷調
暢琴瑟義光中饋孝顯家風絅衣無華舉案有則訓女
四德示男六經親族娣姒肅然心伏凡在閨闥莫不書
紳性止恬淡情蕊嗜慾洞了生滅俄而謝世元和十五
年五月十六日徽疾冈瘳終于長安頒政甲第也享年
五十三以其年十一月廿二日將遷於國西阿城南原
祀也嗚呼生事畢矣二女早逝有子長裕泣血哀號抑
情就祀痛雍穆之風泯然斯絶刊石紀德庶幾不朽中
立齋館之賓睹其家道不揆爲銘未充名實銘曰

婉娩積善　不享遐齡　貞操符祀　柔和合經
尺波一謝　寸晷冈停　愛其芳烈　刻石存銘

頒政坊在長安街西秦阿房宫在長安西北十四
里阿城即其故址順宗子緷封翼王

重立狄梁公祠碑

高九尺二寸廣四尺三寸廿七行行六十字字徑一寸四分正書篆額失拓在大名

大唐魏府狄梁
朝議郎行尚書虞部員外郎上柱國馮宿撰此在首行下
上闕□州節度副使朝議大夫檢校太子左庶子兼御
史中丞賜紫金魚袋胡証書并篆額



后不可以獨臨必□□□□□□□□□□茲　梁
國狄公是以興於天授之朝藴沉謀□奇莭也物不可
□□否必繼起邪傑欽往□□□功茲
沂國田公是以挺乎河朔之郊刱新祠□舊典也初
梁公出牧于魏實宜斯人冈遂乞留則深遺愛闔境
□力生祠其神畏□□仁如在乎上新恩徽福亦若有
荅洎胡起幽陵毒痛中邦擢擅遺餘漸漬甿俗六十季
于茲矣戰血滿野忠魂歸天階阤□□隱嶙□在元和
壬辰歲
我天子恢拓千古之下庭凢在率土罔不來服維□□

□□保和一心之有衆舉茲列城表□多方□職貢而
奉官司□□□□□禮鳳鳴□□音革蘭芬而棘刺
死醴湧而盜泉竭慶飛而□禝消四郊廓清萬戸丕變
燹後辯正封疆咨謀耆老得是舊趾作□新□□□□
□□□□□上下有度東西惟序披圖以立儀像據品
以昭命數不諧不偏經之營之越十月五日厥功成
沂國公於是乎謂護軍□□□將校□□□□□□
□□□先一日親事設次于門西該柔毛翰音腯肥
鮮臺之具以俟詰朝公至則改服于次率護軍廾拜將
校以下序拜□□□□□□□□□而□□□□



□□□皇風中微陰紗勃興六宮弄其神器萬
乘遜于房陵生人之耳目盡廻元老之肺肝珍固蹈□
武尾奮□□□□□□□□□□□□□正□國
貞□策□授五王匏包復夏之大業於心術貽安劉之
永圖於身後再造　唐室時維梁公願不腆之
是羞獲守兹□□□□□興三□□□□□□□
□□□天王天王重蠱斯人而鑒厥誠未及淡辰而
璽書金印命服瑞節一日駢至且又須非常之
清問下莫大之□□□□□□□□□□
跡空黨肩彼感心與喜□固己翊九天而□□來今所

以靡遑甯居思有上報籍慕神之志□景神之忠□薦
神□此□告神以□□至□□廢□□□□雁善乃守
臣之職烏敢爲名再拜而□□□□州之人士知
秋公之崇德可享而　田公之斯言可復已詩云維
其有之□□□□□□曰
弈弈新祠于魏之彊巖巖　梁□□此一方其惠伊
何其人則亾在昔通天羿丹猖狂衝陷連城勢莫與□
□□□□□□□□□□都會孰能保障
天后召公飛傳靡遑至自彭□□金湯以逸待勞以
柔摧剛緩賦寬役勉農勸桑外示無□內爲之防□□



□□□□□□□□□□踴躍歡康□□公遷泣涕彷
徨援刀割屑守□　王章終然莫克詎可弭怨衆
心城城經始斯堂立公儀形薦此馨□□□□□□
□□□□□□□□番芳□惟
我公寔邦之良岐嶷有聞□□□學以時習闇然日
彰文武是經謨謀允咸測圭知正函鼎難量□□□□
□□□使□□□□□□□屈□□咸有鳥呈祥毗
于大理決獄平當□□□辭驟探武狠西門沆巫汲直
開倉蜀守興學晉臣撫□公兼有□□□在□宜威中
□論道上庠獄□幽□□□暴強天授以還燎火無充

藹藹本枝□□□虒下窒人願上迴天綱拜洛□圖非
劉而王□□□□□□□□□□□□帝□
□時惟　狄公□此巖廊進持正色中獬剛膓婁□侈
謀將易　儲皇公陳不可校短推長血瀝太階心
祈彼蒼長□□□□□□□□疑然□□□□□
帝拜元老春歸少陽潛安爪牙畣布棟粱七日寢□五
賢□　唐道優三仁功茂一匡始終無媿夷夏所
塈維此魏郊□□欒鄉燕寇之後□爲戰場何人不饜
靡室不喪祠宇煨燼階除墟荒故老懷思□貯慨□猶
依封畛時奠壺觴否道既傾　聖厤會昌元和御

辰
天子垂裳九夷八蠻山梯海航禮備樂陳執贄奉璋思
我懷人寘彼周行是生　沂公忠順𢿱昂劍久埋獄
錐能處囊□言愔愔武烈洸洸□尙管蕭化臻龔黃掃
除雰孛弔恤災傷尾斷蜂蠆苗鋤莠稂萬夫歸誠有死
無將
天子嘉之霈澤瀼瀼龍節虎旗玉珮金璫班其慶賜覃
及潛翔　沂公滋恭扶服兢惶愧負山岳誓酬毫忒
乃建新祠娥彼甘棠□其□□繚以周牆吉蠲庋羞容
衛兩廂仰止何遠中心是臧地迴沙麓河抱衡漳刻勒

豐碑揭乎中央

唐狄梁公祠堂碑馮宿撰胡證書元和中立京畿金石考

右重立狄仁傑祠碑在大名碑首行闕泐僅見魏
府狄梁四字蓋仁傑也仁傑字懷英幷州太原人
嘗爲魏州刺史卒贈文昌右相謚曰文惠中宗追
贈司空睿宗又封粱國公故稱粱公也沂國田公
者宏正也初名興憲宗賜名宏正字安道承嗣從
子季安時爲衙內兵馬使同節度副使封沂國公
粱公舊有生祠頹廢已久田宏正重立之因作是
碑案史云仁傑爲魏州刺史民愛仰之爲立祠又

云子景暉官魏州司功參軍貪暴爲虐民苦之因
共毀其父生祠不復奉至元和中田宏正鎭魏博
始奉葺之血食不絕此碑所記卽其事然碑敘祠
廢不言魏民所毀攷金石錄目載有狄粱公生祠
記李邕撰張廷珪八分書開元十年十一月立然
則粱公生祠初毀於魏民之怨開元間重修之繼
燬於安史之亂元和間復建之碑故有胡起幽陵
毒痛中原及燕寇之後□爲戰場數語史傳所述
特因景暉而連及之其於宏正再葺之前已有重
修之舉不暇致詳耳碑敘事蹟與史傳脗合碑言

六宮弄其神器萬乘遜于房陵者謂武后及中宗也碑言璽書金印命服瑞節一日駢至者卽傳所謂賜紫袍龜帶后自製金字十二於袍以旌其忠也碑言在昔通天契丹猖狂云云者謂萬歲通天中契丹陷冀州河北震動前刺史驅民保城梁公悉縱就田虜聞引去民爲立祠也至自彭下所缺是澤字梁公由彭澤令擢魏州刺史也碑言屈□□感有烏呈祥者謂居母喪白鵲馴擾也碑言毗于大理決獄平當者謂遷大理丞歲中斷久獄萬千人也碑言嫈□侈謀將易儲皇公陳不可校知推長者謂后欲以武三思爲太子衆莫敢對梁公諫止之吉頊李昭德數請還太子后意不回唯梁公每以母子天性爲言后始感悟卒復唐嗣也梁公言姑姪與母子孰親立廬陵王則常享宗廟三思立廟不祔姑故云校短推長也碑言尾斷蜂蠆苗鋤莠稂萬夫歸誠有死無將者謂牙兵脅宏正還府殺士則及支黨十餘人圖魏博相衞貝澶之地籍其人以獻不敢署僚屬而待王官也碑言天子嘉之霈澤瀼瀼龍節虎旗玉珮金璫者謂憲宗美其誠詔檢校工部尚書充魏博節度也碑言班



其慶賜覃及潛翔沂公滋恭扶服兢惶者謂遣裴度宣慰賫及軍錢百五十萬緡六州民給復一年赦見囚存問高年惸獨廢疾不能自存者宏正奉上益謹請度徧行其部宣示天子恩詔因令節度崔權奉表陳謝也撰書之禡宿胡証史皆有傳宿字拱之婺州東陽人常爲都官員外郎封長樂縣公官至東川節度使此碑結銜云尚書虞部員外郎則史未及之也証字啓中河中河東人田宏正以魏博內屬請使自副詔兼御史中丞爲宏正副使官至嶺南節度使此碑結銜州上似是華字闕泐不得其詳其檢校太子左庶子則史亦未及之也胡証所書之碑見於金石錄目者有烏承玼碑尚書省石幢記田宏正家廟碑得此而四矣京畿金石攷作胡證殊非碑無建立年月文內前云元和壬辰歲後云越十月五日厥功成建立當在其時城城蓋成城之譌虡襄蓋處囊之譌武尾武狠則避虎改字也㴱作深俗

八瓊室石補正卷七十終

八瓊室金石補正卷七十一

太倉陸增祥撰　男　繼熚校錄

吳興劉承幹覆校

唐四十三

忠武軍監軍使朱孝誠碑 長慶元年二月五日 萃編載卷一百七

万代萬万作撫巡恤巡誤憫以缺以字追錫缺錫字公抱缺公字每
受缺受字機變缺機字

碑稱密陳嘉謨請城天德云云元和郡縣志天德軍本大安軍在大同川西乾元後改爲天德軍權居永淸栅又移在西受降城自後頻爲河水所侵元和八



年防禦使周懷義表請修築李吉甫以西城費用至廣功難施行請修天德舊城以安軍鎮孝誠陳請又在元和修築之前 平津讀碑記

靈巖寺功德龕題字二段

高二寸五分廣二尺前段八行字徑六分後段十二行字徑四分餘行字均不一正書左行在長淸

僧法英李遵□□王則長慶元年四月八日記之
長二年十二月八日魏龍寺僧神祐義新法從袁偉同
来礼□　神祐者內黃人也姓劉氏

山左金石志少首三字拓未全也則誤作洲二年上當脫慶字尙有天禧五年王遂題記大安年高祚伯元等題字余未之得唐以後刻世多不取拓者寡矣

盟吐蕃碑

高一丈一尺廣二尺五寸漢字六行行八十四字字徑寸許蕃字不計側厚一尺六分廿一列每列行字不等左行均行書在西藏伊克招廟大門右

大唐文武孝德皇帝　大蕃聖神贊普　舅
甥二主商議社稷如一結立大和盟約永無淪替神人
俱以證知世世代代使其稱贊是以盟文節目題之於
碑也 下空
文武孝德皇帝與 約缺十一字 □□□□□舅甥濬哲鴻被曉



今永之□亨矜愍之情　恩覆其無內外商議叶
同務令萬姓安泰所思如一成久遠大 治 再續燕之情
重申隣好之義爲此大和矣今蕃漢二國所 約泐十四字 已
西盡是大蕃境土彼此不爲寇敵不舉兵革不相侵謀
封境　或有猜阻捉生問事□給以衣粮放歸　今社
稷叶同如一爲此大和然　舅甥相好之義善□
每須通傳彼 泐二字 □一 約泐九字 蕃漢並於將軍谷交馬其
綏戎栅已東大唐祗應淸水縣已西大蕃供應須合
舅甥親近之禮使其兩界煙塵不揚同□寢盜之
名復無驚恐之患封人撤俗鄉土俱安如斯樂業之□

約渤十二字桍日月所照矣蕃桍蕃國受安漢亦漢國受樂
玆乃合其大業耳依此盟揞永久不得移易然三寶及
諸賢聖日月星辰請爲到盟如此盟約各自契陳刑牲
爲盟謂此大約儻不依此誓蕃漢十字約渤禍也仍須讎□
及爲陰謀者不在破盟之限　蕃漢君臣並稽告
立誓周細爲文　二君之驗搭比有印登□□□
□□姓名手執如斯揞文藏桍王府焉

碑側

大唐□□等和好登壇□□□　大唐宰相□□渤
正議大夫□□渤　朝散大夫中書侍郎同渤　太中



大夫中書侍郎同平章事王播　中大夫尙書戶部
侍郎同平章事杜元頴　正議大夫兵部尙書蕭俛
大唐諸寮寀登壇者名位　金紫光祿大夫尙書右僕
射韓臯　朝議郎御史中丞牛僧儒　太中大夫尙
書右僕射兼吏部尙書李絳　銀青□祿大夫戶部尙
書楊渤　□□通議大夫禮部尙書韋綬　□□□□
大夫尙書右僕射兼太常卿趙宗儒　太中大夫禮
部尙書兼司農卿裴武　正議大夫京兆尹兼御史大
夫柳公綽　銀青光□大夫工部尙書兼右金吾衛大
將軍郭從　□□大夫大理卿兼御史大夫劉元鼎

朝議大□□司□□兼□史中丞劉師老　□□郎□
□渤二行　□監察御史□□□□□　□朝議郎□渤二行
□學□□□渤

碑在衞之伊克招廟大門右上刻長慶初唐與吐蕃
會盟之文至今碑尙完好其文曰云云　按舊唐書長
慶元年九月吐蕃遣使請盟許之乃命大理卿兼御
史大夫劉元鼎充西蕃會盟使兵部郎中兼御史中
丞劉師老爲副元鼎等與論訥羅同赴吐蕃本國就
盟此碑即當時所置也大清一統志

右吐蕃會盟碑在喇薩刻於石柱上舊唐書吐蕃傳



長慶元年九月吐蕃遣使請盟乃命大理卿兼御史
大夫劉元鼎充西蕃盟會使十月十日與吐蕃使盟
宰臣及右僕射六曹中執法太常卿司農卿京兆尹
金吾大將軍皆預焉仍勑元鼎到彼令宰相已下各
於盟文後自書名二年二月遣使來請定界六月劉
元鼎自吐蕃使迴奏云去四月二十四日到吐蕃牙
帳以五月六日會盟訖此即五月六日所盟文也文
後本有諸臣題名此拓本失之　大清一統志載有
此碑釋文與此多不同平津讀碑記
按是碑　大清一統志西藏志皆載之作伊克招唐

碑其文與石本有異附錄之以備參攷并據全唐文所錄全文而今石文摩泐者以小字旁注之蓋石本間有磨泐不全志則節錄損益以足成之非別有一碑也道光元年玉研農尙書駐藏回都攜有墨拓知余有金石癖以一本見詒是碑遠在西陲頗爲艱致因卽錄其文箸於編攷文刻石柱右半漢書左半蕃書左右兩側爲漢蕃諸臣題名亦漢書蕃書相間也舊唐書吐蕃傳自貞觀八年通使中國其後屢寇屢和開元二十二年遣將軍李佺於赤嶺與吐蕃分界立碑今其碑之存佚未知也長慶元年命大理卿兼



御史大夫劉元鼎與吐蕃盟會使云云此卽長慶元年五月劉元鼎與吐蕃盟之文舊西域志及西藏志衞藏圖識屬之德宗誤矣左右兩側名雖剝蝕其可見者與新唐書所載多合惟兵部尙書蕭俛碑作工部尙書禮部尙書裴武碑作農卿當以碑本爲正又案新唐書長慶元年吐蕃盟策署彝泰末今此碑末漢蕃皆末署年月當非盟策盟策未知勒石否也筠清館金石記

訪碑錄及吳氏皆以此碑爲立於長慶元年五月案穆宗上尊號曰文武孝德皇帝在長慶元年七月新唐書吐蕃傳云方盟時吐蕃以壯騎屯魯州靈州節度使李進誠與戰大石山破之大石山之戰本紀系於元年十月其非五月所立不待言矣此所謂方盟時者乃京師西郊之盟非此碑就盟其國之時也新唐書於大石山戰之下云明年請定疆候元鼎與論訥羅就盟其國舊唐書明言二年二月遣使來請定界以五月六日會盟訖是京師之盟在元年十月吐蕃之盟在二年五月孫吳兩家誤合爲一耳新唐書又云元鼎還虜元帥尙塔藏館客大夏川集東方節度諸將百餘置盟策



臺上徧曉之且戒各保境毋相暴犯策署彝泰七年吐蕃彝泰七年當唐之長慶元年此盟於京師之盟策非盟於吐蕃之盟約也碑前云結立大和盟約後云如此盟約則非卽盟策可知亦不得併爲一焉碑多剝陊　大淸一統志載有此文具錄於後弟二行與字之下志作聖神贊普二聖六字其下直接濬哲無舅甥二字弟三行所字之下志作守見管封疆洮岷之東屬大唐國其塞十五字弟四行彼字之下志作此相倚二國常相往來兩路所遣唐差十五字弟五行安下志作並無相擾

之犯垂恩萬代則稱美之聲遍十六字無如斯樂業之五字弟六行不依此下志作言背約破盟者受其殃九字無誓蕃漢三字其志與碑異者一並錄之證知知作之盟文節目題之於碑也作勒石留傳之於後也今永之□作久永之化亨作垂其無內外之其作並再續燕親之情重申作之續茲者同心以申爲此大和矣作共成厥美蕃漢作漢蕃已西作之西境土作地土寖敵作殺敵猜阻作積阻給上似諟字志無之今作令叶同如一爲此大和作山川無擾各敬人神善□作苦難蕃漢作



蕃使綏戎柵已東作洮岷之東祗應作供應已西作以西須合作須令同□寖盜作同聞頌德復作永慮作患封人作行人茲乃合其大業耳志無此句依上多一各字永久不得移易作永不移易然作當賢下無聖字仍須讎□及爲陰謀者不在破盟之限志無此語稽告立誓作稽首告立二君之之下作德萬載稱揚內外蒙庥人民咸頌矣與碑迥異曩見筠清館金石記載此碑有跋無文跋語謂據全唐文所錄以小字旁注之余無是書不能輯補焉碑側列諸臣名位新唐書云以大理卿劉

元鼎爲會盟使右司郎中劉師老副之詔宰相與尚書右僕射韓皐御史中丞牛僧孺吏部尚書李絳兵部尚書蕭俛戶部尚書楊於陵禮部尚書韋綬太常卿趙宗儒司農卿裴武京兆尹柳公綽右金吾將軍郭鏦及吐蕃使者論訥羅盟京師西郊贊普以盟言約二國無相寇讎有禽生問事給服糧歸之詔可大臣豫盟者悉載名於策又云其國敓虜大臣亦列名於策碑書上蕃下漢其蕃字爲虜臣或卽唐臣不得而知碑書宰相名位王播之上尚有二人其名旣泐以宰相表攷之當是段文



昌崔植也蕭俛已於元年正月罷相碑仍列於宰相者當以其曾爲宰相之故特次於宰相之末而不書同平章事以區別之韓皐以下諸臣皆與史合惟史不詳階秩及兼官耳戶部尚書楊之下蓋泐於陵二字劉師老署銜所缺蓋右郎中三字蕭俛裴武署銜亦與史合吳氏以爲不符者於兵字則審之未細於裴武署銜則讀之未全也碑於劉師老以下尙有二列史所不載據吳氏謂碑有左右兩側余僅得一爲左爲右不可臆定新唐書所載均已見於此側其一側所書不知幾人或係虜

臣邪宰相以下十四人當是元年十月在京師豫
盟之大臣劉元鼎以下方爲就盟吐蕃之臣備書
之者重此盟也史第載京師豫盟之臣而於就盟
諸臣不及詳敘無從知之矣又案新書唐云唐使
者始至給事中論悉答熱來議盟大享於牙右飯
舉酒行與華制略等樂奏秦王破陣曲又奏涼州
胡渭錄要雜曲百伎皆中國人盟壇廣十步高二
尺使者與虜大臣十餘對位酋長百餘坐壇下上
設巨榻鉢掣逋升告盟一人自旁譯授於下已歃
血鉢逋掣不歃盟畢以浮屠重爲誓引鬱金水以



飲與使者交慶乃降此當時盟制也虜俗小盟用
羊犬猴爲牲大盟用人馬牛驢爲牲凡牲必折足
裂腸陳於前使巫告神曰渝盟者有如牲碑故有
刑牲爲誓之語碑有或有猜阻云云與史所言禽
生問事給服糧歸者同

梁守謙功德銘　長慶二年十二月一日　萃編載卷一百七

孚相孚卽厥誤作牙貝萊萊作葉下同遲遲作遲畫掩畫作書疋馬疋作匹路
闕闕作闕下同公曰字缺公亨亨誤刊腩腩作腩天睢睢上多空一格插插作棲循
羅脩脩作祉禮作侯侯作獄瀆獄獄作□駭上字缺駭調伏伏服誤界
光天字缺光葺緝字缺緝心猨猨猨作舒光舒紓誤斷斷作斷症嚴症誤

裴夜浮素缺浮字
碑爲楊承和撰書陸邳題額時守謙爲右街功德使
承和爲右街功德副使皆以內侍充此官副使之名
不見於新唐書百官志元和姓纂邳陸綜子平津讀碑記
碑用豺武武豹皆虎之避用字

范氏女阿九墓誌
方一尺二寸四分十七行行十五字字徑五分正書
大唐故范氏女墓誌銘并序
兄鄉貢進士鄭述在首行下
皇光祿卿贈左散騎常侍順陽□次女字阿九年十六



以長慶二年十二月十九日疾終于京兆長興里
太夫人河東縣君裴氏傷悼貞淋哀疚于懷噫夫婉順
情性內理剋明肅閨壼之儀曉組紝之跡至美不顯胡
其鑒耶
姻懿知者毎泣來吊
母兄之悲其可勝哉明年四月十三日窆於國之東隅
白鹿原之別業鄭奉　高堂之　命忍哀誌爲銘曰
斷手裂心兮其痛何禁欲余之悲兮殆　之深呼不來
兮思往莫得入九泉兮音容悄默天不善善兮奈何心
悽怛兮無極淚濕栢根兮聲咽曠野一支長瘞兮孤墳

之下

右范氏女阿九墓誌首云皇光祿卿贈左散騎常侍順陽□梭唐書范傳正傳字西老鄧州順陽人官至光祿卿以風痺卒贈左散騎常侍是誌所稱者卽傳正也順陽下所缺當是范字或是之字史傳不及後嗣讀此誌知其子名鄯矣

## 顏永墓誌

方一尺二分十七行行十七字字徑四分正書在江都

唐故顏府君墓誌銘并序

鄉貢明經李德芳述

府君諱永其先□□□人也　祖考並繼世承訓餘風所播□傳素業□□□□六合大和隱而不仕　府君中和立身□□全節溫柔成性積祿崇高孝□□言讜有□嗚呼不幸遘疾卽以長慶四年歲次甲辰二月辛巳朔七日丁亥終于揚州江陽縣布政里之私苐春秋六十有八　夫人□南黃氏令則高門容華脩質笄年之歲□于顏□之門事君子盡忠□親□慈以孝□男二人長曰亘次少洪皆□□□□達義方　卽以其月廿九日己酉安厝于蕪城之東嘉寧鄉五乍村之原謝氏之地禮也□年代綿遠□□□移故刻貞石紀德乃為



銘曰

江漢炳靈　繼生賢明　猗歟顏君　藹然時莫　落日空奄　逝水我傾　卜葬平野　風楸栢聲

庚辰秋汪硯山寄詒云誌不甚泐字爲土銹塡塞復石者不敢妄動也惜不得臨石一審之俄作我是年三月庚戌朔此稱辛巳朔是二月爲小盡矣

## 長沙高士墓誌

高一尺二寸八分廣一尺二寸五分首尾平曼存十九行行廿二字字徑四分正書在長沙府學首行全泐

□唐□□元年正月廿九日長沙高士□□□　通□□□□□□□悴芝于甘泉鄉甘泉里之私苐享壽□□□□□□高士□ゝ也是得録于姓旋素行以□終□□□□□□也夫其先安定臨涇人也晉右僕射□□□□□□□□子孫播遷至十八代孫皇朝為長□□□□□自後子孫遂居長沙便為郡人也果毅生□□□□□□生試懷州武德承諱珎高士則武德□□□生而好學□始弱冠鼓篋郡庠精春秋左氏傳累□□□雲用光　王進而高士性將道合德行天与孜ゝ□□□之儔也依乎脒下之愛不忍離其色養親歿之後□□□乃曰代与我違夫何求

兆遂油〻然耕桑於田間□□□□永歌堯舜而已身
外之事付乎四男長諶次□□□□高士德教有令問
焉貴室朱氏自佐高士五十年□□合和若鸞鳳翡翠
之婉孌矣栢舟之志旣高女蘿之□□有二女皆歸令
德盧氏王氏矣嗣子諶等泣血柴毀□□□以明年春
仲月廿六日協吉遂奉裳帷遷神于翼□□□□山原
附　先夫人塋從其禮也天高地遠□□□□□□
□以爲紀乃銘曰
上缺風霜缺

右長沙高士墓誌癸酉六月出長沙城東南數里



未詳其地曼患殘剝首尾不具文中要處均已磨
滅以十數拓本竭兩日之目力反復諦審而勘之
辨識二百八十九字雖紀年姓氏尙不得見差可
攷證矣文云其先安定臨涇人也其下見晉右僕
射四字攷元和姓纂胡梁皇甫牛鄧席六姓郡望
皆出安定梁出安定烏氏皇甫出安定朝那非臨
涇也鄧攸爲晉右僕射乃平陽鄧氏非安定鄧氏
也安定鄧氏有名羌者爲苻秦左僕射非仕於晉
姓纂亦不言臨涇牛允仕後周工部尙書封臨涇
公唐書宰相世系表作臨淮公或係表誤要爲封

邑而非里貫且在晉後亦未爲僕射然則出自安
定臨涇者惟席與胡耳席氏無官僕射者晉胡奮
官至左僕射謚曰壯碑文右僕射下約略有一壯
字然則誌所稱晉右僕射者當卽胡奮奮安定臨
涇人正相脗合惟史稱左僕射誌言右僕射小有
不符然官職左右之分碑與史異者不可勝數高
士蓋姓胡胡奮之後裔可無疑矣又案太宗名世
民文云代與我遂避世用代則誌作於太宗以後
可知敬宗名湛凡从甚之字皆避偏旁缺筆作甚
鄭茂諶改名茂休高士嗣子以諶爲名則在敬宗



以前又可知貞觀十年改別將爲果毅都尉文有
果毅生字下又有生武懷州武德丞下又有高士
則武德數字蓋言武德之子也武德爲高士之父
果毅爲高士之曾祖其官果毅時在貞觀十年以
後其上云至十八代孫皇朝爲長長下缺五字當
是沙果毅都尉或沙府左果毅右果毅也文又云
貴室朱氏自佐高士五十年是高士之卒總在七
十左右高士爲果毅之曾孫以三十年一世約計
之自貞觀間至高士之卒約在百年以外首行元
年上依稀似是寶字疑是天寶元年未敢遽定附

長慶末葬地殘缺山原上頗似青字湖南通志云
青山在縣東北八十里今誌石出東南數里許與
志不符

隱山李渤等題名

高三尺七寸廣八尺四寸廿一行行
字不一字徑二寸許正書在臨桂

寶秝元年給事
隴西公以直出廉察于此□和年既豊乃以泉石爲娛
搜□訪異獨得玆山山有四洞斯爲最水石清拔幽然
有眞趣可以遊目可以永日愚以爲天作以遺　公
也不然何前人之盡遺耶明日与　諸生遊因紀名氏



武陵奉　命操筆倚石叙題之
桂州刺史兼御史中丞李渤
嗣郢王佑
遺名居士韋方外
都防禦判官侍御史內供奉吳武陵
觀察判官試大理評事韋磻
鹽鐵判官前廬州愼縣主簿路賡
館驛判官前潭州湘鄉縣主簿□缺
都防禦衙推韓方明
前觀察衙推段從周
處士蕭同規
鄉貢進士吳汝爲盧溫夫吳稼
文僧西来庄雅　大德曇雅
六月十七日書

右隱山李渤等題名在臨桂新唐書本傳李渤字濬之敬宗初由給事中以論崔發暴中人事出爲桂管觀察使題名云以直出廉察者此也題名有嗣郢王佑者攷十一宗諸子傳元宗子太子瑛始王眞定進王郢開元三年立爲皇太子廿五年廢爲庶人寶應元年詔贈皇太子瑛子五人儼封新



平郡王伸平原郡王倈嗣慶王備太僕卿倩失傳宗室世系表載瑛七子儼伸倈備與傳相同惟備封韓國公傳所未載倩作僑五子之外有鄭國公儆太僕卿倫皆無名佑者亦無嗣郢王者据此知傳表皆有闕漏可以補之太子瑛外別無封郢王者矣本紀寶應元年復瑛封號與傳稱追贈皇太子者互異傳之失也題名又有都防禦判官侍御史內供奉吳武陵者新唐書本傳吳武陵信州人元和初第進士長慶初竇易直判支表武陵主鹽北邊久之入爲太常博士後出爲韶州刺史貶潘

州司戶參軍卒不言其爲都防禦判官亦不言其爲侍御史內供奉傳之漏也傳又云柳宗元謫永州武陵亦坐事流永及爲柳州刺史武陵北還大爲裴度器遇宗元刺柳州在元和中年其時武陵北還尚未爲太常博士武陵之至桂州其在出刺韶州之後耶宏簡錄武陵傳長慶初曾擢戶部員外郎刺韶之前嘗刺忠州亦無仕桂及侍御史內供奉之官又案蒼梧有吳武陵墓刻咸通二年七月立見粵西金石待訪錄疑傳稱卒於潘州司戶者亦未確實題名又有觀察判官試大理評事韋



磻者攷宰相世系表鄖公房磻官司封郎中太原河東行軍司馬或即其人也同治癸酉海琴游桂林搜得拓寄云志乘所未載者亟錄之案粵西金石待訪錄有李渤隱山六洞詩賦序碑當在此題名之年又有韓方明所書新開隱山六洞記在此題名後兩月韓方明即此稱都防禦衙推者此題云山有四洞彼云六洞者續得而開之也惜不得一一搜拓之

南溪題刻二段

高七尺二寸廣六尺三寸廿六行行卅五字字徑二寸許分書在臨桂南溪山元巖

南溪詩序

成紀縣子李渤

桂水過灕山右匯陽江又里餘得南溪口溪左屏列崖巘鬬麗爭高其孕翠曳煙邐迤如畫右連幽墅園田雞犬疑非人間泝流數百步至元巖巖下有湾壤沮洳因導爲新泉山有二洞九室西南曰白龍洞橫透巽維蜿骨如玉西北曰元巖洞曲通坎堨晴眺灕水元巖之上曰丹室白龍之右曰夕室巽維北梯嶮至仙窟仙窟北又有六室參差呀豁延景宿雲其洞室並乳溜凝化詭勢奇狀仰而察之如傘如葦如欒櫨支撐如蓮蔓藻井



左睨右瞰以簾似幃似松偃竹裊似海蕩雲驚其玉池元井嵐窓飈戶迴還交錯迷不可紀從夕室梁溪嚮郭四里而近去松衢二百步而遥余獲之自賀若獲荆璆與蛇珠焉亦疑夫大舜遊此而忘歸矣遂命發潛敞深隥危宅勝既翼之以亭榭又韻之以松竹似譏方丈如昇瑤臺麗如也暢如也以溪在郡南因目爲南溪兼賦詩十韻以志之寶厤二季三月七日敘

詩

元巖麗南溪新泉發幽色巖泉孕靈秀雲煙紛崖壁斜峯信天插奇洞因神闢窈窕去未窮還迴勢難極玉池

似無水元井昏不測仙戶掩復開乳膏凝更滴丹爐有
遺趾石逕無留跡南朓蒼梧雲北望洞庭客簫條風煙
外爽朗形神寂若值浮邱翁從此謝塵役

南溪元巖銘 并序

青溪子李涉

桂爲郡也巖其先之有井室人已百千祀矣居是邦者
匪哲則豪何四三里之內而巖不載於前籍爲巖將屈
於古而合伸於今哉爲人未知其巖巖俟人以時扶青
溪子昧而未詳也予之仲曰渤受天雅性生不雜翫少
常讀高士傳列仙經遊衡霍幽遐之境巢嵩廬水石之



奥凡落所覯必皆礱磨大璞剪鑿遺病意適而制非主
於名寶麻初自給事中出藩于桂二之秊治鄉野之病
二之載搜郛郭之遺得隱山元巖冥契素尚余因謫去
炎海途由桂林元巖之勝再遂其賞勒銘洞石表遠跡
於他秊銘曰

桂之有山潛靈億秊拔地騰霄戟列刀攢巖之有洞窈
窕鬱盤虎挂龍懸形狀萬端窮馳杳冥仰沓巑岏玉落
磬墜幽聲晝寒巴陵地道小有洞天文籍之聞吾何有
焉酒一卮兮琴一曲巇巘之下可以窮秊

李渤字濬之嘗爲桂州刺史充桂管都防禦觀察使

新舊唐書皆有傳唐詩紀事李涉渤之兄纖人也早
從陳許辟憲宗時爲太子通事舍人投匭言吐突承
璀寃狀孔戣表其奸逐爲峽州司倉參軍大和中爲
太學博士復流康州自號青溪子廣西金石略云涉
有奉和九弟渤見寄絶句知渤行次弟九序云予之
仲曰渤仲爲弟之通稱不定居次劉玉麐謂渤爲仲
弟新書不得稱涉爲仲兄非也又敬宗紀寶麻元年
正月七日改元大赦壬申以給事中李渤爲桂州刺
史舊史稱渤寶麻中轉給事中誠誤至涉來桂當在
大和間謫康州時涉有譴謫康州先寄弟渤詩言其



將至桂也此序亦云謫去炎海途由桂林康州今肇
慶府故曰炎海且必取道桂林玉麐謂是謫武陵時
事亦非其以夷陵爲武陵又踵唐詩遺響之誤 金石續編

明統志陽江在府城南源出靈川縣思磨山東流
入於灕江碑云右匯陽江者卽此南溪山在府城
南七里聳拔千尺煙翠淩空下臨南溪碑所謂南
溪者卽此南溪爲渤所命名後又因溪以名山未
名南溪之先厥山何名碑不言之統志又云白龍
洞在府城南七里俯瞰南溪唐李渤嘗名以元岩
宋改曰白龍洞以洞中乳石凝結如白龍狀碑云

西南曰白龍洞西北曰元巖則謂白龍洞卽元巖改名者未確宋避始祖諱概稱爲白龍洞不復分晰理當有之其以元巖爲渤所命名恐亦未實廣西通志云白龍洞在南溪山下五代末南漢謀并靜江地湖南遣兵屯龍洞以拒之卽此西北曰元巖唐李渤命爲蔭巖後避宋太祖諱易今名渤多所建築今惟詩銘序文石刻存焉元巖之命爲蔭巖今無可攷避宋太祖諱者音近之字也宋世賣香印者卽嗚鑼而不呼以音近太祖諱故蔭字之避蓋亦同之特復舊名非易今名也所謂詩銘序



文者蓋卽此刻惟銘出李涉之手概以爲渤作未分曉耳渤自署成紀縣子似是封爵兩唐書皆不載其留別詩只署成紀二字則其里貫也新書云與仲兄涉偕隱廬山更徙少室舊書云隱於嵩山碑所云巢嵩廬水石之奥也全唐詩傳稱李涉洛陽人初與弟渤同隱廬山後應陳許辟憲宗時試太子通事舍人謫峽州司倉參軍大和中爲太學博士復流康州自號清谿子與渤自署成紀者不同然舊書亦有罷歸洛陽之語殆其隱居之地而遂爲洛陽人耶敘云山有二洞九室曰丹室曰夕室曰仙窟其六室不詳何名續編誤六爲石囊未校正今始改刻仍述之以志吾過支撐作支摚古字作樘樘橖通用說文樘衺柱也徐鉉曰今俗別作撐非是車堂釋名作車棠說文金部作車樘此橖字之所由製棠堂古通故樘又變作橖也巨治二字避諱缺末筆

皇澤寺造象三段在廣元西一里

轉運使崔殘題字二行可見者十三字字徑一寸四分正書

轉運使崔□□□□□文□□□□下缺

戊上元後□□□□此轉運判官下缺



修佛閣記七行行廿字字徑八分許正書

再修西龕佛閣記

益昌郡城江岸之□□□□十里有鑿石古龕〻有釋

迦如來像設并諸聖賢爲侍衛之儀□□□□□□□

□則□□聖唐貞觀二載郡□武都昔楊夫□靈異加

嚮建其□□□□□□□□居諸而□□□兆聖儀容□

□爲風雨所侵我太守北平公崔柃□□□□□□□□

□□□□□□□捨淨緇□□□□□□滕囙遞命頁工

□□□□□□□水□□□□□一方□□□□□柴

大唐寶厤二年歲次□□□□□□日□

右碑高三尺八寸廣一尺三寸額鐫佛龕環以蟠龍額下前兩行有轉運使崔字不見其名□戌上元亦無由攷爲何年後七行左行標題云再修西龕佛閣記中有貞觀二載字當是述刱建佛閣之事又云我太守北平公崔未審卽轉運使其人否益昌郡本義成郡天寶元年更名補訪碑錄作皇澤寺轉運使崔□造象殘碑上方有橫列十字非古刻也碑文闕字據三巴㸃古志補注之

造釋迦象殘碑高三尺廣一尺三寸十三行行廿三字字徑六分正書直界格

□□□□□□□□□以□世大音無聲□□□□

□□□□妙□□□□□□以大悲□覺是□□□□

□□□□□精勤者必□□□□□□乘法□□□

□□□□□□□□後父猛□□□□□弃誠信□

□□□□□□□□□母雍氏□□□□□功□□䍃

□□□□□□□□□□□□語其□□□□宗□□

□厤□□□□□□□□□□□□□中□□□□□

□□山□□□□□□□□□□□淨資造斯釋□□

□□□□□□□□□□□□□□□□建□四生必

□□□□□□□□□□□□□□□□□□褒虛心

物表□□□□垣□□□□□□□□□□□□□精





藍長行□夜□□□吕□光□□□□□□□□□□

□迷源遺斯□□□□四明用□□鄅□□□□□□

虛妄□能郎歸恭□□□□又絜□□□□□□前□

合体明□

右碑額中鐫象龕以蟠龍環繞之形制與前碑同隊剝已極僅辨世餘字據三巴㸃古志補注闕文亦共只七十七字不見年月姓名中有造斯釋□語蓋造釋迦象也卽以名之補訪碑錄作皇澤寺造象殘碑

柏堂寺菩提瑞象頌高六尺六寸許廣存二尺三分廿二行行上存廿九字下存五字字徑七分正書篆額失拓在四川廣元皇澤寺

大唐利州刺史畢公柏堂寺菩提瑞象頌并序

姪前鄉貢進士彥中爲四十二娘造象磨去約缺三十五六字男頲此在標題下

甞聞瑤界有無生大傳善權多方藏用滅息首出衆聖量涵虛空示色法而中缺□有化偃三空而不無窮徵極思人徑罕及應求而往莫或階焉自白月斂暉雙林稅駕優中缺□以昭異或因機以變石或留影以制龍金蟻神其源白兔祥其末與夫異門同入於樂地中缺化由乎

覺忍誠信資乎勝根理實然也利州柏堂寺往居列城
州牧攸宅　天后聖帝中缺□茲宇晉壽遺黎葭萌古
壞錦嶂緑其後淩江達其衝軒檻豐麗場域閑敞危途
緬衍馳騖中缺□因寺以與号假樹以立名初者天竺不
生思覩象法能殫衆巧所擬罕成上果通士感念中缺泥
不滿脩珎飾而相好周圓靈栱真顏今郎遺制粤若季
父銀青光祿大夫使持節利州中缺源受魏辶梁之大業
克濟厥美不隕其名管樞極而三事代傳牧本州而五
葉相襲英氣聡中缺郡太守度支尚書兖州刺史府君台
庭坐謀遺愛貴州布政優優百祿是遒公之　曾祖



中缺□大父　皇朝尚舍奉御蜀殤二王府長史台
郢滁三州刺史府君六尚欽若王藩列中缺器司戎半刺
邦政馴致咸騰景標舉葳蕤昭赫恭列務以夷亂牧外
臺而保甯徽問溢乎中缺潔白安可而緇磷沖用以博暢
經才以優洽強學吾裕虛容保和孝睦叶於靈心能事
探中缺倉參軍次拜滁州録事參軍次除博州録事參軍
遷鄭州司兵參軍初掌軍儲再司樞紐中缺衝要曳墨綬
而効績克揚奉遵冠而清闕自□□□□問美□時談
制授秦州都督中缺奏課連最受金帛以延　遲
異品□□以□□□□□□功俾我今職至夫導禮以

訓中缺肯至於臧否順□何□□□儀慧□□□□□
□□於□□□□之末□瞻前徽而中缺歔欷以遐
矚□□□□□□□□□□□□□□□□□□□
□□□問□□□□□中缺聲衆肅恭□上全泐廿九字中缺於纖
埃能□上泐廿九字中缺熱於嘉木地上全缺榮陽鄭崇嗣上全缺
□□入仕□後缺

碑爲四十二娘造象磨去三十五六字行間尚有
字蹟不可辨識畢公及其曾祖大父之名均不得
見撰人名僅見一彥字前云姪前鄉貢進士彥缺
中云粤若季父故知爲撰人也碑後未全不知所



缺幾何碑有額題菩提象頌四字此本失拓以篆
額居中計之據萃古志碑圖而言首尾共廿三行今所見者
廿二行也三巴萃古志止廿一行所得本然耳碑
尚有側列參軍令丞簿尉姓氏二列列十七行未
見拓本往歲得此本分爲二紙下截磨臏之字無
從命名乙亥春購得三巴萃古志讀之始審爲一
碑分二碑圖之所以可貴也案元和姓纂太原畢
氏狀稱畢諶之後唐滁州刺史畢誠生操操生正
表正則正義正表生垂華縣州刺史生彥雄正義
大理正竊疑碑所稱台郢滁三州刺史府君者即

誠也畢公之大父也畢公郎重華其刜縣州在利州後也畢公之姪彥□與重華之子彥雄均以彥字爲排次亦無不合碑無年月案唐武宗名炎改名炎避偏旁改談作譚文云美□時談不避談字文宗初名涵書函作臿鄭涵改名澣文云量涵虛空不避涵字然則此碑之刻在文宗以前無疑明皇名隆基兼避箕姬幾機等字文云或因機以變石不避機字敬宗寶厤元年正月帝主祧遷自高宗至明皇四宗不諱是此碑之刻不在明皇之前即在敬宗之世也附寶厤末



八瓊室金石補正卷七十一

# 八瓊室金石補正卷七十二

太倉陸增祥撰　男　繼煇校錄
吳興劉承幹覆校

唐四十四

朕嵩高靈勝詩刻　大和三年六月十日　萃編載卷一百八

朙作明　裹作裛　對聳壁立缺聳立二字　不測測誤側　雙跳雙誤聚　亘久缺亘字　畫爲神像缺畫字　世說缺世字　顧停缺停字

附王神題字

□侍大梁　脫□侍二字侍上似是常字



東郡懷古詩　大和四年六月一日　萃編載卷一百八

神期　期誤明　逃作跳

右內率府兵曹鄭準墓誌

高一尺廣九寸四分廿行行廿字字徑四分正書在崑山潘氏

□故右內率府兵曹鄭君墓誌銘　并序

潁川陳齊之撰

昔鄭桓公爲王卿士始受鄭於周因封命氏漢魏以降其族滋大有唐以來□□□執君其裔也曾王父瑨河南少尹王父溥尚書右部郎中應靑邢相衛□幽懷七州刺史入爲左庶子皇考華駕部郎中吉州刺史仕濟

其美時与其能君郎吉州之少子也隱不違世顯而成晦於所與以義於取入以□以遨遊江湖而無所爲累也君諱準字□道其先榮陽人有憲也之貧□□□之貴人之於此皆不堪其憂君之於此未嘗滑其□□□□爲知命也大和四年正月二日遘疾終于蘇州華亭縣白砂鄉徐浦場之官舍享年六十有三有子五人嗣曰宗儒次曰宗龜次曰宗慶次曰宗遜皆銜恤茹哀克奉先訓又一子奉釋氏教端殼清淨修無生忍名曰宏直嗟乎伯仲叔季於執喪之禮皆得順變郎以其年秋八月廿五日權窆于義興縣洞庭鄉震澤里下朱村原



從宜也有女三人皆在沖幼五子以余有往年之舊請余於文銘曰其生也天其死也天死生皆□方何適非然嗚呼苟不達於此旻何勝焉

是誌陶氏載入古刻叢鈔其石見存鄭準滎陽人爲蘇州兵曹參軍卒於華亭官舍權葬於義興縣之震澤里唐義興今宜興縣也誌未請余於文於當作爲或作請文於余亦可唐書宰相世系表鄭瑨官河南少尹溥官左庶子華官太常博士華官雖與誌異其爲準之三代無疑然表載溥華父子在瑨右一行不系於本行之下以誌證之知其誤矣古誌石華

系準曾王父瑨王父溥父華並見宰相世系表瑨河南少尹溥左庶子與此誌合惟華官爲太常博士溥弟平乃吉州長史以誌證之疑表互錯尚書右部郎中百官志尚書省尚書令一人左右丞各一人吏部戶部禮部左丞總焉兵部刑部工部右丞總焉郎中各一人從五品掌右丞所總之部故曰右部郎中自華以下世系無考別有準官楊子丞著房不同難以牽合又唐末詩人鄭準字不欺乾甯進士荊南節度成汭推官爲汭所害有渚宮集一卷則唐固有三鄭準矣右內率府兵曹東宮官屬六典太子左右內率



府其屬兵曹參軍事正九品下掌文武官及千牛備身之簿書及其勳階考課假使祿奉之事準爲右內率府兵曹而疾終於華亭徐浦場官舍唐制關津令尉亦有他官奉敕監者準豈嘗爲徐浦場津令邪或游於華亭而終於監津之舍邪地理志蘇州吳郡華亭縣常州晉陵郡義興縣並江南道因近權葬幸以片石流傳至今猶知鄭準誌銘爲潁川陳齊之撰書者不著名筆法整秀似爲趙孟頫先導矣拓本得之蘇州未知石藏何處明陶宗儀古刻叢鈔已載之今拓本華究真三字闕据叢鈔增入金石續編

甘行字徑四五分未見前人著錄碑石亦未知出於何年見於何地誌言君諱準字□道其先滎陽人又言大和四年正月二日遘疾終於蘇州華亭縣白砂鄉徐浦場之官舍卽以其年秋八月廿五日權窆於義興縣洞庭鄉震澤里下朱村原從宜也攷唐時鄭氏宰相九人支分南北此誌述鄭君曾王父瑢王父溥尚書右部郎中歷青邢相衛□幽懷七州刺史入爲左庶子皇考華駕部郎中吉州刺史瑢溥名並見新唐書宰相世系表乃北祖之後也表於溥下但注左庶子未載其先歷官華下注云太常博士不云駕



部郎中吉州刺史與誌異表於華下不書子孫名今据誌準爲華之少子則華不止一子而準又有子五人宗儒宗韞宗慶宗遜其一子爲僧皆可補表之闕孫光憲北夢瑣言亦載滎陽鄭準事則別是一人白砂鄉見楊潛雲間志又有嘉興監徐浦下場殆卽此所云徐浦場也石今藏陸直潘軈家云得之洞庭東山吳郡金石目

余兩得此拓本華充二字無存死生皆之下似是壽字黃氏作天陸氏作真茲仍闕之以父遨三字据諸家所錄補注於旁古誌石華以誌中終於蘇州之語謂準爲蘇州兵曹參軍大謬誌明言右內率府也補訪碑錄以誌中葬於義興縣之語謂石在宜興未爲得實吳郡金石目以爲陳濟之撰亦非石華載此憲作回知命作之命秋八月脫秋字適作爾皆誤端殼淸淨以殼爲慤誌有翻刻弟十二行華字尙可辨末一爲字下半偏右讀者辨之

洋王府長史吳達墓誌 大和四年十月廿日 萃編載卷一百八

寇同撰 脫撰字

父璪晃 缺璪字 弔喪之客 弔卽弔字誤作予 陵之變 石刻陵下無字誤作一□

舊唐書憲宗第五子忻元和元年進封洋王達之累試長史當在元和元年以後 平津讀碑記



是誌出自長安嘉慶二十二年段君嘉謨令武功移置縣署文曰文王封太伯於吳案世本武王封周章於吳奉太伯之祀非文王事誌內豫避代宗諱作豫又避太祖諱改白虎作白武六月有六日有字疑衍否則月下脫十字然顏魯公書殷君夫人碑亦有七月有五日句又似唐人有此書法執紀陵谷之變句陵下脫谷字夫人萬氏捐館於前里第金石萃編云捐館二字本史記蘇秦傳用之於婦人始見於此余謂蘇秦傳奉陽君捐館舍謂捐棄賓客之館不忍直

言其死也猶臣稱君曰棄羣臣子稱父曰棄不孝之
義婦人安得有賓館可捐然其誤不自此志始也庾
子山集賀拔夫人元氏墓誌已有遘疾累旬奄捐館
舍之語即萃編所載元和七年許孟容撰裴燿卿碑
亦有太夫人捐館之語皆在此誌之前其後相承誤
用者如蘇長公集亦有太夫人捐館及表嫂壽安君
還捐館舍之語余嘗於癡學中具論之矣古誌石華
古誌石華予喪作矛喪尤誤又改肖嗣爲令嗣國
始大爲爲誤刻作馬

劉淏潤妻楊珽墓誌

金石補正卷七十二 六 吳興劉氏希古樓刊

方二尺三寸八分三十行行三十字字徑六分正書在長安

唐左神策軍護軍中尉副使兼左街功德副使金紫光
祿大夫右監門將軍上柱國高平郡開國公食邑二千
戶劉公故夫人宏農縣君楊氏墓誌銘并序
朝散大夫試太子詹事兼監察御史魏則之撰
將仕郎試太常寺奉禮郎李約書在銘詞後
夫積慶者宜鍾乎不祉享祐者宜降以永年緜盭若斯
根源靡究然脩短之分豈造次而踰焉嗟乎月惶仙娥
星收婺彩花摧玉樹噫足悲哉
夫人宏農楊氏諱珽字瓊華京兆長安縣人也　曾祖
待賔　皇昭武校尉守綏州義合府折衝　祖延祚
皇任內飛龍廐都判官寶應功臣太中大夫行內侍省
內常侍上柱國賜紫金魚袋　父惟直　皇任華清宮
使朝散大夫守內侍省內常侍上柱國賜緋魚袋皆簪
組傳榮衣冠弈葉肅勲繼代諜譜詳諸夫人即　內
常侍公之長女也坤靈毓質蘭畹挺姿性稟冲和量懷
温雅詩書贍曹家之典管絃精蔡氏之韻婉孌合貞宗
族攸重三星始見百兩爰來年洎初笄適于高平
劉公淏潤齊眉等貴合巹聯輝相敬如賔和鳴並耀日
来月往廿餘載晨昏盥饋夙夜無違逮事　舅姑益

金石補正卷七十二 七 吳興劉氏希古樓刊

彰温凊因夫廷寵疏邑顯榮石窌之封固無慙德繇是
閨門欝郁素履弥芳壼範聿修彤管稱美宜乎永諧宮
徵終契百年之歡樂往悲來旋徵二豎之夢膏肓有驗
和扁無瘳沉瘵連緜委惙臻極以大和四年六月十一
日卒于輔興里之私苐享齡五十有四櫬奩遷閇香閨
永辞逝水不迴奄歸長夜嗚呼哀哉瓊枝忽墜鸞鏡徒
懸悼隔幽明痛深泉路地卜先遠龜筮告從旌旐啓行
輜輴就引即以此年十月廿九日遷窆于　鳳城西之
龍首鄉龍首原禮也有子五人長曰仕伻子亭判官太
中大夫行內侍省內府局丞上柱國高平縣開國男食

邑三百戶次曰仕備朝議郎行漳王府參軍上柱國次
曰仕倜中散大夫行內侍省內府局丞上柱國彭城縣
開國子食邑五百戶次曰仕僚次曰仕份賜緑或趍馳
梵掖或忝貳王胄或委質宮闈或優遊墳籍皆形神
特立雋秀當時聲掩八龍價邁三虎茹荼叩地痛毀苦
廬泣血絕漿孝侔曾閔攀號不逮瘞募罔依感切風泉
哀纏骨髓恐川成峻岳山變洪波頌刻貞珉庶旌盛烈
銜悲見請竊愧謏才握管搦辭多慚漏略銘曰
易讚坤靈詩美嬪則婦道毋儀柔從淑克行摽茂範德
播擇隣事　上盡敬撫下推仁宜昌百禄保壽千春天



胡不憖降禍茲辰宅地何所　鳳城西偏松檟云樹曉
夕凝煙楊菜蕭蕭馬鳴危危芳塵漸遠朗月空垂
吳郡朱弼刻字

其子仕備誌載父諱英潤此作撲潤爲異古誌石華
石華殘作霧誤

李夫人韓氏殘墓誌
方一尺四寸五分弟一行無字約廿二行行約廿七八字字徑五分正書在甘泉岑氏

□□李氏本元元道君及下泐高尚不仕門無沉交訓誠
下泐□□永大和辛亥季月建中泐郡□□夫人韓氏起因
唐林下泐□□□晉室□□韓纂下泐□□□□□□□

其下泐約泐六行此後□□□□□□□□逾□下泐約泐三行後□
□□□□□□□未學郵無讓焉敢□下泐上泐此佳城□
啓宅地下泐上泐仲約泐五字芝蘭在圃蒡□□芳令□□□下泐
上泐從克備□德昭彰知身□□幻化無常不滋□下泐上泐
無應天□□□母賢子孝養不終下泐上泐□□□□子孫遺
範地下泐

壬申十二月汪硯山以米九娘墓誌及此寄贈此
志曼滅特甚首行無一字可辨文云李氏本自元
元道君者唐以老君爲始祖也云夫人韓氏起因
唐叔又有晉室字韓纂字敘韓氏之先世也元和



姓纂韓出自唐叔虞之後又云景侯分晉爲諸侯
又云南陽堵縣穨當元孫纂避王莽亂居之與碑
所述同文敘李氏無多語而於韓氏較詳銘詞內
有□疑是三字從克備及母賢子孝語然則此誌爲韓
氏作也後幅不見年月前有大和辛亥季月建□
字因即次於大和五年建下所缺似丑又似辰字
中幅下方有題字記出土時地剝泐僅見城西十
三里字耳獲石者宋葆湄安邑人

幽州節度衙前兵馬使王夫人李氏墓誌
高一尺二寸二分廣一尺二寸廿五行行廿五字惟撰書人題銜一行不拘格第十三行廿六字字徑四

分正書敘帶行筆在陜西
唐幽州節度衙前兵馬使王公夫人故隴西李氏墓誌銘并序
正議□夫撿挍右散騎常侍兼光祿卿上柱國賜紫
金魚袋劉礎撰并書
夫人諱元素其先隴西人也爰祖及父俱厤名位高尚
不仕以從其心　夫人四德克修五常無爽鄉黨重
其孝隣里傳其行年□九適　王公因家于幽州之幽
都縣與其娣姒偕事　先姑夫人藝出自然孝秉天
性及　姑之病綿歷歲時　夫人色不滿容行不正



履飲食湯藥必致其誠裁縫繡畫必盡其力是以　先
夫人愛之重之不使離其側每謂所親曰我見此新婦
則疾覺不瘵其敬順之至通於神明矣泊丁　先夫人
之禍亦以孝聞有男二人長曰從約次曰從禮有女一
人早歸於礎元和之末
穆宗纂位礎自幽州戎倅作牧南陽　夫人愛女隨
焉衙命西土旋屬薊門長惡□□搆兵音書兩亡倏忽
十載九秋明月不䀇別離之心三峽夜猿應識悲涼之
思舅去年秋七月方達京邑弃危疑之地登仁壽之鄉
室家以和骨肉相保豈期百花林下未盡歡娛三春節
中俄聞哭泣以大和六年二月廿有九日遘疾終於道
政里之私第享年六十六屬纊之時精神不撓所有遺
託其詞甚哀嗚呼　夫人合二姓之好歷四紀于兹
事夫稟梁鴻之婦道訓子□□□之母儀理家以正接
下以慈命也不造德之何喪郎以其年五月八日歸葬
於京地府萬年縣龍首鄉成義里鳳栖原禮也雖粹嶽
昭□□有於遐迩而陵谷更變或貴於述作琢于貞石
用紀　遺芳乃爲銘曰
桃之夭夭　灼灼其華　彼美夫人　宜其室家　既
出李宗　嫁爲王婦　容止可觀　進退可度　雅靜



雅默　以貞以素　誰謂年光　忽如薤露　成義之
里　鳳栖之崗　寂寂墓門　蕭蕭白楊　身葬異國
神□故鄉　萬歲千秋　德音不忘
石右上角已破損缺二字王公名不詳題衙云幽
州節度衙前兵馬使案新唐書地理志幽州范陽
郡大都督府本涿郡天寶元年更名方鎮志開元
二年置幽州節度諸州軍管內經略鎮守大使天
寶元年改幽州節度使爲范陽節度使上元二年
復舊名此志係大和六年所立故云幽州節度也
百官志節度之屬無兵馬使之官惟天下兵馬元

帥下有前軍兵馬使中軍兵馬使後軍兵馬使各一人此云節度衙前兵馬使者殆有兵事則設之邪幽都本薊縣地隋置遼西郡武德元年曰燕州天寶元年曰歸德郡建中二年為朱滔所滅因廢為縣屬幽州云薊門長惡者當指朱克融王廷湊之亂也撰書者劉磋其女夫也於史無攷正議大夫正四品上散階右散騎常侍正三品下光祿卿從三品上柱國正二品勳又案新唐書王廷湊傳云王承宗時為兵馬使竊意夫人之夫郎王承宗也廷湊叛逆故云危疑之地



棸慶墓誌

方一尺一分十二行行字不齊字徑五分銘詞字較大正書直界格在嘉興張氏

唐故棸府君墓誌銘并序

諸葛㬋撰

府君諱慶字文悅馮翊人也大和六年青龍在壬子九月十七日終蘇州嘉興縣進思鄉私舍春秋五十祖疑會祖瑲父逵家諜具述不書也公即逵長子也志操孤時孝友無先雖不夢奠之徵忽生鞋履之別娶陸氏有子二人長葯次允孚女一人偕血泣柩左扶疾問於筮兆當年十月廿六日封當縣南甘露鄉崇福里祖墳禮也恐煙峯及巨溟變改請文勒石詞曰

悲鴻驚月啼霜天　寒雲長夜斗牛懸　嗣子哀號望不返　令問遺風光萬年　佳城虎踞龍左盤　刊文勒銘金石堅

右志文十三行首三行皆十九字餘參差不等正書字徑七八分文言勒石其實以方塼刻之行間有細線為界塼藏張叔未齋己亥三月予由嘉興往杭州便道訪叔未於新篁里出此志相賞因手拓其文攜歸補錄入之志雖無書人姓名而字體工整古雅勁脫猶具唐人書家矩矱且無一字漫漶尤難得也叔未言志於三十年前出秀水縣螺潭廟側田中予攷秀水縣乃明宣德中分嘉興縣地置嘉興本漢縣屬會稽郡東漢屬吳郡唐屬蘇州石晉天福四年置秀州宋改屬秀州又改陞秀州為嘉興府自後嘉興縣皆屬嘉興府太平寰宇記云嘉興縣舊五十鄉今四十二鄉因割八鄉置崇德縣故也此志言終蘇州嘉興縣進思鄉又言封當縣南甘露鄉崇福里蓋皆宋以前五十鄉中之二鄉舊名也又攷說文木部棷木薪也而廣韻十八尤既收棷字又別出棸字引字統云姓也則正與棸府君之姓合且攷毛詩棸子內史亦作棸鄭箋

謂聚爲氏可知聚姓已見於三代矣說文所收之字亦有以偏旁在下在右分作兩字者如言部諆碁豈二字之類聚字爲後人誤刪邪据此志唐時尙有聚姓廣韻又明引字統與㮴字分作二體而今韻書但有㮴而無聚又不知刪於何人可知後代增加之字固不少於經典相承之古字反遺而刪去者亦多矣志稱聚府君馮翊人蓋書其舊望也文云扶疾同於塋兆疾見廣韻五支云疾也塋乃筮之别體說文筮作簭从古文巫古泉山館金石文編

毛詩聚子內史通志氏族略晉有聚籌令襄陽江



南並有此姓萬姓統譜聚見姓苑今江南有此姓晉聚籌令晉陽聚氏之可攷者僅此耳聚氏得姓之始無從引證以余攷之當是以邑爲氏者說文郰魯下邑孔子之鄉左氏襄十五年傳郰人紇註云魯縣禮檀弓郰曼父之母郰爲姓也本作郰通作聚故毛詩作聚漢書古今人表內史掫子作掫漢隸从木从手之字往往互溷掫即㮴也聚㮴一字瞿先生以說文無聚疑爲後人誤刪殆非其聚氏之聚說文自有郰字可無再收聚字又别無他証也姓氏之字古今歧異者甚多卽以以邑爲氏者而論有本从邑而變爲乇字者有本係乇字而後變从邑旁者就所知言之其郇凡邳丕邴丙郤名之類僅在加邑不加邑之分者無論矣其契鄚郚龏鄒扈邢耿之類字形絶異而音實相同者亦無論矣如郯通作談鄍通作倪郕通作杭郟通作沇鄦通作費邰通作洽郇通作荀郗通作徐鬻通作黎郤通作舒鄝通作蓼鄍通作譚鄶通作檜鄭通作穰鄿通作讙鄦變作許郜變作裴皆郰通作聚之證其例一也郰俗作鄹則合郰聚二字而一之如黎本䣽也俗又作鄹費本鄪也俗又作鄪與



此正同郰人字論語作鄹則又以取聚可通而變取从聚與鄹或作陬同又史記孔子世家郰邑作陬蓋借陬爲之或郰之命名本取卑陬之義如邧變爲阮之類誌敘先世先祖次曾祖次父殊繆恐煙峯及巨滇變攺句有脫誤峯疑烽之訛號作虢而虎字不改寫何邪

大理司直辛幼昌墓誌

高一尺二寸五分廣一尺三寸廿三行行廿六字字徑三分許正書在西安

唐故試大理司直辛公□誌銘

姑射處士眭□撰

公諱幼昌字宏通其先隴西人曾父奉國開府儀同三司□州刺史天德軍使兼御史大夫上柱國□西郡蕭國公食邑二千戶贈工部尚書烈祖榮朔方節度副使□發都知兵馬□□御史大夫平陽郡王食實封一百五十戶父□□節通州諸軍□守□州刺史兼御史中丞公累傳茂範□振能名聡□機幕卓然宏□□□群會嬉□之際識者目落落之清姿則□□固天縱也暨□□才〻瀚墨撫□□□□□□□□□□□□□□□□將来□□□□□□□□大之彳□何署金拖紫之崇貴得不坐而至乎□伏波乞遠之□爵得



不俯而疊乎亦何佚矻矻伏膺然後爲學繇是六奇三略開闔□□□鳴弦栔鏑遠近強張謂古之破□踹猿今□當仁矣公以業□□組旌戟交輝固欲指□青雲□楊自日仕進之廣路官學之多門□躡梯階式爲修立授試大理司直□寄□□□□□游孟仲芬葩芝蘭蠱複豈止　趁庭申□敬之則□節□□□□誠遠望前程孰究□極豈其彼蒼者天脩□□筭巨辯既□□艱勢窮以大和六年十二月廿五日卒于平陽□之私館□□廿□六允子師周攜駿未識梁怡詎悲零丁屬行□□□□□□□□□□□牧通川南北逍遥山川綿隔□家于晉已歷歲時凶訃□飛□□增疚仲兄幼直等部辦□□克叶　龜從以明年三月廿七日□□歸附於京地萬年縣三趙村東原之□□大塋禮也固恐桒田□谷□徙星霜屢換□寶弊不朽而雕于石其辭云　命運窐知兮杳冥莫惻　□□□□兮藏我懿德　不可贖兮□□□□　閉元宮兮松栢爲隣

右大理司直辛幼昌墓誌當在咸甯出土曾祖稱曾父他處罕見奉國爲天德軍使封□西郡公諡曰肅榮爲朔方節度副使封平陽郡王即其父亦



爲刺史而史皆無傳殆無行蹟可紀也天德軍見新唐書兵志屬河東道地理志安北大都護府開元十二年徙治天德軍又中受降城西二百里大同川有天德軍天寶十二載置乾元後徙屯永濟柵故大同城也據此則天德軍置於天寶與所謂開元十二年徙治天德軍者不符

智空和上塔銘

高一尺四寸廣二尺一寸文廿六行行二十一字弟十九行多一字前後五行字不一字徑五分正書在咸甯

唐故內供奉翻經義解講律論法師智空和上塔銘并

序

正議大夫守秘書監上柱國琅琊縣開國公食邑一
千五百戸賜紫金魚袋王申伯撰

天地之德至大非風雷日月之用不能贊其化育而發
生乎萬物釋氏之教至精非聰達惠覺之士不能揚其
妙道而化度乎群疑天生法師克契斯義用安一世以
番化後云法師諱習空姓任氏弱而神清幼而不群年
八歲心已嚮佛誠請既行緣愛自去遂授經于惠雲幸
學景鸞耳所一聞亦既懸解目所一覽又若夙習䟦陳
精與師皆歎異知□其法非天縱之孰能如斯法師常



謂弟子曰我靜觀衆生或瞽或聾嗷嗷嗤嗤溺扵狂妄
若智者不能拯仁者不之慈雖獨揭厲于清源則大聖
之教又將安施扵是張善惡報應驅僻邪扵中正導真
如之理解拘縛之勞登高抗音化可不化侍　代
宗則聲仁王之文言發而歸于大中理貫而合扵至正
故君聞而仁臣聞而忠推而廣之夙化斯變　詔
法師与天竺三藏譯六波羅蜜經功畢　上獻　天
子感歎錫賚有加雖異方之奉斯學者知有所本矣由
是大教揚溢于海內惠風漸漬于人心　朝廷番衣
刑措于下其或有助乎嗚呼時将不幸人其無依以貞

元十年正月十五日告行于興唐寺報年六十一弟子
惠見等与俗侶白衣會葬服纏者千人□以其年三月
四日弟子智誠等共起　塔于畢原高岡既相与號慕
不逮𢓊諮鄙人刊銘于右述其妙道用慰永懷銘曰
佛有妙法使皆清淨世界罕聞色塵皆盛其一心逐于妄
情乱于性扇為頽風蕩然莫止其二大哉　我師降厥
慈悲開示寂樂破摧昏疑其三法相既圓色空自離千萬
大衆歎泣而隨其四大教既揚威德亦光除彼煩□化為
清涼其五功成身去自契自藏銘于塔石与天俱極吕
大和七年歲在癸丑八月十五日比邱智亮等建



從一法源超秀惟昭　惟安　惟永　智謙　日榮　海印　惟曉
惟旭　自謙　善惠　少游　京兆田復書

案習空和上塔銘王申伯撰田復書申伯結銜正議
大夫正四品上文散官祕書監從三品職事官上柱
國正二品勳官瑯琊縣開國公從二品爵唐書宰相
世系表瑯琊王氏有申伯不著官爵可据此補之習
空之習同辯玉篇俗辯字興唐寺本名罔極寺唐神
龍元年太平公主為則天皇后建開元二十六年改
名興唐見通鑑注及本寺碑記金石續編

同兵參軍杜行方墓誌

方一尺九寸五分廿四行行廿四字字徑五分正書方界格

唐故同州司兵參軍上柱國京兆杜府君墓誌銘 并序

姨弟尚書吏部侍郎鄭澣撰

堂弟前同州夏陽縣尉述甫書 在銘詞後

嗚呼士君子表於代而列於薦紳靡聞言由已之仁義是以而又繕性於和體道於仁遵坦衢泳天爵獨稟貞厚與令名相終始雖位壽或外人且許之爲達矣

公諱行方字友直京兆杜陵人也 曾祖諱元志杭州刺史 王父諱叅諫陝州司倉贈禮部郎中 烈考諱倫文術政事爲時龜玉興時選部第書判 明廷策賢良皆登甲科價墜公論歷憲闈郎署而後出分符竹 公即澧州府君之長子弱冠游國庠以經明擢第釋褐任右司禦率府胄曹叅軍久之從調換同州澄城縣丞三改秩至左馮翊司兵掾以大和七年秋七月十二日啓手足于上都昇平里之私第享齡六十問於龜策得十一月甲寅吉乃卜竁于萬年縣龍首鄉龍首原 夫人滎陽鄭氏祔

夫人試秘書省校書郎禰之第二女操順淑明先

公十年而殁有子五人碩顒顗頎其幼小字曰老老

女子子二人皆柴立致毀弔賔爲之反袂 公平



生於分義寂明四方名入泊中外族昆弟其或旅食靈臺求選京師懽然授館改星霜無倦色闢探百家之言賦詩什頗遒麗奄 忽不□人人以命不可說相唁澣知

公之事烈詳熟昇 諦識□□而□之其銘曰

山□□□兮 昭令圖陰騭難詰兮或隆或汙精金不試兮良玉不沽清風可挹兮白日西徂野雲乇兮壟草蕪永矣潛寐兮國城東隅

宰相世系表襄陽杜氏有元志考功郎中杭州刺史其子參諫陝州司倉參軍即行方之曾祖及祖也表載參諫三子寅淪嶠淪水部郎中澧州刺史即行方之父誤淪爲倫行方及其五子之名皆表所未及撰文之鄭澣乃德宗時餘慶之子大和七年十一月爲癸丑朔葬以甲寅月之二日也 古誌石華

石華錄此文經明誤作明經換誤作授操順淑明順字補刻於行末石華誤作行亦有未審釋者

登封令崔蕃墓誌

高一尺四寸寬一尺四寸廿九行行三十字字徑四分許正書在長安

大唐故朝議郎河南府登封縣令上柱國賜緋魚袋崔

公墓誌銘 并叙

忠信篤敬天爵也楙黙誠愨者有之卿相禄位人爵也

運機□□者得之至若志意脩而驕富貴道義重則輕
王侯由是論之人與天一何遼哉今見之於崔公矣公
諱蕃字師陳魏郡博陵人也自食菜受氏廿有明哲子
玉以座右顯季圭由屏風著或以春秋筆削自任或以
嫉惡鷹隼興謠後魏定姓氏族爲第一風流熾焰以至
公大王父元隱皇朝比部員外郎王父誧華州司法叅
軍父辭少府監贈散騎常侍皆以清重稱美首冠士流
於戲侯上不繫其本根鳳鵄必生於丹穴公即右貂之
仲子也早以門蔭補□文館學生試經高第授華州叅
軍歷攝諸曹若素更練方辯才之適用也次授鄭縣主



簿未上遘　內艱色慘神傷□泣而哀衣裳外除猶杖
而起久之方調授鄭縣尉不樂煩劇辭疾就選授左金
吾衛録事叅軍　蘭錡□清聽獲殊寂以政治脩舉爲
樓煩陳公所辟署監牧使判官奏大理評事公勤績著
群牧孳息轉大理司直兼殿中侍御史陳公改遷又爲
後使郭公邀留奏殿中侍御史遷監牧副使驊騮騠駿
服御稱旨特加章綬以報勳勞朱紱煌煌益光　寵
命郭公以稱望弥重非外□□堪上表薦　聞除
河南府倉曹叅軍秩滿調集天官又以才出九流□名
宰府衆謂此時必居廊署執政失鑒除登封縣令咸共

惋歎公獨欣然之官二旬遂至顛殞大和癸丑歲閏七
月三日啓手足焉享年五十有九夫仁者必得其名必
得其壽鈞軸不至耆傳倚遥稽驗前志一何爽也公率
性閑暇襟抱澄曠弱不好□□□遺榮自幼及長不易
其操　德宗韋賢妃公之從母也恩華重沓□□
□光竟以冲退不受其榮家貧位卑新可識矣娶河南
于氏有子二人長曰□約挽郎出身次曰閭六歲與名
齊戲罷輒啼傷心何極有女□人長適太原王氏餘未
及笄皆泣血呼天行路哀歎季弟著檢校太僕少□□
州別駕□飛□□□淚盈襟撫孤奉櫬以其年十一月



八日歸葬于京□□□縣寧安鄉曲□土祔先塋也博
齊與公少相狎長相愛芝焚蕙歎吾□□□□感生平
泣而銘曰
孔周之劒不能煞人光□冰雪閑匣生塵上稽燧古爲
紀無隣□□□□□今辰岳岳登封深懷至仁垂鬆
啓手不啻其真道非偶運不執□□□　帝戚且
復居貧冲讓抑退安此沉淪諸傳萬祀孰不書紳少陵
□二□□□唯餘令德終天不泯
嵩陽隱士趙博 下缺

德宗妃韋氏安定公主之孫也貞元四年册爲賢妃

新舊唐書皆有傳古誌石華

右墓志二十九行行三十字正書字徑四五分石缺去後下角二十餘字志言父澣少府監贈散騎常侍又云公即右貂之仲子也攷唐書百官志少府監從三品左右散騎常侍正三品注云隸門下省皆金蟬珥貂澣贈散騎常侍故有右貂之稱又云德宗韋賢妃公之從母也則蕃母乃韋氏矣韋賢妃見唐書后妃傳志文後有博齊與公少相狎長相愛之語則銘末下題嵩陽隱士趙博之下必是齊字蓋文爲趙博齊所撰也蕃卒於登封任所而云歸葬於京兆□□



縣先塋則此志亦當出於關中蕃家京兆而志言魏郡博陵人者舉其望也古泉山館金石文編

古誌石華載此志一何遼哉遼誤遠□泣而哀□泣誤泣飮署監牧使判官署誤爲特加章綬綬誤服鈞軸不至鈞字右半近蝕而誤作宰輔自幼及長及誤至諸傳萬祀諸誤緒又祔先塋上尙有二字而脫之竟以冲退上缺光字嵩陽隱士缺嵩字玆悉據石本正之至石本所缺如非外□□堪堪上作所□名宰府名上作記弱不好□□□遺榮好下弄樂道三字□飛□□□淚盈襟作手足情重灑淚盈襟□感生平感上作用光□氷雪光下作含□紀無譏紀上似是彖字而作藝絶無隣又帝戚上作身爲二字少陵下作原畔萬木無春六字趙博下作齊撰二字以意補入不足爲據備述之使後來毋爲所誤也

安國寺寂照和上碑大和七年十二月萃編載卷一百八

篆額題唐故安國寺照和上碑九字

夢礼礼作禮熱熱作際執誤毁地毁作皷鉢蒲鉢字缺悉慙慙誤暫一

礼礼作禮智文字缺智抶渾抶誤抶

碑稱父詮灌鍾府折衝鎭于咸陽馬跑泉新唐書地



理志無灌鍾府之名碑又稱貞元十年春將□于淸涼山精涼山曼殊大士是司鱗長遊之不誠必有疾雷烈風後之修五臺山志者未之及平津讀碑記

都水監丞隴西李琮墓誌

方一尺四寸二分廿四行行廿四字字徑三分正書左行

大唐故隴西郡李府君墓誌銘并序

鄉貢進士昔耘撰

兄承務郎行潞州長子縣尉璵書

夫地稱膏壤迺生度用之材家號忠貞必育仁義之子葢慶由善積氣自元深在諭物情其義一也府君諱琮

字温中　先日隴西人也門承台鼎代襲勳崇懿範令
儀生而復稟謹飭挺立孤高莫儔爰自稚齡至于羇歷
挹瑚璉之器有老成之風履榮蔭而貞不自媒爲貴肩
而心無所伐　曾祖欽皇金紫光祿大夫左金吾衛大
將軍贈太子太保雄名偉望迥冠古今　祖昪皇
開府儀同三司太尉兼中書令贈太師閒傑之後特因
時生匡國甯人事著貞元之世佝忠奉節名光圖閣之
書　父懃雲麾將軍前右龍武軍將軍知軍事稟靈
祚胄挺器英枝韞忠略而俟難以行寔謀猷而俟時乃
進　府君飽飫教道足守義方未踰弱年兩覲銓選位



官察職流輩無雙聲勤恪以務公途竭俸祿而資私養
用友歸羨親族稱賢謂若寒松永固凌霜之質鯈如春
槿旋飛不實之華傾自疾纏暨兮莫救時大和八年二
月一日終官于朝請郎行都水監丞雲騎尉廿有一何
顏子促矣儔　父保母哀無輟時恨存殁之有殊屬穿
竇而獲日誠有可載議刊刻焉遂命末才俾爲紀述以
是年是月十五日墓于京地府萬年縣甯安鄉袿光里
庶年祀更易陵谷推移希播餘徽用銘於石其詞曰
貴葉勳枝　非尔迺誰　挺生秀氣　特稟英姿　體
抱冲和　色踰讌敬　字蓋松寒　肌膚玉淨　中稱
孝謹　外伏敦良　威儀自得　行義潛彰　千里之
駒　九秋之鶚　方富於年　曷爲凋落　原儀將設
送禮斯陳　黃壚日閉　万古千春

右都水監丞隴西李琮墓誌松坪所贈其文自左
而右誌石中僅見也琮官都水監丞而標題不書
但書隴西當時族望之隆門第之貴猶可想見書
祖若父名皆缺筆出於子孫之手避其家諱而曾
祖不避殆不逮事也其祖即西平郡王李晟也墓
碑具存與此誌有異者誌不言西平王當是省文
誌言開府儀同三司則碑文所無而史傳有之尚



在四鎮北庭兵馬使之前誌何以獨遺及之誌言
贈太師與傳合碑何以獨遺之又誌言欽金紫光
祿大夫碑所不及碑言隴右節度經略副使誌所
不及其詳略互殊如此又碑言懃嵐州刺史誌言
雲麾將軍前右龍武軍將軍知軍事絕不相同碑
立於大和三年此誌作於大和八年當是立碑後
所歷之官而世系表亦稱嵐州刺史則未得其實
恐第据晟碑書之耳表不載懃後可据誌補之至
表書欽官之誤潛研言之矣誌書靈作霊希作希
膚作膚他處未見

太府寺主簿楊迴墓誌

方一尺七寸廿六行行廿五字字徑五分正書

唐故太府寺主簿宏農楊府君墓誌銘

宣德郎守左春坊太子內直郎賈文度譔

公諱迴字居然其先宏農人也纓冕不□炳爕相聮雖曰四代五公其後益熾公曾大父元圭任銀青光祿大夫守工部尚書太子少保大父錡任銀青光祿大夫守衛尉卿駙馬都尉尚萬春公主贈太常卿父晅任中散大夫守光祿卿尚宜□縣主世秉懿德婣襲金枝初任文敬太子廟令奉蘋藻供祭□禮敬必誠嚴謹脩至次任左監門衛冑曹參軍和而不同雅而應物克已復禮時然後言次任左威衛冑曹參軍性專靜內敏有幹局無□無爲化成於政次任河中府河東縣尉儉慎端默居官廉恪所□不過一局而政行一邑次任太府寺主簿守位必敬臨事必□□嘗以悔恡改節爲擢豪屈言府君有子二人長子曰宏次子□□訓以義方敦閱詩禮咸能被服文行時人稱公善誘善教何□□不福善以大和七年十月十七日寢疾終于延康里之私第享□五十有三吁公之歿也志負其願壽違其仁官屈其器君子□□□□嗟其□而哀其命嗚呼渭水東注時与之俱音光緬然何□□矣夫人秀容縣主禮樂風操家之範也柔明孝慈天之質也□修采蘋之職□匹家郎楊氏之六姻肅九族睦實夫人是賴豈期循短是歲十一月十日不勝其哀薨於靈側春秋二十有六後公廿三日而歿公之難弟前司農寺丞追游血護喪痛生鴈序謹以歲次甲寅八月己卯朔廿四日壬寅遷公及夫人靈座合安厝於萬年縣高平鄉高望里附　先塋之禮也猶懼人世陵谷之不可期故刻石誌之與其名氏之攸遠也銘曰

穫樹零落兮秋夜長　金枝窈冥兮遺清芳

永厝泉戶兮誠感傷　天乎欲問兮徒蒼蒼

弟通直郎前守司農寺丞武騎尉逍書

右太府主簿楊迴墓誌當在咸甯出土迴之先代見宰相世系表惟錡稱太僕卿與誌不同晅不載官職亦不載其子據誌晅有二子迴亦有子皆可據以補正之萬春公主元宗女也公主傳萬春公主杜美人所生下嫁楊朏又嫁楊錡薨大秝時楊朏即錡之從子也又太華公主貞順皇后所生下嫁楊錡薨天寶時是太華薨後再尚萬春而誌不言尚太華敦閱詩禮以閱爲說延康里即延康坊


金石補正卷七十二　吳興劉氏希古樓刊

在長安街西里有閤立本宅後徇太元居之實稱
二年於其地置諸王府

內寺伯朱夫人趙氏合祔誌
方一尺七寸許廿八行行廿九字字徑五分正
書雜行體篆蓋題大唐故夫人趙氏誌銘九字

大唐故興元元從登仕郎守內侍省內侍伯員外置同
正員上柱國朱公故夫人天水郡趙氏墓誌銘 并序
朝散大夫守太子右贊善大夫兼通事舍人侍御史
上柱國崔鍔撰
崇高方廣大之厚礚礴兮周流之遠浚源長派茂榦脩
柯著于圖諜可得而言也　夫人姓趙氏其先天水人



逮乎晉室克纘威烈播揚芬馥歷廿輝耀搢紳之盛著
乎人文炳然昭彰脩存簡冊　夫人幼稟禮法長明詩
訓閑惠詳雅實生之知及笄而歸于朱氏之門克承坤
順之柔婉娩謙恭之美奉　舅姑著雍和之稱睦娣姒
有柔愛之儀垂範可以示後昆立程可以式九族加之
以恭儉施惠愛人以禮慈和温敬六親儀形是宜克保
室家永綏豐祿亘時難再晝夾二十二年及玆從心專
意內典以嗣子奉　命鷄林三歲然復疚心疾首
六時礼念冥期祐助以福後胤杲荷神力保全以歸洎
相見時悲倍於喜浹旬　大夫寵命日隆自宮闈令

拜閤門使中外相慶咸謂　夫人冥求保助以致於斯
既契夙心吾無恨矣嗚呼方歡娛於　色養遽見悲於
夜泉　夫人以大和八年四月十六日終于長安輔興
里之私弟享年七十有五歸全之日　遺命謂大夫曰
汝忠於　國又孝於家海外三年吾期重見於此盡
矣更何恨焉啓手足親戚悲號皆若終身之酷可謂生
死之義備矣　先府君元和七年即世權窆于京
地長安縣龍門鄉石井村今以其年十一月十四日改
卜新阡重安窀穸于承平鄉大嚴村合祔禮也嗣子朝
政宮闈局令充閤門使克承家之貟行著揮謙於士流



文以飾身武資忠力一心庄　主万里前途泣
血煢煢杖然後起兩女長適濮陽吳氏先　夫人二
歲而卒次適彭城郡劉氏晝夜哭泣水漿不入行路感
歎殆至毀性鍔嘗忝　國命与　大夫同赴三韓
備聞　夫人善德託以叙述不敢飾讓庶紀
其梗槩其餘美烈固存乎女史刋于貞石以懼陵谷之
變也銘曰
灼灼蕣華　皎皎如月　既歸我里　禮法斯設其一
垂範體則　用光婦德　克奉舅姑　乚展忠力其二
永享豐祿　宜其家亘　白日不駐　青松已行其三

哀哀嗣子　崇崇高原　冥寞長夜　翳翳在焉其四
隴壠新督　•壽堂初開　合祔神宫　永安夜臺其五

右內寺伯朱公妻趙氏合祔誌松坪所貽當在長安出土者趙氏之夫不顯名其子朝政亦無攷標題稱興元元從功臣號文云嗣子奉命鷄林三歲又云鍔嘗忝國命與大夫同赴三韓桉新唐書東夷新羅傳新羅王彥昇死子景徽立太和五年以太子左諭德源寂册弔如儀朝政及鍔蓋皆隨源寂出使者源寂爲左諭德正四品下崔鍔爲右贊善大夫正五品上當是以崔鍔爲副使而史所不



詳也攜謙作撝謙周易王弼注云指撝皆謙也陸德明經典釋文亦云撝指撝是卽指揮字也撝揮可通輔興里當卽輔興坊在長安東市閶門使不見於百官志

修龍宮寺碑　大和九年四月廿五日　萃編載卷一百八

老禪字缺老　遊鏡字缺鏡　無易字缺易　施子來缺子來二字

石鼓山題刻三段在衡州

裴刺史等題名 高一尺廣一尺三寸七行行字不一字徑一寸五分正書左行

衡州刺史裴□　監察御史陳越石　郡從事閻斯
琴客張贄　大和九年九月十日同遊

右裴□等題名正書七行左行在衡州府城外石鼓山厓壁裴下闕其名案裴刺史衡州府志職官未載無可攷 古泉山館金石文編

湖南通志録此郡誤作部石渤處仍据志補之

東岩二字 二石各高一尺六寸廣一尺七寸各一字字徑一尺二寸許分書

東岩

在石鼓山東巖上 淸泉縣江志

西谿二字 高一尺四寸廣三尺八寸橫列二字字徑一尺正書

西谿

在石鼓山西谿石壁字大徑八寸與東巖字皆貞觀



中刺史字文炫書今東巖字無存 淸泉縣江志

石鼓山題刻屢託挍訪僉謂無蹤已閱八年矣王申秋復浼張蕉泉 啟鵬 金巳生 庭棨 再往剔抉乃得此三種及宋人題名六段皆苔封寸許拂拭而後可施氈蠟蓋數十年無知之者東巖字已砌諸圍垣內今始取出而易以屯石江志以爲無存也石無題款志謂宇文炫書未知所据通志職官亦未載其名窪尊釣臺合江勝□等字則渺不知其所在至范石湖石鼓山記所稱李吉甫齊映諸題名乾嘉諸先輩均未見之寶刻類編亦僅載李吉

甫一種或已漫滅淨盡邪水經注云臨承縣有石鼓高六尺湘水所經鼓鳴則主有兵革之事羅君章云扣之聲聞數十里此鼓今無復聲一統志云石鼓在縣北一里輿地紀勝云山有東巖西谿爲朱陵後洞范石湖石鼓山記云州北行岡隴將盡忽山石一峯起如大石磯浸江中烝水自邵陽來繞其左瀟湘自零陵來繞其右而皆會於合江亭之前併爲一水以東去石鼓雄踞要會盡其形勢

如此

裴澼妻京兆杜夫人墓誌



高一尺四寸廣一尺三寸六分三十行行三十字字徑四分前二行不齊正書

唐故京兆杜夫人墓誌銘并序

朝議郎守太子少詹事上柱國新野縣開國男食邑三百戶賜緋魚袋杜寶符撰

裴澼書在前行下

夫人京兆杜氏氏爲名有日月矣自虞以還譜牒承羡揮翰於太史氏也閱周秦漢魏之書迨于草隋不遠百祀而杜之嗣續官業有功于時者有名彬于代者有負大人之材不伸於巖野者有詞淸人標爲搢紳之准繩者暨夫

神堯帝天下

文皇宅四海若室屋之時賢相有翼戴之功推 夫人七廿祖也時封萊國公名見史藉厥後隨 聖業而代有煥於文學者 夫人曾大父諱含章任左千牛累贈鄭州刺史 夫人大父諱綰任京兆府司録累贈尚書左僕射 夫人父諱黃裳任檢校司空同中書門下平章事兼河中晉絳慈隰等州節度使累贈太尉外族李氏出趙郡封東祖廿有大官不書可認其業茂矣門風清揚有弟兄四人皆服勤儒業姊妹五人舉其顯者由次姊適宰相韋執誼外生有官于臺閣者 夫人天錫



明敏若非學知罔究古藉而洞得淋熊笄年適河東裴澼澼以門子入任歷官五任澼氏之有別也則涉河而東直指大山山突古墳松檟百里崗環勢止徙塋幾洛自得姓以來代修儒業史筆褒之爲第一衣冠凡三廿外內皆顯名迹追封宅謚爲琳琅慕嚮澼之同氣 周行迭進澼之甥姪錯落文秀人不知澼之昭叙自爲闕耳故不備録也澼性謹厚志尚儒雅凡未識澼者見澼之風度俯仰皆曰豈非碩德名儒之家耶由是人十之七八其詞也澼曾官于河潼知華驛時屬河北有師拒

王命者持 詔之臣往復軍師旦之百數韋闐謚

館舍公食不足即　夫人罄其私室以備官須往往褰
衣不續簞食絶味盧澣之內愧以職公而不補其家則
假以他事而飾詞以相怡悦時家甚窘而禮義富之適
澣廿年生子九人長曰祔業擅兩經次及女等年皆稚
子志性甚高　夫人享年卅七大和乙卯歲歿于崇賢
里僦宅嗚呼天施幾何何人鶴年餘馨尙存　吉人遺
言里閭爲哭親愛無生以其年十一月廿九日權窆萬
年縣甯安鄉杜光里時弟寶符追　亡姊之行止未編
史策願寫誌石其文曰
高道浮雲　雲散何尋　德潤和辟　其辟永沉　合



門正肥　靑樓始搆　寂寞其生　煒煜其後　嚴辟
甚壯　有時而傾　窮冬枯逿　有時而精　滄波万
里　有時而田　邱墟荒野　有時而城　死楊空株
有時而稊　夫人此去　永永無期　善惡莫分
執宰宵冥　夫人□天　蒼旻不知
右裴澣妻京兆杜夫人墓誌在咸甯出土夫人之
父黃裳唐書有傳黃裳字遵素京兆萬年人傳云
贈司徒誌云累贈太尉與傳不同傳云封邠國公
諡宣獻誌略之傳不敘宰相世系表載之表稱舍
章定州司法參軍與誌左千牛者不合當以誌爲

正表列舍章之父元道左千牛疑與舍章官職互
誤舍章贈鄭州刺史綰贈尙書左僕射當以黃裳
入相推恩先世而表略之也傳載黃裳曰載曰勝
誌云弟兄四人後云弟寶符追亡姊之行止是黃
裳有四子寶符其一也傳與表皆失載傳言載官
至太僕少卿表亦失載皆可補之寶符嘗官度支
郎中見郎官石柱題名文云賢相有翼戴之功推
夫人七世祖也時封萊國公名見史籍郎杜如晦
也封蔡國公萊蓋蔡之誤七世祖蓋七世從祖也
文又云次姊適宰相韋執誼外生有官於臺閣者



執誼爲黃裳壻史亦見之黃裳傳云壻韋執誼輔
政黃裳勸請太子監國執誼傳云帝以宰相杜黃
裳之壻故最後貶外生當指執誼之子世系表執
誼四子惟次子曨爲鄭州刺史餘無官意當大和
時曨尙官於臺閣也文又有澣曾官於河潼知華
驛云云案柳公綽傳長慶元年復爲京兆尹時幽
鎭用兵補置諸將使驛係道公綽奏曰比館遞匱
乏驛置多闕敕使衣緋紫者所乘至三四十騎黃
綠者不下十數吏不得視券隨口輒供請著定限
以息其弊澣爲驛吏當在其時夫人罄私室以備

官須至寒衣不纊簞食絕味尙復慮粹之內愧假
事飾詞夫人賢矣哉宜其於千載之後誌石出土
而夫人之名不朽焉

左龍武將軍張源墓志

方一尺五寸四分廿二行行廿三字字徑五分許正書在咸甯

唐故雲麾將軍左龍武軍將軍九原張公墓志銘并序
河東進士周□製　集賢院上柱國呂通書
猗夫乘間氣□渻精扇風雲盪河岳體五行之秀應三
才之靈者翳惟我張公而是焉公諱源九原人也祖成
隱德不仕耽逸邱□□兗采竟以子貴克大其門　皇



朝贈南谿郡司馬公淸德可尙至理足師屬我　皇撥
亂之開元也公提劒□從杖□而先附鳳高翔攀龍潛
躍遂使群兇涅首萬方革面□□授翊麾副尉行興州
大杝戍主遷右衛甯州彭池府□□毅靈鑒洞照應變
知微命偶聖君職㕘都尉又改昭武□尉行左衛陝州
曹陽府折衝轉左領軍衛同州襄城府折衝㕘謀帷幄
之中制勝樽俎□右無何拜甯遠將軍左武□翊府右
郎將贈紫金魚袋旋授忠遠將軍行右龍武軍翊府右
郎將又遷明威將軍右驍武翊府中郎將公位階鴻漸
官達兗賁騰凌建信之名標淮公幹之氣轉雲麾將軍

左龍武軍將軍上柱國進封九原郡開國子食邑六百
戶　皇帝迺命圖形麟閣賜印雲臺公侯伯子之榮封
河山茅土貝胄朱綬之貴列長戟高門忽興逝水之悲
終銜過隙之歎以大和十二年二月廿一日薨於永平
里之第春秋六十有九以其年十月朔日葬於萬年縣
龍首原禮也嗚呼地埋勇骨天墜將星蕭瑟松門淒涼
薤韵嗣子福等哀哀血淚欒欒棘心願誦惟家之風以
篆他山之石銘曰　三秦岡九原窟鶴□地兮潛恍
惚森拱木閒荒墳人瘞玉兮碎氛氳

右張源墓志在咸甯補訪碑錄載之案九原屬豐



州九原郡興州順政郡屬山南西道甯州彭原郡
屬關內道有府十一一曰彭池陝州陝郡屬河南
道有府十五一曰曹陽同州馮翊郡屬關內道府
有二十六一曰襄城均見新唐書地理志翊麾副
尉從七品下昭武校尉正六品上昭武副尉正六
品下甯遠將軍正五品下定遠將軍正五品上明
威將軍從四品上雲麾將軍從三品上並武階右
衛左衛左領軍衛左武衛翊府右郎將左龍武軍
翊府右郎將右龍武翊府中郎將以及戍主都尉
折衝諸名並見百官志顧有可疑者集賢院屬有

學士直學士修撰校理待制判院押院留院知檢討文學直編録校書正字以及中使孔目之類甚多而呂通結銜但署集賢院三字不書所職且集賢院以章懷太子名改曰崇文而此仍作集賢可疑一也源爲左武衛翊府中郎將嘗佩紫金魚袋而書贈不書賜可疑二也唐制爵九等惟開國公有封郡者而此云封九原郡開國子可疑者三也開國子食邑五百戸而此云六百可疑者四也文宗之世史無繪功臣像之文而此云圖形麟閣可疑者五也邱字加從阝唐碑中罕見之戍從人從



戈戍從戊從一碑版中書戍作戍者不一而足書戍作戍者未嘗見之而此刻戍主作戍又右龍武龍誤作隴可疑者六也順宗名誦以詠字代之憲宗名純初名淳改淳州爲欒州還淳縣爲淸溪淳風縣爲從化省淳于氏爲于氏而此皆不避前虎賁字亦不作武賁可疑者七也石泐處似以椎鑿者未泐處鋒穎如新出硎可疑者八也而字蹟秀潤足以亂眞故録而辨之以諗來者

八瓊室金石補正卷七十二終

# 八瓊室金石補正卷七十三

太倉陸增祥撰　男　繼煇校録

吳興劉承幹覆校

## 唐四十五

### 王從政暨薛氏合祔誌

方一尺五寸五分廿三行行廿五至廿七字字徑五分正書在吳縣潘氏

大唐故王府君墓誌銘并序

鄉貢進士劉可記譔

公諱從政太原郡人也其先歷代簪裾間生賢哲祖因官遂家於河南府版籍焉　曾祖諱氷使持節



諸軍事守鄜州刺史鎮居方岳位列雄藩宏化之美信孚百城　祖琳仕爲原州司馬名以孝聞位因才遠國華人望榮覩一時　府君公即司馬之長子也至性崇禮□奉宗祧感履載之深恩戀晨昏而不事恭近於禮以此爲羨不失其親以此爲貴夙夜虔虔匪躬之不逮恂恂於鄉黨愛敬盡於　祖考恊和宗族豈非福慶而致焉於戲禍芳無跡生也遇疾弥流日臻百藥不救人有斯疾天喪斯聞享年七十於大和四年夏四月啓手于靈臺縣之私第嗚呼哀哉公弱冠之祊娶於河東郡薛氏即　故雲麾將軍之嫡孫也　夫人

夙承善慶生自德門歸彼君子含章永貞奉以舅姑流
譔自誠潔齋承祀善復勤勞儀尔芳名內外欽屬吁哉
天道言□賢能以大和九年冬十一月顧命于家捨其
榮養公有三子長子元通次子元用幼子僧次嚴等並
以溫柔克諧全玆孝悌慕風泣血遠象高柴知禮善喪
豈惟顏子以開成元年歲次丙辰三月三日合祔於
皇考故塋即涇州靈臺縣東三里北原之禮也恐陵
谷遷變刻于貞石銘之詞曰
昭昭白日　昊昊上天　悲風松栢　瘞於隴
田　功勳承代　痛惜良賢　神裏不祐　俄



歸逝川　白駒遄及　日往月遷　至孝□□
諒陰壘言　四時潛運　永乎祀年　千秋□
□　墳所生煙
誌稱從政之祖爲曾祖稱其父爲祖不可法也或
疑誌有脫文恐未必然彌留作流古通斯文作聞
同音借字欽屬屬當是矚之省壘言壘是默古通

佛峪金剛會碑

高二尺六寸廣一尺八寸兩截上截文卅一行下截
年月姓氏廿九行行字不一字徑四分餘正書隸額
四行題大唐故金剛邑會碑八
字字徑寸餘在歷城東佛峪

□□石弥勒像讚并序
□濟州歷城縣維那劉長清等八人爲□中金剛經邑
會之長會同邑內信直者十數公俱礼南靈臺山禪大
德僧□方爲出世之師師以大和六年受靈巖寺請命
詣　闕進夲寺圖將謝
聖旨再許起疊鎮國般舟道場之鴻澤師行能二俻慕
止　京畿首末三秋無疾而謝世維那劉公等痛惠熖
絕照法鏡沉光無明益昏大道荒塞乃率邑內諸人等
家財同心奉爲沒故禪大德建此弥勒像一軀侍菩薩
兩軀於南靈臺山先師宴坐之地上荅生前法海之恩
惠矣　□先身得授　佛記菩薩号問逸多今爲次□



四天天中冣演無上妙解脫正真理補處一□攝用歸
於圓寂無數天人隨其六事行果聞見親踈近者薰其
□種清浄至不退地遠者著快妙樂天福盡還墮迴五
十六億万歲滿降生閻浮當翅頭末城孕大妙梵婆羅
門舍□□生長少猒塵跡悟无常无我因寶臺起觀知
了竟終空灰心滅習法證無生度能人正像未遺法白
黑弟子□百八十二億數日慈氏如來即弥勒佛之夲
稱器界攢縮草木芬香環海抽銷濤湧澄徹一蒔七寶
人壽過仙迷浮覺休坤成金色有軸王出興号儴佉与
□及嬪嬪等皆墮髮修空迷證道果鵄□山爲之峯裂

迦葉波定盡捧釋氏授　慈氏竟化火而詢僧尼女男
万万計俱發無上道意故今之刻像巳息末来弥㑥□
佛之艮因眞入龍花之大會者也　訟曰　鍊行三祇
㝷　當来證法王　四維千万土　一□三毫光　下
界牢籠固　天□歳月長　衆生淪溺苦　俟降笠乹
方以上上截
開成二年歳次丁巳四月甲午朔
功德主及都維那邑人等一百一十八人結金剛經會每
會書經一卷每至正月十八日九月十五日設齋一中
以表衆緣標於此碑



院主僧行勤　邑人蹇秀誠　魏少寀　榮日華
功德主劉長清　田清　王如山　房惟晟
都維那王昇朝　趙西華　張炑用　王義成
維那劉君義　高進玉　蓋文政　孫允
維那劉伾嵒　段苾　李濬　魯憲朝
維那李士艮　李榮　𦤘元贍　高文素
維那張敬宗　高行□　李欒山　馮端
維那王士義　韓艮季　王君祐　田欽晟
維那李綰　尹懷珎　徐艮祐　劉文會
維那張少林　俟君集　趙廣陽　張如雅



僧元忠　僧廣濇　丁少陽　李與俊　吳進明
僧楚文　僧簡裕　曹艮祐　李惟寬　李文真
僧居政　僧善住　李全義　劉湛　李重昌
僧思□　邢忠信　李玉山　宋伫　李餘
尼體幽　楊再清　高文弼　郭士清　董日榮
尼元珪　趙孝恭　左裴柳　趙國進　朱寶山
尼志堅　孫再榮　崔□　高慶　劉元甫
尼堅行　仇智梟　劉惟義　劉惟讓　劉惟和
李公弁　段常省　曲文宗　段艮晟
右一列　右二列　右三列　右四列



段艮癸　張文遇
張友信　李輔國
嚴憲　張榦
張頴　王士倩
李清　榮法空
趙惟義　郭逵
孫行素　吳士林
王士慶　王進義
霍沅　周忠信
鄧懷義　李万迪

許㒰祜　梁如泉
翟公信　李文慶
侯重興　張逢玉
陳公弁　高友成
史□豊　翟公信
郭明義　徐令芳
劉宗襲　劉元亮
劉惟會　劉惟忠
段㒰義　杜達
右五列　右六列　以上六列爲一段



女弟子菶清淨海　蓮花藏　功德性　素真　會
香林　阿李　无亮恩　溫和　阿鄧　佛果
圓　妙智　淸淨願　常歡喜　淨花林　圓滿
如蓮花　九天花　心淸淨　常自在　阿李
觀自在　阿張　阿潘　修德　真如藏　常
觀察　界香林以上四行爲一段
崔從□　宋佐元　殷王薩　王元濟　劉惟義
弟㒰恕　王□亮　張殷政　宋㒰臣　王㒰
秀　弟㒰秘　弟㒰允　燕林以上三行爲一段　以上下截

縣志云題名有蹇秀誠其人杜詩濟南名士多自注時邑人蹇處士輩在坐或謂後人僞爲以此碑證之知當時固有蹇姓而公自注爲不㾮也女弟子有曰淨花林常歡喜如蓮花等名頗新麗宋元巳後北方弟子罕以小名傳矣山左金石志

碑出里俗之手文字皆無足取譌俗亦多山左金石志所錄額缺故邑二字法鏡沉光缺沉字演無上妙演誤作滿瓊海抽銷缺抽字鴳□山鴳誤作鷄㒰㒰㚈㚈誤作祭㚈即粲之俗王如山山誤作忠許㒰祜祜誤作祐張逢玉逢誤作廷仇智粲粲誤作昇西安有優婆姨段常省塔銘刻於天寶十



二載此題名內亦有段常省其人偶同名也

梓州刺史馮宿碑開成二年五月　萃編載卷一百十三

巡官缺巡字立其子缺立字示逆順缺示字杜□□誤刊□貶惡缺貶字遷兵部缺兵字元翼缺翼字不解缺解字紀沸缺紀字閭里缺閭字陳詔缺陳字人或缺人字子翼且留且誤上餘缺君象缺象字所中缺所字常少缺少字杖下□□□中缺中字令行禁止缺令行二字此下失拓

新唐書馮宿傳婺州東陽人碑云冀州長樂人下文又云乞歸江左以奉色養元和姓纂馮宿長樂人後徙東陽碑所著特其舊望爾碑稱宿父諱子華宿遷

華州刺史以州名犯先公諱固讓不拜子華之華讀平聲華州之華讀去聲字同音異習書王舒傳舒父會王導欲出舒爲會稽內史舒辭以父名朝議以字同音異於禮無嫌故宿亦固讓而後不拜也平津讀碑記

鄭覃進石經狀

裝本高廣行字不計正書在西安

國子監

准大和七年十二月五日　勑於國子監缺九經并孝經論語爾雅共壹伯伍拾缺字樣肆卷　石經圖壹軸

右伏准　勑旨創缺鐫刻巳畢伏以



陛下敦修教義崇缺倫刊貞石遂使究尋不缺者秘奧盡列于缺儒風大闡自漢魏以後淪缺修當　聖明缺廣大悉倫臣亻缺忝司成詳觀不朽之功實賀無疆缺本并圖一軸謹差專知官朝缺守國子毛詩博士上柱國章師道隨缺本進謹進

缺年十月十三日銀青光祿大夫守尚書右僕射兼門下侍郎國子祭酒同中缺事　太清宮使監修國史上柱國滎陽郡開國公食邑二千戶　臣　覃狀進

案石刻十二經巳見關中金石記末有年月一行艾居晦陳玠等十人銜名十行詳載西安府志二書皆未及進書之狀此石殘缺當爲明嘉靖乙卯地震所碎縱橫止餘尺許無年月是經成于開成二年十月則進狀當在其時第五行章師道全銜上缺朝議郎三字弟六行臣覃全銜上缺都檢校官銀青光祿大夫右僕射兼門下侍郎判國子祭酒同中書門下平章三十字證以末段銜名而知也狀有忝司成三字葢鄭覃時爲國子祭酒狀即覃撰而章師道等因隨狀署名也隋唐石刻補遺

校此刻于石經後書石校勘諸臣題名之左壹伯伍拾下當是捌卷二字專知官朝下當是議郎二字同



中下當是書門下平章五字石經之刻始於大和七字十二月成於開成二年九月越四年而竣即以其年十月奏進年上缺字當是開成二年也金石續編

王氏編錄石經遺此進狀黃氏所見亦非足本此從固始吳氏藏本錄入

黃公記

高一尺九寸八分廣三尺二寸廿八行行十五字字徑寸許正書在絳州

黃公記

絳州道士觀其教所謂碧落尊像者□石爲之其背篆書六百三十九字□□永隆中孝子李譔諶荸爲妣助

寘福者　也文體亦當時宏贍者篆六百三十九字蹤蹟
奇古妙絶世傳李監陽冰見□大嘆異服膺像下旬時
卒不得影響□熱中以椎椎之今有損處若拳者□□
也然因是斯篆顯於世競摹寫所謂□落碑者余討史
氏得譔之卒末乃□□忠烈者也下空
高祖子韓王元嘉嘉生譔別封黃□公天后時諸武欲
掩　神器王時爲絳州判史公不勝忿自京託疾
至絳與王潛議起兵誅諸武迎
中宗於房陵時瑯琊王沖亦與謀期有日矣不幸沖不
俟期先起以敗公與　王發覺伏誅嗚呼史云公父子皆



□□法爲重人尤好古學家藏書埒天府　□□卒爲詳
定公爲文與當時周思□□利貞者齊名觀中別有記
云荆人□□玉書者非也惟玉絶不聞必公自□□以
在疚故沒耳不然何書工如此□□而不悉其人乎是
必無惟玉余重□□忠節不顯舉世秪以碧落聞碧落
□□好事者以惟玉僞故刻石碑旁弔□□□時開□
二年十一月二十五日絳□長史李漢記
唐黃公記李漢撰八分書無姓名開成二年十一月
金石錄目
碑陰記其始末前題黃公記末題開□二年十一月
廿五日絳□長史李漢記新唐書宗室世系表譔封
黃國公碑國祚縣字雖泐下半尚可辨舊唐書李漢
傳大和九年六月李宗閔得罪罷相漢坐其黨出爲
邠州刺史宗閔再貶漢亦改邠州司馬仍三二十年
不得錄用其爲絳州長史史不言開下泐者當是成
字平津讀碑記
右黃公記在碧落碑陰李漢撰無書人姓名結搆
峻整與鄭承規釋文相似下截殘泐一二字集古
錄碧落碑跋尾云李璿之以爲陳惟玉書李漢以
爲黃公譔書是歐陽公嘗見此碑矣而集古錄目



則未列入也趙氏金石錄有目無跋此本紀元開
下缺一字以集古錄證之知爲開成惟碑係正書
趙氏以爲八分或傳寫之譌也世鮮拓本蓋競於
碧落碑之名椎拓多不旁及然是碑之完美可愛
亦正藉此耳案碧落碑釋文云有唐五十三禩龍
集敦牂哀子李訓誼譔諶云云集古錄以爲總章
三年此碑云永隆中孝子李譔諶等爲妣助冥福
永隆祇有一年於唐爲六十三祀是歲庚辰不直
午與龍集敦牂語不符碑又不及訓誼名舊史稱
訓早卒元嘉被害時不言及訓亦不言及誼誼或

亦先卒其不及訓詛名猶可說也永隆與總章相
距且十年殆李漢不解篆書故爾舛誤時未有釋
文之刻也元嘉父子於垂拱四年見殺碑云王時
爲絳州刺史與唐書言垂拱中徙絳州刺史者相
符顧氏金石文字記以爲不合者蓋以此碑敘述
前事之詞律以造像鐫字之年耳瑯琊王沖越王
貞之子碑中所述與韓王越王傳均合董逌廣川
書跋云李漢謂終于碧落字而得名今讀碑無此
語殆在陳惟玉記中別封黃□公黃下缺一字據
宗室世系表則爲黃國公而碑刻此字下半尙有



小蹟似非國字與當時周思□□利貞者齊名思
下缺二字據唐書云孟利貞稱其文曰劉隣之周
思茂不是過也則爲茂孟二字無疑觀中別有記
云荆人□□玉書者人下缺二字據集古錄跋云
李濬之以爲陳惟玉書則玉上是陳惟二字記即
李濬之所撰廣川書跋謂李肇得觀中石記爲陳
惟玉書即此也絳□長史李漢記絳下缺一字長
字亦缺下半蓋絳州長史也李漢字南紀雍王之
後淮南王六世孫唐書附淮南王道元傳文宗立
召爲屯田員外郎進御史中丞吏部侍郎出爲汾

州刺史改州司馬案舊書作邠州不數歲徙絳州長史大
中時拜宗正少卿讀此碑知其爲絳州長史蓋在
開成初也碑側有楊損題字未見

溪州刺史田英誌銘

高二尺三寸三石合之廣二尺廿四行行廿七字至廿三字不等首行四十五字字徑六分正書在彭水

故銀靑光祿大夫使持節溪州諸軍事守溪州刺史鴈
門縣開國男食邑三百戶上柱國賜紫金魚袋田公誌
銘并序
經略隨軍將仕郎試太子通事舍人後周介公元孫
太陽子撰



噫四時有代榭人情有始終貴賤榮枯有生有戚者也
然哲有忠貞者仕主之令名有節行者爲人臣之達格
夫履人天之拯唯思孝焉忠於事主可建邦家揚于王
庭可爲人保一而遂之則故　田使君之能事矣　使
君公諱英字英鴈門人也安平君之苗裔也其　先祖
枌榆京鎬僑寄黔中冠冕聯綿朱紫不絕　烈考玉諱
寅字官任黔州洪杜縣令祇滿□奏授光州司馬上柱
國賞緋魚袋詢訪耆舊稱文詞絢練翰墨芳馨道贊邊
城化毗方岳挹王祥之羡化㝵羅含之風者哉　太妣
蘇性也武此字旁注功之貴族也毋儀有則貞淑可覩德充

趙拓之親賢可王陵之母然古今有陳節行不殊者哉

公稟精粹之氣岌然天姿氣睨稜〻事君竭節能展熊
羆之仕肅著爪牙之威幾變權謀人具瞻仰文位分符
竹宣贊六條政術多方化洽封部不苛不擾慈恤惸嫠
布政五溪謍俌巴楚嗚呼享年六十有四頁富未展厚
祿初罷自守郡城綿經二稔天道恍惚時事多端悔慽
吉凶陰陽莫測無何遘疾業力無施運命兩乖奄歸真
宅氷容忽逝永弃明時一代生涯千春巳畢楊朱泣
墨子重悲以開成二年丁巳歲暮之杪二旬有八日終



於酉陽官舍至冬十二月旬有三日壬寅瘞于府城西
南隅虎牙峯高原禮也粤有節婦　張夫人者則南陽
張□君仙尉之女也芳閨令淑婉娩貞明秦晉合儀調
如琴瑟節偕杞婦賢頗鴻閨者歟且蠲其服用資贈送
終喪盡其哀祭盡其敬一女特達立節忘軀大義克崇
婦道之本也有善不旌有節不錄何以激人倫而彰化
夲也或慮山迴谷圯或市或朝主嗣莫分命余述誌余
學識淺劣汞乏操文不揆管窺叨陳梗槩銘曰　俾
栽田佚　禮樂鏘〻　敦經閱文　爲人紀綱　公心
翼〻　爲棟爲梁　位分符竹　惠化封壃　卉龍有

悔　悲䒭夕陽　千烁万歲　委骨郊荒
巨唐開成三年四月廿日匠京坔奉和鐫　宇文坤
述文併書

丙子九月王巡檢尙悔以此誌及山谷黔州題名
爲贈是近年出土者其尊人司鐸酉陽就近拓得
之知余有金石癖因郵寄焉田英及父寅無考撰
書者宇文坤前題後周介公元孫太陽子署銜不
署名誌尾復題宇文坤述文併書可補碑版廣例
之一誌銘分刻三石亦碑例所未有後周介公者
宇文洛也文帝叔虞公阿頭之孫興之子隋封介



公宰相世系表自洛至庭立並襲介公而離惑之
下庭立之上闕佚兩世名字亦無坤名此稱介公
元孫則似非襲爵者雖於離惑爲子行既非離惑
之子即未必爲庭立之祖也溪州靈溪郡天授二
年析辰州置田英爲溪州刺史卒於酉陽官舍唐
無酉陽郡縣名溪州轄縣三亭有大西山見新唐書地理志
蓋在酉山之陽或沿漢晉舊稱葬於府城西南
隅者黔州都督府也僑寄黔中即葬於彼耳父寅
爲洪杜令洪杜即黔州所轄縣武德二年析置因
洪杜山爲名英終於開成二年三月葬於十二月

旬有三日壬寅通鑑目錄是年十二月庚寅朔以此推之十三日正值壬寅誌鐫於三年四月是臨窆時石未納壙也字學河南而書刻草率未免譌誤然哲有忠貞者仕主之令名疑仕爲事之誤業力無施業乃藥之形誤氷容忽逝氷疑音之音訛代謝作榭榭古作謝此反以榭爲謝惟機變作幾封疆作壃於古爲合愍虐括三字皆避諱缺筆而亭年作亭獨不避肅宗名諱豈以音讀不同歟烈考玉諱寅字謂烈考諱玉字寅也



奉禮郎李繼妻博陵崔氏墓誌

方一尺三寸一分十九行行字不一字徑四分撰人銜名一行較小正書

唐故博陵崔氏夫人□□

李府君墳所誌文

宣武軍節度使檢校□□尚書兼御史夫人李紳撰

夫人博陵崔氏祖□父緯以貞元丙寅歲移天從于李氏先府君禮也府君以元和庚寅歲終于無錫縣私第以元和丙申歲歸祔于白鹿原夫人以大和甲寅冬十月十五日終于越州觀察使之官舍春秋六十有九夫人無嗣子有女子一人已出也嫁于河東裴逵逵亦先霜露孤女歸我与弱子苑苑先祖毋夫人□□疾終開成戊午歲春正月啓夫人於檇李与孫苑□北苑歸其裴氏大墓夫人合祔于先兄奉禮府君之□秋七月既晦乙酉合封禮畢夫人柔淑謙順之□□于府君先誌嗚呼夫人有姊妹五人而鮮兄弟先兄娶夫人而無嗣子夫人之女子適裴氏一子中殤以亡崔李裴三氏皆絕胤豈天乎不知者陰隲耳銘以誌言用符元室銘曰

奉禮清德夫人淑儀廿五載和鳴婉隨諧彼瑟琴終無祿仕家食是肥荆釵自貴商膚有偶伯道無嗣歸□□□□□永祕



右崔氏墓誌李紳撰文云合祔于先兄奉禮府君之□是紳於夫人爲夫之弟而夫人之夫不詳其名以前李繼墓誌證之知崔氏即李繼之妻也惟彼誌所述繼卒于元和四年與此誌所書庚寅者差一年然餘俱脗合其爲繼妻無疑彼誌文後有博陵不義不順不奔不護明神有知終不得祔歟語而崔氏歿後公垂仍令祔於奉禮之塋并爲文以誌之蓋不欲絕之已甚也文簡質有古法但云柔淑謙順之□□于府君先誌合祔誌文之體固應如是抑以前誌有不義不順之語於此不欲顯

薄其非故爲此隱約之詞耶首行夫人下似歸祔
二字其款式未見於他誌可備碑版廣例之一先
祖母夫人之下似是二日二字新舊唐書李紳傳
開成初鄭覃以紳爲河南尹遷宣武節度使與誌
正合誌云檢校□□尚書兼御史大夫史略之傳
又云大和中擢紳浙東觀察使此誌云終于越州
觀察使之官舍蓋崔氏依紳以居歿於紳所也戊
午爲開成三年是年七月丙辰朔此云既晦乙酉
是大盡日也與通鑑目錄合銘詞廿五載句少一
字古人恆有之



大泉寺新三門記 開成三年十一月廿六日 萃編載卷百十三
不周於用 周誤同 文入于石 入誤若
記稱初寺每有僧俗大會五千餘衆號曰龍華荆楚
歲時記四月八日諸寺各設齋以五香水浴佛作龍
華會以爲彌勒下生之徵唐人重此會故題詠中屢
及之 平津讀碑記
碑今斷缺八咸歸之之字宋室舊邑宋字王氏所
見尚完整也
義陽郡王苻璘碑 附開成三年 萃編載卷百十三
代爲師 師作帥 山東 缺山字 諸軍 缺諸字 日甚 缺甚字 安史 缺史字

亦足 缺亦字 其誠 缺誠字 一□三絕 缺一三二字 五十頃 缺頃字 兵
重 缺重字 加号 号作號 喜葬 缺喜字 未充 缺未字
新唐書田悅傳悅以苻璘康愔爲爪牙璘之降也未
必出于本心而新唐書列於忠義傳亦幸矣哉璘入
覲賜靖恭里第一所長安志輔國大將軍苻璘宅在
靖恭坊街南之西北隅 平津讀碑記
大遍覺法師元奘塔銘 開成四年五月十六日 萃編載卷百十三
於白鹿 於作于 干此 于作於 修 作修下同 号 号作號下同 又學 缺又字 是故
第 故誤以 寺遺 寺誤等 剎耗 耗作耗 貞觀 貞作貞 曾無 缺曾字
震維俞安期禮塔至因觀近人所題 在銘詞下非



碑爲劉軻撰摭言稱劉軻少爲僧止于豫章高安縣
南果園復求黃老之術隱於廬山既而進士登第
與韓柳齊名兩唐書不爲軻立傳新唐書藝文志劉
軻春秋三傳指要十五卷 平津讀碑記
北巖造象七種 在資州
魏恩題記 高一尺三寸廣三寸兩行行字不一字徑寸許正書
弟子魏恩爲亡考妣造永爲供養開成四年八月廿三
日記
資州參軍鄧暗復官題記 高二尺二寸廣九寸六分八行行字不一正書左行
上刻佛象

救苦觀世音菩薩　□□□□□天尊
弟子攝資州錄事參軍鄧暗自去年三月九日到官遵
守
敎條匡持衆務自以耿直爲事翻遭猾吏加誣至五月
廿九日奉命停務暗仰祈陰隲下燭無辜因發願奉爲
相公及當州使君造　二大聖金采睟容煥乎圓僃果
蒙加護□□深寃至其年十月十七日蒙　相公迴垂
仁鑒俾復本官若非聖力所加安得無移舊貫今者因
齋慶讚式表丹心爰刻翠珉以彰靈應時咸通十四年



歲癸巳二月八日記

天尊上似是九子

國子祭酒□□等題名高一尺廣二寸五分二行行字不一字徑六分正書

光祿大夫檢校國子祭酒□□
□□節度先鋒副兵馬使□□□

任亮題名高八寸廣三寸二行行六字字徑七分正書左行

弟子任亮奉爲使君敬造供養

寇十二娘題名高四寸廣二寸一行五字字徑七分

寇十二娘造

杜行滿題名高一寸七分廣二尺三寸橫列十八行行一字徑一寸三分正書左行

杜行滿發心粧地藏菩薩一身追薦所生父母

等慈寺題字高一尺廣一尺八寸四行行二字字徑三寸餘正書

重修等慈禪寺中佛

爲錢岳夫婦造象高一尺廣五寸三行行字大小均不一正書左行

敬造地藏菩薩壹身
奉爲錢岳夫婦造以資冥識

九品往生社碑

高三尺七寸廣二尺上層序廿三行行六字下刻男女姓氏九列行字不一字徑五六分額題往生碑三字并正書在紹興

結九品往生社并序



沙門處諷譔

唐開成五年歲次庚申
皇帝昇極是歲夏五月會計禹寺請元英法師講金剛
經於餘姚平原精舍會次募一千二百五十八人結九品
往生社夫爲善者迷於所趣無量壽佛返念不息遺曰
掛冕東樂投簪史氏稱之其風不泯吳公學栽真教提
其遺蹤施有等著階陳九品旁求貞石書其姓字不以
予嘗見命序其事云

第一品　第三品　第五品　第六品
僧處諷　蔣漸進　僧貞捷　僧雅操

僧沗端 空九行 僧陟霄 僧智源
空十六行 第四品 僧獻通 藕約
徐十一娘 朱甯 僧惠平 梁十一娘
空一行 潘禹 邵玘
第二品 魏晟 陸遂
邵仕興 徐文政
蔣沛 方榮進
呂三娘 鄭大娘
張菩提 馬超
梁出世 朱趙七



陳廿一娘尼淨嚴
胡大惠
第七品 第九品
僧閑居 方榮進 尼契能 邵六娘 鍾元成
僧清習 鄭師簡 尼深淨 董法超 宋怦
僧履言 危倫 尼志常 劉智滿 胡仲芳
潘雅 吳貫之 尼宏政 胡二娘 劉叔
傅成 許玩 尼宏辯 梅十二娘俞子興
申屠儉 楊成 尼契虛 張八娘 朱珵
潘存約 方常和 尼圓政 施十一娘蔣仕琳

陳廿娘 徐弍 尼遠照 劉一娘 夏用
項卿 繆阡彸 尼體常 周三娘 陸嵩
朱清淨 繆岑 尼契端 胡福相 劉文皐
尼宛輪 繆陶婆 尼目淨 沈九娘 賈政
第八品 鄭愓 尼妙喜 虞清淨 沈簡
尼堅持 繆日華 潘妙性 黃二娘 龔榮
李阜 李瑜 梁出世 王三娘 盛望
高二娘 臧通 徐十二娘葉四娘 陳可津
鄭簡 方子明 徐三娘 吳卅娘
盧倣 邵強 朱十二娘江十一娘



朱智明 謝行恭 方二娘 李志圓
許三娘 翁珎 姜三娘 黃三娘
宋十四娘 周慶徽 張圓滿 李圓滿
馬詡 沈十一娘繆真姓
僧法歇 徐公佐 鄭三娘
僧元宥 藕澄 丁蓮花
戊申十二月澄江方可中得之禹寺因記男月山刻
分書在碑尾下方
道光二十八年禹寺僧鉏地得此碑臥灌莽中江陰
方可中洗拓示余亟命兒子同善置趺承之移樹殿

中案唐文宗以開成五年正月崩是月武宗即位明年改元會昌序稱開成五年皇帝㚟𣸈謂武宗也碑以是年立嗣是會昌五年即詔毀天下佛寺僧尼并勒歸俗此寺以禹故當不毀而祉中九品人懽羅禍或瘞其碑蓋至今一千五十餘年始復出土故鋒穎完整如新云十二月二十二日知紹興府事漢軍徐榮鐵孫記在碑左空處

右碑上層刻序下九層列九品人姓氏文云慕一千二百五十人結九品往生社碑列姓氏僅一百廿五十舉其一以一人轉募九人爲社長也碑書會稽作會計史記夏本紀禹會諸侯江南計功而崩因葬焉命曰會稽會稽者會計也水經河水注云禹合諸侯大計東治之山因名會稽漸江水注云禹合諸侯計于此命曰會稽又周禮大司馬簡稽鄉民宮正稽其功緒注皆曰猶計也碑字多俗譌社作杜標題如此晃作冕英作奂行十七强作強餘不悉舉募作慕同音假借



司徒李光顏碑開成五年八月十四日萃編載卷一百十三

額題唐故河東節度使守司徒兼侍中贈太尉謚曰忠李公墓之碑二十四字正書

經始大廈缺經始二字号阿跌氏缺跌字命公討叛缺叛字公輔車

爲固缺固字俾公旋止缺止字公而姧自息缺姧字左門槍缺槍字安敢讓餅缺餅字安六踐合席□□戎□缺戎字吃如長城外長三字莫之與京上四字缺蒼生何之□水湯湯兵□□□缺兵字

太子賓客趙夫人夏侯氏墓誌

方一尺三寸八分廿五行行廿六字字徑四分正書篆蓋題唐故夫人夏侯氏墓誌九字在襄陽鹿門書院

唐山南東道節度惣管充涇原防秋馬步都虞候正議大夫撿校太子賓客上柱國趙公　亡夫人譙郡夏侯氏墓誌銘并□

鄉貢進士唐正𦎧撰

夫人之先譙郡人後移貫深州樂壽縣昔武王尅商封夏禹之後於杞列爵爲侯伯厥後因爲夏侯代漢有滕公諱嬰佐　祖定天下子孫益熾冠冕弥盛國史家傳粲然可觀曾祖諱載滄州長史　祖諱璀試太子詹事滄景節度都押衙考諱蕚試太常卿充冀州南宮鎮遏兵馬使皆宪材茂器移孝爲忠夫人納餘慶於千年傳遺芳於三代脩謙柔之行禀純淑之姿舉不違仁動皆合禮既笄年之歲歸于趙氏克叶關雎之興允諧鳴鳳之求　趙公以文武全才逆職戎府公家之事不遑㞐甯　夫人內睦姻親外承賓客輔佐君子淸風穆然斯

不謂之賢哲之行歟期天降鑒介以眉壽魚軒象服夫貴妻榮爲龍爲光焜燿閨臺何嵩年始知命奄歸下泉積善無徵吁可痛也以開成五年六月廿六日遘疾終於襄陽縣明義里之私第享年五十趙公惣戎涇上式遏西蕃　王事靡盬瓜時未至　夫人瞑目之際不及撫床之哀窀穸之辰莫展臨棺之慟人之知者孰不爲之傷嘆爲以其年十一月癸酉朔廿四日甲申龜地叶吉葬于襄州鄧城縣戈湖村之東崗禮也長子宗立當軍節度散將次曰宗本鄉貢明經次曰宗元次曰宗式咸稟慈訓且服教義宗立宗元侍從防邊宗本宗式躬護喪事必誠必信禮無悔焉爰以　夫人德行來請銘誌琢于貞石庶千載之後徽猷不忘恭副孝思乃爲銘曰

猗歟夫人　植操無隣　孝由天性　義存人倫　德行聿脩　徽猷日新　如何不吊　奄謝芳塵　展矣良夫　護塞從軍　窀穸有期　歸路無因　樊城之陰　漢水之濱　卜得鮮原　崛起孤墳　秋草萋萋逝波沄沄　德存于石　磨而不磷

按趙公夫人夏侯氏墓誌銘唐正辭撰題列趙公官職而不著其名開成五年回鶻款塞防秋正警趙公惣戎涇上式遏西蕃即是時也舊唐書地理志深州樂壽漢樂城縣後魏改爲樂壽隋屬河間郡永泰中屬深州又襄州治襄陽鄧城漢鄧縣屬南陽郡古樊城也宋故安養縣天寶元年改臨漢貞元二十一年改鄧城代宗三年改元永泰貞元廿一爲德宗末年夫人當文宗開成五年年五十則生於貞元六年時樂壽已屬深州而終於臨漢改鄧城之後碑誌與史悉合金石續編

碑有誤癸酉朔則廿四日是丙申非甲申甲申乃十二日廿四日是甲申則朔日值辛酉非癸酉攷通鑑目錄是年十月癸卯朔則十一月值癸酉朔是也甲申乃丙申之誤篆蓋九字續編失載瓜時續編作瓜期傳寫亦訛宏作宖底作厎壼作臺岡作崗皆別體瑑疑即琢字餘不悉記元和姓纂後魏左光祿夏侯道謙爲譙郡太守子孫因家焉誌云夫人之先譙郡人蓋出道謙之後也

## 陳少公母蔣氏墓誌

方一尺三分廿一行行廿一至廿六字不等字徑四分許正書在江都王氏

陳少公亡太夫人蔣氏墓誌銘 并序

進士呂貞儉撰 在前行下



金石補正卷七十三　吴興劉氏希古樓刊

夫人族本樂安郡府節度押衙兼御史中丞裕十七代孫泒流達裔䟫紱相承　祖脩皇虔州贛縣尉　父政好游山水志考諸文弃葉從途終于虔州夫人即公之第四女也少而孤露育于母手每思其親常哀咽不食而竟夕繇是親戚咸哀而異之性直寡言喜怒未常見於色及笄歲嬪于陳氏性仁温孝能奉舅姑於娣姒之間偏沐撫愛姑常謂之曰蔣氏新婦觧吾意每所動用皆合吾心此乃婦德也有子二人一男一女女出侍江家男季端娶故徐州彭城縣尉劉氏第三女也有孫四人長孫師貞次孫宮十李老金娘等自夫人於開成五



年六月中旬卧疾伏枕至今春漸將逾延知大期向終顧爲其男曰吾氣力頓衰殆將不起夫礼節應讓汝粗知也吾終之後汝主奉家葉當謹節温勃無哀毀此即吾瞑目無憂子遺此示向知而終享齡六十九矣以其年春二月十三日甲寅宜神卜兆于江陽縣嘉寧鄉北五乍之平原禮也嗚呼泉扃一奄邈于千古蕭蕭松柏煙伴愁雲窅窅孤魂路乖親戚嗣子季端恐陵谷千變乃刻石紀銘其詞云尔　其一曰

漢漢春雲歸無處所　悠悠大川賢愚一路　夫人德行奄忽朝露　刻石紀銘以永千古　其二曰　悦悦魂遊逝水　森森墳聳荒川　望愁雲兮氣絶　號叫聲咽空原

會昌元年二月十□日記

誌立於會昌元年叙云其年春二月十三日臨文失檢矣是年二月壬寅朔干支正合韻作韻俗政字缺一筆當是家諱寡乃寡之俗勃當是勤之誤泉扃一奄不作掩說文奄覆也猶見本義窅窅孤魂借窅爲杳悦悦魂遊悦恍古今字

## 趙夫人河内張氏墓誌

方一尺一寸二十行行廿三至廿八字不等字徑四五分正書



唐趙公夫人故河内張氏墓誌銘并序

鄉貢進士沈櫓撰此行在標題下

夫□人不□□物通□阜俗与廿俱行孝敬存家令德彰茂夫人河内郡□□雲陽人也夫人幼閑軌則門望之崇既笄之年歸于天水趙公之□□夫人□□母教動叶禮義處室也功容允明笄家也德言咸著四者偹□□婦道乎何有方期埋鳳皇之吉頌螽斯之宜内外姻戚莫不□奉何□遘沉□大夜將奄時春秋五十□□以會昌三年歲次癸亥正月廿四日終于長安里巡壽坊之私第□夫趙公家廿儒流□聞風雅四男成長二子娉室兩女有家長□□□□府□□州□陽縣主

𥳑官貞政理鍾鼎是期次男師牧師□師運皆□以□
力□助曾叅甘旨不虧長女幼適河內張宥正定遠將
軍前光王府典軍次女早適樂繁任濠州定遠縣尉並
溫溫潤德悌睦謙柔送往慎終僉悲薤露□夫以其年
五月□六日窆于京地府長安縣小嚴村之原禮也恐
陵谷遷變□廿湮淪故刊于石以誌綿邈其銘曰
洎乎有歸　逝于德輝　令望益著
藏□□矩　孤貞四祕　天不憖遺
誌彼泉石　名留不縻
安子書



宜郎篆額
閆郎刻字

右趙公妻河內張氏誌在長安趙公不詳其名沈
橹撰安子書宜郎篆額閆郎刻字安子宜郎閆郎
疑皆趙氏子或小名也古誌石華載此刻標題內
脫公字首句鈌人不二字戚著誤作戚備下鈌者
偹二字道上鈌婦字平誤作于內外下鈌媚戚莫
不四字并鈌奉字何下似是倏字誤作以并鈌道
字趙公上脫□夫二字夫上似是悲字牧誤作投
曾上鈌助字張下鈌宥字典誤作曲縣尉上鈌遠
字睦上鈌悌字以其年上是□夫二字誤作一即
字銘詞內鈌矩字茲悉據石錄之又母教上作女
宗二字闈風雅上作夙字五月下作廿字廿湮淪
上作家字黃氏書多以意增損者未敢據以補入
又沈下似是樬字長下黃氏有男師二字以余所
審師字當不誤師上不似男字似曰字姑闕之攷
新唐書雲陽縣屬京兆府京兆郡然則雲陽上所
鈌當是京兆二字上言河內郡者蓋夫人之族望
也夫人之婿張宥正列銜稱光王府典軍光王者
元宗之子琚所封爵見宗室世系表樂繁列銜稱



濠州□遠縣尉攷濠州本作豪元和三年改從水
旁其屬有定遠縣本名臨豪武德三年改稱遠上
所鈌其爲定字無疑延壽坊在長安街西裴巽宅
成安公主宅均在是坊

五大夫新橋記
高七寸六面面廣九寸各十一行行九字字徑七分行書弟六面刻姓氏一行行十二字字徑四分餘正書在上虞五夫虹橋南岸
五
大夫□內二所　新橋記
匡廬山野人余球述
汝南周援書

夫山嶽降靈非大聖無由開化適化所有非釋教無以
導心於是會稽東不遠七十里有大澤曰虞江ゝ之東
南廿里有草市粤五大夫在鳳山南面山則連環朝仰
加君臣相揖有序冠絶雖異人莫能測本因焦氏立塋
於此孝感上聖而爲名爲故其地也聚天下之巳
驚天下之貨市之南崗則德興村大雲寺置莊於玆市
之北新江路ゝ通於市則黃山河古人以行之將接行
旅爲不滯之由緣不壯不麗危而且險或遊童牧豎登
陟於此多悞斯墜墮以父母兄弟嗟相仆爲民所病時
大雲寺常雅公本吳郡富春孫氏因宦從居金華爲上



人少小聰慧知釋教之可歸丱歲從緇心若氷鏡戒全
鵝珠窮阿難之妙音洞迦葉之微旨既見我皇帝
乾元啓運布德維新遂乃發心慕緣造玆橋二所其橋
上臨星斗下跨洪流資萬世之妙因旌千秋之勝善時
有前溧水尉彭城劉公曰臯發心造斯勝幢共議□卓
立南岸用彰永福□□□□冥福使
□□太子獄牧縣宰父□師僧十室長幼資其
億封著善爲行旅揭厲遊炎送餞賞翫怡神者茲時
廉使李公仁風遠扇卧牧百城邑大夫王公
術過烹鱻軫秫琴於棠樹丞公儁尉諸公有佽香之

異能同梅真之惠化并州縣職吏及市內尊幼四村檀
越並八龍兄弟三虎子孫共植勝因同崇廣福
會昌三年歲在淵獻月屬無射二十有九日建
清河張太安刻字
□唐會昌三年建此幢至五年八月奉勅毀寺其
幢隨例亦毀至大中即位元年佛法重興至四年
庚午歲秋七月九日前宣州溧水尉劉臯与當闔闠
信士等同慕緣而再建立於五夫橋南□丹艭同圓
伏願代□□□後人不曉遂尅金石聊□□□廉使
李令常□□主簿羅尉李鄭□□



將鄭勾當陳繼宗馮抬
錢玫上虞金石志略常雅全唐詩無傳載有題伍相
廟七律一首劉臯全唐詩小傳宣宗時鹽州刺史爲
監軍楊元玠所殺此云溧水尉生與同時宦轍各異
周瑗嘉泰志作周援誤　按此刻嘉泰志云石不存
寶慶續志云刻於市中一石塔之下前志蓋未嘗見
也然續志知有此記而不載其文孔延之會稽掇英
集詩文多由搜巖剔藪而得亦復見遺若金石家更
無從著錄者余得是刻惜其間有殘缺沈復粲藏有
正統上虞縣志具載全文因得補錄完善爲之愉快

其德興村大雲寺黃山河諸名皆地志所不詳宋張淏雲溪雜記曾據此刻辨五夫非秦封松處曰上虞有村市曰五夫故老云有焦氏墓於此後五子皆位至大夫因而得名紹興間王十朋作會稽風俗賦有楓挺千丈松封五夫之句疏于下云上虞有地名五夫始皇封松爲五大夫之處余嘗見道旁古石塔有刻字尙可讀迺會昌三年余球（元誤所涿）所記乃知五夫之名實由焦氏惜乎十朋不見云云觀此金石之爲功非淺鮮矣記中曰作粤募作慕刻作尅皆以音同通用其稱廉使李者以唐太守題名記證之記撰於會昌三年廉使乃李師稷後記在大中四年廉使乃李褒也草市之稱亦見元微之長慶集自注云平水鏡湖南草市名蓋唐人呼四鄉之市爲草市云（越中金石記）



据越中金石記此記刻幢上上截爲會昌三年劉皋造幢惜未拓也石較杜氏所見尤多殘泐据杜氏補注之其中不無可疑耳

能禪師石室銘

高二尺五寸五分寬一尺七寸二分九行行十二字正書篆額　能禪師石室銘六字

能禪師石室銘（會昌三年□□□□□□造）

自有此山即有此窟火不能焚水不能沒能師砊砊勞心若骨瞽□山僧鑿成禪室室成瞽首焚香白　佛頂此石室不房不室與僧安禪與胡終畢猛獸勿入毒蟲瘧出不葬死僧不栖鬼物□違是銘得罪如律

□□月廿三日前進士李梲書

京畿金石考載趙州能大師碑宋鼎撰史惟則分書天寶十一載立又見於邢臺邢臺又別有曹溪能大師碑見寶刻叢編

八瓊室金石補正卷七十三終

# 八瓊室金石補正卷七十四

太倉陸增祥撰　男　繼輝校錄

吳興劉承幹覆校

唐四十六

## 米氏女九娘墓誌

方一尺五分十五行行十四五字字徑五分盖題米氏女墓誌銘六字字徑一寸七分俱正書在揚州岑氏

唐故米氏□娘□□□并序

米氏九娘子其先□□□□郡□□□□父諱甯米氏即

君之室女貞□溫□□家孝行幼□聰明□生俱□□



□□□睦□□然親族無不欽傳□□熙□身閨室令

則高門□□於家至行無□何期不幸遘疾□以會昌

四年七□□五日終于揚州江陽縣布政里之□享年

廿有一嗚呼長及笄年未姊□□兄親泣血哀號六

親悲切行□過傷嗟□以當月十九日殯于城□□紘

歌市之平原祀也恐陵谷遷改刻□□□不朽爲銘曰

□□胎□　青松瘞□　生死有限　□□□□□

□□□　□□傳今

右米氏女九娘墓志石在甘泉岑氏壬申冬汪硯山鋆以拓本寄詒未見箸錄文云終于揚州江陽縣布政里之□殯于城□□□歌市之平原當在江都出土特未審其時耳

## 疊綵山題記

高一尺二寸廣一尺三寸十行行十字字徑一寸一分分書左行在臨桂

按圖經山以石文橫布彩翠相間若疊綵然故以爲名

東亘二里許枕壓桂水其西巖有石門中有石像故曰

福庭又門陰構齊雲亭迥在西北曠視天表想望歸途

北人此遊多軫鄉思會昌三年六月藏功南自曲沼上

極山林四季七月功旣



## 四望山題刻二段在臨桂

四望山題記高一尺一寸廣一尺二寸七行行七字字徑一寸三分分書左行

山名四望故亭爲銷憂亭之背後緜絡山腹皆溪梁危

磴由西而北復東上疊綵右崖至福庭石門約三十餘

步

右刻俱在臨桂疊綵山一刻疊綵前岩石壁上方一刻四望山四望乃疊綵之支峰耳其左一峰爲于越山晦亦有見桂勝今不可得山爲匠石取材疑宎斧斤矣唐書宰相世系表晦爲積從子全唐詩傳云會昌初桂管觀察使終散騎常侍桂林風土記謂晦捜

達金貂翱翔翰林揚歷臺省性好岩沼時恣盤游於時潞寇初平四郊無壘公私宴聚較勝爭先美節良辰尋芳選勝管絃車馬闐隘路隅今覽諸記略可想見焉廣西通志金石略

右疊綵山記在臨桂又有四望山記即疊綵山之支峰粵西金石略以為俱元晦撰未知何據碑藏作藏亦異文平津讀碑記

四望山題記與前刻出一人手筆無書撰姓名廣西通志謂元晦所為當非無據志又載元和九年馬日溫題名今未見



四望山題榜 高二尺五寸廣一尺二寸直榜三字字徑八寸許篆書

四望山

四望山在疊綵岩之右有四望山三篆字廣西通志

永樂丞韋敏妻李氏墓志 高一尺七寸廣一尺八寸八分廿二行行廿一字字徑四分正書

唐故河中府永樂縣丞韋府君妻隴西李夫人墓志銘并敘

鄉貢進士于濆撰

夫人李姓燉煌遠孫曾祖承家皇越王府司馬祖庭琇皇朝散大夫太子典膳郎父袞皇虔州刺史賜紫金魚袋夫人即袞之第二女生河東柳氏嫁京兆韋敏敏先夫人而歿夫人為女悌為婦幹奉釋仰道雖緇衣黃冠不能嘉也諸六親奉八敬假假然不搖其儀擿幼掐卑入則窮善夫之前婉有女有男撫育煦暖雖熟知審識者亦不辨其罪出也四十五年稱未亡人計生活於郊屋荆扉瓦牖食音祀糲羹藿眉不慼澀怡怡然若居朝市食香脃也開成四年八月廿二日無疾不痛疊足如寐沒于京兆府雲陽縣龍雲鄉韋之舊業享年六十六隣里鄉黨慟若己屬用會昌五年正月廿四日葬于興平縣茂陵鄉肺浮原接先夫人適韋門韋敏弟三娶是不



早祔夫人己無有出韋前室男曰通娶李氏官及成都新繁尉女曰婉妻滎陽鄭氏皆前夫人而終通之子嗣寶茂寶皆順而孝悲奉葬具已得兆時祈外兄鄭茂卿請識墓於京兆于濆濆於鄭之親亦鄭於韋之類也是為銘曰

嘻夫人　生有云　女良族　婦德門　折有儀　揉不紛　玫道釋　瞭無昏　母厥家　法可尊　嗚呼兮　復其魂　遂安兮　允有墳

右永樂丞韋敏妻李氏墓志當在西安興平出土韋敏及其子孫與夫人先世皆無考夫人曾祖為

越王府司馬㮣太宗弟八子貞封越王肅宗長子係亦封越王以時代約計之此所稱越王當尙是貞之後嗣也夫人没于雲陽葬于興平興平亦屬京兆府不能嘉也以嘉爲加夫人前媲媲即妣字前室稱妣不合亦不辨其罪出也罪爲誰之誤撰文者于濆見宰相世系表字子濟官泗州判官憲宗相于頔弟冀之孫

華景洞李珏等題名

高一尺一寸五分廣一尺九行行字不一字徑八分正書左行在臨桂

郴州刺史李珏　桂管都防禦巡官試秘書省校書郎



元充

會昌五年五月廿六日同遊時珏蒙

恩移郡之任桂陽校書以京國之舊邀引尋勝男前

京兆府叅軍階進士潛譜揩從行

右李珏題名其文云云凡九行自左而右刻於粵西之風洞甲辰歲袁簡齋游粵中搨以詒予攷新舊二史載珏罷相後事多相牴牾舊傳云武宗即位之年九月與楊嗣復俱罷相出爲桂州刺史桂管觀察使三年長流驩州大中二年徵入朝爲戶部尚書出爲河陽節度使新傳云武宗即位爲山陵使罷爲太常卿貶江西觀察使再貶昭州刺史宣宗立內徙郴舒二州以太子賓客分司東都遷河陽節度使今據此文刻珏移郴州刺史在武宗會昌五年則新史宣宗立內徙郴者已不足信舊史并脫漏移郴一節矣通鑑會昌六年八月以昭州刺史李珏爲郴州刺史宣宗以是年三月即位與新史相應以石刻證之則新史與通鑑皆誤也據通鑑珏自桂管觀察貶昭州刺史舊武宗紀則云則云貶端州司馬初無長流之事舊傳云長流驩州尤誤新史云貶江西觀察使江西當爲桂管之譌因題此碑并牽連書之　潛研堂跋尾



右李珏等題名在臨桂華景即風洞也李珏字待價史有傳傳不敘其子宰相世系表珏有四子階度支判官兼殿中侍御史弱翁鹽鐵判官兼監察御史普字昌之兗海從事校書郎愈密尉除階之外名俱與此不符普疑譜之誤弱翁及愈或後來改名至史傳之誤錢先生言之詳矣李珏有神道碑在偃師所敘歷官自當詳備惜未得拓本再爲攷證也

柳氏殤女老師墓誌

高一尺三分廣九寸八分十七行行十七字字徑四分許正書在長安

唐故柳氏長殤女墓誌銘并序
兄中散大夫權知京兆尹上柱國賜紫金魚袋仲郢
撰
嗚呼天不與壽而生不能成其美者
我家之殤妹名曰老師是也會昌五年五月二十一日
夭于昇平里第享年一十有六兄仲郢見任京兆尹以
爲家有　廿祿著于族係
官諱嚴重不敢□書蓋亦以彰劬而有知之體粤以六
月二□一日塟于杜城村准經制也兄仲郢揮涕執筆
誌其石云
惟我劬妹　中和率性　粤在孩提　自知誠
敬　名蒲姻族　謂宜承慶　天何難逹
福乃遄罄　人之有生　脩短前定　其所陰
騭　豈不助正　今茲歿忽　綿歷疾病
徒言稟授　實惑余聽　城南別業　□地開
塋　臨穴于此　保尓安靜
仲郢字諭蒙其爲京兆尹傳不詳何年傳稱奏拜
此稱權知殆先權後拜也
宣功參軍魏邈妻趙氏墓誌
高一尺六寸五分寬一尺六寸廿八行行廿
三至廿九字不等字徑五分行書在咸甯



唐故宣功參軍鉅鹿魏君夫人趙氏墓誌銘并序
前延州防禦衙推文林郎試左驍衛兵曹參軍王
傳撰
公諱邈字仲方廿本云秦故魏爲鉅鹿郡也後徙家于
山南今則洋州興道人也昔周建侯王是稱盤石
國命良相謚曰文貞公洎枝派初分導自洪源之注蘭
蓀並振時爲銓藻之芳祖寘父朝隱皆敦儒術諒識宏
深高樂園林自求野逸公孝達叅閔學茂游夏稟志孤
貞潔行端操頃因入仕多爲台鼎廉察之知累以德藝
精粹聞於　天庭始奏授懷州參軍次選授果州司
戶參軍次任婺州司功參軍次任宣州司功參軍凡歷四郡皆以直道佐理
惠治優人官賴其能民受其福以茲樹善既至必獲神
休豈謂天喪貞良倏延荒瘵乃針石靡効寘齡苟乖奄
忽俄然盡爲松檟是則逝波湮沒而不還風燭泯光於
殘夜以元和九年十月十三日不祿于任壽年五十有
五即十年四月護歸京兆窆于萬年縣洪固鄉北韋村
北原也　夫人天水趙氏考皇任壁州長史昇之仲
女也少習師保內則素彰懿淑茂儀柔順芳婉而乃夫
翼凌虛亡舟涉濟孟母彼羨敬姜謂歟以會昌四年冬
偶嬰微疾殆踰累旬冬筭水魚日無不至十一月十五

遂殁于延州豐林縣之私第享年七十有五今以五年十一月廿三日護喪祔于萬年縣洪固鄉壯聿村壯原禮也有女四人　長適皇甫氏　次適李氏　次適侯氏　幼適王氏並早閑保傅克就柔儀女德婦功怡聲婉娩或逝水不返或婦言益肅雖女史無□亦家誄自顯有子三人　長曰齊貢前任延州豐林縣令次曰匡贊前任敘州普安縣主簿幼曰文質任梓州永泰縣令俱以簪笏宦途學行清敏政則洽巨惠乃周物自粺□欒泉泣血絕漿踰護擗裂毀瘠終制及靈昇南邁哀戀北堂禘嘗之儀晝暮增潔稱以鴈行式序祈誌永年玉



木非剛刋石為事傳每媿孱薄冲讓未獲辱命柒翰為詞頗難銘曰

黑水之西　終山之北　厥土上上　人惟温克　鄭謂之先　秦風是則　簪笏所繼　其儀不忒　𢖍慎佳美　咸曰貞廉　婦禮弥著　母德式瞻　家以議徙　子以道謙　未獲榮養　奄弃恩嚴　豈曰盛衰　抑奪人慾　千載之後　悲此山曲

魏邈墓其子匡贊已誌之矣此誌為其妻趙氏祔葬而作題魏君夫人墓誌而前幅敘邈官履甚詳仍為合葬誌也匡贊誌云授懷果二州參軍皆未上而此云凡歷四郡皆直道佐理所載已失其實又匡贊誌載子三人長即匡贊仲曰文質季曰齊貢而此誌則稱長曰齊貢次曰匡贊幼曰文質兄弟之序顛倒至此作者偶誤其家人亦不更正何也匡贊誌云女三人而此誌則曰有女四人長適皇甫氏又為匡贊所遺一家之事二石互異考據家欲據衆手共成之史辨論千古得失不亦難矣哉誌首所稱文貞公乃唐初相國徵也誌中振作振儒作儒粹作枫眞作寘剛作剛號避虎字諱作𧇾世巳字以避太宗諱缺筆古誌



石華

右墓志王儔撰道光戊子三月予自吳門碑估處購得文中次任婺州司功參軍次任宣州司功參軍十六字脫而補刻於旁攷魏姓本周武王弟畢公高之後畢萬仕晉封於魏因以為氏廣韻云出鉅鹿任城二望今此誌引世本秦改魏為鉅鹿郡又云後徙家於山南今則洋州興道人是魏邈之望出於鉅鹿也又云國命良相謚曰文貞公者即太宗時相魏徵也志首題云宣功參軍者即宣州司功參軍也邈於元和九年十月卒於宣州司功參軍之任於元和十年

十月歸葬萬年縣洪固鄉北韋村後至會昌四年十一月其妻趙氏歿於延州豐林縣於五年十一月祔葬北韋村王儔始爲作志銘志敘其四女於三子之前或因女皆先生長於其子也而又贊美其女至三四十言之多可謂冗蕪無識殊失行文之體矣志文不足取而書頗渾厚圓勁惜無書人姓名此刻世本之世及二民字皆避諱闕筆參閱之參與參軍之參皆作叅是唐人諱曾子之名與參軍同矣此與元和十五年韋端志皆云葬萬年縣洪固鄉而前人未有著錄者蓋皆近日土人發掘得之始傳於世也長安志載萬年縣洪固鄉管村四十八此北韋村蓋其一也古泉山館金石文編



案魏邈夫人趙氏墓誌銘王儔撰邈葬時子匡贊自撰誌銘所稱今年其年明年不詳何年前跋定爲元和十年者以歲次乙未推之證以此誌更爲明著二誌中有互異者邈誌云不復知先人之事此誌上溯良相文貞公則託於鄭國公魏徵之後邈誌云寄居京兆咸陽縣此云徙家山南洋州興道邈誌云葬萬年縣畢原此云萬年縣洪固鄉北韋村北原邈誌云趙氏試壁州別駕昇之女此云壁州長史昇之仲女其尤所不解者邈誌云女三人長素恭嫁李氏仲季夙嫁侯氏季季雅猶未從人兒三人長即匡贊仲曰文質季曰齊貢此云女四人長適皇甫氏次適李氏次適侯氏幼適王氏子三人長齊貢次匡贊幼文質女適王氏者當即季雅而長適皇甫者何不見于前誌且列齊貢於匡贊之前以季子爲長長子爲次次子爲幼雁序悉紊又何說也元和郡縣志宣州江南道宣歙觀察使管洋州領興道縣山南西道節度使管懷州河北道河陽三城懷州節度使管果州壁州並山南道婺州江南道浙東觀察使管延州領豐林縣關內道鄜坊節度使管劍州普安縣梓州永泰縣並劍南道東川節度使管金石續編



石華載此志標題宣下多一州字術作行頃作須街作益壁州作婺州普安作青女昇作車均誤粋本作粋右從卆而作粇號本作䌛而作䌛上從幺亦非又鉄家諱自顯之顯粇□欒貞之粇欒茲悉據石本錄之不還上石華作而字欒貞上似是心字姑從其闕此誌與魏邈誌不符諸家已言之要以邈誌爲憑邈誌匡贊自撰不得誤也序尾有鴈行式序之語下又云爲詞頗難豈有故邪又續編

宣功作宣州官途作官途祈誌作祈請曩未校正
并誌吾過

劉舉墓甎誌
方九寸八分十二行行字不
一字徑六分正書在江都
唐故劉府君墓誌并序
府君名舉彭城人也　曾祖皐　祖通　父艮　三代
並皆謂居淸顯隱于邱陵　府君承家禮讓立性溫和
內外之親皆傳人孝兄於四海朋友能賢何期不幸染
疾累歲至於大中元年八月六日終于江陽縣仁風坊
之私苐春秋　夫人太原王氏有男一人名師貞女



一人適于王君孤男孝女泣血號天即以八月廿一日
𡌴厝嘉甯鄉五乍村之原
府君在生　壽祿而榮　先造其墓　逝矣寘々
謂居淸顯謂者位之誤皆傳人孝人者純之誤春
秋下空闕不書鄉人草草爲之耳
周公祠靈泉記萃編載卷百十三大中二年十一月
十七日字缺十失晶圖晶作不朽朽作朽
太子太傅贈司徒劉沔碑
高五尺七寸二分廣二尺八寸五分二
十七行行六十五字字徑七分正書
唐故光祿大夫守太子太傅致仕上柱國彭城郡開國
公食邑二千戶贈司徒劉公神道碑銘并序
朝請大夫守左諫議大夫上柱國賜紫金魚袋韋博
撰
金紫光祿大夫左散騎常侍上柱國河東郡開國公
食邑二千戶柳公權書
翰林待　詔朝議郎守越州都督府司馬上柱國
唐元□模勒并篆額
公諱沔字子汪其先彭城人廿爲將習孫吳兵法皆以
驍射善鬪名聞開元天寶間　公覽群書工春秋□氏
傳雅序□對謙謹□□夙有大志卒成功名曾祖元銀



青光祿大夫撿挍太子賓客利州長史兼監察御史生
王父㝢銀青光祿大夫撿挍國子祭酒□□刺史兼侍
御史□□□無□時號□平雖□□功□□甚顯忠厚
積慶必大其肩是生皇考奉天定難功臣興元元從驃
騎大將軍行左驍衛大將軍兼御史中丞上柱國東陽
郡王食實封□百戶贈左僕射□□□□□時奸孽起
於　輦下嘯呼叛冦狂刃指　闕六軍無素
大駕西幸僕射公與侍中十餘字下磨泐約
德宗皇帝于奉天縣分守壁壘力戰前後凡數十合賊
不敢進其界地雄□□□□□□□□□□□□公傑

射之□子也生知慈愛馬□□不以金玉寶槖中居僕
射坖奐無時親戚僕役給所奉外餘財封植松櫝無所
閭制終杖劒北遊□單于□□□□□□□□ 希
朝希朝與語□□□□衛□□□□□□公佩刀侍
堦下希朝目之使與坐指其衆曰 此子他年必有
吾位 公戰竦拜謝軍中□□□□□□□□□□□
□□□□大將將□□□□□□□□□□□大夫撿
校左散騎常侍兼將軍知軍事公善射能擊毬與其輩
角技公場數賸群輩企羨屬目□□□□□□□□□
□□□公慨然□前興軍□□之□□□□□□□□前



後高下大和元年□月十七日還大將軍依前知軍事
嚴愼簡重恩威洽肅動靜規矩一皆法度□□□□□
□□□□□郵數四□涇原北庭□□□□□□□□
□□月十七日以北地危急藉公威聲 詔守本官移
理振武涇人惜其去閉壘留乞公曰□□□□□□□
□□□□□□振武也軍中將□□□□□□□□□
□□□義稍相解諭會傳鼓□百 闔來公給之迎迓
刖衆出前揖其使遂鞭馳數十里入振武城□□□□
□□ 開成三年突厥□□□營田公□□□□□□□
□□□□□歸撤卒故士卒樂其□公善緝破碎不事

冗長無虛費許飾故廪盈而庫實人閑而力足築都□
□□堡及□□□堡□計錢百餘貫下空
文宗皇帝嘉能軍 詔曰卿材膺將帥道茂公忠立城
堡於要衝禦蕃戎□□□□之□言□□多恙皆支
持不更論請□□□□□□□□業而出群何能
臻此 其年九月十七日加戶部尚書五年三月十六
日撿校 其年迴紇□天德□□□□ 詔公權領天
德軍與振武之師據雲伽關□□退歸賜綃錦銀綵監
軍使劉元政大將百姓僧道耆老蕃部首領具公休績
闕於 朝請建碑紀公抗表□謂無勞□□虛□



□芳藹之遺實焉會昌二年春迴紇叉天天德掠太原
振武北界下空
詔兵部郎中李拭往視經略器備城戍且觀其節將之
能否使還實辭唯公可委三月廿三日以本官除河東
節度使五月迴紇寇雲州六月出太原之師九月下空
制兼充招撫迴紇使其時徵四方之師已集命公指揮
進退遂屯于鴈門關斬雲州失□將七人以徇然後分
部據險秣馬教射積食礪器練驍傑第猛力程其材而
任之頻 詔促戰公上表曰不及獻歲之初必見
誅戎之効 朝議不聽責戰益 誠籌既決堅正不撓

其年冬移軍天甯又移雲州得諜者曰迴紇已卜正月
一日將掠當晨謁都護府我併兵力攻必得其城食其
粟陰山漢南舊吾土可以爭衡取安上道□公名朔州
刺史石雄馬步都知兵馬使王逢遊□大金使劉万佺
令之曰與尔□一万至安衆寨遇寇當戰復須以捷報
如乘其虛即盡虜妻男女牛馬倍道歸我比虜還已失
旂帳吾遣其登城呼之可一麾來降時三年正月九日
矣至十一日夜□□於殺胡嶺大破之斬首三千級得
太和公主還于　上京降特勤王子二十□人
□汙逹干將軍世餘人首領及俘纍四千餘衆牛馬駞



羊万計犒旋加撿挍司□物議賞未直其功再加金紫
光祿大夫仍賜一子正員八品官軍還次代州時歸義
軍迴紇三千餘人并首領卌三人祿食諸道以
天子新與其鄰而又恃思忠　宿衞之寵不受　詔曰
我虜也死於此足矣南州不復往夜大呼連營擾呼沲
河叛公曰大權貴於合道是宜誅之不俟　詔旨奏
還果契上意軍還河東六月又　詔領師南討澤潞七
榆社歸百姓男女五百餘□得昭義將李丕及健卒送
闕公以劉稹□□江爲鄰封從諫每欲濟師助我
今諸軍或不捷必貽論指目禍基此矣　上疏切言移

滑州節度使守本官會昌四年二月廿五日以万善之
戰□尅　詔除河陽節度使領滑師二千人爲万善
聲勢實欲公師爲自河陽又遷光祿大夫撿挍司空鎮
許昌　詔將到公曰吾聞無德而祿猶無基而厚墉不
□何待稱疾堅去風　聞於　朝人不之知如鄉士
歎惜喧問相續除太子少保以不任　朝謝報復
除太子太保致仕又遷太子太傅辭榮知止或筋力不
仁□年而請公纔齡六十□□三鎮□全力盛功高位
尊恃勳名無驕德色日以盈滿是懼退休爲切二百年
强寇一旦廓清北方無虞胡馬不牧閒室私第不妄止



出拉別墅素衣□馬從□數人道遇□貴必除騎屏□
人仰□下聞風□退優遊自遂不思不戚以大中二年
十一月七日遘疾薨于昇平里享年六十五
天子悼痛輟　朝二日□□□□□□贈司徒公□
□長□□□神勇武毅為右神策軍押衙銀青光祿大
夫撿挍太子詹事前將王府長史兼侍御史繼其家聲
不隕先業幼從□前左監軍衞將軍兼侍御史服□□
辶□書千□□公之愛□□禾遺祉及焉摶自殿中
侍御史改撿挍司封員外郎佐公幕于太原從行營于
雲州周旋始終目覩盛績□言□□不□□□銘曰

旄頭耀芒爪牙用張繄公而功孰材可當厥惟匈奴軼
陸跳梁在昝不馴北方稱强既威既攘如虎如□維公
□□□□以□□□類□□□□鳥無遺□獸無伏
藏□際萬里野寂三光休烈巍巍慊若無有　恩
愧寵逾功慙祿厚二踈繄思五湖在慮不盈不傾□□
□□匪□匪□□□□□

李從慶刻字

唐太子太傅劉沔碑韋摶撰柳公權正書大中二年
十二月金石錄目

右唐劉沔碑按舊史云沔許州牙將也少事李光顏
爲帳中親將元和中討吳元濟有功隨光顏入朝憲
宗留宿衛歷三將軍鹽州刺史天德軍防禦使移振
武節度使而碑乃云沔北遊至單于都護府謁節度
使范希朝希朝署牙門將入右神策軍爲大將累遷
大將軍拜涇原節度使移振武蓋沔初未嘗爲許州
牙將從李光顏平蔡及爲鹽州刺史天德軍防禦使
皆當以碑爲正新史所書悉與碑合疑史官嘗得此
碑以訂舊史之失云金石錄

右劉沔碑廿七行行六十五字惟弟廿七行多一
字磨泐不可辨者三百餘字碑敘沔父不詳其名



據新唐書知爲廷珍史不言其兼御史中丞贈左
僕射也碑敘沔功績悉與傳合其署牙門將入爲
神策將均在泐處趙德甫所見有之傳云武宗立
遷檢校尚書左僕射碑不言左僕射則碑略而傳
詳也碑云撿挍左散騎常侍兼將軍知軍事又云
遷大將軍依前知軍事傳第云遷累大將軍則傳
略而碑詳也碑云自河陽又遷光祿大夫撿挍司
空鎮許昌傳云進檢校司徒忠武節度使稍有不
符碑又云除太子太保傳略而不載朔州刺史石
雄新唐書亦有傳馬步都知兵馬使王逢見王沛
傳逢沛之子也殺胡嶺之戰石雄傳敘之極詳李
丕劉稹及從諫等均見劉怡傳又案宏簡錄云從
李光顏討蔡爲前鋒歷鹽州刺史天德軍防禦使
蓋據舊史載之趙德甫已言其誤又云檢校右散
騎常侍則誤敘於遷大將軍之後復誤左爲右其
檢校司空則誤敘於迎還公主之時皆當以碑爲
正至夢人授燭一事碑無一語言及或亦傅會不
足信耳

贈工部尚書張仁憲碑

高七尺五寸廣四尺五寸廿九行行六十二字字徑
一寸三分分書篆額題大唐故贈工部尚書淸河張

公神道之碑十六字在文安

唐故銀青光祿大夫撿挍□□□□□工部尚書清河

張公神道碑□□

上闕幽州節度□□□□□□□祭御史蔡陵書并篆額

天垂四序所以表成歲之功地別九州所以分代天之

治寒燠之運行叶度河岳之感應□□□□□□□孚

是故體五常而承五福贊九德而□九功盛業克□於

旂常佳名攸傳於竹□□□□□□□積慶必貽於後

昆祿不逮先孝思式崇於□□□□□□□□□祖逃

典暮焜燿今古傳曰□德若不當代其後必達人富弐



言乎□□□□下空

有□□□部尚書張公孕靈嶽□□□□□□□□□

□□□□□□□□之略宏圖□□□□□□□之工

鸞弧倍六鈞之力輕財□義急□攘廉然諾信於友□

賙給行於州里不以式□自□不以□□□□□□□

□□□結驅□遊座列嘉賓□□□□□□□雲顧金

玉之蔵比之於□□□如列土□若置郵語黙順時浮

沆樂道僶俛從事逍遥不羈嘗仕本州歷居右職貞元

初　勑授銀青光祿大夫□□□□元四秊薨於昌

平縣之□□春秋七十五旋窆於文安縣之西北安樂

原夫人扶風郡太夫人魯氏左廂兵馬使太子詹事福

之女行符箴頌禮具蘋□□□□□□□□式追於石

爵後　公廿二秊而沒至是祔焉禮也公諱仁憲字仁

憲其先清河人□　卋相韓文成見稱於漢代三台輔晉

壯武克大於當時昭□□□□□□□□□□□州刺

史封清河伯遂處于燕下空

□父諱佐明皇宣威將軍□幽州□□府右果毅都尉

烈考諱元晈宣節挍尉幽州□□□□□□□□

□□□□□奕卋載德克□前脩暉華閥閱之門錯

綜崆峒之秀元子諱寂無祿早卋　嗣子諱光朝



冠軍大將軍行左威衛大將軍□□□□□□□□□

□尚書訓亶義方才推命　卋學該典禮識洞機符倜儻

不羣洞達無撓出則摧戎狄屈則究韜鈐珠履常館於

三千鐵衣時駈於十萬□□□□□□□□□□□□

許國銀黃坐致□筑自娛膺福履以樂天埕□□□□

歲積□垂範高朗令終誕生元臣為國巨防　兵

部嗣子仲武□幽州□□□□□□□□□□□□□

□經略盧龍軍兼充招撫廻鶻使銀青光祿大夫撿挍

司空同中書門下平章事兼幽州大都督府長史蘭陵

郡王食邑弍□戶□□□□□□□□□□□而緝□

□國立言而金玉　王度嚴干戈以衛社稷推象
象以究天人側席求賢勞心致理歷階淸□夙奉
鴻□洎授鉞專征□□□□□□□□先論道三台
之列破獯鬻之衆帳盈七千拓鮮卑之壃地開千里七
狄稽顙百蠻投誠□國□□承天八柱寶生靈之藻鏡
為□□□□□明□□□□□□□尊譯祓　壹
宗並受專城之寄　伯氏諱仲斌皇荊州刺史□塞軍
□田團練等使兼侍御史　季氏仲至今涿州刺史永
泰軍營田團□□□□□□□家賨蟬聯國楨□覇
為列郡之雄關羽乃萬人之敵相國有子曰直方國子



祭酒兼御史中丞　荊州有子長曰□輔國子祭酒
兼侍□□□□□□□元幽都主簿□□幽州
參軍□長房有子曰沛早亡琇兼監察御史有孫曰惠
連兼殿中侍御史皆珪璋特達□□相望丹青克紹於
形□□□□□□□□□穆然淸風高視羣品下空
相國以遂事適遼華修漸遊松楸既行琬琰未勒景行
□仰思心罔□是□伐石□山建□□□□□□□□
□勢　華宗授簡勒銘期於直筆　盛德
難名扣元門而常思墮淚詣闕强繹婉黃絹而徒媿受
辛終惟忍惶敢載銘曰下空

自泮元黃即垂□籍華宗上□奇謀異跡問道赤松受
兵黃石道著昭晰□流輝赤當塗代漢□□□□□
□□作宰操刀國□□□代有英旄□□元魏淸河昆
偶為郡臨燕卜□戴斗公卿窟宅□□泉藪史不絕書
才無□曰惟　唐八葉誕生　□□揮
金滿路載德盈車淸風穆若善價沽諸泳游道德蘊蓄
儒史功□□□名馳萬□不享眉壽不登貴仕道邁前
脩慶流後嗣克□令子寔曰時□□□□□□□□襟靈
業惟匡國□表過庭　□□孝孫作下空
唐丞相肅穆鳳苑□□玉帳持衡任重杖鉞心壯龜鶴



齊季山河比□藉藉羣從□□德音□□□□□□□
□雪□□□□繁鄧林舊□松檟□追□□□□□荒□
□□□□□□□勒景鍾□刊□鼎金石既刻□□重炳
□□□□□□□□□□曰癸酉建
唐張仁憲碑幽州節度掌書記李儉撰節度參軍蔡
陵八分書并篆額仁憲字仁憲官至太子中允其孫
仲武為盧龍節度使追贈仁憲為工部尚書碑以大
中二年立在文安縣集古錄目
碑稱祖佐明幽州游徼府右果毅都尉新唐書地理
志不載游徼府之名平津讀碑記

唐張仁憲神道碑李儉撰蔡陵八分書并篆額大中二年立在縣相公莊孫星衍京畿金石考

右張仁憲碑在文安縣碑已中斷上截又裂為二以銘詞計之每行六十二字年月只存日癸酉三字據集古錄知大中二年所立首行檢校下所闕為太子中允贈五字九行大夫下所闕為太子中允貞五字皆可據集古錄知之仁憲歿於貞元四年戊辰後廿二年元和十七年辛卯仁憲之妻魯氏卒又閱三十七年大中二年戊辰乃祔於仁憲之墓其孫仲武追述立碑距仁憲歿時周一甲子



矣此碑自集古錄後僅見於京畿金石考皆有目無文世所罕見辛未正月潘伯寅侍郎以拓本見詒亟讀而錄之案仲武唐書有傳云范陽人云舊將張光朝子云其弟仲至云子直方云大中初擢累檢校司徒同中書門下平章事皆與碑合惟碑云蘭陵郡王史云蘭陵郡公與碑微異要當以碑為正史敘仲武官階云會昌初為雄武軍使擢兵馬留後拜副大使檢校工部尚書進檢校兵部尚書皆碑所未及碑為仁憲而作仲武歷官固宜從略碑云經略盧龍軍兼充招撫迴鶻使兼幽州大都督府長史食邑三□戸皆史所未詳至史敘直方官階則在此碑之後碑言國子祭酒兼御史中丞則在右金吾將軍襲節度留後之前史皆略之碑言破獯鬻之衆帳盈七千拓鮮卑之疆地開千里證之以傳云回鶻特勒那頡啜擁赤心部七千帳逼漁陽仲武使其弟仲至與別將游奉寰等率銳兵三萬破之獲馬牛橐它旗纛不勝計又云大中初破奚北部及山奚俘獲雜畜不貲即其事也回鶻傳亦載之云乃詔諸道兵合討嗢沒斯以赤心姦桀難得要領即密約天德戍將田牟誘赤心



斬帳下那頡啜收赤心衆七千帳東走振武大同因室韋黑沙南闚幽州節度使張仲武破之悉得其衆那頡啜走烏介執而殺之又云遏捻可汗艮殘部五千仰食於奚大酋碩舍朗大中初仲武討奚破之回鶻寖耗滅所存名王貴臣五百餘轉依室韋仲武諭令羈致可汗等遏捻懼挾妻葛祿子特勒毒斯馳九騎夜委衆西走較諸仲武傳為詳也又案帝紀會昌元年十月幽州盧龍軍逐絳雄武軍使張仲武入于幽州二年回鶻可汗寇大同九月劉沔為回鶻南面招撫使幽州盧龍軍節度

使張仲武為東面招撫使大中元年五月張仲武
及奚北部落戰敗之回鶻傳亦云詔劉沔為回鶻
南面招撫使張仲武東面招撫使碑但言招撫使
不言東面者略耳仲武功績甚偉帝嘗詔李德裕
為銘揭碑盧龍以告後世鄭畋謂仲武會昌時功
第一碑言七狄稽顙百蠻投誠者洵非諛美之辭
焉後此一年仲武卒見宣宗本紀洪氏所見游徼
府字今本已泐

冷泉關河東節度王宰題記

高二尺二寸廣三尺一寸四分廿九行行十八十九字字徑七分許正書在靈石



河東節度觀察等使光祿大夫檢挍司徒兼太原尹北
都留守御史大夫上柱國太原郡開國公食邑二千戶
王宰
開成五年自隴州防禦使拜工部尚書節制邠甯至會
昌三年蒙恩擢許昌節至九月自許昌統當軍驍卒
洎河陽義成宣武浙西宣歙等軍兵馬充攻討使誅除
壺關寇嗣至四年八月十日梟逆首獻闕下蒙
恩獎寵除左僕射至九月將歸許昌軍次溫縣天使
持節至又授寵詔遷鎮北門十月過此至會昌六年
上登寶位蒙恩加司空至大中元年奏以雲蔚朔
三州之腹為賊喉要故戍舊封多所廢墊蕃寇奔突無
所限礙又相厥土濃壤可出軍□遂疏其利宜請耕戰
三城募卒六千体其事務農習戰亦斥邊寇克富軍儲
至二年九月秋成境肅上錄其功詔就拜司徒宰
以叨乘微效祗寄北都及今五稔日懼幸悔靡遑非據
遂瀝誠拜章乞覲明庭既蒙恩下允誠懇至十
二月十二日遂得祗詔擁節赴闕赴正仗朝
躬之禮至明年正月十一日又蒙聖旨獎加光
祿大夫依前撿挍司徒却歸本鎮至二月五日過此因
覽其重巒複疊積樹參差汾水迴于而潺湲天險蔽抱



而崇固可壯夫覇圖皇業万代之基駐旆關亭
吟眺移景又覩中令河東公及相國令狐公左揆
狄公相國崔公來罷之題列遂輒紀其轉歷及往
復所自云
從弟節度判官殿中侍御史內供奉賜緋魚袋坤
男前在司禦錄事參軍嗣宗
並從行
此河東節度王宰以大中二年三月自京還鎮道經
靈石追憶會昌年遷鎮過此因刻石紀行且彰功伐

也唐書本傳王智興懷州温人子晏宰從去晏獨名宰累擢邠甯慶節度使（方鎮表大厤十四年復置）回鶻平徙忠武軍（貞元三年置陳許節度使治許州十月賜號忠武軍節度）討劉稹也詔宰出魏博趁磁州以兵五千榷鋒兼統河陽行營進取天井關（晉城縣南）攻陵川（晉城陵川並屬澤州高平郡）破賊石會關進攻澤州其將郭誼殺稹降宰傳稹首京師遂節度太原（武宗紀會昌三年四月昭義軍節度劉從諫卒子稹自稱留後九月忠武軍節度使王宰兼河陽行營攻討使十二月克天井關四年八月昭義軍將郭誼殺稹降）宣帝初入朝結權幸求相周墀劾之乃遣軍子晏實智興自養之故名與諸父齒此記與史悉合惟方鎮表大中五年以隴州置防



禦使據此則在開成之初不自大中始矣曰許昌節者忠武節度治許州也河陽義成宣武浙西宣歙諸軍並見方鎮表河陽三城節度使建中二年置以東畿觀察兼之貞元十二年復置河陽懷節度元和元年增領汝州義成軍本滑衞節度治滑州上元二年置廣德元年更號滑亳節度大厤七年賜爲永平軍節度貞元元年更號義成宣武軍即亳宋穎節度建中元年置尋號宣武軍浙西宣歙軍乾元元年置浙江西道節度兼江甯軍領昇潤宣歙饒江蘇常杭湖十州時宰以忠武節度充攻討使兼統河北河南浙江江西諸節度軍也曰壺關寇嗣者以劉稹爲從諫嗣子昭義軍節度治潞州屬壺關縣也曰移鎮北門者自忠武移河東爲京師北鎮也方鎮表開元十一年更天兵軍節度爲太原府以北諸軍州節度及河東道度支營田使兼北都留守領太原及遼石嵐汾代忻朔蔚雲九州十八年更爲河東節度會昌三年以雲蔚朔三州置大同都團練使四年升大同都防禦使宰於大中初疏奏三城攻戰之備是大同防禦仍受制於節度也唐靈石隸汾州西河郡南有陰地關又有長甯關所云駐節關亭是也中令諸公題列



多不可考從弟坤男嗣宗傳所不載唐王宰有三宰相世系表琅邪王宰國子司業郭子儀傳壻光祿卿王宰又名畫錄蜀人王宰善畫山水樹石見杜甫詩至李白詩王宰夜相邀乃指漢陽邑宰故望漢陽柳色寄王宰詩云寄謝絃歌宰宰非名也是刻爲冀甯道王公志瀜宰靈石詩時拓寄亦金石家未著錄者（金石續錄）

八瓊室金石補正卷七十四終

八瓊室金石補正卷七十五

太倉陸增祥撰　男　繼輝校録
吳興劉承幹覆校

唐四十七

內侍王守琦墓誌

方一尺四寸廿二行行二十二字字徑四分正書在咸甯

唐故正議大夫行內侍省內府局丞員外置同正員上
柱國太原縣開國男食邑三百戶賜緋魚袋王公墓誌
銘并序
將仕郎試右監門率府録事叅軍劉賁夫述



公諱守琦父皇任朝散大夫充內酒坊使諱意通〻之弟
九子也公早朝禁掖旋授爵　恩配賢　父夭寔遇慈
旻訓以文藝阜以詩筆教以温常誡以廉克仁德播於
流譽特選名於肘掖恪恪奉　主孜孜在家貞清絶邇
於古賢俪聽全逾於往栝斯可爲天之祐也故得常居
寵秩朱紱銀光握　恩不樹於先宗煥彩實暉於䘵
嗣貞元十二祀入仕大中三載退歸私第因寢疾崩於
歲十二月十五日緑久居崇秩先　塋稍隘爰於舊墳
西南隅朔逮斯塋也伏以先墳高聳碑秀峨峨族裔具
書此不列之公先夫人張氏早亡附在大塋嗣子四人
長曰從祐遊而往逝亦附大塋今　夫人謝氏追念前
恩悠嗟煢䘵哀慟過於斑家調訓同於孟母今至孝男
允實次曰從盈又次曰從泰等嗷嗷血淚逾甚高柴啓
侍晨夕殊遵曾哲生事已畢葬事將塋宅兆吉晨用刻
大中四秊正月廿三日禮葬鄉曰崇義村号南姚土事
銘詞因斯逮也
銘曰
彤彤王公　穆穆和恭　侍親以孝　事君以
忠　四科畢備　書剳全功　能章禮樂　能
揚國風　少承光寵　暮乃將退　居上共宗



居下共愛　身歿名章　魂消響在　剳鏡人
仁　孰不欽賫

誌中兩用䘵字一云煥彩實暉於䘵嗣䘵當作後一
云悠嗟煢䘵則䘵又當作獨銘詞中兩用剳字一云
書剳全功一云剳鏡人仁字書剳音曰鈍也與此文
義不合當是劄字別寫天子曰崩諸侯曰薨薨字尚
有通用者此誌書卒曰崩則妄甚矣文首云父皇朝
某官諱某之第九子也父字可省又掖授播栝握揚
凡從扌之字皆作才握恩不樹謝應從言此亦作才
仁德播於流譽言仁德遠播如水之流如山之譽然

而高也葬事將塋塋當作營吉晨用刻晨當作辰用
字缺筆與僧思恆志同刻謂選日也古誌石華
按內侍王守琦墓銘劉景夫述舊唐書職官志掖庭
宮闈局丞從八品下階守琦以貞元十二年入仕大
中三年退歸蓋仕於德宗在位之十七年歷順宗憲
宗穆宗敬宗而退歸於文宗嗣位之三年凡在禁掖
三十三年崇義鄉在萬年縣南劉遵禮墓崇義鄉在
滻川西原南姚村在崇義鄉與滻川相近蓋即今咸
甯縣南鄉大兆社之南兆寨也此碑出土在修咸甯
縣志之後故金石鄉村凡未及錄入金石續編



右志在咸甯出土向藏陽湖董氏兵後亡佚近復
於瓦礫中搜得之歸武進陸氏補訪碑錄謂在長
安未得其實也古誌石華載此刱建斯塋斯誤作
新此不列之列誤作刋碑嗣作嗣石華作嗣逾作
逾石華作逾亦與石本異

太子舍人翟夫人某氏墓誌

方一尺四寸廿四行行廿四字正書在陝西

唐故朝請郎行太子舍人汝南郡翟府君　故夫人下缺
堂林將仕郎試太常寺奉禮郎下缺
夫人諱婉字順美　我先祖渤海蓨人也　曾
祖禾　皇太中大夫太子僕贈揚州大都督　祖
昇　皇開府儀同三司鳳翔隴右節度觀察處置使鳳
翔尹兼御史大夫上柱國紀國公集賢待　制
父鐶　皇儒林郎行鳳翔府參軍夫人則　紀公次子
都官之第二女也生稟敏慧幼聞詩禮齒年孝讓爰睦
弟兄節冠柔規言成婉則居無越思動必循理曹氏誡
成習在心列女傳未嘗廢手故知懿範出於天性淑質
叶於坤儀迨有行于翟氏能輔佐以肥家婦德倫彰內
則之儀遵奉禋祀豐潔蘋藻之薦方循洎長慶元年秋
九月十四日府天傾喪未亡節苦哀毀過制晝哭帷堂



如賓之禮無虧齊眉之歆罔闕況以鞠育孤稚勗其義
方蹈孟母之高蹤子乃成器慕敬姜之芳躅婦道聿脩
嗚呼仁而不福是上帝不惠于我家也久嬰心疾有增
無瘳惜也聰智屈於促齡茂德歸于長夜以大中三年
十一月十一日歿于京兆府鄠縣宜善鄉龐保村莊舍
春秋五十有八嗣子曰虔次曰駢謀及宅兆龜筮叶從
以四年冬十月五日營窆於當鄉中龐村祔于　先舅
先姑塋之北阡孝之終也噫虔駢等咸以泣血茹毒有
繼子羔追遠慎終克全哀敬　府君猶子仲莒等哀號
永慟息咽而復穌攀慕思慈號咷而悶絕立人以痛割

五情之際虔孫瑞訴以叙陳緬其令範外彰何嬰內舉
遂抆涕抽毫而叙之銘曰
昭昭柔德大道奚塞冥不可測其一窅窅幽錄碎沉珠玉
瑩不可續其二魄散旌歸白楊風悲淚零涕垂其三日往月
改松茂佰大芳蘭永在其四

右志近始出土前兩行下半殘泐餘俱完好撰文者夫人之叔父姓名已軼不可得見序內有立人以痛割五情之際語是立人即其名也爾雅父之晜弟先生為世父後生為叔父又云父之從祖晜弟為族父釋名父之兄曰世父又曰伯父父之弟



曰仲父仲父之弟曰叔父叔父之弟曰季父此志云堂叔者蓋父之從祖晜弟也知流俗之稱由來久矣號作瑞偏旁避諱之字瑩不可續績疑續之譌與錄玉為韻翟府君名不可攷夫人之姓及其先世官爵攷之不得嗣讀李晟傳云鳳翔節度使高昇召署別將竊意碑所述祖昇者即高昇夫人姓高也云渤海蓨人云鳳翔節度均無不合惟昇之歷官始末及其父其子之名位未得其詳存俟再攷

柳知微妻穎川陳氏墓記

高九寸六分廣一尺十五行行十五字字徑六分許正書在西安

唐故穎川陳氏墓記
陳氏諱蘭英大和中歸于我凡在柳氏十有七年是非不言於口喜怒不形於色謙和屬衆恭敬奉上而又諳熟禮度聰明幹事余以位卑祿薄未及婚娶家事細大悉皆委之尒能盡力靡不躬親致使春秋祭祀無所闕遺微尒之助翳不及此無何疾生於脇纏綿不愈以大中四年十二月三日終于昇平里余之私第年四十先有一女曰婆女五歲不育今有一男曰貂蟬年未成童即以其月十一日葬于長安縣永壽鄉高陽原盧陵谷



變遷失其所在遂書石紀事置諸墓門云尒朝議郎前行京兆府富平縣尉柳知微記

右陳氏墓記柳知微撰書法誠懸此記當即知微所書蓋習家學者歐趙書有孔岑父碑柳知微書又按柳公綽宅在昇平坊誌云終于昇平里余之私第是知微為公綽之近屬也裴遵慶潘孟陽魏少游劉沔諸宅均在是坊

岳林寺塔記

高一尺四寸廣六寸七分八行行十八字字徑七分正書有界格在奉化

岳林寺塔記

僧君長述并書

自金輪氏應跡迦維大漢教流諸夏尊舍利於支提儼靈相於寶殿誠知殿塔之位闕而不可兹寺二所即女弟子傅氏二娘之建也傅氏媿于朱室三紀不幸而所天早喪愛子又天天惸然霜質而恪勤檀度時大中五載再捌□□殿堂庀焉闕者唯塔傅氏發言曰生□□□□□□□□□□矣遂下缺

右岳林寺塔記在奉化縣之岳林寺癸卯夏予爲浙東之游舟行過寺門外始一游焉寺有東西二小塔東塔嵌石一片乃大中五載僧君長所述記文稱女



弟子傅氏二娘媿于朱室不幸所天早喪愛子又天惸然霜質而恪勤檀度後半殘缺不可讀矣其旁爲鐘樓縣銅鐘一元天厤三年鑄也潛研堂跋尾

右碑在奉化縣岳林寺東塔內文八行行書徑七分記爲僧君長所述詞甚簡質書法亦古雅於方外尤難得也兩浙金石志

岳林寺尚有李柔撰銘在西塔佛象下亦爲傅二娘作未得拓本堂庀二字兩浙志闕

董惟靖墓誌

方一尺二寸廿三行行廿四字字徑三分餘正書在江都

唐故隴西董氏內表弟墓誌銘并序

外兄魯郡鄒敦愿述

董氏其先隴西人也當春秋孔聖有歎古之良史也即狐公之遠祖哉襲于漢相吾帷三餘名遂史冊列傳無代不書略而引之不復廣述　曾祖苧　祖彥璧　考諱悏並有令名於當時其行狀人物脩乎家傳不可覩縷而隽　先舅母廣平宋氏出自二男弟處其季也弟諱惟靖字安泉立性恬和爲人謙退交不獲雜用晦而明運泉貨以樂業子孫崇釋宗以益景福天胡不愗年始知非有七歲染疾蒼而卒終嗚呼貞元十二齡丙子



歲踵困斆生於江陽縣仁風里之私第大中六稔壬申歲當涒灘殞于江都縣贊賢里之寢舍也娶樂安任氏幼有婦德□□長繼移天之義晝哭聲咽灑淚漣洏鞠育四男並天假秀異長曰宗奭恭事伯父掌握格律舉直措諸巨細無私繄之是賴□男曰宗英次男曰宗奭季子曰宗典並幹父之用響　長兄□惟竦顯居要職管內都勾友于急難如鶺鴒之孤翥原野飛□血淚潛然以營葬事宗奭等羅此　荁疚悶絕哀號恭承饗□朝晡無闕於其年六月十九日克堋于　先考塋側域內以□神魂焉嗚呼內外兄弟能有幾人先後之間余

亦相次恐他□地變拔汲直鏤其銘曰
嗚呼董弟　先聖枝褭　洎襲于唐　甲子相繼　不聞久□　忍訃斯斃　萋萋正華　霜凋其棣　暐暐强柯　痛尔先□　余忝內外　豈不悲涕　永掩骨肉　長乖人世　龜筮茲□　□兆元塋　舊列松櫝　新墳㧗製　四子號天　泉扃永□

石左方下截殘損鄉敦愿董所自出標題稱內表弟者中表也今惟妻兄弟稱內矣狐公之遠祖祖當作裔文述先世芳悅二字皆缺一筆唐人重諱如此擘當作璧亦以避寫改之而銘詞內不避世字何也染疾着而卒終而卒誤倒與直措諸用論語鄭本措爲正字錯者借也霜凋其棣以聲取義今人習用之知唐代已然矣

魏博節度別奏劉公妻郭氏墓誌

方一尺二寸四分十七行行字不一字徑六分行書

大唐魏博節度別奏劉公故太原郭氏夫人墓誌銘并序
夫人太原盛族遠祖因官遷居於大名今爲魏郡人也三代祖並棣門上将名府古今勳業俱高不可具載父君佐　使宅親事兵馬使押衙以弓裘飾身文武不墜守忠事上信義居懐可謂丈夫矣夫人即押衙之長女



也以初笄而歸於劉氏在家而令淑有聞出嫁而四德克脩吁上天難問脩短不容不幸以大中六年五月十二日終於府元城縣慕化坊之私宅也享年廿五矣嗚呼父母腸斷良人痛心生死路殊龜筮叶吉以其年閏七月九日遷柩於府西南五里貴鄉縣王趙村祔先塋礼也慮邱壟之更變故刊貞石爲銘其詞曰
婉婉柔儀　言容和茂　婦德可觀　進退可度　上天不均　掩同薤露　大魏西南　良玉瘞土　万古千秋　永扃幽戶

右魏博節度別奏劉公妻郭氏墓誌當在大名出土別奏之名不見於官志文云終於府遷柩於府西南五里魏州爲大都督府也

吏部尚書高元裕碑　大中六年十一月十日　萃編載卷一百十四作七年十月

唐故誤作大唐守吏部缺守字
翰林學士承　旨朝朝上六字缺夫守尚書戶部夫下五字缺
開國男缺男字
國河東缺河東二字二百戶柳公權戶外五字缺
元裕缺元字　爲侍中中上二字缺　佐命之勳謚文□公與房元齡魏徵等佐命誤仁儉之文外十字均缺烈山氏之苗裔也在在上七字缺
爲著姓□末嘗以以上五字缺并缺一格　八廿缺八字廿作世　高□孫傒

缺高侯二字諸侯字缺諸功□族命位以王父字□氏功下八字缺
後漢末缺漢末二字著爲渤海□□十五世孫著下六字缺五誤作平
魏太尉缺太尉二字樂安缺樂字即樂安之令子之令外四字缺高祖
諱峻皇皇上四字缺并多一□蒲州長史撰小史行於代缺蒲史撰
小於代六字史誤之諱迴杭諱下二字缺右諫議右下二字缺諱集缺集字中
丞□司□公即司徒府君中丞下七字缺并多三□右補□
復右下二字缺史以彈奏不史下四字缺擢拜缺擢字於道列□郵
傳□馬倫急宣急宣上七字缺多山町多下二字缺過客缺過字睢
□旁午自言神缺睢午自神四字驛脅史以馬驛下四字缺韋躓缺躓
字奏以□未幾歸眞投竄荒裔以歸眞外七字缺并多二□對



謂缺對字不避中外之嫌缺不避嫌三字人人爲公懼□
冢公外五字缺懍戢缺懍字罷去出關道道上四字缺郎中遷諫議
□夫遷外五字缺勁氣捽勁下二字缺繼上缺繼字秋□草□
制暴秋下三字缺并多二□又以儲闈冑筵□選爲念故
有筵爲外九字缺并多三□以通缺以字剸程缺程字觀之缺觀字當暑霜
風凜凜生□簡下暑下外七字缺搜擢僚僚上二字缺賢畯崇弊弊上
三字缺遷尙書遷誤進凝檢□事缺凝檢二字抉奸奸作奸肝膽膽誤
膈吏變□異端節□改易文字吏下六字缺易文誤勿乂簿記缺簿字
虞以迷迷上二字缺觀察使兼御史大夫使兼外六字缺懿□□太
后遷殯兩儀殿充大明宮□□復懿下十二字缺并多一□已事

缺已字懃於吏職奉公掾物缺懃於職掾物五字以三缺以字三誤二以八
缺以字用□儉缺儉字管內缺管字勤已勤誤而充美百姓歌舞
缺充美歌舞四字久難其□公內缺難其公三字并多二□能以缺以字
當時議者者上三字缺宜□有歸缺宜二字有襄州缺襄字冢宰之
命之外三字缺濟江濟誤渡以大中六缺以字六誤四一日贈尙書右
僕射其日外八字缺河南府伊闕縣白沙缺河伊闕白沙五字先府缺先
字孫也皆一時冠族□行壼則孫下九字缺才高位屈
□國缺才高二字位屈誤衽席并多二□盛累贈至袞服服上五字缺郎文行
修潔纂服無墜文行外七字缺壽惟缺惟字全德矣缺德矣二字之肖
源缺肖源二字磻溪之高起作周輔齊卿演武隆功功上十三字缺



攀龍佐命蟬聯煥佐命外五字缺代延秀令降及缺代延及三字道爲
時師才缺道時才三字資人瑞資下二字缺深二缺深字茂曾顏缺曾顏二
字松迴鸖玉迴外三字缺化動毫端政政上四字缺下廿競躍浮
缺下廿浮三字時慕淸談我□吏事神鋒有斷時下十字缺無味君
□之容□澄□□姧妄者譏□凶稔味妄外十字缺觸天方相
道以斥方以外五字缺天誤大輔道□□忠亮所憑委□□□□
同□□王道載綱□□承式文□以節以□□分兩地
□□□□□□羊杜□□□□撫字□□□□
輔道外廿三字缺朝傾多士□庭望□□□□□□□□
□□知止□□□□□□□□□□□□□□

□□□□□□□□□□□□□閈原沙汞□兆宅□□

□多外十三字缺

右唐高元裕碑據舊史元裕列傳及此碑皆云元裕祖名𩴱而新史宰相世系表獨作彪蓋誤金石錄元裕以大中六年六月廿日薨其年十一月十日歸葬河南府伊闕縣白沙之南原碑今在洛陽縣南三官凹蓋伊闕地後併入洛陽矣碑題渤海縣開國男而新舊書本傳稱封渤海郡公蓋史之誤北史高勱字敬德襲父爵淸河王改封安樂侯當作樂安唐書世系表作樂安侯碑稱敬德改封樂安王未詳孰是或始



封王而例降爲侯乎恭僖皇太后敬宗母王氏懿安皇太后憲宗后郭氏也潛研堂跋尾寶刻類編有此碑稱蕭鄴撰柳公權書今蕭下鄴字已泐柳公權字尚可辨碑述曾祖迴上祥案此本高祖峻字尚可辨有皇朝蒲州長史撰小史行於代新唐書藝文志高氏小史一百二十卷高峻初六十卷其子迴復釐益之是峻爲元裕之高祖也蕭鄴結銜稱彭城縣開國男食邑三百戶新唐書本傳不載平津讀碑記金石錄有跋萃編不引平津讀碑記亦僅據寶刻類編言之何也金石錄目以碑爲大中七年七月

立據碑元裕以六年六月廿日薨其年十一月十日歸葬豈碑後有建立年月而今已缺泐耶抑金石錄之誤耶畢氏中州金石記以爲七年十月則不知所據矣而萃編因之黃氏中州金石攷云大中六年柳公權書并篆額今拓本未見并篆額三字碑云曾祖諱迴而宰相世系表作廻諸家跋語亦俱作廻惟洪氏不誤兩儀殿在朱明門北兩儀門內常日聽朝之所見六典長安志云在太極殿後隋曰中華殿貞觀五年改唐書武平一傳中宗宴兩儀殿令胡人唱合即其地大明宮在禁苑東



南見地理志雍錄云大明宮本太殿宮之後苑東北面射殿也太宗於其地營永安宮以備太上皇避暑九年正月改名大明宮龍朔二年改名蓬萊取殿後蓬萊池爲名長安五年又改爲大明宮

花嚴寺杜順和尚行記大中六年□月廿四日萃編載卷一百十四

龍盛缺龍字　惠劾劾誤效

記云貞來婦人有一子求之尙書日月逾邁若弗云來孔沖遠正義云貟即云也尙書本作貟來說文貟籀文作鼎漢書匡衡傳無說詩匡鼎來鼎來即貟來與此碑可相證碑後有鐫玉册官邵建初刻字圭峰

定慧禪師碑劉遵禮墓誌皆邵建初刻平津讀碑記

再建圓覺塔誌

高四尺寬一尺七寸十六行行字不一字徑八分正書在陝州

再建圓覺大□□塔誌

案梁武帝銘大師碑□□大同二年示終於洛州遺塔杓井坂即茲塔也司徒中書令汾陽郡□郭子儀復東京之明年抗表乞大師謚

代宗皇帝謚曰圓覺名其塔曰空觀大師名達摩西域人也自五天來昭昏蘅荒鉞析端□□□造作者識羈縶之醜落空寂者知凝滯之非指迷轅於炳直之途揭



惠旭於幽夷之表分別邪正開扣漸頁使羣派弃輪若得濆而趍海也□本宗大師所付至支郡爲寂上乘第一祖至若往來之有無地位之高下非吾輩所得言爲過梁而徂及魏而止繫汝遇不甯我行葳緣弥則遷豈隨諸數道且不住跡其可留取者自言我則何有熊耳山下一塔歸然骸葬形遊文詳於梁武靈泉瑞木表□於汾陽月闕其圓天之道也

武宗皇帝謂眞諦不可以相取寄跡不可以像設徒使動盪淸靜泉數昏晦會昌癸亥歲遂　詔廢釋氏於是率土塔廟鞠爲邱□大師銘誌亦隨湮滅碧空鍾梵與霜露而俱銷金地松筠掩荆棘而無類

今上即位即日牽復大中庚午歲八月十五日　詔河南尹河東公再建斯塔令擇僧有大德可用傚大師者俾宰之洛陽僧與軒冕之士累百同舉手而稱曰大德僧畬元其人也　河東公賓　詔書詣龍門以

天子意起之於是元公扙錫至山下不言而人化無幾而塔成雲攢矗立□若疊巘匠石覃思硪砆就雕彼育□晃玏多寶踊出未獨多也兮高中岳鼎足二陵浩刦未灰無以見毀

大唐大中七年歲在癸酉正月五日潁川陳寬誌



京兆少尹崔倬書　韓師復摸勒并刻

丙辰五月得此拓本於京城市肆紙墨甚舊決非新出土者其石當在汴中金石之富萃編而外如潛研堂筠淸館皆未入錄中州金石攷中州金石記均無是碑諦審拓本碑已破裂大小六石殆拓本流傳絕少諸公偶未之見邪碑文雅茂書淸勁酷似率更蓋爲重立圓覺塔而志其顛委也案新唐書武宗本紀會昌五年八月壬午大毀佛寺復僧尼爲民方山證明功德碑云會昌五年毀去佛□天下大同修高公佛堂碑云始會昌五年當武

宗皇帝省天下佛署溢海內僧徒百巖寺修法堂
碑云會昌五年夏五月十八日其寺廢矣陳榮造
幢記云至會昌五年六月十七日准勅廢祇園寺
東西兩幢均云於會昌五年廢毀悉與史合而此
誌云會昌癸亥詔廢釋氏則三年已有此禁蓋當
時雖有禁令天下未盡奉行故陳榮幢立於會昌
三年安國寺幢元承嗣幢皆立於會昌四年至五
年而禁始嚴故史以大毀書之通鑑綱目云上惡
僧尼耗蠹天下乃先毀山野招提蘭若至是皆立
期毀撤仍遣御史分道督之此圓覺塔蓋在先毀



之列也碑又云今上即位即日睾復者通鑑載會
昌六年五月詔上京增置八寺復度僧尼百巖寺
修法堂記云今上御□□登寶位便啟洪恩又云
會昌七年春三月革号大中四年秋九月有百姓
丁倸云云又云至其年十月十三日符命下縣便
令修建是未經改元之前即有是詔故此志云即
日睾復也咯於四年庚午始令再建者先未申請
耳睾復用周易謂睾連復之也宣宗於三月即位
五月即復釋氏崇尚佛教如是其急可歎也夫甲
戌夏伊臣甥函告余曰碑在陝州同時拓得者有

魏元象元年壽庵立石一通中列佛象似達摩隻
履西歸之意左方刻偈語四句又有空相寺吉祥
大師立石一通上列佛象下刻草書心經無年月
高廣與此碑一律竊意碑係方石四面鐫刻其一
面或倚壁不得拓也誌之

修方山證明功德記 大中八年四月廿日 萃編載卷一百十四

寺主僧從□上座僧雅□ 施□□文 □維那僧繼思施
伍伯□典座僧□□ 施五百文 □歲僧行方□□百□
徒衆僧慎微 僧洪敬僧□振僧□震僧□□ 施二百文
僧知翥 施二百□ 僧惠巨 施三百文 僧洪堅 施二百文



僧道政 施三□□ 僧簡釗 施三百文 僧自制 僧惟覩僧
惠達僧道堅僧常慶僧宏□ 僧洪義 施一百文 僧洪逸
僧□遇 施三百□ □□□僧普□二百□ 僧道雅僧常
□董子成□□施□一千文 畫人周公齊□唐義李少
□石□崔□ 等□人共施□十五貫 李可言 鐫 鹿繼宗
書陳士□施錢廿 泐下 施主胡惟直捨錢七千文鹿再立
捨錢一千□ 泐下 翁錫捨錢一千文翁世娘捨錢二千 泐下
□身捨錢廿千□楊□□施錢 泐下 孫恭捨錢一千文鄭
十二娘捨錢六百文鹿審女爲亡父合家長幼等共捨
錢三千五百五十文孟存古捨錢六百文林迺捨錢五

百文王德晟捨錢三百□馮宏慶捨錢三百文董十二
娘捨錢一千五百文孫顒捨錢三百文浙西道丹徒縣
延福鄉鶴林寺僧惠達施錢一千文僧常慶施錢□□
□□仲□合共施錢一千文□□□□□□此行祗損半字
張思賢施錢一千文劉氏施錢一千文李氏施錢一千
文曺万迪施錢一千文張氏施錢五百文僧元寶施錢
二百□郭玥施錢二百文張存施錢三百文百字添注万十
四娘施錢一百六十文安二娘施錢二百文孫君晟施
錢二百文万季皐施一百五□文□友義施錢二百文
僧崇惠施錢四百文宋聖緣施錢□百□王常進施錢



三百文李□花妹施錢二百文靳田施錢五十文韓自
真施錢五百文公乘十娘施錢三□文徐□貫施錢二
□□□□通施錢一百文公乘七娘施錢三百文倫長
□施錢□□□任邵□施錢□百文孟□興施錢二百
文郭遇真施二百□僧□文僧宗訓僧景修僧惠雅□
有萬施錢一百文常堅施錢一百文王健方施錢三百
文僧幼□施錢二百文王任施錢二百僧克謨施錢二百僧從
釋施錢二百董步成施錢二百文女元真施錢二百文
齊十一娘施錢三百文鄭方立施錢三百文董可宗施
錢貳伯文董懷□渺下李□施錢六百文妻徐氏施六百

文男稷復後渺下促□鎮王守貞女弟子劉氏男□□施
錢叄伯文孫十九娘施錢一百五十文任方楚与姪男
文寶共施錢□千文孟艮表捨三百文曺宗及六百文
楊萬及四百文孫義端三百文張元昌二百文宋□進
二百文進字添注王公亮四□□

附宋人題名

王揆揆誤撜十四日記脫日字

右記在長清縣靈巖寺巢鶴巖下書者鹿繼宗鐫者
李可言姓氏與施錢人同列幾不能辨記文之左向
有題字五行磨裂難識皆不具錄又有宋元祐三年



諸題名五段加刻於唐蹟之上致多殘缺也山左金石志
萃編不錄施錢姓氏補之共三十七行書人姓名
金石家所宜記也姓公乘者二人姓倫者一人公
乘古爵也子孫因以爲氏倫出伶倫之後唐書地
理志丹徒屬潤州隸江南道此稱浙西者浙西觀
察使所理也山左金石志正直二字誤倒

下邳郡林夫人墓誌大中九年十二月十□日萃編載卷一百十四作九年五月

有唐故下邳郡林夫人墓誌并序

河南褚符撰

夫人林氏其先下邳郡人也曾祖□皇任廣州參軍祖

景師□任潮州刺史父□性貞介薄祿爵甘退□身□
不東於名宦鄉里咸謂之高明靜□士者
夫人則　府君之仲女也未笄而柔和氷潔既聘
而德行蘭馥由親族□鄉黨□例以□約也不逾□而
閫中大族富春孫氏子以□斧□□作□□婦執勞媒
□節以□□谿是□　夫人□得以信之禮得以
配之□孫未朞而隣箴里感州□縣嚮俾□慈□仁柔
繩□□標□□□□□□有男二人曰愿曰鄉愿業開
元禮未冠赴舉人比孺悲拜□□出□申□月行次□
嶺忽然中疾顏子不壽□□悲也□總□□□□□□



□□□□□□□□知之文行爲時喆周歎翔翥翼鸞
翾交彩仁□誼如□□□真夫人之令子女三人長曰
大元娵適太原王氏仲□□□□□而卒季曰□娵適
潁川陳氏懿哉三女□□□□□□□□□□□□□
□□之□□夫人之□鳳池鄉黨之□□□□□□□
是以大中七年十二月二十三日□時□於□□□□
□□□□得年四十八歲以大中九年十二月十□
日□□孝□鄉□□□□□□□□□□□□□□□
□□□□□□□□□□□念男女之□□□□□□
□□□□□□□□□□□□□□迷銘曰

鳥翻兔奔□破林昏□□□□□□□□□□□□□
□爲根□□□歎維人可□猗歟夫人婦道□□母儀
□□□□□□男貞女孝惟順之方□□□□□□不
□□□□□□□□□壙峨峨於山之旁懿德美行
不隨魂揚高山有碣雕琢無妨□□□□□之用藏壙
摧世更陵谷改張此石若出斯文更昌

據南海吳氏校本補碑共五百六十四字存三百六十六字萃編所載僅一百三十八字因重錄之其所缺譌不晰述也文云大中七年十二月二十三日當是夫人之卒日下云大中九年十二月十□日是其葬日而萃編作九年五月訪碑錄潛研堂目皆同疑吳氏所錄有誤字句間亦有可疑之處姑依錄之夫人之祖林景師及其子愿鄉與夫撰文之褚符皆無可攷唐有林諝嘗撰閩中記十卷林勛大中五年以開元禮登科爲吉州刺史林郇陽官潮州刺史皆閩縣人其占籍莆田者有林披林攢林蘊林愼思林氏固閩之望族也下邳郡本名臨淮天寶元年更名

金石補正卷七十五　三三　吳興劉氏希古樓刊

玉函山沙門義初等題名

高八寸上廣三寸下廣二寸二分三行行字不一字徑八分正書在長山

大中十祀三月中旬五日沙門義初与諸德及諸信士
等同遊佛峪

復東林寺碑殘刻

高廣不齊存十二行行存字不一字徑七分正書方界格

上闕州下闕
上闕上公權□
佛之心以空化執智化也以福利化欲仁化也以緣業
化妄術化也以地獄化愚切化也故中下之人聞其說
利而畏之所謂救溺以手救火以水其於生人恩亦宏
矣然用其法不用其心以至於甚則失其道蠹於物失



其道者迷其徒蠹於物者覆其宗皆非佛之以手以水
之意也爲國者取其有益於人去其蠹物之病則通矣
唐有天下一十四帝見其非理而汰之而持事之臣不
以歸元返本以結人心其道甚䇿幾爲一致今天子取
其有益生人稍復其教通而流之以濟中下於是江州
奉例詔余時爲刺史前訪茲地松門千樹嵐光熏天蜩
嘒響湍鳴松籟洽然可别愛而不翦利以時往至是卽
喜而復之民物之困不可橫賦得舊僧正言問能復東
林平曰能卽斷其髮使而勉之又命言擇其徒得二十
九以隸其下皆心生力完臂股相用言則隨才賦事分

命告復所至響應下虎江之木鳩食訪工陶土冶鐵匠
成於心授規於手日而不笠雨而不屐饔飪煑湯優備
孰藝若殿若廡若門之三若闕之左右爲塔若講若食
若客之館若庫若樓若廚激飛泉而注於鬻鉹之間若
梁蜺於武若亭臨於白蓮若僧之房若聖之室若突蹶
勝若卻居幽奇可不尋雅不出位則爲間三百一十三
爲架一千八百七十六爲楹爲梁爲棟爲桷爲牖爲闔
爲屋之事數爲級塼爲蓋瓦凡役工合六十五萬三百
二十八絪緼端明嚴若有主大中六年二月十四日言
命以圖及其備錄訪余爲刻石之文且曰自遠公至今



若干歲而傳法之地滅矣賴君復之君宜主書其事余
則曰復之者上也主其事而書之於言公不辭余嘗觀
晉史見惠遠之事及得其書其辭若注其言若鋒足以
見其當時取今之所謂遠師者也吾聞嶺南之山峻而
不秀嶺北之山秀而不峻而廬山爲山峻與秀兩有之
五老窺湖懸泉墜天秔香藥靈鳥閑獸善烟嵐之中悦
有絳節白鶴使人觀之而不能迴眸也且金陵六代代
促時薄臣以功危主以疑慘潯陽爲四方之中有江山
之美惠遠豈非許計於此心覩於時風耶然鷙者搏搶
饕者拘素前人不暇自欺者多則遠師固爲賢矣是山

也以遠師更淸遠師也以是山更名賜佛之法如以曹
溪以天台爲號者不可一二故寺以山山以遠三相挾
而爲天下具美矣今言師愍佛之法推遠之心修廢之
勤任其事不宰其功讓功於義明義明曰余何能言之
績也讓功於建省建省曰某何能言之力也讓功於鏡
賜以緡物元諫以衆材淸持以播殖景仁以化施皆曰
某何能言之方也非言不顯義非義不顯言推與讓至
於是而不宏大歟固始終一致者未之有也移之於邦
國之理何故不成哉銘曰萬竅怒號羣波猛起刑戮不
加仁義不止有得佛心則滅諸熾慧以性生性以悟理



山增惠臺鑑鬪妄執根深則定葉茂則死可用理人不
獨養己義義崖峰嶠嬌惠子蕖以崇山津以江水不竭
不竭吾道昌已上復其道吾以塞詔惟師正言勤以克
肯四五年來休功再詔推能與類類以言妙不日良能
孰臻此要山川不改舊物復新誠妝其徒誕將又論

右唐湖州觀察使崔黯撰柳公權書東林寺會昌中
廢之大中初黯爲江州刺史而復之黯之文辭甚遒
麗可愛而世罕有之集古錄跋尾

唐復東林寺碑湖南觀察使潭州刺史崔黯撰散騎
常侍柳公權書寺在江州先被廢至宣宗時復立碑
以大中十一年四月立集古錄目

右殘石存六十一字江西通志載此文錄以補碑
之闕天子取其有益生人志脫有字松籟之籟志
誤作有突躧之躧志誤作據餘無從校其同異矣
第三行化愚字四行則失字與二行公權齊五行
通六行益七行洽八行平九行虔十行右十一行
躧均與二行公字齊末行屋之與十一行之室齊
每行約四十六七字江西通志東林寺在德化縣
廬山之麓晉太元九年慧遠開創謝靈運爲鑿池
種蓮號蓮社宋改爲禪寺據碑則唐代已有寺名



非宋時所改會昌大中之興廢志亦失攷特不知
東林之名始於何時據碑文作於大中六年二月
而集古錄目云大中十一年四月立是崔黯作此
文後閱四年而始上石也崔黯史附見崔甯傳甯
季弟密之孫字直卿開成初監察御史擢員外郎
累遷諫議大夫不言其任外職集古錄跋以爲湖
州觀察使集古錄目以爲湖南觀察使潭州刺史
二者不同疑州爲南之訛而湖南通志職官表不
載其名江西通志亦不載其爲江州刺史集古錄
目又云散騎常侍柳公權書案史傳武宗立公權

罷爲右散騎常侍宰相崔珙引爲集賢院學士知
院事李德裕不悅左授太子詹事改賓客累封河
東郡公復爲常侍進至太子少師傅於是後敍大
中十三年事此碑立於十一年當是復爲常侍時
惟定慧禪師碑立於大中九年結銜稱守工部尚
書似已在復爲常侍之後是此碑之書又當在九
年以前矣殆書而未即上石邪

幽兵參軍陳立行墓誌

方一尺六寸四分許廿七行行廿七字
十二廿五兩行少一字字徑五分正書

故幽州大都督府兵曹參軍陳君墓誌銘并序



幽州押奚契丹兩蕃副使中散大夫撿挍秘書少監
攝御史大夫上柱國賜紫金魚袋漁陽李儉撰
皇唐甲子四周歲在丁丑夏四月甲戌　陳君役於府
城之肅愼里越日景申晦葬于幽都縣禮賢鄉之平原
惟　君孝達於神祇悌流於鄉黨信稱於朋執業著於
官曹惠施於危亡文形於述作自束髮至啓手足言絕
浮僞行無玷缺爲學不勸濟物不匱　皆章灼炳爍不可
備舉其迴出人者今得書之執親之喪頭蓬不櫛面垢
不靧負土成墳必自已力殘形埏隧之間寄命晷刻之
際泣盡繼血五周天星府縣旌表譽裾高尙雖從仕進
抱終身之感焉蓋人之難能後有從事韋雍死於乱鋒
琴瑟併命老母弱子拘諸佛寺音信不通樵蘇不爇君
与其弟遊□若已晉瘞其遺骸慰其□奎晝乞州里夜
餉饔飱進忍吏訶退憂室□後詔訪遺類官給葬事亡
者免飫於烏鳶存者復歸於鄉井名教感其仁豪傑尙
其義此又難之尤者繇是休聞善價汪洋郁烈翔于道
路動于公卿於是羣賢推轂　元侯授簡年過强仕方
從命官釋褐授檀州參軍非其志也俄改幽州安次主
簿管護軍表疏府擬署府兵曹滿□重假前任職業聿
修聲華日美方期大用遽躓脩塗春秋五十有八　府



主痛惜聞于　上公賻有加軫悼踰等平生交友
如斲手足□與扶服禮如朞功甯止慟於廄門而已
君諱立行字睎顏昔周武封帝舜之後於陳國縣於楚
泒支于燕代爲薊人祖輝父從皆養志含□學而不仕
娶河東柳楚女有男子女子各一人並在孩穉長兄良
□□其葬事　君之伉儷韋氏之出韋氏又子之出也
本矜愼配遷此塋□撫存悼亡刻石納墜銘曰
烏虖陳君人之良錯綜四科及五常孝旣至兮節旣彰
名益著兮道益光神默默兮天茫茫冝福而壽反禍殃
妻弱子幼行路感傷一閉佳城兮地久天長

前攝涿州范陽縣丞節度要籍賞緋于全益書此行字較小

右幽兵參軍陳立行墓志松坪所貽當在宛平出土而不見於京畿金石攷殆出土在後也首云皇唐四周甲子歲在丁丑夏四月甲戌又云越日景申晦桉唐代建元始於武德元年戊寅至大中十一年丁丑適符四周甲子之數通鑑目錄是年四月戊辰朔五月丁酉朔以此推之甲戌爲七日丙申爲廿九日是月小盡故稱晦蓋卒於大中十一年四月七日越廿二日丙申而葬也據誌述立行



事蹟卓然可法宜入孝義傳官位不顯堙滅無聞非誌石出土何由傳於千載之後邪韋雍死於亂鋒事見張宏靖傳宏靖爲盧龍節度使旬一决事賓客將吏罕闚其言委成於參佐韋雍張宗厚又不通大體朘削軍賜專以法根治之雍欲鞭小將薊人未嘗更笞辱不伏宏靖繫之是夕軍亂囚宏靖執雍等殺之遂取朱克融主留後穆宗本紀書此事於長慶元年時立行年廿二也文所謂詔訪遺類官給葬事者於史無徵陳立行及其祖父暨夫人之父柳楚皆無史傳可攷撰文之李儉書石之于全益亦無傳張仁憲碑亦李儉所撰彼碑署銜僅存上柱國三字即此李儉也唐書宰相世系表肅宗相李揆之曾孫有名儉者不言官職未識即其人否宣宗重惜服章當時以緋紫爲榮李儉賜紫于全益賞緋是二人者當有功績可嘉也

侯官丞湯華墓誌日大中十二年十一月廿八　萃編載卷一百十七

無揔感德場缺無德二字　拔亮援誤援　土風缺字　土民民作民　之情缺情字　觸地缺觸字　存者有恨缺存者二字恨誤限

唐安寺尼廣惠塔銘

高一尺八寸二分廣一尺七寸五分前後廿五行廿八廿九字字徑五分正書在陝西咸甯



唐故上都唐安寺外臨壇律大德比邱尼廣惠塔銘并序

令狐專撰上

維像教東度秘疊南躡元元云吾師竺乾宣尼稱西方有聖厥後感夢孝明漸于中國菩提達摩降及大照禪師七葉相承謂之七祖心印傳示爲最上乘羣生以癡蓋愛網纏覆身宅不以慧炬燭之慈航濟之即皆賠昏□之中遂方便之路矣於戲文殊屏止金粟來儀弱象譯之微言甃龍宮之奥典即我唐安　大德其人也　大德諱廣惠俗姓韋氏漢　相之遺祉周司空之遠孫地承華緒門藉淸流靈根夙殖道天授金

翠之莫飾覩葷腴而不味於是分瓶灌頂滌法壞衣奉
乾越之真諦識揭伽之要義賓䟦羅窟深入禪菁阿耨
達池恒藏戒水傍灑甘露俛導蒙塵運智慧之妙其動
也雲舒智漢了般若之性其息也月鑒澄泉帝□□徒
皆以宗師敬受勑法
我皇十年以名臘隆抗充外臨壇大德德弥高而身弥
遜聲愈廣而志愈冲負笈執経扣鷄林者請益如市無
明有漏傳心印者皆脫其網豈謂毗城示老雪山現疾
雖菩薩之善本生沒是常而金剛之威力堅持不壞以
大中十三年夏五月廿六日寂然入滅報齡五十七僧




臘廿八弟子性通等號奉衣屨如將復生以其年六月
十八日幢盖香花遷座於韋曲之右嗚呼如來留影之
壁石室空存舍利全身之凾珠臺永閟專徵眇凡品因
緣甚親甞蒙引諭人天粗探真覺承筵作禮肩繞王之
師子出躍入淨同生火之蓮花[redacted]荷[redacted]法誘爰薦
菲詞慙非陸氏之□文終謝蔡侯之健筆銘曰
[redacted]流易滌万類難化世同鶩颷色如奔馬非習調御孰
明般若非習能仁[redacted]捨生既不有滅亦不生無去
無来大觀體同至寶深藏慧光不息[redacted]塔斯成兮秦山
北後天地不泯者惟

師之德

孔□□書

道光辛卯仲春余獲此石於城南韋曲西北按咸甯
志無唐安寺或年久湮沒未可知也長安李殿滄容
菴氏識刻碑尾空行
右尼廣惠塔銘出土四十二年矣未見著錄補訪
碑錄亦未載撰文者令狐專見宰相世系表宣宗
相綯之子也而史不附見於綯傳書人名泐書學
誠懸頗不惡俗拓本爲鼠所嚙破損九字空以待
補碑書葉字作槳而世同鶩颷不避世字恒藏戒




水亦不避恒字然非僞作
袁夫人王氏墓誌
高一尺九寸廣一尺八寸廿四行行廿五
廿六字字徑六分許正書在陝西咸甯
唐故軍器使內寺伯賜緋金魚袋贈內常侍袁公夫人
太原郡夫人王氏墓誌銘并序
銀青光祿大夫撿挍太子賓客兼監察御史王孟諸
撰
夫舉族稱官盖製作之常意况王氏承帝王之後泒分
貴仕代亦衆矣斯皆增輝圖諜稱望天下若乃復序遂
祖宗之盛得謂悠悠繁詞故略而不書也夫人襄陽人

也性稟專貞早貪詩禮閑柔洲愼叶窈窕之風規纂組
女工淂家人之深旨　軍器常侍先娶潁川祿氏穀音
不耦夫人祿氏早亡　軍器常侍時護漢南皷盆歌罷
曰粢祀之職禮不可虧潔以蘋蘩必資中饋由是思鵲
巢之共理詠鷄鳴以求賢慕王氏奕廿之宗以夫人繼
室夫人承訓結褵移天配德克崇婦道懿績可嘉閨門
之美實光彤管　軍器常侍自漢南更　命荆門歲滿
入　覲復領軍器使奈何天不福善偕老願乖　軍器
常侍寢卧疾薨于私第夫人居喪晝哭髮誓志勤循
法則不尙繁華言必洽於族姻喜怒不形於色悽心傷



外宏譽宜家其仁賢體度蓋爲外戚之表儀矣將及奐
軒荷　寵昭示懿畐麟角功高驥騄難駐嗚呼徽音潛
翳閟水興悲賦命有涯奄隨川逝以大中十四年春正
月十二日終于長安縣脩德里享年卌有五以其年四
月五日窆于萬年縣灞陵之原隣　軍器常侍之塋禮
也嗣子五人或胥金脩　寵近侍　丹墀或朱紱青袍
皆宣翊贊德門之盛廿莫能儔而復泣血銜哀俾述遺
範言必實祿託而用文誌而銘曰
青門道兮國之傍　素滻北兮龍之鄉　紛旟旐
兮引靈襄　泉路永兮歌白楊　生何促兮死何
長　音容寂兮雲泱泱　維有松楸樹　悲風
起夕陽



八瓊室金石補正卷七十五

# 八瓊室金石補正卷七十六

太倉陸增祥撰　男　繼輝校錄

吳興劉承幹覆校

## 唐四十八

福田寺三門記 咸通三年九月十一日 萃編載卷一百十七

生敬字缺敬　頗變星紀 缺變星二字　鴻颺字缺颺　大師字缺大

僧令從 令從誤會增

王氏富春郡孫夫人墓志

高八寸四分廣一尺十二行行八字字徑五分正書在南海

唐咸通元秊閏拾月拾伍日

富春郡孫夫人從 夫王氏之任潮州程鄉縣令時

夫人遘疾歿于官舍享秊四十七歲卜兆未利權殯

筵泊叁秊歲次壬午玖月拾捌日啓葬於廣州南海縣

四望亭後嶨廬陵谷變遷刻石紀尓



集賢直院官程修已墓誌

方一尺七寸廿行行廿字字徑四分正書篆蓋未見在咸甯

唐故集賢直院官榮王府長史程□墓誌銘并叙

鄉貢進士溫憲撰男進思書男再思篆盖

程氏之先出自伯林甫其後程嬰春秋時存趙孤以節

義稱故犇世有令聞　公諱修已字景立曾祖仁福左

金吾衛將軍祖鳳發州文學父儀蘇州醫博士公幼而

學 國通左氏春秋舉孝廉來京師遊公卿名人間能言

齊梁故實而於六法特異禀天錫自顧陸以來叟絕獨

出唯　公一人而已大和中　陳丞相言　公於

昭獻因授浮粱尉賜緋魚袋直集賢殿累遷至太子中

舍凡七爲王府長史趙郡李宏慶有盛名常有鬭雞擊

其對傷首異日　公圖其勝者而其對 因 壞籠怒出擊

傷其畫李 撫掌 大駭　昭獻常所幸犬名盧兒一旦

有弊蓋之歎　上命　公圖其形宫中畋犬見者皆

俯伏　上寵禮特厚留於秘院凡九年問民間事



公排口不對唯取內府法書名畫日夕指擿利病

上又令作竹障數十幅既成因自爲詩命翰林學士陳

夷行等和之盛傳於世　公於草隸亦精□　章陵

玉冊及 懿安太后謚冊皆　公之書也　丞相衛國公

聞有客藏右軍書帖三幅　衛公購以千金因持以示

公公曰此修已紿彼而爲非眞也因以水濡紙抉起

果有　公之姓字其爲槐杏百卉蜂蝶蟬雀造物者不

能爭其妙 於其 際仍備盡法則筆不妄下世人有得

公片迹者其緘寶躭謂于方古昔　公嘗云周昉傷其

峻□□□昉張□□其濃張太府萱盡之其唯韓乎又曰吳佐逸

元通陳象似幽恙揚若痿人强起庭光許若市中鬻食琨
性夷雅踈澹白晳美風姿越郡李遠見之以爲沈約謝
朓之流大中初詞人李商隱每從　公遊以爲清言元
味可雪緇垢意　嚴君有盛名於世亦朝夕与
公申莫逆之契高遊勝引非　公不得預其伍　公又
爲　□□□畫毛詩疏圖藏于内府以咸通四年二
月一日遘疾殁于昭國里第享年□十九先娶萊氏有
子三人長曰進思鄜州甘泉主簿次曰退思品致尤高
妙与二　公迹殆相乱又其次曰再思於小學□不通工
篆楷其□狀澹古道健後娶石氏有女二人長適滑州



韋城縣尉景紹一女幼石氏亦先　公而亡以其□四
月十七日葬于京兆府萬年縣姜尹村憲嘗爲詠蛺蝶
詩　公稱其句因作竹暎杏花畫三蛺相從以寓其思
其孤以憲辱　公之聑因泣血請銘銘曰
五曜垂晶　羣山降靈　鍾玆間氣　瑞我昌庭　遇
物生象　秉機肖形　情通眄蠁　思入微冥　顧陸
遺蹤　賢張舊轍　芳塵寂寥　妙迹無絕　故筆空
存　神毫永輟　千齡万祀　慘澹夷滅
修已爲畫苑名家而圖畫見聞志圖繪寶鑑諸書皆
闕而不載惟杜荀鶴松窗雜記載開元中有程修已

者善畫元宗問牡丹詩誰爲首出對以中書舍人李
正封詩曰國色朝酣酒天香夜染衣上嗟賞移時誌
載修已卒於咸通四年上距開元末年凡一百二十
二年杜記時代亦似未確修已事蹟見朱景元唐朝
名畫錄修已冀州人此誌未載其鄉貫名畫錄云祖
大厤中任越州醫博士父伯儀誌云祖鳳婺州文學
父儀蘇州醫博士所載互異以誌爲確名畫錄云周
昉任越州長史修已師事之凡二十年盡得其妙應
明經擢第誌僅載其舉孝廉來京師以待詔畫院得
官則非以科第進也名畫錄云大和中文宗好古重



道以晉明帝朝衛協畫毛詩圖草木鳥獸古賢君臣
之像不得其眞遂召修已圖之皆據經定名任意採
掇由是冠冕之製生植之姿遠無不詳幽無不顯又
嘗畫竹障於文思殿文皇有歌云良工運精思巧極
似有神臨窗時乍覩繁陰合再明一作臨窗忽覩繁陰合再盼眞假殊
未分當時在朝學士等皆奉詔繼和二事與誌同不及
名畫錄之詳撰志者爲詩人温庭筠子憲志云大和
中陳丞相謂陳夷行也然夷行之相在開成三四年
非大和中夷行及李商隱唐書皆有傳李遠字求古
大中建州刺史新書藝文志有集一卷昭獻文宗廟

號章陵文宗陵名懿安太后憲宗后郭氏也丞相衛國公武宗時宰相李德裕也修已所評諸畫家周昉張萱韓幹皆長安人昉萱以人物勝幹以畫馬名吳道子善畫鬼神楊庭光與道子齊名善寫仙佛像許琨開元中以畫人物名皆見歷代名畫記志中世字凡三見皆不缺筆惟蝶葉二字仍改枼作耒是志磨泐過甚幾不可讀今細為審識所缺者才數字耳昔人云思誤書亦是一適錄畢為暢然者久之 古誌石華

按程修已畫名盛著以陳夷行薦受知於文宗歷文武宣懿四朝凡三十餘年開成四年八月葬文宗元



聖昭獻孝皇帝於章陵大中二年十一月葬懿安太皇太后郭氏於景陵皆奉詔書册工草隸筆跡幾與右軍相亂又與李商隱溫庭筠交遊時有沈約謝朓之目則固善書能詩藝兼三絶不獨擅長六法已也朱景元唐朝名畫錄程修已列妙品第四冀州人祖大厤中仕越州醫博士父伯儀少有文學畫東封圖為時所賞修已兼工寫眞人物蕃馬花卉草木鳥獸古賢士女眞仙佛像山水竹石與志詳略互異又名賢畫錄唐大和中文宗好古重道以晉明帝朝衛協畫毛詩圖草木鳥獸古賢君臣之像不得其眞召修已圖之皆據經定名任意採掇由是冠冕之製生植之姿遠無不詳幽無不顯志所謂畫毛詩疏圖藏於內府是也刓泐處當即昭顯二字全唐詩文宗題程修已竹障注云修已冀州人學周昉畫嘗畫竹障於文思殿帝賜以詩朝士皆奉詔繼和與此志並合惟修已評畫於周張楊許皆有微詞後人以為學昉殆非所願耳又唐詩紀事全唐詩話並載文皇好詩大和中賞牡丹上謂程修已曰今京邑人傳牡丹詩誰為首出對曰中書舍人李正封詩天香夜染衣國色朝酣酒時楊妃侍上曰粧臺前宜飲以紫金盞酒則



正封之詩見矣今紀事文皇誤作明皇詩話程修已誤作陳修已皆可據此正之集賢直院官唐六典集賢殿書院有書直畫直官為直院開元十九年奏定太子春坊中舍人正五品上職擬中書侍郎親王府長史從四品上掌統理府寮紀綱職務志云七為王府長史題以榮王府者從最後書之餘不可考唐書宗室世系憲宗二十子榮王憒嗣王今平志詳程氏先世而不及里居篆蓋題廣平程府君文宗詩注及名畫錄皆云冀州人廣平郡在唐乾元後為洺州與冀州並屬河北道修已當是洺州人本其舊望故稱

廣平因屬禹貢冀州域故亦曰冀州修已卒於京師
未歸葬志歿於□國里國上剜一字宋敏求長安志
朱雀街東第三街南有昭國坊即此里也杜荀鶴松
窗襍記載開元中有程修已善畫爲元宗誦牡丹詩
開元當是開成之誤元宗當是文宗之誤温憲庭筠
子登進士第光啟中爲山南從事金石續編
古誌石華所載多以意義增補未足信後兹据石
本錄入而其闕泐處以續編補注之唐詩紀事所
載當是相傳之誤續編以文皇明皇爲之誤似尙
未確文皇時似無楊妃也



幽州節度押衙王公晟妻張氏墓誌

方二尺廿四行行廿四字至廿八字不等行書石出宛平歸樓霞牟氏

大唐幽州節度隨　使押衙銀青光祿大夫撿校國子
祭酒太原王公夫人清河張氏墓誌
鄉貢進士李元中撰
夫人姓自軒轅之弟子揮始造安寔張羅網廿掌中其
職遂爲氏焉　夫人家族奇常洪惟茂
著精妙淑氣稱善人寔奉養盡心於　晨堂婦
道飽恭於大族可謂金玉顯明禮樂嘉世惟孝其德惟
□其仁竪立規風温顏內外實可比於行狀也
祖亥　父脩魯儒相襲業善何曾不仕　王庭耶
恣優遊古今之有也于嚱輪搖小㷀㫚促年光
夫人無何以咸通四年正月廿日寢疾至五月廿四日
歿于幽州幽都縣界勸利坊私弟享年六十有一嗚呼
行路悼焉姻親慼慟子孫泣血僉曰孝門
夫人有子四人長曰纂見任雄武軍平地柵巡撿烽鋪
大將游擊將軍試左驍衛將軍文武全材　君親選
寄弓開落鴈詞逸擴科次曰籓次曰纛次曰㸑咸著義
方俱脩禮樂壯年當代名即其成時謂曰弓裘不墜矣



夫人以七月十三日禮葬于幽州幽都縣界保大鄉樊
村之原也嗚呼哀哉愴兮奄夯知白楊早落慮青松後
彫代變人移紀之陵谷乃鏤其石保其始終銘曰
人寰何限兮流年光　窴路何促兮空蒼蒼　明月照
墳兮下泉客　春秋来去兮高白楊　煙雲凝思兮埋
古邕　風光聲哀兮成慘傷　陵谷變移兮朝與暮
寐窴終天兮堪斷腸
哀子纂書　楊君建刻
廣韻云張姓凡十四望本自軒轅第五子揮始造弦
寔張網羅世掌其職後因氏爲誌敘姓源誤第五子

爲弟子諫茲作安掌下諫衍中字文義遂不可通又家族奇常當是異常之誤幽都今宛平縣其夫名公晟則据後合葬誌而知也古誌石華

隴西李扶墓誌

方一尺五寸廿九行行字不齊自廿七字至三十五字不等銘詞每行兩句字徑四分正書

維唐故隴西李府君墓誌銘并序

鄉貢進士馬郁撰

顏子渕死孔子曰德行厥躬不實殂落命矣夫盛哉歟府君之德壽也府君名扶其本黃帝孫顓頊之後自周秦漢代翼衛正道軒冕不絕至後漢治書御史諱楷生



五子三子從居趙孤爲東南西宅是爲趙郡三祖二子流寓隴西成紀而子孫因其家焉府君即成紀之後也曾祖諱綌清名蓋代素節不仕祖諱偕抱經緯蓋世之才負宏奧不覊之略嘗以珠紫爲玷行之服簪纓為拘身之械固避廿林泉耻於諂諛詭佞樂道不仕□父諱曼少躭詩酒長傲風雲逸噐不群壯心獨步直志難摧獸弃浮名處士終老府君即處士之子也幼而聰敏長抱全才倜儻英明智有餘仍弱歲志學有聚螢積雪之勤無便僻進取之佞承先人之遺志也優游雲水靡不臻涉届青蒲以南□吴渚北倚秦御崗原膏腴封壃秀琳周晛慨然有栖止之趣於是居焉及寓于此二十餘載宜僚親仁閭里仰重門環多士到屣之清風大行席擁琴書雅韻之良音滿室悲夫以咸通四年六月廿九日終于杜父里之第享年六十九嗚呼生也人敬之歿也人思之餘芳藹然經時益茂不朽之譽孰過於斯繇是君子佳之嗣子鉢得先人遺德不墜弓裘沉靜而潔已清敏慧而藝能著夫人彭城劉氏少聳婦德長峻母儀柔淑洽閫規矩可範生二女一人適東海徐遜千卷書生一枝晉郄一人從天水趙邯秀乂溫明松秋玉朗夫人汝南周氏植德無徵早從風燭生子嗣翼教有方



致茲右德育二女一人許嫁河東衛從狀貫英華傑出人表一人歸北海儲瑜溫潤而珪璋比容峭直而松筠並秀蓋府君之良選也咸抱坦腹之材皆負孤標之格嗣子娶東海徐氏前進士羣之愛女也箴規自得於家風儒墨優彰於君父嗚呼子婿身立女配令德君之幹歟家肥道直歿無餘累君之强歟坩於形有生死苦樂以兒女之情悲夫至明年二月十三日卜葬于縣之兊宜陵鄉白露里之原鉢號泣而言曰廬陵谷遷越俾陳辞刻石郁性本無文謬居是邑久嚮嘉譽叵敢直書握管婁神乃爲銘云

大患既形兮賢愚不一　稟生知兮季而何實
必承勢兮以浮以沉　兮明滅兮終得終失
奄利刃扵黄泉　埋金石扵白日
在火王兮寒色凛然　扃重匣兮□光逾□
異神明兮不昧無欺　厚子孫兮祿壽弥益

右李扶墓誌未見箸錄石出秦中今未知所在碑敘先世云後漢治書御史諱楷云云案唐書宰相世系表楷字雄方晉司農丞治書侍御史避趙王倫之難徙居常山五子輯晃芬勁叡叡子勖兄弟居巷東勁子盛兄弟居巷西故叡爲東祖芬與弟勁共稱西祖輯與弟晃共稱南祖此即志所稱趙郡三祖也惟以治書御史爲後漢官恐志之誤耳表又云輯字護宗高密太守子慎敵居柏仁子孫甚微與晃南徙故壘故輯晃皆稱南祖誌所稱二子流寓者疑即指此而不相胳合誌又不言二子之名恐馬郁之失於考覈耳表載眞之子名紹官殷州別駕非即扶之曾祖世代懸殊蓋別一李紹也表又有三李紹均非其人



咸通飄文
長存四寸一分厚一寸四分正書在陽翟呂氏

唐咸通五年京地
修中嶽廟記
高四尺三分廣二尺二分廿四行行四十六字字徑五六分有界格正書在登封
修中嶽廟記
朝散郎守登封縣令李方郁謹撰
上四年用　大司計侍郎爲丞相其明年以　我相秉樞機
我公掌　綸誥宜爲避嫌遂自　閣下拜河南□尹將辞　上悄然謂　公曰前時洛水爲災洛邑大潰四走無逃至有没死者豈勝其寃耶而　公今去我□東顧之患矣　公既至理事先以恤邑爲寄生活瘞死大開廩庾賑貧乏之飽飢腸暖寒體極于畿甸靡不周悉而又　蠲逋租□傜賦俾安穩其起居勸强其事業故遂迹之邑相賀而歌曰天災流行兮代有下邑昏墊兮時數命無以逃兮諒自嗟豈將天怒　我尹之慰恤兮實解予之愁苦夫得耕兮婦得織日出得作兮日入得息此固
我君之憂邑兮俾　我尹之来即又歌曰明明在上兮天子聖四方取則兮　我公令疲邑蘇息兮　公之政

一日將去考誰活我之性命其都之南嵩嶽擴亘其嶽
有廟距都百里每歲夏季日直土用　御署祝文用
犧牲粢盛醴齊庶品　詔　我公有事于　王禮既
公周視廟宇堂殿廊廡見其崩阤毁剥蘚顏墮垣
牖湯靡穣棟失次梁栱差敧顧謂其邑令李方郁曰
吾聞大地列嶽五嵩山居其一其嶽棲中天群峯蒼翠
異色其崗巒重疊異狀其出雲夔蟠異氣其草木森聳
異岵其葩卉菁蔚異香其禽鳥閒關異聽其溪澗瀺瀉
異流若此之狀觸目周匝回睛迭觀干吐氣象環一山
之上道宫佛寺高閣危樓盡萃其中



我國家以神之靈素神之形俾神之明福我蒼生巍巍
其衿整整其衣兵仗駢列羽衛參差
天子以時視三公禮而祠之要神之德既厚矣報神之
功亦重矣所宜威壯形容華嬡宫宇奈何以危毁至是
俾尔旦之進拜禱祝將何瞻仰乎　我今出府庫十萬
悉以功用尔宜專其事俾尔心與　吾心不可以異方
郁謹再拜受　命退而自言曰方郁爲吏稟指使上不
敢罔　公中不可欺神下不能苦旦豈可不成耶遂鳩
工蕆事四旬而就見若赤白之交映矣見若爽五之分
輝矣見若榱桷之粉繪矣見若拱斗之光赫矣見若簷
溜之矗截矣見若海壖之端整矣見若戶牖之照爛矣
見若垣墉之齊削矣旭日明媚夾壇殿之飛翬朝霞卷
舒助峯巒之起秀則知　公之指制可以邁古冠今使
海內神廟修潔崇盛無逾於中嶽　公天發晶朗嶽鍾
秀粹群妙符讖萬頃澄襟瓊樹氷壺含徽於神宇黃鐘
朱瑟鏗奏於文章況　公尹正之能撫旦之美愚知其
不日而將與　吾相連枝於　台座之中致美於
廟堂之內將　吾君岌立于堯舜之上措吾旦登壽
扵遂古之際必矣方郁忝官在縣行及秩滿特蒙
公錄以微績上表量留付之修飾郁敢叙　德紀事刊



石以記時咸通六年二月五日謹述
右修中嶽廟記李方郁撰無書人姓氏在登封碑
云上四年用大司計侍郎爲丞相其明年以我相
秉樞機我公掌綸誥宜爲避嫌遂自閣下拜河南
□尹後又有連枝於台座之中一語則其時之河
南尹與丞相爲兄弟可知攷新唐書懿宗紀咸通
四年五月翰林學士承旨兵部侍郎楊收同中書
門下平章事閏六月兵部侍郎判度支曹確同中
書門下平章事此云大司計侍郎當即曹確也楊
收弟嚴以收知政請補外拜浙東觀察使非河南

尹然則當時之尹河南者蓋曹確之弟汾也而新書不言其爲河南尹唯宏簡錄曹確傳云弟汾亦進士累官尚書郎知制誥拜中書舍人出爲河南尹據此則相之爲曹確尹之爲曹汾無疑汾知制誥拜中書舍人碑故有公掌綸誥及遂自閣下之語也確字剛中河南人汾官終戶部侍郎判度支碑又云前時洛水爲災洛邑大潰案五行志咸通五年以前言洛溢者十有五最近爲大曆元年言洛州水者惟永徽六年久視元年距咸通時甚遠言河南水者十有七最近爲大和四年通鑑於大



中十二年記河南北淮南大水而五行志云魏博幽鎮兗鄆滑汴宋舒壽和潤等州水害稼徐泗等州水深五丈漂沒數萬家而不及洛豈碑所謂前時者即指大中十二年之水歟抑第約言之而非必專指一年歟碑云素神之形素即埭字今俗作塑叜字不見於字書疑是叜字或叜字義不可解未敢臆說犧牲字作从月大謬其餘別體亦多甲戌六月伊臣甥復以此碑見寄右方上下角損缺餘亦有平漫處較廿年前所得本少廿九字矣伊臣謂縣志說嵩皆云碑佚無攷碑具在也嘗以

全唐文及說嵩所載校勘之獄棲中天唐文棲作峙說嵩誤作樓乎吐俱作晤吐素神唐文作塑說嵩誤作㯤忿以功用唐文作資說嵩作貲叜五俱作金碧遂古俱作邃至說嵩天怒怒作恕季夏日下無直字圡作上威壯壯作吐禱祀祀作祀功用功作助則碑與唐文無異說嵩之誤耳以此論之蓋原石無存後人以舊拓本重摹勒於嵩山也峙與棲金碧與叜五形不相似殆舊本此數字僅存一二筆蹤故有此誤至素忿遂三字當尚是唐人原本



處士王仲建暨張氏合祔誌

方一尺四寸五分廿七行行字不一字徑五分正書直界格在孟縣箓蓋未見

唐故太原郡王處士墓誌銘

鄉貢進士張魏賓撰兼書在首行下方

太皞爰興木德啓姫周之運靈王少海緱嶺表登僊之慶故王之命氏始乎太子晉〻生龜襲封于太原今爲郡人也廿四代祖褒仕晉為大將軍以孝敬動天桀芳國史流祚萬世忠貞顯隆軒冕官常有國皆有不復備列于斯誌　君諱仲建字彥初即將軍之遠派也　曽祖鏻迨　皇考坤咸以博識英稱委簪紱有羈縻之患

故遁俗不仕　府君乃坤之次子矣幼而厲慎長而剛
毅偉其貞而孝於家睦乎宗而潔諸已訥言敏行金穴
山藏周捨無遺鵦騮一致誠明諒直淸簡洽聞涵頴銳
於鋒鋩極逍遥於大道武齊樂伯劍敵莊周縱雄辯而
嶰谷潛暄攄麗藻而綺霞爭秀志高氣遠稟象紫微當
豹隱之餘芳應處士之嘉号非　公而孰能與於此哉
識者以爲懷寶不耀至信自彰探老氏之希夷固全真
於物外者也方欲鍊形羽□漱液丹霄存神於冈象之
中抱一於杳冥之內將宣平生之大節豈料尋師未遂
涉水俄侵賈生之鵩鳥遄延排竅之摶膺斯及嗚呼春
秋六十以疾不閒終于河梁之別業　公娶淸河張氏
乃班孟之名家胎訓之淸譽蘋蘩繼代中饋祖禰之母
儀耳故能有子一人焉曰知教實令嗣也自齠季丱歲
所好歾慕已脫落常態及成童伯仲以孝經授見末章
有裂骨之痛親屬以爲曾閔之疋俾專就養克符竭力
之仁捧藥問安式展回心之孝銜酸茹恨泣血穹蒼擗
地捫心幾將滅性於廬次悲夫　繼夫人　安氏洪
順閨閫亦盡敬姜之禮知教乃抑情歛涕罄彼榯家剋
已勵精冀終大事以其年歲在乙酉十月巳酉朔廿二
日庚午至孝由是哭踴無時徒跣備先王之制列儀施



自三城護　府君之神座歸葬於河陽縣豐平鄉趙村
之北原附　大塋啓　先夫人之舊窆合祔於斯禮也
尙念鍾嵒圮毀江甗權頹秝數有期堙滅無紀請編是
誄於泉壙魏賓嘗游館穀竊覩徽音直筆其詞用旌孝
子之慕璃乃作銘云
王氏盛業姖周弈世降及仙才浮邱以濟元偉孝悌仕
爵文帝義烈汪洋忠貞昭晰以至于公克揚嘉裔猗歟
府君以大其先嗟嗟夫人柔順其賢孝子號天哀親弃
損威靈陶鶴相彼何阡峯巒巢巋氣魄聯緜五黑之悲
凉奚及陸機之雅賦依然檜栢秋月春松暮煙庶山川
之不易摽誌誄於他年



右誌出自孟縣西河渾無年號以乙酉唐代甲子考
之知是咸通六年造也乾隆乙酉入志馮敏昌記右刻
石尾
碑云廿四代祖褒仕晉爲大將軍銘云元偉孝悌仕
晉文帝晉書孝友傳王裒字偉元以裒作褒偉元作
元偉當由撰碑人誤記平津讀碑記
按唐代乙酉凡五魚山斷以咸通六年蓋以誌文及
書皆非盛唐人手筆也誌中姬作姖粲作槃貌作皃
稟作稟隱作隱罔作冈豈作豈饋作饋稱作稱展作

展哭作映擢作權晉作晉鶴作鸖標作摽孺作孺古誌石華

按通鑑目錄咸通六年八月己酉朔十一月戊寅朔此稱十月己酉朔是八九月大盡十月小盡十一月正得戊寅朔馮氏定爲咸通六年無疑也古誌石華載此誌有篆蓋題唐故太原郡王府君清河張夫人墓誌銘十六字此本從松坪借錄未見篆蓋附識之石華所載誤著稱爲具稱誤祖禰爲相儞并以儞爲稱字誤滋甚矣又逍遥作消遥㴶順作㴶訓亦誤其餘字體訛俗可不盡舉



## 長安尉楊籌妾王氏墓誌

方一尺五分廿一行行廿字廿一字字徑五分正書

前長安縣尉楊籌女母王氏墓誌

王氏小字嫣嫣長号卿雲汴州開封人幼失怙恃鞠於二女兄之手長女兄以善音律歸于　故相國盧公鈞卿因女兄遂習歌舞藝頗得出藍之妙宏農人初以音律知遂用綵問於女兄唐咸通庚辰歲子月遂歸于楊氏未幾楊子以罪逆授　天罰待死于長安萬年畬村曰庫谷王氏固非宜留將歸女兄堅不去願同疚于荒墅太夫人念其孝謹因許之寒暑三周脩嘗茶蘗奉上和衆端貞柔㴶在楊氏五年束如一日楊氏德其孝謹遂忘前所謂出藍之妙方思徵需俸祿且酬其勞不幸以甲申歲午月遘時癘姙且病毉餌有所妨故夭豎得以成禍以其月四日誕一子子踰臘而終銘曰

父王母高兮作媵于楊　始□音知兮終于行彰
其家千指兮劔戟鋒鋩　處于其間兮卒無短長
善非爲善兮天受其感　心雖猶面兮無從而傷
楊子命奇兮茶蘗脩嘗　衣不暖體兮食不充腸
歲月遲遲兮五周星霜　人不堪憂兮卿不改康



宜有豊報兮白首相將　如何天奪兮二九其芳
風露猶清兮日月猶光　蘭薰玉潔兮不可弭忘

籌字本勝天平軍節度使漢公第三子登進士第官監察御史見唐書楊虞卿傳及宰相世系表古誌石華

古誌石華次於咸通五年補訪碑錄亦然案文云以其月四日誕一子子踰臘而終是五年五月乃其誕子之日子踰臘而終是王氏卒於六年否則葬在明年也終于行彰石華誤于爲以音知上石華作以原石已曼患矣

## 徐功參軍劉仕倘墓誌

高一尺四寸五分廣一尺四寸二分廿行行字不齊
字徑五分許正書向藏漢陽葉氏今在太倉錢氏
唐故朝議郎守徐州功曹參軍上柱國劉公墓誌銘
御食使登事郎上柱國賜緋魚袋張務撰并書
公諱仕倩字元同彭城人也　祖諱光奇開府知內侍
省事父皇諱英閏特進　太夫人楊氏　妻張氏先終
公有二女長適田氏次適張氏二男曰壽郎先逝次曰
齊宴年十二公氣含淸韻獨異貞姿業廣藝深事皆天
假孤標狀喬松之扶衆林朗質若秋蟾之懸碧落溫恭
克己郎儉修身順協于家忠貞於國公寶麻二年六月
五日奏授出身累參選序數授令丞後任徐州功曹參



軍公紀綱一郡椽理六聯淸貧而吏廉忍欺單步而入
懷其惠操心政理羨譽溢彰枳棘非鸞鳳之所棲百里
豈大賢之所任公性親元奥志慕雲霞朝披黃老之書
暮覽南華之要論躑每歎躍皝埽元身既韡於俗塵名
乏著於紫府公咸通七年十二月一日終於輔興里春
秋八十矣八年正月廿三日葬于長安縣龍首鄉郦
村嗚呼寒暑忽侵綿纏數載針藥無瘳百齡斯泯嗟夫
盛衰生死實可痛哉乃爲銘　波瀾不息　逝水孱孱
浩浩悲風　摧口何遄　千生永訣　一往無還
咸通八年正月廿五日

誌稱父皇諱英閏特進當作父諱英閏皇特進書碑
者誤乙公終於輔興里長安志輔興坊在朱雀街第
三街西修德坊之南平津讀碑記
誌敘仕倩之父曰皇諱英閏特進皇字當是衍文特
進乃其官階太宗昭陵諸碑內豆盧寬碑額曰唐故
特進芮定公之碑不敘其由某階特進某階亦此例
也又撰書此誌之張元勿署銜曰登事郎唐制初入
仕版者由將仕郎進授登仕郎後劉遵禮誌所云開
成五年授將仕郎會昌元年授登仕郎是也此云登
事郎疑是筆誤誌中宴作宴聯作聯侵作侵公寶麻



二年公紀綱一郡公性親元奥三公字皆可删公咸
通七年公字當作以古誌石華
按劉仕倩墓志銘嘉慶中出於長安張彖撰書字書
無彖字當即㒁字變體作彖省文作彖也上柱國正
二品勳官朝議郎正六品上上州諸參軍從七品下
御食使即正九品之尚食唐職官志正八品上有給
事郎正八品下有徵事郎正九品下有登仕郎而張
彖散官結銜作登事者或避仕倩諱故改仕為事耶
並帶上柱國勳高職卑殆即舊書所謂以門蔭結品
參差不定者歟龍首鄉在今咸寧縣南龍首原上金石

續編

碑文闕損据續編補注之仕事古通石華以爲筆
誤恐未必然續編謂或避仕偁諱則可決其非朝
議奉議或書作義碑版中恆有之與此正同撰人
名石華作元勿續編作冡以拓本審之却似畳字
名唐刻中尚少擠寫之習然勿字右旁並無撇捺
續編亦未足据豈數十年間石經磨泐耶修作絛
網作網掾作櫞美作羙栖作栖栖乃遷字从木从
手往往互淆潺作孱石華未舉　此誌向藏漢陽
葉氏存置京寓崑臣潤臣先後物故其後人懼所



蓄之遺佚悉數扃固密室輒石封之不意猝遭回
祿金石書畫經史圖籍向所稱爲孅富者一旦盡
成灰燼越數月伊臣甥因事入都過其墟喪回久
之瞥見水溝片石似有文字檢視則此誌之後幅
也因復於瓦礫中徧加剔抉最後於馬櫪閒獲此
前幅尚少一角則不可復得矣兒子繼煇拓以郵
寄並述其顛末如此因即書此以志感慨并喜伊
臣之抗志希古留心物色將來必不出吾下也

祕書郎李郴妻宇文氏墓誌

方一尺四寸廿四行行廿七字字徑四
分書人名一行三字略大正書在長安

唐祕書省祕書郎李君夫人宇文氏墓誌銘并序　此行低四格

朝議郎祕書省祕郎柱国李郴撰　此行低七格

夫人姓宇文氏初代武川人太和平遷居洛陽遂為河
南人也其先囙瑞命氏周紀偹詳至於尊爵顯名勳烈
赫赫者則史不絕書矣高祖遠慼皇任梁王掾曾祖成
器皇任絳州翼城縣丞贈禮部員外郎祖邈皇任御史
中丞左遷澧州判史贈太尉父瓚見任右散騎常侍
常侍公妻故太子司議郎博陵崔穨女夫人年始十餘
歲而崔夫人亡喪禮成人識者異之而又生稟直氣幼



知禮法言必犨尊畀之聽動不假保傅之訓雍睦兄弟
今族罕儔組繡奇工之暇獨掩身研書偷翫經籍潛學
密識人不能探工五言七言詩詞皆雅正　常侍公
苺賢之為人曰是女當冝配科名人咸通甲申歲因丞
相今宛陵　楊公媒適隴西李郴任以內事夫人姓鄙
華飭而安儉薄時郴官守京兆府叅軍也明年郴政長
安尉其夏轉監察御史裏行充湖南都團練判官又明
年　勑拜祕書郎其赴職也携手同去其拜官也偕
行而來又明年春夫人得疾長安宣平里九十日啓手
足而化是歲丁亥夏四月辛卯享年叄拾有壹

常侍公哀慟致疾其於追傷痛惜如掌失明珠耳由三族六姻無不泣涕如雨以其年八月壬申歸葬長安縣承平鄉龍首原南劉村祔　先塋禮也有子四人女二人長曰召前婺州義烏縣尉次曰吉前宣州溧水縣尉次曰占授滁州永陽縣主簿以親喪不之任幼曰同前明經郴敘筆　追悼因誌于石銘曰

夫人爲女兮既孝且明空五字　夫人為婦兮既順而貞
何善則周兮其福不并　何松之茂兮而柳之榮
無所詰問兮地幽天冥　親者泣血兮踈者涕零
謹其終始兮而刻斯銘　悲哉夫人兮永閟泉扃



楚封書

右李郴妻宇文氏志在長安攷新唐書宰相世系表宇文氏出自匈奴南單于之裔有葛烏兔爲鮮卑君長世襲大人至普回因獵得玉璽自以爲天授也俗謂天子爲宇文因號宇文氏志所謂其先因瑞命氏者此也表又云拔拔陵陵號阿若諺仕後魏都牧主開府儀同三司安定忠侯以豪傑徙居代州武川志所謂初代武川人者此也志又云太和中遷居洛陽則表所未詳志敘夫人先世云高祖遠或曾祖成器祖邈父瓚表於洛之後載有邈御史中丞邈之子鼎字周重瓚字禮用是即夫人之祖若父也邈之祖父表所未載邈不言澧州刺史瓚不言右散騎常侍皆表之闕漏再表有離或系邈之高祖行此志所列遠或當是離或之昆季爲邈之曾祖是表又差一世矣皆可據志補正之遠或爲梁王掾梁王者高祖之弟澄所封也志有云丞相宛陵楊公者當是收也李郴父子名皆不見於史志所列郡縣名皆與史合惟溧水屬昇州此志系以宣州者上元二年廢昇州改隸宣州至僖宗光啟三年始復昇州故此志尙稱宣州並



無不符夫人以八月壬申歸葬是年八月丁卯朔壬申爲六日志稱夫人有子四人女二人據序言夫人於咸通甲申適李郴丁亥卒是夫人于歸後僅歷四載安得有四子俱任尉簿舉明經者殆李郴之繼娶也文内爲人曰以爲作謂華飭以飭爲飾壹字鈇筆作害不知其故宇文邈爲澧州刺史李郴爲湖南都團練判官湖南通志官表所未及今方續輯志乘識之以備採訪

咸通題字

一行九字

咸通十三年二月八日

此與駝山造象諸刻同得之於帖賈疑亦在駝山者不審是造象後紀年否

高壁鎮通濟橋記

高二尺二寸廣三尺四寸共卅四行行廿字至廿五字不等字徑六分許行書在靈石

河東節度高壁鎮新建通濟橋記

蘭陵蕭珙撰

粤茲雄鎮寔河東軍之要津封接蒲城當舜夏墟之舊地有關曰陰地有亭曰鴈歸固晉川之一隅通汾水之千沠金濤洶湧林蘙森沉東控介巒西連白壁峯巓方



仞壁峭千尋足食足兵有威有固則代郡鴈門何越之有至若馹騎星馳華軒雲湊往返駢闐者皆中朝名士悉憩駕于鴈歸亭未甞不題藻句紀年代也西南松門洞谿逕通千里巖巘隱映朋輪攀者居焉旻曠遺運者衆混流箭激不可渡之雖有業舟過者懷疑或覆溺豀人或阻滯遊子凡經渡者咸有嗟憤之詞伏會

兵馬使清河張公領是鎮初有關人百姓等偕詣柳營請捌建長橋以導達津阻　公挺雋人表導全禮樂器兼經濟才為時生深惻隱運良籌允祈陳而亡節

級僉曰吾北離旌發南過斯軍致舟車不便衆有慼容胡為閡河字人矣遂請當鎮咸通觀音院主法大德普安激　勸朋輩結聚青凫兼自減月俸以咸通九年戊子歲五月九日興良工政綱䌽畢能乘時逐便自利出材勉為甘言賞勵短匠不日果成是橋長一百尺濶一丈五尺下去水四十尺捌疊門屋立鏁鑰安華表柱俾閽者潔嚴掌轄署其名曰通濟其橋南有古之魯氏石橋雖名楊衆海而通濟之義莫大茲也由是自華亭鬬虹樑飛鵲脚架雲棧迴朱檻化螮蝀於洪波騰華鶴於朱戶炳爍方面蓋以壯皇家天外北門之咽扼耳曩者亭



際中流有佐石威浪聲砰轟若雷霆震而不息兩堤人□辯其言音狀有較轄潛處其下居者甞虞䍐□其稹咎

公以建橋之日奠餚酒祝之其聲頓止是□□規風振俗地應昭彰故得磊落媛聲潛殄水府以表我公之勳業巍巍乎愚才非敏達得不紀茲殊績輒綴斯文用刋貞石是十四年壬辰四月十五日紀

節度衙前兵馬使勾當關鎮務銀青光祿大夫撿校太子賓客上柱國張諗　儒林郎守靈石縣令路誨

承務郎行靈石縣主簿裴□　軍判官宣德郎試

汝州長史馬曕　十將雲麾將軍試殿中監梁季真
後失拓
代郡鴈門北方之險有盧龍飛狐句注天下之阻記
言高壁之威固何越鴈門蓋亦當時雄鎮矣記又云
松門巖巘輸礬者居焉則是鎮西南爲產礬之所惜
當時諸史未得其徵嘗見元豐九域志晉州城南有
煉礬務慶厯元年置西北七十里霍爲晉屬靈石又
與霍近當是毗連數邑皆有礬山此記既及輸礬則
唐時已開礬務不始於宋仁宗之世也兵馬使清河
張公即張諗節度衙前兵馬使勾當關鎮務與軍判



官當由節度所辟未詳官品曰高壁鎮曰通濟橋曰
險地關明一統志縣南二十里汾水西曰鴈歸亭曰
松門曰魯氏石橋曰咸通觀音院皆足備輿地之勝
金石續編
此拓未全蓋遺一紙矣後幅有權副將勾押官押
衙虞候將虞候押官庫官印官使官橫巡稅木官
粮料官行問官直頭行官城局外巡諸名目凡五
十八人皆節度所屬又有橋門子應諸火山施主
造橋邑長邑人都勾當都料匠老人鐫字人姓氏
六十八人金石續編具載焉且作昱避諱改字青蚨

作皃蝃蝀作蝻因聲假借可廣異文華作葦煥作
燠俗譌餘不悉具

## 張常洧殘碑

高廣不計存十七行行字不等字徑五分行書在句容

勸令飲
之憂匪唯一
兄之賢非□□
雖庸愚備知盛美竊
佑我唐爲生張君今名是
行不忒節彼高墳巍然如岡



□州真甯縣□□□□□朔立□□
墓三載人到□□稱之□吳郡生
□其道佷戾者為之恭恪悖謁者為
□職是務□金□□□□御史諱□為清時
□□□□□□□淮泗大君之□□文人之嘉□
□□□□□□□親愛以順交朋友以信□師知
□□□□□長□嘒然歎息□□□□□出琴
□□□□□□□□惟孝有□□□□乎不朽君□
□□□□□□□□倜之□□百行□先□□
□□乃立貞石是昭是□豎碑既□□□

潤州句容縣令吕倕　奉義郎行丞

句容傾副史裴斌録

咸通十

集古録有唐孝子張常洧旌表碣貞元五年立別有咸通十三年碑予在句容張氏義臺得其殘石一片後有潤州句容縣令吕倕及咸通十等字寶刻類編載張府君旌表碑唐王承福書雷珍題額咸通十三年引諸道石刻録即其碑也今張氏之裔弃于階下自余拓本以存故迹惜不得其全文併載於此碑所謂節彼高墳者今在義臺西北後人不知是張氏父



母葬處指為古冢又為街道居民隔絶僅以廬墓處為孝子祠耳續古文苑注

右碑正書石已殘缺在句容義臺孝子名常洧有廬墓之行集録中有其碑目今已不存此碑殆建中時縣令吕倕所立故中有其名碑側又有咸通時題名也江甯金石記

右孝子張常洧殘碑江甯金石志載有此文碑甚磨泐据以補注於旁志所舛錯仍依石本更正之第六行首有志字十七行首有朝□郎三字石已缺損不復録入攷近本集古録跋尾張常洧旌表碣注貞觀五年集古録目張常洧孝行碑并旌表碣贊云貞元五年旌表是跋尾作貞觀者誤也續古文苑据句容縣志録張常洧紀孝行碑注云孝子父建中四年癸酉歿廬墓六年以明年貞元五年已巳立此碑案紀孝行碑云三紀於兹情猶一日此碑亦有墓三載字孫謂廬墓六年未知所据顧與此碑無涉可勿深考据紀孝行碑常洧字巨川高祖伯卿曾祖克紹祖處靜烏程縣令父璋建州司戸常洧即建州弟四子也文有云其兄常泳勸令飲食此存勸令飲三字又云吾負終身之憂



匪唯一日之戚此存之憂匪唯一五字又云非令弟無以知兄之賢非仁兄無以成弟之羙此存兄之賢非四字又有孚雖庸愚備知感美竊以寵錫之命云云此存雖庸愚備知感美竊八字又云保佑我唐篤生張君令名是揚此僅缺保揚二字又云志行不忒節彼高墳巍然如崗此僅缺一志字是此碑前半所載即係紀孝行碑之文後半所述或重建祠宇而作也江甯金石志謂建中時縣令吕倕所立恐未必然兹据寶刻類編列咸通十三年

八瓊室金石補正卷七十六終



八瓊室金石補正卷七十七

太倉陸增祥撰　男　繼輝校錄

吳興劉承幹覆校

唐四十九

御史中丞闞好問墓誌

高一尺八寸二分廣一尺九寸卅七行行字不等字徑六分正書在正定李氏

□□前守宿州司馬嬀瀛莫三州刺史銀青光祿大夫

撿校太子賓客□史中丞河南闞府君墓誌銘并序

姪前幽州節度要籍宣德郎試太常寺奉禮郎周彥

恭敘



□丞諱好問字子裕其先河南人也以咸通十四年仲

夏月二十五日卽世於嬀州官舍壽六十有四　蜀邑

西太守芝三十四代孫　二十三代祖冀州刺史鼎

皇貝州長史試大理評事諱昱嫡孫　祢諱晉皇不仕

妣扶風馬氏漢宮大練蜀郡白眉之洪胄也會昌中

藥師贈太尉蘭陵張庄王念切重甥特署衙職功因

破虜官奏憲階心務廉平志尚章句　庄王嫡直方以

戸部襲位情娛弋獵性愛微行常以讜言維持嚴於宿

衛　庄王猶子德輔潛祈大禍陰携禍階爰從東弟直

臨正寢乃被堅執銳從辰洎申威掠前鋒血盈左脅戸

部遷選名醫始獲痊復明年冬謙戸部吐以血誠請覲
龍闕時台席白公敏中俯察邊勞特論牛刺　宣皇
恩詔宿　司馬故天相粱園李公宗閔弟宗冉守埇橋
之日神驚陟屺望切倚門　故府燕國公以撥路師臨
之時乃遵舊岐遐歸故里署爲幽都縣令俄授幽府録
事叅軍纔振糺纏又委邊壘授安塞軍使咸通初奏侍
御史又攝納降軍使奏御史中丞地臨朔漠位亞竹符
燕國公遐察字人試其巡警授節度都虞候有誰何
之譽副　旌衆之心又授都押衙遷付專城寔穌邊俗
授媯州刺史未踰朞歲授瀛州刺史今府　僕射以貂



蟬統戎之際推以新恩難膺舊秩授莫州刺史踰數月
授幽州司馬以督察殷繁遂其閑逸重臨媯汭再治舊
疆府師僕射哀慟存亡迭爲賵賻即以其年仲秋月廿
八日厝神於幽州之乾十里高粱岸南保大原先夫人
尚氏合祔　先塋之左　今夫人彭城劉氏即莫州
唐興縣令　諱箴道之幼女也瀝瀝朝晡痛無甯息有
子六人長處璋討擊副使次處庸未筮仕次處寔討擊
副使次處元慕釋宗次大端次小端皆童丱女二人長
適幽州討擊副使張從嗣已先凋夭次娉莫州鄚縣王
薄劉震燕靈王顯肖二歷典午四改分符剔雉一遷烏

臺三上賞文舉之座慕元禮之門少遠晧膏慕遺清白
周彥幼遵面訓冠乃山居書讀素王職遷青綬深竹林
之蔭已近四十年痛松戸之期未盈一百日徵其自敘
規乃韋班敬述家風揆傳潘陸廬渝岸谷薪折松楸枚
凝何窮含悲直敘銘曰
肖從周室　媯榮漢皇　邑西剖竹　奠土分疆　爰
自河南　裔歸薊北　名標隼旗　位昇熊軾　崆峒
秀峙　碣石壯臨　平原後聳　桑水前潯　拱木風
悲　泉庭月皎　望斷塊封　永安宅兆
右御史中丞閻好問墓志在正定出土補訪碑録



云此志出土僅拓數紙土人埋之遂不可得審視
拓本鐫有藏常山李氏成蹊家字撝叔所言爲未
確撰文者好問之姪周彥撝叔以爲周彥恭撰亦
誤据敘文好問官終於幽州司馬而標題不箸文
又有烏臺三上語豈幽州司馬之後又嘗爲御史
中丞故首句云中丞諱好問弟一字雖缺要爲中
字無疑當即据以題之誌云蜀邑西太守芝三十
四代孫二十三代祖冀州刺史鼎按元和姓纂閻
氏天水郡有西城侯蜀巴郡太守閻竺當即其人
竺與芝字涉形似傳寫之譌也新唐書宰相世系

表晉有北平太守安成亭侯鼎字玉鉉死劉聰原誤作總之難子昌奔於代王猗盧遂居馬邑誌所稱冀州刺史者當卽其人然晉書閻鼎傳云字台臣天水人以豫州刺史奉秦王至長安與賈疋王保等共立愍帝後魏允等忌而陷之出奔雍爲氏竇首所殺與世系表不合豈同時有兩閻鼎耶抑鼎字玉鉉又字台臣所稱北平太守安成亭侯者以其有建立之功殁後追贈而史官遺之表又誤以竇首爲劉聰耶所不能明矣誌又云祢諱晉祢卽禰字公羊傳注云生稱父死稱考入廟稱禰誌葢本



此誌又有云藥師贈太尉蘭陵張莊王者張仲武也仲武范陽人封蘭陵郡公卒謚曰莊史不書贈太尉者史之漏略也史稱公誌稱王者進爵爲王而史遺之也張仁憲碑亦稱郡王藥師當卽仲武之字史所未載誌不言檢校司徒同中書門下平章事者誌略之也其子直方襲位史云以石金吾將軍襲留後俄進副大使誌云以戸部襲位與史不符据史直方入京後嘗檢校工部尚書或工部郎戸部之誤然直方歴官終於左金吾衛大將軍不應捨後稱前疑史所稱右金吾將軍者誤也直

方入京史云畏下變起乃詐出敗奔京師誌云吐以血誠請覲龍闕當是隱飾之辭至德輔搆禍則史所失載可据此補之當時藩鎮强橫事非朝廷所能制不獨蕭牆變患旋卽弭平爲史官所不盡知也白敏中字用晦史附其兄居易傳李宗冉史於宗閔傳僅附其名不遴一語所謂守埇橋者不審何時何事故府燕國公張允伸也允伸字逢昌范陽人封燕國公咸通十二年卒今府僕射李茂勳也茂勳本回鶻阿布思之裔降於仲武積功賜姓名官尚書右僕射皆盧龍節度也幽都縣安塞



軍納降軍皆隸幽州莫州鄚縣新書地理志作莫縣云莫州本鄚州開元十三年以鄚鄭文相類更名莫本鄚開元十三年更以誌證之是改州未改縣也銘云胄從周室者宰相世系表閻氏出自姬姓周武王封太伯曾孫仲奕於閻鄉因以爲氏又云昭王少子生而手文曰閻康王封於閻城又云唐叔虞之後晉成公子懿食采於閻邑元和姓纂略同惟不言昭王少子要皆出自周室也銘又云嬪榮漢皇者後漢宜春侯閻暢女爲安帝皇后也爰從東弟弟郎第實穌邊俗穌卽蘇少遷晧胥慕

遺濟白貽脂之誤慕暮之誤

來佐本及常郭二氏墓銘

方八寸七分十一行行廿三至廿七字不等字徑四分正書有直界綫

□故來府君及夫人常氏次夫人郭氏墓銘并序

府君諱佐本南陽人也君平生志操性本謙恭豈謂穹蒼降蘗怨遘私疾俄終厥壽權措故里早芬今古夫人郭氏年及總笄父母禮適來氏則母儀貞□□□無虧享年春秋七十有二終於兖州來君有子名狀慶男女等灰心毀容泣血匍匐乃墨兆元龜露蓍筮自□□扶護故府君及夫人來就合附以咸通十四年歲在癸



巳十二月廿九日於兖州瑕邱縣普樂鄉臨泗□城陰村郡城東北六里平原禮葬狀慶痛見孤墳寂〻松吹蕭〻又恐陵谷遷移遠日有變乃命功刻石爲銘 銘曰

穹蒼〻天日月高懸□照六合不照下泉擗踴哭泣下缺

右刻文十二行字徑四分題稱來府君及夫人常氏次夫人郭氏墓銘志中唯敘郭氏事蹟無一語及常者殆其子□慶爲郭所出也横側有敘有讚文多漫滅右側列孫男女外孫等名山左金石志

右來佐本墓銘在滋陽鐫刻甚劣蘗作蘖斯疾作私疾厝作措祔作附工作功踊作踴或通借或俗誤山左志載此總誤纏缺父母二字名叔慶缺叔字月上缺十二字少一格臨泗下尚有一字亦失空一格据石正之又山左志所載有篆蓋題唐故南陽郡來府君夫人誌石壹合十四字有横側刻□慶長□王氏□□□□年歲深久難作□爲泣血共請□□□□□□□建戍之月有十七日□後西北張文喜建□□□□勢也後作讚曰云云凡五行末二行已泐又有右側刻來君并有孫男二人長曰行全次曰玉□女十二娘適房□□



并有外孫七哥凡三百七十四□共卅七字未得拓本附錄之 又案古誌石華作來佐墓銘府君諱佐下誤脫本字蘗作蘖措作厝禮適上脫父母二字來氏下脫則字無虧上作婦德二字春秋上脫享年二字兆上脫墨字扶護上作南陽二字及夫人三字改作及前夫人常氏六字附作祔癸巳下只空一格臨泗下失空一格功作工大率以意增改不足爲據

魏公先廟碑附咸通末 萃編載卷一百十七

有來孫字缺孫 崇祀之字缺之 命工字缺命 築塓字缺塓 就列列缺

字鄭公府君諱缺府君諱三字河東缺河字堂之事缺堂字某滌慮
虔思由某誤其缺由字以有□□缺有字不□國而封缺國字奮爲
□缺爲字本宗隨遷廿仕□胡缺本宗隨朝四字爲義□缺義字去
無缺去字以詞缺以字厲權西厲下二字缺霜晦缺霜字日月光缺月
光二字赤識□然□鄭公□司業亦下六字缺生潁州缺生字皆
宜缺皆字嘗以缺以字楊桁殘殘上二字缺區田缺田字秋宿隶横
缺秋横二字不雠缺雠字侚□中隶缺侚隶二字風徵□缺□歷□
府□缺徽歷府三字當官□缺□□□移□陵□命缺移命二
字承之公缺□□□□□□□承誤永缺公字爲
帝宀爲下缺覗□下□缺病猶在□□言之未□



□缺下病未三字即以爲缺右史入　侍未嘗不使之缺以爲使三字
蚤□孳孳□缺征繕是圖至□公府大體缺孳孳至公四字開
門缺門字他人有元和缺興他人下四字缺時□烝□□缺之維
忠與孝可謂大備缺燕二字之守檢缺檢字端□恪缺恪字改爲
缺改字舊官載揚缺載揚二字

碑云鄭國文貞公魏氏在貞觀立家廟於長安昌樂里長安志昌樂坊有太子太師鄭國公魏徵家廟大中丮來孫暮爲相再新舊廟以元成爲封祖即此平津讀碑記

西安府志載此碑入金石門爲崔絢撰文柳公權書大中六年十一月立碑撰文人崔姓泐其名並無立碑年月不知府志何以定爲崔絢撰文大中六年十一月立辨校據金石錄目今審其文有鄭愚謂璵云云又有璵聞命震悚云云然則撰文者乃崔璵非崔絢也璵封博陵子在大中七年若此碑立於六年則題銜尙不得稱子也隨唐石刻拾遺

萃編以末十行文不接續乃附於後茲按行系之惟中有闕泐不能連綴成句耳

劉氏幼子阿延墓銘

方一尺十八行行十四字字徑四分許正書在長安



大唐乾符二年歲次乙未四月廿日壬申彭城劉氏幼子年七歲終于昇平里之私苐雉齒未名小号阿迓曾祖諱庭琢左驍衛大將軍封東陽郡王食實封二百戶與元元從著勲當時祖諱沔太子太傅贈司徒功書竹帛事載國史故不備述也父曰從周光祿卿致仕絕跡名利嗚呼汝稚𥝲敏慧戲弄有方逮至齠齔舉動老成方欲傳汝箕裘慶尒門閭吾負神明謫汝何速以此哀慟痛何能已以其月廿四日卜地云吉祔葬于長安縣苐五村親伯杞王傅德章之塋撫櫬號天泣血埏遂乃爲銘曰

阿返阿返　壽何促焉　詩書禮樂　方期訓焉　未
就吾志　奄歸黃泉　蘭萎珠碎　兄姊摧焉　龜筮
告吉　窀穸是遷　慮變陵谷　寘于墓門

右劉氏幼子阿延墓銘其父從周撰所敘曾祖祖官爵與史劉沔傳合惟史作廷珍此作庭珍爲小異耳稚誤作雉祔誤作祔劉沔碑敘其後人有幼從□前左監軍衞將軍兼侍御史當郎從周大中初尚未官光祿卿也

河南錄事趙虔章墓誌

方一尺一寸廿三行行廿字字徑四分正書在陝西咸甯



唐故前河南府録事天水趙公墓誌銘

樂安孫潞撰

吳興姚釗書

嗟夫瑞雲將布俄散彩於晴空皓月正圓忽摧輪於天上郎知吉氣難駐祥光易虧非唯動息之所贍實亦神靈之所歎何殊俊造奄及泉臺將紀嘉猷難申執筆

公諱虔章字敬㚟京兆長安人也昆仲四人歎侍左右公異才也量崇大卽不愧小慈禮樂生知敏捷天受覗扶空之蟠棟不足峥嵘觀截海之螭梁未爲碑兀鳳鶴寫雍容之質氷壺瀝洞澈之風纔及弱冠之年寵授糺曹之貴莫不清兼洛水秀合嵩雲譽滿東畿名傳　西關必謂壽等五千之仞榮稱百万斯年何期清史而猶未標奇黃泉而已爲歸路嗚呼天虧一柱嶽折高峯斬蚍之劍刃剛摧射猿之雕弓絃斷並雲銷於瞬息方月缺於迻巡比逝賢良未足爲痛以乾符三年九月六日告終于平康里私第而丹旐言旋蓍龜告吉擇用其月廿日葬于萬年縣甯安鄉三趙村　祖之塋側也今則泉路永塞逝水不還慮陵變遷略紀貞石其銘曰

肅肅令德　雍雍至仁　玉質纔成　氷霜始新　謹
孝無比　忠貞絕倫　於家克儉　於邦克勤　詎料
花發　風起清晨　來飄蕣謝　紅香沒塵　龍城之
側　灞滻之濱　一葬其中　三趙爲鄰　風悲雨泣
慘骨傷神　泉門永固　千春万春



元和八年馬廿三娘誌云恐陵變遷乃紀銘云大和四年吳達誌云金石靡刊孰紀陵之變此誌云慮陵變遷略紀貞石三誌刻不同時陵下皆脫谷字而唐代國諱無避谷字嫌名者不知三誌何以同脫此字古誌石華

核趙虔章墓誌銘題云唐故前河南府錄事天水趙

公宰相世系表天水趙氏代王嘉子趙王公輔之後世居隴西天水後徙京兆表不載虔章無由悉其先代百官志西都東都北都皆有牧府尹少尹其屬有司錄參軍事錄事錄事四人從九品上掌正違失莅符印誌稱寵授糺曹之貴即指河南府錄事故云譽滿東畿其職掌正違失故云糺曹糺即糾也萬年縣甯安鄉三趙村即今咸甯縣南十五里三兆社趙兆音近而訛社有鳳棲原顔魯公撰顔勤禮碑甯安鄉鳳棲原亦其地也此石道光中出土及門顧小雲鶴宰米脂時拓寄金石續編




右趙虔章墓誌在咸甯出土今不知所在曩校續編疑來爲采字之譌今得拓本知不誤也葢言風之來耳

昇仙太子廟詩刻乾符四年閏二月三日 萃編載卷一百十七

物外花長滿常長作

詩後有記云余大中八年爲前渭南縣尉閑居伊洛常好娛遊畋爲尉而云閑居或有勾當公事在東都也平津讀碑記

寶禪院造象記

高二尺六寸廣一尺九寸首行存八字字徑二寸六分記八行行存字不一字徑一寸四分許後二行存全字三字徑寸餘均正書在蘇州

敬造弥勒大像一軀

竊聞大像出現与日月之同明生□

普願即堅千身万化盡力無邊□

驗獲目前愚迷不辯有苦千

白刃到孟津始擬造舩人□

田三業有報伏種□緣急

勒佛前僧人實劣仍惜莫

盡婦泉略標一記永鎮此

乾符四年十月二日造佛舍谷　　觀




黃顯爲　　□五

梓潼

下截損缺就所見如式錄之後二行是後來續刻者僅三全字四半字即附於後

右常侍楊發女子書墓誌

高一尺一寸三分廣一尺一寸七分十九行行十九字字徑五分正書

唐故嶺南節度使右常侍楊公女子書墓誌

兄文林郎前京兆府兵曹參軍檢撰并書

□□□芸字子書隋越國公素之裔　顯考公常□□

□諱發弟七女　曾祖公諱藏器邠州三水□　顯祖

諱遺直贈右僕射　府君名重於時□□於世　子
書之諸姊皆託華胄如戶部侍郎翰林學士劉公承雍
五朝達皆　子書之姊聟　子書自童年則不隨稚輩
戲遊端默靜扃有成人量不甚賞絲竹寡翫好諸兄所
習史氏經籍子集文選必從授之覽不再繹盡得理義
勤於絲學巧于女功喜不形色慍不見容內外推敬稱
非凡女會乾符五歲夏京師癘瘦　子書之兄姊姪妹
危疢者相次　子書省視□悴憂勞內徒疾不涉旬竟
厄天壽以六月七日終于返福里苐春秋廿十月廿八
日葬于長安縣南原姜名村嗚呼天与其淑而不与其

壽殁□灼灼忍落疾風皿氣輪謝時可□乎於是其兄
慟血而銘曰
□吾族兮成吾之姝　悴吾門兮德□其除
于嗟天兮付不俱　生有恨兮泣血漣洳

右楊公女子書墓誌在長安出土楼女父楊發史
有傳字至之官至嶺南節度使此誌標題稱右常
侍傳所不載曾祖祖名見宰相世系表表稱遺直
濠州錄事參軍誌稱贈右僕射一書任職一書贈
官也表不載發官可据傳與誌補之表不載檢名
可据誌補之

上谷成君信墓誌
方一尺一寸二分十八行行廿二至廿七字不等字徑五分正書直界格在盎都
唐故上谷成公墓誌銘并序
公諱君信字庭時其先本周成伯之後父惠通皇平盧
軍先鋒副馬軍兵馬使撿挍太子賓客兼御史大夫祖
瓌皇不仕公立性端貞剛柔得中內蘊元奧外示謙和
早爲軍府爪牙之職後以年德將邁退居里中有識是
者知公懷大信大義爲至英至仁皆暗慕相知公亦默
而見諾故得門多長者之車親皆禮樂之士何乃日月
有斁疾瘵屢鍾以乾符五年八月八日終於私苐享年

六十七公娶武陵嚴氏生一男行賓晉武威段氏一女
適隴西牛從寔寔爲節度要籍支計斛斗司公以孫建
立爲之後智清河張氏建苐小福公喜絳耶等年拙幼
稚心力未任姪行賓爲右廂都虞候判官皆行賓及子
聟從寔威激嚴訓竭力虔承佐夫人同辦遷厝以當年
十一月廿九日葬於青州益都縣望沂鄉之原也施幡
前去孤雲爲之慘悽轜車後来流水豈任嗚咽慮江河
他去巖谷遷移聊録行蔵以銘貞石銘曰
天際高摽　蔵諸道德　素月懸歒　白雲爲則　卓
雅有稱　覩章無忒　唯信唯裁　心期本志　自悅

自悽　誰達茲事　青松白楊兮乃荊棘之固殊　千
秋万歲兮因積善之能量
君信卒時其子行實先卒故立孫建爲後今所謂承
重孫也唐人書巾旁字多作心故書幡爲㦢至娱書
作㦢則誤字也周之成國姬姓子爵文王子叔武所
封上谷東郡二族皆其後也成伯當作成子葢相沿
而誤也古誌石華
石尾有翁方綱識四字又有譚雲龍識子濤存石
八字碑書嶶作徵徵卽徵黄氏未舉



李氏殘墓志
高存八寸三分廣存八寸五分十三行行存字不一字徑四分正書嘗在咸甯
□
□彰長女適□
次早亡少倘室焉季
日居月諸至于大漸以□□□
弟亭年四十有四嗚呼冥數難徵□□
至若李門係譜則　先舅侍御之邱銘
季其月七日丁酉窆于長安縣之承□
先舅姑之塋礼也從姪以余埶審行葳沓
而銘之曰

周封微子　寔曰旌賢　弥綸代祀　㡳厥繇　哲
天何晦昧　不享齡年　龜□□□　筮告新阡　□
高登犬陸　俯瞰長川　神安遠久　永閟万千
乾符六年□□□亥四月庚□
右婦人殘墓志右方下方均已斷損文曰李門係
譜則先舅侍御之邱銘是婦歸於李氏也銘曰周
封微子則婦之氏當是宋也然不可攷矣
北山院圓照造象記
高二尺七寸廣一尺六行行廿一字字徑寸許正書在虔州
拾　建置北山院僧圓照生不感元死不



報　苦趣託於何道今世當來無憑度於□
阿弥　經鎸鑿一石龕造西方弥陁佛觀音　□□
心同　力十念往生僧人圓照發心便　雷剳
成就　所有布施文麻至鑿佛所彩□□　□忍
乾符六年十二月十四日僧圓照記
碑文缺損不知下截幾字就所見如式錄之
南陵尉張師儒墓誌
方一尺九寸三十七行行三十八字字徑四分正書蓋題大唐故張府君墓誌銘九字篆書在長安
唐故朝議郎前行宣州南陵縣尉柱國張府君墓誌銘
并序

朝議郎前使持節藤州諸軍事前守藤州刺史上柱
國賜緋魚袋蔡德章撰
夫銘者稱其美也記歷年代載摽行德曰夫子識秦始皇後必開發吾墓顏回已下乃誌識詞於墓內使始皇見之知我先師聖焉又至後漢滕公夏侯嬰將葬佳城駟馬不進而鳴乃掘其下遇有宄室得石記亦有識文是以先王製禮勒石于泉扃陵谷有遷以明柩之德位也　公名師儔其先清河人也曾祖景仁祖昊父南素並不仕公郎家任之子也器宇凝正容範端華檢性依方飭躬由禮□身而先物約已而厚人言合詩書動遵



法式自少小以勤學苦節而立其身始自豸府從職能以幹敏奉公前後　憲長無不委用或以糺繩之政而立紀綱或竭節推刑爲　霜臺之領袖優滿授坊州昇平縣主簿秩滿授宣州南陵縣尉兩任之政恪著公勤太守常以重難而委寄也邑人遵懔惕懼於製錦之威賦稅及期一境無逋懸之簿既之罷任方欲歸　葦荏華未進適值浙江淮海等道而多寇逆所在徵兵憂以路塵不通且駐宣城之側以乾符五年七月初遘疾至其年八月一日歿于宣州權居之廨享年七十有二時第三男溥自京侍從至南陵數載不曾暫闕晨昏侍疾求醫而忘寢食公歿之後護　喪歸京涉歷山河皆□途岑周迴委曲三千餘里二百餘晨方達家邑孝道之志此男偏臻曾参之儀秪之此也公之　先域在於馮翊近載緣諸子從職多在諸方南北駈馳離鄉日久遂逐便移家於上都崇仁之里　靈筵之禮備之于堂以廣明元年十月五日乙酉吉辰歸葬於萬年縣甯安鄉新塋之禮也夫人王氏以其糟糠之情饗祭從便阻以地遠恐後遷時不赴馮翊舊鄉慮其子孫闕春秋之祀而從近焉乃卜新阡在鳳棲原也防其異日無虧　灑掃之儀子孫團圓不墜松楸之主伏以賢夫人太原大



族之家引　鴐王公督之女也懷敬姜之志襲梁鴻之風常以內循機幬之勤外豐賓客之膳親族仰重四德不虧有男四人長曰洙見義武軍節度都押衙銀青光祿大夫撿挍國子祭酒前隴州長史兼御史中丞屬以時當沙陁悖乱逆臣李國昌侵逼邊陲節度使王公知洙有韜略之機籌筭之握委領兵士翦伐羌戎果獲収復鎮城招携戶口　上聞　帝闕表以殊功即領郡符必酬前効不久之際　新命當臨公之此子光前絕後迺是德章外甥女聟偹孰德行請以爲誌次子曰汾見豸府從官而有出群之藝主執奏章頗立勤効即

有榮遷次曰溥乃是侍從南陵無廚晨省護　喪歸邑
不憚苦辛亦非久必榮家族也次曰湜與義武軍節度
王公弟在神策軍糧料使宏綸同勾當供軍之務並各
負凌雲之氣皆懷孝道之心盛德出於衆人光顯彰於
前代有女一人娉同州押衙王衮尋終遐壽衮及女孫
恙在兒孫二人長名雞胡郎長男洙之子也年未弱冠
亦是成器之寶豹澤貴顯之材次曰周兒乃是溥之子
也見在襁褓孫女二人長適高翊守職　鸞臺之內
官授中郎之榮次女阿宜齒未及笄公時當盛旗年至
從心雖歿殊鄉得歸　帝里四男泣血一婦摧傷



係舉哀歌靈儀崇列丹旐攸攸送歸新闕嗚呼水無返
注日不東迴泉門既掩永而不開刻石爲銘乃爲頌曰

温温府君　令德出群　其聰莫比　其孝有
聞　冲和茂著　節操松筠　兩佐名縣
頓立殊勳　方欲竭効　遽有替人　罷秩之
後　々偶染疾身　豈期倏忽　異□之魂
哀哉上蒼　何至于忙　行善云吉　豈降其
殃　離京之日　骨肉斷腸　不料永隔
生死兮張　號天無及　叫地空傷　卜其宅
兆　遷赴元堂　蕭蕭松柏　杳杳白楊
泉臺將掩　隴樹無光　葬於新闕　永鎮龍
岡

廣明元年歲在庚子十月辛巳朔二日壬午男溥書

右南陵尉張師儒墓誌蔡德章撰其子張溥書在
咸甯出土師儒及其先代後嗣名俱無攷文有方
欲歸葦萑苒未進適值江浙淮海等道而多寇逆
云云按唐書帝紀乾符二年浙西王郢反又濮州
賊王仙芝尚君長等迭陷諸州江西賊徐唐莒陷
洪州誌所稱者當即爾時之事宰相世系表太原



王衛之子名晉不言官階或即夫人之父誌稱引
駕其職極卑也義武軍在定州沙陀寇雲朔李國
昌陷嵐事在乾符四五年節度王公者當是景
崇也

毗沙門天王碑

高三尺六寸四分廣二尺八寸廿二行行卅二字字徑七分許正書篆額題淨土寺毗沙門天王碑九字

在鞏縣

淨土寺毗沙門天王□
朝議郎□□南□鞏□令王扎譔　文林郎守下缺
將仕郎□守右領軍衛□□叅軍章□書　將仕下缺

□勝延□始于後魏鐫石成像使□□□□迄至于今
香數百缺下事更變累經乱離而□□其製地乃□□□
陽洛水之□北注缺下一邑之勝槩也高僧□□櫄其性
遂其□□廣明之歲□□略缺下騰九州離乱膏血塗於
草莽哀泣盈於□疋□宮梵宇未有□缺下其僧或焚其
屋鷹塔基摧魚燈影滅者多矣此寺獨無纖芥之□缺下
之精進哉經文云北方有神曰毗沙門得度于闐身乃
國王神功缺下執金搶左持寶塔散慈雲於金口轉慧日
於雙眸有地有天皆霑缺下悟聲色之空覺輕肥之患嘆
喧華易滅魔癖難除苦行一時有□□缺下敬塑其像於




三門之左上可以衛佛法而安　國土下可
以消□缺下衆生不逾三旬其功告畢威容整肅儼然若
生降精彩於晴空棄肌骨於□缺下功所設非人力可爲
作一境之休祥爲萬姓之福祐先聖云片善可録何至
缺下萬物哉衆覩其事能不書爲若思高岸爲谷深谷爲
陵卽紀亦何益若山未崩川□竭之前亦可聞於後人
矣詞曰
象帝□□　于闐真身　心懷慧刃　面縛波□
常□□□　獨護法輪　屹屹雄姿　巍巍元德
霜□□□　志吞缺　呼吸風雷　乱□□□　手
持鷹塔　常保□□　□缺　智海增深　萬派□
金　如日之臨　清信□□　缺　上福　□唐
下詁百姓　金相永□　同瞻□敬
缺象□□李□　中和二年正月十八日缺

右毗沙門天王碑下截殘損王扎撰書人姓韋已
泐其名黃氏中州金石攷畢氏中州金石記皆未
載

國子祭酒敬延祚墓誌

高一尺八寸廣一尺九寸廿四行行字不等字徑六分許正書有直格在海豐吳氏

唐故幽州隨使節度押衙遥攝鎮安軍使充綾錦坊使
銀青光祿大夫撿挍國子祭酒兼御史中丞上柱國平




陽郡敬府君墓誌銘并序
前節度驅使官張實述在標題下
府君諱延祚字延祚其先平陽郡人也繁宗盛衰不廣
叙爲遂授隨使節度押衙遥攝鎮安軍使充綾錦坊使
於戲壽之與天不保黃髮　孝諱全紀充北衙將推
官　曾祖諱包攝幽都縣令　祖諱輝守宣州右
丞相業置韜鈐才多經濟忠勤王土無佝家私　府
君性卿冲和志惟端厚早偹成人之器德懷鑒物之明
□籍材能具精官業謙以自牧恵乃知人不恃寵以驕

身不怒而臨下藝門旌能移掌坊務於是繕修戎器泙
勤鋒予和用無闕於軍資戈鋋蓋無於武庫久處繁難
之任尤彰廉儉之名時推貞幹咸仰清勁是以洪鍾發
而聲揚自遠寒松茂而秀且不羣於戲修短有定榮辱
是常以中和二年九月十八日終於昌平縣界永甯村
之私弟享年卌有六以中和三年二月十一日葬於薊
縣界會川鄉鄧村里之原禮也　天人清河郡張氏行
潔氷霜德芳蘭桂情殷葛藟量協螽斯金石偕韻
琴瑟無虧不圖杞梓毀摧絲蘿無託痛傷熟質恨切蕙
心　有子三人長曰行修充親事副將　次曰行益



充親虞候　次進郎並性行温渲言無枝葉悲號毀
性哀憐過情泣血漣洏邁王裒之社崩摧莫制同隱之
以感隣　夫人哀纏荼毒痛絕肺肝嗟乎老之將至
獨存秀而不實先殞猶恐陵谷遷變桒海有更刊綿緜
之清譽記欝欝之佳城乃命瑣才紀諸豐石銘曰
誰謂斯人　罹此禍端　誰謂攉笑　轍爲愁
顏　名留廿表　神歸不還　記誌景行　恐
變何山
誌出順天府大興縣海豐吳誦孫世芬得之以拓本
見貽唐書中宗相敬暉五王之一也誌云祖諱輝守

宣州右丞相當即暉之誤也本傳不詳暉之父名世
系表云父山松澄城令誌云曾祖諱包攝幽都縣令
表云暉四子讓誠詢諲誌云考諱金紀皆與唐書不
合唐代敬氏別無名輝而爲宰相之人史誤邪抑誌
誤邪不可攷矣誌中事作士矛作予揚作楊淑作熟
河作何皆譌字邁王裒之社社上脫罷字古誌石華
右國子祭酒敬延祚墓志標題有云鎮安軍使者
鎮安軍屬營州本燕郡守捉城貞元二年爲軍見
新書地理志有云綾錦坊使者綾錦坊屬少府監
見百官志志但言綾錦坊巧兒三百六十五人不



言有使當是後來添置者誌於繁宗盛裔不廣敘
焉之下即云遂授隨使節度押衙選攝鎮安軍使
充綾錦坊使又忽云於戲壽之與夭不保黃髮然
後乃敘其先世其敘先世先考次曾祖又次乃及
其祖是文之無紀律者標題有檢校國子祭酒兼
御史中丞而文內絕無一語及之亦太疏略曾祖
包攝幽都縣令幽都屬河北道幽州祖輝守宣州
右丞相黃氏疑即相中宗之敬暉核新唐書暉傳
並無官於宣州之文蓋別一人也稱右丞相者誌
誤也未可據以疑史矣驕身疑驕人之誤不怒而

臨下句疑脫一字盦斯作甗異文肺肝作胏權笑
作摧均誤黃氏未舉

慈聖寺殘刻

存高一尺一寸廣八寸五分十一行行字不一字徑六分許正書

厥慈聖寺者比邱□□所居巖有石像
依遠近瞻祇又於 □□□寺基□□
□來之世 唐大順二年
勾當㞐緣會 同勾當下泐
施主 宣德郎宋□
施主下漫滅



□主 趙□吳下漫滅
上漫滅侯震下漫滅 李
施主下漫滅
施主下漫滅 彭下漫滅
□主□□都勾當功德主張□

右慈聖寺殘刻未知所在下截斷缺字多漫滅如式錄之碑存二石其一石僅存五維卌字約略可辨耳

孫珦妻清河郡張氏墓誌

方一尺四寸十四行行字不一字徑五分正書在益都

唐故清河郡張氏夫人墓誌銘
夫樂安郡孫珦述
噫夫人姓張氏其淑慎貞素稟自生知退讓儉遜不從
於訓祗奉晨夕終始若一吁言乎不□弃我私室蘭摧
春霧蓮墜秋□躁影難迴逝波不返男一人高姐電影
未分槿花已落女二人長曰奴哥穠花未開嚴霜暗墜
次曰郭兒丱髮未揔繼我門嗣夫人年四十有三以景
福元年冬十二月二十日卜兆於 府城之南雲門
之下樹邱壠而銘 銘曰下空
日月有度兮生死無常 白晝其速兮元夜何長



澠水爲隣兮雲門是鄉 千年万祀兮春露秋霜
時景福元年歲次 壬子十二月辛未朔二十
日庚寅孫珦紀

右刻文十二行字徑六分夫爲妻銘僅見於此內云景福元年十二月二十日卜兆於府城之南雲門之下案武德四年於青州置總管府宜有府城之目矣乾隆癸丑閒縣人段赤亭搜得之山左金石志

雲門山澠水皆在今青州府益都縣即唐樂安郡地誌書葬日不書卒日葢卒葬即其日內事也古誌石華

碑題夫樂安郡孫珦述夫爲妻誌墓又各舉其郡望

爲他碑所未見銘云澠水爲鄉兮雲門是鄉左氏昭
十三年傳有酒如澠杜注澠水出齊國臨淄縣北入
時水水經注作澠水古字通用平津讀碑記
言乎不下缺一字山左志作祿石華作豫蓮墜秋
下雨家均作風字今已剝泐矣府城石華誤作郡
城弃我石華作葬我此字雖半蝕決非葬字私室
非葬地亦石華之誤也今從阮氏

山居洞杜鵑詩刻
高一尺六寸廣二尺三寸四分廿行行字不一字徑一寸一分正書在臨桂
山居洞前得杜鵑花走筆偶成以簡



桂帥僕射燕寄呈
廣州僕射劉公
河間張濬
幄中籌策知無暇洞裏□花別有春獨酌高吟問山水
到頭山景屬閑人
伏蒙
僕射相公許□□攀和杜鵑花將勒諸巖石伏以□
□本乏成章矧□絶唱徒荷 蔑揚之端終流唐
突之愛特廁 □覩光叨榮祓謹次用□燕寄呈
桂州僕射

前嶺南東道節度使檢校右僕射劉崇□上
碧幢紅方合 洪鈞桂樹林 前恁獨春莫戀花時好風
景 礌溪不是釣魚人
乾甯元年三月廿七日將仕郎前守監察御史
張巖書

唐張濬及嶺南節度使劉崇龜唱和杜鵑花詩二首
前監察御史張巖書乾甯二年刻集古錄目
右刻在臨桂龍隱岩下爲水衝激字僅仿彿可識案
濬崇龜史皆有傳濬貶連州繡州均未至居華州依
韓建乾甯元年正依建時也崇龜爲嶺南東道節度



使亦未至桂濬詩當是寄桂帥轉寄崇龜者崇龜和
章見全唐詩題云寄桂帥玩其詞意實非答濬者北
夢瑣言云崇龜以清儉自居甚招物論鎮番禺效吳
隱之爲人京國親知貧乏者望侯濡救但畫荔枝圖
自作賦以遺之其爲人如此不答濬宜矣廣西通志
詩刻於乾甯元年集古錄目作二年者誤張濬字
禹川河間人劉崇龜字子長池陽人宏基七世孫
均見於史金石續編錄此詩云廣西通志誤釋者
不下四十餘字悉爲更正今以拓本勘之志譌者
十四字而未釋出者正復不乏續編之誤較甚於

志碑石幾於平曼諦審本不易易也洞裏下似閈
字伏以下似祟龜二字亦僅存形模矣

招提淨院施田記

高二尺七寸五分廣一尺五寸寸七行行四十餘至五十餘字不等字徑五分行書在樂至

維大唐光化三年歲次庚申二月十五日□院爲皇
帝陛下州縣官眾及亡□七祖見存普同共養
蓋□或悟□□□□□□□緣恒□□寶虛指乱
識亦□諸元暄冫妄情脩興諸□□□□息炎干有餘
□□□□□□□□□□□□□言□□學覺見
聞解遺宏旨是法雖復其空爲本□□□□化□凡



□□□□□□□□□□□□□非虛幼淨觀懔□
□明掾弃本遂末沉沒□□經歷塵□□□□□迷
□□□夕習俗生常知見弥論莫知惺悟只欲顯揚政
教非智无以廣其文崇闡嵌□非賢莫究其□□□□
□□法元宗妙道宏遠奧旨遐深握空有情擬體生滅
之機要詞茂道廣尋□長終不從其源文顯義幽疑只
莫測□□三藏秘典是名无足而常行其道无根而永
長堅得名流慶歷劫而鎮常起滅應身經塵劫而不朽
於是百川異流同會於海万碰分義摠成乎實御大乘
之寶車涉道場之要路促爲迷心之士愛𣵀无明躭戲

之童沉輪火宅遂乃權開法□悟彼昏徒引諸子於四
□言化栽於中道是以迷子今悟深解上乘高廣之車
无不決了仏現无相之相畢竟非虛上中下根皆蒙合
潤鐫彫石像用陳貞寂之心法王嘿然荅之所有皆无
回性虛談既剪僞妄亦空俗實歸真顯乎中矣□但崇
敬未登慶□缺妄之日本是清淨國人後發妄識惜所
椎落住在四大五陰村土代本出瑯瑘高祖迸流此邑
行年六十有四自嘆丈夫居世運轉缺何能久停乃發
勝上宏心趣向菩提之路便捨世財珎寶還造世仮聖
容復作招提淨院擬供僧友復劄□消喉粮之田□□



□□常住年納伍伯文并將充急掃院衣粮應劫不改
賴浦髙井重石胡奴盈山西面東接重石山頂至主
敬界　南接重石山阜下至大路泉水孔爲界　西
北接揚德小溪爲界　此地施入院爲我皇帝州縣官
等法界倉生上祖亡靈普同共造故勒弟處□□□□
□□□□□日老人狐守滿同證後有死智弟兒姪
外人役奪者彭此生來世常受百牛之大疾　弥陁
龕向西小溪度大路下有地貳拾畝　東至小溪　南
至大溪　西大溪北至大路　右楊德及兒晃今將口
分田貳拾畝將施入龕院內供一切諸方師僧永爲常

住今對隣近村耆衛敬義　任伯琳　王忠　張後盛
狐守彌蓊等一施以後如有兄弟伯姊兒姪及外人心
生貪認者願當當來生常受百牛大病

右碑因造彌陁龕作招提淨院并捨財施田以充供養而作後列四至并有云百牛大疾百牛大病者想是當時里俗誓詞亦異聞也龕主姓名文內未淸敘三巴耆古志題爲羅漢寺碑當據碑所在處定之文內無羅漢寺字也今以招提淨院施田記爲標題或不謬邪碑文泐處據耆古志補注於旁餘依墨本錄入字多舛譌不朽作不杇沈淪作沉輪饑饉作喉饉充給作充急貪忍作貪認皆是惟彌綸作論爲古通耳世俱聖容不知俱爲何字之譌俗



閩主作菴池記

高四尺一寸廣一尺四寸三行行十字十一字字徑四寸許左行末行下方小字一行字徑一寸五分俱正書在侯官

維唐天祐乙丑歲造菴子及作水池約五千餘功于時
廉主王大王　枕子一枚舊□杖一條□□自菴記

右閩主作菴池記在侯官王大王者審知也記鐫於大樹上自天祐乙丑至今甲戌歷九百七十年矣沐不杇蝨亦一異事搨本流傳極尠偶於長沙市肆購得之不覺色舞

王審知德政碑　天祐三年閏十二月一日　萃編載卷一百十八

食邑四千戶缺四字　克勤克儉勤誤　曾祖友名缺名　王父
玉玉上多蓊字　與公偕赴偕作皆　以地惟設險以下多南字　飢饉飢作
饑雀卵卵作卵　親飯飯作飲飯即飲字　朝庭庭作廷　建立缺立字

攷舊唐書哀帝紀天祐三年閏十二月己酉朔福建百姓僧道詣闕請爲節度使王審知立德政碑從之即此碑也五代史閩世家乾甯四年潮卒審知代立而碑云乾甯三年僕射遘疾且付公以戎旅仍具表



奏尋加刑部尚書威武軍留後俄授金紫光祿大夫右僕射本軍節度使則審知代立在乾甯三年矣而舊唐書昭帝紀乾甯四年四月就加福建節度使王潮檢校尚書右僕射蓋誤以審知爲潮也方鎭表乾甯四年升福建都團練觀察處置使爲威武節度使似乾甯以前尚無節度之名然碑稱福建節度使陳巖又稱巖在軍病甚不能視事潮以郡委於仲弟審邽而與公偕赴因詔授節度使則福建之置節度已久惟威武軍之號則於乾甯中始賜耳唐書稱威武軍而五代史職方考及閩世家俱作武威者謬也碑

又有佛齊國雖同臨照靡襲冠裳公示以中孚致其
內附云云棪舊唐書天祐元年六月三日佛齊國入
朝使蒲訶粟可甯遠將軍以碑證之蓋由審知招撫
之力矣潛研堂金石文跋尾
右威武軍節度使王審知德政碑在閩縣審知唐以
前事新唐書附見其兄王潮傳載審知歷官與碑略
同惟不言檢校司空司徒太保耳碑皆稱檢校碑前
題又作捒按未詳其義平津讀碑記
碑敘審知先世云曾祖友名王父玉萃編友下無
名字玉上有蘊字案忠懿王廟碑及五代史記注



所載均與萃編同以下文贈祕書少監贈光州刺
史例之則贈光祿卿上宜空一格友名名字或係
後人添鑿容亦有之然字蹟固相肖也至其王父
之名何以與忠懿王廟碑不同萃編所錄又何以
有蘊字均不可解銘詞云武步龍驤蓋虎步避改
也

八瓊室金石補正卷七十七終

# 八瓊室金石補正卷七十八

太倉陸增祥撰　男　繼煇校錄
吳興劉承幹覆校

## 唐五十

### 太子賓客尔朱逵墓碣 唐末　萃編載卷一百十八

去甲濕結結上三字缺幽絕夙有隣比缺幽隣二字在焉　府
君缺府君二字家屬缺家字永平管管誤營在于缺于字

### 李公夫人殘墓誌

方一尺八寸下截曼漶二十二行行存字不一字徑六七分正書

唐皇五從高牀祖易之葬州



上柱國李公故夫人遼東榮
夫人諱尙卿其先遼東人
后妃之賢者故慎氏
名振於義武軍三代
柔和立性婉順深有靜
尙容德也自作嬪君
玉葉秀而芳陰多
親禮樂之風訓習
之祿華如桃李□
近無出其二美焉

圓而爵隨彼蒼不
亟九日終于之州慱陵
習禮次曰師周承天
聞詩禮積習義
不自勝歎鳴鳳而□
併請俸錢以喪事至
夫婦之道聿脩承□
安喜縣鮮虞鄉暉□
以□受命刊誌貞石用□
美淋德夫人令名惟枇之華



之原兮巍巍孤墳兮

右墓志殘石每行僅存十餘字李公夫婦名姓及立石歲月皆泐石向在定州南十五里鋪予訪得之凝致常山志首行題唐皇五從高叔祖易定等州下泐弟二行上柱國李公故夫人遼東下泐攷新唐書宗室世系表及宰相世系表隴西李氏無官易定者李公究不知何名列銜稱易定等州其官大約不離易定節度將佐爾案志中有名振於義武軍三代下泐此當是敍夫人先世門閥蓋亦世事易定節帥者唐書地理志河北定州博陵郡有義武軍建中四年置德宗本紀建中三年二月戊午惟岳將定州刺史楊政義以州降以張孝忠檢校兵部尙書易定滄三州節度使五月辛亥易定節度賜名義武軍孝忠傳孝忠旣降政義朝廷乃於定州置義武軍以孝忠兵部尙書義武軍節度易定滄等州觀察等使志云夫人諱尙卿其先遼東人又云九日終於定州博陵陵下當是郡字又有習禮次曰師周習禮當卽夫人長子師周其次子也名皆不見兩唐書師周下有承天兩字疑卽師周列銜或係承天軍將吏方輿紀要承天鎭在井陘縣西北六十里卽故承天塞至故關二十



里南接平定州之葦澤關一名娘子關乾元初置承天軍於此元和郡縣圖志兩唐書地理志並佚其名置軍築城事詳載大厤元年道士胡伯成所撰承天軍城記唐時爲河東節度所管志有安喜縣鮮虞鄉當是夫人葬所安喜唐定州治鮮虞鄉定州一百三十鄉之一也今州志失載常山貞石志

右李公夫人殘墓志在正定府崇因寺上下漫滅無存就可見者如式錄之得一百七十五字常山志所載攷行遼東下有榮字疑是夫人之姓而此拓本亦已全泐補注於旁十一行無出上似是遺

字又似道字沈氏作近姑從之十二行圓字則沈
氏所未審出者誌有云安喜縣鮮虞鄉案安喜舊
名鮮虞唐武德四年始改安喜然則鮮虞鄉當是
鮮虞故城耳

石忠政墓誌
方一尺二寸五分十四行行十
四至十七字字徑五分正書
唐故石府君墓誌銘并序
府君曰忠政字不邪生于京兆府萬年縣人也邑崇仁
里淸閑不仕自居其家婚何氏不幸元和二年四月逝
葬城西小□村　府君壽年八十有二終于長□二年



七月十日以其年八月二十二□亾葬于小□村長子
義後亡亾葬於此後□□□元年當家□□□□義鄉
南姚□□掃灑庄一所遂再啓塋遷厝庄東南□十步
已來遂擇吉晨以其年八月九□□祔　翁婆及兄義
並安于墳闕乃命□□存之不朽銘曰
□月□風悲切〻　安厝　先塋歸墳闕　□□孝感
理於天　萬代子孫昌不歇
誌爲遷厝而作石已裂爲三矣紀年長下所缺是
慶字後又稱元年者不審其爲敬宗文宗附唐末

尼淸眞塔銘殘刻
高九寸七分廣存七寸四分十二行
行十五字字徑六分正書方界格
沙弥尼淸眞塔銘并序
大安國寺沙門季良撰並書
勤策尼者扶風馬公左武衛中候順之季女大招福寺
剡崟師之猶子子也劝而聰慧性善管絃耳所一聞心
便默記仁賢溫克尤重釋門父母違而嫁之遂適隴西
李氏宿衛榮之貴妻自入夫門便爲孝婦雖居俗祇常
樂眞乘每持金剛經無閒於日迨十許稔不意染綿羸
之疾藥物不救委卧匡床由是□字缺二心捨俗從道契
宿頁□字缺六□□缺



陳府君誌蓋
方九寸七分三行行
三字字徑寸許篆書
大唐故陳府君墓誌銘
右志僅見篆蓋未詳所在
襄陽郡張君誌蓋
拓本方一尺二分三行行三字
字徑二寸五分篆書在襄陽
大唐襄陽郡張君墓誌
右張君誌蓋在襄陽此漢陽王之族人不系官爵
蓋未仕也張氏諸誌中無爵者不少無庸强定爲
何人

宏農郡楊君誌葢

搨本高一尺一寸寬一尺一分三行行三字字徑不等篆書在襄陽

唐故宏農郡楊君之誌

右楊君誌葢與張氏各誌同時出土僅存題葢未見誌石不知何許人也今亦在襄陽張公祠

封生誌葢

方九寸二行行三字字徑二寸四五分正書在洛陽存古閣

唐故封生墓誌

朱君誌葢

方七寸七分三行行三字字長徑寸篆書在洛陽存古閣



大唐故朱□□墓誌銘

渾都督誌葢

高八寸六分廣八寸四分界四區區各二字字徑二寸許正書陽文

唐故渾都督墓誌銘

路府君誌葢

方一尺五寸三行行三字字徑二寸六分正書陽文在孟縣忠義祠

大唐故路府君墓誌銘

此石在城西韓莊得之乾隆己酉入志并記刻石左邊

燕楊府君誌葢

高七寸廣六寸六分三行行三字字徑寸許篆書在洛陽

大燕故楊府君墓誌銘

右楊府君志葢銘文無存題稱大燕當是安史時人石在洛陽存古閣趙之謙謂在正定者恐誤

周君碑額

方一尺二行行三字字長徑二寸二分篆書

故汝南周府君

此碑額故汝南周府君六字得於古池匡數年前崇川馮中翰雲鵬審為漢刻章武王明府大淮作宰仙源其嗣鴻精心鑒古以石移置同文門下薰按漢汝南郡屬豫州在雒陽東南六百五十里周府君為何



人今不可考且石之四面鑿方正面又鑿如柱礎與唐李秀殘石頗相似片石摩挱寔歎惜耳孔昭薰跋

補訪碑錄附唐末云舊釋為漢碑額非審其筆法斷非漢篆趙氏所言良是

孫大壽碑額

高五寸七分下廣七寸二行行二字字徑一寸六分許篆書在洛陽

孫大壽碑

右孫大壽碑額上銳下方篆體遒整運筆銳勁唐人手筆也

慈明寺塔記殘碑

殘缺存高一尺八寸廣一尺一寸許
十四行行字不一字徑六分行書

□□馬應生雙
□□建立者大隋仁壽二年詔
□□呈彩仙禽翥空□花者生上善心聞香者愈宿
之嚴禪精舍繇爲營構歲云逝□塔亦廢□□石欹
茂列□盡導上乘也自孩幼之戲好聚沙成塔采花
超修捨□滿公服膺苦節勤承規訓無何□□即□扵
□
□稟如隗曰爲覩斯靈塔愀然嗟曰天□□□□□慈
濟



□猶傳芳扵外書況我等住持沙門□□□□□不
可
□振起叵緣身不親席口不息□□□彰信精誠
感
泉落玉山檀施者如雲生鷲嶺持畚荷梮似追□
駈梓
霞觀橫空寶山溢目鄙□□之金闕□崑閬之
貝
兜率□上生□□□世□法□□□
□而□□焚香目仰□弥□

□魔□文□□

右碑四周殘缺繆筱山稱爲慈明寺塔記碑文所無未審其詳按安陽有慈明塔記建於仁壽三年四月此碑疑在安陽据文舊塔頹廢重加完築因立是碑以紀其事所稱仁壽二年者建塔之初非立碑之歲也以字法審之當是唐刻書世作丗檀下旦不作旦其在太宗後睿宗前矣附唐末

淨住寺佛象碑額

拓本高二尺四寸廣二尺四寸七分額高一尺廣九寸二分

唐淨住寺賢刧功惪碑



右碑當在西安題額九字篆書碑無字刻佛象廿列每列象廿五區疑拓本未全尙有廿列共爲千佛也案潛研堂金石文字目錄載有千佛碑云武后時立無字惟有佛象在鳳翔府法門寺碑側正書疑即是此惟錢先生不言有額余又未見碑側未敢遽定也又案金石續編載有裴行純造象銘其首行云唐淨住寺釋迦文賢刼像銘文內有并賢刧千佛即於淨住寺供養云云碑在西安僅存半截此碑額有淨住寺賢刧字亦只見有半截似即裴行純造象碑陰矣而所記高廣尺寸不符仍

以淨住寺佛像碑題之

淨土石仏堂記

高六尺八寸廣三尺二寸廿七行行五十六字字徑九分行書

標題缺

前洛州缺約六字孫義龍撰并書

上缺者坤貞山河咸柃賢刼道缺四字域變□有□□□□

□釋提猷□□□而凝浩氣雖復道□形器鴻鑪上缺豐

況七覺元猷三□興言體扌□与兼遣鑒□□而俱㳟

□披□□□□□之可察方茲冈象豈神妙之或上缺宏

泒則□火咸消瞻慈□之元門則情塵□偃不□□□



□女□□□□□□□□稟上聖□□□無淂而稱上缺

其曠者逾深討其源者□□　□□□者育王□□□

□□□□□□□□□□□當地□□□龍交會□□

大上缺五年天水公衛□鄉巽州刺史趙郡□趙之靈根

入淨慧□□□□□□□□□□□乩□吅　□□□

紺□遺脩上缺□湮威數百餘年通胄宗祊□継不絶□

後魏延昌戴侯□□禮□□□□□□□□□□□□

□望□□□　帝區英聲上缺名偃角從易名隱角及至

隋末唐初□□遺□姚義陽□之所□□□□□□□

□□□□□□恒□□其□□□以永建上缺香鑪□吐

霧雲樓萬室釆綺袂以成帷□境□眠樹福□廣遠□

□　□□□□□□□□□□□□□□□其地勢爽

塏周上缺臺寶剎架迴浮空層閣步櫓飛丹列□□化城

之壯麗譬□□高□氣桃□□□□揚□□□者窺上

忍之門入其□者踐上缺□之交際者其在徹寺主焉諱

徹俗姓郭□族□□□□□□□□□□□□□□□

□□□□□祖諱貴齊岐州刺史贈鎮國大上缺表威振

燕番靈臺不新神□自逸　祖諱□□□□□□□□

□□□□□□□□小□□□□□□□之高□□□

好□下揚閣而上缺□書闘□□而命賞次　祖諱平唐



初毳□□□□□□□□□□□□□□□□□□□

□□□□於白虹緣湯攵柃赤□太邱鳴鴈□上缺應可

□□□□□□□□符斯府　父諱□□□□□□□

□□□□□□□□□□□□□□息□紀王府帳內

親事校陪戎副尉解褐除許上缺□叅軍息□□□□□

□□□亻雅□□□□□□□□□□□□□□□□

□□□□□□□□控大□□□□□落□□拂衣高

躡鷲三乗□亘路爲八□□□□□□□□□□□□

□□□□□□□□□□□□□□□□□□□□□

四輩□道絡善爲國敬造淨土石仏堂壹所□上缺□周□

寺主□□倉□□□□□□□□□□□□□□□□
□□□□□□□□□□□□□宿之分暉□□恙以
蔦脩馨虔心□孝饗旁求郅匠廣名山□□魯殿之新
□采□□□□□□□□□□□□□□□□□□□
□□事□□□刻□□於□砌角□桂柃瓊階龍角争
鷹鱗光照室風輪□□□八會而□兹□□□□□□
□□□□□□□□□□□□□□□□□□□□□
□□□由乎車□寺主僧習心上坐僧惠隱前都維那
僧慧周□都維那□法□□□□□□□□□□□□
□□□□□□□□□□□□□□□□□等□高堂



之□□□有遺音睹讓坐之雙尊作纏□滜□空階於
十□□□□□□□□□□□□□□□□□□法□
□□□□□鶴樹□心□其孰□□柃此大施主□君
之子娱金素里命駕□谿乃見石髓之珎□聽蘸門之
曲空山□□乍□□□□□□魚□□□□□□□□
□□祇□□□□唐年□襲緇衣之果豈非法王錫
類遣被孫謀者狀下□□□樂□忝謬□賜稽□李之
□□□□□□□戚□□□□□□□而多□□□見
□在三軍而無媿人稱顏冊器惟珪璧敢相質天書庶
芳名柃帝右其詞曰　法身不□寐相□□□□地

首包括天□□□□□□□□□□□寫鷲山□如鷄
白駒常□湫奇恒萋魔精夜落惠日晨齊聿脩淨觀肅
坐菩提□池□砌□野號□□□□□拄□□□□□
□□□□□□□□□跡嗣復重與叐有惟孝地□曰
慈戚從至養俱稱太上銀樹開花金沙暎□猗□上德
折蔆□訊林□□□□鶴秋□□□□□□□□□□
□□□□此仗蔺圖真□□寫妙宿緣遊觀俯仰广廟
喁〻俗侶躋〻僧徒心驚夢幻思□曉鳳刹霄□鯨鍾
夜□□城巡淨智□□□□□□□□□□□□□崴
塵無絕



右碑右方殘損碑題無存文云敬造淨土石仏堂壹所當郎據以標識

太原郡王君浮圖銘殘刻

存高一尺三寸廣六寸二分八行行字不一字徑四分行書

唐處士太原郡王君浮圖銘　并序

夫空空之理達妙者幾何蠢蠢含靈知微
之因緣善現契聖心拔三塗之苦難有非有
聞者緣覺而進舉若非三界大師四生慈
□貞子松栢爲心言行無點海中現寶出
恩季接下恩恭豈期天父早歿禍春

鄒劬勞昊天靡極竟憑三寶庶解□
□及內外眷屬等造浮圖七級
處士作虞殊誤契字字書所無疑是契之俗謁孝
作季想作㤜勞作勞均俗

## 長明燈臺殘石

高不計存三棱棱五行行存字不一字徑四分正書有界格

長明燈臺　提聞施燈功德□
□至以燈炷或蘸油塗然持以奉施其明睢照
乃能知也況以清淨深心相續無間念佛功德
乃至四面舍利弗彼所然燈或時速滅或風□



□時自作教他然一二燈乃至多燈及餘種種
一一者彼人臨終先所作福悉皆見前憶念善
死三者因此便得念法之心又復得見四種光明
踊出三者見諸天衆一□而生四者見於如來□
□生三十三天於五種事而得清淨一者得清
攝意之聲五者所得眷屬常獲彼意心得欣喜於
舍利弗若人於如來前見他施燈合掌隨喜以□
□眷屬三者得增上戒四者得增上生處五者得增
□親三菩提業報差別經云奉施燈明得十種
智慧五者除滅大明六者得智慧明七者□

是爲奉施燈明十種□德智度論云若人盜□
右刻未詳所在不見年月書法率更確是唐人手
筆如式録之此亦經幢之類也例不載全文以語
不恆見且僅存三棱而上下又已殘損故備錄之
以詒來者

## 法門寺尉遲氏造象殘石

三石上方殘缺高七寸五分二石廣九寸一廣一尺二寸題名十四行十三人字徑五分正書在扶風

缺 尉遲山保　缺 達奚　缺 妹二娘　缺 子三娘　缺
子孟大娘　缺 子李三娘　缺 弟子王□ 石右一　弟子
尉遲□　弟子尉遲□　缺 子尉遲二娘　缺 遲大娘
缺 貞裕 石右一　缺 感 石右二



法門寺井上殘石蓋唐女子禮佛像并鐫姓名余防
其湮沒取置署中且爲石盤以貯之因銘於盤上其
詞曰我行法門不見佛骨井甃之陰有殘片石跽諷
蓮花人天不隔姓名倘存拋棄是惜倘共珍之唐人
遺蹟嘉慶庚辰春三月臨海宋世犖左行書

## 太子中舍人造經殘刻

高三尺六寸五分廣一尺一寸經刻共十五行行卅八字字徑四分正書在洛陽

佛說大□□□光□□□□□□陀□□□□
前給事郎守太子中舍□□助緣建

經文不錄存十三行
□□　□□　女宿　房宿　□□　□□　□□
□宿　牛宿　□□
右太子中舍造經殘刻在洛陽存古閣上鐫佛象下刻經文字涉漫漶四周列廿八宿像各有題榜僅存十一像矣不見年月給事郎之稱始于唐而五季及宋因之中舍人二人正五品下屬右春坊舍下所缺是人字

邑主常元造象殘刻

高廣行款失考



邑主常元
邑人荨皆慧　邑子
家珍居在開岳　邑子
无鬫□得並就　邑子趙
之徒乏□而風
以此微□上資
千聖常遵正化　邑子蘥仲　邑子蘥
遲及有形去

石在洛陽白馬寺西廡下壬寅暮春搜得之詢之僧云大雨後山水暴漲自北邙流出者許信臣學使定爲唐造象下截題名後人鑿爲柱礎矣白馬寺自漢訖今碑碣不知凡幾皆泯滅不可攷而此石洽爲礎沈于沙數百年後復出知顯晦自有因緣而其終于沈埋毀于耕氓者更不可推測是則此礎之幸也燕臺劉廷忞識

右礎圓徑九寸分兩截上截記存九行末行無字下截存十二行五行有邑子姓名戊辰冬海琴得此拓本於長沙假閱一過如式錄之遲當是遲之俗

游公願等造象題名

八龕龕旁題名共廿一行行字不一正書



大像主游公類妻周合家供養　二行左行
大像主游高陵字游二過父母撫□女滕　三行左行
大像主游帝聞爲□過父母妻張男高協高威仁威女
□山旦雲合家供養　四行
大像主李元攬爲妻游合家供養　二行左行
大像主游儁舉妻李合家供養　二行
大像主柴元徹妻王合家供養　二行左行
大像主李增妻艾合家供養　三行左行
大像主郝□表妻盖合家供養　三行左行

右造象拓本六紙凡八龕龕旁各有題名分錄之不能定其敘次也筠清館金石記載此亦不詳其所在尙有游仁紀二題李去□李碓生各二題共八紙十一龕是余所得者少兩紙也

泥壓像題字

三行行四字字徑五分有界格正書陽文

大唐善業泥壓得真如妙色身

右像鏤刻精妙一面鑄題字三行劉燕廷訪得於慈恩塔下

崇明寺造象題名



高一寸五分廣五寸六分七行行二字字徑六分正書

兖州瑕邱縣崇明寺沙門寶玉□□

行志等造經殘刻

拓本九紙高廣大小行字不一正書

□厶□智　行志　宏志

右經刻九紙均非足本惟一紙有行志等名無可標識卽以此題之筆意在虞褚之閒唐刻無疑是刻於石室者疑在房山雷音洞高廣行字具錄於左以備考核

一金經高二尺六寸五分廣二尺三寸五分三十行行約五十字徑六分上截殘缺標題無存弟一行無字　一高三尺三寸廣一尺三寸廿二行行約六十字徑五分有曇花雲一萬音樂雲一萬幢雲一萬等語　一高二尺四寸五分廣九寸二分十六行行六十餘字徑四分有蘇燈油燈寶燈摩尼燈漆燈大燈沉水燈旃檀燈一切香燈云云　一高二尺八寸五分廣八寸十二行行四十餘字徑四分有一切諸樓閣內寶網鈴鐸及諸樂器句　一高三尺三寸五分廣一尺二寸五分廿行行六十餘字徑六分弟二行首有奇珎萬計句　一



高三尺三寸廣九寸十五行行六十餘字徑五分有行識名色六處觸受愛取有生老死二種業等語　一高三尺三寸廣一尺五分十八行行六十餘字徑四分有一毛端二毛端等語　一高二尺九寸七分廣一尺八寸三十行行五十餘字徑五分有一地二地至十地諸菩薩等語　一高二尺二寸廣二尺三寸八分卅三行行四十餘字徑五分有三十二大士相句上截缺題名諸人在此末行

雷音洞經刻十四種在房山

妙法蓮華經付裝高廣行數不計每行三十七字字徑七分正書方界格

妙法蓮華經序品第一

已下金剛般若經

元和四年五月十□□方迪　二月八日鄭十一娘

元和四年六月十一日□諸大将此三題在弟卌七石之尾

右經刻凡七十六石計一十四萬一千八百餘言內有元和年題字二行又二月八日題名一行皆後人所續刻者

金剛經七石高二尺七寸廣不一共一丈一尺六寸弟一石十七行弟二石二十四行弟三石二十五行弟四石二十三行三十八字弟五石二十五行弟六石二十六行弟七石二十三行行三



十九字字徑七分正書

金剛般若波羅蜜經卷一

維摩詰經高廣行字均不一字徑七分正書有界格

佛國品第一

已上維摩經

右刻凡三十二石五石廿七行三石廿六行六石廿五行三石九行行均四十字七石廿行行廿三字一石四十八行一石三十九行三石三十七行一石三十六行行均十三字又二石字蹟不類當是達牧所補書者一石廿五行行四十字一石四十八行行十三字字均徑五分

百四十願三石高二尺八寸廣一尺四分五分七分不一十七行行四十四字徑六分正書有界格每兩句中空二分在維摩經後

已下大方廣佛華嚴經淨行品菩薩百四十願

大方便方廣經四石高五尺八寸六分廣二尺廿六行行八十字字徑七分末一石廿七行行八十一字字徑五分正書

勝鬘師子吼大方便方廣經

高麗國比丘蒭達牧□字慧月修補經石五□此二行在經文末下方雙行小字

右刻四石經已闕高麗僧達牧補書足之末一石



是也弟二石後二行弟三石後六行均有達牧修補之字

兜率陀天經四石高一尺八寸五分廣及行數不一行廿六字字徑六分八分正書方界格

佛說觀弥勒菩薩上生兜率陀天經　高麗衲達牧書

右刻四石兩石原刻兩石為達牧所補字較原刻為小也原刻書兜率字作皃

溫室洗浴衆僧經高二尺七寸廣二尺四寸三十三行行三十七字字徑六分正書方界格

佛說溫室洗浴衆僧經一卷

右刻廿六行為一石後七行刻弟二石右方此後

未知何經拓者未連綴也末行有天順二年題字

无量義經九石高二尺二寸每石行數不等共二百四十一行行三十一字字徑六分正書方界格

无量義經德行品第一

右刻九石第一石七行餘石廿五行至卅六行不等末石左上方裂缺此經似未全

賢劫經五石石高二尺七寸廣一尺七寸七分各卅四行前六行行卅七字餘書諸佛號行字不一字徑七分正書

□□□佛□賢劫千佛山賢劫經

八戒齋經二石高二尺七寸一石廣一尺六寸五分廿四行一石廣一尺七寸五分廿五行行三十七字字徑七分正書方界格



八戒齋法

教戒經三石高二尺七寸二石廣一尺八寸廿五行末一石廣一尺二寸十六行行卅七字字徑七分正書方界格

佛臨般涅槃略說教戒經一卷

大王觀世音經二石高二尺七寸前一石廣六寸八五分三十五行第一行約十餘字廿六行行廿八字後一石廣二尺四寸後八行行三十字字徑七分正書有界格

已下大王觀世音經一卷

□說觀世音經一□

范陽令袁敬金剛經碑四面周刻高四尺八寸廣二尺八寸二分厚四寸六分面陰各三十六行兩側各六行行六十一字方界格徑八分有額兩面皆鑿佛龕正面龕左右題字各二行字徑寸餘均正書

金剛般若波羅蜜經

□可言　吳志順二人名在經末

朝議郎行幽州范陽縣令平輿縣開國子袁敬一經之碑供養額在

千佛石柱四柱柱各八面拓本高七尺至七尺六寸列二柱不等廣六寸五分至七寸不等二柱十七左右各題佛號字徑六分正書列十六列每列鑿佛龕二

衆德上明佛至難才日佛以上一面十七列凡三十四佛茲藏首尾二佛餘不備錄下同



名聞佛至善家佛

□□佛　□開佛　力行佛至名聲佛

□滕佛　大藏佛至解脱德佛

善端嚴佛至智藏佛

梵行佛至善明佛

月面佛至堅固佛

□□佛　□睺羅佛至勇智佛

右一柱

梵則佛至大愛佛以上一面十七列凡三十四佛下同

須彌色佛至高出佛

□熾佛　□□佛　□□佛　上善佛至如王佛
上刹佛至意頒佛
寶月佛至珠鐙佛
仁賢佛至吉手佛
善月佛至世月佛
□□佛　□□佛　衆□首佛　師子□佛至妙智佛
右一柱
衆上王佛至无邊辩相佛以上一面十六列凡三十二佛下同
梨陁法佛至雲相佛
慧道佛至慧華佛



堅□佛　安樂佛至琉璃莊嚴王佛
破□賊佛　富多聞佛至香明佛
違蓋明佛至淨魔佛
□現色身光佛至文殊師利菩薩
寶眉明佛至威德佛
右二柱
師子相佛至蓮華佛以上一面十六列凡三十二佛下同
樂戲佛至上讚佛
无憂佛至善家滅佛
財□天佛至焰日佛

拘留孫佛至興成佛
藥師佛至不退佛
郁羅延佛至金山佛
師子德佛至上師子音佛
右一柱通一千五十六佛間有重出者

雷音洞石經二十七種正書無年月凡二千三百餘石中兜率陀天經爲高麗僧達牧書大興樊彬言洞中經無一闕佚惟拓本希見諸家蒐訪各得一二而已石經全目已載樊氏畿輔古刻錄中茲舉總數俟有力者訪之補訪碑錄



右雷音洞經刻十二種又金剛經碑一種千佛石柱一種碑連陰及兩側四周刻之非鐫於洞中石壁者顧相去當不甚遠姑類附於此碑字稍異餘書出一人手筆大方便方廣經之末一石兜率陀天經之前二石爲高麗僧達牧所書維摩經內有二石字蹟與達牧無二蓋亦達牧所書補訪碑錄以兜率陀天經爲達牧一人所書審之未細也達牧特爲之補闕耳攷洞中經刻始於北齊之慧思大師繼踵者隋之靜琬法師未竟其志而卒唐開元中金仙長公主嘗修之達牧補書或卽在其時

也房山有石經堂記碑未見拓本劉濟撰元和四年四
月立妙法蓮華經後題字即在其時而字蹟不遠
經文違甚其爲元和以前所刻無疑遼時又常續
鐫石經抑達牧爲遼時人歟

龍門山殘經刻在洛陽

金剛經高三尺五寸廣二尺五寸三十七行行五十三字字徑六分正書方界格

蜜須菩提忍辱波羅蜜至□□平等无有

又前缺下泐高二尺五寸廣一尺五寸十九行行最多者存卅五字字徑六分正書

弟一行拓本斜缺十一字須菩提是樂阿蘭那行者至當知是人甚
爲希有何以故下泐十一字




又下截缺高一尺三寸廣九寸十三行行十九字字徑六分正書方界格第一行存兩字

法断至一切世間天人阿脩羅聞佛所下缺

右三段是一刻或已闕損或未全拓

殘經前闕高三尺一寸五分廣二尺二十八行行四十七字字徑五分正書

前泐二行□□云何彼佛至信受奉行

中有梵音佛宿王佛香□□香光佛大焰肩佛諸
名末有佛象七每象高二寸左右

又上截及前後均殘缺高九寸五分廣八寸十行行十三字字徑五分正書

□□□知識長老至之鳥自□□□□□舍

此與前段是一刻

心經高一尺四寸五分廣八寸五分十三行行二十一字字徑五分正書

經文不錄前七行泐

又高四寸六分廣二尺三寸三十四行行七字至九字不一正書

多心經一卷在經文後

上方有象此刻甚率殆工匠所爲耳五蘊皆空空
字添注於旁舍利子是諸法空想子是倒作是子
乃至无老死脫无字菩提薩埵脫薩字依般若波
羅蜜多故脫波字藐作藐

上柱國趙文會經刻題名

高三尺四寸廣二尺九寸三分五十二行行五十六字字徑四分正書方界格




經文不錄

造佛殿都近終南縣人張世基在首行下方

上柱國　趙文會此二行在經文弟一弟二行之下

右經刻無年月上半磨泐當在陝西關中金石記
有重興寺石柱經刻疑即此種

華嚴院額字

高三尺七寸廣二尺九寸五分二行行二字字徑一尺二寸正書在侯官

勑華嚴院

右刻無年月魏稼孫鍚曾云院建於唐嗣聖中福
建通志列於唐刻今附唐末

鐵葵釭銘

高圍未詳一字一行字徑寸許分書在彰德

粤有大器制始完璞秀發崙岊精融行麓碓鎮地維屹盤坤軸匿采岫棲蘊靈巘伏質露剖山奇標鑴谷磊塊溢覩屹狀魏日哲匠思營雅範神矚砥礪若金磨礲比玉象肖葵分文摹雲簇忠著傾心智徵衛足涓納廣容波澄淨浴規妙天成玩瑜珍蓄裁頑仁方攻鈍學鵠嘉向幽貞儼對祇肅爰勒斯銘糸如永昜

右鐵葵釭銘百二十字在彰德府周圍刻之每行一字無年月題款而銘詞工雅隸法秀勁鑴刻亦精俠非唐以後物



吳道子畫先聖十哲象題字

石高二尺二寸七分廣一尺七寸四分題字在上角右三行左六行行各六字正書

仲尼祖述堯舜憲章文武上律天時下襲水土刻上右角

德行顏淵閔子騫冉伯牛仲弓言語宰我子貢政事冉有季路文學子游子夏刻上左角

先聖十哲像唐吳道子畫時謂聖於畫者故刻之翰林以廣其傳刻下左角五行行五字

右象先聖向西南坐十哲侍一人張曲蓋立於後奉琴瑟者二人立於左奉書者立於右次立者左手托一物如釋道家所用之磬豈卽以爲磬歟餘皆拱立皆向左側此刻在翰林院文祠聖位之後世尟知者戊午夏直淸祕暮龕座始得見之而拓之摹刻題字不能定爲何代要其爲吳道子畫必有確據錄之以備掌故石質不甚堅色緑以架承之

項湖山題字

分拓三紙高廣不計三行字徑一尺三寸許款字一行字徑五分餘正書左行在高要

涅槃妙正法眼心藏　項湖龍潭住菴智常刻

右智常題字正書徑尺許在項湖山龍潭八字作三行左讀曰涅槃妙曰正法眼曰心藏此但以文義錄之題名在藏字戈側九字行僅五寸大小不倫或疑後人補記然字雖漫漶筆意實一手書按六祖壇經智常信州貴溪人從師聞最上乘法禮謝執持終師之世師一日喚門人法海智誠法達神會智常智通志徹志道法珍法如等曰汝等不同餘人吾滅度後各爲一方師六祖以開元元年八月化於新州十一月遷龕歸曹溪次年七月入塔智常卽非徑自新州來住項湖當亦在此二三年間此刻從來金石家俱未著錄彭泰來高要金石略

右智常題字彭子大以爲唐刻以余審之款字近拙滯不似唐人手筆署款與大字亦非出一手或疑後人補記非無因也姑錄入唐以竢再攷彭氏錄心字於正法眼之上無此讀法智常在粵有無左證彭氏亦未言之

贊皇公詩刻

高九寸廣六寸五分七行行九字字徑五分許正書在洛陽存古閣

平泉郊居卽事奉寄侍郎大尹

高秩慙非顧閑林喜退居老農爭席坐稚子帶經鋤竹徑難迴騎仙舟但跂予豈知陶靖節祗自愛園廬



右贊皇公詩刻在洛陽存古閣上列横額贊皇公詩四字八分書詩字已泐上半案新唐書李栖筠傳云栖筠喜奬善而樂人攻己短爲天下士歸重不敢有所斥稱贊皇公云此題贊皇公當卽栖筠所作也何時入石不得而知之矣附唐末

八瓊室金石補正卷七十八終

# 八瓊室金石補正卷七十九

太倉陸增祥撰　男　繼煇校錄
吳興劉承幹覆校

## 後梁

## 經幢二種

長壽寺宏哲尊勝幢記高二尺三寸三分六面面廣二寸各三行行字大小均不一正書在洛陽

佛頂尊勝陁羅尼

□子歲九月上旬九日有故　內殿講論普明大師賜紫宏哲俗姓李壽年七十二僧五十二遷化於　洛京



長壽寺　大師名傳海内請導諸方誘勸百千万人悉說三乘五性回緣將畢掩質禪撊雖　佛性無去無來奈色身有去有住門人內講論大德德□四年募道卄角從　師空思法乳之恩不覩　□悲之相遂收舍利於灰中建幢壘於山寺同學師弟　內講論大德匡符從行江浙被歷辛懃及歸　帝都鴛鴒義斷建幢刻石用爲不朽　開平二年六月十四日記

右幢前刻尊勝咒建幢僧德□德下一字右半似包佛性之性添註於旁募慕字之譌朽乃朽字之誤

龍興寺鄭義尊勝等經幢記下截斷缺高存一尺四寸三分八面面廣三寸一分四行第八面五行行存字不一字徑四分正書在許州

佛頂尊勝陁羅尼真言三行在弟一面上方字徑六分

千手千眼觀世音菩薩廣大圓滿无障㝵大悲心陁羅
尼神妙章下缺
施龍興寺新羅漢堂永爲供養　許州㳺郭保
下缺
竊聞慈尊住世教演西天示現去来法傳東夏摩騰迷
降□　漢明具瞻褚善五嶽以招呼下缺憂劣於當矝顯
霊通於　聖日鴻臚驛伴遂置三壇白馬寺前俱



焚二教是以慈雲高張於下缺□之無盡今有滎陽施主
武甯軍□□□親王元從鄭義家寄瑕邱□當許下夙
懷鄭重建下缺鐫大悲心霊文佛頂而同時慶讚功圓而
刻就鎮心旣滿今已荅酬佛有慈悲納斯上善妻王氏
男下缺福祐於家門保□榮於永世貞明三年歲次丁丑
十一月壬子朔二十六日辛丑敬佛弟子鄭義下缺

右鄭義造幢在許州關帝廟不見撰書人名訪碑錄有造龍興寺石幢記即此其以爲鄭義撰書殊誤鄭義乃建幢人也下截斷折以經文計之每行約缺十六七字褚善當是諸善之譌優劣作憂古字憂懼之憂本作𢙣優游之優本作憂畔作伴古通通鑑目録是年十一月丙子朔此書壬子碑葢誤丙爲壬也廿六日辛丑則朔日丙子無疑

崇福侯廟記開平二年萃編載卷一百十九作鎮東軍牆隍廟記

篆額三行題崇福侯廟之記六字

墻隍墻作牆後並同傳於史冊冊作冊因遷公署缺字因湊湊作湊據據作據
麗麗作与西使始牧与作漢牧作牧三字熿熿作劉劉作綏綏作綏劾劾作效
鎮鎮作顯永安吾土永作火誠

右碑題重修墻隍廟兼奏進封崇福侯記而額稱崇福侯廟之記顧甯人朱錫鬯但稱爲鎮東軍墻隍廟記者未見其額也記文吳越王鏐撰前十行後八行



字大徑寸中列敕文六行字大徑二寸許此式他碑所未見羅玉嘗守越州旣没州人祀以爲城隍神至是請於朝而得封號敕文云頃因剖竹之辰實有披榛之績擬修府署綏輯吏民此其行事之略也玉之名唐書附見四世孫堅傳云嘗爲越州都督非總管又云爲領軍武衛二大將軍召爲監門大將軍不云右衛皆與碑文小異未知孰是碑末武肅署銜云啟聖匡運同德功臣云守侍中亦五代史所未載也潛研堂金石文跋尾

碑立於開平二年歲在辰按是年吳越改元天寶而碑仍書梁號此與杭州慈雲嶺記篇首稱梁單闕之歲相同可見錢王當日雖僭號改元而於中原正朔未嘗竟削而不用也兩浙金石志

新五代史稱梁太祖即位封鏐吳越王兼淮南節度使舊五代史止言乾甯四年鏐乃兼鎮海鎮東兩藩節制梁祖革命以鏐爲尚父吳越國王此記作於開平二年結銜稱淮南鎮海鎮東等軍節度使梁祖敕亦云況錢鏐任隆三鎮功顯十臣與新史同而舊史不書兼淮南節度者闕文也平津讀碑記



碑文有朝恩與西使始收齊標句西使始牧四字未詳且與下句泰巒不對萬厤府志金石萃編兩浙金石志俱作漢牧但石刻實此四字不知諸書何所據也敕中以頃作傾二字古通用墻字王西莊十七史商榷云牆從牀省聲不從土則俗體也武肅署銜攷吳越備史鎮海鎮東節度檢校太師守侍中兼中書令俱唐代所授惟封吳越王賜功臣號兼淮南節度乃梁開平元年所加敕封亦元年九月事立碑在次年爾　龐公莅越嘉泰會稽志言越州太守題名記與新唐書所載不同云詳馬萬頃所述傳而未加考核馬傳志既不録文亦别無所見余因爲訂正之按題名記云武德元年十二月自武衛將軍授二年七月除揚州都督新唐書傳云由領軍武衛二大將軍爲梁州總管徙越州都督召爲監門大將軍記傳皆出於宋代在是碑之後今碑稱右衛將軍總管則傳誤而記得其實矣但記以爲元年所授殊未可信無論高祖方受隋禪杜伏威李子通沈法興等蟠踞江南未聞嚮化唐豈能踰境而命官一也舊唐書薛舉傳秦王使將軍龐玉攻賊將高羅睺於淺水原淺水原之戰高祖本紀繫在元年十一月是公方從太宗



西征無由至越二也唐書百官志武德七年始改總管爲都督何得於二年七月有揚州都督之除三也至揚州當係梁州由音近而訛可置弗論攷舊唐書地理志曰越州中都督府隋會稽郡武德四年平李子通置越州總管管越嵊姚鄞浙綱衢穀麗嚴婺十一州因悟是時東南甫定越州實爲重地故特以簡公子通之平在四年十一月公殆於十二月受命則記所謂元年者四年之誤也題名記於公後列李嘉闞棱嘉云武德三年授棱云武德四年六月自左領軍將軍授按武德三年會稽方屬子通嘉果爲此官

則爲予通之將與輔公祏反淮南時命其黨左游仙
爲越州總管者事同一例記何必書若稜則於六年
春夏之交從伏威入朝拜左領軍將軍至八月公祏
叛乃從趙郡王孝恭討之計其授官應在斯時唐書
本傳始末瞭然是記載稜除官年月全非事實大約
公移梁州當在六年七月以前公祏肆逆時公已去
越故事蹟無所表著而越遂爲游仙所據使公在宜
有以制之矣余意此時總管當爲李嘉追郡附没嘉
或死或罷而稜代之是記所謂二年者非五年即六
年之誤也惟記作由越徙梁而傳作由梁徙越事無



左證未知其孰是耳越中金石記

此碑疑經重刻故有西使始牧之訛

會稽鍾公墓誌

方一尺一寸四分廿三行行廿四字字徑四分許正書間雜行體在洛陽

大梁故會稽□鍾公墓誌銘□□
夫鍾公者越國滁州人也名乚祖諱□守本州都押衙
父諱□亦守本郡都押衙咸通八載□□土奄至蒼卒
終於本郡金□里葬於北李山當亡之日公年廿有三
後因大國□乱遂抛□也亦遂軍於他地亦効力於干
戈初投　梁主之日仰沐　□留特補節度押衙兼

充後博使主務一十三年至龍紀元年□□□同□□
令□□□□并主馬務加銀青光祿大夫檢校□子祭
酒□□□大夫上柱國至□□□□□□□其重課□
□敢□□□之心□□□憂□□□□□王□□心之
□□□□其遐筭□□　帝恩何□□□□□□□□
甚請名醫而無□□神祇之不祐雖服五色之□□□
□不□金□夕□□□□忽□□風□□之□□□□
辛未□□月□生明享年六十有九終於□師□□□
□□□□□□□至四月十九日葬於□東北邙山之
下□□□□□□□□公有弟一人名景元先□□殁



有妹一人適□氏公□□□高氏之女生育四子女子
□人適□氏長男知□□□□□□□北□□□塋之
東南地□□□次曰知進□□□日□□□□□□□
使　公逝之後□□□□□□□次曰知□次□□□
□□□□□歷其出□□□□□□之門□□□□□
□□□
□□□□□□□氏惟公□□□□時□佐□□主人
□□□□□□□□□□□□□□□□□□□□□
□失□□□□□□□□□□□□德令後嗣□孫恕

□□□□□孫女一人名小下泐此數字較小

右鍾公墓誌在洛陽存古閣鍾公之名似是遂字其祖若父名亦已曼患文前有龍紀元年字後云開□辛未□□月□生蓋開平辛未卽乾化元年是年五月始改乾化此志作於四月故尙稱開平也石已剜蝕拓亦不工所見如此而已

獲嘉李琮造象記

高三寸廣四寸五分八行行五字至七字不等字徑四分正書在洛陽

李琮懷州獲嘉續村人也奉爲亡過父母造觀世音菩薩傾領此功德往生淨土見佛聞法大梁乹化五年乙



歲亥六月三日記

右李琮造象記在洛陽龍門山乾化爲梁太祖年號無五年乙亥爲貞明元年稱乾化五年乙亥歲者末帝仍稱乾化乙亥十一月始改元貞明也貞明元年當唐天祐之十二年法字失刻添注於右大字作反文

惠光舍利銘

高一尺一寸五分廣一尺二寸五分十八行行字不一字徑五分正書

大梁故墻西麗景門外北壁上乹化三年春三月長老惠光和尙建置禪院至五年歲次乙亥三月庚辰朔十二日壬申遷化十四日焚燒德感應舍利京都人衆皆頂謁其年十月八日禮葬枀洛都當院內故記枀舍利銘記

院主僧行堅　弟子師德

都維那頭劉景廿六人王憲璋　雷師因　縰景

任師進　劉璋　王溫　李璋　張武　李岊

楊師逡　韓迫　馬建　王昌　張厚　邊真

張立　王球　李虔　孟裕　劉宗　卓數

李勍　王洪　張師朗　崔惠通

念金剛經社女弟子維那粱師智　師因　師汶



師文　師惠　昃師全　師思　師道　師順

師堅　師太

女弟子師智廿五人師會　師定　師賢　師厚

師佺　師戶　師連　師進　師明　師言

師受　師信　師來　師迓　胡氏　周氏

卓氏　田氏　張氏　潘氏　丁氏　李氏

翟氏　姚氏　闞氏　張氏　程氏　雷彥稠

雷彥實　薛章　范氏此二字在末行下方

冬三月王溫書　吳興沈璠鐫

乙亥十一月改元貞明惠光卒於三月葬於十月

故仍稱乾化是年三月辛酉朔此云庚辰蓋月在
庚辰也冬三月當是十二月

南溪池亭及九龍廟記并陰側

高四尺四寸廣二尺廿六行記廿行行五十一至五十三字前後各三行行字不一字徑七分正書篆額三行題新修南溪池亭及九龍廟等記十二字在大荔

新修南溪池亭及九龍廟等記

忠武軍節度同華等州觀察處置等使光祿大夫撿
挍太傅使持節同州諸軍事守同州刺史兼御史大
夫上柱國武昌郡開國公食邑二千戶程暉
同華觀察判官朝議郎撿挍尚書兵部郎中兼御史



中丞柱國賜紫金魚袋蔡曙撰
沙海之北漆沮之陰有地外阜而中坳對山而近郭廣
狹所□□頃有餘囊括景物之容崛起形勝之質藏奇
隱恠實天設焉按衆載言十道誌云馮翊縣東南八里
有泉九穴同流即此處也唐咸通中太守王公龜爲理
之暇以其邇瞰蓮嶽葺亭而名之庚子年大寇犯闕遂
至燼滅乹寍歲連師李公瑭再營斯搆兼立龍祠塑貌
不嚴榱桷草創雩祀止容於畢爵牲牢莫展於加籩棟
宇雖存纔庇像設而已迩來亭沼堙毀舊跡徵留數政
事多無力及此鞠爲蓁蕪二紀有餘　我太傅武昌
程公　佐命於經綸之始竭節於草昧之初許　國即
漢礪盟勲過庭乃　萊衣承慶一門之內四世同榮位
高而愈見謙和功顯而略無矜伐昔韓侯拜將家不待
於問安紀隲養親宦不聞於列戰古今倫擬未有如
我公之盛美矣加以禮賢而曾彰比飦寬仁而不怒
鰥寡爰自璧田主留仗鉞斯鎮下車而隣無不睦攀轅
而人尚去思時屬兵火剏銷里無完室戎馬所及野有
閑田先條薄賦之利次論恤刑之典簡靜而每容小過
廉平而唯舉大綱先以惠養復逋逃次以繕脩嚴雉堞
廩食足而武備斯壯民瘼除而閭里自康湯湛滀滞雲



矗金壘孜孜四稔急務皆周一□謂　都監尚書及
副車司空諸從事曰此所闕者宴賞之境矣遂親選勝
槩爰及斯地乃命都指揮使劉敬德左靜安指揮使丁
約已下及元隨都押衙員建付以營建之謀示以製置
之略繇是前蕪穢築基址疏三池倣八亭制度悉有乎
等差岸嶄各分其涯涘或延薰風而滌煩熱或面大野
以豁襟靈玉柄罷搖九曲静□其洞彌雕甍未曉三峯
已顯於嶙峋然後再廣龍祠殿添鴟尾重開創設環堵
遍修廂分翠擺之形離立鬼神之將並新彩繪表裏圬
墁造匼匝之長廊引前後之簷廡室分胙傳盃之地廣

三酹萬舞之庭兼以群川輻湊衆派同流若暑雨暴飛
狂波突至不先有備必貽後憂别闢斗門俾其通注式
咸連山之勢免與捧土之譏諸將盡稟規繩一無漏略
而又遣移蔾芰多放脩鱗蚍盤而磴道綠崗蜺鬭而雙
橋夾砌列植五千餘樹爲圃三百餘畦若榴與桃李分
行椅梧共杉松間色脩檊藉雪方灑落於嵇康翠帶援
煙學雍容之張緒莫不衆盆共擁一溉無停紫牙暗援
於陳根綠蘤別添其新蓋蘼辛蘭馥各自任於天和夏
實春榮都不知其移致大與畚鍤纔浹三旬奠然殊勝
之功化出神仙之境有秀皆納無奇不呈愜目暢心不



可諱迷綴季鷹之歸思堪釣鱸魚賁山間之勝遊何須
習治樂蔬而衆皆稱善悅使而人不告勞至於犒賞所
須材石之費悉自清俸圓融一無擾於州縣若夫花光
月燭之時促席汎舟之興篤肩疊跡擧白飛觴岸幘酣
顏遊人相顧而言曰此是壺中天地洞府春光又不知
白蘋亭番盡溪復何如焉噫王公始作而未究其妙李
公繼踵而罔盡其工豈非天留盛事要顯　我公之
心匠乎陳留蔡曙獲預賓席奉　命而實録其事□□
入詠夢未驗於神傳篆貝度辭妙有慙於祖德貞明三
年丁丑歲春三月二十七日記

西頭供奉官充忠武軍兵馬都監金紫光祿大夫撿
挍吏部尚書兼御史大夫上柱國鮑長新
節度副使銀青光祿大夫撿挍司空兼御史大夫上
柱國劉守衡　節度判官通議大夫撿兵部尚書兼
御史大夫上柱國譙縣開國子食邑五百戸錫紫金
魚袋胥鈞
同禮觀察支使將仕郎撿挍尚書工部員外郎兼侍
御史賜紫金魚袋王傳籔　節度推官將仕郎監察
御史裏行夏侯龜符　攝同禮觀察推官將仕郎前
守陳州西華縣令朱蔚



碑側兩截上截十行下截五行行字不一字徑五分

缺都指揮使金紫光祿大夫檢校尚書左僕射兼御史
大夫上柱國程希會
缺都押衙銀青光祿大夫撿校尚書工部兼御史大夫
上柱國徐琢
缺都押衙銀青光祿大夫撿挍戸部尚書兼御史大夫
上柱國王譔
缺都虞候銀青光祿大夫撿挍刑部尚書兼御史大夫
上柱國薛章
缺軍指揮使管第一都銀青光祿大夫撿挍左散騎常

侍兼御史大夫上柱國孔知濬
缺步軍都指揮使管第一都銀青光禄大夫撿挍國子
祭酒兼御史大夫上柱國馮彦章
缺指揮使管第一都銀青光禄大夫撿挍刑部尚書兼
御史大夫上柱國時韡
缺將指揮使管第一都銀青光禄大夫撿挍尚書左僕
射兼御史大夫上柱國黄鐸
缺馬軍指揮使管第一都銀青光禄大夫撿挍戸部尚
書兼御史大夫上柱國王公液
缺馬軍指揮使管第一都銀青光禄大夫撿挍左散騎



常侍兼御史大夫上柱國□翊 以上載
銀青光禄大夫撿挍工部尚書守別駕兼御史大夫上
柱國韋彦珣
朝散大夫行録事叅軍柱國楊翾
攝司工叅軍將仕郎前守德州平昌縣主簿董奐明
攝馮翊縣令將仕郎前守均州武當縣令張光遠
朝議郎行馮翊縣主簿柱國張鍔

碑陰

右方衙名十一行行字不一字徑六分左方文十三行行六十三六十四字字徑五分並正書

都部署押衙充馬步都指揮使兼左衙步軍指揮使
管第一都銀青光禄大夫撿挍工部尚書兼御史大
夫上柱國劉敬德
押衙充左静安步軍指揮使管第一都銀青光禄大
夫撿挍國子祭酒兼御史大夫上柱國丁約
監修元從押衙充都押衙兼親事都頭銀青光禄大
夫撿挍工部尚書兼御史大夫上柱國員建
同押衙充左静安步軍第三都頭銀青光禄大夫撿
挍兵部尚書兼御史大夫上柱國鄭瓌
同押衙充右静安步軍第三都頭銀青光禄大夫撿
挍太子賓客兼御史中丞上柱國柳璩



同節度副使充左衙步軍第四都頭銀青光禄大夫
撿挍太子賓客兼御史中丞上柱國吴温
散兵馬使充右衙步軍第四都頭銀青光禄大夫撿
挍太子賓客兼侍御史上柱國周万崇
散兵馬使充右静安步軍第四都頭銀青光禄大夫
撿挍太子賓客兼侍御史上柱國張君祐
散兵馬使充左静安步軍第五都頭乙章
押衙充通引官董遷　子將充客司虞候劉延祚
同正副將充都料蕭立　張遇　党韜　刻字焦行
滿

押衙充表狀孔目官趙春書并篆額
九龍廟述
節度推官將仕郎監察御史裏行夏侯龜符撰
粱癸酉命　公于許受鉞于同同郎潼之西北實國之樞鍵与奥區也非申威郵下未之得守□□□吏与暴靡留其居明不仁者遠矣迨至　問安涼枕養兵撫俗暇日嘗搜覓訪奇得九龍泉廟郎儀形頽圮池乃草穢涇昏淤是度木揆功衆工畢至其始也樹㮽柳以蔽翳植脩梧而待鳳緑竹覆漣漪青松夾崖岸巢乃沉水之□淩霜之桃池則魚鳥游泳亭臺掩映磴道廻旋景



物萬狀前文具美不復舉書一日斤斧休畚鍤已　公請監使与　副車已下泛綵艦順流而下釋棹登車不二□□豁然乃閬苑瀛洲也郎昔人悞桃源不知漢代斯諳非謬譴夾岸花拆蓮塘水平然也泉之次廊廡屹立　廟貌森然三龍附其神其六乃蟠屈蜿蜒穿石若鬭挐壁□飛電光閃爍如□其中雷聲劃裂若服其側厥狀駭目也如此其神盻蠁也如是其春也繡轂香車玳簪珠履駢羅綺陌匝芳蹊俯而視之乃澄潭不流湛然如□虛其中涵其色萬慮不生衆煩如洗郎武陵蘭亭未足矜也其夏也披襟避煩清風□起熇氣頓銷伏暑攸釋屏輕箑揖清觴筵飛白玉盃池躍黃金鯉鱗羽遂性笙歌蕩情郎毗陵芙蓉吳苑虎邱未可侔也其秋也鷹隼擊高風池塘斂輕翠踈紅墜葉遠樹收煙得以命□友泛霜英鵾絃遞奏鳳管徐吹松影當軒山光入坐郎高□□家未爲致也其冬也芰荷香老松桂風生雪擁階而詞客吟酒滿卮而公子醉四時之景備矣　我公□假之智神沃其心不然何以立奇趣与嘉境如是耶龜符叨□幕席提筆求知因爲雜言覧景直書不事繁飾詞曰　左馮東南七八里九龍斡出三池□涵匱萬狀蕤其中脩鱗拔剌澄潭裏此來不与已前



同致人襟袖□□□□□□臺如化出若非天設郎神功回前斗削三峯立池中掩映山光濕山与池兮兩相借神与龍兮爭變化雲溶溶雨瀾漫尺□如膏三月半老人言是龍□□□□我且□憑石髙廟爐煙有所因分明感　我元戎力

式感遠山之勢感讀爲減衆盆共擁盆當作溢肸

蠁誤作盻揖清觴揖當作挹拔剌郎潑剌

後唐

中書令王鎔墓誌

高三尺五寸廣三尺六寸四分四十四行行字不等字徑六分在正定府

上泐同三司守太師兼中書令鎮州大都督府長史上□
□□弟二行上泐下空
上泐大夫□□禮部尙書兼御史大夫賜紫金魚袋盧
質撰
上泐校尙書□部郎中兼御史中丞賜紫金魚袋任□
書并□□
上泐二□□居無何賊起黃巢兵經下空上泐涉險九州版盪
唯茲全趙□□安邦一百五十年間中外上泐有□有恒
不潛不濫相承四世光輔十朝下空上泐有□及其叔世□
□□□□扵□□邦得同其□雖爲常數亘上泐山發源



始扵□□至于□代乃有太原瑯琊分彼二流十一十二行上
並泐下空上泐之□也□忠力扵邦家□捍蔽扵下泐上泐荨州觀
寮屬置荨使金紫光祿大夫撿挍太傅同中書門上泐封
二百戶贈太師謚曰忠在下空上泐山□□□□□欝爲盛
□□銀靑光祿大夫撿挍尙書左上泐命□累贈司空司
徒太尉太傅在下泐上泐三□□□□封人臣之下泐上泐皆鍾
前脩考終令□□曰忠穆下空二十行上泐下空上泐中□四年□
授鎮州兵馬留後来年起復眞拜繼世爲以上泐太原郡
開國子食邑五百戶在疚畢甦非公事上泐相□信睦交
移中和五年加開府上泐撿挍太保封常山郡王文德元

年又昇太傅上泐封□百戶□順元年就加撿挍太師未
幾授澤潞邢上泐五年□□□書令進封北平王增爵共
六千戶實封上泐賜敕□□□乞久大功臣来年又冊拜太
師增爵一万上泐遠圖無何事胥防萌衆迷逐末納爵新
扵上泐由茲一□乱搆兇徒毒流□氏層害全族殘三十行上
泐下空上泐夫人隴西李氏父李全義皇任撿校工部尙書
上泐不越旬日被害下空上泐守侍中次曰昭□□□□□□
□□部落都知兵馬使檢校皆上泐推官李下泐上泐懷□惠
六經大□何止扵救患郵鄰五下上泐前□□□□□□□
符習下空上泐天祐十八年秋八月大□□□□公舍下泐上泐



伐□□□而終賊男處瑾□父自立處球□煞其兄十
九年平上泐以□□□□幽冤益明義舉今以靑烏□吉
丹旐有歸下泐上泐十二月廿□日泐趙國夫人合葬扵眞
定縣新市鄉廉頗里壽陽崗祔于卅一行上泐下空
上泐府　螯手之蛇　反噬之虎　梟獍興祆　恩義□
□　全族盡亡上泐師一興　飛走無處　逆首就擒
屬封壽撫　衅血□□　申冤告□卅四行上泐下空
右志銘盧質撰任□書上截漫滅殆盡下截亦殘泐
石向在正定府城北五里鋪旁李家莊村外土人壘
爲神案道光丁酉余訪得之遂致諸郡廨今存城内

崇因寺碑爲宋以來金石家所未見著錄自余始廬質兩五代史有傳薛史質傳莊宗十六年轉節度判官檢校禮部尚書此碑列銜禮部尚書上當是檢校二字又任君其名殘泐或疑爲任圜攷立碑時任圜拜工部尚書兼真定尹北京副留守知留守事而此碑列銜爲□當是檢字校□部郎中兼御史中丞其非圜可知或是圜之子弟令無可攷碑第一行存同三司守太師中書令鎭州大都督府長史上十八字同上當是儀字上下當是柱國二字攷鎔加中書令在昭宗光化元年及朱全忠篡唐又加尚書令舊唐書鎔



傳僞梁加尚書令及唐室中興去僞尚書令之號此志稱中書令而不稱尚書令正與史合又志云相承四世光輔十朝攷王庭湊以穆宗長慶二年正拜成德軍節度使至鎔實有五世此葢謂鎔承庭湊至景崇四世之業耳又穆宗至哀帝僅閱九朝志云十朝者乃并後唐莊宗數之也又志有太原瑯琊分彼二流之語攷庭湊本回鶻阿布思之種族世隸安東都護府非中原舊族志葢欲攀附華冑以爲榮耳志云上泐等州觀察處置等使金紫光祿大夫檢校太傅同中書門下泐又上泐封二百戶贈太師謚曰忠者鎔曾

祖元逵也等州上當是成德軍節度使鎭冀深趙九字同中書門字下當是下平章事四字二百戶上當有太原郡開國公食邑二千戶食實封十四字敘銜大略與史合惟史無金紫光祿大夫其曰銀青光祿大夫檢校尚書左下泐又上泐累贈司空司徒太尉太傅者鎔祖紹鼎也志中列銜可辨者大略與史同惟銀青光祿大夫傳作光祿大夫葢誤脫銀青二字宣宗本紀正與志同左僕射本紀作右僕射誤志又有曰忠穆者乃鎔父景崇之謚其列銜全泐僖宗本紀中和二年十二月王景崇卒贈太傅謚忠穆遺表請以



子鎔纘繼戎事遂以鎔爲留後志云□□四年□授鎭州兵馬留後來年起復真拜纘世焉四年上當是中和二字攷舊書宣宗本紀王景崇傳新書方鎭表兩五代史王鎔傳皆云景崇卒於中和二年新書紀傳作三年皆與此不合志刻於王鎔死後之一年不當有誤豈史之失實耶唐書鎔傳鎔十歲三軍推爲留後朝廷因授旄鉞檢校工部尚書志有封太原郡開國子食邑五百戶史傳無之又志云中和五年加開府鎔傳有之而不詳其年月志云上泐檢校太保封常山郡王文德元年又昇太傅又有上泐封□百戶文

苑英華有授王鎔常山郡王羅宏信長沙郡王劉仁
恭彭城郡王制史皆不載其冊封年月宏信仁恭傳
亦然攷兩唐書僖宗本紀宏信爲魏博留後在文德
元年二月其殺魏博帥樂彥禎在是年四月文德元
年卽光啟四年本紀文德元年二月戊子上御承天
門大赦改元文德據此則宏信正拜節度封長沙郡
王已在改元文德之後王鎔與之同制卽係同時冊
封志文敘其事於文德元年昇太傅前未知何故又
志敘□順元年就加檢校太師未幾授澤潞邢下泐攷
順上當是大字大順爲昭宗第二紀元加檢校太師



史亦不載其年昭宗本紀大順元年五月以成德軍
節度使王鎔爲太原東面招討使新書在六月辛未方鎮表作龍紀元年誤志云授澤潞邢者當是澤潞招討使三州在太原
之東故曰太原東面招討使也志又云上泐五年□□
□書令進封北平王增邑共六千戶實封下泐攷方鎮
表光化元年王鎔加中書令五年上當是乾甯二字
進位中書令在八月改元以前故猶稱乾甯五年又
方鎮表乾甯三年鎔加侍中唐書五代史皆不載志
文五年上卒漫滅不能辨其加侍中當敘於此進封
北平郡王史失載蓋亦乾甯五年事也志又有上泐賜

敦□□定久大功臣來年又冊拜太師增爵一万下泐
攷舊五代史鎔於昭宗朝賜號敦睦保定久大功臣
位至成德軍節度使守太師中書令趙王梁祖加尚
書令唐書作敦睦保定大功臣無久字與志文及薛
史異當從碑爲正志云夫人隴西李氏父李全義皇
任檢校工部尚書下泐又上泐不越旬日被害全義兩史
無名志又有上泐守侍中次曰昭□□□□□□□
部落都知兵馬使檢校太保皆下泐攷薛史鎔傳長子
昭祚亂之翌日張文禮索之斬於軍門志云守侍中
當是昭祚之官史失載其曰次昭□者疑卽鎔次子



昭誨惟五代史作檢校太傅而碑作太保蓋史文之
譌又志云上泐前□□□□□符習下泐符習兩五代
史有傳志云□□而終疑卽文禮傳所云文禮病腹
疽及聞史建瑭攻下趙州驚悸而卒事其云賊男處
瑾處□□□又曰□□□□煞其兄攷文禮有三子
處瑾處球處琪城破獲之爲鎮人所醢無兄弟相殺
事此云煞其兄殊不可解天祐十九年卽後梁龍德
二年唐莊宗仍用天祐年號見五代史志云十二月
廿□日□□□趙國夫人合葬於真定縣新市鄉廉
頗里壽陽崗祔於下泐攷新市鄉府縣志不載元和郡

縣志恆州開元有鄉八十七元和有鄉七十□此其一也正定縣志縣北十里牧莊有三塚相去百步許相傳趙廉頗李牧藺相如葬此史記廉頗卒於壽春淸和趙州靈壽皆有頗塚後魏書藺相如塚在新樂不聞真定有塚牧莊在北牛社與北十里鋪相近其地疑即唐之廉頗里三塚或即王鎔之祖塋薛史鎔傳所謂葬於王氏故塋者疑即在此後人因里名廉頗王鎔王趙遂合而名之譌爲趙廉頗諸人之塚云 常山貞石志

右志載常山貞石志以拓本對勘之不無闕譌十



六行欝誤爲爵十七行命誤爲寸命上似是三字沈氏作一恐非十九行闕皆前修考令五字又踵誤爲鍾廿一行缺中字廿六行爵誤爲邑廿八行缺遠圖二字廿九行壽流下所缺沈氏作一齎之決非一字然不可辨矣三十五行缺悳字三十七行缺舍字三十八行多一處字缺立處球三字又誤父自爲又曰其男上一字沈氏作賊恐亦未是姑從之又七行下多小註下空二字至拓本模餬者仍依沈氏録之俟覓得佳本再爲校訂此本殊不精也

重修法門寺塔廟記并碑側 天祐二十年四月二十九日 萃編載卷一百十九

時聞半偈 闕誤闕 寶塔 塔作塔 傳經既自於西天 缺字 自立

鴻勳於多難之秋 勳誤獻 風尚□門 風誤風 俄□天

龍□□□□吹沙 缺俄天龍三字 并鑄造八面 缺鑄字 降龍座下

缺座字

碑側 五行行字不一 字徑六分正書

天祐二十年歲次癸未四月乙巳朔二十有九日癸

酉建立

都維那內大德惠勤

上座講經大德賜紫□暉 寺主內講論大德賜紫詮



琦

左□□軍□軍使充□□軍侯 金紫光祿大夫上柱國

李彥鋼

上泐不辨幾字 使特進守左威衞上將軍□城縣開國□食邑

五百戶上柱國劉源

附 宋張渥題名 一行二十四字 字徑一寸四分正書

嘉祐六年四月十九日監岐陽倉稅三班奉職兼巡防

張渥顥

李崧殘字

萃編未見碑側据作記年月列天祐十九年

高一尺八寸五分廣七寸存二行行存字不一字徑二寸許分書在華陽

上闕如弦之直如稱之平下闕
上闕□之奇箴恭川李崧下闕

秦武域辦香錄云漢殘碑石一塊在成都武侯祠神龜旁完好者十二字存半可讀者三字一行云如弦之直如稱之平又一行云之奇箴恭川李崧未審為何碑筆法古勁其為漢隸無疑相傳此石得之錦城武擔山雜於荒石中乾隆十二年華陽令聊城安洪德安置於武侯神龜旁漢隸字原云漢碑存者凡三百有九今存者已無幾此碑雖數字豈忍忽諸四川通志



恭川李崧殘字八分書似漢末人書潛研堂目

案李崧五代史有傳崧深州饒陽人鎮州參軍擢與聖宮巡官拜協律郎魏王繼岌伐蜀以崧掌書記自蜀還明宗革命任圜判三司用為鹽鐵判官薛史作推官 丁憂還里服除鎮州掌書記拜拾遺直樞密院累遷戶部侍郎端明殿學士薛史云直樞密院遷補闕起居郎尚書郎充職如故長興末改翰林學士清泰初拜端明殿學士戶部侍郎較歐史為詳 唐亾晉高祖召為戶部侍郎拜中書侍郎同中書門下平章事兼樞密使丁內艱薛史召為戶部侍郎判戶部又云廢樞密院事歸中書加尚書右僕射從幸鄴丁外艱歐史兩書內艱殊誤 出帝時兼判三司與馮玉對掌樞密契丹入洛拜太子太師薛史太子太師充樞密使歸漢後為蘇逢吉等搆陷伏誅此刻無年月當是入蜀時所書在後唐莊宗年間也

經幢三種

常庭訓尊勝大悲幢記高三尺五寸五分八面面廣四寸五分每面四行字徑五分第八面題記三行字徑四分行字均不一正書

佛頂尊勝陀羅尼

大悲心陀羅尼

夫常庭訓伏為先亡妻孫氏發願造 尊勝大悲幢子壹所伏願 亡妻生居淨土 早獲人天 每



近西方之極樂 常聞化惠之聲吟 今則功德圓就上報 慈悲但以九類四生盡霑勝果 男郭七

女阿檻

天成三年歲次戊子四月丙子朔五日 建立

右常庭訓幢為其妻孫氏薦福而造化惠疑華會之誤類即類之俗梁貞陽王淵明隋高闍道操師乞林士宏唐安慶緒俱號天成天成三年歲次戊子則後唐明宗也

淨土寺僧思敬等尊勝幢記下缺高四尺七寸八面面廣四寸七分七行行

佛頂尊勝陁羅尼經　七十餘字字徑五分行書在鞏縣

維大唐國洛京河南府鞏縣淨土寺今於當寺建竪
尊勝經石幢伏願　皇風永扇王葉連芳內外群臣
惟忠惟孝次願鎮縣官寮惟淸惟政先亡父母師僧
和尚及兄楊簡姪楊璠缺當處土地護伽藍神前後
亡歿師僧仗自所年兵革非禮煞傷此勝因早證菩
提之道　長興三年壬辰歲八月己酉朔廿三日
辛未建立鞏縣淨土寺主僧思敬小師惠超

右幢見於中州金石攷末題長興三年八月己酉



朔廿三日辛未以通鑑目錄攷之是年八月庚戌朔十月己酉朔與此不合疑八爲十之誤是年七月辛巳朔八月朔日不得值己酉也

樞密使朱宏昭尊勝幢記　高四尺二寸每面廣四寸三分各四行行字不一正書在洛陽存古閣

佛頂尊勝陁羅尼之幢　在真言之上字徑一寸二分許行書
加句靈驗佛頂尊勝陁羅尼真言
竭誠推戴安邦保運功臣樞密使開府儀同三司撿挍
太尉兼中書令上柱國沛郡開國公食邑三千戶食實
封三百戶朱宏昭
伏爲
淸河郡夫人張氏□□建造此
佛頂尊勝陁羅尼幢一所一伏願承玆良因殊福
轉生淨境見佛聞法　甲午歲閏正月
一日壬寅朔二十三日甲子建

右幢拓本僅見五面其一面或無字也紀年但書甲午不著建元按五代史唐臣傳朱宏昭太原人代趙延壽爲樞密使加同平章事此署開府儀同三司當即同平章事也其檢校太尉兼中書令新史不言之舊史云超加中書令又云檢校太傅則



與此不符至功臣號及上柱國沛郡公食邑實封兩史皆未詳及紀年書甲午蓋閔帝應順元年也宏昭即於是年三月赴井而死其轉生淨境乎通鑑目錄是年正月壬申朔此言閏正月壬寅朔亦合

程光遠等造象讚　高三尺一寸廣存一尺一寸前八行題名年月七行行四十字字徑六分行書在洛陽存古閣

上缺十字□□捨□財遂刊石鎸□□□下缺者歸依祇寺功
德况乎　大士果圓十地道滿三祇缺五字王却住
瑠璃國上或□开□□□世界或救娑婆濁惡衆生令

離苦源超昇極樂於是手搖□缺三字而聲振三塗掌捧
玉珠五色而光□衆苦使劒樹刀山之鋒刃成芙蓉疊
翠之芳條鑊湯炎猛之缺三字涼冷波濤之淥沼此我菩
薩願力具大士神通若不如然因何出離今則功圓果
就鑴玉寶金鎮□□之無疆保筭沙之不朽讃曰
大國神京　士庶英明　敬僧重法　攝念修行其一投
金擲玉　精藍植福　殁後津梁　生前備足其二刊石
記名　表敬心精　天曹地府　冥部分明其三菩薩大
士　儀容寫彼　到者發心　見生福利其四齋設一周
十分全收　地獄不歷　天堂去遊其五功德所作



傾離濁惡　法界有情　一時利樂其六
維那程光遠　張景思　李順　趙景思　李氏　尹
氏　維那李坦　王崇　鄧密□□彥勳　維那
閻洪　李暉　裴彥威　徐楚　田暉　王氏
維那張鐸　郭瓌　李彥浦　馮彥　郭景　維那馬氏
張寶　李可及　王知讓　白漢章　陳氏　李氏
宋氏　馬氏　蘇氏　李氏　劉氏　王氏　王氏
張氏　蘋氏　王氏　張氏　郭氏　王氏　張氏
維那楊法行　王氏　李氏　維那李氏　韋溫
嚴本　張進遇　祁知訓　李氏　孫氏　□氏　王
氏　魚氏　樊氏　張氏　楊氏　王氏　郭氏　王
氏　維那王氏　竺溫　王氏　郭氏　程氏　姚
氏　王家劉氏　元氏
長興元年歲次庚寅十二月庚寅朔二十
九日戊午□　玉冊院韓□□字
右程光遠等造象贊前半殘蝕并已斷爲二矣長
興後唐明宗年號不朽作不朽碑版中甚多

華嚴院神致題字

高二尺八寸廣三尺六寸五行行字不一字徑四寸正書在俟官

華嚴院住持主沙門神致□經石室□時長興二載季



夏十九日故題
經上所缺拓本破損審之似是看字

潁州開元寺鍾銘

高大圜徑無攷拓本高九寸五分廣一丈九寸共八十一行序銘每行九字惟有三行十字前後不一字徑八分許正書在壽州

大唐潁州開元寺新鍾銘并序
竭忠建榮興復功臣金紫光祿大夫撿挍太保使持
節潁州諸軍事守潁州刺史充本州團練使兼御史
大夫上柱國清河縣開國男食邑三百戸張廷蘊
鄉貢進士李璨撰

夫鍾爲聚器金曰從革懸于樂府可以諧八音施之釋
門可以福羣動凢立龍象例發鯨撞汝陰郡開元寺昔
以兵革肆淩
本朝中否梵宇器具恒有闕焉未經刼火之灾早曠應
霜之韻忽有頭陁可詢灖蓬以至振錫而來言曰具願
鑄鍾必斯境也 遂次弟行乞于里巷
郡守上言降
勅俞允逆於春載勿庸毋功是僧衆未孚其器範弗具
郡主太保淸河公廩維嵩氣槩授殺城兵
書劒彩雄稜夜射星辰之色陂澄大量秋吞渤澥之波




以德禦姧以刑静宄民如子養道若砥平莅政之餘益
敬方外欲盛餝 佛廟壯觀軍城仍利修崇决在鼓
鑄因自爲化首乃募得居士丁仲欽者金分義路玉瑩
情田出愛湏於坦途指迷津於覺道皈令曲俗皆務聖
曰遂䛇其謀特揆其事設法誘勸闔郡黎元賦入有差
踰時畢集愚者怯於謨始賢者勇於樂成聚銅僅百七
十鈞驪主過千万數衆這居睢水名諸倕工有匠人羅
彥瓌博研其精先利其器歲在無射律中黃鍾□盈□
之辰揮鑪□之□士民雲萃□ 梵佛騰良金合土
以告 功洪鏞垂簴而待扣不宼不撃載鏗載鏘海魚奮

形蟠蛟震吼昔夏王爲山林不若牽九牧以成鼎今
潁侯樹因果有利賦一境以建鍾聲聞于外則而民知
啓禁福覃於遠則其罪停苦酸所貴乎
皇極之道克隆生聚之安大賴備哉懿範無得而銘
立功立事 惟英惟賢 華鍾旣鬬 灖器匪全 爲
秡蒸民 寔彼良牧 爰募哲人 克崇景福 召乎
凫氏 格于佛宮 天地爲鑪 万物爲銅 鯨鯢歎
湏 □□□聲 樓新[illegible][illegible] 金奏噌吰 昏明有序
塗炭停酸 鏗鏘獲利 銘鏤永觀
長興三祀歲次壬辰十一月巳卯朔十日戊子鑄




教化頭陁僧可詢
計度都維那丁仲欽
維那吴 景
鑄鍾都料羅彥瓌
習維摩經僧元璿書
鐫字人史知温李延韜

右潁州開元寺鍾銘乙亥三月諸衙伯維銓持贈
据金石續編云鍾高六尺圓丈二尺上截題敕大
唐潁州開元寺鑄鍾一口重伍阡斤十六字此拓
未全墨本泐處並据補之至筠淸館亦載是銘譌

字不少矣案張廷蘊新舊五代史皆有傳字德樞
開封襄邑人此銘署銜大致與舊史悉合史不言
潁州刺史者團練使所兼充也上柱國清河縣男
史文略之但言清泰中進封清河郡公也至金紫
光祿大夫兼御史大夫史固不具詳矣爾雅釋天
太歲在壬曰元黓淮南子同此銘作無黓者蓋誤
然當時必有書玄爲元者故得誤爲無也宋人以
真字代之弛之釋門以弛爲施亦不古

張希崇華嶽題名 清泰二年十月廿三日 萃編載卷一百十九

因謁 固誤固



八瓊室金石補正卷七十九終

# 八瓊室金石補正卷八十

太倉陸增祥撰 男 繼煇校錄 吳興劉承幹覆校

## 後晉

### 高陽鄉麻浩等造像碑

高四尺五寸六分廣二尺三寸七分廿三行行卅八字字徑六分許正書有界格

維大唐天福二年歲次□酉七月辛亥朔二日壬子青
州北海縣高陽鄉明村人都維那麻浩 糺化施主
等拜建 東明寺兼立碑銘一座上爲 国王帝主下
及師僧父毋七代先亡見存眷屬普爲法界羣生齊登
佛果 夫分元□莫辯希夷既有陰陽而成晝仪量
其寒暑立以火風用產□萌□滋凝□是知微細莫了
幽元難免死生甯逃去住聞雪山六載除人我早已寒
灰霧嶺三乘伏狂□□爲靜水空門□之凡夢无違化
正菩提名標□覩□傳□世感以蒼生乃懼輪迴可增
利益與修廢寺庄佛像而已滿堂用示他年刊碑石而
爲後記 留合勸上善因飾金儀願生極樂以表□□
碑刻范村院主僧□□供養主僧賛北高界□額寺主僧
□□穆陵關院主僧嵩壽管村院主僧龔密州光聖禪院僧
鸞僧□□明僧□□幽州聖果寺尼□□咸聖寺尼□□□□□

于貴劉□院行者毛鐸妻寇氏　高陽鄉北固里諸李村呂郡貢
學究蘭嵩左嵩□代□京□管□□菩泊青邱貴居北
海□明村人　維那麻浩□□□□糺化爲立東明寺
碑銘嵩全家虔心利社造功德兩軀供成回果願從今
而去□障永除鄉貢李呂蘭嵩踈□施利妻王氏同施
村人綦氏　女子三娘子下空九格　施主蘭□妻劉氏息
□共脩□象兩尊　塋京兆郡鄉貢□□杜蘇妻□氏
合家共修石像兩尊　具□碑材□□□□□□□
□合家□造石像一尊塋麻殷妻呂麻勍弟廣母龔氏麻公
妻呂菩賈周　施主麻□妻趙氏合家共修石佛一尊麻



溫母翟氏麻過麻佺麻□麻凝麻謙麻琉母龔氏麻榮許練
周□周璧周暉李□□□□□　張審　張遇
張言妻劉氏張貴張安妻高氏潘真趙璠郭供邱溫　田福妻
董氏男菩夏溫菩晉母王氏傅□妻龔氏劉嗣蕭進殷璧王
暉吳晟孫協母王氏董郎劉懷記　□諸李村施主劉
妻龔男禮妻王氏女曇趙通妻劉氏李晏妻龔氏□稠母劉氏王
暉趙逍李□母龔氏杜棠王氏　北高潔村寺都維那趙師
珣副維那賀暉李在禮　劉瓊責王孺妻呂氏晉徐興趙
殷張姜下空三格　□錢□知事維那麻□□夏義□□環妻
王氏孫遇妻王氏王進妻賈氏女李季氏賈氏新壽索造張暉王氏

維那韓周　劉泉王靖妻□□王□周□劉鐸高暉
郭吾李高李□劉贊母王氏王遂鄭陳貴　維那劉
遇　張林□福都維那□□□□母龔氏蘇賓妻郭氏男
鹿臺南高累村錄楊景　維那張溫　都安
村周□男暉孫男晉弟發張□妻賈氏周晏母李氏李
顯劉瀚下空七格
長興二年脩文殊菩□□□□□□□應順元年□□
安村西明寺令□東明題□於後

右麻浩造象碑銘在青州歲次下缺一字山左金
石志作丁以爲後晉時刻云天福爲晉高祖年號



而碑仍題大唐不知何故祥案唐昭宗改元天復
吳越備史作天福當必有據碑末有長興二年應
順元年兩題是後來續題者長興應順均在後晉
之前必非後晉所刻晉高祖名敬瑭兼避唐字改
唐城縣爲漢東唐昌縣爲彭山唐山縣爲橫山行
唐縣爲永昌唐穀改姓陶氏而碑乃直書唐字恐
無是理且碑書世字缺筆作丗竊疑天福即天復
碑爲唐時所立也然天復二年歲值戌不值酉年
上又確是二字或是元年辛酉書刻者誤元爲二
耳　同治乙卯得此本於京都廠肆錄而跋之以

爲唐代之物茲復檢拓本覆加校勘諦審西上一字雖不明顯卻似丁不似辛碑末長興應順兩題字蹟與前無二乃立碑時追敘之詞非後來所續題訪碑錄載此亦系於晉宜從其舊而仍錄前跋以俟博雅攷定亦疑以傳疑之意也北海縣唐及五代同稱今青州府之昌樂縣萊州府之濰縣昌邑縣皆唐北海縣地高陽鄉當郎元魏時高陽郡故地穆陵關在昌樂縣大峴山上左氏傳所謂南至于穆陵者即此也管村常是管甯故里在安邱縣西南四十五里今謂之管公都



贈太傅羅周敬墓誌 天福二年十月六日 萃編載卷一百二十

大盜勃興 勃誤助 梁天主 缺天字 冨壽 冨作富 會屬之期 屬誤尸 圜邱禋畢 圓作圜 羑荓 羑作菱 魏愽□大使 使誤作將軍 朴玉容儀 容誤其 渾金器度 器上衍其字 □在□人 缺在字

經幢五種

花敬遷尊勝幢題名 高三尺五寸八面面廣四寸各四行行字不一字徑七分正書

在洛陽存古閣

佛頂尊勝陁羅尼真言

佛說千手千　眼觀世音菩薩廣大圓滿无障㝵大悲心陁羅尼真言

天福三年歲次戊戌二月九日　建

左飛龍使贈司徒行當州諸軍事花敬遷

夫人康氏

縣君李氏　男殿前□盲光進

弟降州長使敬友　唐弟內殿直進威

降卽絳長使卽長史唐弟疑唐爲堂之通借花敬遷署銜左飛龍使贈司徒行當州諸軍事曰贈司徒則敬遷非造幢之人殆其子光進所造也當州唐屬劒南道今四川龍安府松潘廳地唐末昭宗以殿後兵三十人隸飛龍坊此云飛龍使其卽是歟



法行寺尊勝幢題字 拓未全高無考八面面廣四寸三分六行七行行字不許字徑五分正書

在汝州

佛頂尊勝陁羅尼經

天福三年四月一日建主□□記

施主女 渤

太原郡小娘子尊勝幢記 高一尺九寸五分八面面廣四寸第一面上方題佛頂尊勝陁羅尼之幢九字字徑寸許下方經四行行廿一字二三兩面及弟四面前二行俱書經廿七字餘書記銘共十九行行字不一字徑五分並正書

佛頂尊勝陁羅尼真言曰

晉故太原郡小娘子幢記

將仕郎試秘書省挍書杜謙述在前行下

欸乎皎皎秋霄有月而何嘗不歎遲遲春日無花而得解長榮是則人世徒深愛別所繫陰陽之運者寍休去住之悲乎　小娘子素質標奇芳容挺秀眉纖柳翠臉潤花紅行馥蘭蓀操凝松栢夙叶䋲圖之志曾無過梱之言分將九族之榮餘抱三從之義本冀永延福壽光彩門風豈圖倏降春霜俄摧嫩蘂以天福元年歲次丙申十月二十六日殞于　時年十九靈珠掩曜皓月沉暉塵翳粧臺香銷蘭室精神則去魂魄無來舊服依依尚覩繡紋之跡深臆悄悄休聞應諾之期

父推忠保順功臣安遠軍節度副使金紫光祿大夫撿挍司空兼御史大夫上柱國彥廙道備五常功全七德持經邦之善價闘定難之洪機方當輔　國成家榮枝茂葉嗟尓未及笄丱先殂人寰是知造化無恒吉凶莫准恨結而雲塡滿臆悲緾而珠落盈襟思再見以何時立貞幢於是日刊其行節俯于　先塋兄姊斷腸　縣君泣涕夜臺塵玉殘月留眉悲哉悲哉

更爲銘曰

生滅兮雖常　汝去兮何忙　形消而影絕　地久而天長

長兄將仕郎試大理評事守汾州錄事叅軍　繼方　□　次兄孝感鎮使　繼郴　同姊□郎婦在銘日下

時天福四年歲在巳亥十月戊戌朔廿三日

建

右幢王彥廙爲殤女所造彥廙五代史無傳俯于

先塋祔葬之謁



呂氏爲夫造尊勝大悲幢讚高三尺一寸八面面廣三寸五分真言五面面四行字徑四分正書序讚三面面五行字徑五分行書行字均不一

佛頂尊勝陁羅尼真言此三行在上方字徑六分行書

千手千眼觀世音菩薩□大圓滿無障礙大悲心陁羅尼

孀妻呂氏　特捨資捐建　尊勝大悲陁羅尼幢奉爲亡夫資薦去識　曾聞善住天子得脫七返之身畀劫沉淪因此而超昇於淨域若人課誦暫得聞經九有四生河沙罪滅今則有孀妻呂氏將酬禍禄上報慈尊聊陳示誨之恩與□□□□得由是磨礱削石命匠輪金八邊之修飾光輝一座之寶鮮燦錯陀羅尼□□寫秘密之靈文用荅孝誠將酬掬育於

是慶雲布彩煙惹長空瑞色射於九天亡靈生界標
乎像事彰在墳傍福利奇哉　乃爲讚曰
佛陀尊勝　起自西天　文殊示現　波利賫還
耶其梵本　翻譯唐言　若人持讀　枯骨生天
今有妻子　志捨資掮　爲其亡夫　追薦九泉
一承妙善　長在佛前　先亡利苦　勝事俱圓
貞石匙俗　永固万年　女聟駱郎女張氏　男仵
□　新婦劉氏
天福七年歲次壬寅三月甲辰十二日丙寅建
立
水北界小鎬化坊百姓張敬思墳墓此行在年月之上正書

右呂氏幢爲夫薦福因建此幢於墓旁而不見其夫之姓後有女聟駱郎女張氏乃知其姓爲張年月上張敬思墳墓五字與上下字蹟均不類是補刊者張敬思疑即呂氏之夫也一座之寶鮮潔句脫一字薦作薦誤鞠作掬亦非十二日丙寅則朔日值乙卯三月甲辰蓋月建也證以後刻尤無疑

東嶽廟尊勝幢記　高五尺八面面廣六寸餘八行行七十七八字不等字徑五分許弟一面上列大字三行行三字字徑一寸二分下題記姓氏行字不一均正書

青州臨淄縣□生幢子



青州平盧軍節度□督府臨淄縣先獻□□□鐵香
鑪社今□發心又□大唐内南中□□門西□又□
□西行廊伍間又於　大殿前□□南□□□□□
□□□□□□□迦下佛頂尊勝陁羅□經幢子一□□
積幢□□薗生之身命終之後早生西方礼佛聞法
捨罪身□□重受傍生之業社衆人等傾心誠懇傾
發赧重道心普□慈悲無□前□又先有傾於　寘
福□□新□經藏内結緣遂捨淨財共□洪福各辦
□□□肆盤□七□□藏經大小乘□肆拾卷□持
四匣上開列州縣名字貼金龍□用表□崇其經題
目具標卷袟　釋迦氏□譜經十卷　三藏□集經
卅卷衆經□錄經□卷　□□陁羅尼經十卷□□
設齋貳伯人□此表白蕪呈三□□君意者伏願
皇帝萬歲国祚千秋四海歸　朝八方貢進風調雨
順稼穡豐登兵革休征□□□永□州縣寮□□□恒
□□□長□永爲柱石□□□泰獻奏無□家□安
甯延□□□上乘五般□事具磬□□可爲十方諸
佛□知須刻貞珉之記時天福七年歲在壬寅三月
乙夘朔廿四日戊寅建社頭呂□□社錄王□□□
□釋□□一尊　李鐸男彥覇稽温趙立李漢筠于

宏□□□□□□□□□□□□□□王思進田□輅
李般張延嗣苟知□盧般房兆□彌周□□□王□
□李□妻裴氏李□王□□□劉知訓 劉望都母
馮氏 燕令訓王澤妻李氏 □武妻魏氏張賔王
□□□友母王氏張廷瀚 張廷温 顏温 師延
貴 寘福□經藏功德主僧□□ 范温妻□氏
維鄉□□□泐下
東嶽令将仕郎□□東嶽廟令張崇迪妻王□

佛頂尊勝陁羅尼經序

佛頂尊勝陁羅尼經



佛頂尊勝陁羅尼經一卷

右幢當在臨淄山左金石志所未錄社頭呂某名已缺泐末行有東嶽令東嶽廟令字知此幢在東嶽廟也即以標之

復溪州銅柱記天福五年十二月廿日萃編載卷一百二十

復溪州銅柱記失載

都團練使彭德□缺都字脫德字并少一□
梖䅼之轉輪之路粮作糧苟達誠誓誠誤誠五溪之嶮嶮作險
我師輊躡躡誤蹈父祖本分本誤本當州大鄉大作太龔朗芝
朗誤明朱彥瑀瑀誤璐開江都指揮在彭允瑫署銜內缺開江二字誤作一□右
僕射在彭師俗署銜內右誤左廖保詷詷誤詡覃万留留當是富之俗作寅非彭
允強強誤師

溪州銅柱記馬希範據湖南時所立其誓文首云天福五年正月十九日而不題大晉其誓詞云嘗王庭發軍收討又云歸明王化又云凡是王庭差綱收買溪貨竝都募采伐土產不許輒有庇占蓋其時知有藩鎮不知有朝廷久矣記後列銜名吳氏十國春秋竝不載吾友武虛谷授堂題跋始具錄之記文空處多攙入宋人題名字跡較劣而知州通判都監鈐轄皆宋時官名斷非天福元刻虛谷未及別白也宋史



西南溪峒諸蠻傳彭氏有文緒者知中彭州即忠順州也此刻有知忠彭州軍州事彭文緒蓋即其人中忠字互異當依此刻爲正傳稱文緒以景德二年知忠彭州天聖三年爲彭儒猛所殺則題名當在天聖以前也吳志伊未見此刻所載記文多誤又不錄誓文予所藏本乃畢尚書總制楚中時所貽此柱今在永順府境人跡罕至椎拓頗不易十駕齋養新錄

右晉天福五年銅柱今在永順縣之會溪乃沅陵永順二縣交界處上刻記文竝標題銜名共二十五行每行五十六字徵有參差正書字徑五六分第二行

李宏皋銜名一行低八字次馬希廣監造銜名二行低三字次天福五年云云二行後列誓詞五行低一字次彭士愁等十九人銜名七行亦低三字次鑄立年月日一行低四字共四十二行天禧移豎年月一行續刻於記文首標題一行下又有彭德□等五十三人銜名散題各行之下空處字跡俱不端正大小亦不齊恐後人續刻故另列於後文首不題書人銜名字亦不足取竝多譌謬如諸侯紀功之紀作計忽乘間隟之乘作承常如姑息之常作嘗天神降祉誤神爲人譌祉作止又銜名內如棲㮰等字俱不可識



文云列祖昭靈王漢建武十八年平徵側於龍編樹銅柱於象浦乃用馬援征交趾事交趾女子名徵側及其妹徵貳反攻郡徵側者麊泠縣雒將之女也嫁爲朱䳒人詩索妻甚雄勇交趾太守蘇定以法繩之側忿故反建武十九年遣伏波將軍馬援等發兵討之明年四月援破交趾斬之事見後漢書南蠻傳及援本傳援歿後追謚忠成侯竝無昭靈王之封疑係馬氏子孫私自追尊其祖之稱耳文又有盤瓠遺風因六子以分居等語按南蠻傳高辛氏患犬戎欲募能得其將吳將軍頭者願以女妻之帝有畜狗名曰槃瓠遂銜吳將軍頭至闕下帝以女配槃瓠走止南山石室中三年生六男六女後自相夫婦子孫蔓衍即長沙武陵蠻是也而干寶搜神記曰槃瓠者本高辛氏宮中老婦人有耳病醫者挑治之有物大如繭以瓠離盛之以槃覆之有頃化爲犬其文五色因名槃瓠太平御覽卷九百五則與史傳異而與劉昭注所引魏略略同文又云師號精天相名娛氏者蠻人名渠帥曰精夫相爲娛徒亦見南蠻傳槃作盤古字通用帥作師夫作天恐刻工之譌又云漢則宋均置吏唐則楊思勗師者漢建武二十四年羣蠻入寇遣伏波將軍



馬援等擊破之乞降會援病卒謁者宋均矯制受降爲置吏司羣蠻遂平亦見南蠻傳及宋均本傳其云唐之楊思者當是宦者楊思勗也唐開元十二年五溪首領覃行章亂詔思勗爲黔中招討使率兵六萬往執行章斬之事見唐書本紀及思勗傳楊思勗但稱楊思似不成文然古人往往有之也攷唐志辰州本沅陵郡天寶元年更名又錦州垂拱二年以辰州麻陽縣地及開山洞置溪州天授二年隷辰州李宏皋方輿勝覽五代史補三楚新錄皆避諱作李皋其馬希範題銜江南諸道都統及馬希廣李宏皋劉勍

等各銜竝官名地名人名五代史都不載俱可据以補之李宏臯後以馬希範卒立嫡弟希廣而不立希蕚爲希蕚所殺大鄉三亭二縣本唐舊置竝隸溪州册與策古字通筞又策之别體字予嘗得馬殷所鑄乾封泉寶鐵錢背穿上有筞字者正與此柱文同體史改作册其義雖通非是空處銜名必是後人續刻錢詹事金石文跋尾定爲宋人所題因知州通判都監鈐轄皆宋時官名又有知忠彭州軍州事彭文綰見宋史西南溪峒諸蠻傳謂文綰於景德二年知忠彭州天聖三年爲彭儒猛所殺題名當在天聖以前



予案記後題靜邊都指揮諸銜名大約宋初其人尚有存者西南溪峒諸蠻傳云溪州彭士愁等以溪錦獎州歸馬氏立銅柱爲界建隆四年知溪州彭允林前溪州刺史田洪贇等列狀歸順詔以允林爲溪州刺史洪贇爲萬州刺史此田洪贇疑卽題名所列檢校尚書左僕射之人當亦作史者避諱改爲洪耳又案景德二年十二月荆湖北路言溪峒團練使彭文綰送還先陷漢口五千人詔授文綰檢校太子賓客知中彭州大中祥符八年詔中彭州彭文綰歲賜錦袍彭文綰之姓名屢見宋史其卽一人無疑史又言咸平六年七月南高州義軍指揮使田彥强來貢疑卽此所題之通判田彥强也又言元祐三年知藍州彭士明等各同其州押案副使進奉興龍節及冬至正旦溪布有差云云亦與此溶州都監同名計元祐上距宋初已百餘年宜非一人恐題名陸續所鐫未必僅止天聖以前也彭氏世有溪州之地分上中下三溪總二十州皆置刺史在宋初猶然空處續題金紫光祿大夫等銜名有富州溶州南州萬州高州古州謂州施州保靜州感化州諸地名具見宋史記文後刻彭士愁誓詞與楚相約歸順王化無輕攻討迨



馬氏亡入宋後溪蠻依舊順逆不常惟銅柱一物彼人奉爲故事似甚寶愛故宋史載太平興國七年詔辰州不得移步内馬氏所鑄銅柱又至和二年知辰州宋守信等討彭士羲俘其孥及銅柱嘉祐二年仕羲率蠻衆就降辰州亦還其孥及銅柱記文首詩標題下續題天禧元年十一月十五日移到至十六日豎立記云者攷史稱天禧元年溪州蠻寇擾遣兵討之或因是年兵亂彼人移此重立或宋令人移其柱於此豎立俱未可知題銜末又有銅柱高壹丈貳尺内入地陸尺重伍阡斤竝石蓮花臺及下有石頳云

云一行頗字不可識字跡與天禧元年一行相類恐
即其移立後同記也王貽上池北偶談載此文所錄
銜名多脫誤至記文乃遷州城下於平岸似以四字
爲句金石萃編謂係乃遷州城於平岸之下之誤恐
未必然古泉山館金石文編

超化寺石香爐讚

高八寸三分四面面廣四寸二分共廿二行
行字不一字徑四五分正書直界格在密縣

洛京河南府密縣衆僧等共造石香爐於超化寺舍利
塔前供養
伏以釋氏遺教顯福利於人天示現雙林□舍利於他



界但以叨依佛廕謬忝僧倫覩先師之真身礼我佛之
靈塔各抽衣鉢共造香爐上祝威光同希福祐然頌
皇王萬壽國界安甯同會同□咸霑勝利乃爲讚曰
寶石奇功　鎮塔龍宮　名留不朽　福報無窮
解脫香焚　遍法界空　無前無後　□證六通
都維那僧法興等　□均　謙信　元智　□通　道
廣　㽵滿　師□　□興　楚明　審宗　□蕚　崇
□　□真　韰　宏懿　明通　宏壽　清朗　清
雅　清貴　清□　知元　智堅　□□　寺主賜紫
大德　師贊　典座法□　王岫施車牛於鄭州

船載□寺界王□　鄉貢三傳范善佐　上官□　王□
攝國子四門助教姚宗吉
大晉天福六年歲次辛丑四月庚寅朔八日丁酉建造
僧繼莊書　石匠人吳全章

闕

烏石山鱗次臺題字

拓本高三尺九寸廣一尺九寸一行三字字長徑一
尺款二行行字不一字長徑二寸餘俱篆書在侯官

鱗次臺
通文元季沈泥彖黃□書
右鱗次臺題字在侯官魏稼孫以爲建文元年今



審其篆體遒鍊不似明人手筆因諦審此字左旁
从辵不从冗史非建字以篆文寬狹準之尤不似
建蓋通文也通文係閩王昶年號通文元年當後
晉天福元年

堅牢塔記永隆三年十一月萃編載卷一百廿二
无逸奉□書語字已泐脫无逸二字　睿明文廣武聖光德作睿文□□□
聖并誤光爲元□隆三年字缺隆　木歎鐫歎誤勸　王曦曦下多之字
又馨香字碑作香苾蕊字碑作蕊王氏跋曰中間
有謚號一行泐三字證以十國春秋乃王曦之謚
曰睿文廣武明聖元德隆道大孝皇帝也今審石

本睿下的係明字餘亦俱可辨識光字尤無絲毫缺泐王氏蓋沿十國春秋之誤而未諦審睿明文廣武聖光德隆道等字當是閻臣所上尊號亦未必是謚

南漢

感報寺鐘款

高二尺二寸八分寛三寸八分四行首二行各廿五字第三行廿三字末行十四字中空圓花徑二寸八分正書在蒼梧

維大漢乾和十六年太歲戊午閏六月庚辰中空朔十六日乙未弟子萬華宮使桂州管內招討使特進行內侍



上柱中空國吳懷恩鑄造鴻鐘壹口重伍伯斤置於梧州雲蓋山感報中空寺永充供養上資當今皇帝龍圖永固

聖壽中空萬春謹記

右鐘在蒼梧縣光孝寺高三尺口徑一尺七寸案十國春秋吳懷恩番禺人內常侍中宗郎位進開府儀同三司乾和中為西北面招討使將兵擊楚拔賀州陷昭州盡得蒙桂宜連梧嚴富昭柳象藤龔十一州之地當時稱善戰云鐘所載懷恩銜十國春秋皆不之及又乾和十六年為周世宗顯德五年考薛史及通鑑是年閏七月此云閏六月是南漢不奉正朔之證廣西通志金石略

乾和十六年即大寶元年是年八月劉晟殂子鋹立改元大寶鐘鑄於閏六月尚是乾和十六年也

廣西通志乙未誤作已未

宴石山記

高三尺九寸廣一尺三寸十七行行五十七字字徑五分正書在博白縣堡鎮

新開宴石山記

肓都監容州管內製置鹽鐵發運等務并白州永資院點撿義勝等都承務郎賜紫金魚袋劉　崇遠在前行下



寍遠軍節度衙前兵馬使充制置務表狀孔目官麦晧書在碑尾

蓋聞住非聲而去非色無滅無生視不見而聽不聞有物有象三空俄顯　一德爰彰善念必通勤行可學明明宗肓歷歷程途實有路以堪躋匪無門而可入自是心源不透智筏未近達彼岸以何由湊　元関而莫追崇遠自親　禁掖厚忝　渥恩凢覩　靈蹤悉虔俗志冀精勤於一善上報答於九重宴石山者在白州博白縣之西鄉與馬門灘伏波公之祠鄰近圖經云昔有神人稱陳越王今有古宮基址見在廉州合

浦縣界王曾宴于此山故以爲名焉其山也西枕清波南連翠嶂曉則輕雲族白晝則遠樹攢青石溝泉噴㸃㸃而斜飛皓雪澗邊花秀叢叢而密綴紅綃左綺右廻前龜後鶴蔬足菓足松寒竹寒昔曾有水臨水鑿石作佛像約高五丈餘未窮其年代者矣又有壬向石室一所唐咸通中高相座諱駢統十道兵師禦八蠻疆境經行之際於此室塑造　佛像今尚存焉崇遂因監製運遂切經營乃命良工闢爲精舍一山迴矗兩室相鄰懸是以黑金鑄釋迦瑞像設于東室又鑄釋迦牟尼佛一座兼別鑄五百阿羅漢十六羅漢設于西室其次有石



引廊齋堂僧房等在于室外請僧師肇道惟敏惟忠住持焚修尋則飛章　聞奏　皇澤爰須賜額號於鷲峯爲覺果之禪院所謂覺乃大覺之路果乃勝果之門覺與果齊果因覺集　皇明無外天鑒洞臨致屯石嵐永爲勝地又別有東峯石山一座中有東西南北四室嵳峩若畫礧碨如鑱直㺯乎造化剜開又忍是神仙斵出多景多致唯煙唯霞亦以黑金鑄　玉皇　道君　老君　天地水三官并塑　左元右元真人玉童玉女左右龍虎君　元中大法師設于室內卓爾威儀森然侍衛請道士廉德崇劉守淸盧守

和等別建道院住持焚修以乹和十五年丁巳歲八月二十三日起建迄于大寶元年戊午歲十二月二十七日畢功建置道塲設齋慶讚訖莫不　青蓮金柱如仞利以初來　錦舌蒼肝似　蘂珠而乍降繇是命乎緇侶招彼羽人金鐘曉炷以紛䋢銀炬宵燃而炫燿用全因果上贊　休明俾來四海之朝　宗盡類衆星而拱　極功既畢矣願且周焉可以齊嵩華之堅可以竝江河之永　靈基　勝跡万古千秋時大漢大寶二年太歲己未九月癸卯朔二十四日丙寅記



晨輝殿使知白州軍州事都管勾容州管內都製置塩鐵發運等務朝請郎撿挍尚書工部員外郎柱國賜緋魚袋樊　庄嗣　榮秉那符同崇　勝祉

左静波指才使南面副捕軍海門防遏都部佰將金紫光祿大夫　右領衛將軍撿挍刑部尚書兼御史大夫上柱國蔡　彥宏

製置務客司軍將李道貞鐫

蔡條鐵圍山叢談云遊博白之宴石山普光禪寺得僞漢時寺記然則宋之普光卽南漢之覺果也蔡引記中松寒竹寒誤竹爲水未審誰誤也金石續編

致此石嵐全唐文此作去鈞清館金石記石作名
皆誤余前校續編反以此爲誤字不見石壘以意
測之其失如此誌之以懲吾過

乾亨寺鍾款

搨本四紙高三尺四寸三分上下二截中空上截長一尺八寸二分下截長八寸三分寬各五寸八分字各四行有陽文直格弟一紙下截之右題名五行左題名二行弟三紙下截之左題名三行字數均不齊大小不一俱正書在賀縣

維大漢大寶四年歲次辛酉九月辛酉朔二十五日乙
酉鑄造中空銅鍾壹口重壹仟伍佰斤於乾亨寺永充供
養　僧正大德崇懲都監大德行超監寺大德審中



都維那僧恭□住持僧從義楚□□□戒詮智暹知
事徽事郎守內侍省內府局令賜紫金魚袋梁延康中空
亮　西頭供奉官都監賀州防拓應援等軍并監賀州
管甲指揮使全□劉□□□內承旨黃□指揮使陳
左雄勇指揮使都監賀州應援軍銀青光祿大夫撿
挍刑部尚書兼御史大夫上柱國郭達中空　西頭高品
譚文定西上閤門使副權錄事參軍梁延福以上弟一紙
左廂都押衙知桂嶺縣事歐陽敬忠　右廂都押衙梁
存忠　防城都押衙黃延靜　四界馬步都虞候知馮
乘縣事孟漢班　馬步都虞候莫慶中空　承議郎守連

山縣程□珪捕賊官陳子勳　冥承遠　馮令□　軍
事孔目官知寶城場務冥延□　鼓鑄都勾孔目官□
富川縣梁珠　軍事□□□蕩山縣科□楊蘊讀示
孔目官鍾全交　廳勾孔目官陳昌□中空　鼓鑄孔目
官鍾□眇曹都鍾仁英州司孔目官冥保忠陳□□□
□　表奏孔目官費沆冥□賛王廷規冥仁祚倉督康
仁亮臨賀縣都□耆壽冥師岳陳□瓌歐陽紹桂嶺縣
都行耆壽李罕餘中空　富川縣都衙耆壽王漢膺董仁
興馮乘縣耆壽何仁富　□蕩山縣耆壽黎□□　寶
城場行首賔懷祚下空以上弟二紙　衆緣弟子馬軍郭道崇



陳延嗣何懷堅李懷進梁道崇李廷真區彥從錢珣唐
緒顏位陳彥詳　防拓軍十將何□中空　聶珂玉旼成
行吾阮敬芝張利保區珎陳廷桂李□　宋從順楊廷
懿蘋全志植昌鐵陳僊陳癸黎小錐陳保得吳甯拉區
昱鄧珣楊延慶凌孟塭羅敬旻黎道□中空　黎崇徽陳
法善　梁觀音林光蔚鬫康衆張僧養　林讓梁生錫
陳□智何佛養陳延壽梁保志馮僧保李文叻陳瀇久
蘋玉張料六梁保綬何廷泛劉道誠梁敬□中空　梁度
嚴留梁光嗣吳佛保陳公遣區延志　聶再隆　陳彥
高盧元志王佛壽劉部向延邸陳佛看蘋保兒蒙愛梁

延愛梁和向莫宋張佛王差徐効植當保梁懷徹靈延
保區紹陳承鄭黃知道王期陳師（中空）　黎佛念鄧法護
洗光嗣李張靈邠封善修靈從蘊陳思宣（以上第三紙）　泉
緣應援軍十將靈法住龐保定楊僧羅法甯劉光羙李
善能楊像封弩陳令簡劉會陳道情梁靈（中空）　羅貴楊
道意楊公海覃廷儀潘廷羙馮金劉□　何佳韻龍婆
兒伍僧會潘莛覎楊軍朗梁瑶靈嫩龔硯楊知蘋蘊黃
延集楊處吳採龐奴甯舍（中空）　梁□通梁纫余慈甯光
包□兒洗初鍾添唐勝　梁云慶尭保成劉皮　乹
亨寺住持僧宏遇善儔志完　善慧寺監寺大德緣集



法書　正思禪院監院大德智□（中空）　西山勝果寺監
寺大德惠長寺主契真仁王寺監寺大德善□　峽山
寺監寺大德從惠審依　東南道靈化寺大德延浦
鑄造匠人梁道崇　頻位　鄧珠　書人區昱（中空）
鑴字匠人齊公進　齊公握　阮仁興　田從訓（以上）
（第四紙）　高品銀靑光禄大夫撿挍國子祭酒兼侍御史
柱國莫道贇　翰林暇日待詔文林郎試大理評事王
師訓（以上二行在第一紙下截左方）　（前一行本未全）　攝　倫延綬□□□楊
□李常温康延□李□□莫□　霙才訓
女弟子蔣氏六娘黃二娘徐四十娘李十四娘霙五

娘陳二娘歐陽十八娘陶五娘李二十八娘馮一娘（以上五行在第一紙右方）
　女弟子康三娘區二娘宋九娘李八娘陳
□□　任八娘簡十娘王一娘劉二娘李九娘康二娘
趙十六娘徐九娘何一娘陳一娘（以上三行在第三紙下截左方）
右鐘在賀縣三乘寺高四尺四寸口徑二尺五寸四
面皆有款文凡千餘字其官位及僧徒稱謂亦足考
一時之制內多異姓如洗慶植爾科賓之類爾音喧
今南中尙有此姓而洗或作冼觀是鐘知其誤自五
代時已然大寶辛酉爲宋太祖建隆二年攷史是年
九月朔壬戌此云辛酉亦差一日也（廣西通志金石略）



崇福寺鍾款（五行前三行分兩截刻後二行刻上截正書字徑五分在桂陽州）
大漢桂陽監敬鑄造鍾壹口重二百五十斤謹捨於（下空）
崇福寺永充供養特冀（空）　殊因上資（下空）
國祚文及坑鑪民庶普獲利餞（下空）
大寶四年太歲辛酉十一月二十四日　設齋慶讚訖謹
記
南漢大寶四年鐘在桂陽州城隍廟中其文陰款正
書六行字徑四五分學使徐星伯編修訪得之以拓
本貽予以史攷之桂陽郡本漢置唐改爲郴州屬江
南道地理志云郴州桂陽郡有桂陽監食貨志謂唐

自武德四年諸州始置監鑄錢至天寶中役用減而鼓鑄多天下鑪九十九而郴有五至貞元二十年李巽以郴州平陽銅坑二百八十餘復置桂陽監以兩鑪日鑄錢二十萬此桂陽監之所由昉也以今地理言之郴與桂陽二州自漢暨唐皆郴州桂陽郡之地昭宗乾甯三年馬殷爲潭州刺史遣其將秦彥暉等攻下連邵郴衡道永六州自是郴始屬馬殷爲楚地三傳至馬希廣爲其兄希萼所殺自立南漢劉晟先遣使聘楚求婚不許遂乘亂攻之乾和九年遣內侍潘崇徹攻取郴州自後郴又屬之南漢至宋太祖開



寶四年始得其地後以郴桂陽宜章永興興甯桂東六縣爲郴州分平陽藍山臨武三縣卽桂陽監置桂陽軍卽今之桂陽州也今之湖南省惟郴與桂陽二州曾隸南漢版圖所謂嶺南北十州之一耳餘皆楚馬氏之地後爲周行逢所據於建隆四年歸併於宋者此鐘今在桂陽州其款不稱郴州桂陽郡而稱桂陽監并有次及坑鑪民庶之詞可知其地卽係當時設監之所矣大寶四年卽宋太祖建隆二年係劉晟之子鋹卽位改元之四年距攻取郴州已隔十年又十年而南漢始亡於宋星伯聞之土人云此鐘自他處移來崇福寺今已不知其遺址矣 古泉山館金石文編

右銅鐘在桂陽州城隍廟戊辰六月吳春谷太守嗣仲權州篆爲余拓致之鐘高廣圍徑不致詳款識六十七字完好無泐金石家未見著錄惟載古泉山館金石文編而書未刊行亟錄之湖南通志所載誤設爲投年月二行誤列於前應改正也攷桂陽州漢郴縣地至唐置桂陽監隷郴州屬江南西道又置平陽縣五代晉省入桂陽監後周時爲南漢所有劉鋹大寶四年周已先一年亡矣唐書地理志云郴州有桂陽監元和志云郴州桂陽監



在城內每年鑄錢五萬貫又云郴州平陽縣出銅礦供桂陽監鼓鑄又攷會昌中敕鑄錢之所各以本州郡名爲背文桂陽監錢用桂字在穿右咸通十一年桂陽監鑄錢官王彤進新鑄錢文曰咸通元寶是郴州銅產唐時甚饒故於此置監鼓鑄南漢仍唐之舊故云坑鑪民庶普獲利饒也　國初設有銅廠乾隆間桂陽州綠紫坳等處歲出砂鍋渣銅幾及四十萬斤嘉慶間所出不逮什一今并無之矣

大覺寺僧文偃碑

高五尺六寸廣三尺八寸五十七行行六十六字至七十七字不等銜名二行較多字徑五分行書在曲江

大漢韶州雲門山大覺禪寺大慈雲匡　聖宏明大師
碑銘并序
西御院使集賢殿學士御前承　旨太中大夫行右
諫議大夫知太僕寺事上柱國賜紫金魚袋臣陳守
中奉　勑撰
原夫真空無相刼火銷而性相何來妙法有緣元氣剖
而因緣何起造化莫能爲關鍵元黃不可爲種根乩乎
十号之尊出彼三祇之刼增莫知而減甯覩詎究始終



望不見而名無言孰明去住不有中有不空中空匪動
匪摇常寂常樂拘留孫之過去釋種圓明毗婆尸之下
生元符合契繇是修行道者相好業成受授記於定光
迺度人於摩揭自是一音演說二諦宏宣闢八萬法門
化三千世界大乘六而小乘九慧業難基欲界四而色
界三昏波易染所以興行六度接引四生求真者覓洗
六塵修果者咸超十地盡使昏衢之內俱萌捨筏之心
大廕人天俾居淨土其後衣纏白氎屣脫金沙示無住
之身現有終之理於是迦葉結集阿難證真遞付心珠
任持法藏彖教遠流於千載覺花遍滿於十方馬鳴興
護法之功龍樹顯降魔之力師師相受法法相承大化
無窮不可思議而自空十一格　我祖承運　明帝御乹
符聖夢以西來圖粹容而東化金言玉偈摩騰行首譯
之文鹿苑鷄林佛朔遂身遊之化迨于魏晉迄至隋唐
達理者甚多得道者非少其如歷帝歷代有廢有興未
若空十四格當今聖明欽崇教相者也伏惟　睿聖文武隆
德高明宏道大光孝皇帝陛下德參覆載　道合
照臨叶九五之龍飛應一千之鳳厤承帝嚳有堯之慶
鴻業敦興體下武繼文之基　聖功崛起每念八紘紛
擾九土艱虞耀干戈弧矢以宣威救生靈炭用文物聲



明而闡教致寰宇雍熙櫛沐忘勞鑿大禹之所未鑿造
化不測開巨靈之所未開慶雲呈而甘露垂嘉穀生而
芝草出其於儒也則石渠金馬刊定古今八索九邱洞
窮淵奧其於道也則探元抱朴得太上之妙門寶籙靈
符授　虛皇之秘訣於　機暇既崇於儒道注
宸衷雙重於佛僧是以奉三寶於虛空福万民於寰宇
紺宮金刹在處增修白足黃頭聯辰受供而乃頻彰瑞
感顯應昌期剏以韶石奥區漕溪勝地昔西來智藥三
藏駐錫於漕溪曰一百七十年後當有無上法寶肉身
菩薩於此興化學道者如林故号漕溪曰寶林也二十

八祖之心印達磨東傳三十三代之法衣祖師南授洎
六祖大師登正果之後所謂學者如林天下高僧
無不臻湊者矣
大慈雲匡聖宏明大師者則別頴一枝也　大師澄真
不渾定性自然馳記別之高名踵迦維之密行惠燈呈
耀智劒發硎六根淨而五眼清不染不著四果證而三
明朗自悟自修啓禪關而定水泓澄搜律藏而戒珠瑩
澈水上之蓮花千葉清淨芬芳空中之桂魄一輪孤高
皎潔機無細而不應道有請而必行固得百福莊嚴万
行圓滿盡諸有漏達彼無爲　大師諱文偃姓張氏吴



越蘇州嘉興人也生而聰敏幼足神風不雜時流自高
粹性纔逾卝歲便慕出家乃受業於嘉興空王寺律師
志澄下爲上足披經懺偈一覽無遺勤苦而成依季具
尸羅于常州戒壇初習小乘次通中道因問睦州道蹤
禪師關鑰高險往而謁之來去數月忽一日禪師發問
曰頻頻來作什麽對曰學人已事不明禪師以手推出
云秦時轆轢鑽　師因是發明徵而有理經數載築杖
入閩造于雪峯會于三礼之後雪峯和尚頗形器重之
色是時千人學業四衆咸歸肅穆之中凡聖莫測
師朝昏叅問寒燠屢遷昂鶴態於羣流問禪扉於方寸

因有僧問雪峯曰如何是觸目不見道運足焉知路雪
峯曰𠯁其僧不明舉問　師此意如何　師曰兩斤麻
一疋布僧又不明復問何義　師曰更奉三尺竹僧後
聞於雪峯峯曰噫我常疑箇布納其後頗有言句繁而
不書乃於衆中密有傳授因是出會遊訪諸山後雪峯
遷化學徒問曰和尚佛法付誰峯曰遇松偃處□學徒
莫測偃者則　師之法号也遺誡至今雪峯不立尊
宿辛未届于漕溪旋謁靈樹故知　聖大師如敏長老以識
心相見静本略同儔侶接延僅逾八載丁丑知　聖忽
一日召　師及學徒語曰吾若滅後必遇　無上人爲



吾茶毗及戊寅歲知　聖大師順寂恰遇
高祖天皇大帝駕幸韶陽至于靈樹　勅爲焚爇果契
前言也　師是歲奉　詔對敭便令説法授以章
服次年又　賜於本州爲軍民開堂　師据知　聖筵
説雪峯法牧守何希範礼足曰弟子請益　師曰前無
異草是日問禪者接踵其對荅備傳於世　師介後倦
於延接志在幽清奏乞移庵　帝命俞允
癸未領衆開雲門山構創梵宫數春而畢莫不因高就
遠審地爲基層軒邃宇而涌成花界金繩而化出曉霞
低覆絳帷微攏於雕楹夕露散垂珠網輕籠於碧瓦匼

亟盡奇峯秀嶺透迤皆撥黛堆藍泉幽而聲激珠璣松
老而勢拏空碧由是裝嚴寶相合雜香厨抠衣者嵗溢
于人擁錫者雲來四表菴羅衛之林畔景象無殊耆闍
崛之山中規摸匪異院主師僧表奏造院畢功　勑賜
額曰光泰禪院至戊戌歲
高祖天皇大帝詔　師入闕朝對有容因　宣問曰
作麽去是本來心　師曰舉起分明
帝知　師洞韞元機益加欽敬其日欲□　師左右
街大僧録遜讓再三而免翊日　賜師號曰匡真大師
延駐浹旬　賜內帑銀絹香藥遣迴本院厥後常注



宸衷頻加錫賚尋伏遇
中宗文武光聖明孝皇帝纘承　鴻業廣布
皇風廓靜九圍常敬三寶復降　詔旨命
師入于　內殿供養月餘仍賜六銖衣錢絹香藥等却
旋武水并預　賜塔院額曰瑞雲之院寶光之塔　師
禪河浩淼聞必驚人有問禪者則云正好□有問道者
則云透出一字有問祖師意者則云□裏看山凡所接
對言機大約如此了義元□法藏幽微化席一興嵗華
三紀　師於生滅處在色空中來若鳳儀作僧中之
異瑞去同蟬蛻爲天外之浮雲於屠維作噩之歲四月

十日寢膳微爽動止無妨忽謂學徒曰來去是常吾常
行拓本損三字侍者奉湯　師付湯椀於侍者曰第一是吾
着便第二是汝着便亟令修表告別空十二字君王乃自扎
遺誡曰吾滅後不得斆俗着孝衣哭泣備喪車之禮則
違我損二字也付法于白雲山實性大師志庠其日子時
瞑目怡顏疊足而化嗚呼化緣有盡示相無生端然不
壞之身寂介歸真之性惠𣲖雖乾於此界法山復化於
何方峯雲慘澹以低垂衆鳥悲□而不散學徒感極瞻
鴈塔以銜哀門客戀深拜禪龕而雪涕以當月二十有
五日諸山尊宿四界道俗送　師入塔壽齡八十六



僧臘六十六香飄數里塋□一隅護法□神出虛空而
閑衛受戒陰隲現髣髴之形容其後諸國侯王普天僧
衆聞　師圓寂覺致齋羞而後一十七年
我皇帝陛下應天順人垂衣御極
順三靈而啓　聖紹　四葉之耿光大振　堯風中興
佛法至大寶六年嵗次癸亥八月有雄武軍節度推官
院紹莊忽於夢中見　大師在佛殿之上天色明朗以
拂子招紹莊報云吾在塔多時汝可言於李特進秀華宮使
特進李託也託他奏　聞爲吾開塔紹莊應對之次驚覺歷
然是時李託奉　勑在韶州於諸山門寺院修建

道場因是得述斯夢修齋事畢迴　京奏　聞
　聖上謂近臣曰此師道果圓滿坐化多年今若託
夢奏來必有顯現宜降　　勑命指揮韶州都監軍
府事梁延鄂同本府官吏往雲門山開塔如無所壞則
奏　聞迎取入　京梁延鄂於是准　　勑致齋然
後用功開鑿菩薩相依稀旋覩蓮花香馥郁先聞須史
寶塔豁開法身如故眼半合而珠光欲轉口微啓而珂
雪密排鬚髮復生手足猶軟放神光於方丈晃耀移時
興瑞霧於周迴氤氳永日郎道卯俗觀者數千靈異既
彰尋乃具表　聞奏　　勑旨宜令李托部署人船



往雲門修齋迎請天吳息浪風伯清塵直濟中流俄達
上國　　勑旨於崛崍步駐泊翊日左右兩街諸
寺僧衆東西教坊四部伶倫迎引靈龕入于　大內螺
鈸鏗鏘於玉闕幡花羅列於天衢　　聖上別注敬
誠賜昇秘殿大陳供養疊啓齋筵排內將之瓌珎饌天
厨之薀藻列砌之驪珠斛滿盈盤之虹玉花明浮紫氣
於　　皇城炫靈光於　清禁　　聖上親臨
寶輦重換法衣謂侍臣曰朕聞金剛不壞之身此之
謂也於是許羣寮士庶四海番商俱入內庭各得瞻礼
瑶林畔千燈接晝寶山前百戲櫳宵施利錢銀不可殫

紀以十月十六日乃下　制曰定水澄源火蓮發艷夙
悟無生之理永留不朽之名萬象都捐但秘西乾之印
一真不動惟餘南祖之燈韶州雲門山證真禪寺匡真
大師早契宗乘洞趍真覺雖雙林示滅十七年靡易金
軀隻履遺蹤數萬里應迴慈嶺朕□膺厤數續嗣丕圖
洎三朝而並切皈依乃一心而不忘迴向仰　我師而
獨登果位在冲人而良所嘆嘉宜行封賞之文用示襃
崇之典可贈大慈雲匡　聖宏明大師證真禪寺宜昇
爲大覺禪寺重臣將命乳奠伸儀太常行禮於　天墀
　綸誥宣恩於廣陛固可寘垂慈貺密運神通資　聖



壽於延長保　皇基於廣大　師在內一月餘日
　聖澤優隆七寶裝龕六銖裁服頒賜所厚今古難
倫當月二十九日　宣下李托部署却迴山門有叅學
小師雙峯山長老廣悟大師賜紫竟欽温門山感悟大
師契本雲門山上足小師應悟大師常寶等同部署
真身到　闕亦在內庭受供恩渥異常其諸上足門人
常厚等四十餘人各是韋衣師號散在諸方或性達禪
機或名高長老在　京小師悟明大師都監內諸寺賜
紫常一等六十餘人或典謀法教或領袖沙門臣才異
披沙學同鑄水虔膺　　鳳旨紀實性以難周

愧匪雄詞勒貞珉於不朽乃爲銘曰
於穆大雄　教敷百億　亭育二儀　提携八極　不
滅不生　無聲無色　卓介神功　昭然慧力其一　化無
不周　道無不備　法既流矣　教既布矣　爰示滅
槃　歸乎妙理　實性真宗　枝分風靡其二　祖祖傳心
燈燈散燭　詮諦騰鑣　聖賢交躅　種種津梁
門門杼軸　正覺廣焉　尋之不足其三　厥有寶林　重
芳一葉　布無上乘　登無上檝　法炬曈曨　尼珠
煒煜　拯溺迷津　殺焚塵刼其四　南北學徒　摳衣朝
夕　無醉不醒　無昏不釋　示其生焉　來彰慧續



示其滅焉　歸圓真寂其五　湛然不動　塔韞寶光
玉毫弥赫　金相弥莊　時乎未矣　我則晦藏　時
乎至矣　我則昭彰其六　爰於　明朝　現茲法質　如
撥瘴雲　重舒朗日　瑞應　皇基　福隆　帝室
聖覽禎祥　恩頒洋溢其七　三翼公沂　十里請迎　迎
來丹闕　設在三清　金銀羅列　瓊璧惟盈　俄生
紫氣　潛覆　皇城其八　日陳供席　夜奏笙歌　施億
寶貝　捨万綺羅　神傾薝蔔　天降曼陁　前佛後
佛　顯應斯多其九　明明　聖君　仁仁　慈主　聖比
和風　慈同甘雨　祚與天長　教將地固　勒之貞
珉　永芳千古其十
維大寶七年歲次甲子四月丁未朔列聖宮使甘泉宮
使秀華宮使翫華宮使開府儀同三司行內侍監上柱
國臣李托　玉清宮使德陵使龍德宮使開府儀同三
司行內侍監上柱國武昌縣開國男食邑三百戶臣龔
澄樞承　旨建
右街大乾亨寺內殿供奉講論蕪表白
意法大師賜紫沙門臣行脩奉
勑書　右龍虎軍控鶴將
軍陪戎副尉臣孔廷調臣孔廷津臣陳
延嗣臣鄭懷忠等鐫字



跋語原缺

八瓊室金石補正卷八十終

八瓊室金石補正卷八十一

太倉陸增祥撰　男　繼㷍校錄

吳興劉承幹覆校

後漢

石屋洞秦彦韜造象記

高　廣　五行行五末行七字字徑　分行書在杭州

弟子秦彦韜造此羅漢奉爲父母親緣永充供養乾祐
元年五月三日

兩浙金石志韜作蹈此作山均誤

龍門山郭張題字



高六寸八分廣一寸一行十三字字徑四分正書在洛陽

乾祐三年三月廿一日郭張記之

右刻在洛陽龍門山蓋亦造象題記者乾祐爲漢
高祖紀號隱帝不改元仍稱乾祐乾祐三年當北
周開運六年

左武衛中郎將石瑛墓誌

方一尺三寸五分廿二行行字不一字徑五分行書篆蓋題大漢故石府君墓誌銘九字在吳縣潘氏

故左武衛中郎將石府君墓誌銘并序

前太子通事舍人朱仲武撰并書

公諱瑛字先進其先樂安人後世家於京兆今則京兆
人也晉將軍苞之慶胄衛純臣碏之靈苗祖　考守琛
皆公侯繼業鍾鼎傳門載籍昭彰其來自遠公策名委
質夙著令聞孝以承家忠以奉國故得鄉黨稱悌焉用
友稱義焉可謂不忮不悚有典有則者也頃以方事之
殷爟火不息而能率先義勇克集茂勳累遷至左武衛
中郎將前朝賞有功也　公志懷敦素性守謙沖不以
榮顯介情但欲優游晦跡而已所冀神降其福天与之
齡何啚地夢泣瓊蔵舟弃壑哀哉以歲次　十一月
十四日遘疾終于私第春秋六十有八夫人孫氏夙禀
坤儀素傳內則鼓琴瑟而有節主蘋藻而知禮嗚呼舜



花早凋瓊枝還折天不憖遺先公數稔而亡今以歲次
甲子四月庚午葬公于長安龍首原夫人祔焉禮也嗣
子倩士晃岳嵒湊岫秀等蓁莪在疚棗棘其形泣血於
苴麻竭力於窀穸恐時遷陵谷事或幽封爰命揮毫敬
刊貞石詞曰
性質温温神儀洸洸職叅　禁衛位列中郎流芳後代
秉義前王與保永終昌其云亡卜地吉辰素車薄葬爰
還嘉偶及此同壙魄散泉扃神遊繐帳後背重岡前臨
疊嶂聊紀世載式昭問望

誌無年號蓋有大漢二字誌曰前朝賞有功也銘曰

秉義前王書合葬之期曰歲次甲子蓋暎在後漢時爲中郎將至宋初而卒其葬則以太祖乾德二年甲子歲也於蓋書大漢於卒年缺其甲子以示暎非宋臣之意古誌石華

石華攷於宋初茲列漢末以成其志乾德二年甲子當北漢天會八年劉氏雖未亡而長安非鈞所有地故不書天會也朱仲武署銜加前字蓋亦官於後漢者不忮不求求書作絿集韻絿怨咎也本作慾說文慾怨仇也此用毛詩語殆非其義涉上忮字而加心旁未必當時有此本不可據以爲經典異文也誌敘其祖名缺而不書不曉其故石華錄此性質作性柔魄散作魂散均誤



後周

廣順題字

高一尺四寸廣三寸一行十一字字徑一寸五分正書

廣順二年斉□同□□□□

右刻當在山東未得其詳疑拓未全

晉陽山廣順題字

高二尺一寸五分廣八寸一行四字字徑六寸許分書在濟甯

廣順二年

正書在濟甯州晉陽山慈雲寺石壁廣字从二黃亦異文慈雲寺重脩於石晉至周廣順僅逾十餘年正值鼎盛之時書者無姓名可攷不知何爲而題也山左金石志

廣从二廣山左志以爲二黃石刻八分以爲正書亦非

顯陵守當使侯殷□尊勝幢記

高二尺三寸八面面廣三寸四行行字不一字徑四分題記四行半年月姓名一行字較小俱正書在洛陽存古閣

佛頂尊勝陁羅尼真言

□聞至理希夷視聽罔能究其極真場幽邃智識無□□□源斯可謂鑽之弥堅磨而不磷扵獻　我佛教演三乘是開方便山摧五蘊拔彼牢籠以像相策初心以色聲誘迷類覩質勤奉□一□而□善道聆音省察持一句而滅繁殃而或洞展慈光高燃惠炬□□之扵□主　尊勝威靈拯異生扵眾禽塵沾影拂殊切莫大曠古傳休墨塵之□有窮清峻之猷無盡今有　顯陵司部蜀國夫人□□□際宮闈事歷繁□□□則夜寐□興惕惕則臨深履薄頻更興廢惻愴徒增□身世之□□念宗親之□託錄是抽□□□匠石鐫文願□□□

之囟自作全牧之利敢𨷖堅窂藏裏他時無□□□□
幽逵寘聞異日有證明之瑞紀由敘事□□□文時大
周廣順三年歲次癸丑四月辛亥朔二十一日庚□建

顯陵守當使侯　殷□

辛亥朔則二十一日是辛未此作庚□不合攷通
鑑目錄是年月朔二辛亥三庚辰五己卯則四月
朔當是庚戌二十一日直庚午此紀者日不誤誤
在月朔也文云顯陵司部蜀國夫人末題銜云顯
陵守當使攷顯陵晉高祖陵也在洛京壽安縣見
五代史司部守當使皆不見於史蜀國夫人亦未



詳文有□麽宮闈云云疑是石氏家歿入宮中者

判官堂塑像記幢

高一尺五寸八面面廣三寸七分四行行字不一字徑五分正書在正定崇因寺

上缺□像記
上缺□□清濁位殊先圓蓋而後方上缺□□□□才乃臻然
後列万象於穹上缺厥後繼有聖賢司牧生民育養万物
上缺□□鎮□□□半千里北則簡子葳巨靈□擘破水
得潮宗東則列聖之上缺□曰嵩□群□而迴秀脩㟁岫
以標奇迺神上缺□晉□□□□既□方位各有所司大
體東嶽字空一上缺□䨱缺約六字而致敬洞府三千而見奇玉
筒上缺知莫能缺約五字秘字死生無以易其文故釋典上缺形
枯缺約四字罪福之源唯神為主福則昇而禍則上缺□缺約五字
而惡招殃宜尼令典　判官貞金並□□日齊明眞嶽
瀆之異靈誠乾坤之偉氣生則挺出群之政先煥典書
沒則揚不世之名輔佐神化茲地也先無廟□空隟有
年□□榛蕪□為茂草原□荐恒遵五耀忝□□□不
能擇□以見從豈敢□□而自各遂同鳩潤屋共□囊
裝爰召杍人卜時締搆堂宇既立廟貞得無命匠者審
運丹青澄神繪塑遂於堂內塑六曹　判官并神鬼侍
從及辟上隱塑變相威容既立不聞鳥鵲之喧聲棟宇



方成似見雲雷之出去為一方祠禱之地寔千年請福
之場□□得犧牲並陳水陸□薦楚人白雪全非鄭衛
之聲趙□□歌揔入齊韶之韻所須休牛放馬咸懽堯
舜之天萬戶□□□□禹湯之化時大周廣順三年癸
丑歲七月一日建
上缺州別駕張琛□□　鐫字人缺
上缺□□　判官堂一座三間各三架并缺
判官尊像□□□變相等
施主□□□　都□首艾　厚□　和謐　□缺
上缺□立　□□　李文珪　李□□缺

上缺耿 □□ 王珎 杜進 □□
上缺□如□ □□ 郄寬 劉瓊 何□
紀□
上缺□謹 張珎 趙進 劉暉 □□ 齊
趑 劉謹 上缺宋
榮 □□

右幢無撰書人姓名字多殘泐今就記文中辨之知記爲造判官堂井塑判官及神鬼侍從象而作後題□州別駕其人無攷題名後又有判官堂一座三間各三架云云案堂屋稱間架唐乾符五年武安君白



公廟記已有之此其繼也此幢向在正定府治東關帝廟內南樂段布衣錫田訪得之常山貞石志

首列施主姓氏無存造幢者艾厚□等也記文內亦見厚□等字別駕張琛當是撰書之人書字筆蹤尚可辨識梓人作杍廟貌作皃尚見古字常山志所錄不無譌漏嵩誤爲出群誤爲群不誤爲下廊誤爲寶祠誤爲祈其穹枯金榇厚天六字未審出也今所磨滅仍據以補注於旁

雲門山大雲寺功德記

高一尺七寸廣二尺二寸廿七行行字不等字徑七分行書在益都

雲門山大雲寺重粧修壁龕功德記

講經沙門貞峻述并書

伏自玉毫掩相求瞻覩以無由金像遺蹤藉修崇之可託且我佛住世莫久像教是依了達者位證三乘漸次者道隆五福伏以雲門山大雲寺者未可知其始建之時也因覽古碑云開皇年中曾有修建但以寺居峻嶺地枕長郊覩聖像之淩夷見精藍之荒廢近則雖興新構必知末補舊基唯有壁龕弥多石像依稀相好隱映儀形風雨交侵頗損雕鎪之質歲華綿邈全無彩繪之蹤蓋事有癈興理閞舒慘豈期今日獲遇信心　淸信



弟子彭仁福本貫浙江寓居海岱因安賜履末返三吳唯以夙懷善因早敦至信知修崇之可託明幻惑之不堅是以廣造良因於諸蘭若此則因參遠寺獲覩古容遂乃慎選良工精求彩筆果得入神之妙再瞻如在之儀重新兩龕□□嚴飾雖遙桼苑何異□峯一群蒸黎盡起欲降之想四乘士庶頓生恭敬之心諒此殊因必獲多福更有同會良友亦是鄉知各欲齋心助成勝事仍雕翠琰以組芳猷庶使万古千秋不泯增修之狀陵遷谷變常開化導之門如貞峻者跡忝緇衣辯虧黃綃常復斯言之忒敢述刊石之文蓋猥付菲才而堅令敘

錄既難退讓何免誚尤謹題
時大周廣順三年歲次癸丑十月戊申朔十
八日乙丑記
功德主吳越國前攝金吾衛引駕長史彭仁福
女弟子駱氏　長女大師姑　次女小師姑
同會弟子吳越國返恩院隊將銀青光祿大夫檢校國
子祭酒兼御史大夫上柱國湯仁厚
吳越國大程院隊將銀青光祿大夫檢校國
子祭酒兼御史大夫上柱國李□□
吳越國入五臺山送供吳會
布衣習碁張崇遷

右碑文凡二十七行字徑八分案周顯德三年其時吳越國錢俶已奉正朔據歐公五代史載吳越自唐末有國而楊行密李昪據有江淮吳越貢賦朝廷遣使皆由登萊泛海歲常有飄溺之患至顯德五年王師征淮克靜海軍始就陸路此碑在廣順三年貢賦尚須海運碑中彭湯李三人或即吳越使臣泛海至青州故有此功德也山左金石志

按雲門山在青州府益都縣南宋趙居貞詩晚登雲門山直上一千尺記所謂寺居峻嶺也訪碑錄載雲



門山造像十四種開皇間刻記引古碑亦云開皇中修建蓋即壁龕石像是也彭仁福本貫浙江寓居海岱同會湯仁厚皆其鄉知故皆書吳越國周太祖廣順三年癸丑時吳越爲錢忠懿王宏俶近恩院隊將大程院隊將其吳越職官歟大師姑小師姑及布衣習碁之稱他碑所未見者金石續編

右雲門山大雲寺功德記在益都雲門山洞南佛龕下山左金石志錄之撰書之貞皎山左志誤作賢義其餘闕譌甚多聶訂續編亦未盡校正茲悉據石本正之重修兩龕下山左志作加□修飾諦審拓本弟三字是嚴字嚴上兩字不可辨識矣記云本貫浙江寓居海岱因安賜履未返三吳則彭湯李三人非吳越使臣泛海至青州也山左志所言殊非一郡作一群

## 陽城龍泉院記

高四尺六寸廣二尺三寸共三十行行六十七至七十三字不一字徑五分正書篆額三行題勅賜龍泉禪院六字在陽城

大周澤州陽城縣龍泉禪院記
文林郎守澤州司法參軍徐　綸　撰在前行下
鄉貢進士王　歡可　後序并書

講上生經沙門師誠篆額上二條在碑尾

詳夫域中之制王者爲尊方外之門佛則無上贊二諦而塞諸漏宏六度而攝羣生覺樹開花定結菩提之果慈雲布潤終消火宅之災常存而無去無來永濟而可大可久信所謂有情慈父彼岸長梁神通豈世智能窮功行將河沙詎筭乃知綿劫已往十号稱尊之聖何莫由斯迫也粤自

周禎載驗漢夢有徵東流貝葉之文西仰真如之影由是人殖法味家飲教風斯固契彼有緣經遠無墜是迺有落髮披緇之士猷俗奉釋之流嚴飾精藍羅列像設




或嚴棲谷處或要路通津隨便制宜攝心化物則有焚修灑掃之敬則有誦持讚歎之規或施一財以求因或持半偈而取證具陳難悉起教多塗盖人且識分不同而善則隨機有得噫

諸佛大權方便之門或隱或顯則色即空浩浩蕩蕩徧十方而包大千迎隨莫測其畔岸稱大不可思議之理者如此矧龍泉院者人天集福之所也耆舊相傳其來寖遠刊勒無寄因究攉輿一說云是院之東十數里孤峯之上有黃沙古祠時有一僧莫詳所自於彼祠內諷讀金剛般若之經一日有白兎馴擾而來銜所轉經

文躍然而前去因從而追之至于是院之東數十步先有泉時謂之龍泉於彼泉後而止僧異之而感悟焉因結茆宴坐誓於其地始建刹焉亦莫究其年代矣人煙豈覺基趾常存同靈鷲以通幽類給孤而建号東隣郭社之陌前據金谷之垠既名額以未標稱郭谷而斯久至有唐乾寍初東蜀惠義精舍稟律沙門諱順懲振錫東海游浮一 遠逝偶及是院遂欲捿心莫非廊廡凋殘才庇風雨垣墉頓擗豈限狐狸經隱塵沒以辟斑蘂檻草荒而地古披荆榛而通過路撥薇蕨以事晨飧日往月來以近及遠歸依者如蟻慕唱和者若蟬聯雖云




興廢有時亦繫方圓任器添棟宇於仍舊求柱石於他山紺殿故而復新雲房毀而起曲盡其妙以廣其居漸加少而爲多變其質而增麗凡添修新舊屋宇并正殿等共柒拾餘間其院東龍泉後面結菴之所三紀已前嶶認故蹟令則堙没矣且泉之所有時人無能知者天其狀也噴湧而出喻虎眼射人鯨口呴沫通注還盈於溝洫奔突若駭於風雷夏寒疑氷冬溫若沸比鏡瑩澈同醴甘香不獨飲酌所須可以塵垢旋滌矣懲公運心匠磨督鋒俾令堰作方塘漲爲澄沼且嘉魚成窟拋生宛轉以隨人或穢觸沉波吐沫淋漓而覆水有斯靈異

甚警凡愚自迯及退惟畏與敬而又植弱捌則扶踈而
春媚種循墓則蓊蔚以冬青長小松爲喬松接山果爲
家果功既崇矣景亦脩矣一日慜公語諸門人曰是院
也厥初住持所重幽僻止期課誦以盡年齡敢望脩崇
有若斯壯麗者矣吾聞寐寐者正真之夲名言者誘化
之宗如来亦假於莊嚴眠俗漸歸於方便得不申請院
額增飾教門者耶時　郡牧隴西公果俞苹故　勅文
之謀俾建即新之号因飛牋奏遂降
額爲龍泉禪院矣時唐乾寍元年十月二十五日也慜
公著名律學爲衆推重住持軌則依稟宗師歷四十年



終始若一至唐天祐十九年七月五日順寐于夲院建
塔於院之右門人上哲敬臻爰自具戒便慕巡遊二十
年間參尋勝事雖素稟律德而還曉禪機既適道而與
立或乖且殊途而同歸一致者也臻公道惟無礙學以
了空弥緘出世之譚未即當仁之座爰以此院精專二
食供施十方遂致五湖四海之流嚮風慕義而至師爲
山主於今僅二十年矣次曰敬詮見住院于夲縣之南
次曰敬謜稟氣不雜居塵自高持百部之花嚴酬四恩
於法界而又克荷　先師之訓復稟同學之儀勠力
齊心上行下効相須若左右手不違猶水乳和其宏利
益之方愈有葺脩之盛爲院主亦三十年次曰敬謙敬
審等皆舷不辜法乳承保衣珠共匡教門將俟悠久綸
維桑左輔游窟高都以　臻公諱公二上人嘗沐
開懷許誑佳致是因謏有請託謂業文辭且綸壯歲巳
前經明登第成事夲非於染翰片文才寘於飾身遵承
則雖鑿於磨鉛漏略且寍遴於代斵將何致遠取媿貞
珉時　大周開基之二載歲直壬子三月辛亥朔
二十二日壬申記
院主敬謜　第一座臣慜　維那懷德　典座懷
朗　直歲懷悟　上足小師懷智　懷蘊　懷辯



懷堅　懷譜　懷恩　懷壽　懷海　童子小德
宜哥　六兒
大周此是標題拓本碎缺一方矣
缺約入九字下同雄風臣羿業從諫諍遂賢良外則以四夷
未　王尚征代而執戎事內則以百揆方序興禮
樂而敷　文德考謀詢事進草澤而納芻蕘紀謀
羅德退不肖而黜邪佞上缺亨矣乃有釋教爰疾
宸衷甄真俗而相參遂鼎革而
嵆制凡曰梵宇悉去無名故九州四海之中設像
捿真之所並掃地矣是院以有唐乾上缺額時雖綿遠

名仍顯著截其驗而斯在詢其由而匪雲遂免雷同
得安雲搆且　王言間出有司無私徇之
佛法載崇釋子遂幽棲之地蓋存舊制式叶 上缺
之合宜乎隆替之有時乎亦所謂　主首精勤焚
修堅確土地幽蔚因緣辛會者矣況是院氣埶群山
勢吞百谷臺殿架日松檜參雲鄙祇樹之雲名得淸
涼之勝槩 上缺 而無窮必冀永爔釋門用爲基搆恐槩
盛觀□□貞珉俟傳於不朽者耳時顯德三年歲次
丙辰九月庚寅朔七月丙申記
鐫字人王知謙 在首行下



吴越

拜郊臺錢鏐題名

高一尺四寸廣二尺四行行字不一字徑三寸餘正書在錢塘

梁龍德元年歲次辛巳十一月壬午朔一日天下都元
帥吴越國王鏐建置

保叔塔甎

三行字不計正書

□□□□壬午□造塔僧宗愿澄淵檀越吴□戴仲亦
者同生阿弥陁佛净土□

上下均殘闕按兩浙金石志載壬午年吴延爽造
應天塔記得於西湖保叔塔下系諸吴越藏仁和
趙坦家疑即是此

辛卯造幢

高二尺八面面廣四寸三分各七行行七十餘字字徑四分弟八面題字共四行正書在浙江

亡男知之　亡妹繼麟　亡女孔□　亡
女孔氏　□男文拙　亡新婦王氏　亡
弟㛐兒
先天成二年巳別立□□幢一尊伏爲亡
男文□□糺作　□從興聖入西蜀却□迴至荆南
□道



歲次辛卯二月十四日建　都料□□

右幢在浙江未審其詳文云先天成二年巳別立
幢後云歲次辛卯則是吴越寶正六年也當後唐
長興二年其時浙非唐有矣建幢人未見姓氏此
亦尊勝幢也標題殘泐

風山靈德王廟記

高四尺六寸五分廣二尺五寸廿五行行卅五卅六字末半行九字較大行書篆額題新建風山靈德王廟記九字在浙江武康

新建風山靈德王廟記

蓋聞天地氤氳乚寒暑而滋品彙幽靈肸蠁司土地而
福生民人神理在於相須顯晦期臻於感契雖先聖著
難明之說而禮經垂嚴祀之文爰自五運相承百王理
化或以勞定國或盡力勤王或利濟及於蒸民或□烈
光於史策並皆立嚴祠於境土享廟食於春秋而況江
浙右□魚鹽奧壤麻家則區分牛斗封維乃表裏江山
昔年覇越强吳今日雙封列國曠代之靈蹤不少前賢
之廟貌寔多寡人自定亂平祓勤王佐命五十年撫綏
軍庶數千里開泰土疆四朝疊受冊封九帝拱扶宗社
改家爲國與覇江南一方偃息兵戈四境粗安耕織上



荷　元穹瞻佑次緊神理□持統内凡有注帝前王忠
臣義士遺祠列像古跡靈壇悉皆褒崇重峻於深嚴祀
典常精於豊潔冀承靈貺同保軍民其有風山
靈德王廟本係屬城近歸畿甸考諸舊記即先是武康
縣風山又按史記云汪罔氏之君守封禺之山今屬吳
興武康縣稽立廟之初則年華眇邈詳圖諜之說則詞
理異同唯有元和年再搆營楹見存碑紀彼既巳具敘
述此固不復殫論聊書制置之由直述旌崇之意丙戌
年春　寡人以玉冊疊膺於典禮　淸宮未展於嚴禋
遂輟萬機暫歸錦里尋屬節當炎暑未刦迴□□□□

□□□□□□□□□□□□□陸仁璋□國□忠□□□孝
心懸扈從遍祝靈祇以風山靈德王昔年因舉兵師曾
陳禱祝無虧響應顯有感通遂懇悃告虔許崇堂殿自
淸秋刦歸　都□披覩□陳既忠誠感動神明行褒贈先
酬靈貺況乃親分指畫委仗腹心按山川展拓基垌順
岡阜增添壞塏形勝並皆換舊規模一槩從新居中而
殿宇崇嚴四面而軒廊顯敞周迴戶牖甃砌階墀搆之
以杞梓楩柟飾之以元黃丹漆外則浚川源之澄澈内
則添竹樹之青蒼至於廣廈　神儀崇軒侍衛車輿
儀從帳幄簾櫳鼎鉏庖厨籩登器皿請禱祈恩之所獻



牲納幣之筵並極鮮華事無不備丙戌年八月二十四
日起首至其年十一月畢功土木皆是精新禋祀常嚴
豊潔仍展牲牢簫皷慶樂迎　神耀威靈而萬古傳
芳摽懿號而千秋不朽一則酬忠臣之啓顉二則荅陰
隲之□扶唯冀　明神永安綿搆稟　元化而同垂
恩福鎮土疆而應護軍民保　時風雨順調□□□□
□□永絶天灾地沴常歡俗阜時康□乎煥乎美矣盛
矣今則功用既就頁願巳酬因勒貞珉聊書攄實所貴
後来賢彦知予精敬神明不假繁文粗紀年月時□□
六年重光單閼歲爲相之月二十有三日記

天下都元帥吳越國王

右新建風山靈德王廟記後題寶正六年重光單閼歲爲相之月二十有三日記最後一行題天下都元帥吳越國王九字字較大而不著名讀其文自稱寡人知爲武肅王所撰字體與崇福侯廟碑相似殆出一手寶正兩字磨泐不甚可辨蓋忠懿納土後鑱去爾雅釋天云七月爲相此題爲相之月必七月矣吳氏十國春秋載寶正六年冬十一月重建防風靈德王廟成王勅撰廟記即謂此碑但記文明言丙戌年八月二十四日起首至其年十一月畢功丙戌者寶正元年以八月興工十一月告成洎辛卯歲立碑相距已五載吳氏誤以立碑之年爲廟成之年又誤以相月爲十一月皆攷之未審爾史記汪罔氏之君守封禺之山裴駰引韋昭曰封封山禺禺山在吳郡永安縣又云駰案晉太康元年改永安爲武康縣今屬吳興郡今風山在縣東二十里廟在山下風封同音殆即韋君所謂封山也予收藏金石二千餘通吳越刻亦有十餘獨未得天寶寶大寶正之刻常以爲憾丙辰春錢唐何夢華購此寄贈令我手腳輕欲旋矣潛研堂金石文跋尾



據碑所稱廟於唐元和年再建立廟之初具載唐碑碑久無存歐趙亦未著錄末由攷其原始矣

吳

龍壽院光化大師碑銘 吳天祚二年七月廿七日萃編載卷一百二十二

篆額橫列題光化大師實錄六字

普賢禪院脫禪字十年精進缺進字午夜忘疲忘誤志方㣲落㬋披緇与作與缺緇字又有請益皆遇宗師脫益字弥作彌後同祢作禰尔後作爾孽作孽特加光化大師缺加字迻作邇止二年止誤上上座僧師照照誤照

楚



馬賓造金剛經碑記

高九尺六寸四分廣四尺五十二行行百有三字字徑四分正書在臨桂萬壽寺

金剛般若波羅蜜經

靜江軍節度桂管□□處置等使開府儀同三司□太尉兼□書令使持節都督桂州諸軍事守桂州□史□□□□興郡王食邑五千戸馬賓建

案十國春秋賓武穆王弟也天成初武穆建楚國改賓靜江軍節度觀察使碑當刻於此時廣西通志

蜀

羅浮洞石刻三種在富順

造弥勒殿記 高三尺五寸廣二尺五寸六分廿一行行廿八字字徑八分正書

勅□□□□□□公造弥 勒殿記

□聞□□□□□□□□□釋□之□□□人天之妙

乗崇斯盛事不可思□□□□□之□□□慈悲之力

公□□□□□□□□□□□於□□□□□□□

□□□□□□□□□悠々時□□□□□□□□宮

□□□□□□□川□□□□□□山□高而峥□水

□□而□□□□□□□□□□□□□之□□□□

□之□□□□德自大曆十三年□□□□□□□□

□□□□□□□□□□□厄□□歲□□六十七年



□□□□□□□□□□□□□□□石像大小□身

公□□□□首□□□□□□□□□□良工而□

□□□彩□□□□斤 明帝之□□□□□□□□

王之寀□玉殿巍々□倚懸崖□□□□□高伍之□

□□□□□□遠近之□□傍臨大監此役□聲□

讃□音晨昏不□□香□□夕無黔於□□叉乃郊坰

甚迩里邑非過公私獲展敬之緣□□□□□之所

公 凵庭望重

□□□□□ 大蜀之優權任軍儲之劉要 官榮百

揆務顯三司干兵□□□□□□丙紀臨而恩威並布

年荒歲旱開廪庾以賑飢貧宥過寛□□□□□矜老

弱鄰增戶□井益鹹源皆由□胥之餘盡自公忠之化

□□□□□山□□□□□□□□□□□□□□□

□□□□□□□□□□□□□之風貴海□□□□

吳王之德豐登稼穡止苗螟菜蟥之□□□□□休猛

焰鷩波之患神□□上秋冬鎮息於狼□石□□前往

□□□□鴿首書刊峻壁匪豆言文□留不朽之名逾

記□□之績時武□□□□次戊辰四月辛丑朔十三

日癸丑奉 命記

首行下似有王□□三字當是撰人姓名武成元



年當梁開平二年

僧□□造象題字 高一尺九寸五分廣三寸一行行約廿五字字徑六七分正書

武成元年二月缺約五字造至五月十五日功□□□僧□

□

造三聖龕題記 高一尺五寸廣一尺六寸十行行九字字徑寸許正書

寵衛右飛棹都都知兵馬使充冨義營監□□發運等

使金紫光祿□夫檢校尚書左僕射□監門衛大將軍

同□□御史大夫上□□□□□□□□□□□□造

三聖龕共七身永爲供養時武成元年□月十五□記

姓名缺泐繆筱山云初搨時似是王常鏈

慧義寺節度使王宗偘尊勝幢記

高四尺六寸八面面廣六寸五分名九行行六十九字字徑五分末二面各十行記文姓氏十八行下方年月一行並正書在三臺

佛頂尊勝陁羅尼經

院主僧師　　文忠滿陳季歡鐫在末行下方

觀世音菩薩缺

節度使瑯瑘公敬就慧義寺羅漢院造　佛頂□勝陁羅尼經幢記



當寺誦經表□大德傳光撰在前行下

原夫　佛心廣大教糸恢宏牢籠法界之源□□津梁之□唯　佛頂尊滕陁羅尼經九十九億言中盡同宣說三藏三乘教內特口摽題□□真言詳稱秘密蓋我佛由夲誓願發無□慈託給孤園□□□□□□古業□剗昏衢息羣生之雨□鐵城免善住之花萎頂髫絕宣章句頊曉其深喻某日之昇空煙霞莫滯等炎金□□□□□停人間之賤業同□天界□福門□□□□□□□花□一□□心□時□□子時　梵□聲韻師子威容垂决定言授菩提記龍神逌匝九聖騈填配四色花合十指掌事載竺乾之語經存貝葉之蹤洎　大聖文殊□□□□五峯□足□衆同□當代□儀鳳□年有高僧佛陁波利□辭印度志慕清涼逢化相之勸迴耴深經而復至既尊聖約共契悲心時君親發於御題法侶重明於季日龍庭翻譯鳳詔施□使佛剎僧□或高樓絕頂相看俯近影拂塵沾皆令樹立經幢必典普滋勝利合安昌舊宅慧義靈山雖樓臺之宏壯未全而景趣之登遊可尚有羅漢院主淨顏上人□化羣心已□堂宇伏遇

令公興時降　瑞保　國□　賢笑八□之末□



㝵九天之要術匡扶

□道□□　宸車□□□□□□□□□□□□□

□□□□□□□□□□□□又民□□□□□□□

□□□於□□□□□之□□兩府咸清於

惠化二□□立□万□□□□□□

堯聰尋傾　舜澤宏論□彥豈俟□□日□冠□

□之□□□□專□之□神祇洽潤草木昭蘇二江同瀲於□□五郡橫鋪於□色而又安民暇日專心福田數十霎之伽藍荒殘累歲百千貫之物用平等□□□

□□□□□□□□□□□□□□　□□念以華

㭉雖成髙幢未立□　尊眷屬發至誠心造
此　經幢永爲福祐
台思幾啓巧□俄鐫□貞石於金輪□□□□慧日□
□□□□□□□然之□□瞻屹若□万年永固傳
光叨依　釋教□奉
陶鈞無□真□莫彰　□□□記
劒南東川節度□□□□□□□□□□□檢校太
尉兼中書令上柱國□□□郡開國公食邑三□戶王
宗偘
吳興郡太君施氏　越國夫人□□　□子□



□□靜遠軍使金紫光祿大夫檢校尚書□僕射守
□□□衛大將軍兼御史大夫上柱國王□□
銀青光□□□□□□□□□□守左　大□
□□□史大夫上柱國王□□
大蜀武成二年歲次巳巳十一月十日樹立（在衙名下）
方

蜀王建武成二年值梁開平三年

千佛崖四十二㚲造象題記

（高三尺四寸二分廣一尺九寸六分六行行十二字字徑二寸二分年月一行較小正書左行在廣元）

府主相公宅越國夫人（四十二㚲）奉爲大王　國夫人重從

裝毗盧遮那佛壹龕并諸菩薩及部從音樂等全并已
裝嚴成就伏願行住吉祥諸佛衛護設齋表讚訖永爲
供養
乾德六年七月十五日白（此行接供養下字較小）
遮當即遮之譌體右刻在菩提象頌碑上磨去唐
刻爲之蜀順正公乾德六年值後唐同光二年

後蜀

冉興報國院碑記

（高三尺廣二尺廿二行行字不一字徑七分許正書左行在樂至）

普慈縣求封里冉興王董龕（報）國院碑記



住持沙門紹（下㴾）
夫竟皇垂慈應生乹竺乘六牙而辞兜率蹈七步而誕
迦維月□超□星光□耀則知超凡入聖歷劫修來證
無上之菩提獲當世之妙果故得周□□□□顯□金
眉抽白毫頂旋紺髮窮生死際盡未來時巍巍稱三界
之能師蕩蕩□四生之慈父遂感十方皈敬万類虔誠
垂慈於天上人間利物於此邦他土莫不□□□□□
彰□形一念志誠塵沙罪滅則有　宣撫南院相公莊
保頭林延璋伏見□□□□□□所地名王董龕額
標報國院崗有一佛二菩薩并聖□兩龕積年□□□

□像□遂乃上聞都莊僕射許令岀僧興修即經本
縣鎮判狀請羅大德奉□□令上□　皇帝文武重
臣　本莊南院相公　州縣寮宷都莊僕射及遠近士
□□□起□□□□住持曹理供　佛香燈永爲福祚其
院元有常住永封里普慈大路□□旁□□壹□大七
拾八隻并院基乾地前後謹具四至界畔聲竪枍內
東從天□□□□□南接三堆石至水井西從石橋浴
天涜水上接崖岐尋崖岐向北却浴天　□接無永
霤爲界其院常住所立四至盟誓已後異日他時忽有
別人很拼一犁□□□□□稅課者厡行藏不吉染瘑



百牛順其斯善者厡福至命通運爲稱意相次緑化
□□十六羅漢一堂及重粧修釋迦部衆慶讚訖皆
国　聖化實賚堯年堪莪道心□□□□佛□既因知
識立身還自友朋聞勝善而忻躍脊心見修崇而恙皆
莊意求哀□□□□□任是闡提之流亦發正真之
路祛除謟詐消磨業輪一向廻猛興大善心厡尅脩功
德□□分明了衣上之珠㻢㻢鍳礦中之寶伏厡　国
安民泰雨順風調田種豐盈公私叶遂大蜀廣政二十
年歲次丁巳十一月二十七日設齋表讚訖　道場主
莊保頭林延璋　女弟子程氏楊氏新婦馮氏　長男

林知□　次男知鏷　知海　知義　知愛　知俊
知勝　知朗　孫子林德超　德歡　同發心弟子王
宗貴　女弟子臧氏　新婦梁氏　長男王洪諫　洪
朗洪連洪仙　院內小師　智添　智詮　簡州清化
軍鎸字衙推楊朗下空八寸餘　袁氏　鎮遏使李仁悅上偈
昔日古伽藍名爲王董龕數載無僧俗積歲少人瞻
縣鎮與三善鄉士盡粧嚴我佛□□□□□□□
碑首云普慈縣案隋書地理志資陽郡普慈後周
置郡曰普慈縣曰多業開皇初郡廢十三年縣改
名焉新唐書地理志普州武德二年析資州置縣



六三曰普慈四曰樂至武德三年置今碑在樂至
葢析普慈置也下方缺泐甚多據三巴香古志補
入志所闕譌仍依石本錄之

雲安摧鹽使張匡翊題名

高一尺五寸五分五行行字不字徑二寸二三分分書在四川

蜀廣政癸亥歲二月十日雲安榷鹽使守右驍衛大將
軍前守眉州刺史駙馬都尉張匡翊與賓寮同届此
癸亥爲廣政廿六年是年十一月宋改乾德元年

南唐

重刊壽州金剛經碑

高一丈一尺廣四尺五寸五十二行年月一行行字
不等字徑五分許行書銜名二行正書篆額六行題
壽州開元寺新建金剛
經之碑在全州湘山寺
新建金剛經碑　夫金剛經者乃衆經之源諸法之本
爲苦空之風骨爲寂滅之綱　者矣蓋　加来示密獨
在斯文　以歸諸無見諸無而捐一有在傳諸
之遺法者類圖相以現容也月在秋潭智者觀之不足
以爲有庭發空谷聖者聞之不得以爲無實堅高前後
之所元乃指覩隨迎之不及有道顒上人者　神秀
語淡行孤夙持慧劍之鋒已斷煩惱之縛早携研錫久
涉雲泉南　水之鄉北歷淮泗之道次于寓泊受



斯經　歷耳中尋了心下更於研究轉得元微可謂擊
寂寞之得聲覩慌惚之見物因昇座而釋松箒遂啓卷
以化聽徒莫不緇侶雲臻白衣霧集如是者周遊五六
郡首尾八九年欸舉　倚錫於桂嶺遂於此
寺序以安焉時遇　彭城太傅　鎮于是府　府主太
傅修韓白　之謀以衛其　國習周孔之教以飾其躬
遊釋老之門以理其性所以化被四人之內咸興十善
之心於是上人開講是經日不唯僧衆而与俗流靡不
仰上人之真風俟上人之指授勤拳請問者以鴈序而
列之敬奉側聽者若　而疊之是以日往月来周而

復始上人忽一日講餘謂聽徒曰道顒雖　剖幽微引
喻　向靄後来者不下與於斯說焉欲刊　刻諸
茲典爲不朽之事化未聞之人不知以爲可乎而且一
詞未畢衆諾俱旋施者求先咸稱甚善乃化錢以搆此
碑者也遂具狀疏申達于　府主太傅既覽所陳
并加欣譽因役斧　良匠費楩楠之異材預建高亭
以爲之圍庇惟蘭叨請直紀諸不憖書鄉貢進士周惟
蘭述　壽州營田副使通判軍府公事金紫光祿大夫
撿校司徒兼御史大夫上柱國張訥　右軍散兵馬使
充淸淮軍都勾當銀主光祿大夫撿校刑部尚書行壽



州都督府長史兼御史大夫上柱國章逵鎬　右軍散
兵馬使前軍壽州勾　官銀主光祿大夫撿校散騎常
侍行引駕兼御史大夫上柱國瞿延祚　同申助緣兼
施金貳拾萬雕刻金剛經大雲義疏一部□卷印施
金剛般若波羅蜜經　勾當化緣建造蜀水長講金剛
經百　法論大德道顒并篆額
右軍衙前押衙充淸淮軍右都押衙馬步諸指揮都
虞候右長劍指揮使羅城使左廂馬步都虞候金紫
光祿大夫撿校　保御史上柱國張德興　右軍散
押衙充充衙內步軍諸指揮都軍頭虞候兼左隨身

指揮使子城中伏鈴轄使金紫光祿大夫撿校司空兼御史大夫上柱國董瑗　衙內親從指揮使劉庭欽　右軍散兵馬使充衙內右隨身指揮副使甲報指揮公事銀主光祿大夫撿校戶部尚書兼御史大夫上柱國陳進崇　右軍衙前虞候充清淮軍衙內隨身馬軍指揮副指揮□□都指揮公事銀主光祿大夫撿校國子祭酒兼御史大夫上柱國張韶　清淮軍節度押衙充監設使知都酒坊兼倉專知官王審能　右軍衙前十將充三院　銀主光祿大夫撿校國子祭酒兼監　上柱國張王審誠　缺　清淮



軍節度衙前惣管充通引官王承祚　右軍討擊副使充清淮軍通引官張著夔　左軍散十將充清淮軍客將銀主光祿大夫撿校國子祭酒兼殿中侍御史上柱國張延績　右軍散兵馬使充衙內右隨身指揮都軍頭虞候右廂虞候銀主光祿大夫撿校工部尚書兼御史大夫上柱國郭令威

當寺監寺表讃大德侶卿　當寺缺　講律大德缺　當寺在城表讃講論大□□安　當寺文學講經在城表讃大德惠澄　上座長講上生經百法論僧智新　寺主講金剛經僧守順　都維那僧守忠

典座僧歸仁　直歲僧

維大唐保大五年歲次丁未十二月辛巳朔廿八日戊申建立清淮軍左押衙程佳譽　楊宏道鐫

住湘山僧　守詵　謹募衆緣重刊　監寺僧法崇

右碑爲宋僧所重刻碑有空格不書蓋取南唐原本摹勒而缺其剥泐者庴發空谷庴字不可識當是風字之誤在傳諾之遺法堅高前後之所元元當是立之誤傳字疑亦有誤瞿延祚署衙前軍下當有脫字



龍光院元寂塔碑

高六尺九寸廣三尺六寸五分廿三行行七十四字分書在吉水

上清右街龍光禪院故元寂禪師塔碑并序

朝議大夫守中書侍郎充　光政殿學士承　旨上護軍南陽縣開國男食邑三百戶賜紫金魚袋韓熙載撰

朝議郎守中書舍人充集賢殿學士知院事武騎尉賜紫金魚袋徐鍇題額

將仕郎試右千牛衛倉曹參軍直尚書禮部張藻書

□婆迦婆以清淨妙心付迦葉波迦葉而下以心□□
一十六尊□聯印度一花五葉香散支那降及曹谿得
瀘者衆然則以一念攝於多瀘以一塵統乎沙界此念
此塵彼界彼瀘二俱不有空亦非斷朙是瀘者於大悲
海運普濟舟開無相行演不二瀘化有情於一旨獲當
果於上乘是之謂大善知識者元叔禪師其人也師名
隱微預章新淦人也夫其珠生娟澤玉蘊艮山冑潤入
經必歸族姓故有楊氏之託焉異人之生□□□應既
□□□亦表□靈故有光朙鑒室之祥焉軒冕爲累身
之資鼎鐘乃爽口之具孔翠彬蔚罔𦊅隨之鴻鶴清縈



霄漢自得故有棄俗之誓焉開蘇師智歸不二門夫爲
在家則有師□七歲詣□邑石□院道□禪師□弟子
二十依洪州龍光寺智稱律師受具戒既還而歎曰沙
門者達本識心之謂也且戒惠之學未足朙也□滅之
宗方爲了義青山有路白雲蘇心我之持行豈𠕋他日
遂徧尋名獄歷抵禪林順義中卷衣南行遐趨五嶺羅
山瀘寶大師嚴頭眞子德嶺桂孫智鏡當臺共仰不疲
之鑒鴻鐘在簴咸聆應扣之音師既解橐雲堂端襟下
榻玉處□而光華尙隱虎在□而清嘯難藏扣我機緣
自知時節先是羅山有師子在窟出窟之句海內風傳

一日瀘座高登海徒雲萃師遂再而礼峻發問端羅山
道眼榮明偉師崤崒抗聲醻詰衆莫之知俄於敬諾之
間豁然大悟自是朝昏隨衆語默全眞放曠四儀盤桓
數稔異日羅山以師大緣將至若諷還鄉太和中杖策
離羣擔簦度嶺漸迴江介涂次龍泉邑宰李孟俊一覩
道姿深加凝注邑有十善蘭若經廢時多顒言□興強
師駐錫冀揚大瀘用福蒸民師具順隨之□盡檀那之
請元徒輻湊淨供山儲應接隨宜了無滯礙有問如何
是十善橋云嶮過者如何云空參乎祖道一以貫之問
而數窮合有餘□□深理妙斯之謂歟時先朝端拱



萬機穆清
大寶遠懷道德思結深因保大元季始自龍泉詔歸
鳳闕命住龍光梵剎賜号覺寤禪師高闡一音將逾數
歲改賜奉先禪院用逊
皇居辛酉歲春將有事於　省方利建邦於洪井千乘
萬騎咸從於　和鑾奇士高人必先於　行在師首預
淸刿簡自　宸衷既抵新都復住天甫禪院誨人無
斁學者有歸迨于　鼎成之期難預因山之會言念三
世諸佛皆入涅槃吾獨何人自甘遲暮其歲十月見病
者相臥方丈中是月二十七日剃髮浴身升堂別衆勤

宣祖意勉最後流語訖而□形留氣盡俗壽七十六僧
臘五十六謚元寂禪師塔名常寂歲在壬戌二月六日
歸葬于吉州吉水縣仁壽鄉太平里之原遵遺誡也今
元師鄭王備嘗道味時任保釐巨捨信財俾營塔廟
惟師夙宏妙顯㬎生像季道峻德充名符寔備皃孤神
王語淡氣幽情高而月冷秋空格峭而雲生碧嶠以慈
音而演法用實智以化人故得外契王臣心歸緇褑俄
昏慧拒永絕微言瞻道貌以長乖覽
清徽而徒在龍泉廣福十善禪院嗣灋弟子契任　常
相續住持□師自明自滿七十三人懼歲時之浸遠恐



陵谷之貿遷顯紀金碑以旌元壤其辭曰
三界茫然兮四生蠢佘背覺合塵兮死此生彼有鑠開
士兮乘悲應世端㚒寶脉兮片言拆理道價既高兮回
心
天子慈風又扇兮伏膺多士遠近瞻渴兮慕羶以至白
黑奔礼兮得抵皆止大緣告終兮魔雲忽□覺日云沈
兮灋幢遂靡傳心羅山兮訓徒
帝里韜眞預章兮歸歟吉水金骨藏山兮德音無已寶
塔鎮地兮來者斯企
開寶二年歲次己巳仲夏月建　勾當小師自通自寶

院主僧宏成典座僧曇珍在家弟子張從誨
　　　　　　　　　　　　　　　　　鐫字姚如憲
右元寂禪師塔碑韓熙載撰徐鍇題額張藻書後題
開寶二年不稱大宋蓋其時雖用中朝正朔而未嘗
以宋號冠之文中稱楊吳順義太和唐保大紀年至
去帝號以後但稱辛酉壬戌并不用建隆之號熙載
豈甘心事小朝廷者縱聲伎自汚辭相位而不居良
有以也熙載官中書侍郎光政殿學士承旨與宋史
合其稱金陵爲上都則它書所未載也禪師名隱微
預章新淦人葬于吉州吉水縣仁壽鄉太平里元帥



鄭王時任保釐捨財俾營塔廟攷之宋史後主弟從
善嘗封鄭王意即其人歟予家藏石刻千餘通獨未
得南唐碑頃益都朱進士廷基出宰吉水搨此本見
詒喜而跋之潛研堂金石文跋尾
右碑在吉水龍華寺廿三行行七十四格惟大寶
皇居天子帝里皆提行書衞徽字低一格餘均低
二格隸法遒鍊非以姿媚爲工者近時金石諸家
僅見於潛研堂書亟補錄之文內有元帥鄭王者
攷宏簡錄後主封弟從善韓王從益鄭王錢先生
據宋史謂從善嘗封鄭王不相符合未審孰是碑

書慧炬作慧拒殊誤開寶二年南唐後主之八年
也

八瓊室金石補正卷八十一終




八瓊室金石補正卷八十二

太倉陸增祥撰　男　繼煇校錄
吳興劉承幹覆校

宋一

宋經幢二十三種

劉氏爲夫造尊勝幢記高二尺七寸八面面廣三寸四分四行行廿字字徑五分弟一面上列佛象弟八面題記五行行卅一二字不等字徑四分正書在洛陽存古閣

佛頂尊勝陁泐
夫清□深缺約七字而超昇業海□□善因□□□□□
□□之罪下缺□三途之殃粵有妻劉氏奉爲亡夫□
□□□資□己缺約十四字不終合卮之歡忽掩逝川之
歎令者特興郢匠之工報荅　恩情之道是以刊玉
□□又□大悲尊勝□羅尼幢一所伏□　覓遊寶
剎而礼　慈悲時大宋國建隆元年歲次□□□月
庚午朔四日癸酉建





梭建隆元年歲直庚申本紀是年五月己亥朔此
題庚午朔疑是四月四月小盡也

元氏邑衆尊勝幢讚高五尺五寸八面廣一尺一寸八分一至四面各十三行行八十餘字不等弟一面上列造幢年月六行字徑八分下列經文十三行行六十餘字不等字徑五分直界格弟五面讚序銜名十六行後三面姓氏十七至十九行不等行字均不一並正書在元氏

佛頂尊勝陁羅尼経序
佛頂尊勝陁羅尼經
施主尉守□　五掌符同鑄鐵相輪壹坐書尊勝經
一卷在經文尾
尊勝陁羅尼經幢壹坐奉爲
皇帝萬歲
府主千秋法界衆生俱登覺岸
建隆四年四月八日記之
真定府元氏縣邑衆等敬造尊勝石幢讃并序
前攝義成軍節度推官將仕郎試大理評事王



圯撰
述夫大慈　廣運遍沙界以無窮直教恒光　佛石刼而
靡盡缺約廿四五字崇乎釋因萃爲世福因不崇何以萃缺約六字
可□□因□□因成□報之道昭著下缺聚沙缺約五字幢之
果冀□□□□□□□目　王風苟無所與曷以致
敬則我恒陽劉邑曰元氏爲本於縣西北故城是也自
隋祔移建於斯乃漢明帝降聖缺約十七字雍缺約八字繁山川
□□恒爲門之險要□□□□之山下缺約八字王缺約十二字爲
先□□過　我聖上御宇之四載也華夷無事宇宙廓
清九居戴履之鄉空盡詠　禹湯之化恩均赤子念及

疲民內則命台輔以經邦外則委縣侯而分閫則　我
府主侍中□□□明寄控壯□門運經文緯武之謀布
□□康時之化復遇　巡撿洺州太傅仰承　帝命巡
警數州致河朔無侵掠之虞叚迹有懾威之懼農桑無
□擾缺約五字自　荷吾　皇覆育之恩　君人撫安
之惠每於掄選別桂宸衷爰命　相庭愼求良宰今我
縣□長貟外惟□斯任矣下車之後布政日新凋弊悉
除室家相慶尚淹展驥荐委駈鷄　鎮主僕射夙著勳
聲迥推忠節□贊　甘棠之化委□細栁之權　判官
評事鄒桂芳名謝蘭香國暫鸞棲以淹望卽鵬翥以高



翔然空有邑會□□□□州司馬彭城劉公髙門　盛
當路　名　言　蘊重洪惟□□□□□□邑首
皇甫押衙等素揚時譽宿植善因遇聖事以皆輿慕良
緣而每切乃相謂曰幸遇逢明代各以用藾滿　宣樂
業之誣四境絕防寢之患得不崇於妙果上荅鴻恩乃
結邑衆王行及等所集淨財持建宻勝寶幢一□□乃
衆缺約廿字營□命良工□□琢盡追琢雕鏤之妙靚危嶶
聳峭之功勢戞青霄蓮攀金地刊貝多之秘典永慶人
天光无量之良因恒資國祚耿建隆四年歲次大渊獻
四月八日立於寺之中庭時也瑞彩凝空慈雲覆潤覩

者如堵集士庶（缺約廿一二字）相□覩奇絕功當寺徵乎始置
乃大魏時末移縣之所建也迄今七百餘祀耳基構廣
袤殿宇麗嚴搖古木之清風　經寒暑儼金容於滿月
久蔭城隍兼自騰併寺院之時以古昔奉　勅之興建
詩（下缺約廿七八字）談高感□方之信□罷頤望重令以　聖
緣□就庶績已成苟無述焉何旌悠久　啚不材見命
屬詞慙銜一字之褒冈究三乘之妙聊編實錄乃作讚
云　釋梵之先莫可稱焉理分不二被　妙（缺約廿八字）
爰有邑衆喜遇明時上感德化普及荼黎煙塵自息風
雨不迷詞懇頒政衆懇陳規是於籥寺欲結良因乃命



匠巧（空）旁□貞珉（空）雕鐫　秘（空）典□列　聖真賓
幢高聳戞漢偃雲冀將　妙果恒奉嘉祥雄藩永固夙
闡遐昌□□□□齊日月光萬人瞻仰福陰無壃寺主
之德法門英髦共集聖事冈單劬勞啓菩提路破煩惱
刀同登彼岸法海滔〻衆功羨績今已周圓永光玉篆
長播金言讚稱數邑虔奉千門擎空踴地不崩不褰
登仕郎試大理司直兼監察御史前永平縣令　晁
西山巡檢都指揮使推誠翊戴功臣金紫光祿大夫
撿校太傅使持節洺州諸軍事洺州刺史充本州防
禦使兼御史大夫上柱國太原縣開國男食邑三百

戶郭進　朝散郎試大理評事守海州□□縣令龔
□□　鄆州觀察判官魯咸□　前攝□州別駕劉
□　朝散大夫撿校尚書戶部員外郎行令兼殿中
侍御史孔璘　隨使押衙鎮使兼知稅王迪　承務
郎守主簿魯咸一　承務郎守縣尉司徒誠　郎度
押衙銀青光祿大夫撿校太子賓客兼殿中侍御史
雲騎尉副鎮兼知　張需咸　郎度衙前虞候充知
城安家讌　城隍都維那前渠州司馬劉鵲　副維
那前攝武州長史皇甫瑤　前鎮使靳令遵前深州
軍事衙推張筠　洺州元從押衙親都前鎮使劉審



前高邑鎮使勾當酒麴王從正前鎮判官王迟翰洺
州元從押衙勾當酒麴段希璉押衙門玫前攝趙州
別駕趙肖　鄉貢三禮范滔　張立王師太張益霍
璦田彥特王立曺君慶王昌嗣畢進王隱梅迟嗣項
□劉廷嗣田雯□楊知柔　胡貴劉恕趙万段審趙
厈畢忠田趐董贊安召焦儼許珣王文迴鄭進高進
姚演伊迟嗣董殷王溫王知集宋斌□溫李賀劉祚
劉璦董知名前攝冀州長史霍璦　施主劉習（在前行田）
趐董贊之左（上缺）威使維那　冀友昇弟邽義　苗思度
冀文進　李頻陳璦王殷　李思遇范寺珪張

延韓　同節度副使缺倉都知官杜□　前鄭都隨
使押衙梁返祚　前攝晉州觀察巡官李戩　節度
衙前兵馬使牢城都指揮使□維那董光晷　維那
前牢城都頭李希肖　深州長史孫正威　趙州司
馬晉訓　崔宗·石希祁　斉光演　安日　劉贊
王凝　楊知計　許祚　劉□瓊　穰罕音　馬
紹殷　李宏千　前馬步虞候董珣　男令昭　李
思進　安公政　高光晷　李缺柔妻呂氏　男李
榮妻孫氏劉氏穰氏　牢城都頭維那劉趙陳進楊
度鄭進李宏千　牢城都頭維那張思名　劉廷韓



羅舜　趙吉　殷返嗣　李彥珪　史可溫　劉
返祚　馬知柔　宋建　劉返超　張敬威　范珪
曺罕瓊劉贊張溫　劉殷孫興董貴　□□珪　張
琦　王思裕　宋返遇　王知□　馮罕榮　張□
□　上缺牢城都頭維那許溫　母鄭氏　許召妻張
氏劉氏許返嗣許返福許返祚　李思召李進　康
超　馬溫　鮑重立　牢城都頭維那穰令琦　父
穰千　□□□　弟穰榮　母高氏妻王氏　姊穰
氏　王守遵　維那路守溫解審召李思瓊李審超
王返福孫重榮劉進趙宋守千張思岩張□　禧万

母王氏　上缺鄉張楚顒白文楨張進吳祚許遵李演
宋贊　劉唐　劉嗣郭遇康榮維那康岩任嗣柴進
郝談徐瓊王嗣維那梅守殷王賓孔趙曺贊李顯張
召安嗣王遇王罕榮國返昭崔進房廷翰杜知進杜
返嗣施光嗣　趙進　高廷祚張廷瞻維那李贊李
殷李暹董贊董威馮榮　上缺張益郭鳳趙祚傅岩王
召大穰維那董瑜賈氏盧趙張仙王氏穰興呂進康
演穰寬趙晷宋貴趙氏宋福宋德郭太范德王溫呂
殷范遇張謙范太斉瓊程趙欽趙殷趙万趙進杜遇
程友高太郝召杜義趙氏郝超維那范殷郭氏樂度



王威康貴穰璘安超母王氏吳氏范遇范端□□度
上缺維那□羕王文郝貴李岩劉霸傳嗣　段超呂
海范奭張氏維那王贍　穰氏王唐李瓊李遇董旻
吳氏缺董超董程張楚穰氏張唐　張進孫平李氏
范賓趙氏　李村維那何重　陳氏何瓊何斌何万
何榮何章王度吳氏　維那李公進　解村維那呂
贇成氏男再榮雰章董召賈氏趙氏男外兒　上缺氏
□□王氏賈金劉氏男重進杜氏杜莒孫氏男進趙
杜遇周氏梅氏王義趙氏王溫賈氏王岩韓氏解程
韓氏劉氏趙殷殷氏馬練劉氏解召解遠解進解海

一解建鮮進孔氏男安威董趙鮮璘陳□王千儒保王
友男宗康裕康千賈均吳琮賈進陳明劉金王夾牛
趙劉建張厐張召馬召李直 上缺 進田□□氏成□
□友趙佟王氏杜貴揚氏成溫杜遇趙氏杜觀鄭氏
維郝張召劉氏 男行進 行趙彭氏張柔丁氏
李氏李召李真解遠劉氏崔儁王氏趙氏成罡吳
氏周氏康氏穢儁周氏馬氏郝威何氏 南穢維郝
靳文亮范氏靳瓊靳賓王氏李氏靳留靳殷張氏叚
氏弟行義行晁李氏 上缺 氏□□□□趙氏王進李
岩胡召王殷王遇穢万 缺 穢廣張夾張友張晁張晟



張贇李暉□度靳氏空 劉溫妻張氏空 上缺 妻王氏
□返榮男□斌張返遇趙瑩朱暉孫希榮施光晁王
返羨孔羨高知進康嗣張思練馬知遠與廷殷王文
遇史思召王思進趙晏斊溫梁召 張珪劉返祚陳
思溫李暉李進揚誨張俊劉趙董行仙趙翰 □□
□維郝 路福信氏男文垣王氏路金王殷 葛進
皷陳崔氏 朱八郎 張万□ 高□□ 跳
維郝胡宗明此下邑人三人另列之 維郝時暉焦氏馬立賈
貴張瓚張金馬章揚千劉瓚馬岩張太曺遇 寇村
維郝路暉郭氏 陳思瓚 寇如江 寇再万 寇

知柔 寇岳 樊海 樊榮 樊鸞 董羨 董光
訓 趙殷 鄭殷母張氏 寇趙 維郝馮思召苗
氏 賈威 賈仁趙 賈建 賈凝 賈滿 武惠
太 武殷 韓思瓚 馬唐 楮宏万 索可度
玉令珪 韓冢溫 女維 吳遇回 簫氏趙氏張
氏侯氏溫氏康氏□氏劉氏李氏郭氏魏氏張氏張
氏馬氏馬氏 吳氏 郝氏王氏 維郝斊祚 斊
友 王罪 李召 王召 郭豊 王岳□章陳瓚
□千李進李章李□ 維郝馬罕贇李氏張氏李貴
趙友王氏康千王氏賈與康氏李榮翟氏楊進曺氏



□召趙氏 曺遇張氏 梁章張氏 趙葵王氏
李進 吳立穢氏 景友 尹氏 趙梗 郝殷張
腊楊万 劉進 李真 梁暉 成□ 王氏 劉
練趙鐸 身亮 張友 李氏 吳□ 欒城縣孝
義鄉郭村邑衆郭殷 郭晁 李氏 李操 王氏
耿千 胡氏 杜遇 李氏 杜真□氏 郭武
趙□ 張□ 賈氏 □□□李氏 郭存馬氏
宋興 韓遇 王□ 高太 韓□ 韓贇 李
進 牛趙 梅介泉妻□氏 王□翊 劉公進
男思岩 切德住揚氏 趙氏 犁村維郝犁再廣

犁惠進　犁思進　王審寬　王仁進　王懷真
王操竹思召竹仁暉王□李氏　王平王君召
王仁遇　王仁太　路思殷　路召　李行演　魏
進劉□　唐営　楊发　馮神旺　王重榮　李温
賈思召　郝氏　李登　賈思万母孔氏　王氏
張進張思召　米贇徒　趙□□　劉榮　石邑縣
尖䃜馬村音聲人馬通貴弟近貴　弟□月　弟跳
澗母郭氏□氏路氏連姐男王五男婆喜喜女　趙
遞鄉劉氏□惠多弟三哥母高氏　宛文遂馮氏□
進　宛氏　李□張氏　□□楊　路思遇任氏宛



思唐董氏　張思榮穰氏　孫趙楊氏石立馬暉宛
琓　郭榮　郭璘　郭思友　李宏欽　東髙劉光
嗣　王氏　城西社衆梅守殷　王罕寘　孔彦趙
直贊李顯張怂召安退嗣王思遇王罕榮國退昭
崔進房廷翰杜知進　杜退嗣　施光嗣　趙希進
高廷□　張廷濳　司馬張　高旻　王召石思
賈令與空　兩行録事史缺　靳守□亢邑長押
司王令崴　司案郝希容　差科王思進　差科孔
仁遇　戸□張希演　衙司武罕榮　司法□希邵
録事史孫重興　庫案穰羨青苗劉万進　□再

榮　張退嗣　崇綵　張進□　兩覺直□□　□
□□□□　地頭錢鄭濟　闞覺武希興　觧缺侯
故村維那王継存梅氏男思召光遠思約趙氏柴遇
妻鐔王氏　李貴　曹蒙　胡貴　胡興　張真贇
李希温牛氏男廷訓　廷□　□奴張氏竹氏空
邑人楊守孚　邑人李宏遇　邑人劉令遵　邑
人胡行進　邑人胡載遇　邑人胡唐遇　邑人胡
思海　邑人劉罕榮　邑人馬德貴　邑人張思召
邑人王思殷　邑人王思鐸　邑人左審温　邑
人馬唐貴　邑人吳万　邑人王退廣　邑人梅唐



遇　邑人胡舉　邑人任道海　邑人任奉進以上二十
人字特大不拘行格另録之以上弟六面　大陳維那劉重興　妻李氏
杜氏　陳審珪　劉重禰　郭宏召　趙公爽
陳文進　劉唐武王氏劉氏劉氏左殷妻白氏　王
敬超　外姑陳氏　妻安氏　東郭維那劉全貴
劉廷贇　孫令竒　孔氏呂氏程重万　郭思度
王鉞　張思召　馮欒　輔村維那王守欽　靳氏
杜文□　□琓貴　王全遇　妻趙氏　北巖維那
□□平　杜希岩　母賈氏　賈再興　成行進
成□□□□□成顒　賈旻　成行太　嚴通　成重

興　成滿妻□氏　男頻　張氏　王宋維鄉耿贇
耿平晁　劉温　嚴迒興妻□氏嚴方召李知遇
□母髙氏　□□□　李知貴　張約　妻王氏
耿趙　栢鄉縣上棋維鄉路知進男全江　母張
氏　妻窅氏　外姑張氏　吳行千妻馬氏　男思
榮三字旁注　吳□□　□□妻□氏　外姑王氏缺
程行太妻□氏　韓行周妻趙氏　般重進妻劉氏
国氏二字旁注路審唐　賈宏義　劉宏遂　褚千褚□
宋行章　趙李洪　維鄉鮮重遇妻鄧氏男康大女
美〻　耿方友　董氏　男思殷思遇　曺千妻李



氏　慕興□　妻王氏路氏路照　母滑氏妻楊氏
趙知還妻馬氏　弟吕再興母劉氏王氏趙氏十一字旁
注　鄧思惠　母梁氏　妻李氏　張守遇妻王氏
薛思趙　安思召　□吳氏　路思進　吕可瓔
吕□遵　吕可賓　路夾　鮮覇張氏二字旁注趙温
李氏　□城縣譲上維鄉王彦瓔　母李氏妻李
氏　王重万　妻張氏　郭行簡妻張氏　扈贇妻
傅氏　張般張閏　趙大□　張立妻郭氏　睦審
唐　安令趙　王□召　維鄉鄭進　弟□興　母
張氏　妻靳氏　曾氏　賈村維鄉缺　陳□□張

氏　妻張氏　□璘妻陳氏成思進妻張氏　李彦
太妻王氏　謀村維鄉劉文寬　睦可存　徐思唐
張思瓔　睦夾　張文實　楊公万　睦岩　張
文簡　審万德　張思度　張進　王度　趙廷緒
妻李氏　高邑縣城趙維鄉趙守遇妻李氏　男鄭
留張約趙氏趙守殷　趙守温男趙昇李氏馬氏宋
氏　劉思度　男□□　母郭□　曺氏郭令珣郭
令暉李氏張氏王行德妻靳氏趙公進安公進張迒
斌張迒寺　閻海召劉遇妻王氏許廷美妻崔氏
焦村維鄉鄭思趙父公遂母吳氏妻傅氏　鄭希



鄭方王恕　孟文千王氏郭氏　邢郭維鄉馬思練
母王氏妻王氏男鳳晁妻路氏牛氏李氏四字旁注　郭
進万母穢氏妻路氏　范思殷尊嚴氏李行寬妻馬
氏李再榮　李重興揚□召　上缺王再万陳思遇妻
靳氏郭審瓔郭思温朱存嗣孫唐欽郝思譲郝思夾
朱重榮朱行千李重千妻王氏邢宏欽王行趙妻馬
氏　周文進邢迒寺妻董氏李罕唐邢廼遇母安氏
妻鄭氏　魯□　馬守進　馬禱男重立　缺　馬
思殷　□再遇母郝氏妻董氏馬缺　妻邱氏男君祐
妻□氏曺神友　□氏張審召母史氏妻楊氏李章

妻范氏李行豊馬可瓊母張氏妻李氏　楊思度
妻睦氏男令超妻車氏　王章妻趙氏王思超母宋
氏妻邢氏張行千妻劉氏　稹孚奇男佛留　稹思
召　□□□張楚瓊張行殷　鄭家莊維鄉鄭守殷
妻楊□鄭談進妻劉氏鄭□□　□實□　鄭咸則
鄭海万王殷　韓臺維鄉鄧思溫鄧思榮母聶氏
王氏趙氏賈郎婦何行約鄧雅辛召張孚福　鄧荷
鄧審　鄧肖　崔文進　孫超　崔遇　高思太
李万德　趙冉遇　韓仁遇　楊重榮　張万友
亶珪　維鄉李思召妻鮮氏　秀公冑　李可供



趙知方　周万廣　孫思太妻趙氏　嬸王氏
周思召母睦氏　成重貴　妻□□　□思唐　妻
趙氏　石進遇　石進興妻趙氏妻張氏母稹氏靈
召母王氏妻鮮氏　霍孚章　王重貴　弟重興重
進　嬸楊氏馬氏張氏　王重万妻劉氏吳氏母宋
氏　王彥暉妻脊氏　□裏維鄉郭仁周　弟仁溫
仁佐　妻麴氏　房氏　高氏　郭思太妻王氏
郭□邁　妻趙氏　王隱　妻郭缺　妻王氏郭
琛李返遇張全進　張神祐　王仁冑　王仁万
王公立　高行立　趙唐滿　趙汴　趙孝義　趙

希晁　趙遇進　孟宏爽　董進　維鄉宋行□
□□立　何思万　寇遇德　□□德　寇金　審
榮　宋進　袁家莊維鄉袁超　康進　康立　王
召　袁召　張□　李雾柔　妻□□　男李榮妻
孫氏　□　缺　劉進妻稹氏　維鄉李孚葯　妻
王氏　董晧　李瓊　姚遇　楊千石簡　石仙石
瓊　許溫　稹賓　馬召趙朝吳　維鄉史千　王
氏　男令超　王重召　董氏　趙氏　王万　曺
氏　周氏　賈審趙王氏　賈思召　賈思万李氏
兩氏賈氏葛進趙氏曺千趙氏趙氏　章氏　維鄉



李思大　王氏　趙蒟　靈氏　趙氏史金進　吳
氏　張氏　稹重召　吳氏　大家村維鄉馬德義
妻孔氏　王氏　趙坦　趙海珏　趙元吉　鮮
思度　楊神莒　楊行洪　馬仁祚　馬文友　男
知訓　李氏　賈興　趙令賓妻朱氏　楊行□
周仁千　宋氏　楊行賓　趙仁滿　妻孔氏　趙
思超　陳思進　陳趙溫　曺審度　弟審遇　趙
瓊妻孔氏　東杜維鄉□□召　李冉宏　張文寀
康思召　李召　裴思進　闞公棵　趙思貴
馬光嗣　賈貞約　馬万友　馬光義　稹召　趙

暉　趙宏遇　鄭興　高缺　趙氏　梅氏　東杜
維鄉梅宏肇　缺　妻馬氏男小和　周唐　梅宏
万妻鄭氏男希肯　李思召　魏重會　魏万殷
趙重興　鄭重進　西杜維鄉梅杞　母耿氏　朱
奕　王旺　段遇　張進何趙杜万　榆窠維鄉耿
平趙　妻賈氏　石進遇　曺寬　李千　耿平榮
□□召宋賔耿平威　鄭鸞　成万興　成万□
馬彥趙　李福榮　□□維鄉楊令贇　妻趙氏
李恭王□□進　丁進　楊思柔　董于　母路
氏　□海□　□□　何仁□妻楊氏杜氏　贊皇



縣維鄉張文莒　張□通□□氏□劉氏　趙令儒
張貴　霍氏　□□維鄉康神□　缺　鄭□
李千　程敬文　程敬趙　康思殷　許臣祚　楊
再□　趙常立　□□□　程彥温　程重榮　石
公義　石神千妻陳氏　張文勇妻曺氏　李榮李
召王瓊　石家庄維鄉劉暉　尉彥暉　劉趙　石
令畨妻王氏　劉瓊妻邢氏　李少德　甯思万
曺千　李贇　□□　甄贇　秦趙　榆庶維鄉劉
宏文　朱仁□　路光棐　段文召　路宏趙　李
温　李行遇　李宏裕　妻張氏　曺思召妻郄氏

楊榮妻安氏　路元進　千□維鄉孟思召妻王
氏班趙韓思□　以上弟七面　江同維鄉何行寬　男宏遇
男宏韜　何万母任氏何武任泰進白廷嗣王畨趙
妻馬氏　南徐樂維鄉楊思召母馬氏妻朱氏常千
王君晟王寬王庻王湛母閻氏董温妻思進　維鄉
李万德妻吴氏　劉保僧妻杜氏郝文趙母史氏弟
文貴妻李氏李宏千妻趙氏李温鄭進孫千安瓊馮
建李遇妻楊氏劉氏　劉唐劉太曺殷張万拈　缺
与常維鄉梁行瓊母梅氏妻趙氏張岩　缺　王千妻
武氏　何召妻靳人馬趙　趙趙妻曹氏　孟畨趙



荀進　趙谷維鄉張敬思妻趙氏　張重遇妻范氏
趙崇妻李氏趙章　趙千趙昭劉温康岩趙欽趙
吉　趙□　趙万友妻張氏　聶守澄妻張氏　王
崇義妻趙氏　王思召妻劉氏　槐趙　□吴氏
□景維鄉劉禧　缺　□可□　缺　妻劉氏李佐妻劉
氏王章王平劉從礼劉万劉暉高温劉温劉淮　僧
西恭唐庻　彭汴妻王氏石温王召李佐　劉進李
思瓊慕温李重友劉殷妻呂氏張進李趙范思廣張
召王太安温母穆氏范礼范彥存母魯氏王氏范進
妻楊氏郭思召　嘉應寺維鄉李神祐妻王氏　李

賔張召張度　張□劉遇□進趙進郝召李□賈翶
郭進趙進　缺　逵郭琮王万李氏王興荆興王氏
曺貴趙氏　嘱里維郙遺進母劉氏李氏曺江母路
氏十娘子孫翶賈珪晉遇李倫安召安趙陳信史貴
姚進　維郙曺金母元氏藾氏樊珪吴氏米欽崔氏
崔万高氏楊趙藾氏孫德維郙王温母李氏審氏男
么兒王德劉氏賀進成興張氏男思万男思殷三字旁注
王進神寶母高氏李友苹氏　北湍維郙張昱張亮
張召陳度陳温　□□劉氏張進趙氏高球眭氏王
會魏氏張万男審趙温氏張晟靈奭劉氏弟重德劉



唐殷榮李昆　甲珂　張璘周千劉章胡德籥昆葛
万李進劉暉王榮趙氏王福時氏王万　水谷維郙
籥佐戎氏張榮閻□德宋氏閻万温氏孫貴王德弟
行恭張德李氏尹壽王氏鄭唐張氏劉氏　廣楊縣
廿高傳維郙籥友孫及籥義　孫進　□□　孫□
路趙　孫建路立籥友籥福傳德張千弟万興李
殷馮過王貴弟重興王進楊氏馬氏張氏時進　蒲
沏維郙藾義苗氏藾厚鄧氏藾福何氏藾氏張氏
房貴靈氏房瓔輔氏　房榮程唐　武家莊維郙武
奕武約張氏男平進武過高璞　吕近師李奕張氏

李寬王榮趙氏王方靳殷李唐楊興趙平章　興樂
維郙曺唐楊氏曺元　□氏李千翟氏王氏田慶
甲氏曺佐賈召路信曺太閻順魏武李氏劉進李建
藾進張遇藾遇　傑故庄維郙吳千李氏吳宗孫奕
劉氏吳榮　吳暉　吳募　張唐吳氏田遇　郭氏
高珎李氏魏練安趙李千趙進　槀城縣靳家庄維
郙楊贇張氏男思進張氏楊氏楊氏楊瓔李氏張文
王氏楊會穆氏李氏殷度焦氏　田贇藾氏馬實李
氏張召范氏張習彭順袁約彭興馬通張氏張召張
氏　維郙任允弟行滿行實王氏李氏靳氏康氏李



嗣王氏　劉洪　缺　張佐趙氏　趙實秦千王氏
趙壽任章　缺　張殷　曺遇婁氏　丁文雅
丁文殷　丁文趙　趙廷殷　李氏　耿廷榮　劉
思召　任氏　魏行進張氏　張思進　靳珪孫氏
欒城縣穀碍保維郙曺文遇鄭氏　曺仁豊劉氏
趙氏　袁從信梁氏　趙宏募　郭氏　張殷
范氏　曺簡　趙氏　李周　紹氏　張文遇　王
氏　趙千　王氏　張温　母李氏　王思□缺
張氏　曺温妥趙氏母張氏　□斌　武般　缺
趙言　王氏　范氏　張氏　韓氏　聋氏　劉氏

高延美　男廷義　王留任氏女大姐月〻三〻
晝知進母董氏□女　犟氏　□□　□破飢
賈村維郝馮思召苗氏　梅氏　殷重友吳氏母鄭
氏　張友　□□母客氏賈氏　缺　韓近　劉氏
賈靜　張氏　賈仁召郝氏趙溫　賈千劉氏
□□胡氏　賈滿　缺　趙氏　馮進　唐楮・缺
氏　索可度　張氏　韓思溫　瞿氏　殷氏　陳
氏　張文顯　路榮　路少迪　趙氏　趙行立
石氏　吕村郝文爽杜氏　郝思進　淥氏　宋氏
扈敬文　妻賈氏　□氏　李卿　賈仁趙　賈



建　賈道擬武太　褚宏万　王令珪　啜宏太
劉文遂　韓思倫　張文千　康万金　王晁母宋
氏范氏　功德主路建男守貞江氏　解孫神喜　缺
趙兒　維郝吳進　男思万馮氏　□□路氏王氏
維郝李行方董氏　男四哥　維郝苻崇　鄭寶
崔素　趙榮　解溫　穰實　□殷　賈進　張
氏　維郝孫宏裕　趙氏　男仁泰趙氏　□□
□宏千　□泉村十王邑衆　郭孝恭邢氏　張仁
召王氏　張令□　崔氏張思太彭氏　李行敏劉
氏　宛重進郭□　孟行奕眭張溫李氏　王仁太

張氏　杜可儔郭氏　崔唐遇思氏杜思遇馮氏
屌審瓊杜氏　尹彥趙張氏　樊進麹氏　張延嗣
劉氏張審唐劉氏張楚顒王氏　僧元柔　僧貞□
僧藏美　僧智斌　僧八兒　此五僧在十王邑衆之下　南禪
院　主僧智通　功德主僧智深　三聖院長老守
進　院主僧守端　供養主僧守安　□新禪院主
僧智元　信法寺主比邱尼幼深尚座比邱尼志超
淨福寺主幼全　尚座　比邱尼法進　缺　寺主
講百法論大德令欽　監寺僧廣志　首座僧師立
比邱光信　□衣道者　僧法雨　缺　光岳　講



維摩經僧恵深　比邱恵圓　比邱廣嚴　比邱恵
志　道者悟貞　□邱智初　典座僧　明演　比
邱明遠　比邱明謙　比邱明秀　比邱恵澄　沙
弥阿德　以上六行字較大不拘行另錄之　解遠劉氏　菩薩留
阿奴　解瓚曹召曹進李欽王守遇孔友　穰僑男
思遇思榮十五妻周氏馬氏　此三行在悟貞阿德之下附列於此　容
州元從兵馬使鑄相輪都料馬成殷同鑄相輪博士
張存嗣　石匠都料張祚　楊暉　僧庄壽　此行在石尾僧
尼題名之左　建造石幢都維郝頭王行　本貫深州下
博縣人也今寄元氏縣北穰村　偶居人世倖

處中華生逢八難之灾没値三途之苦遂合家虔敬
共𢪷修尊勝陁羅尼經一坐都維那王行　副維那
弟行德　長兄行進　弟行敢　弟行周　男進榮
姪進趙男羅留鄭　姪韓留阿四　謝神留母吕
氏　嫂宋氏　妻霍氏　新婦郭氏　新婦劉氏
新婦張氏　女趙娘子　菩薩女榮師　五娘子
五六了　售兒　□娘子　庄鳳　石進　董召
妻賈氏趙氏男外兒女四娘子五娘子六□子 右方九行
在僧尼題名之下 維那馮召男仁貴仁遇三哥妻苗氏馬
氏張氏霍威曺裕朱宏嗣韓汴韓晏梅則武殷賈遇



韓疎倚千成暉劉全韓趙郝娟張周郭千馮唐韓温
韓斌石趙張□史建殷珪宋興郄璉□張威王千許
益靈安嚴羡王練鄭倚推王悟言開希言武章殷友
男恩貴母鄭氏妻吳氏趙譙男平璝平賔平球妻王
氏鄭氏張氏韓思近□□男禴進思永劉氏張友男
□羡馬緯母客氏賈氏維那曺文遇男郭留妻鄭氏
女五娘子趙万趙□韓育母石氏趙思鐸趙宏鐸郭
榮□□謝留趙千姪不留男□与□高佛留高遇妻
郭氏曺知合□□□鮮思召李暉　平榮趙千曺 缺
南牌功德主張公雅邑長邢重貴保甲倚座房道進

倚座劉宗祇邑録張重榮邑録李仁欽牌頭郭行章
□缺維那□缺保頭李再立保頭張行爽婆段氏穠
氏衛氏張氏　北牌維那張思召男行進行趙妻劉
氏新婦□缺書幢名人趙知遠父公温母李氏妻馬
氏男平趙平榮女七娘子八娘子三娘子維那霍□
□缺吕贇男再榮霙□阜入兒妻成氏新婦翟氏成
氏女二く賈進父□金男陳□母劉氏缺任行德妻
靳氏男婆兒穆□章穆璝母安氏 此在王行題記之下以上弟八面

沈䤼盧輯常山貞石志訪求殆徧而如此巨幢倘



遺佚然則未經捜羅之地湮没不知幾何也

韓進尊勝幢題名 高二尺一寸五分八面面廣三寸各四行行字不一正書

佛頂尊勝陁羅尼
□□□□□□□使并州太原郡韓進□□□　乹
德元年正月十四日建立　女□□

右幢拓本僅見七面其一面或無字也韓進署銜
磨泐

李仁遂尊勝幢記 高三尺八面面廣三寸五分各四行行三十餘字不等弟八面題記行五十餘字不等字徑五分正書

佛頂□□□羅□

夫金輪□□玉□□□□依難七返之□□□□九□
之喆□□上□□善道以滋□聖智無私拔迷津於
覺路斯乃有男李仁遂奉爲亡考司空□□□尊勝陁
羅□幢□□孝追奉温凊□□□恭色養以無尉風樹
難庭□□□急忽慈顏而永隔相誨語以含悲上報劬
勞監貞玉石未酬鞠育之恩□□□之□願□聖善
永□冥間長居極樂人天面奉十方化佛當來三會同
證殊因略序孝誠代伸記耳同伸薦祉阿姉陳□□□
觀□缺約六字紫尼　母賈　□子□
時大宋乾德五年歲次丁夘月屆夾鍾二十日己夘



建

王延福等重修尊勝幢記只拓一截高九寸四面四棱面廣五寸五分棱廣二寸五分記十三行行十八至廿一字不等前後題名六行字徑四分許正書

念金剛經邑衆等　張温　張知蘊　李知遠　陳延
肇　維簡達　張景璠　郝令遷　楊知柔　張欽
思　楊思元　謝欽柔

重修尊勝幢記

若乃塞嗜慾路闢方便門建大法幢以裨敎綱者實謂
達人矣今有都維那頭弟子王延福等雖爲凡庶願結
瞪緣於衣食之餘慕功德之事切見城西門外尊勝院
者即大周二禩元無勅額尋已廢停雖殿堂佛像以全
無奈尊勝石幢之仍有八面之香風絶起四邊之糞土
交流是欲遷就清淨之方所貴長辟穢惡之境是以蕆
興上願共率貨財雖是古功苟成今葉默層數而闕者
破者命梁工以修之補之使金偈之復新居寶地之永
固所冀日還月往福我衆生地久天長祐我國界四人
共揖万載□□偵彼所由□□□具時大宋開寶三年
□□□五日建立
□庄祚　張重遇　梁景福　仇延遇　武延超
薛延福　王仁遇　李知進　張祚　楊文義　張



延超　薛懷義　都維那頭王延福

華州别駕杜承訓尊勝幢記高三尺二寸五分八面面廣四寸尊勝大悲真言五面面五行字徑六分心經一面六行字徑四分記二面面五行字徑四分行字均不一正書在洛陽存古閣

佛頂尊勝陁羅尼
佛說千手千眼觀世音菩薩廣大圓滿無㝵大悲心
陁羅尼真言
般若波羅蜜多心經
尊勝幢記　鄉貢進士張汝弼撰
蓋聞西極之土有金人爲具無量威德植無量福田發

大悲心救一切苦有無兼謝覺夢都忘證十號以庇羣
生拔三塗而福幽界
尊勝陀羅尼者　我佛惣持之教人雄方便之門
燭彼昏衢燃以智慧炬濟諸苦海泛以般□舟不可思
議廣大利益未来過去悉所歸依凢報
父母慈育之恩荅怙恃劬勞之力非仗　如来
真諦以資勝利則安能成人子之道伸罔極之情哉大
宋開寶七載冬閏十月二十八日京兆前攝華州別駕
杜承訓奉爲
先考府君諱澄字德潤　亡妣夫人周氏建茲幢焉自



唐封杜因國命周書契已還罕敵大姓　府君以恪恭
之美佑彼侯藩
夫人以貞懿之行宜其家室有慈有義可法可象銘誌
斯在行諫偹詳　府君寄骨於晉陽　夫人
啓殯於茲地庶合周人之禮□□楚相之魂敬雙龍藏
之文少寫蘭陔之恨汝弼早悟苦空深信因果聞是請
命歡喜踴躍恭敬合掌謹述偈言
我佛大慈悲　能滅諸苦惱　乘是功德山　速成無
上道下空
次男銀青光祿大夫前攝相州別駕兼監察御史承詡
長新婦呂氏　次新婦趙氏　孫男五人　長曰繼明
前攝華州觀察巡官　新婦吳氏　次曰繼昇前攝相
州司馬　次曰繼宗前攝華州長史　次曰喜哥　次
曰重喜　孫女四人　長曰相哥　次
曰那哥　次曰妹兒　次曰洛姐　重孫男汴哥　女
鳳姐

右杜承訓幢承訓葬母因建此幢張汝弼爲之作
記㝵即得之省罔即罔惱之俗

靳氏尊勝幢題字高四尺八面面廣四寸三分各七行行字不一字書在洛陽

佛頂尊勝陀羅尼經



奉爲亡過女弟子靳氏造尊勝經幢壹座
開寶八年十二月　日建立

右幢爲靳氏造不著造幢人姓名即以靳氏題之

杜澤里尊勝幢讚高三尺二寸八面面廣四寸各四行行字大小均不一正書在洛陽存古閣

佛頂尊勝陁羅尼
金僊氏之垂教也眂□六塵筌躡八表□無生之妙法
闡有截之真風威福巨與救群迷於千劫慈悲廣偹拯
庶類於三塗天地終而靡終神明歇而匪歇是故四生
受䕶万化歸心將袪濁海之沉湮必藉空門之善果是

以設兹勝事表以薦修所謂慧力恢宏法源遐貫此四行上
刻佛象蓄禎休而斯厚顯濟拔之功深寶像陰廼照之者
魂趍淨土梵文聲振聞之者道證菩提知其然而爲然
迺至用而爲用盖孝子呇父母之禮也其　先考妣於
湝化五年七月二十三日合祔於洛陽縣杜澤里松楸
方茂邱壠正高空思鞠育之恩甯報劬勞之力遂以推
諸同氣卜以良工鑿綵嶺之貞珉還成寶剎繕祇園之
貝葉旋布銀鈎剞劂之樟木一尋恒臨封樹突兀之崑
峯數尺永鎮佳城元冥之善果聿臻長夜之素魂可託
離幽出晦願符資薦之由傾盼頹曦任促推遷之運因



刊歲月聊述讚云
大哉釋氏　垂教曠代　以智以慧　不滅不壞　上
天下地　孰亡倚賴　此四行亦上刻佛象孝子之禮　報効斯
深　鞠育爲念　劬勞在心　憑此功德　以薦幽沉
貞珉還鑿　寶幢俄立　至願既臻　休慼斯集
緬想元夜　威福宏及　封樹巳□　佳城尚高　曠
野茫茫　悲風蕭蕭　齋戒讚歎　瞻望魂銷

至道元年十月一日建立　刻字翟文翰
右幢云其先考妣於湝化五年七月二十三日合
祔於洛陽縣杜澤里而不見其子姓名亦無撰書
人姓名以其建於杜澤里也即以杜澤里題之詞
句茂美書亦端謹可法

夏家堂尊勝殘幢記 高四尺二寸面廣五寸三分棱廣四寸行字不計字徑七分許正書在汝州

佛頂尊勝陁羅尼真言 三行字徑一寸四分在弟一面上方
□□□邑衆等重脩殿宇佛□并建□□□□ 此行在弟二棱

右拓未全僅存三面二棱及最後一行未見年月
据訪碑錄知至道二年四月建也後有序銘曼患
殆甚讀不成句弟三面惟金輪二字連屬末行姓
氏惟張興一人明顯不能按格尋繹矣錄存大概



以備一種

郭重顯等尊勝大悲幢讚 高三尺四寸五分六面面廣四寸各四行題記一面五行行字不一字徑五分正書在洛陽存古閣

佛頂尊勝陁羅尼
□悲心陁羅尼　翟文顯鐫字
聞日落西山水流東海表人生而□去彰世法以不來
在聖位而猶闕豈凡情而得免今者孤子男重顯等奉
爲
考妣二靈特就墳所於東南隅建尊勝大悲經幢一所

用表勤誠薦拔生天之界伏願憑茲妙社登佛刹之金
城託此良因蹈仙宫之玉殿塵霑罪滅影拂灕生資薦
幽冥能仁誠説矣讃曰　孤子志痛　憑何所追　是
竭心誠　唯佛可歸　故鐫尊勝　特寫大悲　用報
劬勞　影藉光□
維大宋景德二年歲次乙巳十一月乙巳□初四日
戊申建　長男太原郭重顯　新婦白氏　次男重
甫　孫女婆安　孫男婆吉

法師義從尊勝幢記高二尺五寸八面面廣三寸七分三行行廿一字字徑寸許第八面記文五行行四十字字徑七分俱正書在洛陽存古閣



佛頂尊勝陁羅尼　洛陽開字人翟靈芝
法師諱義從本鄭州管城人也幼歲出家年十二於本
郡龍興寺石佛院禮𣄃大德爲師至年十六剃髮爲沙
弥十七受具自後辞師雲遊諸處習諸經論不捨晝夜
至年二十三爲衆講百法論近二十餘遍自後講弥勒
上生經三十餘遍志永兜率願覲慈尊本所願也於天
聖年中蒙請於寳應蓮宫講百法上生十五餘遍俗壽
六十三僧臘四十六於明道二年正月二十九無疾而
終於寳應之房學法門人近二十餘人不能具録其名
矣當年五月中建此幢記　講經律論傳大小乘戒

同行願賜紫沙門德政書

趙州王德成等尊勝經四幢題名二幢高四尺五寸八面面廣一尺九寸五分第一面篆額三行行六字字長徑七寸許題奉爲法界水陸蒼生敬造佛頂尊勝陀羅尼幢十八字二至七面面十七行行廿七字字徑寸許正書八面經五行書人及年月銜名共九行行字大小均不一行書續刻姓氏六行二幢高三尺二寸廣一尺二寸五分十二面面十五行行廿二字一字徑寸十首行特大刻經呪無年月姓名在趙州

佛頂尊勝陁羅尼經序文不録

佛頂尊勝陁羅尼經

學究劇如錫書

景祐五年缺三月缺十八日建立　都料匠馮能

次男馮豈下四字筆意不類



文林郎試秘書省
校書郎軍事推官
張下九字筆意不類
奉直郎試大理評事
軍事判官張　知化
下五字筆意不類
右侍禁趙州兵馬監押
兼在城巡檢劉下七字筆意不
類
內殿承　制趙州兵馬都

監蕪在城巡檢張　如二
下八字筆意不類
通直郎守殿中丞通判趙州
軍州蕪管內勸農事騎都尉
借緋劉　□之 蕪管以下筆意不類
□□□使銀青光祿大夫檢校
太子賓客蕪御史大夫知趙州
軍州蕪管內勸農事騎都尉太
原縣開國伯食邑七伯戶王
德成



皇□□□重臣千秋國泰民安風雨順時 此皆劇如錫所書
大宋趙州南關□□□人等建特建幢子相輪記 下七字與上方
係兩人書此在書人名上方
邑長□□　邑□李□　邑□□□□　邑人張緒　邑
人成倫 空八字許　萬捷弟六指揮弟三都軍使葛万 上六字頗
似劇如錫所書　通判官李滋　檀福
邑衆等　安□　張政　□□　□□□　石珎　董
澤　王一　賈用　張榮　田皈　梁□　孫益　香
花邑人　邑長內行人張緒　劉吉　賀吉　李永
芭遂

王素　賈□　劉□　劉□　□□　□□　吳遂
陳顥　石辛　孫春　張昇　王信　趙州廂典李賀
趙州二字亦似劇書　夏侯贇　范吉
周迁　王□　王玉　□□　□□　□□　□□　周德
趙忠　趙文秀　趙宗□　□宣　□緒　□□
威邊弟二指揮節級趙忠
□□弟二十三副□□□田□　劉氏格 空四　女衆周
氏　邢氏　李氏　□□□□　二軍頭王昪　懷
甯軍頭趙興　節級賀吉
霜雲翼左弟十九指揮弟四都七將羅則　妻賓氏 此刻



在都料匠姓氏下方　曹懷保 此在年月上方
佛說隨求即得大自在陁羅尼神呪 出隨求□
此幢之絕大者篆額雄健唯書陸作陸頂作顛幢
作幢乖矣後幅銜名字多不類蓋書碑者祇是具
銜繼乃補之不出劇如錫手也

張昭範尊勝幢序 高二尺九寸五分八面面廣四寸三分各四行行字不一字徑六分
序每行廿九字正書在洛陽存古閣

佛頂尊勝陁羅尼
蓋聞六根煩障釋迦開方便之門它界苦空菩提發慈
悲之念故我佛知生死之有漏不染法身覺泡幻之死

常以觀實相孤子清河張嚻奉爲
先父諱素先妣汾陽郭氏亡父掩逝于康定元年庚辰
歲五月九日感疾終于嘉慶之里第亭年六十有八於
慶祿八年戊子九月二十六日辛酉附葬于河南洛陽
縣金谷鄉朱陽里洛之北原謹立尊勝陁羅尼功德幢
于仙壠之左泣血告予曰子孫追慕號泣罔極歆奉
先之孝須資鞠育之恩請予序茲勝緣用伸資薦
伏願乘茲利因永居淨界故夲云或安墳墓側寔在斯
矣豐早以有舊猥承見託故不得讓里人之命直紀歲
月以卜卜休年　進士董豐序　長男昭範　次男昭
懿　大新婦劉氏　次新婦秦氏　孫新婦王氏　孫
男友直　友諒　友聞　孫女大娘　二娘　三娘
四娘　五娘　七娘　重孫男六升　重孫女六娘
孫男友諒書石　清河張慶刻
書亭作亭極作極均誤宋史有張友直爲士遜子
別一友直
張師皋大悲尊勝幢銘高三尺六寸八面廣四寸各五行前三面分書弟一面行四十三字二三面行四十字字徑六分後五面正書行四十二字字徑五分在洛陽存古閣
□□□□□□□□□□□□經幢
世謂金僊氏能除苦惱滅罪障有功力如化者人以是
習其書行其教至於□者必以幢刊陁羅尼文樹之□
左噫蓋□人子者欲報冈極庶薦福於先乎
□□□□□□□□□□□　□□□□陽之原
亦立是幢甥殿中丞鄭惟幾謹書於石而爲銘云
佛之理　其可詰乎　幢之立　其惟□乎
□□□□□壬寅三月戊申朔十日丁巳立
千手千眼大悲觀世音菩薩廣大圓滿無礙大悲心陀
羅尼文不錄以上三面分書
佛說千手千眼觀世音菩薩廣大圓滿无礙大悲心陁
羅尼神妙章句
佛頂尊勝陁羅尼以上五面正書
右幢鄭惟幾銘并書隸方而勁真書亦秀麗不減
唐人年號摩泐案鹽池靈慶公碑側題名有尙書
屯田員外郎同監安邑池鄭惟幾者當即其人彼
題名時在治平三年然則此壬寅當是嘉祐七年
尊勝真言內有弟子張師皋普爲四恩三友法界
含識受持讀誦救拔輪迴苦悉發菩提心同生極
樂國數語蓋即造幢之人也
興國寺□寶臣尊勝幢記高四尺一寸五分八面面廣四寸二分七行行字不一字徑五分正書在魯山

佛頂尊勝陁羅尼經
上缺十月巳卯□初七日乙酉□奉　□妣□□□曾
祖□□祖□父□□于妆下缺上缺次丙子四月庚申朔
十一日庚午建　佛頂□勝陁羅尼經幢一所用資
冥福嗣子男□□寶臣立　上缺男□□　女十一娘
婿李通□　女十□娘婿□□　女十五娘婿□□
女十六娘　女十七娘　外甥□□□　上缺十一
娘　外生□□妹十五娘堂姪再興　表弟張秉仁

右與國寺□寶臣造幢在魯山城北宇多漫滅建



幢人見名不見姓年月見丙子不見建元据訪碑
錄云紹聖三年

若濟等尊勝幢題名高三尺四寸五分八面面廣四寸二分經四十行行四十餘至六十餘字不等末面下截題記六行行字不一字徑六分正書在咸陽

佛頂尊勝陁羅尼
亡父諱用霖母張氏於熙甯四年十月十三日合祔
于咸陽縣西丁村　伯父助教之塋
長男若濟新婦姚氏　次男若升新婦鄭氏　陳氏
並同時葬
長男若濟　次若□　次若升　幼若簡　女一人

適李　孫五人　師仲　師禮　師魯　宗益　宗
孟同建立

報恩寺智清靈骨記幢高三尺二寸八面面廣四寸五分各三行行字大小均不一末二面題記五行行四十餘字字徑五分餘並正書在青州城外文昌祠

尊勝陁羅尼啓請
加句靈驗佛頂尊勝陀羅尼
青州報恩寺大聖院清座主靈骨記
座主法諱智清俗姓張本貫當州壽光縣鳳停人也景
祐元年出家祇院主尼善能為師康定二年試經得度
慶曆四年具戒講上生經參禪進道為業於元豐六年



四月十六日微疾而終俗壽七十四僧臘四十三得度
小師五人因葬座主師姐次洎　先師姑二人靈骨葬
訖　元豐七年四月十六日報恩寺大聖院主尼　智
淨　立石　先師姑度小師二人　智清　智淨
師姐座主度師五人　崇志　崇福　崇安　講法界
觀　崇秀　崇恩　劉素刻

右幢記文六行按五行經文二十行按十九行字徑五分段
赤亭云此幢書法端嚴文亦簡淨陀羅尼經題曰加
句與今藏本不同然他幢多注逗留此獨無之記曰
師姐師姑今南方稱比邱尼多沿此山左金石志

石佛村尊勝幢殘題記 斷缺高存一尺二寸餘八面面廣四寸四行行字不一字徑七分題字九行字徑五分俱正書在魯山

佛頂尊勝陁羅 下缺

賀□□先歿故□ 下缺 仁鄉嵇村人氏自 下缺 於西京資忠□□ 下缺 父母□□至□□ 下缺 日身亡□□□□ 下缺 助緣□□□□□ 下缺 助緣醫人李□ 下缺 大宋崇甯四□ 下缺 寺文殊院□百 下缺

政和尊勝幢題字 高二尺五寸八面面廣四寸三分各六行行卅五字字徑四分餘正書

佛說佛頂尊勝陁羅尼經



佛頂尊勝陁羅尼經卷終

政和三年歲次癸巳八月巳酉 缺

幢無造人姓氏或在年月下方

寶安寺尊勝幢 斷缺高存一尺七寸廣一尺二分十行行字不一字徑五分横額題佛頂尊勝經幢六字俱正書在鞏縣

西天寶安寺主藏法師佛頂阿闍梨 下缺 佛頂尊勝陁羅尼普請受持所有身邊 下缺

石幢不見年月姓名宋刻也幢刻平石與它幢六棱八棱者異經文僅列真言前二行亦非造幢人所題姑以寶安寺題之訪碑錄載有鞏縣宣和三年石幢或卽此種而斷折也

八瓊室金石補正卷八十二終

八瓊室金石補正卷八十三

太倉陸增祥撰　男　繼煇校錄

吳興劉承幹覆校

宋二

溫室洗浴衆僧經記

高一尺五寸六分廣三尺二寸五分四十七行行字大小均不等行書在洛陽存古閣

佛說溫室洗浴衆僧經一卷

後漢安息三藏安□□□下缺　此行小字徑四分在標題下

建造溫浴刊寫真文□福無□下缺

著他方願滿四宏位絕三界然下缺　此二行在經文末句



時大宋建隆二年歲次辛酉二月十一日乙亥洛京

右街應聖□下缺　下亦小字

龍興寺鑄銅像記乾德元年五月八日在正定府　萃編載卷一百二十三

大駕親征缺大字時須缺須字万人計缺計字基址址誤北

文首敘開寶二年太祖親征河東而碑末乃作乾德元年誨審其字蹟實與序文無二惠演雖鄙俚無文亦何至舛錯至是殊不可解案葛蘩撰龍興大悲閣記稱景祐中寺僧惠演錄其興建之蹟甚詳云云據此則惠演是仁宗時僧碑之年月無稽因刻於葛記碑陰即附於葛記之後碑爲王氏金石萃編所收而乾德之誤竟未舉及其他則王氏言之頗詳茲不復贅記稱差三道殿頭一道入龍興寺一道入開元寺一道入永泰寺攷宋內官傳有殿頭有祗應殿頭當即此開元寺即今府治南之開元寺正定府志永泰寺在城北金大定中建今此記有永泰寺則方志云金建者誤矣又記有軍器庫使劉審瓊等諸人皆無表見通判軍府事范德明當是鎮州官教練使之名宋史職官志兵志皆不載通攷云開寶中嘗置軍教練使在指揮使上後廢都副鈐轄通攷云宋初以朝



官及諸司使以上充或一州或一路或兩路三路亦無有都字者又合璧事類後集引續會要載兩朝國史云官高資深充都鈐轄官卑資淺稱鈐轄軍器庫使職官志軍器監國初戎器之職領於三司冑曹案官無專職熙甯六年廢冑曹案置監以從官總判又衛尉寺所隸官司有軍器弓槍庫軍器弩劍箭庫通攷宋武庫武器並歸內庫及軍器庫以他官及內侍典領軍器凡四庫勾當官並二人衣甲弓槍弩箭三庫丞以諸司使副及內什充什物庫以三班使臣充掌禁兵器鎧甲供軍什器儲偫之物辯其出納又職

官志少府監有諸州鑄錢監監官各一人又將作監有東西八作司掌京城內外繕脩之事八作司之置十將史所未詳雄勝指揮員寮宋史兵志侍衛司步軍有雄勝開寶中以剩員立太平興國中選入上鐵林餘如故又有雄勝剩員指揮三峽冀濟各一案剩員之名起於太祖建隆元年詔殿前侍衛二司各閱所掌兵練其驍勇升爲上軍老弱怯懦置剩員以處之給官符宮觀園苑寺廟之役鑄象蓋閣興工於開寶四年正剩員置雄勝之後員寮之名兵志殿前司有新安內員寮直侍衛司騎軍有員寮剩員直步軍



有川員寮直然則碑載雄勝指揮員寮當即兵志雄勝剩員指揮無疑矣碑文鄙俗無足取特因其敘鑄象之制頗詳故錄之以補龍興寺之掌故焉（常山貞石志）

梯航作抗抗即杭字特變木从手耳毛詩一葦杭之楚詞惜誦魂中道而無杭史記司馬相如傳蓋周躍魚隕杭杭絕浮渚太元劇蔽於天杭皆即航之通借萃編以爲別字殆非碑兩用般取知今俗搬移字可用般爲之沈鮑盧輯常山貞石志以碑刻於紹聖四年大悲閣記之陰紀年舛錯即附於閣記碑後萃編不載閣記余亦未得拓本仍依原次閣記立於紹聖四年此碑末題乾德元年不應反在碑後竊意此碑先未上石迨紹聖年刊刻大悲閣記因取惠演舊文附鐫於碑後原文未必有碑尾年月殆補刻者所增遂致錯誤而未深究歟

夢英十八體篆并贈詩及書

（高四尺一寸廣二尺五寸四截每截行字大小均不一詩句篆書題釋分書餘並正書在西安碑林）

南岳宣義大師夢英十八體書丁卯年秋長安集（此二行在第一截贈詩之前後）

沙門惠休詩（在文選中）　西北秋風至楚客心悠哉日暮碧雲合佳人殊未來露彩方泛艷月華始徘徊寶書



爲君掩瑤瑟詎肯開相思巫山渚悵望雲陽臺膏鑪絕沉燎綺席生浮埃桂水日千里因之平生懷（此行在下三截之右方）

沙門惠休詩　古文者黃帝史蒼頡之所作頡有四目通於神明仰觀奎星圓曲之勢俯察龜文鳥跡之象采眾美合而爲字故曰古文孝經援神契云奎主文章蒼頡倣象是也自秦用小篆焚燒先典古文絕矣武帝旹魯恭王壞孔子宅壁得古文尚書自後隨世變易已成數體矣

西北秋風至　大篆者周宣王太史史籀之所作始變

古文或同或異謂之爲篆篆者傳也傳其物理施之無
窮甄酆定六書三曰篆書八體書法一曰大篆又漢書
藝文志史籀十五篇竝此也以史官製之用以教授謂
之史書凡九千字漢元帝王遵嚴延年竝工史書是也

楚客心悠哉　籀文者亦史籀之所作與古文大篆小
異後人以名稱書謂之籀文七略曰史籀者周旹史官
教學童書也與孔氏壁中古文體異其跡有石鼓文存
焉蓋諷周宣王畋獵之所作今在陳倉少人攻學
日暮碧雲合　廻鸞篆者史佚之所作粵在文代赤雀



集庭降及武朝丹烏流室今之此法顯寫二祥其草木
鳥獸山川虫魚飛走動隱而成其字自後季世湮謝聖
据淪徂唯史氏研精功爭造化矣
佳人殊未來　柳葉篆者衞瓘之所作衞氏三丗攻書
善乎數體温故求新又爲此法其跡槧雄葉而不負筆
勢朗勁莫能傳學衞氏與索靖竝師張芝索靖得張之
肉衞瓘得張之觔故号一臺二妙
露彩方泛艷　垂雲篆者衞恒之所作軒轅之代慶雲
常現其體郁郁紛紛爲書紀職文字之興取諸爲象昔
品云衞恒書如搖蕚美女舞笑鏡臺筆勁若飛字張如

雲莫能傳學衞氏即垂雲之祖
月華始徘徊　雖虫篆者魯秋胡妻之所作秋胡随牒
遠仕荏苒三季嗚垤有懷春屈多思桑旹閑翫集爲此
書亦云戰筆書其體遒健垂畫纖長旋繞屈曲有若虫
形其爲狀則元鳥優游落花散漫矣
寳書爲君掩　小篆者秦相李斯之所作增損大篆異
同籀文謂之小篆亦曰秦篆畫如鐵石字若飛動作楷
隸之祖爲不易之法其名題鐘鼎及作符印至今用焉
受命于天既壽永昌等即李斯之小篆也
瑤瑟詎肯開　塡篆者周之媒氏以仲春之月判會男



女則以此書表信往來及魏明帝使京兆韋仲將點定
芳林苑中樓觀王廙王隱皆云字間滿密故云塡篆亦
曰方塡書至今圖書印記竝用此書
相思巫山渚　飛白書者後漢蔡邕之所作漢靈帝嘉
平季詔蔡邕作聖皇篇篇成詣鴻都門進旹方修飾鴻
都門見役人以垩帚成字心有悅焉歸而爲飛白書漢
末魏初竝以題署宮闕其體有二創法於八分窮微於
小篆蕭子雲飛白論云王次仲飛而不白蔡伯喈白而
不飛
悵望雲陽臺　芝英篆者漢陳遵之所作陳氏每書一

亞皆驚告人謂之陳驚亞爲六國各以異體之書潛爲
符信則芝英興焉秦焚邱典其迹煨滅在漢中葉武帝
臨朝爰有靈芝三本植於殿前既歌芝房之曲又述芝
英之書焉陳氏即芝英之祖
膏鑪絶沈燎　剪刀篆者韋誕之所作亦曰金錯書本
古之錢名周之泉府厥跡不存降兹以還其迹可覩若
漢之銖兩新之刀布今具存焉其爲體狀若麗匣盤龍
新臺舞鳳自後史游深造其極焉
綺席生浮埃　薤葉篆者仙人務光之所作務光辟湯
之禪去往清冷之陂植薤而食輕風時至見其精葉交



偃則而爲書以寫紫臯經三卷見行於世其爲狀也若
滄風遠望寒雲片飛世絶人學矣
桂水日千里　龍爪篆者晉右將軍王羲之所作羲之
曾遊天台還至會稽値風月清照夕止桐亭臺詠之末
題柱作一飛字有龍爪之形焉因之遂稱龍爪書其勢
若龍威虎振拔劒張弩
因之平生懷　科斗篆者其流出於古迹尚書序費氏
注云書有二十法科斗書是其一也以其小尾伏頭似
蝦蟇子故謂之科斗昔魯恭王壞孔子宅以廣宮室得
科斗尚書反禮記論語凡數十篇皆科斗迹字

乾德五年於　瓔珞篆者後漢劉德昇之所作也因夜
觀星宿而爲此法特乃存古之梗槩變隸之規蹤體類
科斗而不直勢同迴鸞而宏逸天假其法非學之功雖
諸家之法懸殊而此書最爲背出後漢儒生皆攻學
長安書宣義　懸針篆者漢章帝郎中扶風曹喜之所
作也用題五經篇目纖抽其勢有若針之懸鋒也故曰
懸針河洛遺語云懸針之書亦出曹喜小篆爲質垂露
爲紀題署五經印其三史以爲楷則傅芳千祀懸針即
曹君爲祖
大師夢英集　垂露篆者漢章帝郎中扶風曹喜之所



作以書章表奏事謂其點綴如輕露之垂條累垂欲落
之象故云垂露漢宣帝嘗重此書懸之帳內謂言曹喜
之書如金盤瀉珠風篁雜雨八法元妙一字千金
以上下三截
贈宣義大師歌　朝請大夫侍御史知雜事馬去非上

伏犧氏作文籍生古文一變兮大篆小篆成李斯既往
誰得名有唐還有李陽冰陽冰歿後誰復生　大宋有
僧曰夢英吾師吾師能前此好古之人雙眼明
紀贈南岳宣義大師夢英篆書歌　前進士宋白上

衡山神秀瀟湘清精靈潛發奇人生金僊才子稱夢英
玉筯篆書天下名隸外攻寞又攻柳李更行體兼而有
刪得張顛草聖才筆頭燦爛龍蛇走八分飛白皆精練
長安粉壁狂題遍功□□讓狸骨帖聲價高於鐵門限
皇唐偏說懷素師善草不□□副之近代韻僧小歐跡
謹揩齷齪無多奇驚師宿世會勞□□紙骨筆血爲墨
受佛付囑爲微言今生所以書無敵我□□奇滿天下
多見名書與名畫雖向煙霄未稱心待取珊瑚爲筆架
從茲懶愛吳筠碑新歌重贈撲凸奇
贈英公大師　翰林學士尚書司封郎中知制誥賈黃



中
金仙子便是師師高道甯容世網羈浩浩情田龍可擾
飄飄行止鶴應知塵機擺落超三界古篆沉研冠一時
莫恠伊余苦珍重白蓮香社有心期
□英公大師篆書詩二絕　太華希夷先生陳摶
□□南來別九華少年師号紫袈裟驚天動地懷何藝
古□□高十八家　又　上帝国成鳥跡蹤又於
玉筯別□□如今朴散浮華筆珎重　吾師紹古風
夢英上人　樞密直學士朝請大夫上柱國賜紫金魚
袋趙逢　幾年攻學楚江濱十八家書妙入神莫恠老

夫偏愛惜李陽冰後更無人　贈英公大師　太
常博士李頌
篆高神品秀爽天骨敏捐樸先談深理窟潛極蒼源元
臻籀闕玉無疵瑕車有輗軏達識圓明靈襟洞豁粹稟
飛星肖掛流月大飲陶陶閑遊兀兀肯如常人名利乾
沒
送英公大師歸終南　太子中舍盧岳
擬息遊方興羅龕近翠微幾程勞夜夢一錫向秋歸月
彩籠清磬嵐光潤紫衣重尋溪上路楓葉□巖扉
贈英公大師　著作佐郎許道甯上



業就携筇別五湖　御簾香暖幾曾趨精搜象外吟情
逸元達禪中惠性殊江鳩秋思霜橘美雲房高寄海峯
孤白蓮共結他年約還放踈慵入社無
聞英上人十九簾前賜紫　閑廐副使何承矩
遠聞貢藝趍　丹闕　萬乘稱奇賞少年玉筯纔書金
殿裏　皇恩旋降翠簾前行齊支遁喧三楚學冨陽氷
振九天近見來僧頻有說賜衣猶帶　御爐煙
送英公大師歸終南　太常丞呂端
衡岳煙蘿紫閣雲名高湖外晚遊秦清詞古學儒生業
圓笠方袍釋子身竹杖柱歸山裏寺篆書留與世間人

我疑簪組成縛空仰　吾師去路塵
贈英公大師　圭峯賜紫　永牙上
吾宗何事獨稱雄今昔名高繼古風王右軍書傳智永
李陽氷篆付英公墨研天電煤疑絕硯琢端溪石欲空
珎重真蹤千載後誰来三日看無窮　贈英公大師
文暢大師賜紫元寶上
□愛王家草聖蹤獨於小篆苦留功何人會得
師高意欲把時風變古風　鄉貢進士袁允忠書歌
詩　以上弟一截
前攝鎮國軍節度巡官安文璨刊僧勍信　安懷玉



白文贊　共建　小師元序　元秘　元穹　元
之勾當　此三行在弟二截之左
紫塞雲高皇朝路遠每捧報瑶之翰如窺連壁之姿忠
恕自落朝班累承詔命已得林泉之味堅辭名利之塲
鶴髮半生猨心久死與師金蘭敦義香火修因飛杯容
許於醉狂結社不嫌於心乱共得陽氷筆法同傳史籀
書蹤常痛屋壁遺文汲冢舊簡年代浸遠謬誤滋多賴
與吾師同心正古近覽真翰轉見工夫藏勢遏峯方上
圓下可以方古教人也晉宋而下通篆籒者寡唯碑碣
印記時用數字傳授者未克研精何妨撿討盜聽者耻

於好問加之穿鑿齋中序云小篆散而八分生八分破
而隸書出隸書悖而行書弊行書狂而草書聖自隸已
下吾不欲觀之矣見寄偏旁五百四十一字按說文字
原唯有五百四十部孑字合收□子部今目錄妄有更
改之又集解中誤收去部在注中今點撿偏旁少晶惢
至龜弦五字故知林氏虛誕誤於後進者小說見冝焚
之聊以親書達心俟以万刼發願何人知之英公知之
不宣還客郭忠恕書達英公大師座前　十二月二十
五日　此四行在碑左刊石人名之下
黃魯直云李龍眠得金銅戟于市漢物也泥金六字



字家不能讀蟲書妙絕于今諸家未見此一種乃知
唐元度僧夢英皆妄作耳然則今所傳十八體出英
公杜撰欺世非古實有之也音釋分隸頗有批法碑
首載贈詩正書亦勁健皆是英公手耶如此公亦非
孟浪者矣石墨鐫華
贈詩共十二人馬去非宋白賈黃中陳摶趙逢李頌
盧岳許道甯何承矩呂端僧永牙元寶咸平元年刻
者惟賈黃中呂端二詩相同此題端爲大常丞當是
太祖定國時所贈然則咸平刻云特進太子太保致
仕者爲追錄無疑也米芾書史曰夢英諸家篆皆非

古失實一時又從而贈詩使人愧笑關中金石記

文選載此詩爲江淹擬休上人怨别之作而夢英竟以爲沙門惠休詩何也瑶瑟詎肯開文選作瑶琴詎能開與此不同至雲陽臺作陽雲臺汲古閣本則文選之誤也題釋分書書轅作轅書苒作苒大謬贈詩之尾署袁允忠書歌詩石墨鐫華何以有皆是英公手之語郭忠恕書爲偏旁字源而作何以附列於此碑句語與偏旁碑小異

李宏等金泉觀詩

高四尺七寸廣四尺一寸十八行行字不一字徑二寸餘正書在南充



自令季春來遊金泉觀偶成七言四韻詩一首并序其事

余自戊辰歲奉 命乘軺通判州事屬以干戈乍息寇盜仍多烽煙時起於四郊獄訟常親於五聽公庭少暇私諠無惵洎周星已來庶務稍簡方思命侶同共盤遊因屆名山覩茲殊事寶殿崢嶸而若晝睟容髣髴以如生巖岫嵌空是謝女修真之所松篁蓊鬱有神仙受籙之蹤芝散異香泉飄細韻宛若桃源之内深疑閬苑之中歷覽幽奇頓消煩鄙因成短引偶賦一章遂命濡毫鐫之于壁

宣德郎守秘書丞通判果州權知軍州事李宏

昔時謝女昇天處此日遺蹤尚宛然蹤跡舊衣留石室龍飛靈水湧金泉碑書故事封蒼蘚殿寫真容鏁翠煙薄暮松巔聽鶴唳猶疑髣髴是神仙

時大宋開寶二年歲次己巳二月十五日記

依韻攀和 通判員外題金泉觀之作

朝散大夫行左補闕西川諸州水陸計度轉運副使柱國楊克讓

沖虚脱屣世綿綿勝地人來尚凛然不見綵雲迎皓鶴空留怪石漱清泉侵階蔓草迷香逕偃蓋寒松雜暮煙靜化信從死妄得堪思漢武亦神仙



李宏詩見明統志石本缺龍字據以補注於旁太平寰宇記南充縣謝真人祠唐書貞元十年謝真人名自然於縣界金泉紫極宫白日上昇郡郭是夕有虹霓雲氣之狀明統志順慶府金泉山在府城西唐仙女謝自然於此白日飛昇上有石像宋李宏詩云云此即是也詩云碑書故事封蒼蘚是祠本有碑今不存矣楊克讓宋史有傳字慶孫同州馮翊人乾德六年知果州上言願畢襄事特賜

緡錢許葬畢赴任開寶三年就命爲西川轉運副
使蜀民懷其善政璽書褒美官至兩浙西南路轉
運使兼市舶使此詩刻於開寶二年自署轉運副
使則史三年當爲二年之誤不言左補闕者略之
耳

石魚題刻一百段在涪州

申狀題記下截未全高四尺四寸廣三尺五寸五分十三行行存十八字至六字不等字徑一寸六分前署銜三行行字不等並正書

上缺撿校太子賓客兼監察御史武騎尉鄧 呂
黔南左都押衙銀青光祿大夫撿校太子賓客兼監



察御史武騎尉□ 呂
知黔州事銀青光祿大夫撿校工部尚書上柱國謝
昌□

據左都押衙謝昌瑜等狀申大江中心石梁下缺古記及
水際有所鐫石魚兩枚古記云唐廣德缺春二月歲次
甲辰江水退石魚出見下去水四缺問古老咸云江水
退石魚見即年豐稔時刺史缺州團練使鄭令珪記自
唐廣德甲辰歲至缺開寶四年歲次辛未二月辛卯朔
十日丙缺餘年今又復見者覽此申報遂請通判缺徒
巡檢司徒軍州官吏等因命舟檝缺古記實不謬矣於
戲美歲盛事直逢
昭代斯乃呈祥有以表
吾皇之聖化遠缺記之兼尋具奏缺聞訖時大宋開缺

朱昂詩高四尺九寸廣五尺五寸十三行行字不一字徑三寸許正書

涪州江心有巨石隱于深淵石傍刻二魚古記云
魚出歲必大豐端拱元年十二月十有四日昂自
瞿塘迴遵途于此知郡瑯琊王公□云石魚再出
來歲復稔昂往而觀之果如所說因歌
聖德輙成一章
朝請大夫行尚書庫部員外耶峽路諸州水陸



計度轉運使柱國朱昂上
欲識豐年兆揚鬐勢漸浮只應同在藻無復畏吞鉤去
水非居轍爲祥勝躍舟須知
明聖代涵泳杳難儔

劉忠順等詩高六尺廣八尺共十九行行字不等字徑三寸正書

留題涪州石魚詩一章
轉運使尚書主客郎中劉 忠順
七十二鱗波底鐫一銜蓂草一銜蓮出來非共貪芳餌
奏去因同報稔年方客遠書徒自得牧人嘉夢合相
先前知上瑞宜頻見

帝念民饑
刺史賢
無逸謹次韻和
轉運郎中留題涪州雙魚之什
尚書屯田員外郎知梁山軍水邸　無逸
謹將江石作魚鐫奮鬣揚鬐似戲蓮今報豐登當此日
昔模形狀自何季雩因呈瑞爭高下星以分宮較後先
八使經財念康阜
寄詩褒激



守臣賢
聖宋□□元年正月十二日
缺州事鄒　霖　命工刊石
新授安州雲夢縣令恭士燮書
建元剗漱据蹇材望詩引知爲仁宗皇祐也無逸
詩下方空處爲元豐九年鄭顗等題名弟七行下
方有元祐五年題名其右又有王珪直三字

武陶等題名 高四尺廣二尺四寸四行行十一字字徑三寸餘刻作碑式額題遊石魚題名記六字並正書四周有花紋

尚書虞曹外郎知郡事武陶熙古涪忠州巡撿殿直侍

其瓘純甫郡從事傅顏希聖嘉祐二年正月八日謹識

劉仲立等題名 高三尺八寸廣二尺四寸四行行九字字徑二寸五六分又刻石人名一行八字正書四周有花紋

民掾劉仲立正臣䆟掾劉煥仲章涪陵宰□□□艮朝
嘉祐二年仲春同游此記誌　教授徐爽□
之監鐫

郡從事馮□等題名 高四尺廣二尺九寸六行行十字字徑三寸五六分正書

郡從事馮玨君錫監征王震伯起督郵高槩秉甫涪陵
令黃君□□□□□傅者□□□□□□□瑾公珍大宋



治平□□□月二十□日同觀石魚于此謹誌

徐莊等題名 未全高四尺廣二尺九寸七行行七字字長徑五寸篆書

大宋熙甯元季正月一十日軍事判官徐莊同巡撿供
奉王安民監稅殿直王克岐知樂溫縣鍾浚涪陵縣令
趙君儀司理參軍　缺

韓震等題名 高三尺六寸廣三尺四寸九行行十字字徑二寸三四分正書四周有花紋

都官郎中韓震靜翁屯田外郎費琦孝琭姪伯井是先
進士馮造深道盧遘彥通暇日因陪太守駕部員外郎
姜齊顏亞之同觀石魚按舊記太和洎廣德年魚去水
四尺是歲稔熟今又過之其有秋之祥賦熙甯七年正

月二十四日題
黃覺等題名 高二尺二寸廣二尺六寸七行行七字字徑二寸五分正書
夔州奉節縣令權幕通川黃覺莘老戶掾平原李綬公
敏掌獄鄴都梁鈞佐袞臣熙甯甲寅孟春二十九日訖
輕舟同觀石魚于此
鄭顗等題名 高二尺九寸廣一尺七寸六行行九字字徑二寸五六分正書
元豐九年歲次丙寅二月七日江水至此魚下五尺權
知涪州錫諸大夫鄭顗愿叟權判官石諒信道同觀權
通判黔州朝奉郎吳績延珍題
□兆思題名 高廣不計二行字徑寸許正書



太原□兆思
元祐五年正月十五日
右刻在劉忠順詩刻下方書刻率劣
楊嘉言等題名 高三尺六寸廣三尺二寸八行行十字十一字字徑二寸許正書
聖宋元祐六季辛缺望日聞江水既下因率
判官錢宗奇子美涪陵縣令史詮默師主簿張徽明仲
縣尉蒲昌齡壽朋至是觀唐廣德魚刻并大和題紀朝
奉郎知軍州事楊嘉言令緒題
姚珽等題名 高三尺廣二尺六寸七行行八字字徑二寸五分正書
元祐癸酉正月中澣前一日郡守姚珽率幕賓錢宗奇

涪陵令杜致明主簿張徽縣尉蒲昌齡丞龍令袁天倪
遊覽因記歲月廵檢王恩繼至
黃庭堅題名 高一尺二寸廣一尺一寸三行行三字字徑二寸五六分行書
元符庚辰涪翁來
孫義叟等題名 高二尺四寸廣二尺六寸七行行字不一字徑二寸許正書左行
崇甯元年正月廿四日同雲安符直夫臨江宇□深之
來觀　故□相朱公畱題裹回久之四世孫　仲隱□
□孫義叟敬書缺致君致□侍行
揚元承等題名 高三尺六寸廣三尺四寸十四行行十三字字徑二寸許正書
□之西犍江缺八字自唐以前至本缺七字地大宋崇甯元



年缺六字考驗□刻悉符人缺六字□□□訖舟來觀至者
十一人知上缺四字揚元承剛中奉議郎河缺四字林從事江
陵孫義叟敦缺三字太原王忌卿亘弼涪陵令雲安符正
中直夫錄參潁川蔡忱節信樂溫令會稽賀致中慎裘
理掾祥符暢緯文林民掾京兆田子亘濮傑涪陵簿冀
陽張延年彥逸尉趙郡宇文湛深之是月中澣後一日
致中□　命書
龐恭孫等題名 高三尺五寸五分廣一尺九寸八行行十六十七字字徑二寸正書
大宋大觀元年正月壬辰水去魚下七尺是歲夏秋果
大稔如廣德大和所紀云二年正月壬戌朝奉大夫知

涪州軍州事龐恭孫記
左班殿直兵馬監押王正卿將仕郎州學教授李賁
通仕郎錄事參軍杜咸甯通仕郎涪陵縣令權僉判
張永年將仕郎司理參軍黃希說將仕郎涪陵縣主
簿向脩將仕郎涪陵縣尉胡施進士韓翾書
左方見正月中澣四字
王蕃詩高三尺四寸廣三尺六寸共十行行字不一字徑三寸五六分正書
蕃鮮□□□道出涪陵　司馬机才雋爲□陵督郵
貫攝郡事政和壬辰正旦之明日拉觀石魚且率賦
詩遂爲一篇　沂國王蕃



冬旱江成渚維魚記石稜滋濡春遂後失拓
蒲蒙亨等題名高二尺八寸廣一尺七寸四行行七字字徑二寸五分正書
閬中蒲蒙亨彥開通川牟天成聖俞同觀石魚政和壬
辰孟春二十三日
此磨舊刻爲之行間尚存張侍行元正月記七字
蒲蒙亨等再題高二尺三寸廣一尺三寸四行行八字字徑二寸正書
政和二年正月二十三日司理蒲蒙亨率涪陵令周禧
尉牟天成同觀石魚
吳革等題名高三尺五寸廣三尺一寸十一行行十三字字徑二寸許正書
易以包無魚爲遠民民固可近不可遠余牧是邦久矣
今歲魚石呈祥得以見豐年而知民之不遠也即塵題
妙有開之先余樂斯二者遂率賓僚共爲之遊時宣和
四年十二月十五日朝散大夫通判軍州事常彥奉議
郎前通判達州權司錄事李全修武郎兵馬都監曹綰
宣教郎權司士曹事王拱迪功郎涪陵縣尉張時行朝
奉郎權知軍州事吳革題
毋邱兼孺等題名高三尺五寸廣一尺二寸三行行十三十四字字徑一寸七八分正書
閬中毋邱兼孺南榮句惇夫眉山劉大全孫伯達宣和
乙巳正月八日同來毋邱光宗孫若訥若拙侍行



陳似等題名高三尺九寸廣四尺二寸九行行八九字字徑三寸餘正書左行
□炎巳酉正月二十一日憲屬陳似襲卿還恭攝郡事
王拱應辰送別江皐僚友不期而會□周祉受卿劉紘
常大全孫之才伯達林琪子美同觀石魚薄暮而歸時
魚去水六尺襲卿書　銅鍉徐朝卿太原
史時傑等題名高三尺廣一尺六寸四行行五六字字徑三寸餘行書
史時傑周受卿劉公亨孫伯達□子美建炎缺□日□
右刻在馮君錫之右
文悅等題名高三尺三寸廣二尺五行行八九字字徑三寸許正書左行
成都文悅理之周祉受卿唐安周南廷向文登劉蒙公

亭眉山劉純常大全姪庚明儒孫之才伯達

趙子遹等題名高四尺廣三尺四寸八行行八字字徑二寸五六分正書篆額題觀石魚

題記五字

趙子遹逃道崔煒叔明閬璟國華李去病仲霍李宗賢

師德陳華子正王俶德初虞中立和甫王駿德先鄧奇

穎伯董天成常道紹興壬子正月三日同游

何夢與等題名高一尺二寸廣一尺三行行七字字徑二寸正書左行

金沙何夢與泉山王憓井紹興壬子正月四日偕来

王擇仁等題名高四尺廣三尺四寸十行行十二字字徑二寸四五分正書

紹興壬子開歲十有四日涪陵郡守平陽王擇仁智甫



招雲臺奉祠夷門李敏能成之郡丞開封李寘元輔太

平散吏東萊蔡□元道過飲公堂酒罷再集江□泛舟

中流登石梁觀瑞魚古□邦人以見負爲有年之兆惟

□□善政民已懷之桑麥之歌□□載道是以隱於數

季而見□□□故悼喜爲之記

見字磨去改刻

劉意等題名高二尺八寸廣二尺六寸八行行十一十二字字徑一寸六七分行書

□□劉意彥至豹林种□□□思皆以職事졢郡過故

人江西李尙義宜仲還自固陵种法平𠦝来自東賓相

率挐舟載酒遊北巖及觀石魚竟日忘歸客懷頊釋殊

不知薄宦飄零江山之牢落也紹興壬子季春初六日

愼思題

李宜仲等題名高一尺七寸廣一尺一寸三行行四字字徑二寸五分許正書

李宜仲率劉彥至同种愼思遊

張宗憲題名高一尺九寸廣存一尺四寸存三行行六七字字徑四寸正書

宋紹興二年十二月初八汝南張宗憲李後缺

左上方有篆書侍行二字半泐

賈公哲等題名高三尺二寸廣三尺六行行六七字字徑四寸正書

大宋紹興二年十二月望日賈公哲曲安祖李去病田

孝孫杜伯恭蔡興宗張稷張宗憲觀石魚



蔡興宗等題名高二尺七寸廣二尺四行行六字字徑三寸許正書

蔡興宗耿宗弼張宗憲紹興乙卯正月十九日同觀石

魚

宋艾等題名高三尺六寸廣二尺四行行六七字字徑三寸餘正書

宋艾邢純劉蘧李□王冠朝有宋紹興丙辰正□五日

来

賈思誠等題名高二尺八寸廣三尺四寸十四行行十字字徑二寸許正書

涪陵郡城下大江之中流有石魚焉見則爲豐年之兆

父老相傳舊矣事雖不經偶茲旱歎斯民艱食天或悉

憫既以有年千里之穎幸也爰因休暇乃率別乘賈公

傑于之田景悊希賢趙子巘景温張振孫原之王賡子欽來觀而石魚出水面數尺傳言之驗將與斯民共慶之是可書也紹興丁巳十二月中休日左朝散郎知軍州事潼淵賈思誠彥孚題

賈思誠等再題 高一尺四寸五分廣三尺五寸十行行四五字字徑二寸餘正書

賈思誠彥孚賈公傑于之趙子巘景温張仲通彥中張振孫厚之潘無隅大方段洵直邦彥紹興丁巳季冬十有二日同觀石魚

己未題記 高二尺四寸廣二尺二寸八行行七八字字徑二寸許正書

歲□戊午雙魚出淵□自古昔實維豐年紹興八年正



月初□日郊人言之是歲果大稔明年再到後昔時十有三日水已肥美已未正月十□日書

孫仁宅等題名 高六尺九寸廣四尺八行行十四字字徑三寸四五分正書

涪陵江心石上昔人刻魚四尾旁有唐識云水涸至其下歲則大稔隱見不常蓋有官此至終更而不得覩者紹興庚申首春乙未忽報其出聞之欣然庶幾有年矣邀倅林琪來觀從遊者八人張仲通高邦儀晁公武姚邦孚仁宅之子允壽公武之弟公退公適邦儀之子甯祖郡守孫仁宅題

諸刻並言二魚此獨稱四尾何也

張仲通等題名 高一尺八寸廣一尺二寸四行行六字字徑一寸八分正書

張仲通陳靖忠馮忠恕同□石魚紹興庚申正月丙申

晁公武等題名 高二尺五寸廣一尺九寸五分五行行九字字徑三寸許正書

晁公武邀外兄高邦儀外弟孫允壽弟公榮公退公適姪子貟表姪高甯祖甥王掖仝觀石魚紹興庚申正月二十日

潘居實等題名 高三尺五寸廣一尺二寸四行行十二十三字字徑二寸正書

潘居實去華袁顔睎□王亘子善金湯德源路謙子益高永子修錢之諒益友共遊觀石魚紹興庚申正月念



三日也

張彥中等題名 高二尺四寸廣八寸五分三行行十字字徑二寸許小字二行正書

濟南張彥中高都王紹祖紹興庚申仲春十有二日來觀石魚 彥中之子傑億侍行

周詡等題名 高三尺九寸五分廣二尺四寸五行行七字字長徑四寸五分篆書

周詡穉彥琣彥瑞姚邦榮邦孚李曾杜皆發李恬紹興庚申歲弍月丙午來夌覺書

邦旁作手歲中少作止癹上作攴皆篆體之謬者

李景亨等題名 高二尺廣二尺八寸七行行字不一字徑三寸餘正書

古汴李景亨

鄧褒
趙子澄
趙公曚
右四人紹興十三除前二日俱來魚在水尚一尺

杜肇等題名 高三尺一寸廣二尺三寸五行行七字字徑三寸六七分正書

杜肇任師宏張文遇張携龐价孺杜建鄧褒紹興甲子正月四日俱来杜肇之子彦攸侍行

張珤等題名 高二尺八寸廣二尺五行行七八字字徑二寸正書

唐安張珤上邽崔慶固陵冉彬陽翟蔡适
右四人同觀瑞魚實紹興甲子六日以識其来也故



書

李景孚等再題 高二尺二寸廣二尺五行行五字字徑四寸許正書左行

紹興甲子春正月晦魚全出李景孚鄧褒趙子澄載来冉彬與焉

晁公遡題記 高二尺九寸廣四尺四寸廿行行十二字字徑一寸五分正書

江發岷山東流入于巴其下多巨石霜降潦收則石皆森然在水上昔涪之人有即其趾刻二魚或玫其時盖唐云其後始志其出曰其占有年前予之至嘗一出已而歲不宜於稼及余至又出因與荆南張度伯受古汴趙子澄處度公曚景初李景孚紹祖楊偲和甫西蜀張珤廷鎮任大受虛中往觀既歸未踰月而旱予竊怪其不與傳者協豈昔之所爲刻者自爲其水之候而無与於斯耶抑其出適丁民之有秊而夸者附之以自神耶將天以豐凶警于下而象魚漏之則懼其不必于政而必于象魚故爲是不可測者耶於是歸三十有六日乃書此以告後之游者是歲紹興十五秊正月廿八日也
嵩山晁公遡子西

揚謣等題名 高二尺七寸廣一尺二寸五行行字不一字徑一寸五六分正書

紹興乙丑仲春上休日石魚出水四尺按古記大有年矣使院□□揚謣杜嬈孟宗厚王注康□朱繼臣幸永



張猷張□文安□馬顔何玠□□同觀□□繼至

杜與可等題名 高二尺五寸廣二尺四寸十行行八字字徑一寸五六分正書

戊辰春五馬以雙魚出水率郡寮同觀邦人杜與可楊彦廣蒲德載董夢臣繼至因思王仲淹時和歲豐道受其賜之語因知燮理陰陽秉鈞官轍者優爲之矣乃刻石以紀歲月焉紹興十有八年中春望日

鄧子華等題名 高一尺四寸廣三尺二寸七行行三字字徑三寸餘正書左行

鄧子華种平叔趙子經紹興戊辰中春十缺来缺

吳克舒題名 高四尺廣一尺二行行十一字字徑三寸正書

汴陽吳克舒以紹興癸酉書雲日挈家来游栩栩侍行

高祁等題名高一尺六寸廣一尺二寸四行行九字十字字徑二寸許正書

郡幕高祁子敏令張維持國薄譚詢永叔尉蒲□□之
同来宋紹興乙亥□□□五日張綰處權題

以後刻證之此爲正月五日所題下方有乙丑辛
日周品級文玉章遊此十二字横列似非宋刻附
識之

張維題名高二尺廣一尺二寸四行行八字字徑二寸餘正書

宋紹興乙亥人日前涪陵令張維持國挈家觀石魚弟
綰處權謹題

張維等再題高一尺四寸廣一尺七寸七行行七字字徑一寸五分正書



前涪陵令張維同弟綰拉郡人孟彥凱高來許萬鐘重
游石魚共喜豐年之兆是日綰搦毫題石以記歲時紹
興乙亥戊寅丙辰

盛景獻題記高四尺七寸廣五尺六寸八行行八字字徑六寸許正書

襄陽盛景獻紹興歲乙亥正月七日率河南張景南河
內游正父游希尹雷澤孟虞卿汎舟江南折梅賦詩復
開帆至石磎下步磐石席坐縱飲既醉日且莫遡江而
歸

黄仲武等題名高二尺六寸廣一尺五寸五行行九字十字字徑二寸正書

濮國黄仲武粱公壽春眀朱子膺小艇同来是日積雨
初晴江天一碧徘徊終日而歸時紹興丁丑元宵後五
日

賈振文等題名高二尺六寸廣一尺二寸五分四行行十字字徑一寸六七分正書

乾道三年人日賈振文率鄧和叔李從周孫養正庚端
卿張智卿来觀姪德象錫向仲卿侍行

趙彥球等題名高四尺七寸廣二尺六寸九行行十八字字徑一寸五分正書

石魚不出十有八年矣乾道丁亥
王牒趙彥球攝守是邦魚復出是歲元日大晴人日亦
如之率僚屬遊北巖越三日遂觀石魚水痕尤瘦古刻
宛然涪人曰一旬而三羨具此大有年之兆而

金石補正卷八十三 三 吳興劉氏希古樓刊

賢太守德化之所感也在屬吏安敢不書從遊者五人
合陽王如慈古渝何肅眉山朱中和玉牒趙伯缺下空
御前□字缺六翊王浩

王宏甫題名高一尺四寸廣一尺五行行六字字徑一寸五分正書

乾道丁字缺三二日合陽王宏甫来觀石魚孫男桂老侍
行并書

盧棠等題名高二尺廣三尺十行行六字字徑二寸五分正書

乾道辛卯元日攝涪陵古汴盧棠拉學官忠南譚深之
錄參溫陵曾稷酒正汳陽高昱邑尉蓮嘉鄧椿讀唐鄭
使君石刻驗廣德水齊預爲有年喜

劉師文等題名 高二尺三寸廣二尺十行行十二字字徑寸餘正書

涪陵江心石梁刻二魚古今相傳水大落魚出見則時和歲豐昔唐廣德間刺史鄭令珪已載一事而魚之鐫刻莫詳何代蓋取詩人衆維魚矣寔維豐年之義湻熙五年正月三日劉師文相約同勾□卿賈清卿来觀時水落魚下三尺邦人舟楫往来賞玩不絕因書以識昇平瑞慶云向仲卿題

馮和叔等題名 高三尺廣二尺八寸八行行八字字徑二寸五分分書

湻熙戊戌人日郡守劒浦馮和叔季成郡丞開封李栱德輔率前忠守河內向杰价邦輔涪陵令逵信胥挺紹



祖郡幕東平劉甲師文來觀石魚以慶有年之兆

朱永裔等題名 高四尺廣二尺五寸八行行十四字字徑二寸許正書

詩人以夢魚爲豐年之祥非比非興蓋物理有感通者涪郡石魚出而有年驗若符契比歲頻見年亦屢豐今春出水幾四尺乃以人日躬率全寮教官相臺李衍郡幕七閩曾稷秋官武信胥挺武龍𥳑東平劉甲来觀知今歲之復稔也因識其喜云是歲湻熙已亥假守閩中朱永裔書

夏敏彥等題名 高二尺八寸廣四尺六寸七行行五字字徑三寸餘正書

郡守眉山夏敏彥慱文學掾荆州董天常可久人日□民因觀石魚慶豐年之祥湻熙甲辰 後疑失拓

賈渙題記 高二尺五寸廣一尺四寸五分五行行十一至十三字字徑一寸五六分行書

瀘淵賈渙仝姪衍之微之男翼之姪婿郭知□昏裴詩來觀石魚尋先人州判尚題遺迹雖未目覩手筆或可意窺以江痕尚長故也時戊辰開禧元宵前

曹士中題名 高一尺廣二寸二行行五字字徑一寸五分許正書左行

嘉定庚辰江東曹士中覩

是刻在涪翁題名之右張維再題之左

李公玉等題名 高三尺五寸廣二尺三寸七行行九字字徑二寸許分書

寶慶丙戌穀日涪陵石魚出水面六尺郡太守唐安李



公玉喜其 缺二字 季之兆挈男澤 缺三字 覽民載酒來 缺四字 将詠眉山 缺五字 白子才張 缺

李公玉等再題 方二尺九寸前列四字字徑七寸許後七行行十一字字徑寸餘並正書

瑞麟古跡

郡守李□公玉新潼川守秦季槱宏父郡糾曹掾何昌宗季文季槱之子九韶道古□之子澤民志可同來遊石魚閱八年不出今方暸然大爲豐年之祥此不可不書寶慶二年正月十二日

丙戌殘題 存一行六字字徑三寸餘分書

寶慶丙戌水落

後有元天厤年題記五行宋刻蓋爲所磨矣

謝興甫等題名 高二尺五寸廣二尺二寸五行行八字字徑二寸餘正書

長沙謝興甫起缺賁中楊坤之夷缺□人虞會和叔紹
定□賁上元後一日来觀石魚子錢侍

左方别有題刻僅見雙龍鱗甲奇变化待何時圖
十一字疑亦宋人所題

紹定殘刻 高二尺廣二尺六寸五行行存三字至五字不等字徑四寸許正書

缺鎬星江缺□潼川馬驥缺錢釋之浚儀缺潮彥診紹
定缺正月五日仝觀

張壽等題名 高四尺三寸廣三尺二寸十一行行十八字字徑二寸五分正書



石魚報稔之瑞曠歲罕見淯祐癸卯冬水落而魚復出
既又三白呈祥年豐可占郡太守山西張壽明父率同
寮來觀通判開封李拱辰居中教授古通王擴鈞卿判
官古黔鄧季寅東叔錄□長沙趙萬春伯壽司理鳳集
孫澤潤之司戸□□趙與祕仲器監酒潼川李震發子
華□安□應午子酉監稅賁中張應有嗣行涪陵縣合
武信趙廣偉公叔主簿合陽李因夏卿尉合陽溈申龍
季英忠州南賓簿尉開漢王季和和公節幹成都周儀
可義父節屬益昌張申之西鄉郡齋奉節王建極中可
與焉時嘉平既望謹識

王季和等題名 高三尺廣三尺二寸十行行八字字徑二寸五分正書

山西張侯来鎮是邦癸卯甲辰魚出者再邦人皆謂前
所罕見屢書以識其異忠南郡幕開漢王季和偕所覩
張文龍郡齋益昌張申之奉節王建極侍
太守來觀臘月念肆日也

鄧剛等題名 高一尺九寸廣一尺六寸四行行十二字字徑二寸五分正書

大宋淯祐戊申正月石魚呈祥郡守廬陵鄧剛季中率
通判江陽何行可元逵同觀望日謹誌

趙汝廩詩 高二尺六寸廣二尺八寸八行二行行十一十二字五行行十字字徑二寸五分正



書

淯祐庚戌正月八日郡守開封趙汝廩觀石魚賦五
十六言
預喜金穰驗石鱗□能免俗且怡神曉行鯨背占前夢
□紀龜陵知幾春拂石巳無題字處觀魚皆是願豐人
片雲不爲催詩□欲雨知予志在民

劉濟川等題名 高三尺廣二尺四行行七字字徑三寸正書

淯祐辛亥三月既望左緜劉濟川三山林元成都杜庭
燮三瀘何績来遊

汞子詩 高四尺四寸廣二尺四寸四行行七八字字徑四寸餘正書

聊愁方寸神明舍天下經綸具此中每向扗瀾觀不足
正如有本出無窮晦翁

劉叔子詩 高四尺二寸廣四尺五寸十七行行十五字字徑二寸許正書

鑑湖之石魚唐人所刻也圖經謂三五年或十年方一出出則歲稔大率與渝江晉義熙碑相侶　聖宋寶祐貳年歲次甲寅蜡月立春後一日郡假守長甯劉叔子君舉偕別駕蹇材望君厚送客江上過石魚浦尋訪舊跡則雙魚已見實維豐年之兆因披沙閱古碣得轉運使尚書主客郎中劉公忠順所題一詩叔子感慨頹波之滔滔激節石魚之砥柱而轉運公之佳句毀之相爲



無窮敬嗣韻以識盛事尚庶幾小雅歌牧人之夢之意云尔
嘀尾洋洋石上鐫或依于藻或依蓮夢占周室中興日刻自唐人多歷年隱見有時非强致豐凶當歲必開先太平誰謂眞無象罩罩還歌樂歲賢
三年曹王正月乙巳鄱陽男貢士從龍書

蹇材望詩 高二尺二寸廣三尺六寸十三行行十字字徑二寸許正書

涪以石魚之出占歲事之豐以歲事之豐彰太守之賢尚矣長甯劉公叔子鎮是邦又出夫豈偶然則駕瀆川蹇材望賡皇祐劉轉運詩以紀之

宋寶祐貳年嘉平下澣書
何代潛鱗翠琰鐫雙雙依藻更依蓮夢符瑞報屢豐兆物盛魚麗美萬物盛多宜歌大有年玉燭調和從可卜金刀題詠又開先渾如潑刺我心躍感召還知太守賢粤明年人日重遊

江應曉詩 高二尺八寸廣一尺八寸五行行七字字徑二寸餘正書

扁舟江上覓神鐫結社何須訪白蓮水底影浮剛一尺畝中兆協已千年沉碑猶識杜元凱博物誰同張茂先別駕重來賡轉運風流太守是前賢　新安江應曉

楊名時詩 高二尺廣二尺七寸九行行七字字徑寸餘正書



江有魚兮石上鐫浪生鱗甲擁爲蓮鑑湖不遊鰟魚笛白鶴將鳴和有年在藻興歌時已遠臨淵難羨釣淮先風流刺史懸魚節化作遊鱗頌令賢　涪庠士楊名時和

金國祥詩 高三尺六寸廣三尺五寸九行行七字字徑二寸五分正書

江石之魚何代鐫江頭之石擁青蓮呈奇偶遇上元節題句因書淳祐年來去豈爲簑笠引浮沉不作蠶鼇先令人漫續古人詠他日還傳此日賢　新安金國祥

徐上昇等詩 高二尺廣二尺七寸九行行七字字徑一寸五分正書

約賦石魚江上鐫伊人佳句比青蓮留形遠垂建炎代

多詰由攷涪祐年潛見何心閔運會人材有意賛令先民依可念愁魴尾題石故頋刺史賢

涪庠　庠士徐上龢　同兄上翺和

右三詩皆用劉轉運韻而金徐二作皆稱涪祐徐詩又稱建炎所未詳也姑附於此

何震午等題名高二尺五寸廣三尺九行行九字十字字徑二寸許行楷書

寶祐戊午正月戊寅軍事判官昌元何震午李明知樂溫縣燕國趙與珞思復糾曹宕渠袁逢龍清甫理掾古渝杜夢午南卿文安王垓子經汴陽向大源清夫觀石魚之兆豐拂涪翁之遺跡亦一時勝遊也濡筆以書



甲子題記高三尺六寸廣三尺五寸十四行行八至十五字不等字徑二寸正書

涪江之心有石魚春初魚見可卜豐稔州之八景云石魚兆豐者卽其所也甲子春正月忠州守朱世兄自巴渝返舟過此其尊人與余誼屬師弟而其叔朱羽公諱麟禎者初官于涪士民德之亦嘗來此余因携觴偕往以續舊遊見石魚復出則是年之稔可知因舉觴相慶曰國之重在民〻之重在食而食之足又在樂歲之有餘則吾儕之此一遊也非但以遊觀爲樂直樂民之樂也云爾於是乎記

李可久等題名方一尺六寸五行行五六字字徑二寸許行書左行

李可久偕弟光錫光福蔣伯禹古廷輔來觀戊戌中春七日廷輔之子鎰侍

趙時僾題名高一尺六寸廣一尺八寸六行行五六字字徑二寸餘正書

玉牒時僾丞郡于茲石魚兩載皆見之壬戌仲春挈屬同妹夫王倬遊男若金侍

集韻妹渠尤切匹也此疑用妹字

雷穀題記高二尺六寸廣二尺十行行十二至十七字字徑一寸四五分正書

予知是州覗篆祄有告曰江心有石魚枰斗出則年豐是歲甲申水涸率寮屬以遊覗得覗者魚而已枰斗猶漬之水時果稔輸用足乙酉仲春二日同僚友徵仕郎陳子仲致中從仕郎苟仕龍復覽魚去水五尺枰斗不見如昨時　朝使江右晏孟瑄洎州學正古郡歐陽士麟訓導西陵易巽義陵張致和古郡成禮同遊生員萬琳等侍奉訓大夫涪陵守古邕雷穀運通誌



盛芹等題名高二尺三寸廣二尺二寸五行行六字字徑三寸許正書

盛芹李張造游蒙張遜同來子女德公孝胄興忠侍歲丙子上元後二日

盛芹疑卽盛景獻芹其名景獻其字也張造疑卽張景南取義於南宮氏游蒙疑卽游正父蒙以養正名字相協丙子疑爲紹興廿六年姑附宋末

祿幾復等題名高三尺廣二尺七寸六行行七至九字字徑四寸許正書

判官祿幾復兵官王世昌趙善暇知錄鄭烜縣令楊灼

司理孫震之司戶李國緯主簿何昞縣尉鄧林歲戊辰

上元同来

何憲等詩高五尺四寸廣四尺七寸十八行行字不一字徑二寸許正書

□□□□□出水三尺□缺通□□□□觀因成拙

詩一章繕寫拜

呈伏□

笑覽　知涪州軍州事何　憲

何年天匠巧磨礲巨尾橫梁了莫窮不是江魚時隱見



要知田稼歲凶豐四靈効瑞非臣力一水安行屬

帝功職課農桑表勤惰信傳三十六鱗中

歲將大稔雙魚出見邦人縱觀以慰維魚之占也戊

辰正月二十有八日魚出水數尺

知府學士置酒瑞鱗閣邀賓佐以樂之又蒙出示

佳篇以紀其實辛雖非才輒繼

嚴韻斐然成章但深慙恧伏幸

采覽　權通判軍州盛　辛

巨浸浮空無路通雙鱗紀瑞沓難窮昔人刻石留山趾

今日呈祥表歲豐衆喜有年歌

善政獨慙無補助

成功須知顯晦將千載往哲標名歲大中唐宣宗年号也

縣令王之苦謹刻判官龐偁書

高應乾詩高一尺七寸廣二尺八行行七字字徑一寸七八分正書

訪勝及春遊雙魚古石留能觀時顯晦不逐浪沉浮守

介難投餌呈祥類躍舟胥歸霖雨望千載砥中流　西

陵高應乾侶叔氏題

楊太守詩高二尺八寸廣二尺四寸七行行十字字徑一寸六七分行書

太守楊公留題

邀客西津上觀魚出水初長江多巨石此地近仙居　昕



記皆名筆爲祥舊□書豐年知有驗遺秉利將舒　戲草

春波靜雙鱗樂意徐不才叨郡寄燕喜愧蕭疎

姚昌遇等題名高四尺四寸廣二尺六寸三行行字不一字徑五寸餘正書

吳興姚昌遇

彭城錢好問偕侍親觀故跡

下方有明成化年題刻四行

李襲題名高四尺一寸廣一尺三寸二行行七字字長徑五寸四分又小字二行行十二字字長徑一寸四分並小篆

李襲觀石魚題名涪陵尉鄭階平書

二石魚在江心石梁上古記云出水四尺歲必大稔

袁能刻

傳端卿題名高廣不計一行六字字徑五寸許正書在張宗憲題名之右

遂甯傳端卿遊

董時彦題名高廣不計一行六字字徑二寸許正書在楊太守詩刻之右

□□董時彦遊

王漢老題名高廣不計一行九字字徑二寸許正書在申狀題記之右

無諍居士王漢老來觀

斲體殘刻高二尺三寸廣一尺六寸四行行八字字徑二寸五分行書

湖清流而漱甲砥洪波以安瀾旋因止水任爲依山峊

卜豐年之兆待作化龍之觀



巳卯冬乞假旋里道經鄂垣姚彦侍以此見贈亟

錄之桉魚長三尺銜尾而進弟二魚上方行末有

見南記三正書字徑三寸許疑是唐刻所遺明統

志江心石魚在鑑湖上流江心有石刻雙魚皆三

十六鱗一銜萱草一銜蓮花有石秤石斗在旁魚

現則年豐題記悉與之合題刻諸人晦翁涪翁而

外姓名全者三百四人惟朱昂吳革劉甲史有專

傳龐恭孫附其祖籍傳而巳文苑傳朱昂字舉之

太平興國二年知鄂州加殿中侍御史爲峽路轉

運副使就改庫部員外郎遷轉運使端拱二年以

本官直秘閣賜金紫此詩作於元年十二月已將

去蜀史不載柱國者略之龐恭孫字德孺宰相籍

孫單州武成人史稱崇甯中知涪州此題在大觀

二年尚未去任也忠義傳吳革字義夫華州華陽

人史所載皆南渡時事此題在宣和四年蓋即其

人史不詳其所歷官位闕也劉甲字師文其先永

靜軍東光人後家龍游淳熙二年進士累官至度

支郎中此題尚在其前史家略之至史傳之劉恕

子渙字凝之爲潁上令王素子震字子發在紹聖

年間王拱爲建康府前軍統制劉蒙附張問傳字



子明渤海人周南字仲平江人紹熙元年進士

張遜博州高唐人在太宗朝均非即此題名之人

矣宋宗室世系表武節郎子巘令蕭子秦王裔忠

翊郎子澄令答子與珞希樅子俱燕王裔武翼郎

公曒宜之子廣陵郡王裔汝廩善棨子商王裔明

統志趙汝廩知涪州勸農興學民爲立生祠於學

宫以配鄭黃尹譙四賢亦賢牧也表有訓武郎子

遜令高子又有忠訓郎子遹令龍子俱燕王之後

有兩與礽一爲希㮚子一爲希濬子亦皆燕王之

後有四彦球一爲高密郡王之後公回子一爲廣

陵郡王之後公立子其二皆廣平郡王之後一爲
公亮子一爲公尢子此題名者未知孰是王冠朝
即書伊川祠記者

八瓊室金石補正卷八十三終



# 八瓊室金石補正卷八十四

太倉陸增祥撰　男　繼煇校錄
吳興劉承幹覆校

## 宋

### 修周康王廟碑

高五尺六寸廣二尺九寸廿五行行五十字字徑七分行書額三行題大宋新修周康王廟碑九字正書在咸陽

大宋新修周康王廟碑并序

朝□郎□宗正丞□□守廟事臣黃遜浮奉　勅撰
翰林待詔□□□□□□□□□□□□臣孫崇望奉



勅書

臣嘗覽聖哲之□□□□□之□□唐□□□□□□□□
□□□□□□□□□□越周室周室之盛可得
而言文王則大統未集武王則天下初定成王則管蔡
流言其能安於□□□□仁□□□□□□□□□
□□□□矣王名釗即文王之曾孫武王之孫成王之
元子也在位二十六年布政和平撫民安樂故謚曰康
若乃肇自后稷降及古公相九十而教三農播百穀而
利万世源派貫於天地功名□於日月故□得此□□
也□□□□□□□□三后天下已安誠能安不忘危

遂有報諸侯之誥其辭則尊烈祖之訓畏上天之威□
先公之□使心在王室於是羣公□□□方無虞洎嗣
聖一紀海內大治復能治不忘亂故作畢公之命其旨
則保成周之衆殄商俗之□□世祿之家俾人興禮義
於□道洽政治澤潤生民所以三十□□□□□□晷
祚□□措刑不用垂拱仰成者惟王爲盛矣嗚呼□世
之下令德□存陵廟□□祭祀絶矣不逢　大聖
孰主至神
我應天廣運聖文神武明道至德仁孝皇帝□□下之
十四載聖政日新睿謀天賛□武功則威加四海敷文



德則化洽万邦書軌由是混同蠻夷以之率服千古之
闕文盡補百王之墜典咸修□德及於三靈仁化洽於
万彙一日　上曰朕自撫興運思致太平既時和
年豐蓮安邇肅□□□降祐故三陳告□□□□□
□□社垂休故每遵□□陟□之禮所以五嶽四海名
山大川並葺靈祠用荅　元貺唯□□明王聖帝
俱有興德殊功□皆□廟荒殘祭饗乏絶□神道設教
有感則通法施於人無德不報若禹湯共桀紂齊泯則
治乱□興亡無分將何以經□化□垂□□□於是
勑彼郡縣委其□宰官給資用民無煩勞廟貌有

圖授成規而各令掀建□□有數崧禮□而並使增修
此廟告成乃□曲盡觀其廣殿穹崇而嶽立□□□回繞
而霞連繡闥文楣始盡丹青之飾虹梁鴛瓦□□□氣
之成□□之羽衛增嚴□□之明靈有託於是□庭既
設祀事□□□之用咸臻巨甌之容畢備秩禮文而
四時有奉□□典而万代無窮□□□□□□□□□
□□者矣將傳不朽□勒貞珉下臣幸立　□庭□□
睿旨徒罄直書之筆莫昭盛□□□□□曰
大哉后稷　德合無疆　播□□□　□濟□□　□



□□茂　源遠流長　文猶事紂　武乃克商　流言
管蔡　成道災祥　周室之盛　莫越康王　嗣□□
□　□民治國　□□□□　□修一德　誥令諸侯
化安九域　畢命既行　商風自息　不宰之功
莫知其極　百□□□　□□□□　□□□□　道
越伊周　咸昭盡善　文質俱優　□□万彙　德服
諸侯　明靈昭薦　廟貌增修　□□□□　□□□
□　□□□□　□□□□　永安□□
開寶六年歲次癸酉二月辛巳朔十五日乙未建
宋祖葺前代帝王廢廟文武成康皆有之今碑存者

獨成康耳而康王碑斷泐不可讀開寶六年黃遜浮撰孫崇望行書亦與唐太宗碑同時而王元美㮚宸宗廟碑謂宋祖注意宸宗蓋未見周成康唐太宗諸碑耳崇望待詔書院者一時習尚故不離通徵院體也石墨鐫華

文有云我應天廣運聖文神武明道至德仁孝皇帝宋太祖紀乾德元年十一月百官上尊號曰應天廣運仁聖文武至德皇帝開寶元年十一月上尊號曰應天廣運大聖神武明道至德仁孝皇帝與此聖文者異關中金石記



宋史太祖紀開寶三年九月甲辰詔所在有司周文武成康秦始皇漢高祖文景元成哀後魏孝文西魏文帝後周太祖唐高祖太宗中肅代德順文武宣懿僖昭諸帝凡二十七陵案所列凡二十八帝嘗被盜發者備法服常服各一襲具棺槨重葬長吏致祭增守陵戶各二未及勅修各廟事據萃編所載有新建商中宗周武王漢光武唐高祖太宗五廟碑今復得女媧周康王後周太祖三碑皆建於開寶六年商中宗碑云粵以開寶辛未歲經始以壬申歲畢功則修廟之詔當下於開寶四年宋史禮志云太祖平廣南命李昉盧多遜王祐扈蒙等分撰嶽瀆祠及歷代帝王碑遣翰林待詔孫崇望等分詣諸廟書於石末著其年月平廣南乃開寶四年正月事修廟立碑即其時也此碑書者為孫崇望萃編載周武王漢光武唐太宗三碑皆崇望奉勅書此碑崇望銜缺十一字據萃編所載補注於旁撰文者黃遜浮名不見於傳記銜缺四字無可補矣筠清館金石記

## 會善寺尹輔詩刻

高一尺二寸三分廣二尺四寸廿行行字不等字徑七分正書在登封

大德偃臥林泉冈求聞達蓋以道行久著聲華



自高故得
丹詔遠臨
紫衣就降信有光于法侶是以榮彼僧門輔方
揖道風備嘗
真味喜覩
殊命形諸詠言謹錄咨
呈幸希
采覽

登仕郎試大理司直守登封縣令賜緋魚袋尹輔上

支遁行藏恵遠才幾年嵩少避浮埃

八行丹詔雲間落一對紫衣天上來誦律夜窻寒月皎
閉門秋潘白蓮開名髙自達
君王聽就降
殊恩不假媒
開寳六年歲次癸酉二月十六日題記

修蒼頡祠頌碑并陰

高四尺三寸廣二尺七分廿四行行字不齊字徑五分許額題皆大宋蒼公碑六字俱行草書在白水

夫蒼公遺教起自　軒皇周穆巳来始□人天遊在洙
泗之時感鳳凰来儀引□□于飛會水伴留其蹤跡乃
共六□□□□□□缺章篇製得五部之經達於西域



蒼頡者天生德於　大聖四目重光演　聖皇之
經書克度山川□□之數□□□□□缺葬之　大
仙諱其　頡字至嘉平六年二月二十二日身薨班
宣御禮　勑置塋邱以酒脯掩之以　蒼頡之
初□□缺州十道進貢青凫石室靈堂殯在彭衙□地
東臨北徵之水西接嶠山南望五龍之藩城北枕高奴
之□□□缺空周公覇業明惠典墳乃於域中取得
蒼公制作之精却向洙泗水邉再集卷章流行宇宙
爕□天下□□未能建官非□缺內有百揆四岳外有
州牧侯伯萬國咸甯乃立　太師　太傅　太保惟作
三公論道經邦爕理陰陽仍統六卿共均天下缺冢宰
掌邦治百官均四海　司馬掌邦教主其五典　宗伯
掌邦治於神人和其上下　司馬掌平達邦國　司寇
掌邦缺亂　司空掌邦居和四巳時利六卿感其災害
不至禍亂不作□典　三教豈自　周時天將以
夫子爲木鐸舉缺天地乃將冠者五六人童子六七
人吟詠詩章迴至書室知身似於秋露浮生世不長居
從床而起拽杖逍遥倚門歌曰缺頹乎梁木其壞乎哲
人其萎乎　顏回以聰聽視儼然即知□之也今遇
當金睿化立政除邪　皇文降下諸州管下推尋



賢士先奉　宰君安令就廟檢尋石銘留文墳
塋見在缺□跡記号　蒼頡頂帶仙冠鳳履雙
□四眼八□名曰　蒼公具事申□奉
宣開奏諸神廟而毀廢比　靈跡□存留重建殿堂
覆其石室惟　神威靈朗□能貫　百王□□
□缺如有信尅期章卷行於宇遺文播教冬庠　文
星墜於凡間　塋內靈安石室禎祥通變保佑彭衙
邑　宰缺皈敬今有邑衆信士維鄉司徒積等知
神明而可託惠眼遥覩紅日霙於長天万像有刑皆
服是以□投　英□□缺敢衆力以扶持遂堅心而

應願名集巧匠建殊勝事再𦾔興揚重雋石記知從訓
者儒中末輩於世憰徒　虔心禱□缺神祇便得忝靈
借□未敢書於碑上乃昨經　縣驗呈便家　　貟
外勘詳　恩明賜許只忝二乎兩人一主其餘更缺兼
得　　貟外職函隨文將至額　　神恩垂海內利益
群生一切有情同霑此福後述頌曰
蒼公大聖　除邪立□　感應君王　得聞天聽　殿
宇興修　再興石銘　利益郡生　万民皈敬　鳥跡
靈幽　□四缺墳前石室　万古千秋　准宣勘覆
安令申州　詣實聞奏　古廟存留　皆維大宋



開寶八年　歲當乙亥　大呂缺蒖生十葉　村衆
恭虔　興攺脩畢　万代留傳　伏惟　太師弼諸重
職燮理陰陽宏　帝道於仁成闡　皇王之威化□臨
□□□缺作邦国之棟樑播万年之□□　伏維　貟
外　班宣重職　佐国匡朝　彭衙為宰　化比唐堯
馳聲与旦　朝截暄囂　八貟之內　斬令名超
□充小缺敢上劬勞　恩臨万姓　撫恤曹僚　播
徹京輦　轉更□高　維那張初　維那甄行滿　鄉
貢三禮韓從訓製文　鄉貢三禮韓文正書　匠人雷
令寶刻思缺

儒林郎守白水縣令兼監鹽麴商稅務勤惟一　登
仕郎守主簿李文通　專知宜□鹽務彭□□押司
錄事姜懷進　党□□　知苗鄉貢三禮韓令□
維那缺
碑陰
四列每列行數字數均不一字徑五分許行草書
崇明社　邑義如後　一十八人并修覆墦
張矜　李□　張訓　司稹　甄滿　陶朗　李銳
龔遇　馮福　龔厚　韓訓　韓鈞　甄溫　許斌
韓正　陳□　陶崇　張琦　廝子張信



社人如後　賀□
陳柔　孫皐　張card　張順　陳溫　張朗　李崇
李福　成寬　楊溫　雷重　雷恩　王肇　陳重
張恩　陳故　嚴從　劉審　陳瓌　寂美　耿訓
成饒　孫鄴　孫義　孫釗　孫武　孫遷　陳陶陳
福
孫進　陳仙　陳順　陳訓　馮嗣　高進　高秀朱
珎
張瑫　張□　張遂　張暉　成顒　成鐸　成珎
張重　雷嗣　雷景　王陶　王福　李進　李柔

劉韶　許□　張勗　甄進　孫贇　周恩　井村張
□
當社里正成□羊一口　張訓粟一石五斗　孫遇
諸社施主　徐莊党化成
和蘋　傅玫粟一石二斗　李柔羊一口粟一石
傅柔羊一口粟一石　馮釗羊一口　馮宏粟一石
谷下　庫狄滿氈一領　豐洛張陶羊一口
西□孚　□□氈一領　魚贇粟一石　雷鏵粟一石

樹均　劉朗羊一口　徐莊酒務張延嗣氈一領党顒



武莊　武瓌羊一口　張莊　張□粟一石
張璿　張温　張珣　張瑁
右弟一列
豐義村施主
王僥　王義　揚晏　揚敏
王厚　崔祐　馬遇　蓋義
孟爽　李柔　揚瑁　揚釗
党□　王思　樊思　趙福
□嗣　□暉　□思　文順楊寶

同福　李嗣　李義　揚遇
龔交　張彥　蓋言　李遇
李超　龔仙　□春　李進
紀莊社施主
雷遍　雷稠　雷美　朱思
李昌　王贇　李福　朱遇
李嗣　紀義　紀嗣　紀美
姜重　姜美　姜嗣　朱進
雍厚
和蘋社　張温　張瑁



傅僥　□嗣　李嗣
故澄党玘劉仙　雷均　傅殷此行高出兩格
右弟二列
西章村施主
韓美　雷美　雷表　索肇
雷晏　奐均　魚遠　魚訓
魚朗　武求　武朗　孫遷
雷信　索隘　魚巽　魚祚
武魯　雷礼　武彥　魚肇
魚義　魚顒　魚殷　魚礼

武進　雷隕　索訓　武長
樹歸村施主
擢美　党侊　郭思　郭訓
郭重　雷福　郭密　擢釗
雷贇　雷謙　雷進　郭贇
梁思　党美　郭義
東章村施主劉義粟一石五斗
王文□粟一石　李進粟一石
劉思粟一石　李遂党璠
蘭餘　劉璠　孫通　李達



李贇　李詮　李順　李佶
李豊　甄遠　蘭柔　蘭嗣
劉美　李遇　劉珣　李銳
李友　劉福　甄訓　耿全
李恩　呂思　蘭贇
右弟三列
山下王莊施主
王翰逸　王遇　王允　雷侊
李溫　婁密　何謙　何遇
田餘　魚思　雷祐　王保

武莊施主
武美　武逢　成福　寂朗
王美　程進　武思　張嗣
王嗣　武順　武義　武贇
房玫　王全　王遂　石重
梁珣施錢伍十文
建德社　雷珣施碑材
丹青前攝同州節度巡官韓文正裝
豐洛社施主　呂福
呂瑭粟一石　呂滔　呂遊　呂嗣



呂斌　張進　呂興　張福　張順
張侊　張文　張珣　呂昌　王美
群英社　陳嗣　馮過　陳順
雷溫　魏昌　陳言　楊佶　王義
王嗣　王朗
右弟四列
前延安都督府市令王翰逸施一石此行在碑尾中間元祐題名之後
都料董□造碑架此行在碑尾下方弟四列之後
元祐八年三月六日曾來此行在弟四列之後是後來續題者而未見姓氏
著作佐郎呂大防謁
倉頡祠下
嘉祐巳亥五月此三行在

碑額正書左行字徑寸

右修蒼頡廟頌碑并陰在白水文無陋且有不可解語書刻尤率劣了不足觀時值李唐文盛之後尙有如韓從訓者得與鄉貢可見僻壤荒陬人文不振非教澤所能濡染今古同之也宋史開寶三年詔所在有司前代帝陵嘗被盜發者具棺槨重葬長吏致祭其它無聞據此碑則古昔聖賢凡祠廟墳塋一並檢尋修葺是可以補史之遺并可以爲蒼頡廟之掌故也錄之大呂□□莫生十葉蓊十二月十日也書者韓文正潛研目錄以爲元正



非關中金石記云碑陰列孔子弟子姓名大誤韓文正署銜稱同州節度巡官同州節度宋稱定國軍節度王翰逸署銜稱延安都督府市令延安都督府宋稱延安府碑所題皆唐官故稱前也字體訛謬不足進民作巨頌詞內又作民世作丗不避匡字向非碑有紀年不幾定爲唐刻耶

## 沈繼宗造金剛經碑

六石石高二尺七寸四分廣二尺二寸至二尺四寸五分不等每石三截截廿八行至卅一行不等行十一字經後題記每行十字惟首行十一字署銜二行較多字徑七分許正書在開封府繁臺塔內

金剛般若波羅蜜經

般若波羅蜜多心經

修立金剛經石壁功德伏願

皇帝萬歲親王千秋文武勳賢千官百辟長扶

聖代永佐

皇家將吏緇黃諸軍万姓俱臻富壽咸遂樂康次願本

宅

尊親永隆福慶闔家卑幼同保安甯然更願天平地成河淸海晏風調雨順歲稔時豐慶瑞畢臻災害不作法輪常轉佛道興行六類四生三界九地盡虛空界一切含識俱乘聖力同證眞常



大宋太平興國二年歲次丁丑十月戊午朔八日乙丑鄉貢進士趙宗仁書

朝散大夫行尙書水部員外郎柱國沈繼宗建

匠人王能鐫

按宋史列傳趙安仁河南洛陽人幼時執筆能大字雍熙二年補梓州榷鹽院判官會國子監刻五經正義板本以安仁善楷書遂奏留書之直集賢院王侁內戚家多以銘誄爲託歷官御史中丞諡文定宋初去唐未遠所書二經猶有唐人遺意中州金石攷

## 十善業道經要略碑

六石石高二尺七寸三分廣一尺二寸至一尺四寸
不等三列列廿三行至廿五行不等行十字字徑七
分後幅題記銜名廿四行行字大小
均不一均正書在開封府繁臺塔內

十善業道經要略

唐金紫光祿大夫守中書侍郎兼戶部尚書同中書
門下平章事充集賢殿大學士裴休撰

如是我聞一時佛在娑竭羅龍宮告龍王言一切衆生
心想異故造業亦異由是故有諸趣輪轉靡不由心而
心無色不可見取但是虛妄諸法集起畢竟無主無我
我所雖各隨業所現不同而實於中無有作者故一切
法皆不思議自性如幻智者知已應修善業汝觀佛身



諸相莊嚴光明顯曜諸大菩薩妙色嚴淨皆由修集善
業福德而生今大海中所有衆生形色麤鄙或大或小
亦由自心造不善業是故隨業各自受報汝當於此正
見不動勿復墮在斷常見中當知菩薩有一法能斷一
切諸惡道苦何等爲一謂於晝夜常念思惟觀察善法
令諸善法念念增長不容分毫不善間雜是則能令諸
惡永斷善法圓滿常得親近諸佛菩薩及餘聖衆言善
法者謂人天身聲聞獨覺無上菩提皆依此法以爲根
本而得成就故名善法此法即是十善業道何等爲十
一者不殺生　二者不偷盜　三者不邪行身業三事爲
四者不妄語　五者不兩舌　六者不惡口　七者
不綺語口業四事爲　八者不貪欲　九者不瞋恚　十者
不邪見意業三事爲　若能永離殺生即得十種離惱法一
者於諸衆生普施無畏二者常於衆生起大慈心三者
永斷一切瞋恚習氣四者身常無病五者壽命長遠六
者恒爲非人之所守護七者常無惡夢寢覺快樂八者
滅除怨結衆怨自解九者無惡道怖十□□□□□若
能迴向阿□□□□□□三菩提後成佛時得佛隨心自
在壽命　若能永離偷盜即得十種可保信法一者資
財盈積王賊水火不能散滅二者多人愛念三者人不



欺負四者十方□美五者不憂損害六者□□流布七
者處衆無畏八者財命色力安樂辯才具足無缺九者
常懷施意十者命終生天若能迴向阿耨多羅三藐三
菩提後成佛時得證淸淨大菩提智　若能永離邪行
即得四種智所讚法一者諸根調順二者永離諠掉三
者世所稱歎四者妻莫能侵若能迴向阿耨多羅三藐
三菩提後成佛時得佛丈夫隱密藏相　若能永離妄
語即得八種天所讚法一者口常淸淨優鉢花香二者
爲諸世間之所信伏三者發言成證四者常以愛語安
慰衆生五者得勝意樂三業淸淨六者言無誤失心常

歡喜七者發言尊重人天奉行八者智慧殊勝無能制
伏若能迴向阿耨多羅三藐三菩提後成佛時得如来
眞實語　若能永離兩舌即得五種不可壞法一者得
不壞身□能害故二者得不壞眷屬無能破故三者得
不壞信順本業故四者得不壞□行所修堅固故五者
得□□□知識不誑惑故若能迴向阿耨多羅三藐三
菩提後成佛時得正眷屬諸魔外道不能沮壞　若能
永離惡口即得八種淨業一者言不乖度二者言皆利
益三者言必契理四□□詞美妙五者言可承□□□
言即信用七者言無可譏八者言盡愛樂若能迴向阿



耨多羅三藐三菩提後成佛時具足如來梵音聲相
若能永離綺語即得三種決定一者定爲智人所愛二
者定能以智如實荅問三者定於人天威德最勝無有
虛妄若能迴向阿耨多羅三藐三菩提後成佛時得如
來諸所受記皆不唐捐　若能永離貪欲即得五種自
在一者三業自在諸根具足故二者財自在一切怨賊
不能奪故三者福德自在隨心所欲物皆備故四者王
位自在珍奇妙物皆奉獻故五者所獲之物過本所求
百倍殊勝由於昔時不慳嫉故若能迴向阿耨多羅三
藐三菩提後成佛時三界特尊皆共敬養　若能永離
瞋恚即得八種心一者無煩惱心二者無瞋恚心三者
無諍訟心四者柔和質直心五者得聖者慈心六者常
作利益安衆生心七者身相端嚴衆共尊敬八者以和
忍故速生梵世若能迴向阿耨多羅三藐三菩提後成
佛時得佛無礙心觀者無猒　若能永離邪見即得十
種功德法一者得眞善意樂眞善等侶二者深信因果
寧殞身命終不作惡三者唯皈依佛非餘天等四者直
心正見永離一切吉凶疑網五者常生人天不更惡道
六者無量福德轉轉增勝七者永離邪道行於聖道八
者不起身見捨諸□業九者住無礙見十者不墮諸難



若能迴向阿耨多羅三藐三菩提後成佛時速證一切
佛法成就自在神通
右已上是凡夫位中所修十善業道修此業道則常於
人天受大福報　若能知心是佛知法無常樂修佛乘
猒離五欲欲自度脫先須度人廣運慈悲濟拔羣品以
此十善爲本而行菩薩妙心是名迴向阿耨多羅三藐
三菩提唐言无上正真道是一切衆生本心一切諸佛所證更無一法過於此法也欲證自
心須觀法性降伏三毒除去我人而發四宏誓願衆生无邊
誓願度法門无邊誓願學煩惱无邊誓願斷无上佛道誓願成行六波羅蜜一布施二持戒三忍
辱四精進五禪定六智慧以十善爲本而行此六波羅蜜便入菩薩位修四無量心一慈心二

悲心三喜心四捨心以十善爲本而行此四心便入菩薩位　運四攝法一布施二愛語三利行四同事以十善爲本而行此四攝以攝衆生便入菩薩位　及三十七品助菩提道皆以十善爲本而次第修行以莊嚴菩提之心拔濟衆生之苦即得速成佛果超過人天　華嚴經　金剛藏菩薩說菩薩從第一歡喜地入第二離垢地始能順性行十善道從凡夫位乃至地前但順理而修登地已後習以成性而而修也　佛子菩薩住離垢地性自遠離一切殺生不畜刀杖不懷怨恨有慚有愧仁恕具足於一切衆生有命之者常生利益慈念之心是菩薩尚不惡心惱諸衆生何況於他起衆生想而行殺害　性不偷盜菩薩於自資財常知止足於他



慈恕不欲侵損若物屬他起他物想終不於此而生盜心乃至草葉不與不取何況其餘資生之具　性不邪婬菩薩於自妻知足不求他妻於他妻妾他所護女親族媒定及爲法所護尙不生於貪染之心何況從事　性不妄語菩薩常作實語實語時語乃至夢中亦不忍作覆藏之語無心欲作何況故犯　性不兩舌菩薩於諸衆生無離間心無惱害心不作離閒說不說離□語若實若不實不將此□爲破彼故而向彼說不將彼語爲破此故而向此說未破者不令破已破者不令增長　性不惡口所謂毒害語麤獷語苦他語令他瞋恨語

現前語不現前語鄙惡語庸賤語不可樂聞語聞者不悅語瞋忿語如火燒心語怨結語熱惱語不可愛語不可樂語能壞自身他身語如是等語皆悉捨離常作潤澤語柔軟語說意語可樂聞語聞者喜悅語善人人心語風雅典則語多人愛樂語多人悅樂語身心踊悅語　性不綺語菩薩常樂思審語時實語義語法語順道理語巧調伏語隨時籌量決定語是菩薩乃至戲笑尚恒思審何況故出散亂之語　性不貪欲菩薩於他財物他所資用不生貪心不願不求　性離瞋恚菩薩於一切衆生恒起慈心利益心哀愍心歡喜心和潤心攝



受心永捨瞋恨怨害熱惱常思順行仁慈祐益　性離邪見菩薩住於正道不行占卜不受惡戒心見正直無誑無諂於佛法僧起決定信
佛子菩薩摩訶薩如是護持十善業道常無閒斷復作是念一切衆生墮惡趣者莫不皆以十不善業是故我當自修正行亦勸於他令修正行何以故若自不能修行正行令他修者無有是處　佛子此菩薩摩訶薩復作是念十不善業道是地獄畜生餓鬼受生因十善業道是人天乃至有頂處受生因據大經義十善大分爲上下品細分爲五品此段是人天十善都爲下品以其皆不出三界淪迴也　又此上品十善業道以智慧

修習心懨劣故怖三界故闕大悲故他聞聲而解了故
是聲聞乘自此於上品中分爲四段此段明聲聞乘十善以其出離三界淪迴永斷煩惱故爲上品以其尚怖三界闕大悲心疾取涅槃且安寂靜故爲小乘又此上品十善業道修治
清淨不從他教自覺悟故大悲方便不具足故悟解甚
深因緣法故成獨覺乘此段明獨覺乘十善以其不從他教自悟甚深因緣法故爲□品以其大悲方便尚未具足故爲中乘　又此上品十善業道修治清淨心
廣無量故具足悲愍故方便所攝故發生大願故不捨
衆生故希求諸佛大智故淨治菩薩諸地故淨修一切
諸度故成菩薩廣大行此段明菩薩十善以其廣大悲愍不捨衆生淨治菩薩諸地故上品以其希求諸佛大智一切佛得圓滿未得超過品位故爲菩薩乘　又此上上十善



業道一切種清淨故乃至證十力四無畏故一切佛法
皆得成就是故我今守行十善應令一切具足清淨如
是方便菩薩當學此段明佛果十善以其十力四無畏一切佛法皆成就圓證無有等量故爲上上品佛子此菩薩摩訶薩又作是念十不善業道上者
地獄因中者畜生因下者餓鬼因　殺生之罪能令衆
生墮於地獄畜生餓鬼若生人中得二種果報一者短
命二者多病　偷盜之罪亦令衆生墮三惡道若生人
中得二種果報一者貧窮二者共財不得自在　邪婬
之罪亦令衆生墮三惡道若生人中得二種果報一者
妻不貞良二者不得隨意眷屬　妄語之罪亦令衆生

墮三惡道若生人中得二種果報一者多被誹謗二者
爲他所誑　兩舌之罪亦令衆生墮三惡道若生人中
得二種果報一者眷屬乖離二者親族弊惡　惡口之
罪亦令衆生墮三惡道若生人中得二種果報一者常
聞惡聲二者言多諍訟　綺語之罪亦令衆生墮三惡
道若生人中得二種果報一者言無人受二者語不明
了　貪欲之罪亦令□□墮三惡道若生人中得二種
果報一者心不知足二者多欲無猒　瞋恚之罪亦令
衆生墮三惡道若生人中得二種果報一者生邪見家
二者其心諂曲佛子十不善業道能生此等無量無邊



衆大苦聚是故菩薩作如是念我當遠離十不善道以
十善道爲法園苑愛樂安住自住其中亦勸他人令住
其中
右已上是菩薩地中所修十善自凡夫至地前約理而
修登地以後順性而修又十善約分五品人天爲下品
聲聞第二品緣覺第三品菩薩第四品佛爲上品諸經具明
前注已釋又案經云往昔佛在舍衛國祇陁精舍告舍利弗
若受十善不持八戒終不就成若毀八戒十善俱滅應
當從今清旦至明清旦至心堅持八戒歸依於佛持心
如佛歸依於法持心如法歸依於僧持心如僧八戒齋

者是過去現在諸佛如來爲在家人制出家法一者不
殺二者不盜三者不婬四者不妄語五者不飲酒六者
不花鬘瓔珞香油塗身倡優伎樂及故往觀聽七者不
坐高廣大床八者不過中食持此齋戒功德不墮地獄
不墮餓鬼不墮畜生不墮阿修羅常生人中正見出家
得涅槃道十善自可啓告諸佛菩薩堅心受持八戒事須請師依法而受或一日或十日乃至終身
隨力受持永無三惡淪過之苦右十善八戒是滅罪生福之妙道從凡
人聖之初門不妨俗緣不礙世務不必勞苦不要貧財
唯在近取諸身調制三業若未猒生死則常於人天廣
受福德若樂求出離則永遊覺路疾證菩提下視三塗



橫截苦海有此大利何若不爲顧此浮生早爲身計無
自沉棄後悔難追
十善業道經要略
佛說天請問經不錄
重立十善業道經要略石壁功德伏願
君王萬歲永致太平臣佐千秋長扶
明盛文武品位中外官寮將吏緇黃諸軍万姓俱臻富
壽咸遂樂康然次願天平地成河清海晏風調雨順歲
稔時豐祥瑞畢臻災害不作三塗之罪苦永謝諸天之
福報長崇佛道興行法輪常轉三界九地六類四生盡

於虛空一切含識乘斯善道同證眞如
大宋太平興國二年歲次丁丑十月戊午朔八日乙
丑重建　　鄉貢進士趙安仁書
都維那朝散大夫行尚書水部員外郎柱國沈　繼
宗
副維那朝散郎守國子監丞監復州榷貨務趙　孚
東頭供奉官銀青光祿大夫撿校兵部尚書兼御史
大夫上柱國吳　載
右班殿直沈　繼明
朝奉郎守國子書學博士李　護



徵事郎試大理司直前守貝州清陽縣令田　誠
前攝河南軍節度推官沈　昕
將仕郎試祕書省校書郎時　貞吉
銀青光祿大夫撿校太子賓客兼殿中侍御史雲騎
尉李　延溫
銀青光祿大夫撿校太子賓客兼殿中侍御史雲騎
尉韓　奉進
鄉貢進士宋　元興
當寺講金剛經百法論賜紫沙門　志蘊
修塔功德主沙門　鴻徹

十善業道經要略太平興國二年十月立趙安仁正書在祥符相國寺婆塔碑末列沈繼宗趙孚吳載沈繼明李護田誠沈昉時貞吉李延温韓奉進朱元輿諸人銜名中州金石記

沈繼宗世卿開封太康人史附其父倫傳署銜與史合惟史不言柱國耳沈繼明或其昆弟趙孚即書碑趙安仁之父也史載其子安仁傳字大信周顯德初進士補開封尉乾德中爲浦江令父喪服闋授永甯令擢宗正丞開寶中主衣庫坐事連逮太宗即位起爲國子監丞官至殿中侍御史賜金



紫此正其復用之時惟史不言監復州榷貨務耳安仁書碑有舛錯處第二石第二列小注衍一而字弟五石弟二列小注湼槃湼誤作洹又輪迴輪誤作淪四者不妄語字脫寫添列於是行之末

## 法門寺浴室院靈異記

高一尺六寸五分廣一尺六寸記十七行後題名五行行字不一字徑五分許正書在扶風

法門寺浴室院暴雨衝注唯浴鏤器獨不漂浸靈異記

古者諸侯亦有史大事書之於策小事簡牘而已尚来野史以廣所聞盖欲明好惡示懲勸以資治本亦爲政之方也今所書者則府城之東岐山之陽有釋迦如来真身寶塔因塔置寺寺号法門隨時廢興再百千祀人天恭敬龍神守護不思議事豈可殫論寺之東南隅有浴室院或供會□湊緇侶雲集凡聖混同日浴千數洎百年已還迄于今日檀那相継未嘗廢墜早者歲在乙亥月挾林鍾二十日夜戌亥之際飄風忽作驟雨如傾雹火雷車驚魂駭目洪波浩浩莫見津涯黔首惶惶但冥墊溺泊乎風雨初霽川原始分水注之地悉無完堵唯浴室鏤器獨不濡濕其水跡上高數尺踰驀而過覩者靡不驚歎又至丁丑歲秋七月十有八日□丑暴雨



復作驚飆四吹漂溺有情傷害苗稼盈川注壑壞屋頹垣愈甚於前其浴室器用一無霑污亦復如初意倘慮反道敗德越禮違譏者不悮龍神振怒未能悛心而致於是不然者迅雷烈風何以荐臨於聖境傲誕之輩宜敗往以修来懷道之士可加功而用行斯則景風靈雨不期而至矣浴室社長王重順与社衆等早植善根將成法器朔生內院猶假外緣於此精懃多歷年所覩玆靈應不可闕書遂請前節度推官毛文恪文而識音至之欲令千古已降斯言不泯咸得聞知時大宋太平興國三年歲次戊寅四月　記

常年結緣社衆具姓名列之於後
楊延昭　張鐸　索仁義　曹知温　謝知遠　趙延
昌　王思　董延羡　趙景順　李敬順　張思順
李思義　藺仁美　郭景稠　馬延永　宋延訓　宋
君武　胡思義　皇甫堯　張温　曹彥温　康筠
雷進　趙思順　路從遇　楊知權　李□　鮮甲筠
張保珣　馬知信　房□　劉延康　輔□　孟□
馬知謙　劉□□下石泐三字許
賜紫□□

案太平興國三年四月法門寺浴室靈異記云前節



度推官毛文恪文而識之是記爲文恪所撰特未知書者何人耳孫氏訪碑錄不著撰人畢氏關中金石記概云無撰書人姓名殊皆疏漏金石續編

右浴室院靈異記在扶風法門寺續編載此缺稱字及賜紫四字又意作噫審視石刻並無偏旁豈已磨滅邪拓本闕處仍據續編補之碑書敬驚字不避諱鈌筆里巷所爲無足怪也其叙靈異之蹟云唯浴室鑊器獨不濡濕水跡上高數尺踰冪而過殆亦故神其說以眩世耳

八瓊室金石補正卷八十四終

# 八瓊室金石補正卷八十五

太倉陸增祥撰　男　繼煇校錄
吳興劉承幹覆校

宋四

## 廣慈禪院修瑞像記

高四尺廣二尺四寸廿四行行四十字字徑八分後三行字不等篆額失拓正書在陝西咸甯

京兆府廣慈禪院新修瑞像記
華山希夷先生陳摶撰
前鄉貢進士楊從乂書丹并篆額

夫以立瑞像者重其本也崇經誥者演其教也像非真



貌故不可以盡文經非了義故不可以復思其謂常心有茲歸向若或覩像如在看經不虛乃響接以必然即因緣之博矣其瑞像者即經藏主僧義省新修也焰輪金灼儀相月圓自假相以裝嚴且託真而教導其諸瞻礼即香燭以載陳其又信心乃夢魂而常在暨乎釋捨中正柔麗大和成六年戰野之功超十地得朋之操因空得性無相成真尙從馴致之能方證圓明之果出諸體化離以言名有類是從無響不應毫珠電轉心印星羅隨造化以有初莫窮其始育元黃而在後罔測其終任草木以榮枯吾非大覺在陰陽之隱顯吾不自知泊

一氣分元三才乎用龍馬闕行扵上下烏兎分照扵東西運變形名陶甄物類剛柔著矣大小數焉將乃指名罔窮元造確乎性也其何言哉且翕斂扵四時復含章扵萬物□□如来也融光五蘊馳化六虛不可以聲色所言不可以智慧所議既受我命復生我神惟命與神可大可久不化而化不言而言乃謂神拯而必通感誠而後應其法相也□與其聲教也自行妙不可表扵人寰至不可言乎沙界乃因瑞像略以明辭辭不可盡乎聖理像不可述乎聖容蓋自有情響扵福壽者也讚曰



我丞三昧　無終善始　我丞大拯　得通善至　履和盡妙　感誠無思　惟真且忘　惟法是利　匪我神通　神通自致　匪我法輪　法輪自熾　偉哉像設　教流大地　大寂淵奥　雲施雨行　大寂圓朗電激雷驚　或出或處　萬物含英　且易且簡　萬物生成　至拯至變　非色非聲　至感至應　不滅不生　我法非法　我名非名　誰畜誰洩　自枯自榮　噫哉瑞像　歸扵物情　大樂無聲　且皷且舞
大權無名　且默且語　我味天供　匪寒匪暑
我聲天樂　惟律惟吕　爲世慈悲　百靈相與

大宋雍熙二年歲次乙酉三月庚辰朔十八日壬戌僧義省建　武威郡安文璲并弟文璨鐫字
院主賜紫沙門師忠維那惠英大師賜紫師政供養主僧義全典座僧義能　鄉貢學究拓拔說施碑石

觀察支使中散大夫撿挍尚書刑部員外郎柱國賜紫金魚袋劉□□
朝散大夫行左拾遺通判永興軍府事柱國王延之
朝散大夫行侍御擢知永興軍府事柱國韓□玭以上上列



觀察推官登仕郎試大理評事張擢
節度推官儒林郎試大理評事解汾
殿直永興軍華耀商乹等州同巡撿謝融以上下列

右廣慈禪院修瑞像記在陝西咸甯香城寺書法宗柳宋初石刻學誠懸者不少也曩校續編據筠淸館所載補入此文茲以石本勘之脫譌八字悉更正焉攷廣慈禪院創始於思遠禪師後周廣順年賜額內有後晉天福六年賜安審琦宣頭一道省牒一道宋湻化三年牒一道亦萃編所未錄未得拓本

朝陽巖題刻廿四段在零陵

賈黃中送潘若沖詩高二尺廣二尺八寸五分十一行行十一字字徑一寸五分許正書書款年月兩行小字字徑五分

七言四韻詩一章送新知永州潘宮贊若沖赴
任
翰林學士賈黃中上
鴛鷺行中已著名
頒條暫慰遠民情道途行去乘軺貴
鄉里過時晝錦榮鈴閣曉開江月滿戟枝寒照雪峯明
知君游刃多餘暇莫忘新詩寄



鳳城
軍事推官將仕郎試秘書省校書郎潘孝孫奉
命書
大宋雍熙四年中元日鐫

右正書先零陵輯補志時拓手誤遺下二行失其時次遂疑即是潘衢今補拓改正留雲盦金石審永志載此誤試為兼據石正之潘若沖知永州通志職官誤沖為仲潘孝孫為推官省府志均失載賈黃中字娲民史有傳雍熙初掌吏部選除官吏品藻精當史又稱其多所薦引然未嘗自言人亦莫之知潘若沖或亦所薦引也

郭昭符詩高二尺七寸廣二尺六寸十八行行十九字字徑寸許正書帶行筆

秋日同
知州潘贊善朝陽嵒閑望歸郡中書事
守太僕寺丞通判軍州事郭昭符
白帝呼龍駕雲旗西上金天調玉燭九山聳黛凝不乾
二水飛藍健相續空下
紫皇詔換魚須竹 皂蓋朱衫來作牧波神一伇
收風湍烈缺先秋靜林麓會巖照水明朝旭挂壁衝崖
擁奇木山閣吟煙薄暮鍾酒旗拂雨臨□屋放詞身外



光景促短鬢人間片時綠金刀莫□□□銀□長湏
傾美祿梨棗漿酸實才熟橄欖香新味初足盤中笋蕨
堆素絲筋頭□鱉挑青玉怡情日去無羈束逸思涼飄
繞煙谷晝橈滌水沙棠輕朱鞅追風桃花速迴看山下
多麋鹿浩嘆天邊少鴻鵠歸來刁斗轉分明永夜公堂
守幽獨缺二字疑當有空格三格□有神仙屬金液空下□□□□□
多□空下
□□□□人得向零陵接 高躅空下
□熙□□□□□日立□此下似尚有六七字不可辨矣

右行楷書十五行字體圓渾猶宋初體格惜佚其時

次案官表此人爲真宗咸平初通判所云潘守贊善則潘若沖乃雍熙時出守舊官表列之太平興國間誤也郭昭符當亦是雍熙初通判永州舊官表謂咸平元年任不知何據金石審

右郭昭符詩十八行通志失載永志闕誤甚多據石補正之屋上所缺宗氏云似溪審之非也書撓下宗氏作深審之不甚確姑從之末行第五格隱約似熙字宗氏謂昭符判永當是雍熙初者可信矣傾美祿祿字當是醁之譌

陳瞻宣撫記 高二尺三寸廣一尺八寸文十一行行廿一字字徑七八分前後各二行行字不等行書



宣撫記并序

宣德郎守秘書丞知永州軍州事騎都尉陳瞻述

聖上以萬寓情衷九有豐稔　明德率踰於古道至仁允被於羣生爰命近臣特行巡撫勗官守奉詔條以臨涖勸恪諭耆老教子孫以忠孝農桑仍示優恩並加宴設零陵古郡湘水通州有齒危髮秀之徒凡四百人相與歌詠進而稱曰

我后恤養衰老化洽黔黎雖代歷羲軒理稱堯舜未有念及退僻　惠加疲羸存問之旨若今日之盛也思欲明示子孫刻之琬琰俾永遵　德教者

聖朝無疆之休豈不同快餘年哉瞻任忝親民敢不從衆乃於郡之西偏巖曰朝陽直記

皇猷就刊貞石

侍禁　閤門祗候權管轄三司大將軍將判湖南北路同巡撫郭咸

朝奉大夫尚書司封郎中權勾當三班院兼同權判刑部判湖南北路巡撫上

右行書十五行當日蓋有十六行後佚一行耳寄刻



朝陽巖壁先零陵始搜得之留雲盦金石審

永志三司上脫轄字又髮秀作髮禿似不誤而石刻實作秀意齒危爲老者髮秀爲少者也末兩行巡撫俱作巡檢案大智禪師碑陰呂文仲題名結銜稱巡撫使又紹興二年九月甲子直徽猷閣鄭偉爲陝西巡撫使見玉海是宋固有巡撫之稱特不常置耳此刻不帶使字當亦同之同巡撫者副使也宗氏疑宋無巡撫輒改爲巡檢誤矣

陳瞻詩 高二尺廣一尺三寸五分六行行十字字徑一寸七八分正書

題朝陽巖

秘書丞知州事陳贍

巖面郡樓前巖崖瀑布懸晛光分海日碧影轉江天向
睽盤棲鶴迎寒簇釣舡次山題記屬千古與人傳

咸平三年祕書丞陳贍題文見零陵縣宗志 湖南通志

右正書六行不著年月零陵補志作咸平三年据官表也 留雲盦金石審

永志所載脫知州事三字陳贍湘陰人雍熙二年梁灝榜進士官至大理寺丞見通志選舉

王羽詩 高二尺五寸廣一尺四寸十行行十六字字徑寸許行書

朝陽巖詩二章



殿中丞知郡事護軍王羽題

石岸盤危磴煙和曉日濃長桐應待鳳占水必藏龍老
樹藤多附層崖路莫從平磯看浪沒峭壁任苔封蕭韻
生群籟嵐光簇眾峯何時有達士棲此信踈慵
東向水西阿無時物景和松陰不暎戶晓日在煙蘿八
跡如行少山禽似語多淸高知隱者塵慮自消磨

天禧戊午歲正陽月記

右正書十行字與潘陳諸刻俱相類戊午為天禧二 留雲盦金石審

永志護軍上多兼字石本所無

高滁等題名 高一尺六寸廣二尺二寸八行行五字字徑一寸五分許正書

虞曹外郎知零陵郡事高滁子淵田曹外郎通守郡事
雷儼仲容同遊皇祐五年八月二十八日子淵題

正書皇祐五年八月在永州府 潛研堂金石文字目錄

通守雷儼通志職官作推官恐誤

張子諒等題名 嘉祐四年萃編已載

案右刻極肖顏書 金石審

右刻在朝陽岩補元厂內萃編及通志永志俱作淡山岩題名誤

朝陽洞題榜 高四尺四寸半廣一尺四寸半一行三字字徑一尺許旁款兩行字徑二寸五



分均正書

朝陽洞

嘉祐五季二月五日 此行在右 張子諒書盧臧題記 此行在左

案張子諒朝陽巖三字在上巖朝陽洞三字在下洞水涯 金石審

徐大方等題名 嘉祐六年萃編已載

案零陵宗志作朝陽岩題名恐王昶誤 湖南通志

右刻亦在補元厂內萃編云在淡山岩通志因之均誤永志季作年仙作僊亦非

梁宏等題名 高二尺二寸五分廣一尺八寸三分五行行七字字徑二尺許正書左行

臨江梁宏巨卿廬陵董乾粹承君東都張堯臣伯常王
獻可補之治平三季季秋二日偕游
時梁宏爲零陵令董乾粹爲邑掾均見淡岩題名
張堯臣王獻可疑是丞簿而官志均不見其名
鞠拯等題名高一尺八寸廣一尺九寸六分五行行字不等字徑二寸許正書左行
鞠拯項隨安瑜鞏固李忠輔蔣子奇治平丁未秋九月
游朝陽巖
右正書五行左行安字李字下有殘字畫蓋亦磨古
刻爲者金石審
鞠拯知永州項隨任推官均見淡岩題名鞏固字



固道見浯溪王世延題名蔣子奇監酒稅安瑜李
忠輔當亦是官於永者
鞠拯再題名高一尺三寸廣一尺五寸六行行八字字徑二寸許正書
熙甯改元守倅沒儀鞠拯四明魏羔如上巳日瞻敬火
星巖遂遊朝陽洞境趣幽絕莫名其狀徘徊盡樂因筆
以紀歲月
右鞠拯等再題名六行行首失拓一二字據志補
注於旁魏羔如倅永州通志不載
蔣僅題名高一尺九寸廣九寸二行行五字四字字徑三寸半
蔣僅屢遊元豐乙丑題

三岩均有是刻萃編僅錄淡岩一種
重刻蔣之奇西亭詩高二尺四寸廣三尺詩十九行行廿字跋五行行十七字字徑寸許正書
遊朝陽巖遂登西亭詩有序
朝陽巖在瀟江之西去治城不遠永泰二年元次山爲
道州刺史詣都計兵至零陵訪而得之以其東向遂名
曰朝陽方是時結有盛名於世故永之守丞獨孤愐竇
佖爲之剪荊棘建茅閣結又爲之銘與歌其後柳子厚
繼爲之詩而朝陽之名始大著予至永則遊之登其巔
有閣焉其名不雅予以子厚詩考之正所謂西亭者也



遂復之爲西亭而系之以詩云下空
昔遊必在遠幽巖臨治城嶔岑俯瀟碧廖豁延陽明綠
澗可徑入滑路偪仄行澗泉自何來涓涓玉鏘鳴疑穿
雲雷窟尚帶負龍腥寒江淨瀉鏡恎石森開屏幽鳥馴
可羅潛蛟深莫窬梯險接層棧冠巔聳危亭俯睨極元
窅仰攀窮青冥褰曠出物表高雲挹元英惜哉非吾土
不得憩此生舊業寄陽羨故園依晉陵松風灊湖白春
色頤山青一從紳笏去遂使猿鶴驚透跡暗時機孱瑣
叨官榮謫弃分所宜媿恧顏已盈人生詎有幾世累吾
方輕願言解羈紲上疏還簪纓甯居召蒐嵬恬養休性

倚紛華屛外慕沖澹嚴中局窮年伴農圃畢志先疇耕

下空

朝陽巖西亭近世相傳失真治平丁未中□穎
叔由御史謫官道州始考正其名而作是詩余
過零陵語　太守周亹遂刻之巖石□巽時不
失其傳也元祐四年四月二十日德興張綬題

進士□齊書

右正書二十四行前人罕有搨及者蓋亭圮崖斷椎
拓艮阻所致今得之爲至幸也金石審

右蔣之奇西亭詩通志失載永志所錄遂名曰朝



陽遂誤作更永之守丞誤作永州之守并多空一
格則遊之遊誤作邀并缺之字遂湨之爲西亭缺
湨字丁未中下少一字余過零陵余誤作今又案
永志名勝載此計兵上無詣都二字遂名下無曰
字佖作泌繼爲之詩下無而朝陽之名至不雅廿
四字遂湨之爲西亭作復爲之亭四字系之以詩
云作系以詩曰四字澗泉作泉源森作坐元窞作
坎窞褰作蹇惡誤刊作惡要當以石刻爲正而石
刻所缺則據以補注於旁通志山川內所載首句
作必在遺都計兵作避兵二字濶作陽餘與永志
名勝略同張綬官志云德興人永明令唯跋云余
過零陵語太守周處厚刻之巖石其語氣不似縣
令案張綬五峰巖題名云被旨督捕邵永蠻寇番
巖詩刻云權提點荆湖南路刑獄公事則非縣令
矣志蓋誤耳

裴彥英等題名高一尺六寸廣一尺八寸五行行七字字徑一寸二三分正書

江陵裴彥英俊明蘇臺許師嚴希道宜春夏侯績公懋
元祐庚午七月日同遊僧法達續来

右刻正書五行前人未見金石審

右裴彥英等題名上有近人妄刻周宅寄名等字



通志失收永志同誤作日續誤作隨案許師嚴時
爲零陵令則裴彥英當是永郡幕僚然官志不見
其名庚午爲元祐五年

程博文等題名高二尺四寸廣二尺二寸五行行七字字徑三寸許正書

元祐壬申季秋庚子日同臨川劉棠資明原武邢恕和
叔来遊朝陽洞鄱陽程博文敏叔書

案右刻見零陵縣宗志据石鼓山題名程敏叔有行
部湘東之語則敏叔必官荆南提刑轉運者湖南通志

右正書五行字徑數寸金石審

通志職官劉棠知永州不詳里貫此署臨川可以

補之邢恕監酒志云陽武人陽蓋原字之誤當校正之程博文不見於官志壬申爲元祐七年又案閩書程博文樂平人元豐閒知州事政尙寬平以僧牒募民鑿豁淡之險行舟無患歷官司農少卿當即此題名之人此刻在元祐當是自閩易湘者其稱司農者最後之官階也

劉蒙等再題名 高一尺五寸廣一尺八寸十行行八字字徑一寸二三分正書帶行筆

臨川劉蒙資明守零陵原武邢恕和琳責監鹽酒稅長沙從事南陽周玠元錫淞檄過郡同餞倅海陵阮之武子文揀兵营道置酒滄洲亭遂遊朝陽洞是夕子文宿



火星嵓僧舍元祐八年癸酉四月十一日記

案右刻見零陵縣宗志倅舟下當有脫字营道恐是營道之譌阮之武時通判永州見淡山嵓劉蒙題名 湖南通志

右行書十行倅字下當是海字营道實營道未尙有記字 金石審

右劉蒙等再題名瞿氏未見拓本故仍縣志之譌宗氏似見之而所錄仍未更正何邪通志職官失載周玠阮之武二人滄洲亭永志云在朝陽洞臨江而不詳其建置之始

邢恕題愚溪詩 高一尺六寸廣二尺詩十二行行十三十四字後四行行九字字徑寸許行書

溪流貫淸江湍瀨亘百里龍蛇幾蟠紆雷雨忽奔駛石渠狀穿鑿怪物力誰氏突如見頭角虎豹或蹲峙擴杠互枝柱小艇俄紛委蘋藻翳泓澄松竹蔭厓涘兩山東鳥道側岸數寅尾繚然閟深幽梵宇疊危址鍾唄雜灘聲亭臺森水㡳凭欄幾游目杖策時臨履酒杓間茶鐺棋枰延晝晷放懷得天倪淸嘯謝塵滓忽忘兒女縛似接嬴秦子顧予拙謀身霜鬚颭垂耳雅意在延齡丹砂夙充餌焉得茲結廬悵念還桑梓



右題愚溪寄刻朝陽巖石之左元祐八年癸酉十二月丙辰時謫零陵府去矣原武邢恕和琳

行書十四行字參子瞻君謨之體 金石審

右邢恕愚溪詩寄刻朝陽岩通志失採永志未錄其詩云見名勝志檢以校之淸嘯作淸肅或刊刻之譌也又石刻魚尾尾字作屋不成字蓋石泐耳又通志山川內載此作朝陽洞詩蓋以寄刻而誤也狀作伏枝作棟深幽作深山嘯作肅兒女作女兒均誤

邢恕獨遊詩高一尺三寸五分廣一尺四行行字不等徑寸許款一行字較小行書左行

獨遊偶題

顏然一睡豆巖溜向潺湲而几即山郭無人世喧

邢恕和叔

行書在永州府（潛研堂目錄）

右行書五行極似蘇書詩見名勝志（金石審）

右刻在流香洞右當與愚溪詩同時所刻通志山川內載此尙有一首云濯足臨澄碧和雪卧石室澌瀝天風生披襟當呼吸石本無之或別有一刻也



魏泰詩高一尺五寸五分廣一尺六行行八字字徑寸■分許行草書

朝陽洞

七盤混沌死萬變從此生海水能幾何呿口下渴鯨歸期不可晚霜日背林明

魏泰

前於楊巨卿題名內見道輔二字疑是魏泰適得泰此詩審其名上剝蝕處上存匚下存丁其下似書干支而不可辨當是甲寅乙卯之閒也攷宋史歐陽修傳泰嘗橫行漢南規占田園恃爲曾布婦兄布執政後又譖修之子棐於布其所作臨漢隱居詩話極詆永叔信非正人卽其論詩以有味爲主此詩六句安見其有味乎（金石審）

右魏泰詩不見年月通志未載永志列於熙甯云名上剝蝕處上存匚下存丁以拓本諦審之殊無所見宗氏之言未可盡信也案魏泰名見於淡巖李昭輔題名係崇甯甲申所刻此刻當系於崇甯初庶幾近之朝陽洞上宗氏增一題字今亦無所見不可晚誤作不妨晚

黃庭堅題名高廣不計六行行字數大小不一正書

崇甯三年三月辛丑徐武（下空）陶豫黃庭堅及子相僧



崇廣同来

朝陽岩洞門左右石壁如半環黃山谷題名於壁磨石鐫之（零陵縣志）

右山谷題名瞿氏宗氏皆未之見今始搜得之拓本分兩紙陶豫以上爲一刻後二行爲一刻審之前四行亦是山谷手筆殆分刻左右也徐武爲永州司法參軍見通志職官陶豫見浯溪詩刻徐武下似無字

朱彦明等題名高二尺廣一尺六寸五行行六字字徑一寸八分許正書

□□朱彦明宜春劉聖澤長樂韓陟閼崇甯乙酉□□

□□□同□
行書四行末一行蝕 金石審
通志失載朱字上右角石泐甯字已漫漶永志乙
誤作元酉字存上半宗氏未審出末一行亦未見
黃彪題名 乾道七年 萃編已載
祿 祿誤祿
寀零陵宗志作澹山岩題名文中朝陽下多澹山二
字 湖南通志
彪父省志誤作彪文零陵補志作澹山者亦誤 金石審
右刻在補元厂內萿崖永志作厓又寀省志不作



彪文
王淮題名 慶元六年 萃編已載
庚申 石刻如此王作庚 王沇 沇誤作沆 朱致祥 缺末字 回飲朝陽洞 缺回
字
浙中三茅觀胡渠題名內有北嶽王沇叔甫者葢
即此題之王沇也彼題於嘉定十年後此十七年
萃編卷一百三十四載朝陽岩題名六段茲復得
二十段張子諒徐大方兩刻萃編誤列於澹岩今
更正之又補正二段共廿四段永志所載尚有王
淮刻米襄陽秀巖二字及元祐癸酉孫覽題名未

之見也
崔承業造心經題字
高一尺七寸三分共廿三行行十六字字徑七分後三行不一正書
般若波羅密多心經　院主表白大德惠崇
端拱元年戊子閏五月丙戌二十六日辛亥造
衙內都虞候銀青光祿大夫撿挍太子賓客兼殿
中侍御史雲騎尉崔　承業　伏願
太尉千秋　闔宇淸吉　鐫字董緒
重刊上淸太平宮鐘記 端拱元年九月七日 萃編載卷一百廿五
高七尺廣三尺九寸上截元大德年重刊碑記三十四行正書下截高四尺七寸廿八行行四十三字字
徑寸許行書末二行正書亦元人所題



趙偉 偉誤禕 體元　元符 並失記廟諱 利器 器作器 舞干 干誤刊
伝 作征 趫勇 缺趫字 畝 作畞 元象 失記廟諱象誤像 賓 誤賔 式 誤忒 籍 作藉
太元重刊上淸太平宮碑之記
洪惟
國家
列聖相承欽
天崇道臣服萬國子育黎元凡海內名山嶽瀆仙宮
道觀列諸祀典者遣使馳馹騎捧
御香投龍辟巖醮祭爲民祈福者殆無虛歲崇敬之

盛古與比本宮係
翊聖降靈之地
皇帝祝釐之所其琳宇名勝爲泰中福地之冠昨因
金季兵厄厥蕩一空
國家撫定之後純德妙成劉眞人承清和大宗師命
俾任興復庀徒藏事工作大舉至元十一年夏四月
皇帝特降
璽書加護本宮令告
天視



壽除免諸役暨累奉
諸王令旨降香懸旛頒賜金幣及承
省府　總府牓文禁戢諸人毋得搔擾務使篤意
興修精嚴焚誦其
恩命可謂至渥矣比者諸殿已建百度具舉惟此建
宮碑銘提因回祿剝裂字文雨蝕風摧日就零落若
但坐視其弊蔑而不措則非特斲喪前賢英文偉翰
泯沒創宮祖意亦上負國家資奉興崇之　隆恵歸
其所咎則職在焚修者詎可逃追拔提點李志眞實
任其責也惴惴然不能自已一日會議於衆折衷於
誼遂礱石於山模倣元文而重刻之目爲是宮無窮
之龜鑑仍屬紹庭紀其始末於碑之端吁可謂見幾
而作者也易曰形而上者謂之道形而下者謂之器
器有盡道則無盡碑云固矣爲器則有盡惟至道無
弊垂世與天地無窮碑已復完豈惟秉宮記之傳將
以形而上者之道祀延
國家億萬斯年社稷無疆之休亦曰見臣子歸美報
上之誠不其韙歟志眞一舉而兩得矣大德六年二
月既望　承直郎雲南諸肅政廉訪副使馬紹庭再
拜謹記



沖和崇教通元大師上清太平宮提點李志眞
重立

碑上截刻元馬紹庭重刻碑記王氏固未之見也記不言鐘蓋因重刊太平興國年太平宮記碑而作此記及鐘記當即在宮記鐘記碑陰也碑係行草王氏以爲正書失之碑多行體王氏悉以洪武體錄之不具述

龍興寺鑄像修閣碑　端拱二年正月十五日　萃編在卷一百二十五

少府監　缺監字

佗山之琬琰琬誤石不朽杇作杇箕口口誤作口梁木斯壞木斯誤本
其流形缺形字以見毀缺以字順平人缺平字覞天地缺覞字七
十三尺缺尺字彌高缺高字星拂旋題缺星拂二字十尋缺尋字五
兵缺兵字因不來□缺來字苾蒻缺苾字羅其缺羅字如是緣如誤
也西方西誤四淨利利誤財則求福□念起香花缺求福念香四字
右碑田錫撰吳郢書并篆額錫宋史有傳傳載錫以
太平興國八年轉起居舍人判登聞鼓院以本官知
制誥尋加兵部員外郎與碑列銜正合史稱端拱二
年京畿大旱錫上章忤宰相罷爲戸部郎中出知陳
州立碑時在正月錫尚未罷斥也吳郢無攷王世貞



弇州山人稾有大相國寺碑銘咸平四年宋白撰吳
郢書并篆額當即此人其列銜爲翰林待詔將仕郎
□少府□主簿御書院祗候賜緋魚袋少府上下各
渺一字上當是試字下是監字職官志試秩内有寺
監主簿又少府監舊制判監事一人以朝官充元豐
官制行始制少監丞主簿各一人此碑在端拱時而
即有少府監主簿則志所言者誤又選舉志云銓法
凡流外補選御書院翰林待詔書藝祗候十年以上
無犯者聽出職職官志云流外出官格御書院待詔
五年出左班殿直書藝十年出右班殿直御書祗候

十五年出借職並補正名後理據此則待詔祗候年
滿當出右職而郢之列銜爲少府主簿案洛陽縣酒
化閒田京白馬寺記其書碑人列銜爲翰林院待詔
祕書丞同正兼御書院祗候又登封縣天禧三年中
嶽醮告文書碑人劉太初列銜爲翰林待詔行少府
監主簿則史所云待詔祗候出職之制亦不盡然或
史據元豐官制後言之也龍興寺鑄象建閣事寺僧
惠演記載之最詳惟奉命鑄象建閣之歲惠演及紹
聖四年葛繁記並作開寶二年而此碑獨云乾德中
命重鑄大悲象碑係奉勅所撰且去鑄象修閣時未



久不應有誤當從此碑爲正又碑載周顯德中世宗
詔毀銅象鑄錢象壞之際蓮葉中有字云遇顯即毀
云云事詳惠演記周世宗毀象鑄錢歐薛二史不詳
其事資治通鑑有之玉海周世宗顯德二年九月丙
寅詔禁天下銅器始議官鑄錢毀天下銅佛以鑄又
僧贊甯宋高僧傳唐鎮州大悲寺自覺大厤中發願
造鑄大悲象用赤金鼓鑄成高四十九尺梵相端嚴
眼臂全具至周顯德初勅鑄九府圜法天下銅象一
例除毀時州人相率出錢贖此相不允登即鑪橐鎔
治從頂至胸旋收銅汁斯須計料匠氏暴卒自此罷

工迨宋太祖神德皇帝追鑄令全代儀前事云云可
證鑄象之爲乾德而非開寶矣常山貞石志
常山貞石志載此文譌缺與萃編悉同殆即据萃
編錄入耶惟不朽之朽又誤作休

鄧王錢俶墓誌

方一尺九寸四分五十三行行五十二字字徑五分正書在洛陽

大宋故安時鎮國崇文□武宣德守道中正功臣武勝
軍節度鄧州管內觀察處置等使開府儀同三司□太
師尚書令兼中書令□□節鄧州諸軍事鄧州刺史上
柱國鄧王食邑九万七千戸食實封壹萬陸千玖伯戸



賜劒履上殿書詔不名追封秦國王墓誌銘
金紫光祿大夫行鴻臚卿上柱國邯鄲縣開
國伯食□七百戸愼知禮撰　鄧王府都押
衙兼知表□□□守艮□
代天之工必崇高而啓其緒成物之務惟光大以垂其
式戴　元后總群牧開國承家守宗廟祭祀者崇
高而有之秉聰明正直□偉也綏中國遏四夷興衰撥
乱息生民戢伐者光大而有之達進退存亡其難乎粤
若　高明下濟駿極上昇元黃其□□滔□□□□身
而及諸人發于家而顯于國致代天之用用而克濟宣
成物之任任而有終迹賁丹青聲融金石者得之於
□朝矣　王諱俶字文德彭城人也唐季
不嗣　我烈祖武肅王啓五諸侯覇式遏寇虐世
位以德　我顯考文穆王率十連帥□□□王忘
有志四方克開厥後世勲顯矣盟府存焉　王以立賢
之義而嗣基以稽古之訓而爲政非六藉不任非五常
不履叙人倫□教化詩以導其源申典故發訓誓書以
體其要共祭祀分吉凶禮以通其變和神祇平風俗樂
以中其節動靜施舍不離聖賢之域者□易以幾其道
損益制度不忘諸侯之職者春秋以守其法服膺而行



則罔弗詳脩惟仁執心以義應物禮持愼脩之柄智懸
廣照之源信以□之美全用也率性而動囙咸克終始
雖服色正朔囙夏而每殊於沿草禮樂征伐尊
周靡變於艱難專征方國纘戎　祖考脩車馬繕甲兵
克勤小物用戒戎作四郊之脩有嚴于外養民力謹邦
賦囙地之利任土作貢三壤之共有勤于上勝殘去殺
累仁恩於百年保大定功啓　明聖於千載
太祖神德皇帝有舜元德纘周　鴻緒威懷廣運　光
靈肹蠁顧　我早拳　嚮慕潛合江河之順遠傾肝膈

皎如日月之臨元子奉於贇生大夫旅於　庭實將順
匪解同寅用光　朝饗叙班爵命申錫則推　乃
睠皆越維常緇衣二世將賴武公之力朱旗兩鎮是命
伯禽爲後九服之異焉四國無擬者繇是　南面專委
東夏開寶甲弍中江淮拒召帷幄議兵有事干戈　錫
我鈇鉞　王祇承　天旨肅將　帝威樓
櫓合而足以長驅鉦鐲嚴而先之大講方叔伐鼓鼛六
師而東下小白齊車載遷主而西討敷用七德七德有
常勤脩百役百役咸舉時雨相慶捷月屢成金既聲而
敵奔刃不血而兵戢降土啓封於安樂勳臣議爵於



靈臺既櫜武庫之兵始展　明堂之覲一之見
太陽照爲慶色再之會　湛露酌爲華滋心朗德融
禮尊事極頌太師無窮問魯道有光策相國第一功漢
章斯舉　詔就國耿驂駟之未久會同軌泣攀
龍之不迴空下
今聖上五讓纉於　慶基三揖迪於古訓駿奔萬
里　象魏載朝山龍煥容雲天需樂入則　伯舅以均
禮出則　師老以尫恩　朝廷於是尊賢　搢紳有以
觀　德迹諸體望軼彼古今　王惟曰光華在辰　文
思當亡無外者三代之化　有道者萬方所歸藩輔固

而寰宇觕車書通而天地一舉千乘之重請藉有司炳
三台之明顧拱　宸極于再于三而伏奏
拜手稽首以昌言　詔曰錫山土田啓國淮海　王
其輔我予也建侯獻地何慙於隴西從家誠喜於闕內
禮之異數史不絕書寒暑推移雨露優渥焫蕭配祖郊
報屢嚴行葦厚賢井賦滋廣　王霚盛彌儉守溢惟冲
以疾罷朝以告弥攝恭德自懼爰居匪寧則曰大元帥
之任人臣本於綏難明天子之育黎獻方務止戈西土
既甯賨憲不開於將幕　北辰巳正于儀亦解於兵
符表廢置之權迹　昇平之遇畢於克讓三乃曰俞



汚漢南邦其稱甚偉茅土錫祚移命益尊自誠而明者
寅畏之深利有攸往者優適之美南陽故土近地疏封
讓國重表於穠中爵王燕陵於許下卧龍之野荒龜即
都小大咸和文武是式三推　帝藉展慶華
戎一字　王封即真樊鄧至於文昌之總百揆紫微之
受萬機時叙二司　具瞻三紀方將道合　軒問禮賛
乾封垂憲言於辟廱颺康歌於　衢室禱善慮應遊
疾彌時　降單軺之侍璽飛二星之　中使交馳
驛路咫尺　帝音　君臣之間始卒厚矣嗚
呼動靜相倚吉凶靡常徒致請於幣玉終有摧於棟梁

彼元化之滓溟此人事之淒涼端拱元年秋八月二十
四日薨于府署享年六十
皇帝聞哀撤懸悼往出涕　尊伊之設華冕表霍之用
黃腸誄行於素旃退終于玉冊　特詔輟視朝七日遣
太中大夫尚書工部侍郎郭贄持節冊命追封秦國王
太常考謚曰忠懿中常侍臨奠恤哀大行人僃物護葬
申命　貴近以專總督喪所給者　詔加等焉孟冬十
一日　啓柩于鄧牆柳帰載萋萋野色耆艾攀擁哀哀
路首二十有五日館喪于　京師之東墅越二年正月
十五日葬于河南府洛陽縣賢相鄉陶公里禮也　元



妃孫氏賢爲女師化被　王國　先朝肆覲后車
錫命冊妃之典自　王而始祿韓方茂瑤華先秋繼室
以楚國夫人俞氏子八人　嗣安遠軍節度使開府儀
同三司撿校太師兼中書令蕭國公惟濬性受天和羡
存　世濟文武二府侍滕爲海內之榮　忠孝一家匪
躬存天下之式　生盡其養喪過乎哀　次鎮國軍節
度使特進撿校太師惟治發揮符采含吐英華殿大邦
於雙洄廣　崇教於三戟次雄州團練使惟渲次昭州
刺史惟灝次武衛將軍惟溍次從釋法名淨照次衙內
都指揮使惟演次衙內指揮使惟濟善有餘裕秀發其

華友于　閨門見孔懷之兄弟達於　邦國知必大之
子孫女七人長適河東裴祚次適錢塘元象宗次適汝
南愼從吉次適故富春孫誧早亡次適富春孫誘餘則
笄年而猶室處皆苴麻泣血欒棘變容生而知之禮無
違者
王稟奇骨之峻削受正性於恬愉體貌
肅如神氣穆若語默存道動靜求仁靡尙豫遊頗遵儉
素愛人善愈於已能聞人過卒以情恕　推誠於下擢
才不疑儒雅　自覲名教胥樂百家窮覽六義研機載
笑載言咸本事實曰興曰比動即編聯所著詩爲政本
集亦志在其中矣六書異體五射名法必有所尙皆造



其微　思輔仁壽之化願尊天竺之教浮休內達惻隱
兼濟魚鱉不夭草木恐傷終乎不自荒寧以克永世大
矣哉當　王位崇高以聰明正直盡人臣之能事洎
王功光大以進退存亡服　聖人之格言得不謂盡善
盡美於斯者乎洪惟　武肅王克愼厥始　文穆王克
和厥中洎　王克成厥終　三后叶心四方是則語忠
臣孝子者百世可知也嗚呼哀哉淸洛旁注碧嵩迢峙
邱壠前後雲樹迤邐風颾酸骨兮曉凝霜籟斷魂兮夕
起吊千古兮謂何嘆九原兮已矣若夫　世族之始命
官之次則總列於　廟碑具存於　國史約　莫

京之德恭述叙焉申無愧之辭泣爲銘爾銘曰
諸侯有土　孰爲尊主　表率膺揚　我祖之武
庶邦冢君　孰爲世勳　奉承燕翼　我宗之文
以賢爲嗣　文武不墜　政刑交脩　干戈有備
惟聖建中　車書大同　玉帛奉職　圭瓚饗功
將命徂征　問儀請覲　光大成績　周旋履順
五瑞既輯　萬方載會　君子知微　聖人無外
全吴之墟　賦千乘車　獻爲内地　恭乎顯諸
南鄧之野　錫五色社　往即新邦　寵之優也
煌煌紫垣　三后折裂　峩峩明堂　一柱摧折



君恩天地　臣心日月　存亡跡均　哀榮事絶
有國有家兮世烈輝光　乃相乃侯兮慶祚靈長
身委道兮終萬化　葬脩物兮刑四方　地兹域兮
泰筮有常　垂斯文兮德音不忘　誌□孝之墓者
有□國王
右鄧王錢俶墓誌在洛陽存古閣錢俶史附其祖
鏐傳俶先名宏俶以犯諱省俶繼其兄倧而立誌
云以立賢之義而嗣基不明言廢立之事殆有所
諱耳宋興授天下兵馬大元帥乾德元年改賜承
家保國宣德守道忠正恭順功臣開寶五年改賜

開吴鎮越崇文耀武宣德守道功臣歸朝賜甯淮
鎮海崇文耀武宣德守道功臣誌標題云安時鎮
國崇文□武宣德守道中正功臣與傳載異當是
後来改賜者史未之詳也武上所缺是耀字可據
傳補之其云武勝軍節度者雍熙四年所授也云
開府儀同三司□太師尚書令兼中書令者尚是
舊稱開寶八年拔常州有功加守太師也太師上
所缺當是守字云鄧王者端拱元年所徙封也云
食邑九万七千戸食實封壹萬陸千玖百戸者傳
惟云太宗即位加食邑五千戸從征太原還京策



勲加食邑二萬戸食實封二千戸而已書詔不名
者傳云太宗即位請詔書稱名不許云賜劒履上
殿者則不見於傳矣傳云乾德元年遣使入貢誌
所稱元子奉於贊生大夫旅於庭實者即此傳云
命爲昇州東面招撫制置使以禁兵步騎千人爲
前鋒復率水陸兵從平潤州進攻金陵上召進奉
使任知果諭旨可暫來與朕相見以慰延想之意
誌所稱江淮拒召嶊嵲議兵有事干戈錫我鈇鉞
及既櫜武庫之兵始展明堂之覲者即此傳云即
日宴長春殿又云時詔其父子宴射苑中誌所稱

再之會湛露酌爲華滋者即此傳云太平興國三
年三月來朝遣四方館使梁迥至泗州迎勞命齊
王廷美陪宴於迎春苑召對崇德殿仍命劉鋹李
煜陪宴長春殿又召宴後苑泛舟中手酌酒以賜
父子皆預誌所稱駿奔萬里象魏載朝及朝廷於
是尊賢搢紳有以覲德迹諸體望軼彼古今者即
此傳曰再上表乞罷所封國籍其境內所屬州軍
俶淮海國王誌所稱擧千乘之重請籍有司及錫
并縣戶口兵數悉以上之帝御崇元殿以受改封
山土田啟國淮海者即此傳云雍熙元年改封漢



南國王誌所稱沔漢南邦其稱甚偉茅土錫祚移
命益尊者即此傳曰出爲武勝軍節度南陽國王
表讓改許王誌所稱南陽故土近地疏封讓國重
表於穰中爵王兼陟於許下者即此傳云端拱元
年徙封鄧王誌所稱一字王封即真樊鄧者即此
傳云會八月生辰遣使賜器幣是夕暴薨寔二十
四日誕生之辰年六十廢朝七日追封秦國王謚
忠懿遣工部侍郎郭贄持節冊贈命中使護其喪
歸葬洛陽與誌所敘者悉合其妃孫氏亦見於傳
開寶五年封賢德順穆夫人九年封吳越國王妃

誌故有冊妃之典自王而始之語太平興國二年
孫氏薨誌故有瑤華先秋之語誌云子八人傳云
七子蓋去淨照不列耳惟濬字禹川以郊祀恩加
檢校太師嗣封蕭國公俶薨起復加兼中書令傳
不言安遠軍節度使漏也惟治字和世係子俶養
爲己子太宗初領鎮國軍節度俶薨起復檢校太
師後終右武衛上將軍加左驍衛左神武統軍惟
演字希聖初補牙門將歸朝歷右屯衛右神武將
軍後終崇信軍節度此云衙內指揮使者尙是始
仕之職惟濟字巖夫爲漢南王府元從指揮使即



誌稱衙內都指揮使者也後終武昌軍節度觀察
使保靜軍留後惟灝惟渲史無傳惟渲并不見其
名傳稱惟灝賀州團練使惟渲左龍武將軍奬州
刺史蓋最後之官故與誌不符元象宗當是元絳
之族絳祖德昭仕吳越至丞相愼從吉即愼知禮
之子字慶之初爲元帥府長史入朝歷將作少監
改太子右庶子換衛尉少卿天禧中以光祿卿致
仕裴祚孫誘無攷誌又云所著詩爲政本集傳作
正本云雅好吟詠編詩數百首爲正本集陶穀爲
之序誌又云頗尊天竺之教案俶嘗建經幢四一

立於乾德三年一立於開寶二年在仁和縣令經
兵燹未卜存亡撰文者愼知禮衢州信安人史有
傳父温其仕吳越終元帥府判官知禮署校書郎
爲掌書記宋初從俶子惟濟入覲歸署營田副使
入朝授鴻臚卿後歷知陳州與元府書人名守頁
不詳其姓書天作兲俗譌

八瓊室金石補正卷八十五終



# 八瓊室金石補正卷八十六

太倉陸增祥撰　男　繼煇校錄
吳興劉承幹覆校

宋五

## 善才寺觀音院記

高四尺五寸廣二尺六寸五分廿五行行字不一字徑才許行書額失拓在禹州

善才寺觀音院記

宣補鎭遏使陽晙撰

梁文素書并篆額二行在標題下

佛教興也像宇設也盡河沙沓邇法無二門□□界□
□心等一味言□□□者缺接引群生開悟解脫超
躋至眞覩于龕堵精苑缺輗軓肆莊嚴之□□□□覩
相缺申下執□□本識□爲教化之漸津梁□要自此
□深之□宗建□□盖□有爲之教□　朝□□□
闡也屬天宗之有天下□□二□即□□□日
改太平興缺□上文武哲睿明于萬邦寬□仁惠臨于
百姓虔奉　宗廟靈□敬受元□式訓□出雷□
□□品物心□交□康睦中外叶暢□□□育周文恤
忍虞舜孝言缺物養缺柔服□懷違也樂□老□□徼
海䦨曹□□徂□□□□□容隮南道煙邛涉西沙

流河陟北□幽崖壤□　覆載缺　天休□助
明德陶然大化□不知缺孫是行□□觀缺國
今爲□馬□□比差勝槩不□依慕缺乾之曲弄□東
魯缺懸楣□檀老□西□□戸有觀音院者缺寺之幽
□□缺劣缺摩□盡缺僧法名從軌者缺太原聖俱之
寺受業也缺唯安缺爽基□發□□夫創置之迹洪大
之事缺□太平□立茲院□寺之缺塵□□□蘚盈堦
□堂厨已□且□□未搆況乏水之金可萃香山之材
可鳩缺之□亦以□缺□□□從勸引者風馳隨喜捨
者草偃缺之役□畚鍤缺藻梲□□斧斤□合□煞朱



直繩缺杌□札□桷排差□翚缺入晴□□□奔缺五
十□有餘廊宇一□間缺金僊一缺嚴出世神縱絶智
□□□新俾遊從者目□皈依者心悅缺妙申缺□□
□自資於　清世□日□贇者缺毛者得缺萬端共
役工貳叁億即乃□也笠屐兩□□□勤□□□主結
緣□也缺鐫□也鄙陋斐辭慚爲直紀　大宋渻化
元年歲次庚寅伍月缺
儒林郎守許州陽翟縣令張結明一□仕郎守許
□陽翟縣主簿張用□　將仕郎缺　內品監許
州陽翟縣塩麹商稅鄺延遇　殿前承旨監許州

陽□縣塩麹商稅董詡　文林郎缺　供奉官前
監□州陽翟縣塩麹商□李繼遠　缺郎前守許
州陽翟縣尉王從一　當寺缺　缺仁美刊在首行下

右善才寺觀音院記宣補鎮遏使陽晙撰梁文素書碑末列名自陽翟縣令主簿尉而外有內品監許州陽翟縣鹽麹商稅鄺延遇殿前承旨監許州陽翟縣鹽麹商稅董□供奉官前監許州陽翟縣鹽麹商稅李繼□三人攷宋史百官志內品乃內臣敍遷官而東西頭供奉官則武臣敍遷官也殿前承旨之名不見於史疑即所謂內殿承制者視供奉官差貴爾然



一縣之小而監當鹽稅者不一其員又以內侍武夫充之民其不堪命乎陽翟縣令爲禹州隸開封府潛研堂跋尾

陽晙訪碑錄誤作楊

## 脩北嶽安天王廟碑

高九尺廣四尺九寸三十四行行六十八至七十二字不等字徑一寸二分行書篆額題大宋重修北嶽安天王廟之碑十二字在曲陽

大宋重修北嶽安天王廟碑銘并序

承奉郎守左司諫知　制誥柱國賜紫金魚袋臣王
禹偁奉　勅撰

翰林待　詔將仕郎守少府監主簿　御書院袛候
賜緋魚袋臣黃　仲英奉　勅書
翰林書直將仕郎守髙州樂原縣主簿　御書院袛
候臣葛　端奉　勅題額
臣聞元氣脈渾結而爲山嶽幽靈肹蠁降而爲神祇矧
乎地屬陰方位居水德于八卦在坎于四時爲冬固陰
沍寒萬物之所藏伏早生晚熟五穀之所蓄滋帝堯開
唐國之封大禹奠冀州之域厥有巨鎮玆惟恒山却鴈
塞以摽雄壓龍荒而挺秀天官晝野勢當昴畢之星易
象流形名叶雷風之地下斡坤軸髙摩斗魁土俗粹靈



登神仙者七十戶歲時祈禱置侍祝者九十人蔵蔔子
之寶禾産昌容之蓬蘽足凍長城之窟影連大漠之壚
積厚窮陰出雲見惟雪霜風雨潛施及物之功泰華嵩
衡共揭柰天之勢亶是陰隲孰無主張洪惟　嶽神受
命　　上帝代南趙北我實主之福善
禍淫人皆仰止名載乎祀典德加乎生民視秩于公遵
周制也列爵爲王雞唐室也既奉時祀亦禳天灾凡水
旱癘疫之祆舉玉帛牲牷之事必有昭報誕符至誠應
代奉之其來尚矣
我法天崇道皇帝之撫運也天祚　明德民懷

有仁括禹晝於無垠　化堯封於比屋雕題
儋耳駢羅入　正會之圖僸佅兜羅沸渭雜宮懸
之曲　文德麗星辰之象　武功彰雷電
之威　宋文帝之讀書則七行俱下　周武
王之振旅則一戎大定然猶　焦勞剋已
宵旰臨民每戰〻兢〻念元〻本〻　師虞舜之無怠
法文王之猶勤至若　披庭椒房儉約中
度離宮別館行幸殊稀隆冬　御裘則念髙年之
無褐于是乎有繒帛之賜當暑　操扇則軫下獄
之非辜于是乎有縲紲之恩非　莧苗獮狩之時



無馳騁畋獵之事非　朝會讌饗之日無金石絲
竹之音歲出　御題親考貢藉拔造士之秀也日
坐便殿躬覽庶政達窮民之情也向者恒文告差
御端門而引咎故一夕而孛彗沈　宋景
之退熒惑也大旱作沴貶常膳而責躬故崇朝而霖雨
降　湯王之禱桑林也
拆后之罪己也既如彼　上元之祐善也又如此
易所謂聖人久于其道而天下化成語所謂如有王者
必世而後仁其是之謂乎不然何　寅畏天命
艱難王業若斯之甚邪于是庶政交修百神禴潔

嚴祭祀而爲人祈福　行教令而先天弗
違　菲飲食而厚牲醪天神地祇享至誠之薦
　卑宮室而崇廟貌名山大川登必葺之祠豈比夫
禋于六宗未洽禮神之義祀于五時但萌徼福之心墜
典無文　我能具舉矧茲陰嶽固有徽章華袞珠
旒受王者之冊禮太牢秬鬯命守臣而行事下迺元冥
之宅旁隣黒帝之居因道武之基扃龕推宏壯韞慕容
之珪璧素彰神異祠祀之盛莫之與京然而運有汙隆
時有興廢雖无方之體奚往不通而有象之軀未逃其
數先是匈奴之犯塞也來詣祠宇卜其吉凶不從猾夏



之心遂縱燎原之火殊不知天惟輔德神實依人乏祀
虐民自作敗亡之計彼曲我直坐觀盪覆之期
聖上猶示　含容更期　柔服戩　天
威而自守蓋民力之是寬單于之火照甘泉豈傷
文帝頡利之兵陳渭水未累　太宗亟命有司惟新
大壯烏臺御史持節而庀徒黃門貴人鳩工而蕆事楩
柟杞梓以雲集繩墨斧斤而子來五材寔繁百堵皆作
乃復堂殿于以儼像設之睟容乃興廊廡于以列旄御
之繪事門闕有翼階陛斯隆繡栭雲楣乎曜煙霞之色
琁題藻井交含日月之光旌旗衣服昭其文簠簋豆籩

陳其數能事畢矣神功煥然不愆撰日之期再聳凌雲
之勢于是戒尸祝命使臣我將落之神用至止原享惟
馨之奠永安不測之靈三獻具而禮成八音和而神降
溪雲拂檻如絳節以翺空山溜垂簷誤鳴珂之振響示
爾繁祉庇我邊民況獷俗之未平冀陰兵而助順或示
之禍福革彼豺狼之心或鼓以雷霆動其犬羊之類然
後雨我禾黍潔尓粢盛鑄農器而毁戈鋋荐興多稼耕
邊田而飽士卒永樂豐年況今將相叶謀人神共怒豈
使韓昌張猛刑白馬而登東山將令去病衛青取金人
而踰北海何往不利何謀不臧尚思魏絳之言更鑒王



惲之築　安民和衆契天地以爲心　含垢
匿瑕諒神明之降鑒佇靈臺之偃栢備　法駕以
省方
千年南面之尊永知高枕十月北巡之禮盡舉彝章輯
五瑞於公侯問百年之耆艾燔柴奠玉如西嶽之禮容
陳詩觀風察北方之哀樂聲明文物以咸備律度量衡
而必同升中于絶獻之前肆覲于重巒之下起白雲而
表瑞何止岱宗呼　萬歲以効靈豈惟嵩嶽而已
哉夫如是則封狼居而禪姑衍但恃窮兵臨瀚海而勒
燕然未爲神武者也臣沐浴

皇澤傻遊紫垣請終軍之纓非無壯節投班超之筆尙
負　明時慙非擲地之才有玷宅山之石謹爲銘
曰
節彼恒山　峻極于天　崛起萬仞　生乎一
拳　摩穹戛漢　控趙排燕　人皆仰止
神或憑焉　明〻嶽神　上帝所授　不驚不
崩　可大可久　其誰祭之
皇宋拓后　其誰尸之　中山郡守　秩視公
兮爵爲王　金其几兮玉其床　何以贈之兮赤
紱斯皇　何以慶之兮峨宇雕墻　諒聰明兮無



得喪　維廟貌兮有興亡　嗟睟容兮遏毀
遇醜虜兮猖狂　物成敗兮有數　神杳冥兮無
方　雖像設兮云壞　于精靈兮靡傷　詔新
斯廟　表匈奴之不道　詔祠爾神　彰　皇家
之至仁　天輔德兮我有慶　鬼害盈兮胡無人
絕代馬之南牧　揚和鑾兮北巡　有効靈
之雲物　無出塞之祆氛　齊泰山兮等梁甫
並亭〻兮接云〻　飛英聲兮騰茂實　握乾
符兮闢坤珎　垂千齡兮萬祀　永貽德子
吾君

淳化二年歲次辛夘八月丁夘朔九日乙亥建　、
忠果雄勇宣力功臣定武軍節度定州管內觀察處
置北平軍等使金紫光祿大夫撿技太保使持節定
州諸軍事定州刺史兼御史大夫上柱國兼駐泊馬
步軍都部署清河郡開國公食邑四千二百戶食實
封陸伯戶張　訓　此行小正書在年月下方左偏
右重修北嶽安天王廟碑先時契丹入塞縱火焚嶽
廟太宗出帑儲令有司重新之工成敕王禹偁撰文
禹偁時以左司諫知制誥故也予家藏小畜集有此
文以石刻校之當改正者凡十餘字集本恒山作常



山恆文作星文乃是避眞宗諱追改者非誤也碑末
列名者忠果雄勇宣力功臣定武軍節度定州管內
觀察處置北平軍等使金紫光祿大夫檢校太保使
持節定州諸軍事定州刺史兼御史大夫上柱國兼
駐泊馬步軍都部署清河郡開國公食邑四千二百
戶食實封陸百戶張訓按宋制諸州置知州軍事一
人無刺史之稱節度使但爲加銜未有授本鎮者此
以定武軍節度持節定州刺史猶沿唐五代之舊蓋
沿邊州郡設官與內地異且其時去開國未久或閒
有因仍而未革者歟潛研堂跋尾

碑名稱法天崇道皇帝宋史真宗紀端拱二年十二月辛酉上法天崇道文武皇帝詔去文武二字餘許之此碑所題與史合前列承奉郎守左司諫知制誥柱國賜紫金魚袋王禹偁奉敕撰本傳拜禹偁左司諫知制誥而階承奉郎勳爲柱國未書也翰林待詔將仕郎守少府監主簿御書院祗候賜緋魚袋黃仲英奉敕書翰林書直將仕郎守高州樂原縣主簿御書院祗候葛湍奉敕題額湍見呂文仲傳寓直御書院與侍書王著更宿時書學葛湍亦直禁中太宗暇日每從容問文仲以書史著以筆法湍以字學又見



進說文解字序稱翰林書學臣葛湍又見李燾說文解字五音韻譜本朝雍熙三年錯兄鉉初承詔與句中正葛湍王惟恭等詳校說文是也後列銜正書字獨小有云忠果雄勇宣力功臣定武軍節度定州管內觀察處置北平軍等使金紫光祿大夫檢校太保使持節定州諸軍事定州刺史兼御史大夫柱國兼駐泊馬步軍都部署淸河郡開國公食邑四千二百戶食實封六百戶張訓職官志賜號有忠亮忠勇無忠果雄勇攷却埽編中書樞密賜推忠協謀同德佐理餘官則推誠保德奉義翊戴掌兵則忠果雄勇宣力外臣則純誠順化張訓即因掌兵賜號而志未之及非此則蔑由識遺典矣授堂金石文字續跋

碑書偃伯作偃栢伯栢古通

## 延慶寺僧惠廣壽塔碑銘

高七尺六寸廣四尺二寸四十行行七十字字徑九分正書在襄陽峴山

大宋襄州鳳山延慶禪院傳法惠廣大師壽塔碑銘并序

東海潘平撰

北嶽信天書此在前行下

蒼澗元泉萬仞衍弥靈之頂青峯妙嶺千尋淩渤澥之心理備三才天即地而人即法道隆千古法即人而□



石碑缺廿八字佛證菩提喜捨話三乘之性禪令頓悟慈悲開五葉之源法雨高番益潤等乾坤覆載元風遠布光輝齊日□缺廿八字達此是真如之境識心了性悟斯爲般若之源有以見　惠廣大師之旨趣也師名歸曉字信天□□缺五字□□出□缺廿字光元年歲在癸未誕生之時天地明肅淸煙遶室白日凝空仁里榮觀親疎共慶年六歲父令誦詩缺四字□菩薩幼不食肉□隨母齋缺十字旦白父母曰志求出家□番□□父問曰出家何謂云願歸淸淨之門早悟真源之理唐淸泰三年四月八日年□缺二字□城延壽禪院礼　淸遇和尚爲師初

到字缺七家當爲何事對曰我欲見佛師云汝若志心佛
當必見自始採薪擊磬汲水添缾暑往寒来精勤靡間
朝暮掃地□□摩経至是身如聚沫不可撮摩凝然而
立云浮生字缺五語驚喜訝之乃命闍梨□與落髮汈稟
天性雅靜雍和言直志端異常冈測大晉天福五年暮
春月十六日向邢州開元寺授戒始□毗淨威儀登般
若元門披四糸之律風耀一輪之戒月神清耿耿如鷲
子□□□峯骨秀昂昂似飲光行於鹿菀初夏師令誦
律半月念終五年依止於師□一志精虔於旦暮師忽
問曰汝知元理□□何不往乎叅問於是辭　師南北



渡水穿雲遊東洛入西□□□□祇知識後至長水見
靈泉道人乃申一問無雲還有雨也無對云有頁久沉
思又祇三拜遂□洛汭入□氏峽過黄沙里渡□淥水
千重覩高嶺之煙雲聞　含珠之秀䴡□□□上到卧
龍追虎之郊遇賞襄陽見解珮沉碑之浦西之廣德罥
細霧之輕煙南□　含珠上巔崖之峻嶋矜到時師置
起拂對曰海上龍横人天惣見師又拈柱杖放在面前
對□□□冈測師云少年老大尔後因茲入室乃遂昇
堂言益朝昬隨流上下中秋夜師大上堂海衆雲集特
申一問明月當天爲何不照學人心意師云一輪皓色

光三界八識憧狂昧□□□斯示諭頓息機緣如四海
之閒雲似五天之孤月一從叅覲六換炎涼採□□薇
以申供侍忽一旦暫辭香砌略别　師顏造隨陽護國
名筵至安陸竺乹勝會有時途路上見□□□□野□
有霜宿孤峯無水齋白雲隨步步黄葉落挨挨若遇杉
松裏風寒□碧崖而又前之荆渚順詣湖湘旋迴五綫
於鳳山乃掛六錕於延慶值當院　通性大師来自芭
蕉□□□□一從慕□入載依仁翊輔辛勤星霜靡間
不期　通性示疾緣終王□□圍分明囑授年歲薄鮮
退讓德人匪敢承當探增娩荷乃請　首座惠超上人



開堂爲衆未由半載又□□□　大宋建隆元年十二
月十九日惠崇院主守𡜊維那及大衆等客上請疏聞
　王太師願請院主曉上人開堂爲衆說法住持勿阻
告投希從衆望豈謂　合情喜允又捨□天□□□大
齋共申祇請於是龍幢虎節□□俗□赴以□□遠迩
英賢□蓮幕金璋而濟濟衆乃榮登花座如月滿以當
空信祇焚香似□花而暎水坐之良久師云道德荒閑
虛受□□見□□□　媿□□□碩德吹揚遜讓未遑倍
□悚惕而□□諸儀客意□在目前悟即剎那之之永
□□承三請須露一言幸對人天有疑請問尋有僧問

師唱雜家曲宗風嗣阿□對云道□□□□□□慈雲
法雨布人天又有僧問如何是□對云道州出矮子後
有進士樊復問生死色空如何免會對云有路易尋三
島客無門難覓九天人忝承　重命但媿轉□□論古
聖興慈□□□□□一佛刹至一佛刹曲□□□□□詎
祖□元極有奧　青霄得□明之者目下醒醒昧之者途
中浩浩尔後禪林益茂海嶽臻盈八方淸信鵠英成皆
景重丹禁公卿朱紫盡惣欽依遂□水□□□□□□
□□松偃盖靈禽去而瑞鳥来綠竹□□丹鳳集而蒼
龍至洎開寶二年　南陽侍中張公諱永德聞師道仰



師德甚欲披雲無由覩月雖□封域俱守藩□□聆淸
淨之芳音莫到白雲之嘉□是飛章表願降　天衣果
蒙　聖主允從特賜　皇恩紫綬由是專差人使送
至鳳山表　三台景望之恭虔作一旦輝今之耀古太
平興國三年　壽州□□太尉王公□承衍　天邊嚮
譽日下欽名遥瞻雪嶠以傾心遠望蓮臺而祇足載陳
章奏荐乞加恩沐　天慈貽惠廣師名承
□□□元林蒼翠致使襄江楚□高□芳名□□□□
□□傳嘉□□龍神踴躍藤蘿蓊欝暎天河月鳥以連
雲殿閣崢嶸□鴛瓦□粱而對日霜鍾暮擊淸聲揚六

律之音月磬朝鳴□□□五音之韻師恒爲□無□□
□無仍有者一切衆生亦有衆生無者一切諸佛亦無
乃有　高品劉供奉問　龍廷金口問□何對　玉機
師對云　鳳閣龍樓遶堯雲舜日新又有□□不暮諸
聖不重□□□□□對云此問太伍何不近上問又有
進士劉岳問得失是非一齊放却時如何對云這一條
□□阿誰□師云一真理性同天地以難窮五蘊雲浮
□□□□易□遂有　天水公趙普者禮讓通明玉石
金蘭作性盡良□義靑松白月爲心寶閶闔之奎筆乃
人倫之□鏡□師示諭不覺凄涼遂捨家財擬修壽塔



粗表精素以俟送終乃□□言願尋允許師忽聞已默
然未從慮害於人恐傷於物普又与　彭城劉氏再三
共祇方可從之洎端拱元年歲在戊子五月一日師壽
年六十六擇勝地選良時趙公以捨寳□材□□□霜
斤□□□然先立塔亭一座三間九架奇哉壯麗輪奐
□□明窈窱虛幽谿然□雅垺塲了日淸□至二皿碧霧
凝結兀圓轉玉光旋而金烏遠後有僧義永上人者天
雄□□□水精英爲柰苑之元枝作祇園之翠葉覩斯
盛事擬助良緣自□□能以修石塔衆皆忻讃不可遣
之天水趙公聞之甚喜於是開山取石隨日月以忙忙

鑿壁穿崖逐寒暄而□□□□因緣契合□□心堅匠
巧材豐俄然告足乃般乃運以鑿以鐫□□□□譬之
合成莫不上下高□方圓脩□周迴而山海攢攢內外
而花雲蔟蔟盤龍走鳳飛騰如出□奔山□□□□□
□似□天□地署短拂偏如舞踏以驚人脚細胡□似
吹彈□□衆巍峩□麗□祥煙上貫三天□□□□□
□□平吞九地其塔也東連東海西接西天南觀□□
洪荒北□□雲紫塞□使陵遷永在谷變恒存非泯垸
㻞彈文莫記年華日月□平才非二陸學謝三□□
天□□□□□□□□□□□□又黍隨秋貢過南宮



陪丹鳳翱□□□春闕□北□□□□失意而後同之
漢上乃届禪局蒙碩德以延容向金□而棲隱時觀水
□如□□之□日覩□□□□□□□□□□□□
□上人忽將實錄□託□□□□杜□乃□□□及
□□水部乏雕金琢玉之功演思雲間叙達士通仁之
記然□□□敢述大名下□□□□爲□曰　法海
□□　□□□□　三才齊列　功□凝然　天即地
也　人即法焉　非真非假　非後非先　一法生
于法　千燈起一燈　人間無罣礙　天上有昇□
西笠□□□　南□□□□　□□□□□　非愛□

□□□□□□□自在□□去住□□□分明蕩□
六塵湛寂測測信行恭□端謹慈悲喜捨周圓古聖今
賢共說超生越死同□□□□□□□□□□□□
□□□□□□□□□□□□□□越□斯地□□源
来萬里山□四□去三秦煙□楚岫明珠浦月□襄川
□漢津□□光巍峩益鎮地天披雲□□□□□□
□□□□□□□□□□□□□□□□□□□□□
□□□□□□□□□□□□□□□□□□□□□
□□□□□□芍□□□一□□相芍光三天千□□
□芍□□年　宋□化甲午六月壬子朔十二日癸
亥記此行小字以下曼患不可辨



右延慶寺僧惠廣壽塔碑銘僅見於訪碑錄而惠
廣誤作廣惠宜校正之甲戌夏徐星甫差次襄陽
爲予拓寄惜未得其陰也惠廣字信天不詳里貫
書碑者北嶽信天豈惠廣自書壽塔邪文云□光
元年歲在癸未後唐之同光也王太師者溥也張
永德宋史有傳字抱一并州陽曲人王承衍字希
甫史附其父審琦傳又有趙普者不署官爵非丞
相趙普也

寶意寺修彌勒閣記

高二尺五寸廣一尺八寸廿三行行廿六字前後七
行行字不一行書篆額題裝修弥勒大像并閣之記

十字在武功

京兆府武功縣寶□□重修裝畫弥勒佛閣記
鄉貢進士李德用撰　進士楊覇文書　鎮遏使主
父翔篆額
夫武功縣者　唐高祖潛龍之地寶意寺者　弥
勒佛大像之居名山隱暎鎮於西城麗水汪洋遶其東
□即王勃有言曰人傑地靈何處不有至若剏基立額
自述古碑愸壞莭隳聊憑新記剏茲　佛也身高百尺
閣就三層度木鳩工動盈萬數若非信心化誘特力主
張孰以興其善事也奈以年歲逾遠風□凋零虹梁欹



而鴛瓦將飛繪事暗而金身徒倚一旦有本邑
知縣都監隴西殿直以警巡之外迎送之□下馬登臨
悉欄顧望乃曰今□寢盜屏跡人民乂安稼穡妥豐
國家□□　政事以簡軍旅稍閑始則□□以縣城
用嚴禦扞次則勸之以農務不使訟爭漸乃飾之以□
□□宮自光　教法也覩茲丹臒欲葎補修則
前買木元公同心誘化共作維那仍有効忠都頭崔進
専勤賸事夙著道心俾為部轄之能甚有精嚴之志於
是　官寮減其清俸士庶捨以□貲選匠命工立成
壯麗榱桷以之重峩棟梁以之不欹　佛像以之莊
嚴住致以之幽奧或登樓而閑詠勢若飛翔或寓目以
遐觀宛如屏障今古盛事不其偉歟德用以早踐文塲
乃叨鄉薦亟承請命輒叙廢興耳
大宋至道三年歲次丁酉九月癸亥朔十五日丁丑建
寺主左街內禪大德道贇　小師義□　小師義靜
小師義恭
都維那頭曺州効忠第二指揮第三都頭□進
將仕郎守主簿權縣尉呂阜　前買□元德方
殿直知縣事兼兵馬監押巡檢李崇



安璨刻字在年月下

右寶意寺修彌勒閣記在武功畢氏關中金石記
孫氏訪碑錄趙氏補訪碑錄均未之載惟陸氏金
石續編列此碑而有目無文茲據拓本錄之案陝
西通志武功古寺觀下引舊志云寶意寺在城內
西山又引閻鐸后稷祠記云舊在縣西南二里後
徙縣城之西坂上傍有古窯極邃松檜交集世傳
唐太宗嘗讀書於此乾封三年復建神堯別館周
顯德中歲久傾頹為僧據為上閣寶意寺而祠泯
矣碑但言唐高祖潛龍之地而於太宗讀書之所

寶意剏建之始均未詳及也宋制竹木務掌受諸路水運材植抽算商販竹木以給營造勾當官一人以京朝官充碑云前買木元公買木當是其屬官吏不悉備撰書篆額人無攷主父複姓出趙武靈王之後

真僊巖題刻十一段在融縣

太宗御書四石石高三尺廣六尺一寸共八字字徑二尺二三寸正書

西江　頤堂　瑞雲　精忠

石刻在融縣真仙巖四石正方各刻二字中有已亥小璽下有御書之寶方璽稜已亥至道五年也名勝



志云靈巖山又名老君洞宋咸平中改為真仙嵓頌太宗御書百二十軸藏於內此刻自是當時所藏也廣西通志金石略

劉誼等唱和詩高三尺一寸廣二尺六寸廿八行行廿六字字徑七分正書

留題融州老君巖

權發遣提舉本路常平光祿寺□劉誼□

謾說人間假像真老君形相亦虛言巖前瑞氣歸宸翰佛子年年□國恩中有太宗御書歲度僧一□而老子之徒仍不與

鑿成巖穴鬼工難中有神仙自往還不見桃花開落處祇隨流水到人間

龍圖閣直學士知桂州充經略安撫使曾布和

神仙遺像出天真造化脈渾豈易言訪古尋幽空有意白頭軒冕戀君恩

鹿龍高躡九霄難共駕仙車去不還遺跡至今空有檜不知蟬蛻此山間亳州有老子升天檜鹿龍迹尚存

權發遣轉運使朝奉大夫直集賢院陳倩和

白石天然肖老君泉聲如誦五千言虛无妙道無人繼却使浮屠冒寵恩

尹喜當年共出關流沙一去未嘗還必應精爽游南越



變現形儀洞穴閒

權發遣提點本路刑獄秘書丞彭次雲和

仙馭淩雲去幾年九流空苦道家言何人懷古求遺像巖穴長蒙雨露恩

儼然鶴髮與龍顏誰道乘風不復還渾俗何須窮變化或來塵世或雲間

權提舉常平秘書丞齊諶和

巨石何年此結成老君肖象亦強名以身為患言猶在謾使時人分重輕

巖前流水碧潺潺鶴馭翩翩去弗還堪笑世人求不死

豈知道在有無閒

元豐六年七月一日內殿承制權知融州軍州事

錢師孟立石

汪森粵西文載劉誼元豐初提舉常平上言廣西役錢弊法乞裁損其數遂詔吏輩月給錢遞減二千歲遂減役錢一千二百餘緡又請罷買沈香減鹽價四十餘事上稱其論事有陸贄之風王安石銳意新法極諫不便坐黜歸宋詩紀事云劉誼字宜翁長興人第進士元豐間廣東江西提舉常平官上疏論新法勒停隱茅山据此署銜則紀事誤



爲廣東也曾布字子宣南豐人史有傳云元豐初以龍圖閣待制知桂州進直學士與此正合湖南九龍岩題名云曾布自廣西移帥隴右元豐三年十月十三日過此是布去桂在三年冬此題元豐六年者刻石之年非即和詩之年也又宋詩紀事云彭次雲吉水人元豐中桂林郡僚据此則是提點刑獄也粵西諸岩多有諸人題名劉誼字宜父與紀事微異貫稱吳興亦稱長興其署銜稱光祿寺丞知此刻所缺爲丞字亦稱前江山縣丞陳倩字君美貫稱浦城亦稱建安其署銜有稱尚書度支郎中者齊諶字子期歷陽人廣西通志金石略載此戀君恩戀誤作感

司馬溫公書家人卦 裝本高廣行字不計卦文跋語字徑四寸許分書銜名字徑二寸許正書

卦辭不錄

先太師溫國文正公書此於家曾孫倫因倅融水謹摹刻於郡南老君洞之石壁紹興十有九年歲在屠維大荒落重午日記

將仕郎試融州軍事推官錢憤　儒林郎行融州軍事判官陳戩　通直郎權通判融州軍州事朱天申



立石　廣州觀察使廣西黔南馬步軍副總管知融州軍州黃忱

按葉紹翁四朝聞見錄云南屏山興教寺磨崖家人卦中庸大學篇司馬溫公書錢唐自五季以來無干戈之禍其民富麗多淫靡之尚於齊家之道或闕焉故司馬公書此以助風教据此碑則光常自書於家非爲杭書也又武林舊事稱爲唐人書後人誤添刻溫公西湖志又謂光父司馬池知杭州時書得此可以證誤朱彝尊南屏題名据宋鑑定爲光書惜未見此碑也廣西通志金石略

張說詩 高三尺四寸廣二尺五寸共十六行詩每行十八字字徑一寸四分正書
游老君洞
營道張說霖卿
枕漱纔鍼泉石肓登臨又刮山川目太淸飛出離宮景
平地分爲散仙廬知津有賴大夫松避道尤勒居士木
曾巒破曉霞散綺斷岸涵空霧披轂界遠都歸粟粒藏
脈近甯勞杖頭縮不愁風引輕舟却更喜村通小逕曲
妙含道德五千餘迴出洞天三十六青牛稅駕從嬾卧
寶猊回拱長蹲伏猶餘砥室燦金星安用柔宗扶玉局
巖前日月自朝夕物外乾坤豈寒燠蛇靈必化第須時

金石補正卷八十六　三十四　吳興劉氏希古樓刊

豹隱唯鄰聊傷卜共知容與樂無限誰想緒餘善非獨
兩柱擎天壽八荒一水爲霖登百穀深嗟晚到僊疇昔
疎遊適信宿癡兒浪作謫鯤圖坐進因明天下谷
隆興癸未九月丁酉題姪泰甯男泰符泰
維侍
廣西通志載此曾巒作層巒曾古通層又缺柔宗
字因字
賈遵祖詩 高二尺五寸廣一尺九寸十三行行十八字字徑一寸二分正書
題眞僊巖趙郡賈遵祖季承 上空四格
翰林以謫流夜郎我亦何爲涉此境生平山水債未了

宦遊直廣桂州嶺牂柯江繞古融城拂拭冠纓照淸影
舉頭忽見眞僊巖盤空攫拏勢馳驟天教刻削無遺巧
不知斤斧誰手秉吻如蝕月醜蝦蟇枵腹穹窿寬一頃
戶居龍見柱下史宴坐似說常淸靜貫穿石澗飛驚湍
兩崖峽東番機穽兹晨邂逅得滕踐身到中間發深省
青牛昔過函谷關我陪五老曾造請依然一念浩刦初
墮在塵埃官獨冷童兒徐甲今何所朝從南箕暮東井
當時與我極綢繆黙而禱之意相領扶攜騰上虛皇前
賜我金丹淩倒景
淳熙戊戌歲中春十有五日

金石補正卷八十六　三十五　吳興劉氏希古樓刊

先聖先師像贊 高三尺六寸廣一尺五寸二截上截贊十三行行十字字徑六分行書中截像夫子立顏子從後下截跋十四行行十二字字徑五分正書
偉哉魏〻堂〻人中之龍蓋千萬世凜然如生夫豈劒
佩之飾丹青之容唯其變化亡窮在九天之上九地之
下將欲搏之又趨忽立乎其中雖顏氏之子力窮於步
武矧微生畝叔孫武叔彼么童於戲天不得不高地不
得不厚父子不得不親君臣不得不尊人物鬼神各由
其道无是焉將化爲禽獸賊乱者匪夫人之功也耶毛
友 以上上截
先聖

先師像宣和間　從伯祖內翰尚書手模
閣下本爲之贊而藏之家歲月滋久恐縑素朽蠹
肖貌失眞字畫漫滅謹臨刻于西融眞仙峒使並邊之
民皆得瞻仰
盛德形容而忠信篤敬之教行乎遠域然則是石之設
於郡國宣明教化豈無助云湻熙十六年歲在己酉六
月甲午朝奉郎通判融州兼管內勸農事賜緋魚袋毛
怤謹書

易祓巖亭賦 高四尺九寸廣二尺五寸賦十一行行二十四字字徑一寸行書跋四行行二十四字徑五分正書隸額題侍讀直院易尚書眞僊巖亭賦十二字隸文



融州太守鮑公作亭於眞仙巖之前長沙易祓爲之賦
其辭曰
莽芝嵒之崒立兮歷磴道之委蛇慨曩日之會閣兮訪
危亭於故基廼芟廼剔兮廼訐我龜寄錘鉤於心宰兮
付匠石以成規奐翬櫚以雲浮兮殆與古以爲期猗與
異哉物與人之相求兮每扞格而難逢苟襟度之弗宏
兮彼將隱伏而緘封何前節而後塵兮曾莫表其遺蹤
倏楚歌之噭咷兮迺指顧於從容匪斯亭之傑特兮羌
邱壑於心胷試登臨而偶步兮追昔人之勝遊仰余瞻
於峭壁兮俯獨瞰於湍流旁一人之彷彿兮儼冠服以
清幽怳陳前之萬象兮森舞鳳與騰虯宜斯亭之對峙
兮若將迎而獻酬融川之民兮爾裳爾衣從公于亭兮
公不我違公朝而往兮山川煜乎晴暉公莫而返兮煙
雲藹其霏微樂其樂於吾民兮非公其誰與歸亂曰天
地鬼神之所秘兮不以古今爲之在亡也紛宇宙之萬
有兮於人實爲之低昂也騁達人之大觀兮固將羞崑
崙而隘八荒也斂經綸於方寸兮聊杖屨以方羊也使
後人登斯亭而懷感兮此吾融川太守之甘棠也
僊巖舊有傑閣歲月寖久漫不復存粹然假守是邦
念勝景不可湮没因其遺址重創數椽
侍讀直院尚書易公即書名大書以榜于亭又出
緒餘爲之賦一旦茲巖



發揮勝槩於久廢之餘舊觀復還隱然爲嶺服之重
粹然與有榮焉謹志諸石庶託不朽云嘉定二年十
二月丁卯朝奉郎權知融州軍州兼管內勸農事借
紫鮑粹然書廸功郎融州懷遠縣尉兼主簿柳之方
隸額

易祓字彥祥甯鄉人此稱長沙者以郡言也楚寶
云以時事不協謫融州移全州餘詳涪溪詩跋

貢士庫記 高六尺三寸廣七尺廿八行行二十六字字徑一寸二分橫額題太守劉公創置貢

士庫記十
字俱正書

融州新刱貢士庫記

儲財㠯待貢士在在有之蓋漢人續食之遺意唯古東
甯獨於此乎閩典三歲大比士□計偕者往往躑躅于
行人或以無志功名哂之抑不知州涔陸走道長齎約
固有足其轅之東者其有能聚糧如京則亦倉皇蹙迫
憔悴酸辛安得心和氣平發其浩然見□文辭以遂其
決科之志乎玉山　劉公來守是邦政平而田里安教
行而習俗美凡事之當行而昔之未□者莫不次第而
舉麟充負曹椽每以得與聞調度爲幸一旦　公詔麟



曰此邦之士其文采亦豆觀歷年寖多顧未有□□□
□□常者士氣未振𠂤爲其然厲其心作其氣在上者
不容以□其費今郡庠教養固已不□乃若鹿鳴賓賢
郡有彝禮而餽饐不腆不足以壯其行要必有生財之
道㠯資薦送而後可吾嘗會郡計之出入僅足無餘唯
轂吾之送之費可得五十萬金以是爲貢士張本求可
耕之田□可儆之廬試與士□共圖之既而營求累月
□地狹隘頃畝間架無一得焉　公曰以緡錢爲貢士
庫□錢物相權㠯取益焉可乎今雖寡鮮姑綿蕝於此
增而大之則俟後之君子於是置版□設庫廨募市民

之能經斡者主之月收其息而積之歲終則會而暂之
大比則通三歲所入之息差等而給之凡庫之區畫具
載規約□既就緒人咸德　公而相與言曰夫進取
之難吾屬患也　公乃慨念及此非仁人君子之用心
疇克爾耶且宅郡之爲是舉者非以逃絕之田則籍没
之産耳今　公之捐金乃以已之所當取而不取者爲
吾士子無窮惠是尤人之所難因合辭屬余願紀其實
以諗來者余竊謂　公之此舉其廉而惠人之所知也
其所以能爾者抑有自來人或未之知也蓋　劉氏家
學淵源故其見於行事者皆忠厚篤實之意　公之大



父□言院昔分教桂陽出宰德安一以涵養士類勤恤
□隱爲心及退而家居則開設義學㠯淑其族婣鄉黨
椽筆大書紀其實行則有　南軒　晦庵之記在
然則　公之所爲眞意實德蓋有所本豈直以聲音笑
貌爲哉夫　公之存心其待士者不薄矣爲士者可
不知自厚以求無負於　公乎自今㠯始由鄉舉以達
春官雍容閒暇芥拾青紫要毋以是而自安也勉而學
業養而氣節使窮達不渝險夷一致庶乎其無負焉耳
余秩滿將歸敢以是爲同志勉後有自融來者余將從
而問之果無負也則余亦與有榮焉　公名繼祖字振

宗令官奉議郎分符刺融當時嘉其治行列剡日聞實爲郡國課最第一云紹定改元孟春既望門生文林郎融州司理參軍權教授零陵唐麟記門生修職郎融州司法參軍臨慶毛奎書門生修職郎融州融水縣尉兼主簿廬陵羅君賢題額學生州學職事覃芹張䄂□思溫黎元文王有德唐思聰莫若淵歐陽安國黎士衡黎應時粟淵歐陽安仁陳惟德黎㚖李夢熙等磨崖于老君洞天　玉融黄昇表鐫工

案晦庵文鈔玉山劉氏義學記略曰德安有宰焉爲政一本儒術甚以惠愛得其名問其姓名則曰玉山劉侯也又曰劉侯名允廸字德華蓋即繼祖之大父麟所稱晦庵之記正指此廣西通志金石略



唐麟嘉定七年進士與唐容樂韶同學時號三傑

廣西通志所載多譌闕

唐容題名高二尺六寸七分廣三尺六行行五字字徑三寸餘行書

零陵唐容可大以端平丙申淸明日携二子亮元游眞僊巖同来者醫士蔣劼

楚紀云唐容零陵人博學强記與唐麟樂韶共學人稱三傑舉進士爲豐城令尋知邕州交阯入寇率兵討平之歸隱建昌之麻姑山自號雲壑老人

湖南通志選舉唐容開禧元年毛自知榜進士楚紀不言其至融此題名或即在邕州時

韓魏公書杜詩高六尺五寸廣六尺詩十行行十二字字徑三寸五分款三行行廿二字字徑二寸許正書

畫鶻行　杜子美

高堂見生鶻颯爽動秋骨初驚無拘攣何得立突兀乃知畫師妙功刮造化窟寫此神俊姿充君眼中物烏鵲滿樛枝軒然恐其出側腦看靑霄寧爲衆禽没長翮如刀劒人寰可超越乾坤空崢嶸粉墨且蕭瑟緬思雲沙際自有煙霧質吾今意何傷顧步獨紆鬱



右　先侍中魏韓忠獻王書　磨眞僊崖石謹摹鐫之圖與斯巖相爲無窮此子孫之志也嘉熙戊戌臘月望五世孫中散大夫知融州軍州事兼管內勸農使□□謹題

案書史會要云韓魏公正書師顏魯公頗露圭角王世貞謂其鋒距四出令人不敢正視此書雖經摹勒尚可想見詩內功刮集本功作巧光君集本光作充石刻皆勝之廣西通志金石略

老子象贊高三尺二寸廣一尺四寸五分三截上截老子象贊贊六行行八字字徑九分分書中截象下截跋廿一行行九字字徑五分正書方界格

大哉玉衡靡爲自然刼終刼始先地先天含允點點承
刼綿綿東訓尼父西證金僊古今敬仰世代流傳八十
弍化号曰元元以上上截

嘗觀

老子道德經云大象無形道隱無名就是而言則　老
子德容似未易以想見也然則果不可想見乎經又有
云惚兮恍兮其中有象是亦未可以無形議之也今本
乃道士懶庵杜纔嘗刊梓印行自後失其傳八矣纔昔
得懶庵親授此本奉以香火有年于茲不敢自秘合家
發心命匠伐石刊于玉融　老君巖中非邀福也蓋將
期與此巖之　眞像同爲不朽而四方無不傳之以敬
仰云昔咸湻八年歲在壬申仲冬吉日八桂諸葛纔謹
題

州學學諭歐陽寀書　　玉融周聰□鐫

杜應然見明統志云武林人隨父宦游流寓廣西專心慕道寄跡黃冠中遍游天下名山嘉定間始來融州歷數十年甚有功於岩觀爲羽冠中之卓然者壽八十餘卒

右眞僊巖題刻十一種在融縣襲僅得溫公書耳同治甲戌秋吳慶臣紀雲大令攝宰馬平拓以贈



予案明統志眞僊巖在融縣東五里仰視高遠青白錯雜靈壽谿貫串中出玲瓏清響如環佩聲中有白石巍然如天尊像舊名靈巖山又名老君洞宋咸平中改爲眞仙巖頒太宗御書百二十軸藏於內張孝祥磨崖大書天下第一眞仙之巖巖內外石刻廣西通志載有十五種余所未得者趙□言元豐癸亥張鑄慶元戊午兩題名及劉子薦詩德祐乙亥也黨籍碑已載萃編張孝祥書謝中丞亦未之見或在𡺸頂不能拓耶又通志金石待訪錄尚有杜應然石刻一種疑即老子象贊



八瓊室金石補正卷八十六終

# 八瓊室金石補正卷八十七

太倉陸增祥撰　男　繼煇校錄

吳興劉承幹覆校

## 宋六

### 偏旁字源目錄及郭忠恕書

高六尺四寸廣三尺首行及年月分書目錄十七行行卅三字篆書序書銜名十一行行字不等正書在西安

篆書目錄偏旁字源五百四十部其建首立一爲端畢終於亥　南岳臥雲変宣義大師賜紫夢英書兼自序

一 上 示 三 王 玉 玨 气
士 丨 屮 艸 蓐 茻 小 八
白莧 半 牛 陌包 告 口 口范 火元
哭 作苟 止 音撥 步 此 正 是
□□ 丑亦 弋忍 延 行 齒 牙 足
山呂 品 龠 冊 器 舌 干 巨灼
只 向 句 巴州 古 十 先合 言
競 音 辛 士角 方木 巨恭 浦班 共
異 □□ 臼 晨 七乱 革 力的 力伏
爪 居逆 丁條 又 租可 史 支 女涉
以逝 畫 大戴 臤 臣 示朱 所札 市于



寸 皮 人兖 普卜 教 卜 用 爻
㸚 大劣 目 己具 眉 上尹 自 蒲革
鼻 筆偪 習 羽 隹 先佳 胡官 工瓦
苾鉢 羊 羴 武延 已具 上牛 才迊 鳥
必千 古侯 幺 丝 上緣 元 予 放
平表 在丹 五咼 死 工瓦 骨 肉 筋
刀 刃 口八 革械 力外 角 竹 箕
居其 右 工 陟𦰩 巫 甘 曰 乃
枯棊 可 兮 号 于 旨 喜 竹句
鼓 豈 豆 豊 豐 火奇 火胡 火古



午閈 明丙 邱於 去 血 丹 青 井
方木 丑向 食 會 倉 音集 入 缶
式旨 高 古熒 郭 京 許兩 乎口 芳六
力錦 山力 來 麻自 山危 舛 悪順 韋
弟 竹几 久 巨列 木 東 林 才
而灼 之 帀 出 浦末 生 竹革 上堆
火千 華 工奚 稽 巢 音七 束 補幺
于威 員 貝 邑 下降 日 旦 工□
於蹇 冥 晶 月 有 明 古永 夕
多 工丸 下感 乎甬 大幺 齊 于賜 片

鼎 克 力木 禾 力狄 式汝 香 米
火委 巨有 凶 匹刃 匹賣 買巴 式六 丁丸
音久 古華 戶故 彌先 宮 呂 宂 莫貢
女厄 彌狄 莫保 莫報 兩 亡往 火下 巾
匹曳 竹几 方勿 帛 白 人 火卦 畢里
自容 比 邱 北 牛今 他頂 重 巨鳩
老 毛 毳 失之 尺 尾 臥 身
於疑 衣 履 舟 方 音人 兄 莊林
莫孝 公戶 先 土穌 見 音耀 欠 於錦
似先 居忌 頁 式九 面 亾弥 戶誘 工幺



須 山廉 勿分 文 必由 后 司 章移
音節 一丮 色 豈京 辟 音包 苟 音包
鬼 分佛 息咨 牛偉 山 所囷 五咼 音儼
音罕 丸 危 石 長 勿 耳占 而
豕 丈例 巳例 徒昆 彖 詞梓 易 象
馬 丈買 鹿 麤 丑約 他故 胡官 犬
牛市 式汝 能 熊 火 炎 黑 乂江
焱 之夜 赤 大 亦 沮肉 天 交
一黃 戶姑 於吉 女涉 奢 亢 他丹 公道
他頰 夫 立 竝 火燼 思 心 惢

水 之水 頻 古犬 公外 川 泉 似均
永 匹賣 谷 筆陵 雨 雲 魚 牛於
燕 龍 飛 非 息進 於迄 不 至
西 鹵 以占 戶 門 耳 弋之 手
乖 女 母 民 於小 以制 弋之 氏
氏 戈 戉 我 巨月 琴 乚讔 亡
匕槷 音方 曲 克由 瓦 弓 巨文 弦
下計 莫狄 素 絲 率 虫 古門 直忠
風 託何 龜 莫杳 力管 二 土 魚消
堇 里 田 居良 黃 男 力 胡類



金 工研 几 上 斤 斗 莫候
車 丁雷 浮否 似辭 力志 四 丈与 知劣
乙駕 五 六 七 九 女九 火又 甲
乙 丙 丁 戊 己 巴 古衡 辛
皮免 壬 癸 子 子 了 莊眷 云
丑 寅 茅絞 辰 巳 午 未 申
酉 酋 戌 亥 咸平二季六月十五日建

昔秦相李斯變蒼頡史籀之文謂之小篆其摹勒方圓之狀則曲盡其妙然於點畫簡略爲之時以法令滋章簿書委積故程邈又省小篆爲隸蓋趨便捷之用也是

以篆籀之法鮮爲世珍至炎漢中興復置小學許叔重
乃集籀篆古文數家之學以隸書訓釋爲說文三十卷
學者從之自漢而下無稽之作迭相馳競故六書之法
蕩而無守焉至　唐則李監陽氷力扶壞本下筆反古
有若神授時好事者獲其眞蹟櫝器而藏之謂之墨寶
則懸黎夜光比之瓴甋焉自陽氷之後篆書之法世絕
人工唯汾陽郭忠恕共余繼李監之美於夏之日冬之
夜未嘗不揮毫染素乃至千百幅反正無下筆之所方
可捨諸及手肘胼胝了無倦色考三代之文窮六書之
法俱落筆無滯從横得宜大者縮其勢而褊其白小者



均其勢而引其畫伸而無倚橈而無折其鳥獸草木之
象山川蟲魚之形如飛走勤植於竹帛之上矣蓋言象
形字也今依刊定說文重書偏旁字源目錄五百四十
部貞石於長安故都文宣王廟使千載之後知余振古
風明籀篆引工學者取法於兹也夢英自序
汾陽郭忠恕致書荅　英公大師　紫塞雲髙　皇朝
路遠每捧報瑶之翰如窺連璧之姿忠恕自落　朝班
累丞　詔命已得林泉之味堅辞名利之塲鶴㲜半生
猨心久死與師金蘭敎義香火修因飛杯容許於醉狂
結社不嫌於心亂共得陽氷筆法同傳史籀書蹤常痛
屋壁遺文汲冢舊簡年代寖遠譌誤滋多賴與吾師同
心正古近覽眞翰轉見工夫藏勢遏鋒方上圓下可以
萬古敎人也晉宋而下通篆籀者寡唯碑碣印記時用
數字傳授者未克精研何妨撿討盜聽者恥於好問加
之穿鑿齋中序云小篆徵而八分生八分破而隸書出
隸書悖而行書弊行書狂而草書聖自隸以下吾不欲
觀之矣見寄偏旁五百三十九字校說文字源唯有五
百四十部子字合収在子部今目録妄有更改之又集
解中誤収去部在注中今點撿偏旁少𠁁惢至龜弦五
字故知林氏虛誕誤於後進者小說見宜焚之聊以親



書達心侯以萬刼發願何人知之英公知之不宜遷客
郭忠恕書達英公大師座前十二月二十五日
太原郡元守全立　瑯邪王審亮同　武威郡安懷
玉勾當建立
推忠宣力翊戴功臣建武軍節度觀察留後知永興
軍府事兼都提轄永興軍華燿乹商兵甲捉賊公事
光禄大夫撿校太傅兼御史大夫上柱國彭城郡開
國公食邑四千五百戸實封七百戸劉知信
推誠宣力翊戴功臣鎭甯軍節度澶州管內觀察處
置河堤等使金紫光禄大夫撿校太傅使澶州諸軍

事行渭州刺史兼御史大夫知涇州軍州事兼管界都巡撿使上柱國平陽郡開國公食四千二百戶食實封一千戶柴禹錫

安文粲鐫字在首行下

夢英在宋初自負篆書故作偏傍字源書而著跋于后大要于李斯諸人皆加貶駁獨推重李陽冰耳而不免爲后世吾子行所譏至謂無所師承郎郭忠恕與之同時英所推轂今觀其報書云何人知之惟英公知之似含不足之意英豈爲不解也者附其書于跋后何也但其書跋語書忠恕書俱正書大有信本



皇甫碑法始知十八體釋文并贈詩都出其手無疑也余合數碑觀英公書似當以正書第一篆次之分隸又次之不知具眼者謂之何石墨鐫華

英書多繆體如[illegible]字作[illegible][illegible]字作[illegible][illegible]字作[illegible][illegible]字作[illegible][illegible]字作[illegible][illegible]字作[illegible][illegible]字作[illegible]皆不合於六書之正者也英公書法與郭忠恕如出一手故每相標榜忠恕答英公書亦頗稱之而自序直云自李監之後惟汾陽郭忠恕共余深得其妙未免太自詡矣　字原於每字下各著一音皆自爲音切不本前人所製合之紐弄之例猶無所誤其最謬者音自爲方木攴自字古有兩音一音香一音皮及反從無方木之音音犛爲陌包校犛字从牛𠩺聲氂字从犛省毛聲是誤以犛爲氂字音甾爲方九校說文曰楚東名缶爲甾本音例詞反又誤以甾爲缶字是英公非但不識字亦並不識音關中金石記

夢英所書偏旁五百四十部以說文校之多一子部少一丨部又部序先後閒有小異郭忠恕答英公書云見寄偏旁五百三十九字按說文字源唯有五百四十部子字合收在子部今考說文子字却在了部



非在子部亦不可曉碑後題劉知信柴禹錫二人銜名宋史柴禹錫傳至道初制授鎮甯軍節度知涇州入謝上謂曰由宣徽罷者不過防禦爾今委卿旌節兼之重鎮可謂優異矣然則宋時節鎮雖祇空銜亦未嘗輕予也功臣之號惟中書樞密得賜推忠字知信以庶僚得之蓋殊數也職官志稱京兆府兼安撫使馬步都總管知信之銜惟帶提轄兵甲捉賊公事不兼安撫蓋官制沿革非一史家不能盡書也潛研堂跋尾

英書繆體畢氏言之惟說文解字苟从半省苟爲

古文作苟者似未可竟斥爲謬至豊作豐也作[illegible][illegible]作[illegible][illegible]作[illegible]皆畢氏所未舉者又每字下所注如詣讀若競當云音競乃竟以爲競字效从二交乃以爲叕字包下誤多一音字戉下注作戉與戊已字無別畢氏詆其不識字不爲苟也忠恕答書與十八體碑小異藏勢過鋒彼誤作峯萬古教人彼作方古於義較長齋中彼作齋中五百三十九字彼作五百四十一字今點檢之實五百四十字殊不可解劉知信字至誠邢州人宏簡錄云咸平初拜建武軍節度觀察留後知



永平軍府永平蓋永興之誤柴禹錫字元圭大名人至道初知涇州咸平中移知貝州據此碑則咸平二年尚未量移陝西通志職官載其雍熙中知京兆府而不及涇州劉知信名亦不見於志均可據此補之

## 臥龍寺鍾款

圍七尺二寸高無考拓本八紙高二尺八寸廣九寸三層中層在中腰雙綫上下上下二層亦有綫界之行字不一正書陽文在咸甯臥龍寺

皇帝萬歲文武千秋　橫列左行字徑三寸

主簿鄭舜卿　此行在千字之左字徑寸許全鍾皆陽文惟此行及下層姚福之姚

字陰文以上上層

流化寺□一頂監守守宜君縣令李□□耀州威德軍左藏庫副使知州万□□節度孔目官劉世當脩造主勾當鑄鍾僧惠文前表白僧崇□小師惠愿惠璘寺主惠貞專知高世隆副知衙顯勾當人馮守千社人王庶社人杜儼咸平六年二月二十四日坊州銅務勑□富平縣　以上中層從皇字下方起左行至秋字下方上字徑寸餘文貫下層　稅務蘊諭鎮主錢文王璠獨辦施王姚福丞務郎守富平縣令鄭思齊將仕郎守主簿張宿將仕郎守縣尉李昭玘三班奉職巡鹽王守文酒務劉遵式酒場官李仁美　以上下層從秋字下方起



右行至皇字下方止字徑一寸五分許

右鐘在咸甯臥龍寺陝西通志云臥龍寺在陸海坊四牌樓南有吳道子畫觀音像及佛足跡碑初以像名觀音寺宋有僧惟果長老臥其中人以臥龍呼之故名又云寺在隋爲福應禪院唐名觀音寺宋太宗更名臥龍案鐘款爲流化寺不知何時移置關中金石記題爲臥龍寺鍾款者就鍾所在言之也從之威德軍卽威化軍治耀州

## 重眞寺田莊記

高三尺四寸二分廣二尺二分共十八行行字不一字徑六分許行書額高九寸廣八寸二行題買田地

重眞寺眞身塔主兼都修□主賜紫大德志□遺留記莊圖地六字字徑二寸餘正書在扶風
□□日□易曦方信田横之感夜舟難守誠哉莊叟之
言静思覆載間可□循環趣石光迷下空
電□□堅日月逝而回代各歸寒暑運而□遂便以思
無益甯不喟然志議家本郡郊俗姓楊氏昔恭下空
□毋□勞於冬温夏涼□事先師罔絶於晨昏暮省
先師掩化余□住持六時匪闕奘修八節不虧供
養自叨衆□五十餘秋一玷　信□七十二矣迹□



期倦回誨學弟一勿昧　檀郁弟二無辜下空
皇化識心迷本背景求眞牛車須喜□□□終諸懇
止回息莫弃三友常存羔羊尚立尊卑鴻鴈猶分次第
余与師兄志永師弟志元輟郁衣鉢去寺北隅置買土
田四傾有餘又於西南五里已来有水磨一所及淤渠
田地一則用供僧　佛一則求滋法義所述誡勗各仰
留心餘有事端具列□璐所有土田段數如後
低十七字寺南槐衙東邊地二十畝　寺後東北上地
一段計八十五畝　東北上地一段計四十
五畝　東北上地一段計五十五畝　東北
上地一段計三十畝　東北上地一段計四
十五畝　正北上地一段計二十五畝　正
北上地一段計七畝　正北上地一段計五
十畝　西北上地一段計三十五畝　西北
上地一段計二十畝
莊子一所内有舍八間牛三具車一乘碌碡
大小五顆稅名小師法遂 法滿
低四字師姪法之　師姪法遇　小師法淨　小師法
崇　小師法因　小師法顯　小師法輪　師
姪法沼　師姪法義　小師法□　□□法□



小師法遂　小師法明　小師法海　小師
法宗　小師法泰　小師法全　小師法氤
□□□□　□□□□　小師法貞　小□法
順　□□□□　小師法滕　小師法月　小
師法演
右上件田地及水磨車牛□計錢□百九十七貫
五百文足陌
低十字時大宋咸平六年歲次癸卯□月己未□日甲
子記
宋重眞寺田莊記碑碑前上方漶漫題首字不甚顯

諸視似爲聖眞字而畢氏孫氏皆作重眞故仍其舊碑在今鳳翔府扶風縣法門寺卽無憂王寺也據唐大歷十三年張彧無憂王寺眞身寶塔碑文寺在隋時爲誠實道場唐高祖武德中改爲法門寺中宗景龍四年旌爲聖朝無憂王寺題舍利塔爲大聖眞身寶塔塔藏舍利眞身三十年一開太宗貞觀五年高宗顯慶五年天后長安四年與中宗（景龍四年）肅宗（碑缺年）皆嘗啓發皆在代宗大歷之前其後則舊書德宗紀貞元六年岐州無憂王寺有佛指骨寸餘取來禁中供養二月詔還本寺憲宗紀元和十三年十二月迎



佛骨於鳳翔韓愈傳鳳翔法門寺護國眞身塔內有釋迦文佛指骨憲宗迎入禁中王氏萃編謂元和所迎之佛骨非卽大歷建碑之佛骨豈以眞身有二故復稱重眞寺邪張㦤法門寺碑記云元和十四年詔改爲法雲寺勑張仲素撰碑（仲素大聖舍利塔銘見金石錄）而重眞之名不詳所自志謙此記碑刻甚明畢氏孫氏皆失載（金石續編）

續編所載有缺譌據石本校正之標題首字審實是重複編謂似是聖者非

華嶽廟題刻五十六段（在華陰）

太常丞殘題名（在元祐年游師雄題名之上存五字字徑八分正書）

太常丞　咸平

右刻只存五字恐卽爲游師雄磨去者咸字之上左有誠嘉仁三字頗似唐刻餘亦尙有筆蹤蓋一再磨矣

龐奎築三籙壇題記（景德二年十一月五日　萃編載卷一百卄六）

鄜僚吏（缺僚吏二字）州之鎭（缺州字）命匠施（缺命匠二字）將表于上

（缺將上二字）將仕郞試（缺將字）監催（脫催字）將作監（缺將字）

靈寶三籙於史無所攷然崇信之篤命官爲營築亦其崇飾天書之意兆諸此矣試芸下當作閣字以祕



書省有祕閣得置吏也陳述古題名內載芸校郞謂祕書省校書郞與此正同（授堂金石跋）

晉國大長公主設醮題記（大中祥符二年十一月八日　萃編載卷一百卄七）

道場□晝夜（缺晝夜二字）并刊石（缺并字）

李僕□設醮題名（大中祥符三年　萃編載卷一百卄八下並同）

□侍殿頭（遺侍字）奉　宣（遺奉字）爲軍民（遺爲字）禱拜（缺禱字）日

設醮　日禮畢（均遺日字）悟眞大□（缺大字）

王曙題名（大中祥符七年　萃編作益恭省昌題名）

右題名殘缺今文字可紀者二十三日云云此當爲王曙所記也宋史列傳曙徙河南府永興軍召爲御

史中丞兼理檢使與題名知永興軍府合奉詔歸闕卽召為御史中丞也傳惟言曙子益恭益柔恭字達夫以蔭為衛尉寺丞終父喪遂以尚書司門員外郎致仕題名云長子益恭者卽其人而益昌亦為其子因以其微無可紀也長孫慎言邵氏聞見前錄載曙孫慎言慎行慎術俱列大夫皆賢從康節先生交遊又耆英會亦列朝議大夫王慎言名授堂金石跋

初得是刻頗疑為王曙所題以益昌名不見於史傳益恭官太子中舍史亦弗言長孫慎言又未能攷得確證遂不敢定為王曙所題今讀授堂跋渙



然冰釋矣曙除御史中丞史不詳其何年陝西通志并失載其知永興案曙除御史中丞之後以工部侍郎參知政事旋改戶部侍郎資政殿學士知陝州徙河陽還吏部侍郎明道二年召為樞密使景祐元年同中書門下平章事逾月卒萃編於二十三日之上旁注七年二月四字以余攷之當是大中祥符七年也史云仁宗在東宮時曙降知汝州貶郢州團練副使起為光祿卿復給事中歷知襄汝潞三州河南永興軍是在仁宗以前也史又於除御史中丞之上云潞有殺人獄已具曙疑之旣而提刑杜衍果辨其事因作辨獄記以戒官吏杜衍提點河東刑獄按行潞州亦在仁宗以前又王曙香山詩為天聖五年所題當是知陝州時是仁宗時固在洛中其非天聖七年又可知萃編乃次於熙甯七年陳紘題名之後殊誤熙甯七年曙歿四十年矣

錢若水等觀稼謁廟殘題無年月眞宗時

直□館錢缺直館二字　觀稼馳缺馳字

關中金石記誤作李若水列於靖康末

段微明設醮記乾興元年二月十五日



太甯宮缺太字　書記缺記字

宋史禮志祈報諸祭云或啓建道場於諸寺觀或遣內臣分詣州郡如河中之后土廟太甯宮亳之太清明道宮兗之會眞景靈宮太極觀鳳翔之太平宮舒州之靈仙觀江州之太平觀泗州之延祥觀皆函香奉祝驛往禱之題名段微明奉差往慶成軍卽遣內臣分詣也微明所祈未著其實以眞宗本紀案之當為不豫祈佑與授堂金石跋

范雍題名乾興元年四月七日

岳祠岳作嶽

右范雍題名一自左起一自右起按前題名所記乾興眞宗改號是年二月仁宗嗣位猶未改元故稱乾興也宋史本傳雍歷河南陝西轉運使入爲三司戶部副使又徙度支以尚書工部郎中爲龍圖閣待制陝西都轉運使然當乾興已爲尚書兵部員外郎史竟失載又爲陝西都轉運使職官志載諸路事體當合一則置都轉運使以總之又云都運廢置不常而正使不廢雍既前稱陝西轉運使後又云復爲本路轉運使葢本路與兼諸路有別而史乃以爲都轉運使記載之舛賴石刻正之類如是也又案志稱三司



使內鹽鐵度支戶部各副使以員外郎以上歷三路轉運及六路發運使充雍前題陝西轉運使尚書兵部員外郎充此官是也雍本傳始入爲三司戶部副使後遷度支故題名稱度支而東都事略脫度支不書失其官敘矣（授堂金石跋）

麻温舒題名（高七寸廣九寸存六行行四字字徑一寸一分正書）

尚書職方員外郎知郡事麻温舒奉　御署祝版立秋日致（缺）

右麻温舒題名當有年月而後幅已佚陝西通志不載其名知郡不知何年攷温舒眞宗時人大中祥符及第天禧中爲太子中允直賢院見萬姓統譜附眞宗末

劉繼元韓翺題名（在述聖頌碑陰之額二行分列左右字徑寸餘正書）

觀察推官劉繼元

節度推官韓翺

劉繼元見高紳韓見素題名內稱幕賓韓翺見孔香記碑附眞宗末

劉巨川題名（天聖三年四月十三日）

自卯南（缺卯字）十三日題（缺三日題三字）男太廟齋郎世□（此行失錄）

關中金石記作劉近恭謁祠記



杜詵等題名（無年月附天聖後）

司馬（馬誤馮）

右題名行書無年月詵見歐陽集杜祁公墓誌銘云子男曰詵太理評事當卽其人宋史列傳稱舜欽以父任補太廟齋郎調滎陽縣尉尋舉進士改光祿寺主簿知長垣縣與此題合（東都事略復舉進士稍遷大理寺丞不及其爲光祿寺主簿）司馬旦傳歷官十七不言爲將作主簿葢史略也又大中大夫史亦涉誤證以夏禹祠題名云先太中河內公正指伯康則宜從太爲是（授堂金石跋）

杜衍題名（二石高一尺一寸題名四行廣九寸餘年月二行廣五寸餘共六行行字不一字徑

二寸許正書左行

工部侍郎杜衍自京兆移太原謁□缺景祐丁丑九月五日題

右刻裂爲兩石年月兩行在元祐年杜純題名之左丁丑爲景祐四年案宋史本傳衍字世昌山陰人兩次自秦入晉初由鳳翔二州除太常博士提點河東刑獄事在仁宗以前後由工部侍郎知永興軍徙并州加龍圖閣學士事在寶元以前此題云自京兆移太原正新知并州之時不言龍圖閣學士者時尚未加也



陳執中題名 景祐四年十月五日

工部郎中等殘題 慶歷七年十一月萃編作謁岳廟題名今易之

除龍圖閣 缺除字

仲冬十 缺十字

程琳己丑題名 皇祐元年四月十八日

郡守張子定從事趙衆龔燃撿挍 全遺此行在嗣先侍行之下字形略小

張子定卽撰與慶池禊宴詩序者時以太常博士通判軍府事茲稱郡守巳閱七年敘遷不爲速矣

蔡挺題名 橫列二字字徑二寸五六分飛白書在盎恭盎昌齊紹彭兩題名之下

蔡挺

蔡挺見程琳題名內卽附於皇祐元年鎦清館以太常博士蔡挺一行爲萃編所未載而補之并聯綴於杜宏題名之上列於政和四年又以郡守張子定一行爲別一題名皆讀碑之誤也關中金石記以張子定一行綴於杜宏之上亦誤

孫昌等題名 庚子萃編列嘉祐年

日題 缺題字

嘉祐殘刻 存二行共十一字字徑一寸二分正書左行在祐晟題名之

祠下嘉祐辛丑三月四日題

內侍省□□設醮題記 治平二年正月十二日



雷眞人題刻 缺眞人二字

史炤題名 治平三年十月廿三日

常少卿 缺常字 男試校書郎知汝州龍興縣事禩 缺 將作

監主簿祈 二行失錄

案宋有兩史炤通鑑釋文左宣義郎眉山史炤見可撰者名位時代皆不類攷文彥博傳少與張昇高若訥從潁昌史炤學此題少卿者當卽其人炤又見河渠志興元府山河堰灌溉甚廣世傳爲漢蕭何所作嘉祐中提舉常平史炤奏上堰法獲降勅書刻石堰上 授堂金石跋

呂賁題名熙甯四年五月五日

汲郡字缺汲

蔡□題名在傅□題名空處四行行字不一字徑六分許正書

蔡□子□□熙□□辛亥年臘月來　男□發鈞侍□□

丁未題

關中金石記載有熙甯年蔡確謁祠記疑即此刻而蔡下所缺不似確字前二行左行後二行右行蓋右方無餘石乃書於第一行之左也或謂後二行當綴於傅□題名之末然字蹟非出一手

蔡延慶再題名元豐二年夏



自龍圖自缺日

薛紹彭題名元豐六年六月十六日

富沙范勃缺富范二字

宋史薛向傳子紹彭有文翰名按向本傳不著其占籍葢以向爲顏孫顏巳著籍河中萬泉矣而紹彭爲顏曾孫又自稱爲樂安當亦名其郡望也與揮麈後錄引蔡天啟作米元章墓碑云君與西蜀劉涇巨濟長安薛紹彭道祖友善又著籍爲長安未知孰爲審也授堂金石跋

游靖等題名在李貽孫祈雪題名之右二行共存十一字字徑六分正書

家君運判缺游靖弟竑蟻竝竦

游靖諸人爲師雄之子見張舜民所撰墓誌誌於竦之下尚有端朔二人此題名所無或未侍行也師雄爲陝西轉運判官在元祐五年以前其題六駿碑作于元祐四年首行題云運判奉議游公此題家君運判當即次於元祐四年至五年則移秦鳳路提點刑獄矣又元祐三年游師雄題名云奉使關中不言運判武授堂謂是鬼章爲亂使師雄與邊臣措置之事是也墓誌敘陝西運判在鬼章就禽之後約其時正四年矣



劉丞構題名無年月萃編次元祐

爰因謁廟將用題缺因將用三字

王震題名高八寸廣二寸存一行六字字徑八分正書在鄭覆等題名之右

王震自陝移雍缺

右題名左行而次行缺泐案震爲王旦之曾孫史附旦傳字子發元祐初遷給事中出知蔡州更歷五郡紹聖初權吏部尚書拜龍圖閣直學士知開封徙樞密都承旨此云自陝移雍史未備詳蓋即五郡中之二也次元祐末

又高九寸廣七寸二字字徑三寸正書

子敳
右子發二字當即王震所題
張重題名在李嶼新雪題名之左存三行行字大小均不一正書
張重　紹聖二年八月七日
張重亦見昭仁寺碑陰題名
崇甯殘題在林顏題名之右一行九字字徑七分正書
崇甯二年□月十五日
梁慶祖題名在石幢葉清臣題名末行之下二行行字不一字徑六分行書左行
東汶梁慶祖大觀四年九月二十八日恭謁
金天順聖帝祠時侍　親自錦江之蒲



謝璘等題名在程珠再題名第三行詔入二字之下三行行字不一字徑六分正書左行
宣德郎前知京兆府涇原縣事謝璘永奉郎簽書永興
軍節度判官廳公事趙缺政和壬辰二月初三日同謁
祠下
宋逵等題名在程珠石幢李傳題名之下三行行字不一字徑七分正書左行
西河宋逵逵夫弟造安道恭謁金天帝祠政和二年重
五日時將赴官嵐川姪脩仔同行
楊可世等題名在石幢梁慶祖題名之下三行行字不齊字徑六分正書左行
楊可世可韡可昇可輔可弼可晟恭拜
祠下政和四年二月初三日暮題

白琰劉丁梁定史彥臣同行
杜宏等題名在程珠再題名末行之左一行廿六字字徑八分正書
杜宏錢揚棐著樊賓自三峯考試回同拜　祠下政和
四年二月五日
宋雲從題名在程珠題名內恭謁二字下空處二行行四五字字徑八分行書左行
汾陽宋雲從弟宜之刻題　政和甲午在左四字
吳□仁殘題名在王敘題名之右存三行行字不一字徑五分正書左行
吳□仁政和六□□江淮□□發後缺
龍圖殘刻高八寸四分廣一尺存四行行四字字徑一寸二分正書
□龍圖閣待



路□步軍
樵等使兼
宣和二年
鈞清館作宣和今泐矣
梁潡題名宣和三年重九二日
梁潡欽潡字
梁龕等題名在程珠再題名嶽祠二字之下三行行字不一字徑六分行書左行
東平梁龕弟覿侍
覿恭謁
祠下宣和辛丑九月十一日

鼂鯤當即梁澂之子與其父同日題也

杜開題名在杜純題名之右存三行行字不一字徑八分許正書左行

宣和六載歲缺月□日男開以缺□華倅昇缺

潘浹謁祠殘題高存三寸五分廣八寸五分七行行存字不一字徑寸正書

建炎初缺六月三缺潘浹謁缺祠下時缺馮祐昌缺俱

□□缺□邑缺

強至殘題在會昌年常侍題名之右一行七字字徑寸許正書

□機宜都官強至

強至字幾聖錢塘人爲文簡古不拘俗舉進士宰相韓琦累薦充館閣不果終祠部郎見萬姓統譜



當即其人關中金石記載強至慈恩寺題名其年爲丁未疑是治平四年此亦相距不遠也

張嘉貞題名高四寸廣一尺二寸八行行二字字徑寸許正書

永安張嘉貞馳馹道過敬謁祠下戊午缺

錡清館謂是唐之張嘉貞以戊午爲開元六年按右刻在石幢蓋下幢爲葉清臣所立唐人無從題刻張嘉貞猗氏人與此署永安亦不合蓋別一人也幢立於慶秝年慶秝後戊午爲元豐元年再後則紹興八年宋巳南渡矣其元豐元年耶然未可定也

宰屬殘題在□仲卿題刻之右存二行行字不一字徑七分正書左行

缺宰屬奉使陜西五路缺秋十一日恭謁廟缺

道宿題名在蔣羅漢題名之左一行半共十九字字徑四分許正書左行

道宿赴任朝拜聖祠辛亥仲春十七日挈家過此

右題名有干支無年號錡清館疑是紹興元年未敢遽信末五字題在辛亥仲冬之右葢巳有王汝之題字故避書於下方也

王汝之題名四字字徑四分正書即在前刻之右

王汝之記

希逸等題名在王璠題名之右一行七字字徑寸許正書



希逸平叔動之至

崔台符字平叔蒲陰人

康粥題名在李景讓題名之左存一行十四字字徑八分許正書

入內內侍省內東頭供奉官康弱奉 命□

次行當有可辨拓者遺之

劉岳等題名高四寸七分廣五寸八分三行行三字字徑一寸正書左行

劉岳弟崇男師□師甫

韓解題名在裴頲脩廟題記之右存三行行字不一字徑九分正書左行

前大理評事韓解獻 金天王金花盞貳留在殿□

王惟德題名在□況題名之左一行七字字徑一寸五分正書

王惟德恭謁 祠下

財利殘題 存高八寸五分廣一寸一行十字字徑六分正書

財利恭謁 嶽祠明年承乏

太守祈雪殘題 在高紳秋祭題記之左二行行字不一字徑六分正書

缺 年七月□八日在□ 缺 安太守祈雪書故記之

駱驎題名 在李仲昌題名末行之下五字字徑寸許正書

縣人駱驎謁

吕僑題名 在孫廣題名末行之上七字字徑一寸正書

縣尉吕僑同謁神

右華岳廟宋刻五十六段萃編未載者二十九段



而見於關中金石記者尚有廿一段王氏未見余

亦未之有得披羅之難盡如此附詳其目以俟續

補周約 雍熙二年 候建中 湻化五年 江仲甫 咸平四年 湻于廣 大中

祥符元年 何昌齡任中正陳繼昌 均大中祥符四年 盛亭 大中祥符

五年 薛田 大中祥符□年 劉鍇 天禧四年 种諤 嘉祐五年 王欽臣 熙甯十年

蔡確 熙甯 游安民 元祐八年 胡宗回 紹聖元年 佚名修祠記 大觀

三年 趙伾 政和七年 王韶范宗傑韓庶澤山二篆字 皆無年月

又後唐楊凝式題名 清泰二年 後周樂安公題記 廣順三年

金田曦題記 泰和七年 并附及之 萃編上官沖題名

注云在周約題名之左而周約一刻漏未錄入

葉清臣題名內恭款二字下空處有仁康佑康倫

康六字未知是倫康三昆自左書起否顏魯公題

名末行下有河濵李楷南昌吳則禮二人名萃編

載此刻次行列顏眞卿書四字石刻所無宜去之

程琳已丑題名末亦有李楷叔則觀五字湖北通

志載武昌縣令李楷等題名係湻熙庚子所題署

云邯鄲李楷與此題河濵不符葢別一李楷也恐

非宋人

尼審定塔銘 高一尺廣一尺二寸五分廿三行行字不一字徑四分正書在洛陽存古閣



第一行全泐

□□□□□□□□智亻□枍權寔示生

□ 缺下 □□於去來知三際圓明四歸妙藴了斯元 缺下 □

涅槃大□諱審定俗□李氏 缺下 也□投崇夏寺慈□大

師出家於廣順元年剃 缺下 □受戒乾德六年蒙 □

□□□□□□師忽興四方之志欲□□□之心□□

□□來□□京洛乃□得□□修行寺大悲院 焚修 □

□□□鞅勞之力甘志道之門身心□匪石之誠修持

□□物之化昨於景德元年十二月十七日無疾而終

俗□七十二戒臘五十五嗚呼藍軒泳絕枍之 [illegible] □容

不再於人世乃有同學妹賜紫明化大師審貞與 小師

内外臨壇講律比邱尼道通□於明年□地建於夘塔
以藏靈骨莫不山尋□□□求□手姝攻既畢用永歲
華□□猥承　□□俾□芳猷慙無精健之才聊席光
明之□乃爲銘曰
綿綿眞性　無無生死　唯四□□　□□□致　電
□歸空　泡□□□　□乎大師　□□□始　身隨
薪燼　塔将□壘　□□□□　□□□起
時大宋景德二年九月□□□日建□□□□□□撰
同學妹明化大師賜紫尼審貞
□師内外臨壇講律比□尼□□

　

道智　道□
右尼審定塔銘撰人姓名摩泐無一字可辨餘亦
多殘闕石既剝陊椎拓又率也
王稚子闕題刻三段在新都
楊某題記高一尺五寸五分廣二尺五寸七行行六字字徑二寸許另一行小字正書左行
時大宋歲次丁未朔景德肆年孟夏月二十有四日奉
使怗訪尋古跡揩爲圖經入
進故記之
押司録事□□楊□□

人名弟二字似明又似胡未可遽定系干支於建
元之上宅碑有之系朔字於紀年之前殊爲罕見
書法殊不合也
馬中行等題名高不齊廣三尺八寸四分八行行五字字徑一寸七分正書左行
缺□馬中行□江張剛汴□張戩建中□國元年十缺
月十四日□逕
大尹清源王公觀此
朱昇等題名高下不齊廣一尺八寸五分六行行五字字徑二寸四五分正書
宛邱朱昇缺□李士宏缺□詹權眉陽張剛壬午歲缺
冬廿四日缺舒陳逸缺

　

張剛名見前知壬午爲崇甯元年
萃編卷弟五録王稚子二闕未載宋人題名案兩
漢金石記據秦蜀驛程後記所録後人題字附見
於跋尾其文云宛邱李昇符季士宏鄉詹權眉張
綱壬午歲季冬廿四日龍舒陳□公觀此建中靖
國元年洛陽張戩岷江張剛汴西馬中行同逕大
尹清源□今以拓本對勘之舛誤特甚并遺楊某
一刻惟符字可據補此本之缺餘不敢信也又載
有四層紹興八年一刻五層兩刻余未之得然三
巴晉古志所載亦惟馬中行朱昇兩題疑已亡佚

八瓊室金石補正卷八十七



八瓊室金石補正卷八十八

太倉陸增祥撰　男繼煇校錄
吳興劉承幹覆校

宋七

至聖文宣王贊并加號詔碑

高六尺廣三尺兩截並十三行上贊行十六字下詔行廿三字字徑八分後題記三行行五十餘字字徑五分並行書篆額六行題御製至聖文宣王贊并加號詔十二字在紹興府學

文與曲阜碑同彼作元聖此作至聖爲異

順考古道曲阜碑缺古道二字元功失註廟諱元杼缺元字聦叡缺聰字垂之不朽缺不朽二字其廟缺其字仍差官缺仍字七十二弟子脫子字

按此詔當時諸學有之以曲阜孔廟本校之首題作闕筆元字後又有添云十一月日奉勅改謚曰至聖文宣王牒奉勅十九字祥案十九當作十六萃編載此無牒奉勅二字此碑直作至字尚在十一月已後也兩浙金石志春秋演孔圖云五年十二月壬申是月甲子朔壬申乃月之九日則在十二月無疑而各碑皆作十一月未知孰是改謚元聖文宣王爲至聖文宣王據宋史禮志則以避聖祖諱故也此碑不知何意刪改謚一語因易贊詔後記元聖字悉爲至聖以泯其迹蓋無識之徒爲之碑中無彊當作疆飾䲷當

作飭曲阜刻俱不誤越中金石記

萃編載曲阜碑列大中祥符元年十一月乃謁廟之日非立碑之日也錢潛研南雄碑跋謂在六年以後阮氏謂五年十一月已後訪碑錄載曲阜碑與萃編同保昌碑系五年八月長安碑系五年十一月筠清館金石記載濟南碑嘉靖癸卯重摹亦列元年十一月茲姑仍王氏之舊以類次之王氏謂末題一段當是後人所加按立碑在改號以後故並及之以此碑證之尤屬顯然惟是碑既書至聖而反少十一月日奉勅改謚曰至聖文宣王十四字殊不可解　五年八月乃勅學立碑頒詔之日五年十一月乃改謚之日



甯國寺牒碑并陰

高三尺七寸廣二尺三寸二列上列九行下列十行行字均不一字徑一寸五分行書在中江篆額題敕賜甯國寺額六字

中書門下牒

梓州中江縣福會寺

宜賜甯國寺爲額牒奉

勅如前牒至准

勑故牒

大中祥符三年十二月　日　牒

工部侍郎叅知政事趙

尚書左丞叅知政事馮

中書侍郎兼兵部尚書平章事王上列

東川帖二月十日准大中祥符三年十二月空日

中書門下牒奉

勑改福會寺額者

右具如前事須飜錄頭連帖

甯國寺限到日仰一准

勑命指揮施行者大中祥符四年二月二十日　帖



觀察推官李

節度推官曹

秘書丞同判軍州兼管內勸農事劉

東染院使潮州刺史知軍州兼管內勸農水邱下列

碑陰

高廣如前前四列列十五十四十二行後六行又首行下題名一行碑尾立石一行行字均不一字徑七分正書

中書門下　牒梓州

梓州郪縣龍興寺

宜賜寶壽寺爲額

梓州郪縣新禪寺

宜賜彰聖禪院額

梓州郪縣瑞聖寺　梓州郪縣靈泉院
宜賜永福寺爲額　宜賜奉聖院爲額
梓州郪縣慧北寺　梓州郪縣興福寺
宜賜護聖寺爲額　宜賜普慈寺爲額
梓州郪縣開祚寺　梓州元武縣福會寺
宜賜延壽寺爲額　宜賜寍國寺爲額
梓州郪縣延明寺　梓州元武縣安樂院
宜賜普惠寺爲額　宜賜廣福院爲額
梓州郪縣兜率寺　梓州元武縣僧伽寺
宜賜長壽寺爲額　宜賜資教院爲額



梓州圓梵寺　梓州元武縣乾昌寺
宜賜崇善寺爲額　宜賜昌國寺爲額
右一列　右二列
梓州元武縣灌頂院　梓州通泉縣慧普寺
宜賜延慶院爲額　宜賜慶壽寺爲額
梓州元武縣永安院　梓州通泉縣乾明禪寺
宜賜寶嚴院爲額　宜賜大中祥符寺爲額
梓州元武縣法雨山花崖　梓州通泉縣新興院
院宜賜廣利院爲額　宜賜和慶院爲額
梓州元武縣金堂院　梓州通泉縣三教院

宜賜慈氏縣爲額　宜賜慈恩寺爲額
梓州涪城縣藥師院　梓州通泉縣涪山院
宜賜法海院爲額　宜賜資福院爲額
梓州涪城縣青林禪寺　梓州東關縣東林院
宜賜普濟寺爲額　宜賜慶壽院爲額
梓州射洪縣安國寺　右四列
宜賜永慶寺爲額　牒奉
右三列
勑如前牒至准　勑故牒　大中祥符三年十二
月　日牒　工部侍郎叅知政事趙　尚書侍郎叅



知政事馮　上缺部尚書平章王
東川帖　二月拾日准大中祥符三年拾二月空日
中書門下牒奉　勑改龍興等寺院額者　右具如前
事須飜錄頭連帖寍國寺限到仰　准
勑命指揮施行者大中祥符四年二月二十日　觀察
推官李　節度推官曹　秘書丞通判軍州兼管內
勸農事劉　東染院使潮州判史知軍州兼管內勸農
事水邱
將仕郎守大理寺丞知縣事兼兵馬監押劉金
將守元武縣主簿事李䖒　此在首行下方

皇宋大中祥符四年八月中旬建　專勾當綱維
沙門　義圓　小師中懿書
右碑刻牒帖陰刻錄頭連帖改龍興等廿七寺額皆梓州所轄若今之彙行矣牒行於二月至八月而入石皆同時刻也前題中江縣福會寺後題元武蓋四年所改

## 頴川學究陳日嚴墓誌

高一尺八寸五分廣一尺九寸七分廿一行行字不等正書在衡陽李公祠

頴川學究陳君墓誌銘
缺昌撰



懿哉善父母曰孝善兄□□□惟孝與友人倫四五字約缺
諱日嚴字孝先孝友之人□□□□　皇宋故汝州
約缺九字福州福清縣脩仁鄉脩仁里君之母滎陽鄭氏夫
人約缺九字霞之女也始夫嘉耦族三星之會和鳴分百里
之約缺十字絲字物倡亻宦塗生二男二女長曰君也次曰
日新令約缺十字之韻黃琮蒼璧俱六瑞之珍經明行修居
謹養約缺十字史許君諱守彬次適太子洗馬樊公諱沼次
男嗣宗對雪賸芳於風雅□□□□□蒸嘗魯山府君
先夫人即世君與日新哀毀從制偏侍北堂色養寫懷
□□弗果始則承家以襲慶終則持生以自強居衡州
衡陽縣永昌坊積貲財巨於人治物產腴於衆噫於親
倍甘旨之歡得非孝乎於弟無財產之異得非友乎既
孝且友全之於身與夫虛譽之徒不可同日而語夫生
也若浮脩知必求諸道死且不朽名實存乎其人洪範
五福我得一焉虞書五典我得二矣無何遘疾弗瘳餌
藥無應泣伯瑜之杖喜懼空多著萊子之衣晨昏遽爽
身先風樹命逐隙駒大中祥符八年乙卯歲二月二十
一日奄辞孝養享年五十有三吉兆先求佳城乃卜以
當年八月七日葬于縣之清化鄉玉對里禮也君之齊
體故章州潘府君諱軫之女也美厚柔德貞令婦儀移
天堪恨於終天臨穴更傷於同穴一男二女君之嗣續
也令弟日新情追讓果義切分形應昌早歷門庭因承
旨命無慙率爾乃著銘云　孝親友弟　爲人大
端　既孝且友　爲世可觀　辞耄期溫凊之養　棄
稚孺鞠育之歡　何光沈兮響絕　使芝焚兮蕙歎
嗚呼　白楊多悲風　蕭蕭邱壠寒



右陳日嚴墓誌同治十一年在衡陽鄉間出土今移置李公祠撰人姓氏已泐据文知其名應昌不知其姓也日嚴之父不見其名前見皇宋故汝州五字後云魯山府君蓋官於魯山者其下又言福

州福清縣修仁鄉修仁里不知何謂殆其父所居之地邪日嚴行蹟無甚表見文敘孝友甚略第云倍甘旨之歡無財產之異而已乃於八百五十餘年之後誌石出土得表其人以傳諸後顯晦固有幸不幸也應昌非能文者而事求其實勿泛作諛墓之詞是可取已次男嗣宗四字添注於旁鞠育書作鞠殊誤永昌坊清化鄉玉對里可備志乘所採對即剛字

龍門山題刻十二段在洛陽

彭城仲渥等名題 高五寸五分廣一尺七寸行行三四字字徑一寸二分行書左行



彭城仲渥樂安秀表同遊于此天禧元年三月二日□
□□□之□

丁裕題名 高二尺一寸五分廣一尺五寸八分八行行十字字徑一寸五分許正書左行

西京龍門山大像龕題名三班借職監伊河竹木務燕
本鎮煙火修整石佛石道公事丁裕與弟祜并仲子觀
東鄉友□吏顏翰安定胡汎同至此
大宋天聖四年丙寅三月二十六日裕書鐫字李遇

筠清館載丁裕題名四段此其一也

王曙詩 高二尺三寸廣一尺六寸七行行字不一字徑八分行書上石年月一行古篆書

光祿卿清源王曙
鑿龍蒼翠照□川白鳥平蕪暮雨間一夕塵襟清似水
潺湲聲裏□□□
偶□
□倚蒼崖次弟開暫停征傳一徘徊人間萬事皆如此
偶尔□勝特地來
甲子夏五月四日留題
天聖五年丁卯三月弍十日侍禁□余䆡書石 此行古篆
賈宣鐫

王曙字晦叔隋東皐子績之後妻父寇準罷時知汝州貶郢州團練副使起爲光祿卿復給事中題



此詩時尚未復也甲子爲天聖二年

常景造像記 高一尺二寸廣二尺二寸廿五行行十五字至十九字不等字徑五分正書

阿彌陀佛石像者哀男清孫之所刻也清孫始二歲予
游宦巴蜀於馬上抱持之凡過神宮佛廟必叩其首以
禮焉知其夙習宗尚神理佛事遠矣六歲見官寺壁有
書大字者則以甲畫地而摹焉因授以短卷使習之常
至子夜寐熟筆落乃肯就寢十餘歲已學綴文通誦書
易而尤喜浮屠說一旦書門屏曰花外月常滿林間菓
自彫予讀之以爲不祥其明年改元元豐七月補廣文
生將就試開寶佛寺九月七日以疾殁於東都年二十

二哀哉吾兒孝於父母友　于叔仲鄉里之　游未嘗
與貲貨之利未嘗𩓐心不違道手不釋卷予之知子爲
不誣矣又其見當世賢人君子決欲慕而爲之有志不
就長號何已實子不天鍾釁斯子昔嘗賛予　休官結廬
關塞終　吾老以奉養今舍我□去乎以其　平日所
游最樂香山之勝故礱□于佛室之前鋟其容於旁以
追薦之兾其□生復尋茲境汝之神識其知之乎汝之
神識其知之乎清孫字能世河中人後徙家河南曾王
父書　贈屯田員外郎王父吉贈光祿少卿祖母　陳
氏母田氏妻王氏二年七　月石像成以其月十二日
摹其題壁二并書茲文于石河中常景記
石匠聞永真并男忠美刊

爲哀男清孫造佛象記元豐元年九月立常景撰并正書在洛陽碑文甚哀惋字亦秀美云以其平日所游最樂香山之勝故礱□于佛室之前鋟其容於□以追薦之是并刻清孫象也云曾王父畫贈屯田員外郎王父吉贈光祿少卿又有祖母母妻姓氏景即其父也中州金石記

記刻於元豐二年七月十二日畢氏以爲元年九月乃清孫之卒年也文云摹其題壁二則尚有清孫書字今未之見碑有空格七鐫勒時石已泐也



造人党題記五行行四字三字

甲子歲元豐七年七月卅日脩石道記造人党

元豐殘刻四行行二字

甲子元豐七季八月

程公孫趙志國何子正等題名四段一一行十一字二二行字不計左行

一一行十六字　一一行十二字

程公孫辛未至丙子遊香山

程公孫如祖趙士僅志國陳崇智夫弟中禮夫元符庚
辰屢至
趙志國盧必強辛巳正月二十四日同遊
何子正趙志國同来程公孫題

張彥題名九行行一字

張彥政和七年三月卅

丙西頭供奉余祺鐫像記高七寸五分廣四寸四行行七字六字字徑七分正書

入內內侍省內西頭供奉官余祺今捨己俸鐫觀
音菩薩壹尊

丙西頭供奉宋宦官也補訪碑錄列唐末非

棲霞洞題刻五段在臨桂

俞獻可等題名高二尺一寸三分廣一尺六寸二分六行行五字字長徑四寸薤葉篆書四周有界線

河間俞獻可　上谷燕肅　趙郡李諧　聖宋天禧式
季孟秌月中元同游　肅書

圖畫見聞志云燕肅其先燕薊人徙家曹南故此云
上谷廣西通志
俞獻可見宋史俞獻卿傳云少與兄獻可以文學
知名皆中進士第獻可有吏稱歷吏部郎中龍圖
閣待制後爲鹽鐵副使徙開封府判官棲洞中刖
有其題名自署殿中侍御史未見打本又馮伸己



傳云桂州兵馬都監轉運使俞獻可辟知廉州是
又嘗爲桂州轉運使也燕肅字穆之青州益都人
宋史有傳時提點廣南西路刑獄

王補之題記高三尺廣二尺四寸十行行十六字字徑二寸餘分書

余素有山水癖游宦江淛踰二紀朙峰繡川歷覽幾盡
飽聞八桂巖洞之奇恨未能一到得郡鬱林因携家詣
清惠伺泛向邇龍隱食已由曾公巖入棲霞洞徬行邃
宂窈窕數里不能極其涯既出相羊石扉宴坐終日有
野雲飄藥練翠峰徬蒼辟超然頓忘俗慮信壺中有天
語非虛誕又疑飛空步霧乘風駕鶴而徠想海島蓬宮
不異此也隆興初元七月十七日三槐王文補之書會
稽諸葛國瑞林騰遣偕行

清惠伺廣西通志作祠似不誤而石刻實作伺或
已剝泐也向志釋作舟徬即篷志誤爲錯騰誤爲
横

范成大碧虛銘高八尺橫五尺十二行行十四字字徑三寸四分許正書橫額分書題碧虛銘三字

唐鄭冠卿遇日華月華君於栖霞之洞與之笛不能成
聲傾壺酒飲之麾得滴瀝獨記其贈詩二篇出門見二
樵者問曰洞中樂乎跬步亦失所在吳人范成大小築



其處以識幽討按詩卒章云不緣過去行方便那得今
朝會碧虛即以扁榜且銘之巖辟　空洞維石中函碧
虛誰歟知津有翹負羽我來叩門兩翁在否雖不能笛
能醉君酒爲君作亭表巘之扁名翁所命而我銘之
有宋淳熙改元嘉平日刻

楊緈詩高一尺二寸廣二尺三寸十行行七字六字字徑一寸五分行書

從教擾擾校虧成且可遣遣了死生八極神遊應有分
幾時杖屨得同行
劉敬子以所題桂林棲霞洞詩見寄夢想之餘次韻
奉酬淳熙庚子上元眉山楊緈伯深父

廣西通志誤以爲心

趙子肅邵伯高題名高一尺七寸廣二尺三寸七行行五字字長徑三寸篆書

端平丙申歲除前八日昭武趙子肅漢東邵伯高同攜
家來游時逈時遂必堨必塚昉時侍

前作蒴攜字左从禾旁右从乃游字中从手篆體
之不講自宋已然

增修中嶽廟碑銘乾興元年六月十六日萃編載卷一百卅一
四者字缺者沿革因沿誤紫虛字缺虛雕壞字缺雕龍衮作衮誤及
裝修字缺修

碑書甲寅作賓



七星岩題刻三段在高要

趙勝等題名高一尺四寸廣一尺四行行字不一字徑一寸五分許正書左行

乾興始號仲春□二日護戎殿直趙勝暨科彈慎暉方
秋曹劉化成高要權簿郭簡同遊誌之

榮諲等題名高二尺廣二尺六寸七分六行行五字字徑三寸五分分書

轉運使祠部郎中榮諲知州事太常博本翁彥升游此
嘉祐庚子正月五日題

按高要志榮諲一刻末有人員藍提監轉字黃方
石苟刻十二字拓者遺之志云諲字仲思濟州任
城人宋史有傳

趙善擇等題名高二尺四寸廣二尺七寸三分十二行行十二字字徑一寸八分正書

湻熙十五年上元前五日玉牒善擇智老伯杤景茂趙
庚□初徐世亮正顯黃執矩才用羅□龜仲葛嶠景高
徐盈謙□□□臣夏卿陳飛英子聲陸亻師□鄭公表
若儀崇吳日新□□□國瑞聯轡來遊是日春事妍
□物情和暢攜壺景榼班荆□□爵行無筭酒酣抵掌
論前□之□□□民間之利病□以□□□□□詠興
盡而返日未西□□□□頤大書深刻□紀歲月云

宋時宗室署名往往稱玉牒而不繫姓趙庚書姓者
非宗室故殊之也攷宗室世系表漢王房有善擇商



王房又有兩善擇皆太宗七世孫未審題名者何人
也伯杤太祖七世孫系出燕王房左朝朝請大夫子
彶之子潛研堂跋尾

粵東金石略作滿書擇誤

華嚴巖題刻十七段在零陵

徐陟題名高一尺二寸四分廣八寸八分四行行十一字首行十二字字徑七八分正書

予恪居多暇時遂勝遊聊用濡毫志其歲月天聖三年
仲秋望日朝奉郎試祕書省校書權永州軍事判官
徐陟題

徐陟題名正書四行省縣志誤作丞古泉山館金石文編

右正書四行客居元作㤫居案說文㤫本作窸俗作㤫此以㤫爲客蓋假借通用濡毫零陵補志誤釋作得意今改正（金石審）

湖南通志㤫作客多誤少濡毫誤得意蓋據零陵宗志也永志多亦誤作少省仍誤作丞

王文恩題名（高一尺四寸八分廣一尺四寸三分九行行九字至十一字不等字徑寸許正書左行）

予前授鄜延路分都監因入界破虜賊寨傷折兵甲
特降斯地於今年二月二十二日到巖閣安泊至六月
二十七日受



詔卻赴西垂任使几在嵒閣優遊遂性情閑可知時康
定元年仲秋二十一日
新授鎮戎監護王文恩題

案右刻見零陵縣宗志攷宋史是時元昊寇鄜延故題名有破虜賊寨之語（古泉山館金石文編）

右正書九行安泊至六月舊誤審作安居二月惟久在元刻作几在不可通恐是誤刻（金石審）

通志缺誤已於卷尾校補惟六月之六仍作二几在仍作久在戎作威爲未審實耳永志秋上脫仲字几戎二字誤與通志同又嵒作巖攷宋史帝紀康定元年正月元昊寇延州執總管劉平石元孫都監黃德和坐棄軍腰斬此云傷折兵甲蓋卽是事文恩爲分都監故從末減

丁謂與正師上人詩（康定元年萃編已載）

自營道出零陵（缺營出零陵四字）邂逅相遇（缺邂逅二字）且云昨□
使節□□□（攜酒）□□□□□□□□□□□
□□国□長句□□□誚矣（缺昨使節国長句誚矣八字）褸衲（褸誤壞）
喧靜各營營（缺喧各二字）圓就（缺就字）莫踏紅塵（缺紅塵二字）智遷
師孫□（德忍）守壘□常臻記（智誤知并缺師孫壘常臻五字）

案方輿勝覽華嚴巖唐時爲石門精舍在法華寺南隅崖下零陵宗志載此刻可憐□靜□營營句作可憐宣力困營營（古泉山館金石文編）

王蘭泉之研搜精矣然拓本或有蒙脫如此刻夏下自作日（祥案並不作日）自下道下皆缺一字且下所缺三字今皆可辨其缺處又少九字空格末署名亦少二字喧靜各三字先零陵亦未審出詩中就字注中迎字以字亦至今始辨識也（金石審）

萃編闕譌補正如右攜酒德忍四字則已蝕矣通志自誤作日餘與萃編同永志缺使節国長句紅塵孫壘九字褸智二字其誤亦同褸俗懷字詩意

似用作壞而石刻實作衣旁褱也又永志昨下作
外審之實不相似誚矣上弟四字作㓊殊誤
成戩等題名康定二年萃編已載
成戩仲遐會成誤盛并缺戩遐會三字既還還誤遂開山侍持筌正進
士周賁刊此二行誤列元祐年張紱等題名之後并缺筌字
案零陵縣宗志盛作成下一字作儀上作瑕提上無
缺字　成作盛誤石刻儀字可辨提舉上無缺字楊
搆作構誤古泉山館金石文編
案王昶以成作盛盛下缺一字零陵宗志始審爲成
儀今審定實戩字也舊官表作成瑨蓋由偏旁轉誤



又宗志仲下作瑕細審當是遐字名義始屬古遐作
假此偏旁似從人不從彳也金石審
萃編闕譌校補如右會下空格無字誤作□□并
識之通志所載已於卷尾校補而戩還尙誤作儀
遂官志不載楊搆永志還亦誤遂成下缺字云似
遐又云似從人今諦審之遐字不誤特末筆僅存
形模耳實不作人旁也至開山住持二行通志永
志亦均誤系於張紱題名之後案浯溪景祐年陳
統詩亦周賁所刻前此三年可以爲證張紱題名
內十月之十字微偏於左月字又不連書於下蓋

開山等字先刻在前之故耳康定二年即慶厤元
年是年十一月改元石刻於八月故猶稱康定也
又張紱題名內永志多一巖字云王司寇佚巖字
諦審拓本未之見也或漫滅無跡邪其年月係兩
行小字并識於此
潘衢等題名高一尺九寸廣二尺三寸六分五行行字不等字徑二寸正書
中都外郎知郡事潘衢子莊殿中丞通理郡事陳覘正
卿太常博士監市征李寔公實軍事推官李深希眞
慶厤七年十一月□□
右正書五行較潛巖獨無洪亶殆以亶先經題名耳



金石審
通志失載永志缺七字月下似是五字通志職官
不載陳覘李寔又誤李洙爲朱洙
沙門居一題名高一尺廣一尺二分四行行七字字徑寸正書
沙門居一嘗住持是院皇祐癸巳歲重陽日齋□□□
□□□□□
右刻前人未著錄癸巳爲皇祐五年
吳太元等題名嘉祐四年萃編已載
鄭平缺平字　范沐缺沐字此下空王氏作□永州員外叅軍胡亞□缺永
州胡亞四字并少一□　望日缺望字

案零陵縣宗志范下一字作沐貟外上二字作永州參軍下多胡亞夫三字嘉祐作景祐又誤讀其文爲

右行前後倒置（湖南通志）

通志所載與萃編同誤已於卷尾校補永志胡亞下作夫字石本無之殆據官表添入邪亞字下似無餘地可容惟左旁似有一小夫字然亦不顯矣

吳太元諸人名通志職官均失載永志載吳太元宋翔於景祐載張仲回於康定載胡亞夫於慶厤

道州表失載鄭平東安表失載范沐均宜校補

沈紳等題名（高二尺五寸廣一尺二寸五行行十三字字徑一寸五分正書）



荆湖南路轉運判官尚書屯田郎中沈紳公儀尚書虞部郎中知軍州事鞠拯道濟尚書比部貟外郎通判軍州事周愔頤茂叔治平四季正月九日同遊永州華嚴

巖

舊脫尚書都官六字今增（案石無此六字或淡岩之誤）正書五行字方嚴三嵓相類疑即周子所書此刻在岩外不蔽風雨漸將剝蝕望有心者護惜之（金石審）

通志職官失載沈紳永志季作年

范敏求等題名（高一尺五寸三分廣一尺九寸六行行五六字字徑一寸三分至二寸不等正書）

范敏求李唐輔曹謹甫胡正甫鞠子儀李煇甫熙甯二年冬十月七日同遊曹謹甫題

右行書六行題刻皆率同旁多水子作予皆謬（金石審）

通志失載永志儀誤作甯又弟八字似謹謹甫或即謹叔名字稱子未嘗不可宗氏云子作予謬果何所據邪同字亦並不從水旁蓋石泐耳若以爲洞字則當偏右矣刻亦不甚率李唐輔名公度見

浯溪題名

許師□題名（高一尺三寸廣八寸五行行九字字徑七八分正書）

後五十五年師□□□陵縣令恭覩



先祖少卿權郡日題名不勝愴感元祐六年三月望日謹題

右正書五行師字下已模糊由五十五年追溯乃景祐四年其時郡守爲許珹以前後題名始定爲許姓而嚴字乃隱然可辨矣（金石審）

通志失載職官內哲宗朝有許師古爲零陵丞而無許師嚴永志官表即據此刻錄入朝陽淡岩題刻亦有許師嚴名均不署官職宗氏所定嚴字零字均已全蝕未可遽以校補官志也嚴下永志多

空一格

邢恕詩元祐八年萃編已載

題花嚴嵓此行在詩前低一格王氏失載一蔟缺一字

較他刻恕書稍大結體懶散不如其小者金石審

通志永志俱缺標題一行蔟俱作簇石本實从艸

也

劉蒙等題名高一尺一寸廣七寸五行行七字八字字徑寸許行書

臨川劉蒙資明靜海阮之武子文原武邢恕和叔同遊

華嚴巖宋元祐甲戌正月丁丑和叔題

通志未見此刻据零陵縣宗志錄之而舛錯甚多

脫靜海八字華嚴巖宋四字并以元祐八字置於



臨川之上題字下誤多記字其上又脫和叔二字

元祐甲戌卽紹聖元年

曹季明題名紹聖三年萃編已載

受侍缺受字

永志亦缺受字曹季明通志職官誤刻作李

亦樂堂記高二尺九寸廣三尺四寸五分廿行行十六字字徑一寸四五分橫額四字字徑三寸二分許俱分書

亦樂堂記橫額四字在五行至十六行之上

首行全蝕似只七字下俱空格□□□□□□□□□役於功名而

□□□□□□□□□□□□□□沉宀□□□□□

□□□適聞零陵有屋數椽□□□□曰亦樂近踰鄉

里云□□歌宰□□□四□□□安□□其樂云何□

□□□□□□□樂其中曰仰不愧□天俯不□□人

□耕衛之所以樂豈不以仰不□而俯不怍□□知耕

衛朱於心奧於慮□□□□□□□□□□患也深操

心也危□□□□□仰不愧俯不怍□□□□□□□

□□□□□□故升亓堂□直道□□□□□□自今

兹□□□□□□□□□□□□□□□□□□□□

□□□□□□□□□□□□□□故□□□□見□□

□□□□□□□□□□觀□□□□□□□□□□



□□□□□□□□□□□□□□□□□□□□□

□自□□□□□□□□□□繄興戊寅八月八日□

□□□□□□□□□□也□山陽張□題

右亦樂堂記前人未有著錄惜刓蝕殆甚不能讀

其全文筆意與亦樂堂銘爲一人書也胡銓銘序

云禮部侍郎張公子韶記之蓋卽此刻而張字下

僅容一字其字似成萃編謂子韶名九成豈畢舉

一字邪年月甚分明益知銘刻戊寅奧之奧爲冬

字而宗氏釋爲夏字誤矣

亦樂堂銘紹興廿八年萃編已載

適零陵適作謫戍𨾏奥廬陵缺𨾏奥二字廬誤作盧

朱子大全集有與方耕道書三通想即其人也今據石刻則其名疇大全集題下注耒字恐後人所注誤也武岡州志謂方疇紹興元年上書論時政出判武岡二十四年謫雷州今據胡邦衡此文云紹興戊午同朝是年冬銓被譴耕道旋亦去國十有四年而通守武岡乙亥謫零陵是耕道於紹興二十一二年至武岡二十五年乙亥謫零陵並非謫雷州也攷宋史高宗本紀紹興二十四年十一月以通判武岡軍方疇通書胡銓及他罪除名永州編管蓋命下在二十



四年冬而次年始到永耳又案零陵縣宗志吾族作五族戊下缺二字作𨾏夏𨾏古文寅字古泉山館金石文編

案鄒字本紹古文崔希裕略古作紧此特參用之非別字也𨾏字本汗簡𨾏下拓本作奥細審似上有一畫已隱蓋本作奥夏字下不從大古老子冬字作𡕒頗與此類其上不應有畫下亦不當作大耳姑俟知者審金石

右銘標題四字作兩行分書徑四寸在銘右下方其上石缺也萃編未晰言之適古用作謫省府志所載與萃編同誤奥古冬字永志釋作夏非其所謂上有一畫已隱者乃石之微泐耳獨宿上永志作在常下永志作足皆以意增入石已曼滅矣熟哲之哲省府志俱作晳石刻實作哲

虞珏釋奠詩寶祐元年萃編已載

宿齋所賦缺齋所二字洙泗微言缺微言二字宗廟缺廟字朱絃蹤

越有知音缺上五字冠裳儼若林缺裳儼二字湖湘理學缺湘理二字

九疑雲近想韶音疑誤作經并缺雲近想韶四字西風好缺好字須信詩

□在泮林林字上全缺

右刻在永州府學虞珏之珏說文解字訓極巧視之也从四工廣韻上聲二十八獮知演切又視戰切解



與說文同展字从此字得聲也浯溪張仲題名云丞郡二水此又云假守二水或以楷書永字拆開言之或因後人謂瀟湘二水至永州湘口合流言之亦未可定攷水經注但言湘水並無所謂瀟水古瀟字作潚玉篇始作瀟說文云潚深清也廣韻入聲潚下云深清也水經注瀟湘之浦下亦云瀟者水清深也廣雅云潚清也高郵王給諫念孫疏證又引湘中記曰湘中清照五六丈是納瀟湘之名矣是瀟湘之瀟取清深之義後人以瀟湘爲二水者非予案廣韻平聲瀟下云水名唐柳子厚愚溪詩序云灌水之陽有溪

焉東入於瀟水又云予以愚觸罪謫瀟水上蓋以瀟
湘爲二水名實始於唐至宋祝穆方輿勝覽遂有瀟
水出九疑山之說自後瀟湘並稱無有知其非者矣
古泉山館金石文編
右刻王司寇多缺字今從拓本審出齋所徵言朱紘
疏越有裳儀湘理雲想韶好須信詩在泮二十二字
滄江下省志脫守字今補正此刻在華嚴巖金石審
通志所載與萃編同惟弟一行脫守字詩內多一
廟字爲異卷末校補增齋所言朱紘疏越裳儀湘
部音在泮十四字而誤潮湘理學之理爲此愚島



之愚爲蓬永志所載較爲完備而九疑雲近疑仍
誤經並缺近字其有知音之有及須信詩之詩石
本殘泐姑從之又須信下頗似清風二字瞿氏以
此刻爲在府學非虞琁通志職官誤作虞珏
景定詩刻景定四年萃編已載
游華巖巖偶得一絕漫皇□長老□□□道人□□上
此三行在游之前全缺巖號華巖二字缺巖號中元題二字缺元題
案零陵縣宗志載此詩爲僧長修作華巖上作巖號
摩挲作幸留又中元作中冬湖南通志
案此刻前有三行其一書題華巖巖二行書銘□□
□長老三行有沙門字蓋僧詩也長修二字恐誤金石審
瞿氏未見故仍王氏之誤宗氏見之而前三行游
誤作題絕誤作銘餘字多闕至沙門字則並無之
也詩內巖號二字明顯並無剝蝕何以仍未審出
存誤刊作今中元下并脫題字零陵志所謂長修
者蓋即長老之誤又弟三行弟一字似道
萃編卷一百三十二載華巖巖詩刻四段題名八
段卷一百四十九載亦樂堂銘亦在華巖茲續獲
十段益以補正七段凡十七段居一題名及亦樂



堂記則近始搜出也据志載尚有四段未得拓本
一皇祐祀明堂日殘刻一熙甯三年曹洪叔殘刻
一熙甯六年曹洪叔等題名一魯國資深殘刻僅
存八字

八瓊室金石補正卷八十八